# Methoden der Unternehmensbewertung
Gemeinsamkeiten, Unterschiede, Perspektiven

# Methoden der Unternehmensbewertung

Gemeinsamkeiten, Unterschiede, Perspektiven

Von Dr. Wolfgang Schultze

2. erweiterte und überarbeitete Auflage

Düsseldorf 2003

> **Bibliografische Information Der Deutschen Bibliothek**
>
> Die Deutsche Bibliothek verzeichnet diese Publikation
> in der Deutschen Nationalbibliografie;
> detaillierte bibliografische Daten sind im Internet über
> http://dnb.ddb.de abrufbar.

ISBN 3-8021-1073-0

© 2003 by IDW-Verlag GmbH, Düsseldorf
Alle Rechte der Verbreitung, auch durch Film, Funk, Fernsehen und Internet,
fotomechanische Wiedergabe, Tonträger jeder Art, auszugsweisen Nachdruck oder Einspeicherung
und Rückgewinnung in Datenverarbeitungsanlagen aller Art,
einschließlich der Übersetzung in andere Sprachen, sind vorbehalten.

Druck und Bindung: Bercker Graphischer Betrieb GmbH & Co. KG, Kevelaer

# Geleitwort

Kann man zu einem der ältesten und am längsten diskutierten Gebiete der Betriebswirtschaftslehre, nämlich der Unternehmensbewertung, noch eine Monographie schreiben, die sich konzeptionellen Fragen widmet, Gemeinsamkeiten, Unterschiede und Perspektiven verschiedener Methoden der Unternehmensbewertung analysiert und auf den Prüfstand stellt? Die Antwort lautet ja!

Die Begründung für den Bedarf nach einer wissenschaftlich konzeptionellen Aufarbeitung und einem Vergleich der Methoden der Unternehmensbewertung ist: In den letzten Jahren/Jahrzehnten hat sich – von unterschiedlichen Ansätzen getrieben – im Bereich der Unternehmensbewertung ein Dickicht an Bewertungsmethoden entwickelt. Da ist einmal das traditionelle vom Berufsstand der Wirtschaftsprüfer lange favorisierte Ertragswertverfahren in seinen verschiedenen Ausprägungen zu nennen. Es hat seinen Ursprung in den Bemühungen um eine objektivierte Bewertung und um eine Verbindung der gutachterlichen Unternehmensbewertung mit den traditionellen Instrumenten des betrieblichen Rechnungswesens, nämlich der Ergebnisrechnung und Bilanz. Durch die Investitions-, Finanzierungs- und Kapitalmarkttheorie getrieben sind im letzten Jahrzehnt in zunehmendem Maße die Discounted Cashflow Verfahren hinzugekommen. Eine weitere Quelle für Methoden der Unternehmensbewertung ist der Ansatz der wertorientierten strategischen Unternehmensführung, der den Erfolg von Strategien, Geschäftsbereichen und Unternehmen an der Steigerung des Unternehmenswertes misst.

Diese vielfältigen neuen Entwicklungen im Bereich der Unternehmensbewertung, die durch die immer stärkere Dominanz der Kapitalmärkte in die Praxis der Finanzpolitik, der Unternehmensstrategie sowie des Controlling Eingang gefunden haben, führten in der Praxis der gutachtlichen Unternehmensbewertung, die eine Domäne des Berufsstandes der Wirtschaftsprüfer ist, zunehmend zu einer Kritik der Ertragswertmethode. Das Institut der Wirtschaftsprüfer sah sich deshalb dazu veranlasst, in seiner Neuauflage des Wirtschaftsprüferhandbuchs im Jahre 1998 und in seiner Richtlinie zur Unternehmensbewertung vom 28. Juni 2000 (IDW S 1) neben der Ertragswertmethode auch die Discounted Cashflow Methoden für die Unternehmensbewertung als zulässig zu betrachten. Dabei wird unterstellt, dass beide Vorgehensweisen zu übereinstimmenden Ergebnissen führten.

Bisherige Beiträge, die sich mit einem Vergleich unterschiedlicher Vorgehensweisen bei der Unternehmensbewertung auseinandersetzen, kommen zu widersprüchlichen

Ergebnissen. Einerseits wird behauptet, dass die Resultate identisch seien, wenn die in die Bewertung eingehenden Größen richtig definiert und berechnet werden, andererseits stellen theoretische Ableitungen und praktische Beispiele dies in Frage. Bisher wurden weder ein umfassender Vergleich der Methoden noch eine Erklärung der Unterschiede vorgelegt. Es existiert noch kein Ansatz, der die verschiedenen Methoden integrativ verbindet. Dies ist das anspruchsvolle Ziel der Arbeit von Herrn Schultze. Gegenstand der Arbeit ist es, die verschiedenen Methoden der Unternehmensbewertung miteinander zu vergleichen, sie auf ihre Übereinstimmung in Vorgehensweise wie in Ergebnis zu prüfen, Unterschiede aufzudecken und daraufhin Ansätze für eine Zusammenführung zu entwickeln.

Der besondere Wert der Arbeit von Herrn Schultze liegt in der integrativen Betrachtungsweise. Er stellt die verschiedenen Verfahren der Unternehmensbewertung in den Rahmen der Erkenntnisse der Investitions- und Finanzierungstheorie. Dieser theoretische Bezugsrahmen ist das verbindende Element der konventionellen Ertragswertmethode wie der modernen von der Investitions- und Finanzierungstheorie kommenden Discounted Cashflow Verfahren. Gleichzeitig findet eine Verkoppelung mit den im Unternehmen eingesetzten Instrumenten des Rechnungswesens statt. Zentral ist dabei die Kapitalflussrechnung. Cashflows und Erfolge bleiben nicht im abstrakten Raum, sondern werden konkret mit dem Instrument der Kapitalflussrechnung verknüpft und aus ihr heraus entwickelt. Ein weiterer integrativer Aspekt ist die Verbindung der Unternehmensbewertung mit der operativen und strategischen Planung.

In der zweiten Auflage zeigt Herr Schultze nun ausführlich die durch die Einführung des Halbeinkünfteverfahrens notwendig gewordenen Modifikationen der bisherigen Bewertungsmodelle auf. Daneben werden in einem neu hinzugekommenen Teil (Kapitel III) die verschiedenen Bewertungsverfahren anschaulich dargestellt, was auch dem weniger geschulten Leser einen guten Einstieg in die komplexe Materie liefert, die in den darauf folgenden Kapiteln vertieft wird. So ist ein Buch entstanden, das sowohl für den Theoretiker wie für den Praktiker von Interesse sein dürfte.

Augsburg, im Mai 2003

Adolf G. Coenenberg

# Vorwort zur zweiten Auflage

Die erste Auflage des Buchs „Methoden der Unternehmensbewertung" hat sowohl in der Wissenschaft als auch in der Unternehmenspraxis eine so große Aufnahme gefunden, dass das Buch bereits innerhalb weniger Monate vergriffen war. Gleichzeitig verlief die Weiterentwicklung von Theorie und Praxis der Unternehmensbewertung mit anhaltend hohem Tempo, was sich in einer immer größer werdenden Anzahl von Veröffentlichungen zu diesem Gebiet niederschlägt. Insbesondere das ab dem Jahr 2002 gültige Halbeinkünfteverfahren brachte eine Fülle von Veränderungen an den bisherigen Verfahrensweisen. Eine gründliche Überarbeitung der ersten Auflage vor ihrem Neuerscheinen war deshalb unerlässlich.

Die Konzeption der ersten Auflage wurde in den Grundzügen beibehalten: der Darstellung der durch die Bewertungstheorie gegebenen Gemeinsamkeiten der Methoden folgt eine Untersuchung der Unterschiede und vorhandenen methodischen Defizite, für die sodann Lösungsansätze präsentiert werden.

Die zweite Auflage wurde gegenüber der ersten um einen ausführlichen Methodenüberblick (Kapitel III) ergänzt, der den Leser in die grundsätzlichen Vorgehensweisen der verschiedenen Bewertungsansätze einführt und so die Lesbarkeit des stärker theoretisch gehaltenen Rests des Buches fördert. In diesem Überblick werden nun auch die Residualgewinn-, die Multiplikator- und die Substanzwertmethodik ausführlich dargestellt und gewürdigt, denen im Rest des Buches nur untergeordnete Bedeutung beigemessen wird.

Die Struktur der ersten Auflage wurde entzerrt, indem den Themenblöcken Ermittlung von Zukunftserfolgen und Kapitalkosten eigene Kapitel zugeordnet wurden und hierin alle diesbezüglichen Inhalte integriert wurden. Auch die einzelnen zukunftserfolgsorientierten Methoden und ihr Vergleich werden nun in eigenen Kapiteln behandelt.

Daneben wurden in allen Kapiteln die aktuellen Entwicklungen, insbesondere die durch die Einführung des Halbeinkünfteverfahrens entstandenen Probleme, eingearbeitet. Auch die in der jüngst erschienenen Neuauflage des WP-Handbuches 2002 enthaltenen Änderungen der Bewertungsrichtlinien des IDW wurden berücksichtigt. Dies schlägt sich vor allem in den Effekten der Kapitalstruktur auf die Kapitalkosten sowie der damit verbundenen konsistenten Berechnung der bewertungsrelevanten Zukunftserfolge nieder. In der abschließenden Synthese (Kapitel IX) wurden diese

Erkenntnisse integriert. Darin wird nun ausführlich dargestellt, wie auch im Halbeinkünfteverfahren konsistent verfahren werden kann, um übereinstimmende Bewertungsergebnisse zu erzielen, die gleichzeitig auch mit den Auswirkungen der Steuerreform in Einklang stehen.

Für das Zustandekommen dieser zweiten Auflage schulde ich insbesondere Herrn Prof. Dr. Dres. h.c. A. G. Coenenberg meinen Dank für seine fortwährende Unterstützung meiner Forschungsarbeit. Daneben danke ich meinen Lehrstuhl-Kollegen Frau Dipl.-Math.oec. Kalina Keller, Frau Monika Lutzenberger, Herrn Dipl.-Kfm. Manuel Alvarez von Zerboni di Sposetti, Herrn Dipl.-Kfm. Johannes Biberacher, Herrn Dipl.-Kfm. Christian Fink, Herrn Dipl.-Kfm. Andreas Joest MBA, Herrn Dipl.-Kfm. Gerhard Mattner MBA sowie Herrn Dipl.-Kfm. Martin Meyer für die gute Zusammenarbeit, ohne die eine fruchtbare Forschungsarbeit nicht möglich ist. Bei der Überarbeitung haben mich Frau Ruth Caroline Zimmermann und Frau Bettina Bischof sowie insbesondere Frau Jana Kuttner tatkräftig unterstützt, wofür ich ihnen sehr herzlich danke.

Augsburg, im Mai 2003

Wolfgang Schultze

# Vorwort zur ersten Auflage

Auf dem Gebiet der Unternehmensbewertung hat sich in den vergangen zehn bis fünfzehn Jahren eine schier unüberschaubare Vielfalt von Ansätzen herausgebildet. Die in Deutschland entstandene und vom Institut der Wirtschaftsprüfer bislang präferierte Ertragswertmethode wird in den letzten Jahren aufgrund des Einflusses der amerikanischen Discounted Cashflow-Methoden heftig diskutiert. Die Frage, inwieweit die Vorgehensweisen zwar unterschiedlich, die Ergebnisse aber übereinstimmend sind, wird in der Literatur bisher sehr widersprüchlich beantwortet. Diverse Beispiele und theoretische Ableitungen belegen beide Sichtweisen. Die vorliegende Arbeit beschäftigt sich deshalb mit der Frage nach der Übereinstimmung verschiedener Vorgehensweisen bei der Unternehmensbewertung und setzt sich zum Ziel, nicht nur Gemeinsamkeiten und Unterschiede aufzudecken, sondern auch Perspektiven für mögliche Lösungsansätze aufzuzeigen.

Die vorliegende Arbeit wurde im Sommersemester 2000 von der Wirtschafts- und Sozialwissenschaftlichen Fakultät der Universität Augsburg als Dissertation angenommen. Sie entstand während meiner Zeit als Promotionsstipendiat der Universität Augsburg und meiner Tätigkeit als wissenschaftlicher Mitarbeiter am Lehrstuhl für Wirtschaftsprüfung und Controlling von Herrn Professor Dr. Dr. h.c. A. G. Coenenberg.

Mein besonderer Dank gilt meinem Doktorvater Herrn Professor Dr. Dr. h.c. A. G. Coenenberg für die Übernahme des Erstgutachtens und seine jahrelange Unterstützung meiner Person als Student, studentischer Hilfskraft und späterem Doktoranden und wissenschaftlichen Mitarbeiter.

Auch Herrn Professor Dr. M. Steiner danke ich für zahlreiche wertvolle Hinweise sowie die Übernahme des Zweitgutachtens sehr herzlich. Ebenso danke ich dem Vorsitzenden der mündlichen Prüfung, Herrn Professor Dr. M. Heinhold für seine Unterstützung.

Der Universität Augsburg danke ich für die mir mit dem Stipendium zur Förderung des wissenschaftlichen Nachwuchses gewährte finanzielle Unterstützung, ohne die diese Schrift nicht hätte entstehen können. Auch der Darden Graduate School of Business der University of Virginia, insbesondere Herrn Professor Dr. Brandt Allen, aber auch den übrigen Angehörigen der Fakultät, danke ich sehr herzlich für die Unterstützung bei meinem Forschungsaufenthalt im Frühjahr 1997, bei dem ich tieferen

Einblick in die amerikanische Bewertungslehre gewinnen konnte. Für die finanzielle Unterstützung dieses Forschungsaufenthalts danke ich dem Deutschen Akademischen Austauschdienst (DAAD) herzlich.

Für die finanzielle Unterstützung bei der Drucklegung dieser Schrift danke ich vielmals der Deutschen Forschungsgemeinschaft (DFG).

Wichtige Voraussetzung für das Gelingen der Arbeit war auch die gute Zusammenarbeit und das freundschaftliche Verhältnis mit meinen geschätzten Lehrstuhlkolleginnen und -kollegen Dipl-Kffr. Angelika Brecht, Monika Deininger, Karin Gall, Dr. Susanne Gröner, Dipl.-Math.oec. Kalina Keller, Erika Kovermann, Dipl.-Kfm. Manuel Alvarez von Zerboni di Sposetti, Dipl.-Kfm. Johannes Biberacher, Dipl.-Kfm. Gerhard Mattner MBA, Dr. Christian Federspieler, Prof. Dr. Thomas Fischer, Prof. Dr. Axel Haller, Dr. Frank Henes, Dr. Stephan Jakoby, Dr. Walter Ohms, Dr. Georg Klein, Prof. Dr. Kai-Uwe Marten, Dipl.-Kfm. Martin Meyer, Dipl.-Kfm. Egon Morper, Udo Specht MBA. Ihnen allen möchte ich recht herzlich danken. Außerdem danke ich Frau Jana Kuttner, Frau Birgit Wurm und Herrn Dipl.-Kfm. Robert Fischer für die hervorragende redaktionelle Unterstützung.

Besonders danken möchte ich außerdem meinem Büronachbarn Dr. Martin Wallmeier für seine ständige Offenheit für Diskussionen und für zahlreiche Anregungen und kritische Hinweise. Auch Herrn Prof. Dr. W. Ballwieser danke ich für seine Diskussionsbereitschaft und seine Anregungen und Kommentare.

Augsburg, im Dezember 2000

Wolfgang Schultze

# Inhaltsübersicht

| | |
|---|---:|
| **I. PROBLEMSTELLUNG** | 1 |
| | |
| **II. THEORETISCHE GRUNDLAGEN DER UNTERNEHMENSBEWERTUNG** | 5 |
| A. Zweckabhängigkeit der Unternehmensbewertung | 5 |
| B. Unternehmenswert | 16 |
| C. Bewertung auf Basis eines rein finanziell orientierten Zielsystems | 23 |
| | |
| **III. METHODENÜBERBLICK** | 71 |
| A. Zukunftserfolgsorientierte Verfahren | 73 |
| B. Substanzbewertung | 151 |
| C. Vergleichswerte (Multiplikator-Verfahren) | 157 |
| D. Fallbeispiel | 174 |
| | |
| **IV. ZUKUNFTSERFOLGSWERTE: BESTIMMUNG DER ZUKUNFTSERFOLGE** | 183 |
| A. Unternehmensbewertung anhand von Entnahmeüberschüssen | 184 |
| B. Erfolg in der Betriebswirtschaftslehre | 187 |
| C. Zusammenhang unterschiedlicher Erfolgsgrößen | 193 |
| D. Planung der Zukunftserfolge | 219 |
| | |
| **V. ZUKUNFTSERFOLGSWERTE: BESTIMMUNG VON DISKONTIERUNGSSÄTZEN** | 247 |
| A. Äquivalenzprinzipien | 248 |
| B. Berücksichtigung der Laufzeitäquivalenz | 249 |
| C. Berücksichtigung von Arbeitseinsatz- und Kaufkraftäquivalenz | 258 |
| D. Berücksichtigung der Unsicherheitsäquivalenz | 259 |
| E. Berücksichtigung der Verfügbarkeitsäquivalenz | 282 |
| F. Einfluss der Finanzierung auf die Bewertung | 289 |

## VI. DISCOUNTED CASHFLOW-METHODEN ... 359

A. Konzeptionelle Grundlagen ... 360
B. Verschiedene Bewertungsansätze und ihre Äquivalenz nach Modigliani/Miller ... 362
C. Ableitung der bewertungsrelevanten Cashflows ... 369
D. Behandlung des Ausschüttungsverhaltens im DCF-Modell ... 414

## VII. ERTRAGSWERTMETHODE ... 449

A. Ertragswert als Zukunftserfolgswert ... 450
B. Ertragswertmethode des Instituts der Wirtschaftsprüfer ... 454
C. Kritische Würdigung ... 456

## VIII. GEGENÜBERSTELLUNG DER ERTRAGSWERT- UND DISCOUNTED CASHFLOW-METHODEN ... 481

A. Brutto- vs. Nettorechnung ... 483
B. Bestimmung der Kapitalkostensätze ... 485
C. Berücksichtigung von Steuern ... 487
D. Finanzierungsannahmen ... 488
E. Unterschiedliche Erfolgsgrößen ... 492
F. Vergleich der Ergebnisse unterschiedlicher Erfolgsgrößen bei DCF und Ertragswert ... 493
G. Ergebnis ... 507

## IX. SYNTHESE: BEDINGUNGEN FÜR ÜBEREINSTIMMENDE ERGEBNISSE ... 511

A. Vereinfachte Planung ohne explizite Berücksichtigung des Ausschüttungsverhaltens ... 515
B. Berücksichtigung der Auswirkungen des Ausschüttungsverhaltens ... 530
C. Berücksichtigung persönlicher Steuern ... 546
D. Ergebnis ... 558

## X. ZUSAMMENFASSUNG ... 559

# Inhaltsverzeichnis

GELEITWORT .................................................................................................... V

VORWORT ...................................................................................................... VII

INHALTSÜBERSICHT ......................................................................................... XI

INHALTSVERZEICHNIS ...................................................................................... XIII

ABBILDUNGSVERZEICHNIS ............................................................................... XXII

TABELLENVERZEICHNIS ................................................................................... XXV

ABKÜRZUNGSVERZEICHNIS .............................................................................. XXVIII

SYMBOLVERZEICHNIS ...................................................................................... XXXIII

## I. PROBLEMSTELLUNG .............................................................................. 1

## II. THEORETISCHE GRUNDLAGEN DER UNTERNEHMENSBEWERTUNG .......... 5

### A. ZWECKABHÄNGIGKEIT DER UNTERNEHMENSBEWERTUNG ........................... 5
1. ANLÄSSE DER UNTERNEHMENSBEWERTUNG ........................................... 5
2. OBJEKTIVE UND SUBJEKTIVE UNTERNEHMENSBEWERTUNG ..................... 7
3. ZWECKE DER UNTERNEHMENSBEWERTUNG ............................................ 8
4. OBJEKTIVIERTE WERTERMITTLUNG UND NEUTRALE GUTACHTERTÄTIGKEIT .. 12
5. STRATEGISCHE UNTERNEHMENSBEWERTUNG ........................................ 14

### B. UNTERNEHMENSWERT ............................................................................ 16
1. WERT UND PREIS DER UNTERNEHMUNG ............................................... 16
2. WERT DES UNTERNEHMENS ALS GANZES ............................................. 18
3. ZIELSYSTEM DES UNTERNEHMENS UND SEINER EIGNER ......................... 20

### C. BEWERTUNG AUF BASIS EINES REIN FINANZIELL ORIENTIERTEN ZIELSYSTEMS .. 23
1. GEWINNMAXIMIERUNG UND DER KAPITALTHEORETISCHE GEWINNBEGRIFF .. 24
2. GEWINN- UND NUTZENMAXIMIERUNG ALS MEHRPERIODIGE ZIELSETZUNGEN .. 27

3. SEPARATION VON GEWINNAUSSCHÜTTUNGS-, FINANZIERUNGS- UND INVESTITIONSENTSCHEIDUNGEN ... 29
   3.1. Fisher-Separation ... 30
   3.2. Irrelevanz der Ausschüttungspolitik ... 37
   3.3. Irrelevanz der Finanzierung ... 39
4. UNTERNEHMENSBEWERTUNG UND KONSUMPRÄFERENZEN ... 40
5. KAPITALZINS UND KAPITALKOSTEN ... 41
   5.1. Kapitalzins ... 41
   5.2. Kapitalkosten ... 42
   5.3. Bewertung und Kapitalmarkt ... 43
      5.3.1. Vollkommener Kapitalmarkt ... 44
      5.3.2. Unvollkommener Kapitalmarkt ... 46
   5.4. Berücksichtigung von Kapitalmarktbeschränkungen ... 47
      5.4.1. Lineare Programmierung ... 48
      5.4.2. Opportunitäten des Verkäufers ... 50
      5.4.3. Opportunitäten des Käufers ... 53
         5.4.3.1. Bewertung bei vollkommenem Kapitalmarkt ... 55
         5.4.3.2. Bewertung bei reiner Eigenkapitalfinanzierung und Kapitalmarktbeschränkungen ... 56
         5.4.3.3. Bewertung bei Mischfinanzierung und Kapitalmarktbeschränkungen ... 58
         5.4.3.4. Kalkulatorische und pagatorische Kapitalkostenkomponenten ... 59
   5.5. Fazit ... 62
6. ABBILDUNG ALTERNATIVER ANLAGEMÖGLICHKEITEN IM KAPITALISIERUNGSZINS ... 63

## III. METHODENÜBERBLICK ... 71

A. ZUKUNFTSERFOLGSORIENTIERTE VERFAHREN ... 73

1. DIVIDEND DISCOUNT-MODEL ... 73
2. ERTRAGSWERTMETHODE ... 76
   2.1. Gewinndiskontierung und Ausschüttungsverhalten ... 77
   2.2. Finanzbedarfsrechnung ... 82
3. DISCOUNTED CASHFLOW-METHODEN ... 90
   3.1. Grundlagen ... 90
   3.2. Brutto- und Nettomethode ... 93
   3.3. Free Cashflows und Ausschüttungsverhalten ... 96
   3.4. Ermittlung der Free Cashflows ... 99
   3.5. Überblick über die verschiedenen Ansätze der DCF-Methodik ... 101
   3.6. Beispiel ... 107

4. RESIDUALGEWINN-MODELL .................................................................. 111
   4.1. Residualgewinne als Steuerungsgrößen der wertorientierten
        Unternehmensführung ............................................................... 114
        4.1.1. Überblick ........................................................................ 114
        4.1.2. Wertorientierte Steuerungskonzepte ................................ 116
               4.1.2.1. Shareholder Value ................................................. 116
               4.1.2.2. Economic Value Added ......................................... 118
               4.1.2.3. Cash Value Added ................................................ 123
        4.1.3. Anwendungsprobleme ..................................................... 128
               4.1.3.1. Rentabilität vs. Residualgewinn ........................... 128
               4.1.3.2. Interpretation von Residualgewinnen .................. 130
               4.1.3.3. Kapitalbasis bei Residualgewinnen ...................... 131
        4.1.4. Eignung von verschiedenen Erfolgsgrößen für die Leistungsbeurteilung ..... 138
   4.2. Residualgewinn-Modell in der Unternehmensbewertung im Vergleich zu
        Ertragswert- und DCF-Methode .................................................. 142
   4.3. Implikationen für die gutachterliche Unternehmensbewertung ..... 150

B. SUBSTANZBEWERTUNG ......................................................................... 151

C. VERGLEICHSWERTE (MULTIPLIKATOR-VERFAHREN) .................................. 157
   1. METHODIK ....................................................................................... 159
   2. VERFAHREN ZUR ERMITTLUNG VON MULTIPLIKATOREN ........................ 161
   3. ARTEN VON MULTIPLIKATOREN .......................................................... 162
      3.1. Kurs-Gewinn-Verhältnis ............................................................. 163
      3.2. Kurs-Free Cashflow-Verhältnis .................................................. 164
   4. BEWERTUNGSZWECK ....................................................................... 166
   5. KRITIK ............................................................................................. 168
      5.1. Kapitalstruktureffekt .................................................................. 169
      5.2. Beispiel ..................................................................................... 170
   6. ZUSAMMENFASSUNG ........................................................................ 173

D. FALLBEISPIEL ....................................................................................... 174

IV. ZUKUNFTSERFOLGSWERTE:
    BESTIMMUNG DER ZUKUNFTSERFOLGE ............................................. 183

A. UNTERNEHMENSBEWERTUNG ANHAND VON ENTNAHMEÜBERSCHÜSSEN ..... 184
B. ERFOLG IN DER BETRIEBSWIRTSCHAFTSLEHRE ..................................... 187

C. Zusammenhang unterschiedlicher Erfolgsgrößen ............................................. 193
   1. Gesamtsicht der Unternehmenstätigkeit: die Totalperiode ..................... 194
      1.1. Totalerfolg ............................................................................................ 194
      1.2. Grundmodell von Lücke ...................................................................... 197
      1.3. Erweitertes Modell für bereits bestehende Unternehmen ................... 200
      1.4. Erweiterung für unbegrenzte Lebensdauern ....................................... 202
           1.4.1. Beweis für ein Phasenmodell mit konstanten Überschüssen
               in der Endphase ....................................................................... 205
           1.4.2. Interpretation ........................................................................... 207
           1.4.3. Erweiterung bei Vollausschüttung ............................................ 209
      1.5. Zusammenfassung .............................................................................. 210
   2. Konsequenzen für die Unternehmensbewertung ........................................ 214
D. Planung der Zukunftserfolge ......................................................................... 219
   1. Quellen des Unternehmenswertes ............................................................... 219
      1.1. Branchenattraktivität und Wettbewerbsintensität ................................ 224
      1.2. Wettbewerbsvorteil .............................................................................. 227
           1.2.1. Differenzierung ........................................................................ 228
           1.2.2. Kostenvorteil ............................................................................ 229
   2. Prognose der Zukunftserfolge ..................................................................... 234
      2.1. Bereinigung und Analyse der Vergangenheitsdaten ........................... 235
      2.2. Erstellen der Zukunftsprognose .......................................................... 236
      2.3. Phasenmethode zur Prognose der Zukunftserfolge ............................ 240
      2.4. Formelhafte Abbildung der zukünftigen Unternehmensentwicklung .... 242

# V. ZUKUNFTSERFOLGSWERTE: BESTIMMUNG VON DISKONTIERUNGSSÄTZEN ........................ 247

A. Äquivalenzprinzipien .......................................................................................... 248
B. Berücksichtigung der Laufzeitäquivalenz ....................................................... 249
   1. Bewertung mit undifferenzierten Diskontierungssätzen ............................ 249
   2. Bewertung unter Berücksichtigung der Zinsstruktur ................................. 251
      2.1. Zerobondabzinsungsfaktoren ............................................................. 252
      2.2. Forward Rates ..................................................................................... 253
   3. Implizite Wiederanlageprämissen und Zinserwartungen .......................... 254
   4. Berücksichtigung der Laufzeitäquivalenz in der Praxis ............................ 256
C. Berücksichtigung von Arbeitseinsatz- und Kaufkraftäquivalenz .................. 258

## D. Berücksichtigung der Unsicherheitsäquivalenz ............ 259

1. Berücksichtigung der Unsicherheit beim Vergleich mit der optimalen Alternativinvestition ............ 260
   - 1.1. Arten von Risikopräferenzen ............ 261
   - 1.2. Sicherheitsäquivalenzmethode ............ 262
   - 1.3. Risikozuschlagsmethode ............ 263
   - 1.4. Risikoprofilmethode ............ 265
2. Berücksichtigung der Unsicherheit im Kalkulationszinsfuß durch den Rückgriff auf Marktbeobachtungen ............ 266
   - 2.1. Theorie der Wertpapiermischung ............ 268
   - 2.2. Capital Asset Pricing Model ............ 271
   - 2.3. Arbitrage Pricing Theory ............ 276
   - 2.4. Anwendbarkeit für die Unternehmensbewertung ............ 278

## E. Berücksichtigung der Verfügbarkeitsäquivalenz ............ 282

1. Konsumpräferenzen und Zinsänderungsrisiko ............ 282
2. Ausschüttbarkeit ............ 283
3. Berücksichtigung von Steuern ............ 285
4. Berücksichtigung verschiedener Steuerarten ............ 286

## F. Einfluss der Finanzierung auf die Bewertung ............ 289

1. Einfluss der Fremdfinanzierung auf die Kapitalkosten ............ 289
   - 1.1. Einfluss der Finanzierung am Beispiel des Management Buyout ............ 295
   - 1.2. Fazit ............ 300
2. Ableitung der steuerlichen Vorteile der Fremdfinanzierung ............ 300
   - 2.1. Bewertung unverschuldeter Unternehmen als Ausgangspunkt ............ 301
   - 2.2. Bewertung unter Einbezug der Fremdfinanzierung ohne Steuern ............ 304
   - 2.3. Vorteil der Fremdfinanzierung bei Doppelbesteuerung ............ 306
   - 2.4. Vorteil der Fremdfinanzierung im Anrechnungsverfahren ............ 308
   - 2.5. Persönliche Steuern im Anrechnungsverfahren ............ 312
   - 2.6. Vorteil der Fremdfinanzierung im Halbeinkünfteverfahren ............ 313
3. Ableitung der verschiedenen Bewertungsansätze ............ 318
   - 3.1. Grundsätzlicher Zusammenhang ............ 319
     - 3.1.1. Total Cashflow-Ansatz ............ 320
     - 3.1.2. WACC-Ansatz ............ 321
     - 3.1.3. APV-Ansatz ............ 321
     - 3.1.4. Nettoansatz ............ 323
   - 3.2. Steuersystemunabhängige Ableitung der Bewertungsansätze ............ 323

4. Steuersystemunabhängige Ableitung der Reaktionsfunktionen .............. 328
   4.1. Finanzierungsprämissen ......................................................................... 329
   4.2. Rentenmodell ......................................................................................... 330
      4.2.1. F-Modell ..................................................................................... 331
      4.2.2. L-Modell ..................................................................................... 335
   4.3. Im Zeitablauf konstante Kapitalkostensätze ........................................... 338
   4.4. Im Zeitablauf schwankende Kapitalkostensätze .................................... 341
      4.4.1. F-Modell ..................................................................................... 343
      4.4.2. L-Modell ..................................................................................... 346
   4.5. Zusammenfassung ................................................................................. 347
   4.6. Ableitung der Kapitalkosten eines unverschuldeten Unternehmens ...... 349
5. Reaktionsfunktionen für deutsche Verhältnisse ..................................... 353
   5.1. Anpassungen im Halbeinkünfteverfahren .............................................. 353
   5.2. Anpassungen im Anrechnungsverfahren ............................................... 355
   5.3. Unverschuldete Kapitalkosten im Halbeinkünfteverfahren .................... 357

# VI. DISCOUNTED CASHFLOW-METHODEN ........................................................ 359

## A. Konzeptionelle Grundlagen ........................................................................ 360

## B. Verschiedene Bewertungsansätze und ihre Äquivalenz nach Modigliani/Miller ................................................................................. 362

1. Bewertung von Nettoausschüttungen ............................................................ 363
2. Bewertung von Cashflows ............................................................................. 364
3. Bewertung von Gewinnen nach Abzug von Nettoinvestitionen .................... 365
4. Bewertung von gegenwärtigen Gewinnen plus Wachstumschancen ............ 367

## C. Ableitung der bewertungsrelevanten Cashflows ....................................... 369

1. Herkömmliche Definition des „Free Cashflow" ............................................ 370
2. Erweiterung um weitere Mittelquellen und -verwendungen ......................... 372
   2.1. Eine umfassende Definition von Mittelherkunft und -verwendung ....... 372
   2.2. Bewertung der Nettoausschüttungen an die Investoren .......................... 375
      2.2.1. Free Cashflow in der Nettomethode ........................................... 376
      2.2.2. Free Cashflow in der Bruttomethode .......................................... 379
      2.2.3. Beispiel ........................................................................................ 381
   2.3. Bewertung der Bruttoausschüttungen an die Investoren ........................ 384
      2.3.1. Free Cashflow in der Nettomethode ........................................... 385
      2.3.2. Free Cashflow in der Bruttomethode .......................................... 386
   2.4. Überblick ................................................................................................ 388

## 3. Berücksichtigung von Steuern ... 391
### 3.1. Free Cashflows im Anrechnungsverfahren ... 392
#### 3.1.1. Ableitung der bewertungsrelevanten Cashflows ... 392
#### 3.1.2. Ermittlung der Cashflows mithilfe der Kapitalflussrechnung ... 395
##### 3.1.2.1. Nettomethode ... 395
##### 3.1.2.2. Bruttomethode ... 398
#### 3.1.3. Persönliche Steuern ... 401
### 3.2. Free Cashflows im Halbeinkünfteverfahren ... 403
#### 3.2.1. Vereinfachtes Rentenmodell ... 403
#### 3.2.2. Bewertungsansätze im Rentenmodell ... 405
#### 3.2.3. Bewertungsansätze im Nicht-Rentenmodell ... 408
##### 3.2.3.1. Bewertungsansätze im Nicht-Rentenmodell bei konstanten Kapitalkosten ... 408
##### 3.2.3.2. Bewertungsansätze im Nicht-Rentenmodell bei schwankenden Kapitalkosten ... 409
##### 3.2.3.3. Ermittlung der Cashflows mithilfe der Kapitalflussrechnung ... 411

## D. Behandlung des Ausschüttungsverhaltens im DCF-Modell ... 414
### 1. Irrelevanz des Ausschüttungsverhaltens im DCF-Modell ... 416
### 2. Liquide Mittel und Ausschüttungsverhalten ... 419
### 3. Irrelevanz der Ausschüttungspolitik und Steuern ... 425
#### 3.1. Einbehaltungen im Anrechnungsverfahren ... 426
##### 3.1.1. Wertsteigerung durch Einbehaltung beim unverschuldeten Unternehmen ... 426
##### 3.1.2. Ableitung der für eine kapitalwertneutrale Reinvestition benötigten Rendite beim unverschuldeten Unternehmen ... 430
##### 3.1.3. Berücksichtigung der Auswirkungen auf das Verschuldungspotenzial ... 433
#### 3.2. Einbehaltungen im Halbeinkünfteverfahren ... 440
#### 3.3. Fazit ... 446

# VII. ERTRAGSWERTMETHODE ... 449

## A. Ertragswert als Zukunftserfolgswert ... 450

## B. Ertragswertmethode des Instituts der Wirtschaftsprüfer ... 454

## C. Kritische Würdigung ... 456
### 1. Zusammenhang von Entnahme- und Ertragsüberschüssen ... 457
### 2. Finanzbedarfsrechnung ... 461
### 3. Substanzerhaltung ... 468
### 4. Objektivierte Wertermittlung ... 473
### 5. Kapitalisierungszins ... 475
### 6. Berücksichtigung von Steuern ... 479

## VIII. GEGENÜBERSTELLUNG DER ERTRAGSWERT- UND DISCOUNTED CASHFLOW-METHODEN ... 481

A. BRUTTO- VS. NETTORECHNUNG ... 483
B. BESTIMMUNG DER KAPITALKOSTENSÄTZE ... 485
C. BERÜCKSICHTIGUNG VON STEUERN ... 487
D. FINANZIERUNGSANNAHMEN ... 488
E. UNTERSCHIEDLICHE ERFOLGSGRÖßEN ... 492
F. VERGLEICH DER ERGEBNISSE UNTERSCHIEDLICHER ERFOLGSGRÖßEN BEI DCF UND ERTRAGSWERT ... 493
  1. ÜBERFÜHRUNG DER DISCOUNTED CASHFLOW-NETTOMETHODE IN GEWINNGRÖßEN ... 493
  2. ERTRAGSWERT-METHODE BEI VOLLAUSSCHÜTTUNG ... 494
    2.1. Vergleich der Ergebnisse der Netto-DCF-Methode und dem Ertragswert auf Basis von Entnahmeüberschüssen ... 495
    2.2. Vergleich der Ergebnisse der Netto-DCF-Methode und dem Ertragswert auf Basis von Ertragsüberschüssen ... 496
    2.3. Lücke-Theorem und Vollausschüttung ... 500
    2.4. Lücke-Theorem und Economic Value Added ... 503
  3. ERTRAGSWERTMETHODE BEI DIFFERENZIERTEM AUSSCHÜTTUNGSVERHALTEN ... 506
G. ERGEBNIS ... 507

## IX. SYNTHESE: BEDINGUNGEN FÜR ÜBEREINSTIMMENDE ERGEBNISSE ... 511

A. VEREINFACHTE PLANUNG OHNE EXPLIZITE BERÜCKSICHTIGUNG DES AUSSCHÜTTUNGSVERHALTENS ... 515
  1. BEWERTUNG BEI REINER EIGENFINANZIERUNG ... 515
  2. BERÜCKSICHTIGUNG VON STEUERN ... 518
  3. BEWERTUNG BEI FREMDFINANZIERUNG UND KONSTANTER KAPITALSTRUKTUR ... 519
    3.1. DCF-Methoden ... 519
    3.2. Ertragswertmethode ... 522
  4. BEWERTUNG IM PHASENMODELL ... 525

## B. BERÜCKSICHTIGUNG DER AUSWIRKUNGEN DES AUSSCHÜTTUNGSVERHALTENS ... 530
  1. BEWERTUNG BEI VOLLAUSSCHÜTTUNG DER GEWINNE ... 530
  2. BEWERTUNG BEI GEWINNTHESAURIERUNG ... 538
     2.1. Bewertung im Anrechnungsverfahren ... 538
     2.2. Bewertung im Halbeinkünfteverfahren ... 545
## C. BERÜCKSICHTIGUNG PERSÖNLICHER STEUERN ... 546
  1. BEWERTUNG IM ANRECHNUNGSVERFAHREN ... 546
  2. BEWERTUNG IM HALBEINKÜNFTEVERFAHREN ... 552
  3. VERGLEICH DER UNTERNEHMENSWERTE ... 557
## D. ERGEBNIS ... 558

## X. ZUSAMMENFASSUNG ... 559

**ANHANG** ... 569

**LITERATURVERZEICHNIS** ... 573

**STICHWORTVERZEICHNIS** ... 599

# Abbildungsverzeichnis

| | | |
|---|---|---|
| Abb. II.1: | Stufenmodell der Akquisitionsbewertung | 8 |
| Abb. II.2: | Zwecke der Unternehmensbewertung | 10 |
| Abb. II.3: | Entscheidungswerte bei der Unternehmensbewertung | 13 |
| Abb. II.4: | Preismechanismus | 17 |
| Abb. II.5: | Bilaterales Monopol | 18 |
| Abb. II.6: | Fisher-Separation | 31 |
| Abb. II.7: | Arten von Zeitpräferenzen | 34 |
| Abb. II.8: | Zeitpräferenz und Konsumneigung | 35 |
| Abb. II.9: | Fisher-Separation bei Marktunvollkommenheiten | 36 |
| Abb. II.10: | Optimaler Investitions- und Konsumplan bei linearer Optimierung | 53 |
| Abb. II.11: | Alternativenvergleich | 68 |
| Abb. III.1: | Methoden der Unternehmensbewertung | 72 |
| Abb. III.2: | Zukunftserfolgswert | 73 |
| Abb. III.3: | Varianten der DCF-Verfahren | 90 |
| Abb. III.4: | Bewertung eines Investitionsprojekts | 91 |
| Abb. III.5: | Marktwert-Bilanz | 92 |
| Abb. III.6: | Bruttomethode | 94 |
| Abb. III.7: | Nettomethode | 95 |
| Abb. III.8: | Beispiel Brutto-/Nettomethode | 95 |
| Abb. III.9: | Systematik der Einzahlungsüberschüsse | 99 |
| Abb. III.10: | Discounted-Cashflow: Netto-(Equity-)Ansatz | 100 |
| Abb. III.11: | Irrelevanz der Ausschüttungspolitik | 101 |
| Abb. III.12: | Systematisierung der DCF-Bewertungsansätze | 102 |
| Abb. III.13: | TCF-Ansatz | 103 |
| Abb. III.14: | Equity-Ansatz | 103 |
| Abb. III.15: | WACC-Ansatz | 104 |
| Abb. III.16: | Economic Value Added | 119 |
| Abb. III.17: | Wertsteigerungsmöglichkeiten | 128 |
| Abb. III.18: | Wertsteigerung durch Investition über den Kapitalkosten | 129 |
| Abb. III.19: | Das Verhältnis von Markt- und Buchwert von Unternehmensteilen | 132 |
| Abb. III.20: | Anforderungen an Steuerungssysteme | 138 |
| Abb. III.21: | Komponenten des Unternehmenswerts bei Einzelbewertung | 152 |
| Abb. III.22: | Funktionsweise von Multiplikatoren | 159 |
| Abb. III.23: | Verhandlungsspielraum | 182 |

# Abbildungsverzeichnis

| | | |
|---|---|---|
| Abb. IV.1: | Perspektiven bei der Unternehmensbewertung | 184 |
| Abb. IV.2: | Messung der Zielerreichung durch das Rechnungswesen | 191 |
| Abb. IV.3: | Finanzierungsrechnung: Veränderung des Fonds Nettogeldvermögen | 192 |
| Abb. IV.4: | Erfolgsrechnung: Veränderung des Fonds Reinvermögen | 193 |
| Abb. IV.5: | Abgrenzung der Sphäre der Eigner und übrigen betrieblichen Zahlungen | 194 |
| Abb. IV.6: | Structure-Conduct-Performance | 220 |
| Abb. IV.7: | Investitionsprojekte und Wertpapierlinie | 222 |
| Abb. IV.8: | Kurz- und mittelfristiger Wettbewerb anhand von Industriekostenkurven | 224 |
| Abb. IV.9: | Langfristiger Wettbewerb in einem vollkommenen Markt | 225 |
| Abb. IV.10: | Die Differenzierungsstrategie anhand von Industriekostenkurven | 229 |
| Abb. IV.11: | Die Kostenführerschaftsstrategie anhand von Industriekostenkurven | 230 |
| Abb. IV.12: | Unterteilung der Fundamentalanalyse | 234 |
| Abb. IV.13: | Shareholder Value-Konzept | 237 |
| Abb. IV.14: | Verbindung von Unternehmensstrategie und Unternehmenswert am Beispiel der Wertsteigerungsanalyse | 238 |
| Abb. IV.15: | Verbindung der Wettbewerbsvorteile mit dem Unternehmenswert | 239 |
| Abb. IV.16: | Informationssystem zur Ermittlung des Unternehmenswerts | 240 |
| Abb. IV.17: | Beispiel zur Phasenmethode | 241 |
| Abb. V.1: | Systematisches und unsystematisches Risiko | 267 |
| Abb. V.2: | Optimale Wertpapiermischung und Effizientes Set | 270 |
| Abb. V.3: | Marktportefeuille und Kapitalmarktlinie | 271 |
| Abb. V.4: | Wertpapierlinie | 274 |
| Abb. V.5: | Bewertung als Alternativenvergleich mit Steuern | 285 |
| Abb. V.6: | Kapitalkosten im Modigliani/Miller-Theorem | 291 |
| Abb. V.7: | Kapitalkosten im Modigliani/Miller-Theorem unter Annahme von Kreditrisiko | 291 |
| Abb. V.8: | Kapitalkosten im Modigliani/Miller-Theorem unter Berücksichtigung von Steuern | 292 |
| Abb. V.9: | Auswirkungen der Eigentümerstruktur auf den Unternehmenswert | 294 |
| Abb. V.10: | Mezzanine Finance | 297 |
| Abb. V.11: | Agency Kosten und Unternehmenswert | 299 |
| Abb. V.12: | Bewertung eines unverschuldeten Unternehmens in einer Welt ohne Steuern | 301 |
| Abb. V.13: | Bewertung eines unverschuldeten Unternehmens bei einfacher Gewinnsteuer | 302 |
| Abb. V.14: | Bewertung eines unverschuldeten Unternehmens bei Doppelbesteuerung | 303 |
| Abb. V.15: | Bewertung eines verschuldeten Unternehmens ohne Steuern | 305 |
| Abb. V.16: | Bewertung eines verschuldeten Unternehmens bei Doppelbesteuerung | 307 |
| Abb. V.17: | Bewertung eines unverschuldeten Unternehmens im Anrechnungsverfahren | 309 |

| | | |
|---|---|---|
| Abb. V.18: | Bewertung eines verschuldeten Unternehmens im Anrechnungsverfahren | 311 |
| Abb. V.19: | Kapitalkosten im F- und L-Modell | 337 |
| Abb. VI.1: | Zukunftserfolgswerte | 360 |
| Abb. VI.2: | Irrelevanz der Ausschüttungspolitik bei reiner Eigenfinanzierung | 361 |
| Abb. VI.3: | Zahlungsmittelströme innerhalb eines Unternehmens | 372 |
| Abb. VI.4: | Gruppen von Zahlungsströmen | 373 |
| Abb. VI.5: | Kapitalflussrechnung | 374 |
| Abb. VI.6: | Gesamtwert und Werte von Eigen- und Fremdkapital | 375 |
| Abb. VI.7: | Bewertung von Nettoausschüttungen | 389 |
| Abb. VI.8: | Bewertung von Bruttoausschüttungen | 390 |
| Abb. VI.9: | Ermittlungsschema zur Bestimmung des Netto-Free Cashflow im Anrechnungsverfahren in einer Kapitalflussrechnung nach DRS 2 | 397 |
| Abb. VI.10: | Ermittlungsschema zur Bestimmung des Brutto-Free Cashflow im Anrechnungsverfahren in einer Kapitalflussrechnung nach DRS 2 | 400 |
| Abb. VI.11: | Ermittlungsschema zur Berechnung des Brutto-Free Cashflow im Halbeinkünfteverfahren in einer Kapitalflussrechnung nach DRS 2 | 412 |
| Abb. VI.12: | Ermittlungsschema zur Berechnung des Netto-Free Cashflow im Halbeinkünfteverfahren in einer Kapitalflussrechnung nach DRS 2 | 413 |
| Abb. VI.13: | Bewertung in der Bruttomethode der DCF-Methoden | 415 |
| Abb. VIII.1: | Synoptischer Vergleich von DCF- und Ertragswert-Methode | 508 |

# Tabellenverzeichnis

| | | |
|---|---|---|
| Tab. II.1: | Anlässe der Unternehmensbewertung | 6 |
| Tab. II.2: | Beispiel: Optimales Investitionsprogramm und Nutzenmaximierung | 30 |
| Tab. II.3: | Beispiel: Optimales Investitionsprogramm und Marktzins | 32 |
| Tab. II.4: | Beispiel: Optimales Investitions- und Konsumprogramm | 33 |
| Tab. II.5: | Beispiel: Optimales Investitionsprogramm und Nutzenmaximierung mit und ohne Kapitalmarkt | 44 |
| Tab. II.6: | Beispiel: Bewertung mehrperiodiger Rückflüsse aus Verkäufersicht | 45 |
| Tab. II.7: | Beispiel: Bewertung bei vollkommenem Kapitalmarkt | 46 |
| Tab. II.8: | Beispiel: Bewertung aus Verkäufersicht bei unvollkommenem Kapitalmarkt | 46 |
| Tab. II.9: | Beispiel: Bewertung bei unvollkommenem Kapitalmarkt | 47 |
| Tab. II.10: | Beispiel: Investitionsmöglichkeiten des Verkäufers | 50 |
| Tab. II.11: | Beispiel: Anlagemöglichkeiten des Verkäufers | 51 |
| Tab. II.12: | Beispiel: Basisprogramm des Verkäufers | 52 |
| Tab. II.13: | Beispiel: Anlagealternativen des Käufers | 53 |
| Tab. II.14: | Beispiel: Basisprogramm des Käufers | 54 |
| Tab. II.15: | Beispiel: Bewertungsprogramm des Käufers | 55 |
| Tab. II.16: | Beispiel: Bewertungsprogramm des Käufers bei vollkommenem Kapitalmarkt | 55 |
| Tab. II.17: | Beispiel: Lösung bei vollkommenem Kapitalmarkt | 56 |
| Tab. II.18: | Beispiel: Bewertungsprogramm des Käufers bei unvollkommenem Kapitalmarkt | 57 |
| Tab. II.19: | Beispiel: Lösung bei unvollkommenem Kapitalmarkt | 57 |
| Tab. II.20: | Beispiel: Finanzierungsmöglichkeiten des Käufers | 58 |
| Tab. II.21: | Beispiel: Lösung bei Mischfinanzierung | 59 |
| Tab. II.22: | Beispiel: Finanzierungsmöglichkeiten bei geringer Eigenkapitalausstattung | 59 |
| Tab. II.23: | Beispiel: Basisprogramm bei geringer Eigenkapitalausstattung | 60 |
| Tab. II.24: | Beispiel: Lösung bei geringer Eigenkapitalausstattung | 61 |
| Tab. II.25: | Beispiel: pagatorische und kalkulatorische Kapitalkosten | 61 |
| Tab. II.26: | Beispiel: kalkulatorische Kapitalkosten | 62 |
| Tab. II.27: | Bewertung von Zahlungen durch Alternativenvergleich | 65 |
| Tab. III.1: | Bedeutung von Bewertungsverfahren | 71 |
| Tab. III.2: | Beispiel: Doppelzählungsproblem | 79 |
| Tab. III.3: | Beispiel: Finanzbedarfsrechnung bei Gleichheit von Eigen- und Fremdkapitalkosten | 83 |
| Tab. III.4: | Beispiel: Finanzbedarfsrechnung bei Mischfinanzierung | 85 |
| Tab. III.5: | Beispiel: Bewertung ohne Berücksichtigung des Kapitalstruktureffekts (falsche Bewertung) | 86 |

| | | |
|---|---|---|
| Tab. III.6: | Beispiel: Bewertung mit Berücksichtigung des Kapitalstruktureffekts (richtige Bewertung) | 86 |
| Tab. III.7: | Beispiel: Berechnung des Fremdkapitals bei konstanter Kapitalstruktur | 87 |
| Tab. III.8: | Beispiel: Finanzbedarfsrechnung bei Mischfinanzierung | 87 |
| Tab. III.9: | Beispiel: Finanzbedarfsrechnung bei kalkulatorischen Eigenkapitalkosten | 88 |
| Tab. III.10: | Beispiel: Gebundenes Kapital | 88 |
| Tab. III.11: | Beispiel: Bewertung mit Residualgewinnen | 88 |
| Tab. III.12: | Beispiel: Plan-Gewinn- und Verlustrechnung | 107 |
| Tab. III.13: | Beispiel: Plan-Kapitalflussrechnung | 107 |
| Tab. III.14: | Ermittlung der Free Cashflows nach Steuern | 108 |
| Tab. III.15: | Einsatzbereiche der unterschiedlichen Wertmanagementkonzepte | 116 |
| Tab. III.16: | Beispiel: Berechnung des CFRoI und CVA in Variante 1 | 124 |
| Tab. III.17: | Beispiel: Ökonomische Abschreibung (BCG-Konzept) | 126 |
| Tab. III.18: | Beispiel: Ökonomische Abschreibung mit Rentenbarwertfaktor | 127 |
| Tab. III.19: | Beispiel zum Zielkonflikt von absoluten und relativen Zielgrößen | 129 |
| Tab. III.20: | Residualgewinne bei Annuitäten-Abschreibung | 136 |
| Tab. III.21: | Residualgewinne bei linearer Abschreibung | 136 |
| Tab. III.22: | Residualgewinne bei linearer Abschreibung und wachsendem Kapitalstock | 137 |
| Tab. III.23: | Beurteilung von Steuerungskonzepten für die wertorientierte Leistungsbeurteilung | 141 |
| Tab. III.24: | Beispiel: Unternehmensbewertung nach der DCF-Methodik | 145 |
| Tab. III.25: | Beispiel: Unternehmensbewertung nach der RIM-Methodik | 145 |
| Tab. III.26: | Beispiel: Unternehmensbewertung nach der DCF-Methodik mit konvergierender Überrendite | 146 |
| Tab. III.27: | Beispiel: Unternehmensbewertung nach der RIM-Methodik mit konvergierender Überrendite | 146 |
| Tab. III.28: | Beispiel: Analystenschätzungen | 148 |
| Tab. III.29: | Implizite Wachstumserwartungen bei alternativen Börsenwerten | 149 |
| Tab. III.30: | Implizite Wachstumserwartungen bei alternativen Börsenwerten | 149 |
| Tab. III.31: | Substanzwerte | 153 |
| Tab. III.32: | Arten von Multiplikatoren | 162 |
| Tab. III.33: | Beispiel: Vergleichsunternehmen | 170 |
| Tab. III.34: | Beispiel: Bewertung mit Multiplikatoren | 172 |
| Tab. III.35: | Beispiel einer Rekonstruktionswertberechnung | 175 |
| Tab. III.36: | Beispiel zur Prognose zukünftiger Unternehmensergebnisse | 176 |
| Tab. III.37: | Beispiel zur Prognose zukünftiger Bilanzwerte | 176 |
| Tab. III.38: | Beispiel zur Prognose zukünftiger Free Cashflows | 177 |
| Tab. III.39: | Beispiel zur Ertragswertmethode | 178 |
| Tab. III.40: | Beispiel zur DCF-Bruttomethode | 179 |

| | | |
|---|---|---|
| Tab. III.41: | Beispiel zur Bewertung mit Residualgewinnen | 179 |
| Tab. III.42: | Marktwertbilanz zur Bewertung mit Residualgewinnen | 180 |
| Tab. III.43: | Synergiepotenziale (in Mio. EUR) | 180 |
| Tab. III.44: | Beispiel zur Ermittlung des subjektiven Ertragswerts (in Mio. EUR) | 181 |
| Tab. IV.1: | Vergleich der Bewertung unterschiedlicher Erfolgsgrößen | 215 |
| Tab. IV.2: | Vergleich der Bewertung unterschiedlicher Erfolgsgrößen bei Reinvestition zu mehr als den Kapitalkosten | 216 |
| Tab. IV.3: | Vergleich der Bewertung unterschiedlicher Erfolgsgrößen bei Reinvestition zu mehr als den Kapitalkosten und Korrektur | 217 |
| Tab. V.1: | Steuerfaktor $\tau$ für das Tax Shield im Halbeinkünfteverfahren bei Dauerschulden ($\phi = 0{,}5$) | 316 |
| Tab. V.2: | Steuerfaktor $\tau$ für das Tax Shield im Halbeinkünfteverfahren bei kurzfristigen Schulden ($\phi = 1$) | 317 |
| Tab. V.3: | Grenzeinkommensteuersätze für das Tax Shield im Halbeinkünfteverfahren | 318 |
| Tab. V.4: | Finanzierungsstrategien und Einfluss auf die Kapitalkosten | 330 |
| Tab. VI.1: | Nachsteuergewinne im Anrechnungs- und Halbeinkünfteverfahren | 441 |
| Tab. VI.2: | Vergleich der Multiplikatoren für die Ermittlung der erforderlichen Rendite einer kapitalwertneutralen Reinvestition im Halbeinkünfte- und Anrechnungsverfahren | 445 |
| Tab. VIII.1: | Beispiel: Free Cashflow und Ausschüttung | 497 |

# Abkürzungsverzeichnis

| | |
|---|---|
| A. A. | Anderer Ansicht |
| Abb. | Abbildung |
| AB | Anfangsbestand |
| AC | Stückkosten (average costs) |
| AICPA | American Institute of Certified Public Accountants |
| APT | Arbitrage Pricing Theory |
| APV | Adjusted Present Value |
| Art. | Artikel |
| Aufl. | Auflage |
| AV | Anlagevermögen |
| BA | Banken |
| BB | Betriebsberater (Zeitschrift) |
| Bd. | Band |
| BFuP | Betriebswirtschaftliche Forschung und Praxis (Zeitschrift) |
| BGB | Bürgerliches Gesetzbuch |
| BGBl. | Bundesgesetzblatt |
| BT-Drs. | Bundestags-Drucksache |
| BU | Beteiligungsunternehmen |
| bzgl. | Bezüglich |
| bzw. | Beziehungsweise |
| ca. | Circa |
| CAPM | Capital Asset Pricing Model |
| c. p. | ceteris paribus |
| CML | Kapitalmarktlinie (Capital Market Line) |
| CVA | Cash Value Added |
| D | Nachfrage (Demand) |
| d. h. | das heißt |
| DAX | Deutscher Aktienindex |
| DB | Der Betrieb (Zeitschrift) |

| | |
|---|---|
| DBW | Die Betriebswirtschaft (Zeitschrift) |
| DCF | Discounted Cash Flow |
| Diss. | Dissertation |
| DStR | Deutsches Steuerrecht (Zeitschrift) |
| DV | Datenverarbeitung |
| EBIT | Gewinne vor Zinsen und Steuern (earnings before interest and taxes) |
| EBITDA | Gewinne vor Zinsen, Steuern und Abschreibungen |
| EBT | Gewinne vor Steuern |
| EEST | Einkommen- und Ertragssteuern |
| EK | Eigenkapital |
| EStG | Einkommensteuergesetz |
| etc. | et cetera |
| EVA | Economic Value Added |
| evtl. | eventuell |
| F&E | Forschung und Entwicklung |
| f. | folgende |
| FAS | Financial Accounting Statement |
| FA | Finanzanlagen |
| FAV | Finanzanlagevermögen |
| ff. | folgende (mehrere) |
| FK | Fremdkapital |
| FS | Festschrift |
| GE | Geldeinheiten |
| GESt | Gewerbeertragsteuer |
| GewStG | Gewerbesteuergesetz |
| GuV | Gewinn- und Verlustrechnung |
| Habil. | Habilitationsschrift |
| HBM | Harvard Business Manager (Zeitschrift) |
| HBR | Harvard Business Review (Zeitschrift) |
| HFA | Hauptfachausschuss |
| HM | Harvard Manager (Zeitschrift) |
| Hrsg. | Herausgeber |

| | |
|---|---|
| HW | Handwörterbuch |
| HWB | Handwörterbuch der Betriebswirtschaft |
| i. d. R. | in der Regel |
| i. e. S. | im engeren Sinne |
| i. H. v. | in Höhe von |
| i. w. S. | im weiteren Sinne |
| IAS | International Accounting Standard |
| IASC | International Accounting Standards Committee |
| IB | Investmentbanken |
| IDW | Institut der Wirtschaftsprüfer |
| IDW ES | Institut der Wirtschaftsprüfer, Entwurf eines Standard |
| IDW S | Institut der Wirtschaftsprüfer, Standard |
| IU | Industrieunternehmen |
| JoA | Journal of Accounting |
| JoACF | Journal of Applied Corporate Finance (Zeitschrift) |
| JoF | Journal of Finance |
| JoFE | Journal of Financial Economics (Zeitschrift) |
| JuB | Journal of Business |
| KESt | Kapitalertragsteuer |
| KI | Kreditinstitut |
| KRP | Kostenrechnungspraxis (Zeitschrift) |
| KSt | Körperschaftsteuer |
| KStG | Körperschaftsteuergesetz |
| LBO | Leveraged Buyout |
| LM | Liquide Mittel |
| M&A | Mergers and Aquisitions |
| m. a. W. | mit anderen Worten |
| m. E. | meines Erachtens |
| m. w. N. | mit weiteren Nennungen |
| M/B | Marktwert/Buchwert-Verhältnis |
| MA | M&A -Beratungen |
| Mass. | Massachusetts |

| | |
|---|---|
| MBO | Management Buyout |
| ME | Miles/Ezzel |
| Mio. | Millionen |
| MIT | Massachusetts Institute of Technology |
| MM | Modigliani/Miller |
| MR | Grenzerlös (Marginal Revenue) |
| MVA | Market Value Added |
| NAPM | National Association of Purchasing Management |
| NOPAT | Net Operating Profit after Taxes |
| NPV | Kapitalwert (Net Present Value) |
| Nr. | Nummer |
| o. V. | ohne Verfasser |
| PV | Barwert (Present Value) |
| r | Zinssatz/Rendite |
| RGBl. | Reichsgesetzblatt |
| S. | Seite |
| SA | Sachanlagen |
| SB | Schlussbestand |
| SML | Wertpapierlinie (Security Market Line) |
| Sp. | Spalte |
| StB | Die Steuerberatung |
| StSenkG | Steuersenkungsgesetz |
| StuW | Steuer und Wirtschaft (Zeitschrift) |
| Tab. | Tabelle |
| TCF | Total Cash Flow |
| TM | trade mark |
| Tsd. | Tausend |
| Tz. | Textziffer |
| Ü | Überschuss |
| u. a. | und andere |
| u. a. m. | und anderes mehr |
| UB | Unternehmensberatungen |

| | |
|---|---|
| USA | United States of America |
| US-GAAP | United States-Generally Accepted Accounting Principles |
| usw. | und so weiter |
| V | Verschuldungsgrad |
| Verb. | Verbindlichkeiten |
| VG | Vermögensgegenstand |
| Vgl. | Vergleiche |
| Vol. | Volume (Jahrgang) |
| vs. | versus |
| W | Wert |
| WACC | Gewichtete Kapitalkosten (Weighted Average Cost of Capital) |
| WC | Working Capital |
| WGF | Wiedergewinnungsfaktor |
| WiSt | Wirtschaftswissenschaftliches Studium (Zeitschrift) |
| WISU | Das Wirtschaftsstudium (Zeitschrift) |
| WP | Wirtschaftsprüfer |
| WPg | Die Wirtschaftsprüfung (Zeitschrift) |
| z. B. | zum Beispiel |
| z. Dt. | zu Deutsch |
| z. T. | zum Teil |
| z. Zt. | zur Zeit |
| ZBB | Zeitschrift für betriebswirtschaftliche Beratung |
| ZfB | Zeitschrift für Betriebswirtschaft |
| zfbf | Zeitschrift für betriebswirtschaftliche Forschung |
| zfhf | Zeitschrift für handelswissenschaftliche Forschung |
| zzgl. | zuzüglich |

# Symbolverzeichnis

| | |
|---|---|
| $\beta$ | Beta-Faktor für das systematische Risiko |
| $\partial$ | Partielle Ableitung |
| $\Delta$ | Veränderung |
| $\varepsilon$ | Störterm |
| $\lambda_k$ | Faktorprämie für Faktor k |
| $\mu$ | Erwartungswert der Rendite |
| $\rho_{ij}$ | Korrelationskoeffizient der Wertpapiere i und j |
| $\sigma$ | Standardabweichung |
| $\sigma^2$ | Varianz |
| $\sigma_{ij}$ | Kovarianz der Wertpapiere i und j |
| $\tau$ | gewichtetes Mittel der Steuersätze der Investoren |
| $\upsilon$ | Steuerfaktor für das Tax Shield im Halbeinkünfteverfahren |
| $\zeta$ | Risikozuschlag |
| $A_i$ | Anlagealternative |
| $A_{Inv.}$ | Investitions-Auszahlungen |
| $A_{Oper.}$ | Operative Auszahlungen |
| $A_t$ | Auszahlung im Zeitpunkt t |
| $AUF_t$ | Aufwand im Zeitpunkt t |
| $BFCF_t$ | Brutto-Free Cashflow im Zeitpunkt t |
| $b_i$ | Nettoeinzahlungen des Investitionsobjekts i |
| $B_t$ | Bestand im Zeitpunkt t |
| $C^+$ | zusätzlicher Konsum |
| $CC_t$ | Zahlungswirksame Kosten im Zeitpunkt t |
| $CF$ | Cash Flow |
| $C_j$ | Verfügungsbetrag je Finanzierungsobjekt j |
| $C_t$ | Konsum im Zeitpunkt t |
| $D_t$ | Ausschüttung im Zeitpunkt t |
| $DY_z$ | Dividendenrendite des Wertpapiers z |
| $e$ | Einbehaltungsfaktor |

| | |
|---|---|
| E[X] | Erwartungswert einer unsicheren Zahlung X |
| $EBIT_t$ | Gewinn vor Zinsen und Steuern im Zeitpunkt t |
| $EINL_t$ | Einlage im Zeitpunkt t |
| $E_{Inv.}$ | Investitions-Einzahlungen |
| Ek | Eigenkapital |
| $EK^B_t$ | Eigenkapitalbestand (Buchwert) im Zeitpunkt t |
| Ek-CF | Finanzierungs-Cashflow mit den Eignern im Zeitpunkt t |
| $Ek_t = n_t p_t$ | Wert des Eigenkapitals im Zeitpunkt t = Anzahl der Anteile (n) mal Wert der Anteile (p) im Zeitpunkt t |
| $\Delta Ek_t = m_t p_t$ | Neues Eigenkapital = Anzahl der neuen Anteile (m) mal Emmissionspreis (p) im Zeitpunkt t |
| $ENT_t$ | Entnahme im Zeitpunkt t |
| $ENÜ_t$ | Entnahmeüberschuss im Zeitpunkt t |
| $E_{Oper.}$ | Operative Einzahlungen |
| $ERT_t$ | Ertrag im Zeitpunkt t |
| $ERÜ_t$ | Ertragsüberschuss im Zeitpunkt t |
| $E_t$ | Einzahlung im Zeitpunkt t |
| EVA | Wertbeitrag (Economic Value Added) |
| $EZÜ_t$ | Einzahlungsüberschuss im Zeitpunkt t |
| $FCF_t$ | Free Cashflow im Zeitpunkt t |
| $F_i$ | Finanzierungsalternative |
| $F_i$ | Kaufpreis je Investitionsobjekt i |
| Fin-CF | Finanzierungs-Cashflow im Zeitpunkt t |
| f(x) | Funktion der Variable x |
| $f_j$ | Nettoeinzahlungen des Finanzierungsobjekts j |
| $F_k$ | Faktor k |
| $\Delta Fk_t$ | Fremdkapitalaufnahme im Zeitpunkt t |
| Fk | Fremdkapital |
| Fk-CF | Finanzierungs-Cashflow mit den Gläubigern im Zeitpunkt t |
| g | Wachstumsfaktor |
| $GB_t$ | Geldbestand im Zeitpunkt t |
| $GESt_t$ | gezahlte Gewerbeertragsteuer im Zeitpunkt t |

*Symbolverzeichnis* XXXV

| | |
|---|---|
| GRS | Grenzrate der Substitution |
| GRT | Grenzrate der Transformation |
| $G_t$ | Gewinn im Zeitpunkt t |
| i | Verzinsung |
| $ICF_t$ | Cashflow aus der Investitionstätigkeit im Zeitpunkt t |
| $I_t$ | Bruttoinvestitionen im Zeitpunkt t |
| $KB^B_t$ | Brutto-Kapitalbindung im Zeitpunkt t |
| $KB_t$ | Kapitalbindung im Zeitpunkt t |
| $KSt_t$ | gezahlte Körperschaftsteuer im Zeitpunkt t |
| $\Delta liq.M._t$ | Veränderung der liquiden Mittel im Zeitpunkt t |
| $L = Fk/Ek$ | Verschuldungsgrad Fk/Ek |
| $m_t p_t$ | Siehe $\Delta Ek_t$ |
| MVA | Gesamtwertbeitrag (Market Value Added) |
| N | Nettoinvestitionen |
| N* | Außenfinanzierungsbedarf |
| NB | Nebenbedingungen |
| $NCC_t$ | Nicht-zahlungswirksame Kosten im Zeitpunkt t |
| $NFCF_t$ | Netto-Free Cashflow im Zeitpunkt t |
| NPV | Kapitalwert (Net Present Value) |
| $n_t p_t$ | Siehe Ek |
| $N_t$ | Nettoinvestitionen im Zeitpunkt t |
| $OCF_t$ | Cashflow aus der laufenden Geschäftstätigkeit im Zeitpunkt t |
| p | Preissteigerungsrate |
| $p^e$ | erwartete Preissteigerungsrate |
| $POG_t$ | Preisobergrenze des Käufers im Zeitpunkt t |
| $P_t$ | Preis im Zeitpunkt t |
| $PUG_t$ | Preisuntergrenze des Verkäufers im Zeitpunkt t |
| PV | Barwert (Present Value) |
| PVF | Barwertfaktor |
| $q^{-t}$ | Diskontierungsfaktor, Kehrwert von $(1+r)^t$ |
| R | Rendite |
| $r_A$ | Rendite alternativen Anlagemöglichkeiten |

| | |
|---|---|
| RBF (r, n) | Rentenbarwertfaktor für Rendite r und eine Laufzeit von n Perioden |
| $r_{EK}$ | Eigenkapitalrendite |
| $R_f$ | Rendite einer risikolosen Anlage |
| $r_{FK}$ | Fremdkapitalkosten |
| $r_{GK}$ | Gesamtkapitalrendite |
| $R_m$ | Rendite des Marktportefeuilles |
| $r_n$ | nominaler Zins |
| ROE | Return on Equity |
| RP | Risikoprämie |
| $r_p$ | Rendite eines Portfolios |
| $r_r$ | realer Zins |
| $r_{t,t+k}$ | Forward Rate einer Anlage von Zeitpunkt t bis t+k |
| $r_{TCF}$ | Kapitalisierungssatz im TCF-Ansatz |
| $r_{Ek}^{\ell}$ | Eigenkapitalkosten eines verschuldeten Unternehmens |
| $r_{Ek}^{u}$ | Eigenkapitalkosten eines unverschuldeten Unternehmens |
| $r_{WACC}$ | Kapitalisierungssatz im WACC-Ansatz |
| s | effektiver Steuersatz der Gewerbesteuer |
| $SÄ_t$ | Sicherheitsäquivalent im Zeitpunkt t |
| t | Zeitpunkt, Zeitindex |
| T | Ende des Planungshorizonts |
| $t_d$ | Steuer auf Dividendenerträge |
| $t_e$ | Steuersatz der Körperschaftsteuer (Einbehaltungssatz) |
| $t_g$ | Gewinnsteuer, auf persönlicher Ebene nicht anrechenbar |
| $t_{ges.}$ | Steuerliche Gesamtbelastung |
| $t_H$ | Steuersatz der Körperschaftsteuer im Halbeinkünfteverfahren |
| $t_k$ | Steuersatz der Körperschaftsteuer (Ausschüttungssatz) |
| $t_{kg}$ | Steuer auf Kursgewinne |
| TS | Tax Shield |
| $T^u$ | Steuern eines unverschuldeten Unternehmens |
| U | Nutzen (bei Vermögensmaximierung) |
| U* | Nutzenniveau des Basisprogramms |
| $U_t$ | Umsatz im Zeitpunkt t |

## Symbolverzeichnis

| | |
|---|---|
| $UW_t$ | Unternehmenswert im Zeitpunkt t |
| v | (Grenz-)Steuersatz der Einkommensteuer |
| $\Lambda = Fk/Gk$ | Verschuldungsgrad Fk/Gk |
| $Vg_t$ | Vermögen im Zeitpunkt t |
| W | Wert |
| $w_0$ | Kaufpreis des Bewertungsobjekts |
| $X_A$ | Rückfluss aus der Anlage |
| $X_B$ | Rückfluss aus dem Bewertungsobjekt |
| $\bar{x}_i$ | Mengenobergrenze von $x_i$ |
| $x_i$ | Aktivitätsniveau des Investitionsprojekts i (i = 1, 2, ..., m) |
| $x_o$ | Aktivitätsniveau des Bewertungsobjekts |
| $X_t$ | Zahlung im Zeitpunkt t |
| $X^u$ | Zahlungen an die Investoren bei Annahme einer reinen Eigenkapitalfinanzierung |
| $X^\ell$ | Zahlungen an die Investoren bei Verschuldung |
| $\bar{y}_i$ | Mengenobergrenze von $y_j$ |
| $y_j$ | Aktivitätsniveau der Finanzierungsmaßnahme j (j = 1, 2, ..., n) |
| $Y_t$ | Zahlung im Zeitpunkt t |
| $Z_D$ | Zinsen auf Dauerschulden |
| ZF | Zielfunktion |
| $Z_k$ | Zinsen auf kurzfristige Schulden |
| $z_t$ | kalkulatorische Zinsen im Zeitpunkt t |
| $Z_t$ | Zinszahlung an die Gläubiger im Zeitpunkt t |

# I. Problemstellung

Seit etwas mehr als zehn Jahren erregt in Deutschland ein neues Verfahren der Unternehmensbewertung Aufsehen: die Discounted Cashflow (DCF)-Methode der Unternehmensbewertung, oft auch Shareholder Value oder Wertsteigerungsanalyse genannt.[1] Sie ist amerikanischen Ursprungs und wurde vor allem von Unternehmensberatungsgesellschaften propagiert und popularisiert.[2] Von Investmentbanken und Unternehmensberatern wird heute fast ausschließlich diese Methode eingesetzt.[3] Die von den Wirtschaftsprüfungsgesellschaften gemäß Stellungnahme HFA 2/1983 bevorzugte,[4] traditionelle Methode, das Ertragswert-Verfahren, ist dabei zunehmend in Kritik geraten.[5] Für den Wirtschaftsprüferstand hat dies zur Folge, dass er sich nicht nur in einem angestammten Geschäftsfeld unerwarteter Konkurrenz gegenübersieht, sondern auch für die zukünftige Gutachtertätigkeit erwartet werden muss, dass von Seiten der Gerichte die Frage nach Eindeutigkeit, Korrektheit und Übereinstimmung der Methoden gestellt werden wird.[6] Das Institut der Wirtschaftsprüfer (IDW) sah sich deshalb veranlasst, in seiner Neuauflage des Wirtschaftsprüferhandbuchs 1998 und der Stellungnahme zur Unternehmensbewertung IDW S 1 neben der Ertragswertmethode auch die DCF-Methoden für eine Unternehmensbewertung zuzulassen.[7] Dabei wird die grundsätzliche Übereinstimmung der Ergebnisse beider Vorgehensweisen vorausgesetzt.[8]

---

1   Vgl. Dirrigl (1994), S. 411.
2   Vgl. z. B. Copeland/Koller/Murrin (1994); Lewis (1994); Rappaport (1981, 1986, 1987); Stewart (1991); vgl. hierzu auch Ballwieser (1995a), S. 119.
3   Vgl. Drukarczyk (1995), S. 329; Peemöller/Bömelburg/Denkmann (1994), S. 741-749.
4   Vgl. IDW (1983), S. 468-480.
5   Vgl. z. B. Dirrigl (1994), S. 409; Maul (1992); Peemöller (1993); Schildbach (1993).
6   Vgl. Ballwieser (1995a), S. 120.
7   Vgl. IDW (1998), S. 103ff.; IDW (1999), S. 202.
8   Vgl. IDW (1998), S. 2, 26f., 76; Schmidt (1996), S. 826.

Die frühen Beiträge zu diesem Thema befassten sich zumeist mit der Anwendung der DCF-Methoden auf deutsche Verhältnisse, vor allem auf ein Steuersystem deutscher Prägung.[9] Eine Vielzahl von Beiträgen beschäftigt sich daneben mit einer Zusammenführung der Methoden.[10] Inzwischen hat sich in Theorie und Praxis die Meinung durchgesetzt, dass die verschiedenen zukunftserfolgsorientierten Methoden grundsätzlich in der Lage sind, zum selben Ergebnis zu gelangen.[11] Die dabei beschrittenen Wege sind jedoch sehr unterschiedlich. Es besteht keine Einigung darüber, was in der Unternehmensbewertung als Bewertungsgrundlage heranzuziehen ist. Es besteht noch immer Unklarheit, inwieweit Bewertungen auf der Grundlage von Zahlungs- oder periodisierten Größen zu unterschiedlichen Ergebnissen führen.[12] Dabei spielt vor allem die Überleitung von der Ebene der Zahlungen zwischen Unternehmen und Eigentümern auf die Ebene der Beziehungen des Unternehmens zur übrigen Umwelt eine entscheidende Rolle. Einerseits wird behauptet, dass die Resultate identisch seien, wenn die Größen richtig definiert und berechnet werden,[13] andererseits stellen theoretische Ableitungen und praktische Beispiele dies in Frage.[14] Bei der deutschen Ertragswertmethode ist man sich sogar uneins, ob hierbei Ertragsgrößen[15] oder Zahlungsgrößen[16] bewertet werden. Dabei wird zum Teil auch die Ertragswertmethode mit der Nettomethode der DCF-Methoden gleichgesetzt.[17]

Auch in den USA ist die Debatte längst nicht abgeschlossen:[18] noch immer wird die Frage diskutiert, ob nicht eine Bewertung auf Basis von Gewinnen sinnvoller ist als

---

9   Vgl. Ballwieser (1994), S. 1382 m. w. N.
10  Vgl. z. B. Ballwieser (2001b); Bergrath (1997); Born (1996); Drukarczyk (1995); Hachmeister (1996a); Kaden/Wagner/Weber/Wenzel (1997); Kirsch/Krause (1996, 1997); Schmidt (1995); Sieben (1995).
11  Vgl. Baetge/Niemeyer/Kümmel (2001), S. 267ff.; Ballwieser (2001b), S. 363ff.
12  Vgl. Ballwieser (2001b), S. 366.
13  Vgl. hierzu allgemein Francis (1976), S. 250ff.; Lorie/Dodd/Kimpton (1985), S. 89f. Zur Übereinstimmung der DCF- und Ertragswertmethoden vgl. Ballwieser (2001b); Born (1996, 1997); IDW (1998), S. 76 m. w. N.; Kaden/Wagner/Weber/Wenzel (1997), S. 502ff.
14  Vgl. insbesondere Sieben (1995), S. 736. Für ein Beispiel vgl. Peemöller/Keller (1998), S. 1058, hierzu kritisch Ballwieser (1999), S. 29; vgl. auch Bergrath (1997), S. 197ff.; Born (1996), S. 1889; Hachmeister (1996a), S. 251f.; Kirsch/Krause (1996), S. 804ff.; Kirsch/Krause (1997); Kußmaul (1999), S. 336; Mandl/Rabel (1997), S. 246ff.
15  Vgl. z. B. Jonas (1995), S. 86; Peemöller (1993), S. 410ff., 415; Peemöller/Keller (1998), S. 1023ff.; IDW (1992), S. 15, 45; IDW (1998), S. 79; Sieben (1995), S. 722ff.; kritisch Mandl/Rabel (1997), S. 125ff., 246, 384f.
16  Vgl. Hachmeister (1996a), S. 251; Hinz/Behringer (2000), S. 24; Mandl/Rabel (1997), S. 384f.
17  Vgl. Ballwieser (1995a), S. 123; Ballwieser (2001b), S. 365; Hachmeister (1996a, b).
18  Vgl. Black (1980), S. 19ff.; Black (1993), S. 1ff.; Gerling (1985), S. 60ff.; Palepu/Bernard/Healy (1996), Kapitel 7 S. 1ff.; Treynor (1972), S. 41ff.; vgl. auch Bernard (1995); Ely/Mande (1996); Feltham/Ohlson (1995); Lundholm (1995); Ohlson (1983, 1989, 1990, 1991, 1995).

## I. Problemstellung

auf Basis von Zahlungen, die nicht im Rechnungswesen erfasst werden und die den meisten Investoren fremd sind, die gewohnt sind, in Aufwendungen und Erträgen zu denken. Nicht umsonst ist noch immer eine der gebräuchlichsten Kennziffern der Analysten das Kurs/Gewinn-Verhältnis.

Gegenstand dieser Arbeit ist es, die verschiedenen Methoden der Unternehmensbewertung miteinander zu vergleichen, sie auf ihre Übereinstimmung zu prüfen, Unterschiede aufzudecken und daraufhin Ansätze für eine Zusammenführung zu entwickeln. Dazu sollen die Unterschiede der Methoden in Vorgehensweise wie in Ergebnis herausgearbeitet werden, um die Eignung der Methoden im Allgemeinen oder für bestimmte Fälle beurteilen zu können, Differenzen erklären zu können und eventuell nötige Anpassungen vornehmen zu können. Im Mittelpunkt stehen dabei die Discounted Cashflow (DCF)-Methode und das Ertragswertverfahren. Aber auch das Residualgewinnverfahren soll untersucht werden, das in jüngster Zeit durch die Diskussion um eine wertorientierte Unternehmensführung und das weitverbreitete Konzept des „Economic Value Added (EVA)"[19] starke Beachtung gefunden hat.

Dem Titel der Arbeit entsprechend gliedert sich die Arbeit in drei wesentliche Teile: Erstens werden die Gemeinsamkeiten betrachtet, die durch das theoretischen Fundament der Investitions- und Finanzierungstheorie gebildet wird. Zweitens werden die Unterschiede der Methoden daraufhin untersucht, ob sie rein formeller Natur sind, oder ob es tatsächliche Defizite handelt. Drittens werden Perspektiven aufgezeigt, wie diese Unterschiede bzw. vorhandene methodischen Defizite behoben werden können.

In Kapitel II, das sich an diese einleitenden Ausführungen anschließt, werden zunächst die existierenden theoretischen Grundlagen dargestellt, welche die Basis für die spätere Untersuchung bilden. Es wird insbesondere der Frage nachgegangen, was unter „Wert" zu verstehen ist und wie eine Bewertung grundsätzlich erfolgen kann.

In Kapitel III wird ein Überblick über die gebräuchlichen Verfahren der Unternehmensbewertung gegeben, der neben den zukunftserfolgsorientierten Verfahren auch die in der Praxis verbreiteten Methoden der Substanzbewertung und der Multiplikatorbewertung einschließt. Der Rest des Buches widmet sich hingegen ausschließlich den Zukunftserfolgswerten, die auf Basis von zukünftigen Erfolgen ermittelt werden.

Die Diskontierung von Zukunftserfolgen bildet die gemeinsame Basis aller Zukunftserfolgeswerte, d. h. sowohl für die Ertragswert-, Residualgewinn- als auch die Dis-

---

19 Vgl. Stewart (1991).

counted Cashflow-Methoden. Deshalb wird in Kapitel IV der theoretische Zusammenhang, die Bestimmung und die Prognose der bewertungsrelevanten Zukunftserfolge ausführlich dargestellt. Kapitel V widmet sich der theoretischen Definition und praktischen Ermittlung des für die Diskontierung benötigten Kalkulationszinses. Dabei kommt der Berücksichtigung von Fremdfinanzierung und Steuern große Bedeutung zu.

In Kapitel VI werden die verschiedenen Ansätze der DCF-Methodik im Detail dargestellt, wobei die Integration des deutschen Steuersystems und die Übereinstimmung der Ansätze den überwiegenden Teil der Ausführungen ausmachen. Kapitel VII widmet sich der detaillierten Darstellung und Kritik der Ertragswertmethode.

In Kapitel VIII werden Ertragswert- und DCF-Methoden einander gegenübergestellt und methodische Unterschiede identifiziert. Zum Teil handelt es sich dabei um Abweichungen vom theoretischen Ideal, sodass bei beiden Methoden in verschiedenen Bereichen Korrekturen erforderlich sind. Bei einem anderen Teil der Unterschiede handelt es sich dagegen um theoretisch gerechtfertigte Alternativen, die bei entsprechender Handhabung zu übereinstimmenden Resultaten führen. Die Ergebnisse der Methoden werden in einem analytischen Vergleich einander gegenübergestellt sowie Ursachen und Ausmaße von Ergebnisunterschieden ermittelt. Ein wesentlicher Unterschied der Methoden besteht in der Berücksichtigung des Ausschüttungsverhaltens, weshalb diesem bereits im theoretischen Teil große Aufmerksamkeit geschenkt wird.

In Kapitel IX werden die Bedingungen aufgezeigt, unter denen identische Ergebnisse ermittelt werden können. Anhand eines umfassenden Beispiels wird aufgezeigt, welche Voraussetzungen gegeben sein müssen, damit bei unterschiedlichen Vorgehensweisen identische Unternehmenswerte resultieren. Es wird insbesondere erörtert, welche Ergebnisunterschiede begründet sind und möglicherweise sogar eine genauere Bewertung widerspiegeln. Dabei wird auch darauf eingegangen, welche Methode unter welchen Bedingungen die geeignetere ist. Kapitel X gibt eine kurze Zusammenfassung.

# II. Theoretische Grundlagen der Unternehmensbewertung

In diesem einführenden Kapitel werden zunächst die existierenden theoretischen Grundlagen dargestellt, welche die Basis für die späteren Ausführungen bilden. Es wird insbesondere der Frage nachgegangen, was unter „Wert" zu verstehen ist und wie „Bewertungen" grundsätzlich vorgenommen werden können.

## A. Zweckabhängigkeit der Unternehmensbewertung

Es gibt nicht den einen, einzig richtigen Unternehmenswert. Er ist stets in Abhängigkeit von dem Zweck zu sehen, dem die Durchführung der Unternehmensbewertung dient.[1]

### 1. Anlässe der Unternehmensbewertung

Eine Unternehmensbewertung wird in einer Vielzahl von unterschiedlichen Fällen erforderlich. Sie wird vor allem notwendig, wenn ein Unternehmen oder Unternehmensteil den Eigentümer wechseln soll. Aber auch in anderen Fällen kann eine Bewertung notwendig werden, etwa bei Aufnahme oder Ausscheiden von Gesellschaftern, Erbauseinandersetzungen, Enteignung, Privatisierung, Vergleich, Konkurs etc.[2] Die Anlässe der Unternehmensbewertung lassen sich in entscheidungsabhängige und

---

1 Vgl. Coenenberg (1981), S. 90; Moxter (1983), S. 6.
2 Vgl. etwa Münstermann (1966a), S. 13ff.; Sieben (1983), S. 539.

–unabhängige einteilen, je nachdem, ob sie vom Willen der Eigentümer beeinflussbar sind.³ Gleichzeitig kann danach differenziert werden, ob ein Eigentumswechsel stattfinden soll oder nicht. Die Tabelle II.1 fasst die verschiedenen Bewertungsanlässe zusammen.

|  | **Mit Eigentumswechsel** | **Ohne Eigentumswechsel** |
|---|---|---|
| **Abhängig vom Willen der Eigentümer** | 1. Kauf oder Verkauf von Unternehmen oder Unternehmensteilen<br>2. Börseneinführung<br>3. Kapitalerhöhung<br>4. Unternehmen als Sacheinlage<br>5. Abschluss eines Gewinnabführungs- oder Beherrschungsvertrags<br>6. Eingliederung<br>7. Privatisierung<br>8. Eintritt eines Gesellschafters in eine Personengesellschaft | 1. Ermittlung des ökonomischen Gewinns<br>2. Buchwertermittlung<br>3. Zukunftsbezogene Publizität<br>4. Wertorientierte strategische Planung<br>5. Pretiale Lenkung des Verhaltens von Gesellschaftern über Erfolgsbeteiligung und Abfindungsklauseln<br>6. Wertorientierte Vergütung von Managern |
| **Unabhängig vom Willen der Eigentümer** | 1. Vermögensübertragung<br>2. Verschmelzung<br>3. Umwandlung<br>4. Erbauseinandersetzungen<br>5. Ehescheidung<br>6. Enteignung, Entflechtung<br>7. Ausscheiden oder Ausschluss eines Gesellschafters aus einer Personengesellschaft | 1. Sanierung<br>2. Kreditwürdigkeitsprüfung<br>3. Steuererklärungen |

Tab. II.1: Anlässe der Unternehmensbewertung⁴

Bewertungen werden von den unterschiedlichsten Parteien vorgenommen. Dies sind Kauf- und Verkaufsinteressenten, aber auch beauftragte Gutachter oder Vermittler. Analysten erstellen ständig Bewertungen von börsennotierten Unternehmen, in der Hoffnung, Fehlbewertungen aufzudecken. Bei Neuemissionen gilt es, den zum Verkauf stehenden Anteilen einen Wert beizumessen, um diese am Kapitalmarkt platzieren zu können. Zunehmende Bedeutung hat die Unternehmensbewertung auch als Instrument der Unternehmensführung erlangt. Dahinter steht „eine stärkere Orientierung unternehmerischer Entscheidungen am Nutzen der Anteilseigner (Stichwort Shareholder Value)"⁵. Strategische Alternativen können mit ihrer Hilfe verglichen,

---

3 Vgl. Ballwieser/Leuthier (1986), S. 546ff.
4 In Anlehnung an Bellinger/Vahl (1992), S. 31; Sieben (1993), Sp. 4321.
5 Sieben (1993), Sp. 4322.

Geschäftsfelder anhand ihres Wertbeitrags beurteilt und Anreizsysteme auf der Grundlage von Wertsteigerungen eingerichtet werden.

Bestimmte Anlässe erfordern eine gewisse Objektivierbarkeit des Unternehmenswerts, wenn der ermittelte Wert eine Lösung in Konfliktsituationen herbeiführen bzw. verschiedenen Interessengruppen in gleicher Weise gerecht werden soll.[6] Deshalb sind Unternehmensbewertungen, die unabhängig vom Willen der Eigentümer erfolgen, an besondere gesetzliche Normen gebunden. Beruhen sie hingegen auf Anlässen, die in den Entscheidungsbereich der Eigentümer fallen, können sie frei nach betriebswirtschaftlich sinnvollen Regeln erfolgen.[7]

## 2. Objektive und subjektive Unternehmensbewertung

*„Value, like beauty, is in the mind of the beholder".[8]*

Lange Zeit wurde versucht, einen objektiven Wert des Unternehmens, losgelöst von den subjektiven Interessenslagen der Käufer und Verkäufer, zu ermitteln.[9] Es wurde unterstellt, dass es einen Wert der Unternehmung „an sich" gibt, dass der Unternehmenswert eine dem Unternehmen innewohnende Eigenschaft darstellt.[10] Dem gegenüber trat die Auffassung, dass der Unternehmenswert nicht vom jeweiligen dispositiven Faktor unabhängig sein kann. „Vor allem ist der Sinn einer Wertgröße fraglich, die für jedermann gleichermaßen gültig sein soll, in Wirklichkeit aber wegen ihrer Schablonisierung für keine der an der Bewertung interessierten Parteien in vollem Umfange Gültigkeit besitzen kann".[11]

Heute wird allgemein anerkannt, dass der Unternehmenswert die individuelle Situation der bewertenden Partei und den Zweck der Bewertung berücksichtigen muss.[12] In der angloamerikanischen Bewertungslehre existiert kein entsprechendes explizites Prinzip der Berücksichtigung unterschiedlicher Bewertungszwecke, sondern dies wird dort „eher als Selbstverständlichkeit angesehen".[13]

---

6   Vgl. IDW (1998), S. 4.
7   Vgl. Bellinger/Vahl (1992), S. 34f.
8   Pratt (1981), S. 37.
9   Vgl. Kraus-Grünewald (1995), S. 1839.
10  Vgl. Kolbe (1959), S. 26; vgl. für einen Literaturüberblick Gerling (1985), S. 6ff.
11  Münstermann (1966a), S. 24; vgl. auch Busse von Colbe (1957), S. 16ff.
12  Vgl. zum „Zweckadäquanzprinzip" Moxter (1983), S. 5ff. m. w. N.
13  Gerling (1985), S. 47.

Gerade im Falle der Bewertung für Zwecke der Unterstützung von Kaufpreisermittlungen bzw. –verhandlungen zeigt sich, dass die individuellen Möglichkeiten aus den Perspektiven von Käufer und Verkäufer zu unterschiedlichen Wertvorstellungen führen. Grundsätzlich bildet die Analyse der Ausgangsverhältnisse den Ausgangspunkt einer jeden Bewertung. Bewertet man diese unter der Fiktion der Unternehmensfortführung im bisherigen Konzept, so ermittelt man einen Wert des Unternehmens „wie es steht und liegt" bzw. einen „*stand-alone*-Wert". Darauf aufbauend können die besonderen Möglichkeiten, die sich durch einen Eigentümerwechsel ergeben, etwa aus der Verbindung mit der Unternehmung des Käufers (Synergien) oder aus der Möglichkeiten eines effizienteren Einsatzes der vorhandenen Mittel (Restrukturierung), berücksichtigt werden.[14]

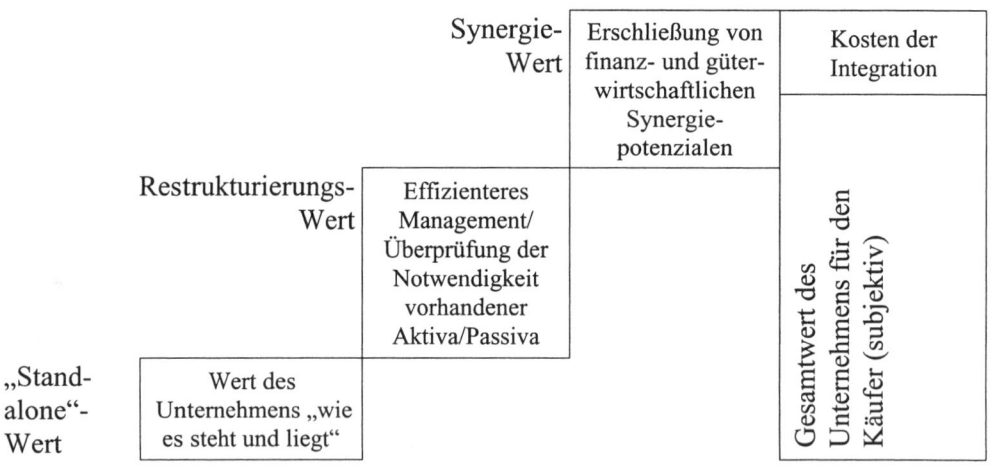

Abb. II.1: Stufenmodell der Akquisitionsbewertung[15]

## 3. Zwecke der Unternehmensbewertung

Im Rahmen der sog. „Kölner Funktionenlehre" werden objektive und subjektive Lehre integriert und verschiedene Zwecke der Unternehmensbewertung unterschieden, die sich in Haupt- und Nebenfunktionen unterteilen lassen. Als Hauptfunktionen unterscheidet man Beratungs-, Vermittlungs- und Argumentationsfunktion, als Neben-

---

14  Vgl. Coenenberg/Sautter (1988), S. 700f.; Dirrigl (1994), S. 423.
15  Vgl. ähnlich Mirow (1995), S. 110; vgl. auch Coenenberg/Sautter (1988), S. 698ff.

## A. Zweckabhängigkeit der Unternehmensbewertung

funktionen untergeordnete Aufgaben wie Steuerbemessung, Vertragsgestaltung oder Bilanzierung.[16]

In der Beratungsfunktion dient die Unternehmensbewertung der Bereitstellung von Entscheidungswerten für Verhandlungen. Als Berater unterstützt der Bewerter eine Partei bei den Verhandlungen.[17] Dies führt zur Bestimmung von Entscheidungswerten, individuellen Grenzpreisen, bei deren Über- bzw. Unterschreitung sich der Kauf bzw. Verkauf ökonomisch nicht lohnt.[18] Diese können als Grenzen der Konzessionsbereitschaft charakterisiert werden - für einen potenziellen Käufer wird eine Wertobergrenze bestimmt, oberhalb derer er nicht bereit sein wird, weiter zu bieten, für den Verkäufer wird eine Wertuntergrenze ermittelt, unterhalb derer er nicht verkaufen wird.[19] Wirtschaftsprüfer, Unternehmensberater, Investmentbanken etc. treten hierbei als Berater einer Partei bei den Verhandlungen und in deren Vorfeld auf.

In der Argumentationsfunktion ermittelte Argumentationswerte werden offen in die Verhandlungen eingebracht und dienen der Unterstützung einer der Parteien bei den Verhandlungen. Sie sollten möglichst nahe am Entscheidungswert der Gegenpartei liegen, um dieser einen möglichst kleinen Teil des Transaktionsvorteils zukommen zu lassen.[20] Durch Wahl geeigneter Bewertungsmethoden und geschickte Verhandlungsführung sollen Argumente bereitgestellt werden, welche die Wertvorstellungen der zu unterstützenden Partei untermauern.[21]

Im Rahmen der Vermittlungsfunktion hat der Bewerter, meist ein Wirtschaftsprüfer, die Aufgabe des Vermittlers zwischen den Parteien, um eine Konfliktsituation zu schlichten und einen fairen Einigungspreis zu finden. Hierfür werden so genannte Schiedsspruchwerte oder auch Arbitriumwerte ermittelt. Es soll ein Wert gefunden werden, der innerhalb der Bandbreite von Wertunter- und Obergrenze liegt und auf den sich die beiden Parteien einigen können.[22] Alle im Rahmen der Kölner Funktionenlehre zu ermittelnden Werte bauen also auf Entscheidungswerten auf und orientieren sich an dem durch die Wertuntergrenze des Verkäufers und die Wertobergrenze des Käufers gesteckten Spielraum.

---

16  Vgl. Matschke (1977); S. 158ff.; Sieben (1983), S. 539f.; Sieben (1993), Sp. 4316ff.; Sieben/Schildbach (1979), S. 455ff.; vgl. auch IDW (1983), S. 472; IDW (1985/86), S. 1054ff.
17  Vgl. IDW (1985/86), S. 1061f.; IDW (1998), S. 6.
18  Vgl. IDW (1985/86), S. 1060.
19  Vgl. Coenenberg/Sieben (1976), Sp. 4063f.
20  Vgl. Schildbach (1993), S. 29.
21  Vgl. Gerling (1985), S. 1.
22  Vgl. Sieben/Schildbach (1979), S. 456f.

Zwar akzeptiert auch der Berufsstand der Wirtschaftsprüfer die Funktionsbezogenheit der Bewertung, jedoch sieht er seine Bewertungsaufgabe neben der Beratung im Wesentlichen in den Tätigkeiten als neutraler Gutachter und Schiedsgutachter[23], weil Wirtschaftsprüfer häufig im Rahmen von Bewertungsanlässen tätig werden, die unabhängig vom Willen der betroffenen Eigentümer erfolgen und an besondere gesetzliche Normen gebunden sind, wie z. B. Fälle der Festsetzung eines angemessenen Ausgleichs oder von Abfindungen nach §§304, 305 AktG. Solche Anlässe erfordern eine gewisse Objektivierbarkeit des Unternehmenswerts, da der zu ermittelnde Wert eine Lösung in Konfliktsituationen herbeiführen bzw. verschiedenen Interessengruppen in gleicher Weise gerecht werden soll. Deshalb sind Wirtschaftsprüfer im Rahmen dieser Funktionen vor eine besondere Aufgabe gestellt. Die Aufgaben im Rahmen der Tätigkeit als neutraler Gutachter sowie als Schiedsgutachter lassen sich daher unter dem Begriff „gutachterliche Unternehmensbewertung" zusammenfassen.[24] Ebenso kann man die Beratungsfunktion und die Argumentationsfunktion der Bewertung bei Unternehmenskäufen unter dem Begriff „beratungsorientierte Bewertung" zusammenfassen. Die gutachterliche Bewertung und die beratungsorientierte Bewertung bei Unternehmenskäufen bilden die Basisfunktionen der Unternehmensbewertung. Neben diese klassischen Zwecke der Unternehmensbewertung sind durch die zunehmende Bedeutung des „Shareholder Value"-Gedankens weitere Aspekte hinzugetreten (vgl. Abb. II.2).

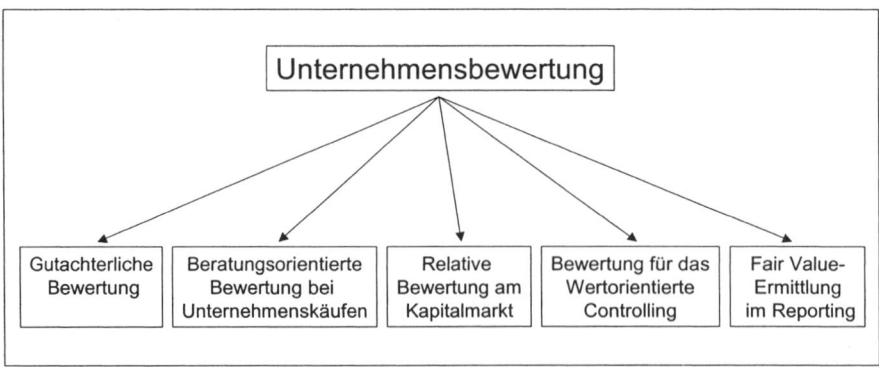

Abb. II.2: Zwecke der Unternehmensbewertung[25]

Die Finanzierung über den Kapitalmarkt hat in den vergangenen Jahren in Deutschland immer größere Bedeutung erlangt und damit haben auch die Interessen der Investoren stärkeres Gewicht erhalten. Vor diesem Hintergrund ist es nur allzu ver-

---

23 Vgl. IDW (2000), Tz. 12. Zum Vergleich der Zwecke gemäß Funktionenlehre und berufsüblicher Auffassung vgl. Coenenberg (1981), insbes. S. 223-225.
24 Vgl. Coenenberg/Schultze (2002a), S. 599f.
25 Quelle: Coenenberg/Schultze (2002a), S. 599.

## A. Zweckabhängigkeit der Unternehmensbewertung

ständlich, dass auch die Ausrichtung der Unternehmensführung an der Zielsetzung der Anteilseigner sich inzwischen weitestgehend durchgesetzt hat.

Grundprinzip der Bewertung von Kapitalmarkttiteln ist das Arbitrage-Prinzip, das auf dem „Law of One Price" beruht, nach welchem zwei identische Güter keinen unterschiedlichen Preis haben können.[26] Am Kapitalmarkt werden ständig Vergleiche angestellt, um aus Fehlbewertungen von Wertpapieren relativ zu anderen zu profitieren. Während die beratungsorientierte Bewertung primär auf den Kauf von ganzen Unternehmen als Anlass abstellt, geht es aus Sicht des Kapitalmarkts häufig nur um einen relativen Vorteilhaftigkeitsvergleich. Insofern lässt sich die „Relative Bewertung"[27] als eigenständiger Bewertungszweck am Kapitalmarkt identifizieren.

Die Zielsetzung der Unternehmenswertsteigerung hat in der Betriebswirtschaftslehre lange Tradition und stellt im Ergebnis nichts anderes dar als langfristige, dynamische Gewinnmaximierung.[28] Das Treffen von Investitionsentscheidungen anhand des Kapitalwertkriteriums, das nichts anderes abbildet als den Unternehmenswertzuwachs der einzelnen Investition, ist Allgemeingut des Betriebswirts. Akzeptiert man die Kapitalwertmaximierung als Auswahlkriterium für Investitionsvorhaben, so wird deren Aggregat, die Unternehmenswertmaximierung, zum obersten Auswahlkriterium aller möglichen Strategien des Gesamtunternehmens. Neu an der Entwicklung der wertorientierten Unternehmensführung ist die Ausdehnung der Erkenntnisse der Investitions- und Kapitalmarkttheorie auf die Unternehmenssteuerung, also nicht nur auf die Planung von Investitionen und Strategien, sondern auch auf die Umsetzung und Kontrolle im Sinne eines gesamten Controlling Regelkreises. Hieraus resultiert als eigener Bewertungszweck die laufende, dynamische Unterstützung des Controlling mit dem Handwerkszeug der Unternehmensbewertung. Freilich könnte man diesen als eine Unterfunktion der klassischen Beratungsfunktion verstehen, jedoch geht es hier nicht um die Beratung einer der Kaufparteien, sondern um die Beratung der Unternehmensführung im Hinblick auf langfristige Entscheidungen und deren Umsetzung.

Im gleichen Zuge erfordert die Umsetzung von intern durchgeführten Wertsteigerungsmaßnahmen in tatsächlichen Börsenwert, dass der Kapitalmarkt hiervon Kenntnis erhält und ihm die erwarteten Potenziale auch glaubhaft gemacht werden können. Im Zuge der Internationalisierung der Rechnungslegung hat die Ausrichtung der externen Berichterstattung an den Interessen der Anteilseigner, wie sie für den anglo-amerikanischen Raum typisch ist, zugenommen. Der Investor soll in die Lage versetzt

---

26  Vgl. stellvertretend Copeland/Weston (1992), S. 219ff.; Perridon/Steiner (1999), S. 275ff.
27  Vgl. Damodaran (2001), S. 252.
28  Vgl. Brealey/Myers (2000), S. 305; Copeland/Weston (1992), S. 38, 848.

werden, Anlageentscheidungen zu treffen. Hierzu benötigt er Informationen, um eine Vorstellung vom „inneren" Wert des Unternehmen zu entwickeln. Insofern richtet sich das Reporting zunehmend an den Informationsbedürfnissen des Kapitalmarkts und damit an den von den Kapitalmarktakteuren verwendeten Bewertungs-„Tools" aus. Gleichzeitig werden die Anstrengungen vermehrt, bisher nicht bewertbare und damit nicht bilanzierbare Vermögenswerte zu erfassen. Im Zuge der Diskussion um immaterielle Vermögenswerte, wie z. B. Marken, steht häufig der Bewertungsaspekt im Vordergrund. Ziel ist, das Auseinanderfallen des Buchwerts vom Marktwert des Eigenkapitals zu reduzieren.[29] Nach den neuen Vorschriften über die Bilanzierung des Geschäfts- oder Firmenwertes nach US-GAAP ist sogar eine fortlaufende Neubewertung des Geschäftswerts unerlässlich geworden. Auch für das *impairment* anderer *assets* ist der „Fair Value" in Gestalt des Barwerts ein wichtiger Korrekturwert. Damit ist die Unternehmensbewertung zum ständigen Begleiter des externen Rechnungswesens geworden. Die frühere Nebenfunktion der Bewertung, die Bilanzierung, hat sich zu einer Hauptfunktion entwickelt.[30]

## 4. Objektivierte Wertermittlung und neutrale Gutachtertätigkeit

Die Wirtschaftsprüfer sehen ihr Hauptaufgabengebiet neben Beratung und schiedsgutachterlicher Tätigkeit in der neutralen Gutachtertätigkeit, die an die Stelle der Argumentationsfunktion tritt.[31] Im Vorfeld der Verhandlungen ist es oft notwendig, einen neutralen Sachverständigen zu Rate zu ziehen, der die Datenbasis für die Verhandlungen so aufbereitet, dass die Kontrahenten auf dieser Grundlage ihre subjektiven Wertvorstellungen aufbauen können, ohne „dass der Kaufinteressent bereits Einblicke in die Interna des Kaufobjekts erhält"[32]. Bei dieser Arbeit als neutraler Gutachter ist folglich ein unparteiischer Ansatz zu wählen. Dieser ist zweistufig angelegt, sodass ermöglicht werden soll, aufbauend auf der Grundlage eines Ausgangswertes, alle weiter notwendigen Werte zu bestimmen. Zunächst wird ein für jedermann gültiger Wert, der „objektivierte" Wert, ermittelt, der dann in einem zweiten Schritt an die Bedürfnisse der Partei und der Bewertungsaufgabe angepasst wird. In der „Feststellungsphase" wird deshalb das Unternehmen bei Fortführung in unverändertem Kon-

---

29  Vgl. Black (1980), S. 19ff.; Black (1993), S. 1ff.; Günther/Kriegbaum-Kling (2001), S. 263ff.; Haller/Dietrich (2001), S. 1045.
30  Vgl. hierzu ausführlich Lüdenbach/Schulz (2002), S. 493ff.
31  Vgl. Coenenberg (1981), S. 223f.; IDW (2002), S. 9f.
32  IDW (1998), S. 5; IDW (2002), S. 10.

zept unter Berücksichtigung aller realistischen Zukunftschancen mit einem objektivierten Wert bewertet. Erst in der sich daran anschließenden „Verhandlungsphase" werden die subjektiven Positionen der Verhandlungspartner berücksichtigt.[33] Die im Rahmen der Schiedsgutachter- und Beratungsfunktion zu ermittelnden Werte könnten darauf aufbauend wie folgt dargestellt werden:[34]

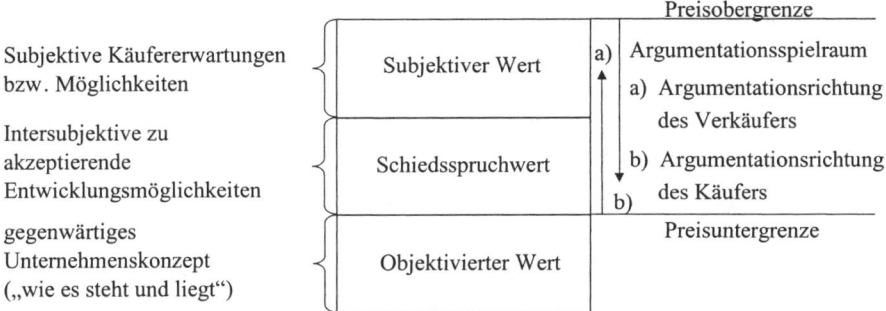

Abb. II.3: Entscheidungswerte bei der Unternehmensbewertung[35]

Im Rahmen der Beratungs- und Vermittlungsfunktion ermittelte Werte beruhen nicht unmittelbar auf Entscheidungswerten, sondern werden aufbauend auf dem Konzept des „objektivierten Wertes" in zwei Stufen ermittelt.[36] Eine solche stufenweise Wertermittlung ist für die Kaufpreisfindung sehr nützlich, da sie gleichzeitig Informationen über die Grenzpreise sowie deren Zusammensetzung liefert. Sie ist auch bei den amerikanischen Verfahren durchaus üblich.[37] Der von den Wirtschaftsprüfern als Grundlage verwendete „objektivierte Wert" ist hierfür jedoch nur bedingt geeignet, da er nicht als subjektiver Entscheidungswert konzipiert ist.[38]

Bei der neutralen Gutachtertätigkeit geht es weniger um die Ermittlung eines eigenständigen Wertes, sondern eher um „die Idee einer Arbeitsteilung zwischen objektivierter Datengewinnung über die Entnahmeerwartungen bei Fortführung des derzeitigen Unternehmenskonzeptes einerseits und der anschließenden Wertermittlung aufgrund der Dispositionsmöglichkeiten und Ziele einer Partei andererseits"[39]. „Für das

---

33  Vgl. IDW (1985/86), S. 1056ff.; IDW (1998), S. 6f.
34  Die unterschiedlichen Werte „liegen auf der Bandbreite zwischen objektiviertem Wert, Schiedswert und individuellem Entscheidungswert." IDW (1992), S. 18. Hierzu kritisch Schildbach (1993), S. 29ff.
35  In Anlehnung an IDW (1985/86), S. 1059; IDW (1992), S. 7. Kritisch hierzu Schildbach (1993), S. 32.
36  Vgl. Schildbach (1993), S. 30f.
37  Vgl. z. B. die stufenweise Ermittlung in Copeland/Koller/Murrin (1994), S. 344.
38  Vgl. hierzu IDW (1998), S. 5f.
39  Coenenberg (1981), S. 221; vgl. auch IDW (1998), S. 5.

Konzept eines eigenständigen ‚objektivierten' Wertes ist indessen in der Theorie der Unternehmensbewertung kein Platz."[40]

Die Beratung einer Partei und die Unterstützung bei der Kaufpreisfindung wurde vom Berufsstand der Wirtschaftsprüfer in der Vergangenheit weitestgehend abgelehnt, mit der Begründung, dass hierbei ein subjektiver Wert ermittelt werden muss, der die individuellen Möglichkeiten des Käufers mit in die Kalküle einbezieht, was mit den bestehenden Mitteln nicht möglich sei.[41] Statt dessen würden zu einem solchen Zwecke die Berechnungen meist von den Parteien selbst erstellt.[42] Eine generelle Tätigkeit auf diesem Gebiet sei aber erwünscht, um „den Mandanten mit ausgewogenem und fachkundigem Rat zur Seite zu stehen"[43]. Gerade in diesem Bereich hat sich neuerdings ein Markt und ein Instrumentarium entwickelt, das sich vor allem die Unternehmensberater zunutze gemacht haben. In der Neufassung des WP-Handbuchs (1998), das die Auffassung des Berufsstandes der Wirtschaftsprüfer zur Durchführung von Unternehmensbewertungen wiedergibt,[44] wurde deshalb die Ermittlung subjektiver Unternehmenswerte im Rahmen der Beratungsfunktion als eigenständiger Problemkreis und die Aufgabe des WP als Berater aufgenommen.[45]

## 5. Strategische Unternehmensbewertung

Im Rahmen der Diskussion um eine „strategische Unternehmensbewertung" wurde die von den Wirtschaftsprüfern verwandte Ertragswertmethode als für die subjektive Wertermittlung unzulänglich kritisiert, da sie auf einen objektivierten Wert des Unternehmens, „wie es steht und liegt" abziele und strategische Alternativen außer Acht lasse.[46] Ausgangspunkt für eine Diskussion „strategischer" Unternehmenswerte war die Feststellung, dass in Akquisitionen häufig die tatsächlich bezahlten Kaufpreise durch die herkömmlichen Bewertungsmethoden nicht erklärt werden können. Insofern lag es nahe, dies mit „strategischen" im Sinne von nicht quantifizierbaren, qualitativen Einflussfaktoren zu erklären.[47] Neuerdings wird vermehrt der Versuch unter-

---

40 Coenenberg (1981), S. 221; vgl. hierzu Abschnitt IV.B.3.
41 Vgl. IDW (1985/86), S. 1060f.; Korth (1992), S. 3.
42 Vgl. Dörner (1981), S. 202, 207; IDW (1985/86), S. 1061; IDW (1992), S. 9.
43 Korth (1992), S. 3; vgl. auch Ballwieser (1995a), S. 120.
44 Vgl. IDW (1998), S. 1.
45 Vgl. IDW (1998), S. 6, 37ff.
46 Vgl. Ballwieser (1993), S. 152, 172ff.; Dirrigl (1994), S. 409ff.; Hafner (1989), S. 8ff., Serfling/Pape (1996), S. 57; jeweils m. w. N.
47 Vgl. Dirrigl (1994), S. 410 mit Verweis auf Sieben (1988), S. 83.

## A. Zweckabhängigkeit der Unternehmensbewertung

nommen, zumindest einen Teil dieser strategischen Faktoren in Form von Handlungsspielräumen mit Hilfe von Optionspreismodellen bewertbar zu machen.[48]

Unter strategischer Unternehmensbewertung können grundsätzlich zwei Sachverhalte verstanden werden:[49]
- zum einen die Anwendung der Unternehmensbewertung auf Fragen der strategischen Planung, also die Beurteilung von Strategiealternativen anhand des Kriteriums Unternehmenswertsteigerung (unternehmenswertorientierte Führung),
- zum anderen der Rückgriff auf Instrumente der strategischen Planung bei der Wertermittlung.

In beiden Fällen ist es erforderlich, eine Verbindung zwischen strategischen Einflussgrößen und wertbestimmenden Faktoren herzustellen. Dabei ist es unerheblich, ob die Unternehmensbewertung für interne Zwecke der strategischen Planung verwendet wird oder ob strategische Aspekte zum Zweck der Kaufpreisbestimmung in die Bewertung einfließen sollen. Für jede Art der Unternehmensbewertung ist es letztlich erforderlich, die grundlegenden Wettbewerbsverhältnisse in der Planung der Zukunftserfolge zu berücksichtigen.

Die Kritik der Ertragswertmethode, für eine strategische Unternehmensbewertung unzulänglich zu sein, scheint durch die „objektivierte Wertermittlung" der Wirtschaftsprüfer provoziert worden zu sein.[50] Eine mangelnde Eignung der Ertragswertmethode für strategische Aspekte der Unternehmensbewertung kann nicht glaubhaft gemacht werden, da sie nicht mit der objektivierten Wertermittlung gleichgesetzt werden kann. Es muss lediglich die Vorgehensweise im Rahmen der Beratungsfunktion auf strategische Gesichtspunkte ausgerichtet werden.[51]

Die Ermittlung unterschiedlicher Werte im Zuge der verschiedenen Funktionen der Unternehmensbewertung beruht nicht auf einer grundsätzlich verschiedenen Vorgehensweise bei der Bewertung, sondern eher auf der Frage, was alles in das Bewertungskalkül eingezogen werden soll - ob hierbei die Interessen einer bestimmten Partei gewahrt werden sollen oder aber eine neutrale Zwischenposition bezogen werden soll. Die folgenden Ausführungen beschäftigen sich deshalb in erster Linie mit der

---

48 Vgl. z. B. Fischer/Hahnenstein/Heitzer (1999).
49 Vgl. Dirrigl (1994), S. 412.
50 Vgl. Ballwieser (1993), S. 172; Dirrigl (1994), S. 414.
51 Vgl. auch Dirrigl (1994), S. 429; Schmidt (1995), S. 1088.

Situation der entscheidungsorientierten Wertbestimmung beim Unternehmenskauf, da jede Zwischenposition darauf aufbauend gefunden werden kann.[52]

## B. Unternehmenswert

„Der Wert eines Unternehmens wird vom subjektiven Nutzen bestimmt, den sein Inhaber aus ihm ziehen kann."[53] Ziel der Unternehmensbewertung ist die Bestimmung und Bewertung dieses Nutzens.

### 1. Wert und Preis der Unternehmung

Die Höhe des Nutzens, den ein Gut stiftet, hängt nicht nur von seinen objektiven Eigenschaften ab, sondern auch von der Nutzeneinschätzung des Interessenten. „Wirtschaftlicher Wert ist nicht eine gewissen Dingen oder Vorgängen innewohnende Eigenschaft, sondern eine Beziehung von Menschen zu solchen nutzbringenden Gütern und Leistungen."[54] Insofern können sich die Beträge von Person zu Person unterscheiden, die der Einzelne bereit wäre, für ein Objekt zu bezahlen.

Hatte die klassische Wirtschaftstheorie noch versucht, den Wert eines Gutes an seinen Kosten festzumachen und einen „objektiven, intrinsischen" Wert zu bestimmen, so wurde doch bald erkannt, dass der Tauschwert eines Gutes von dessen Gebrauchswert, der aus seinem Nutzen abgeleitet wird, abweichen kann. In der Preistheorie der neoklassischen Wertlehre wird der Tauschwert dadurch bestimmt, dass die individuellen Wertschätzungen in die Preisbildung auf der Nachfrageseite eingehen, während das Angebot durch die Grenzkosten determiniert ist (vgl. Abb. II.4).[55]

---

52 Für eine kritische Betrachtung des objektivierten Wertes vgl. Abschnitt VII.C.4.
53 IDW (1985/86), S. 1057.
54 Käfer (1969), S. 299.
55 Vgl. Weber/Albert/Kade (1961), S. 643f. Zu den Annahmen des Modells der vollständigen Konkurrenz vgl. stellvertretend Schumann (1987), S. 177f., S. 236f. Unter den restriktiven Annahmen eines vollkommenen Marktes kommt es zu einem pareto-optimalen volkswirtschaftlichen Gleichgewicht, in dem kein Marktteilnehmer seine Situation verbessern kann, ohne dass gleichzeitig ein anderer schlechter gestellt werden würde. Dies ist gleichbedeutend mit der angestrebten effizienten Allokation von Ressourcen. Mit anderen Worten: jedem Wirtschaftssubjekt geht es so gut wie unter den gegebenen Bedingungen möglich.

Stehen sich auf einem Markt eine Vielzahl von Anbietern und Nachfragern gegenüber, dann kommt es durch den Marktmechanismus zu einem Gleichgewichtspreis für das Gut. Ein Gleichgewicht besteht dort insofern, als kein anderer Preis eine größere Anzahl von Marktteilnehmern zufrieden stellen könnte. Würde zu einem geringeren Preis angeboten, dann gäbe es mehr Nachfrager, die bereit wären, zu diesem Preis zu kaufen, als Anbieter, die bereit sind, zu diesem Preis zu verkaufen. Würde zu einem höheren Preis angeboten, bestünde entsprechend ein Angebotsüberschuss. Beim Gleichgewichtspreis kaufen alle diejenigen, die dem Gut einen ebenso hohen oder höheren Wert beimessen. Diejenigen, die das Gut geringer einschätzen, gehen leer aus. So erfüllt der Preis den Zweck eines Verteilungsmechanismus, indem er ein knappes Gut derjenigen Verwendung zulenkt, in der es den höchsten Nutzen erfährt.[56]

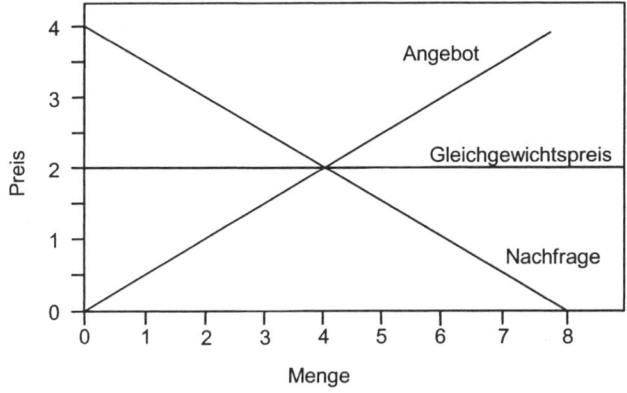

Abb. II.4: Preismechanismus

Befindet man sich dagegen auf einem Markt mit unvollständiger Konkurrenz, auf dem nur wenige Anbieter oder nur wenige Nachfrager vertreten sind, dann wird sich aufgrund des verringerten Konkurrenzdrucks ein anderer Marktpreis bilden. Eine geringe Zahl von Anbietern ist in der Lage, Preise zu fordern, die über dem obigen Gleichgewichtspreis liegen. Dadurch erhöht sich zwar ihr Gewinn, aber die Gesamtmenge sinkt und es kommen weniger Nachfrager zum Zuge. Insgesamt werden weniger Marktteilnehmer zufrieden gestellt. Liegt der umgekehrte Fall einer geringen Anzahl von Nachfragern vor, so ist diese in der Lage, Druck auf den Preis auszuüben, mit der Folge, dass dieser geringer als der Konkurrenzpreis ausfallen wird. Im Extremfall nur eines Anbieters und eines Nachfragers, einem sog. bilateralen Monopol[57], lässt sich aufgrund der sich gleichzeitig gegenüberstehenden Marktmacht ein Preis nur durch Verhandlungen ermitteln.

---

56 Vgl. hierzu stellvertretend Schumann (1987), S. 182f.
57 Unter einem bilateralen Monopol versteht man sukzessiv aufeinanderfolgend ein Monopol und ein Monopson; vgl. Clarke (1985), S. 187.

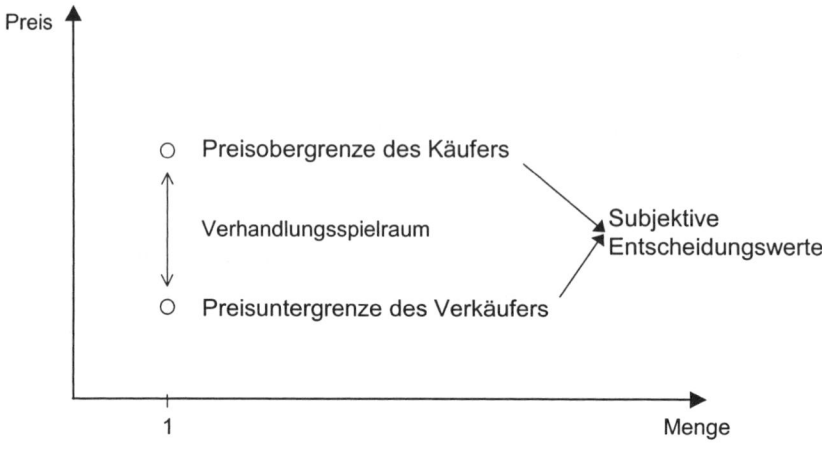

Abb. II.5: Bilaterales Monopol

Ein solcher Fall liegt häufig bei Unternehmenskäufen vor.[58] Ein einzelner Verkäufer steht einem oder wenigen Kaufinteressenten gegenüber. Die individuellen Wertvorstellungen können dabei stark differieren und es kommt erst im Laufe der Verhandlungen zu einem Preis, zu dem das Unternehmen seinen Eigner wechselt. Die Unternehmensbewertung dient der Unterstützung dieser Verhandlungen. Sie soll die individuellen Wertvorstellungen der Kontrahenten bestimmen helfen. Es sollen Werte bestimmt werden, die den Verhandelnden eine Vorstellung darüber vermitteln, zu welchem Preis sie bereit sein dürften, das Unternehmen zu kaufen oder zu verkaufen. Die in der Unternehmensbewertung ermittelten Werte sind damit nicht automatisch identisch mit dem Kauf- oder Verkaufspreis einer Unternehmung, sondern sie sind nur Anhaltspunkte dafür.[59]

## 2. Wert des Unternehmens als Ganzes

Ziel der Unternehmensbewertung ist die Bewertung des Gesamtunternehmens.[60] Die ersten Bewertungsansätze versuchten, dies über die Bewertung der einzelnen Vermögensgegenstände abzüglich der Schulden zu erreichen (sog. Einzelbewertungsverfah-

---

58 Vgl. in diesem Zusammenhang die Ausführungen von Schneider (1992), S. 520.
59 Vgl. Münstermann (1966a), S. 12.
60 Im Fall der Bewertung von Unternehmensteilen entspricht deren Wert dem entsprechenden Anteil am Gesamtunternehmenswert. Hier gilt es allerdings zu beachten, dass mit dem Erwerb solcher Anteile evtl. nicht die selben Einflussmöglichkeiten gegeben sind, wie beim Erwerb des gesamten Unternehmens. Dies ist bei der Bewertung entsprechend zu berücksichtigen; vgl. IDW (1998), S. 18.

ren). Dies ist vor allem durch die in den Anfängen der Unternehmensbewertung existierende objektive Bewertungslehre zu erklären.[61]

Insofern Marktpreise beobachtbar sind, stellen sie relativ objektive Größen dar, d. h. sie sind auch für andere nachvollziehbar. Sie stehen damit als gute Schätzer für den individuellen und subjektiven Wert eines Gutes zur Verfügung und können Argumente für Verhandlungen unterstützen.[62] Marktpreise sind i. d. R. für die einzelnen Vermögensgegenstände beobachtbar, aus denen sich das Unternehmen zusammensetzt. Daraus resultiert die ursprüngliche und älteste Form der Unternehmensbewertung, die Substanzbewertung. Die Bewertung des Unternehmens als Ganzes wird hier durch die Bewertung seiner Einzelteile, aller Vermögensgegenständen und Schulden, erreicht.[63]

Heute wird allgemein anerkannt, dass der Unternehmenswert von dem subjektiven Nutzen abhängt, den das Bewertungsobjekt stiftet. Folgt man der international üblichen Definition von Vermögensgegenständen („*assets*") als Ressourcen, aus denen das Unternehmen in Zukunft wirtschaftlichen Nutzen erzielen kann,[64] so zeigt sich, dass sich das Unternehmen dann als Summe seiner Einzelteile bewerten ließe, wenn alle *assets* identifizierbar und bewertbar wären, sowie die zwischen ihnen existierenden Verbundeffekte adäquat berücksichtigt werden könnten. Die Schwierigkeiten bei der Identifikation, Separation und Bewertung qualitativer, zweifellos wertbeeinflussender Faktoren wie z. B. Know-how der Mitarbeiter, Qualität von Kundenbeziehungen, Image etc. machen deutlich, dass eine solche Vorgehensweise nur bedingt praktikabel ist. Deshalb wird in der modernen Bewertungslehre den Gesamtbewertungsverfahren, bei denen das Unternehmen als Einheit bewertet wird, der Vorzug gegeben.

Der Wert eines Unternehmens hängt davon ab, welchen Nutzen, d. h. Beitrag zur Erreichung angestrebter Ziele, das Bewertungsobjekt insgesamt für die Eigentümer leisten kann. Der Wert ist deshalb von deren individuellen Zielsystem abhängig - er ändert sich mit einem Wechsel von Person, Situation und Informationsstand.[65] Neben dem Zielsystem, aus dem hervorgeht, was der Entscheidungsträger anstrebt, ist für

---

61 Vgl. Bender/Lorson (1995), S. 110; Sieben (1963a), S. 9; Sieben/Maltry (2001), S. 398.
62 Dies gilt auch für evtl. beobachtbare ähnliche Transaktionen. Die dort erzielten Werte können als Anhaltspunkte für den gesuchten Wert herangezogen werden.
63 Vgl. hierzu ausführlich Sieben (1963a).
64 Vgl. IAS Framework 49(a).
65 Vgl. Käfer (1969), S. 299.

die Bewertung ein Präferenzsystem notwendig, mit dem der Bewerter das Erstrebte beurteilt.[66]

## 3. Zielsystem des Unternehmens und seiner Eigner

Unabhängig von der Wirtschaftsordnung muss vernünftiges wirtschaftliches Handeln darauf bedacht sein, knappe Ressourcen nicht zu verschwenden und ein bestimmtes Ziel mit dem Einsatz möglichst geringer Mittel zu erreichen. Jede Form des Wirtschaftens unterliegt dem ökonomischen Prinzip. Die Notwendigkeit rationalen wirtschaftlichen Handelns ergibt sich aus der Tatsache, dass einerseits die Bedürfnisse des Menschen unbegrenzt, andererseits aber die zur Verfügung stehenden Ressourcen knapp sind.[67]

Produktionshaushalte sind diejenigen Wirtschaftssubjekte, die in einer Volkswirtschaft damit beauftragt sind, die Gesellschaft mit Gütern und Dienstleistungen zu versorgen, die zur Befriedigung der vorhandenen Bedürfnisse benötigt werden, und dabei einen Beitrag zur Steigerung des Wohlstandes leisten sollen. Dies geschieht, indem sie Wirtschaftsgüter auf den Beschaffungsmärkten erwerben und nach ihrer Umwandlung in absatzfähige Produkte auf den Absatzmärkten veräußern.[68] Dieser Transformationsprozess ist gemäß dem ökonomischen Prinzip „dann und nur dann wirtschaftlich rational, wenn der Wert des Input geringer als der Wert des Output"[69] ist. Mit anderen Worten ist die Betriebstätigkeit, wie jede ökonomische Aktivität, nur „dann rational, wenn ein Mehrwert bzw. ein Überschuß entsteht."[70]

Die Beweggründe für die Einhaltung des ökonomischen Prinzips sind vielfältig. Während die generelle Notwendigkeit des Prinzips der ökonomischen Rationalität systemunabhängig ist, sind die Motive, aufgrund derer die Wirtschaftssubjekte nach ihm handeln, durchaus abhängig von dem Wirtschaftssystem, in das sie eingebettet sind. Im System der Marktwirtschaft, in dem die Unternehmer autonom über den Einsatz der Produktionsmittel entscheiden können, ergibt sich die Einhaltung des ökonomischen Prinzips durch das Gewinnstreben der Unternehmer und den Preismecha-

---

66 Sieben (1969), S. 73; Sieben/Löcherbach/Matschke (1974), Sp. 841.; vgl. hierzu auch Ballwieser/Coenenberg/Schultze (2002), Sp. 2413ff.
67 Vgl. hierzu stellvertretend Wöhe (1990), S. 1ff.
68 Vgl. Perridon/Steiner (2002), S. 1.
69 Perridon (1989), S. 5.
70 Perridon (1989), S. 5.

nismus, das „erwerbswirtschaftliche Prinzip".[71] „Wie von einer 'unsichtbaren Hand' gelenkt, sorgen die Märkte und die sich aus Angebot und Nachfrage bildenden Preise dafür, dass die Marktteilnehmer, indem sie eigene Ziele verfolgen und auf den Märkten konkurrieren, gleichzeitig auch dem Gemeinwohl dienen."[72] Im System der Zentralverwaltungswirtschaft hingegen muss zentral geplant werden, was für wen, wann und in welcher Menge produziert werden soll. Die produzierenden Wirtschaftssubjekte folgen dem ökonomischen Prinzip, indem sie vorgegebene Pläne zu erfüllen trachten.[73]

In einer marktwirtschaftlichen Ordnung befinden sich alle Produktionsfaktoren letztendlich im Eigentum von Haushalten. Diese wiederum verfolgen die Zielsetzung der Maximierung ihres Nutzens, mit dem Nutzen als Maß ihrer Bedürfnisbefriedigung. Die Unternehmen dienen der Erzielung von Einkommen, um damit Güter für den Konsum zu erwerben. Das Unternehmen wird betrachtet als die finanziellen „Unternehmungen" seiner Eigentümer.[74] Die Unternehmung kann damit als die für die Marktwirtschaft charakteristische historische Erscheinungsform des Produktionshaushalts betrachtet werden, die am erwerbswirtschaftlichen Prinzip orientiert ist und durch ihre Aktivitäten einen Mehrwert erwirtschaften soll.[75] Oberste Zielsetzung des Unternehmens ist die Schaffung von Mehrwert oder Gewinn.

Seit Jahrzehnten betrachtet die Betriebswirtschaftslehre die langfristige Gewinnmaximierung als oberstes Ziel der Unternehmensführung.[76] Fast genauso lange wird dies kritisiert - zum einen wegen eines fehlenden Realitätsbezuges (Stichwort: Homo Oeconomicus), zum anderen wegen fehlender ethischer und sozialer Gesichtspunkte.[77] Während der zweite Kritikpunkt eine Frage des Wirtschaftssystems darstellt und nicht wertfrei behandelt werden kann, wird bzgl. des Ersten allgemein anerkannt, dass diese Zielsetzung unter zu strengen Annahmen aus den Erkenntnissen der traditionellen Wirtschaftstheorie abgeleitet wurde. In der Realität existiert der rein rational denkende, vollkommen informierte, gewinnmaximierende Unternehmer bzw. Manager nicht. Es werden auch andere Motive verfolgt, „zu denen nicht nur monetäre (Sicherung der Zahlungsbereitschaft, Umsatzmaximierung, Kapitalerhaltung), sondern

---

71  Vgl. Gutenberg (1976), S. 464f.
72  Hanusch/Kuhn (1992), S. 88. Über die Verteilungsgerechtigkeit wird hierbei keine Aussage gemacht. Diese muss durch eine entsprechende Wirtschaftspolitik herbeigeführt werden. Im Modell wird lediglich erreicht, dass keine Ressourcen verschwendet werden.
73  Vgl. Wöhe (1990), S. 5ff.
74  Vgl. Schumann (1987), S. 8f.
75  Vgl. Perridon/Steiner (2002), S. 8; Wöhe (1990), S. 2.
76  Zu diesem Abschnitt vgl. Wöhe (1990), S. 42ff.
77  Vgl. z. B. Heinen (1966), S. 28ff.

auch nicht-monetäre Ziele gehören (z. B. Streben nach Prestige, nach Unabhängigkeit, nach Verbesserung der sozialen Stellung, nach wirtschaftlicher Macht, nach Realisierung sozialethischer Vorstellungen)"[78]. Diese können als Nebenbedingungen des eigentlichen Zieles der Gewinnmaximierung angesehen werden, da sie in Krisenzeiten hintangestellt werden.[79]

Besondere Aufmerksamkeit erfordern diese Nebenziele bei solchen Unternehmen, bei denen Eigentümer und Geschäftsführer nicht identisch sind.[80] In solchen Fällen ist der Zugang der Eigentümer zum geschaffenen „Mehrwert" begrenzt. Auch haben sie keinen direkten Einfluss auf die Führungsentscheidungen und erhalten lediglich ein im Gesetz definiertes Kontrollrecht, wie z. B. Hauptversammlung und Aufsichtsrat, über den sie ihre Rechte, wie z. B. auf Gewinnausschüttung, geltend machen können. Für einen Eigentümer-Geschäftsführer, der sich etwa den Luxus eines ihm persönlich wichtigen Firmenjets leistet und damit den Gewinn im herkömmlichen Sinne reduziert, stellen Mehrkosten dieser Art einen Zusatznutzen oder Mehrwert dar. Für einen Aktionär hingegen stellt dieser Zusatznutzen der Geschäftsleitung möglicherweise nur ein Ärgernis dar, wenn er nicht wirtschaftlich begründet und somit für ihn nicht monetär gewinnbringend ist. Solche Konflikte haben in den achtziger Jahren in den USA zu regelrechten Übernahmewellen geführt. In sog. Leveraged Buyouts wurden am Aktienmarkt unterbewertete Unternehmen den Händen des alten Managements entrissen und sollten entweder zerschlagen („asset stripping") oder deren „undervalued, undermanaged assets"[81] vom neuen Eigentümer effizienter weitergeführt werden. Diese Übernahmen zeigten die Notwendigkeit einer verstärkten Orientierung des Managements am Wert der Unternehmung auf, um sich nicht nur vor Übernahmen zu schützen, sondern auch gleichzeitig den Zukunftserfolg des Unternehmens gezielter zu planen.[82] Zugleich wird seither vermehrt der Versuch unternommen, eine Kongruenz von Manager- und Aktionärsinteressen dadurch herzustellen, dass die Vergütung des Managements an die Ertragslage und die Performanz der Aktien des Unternehmens gekoppelt wird.

Für nicht von ihren Eigentümern geleitete Unternehmen ist auf Unternehmensebene also die Prämisse des Gewinnstrebens nicht zwangsläufig erfüllt. Andererseits trifft hier die Vorstellung am ehesten zu, dass die Eigentümer nur an einer Einkommenserzielung durch Anteilsbesitz am Unternehmen interessiert sind. Für Eigentümer-

---

78  Wöhe (1990), S. 46.
79  Vgl. Wöhe (1990), S. 46.
80  Vgl. Perridon/Steiner (2002), S. 13f.
81  Rappaport (1986), S. 3.
82  Vgl. Günther (1994), S. 28ff., 54.

Unternehmer wird dagegen diese Prämisse in der Realität oft nicht zutreffen. Ein Unternehmer wird durch die selbständige Tätigkeit auch einen über die monetäre Bedürfnisbefriedigung hinausgehenden Nutzen, etwa durch Selbstverwirklichung, Eigenbestimmung etc. erlangen. Gewinnmaximierung und Nutzenmaximierung werden dann innerhalb des Unternehmens miteinander verwoben.

Die Berücksichtigung der vielfältig möglichen unterschiedlichen Zielsysteme wird in der Literatur häufig gefordert.[83] Hierzu liegen zwar einige Ansätze vor[84], sie wurden aber wegen der Inoperationalität nichtfinanzieller Ziele bisher nicht umgesetzt. Statt dessen wird in der Regel ein rein finanziell orientiertes Zielsystem unterstellt, d. h. es wird von der vereinfachenden Annahme ausgegangen, dass lediglich monetäre Ereignisse für den Eigentümer von Relevanz sind. Nichtfinanzielle Zielsetzungen wie das Streben nach Selbstverwirklichung, Prestige oder Macht werden vernachlässigt bzw. im Rahmen der Kaufpreisfindung bei den Verhandlungen berücksichtigt: „Aus Gründen der Modellvereinfachung ist es zwar vielfach notwendig, für die Bewertung nur von einer einzigen, meist finanziellen Zielsetzung auszugehen; der Entscheidungsträger muß sich dann aber darüber im klaren sein, daß der ermittelte Unternehmungswert nur in bezug auf diese Zielsetzung die Grenze der Konzessionsbereitschaft zutreffend wiedergibt."[85]

# C. Bewertung auf Basis eines rein finanziell orientierten Zielsystems

Geht man von der vereinfachenden Annahme aus, dass lediglich monetäre Ereignisse für den Eigentümer von Relevanz sind, dann lässt sich die Bewertung auf den monetären Nutzen aus dem Unternehmen beschränken. Unternehmen dienen ihren Eigentümern zur Erzielung von Einkommen, um damit Güter für den Konsum zu erwerben. Die Eigentümer verfolgen die Zielsetzung der Nutzenmaximierung, mit dem Nutzen als Maß ihrer Bedürfnisbefriedigung. Das Einkommen ist gemäß seiner Höhe (Hö-

---

83 Coenenberg (1981), 235 ff.; Hafner (1989), S. 13 m. w. N.; Moxter (1983), S. 75ff.; Sieben (1969), S. 71ff.; Sieben (1974), S. 694ff.; Sieben/Götzke (1979), S. 27ff.; Sieben/Zapf (1981), S. 21ff., 98ff.
84 Vgl. Sieben (1969); Hafner (1989); Matschke (1993).
85 Coenenberg/Sieben (1976), Sp. 4070.

henpräferenz), seinem zeitlichen Anfall (Zeitpräferenz) und seiner Unsicherheit (Risikopräferenz) durch eine individuelle Nutzenfunktion zu bewerten.[86]

Ein potenzieller Unternehmenskäufer (-verkäufer) wird das Einkommen, das er aus dem Unternehmen erzielen kann, mit dem Einkommen aus alternativen Geldverwendungsmöglichkeiten vergleichen. Er wird nur dann bereit sein, das Unternehmen zu erwerben (verkaufen), wenn das damit verbundene Einkommen mindestens das gleiche Konsum- bzw. Nutzenniveau ermöglicht, wie es ihm ohne Erwerb (Verkauf) des Unternehmens möglich wäre. Der maximale Kaufpreis, den ein Erwerber bereit sein wird zu bezahlen, ergibt sich folglich durch Konstanthaltung seines Nutzenniveaus bei Einbeziehung des Unternehmens in sein Investitionsprogramm.

Für die eben skizzierte Vorgehensweise gilt es zunächst, die Begriffe Einkommen bzw. Gewinn genauer zu spezifizieren und die Möglichkeit ihrer Bewertung anhand einer Nutzenfunktion auf den Fall der Mehrperiodigkeit hin zu untersuchen.

## 1. Gewinnmaximierung und der kapitaltheoretische Gewinnbegriff

*„[...] if maximizing profit is ever a rational business goal, it is rational only if profit means economic profit, not accounting profit."*[87]

Obwohl sich die Wirtschaftstheorie eingehend mit dem Begriff Gewinn beschäftigt hat, existiert keine einheitliche Definition.[88] Gerade zwischen „buchhalterischem" und „ökonomischem" Gewinn sind entscheidende Unterschiede zu sehen. Der Gewinn als Überschuss des Werts des Outputs über den Wert des Inputs hängt davon ab, was alles als Output und Input betrachtet wird und wie diese bewertet werden. Die unterschiedlichen Gewinnkonzeptionen sollen im Folgenden kurz betrachtet werden.

Von der klassischen Wirtschaftstheorie wurde erkannt, dass ein Teil des gesamtwirtschaftlichen Outputs (Sozialprodukt) wieder in die Produktion einfließen musste, wollte man in der Zukunft dasselbe Produktionsniveau sicherstellen. Der Überschuss

---

86 Die Artenpräferenz, wie sie ansonsten noch zusätzlich betrachtet wird, scheidet aufgrund des rein finanziellen Zielsystems aus; vgl. Sieben/Schildbach (1980), S. 110.
87 Solomons (1961), S. 378.
88 Vgl. z. B. Bodenhorn (1964), S. 16; Copeland/Weston (1992), S. 22; Schneider (1963), S. 460; Solomons (1961), S. 374f.; Weston (1954), S. 152.

des Werts des Outputs über die dafür entstandenen Kosten (Inputs) kann von der Gesellschaft verbraucht werden, ohne ihr Überleben zu gefährden.[89] Dieser Überschuss stellt das Einkommen der Volkswirtschaft dar, bestehend aus Arbeitslohn, Bodenrente und Gewinn.[90] Um den Gewinn zu bestimmen, muss er von Arbeitslöhnen und Bodenrenten separiert werden. In der klassischen Theorie gelingt die Trennung von den Löhnen, indem diese als durch das Umfeld determinierte Kostenfaktoren angesehen werden. In der modernen neoklassischen Theorie erfolgt die Verteilung des Überschusses durch die Substituierbarkeit der Produktionsfaktoren und ihre Entlohnung mit ihrem Grenzprodukt.[91] Kapital tritt in der Form von Produktivkapital, also Anlagen etc. auf. Der Preis der letzten eingesetzten Einheit entspricht seinem Grenzprodukt.[92] Gewinne sind die Entlohnung für die Produktivität des Kapitals. In einer marktwirtschaftlich strukturierten Gesellschaft ist es der Unternehmer als Halter der Eigentumsrechte am Kapital, der diese Früchte erhält.[93]

Problematisch ist die Trennung von Gewinn und Zins.[94] Langfristig maximieren Unternehmer ihren Gewinn, indem sie den Barwert der Einkommensströme maximieren.[95] Im Gleichgewicht entspricht der Preis der Anlagen dem Barwert des durch sie erzielten Einnahmestroms.[96] Die Kosten des Kapitals sind dann gleich der Abnutzungsrate plus dem Zins. Dies entspricht im Gleichgewicht der Entlohnung des Kapitals. Für nicht abnutzbare Vermögensgegenstände wie Wertpapiere und damit einer Abschreibungsrate von Null, fallen Gewinnrate und Zinssatz zusammen.[97]

Um eine Trennung des Gewinns in seine Bestandteile zu erreichen, muss der Gewinn als dynamisches Phänomen betrachtet werden. In einem Gleichgewichtszustand kann eigentlich kein Gewinn entstehen, da aufgrund der Marktgesetze die Preise Kosten-

---

89 Vgl. Garegnani (1987), S. 560; Howard (1983), S. 11.
90 Vgl. Desai (1987), S. 1014.
91 Vgl. Garegnani (1987), S. 562.
92 Der Begriff Kapital wird in der Wirtschaftstheorie grundsätzlich mit zwei unterschiedlichen Bedeutungen belegt, nämlich das finanzieller und das produktiver Art; vgl. Hagemann (1990), S. 123f.
93 Vgl. hierzu ausführlich Desai (1987), S. 1014f.
94 „On account of this unsatisfactory integration, neoclassical economists still refer, as they themselves say, to the works of Wicksell and Fisher, that is, to those earlier versions of the neoclassical theory, whose internal consistency has been denied by the debate on capital theory of the 1960s and the 1970s. The relationship between the rates of interest and profit can thus be considered one of the most open and controversial subjects of political economy." Panico (1987), S. 879.
95 Vgl. z. B. Branson (1989), S. 286.
96 Vgl. Desai (1987), S. 1014; Fisher (1906), S. 202ff.; Hicks (1939), S. 115ff.; Howard (1983), S. 85f.
97 Vgl. hierzu ausführlich Branson (1989), S. 299; Desai (1987), S. 1014.

preise sind.⁹⁸ Man spricht von einem langfristigen Konkurrenzgleichgewicht einer Branche, in dem die „Gewinne" auf Null sinken, wobei mit Gewinnen hier Übergewinne über die Kapitalkosten gemeint sind. SCHUMPETER zählt zu den Kosten u. a. einen Unternehmerlohn, eine Grundrente, eine Risikoprämie und den Kapitalzins. Positive Übergewinne sind somit Anzeichen für ein Ungleichgewicht oder unvollständige Konkurrenz. Eigentliche Quelle des Gewinns ist für ihn die Innovation. Eindringende Konkurrenten lassen diese versiegen - es wird solange investiert, bis kein weiterer Anreiz zu Investitionen besteht, da alle gerade ihre Kapitalkosten verdienen.⁹⁹

Problematisch ist außerdem die Trennung von Kapital und Gewinn. D. h. Welche Bestandteile des Vermögens sind Gewinn, welche Kapital?¹⁰⁰ Welcher Teil eines Erlöses muss wieder der Erneuerung des Kapitals zufließen, welcher Teil ist konsumierbar? Kapital ist die der Stromgröße Gewinn zuzuordnende Bestandsgröße.¹⁰¹ Für FISHER ist Kapital einfach vorausbezahltes bzw. kapitalisiertes zukünftiges Einkommen.¹⁰² Die Umkehrung dieser Definition durch LINDAHL betrachtet den Gewinn als Verzinsung des Kapitals, das als Ertragswert aus den künftigen Einnahmeüberschüssen bestimmt wird.¹⁰³ Nach HICKS wird der Betrag als Gewinn betrachtet, der im Laufe des Jahres konsumiert werden kann, ohne am Ende schlechter dazustehen als zu Beginn.¹⁰⁴ Oder auf den Unternehmer bezogen: der Betrag, der maximal aus dem Unternehmen entziehbar ist, ohne die Substanz anzugreifen, welche die zukünftigen Erfolge sicherstellen soll.¹⁰⁵

---

98 Vgl. Schützinger (1957), S. 63, 74f.
99 Vgl. Schumpeter (1926), S. 207ff.; vgl. auch Schützinger (1957), S. 74. Zur Auffassung des Zinses als Entlohnung des eingesetzten Kapitals vgl. Böhm-Bawert (1902), S. 261ff.; vgl hierzu auch Schneider (1987), S. 342ff.
100 Vgl. Fisher (1906), S. 52ff.; Pasinetti/Scazzieri (1990), S. 136ff.; Schneider (1987), S. 366ff.
101 Vgl. z. B. Schneider (1963), S. 461.
102 „Capital, in the sense of capital value, is simply future income discounted or, in other words, capitalized." Fisher (1930), S. 12.
103 Vgl. Lindahl (1933), S. 401.
104 Vgl. hierzu z. B. Münstermann (1966b); Schneider (1987), S. 370ff.; Wegmann (1970), S. 24ff.
105 „Income earned [...] I.e. that income which a given capital can yield without alteration in its value." Fisher (1906), S. 333. „... we ought to define a man's income as the maximum amount which he can consume during a week, and still expect to be as well off at the end of the week as he was at the beginning." Hicks (1939), S. 172; vgl. auch Wöhe (1990), S. 1198.

## 2. Gewinn- und Nutzenmaximierung als mehrperiodige Zielsetzungen

Betrachtet man ein Unternehmen, das lediglich für eine Periode existiert, dann ist der Überschuss der eingenommenen über die eingesetzten Mittel leicht als Gewinn identifizierbar und stellt Einkommen für den Eigentümer dar, mit dem er seine Bedürfnisse befriedigen kann. Selbst wenn man die Zielsetzung der Unternehmerhaushalte auf die Einkommenserzielung reduziert, so wird im Falle einer mehrperiodigen Lebensdauer auch der zeitliche Anfall der Gewinne von Bedeutung sein.[106] Für den Unternehmerhaushalt ist es von Interesse, welches Einkommen ihm wann für seinen Konsum bereitgestellt wird, wie viel Mittel also im Unternehmen verbleiben und wie viel ausgeschüttet werden. Für die Unternehmung ist das Ziel der Gewinnmaximierung bei einem mehrperiodigen Planungshorizont dahingehend zu präzisieren, ob die Gewinne gleichzeitig Einkommen für den Eigentümer darstellen oder nicht. Für das Einkommen des Haushalts gilt im Prinzip die gleiche Definition wie für den Gewinn der Unternehmung: es ist die Stromgröße, welche die Bestandsgröße Vermögen verändert oder auch der maximal konsumierbare Betrag, ohne das Anfangsvermögen anzugreifen.[107]

Gemäß obiger Gewinndefinition soll das Unternehmen Entnahmen ermöglichen und dabei in seiner wirtschaftlichen Leistungsfähigkeit erhalten bleiben. Denkbar wäre auch, dass es unter Verzicht auf heutige Entnahmen in der Leistungsfähigkeit gestei-

---

106 Man unterscheidet deshalb innerhalb der Konsumpräferenzen in eine Höhen- und Zeitpräferenz, wobei erstere sich auf die Höhe des Konsums zu einem bestimmten Zeitpunkt bezieht und zweitere auf deren Anfall zu unterschiedlichen Zeitpunkten; vgl. hierzu Ballwieser (1990), S. 169; Köth (1979), S. 139ff.; Lehmann (1975), S. 81, 87ff.

107 Vgl. Hicks (1939), S. 172; Schneider (1992), S. 2. Dies ist nicht zu verwechseln mit dem Einkommensbegriff der Investitionstheorie, in der Einkommen grundsätzlich mit Konsumausgaben gleichgesetzt wird; vgl. Schneider (1992), S. 65. Entnahmen stellen in jedem Fall Einkommen für den Eigentümer dar, Wertsteigerungen dagegen nicht notwendigerweise. Fisher schließt dies z. B. aus, da er den Wert des Vermögens als Barwert allen Einkommens bildet. Hier würde eine Klassifizierung von Wertsteigerungen als Einkommen zu einer Doppelzählung führen. Wertsteigerungen des Vermögens erhöhen zwar die Bestandsgröße Vermögen, stellen für Fisher aber kein konsumierbares Einkommen dar, da, wie er sagt, diese zwar konsumierbar wären, aber ex post eben nicht konsumiert wurden; vgl. Fisher (1930), S. 27f. Für das Vorliegen von Einkommen ist also ein Zufluss von Einnahmen notwendig, das Realisationsprinzip oder auch Zuflussprinzip muss gelten; von diesen Einnahmen wird eine Abnutzungsquote oder Ertragswertabschreibung abgesetzt, die den zeitlich unregelmäßigen Einnahmestrom in einen gleichmäßigen Gewinnstrom glättet; vgl. Schneider (1987), S. 372, basierend auf Böhm-Bawerk (1902), S. 365ff.

gert wird und später höhere Entnahmen ermöglicht. SCHNEIDER unterscheidet demgemäß drei Zielsetzungen:[108]

1. Vermögensstreben (Maximierung des Vermögens am Planungshorizont bei gegebenen Entnahmen),
2. Entnahmestreben (Maximierung der Entnahmen bei gegebenem Vermögen am Planungshorizont),
3. Wohlstandsstreben (Optimales Verhältnis von Vermögenszuwachs und Entnahmesteigerung bei gegebener Präferenz von gegenwärtigem Konsum gegenüber zukünftigem).

Bei Vermögensstreben stehen die gewünschten Konsumentnahmen des Unternehmers fest, der Rest verbleibt im Unternehmen und wird dort so angelegt, dass ein maximales Endvermögen ermöglicht wird. Bei Entnahmestreben wird nur im Unternehmen belassen, was notwendig ist, um ein bestimmtes Endvermögen zu gewährleisten, der Rest wird entnommen. Bei beiden Zielsetzungen ist die eine Größe eindeutig durch die gegebene andere Größe bestimmt. Dagegen ist der Unternehmer bei Wohlstandsstreben in der Lage, auf gegenwärtigen Konsum zu Gunsten zukünftigen Konsums zu verzichten. Da Entnahmen und Vermögen voneinander abhängen, können sie nicht gleichzeitig maximiert werden. Um eine optimale Lösung zu finden, müssen Austauschregeln von heutigem und zukünftigem Konsum bekannt sein. Stellt man den Haushalt vor die Wahl zwischen Konsum heute oder Konsum morgen, dann wird er heute nur verzichten, wenn er dafür morgen mehr erhält. Der Betrag, um den der morgige Konsum höher sein muss als der, auf den heute dafür verzichtet werden muss, ist Ausdruck seiner Zeitpräferenz. Diese wird gewöhnlich durch Nutzenfunktionen und Indifferenzkurven abgebildet.[109] Dabei wird es ein gewisses Minimum an heutigem Konsum geben, auf das er auf keinen Fall verzichten will und einen Überschuss, auf den er leicht verzichtet.[110]

---

108 Vgl. Schneider (1992), S. 65f.; vgl. auch Perridon/Steiner (2002), S. 13.
109 Vgl. Schneider (1992), S. 67, 120. Die Abbildung der durch den Konsum erzielten individuellen Bedürfnisbefriedigung in sog. Nutzenfunktionen und die zugrundeliegende kardinale Nutzenmessung ist durchaus problematisch, kann hier aber nicht weiter verfolgt werden; vgl. für eine Kritik z. B. Buchner (1968), S. 47; Heinen (1966), S. 149.
110 Hierbei wird unterstellt, dass ein Mehr an Konsum grundsätzlich gewünscht wird, wenn auch mit abnehmender Grenzrate, d. h. der Grenznutzen des Konsums ist grundsätzlich positiv und abnehmend (Annahme der Nichtsättigung und Gossen'sches Gesetz). Die Steigung der resultierenden Indifferenzkurven repräsentieren das Austauschverhältnis zwischen Konsum heute und morgen. Wegen der monoton steigenden Nutzenfunktionen sind die Indifferenzkurven, die ein konstantes Nutzenniveau angeben, grundsätzlich konvex zum Ursprung. Ihre Steigung, die Grenzrate der Substitution, ist grundsätzlich abnehmend. Mit Änderung der Höhe des Konsums heute ändert sich die Steigung und damit die Zeitpräferenzrate; vgl. hierzu stellvertretend Schumann (1987), S. 14ff., 88ff.

Zur Veranschaulichung möge folgendes Beispiel dienen: Es stehen 2.500 GE zur Verfügung, die entweder heute konsumiert oder zu zwanzig Prozent angelegt und morgen zzgl. Zinsen verbraucht werden können. Bei Vermögensmaximierung könnten heute z. B. 500 GE verbraucht werden und morgen dafür 2.400 GE zur Verfügung stehen. Bei Entnahmestreben könnte z. B. ein in beiden Perioden maximaler gleich hoher Betrag angestrebt werden: 1.363 GE. Beide Zielsetzungen stellen tatsächlich nur Spezialfälle der Wohlstandsmaximierung dar.[111] Die für sie notwendigen Austauschregeln sind *ex ante* gegeben und stellen jeweils nur einen Punkt auf den Indifferenzkurven dar, welche die Gesamtheit der Austauschregeln abbilden, die für Wohlfahrtsmaximierung notwendig sind. Eine solche könnte z. B. besagen, dass der Unternehmer indifferent ist zwischen einem Konsum von (3.000 heute / 620 morgen) und (1.363 heute / 1.363 morgen) und (500 heute / 3.720 morgen) - alle solchen Kombinationen, die sich auf der selben Indifferenzkurve befinden, stiften ihm den gleichen Nutzen. Stellt man diese Austauschregeln den tatsächlichen Investitionsmöglichkeiten gegenüber, so gibt es eine einzige Kombinationsmöglichkeit aus realisierbarem heutigem und morgigem Konsum, die dem Haushalt einen höchstmöglichen Nutzen stiften.[112] Überträgt man dies auf die Unternehmung, in der die Transformation von heutigem in morgigen Konsum erfolgen soll und der eine Fülle verschiedener Investitionsmöglichkeiten zur Auswahl stehen, dann sind folglich die Investitionsentscheidungen (und damit der Grad an Selbstfinanzierung bzw. Ausschüttung) an die Konsumpräferenzen ihres Eigentümers gebunden. Hätte eine Unternehmung mehrere Eigentümer mit unterschiedlichen Zeitpräferenzen, dann wäre es unmöglich, eine für alle zufriedenstellende Lösung zu finden.

## 3. Separation von Gewinnausschüttungs-, Finanzierungs- und Investitionsentscheidungen

Die betriebliche Investitions-, Finanzierungs- und Ausschüttungspolitik ist grundsätzlich abhängig von den Zeitpräferenzen der Eigentümer. Dennoch können Entscheidungen an Manager delegiert werden, ohne damit den Nutzen für die Eigentümer und damit den Wert des Unternehmens zu beeinträchtigen. Hierbei werden in der Literatur vor allem das FISHER-Separationstheorem und die MODIGLIANI/MILLER-Theoreme diskutiert.[113]

---
111 Vgl. Schneider (1992), S. 120.
112 Dieser Punkt ist graphisch repräsentiert durch die Tangente aus Indifferenzkurve und Produktionsmöglichkeitenkurve.
113 Vgl. z. B. Perridon/Steiner (2002), S. 21f., 259f.; Schneider (1987) S. 344, 359.

## 3.1. Fisher-Separation

Besteht für den Eigentümer lediglich die Möglichkeit, Geld entweder im Unternehmen zu belassen oder zu konsumieren, dann besteht zwangsläufig die Notwendigkeit, Investitionen, Rückflüsse sowie deren Ausschüttungen so zu planen, dass sie für den Unternehmer eine zufriedenstellende Bedürfnisbefriedigung ermöglichen.[114] Stünde beispielsweise eine Anfangsausstattung von 2,500 und die in Tab. 3 wiedergegebenen Investitionsprojekte zur Auswahl, dann würde dasjenige gewählt werden, das den höchsten Nutzen für den Investor stiftet: Projekt E mit einer Investition $I_0$ von 1,057, das einen heutigen Konsum $C_0$ 1,443 und eine Rückzahlung und somit morgigen Konsum $C_1$ von 3,333 ermöglicht.[115]

| Projekt | Investition $I_0$ | $C_0 = 2,5 - I_0$ | Rückfluss = $C_1$ | ∅ Rendite | Grenzrendite | Nutzen |
|---|---|---|---|---|---|---|
| A | 2,500 | 0 | 5,000 | 100 % | 0 | 0 |
| B | 2,000 | 0,500 | 4,800 | 140 % | -20 % | 1,549 |
| C | 1,750 | 0,750 | 4,550 | 160 % | 20 % | 1,847 |
| D | 1,500 | 1,000 | 4,200 | 180 % | 60 % | 2,049 |
| **E** | **1,057** | **1,443** | **3,333** | **215 %** | **131 %** | **2,193** |
| F | 1,000 | 1,500 | 3,200 | 220 % | 140 % | 2,191 |
| G | 0,500 | 2,000 | 1,800 | 260 % | 220 % | 1,897 |
| H | 0,230 | 2,271 | 0,875 | 282 % | 263 % | 1,409 |
| I | 0,100 | 2,400 | 0,392 | 292 % | 284 % | 0,970 |

Tab. II.2: Beispiel: Optimales Investitionsprogramm und Nutzenmaximierung

Mathematisch ergibt sich die Lösung durch Maximierung der Nutzenfunktion unter der Nebenbedingung der gegebenen Einkommensverhältnisse und Investitionsmöglichkeiten:

$$ZF: U(C_0; C_1) = \sqrt{C_0 C_1} \to max!$$

$$NB: C_1 = 5 - \frac{C_0^2}{1,25}$$

---

114 Vgl. zum folgenden Fisher-Separationstheorem Fisher (1930), insbes. S. 231ff.; Hirshleifer (1958), S. 329ff. Für eine übersichtliche Darstellung vgl. Copeland/Weston (1992), S. 3ff.
115 Es wird angenommen, dass die Investitionsprojekte beliebig teilbar sind, sodass sich diese durch die Funktion $C_1 = 5 - (C_0^2/1,25)$ abbilden lassen. Die unterstellte Nutzenfunktion ist von der Form $U(C_0, C_1) = (C_0 \times C_1)0,5$.

Das Optimum ergibt sich in dem Punkt, in dem die Steigung der Investitionsmöglichkeitenkurve (Grenzrate der Transformation GRT) gleich der Steigung der Indifferenzkurven (Grenzrate der Substitution GRS) ist:

$$\text{GRT} = \frac{\partial C_1}{\partial C_0} = -1{,}6\,C_0 \stackrel{!}{=} \text{GRS} = \frac{dC_1}{dC_0} = \frac{\frac{\partial U}{\partial C_0}}{\frac{\partial U}{\partial C_1}} = \frac{C_1}{C_0},$$

$$\Leftrightarrow C_1 = 1{,}6 \cdot C_0^2 \text{ bzw. } C_0 = \sqrt{\frac{C_1}{1{,}6}}$$

$$\Leftrightarrow C_1 = 5 - \frac{C_0^2}{1{,}25} = 5 - \frac{\frac{C_1}{1{,}6}}{1{,}25} = 3{,}333 \text{ bzw. } C_0 = 1{,}4434.$$

Der Austausch von heutigem und morgigem Konsum erfolgt solange, bis in diesem Punkt $(C_0; C_1) = (1{,}443; 3{,}333)$ das durch das Investitionsprogramm gegebene Umwandlungsverhältnis GRT gleich dem gewünschten intertemporalen Austauschverhältnis Konsum heute/morgen GRS ist:

$$\text{GRT} = \text{GRS} \Rightarrow 1{,}6\,C_0 = \frac{C_1}{C_0} = \frac{3{,}333}{1{,}443} = 2{,}309.$$

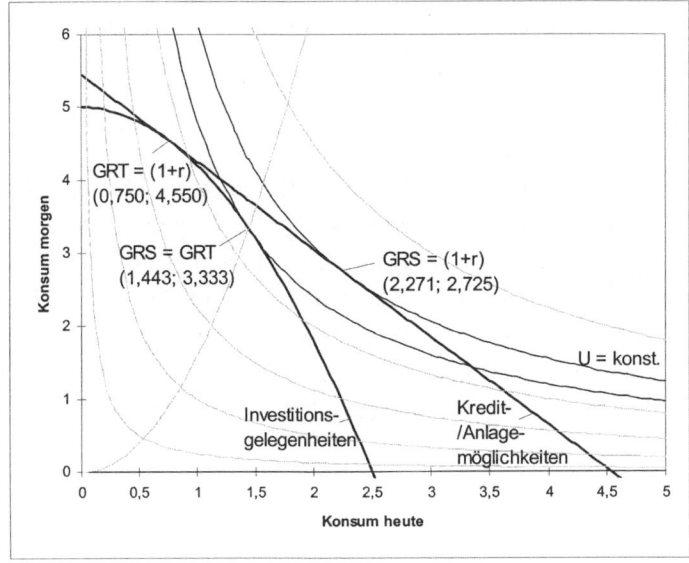

Abb. II.6: Fisher-Separation

Durch die Einführung eines Kapitalmarkts mit der Möglichkeit zur Anlage von überschüssigen, nicht für den Konsum benötigten Mitteln und der Finanzierung zusätzlichen Konsums durch Kredite, kann der Unternehmer seine präferierte Kombination aus Konsum heute/morgen herstellen, selbst wenn die von der Unternehmung für den Konsum bereitgestellten Mittel seinen heutigen Bedarf übersteigen oder unterschreiten. Investitionsprojekte können dann ausschließlich anhand ihrer Rentabilität ausgewählt werden.[116]

| Projekt | Investition | Rückfluss | ∅ Rendite | Grenzrendite GRT | Marktzins r |
|---------|-------------|-----------|-----------|------------------|-------------|
| A | 2,500 | 5,000 | 100 % | 0 | 20 % |
| B | 2,000 | 4,800 | 140 % | -20 % | 20 % |
| **C** | **1,750** | **4,550** | **160 %** | **20 %** | **20 %** |
| D | 1,500 | 4,200 | 180 % | 60 % | 20 % |
| E | 1,057 | 3,333 | 215 % | 131 % | 20 % |
| F | 1,000 | 3,200 | 220 % | 140 % | 20 % |
| G | 0,500 | 1,800 | 260 % | 220 % | 20 % |
| H | 0,230 | 0,875 | 282 % | 263 % | 20 % |
| I | 0,100 | 0,392 | 292 % | 284 % | 20 % |

Tab. II.3: Beispiel: Optimales Investitionsprogramm und Marktzins

Es wird solange investiert, bis die Grenzrendite GRT gleich der Marktrendite r von 20 % (Projekt C) ist, denn jede darüber hinausgehende Investition erfolgt besser am Kapitalmarkt:

$$GRT = 1,6 \; C_0 = (1 + r) = 1,2 \Rightarrow C_0 = 0,750 \text{ und } C_1 = 4,550.$$

Dieses Investitionsprogramm liefert dem Investor einen möglichen Konsum ($C_0$; $C_1$) von (0,750; 4,550) mit einem Nutzen von nur 1,847. Wegen der Möglichkeit der Anlage bzw. Aufnahme von Mitteln am Kapitalmarkt kann er nun die Kombination herstellen, die ihm persönlich den höchsten Nutzen stiftet. Dies geschieht durch Aufnahme von 1,521, die morgen zzgl. 20 % Zinsen (1,825) zurückbezahlt werden müssen, was ihm einen Konsum $C_1$ von 4,550 - 1,825 = 2,725 ermöglicht. Die Kombination (2,271; 2,725) liefert ihm den höchstmöglichen Nutzen von 2,488.

---

116 Vollkommener Kapitalmarkt: es existieren viele Anbieter und Nachfrager, die keine Marktmacht haben und rational handeln, Informationen sind frei und kostenlos verfügbar, es gibt keine Transaktionskosten und Steuern; vgl. z. B. Copeland/Weston (1992), S. 331.

| Basis-Konsum nach Investition | Zusätzlicher Konsum C⁺ | C₀ gesamt | C₁ = 4,55 - (1,2 × C⁺) | Nutzen | Grenzrendite | Marktrendite (1+r) |
|---|---|---|---|---|---|---|
| 0,75 | -0,750 | 0,000 | 5,450 | 0,000 | ∞ | 120 % |
| 0,75 | -0,250 | 0,500 | 4,850 | 1,557 | 970 % | 120 % |
| 0,75 | 0,000 | 0,750 | 4,550 | 1,847 | 607 % | 120 % |
| 0,75 | 0,693 | 1,443 | 3,718 | 2,317 | 258 % | 120 % |
| 0,75 | 1,500 | 2,250 | 2,750 | 2,487 | 122 % | 120 % |
| **0,75** | **1,521** | **2,271** | **2,725** | **2,488** | **120 %** | **120 %** |
| 0,75 | 2,000 | 2,750 | 2,150 | 2,432 | 78 % | 120 % |
| 0,75 | 3,000 | 3,750 | 0,950 | 1,887 | 25 % | 120 % |
| 0,75 | 3,500 | 4,250 | 0,350 | 1,220 | 8 % | 120 % |
| 0,75 | 3,790 | 4,540 | 0,002 | 0,095 | 0 % | 120 % |

Tab. II.4: Beispiel: Optimales Investitions- und Konsumprogramm

Der Austausch von heutigem und morgigem Konsum erfolgt solange, bis das Umtauschverhältnis GRS gleich dem am Markt möglichen Verhältnis (1 + r) ist:

$$\text{GRS} = \frac{C_1}{C_0} = \frac{2,725}{2,271} = 1,2.$$

In einem solchen Gleichgewicht erfolgt jegliche Substitution von Konsum heute/morgen im selben Verhältnis, dem Marktzinssatz, auch wenn einzelne Individuen unterschiedliche Zeitpräferenzen haben. Dazu ist allerdings ein vollkommener Kapitalmarkt notwendig, auf dem alle uneingeschränkt zum gleichen Zins Geld anlegen und aufnehmen können. Für das Unternehmen bedeutet das, dass auch solche Investitionsprojekte durchgeführt werden können, deren Rückzahlungsprofil nicht den Konsumbedürfnissen des Eigners entspricht. Die Investitionsentscheidung kann unabhängig von seinen Präferenzen getroffen werden und führt in allen Fällen zum selben Investitionsprogramm,[117] das dadurch vorgegeben ist, dass solange investiert wird, wie

---

117 Bei zu geringer Gewinnausschüttung kann der gewünschte Konsum heute durch eine Kreditaufnahme herbeigeführt werden, bei zu hoher Gewinnausschüttung kann durch Anlage der überschüssigen Beträge ein höherer Konsum morgen realisiert werden. Stimmen Soll- und Habenzinsen überein, dann sind die Kosten für den Kredit identisch mit dem Vermögenszuwachs aus der Geldanlage. Dann stimmen Vermögensstreben und Entnahmestreben überein. „Wenn aber Vermögens- und Entnahmestreben zu denselben Entscheidungen führen, dann gilt das auch für Wohlstandsstreben, denn Wohlstandsstreben ist nichts anderes als eine von den persönlichen Neigungen (Präferenzen) abhängige Mischung aus Entnahme- und Vermögensstreben." Schneider (1992), S. 70.

die Grenzrendite größer ist als die Grenzkapitalkosten der Investition. Die Grenzkapitalkosten sind einheitlich und entsprechen dem Marktzinssatz.[118]

Liegt dagegen kein einheitlicher Zins für Anlagen und Kredite vor, dann führen unterschiedliche Konsumpräferenzen zu unterschiedlichen Investitionsentscheidungen, je nachdem, ob mehr heutiger Konsum gewünscht (und folglich ein Kredit aufgenommen werden müsste) oder mehr zukünftiger Konsum angestrebt wird (folglich Geld angelegt werden müsste).[119] Die Regel Grenzrendite gleich Grenzkapitalkosten lässt sich hier nicht mehr ohne weiteres anwenden.[120]

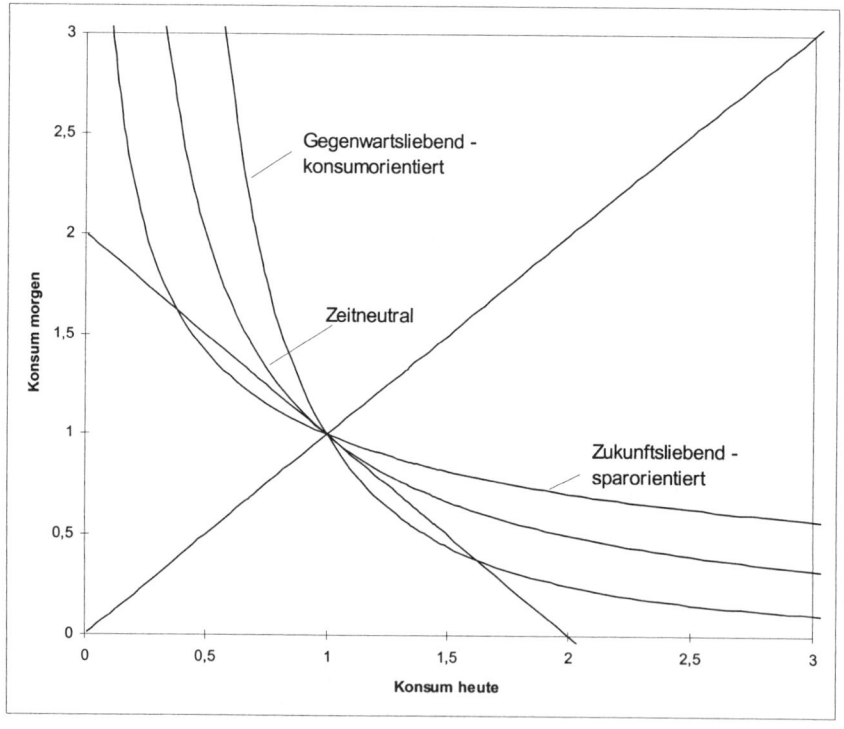

Abb. II.7: Arten von Zeitpräferenzen

Generell lassen sich drei Typen von Zeitpräferenzen unterscheiden: Zeitneutralität, Gegenwartspräferenz und Zukunftspräferenz.[121] Zeitneutralität liegt vor, wenn heutigem und morgigem Konsum gleicher Höhe ein gleicher Nutzen beigemessen wird.

---

118 Vgl. Schneider (1992), S. 114ff.
119 Vgl. Hirshleifer (1958), S. 329ff. Gäbe es z. B. einen Habenzinssatz und einen Sollzinssatz, dann gäbe es zwei unterschiedliche optimale Realinvestitionsprogramme in Abhängigkeit von der individuellen Zeitpräferenz des Anlegers.
120 Vgl. Schneider (1992), S. 125f.
121 Vgl. Köth (1979), S. 140ff.

# C. Bewertung auf Basis eines rein finanziell orientierten Zielsystems

Dagegen wird bei Gegenwartspräferenz morgigem Konsum gleicher Höhe ein geringerer Wert beigemessen als heutigem - um den gleichen Nutzen zu stiften, muss deshalb morgiger Konsum höher ausfallen. Zukunftspräferenz misst entsprechend morgigem Konsum einen höheren Wert bei. Abb. II.7 veranschaulicht dies anhand von Indifferenzkurven.

Aufgrund der Konvexität der Indifferenzkurven wird selbst ein Investor, der eine starke Präferenz für heutigen Konsum aufweist und somit einen vergleichsweise hohen zukünftigen Konsumzuwachs für heutigen Konsumverzicht fordert, ab einem gewissen Punkt bereit sein, zum Marktzinssatz heutigen Konsum gegen morgigen zu tauschen. In Abb. II.8. ist dies für einen Zinssatz von Null veranschaulicht.

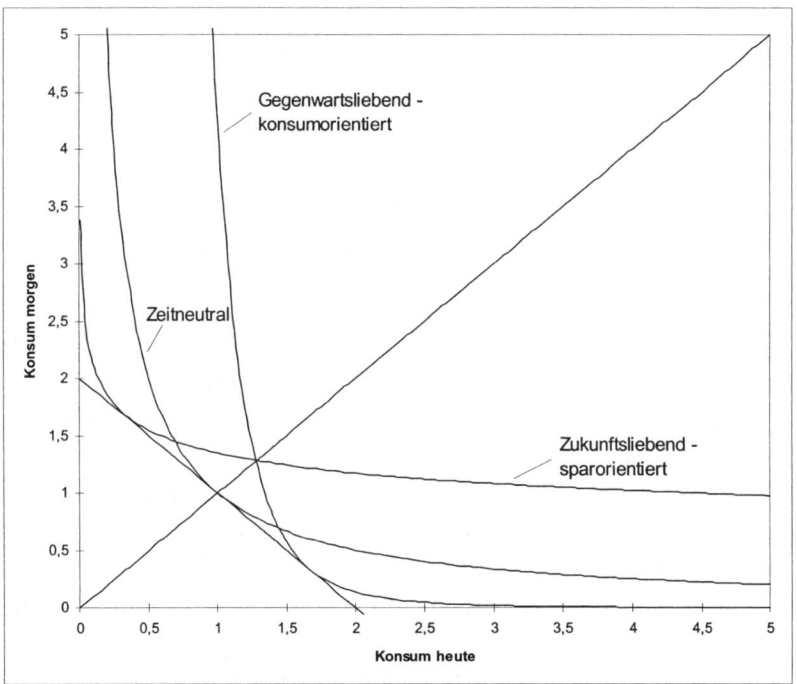

Abb. II.8: Zeitpräferenz und Konsumneigung

Der Zukunftsliebende ist bereit, von seinem Kapital i. H. v. 2 GE nur ca. 0,4 GE zu konsumieren und den Rest von 1,6 GE zu investieren und erst morgen zu konsumieren. Der Zeitneutrale konsumiert heute und morgen jeweils 1 GE, der Gegenwartsorientierte hingegen verbraucht heute bereits 1,6 GE und spart nur 0,4 GE für morgigen Konsum.

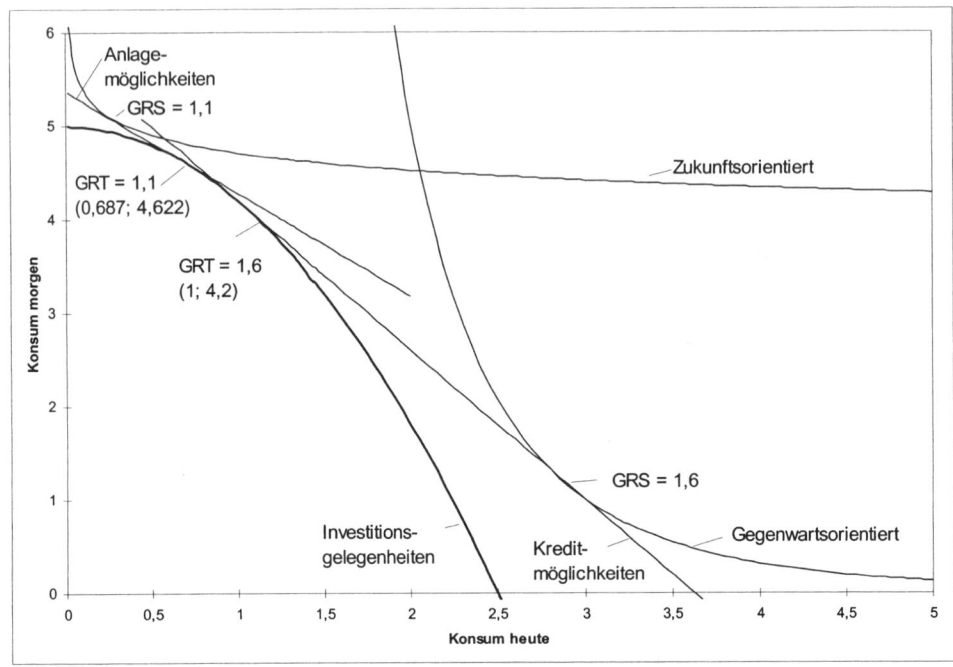

Abb. II.9: Fisher-Separation bei Marktunvollkommenheiten

Auf obiges Beispiel bezogen wird ein Auseinanderfallen von Soll- und Habenzins bei unterschiedlichen Zeitpräferenzen zu unterschiedlichen Lösungen führen: Bei hoher Gegenwartpräferenz wird die Lösung durch den Kreditzins bestimmt sein, während bei hoher Zukunftspräferenz die Lösung durch den Habenzins gegeben sein wird. Ändert man obiges Beispiel so ab, dass nun eine Anlage zu 10 % und Kreditaufnahme zu 60 % möglich sein soll, dann ergeben sich zwei verschiedene Lösungen, in Abhängigkeit der Zeitpräferenz des Investors: Bei hoher Zukunftspräferenz wird das Realinvestitionsprogramm mit einer Grenzrendite von 10 % gewählt: $(C_0; C_1) =$ (0,687; 4,622). Bei hoher Gegenwartspräferenz wird das Programm mit einer Grenzrendite von 60 % gewählt: $(C_0; C_1) = (1,000; 4,200)$. Auch bei Zeitneutralität würde hier dieses Programm gewählt werden. Die persönlichen Konsumprogramme sind aber wiederum nicht identisch mit diesen Realinvestitionsprogrammen, sondern ergeben sich durch die Gleichheit des jeweiligen Kapitalmarktsatzes für Anlage bzw. Kredit mit der Grenzrate der Substitution des einzelnen Investors. Insofern bestimmen auch hier die Konsumpräferenzen des Investors nicht das Realinvestitionsprogramm selbst, sondern lediglich die Wahl des Soll- oder Habenzinses als Grundlage für die Investitionsentscheidung.

Das FISHER-Separationstheorem ist für die Finanzierungstheorie von großer Bedeutung, da viele andere Theoreme von ähnlichen Grundannahmen, besonders von Kapitalmärkten ohne Transaktionskosten, ausgehen.[122] In dieser Modellwelt ist eine Separation der Entscheidungen von den Präferenzen der Eigentümer möglich. Bisher wurde davon ausgegangen, dass bei der Wahl zwischen Konsum heute / morgen sicher feststeht, welchen Betrag eine Investition morgen liefern wird. Um Investitionsentscheidungen auch unter Unsicherheit unabhängig von den Konsumpräferenzen der Eigentümer treffen zu können, sind weitere Überlegungen nötig. Die entsprechende Grundlage bei Unsicherheit liefern die Irrelevanz-Theoreme von MODIGLIANI/MILLER.[123]

Unsicherheit über zukünftige Umweltzustände wird i. d. R. in zwei unterschiedliche Sachverhalte geteilt, den des Risikos und den der Ungewissheit. Risiko liegt dann vor, wenn dem Eintreten zukünftiger Ereignisse zumindest Wahrscheinlichkeiten zugeordnet werden können. Ist dies nicht möglich, dann spricht man von Ungewissheit. Da eine rationale Entscheidung unter Ungewissheit nicht möglich ist, wird gewöhnlich von Entscheidungen unter Risiko ausgegangen.[124]

## 3.2. Irrelevanz der Ausschüttungspolitik

Der Schlüssel zur Irrelevanz der Dividendenpolitik nach dem MODIGLIANI/MILLER-Theorem ist die Annahme, das Unternehmen treffe seine Investitionsentscheidungen unabhängig von seinen Ausschüttungsentscheidungen.[125] Entscheidet es sich für eine höhere Ausschüttung, dann kann es seine bereits festgelegten Investitionspläne nur durchführen, wenn ihm Geld von außen durch eine Kapitalerhöhung zufließt.[126] Da sich die Investitionspolitik vor und nach Kapitalerhöhung nicht verändert, bleibt der Gesamtwert des Unternehmens unverändert. Da aber die Anzahl der Anteile gestiegen ist, muss der Wert eines Anteils entsprechend fallen. Die Altaktionäre erhalten zwar eine höhere Dividende, andererseits fällt der Wert ihrer Anteil in gleicher Höhe.[127] Umgekehrt müsste eine geringere Ausschüttung bei konstanter Investitionspolitik zu einem Aktienrückkauf führen, der die Anzahl der Anteile verringert und den Wert der einzelnen Anteile erhöht, sodass dem Aktionär zwar eine geringere Dividende, aber auch ein Kursgewinn in Höhe der Differenz zugeht und er gleichgestellt

---

122 Vgl. z. B. Schneider (1987), S. 344f.
123 Vgl. Perridon/Steiner (2002), S. 21ff.; Schneider (1987), S. 359ff.
124 Vgl. hierzu Bamberg/Coenenberg (2000), S. 18ff.; Perridon/Steiner (2002), S. 99ff.
125 Vgl. Copeland/Weston (1992), S. 547.
126 Um den Effekt der Dividendenpolitik von dem der Finanzierung zu trennen, wird zunächst von Fremdfinanzierung abstrahiert; vgl. Miller/Modigliani (1961), S. 429ff.
127 Vgl. Miller/Modigliani (1961), S. 428ff. Für die formale Ableitung vgl. unten Abschnitt 3.

ist im Vergleich zur Situation vor der Dividendenentscheidung.[128] Mit anderen Worten: die Dividendenpolitik ist irrelevant für den Eigentümer, lediglich die Investitionspolitik bestimmt den Wert des Unternehmens.[129]

Das MODIGLIANI/MILLER-Theorem von der Irrelevanz der Ausschüttungspolitik folgt einer ähnlichen Logik wie das FISHER-Separationstheorem. Erfolgt eine geringere Ausschüttung als vom Eigentümer benötigt, dann kann dieser den darüber hinaus gewünschten Konsum dadurch erreichen, dass er Teile seiner Anteile am Unternehmen verkauft. Wenn die nicht ausgeschütteten Beträge innerhalb des Unternehmens investiert werden, steigt der Wert des Unternehmens und damit der Wert der Anteile um den Wert der einbehaltenen Mittel, wenn diese zum Kalkulationszinsfuß investiert werden. Der geringeren Ausschüttung stehen damit Kursgewinne in gleicher Höhe gegenüber und der Eigentümer kann durch Verkauf von Anteilen in derselben Höhe sein Konsumniveau aufrecht erhalten („homemade dividend").[130]

Die Gültigkeit des Theorems setzt wiederum eine Reihe vereinfachender Annahmen voraus.[131] So dürfen z. B. keine Transaktionskosten für die Kapitalerhöhung (zum Ausgleich der Dividendenerhöhung) entstehen, denn durch die Emissionskosten stimmen Kursverlust und höhere Dividende nicht mehr überein, der Altaktionär erleidet netto einen Verlust. Umgekehrt muss gewährleistet sein, dass bei einer Dividendenkürzung dem Aktionär ein Ausgleich in gleicher Höhe durch eine Kapitalherabsetzung oder einen Kursgewinn zufließt. Wird die Dividendenkürzung nicht unmittelbar durch einen Aktienrückkauf ausgeglichen, dann müssen die einbehaltenen Mittel zu den Kapitalkosten investiert werden, damit dem Eigner Kursgewinne in Höhe des Dividendenausfalls zufließen. Auch für den Verkauf der Anteile durch den Aktionär dürfen keine Transaktionskosten entstehen und der Aktienwert des Unternehmens muss tatsächlich um den Betrag der Einbehaltung steigen. Dies ist aber nur möglich, wenn die Investition tatsächlich zum Kalkulationszinsfuß erfolgen kann und

---

128 Vgl. Brealey/Myers (2000), S. 451.
129 Vgl. hierzu im Detail Abschnitt VI.B. und VI.D.
130 Vgl. Brealey/Myers (2000), S. 448ff.
131 Annahmen des MM-Theorems:
- Vollkommener Kapitalmarkt: es existieren viele Anbieter und Nachfrager, die keine Marktmacht haben, Informationen sind frei und kostenlos verfügbar, es gibt keine Transaktionskosten und Steuern.
- Symmetrische Marktrationalität: die Marktteilnehmer verhalten sich rational und maximieren ihren Nutzen durch Mehrung des Vermögens, sind indifferent zwischen Kursgewinnen und Dividenden; dies erwarten sie auch von jedem anderen Marktteilnehmer, sodass der gesamte Markt sich rational verhält.
- Investitionsentscheidungen werden unabhängig von Ausschüttungsentscheidungen getroffen; vgl. Miller/Modigliani (1961), S. 412, 414, 427.

gleichzeitig den Börsenteilnehmern die Informationen über die Verwendung der Beträge zur Verfügung stehen.[132]

Natürlich sind diese Voraussetzungen in der Realität nur selten erfüllt. Das Theorem zeigt aber, dass der Wert des Unternehmens in erster Linie von der Investitionspolitik bestimmt ist und nicht die tatsächlich ausgeschütteten Dividenden, sondern die potenziell ausschüttbaren Überschüsse den Unternehmenswert determinieren. An späterer Stelle werden die Folgen untersucht, die sich für die Bewertung durch die Nichterfüllung der Prämissen in der Realität ergeben.[133]

## 3.3. Irrelevanz der Finanzierung

Das MODIGLIANI/MILLER-Theorem von der Irrelevanz der Finanzierung stellt die These auf, dass erstens der Wert des Unternehmens unabhängig von seiner Kapitalstruktur, dem Verhältnis von Eigen- und Fremdkapital, ist und zweitens die Eigenkapitalkosten eine linear ansteigende Funktion des Verschuldungsgrades sind. Haben Unternehmen und Investoren gleichen Zugang zu den Finanzmärkten und können sie dort unbeschränkt und zu identischen Konditionen Geld ausleihen und anlegen, dann kann ein Investor beliebig den gemäß seinen Risikoneigungen präferierten Verschuldungsgrad selbst herstellen, ohne dass das Unternehmen sich entsprechend finanzieren muss („homemade leverage"). Er wird deshalb nicht bereit sein, für eine bestimmte Kapitalstruktur einen höheren Preis zu bezahlen, weshalb die Kapitalstruktur keinen Einfluss auf den Wert des Unternehmens hat, der wiederum allein durch die Investitionspolitik bestimmt ist. Eine höhere Fremdkapitalfinanzierung mag zwar zu einer höheren Eigenkapitalrendite führen, dies aber nur aufgrund des in gleichem Maße gestiegenen finanzwirtschaftlichen Risikos.[134]

Der Beweis des Theorems wird unter den strengen Bedingungen eines vollkommenen Kapitalmarkts geführt. Besonders die Annahme des Fehlens von Steuern hat MODIGLIANI/MILLER nach kurzer Zeit zu einer Erweiterung des Theorems um die Existenz von Ertragsteuern gezwungen.[135] Auch durch Transaktionskosten und andere Marktunvollkommenheiten werden Abhängigkeiten zwischen der Investitions- und Finanzierungspolitik hervorgerufen.[136] Grundsätzlich zeigen die MODIGLIANI/

---

132 Vgl. hierzu Damodaran (1997), S. 553ff.
133 Vgl. Abschnitt VI.D.
134 Vgl. Modigliani/Miller (1958); Miller (1988), S. 99f.
135 Vgl. Modigliani/Miller (1963).
136 Vgl. Myers (1974), S. 1.

MILLER-Theoreme die Bedingungen auf, unter denen der Unternehmenswert allein von den Realinvestitionen, ohne Berücksichtigung der Konsum- und Risikoneigungen der Eigentümer des Unternehmens bestimmt ist.[137] Im Umkehrschluss ermöglicht dies die Identifikation zusätzlicher bewertungsrelevanter Aspekte.[138]

## 4. Unternehmensbewertung und Konsumpräferenzen

Ein potenzieller Unternehmenskäufer (-verkäufer) wird das Einkommen, das er aus dem Unternehmen erzielen kann, mit dem Einkommen aus alternativen Geldverwendungsmöglichkeiten vergleichen. Seine grundsätzlichen Geldverwendungsalternativen bestehen im Konsum und einer alternativen Investition bzw. Kredittilgung.[139] Diese wird er an seinen grundsätzlichen Präferenzen für heutigen und morgigen Konsum messen. Er wird nur dann bereit sein, das Unternehmen zu erwerben (verkaufen), wenn die damit verbundenen Zahlungen ihm mindestens das gleiche Konsum- bzw. Nutzenniveau ermöglichen wie es ohne Erwerb (Verkauf) des Unternehmens möglich ist.

Der maximale Kaufpreis, den er bereit sein wird zu bezahlen, ergibt sich durch Konstanthaltung seines Nutzenniveaus bei Einbeziehung des Unternehmens in sein Investitionsprogramm. Dabei werden alternative Geldverwendungsmöglichkeiten verdrängt, deren Wert in der Summe den Grenzpreis des Unternehmens ergeben. Dem Unternehmen wird ein Maximalwert in der Weise zugeschrieben, dass alle dabei verdrängten Alternativen gleichwertig zum Unternehmenserwerb sind.

Der Einkommensstrom aus dem Unternehmen muss dem Erwerber den gleichen Nutzen liefern wie aus den verdrängten Alternativen. Der verdrängte Nutzen stellt damit die Mindestanforderung des Erwerbers an den Unternehmenserwerb dar. Insofern müssten die Zahlungen aus dem Unternehmen und aus den Alternativen mit ihrem jeweiligen zeitlichen Anfall gemäß den Präferenzen (der Nutzenfunktion) des Erwerbers bewertet werden, um sie anschließend zu vergleichen.[140] Indessen erweist sich eine Bewertung der Einkommensströme mit ihrem individuellen Nutzen beim Unternehmer als wenig praktikabel. Der überwiegende Teil der Literatur schließt deshalb ihre Berücksichtigung aus, zumal die hierfür notwendigen theoretischen und empiri-

---

137 Vgl. Schneider (1987), S. 359.
138 „showing what doesn't matter can also show, by implication, what does." Miller (1988), S. 100.
139 Vgl. Ballwieser/Leuthier (1986), S. 606.
140 Vgl. Ballwieser (1990), S. 168f.; Sieben (1976), S. 260ff.; Köth (1979), S. 132ff.

schen Grundlagen noch weitgehend fehlen.[141] Theoretisch lässt sich die Vernachlässigung der Konsumpräferenzen mit den dargestellten Separationstheoremen rechtfertigen.[142] Investitionsentscheidungen werden bei ihrer Gültigkeit allein auf der Basis ihrer Rentabilität getroffen.[143] Investitions-, Finanzierungs- und Ausschüttungsentscheidungen werden unabhängig von den Konsumptionsentscheidungen optimiert, der Konsumbereich des Unternehmers wird vernachlässigt bzw. als exogen gegeben angenommen. Es wird das Ziel der Vermögensmaximierung und nicht der Wohlfahrtsmaximierung verfolgt.[144] Die gebräuchlichen Methoden der Unternehmensbewertung vernachlässigen daher die explizite Berücksichtigung der Konsumpräferenzen der Investoren zu Gunsten einer Komplexitätsreduktion bei der Bewertung.[145]

## 5. Kapitalzins und Kapitalkosten

Durch das Ausblenden anderer als einer finanziellen Zielsetzung wird der Kauf eines Unternehmens bzw. seiner Anteile zu einer rein finanziell motivierten Anlageentscheidung und lässt sich mit anderen Anlageformen vergleichen. Die Bewertung eines Unternehmens ist damit nichts anderes als das Auffinden des Betrages, der anderswo für Erfolge gleicher Höhe zu bezahlen wäre.[146] Aus der Sicht des Eigentümers ist der Bewertungsgegenstand der Unternehmensbewertung das Einkommen, das er zu seiner Bedürfnisbefriedigung aus dem Unternehmen erhält. Nach obiger Definition (Abschnitt II.C.2.) handelt es sich dann um Einkommen, wenn ein konsumierbarer Überschuss über das Vermögen (Unternehmenswert) am Periodenanfang vorliegt. Das Bindeglied zwischen Einkommen und Vermögen ist der Zins.[147]

### 5.1. Kapitalzins

Der Zins wurde bereits dargestellt als Repräsentant der Zeitpräferenz auf dem Kapitalmarkt. Er resultiert aus der Ungeduld der Wirtschaftssubjekte, ihr Einkommen zu

---

141 Vgl. Ballwieser/Leuthier (1986), S. 606f.; Ballwieser (1990), S. 169; Kromschröder (1979), S. 26.
142 Vgl. ähnlich Kromschröder (1979), S. 26.
143 Vgl. hierzu die Ausführungen zum Fisher-Separationstheorem.
144 Vgl. Kromschröder (1979), S. 25f.
145 Vgl. z. B. IDW (1998), S. 95f.
146 Vgl. Wagner (1973), S. 304; Sieben (1967), S. 142.
147 „The bridge between Income and Capital is the rate of interest." Fisher (1930), S. 13.

konsumieren und den sich bietenden Gelegenheiten, es zu investieren.[148] Er entspricht der Grenzrate der Substitution von heutigem und morgigem Konsum, also dem Verhältnis, zu dem ein Haushalt bereit ist, heutigen gegen morgigen Konsum zu tauschen, und im Gleichgewicht gleichzeitig der Grenzrate der Transformation, dem marginalen Verhältnis, zu dem Unternehmen in der Lage sind, heutigen in morgigen Konsum zu verwandeln. Der Haushalt wird nur dann Finanzmittel in eine Unternehmung investieren, wenn dieses ihm in der Zukunft einen entsprechend seinen Präferenzen höheren Betrag zurückbezahlt. Am Kapitalmarkt stehen sich Angebot und Nachfrage nach Finanzmitteln gegenüber und es kommt zu einem Gleichgewichtspreis für die Kapitalüberlassung: dem Zins.

## 5.2. Kapitalkosten

Der Grenzpreis einer Anlagemöglichkeit ergibt sich durch Konstanthaltung des Nutzenniveaus bei Einbeziehung der Alternative in das bisherige Investitionsprogramm. Der Wert der dabei verdrängten Alternativen macht den Wert des Bewertungsobjekts aus. Jeder geringere Preis würde das Nutzenniveau des Investors gegenüber der Ausgangssituation erhöhen, jeder höhere es verringern. Durch die Vernachlässigung des Konsumbereichs reduziert sich die Bewertung von Anlagealternativen auf die monetären Aspekte der Höhe und des Zeitpunkts der Zahlungen. Die Zahlungen aus dem Bewertungsobjekt müssen die Zahlungen aus der nächstbesten nicht durchgeführten Investition übertreffen bzw. zumindest erreichen. Die Zahlungen aus der verdrängten Alternative stellen die Mindestforderung der Kapitalgeber dar und werden wegen ihres Charakters als entgangene Erträge aus der besten alternativen Verwendung des eingesetzten Kapitals oft als „Opportunitätskosten des eingesetzten Kapitals" oder schlicht „Kapitalkosten" bezeichnet. Als Opportunitätskosten sind sie aber keine zahlungswirksamen Kosten, sondern lediglich entgangene Erträge.[149]

Besteht die einzige Alternative etwa in der Anlage am Kapitalmarkt zu 20 %, dann wird durch den Unternehmenskauf diese Alternative verdrängt - die Kapitalkosten betragen 20 %. Der Preis, der für das Unternehmen bezahlt wird, muss so bemessen sein, dass er sich mit mindestens 20 % verzinst.

---

148 Fisher (1930): „The Theory of Interest as determined by impatience to spend income and opportunity to invest it."
149 Vgl. Brealey/Myers (2000), S. 15ff.; Copeland/Weston (1992), S. 21f.; Stehle (1995), Sp. 1112; Stewart (1991), S. 431.

Die Kapitalkosten bilden damit den entgangenen Nutzen bzw. die entgangenen Erträge der besten Alternative ab und werden i. d. R. als Zinssatz ausgedrückt, um ihren Wert auf dem Wege der Abzinsung auf die Zahlungsströme des Bewertungsobjekts zu übertragen. Würde der entgangene Nutzen in absoluten Werten ausgedrückt, dann entspräche er dem gesuchten Wert des Bewertungsobjekts. Kapitalkosten und Unternehmenswert bedingen sich also gegenseitig. Bevor die Vorgehensweise bei der Abzinsung dargestellt wird, soll zunächst auf die Zusammensetzung und das Zustandekommen der Kapitalkosten bei unterschiedlichen Umfeldbedingungen näher eingegangen werden.

## 5.3. Bewertung und Kapitalmarkt

VON HAYEK soll einmal auf die Präsentation der Theorie, der Unternehmenswert werde durch Diskontierung von Zahlungsströmen ermittelt, hin bemerkt haben, er sei immer davon ausgegangen, diese Aufgabe der Bewertung von Unternehmen übernehme der Kapitalmarkt.[150] In der Unternehmensbewertung steht man aber vor dem Problem, dass man häufig gerade den Wert von solchen Unternehmen bestimmen will, die nicht am Kapitalmarkt gehandelt werden. Auch in diesen Fällen dient jedoch der Kapitalmarkt als Ausgangspunkt: in allen Bewertungsmodellen wird letztlich versucht, die Bewertung, die an einem effizienten, gleichgewichtigen Kapitalmarkt stattfinden würde, nachzubilden.[151]

Ohne Kapitalmarkt wäre der Wert der Realinvestition durch die sich bietenden Investitionsgelegenheiten und die persönlichen Konsumpräferenzen des Investors gegeben: er investiert solange, wie die Rendite auf einen zusätzlich investierten Euro größer als seine absolute Zeitpräferenzrate für heutigen Konsum ist. Erst bei Existenz eines Kapitalmarkts ist es möglich, die aus der Investition resultierenden Zahlungsströme zu handeln. Durch einen vollkommenen Kapitalmarkt, auf dem unbeschränkt zum gleichen Zinssatz Mittel angelegt und aufgenommen werden können, wird es möglich, ohne Verlust zukünftige Zahlungen gegen heutigen Konsum oder heutige Zahlungen gegen zukünftigen Konsum zu tauschen und so einen persönlich optimalen Konsumplan aufzustellen. Die Bewertung ist dann unabhängig von den individuellen Konsumpräferenzen (FISHER-Separation).

---

150 Vgl. Schildbach (1998), S. 318; Schneider (1992), S. 520.
151 Vgl. Schneider (1992), S. 520.

Ist der Kapitalmarkt dagegen unvollkommen, sodass etwa aufgrund von Transaktionskosten oder Zugangsbeschränkungen nicht ohne weiteres gemäß den individuellen Präferenzen suboptimale Zahlungszeitpunkte durch Anlage- und Aufnahme optimiert werden können, dann lässt sich die Bewertung nur unter Berücksichtigung der individuellen Zeitpräferenzen richtig durchführen. In Abhängigkeit der persönlichen Konsumneigung wird der Investor heutigen bzw. morgigen Konsum präferieren und somit zusätzlich Mittel aufnehmen bzw. anlegen müssen. Bei Auseinanderfallen von Soll- und Habenzins hängt die Lösung deshalb davon ab, inwieweit die persönlichen Konsumwünsche sich bei gegebener Zahlungsstruktur und Anfangsausstattung verwirklichen lassen.

### 5.3.1. Vollkommener Kapitalmarkt

Für das Beispiel aus Abschnitt 3.1 ist das optimale Investitionsprogramm bekannt, ebenso das optimale Konsumprogramm. Der Wert $I_0$ ist der Betrag, der heute bezahlt werden muss, um die Investition durchzuführen und so in den Genuss der Rückflüsse von morgen zu gelangen. Zu welchem Preis könnte dieses Investitionsprogramm (Unternehmen) verkauft werden?

| Realinvestition | | | | Konsum ohne Kapitalmarkt | | | Konsum mit Kapitalmarkt | | |
|---|---|---|---|---|---|---|---|---|---|
| $t = 0$ Investition $I_0$ | $t = 1$ Rückfluss | ⌀ Rendite | Grenzrendite | $t = 0$ $C_0$ | $t = 1$ $C_1$ | Nutzen | opt. $C_0$ | opt. $C_1$ | opt. Nutzen |
| 2,500 | 5,000 | 100 % | 0 | 0,000 | 5,000 | 0,000 | 2,083 | 2,500 | 2,282 |
| 2,000 | 4,800 | 140 % | -20 % | 0,500 | 4,800 | 1,549 | 2,250 | 2,700 | 2,465 |
| 1,813 | 4,622 | 155 % | 10 % | 0,687 | 4,622 | 1,783 | 2,270 | 2,723 | 2,486 |
| **1,750** | **4,550** | **160 %** | **20 %** | 0,750 | 4,550 | 1,847 | **2,271** | **2,725** | **2,488** |
| 1,500 | 4,200 | 180 % | 60 % | 1,000 | 4,200 | 2,049 | 2,250 | 2,700 | 2,465 |
| **1,057** | **3,333** | **215 %** | **131 %** | 1,443 | 3,333 | 2,193 | 2,111 | 2,533 | 2,312 |
| 1,000 | 3,200 | 220 % | 140 % | 1,500 | 3,200 | 2,191 | 2,083 | 2,500 | 2,282 |
| 0,500 | 1,800 | 260 % | 220 % | 2,000 | 1,800 | 1,897 | 1,750 | 2,100 | 1,917 |
| 0,229 | 0,875 | 282 % | 263 % | 2,271 | 0,875 | 1,409 | 1,500 | 1,800 | 1,643 |
| 0,100 | 0,392 | 292 % | 284 % | 2,400 | 0,392 | 0,970 | 1,363 | 1,636 | 1,493 |

Tab. II.5: Beispiel: Optimales Investitionsprogramm und Nutzenmaximierung mit und ohne Kapitalmarkt

Der Eigentümer wird nur dann bereit sein zu verkaufen, wenn er sein bisheriges Konsumprogramm (Nutzenniveau) aufrechterhalten kann. Um ein gleiches Konsumniveau zu gewährleisten, muss der Käufer ihm die durch die Investition möglichen zu-

## C. Bewertung auf Basis eines rein finanziell orientierten Zielsystems

sätzlichen Konsumbeträge $C^+$ bezahlen.[152] Anstelle der Zahlung von 1,521 in t = 0 und 2,725 in t = 1 können auch einmalig 3,792 (= 1,521 + 2,725/1,2) in t = 0 bezahlt werden, von denen der Verkäufer 2,271 zu 20 % anlegen und in t = 1 inkl. Zinsen (= 2,725) verbrauchen kann. Es könnten auch 4,550 in t = 1 bezahlt werden, die sich durch Kreditaufnahme in die gewünschten Konsumbeträge verwandeln lassen.

|  | t = 0 | t = 1 | Nutzen |
|---|---|---|---|
| Kasse AB | 2,500 | | |
| Investition | -1,750 | | |
| Rückflüsse | | 4,550 | |
| Saldo | 0,750 | 4,550 | 1,847 |
| Finanzierung (Kredit zu 20 %) | +1,521 | -1,825 | |
| **Gewünschter Konsum** | **-2,271** | **-2,725** | **2,488** |
| Kasse SB | 0 | 0 | |
| **Zusätzlich möglicher Konsum C⁺ aus Investition** | **1,521** | **2,725** | |

Tab. II.6: Beispiel: Bewertung mehrperiodiger Rückflüsse aus Verkäufersicht

Für den Käufer bedeutet das, dass er in t = 0 einen Preis von 3,792 für Rückflüsse von 4,550 in t = 1 bezahlen muss, was einer Rendite von 20 % entspricht. Er kann in t = 0 maximal 3,792 an Kredit aufnehmen, um ihn mit 4,550 in t = 1 vollständig zu tilgen. Der Unternehmenswert ist repräsentiert durch den Kreditbetrag, der mit den Rückzahlungen aus der Investition getilgt werden kann. Gleichzeitig entspricht dies dem Betrag, der am Kapitalmarkt angelegt werden muss, um zukünftige Zahlungsströme in gleicher Höhe zu erhalten. Dies ermöglicht die Verwandlung zukünftiger Zahlungsströme in eine einzige, gegenwärtige Zahlung. Die hierdurch mögliche Trennung von den Konsumpräferenzen der Eigentümer ermöglicht es, die Investition (das Unternehmen) lediglich auf der Basis der Rückflüsse aus der Investition zu bewerten. Die Bewertung erfolgt durch eine pauschale Finanzierungsannahme: Der gewünschte Konsum kann beliebig durch Kreditaufnahme oder Geldanlage überschüssiger Beträge hergestellt werden.

---

152 Vgl. Tab. II.5. Dies impliziert, dass bei einem Verkauf nur die Zahlungsströme nach Durchführung der Investition verkauft werden, nicht der verbleibende Kassenbestand von 0,750 - dieser würde den Wert entsprechend erhöhen.

|  | t = 0 | t = 1 |  |
|---|---|---|---|
| Kasse AB | 2,500 | | |
| Investition | -1,750 | | |
| **Rückflüsse** | | 4,550 | **bewertungs-** |
| **Finanzierung (Kredit 20 %)** | 3,792 | -4,550 | **relevant** |
| Gewünschter Konsum | -2,271 | -2,725 | |
| Anlage 20 % | -1,521 | 1,825 | |
| Kasse SB | 0 | 0 | |

Tab. II.7: Beispiel: Bewertung bei vollkommenem Kapitalmarkt

### 5.3.2. Unvollkommener Kapitalmarkt

Diese Lösung ist jedoch nur bei Unterstellung eines vollkommenen Kapitalmarkts möglich, auf dem unbeschränkt zum gleichen Satz Mittel angelegt und aufgenommen werden können. Fallen Soll- und Habenzins jedoch auseinander, ist die Lösung abhängig von der individuellen Situation der Verhandlungspartner. Liegt der Habenzins für Anlagen etwa bei nur 10 %, würde der Verkäufer für die Anlage von 2,271 nur 2,498 in t = 1 erhalten und er könnte seinen gewünschten Konsum von 2,725 nicht erreichen.[153] Er würde folglich einen Preis von 3,998 (= 1,521 + 2,725/1,1) fordern, um 2,477 zu 10 % anzulegen und wieder 2,725 in t = 1 zu erhalten.

|  | t = 0 | t = 1 | Nutzen |
|---|---|---|---|
| Kasse AB | 2,500 | | |
| Investition | -1,750 | | |
| **Verkaufserlös** | **3,998** | | |
| Saldo | 4,748 | | |
| Gewünschter Konsum | -2,271 | -2,725 | 2,488 |
| Anlage (10 %) | -2,477 | 2,725 | |
| Kasse SB | 0 | 0 | |

Tab. II.8: Beispiel: Bewertung aus Verkäufersicht bei unvollkommenem Kapitalmarkt

Für den Käufer entspräche dies einer Rendite von ca. 13 % (4,550/3,998). Hat er die Mittel frei zur Verfügung, dann lohnt sich der Kauf für ihn (13 % > 10 %), denn er

---

153 Das gewählte Investitionsprogramm ändert sich nicht, obwohl es sich lohnen könnte, weitere 0,063 real zu investieren, da ihre Grenzrendite über den 10 % liegt. Da jedoch die zusätzlich investierten Mittel zum Konsum benötigt werden, müssten sie zu 20 % wieder geliehen werden, sodass sich hierdurch nur ein geringeres Nutzenniveau von 2,486 erreichen ließe.

müsste am Kapitalmarkt 4,136 bezahlen, um im Folgejahr 4,550 an Rückzahlungen zu erhalten.

|  | t = 0 | t = 1 |
|---|---|---|
| Rückflüsse |  | 4,550 |
| Kredit 20 % | **3,792** | -4,550 |
| Rückflüsse |  | 4,550 |
| Anlage 10 % | **-4,136** | 4,550 |
| gewünschter zusätzlicher Konsum C⁺ aus Investition | 1,521 | 2,725 |
| Anlage 10 % | -2,477 | 2,725 |
| Gegenwartswert | 3,998 |  |

Tab. II.9: Beispiel: Bewertung bei unvollkommenem Kapitalmarkt

Der Wert von 4,136 entspricht gleichzeitig seiner Preisobergrenze, denn andernfalls wäre eine Anlage am Kapitalmarkt sinnvoller. Es bleibt den Verhandlungen überlassen, welcher Preis im Spielraum von [Preisuntergrenze Verkäufer (PUG) = 3,998; Preisobergrenze Käufer (POG) = 4,136] tatsächlich erzielt wird. Muss er dagegen einen Kredit aufnehmen, dann wäre die Übernahme der Investition nicht lohnenswert (13 % < 20 %). Er könnte mit Rückzahlungen von 4,550 nur einen Kredit von 3,792 aufnehmen, aber nicht von 3,998. Der Verkauf kommt nicht zustande [PUG = 3,998; POG = 3,792]. Bei unterschiedlichen Soll- und Habenzinssätzen muss bei der Bewertung folglich die konkrete Situation des Käufers und Verkäufers bezüglich ihrer finanziellen Anfangsausstattung, Finanzierungsmöglichkeiten und Anlagealternativen berücksichtigt werden. Aber auch hier lässt sich die Entscheidung zumindest zum Teil von den individuellen Konsumwünschen separieren, da lediglich zwei Fälle zu betrachten sind: der des Anlegers und der des Kreditnehmers (bei einem Soll- und einem Habenzins). Existieren dagegen eine Vielzahl von Zinssätzen und andere Unvollkommenheiten, wird eine differenziertere Ermittlung der Finanzierungsmöglichkeiten und Anlagealternativen nötig.

## 5.4. Berücksichtigung von Kapitalmarktbeschränkungen

Inwieweit in der Realität Marktunvollkommenheiten existieren, wird von der Literatur unterschiedlich gesehen.[154] Von den Voraussetzungen, die üblicherweise an einen

---

154 „The three primary sources of capital rationing constraints, therefore, are lack of credibility, underpricing of securities, and flotation costs." Damodaran (1997), S. 236. Dagegen Copeland/Weston (1992), S. 56: „Although it is hard to justify the assumptions of limited capital,

vollkommenen Kapitalmarkt gestellt werden, ist in diesem Zusammenhang nur ein Teil notwendig. Es genügt, wenn etwaige Ausgabe- oder Einnahmeüberhänge dadurch beseitigt werden können, dass am Kapitalmarkt beliebig Mittel aufgenommen oder angelegt werden können und dafür keine Kosten entstehen.[155] I. d. R. weichen jedoch nicht nur Soll- und Habenzins voneinander ab, sondern es stehen dem Investor nur eine beschränkte Anzahl von unterschiedlich rentablen Investitions- und Finanzierungsgelegenheiten offen, die in verschiedener Weise miteinander kombiniert werden können.[156]

Ein Unternehmenskauf wird die Zusammensetzung des Investitions- und Finanzierungsprogramms verändern.[157] Dies darf natürlich nicht zum Nachteil des Erwerbers sein. Somit ist zunächst das optimale Programm ohne Erwerb des Unternehmens zu bestimmen. Der damit erzielte Vermögenszuwachs (Gewinn) ist auch bei Erwerb des Unternehmens mindestens zu erreichen. Diese Vorgehensweise wurde Mitte der sechziger Jahre mit Hilfe der sog. „Programmplanung" beschritten. Auch die amerikanische Bewertungstheorie, die i. d. R. von vollkommenen Kapitalmärkten ausgeht, schlägt für „Capital Rationing", also Kapitalmarktbeschränkungen, lineare Programme vor.[158]

### 5.4.1. Lineare Programmierung

Die Grundidee der Simultanen Optimierung des Investitions- und Finanzierungsprogramms mit Hilfe der linearen Programmierung entspricht der bereits vorgeführten (nicht linearen) Optimierung im FISHER-HIRSHLEIFER-Modell. Der Nutzen des Investors soll unter der Nebenbedingung der Einhaltung der gegebenen Investitions- und Finanzierungsmöglichkeiten maximiert werden. Dabei werden die Investitions- und Finanzierungsmöglichkeiten in Form von linearen Gleichungssystemen dargestellt. Die Konsumpräferenzen des Investors werden nicht explizit in Form einer Konsum-Nutzenfunktion berücksichtigt, sondern es wird lediglich ein maximaler Vermögenszuwachs angestrebt.[159]

---

nevertheless we shall review various decision-making techniques, assuming that capital constraints do in fact exist."
155 Vgl. Schneider (1992), S. 102; vgl. auch Perridon/Steiner (2002), S. 84.
156 Vgl. Kromschröder (1979), S. 21; Perridon/Steiner (2002), S. 84, 86ff.
157 Im Folgenden wird der Einfachheit halber nur die Bewertung aus der Perspektive des Erwerbers betrachtet. Die Aussagen gelten in gleicher Weise für die Perspektive des Verkäufers.
158 Vgl. Weingartner (1963); vgl. auch Brealey/Myers (2000), S. 110f.; Copeland/Weston (1992), S. 58ff. m. w. N.
159 Die Programmplanung wurde von Jaensch (1966b), Sieben (1967, 1969), Laux/Franke (1969), Matschke (1969) entwickelt; vgl. hierzu Coenenberg/Sieben (1976), Sp. 4068; Kromschröder (1979), S. 22.

## C. Bewertung auf Basis eines rein finanziell orientierten Zielsystems

Um dem Bewertungsobjekt einen Wert zuzuordnen, muss zunächst das optimale Alternativprogramm bestimmt werden, das sich ohne Erwerb des Unternehmens ergäbe (Basisprogramm):[160]

$$\text{ZF: } U = \sum_{i=1}^{m} b_i x_i - \sum_{j=1}^{n} f_j y_j \to \max!$$

$$\text{NB: } \sum_{i=1}^{m} B_i x_i - \sum_{j=1}^{n} F_j y_j = Ek$$

$$0 \leq x_i \leq \overline{x}_i$$
$$0 \leq y_j \leq \overline{y}_j$$

mit:

U = Nutzen (bei Vermögensmaximierung)
$x_i$ = Aktivitätsniveau des Investitionsprojekts i (i = 1, 2, ..., m)
$y_j$ = Aktivitätsniveau der Finanzierungsmaßnahme j (j = 1, 2, ..., n)
$\overline{x}_i$ = Mengenobergrenze von $x_i$
$\overline{y}_j$ = Mengenobergrenze von $y_j$
$b_i$ = Nettoeinzahlungen des Investitionsobjekts i
$f_j$ = Nettoeinzahlungen des Finanzierungsobjekts j
$F_i$ = Kaufpreis je Investitionsobjekt i
$C_j$ = Verfügungsbetrag je Finanzierungsobjekt j
Ek = verfügbares Eigenkapital

Die Lösung des Basisprogramms besteht in der optimalen Kombination der verschiedenen Investitions- und Finanzierungsobjekte $x_i$ und $y_j$ und dem daraus resultierenden Nutzenniveau U*. Dieses muss bei Erwerb des Unternehmens mindestens beibehalten werden. Im zweiten Schritt, dem Bewertungsprogramm, wird deshalb derjenige Betrag $w_0$ als Kaufpreis für das Unternehmen gesucht, der maximal bezahlt werden darf, um das Nutzenniveau aufrechtzuerhalten:

$$\text{ZF: } w_0 x_0 \to \max!$$

$$\text{NB: } b_0 x_0 + \sum_{i=1}^{m} b_i x_i - \sum_{j=1}^{n} f_j y_j = U^*$$

---

[160] Vgl. zum Folgenden Coenenberg/Sieben (1976), Sp. 4068f. Es wird freie Teilbarkeit aller Alternativen sowie Identität von Nutzen und Auszahlungen an den Investor unterstellt. Ferner wird ein zweiperiodiger bzw. alternativ ein unendlicher Planungshorizont mit gegebenen uniformen Zahlungsströmen unterstellt.

$$w_0 x_0 + \sum_{i=1}^{m} B_i x_i - \sum_{j=1}^{n} F_j y_j = Ek$$

$x_0 = 1$
$0 \leq x_i \leq \overline{x}_i$
$0 \leq y_j \leq \overline{y}_j$

mit:

U* = Nutzenniveau des Basisprogramms
$x_0$ = Aktivitätsniveau des Bewertungsobjekts
$w_0$ = Kaufpreis des Bewertungsobjekts

Zur Veranschaulichung soll die lineare Programmierung auf das bereits bekannte Beispiel angewendet werden.

### 5.4.2. Opportunitäten des Verkäufers

| Projekt | Investitionsbetrag | Rückfluss | Rendite |
|---|---|---|---|
| $A_1$ | 0,500 | 2,000 | 300 % |
| $A_2$ | 0,500 | 1,400 | 180 % |
| $A_3$ | 0,500 | 0,850 | 70 % |
| $A_4$ | 0,500 | 0,550 | 10 % |
| $A_5$ | 0,500 | 0,200 | -60 % |

Tab. II.10: Beispiel: Investitionsmöglichkeiten des Verkäufers

In Abwandlung des obigen Beispiels seien nun die in Tab. II.10 angegeben linearen Realinvestitionsmöglichkeiten für einen Investor mit Eigenkapital von 2,500 gegeben. Will man ein Gleichungssystem für diese Investitionsmöglichkeiten aufstellen und geht man davon aus, dass die Projekte und andere Finanztitel zu Anteilen von 0,100 gehandelt werden[161] ($B_i = F_j = 0{,}100$), dann sind pro Investitionstyp 5 Anteile erwerbbar, d. h.

$0 \leq x_i \leq \overline{x}_i = 5$ für i = 1, 2, ..., 5.

Weiterhin können unbegrenzt Mittel zu 20 % angelegt und aufgenommen werden, d. h. die gesamten Anlagemöglichkeiten des Unternehmers stellt sich wie folgt dar:

---

161 Vom Problem der Ganzzahligkeit wird hier abstrahiert, d. h. auch Bruchteile der Anteile sind handelbar.

*C. Bewertung auf Basis eines rein finanziell orientierten Zielsystems*

| Projekt | Anzahl | Nennwert | Rückfluss (b) | Rendite |
|---|---|---|---|---|
| $A_1$ | 5 | 0,100 | 0,400 | 300 % |
| $A_2$ | 5 | 0,100 | 0,280 | 180 % |
| $A_3$ | 5 | 0,100 | 0,170 | 70 % |
| $A_4$ | 5 | 0,100 | 0,110 | 10 % |
| $A_5$ | 5 | 0,100 | 0,040 | -60 % |
| $A_6$ | - | 0,100 | 0,120 | 20 % |
| $F_1$ | - | 0,100 | 0,120 | 20 % |

Tab. II.11: Beispiel: Anlagemöglichkeiten des Verkäufers

Die Anlagen sind so zu optimieren, dass sich mit dem bestehenden Kapital ein maximaler Gewinn erzielen lässt. Dann ergibt sich folgendes Gleichungssystem:

$$\text{ZF:} \quad U = \sum_{i=1}^{m} b_i x_i - \sum_{j=1}^{n} f_j y_j = 0{,}400 \times x_1 + 0{,}280 \times x_2 + 0{,}170 \times x_3 + 0{,}110 \times x_4$$

$$+ 0{,}040 \times x_5 + 0{,}120 \times x_6 - 0{,}120 \times y_1 \to \max!$$

$$\text{NB:} \quad \sum_{i=1}^{m} B_i x_i - \sum_{j=1}^{n} F_j y_j = 0{,}100 \times x_1 + 0{,}100 \times x_2 + 0{,}100 \times x_3 + 0{,}100 \times x_4 +$$

$$+ 0{,}100 \times x_5 + 0{,}100 \times x_6 - 0{,}100 \times y_1 = 2{,}500$$

$0 \leq x_1 \leq 5;\ 0 \leq x_2 \leq 5;\ 0 \leq x_3 \leq 5;\ 0 \leq x_4 \leq 5;\ 0 \leq x_5 \leq 5$

| Basis | $X_1$ | $X_2$ | $X_3$ | $X_4$ | $X_5$ | $X_6$ | $Y_1$ | $S_1$ | $S_2$ | $S_3$ | $S_4$ | $S_5$ | $S_6$ | Lsg. |
|---|---|---|---|---|---|---|---|---|---|---|---|---|---|---|
| ZF | -0,400 | -0,280 | -0,170 | -0,110 | -0,040 | -0,120 | 0,120 | 0,000 | 0,000 | 0,000 | 0,000 | 0,000 | 0,000 | 0,000 |
| S1 | 0,100 | 0,100 | 0,100 | 0,100 | 0,100 | 0,100 | -0,100 | 1,000 | 0,000 | 0,000 | 0,000 | 0,000 | 0,000 | 2,500 |
| S2 | 1,000 | 0,000 | 0,000 | 0,000 | 0,000 | 0,000 | 0,000 | 0,000 | 1,000 | 0,000 | 0,000 | 0,000 | 0,000 | 5,000 |
| S3 | 0,000 | 1,000 | 0,000 | 0,000 | 0,000 | 0,000 | 0,000 | 0,000 | 0,000 | 1,000 | 0,000 | 0,000 | 0,000 | 5,000 |
| S4 | 0,000 | 0,000 | 1,000 | 0,000 | 0,000 | 0,000 | 0,000 | 0,000 | 0,000 | 0,000 | 1,000 | 0,000 | 0,000 | 5,000 |
| S5 | 0,000 | 0,000 | 0,000 | 1,000 | 0,000 | 0,000 | 0,000 | 0,000 | 0,000 | 0,000 | 0,000 | 1,000 | 0,000 | 5,000 |
| S6 | 0,000 | 0,000 | 0,000 | 0,000 | 1,000 | 0,000 | 0,000 | 0,000 | 0,000 | 0,000 | 0,000 | 0,000 | 1,000 | 5,000 |

Nach mehreren Iterationen ermittelt man folgendes Endtableau:

| | | | | | | | | | | | | | | |
|---|---|---|---|---|---|---|---|---|---|---|---|---|---|---|
| ZF | 0,000 | 0,000 | 0,000 | 0,010 | 0,080 | 0,000 | 0,240 | 1,200 | 0,280 | 0,160 | 0,050 | 0,000 | 0,000 | 5,450 |
| $X_6$ | 0,000 | 0,000 | 0,000 | 1,000 | 1,000 | 1,000 | -1,000 | 10,000 | -1,000 | -1,000 | -1,000 | 0,000 | 0,000 | 10,000 |
| $X_1$ | 1,000 | 0,000 | 0,000 | 0,000 | 0,000 | 0,000 | 0,000 | 0,000 | 1,000 | 0,000 | 0,000 | 0,000 | 0,000 | 5,000 |
| $X_2$ | 0,000 | 1,000 | 0,000 | 0,000 | 0,000 | 0,000 | 0,000 | 0,000 | 1,000 | 0,000 | 0,000 | 0,000 | 0,000 | 5,000 |
| $X_3$ | 0,000 | 0,000 | 1,000 | 0,000 | 0,000 | 0,000 | 0,000 | 0,000 | 0,000 | 0,000 | 1,000 | 0,000 | 0,000 | 5,000 |
| $S_5$ | 0,000 | 0,000 | 0,000 | 1,000 | 0,000 | 0,000 | 0,000 | 0,000 | 0,000 | 0,000 | 0,000 | 1,000 | 0,000 | 5,000 |
| $S_6$ | 0,000 | 0,000 | 0,000 | 0,000 | 1,000 | 0,000 | 0,000 | 0,000 | 0,000 | 0,000 | 0,000 | 0,000 | 1,000 | 5,000 |

Der Unternehmer wird Realinvestitionen von 1,500 durchführen, was ihm einen Rückfluss von insgesamt 4,250 verspricht. Die übrigen 1,000 kann er am Kapitalmarkt ($A_6$) zu 20 % anlegen.

| Projekt | Anzahl | Nennwert | Anlagebetrag | Rückfluss | Rendite |
|---|---|---|---|---|---|
| $A_1$ | 5 | 0,100 | 0,500 | 2,000 | 300 % |
| $A_2$ | 5 | 0,100 | 0,500 | 1,400 | 180 % |
| $A_3$ | 5 | 0,100 | 0,500 | 0,850 | 70 % |
| $A_4$ | 0 | 0,100 | 0 | 0 | 10 % |
| $A_5$ | 0 | 0,100 | 0 | 0 | -60 % |
| $A_6$ | 10 | 0,100 | 1,000 | 1,200 | 20 % |
| $F_1$ | 0 | 0,100 | 0 | 0 | 20 % |
| Summe | | | 2,500 | 5,450 | |

Tab. II.12: Beispiel: Basisprogramm des Verkäufers

Diese Optimierung geht von einer reinen Vermögensmaximierung aus,[162] ohne die individuellen Konsumwünsche des Unternehmers zu berücksichtigen. Bei unbeschränkten Kreditaufnahme- und Anlagemöglichkeiten ist die Realinvestitionsentscheidung unabhängig von den Konsumwünschen des Unternehmers. Letztere sind allein durch dessen Zeitpräferenzen und die Höhe des Zinses am Kapitalmarkt bestimmt. Der gewünschte Konsumplan ist daher, bei gleicher Nutzenfunktion, mit dem des obigen Beispiels identisch und beträgt 2,271 in t = 0 und 2,725 in t = 1. Um diesen zu realisieren, muss er zu dem verbleibenden Kapital von 1,000 einen Kredit von 1,271 aufnehmen, den er inkl. 20 % Zinsen ( = 1,525) aus den Rückflüssen aus den in t = 0 durchgeführten Realinvestitionen $A_1$ bis $A_3$ von 4,250 zurückbezahlen kann. Dies lässt sich graphisch wie folgt abbilden:

---

162 Vgl. Schneider (1992), S. 129.

## C. Bewertung auf Basis eines rein finanziell orientierten Zielsystems

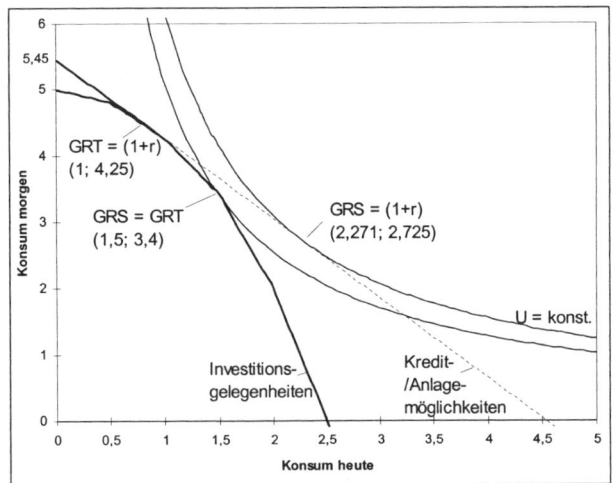

Abb. II.10: Optimaler Investitions- und Konsumplan bei linearer Optimierung

Vom Standpunkt des Verkäufers beträgt der Wert dieses Investitionsprogramms (Unternehmens) 4,250 in t = 1 bzw. 3,542 in t = 0 (3,542 × 1,2 = 4,250). Ein potenzieller Käufer wird bereit sein, diesen Preis zu bezahlen, wenn er ebenfalls zu 20 % Geld anlegen und aufnehmen kann.

### 5.4.3. Opportunitäten des Käufers

| Projekt | Anzahl | Nennwert | Rückfluss | Rendite |
|---------|--------|----------|-----------|---------|
| $A_1$   | 5      | 0,100    | 0,400     | 300 %   |
| $A_2$   | 5      | 0,100    | 0,280     | 180 %   |
| $A_3$   | 5      | 0,100    | 0,170     | 70 %    |
| $A_4$   | 5      | 0,100    | 0,110     | 10 %    |
| $A_5$   | 5      | 0,100    | 0,040     | -60 %   |
| $A_6$   | unb.   | 0,100    | 0,120     | 20 %    |
| $F_1$   | unb.   | 0,100    | 0,120     | 20 %    |

Tab. II.13: Beispiel: Anlagealternativen des Käufers

Einem Kaufinteressenten stehe das gleiche Investitions- und Finanzierungsprogramm zur Auswahl wie oben, jedoch verfüge er über 4,000 Eigenkapital. Die Lösung des Basisprogramms fällt natürlich entsprechend identisch aus, mit dem einzigen Unterschied, dass darüber hinaus 2,500 am Kapitalmarkt angelegt werden und sich ein Gesamtvermögen in t = 1 von $U^* = 7{,}250$ ergibt. Dieser Wert muss auch bei Erwerb des Unternehmens mindestens erreicht werden.

| Projekt | Anzahl | Nennwert | Anlage-betrag | Rückfluss | Rendite |
|---------|--------|----------|---------------|-----------|---------|
| $A_1$ | 5 | 0,100 | 0,500 | 2,000 | 300 % |
| $A_2$ | 5 | 0,100 | 0,500 | 1,400 | 180 % |
| $A_3$ | 5 | 0,100 | 0,500 | 0,850 | 70 % |
| $A_4$ | 0 | 0,100 | 0 | 0 | 10 % |
| $A_5$ | 0 | 0,100 | 0 | 0 | -60 % |
| $A_6$ | 25 | 0,100 | 2,500 | 3,000 | 20 % |
| $F_1$ | 0 | 0,100 | 0 | 0 | 20 % |
| Summe | | | 4,000 | 7,250 | |

Tab. II.14: Beispiel: Basisprogramm des Käufers

Im zweiten Schritt wird das Bewertungsprogramm so aufgestellt, dass zusätzlich die Möglichkeit des Erwerbs des obigen Unternehmens berücksichtigt wird und U* = 7,250 erhalten bleibt:

| Basis | $W_0$ | $X_0$ | $X_1$ | $X_2$ | $X_3$ | $X_4$ | $X_5$ | $X_6$ | $Y_1$ | $S_1$ | $S_2$ | $S_3$ | $S_4$ | $S_5$ | $S_6$ | $S_7$ | $S_8$ | Lösung |
|-------|-------|-------|-------|-------|-------|-------|-------|-------|-------|-------|-------|-------|-------|-------|-------|-------|-------|--------|
| ZF | -1 | 0 | 0 | 0 | 0 | 0 | 0 | 0 | 0 | 0 | 0 | 0 | 0 | 0 | 0 | 0 | 0 | 0,000 |
| $S_1$ | 0 | 4,25 | 0,40 | 0,28 | 0,17 | 0,11 | 0,04 | 0,12 | -0,12 | -1 | 0 | 0 | 0 | 0 | 0 | 0 | 0 | 7,250 |
| $S_2$ | 1 | 0 | 0,10 | 0,10 | 0,10 | 0,10 | 0,10 | 0,10 | -0,10 | 0 | 1 | 0 | 0 | 0 | 0 | 0 | 0 | 4,000 |
| $S_3$ | 0 | 1 | 0 | 0 | 0 | 0 | 0 | 0 | 0 | 0 | 0 | 1 | 0 | 0 | 0 | 0 | 0 | 1 |
| $S_4$ | 0 | 0 | 1 | 0 | 0 | 0 | 0 | 0 | 0 | 0 | 0 | 0 | 1 | 0 | 0 | 0 | 0 | 5 |
| $S_5$ | 0 | 0 | 0 | 1 | 0 | 0 | 0 | 0 | 0 | 0 | 0 | 0 | 0 | 1 | 0 | 0 | 0 | 5 |
| $S_6$ | 0 | 0 | 0 | 0 | 1 | 0 | 0 | 0 | 0 | 0 | 0 | 0 | 0 | 0 | 1 | 0 | 0 | 5 |
| $S_7$ | 0 | 0 | 0 | 0 | 0 | 1 | 0 | 0 | 0 | 0 | 0 | 0 | 0 | 0 | 0 | 1 | 0 | 5 |
| $S_8$ | 0 | 0 | 0 | 0 | 0 | 0 | 1 | 0 | 0 | 0 | 0 | 0 | 0 | 0 | 0 | 0 | 1 | 5 |

ZF: $w_0 x_0 \to \max!$

NB: $b_0 x_0 + \sum_{i=1}^{m} b_i x_i - \sum_{j=1}^{n} f_j y_j = U^*$

$\Rightarrow 4{,}250 \times x_0 + 0{,}400 \times x_1 + 0{,}280 \times x_2 + 0{,}170 \times x_3 + 0{,}110 \times x_4 + 0{,}040 \times x_5 + 0{,}120 \times x_6 \ 0{,}120 \times y_1 \geq 7{,}250$

$w_0 x_0 + \sum_{i=1}^{m} B_i x_i - \sum_{j=1}^{n} F_j y_j = EK$

$\Rightarrow w_0 x_0 + 0{,}100 \times x_1 + 0{,}100 \times x_2 + 0{,}100 \times x_3 + 0{,}100 \times x_4 + 0{,}100 \times x_5 + 0{,}100 \times x_6 - 0{,}100 \times y_1 = 4{,}000$

$x_0 = 1$ und $0 \leq x_1 \leq 5; \ 0 \leq x_2 \leq 5; \ 0 \leq x_3 \leq 5; \ 0 \leq x_4 \leq 5; \ 0 \leq x_5 \leq 5$

## C. Bewertung auf Basis eines rein finanziell orientierten Zielsystems

Der Unternehmenserwerb wird in das Basisprogramm integriert. Dabei ergeben sich zunächst aber Gesamtrückflüsse von 11,500. Für die Grenzpreisermittlung muss ein Wert gefunden werden, der gewährleistet, dass das gesamte Endvermögen nur $U^* = 7,250$ beträgt.

| Projekt | Anzahl | Nennwert | Anlagebetrag | Rückfluss | Rendite |
|---|---|---|---|---|---|
| $A_1$ | 5 | 0,100 | 0,500 | 2,000 | 300 % |
| $A_2$ | 5 | 0,100 | 0,500 | 1,400 | 180 % |
| $A_3$ | 5 | 0,100 | 0,500 | 0,850 | 70 % |
| $A_4$ | 0 | 0,100 | 0 | 0 | 10 % |
| $A_5$ | 0 | 0,100 | 0 | 0 | -60 % |
| $A_6$ | 25 | 0,100 | 2,500 | 3,000 | 20 % |
| Unt. | 1 | | ? | 4,250 | |
| Summe | | | | 11,500 | |

Tab. II.15: Beispiel: Bewertungsprogramm des Käufers

### 5.4.3.1. Bewertung bei vollkommenem Kapitalmarkt

Zunächst soll der Fall untersucht werden, dass keine Kapitalmarktbeschränkungen existieren und Soll- und Habenzins sich entsprechen.

| Projekt | Anzahl | Nennwert | Anlagebetrag | Rückfluss | Rendite |
|---|---|---|---|---|---|
| $A_1$ | 5 | 0,100 | 0,500 | 2,000 | 300 % |
| $A_2$ | 5 | 0,100 | 0,500 | 1,400 | 180 % |
| $A_3$ | 5 | 0,100 | 0,500 | 0,850 | 70 % |
| $A_4$ | 0 | 0,100 | 0 | 0 | 10 % |
| $A_5$ | 0 | 0,100 | 0 | 0 | -60 % |
| $A_6$ | 0 | 0,100 | 0 | 0 | 20 % |
| Unt. | 1 | | ? | 4,250 | |
| Summe | | | ? | 8,500 | |

Tab. II.16: Beispiel: Bewertungsprogramm des Käufers bei vollkommenem Kapitalmarkt

Steht dem Kaufinteressenten der unbeschränkte Zugang zu Krediten zu 20 % offen, dann ist es ökonomisch sinnvoll, alle Investitionen deren Rendite über 20 % liegt - Projekte $A_1$ bis $A_3$ - zu tätigen. Durch den Unternehmenserwerb würde dann nur die Anlage von 2,500 zu 20 % am Kapitalmarkt verdrängt. Insgesamt ergäbe dies ein Gesamt-Endvermögen von 8,500 (Tab. II.16). Um das Endvermögen konstant bei 7,250 zu halten, muss der Kaufpreis höher als 2,500 liegen. Die Differenz wird durch Kreditaufnahme finanziert, deren Rückzahlung das Endvermögen schmälert. Da das Endvermögen um 1,250 niedriger ausfallen soll, kann damit ein Kredit in Höhe von 1,042 zu 20 % zurückbezahlt werden. Ein Kaufpreis zu 3,542 (= 2,500 + 1,042) ist damit der maximale Betrag, den der Käufer bezahlen würde, ohne schlechter gestellt zu sein als ohne Kauf des Unternehmens. Er entspricht dem gewünschten Verkaufspreis des Unternehmers. Die Opportunitätskosten der verdrängten Alternativinvestitionen entsprechen den Finanzierungskosten der aufgenommenen Mittel von 20 %. Der Kaufpreis verzinst sich zu diesen Kapitalkosten von 20 %.

| Projekt | Anzahl | Nennwert | Anlagebetrag | Rückfluss | Rendite |
|---|---|---|---|---|---|
| $A_1$ bis $A_3$ | 15 | 0,100 | 1,500 | 4,250 | 183 % |
| Unt. | 1 | | 3,542 | 4,250 | 20 % |
| $F_1$ | 10,42 | 0,100 | -1,042 | -1,250 | 20 % |
| Summe | | | 4,000 | 7,250 | |

Tab. II.17: Beispiel: Lösung bei vollkommenem Kapitalmarkt

Diese Lösung ergibt sich auch durch das Endtableau des linearen Programms:

| Basis | $W_0$ | $X_0$ | $X_1$ | $X_2$ | $X_3$ | $X_4$ | $X_5$ | $X_6$ | $Y_1$ | $S_1$ | $S_2$ | $S_3$ | $S_4$ | $S_5$ | $S_6$ | $S_7$ | $S_8$ | Lösung |
|---|---|---|---|---|---|---|---|---|---|---|---|---|---|---|---|---|---|---|
| ZF | 0,00 | 0,00 | 0,00 | 0,00 | 0,00 | 0,01 | 0,07 | 0,00 | 0,00 | 0,83 | 1,00 | 3,54 | 0,23 | 0,13 | 0,04 | 0,00 | 0,00 | 3,542 |
| $Y_1$ | 0,00 | 0,00 | 0,00 | 0,00 | 0,00 | -0,92 | -0,33 | -1,00 | 1,00 | 8,33 | 0,00 | 35,42 | 3,33 | 2,33 | 1,42 | 0,00 | 0,00 | 10,417 |
| $W_0$ | 1,00 | 0,00 | 0,00 | 0,00 | 0,00 | 0,01 | 0,07 | 0,00 | 0,00 | 0,83 | 1,00 | 3,54 | 0,23 | 0,13 | 0,04 | 0,00 | 0,00 | 3,542 |
| $X_0$ | 0 | 1 | 0 | 0 | 0 | 0 | 0 | 0 | 0 | 0 | 1 | 0 | 0 | 0 | 0 | 0 | 0 | 1 |
| $X_1$ | 0 | 0 | 1 | 0 | 0 | 0 | 0 | 0 | 0 | 0 | 0 | 1 | 0 | 0 | 0 | 0 | 0 | 5 |
| $X_2$ | 0 | 0 | 0 | 1 | 0 | 0 | 0 | 0 | 0 | 0 | 0 | 0 | 1 | 0 | 0 | 0 | 0 | 5 |
| $X_3$ | 0 | 0 | 0 | 0 | 1 | 0 | 0 | 0 | 0 | 0 | 0 | 0 | 0 | 1 | 0 | 0 | 0 | 5 |
| $S_7$ | 0 | 0 | 0 | 0 | 0 | 1 | 0 | 0 | 0 | 0 | 0 | 0 | 0 | 0 | 0 | 1 | 0 | 5 |
| $S_8$ | 0 | 0 | 0 | 0 | 0 | 0 | 1 | 0 | 0 | 0 | 0 | 0 | 0 | 0 | 0 | 0 | 1 | 5 |

### 5.4.3.2. Bewertung bei reiner Eigenkapitalfinanzierung und Kapitalmarktbeschränkungen

Auf einem vollkommenen Kapitalmarkt mit der Möglichkeit zu unbeschränkter Aufnahme und Anlage von Mitteln zum gleichen Zinssatz können grundsätzlich immer alle Investitionen durchgeführt werden, deren interne Verzinsung höher ist als der eine einheitliche Kapitalmarktzins. Denn solange sich Investitionsgelegenheiten mit einer höheren Rendite bieten, wird es sich immer lohnen, zusätzliche Mittel aufzunehmen. Aus dem Basisprogramm werden damit nur Anlagen zu diesem Kapitalmarktzins verdrängt. Deshalb entsprechen sich Opportunitätskosten der besten verdrängten

C. Bewertung auf Basis eines rein finanziell orientierten Zielsystems

Alternative und Finanzierungskosten für Kredite grundsätzlich immer und die Kapitalkosten sind klar und eindeutig identifiziert. Interessant ist die lineare Programmierung deshalb eigentlich nur für Situationen mit unvollkommenen Kapitalmärkten, in denen nur zu unterschiedlichen Sätzen und nicht unbegrenzt Geld aufgenommen und angelegt werden kann.

| Projekt | Anzahl x | Nennwert | Anlagebetrag | Rückfluss | Rendite |
|---|---|---|---|---|---|
| $A_1$ | 5 | 0,100 | 0,500 | 2,000 | 300 % |
| $A_2$ | 3,571 | 0,100 | 0,357 | 1,000 | 180 % |
| $A_3$ | 0 | 0,100 | 0 | 0 | 70 % |
| $A_4$ | 0 | 0,100 | 0 | 0 | 10 % |
| $A_5$ | 0 | 0,100 | 0 | 0 | -60 % |
| $A_6$ | 0 | | 0 | 0 | 20 % |
| Untern. | 1 | | ? | 4,250 | 20 % |
| Summe | | | ? | 7,250 | |

Tab. II.18: Beispiel: Bewertungsprogramm des Käufers bei unvollkommenem Kapitalmarkt

Hätte der Käufer keinen Zugang zu Fremdmitteln über den Kapitalmarkt, dann müsste der Unternehmenskauf durch Eigenkapital bestritten werden. Um den Gesamtrückfluss konstant bei 7,250 zu halten, dürfen bei Einbezug der Rückflüsse aus dem Unternehmen von 4,250 auf die anderen Anlageformen nur Rückflüsse von 3,000 entfallen. Damit werden Anlagen im Wert von 3,143 mit Rückflüssen von insgesamt 4,250 verdrängt:

| Projekt | Anzahl x | Nennwert | Anlagebetrag | Rückfluss | Rendite |
|---|---|---|---|---|---|
| $A_1$ | 0 | 0,100 | 0,000 | 0 | 300 % |
| $A_2$ | 1,429 | 0,100 | 0,143 | 0,400 | 180 % |
| $A_3$ | 5 | 0,100 | 0,500 | 0,850 | 70 % |
| $A_4$ | 0 | 0,100 | 0 | 0 | 10 % |
| $A_5$ | 0 | 0,100 | 0 | 0 | -60 % |
| $A_6$ | 10 | 0,100 | 2,500 | 3,000 | 20 % |
| Summe | | | 3,143 | 4,250 | 35 % |

Tab. II.19: Beispiel: Lösung bei unvollkommenem Kapitalmarkt

Insgesamt wird das Eigenkapital von 4,000 durch den Erwerb des Unternehmens zu 3,143 und die Anlage von 0,857 in $A_1$ und $A_2$ exakt aufgebraucht und der Gesamtrückfluss von 7,250 beibehalten. Die Opportunitätskosten des Eigenkapitals entsprechen der durchschnittlichen Verzinsung der verdrängten Investitionen in Höhe von 35 %.

### 5.4.3.3. Bewertung bei Mischfinanzierung und Kapitalmarktbeschränkungen

Im Folgenden seien Finanzierungsmöglichkeiten wie folgt gegeben:

| Projekt | Anzahl | Nennwert | Rückzahlung | Rendite |
|---|---|---|---|---|
| $F_1$ | 5 | 0,100 | 0,120 | 20 % |
| $F_2$ | 5 | 0,100 | 0,125 | 25 % |
| $F_3$ | 5 | 0,100 | 0,130 | 30 % |
| $F_4$ | unb. | 0,100 | 0,140 | 40 % |

Tab. II.20: Beispiel: Finanzierungsmöglichkeiten des Käufers

In diesem Fall können alle Projekte durchgeführt werden, deren Renditen über den Finanzierungskosten liegen - es werden Projekte $A_1$ bis $A_3$ durchgeführt. Der Unternehmenskauf wird durch Verdrängung der Alternative $A_6$ von 2,500 und Kredite von insgesamt 1,019 finanziert. Die Finanzierung beträgt insgesamt 3,519, was dem Unternehmenswert entspricht (vgl. Tab. II.21).

Da das Eigenkapital in der besten alternativen Verwendung nur zu 20 % hätte angelegt werden können, betragen seine Opportunitätskosten 20 %. Zusammen mit den Finanzierungskosten ergibt dies insgesamt Kapitalkosten von 20,77 %. Mit Hilfe des linearen Programms ist somit gleichzeitig der relevante Kapitalkostensatz ermittelt, der für eine Diskontierung der Rückflüsse benötigt würde: $W_x = \dfrac{4,250}{1,2077} = 3,519$.

Da zu diesem Zeitpunkt der Unternehmenswert jedoch bereits bekannt ist und deshalb keine Diskontierung mehr notwendig ist, stellt der implizite Kalkulationszinsfuß lediglich eine Kontrollgröße dar und dient hier vor allem zur Veranschaulichung der relevanten Bestandteile der Kapitalkosten.[163]

Die Kapitalkosten setzten sich aus zwei Bestandteilen zusammen: solche mit reinem Opportunitätskostencharakter und solche mit pagatorischem Charakter. Dies lässt sich jedoch nicht direkt den Finanzierungsarten zuordnen, denn auch die Fremdfinanzierung kann mit höheren Kosten als ihre tatsächliche Zinslast verbunden sein. Ist das Basisprogramm bereits teilweise fremdfinanziert, dann werden durch den Unterneh-

---

163 Vgl. Matschke (1969), S. 61; Sieben (1967), S. 145ff.; Wagner (1973), S. 304.

menskauf Alternativen verdrängt, die zuvor fremdfinanziert waren, sodass die Opportunitätskosten dieses Fremdkapitals höher sind als seine pagatorischen Kosten.

| Projekt | Anzahl x | Nennwert | Anlagebetrag | Rückfluss | Rendite |
|---|---|---|---|---|---|
| Ausgangsprogramm: | | | | | |
| $A_1$ | 5 | 0,100 | 0,500 | 2,000 | 300 % |
| $A_2$ | 5 | 0,100 | 0,500 | 1,400 | 180 % |
| $A_3$ | 5 | 0,100 | 0,500 | 0,850 | 70 % |
| $A_4$ | 0 | 0,100 | 0 | 0 | 10 % |
| $A_5$ | 0 | 0,100 | 0 | 0 | -60 % |
| $A_6$ | 25 | 0,100 | 2,500 | 3,000 | 20 % |
| Untern. | 1 | | W | 4,250 | 20 % |
| Summe | | | 4,000 + W | 11,500 | |
| Finanzierung: | | | | | |
| $A_6$ | 25 | 0,100 | -2,500 | -3,000 | 20 % |
| $F_1$ | 5 | 0,100 | -0,500 | -0,600 | 20 % |
| $F_2$ | 5 | 0,100 | -0,500 | -0,625 | 25 % |
| $F_3$ | 0,192 | 0,100 | -0,019 | -0,025 | 30 % |
| Summe | | | -3,519 = W | -4,250 | 20,77 % |
| Gesamt | | | 4,000 | 7,250 | |

Tab. II.21: Beispiel: Lösung bei Mischfinanzierung

## 5.4.3.4. Kalkulatorische und pagatorische Kapitalkostenkomponenten

Im Folgenden wird obiger Fall mit einer Grundausstattung von nur 1,000 Eigenkapital betrachtet. Neben den bekannten Investitionsgelegenheiten stehen folgende Finanzierungsmöglichkeiten zur Verfügung:

| Projekt | Anzahl | Nennwert | Rückzahlung | Rendite |
|---|---|---|---|---|
| $F_1$ | 5 | 0,100 | 0,120 | 20 % |
| $F_2$ | 5 | 0,100 | 0,125 | 25 % |
| $F_3$ | 5 | 0,100 | 0,130 | 30 % |
| $F_4$ | 10 | 0,100 | 0,140 | 40 % |

Tab. II.22: Beispiel: Finanzierungsmöglichkeiten bei geringer Eigenkapitalausstattung

Unter diesen Umständen wird das Basisprogramm bereits zu einem Drittel mit Fremdkapital finanziert sein, sodass Finanzierungsmöglichkeit $F_1$ bereits ausgeschöpft ist:

| Projekt | Anzahl x | Nennwert | Anlage-betrag | Rückfluss | Rendite |
|---|---|---|---|---|---|
| Basisprogramm: | | | | | |
| $A_1$ | 5 | 0,100 | 0,500 | 2,000 | 300 % |
| $A_2$ | 5 | 0,100 | 0,500 | 1,400 | 180 % |
| $A_3$ | 5 | 0,100 | 0,500 | 0,850 | 70 % |
| $A_4$ | 0 | 0,100 | 0 | 0 | 10 % |
| $A_5$ | 0 | 0,100 | 0 | 0 | -60 % |
| $A_6$ | 0 | 0,100 | 0 | 0 | 20 % |
| Zwischensumme | | | 1,500 | 4,250 | 118 % |
| $F_1$ | 5 | 0,100 | -0,500 | -0,600 | 20 % |
| Summe | | | 1,000 | **3,650** | 265 % |

Tab. II.23: Beispiel: Basisprogramm bei geringer Eigenkapitalausstattung

Durch den Unternehmenskauf kommen Rückflüsse von 4,250 hinzu. Die Finanzierung des Kaufpreises kann entweder durch Aufnahme neuer Mittel oder durch Unterlassung anderer Investitionen geschehen. Der maximale Kaufpreis (Unternehmenswert) wird nun so ermittelt, dass die Rückflüsse aus dem Bewertungsobjekt durch die Finanzierung genau verbraucht werden, wobei die Finanzierung immer mit den jeweils günstigsten Konditionen erfolgt (vgl. Tab. II. 24). Der Unternehmenswert beträgt 2,759, die Kosten der Finanzierung des Unternehmenskaufs betragen 54 %. Da $A_3$ und $A_2$ zu einem Drittel fremdfinanziert waren, stammen deren Beiträge zur Finanzierung von 0,759 zu einem Drittel (0,253) aus $F_1$ und zu zwei Dritteln (0,506) aus Eigenkapital (vgl. Tab. II.25).

Die kalkulatorischen Kapitalkosten entsprechen jedoch nicht den pagatorischen Finanzierungskosten, wie Tab. II.26 zeigt. Die Differenz ergibt sich dadurch, dass mit der Finanzierung durch $F_1$ zwar nur Zahlungen von 0,304 verbunden sind, tatsächlich aber Opportunitäten von 0,525 entgehen. Die Kapitalkosten von $F_1$ betragen tatsächlich also 0,525 oder 107,5 %.

## C. Bewertung auf Basis eines rein finanziell orientierten Zielsystems

| Projekt | Anzahl x | Nennwert | Anlagebetrag | Rückfluss | Rendite |
|---|---|---|---|---|---|
| Basisprogramm | | | 1,000 | **3,650** | 265 % |
| + Unternehmen | | | W | 4,250 | 20 % |
| Summe | | | 1,000 + W | 7,900 | |
| Finanzierung: | | | | | |
| $F_2$ | 5 | 0,100 | -0,500 | -0,625 | 25 % |
| $F_3$ | 5 | 0,100 | -0,500 | -0,650 | 30 % |
| $F_4$ | 10 | 0,100 | -1,000 | -1,400 | 40 % |
| $A_3$ | 5 | 0,100 | -0,500 | -0,850 | 70 % |
| $A_2$ | 2,59 | 0,100 | -0,259 | -0,725 | 180 % |
| Summe | | | - W = -2,759 | -4,250 | 54 % |
| Gesamt | | | 1,000 | 3,650 | 265 % |

Tab. II.24: Beispiel: Lösung bei geringer Eigenkapitalausstattung

| Bilanz Unternehmenskauf | | | |
|---|---|---|---|
| Vermögensgegenstände | 2,759 | Eigenkapital | 0,506 |
| | | Fremdkapital | 2,253 |
| | 2,759 | | 2,759 |

| Projekt | Anzahl x | Nennwert | Anlage | Rückfluss | Rendite |
|---|---|---|---|---|---|
| pagatorische Fremdkapitalkosten: | | | | | |
| $F_1$ | 2,53 | 0,100 | -0,253 | -0,304 | 20 % |
| $F_2$ | 5 | 0,100 | -0,500 | -0,625 | 25 % |
| $F_3$ | 5 | 0,100 | -0,500 | -0,650 | 30 % |
| $F_4$ | 10 | 0,100 | -1,000 | -1,400 | 40 % |
| Summe | | | -2,253 | -2,979 | 32,22 % |
| kalkulatorische Eigenkapitalkosten: | | | | | |
| $A_3$ | 3,333 | 0,100 | -0,333 | -0,566 | 70 % |
| $A_2$ | 1,726 | 0,100 | -0,173 | -0,484 | 180 % |
| Summe | 5,059 | 0,100 | -0,506 | -1,050 | 107,5 % |
| Gesamt | | | -2,759 | -4,029 | 46 % |
| Unternehmenskauf | | W = 2,759 | | 4,250 | 54 % |
| Differenz | | | | 0,221 | 8 % |

Tab. II.25: Beispiel: pagatorische und kalkulatorische Kapitalkosten

| kalkulatorische Fremdkapitalkosten von $F_1$: | | | | | |
|---|---|---|---|---|---|
| $A_3$ | 1,666 | 0,100 | -0,166 | -0,283 | 70 % |
| $A_2$ | 0,863 | 0,100 | -0,086 | -0,242 | 180 % |
| Summe | 2,529 | 0,100 | -0,253 | -0,525 | 107,5 % |
| pagatorische Fremdkapitalkosten von $F_1$: | | | | | |
| $F_1$ | 2,530 | 0,100 | 0,253 | 0,304 | 20 % |
| Differenz: | | | | 0,221 | |

Tab. II.26: Beispiel: kalkulatorische Kapitalkosten

Entscheidungsrelevant sind nicht die pagatorischen, sondern die kalkulatorischen Kapitalkosten, also der Nutzenentgang aus der alternativen Anlage.[164]

## 5.5. Fazit

Nur im Fall eines vollkommenen Kapitalmarkts existiert ein Einheitszins, zu dem unbeschränkt Mittel angelegt und aufgenommen werden können. Dann werden alle Realinvestitionsprogramme getätigt, deren Renditen mindestens diesem Zins entsprechen. Jede zusätzliche Investition ist zu diesem Satz finanzierbar, sodass keine Alternativinvestitionen mit einer höheren Rendite aus dem optimalen Investitions- und Finanzierungsprogramm verdrängt werden können - der Opportunitätskostensatz entspricht immer diesem Einheitszins.

Liegt dagegen ein unvollkommener Kapitalmarkt vor, dann steht die optimale Alternativinvestition nicht von vornherein fest. Sie lässt sich exakt nur mittels einer simultanen Optimierung des Investitions- und Finanzierungsprogramms ermitteln.[165] Dabei können alternative Investitions- und Finanzierungsmöglichkeiten mit ihren besonderen Eigenschaften bzgl. der Zahlungszeitpunkte, Zahlungshöhe, Unsicherheitsdimensionen und Verbundwirkungen untereinander explizit in die Bewertung aufgenommen werden, statt sie bei der Diskontierung im Kalkulationszinsfuß zu verbergen.[166] „Die Programmplanung machte die Notwendigkeit der Ermittlung eines Kalkulationszinsfußes überflüssig und konnte insofern die Kritik vermeiden, dieser sei willkürlich und in falscher Höhe gegriffen. Sie stellte aber derart hohe Anforderungen an die

---

164 Insofern wäre auch ein höherer Habenzins einem niedrigeren Sollzins vorzuziehen; vgl. Bröhl (1966), S. 176ff.
165 Vgl. Coenenberg/Sieben (1976), Sp. 4067f.
166 Vgl. Ballwieser/Leuthier (1986), S. 607; Coenenberg/Sieben (1976), Sp. 4068ff.

Informationsbeschaffungs- und Informationsverarbeitungsmöglichkeiten des Bewerters, daß sie in der Bewertungspraxis nicht akzeptiert wurde."[167]

In der Realität ist es wegen der Länge des zu betrachtenden Planungshorizonts, der Unsicherheit, Interdependenz und der damit verbundenen Komplexität zukünftiger Handlungsalternativen praktisch unmöglich, einen vollständigen Vorteilsvergleich zu formulieren, der die tatsächlichen Finanzierungskosten und Opportunitäten exakt wiedergibt.[168] „Die Aufgabe betriebswirtschaftlicher Theorie ist es deshalb, nach sinnvollen Vereinfachungen zu suchen. Das Dilemma besteht darin, dass mit jeder Vereinfachung die Gefahr einer Fehlentscheidung wächst."[169] Die Abzinsung zukünftiger Rückflüsse mit einem bestimmten Diskontierungssatz stellt eine solche vereinfachende Annahme über das Investitions-/Finanzierungsverhalten von Käufer und Verkäufer dar, welche die tatsächlichen Finanzierungskosten nur beschränkt wiedergibt, andererseits aber wesentlich anwenderfreundlicher ist.[170]

## 6. Abbildung alternativer Anlagemöglichkeiten im Kapitalisierungszins

Der Wert eines Unternehmens hängt davon ab, welchen Nutzen es seinen Eigentümern stiftet. Er ist abhängig von deren individuellem Zielsystem und ihren Präferenzen.[171] Für die Unternehmensbewertung wird in der Regel ein rein finanziell orientiertes Zielsystem unterstellt, d. h. man geht von der vereinfachenden Annahme aus, dass lediglich monetäre Ereignisse für den Eigentümer von Relevanz sind. Dadurch wird der Kauf eines Unternehmens bzw. seiner Anteile zu einer rein finanziell motivierten Anlageentscheidung und lässt sich mit anderen Anlageformen vergleichen. Die Bewertung eines Unternehmens ist damit nichts anderes als das Auffinden des Betrages, der anderswo für Erfolge gleicher Art und Höhe zu bezahlen wäre.[172]

Bei der Diskontierung übernimmt der Kalkulationszinsfuß die Funktion des Alternativenvergleichs. Durch die Diskontierung von Zukunftserfolgen entstehen Zukunftserfolgswerte, die als Entscheidungswerte, d. h. als Grenzpreise, konzipiert sind. Sie

---

167 Ballwieser/Leuthier (1986), S. 607; Vgl. auch Brealey/Myers (2000), S. 111f.; Copeland/Weston (1992), S. 61.
168 Vgl. Schneider (1992), S. 71f.
169 Schneider (1992), S. 72.
170 Vgl. Moxter (1983), S. 150; Perridon/Steiner (2002), S. 88f.; Schneider (1992), S. 72, 102.
171 Vgl. Käfer (1969), S. 299; Sieben/Löcherbach/Matschke (1974), Sp. 841f.
172 Vgl. Wagner (1973), S. 304; Sieben (1967), S. 142.

resultieren folglich aus dem Vergleich des Unternehmenskaufs bzw. -verkaufs mit der besten, unterlassenen Handlungsalternative.[173] Ein Zukunftserfolgswert stellt damit den Wert dar, ab dem der Unternehmenskauf (-verkauf) gerade vorteilhafter wird als die dem Vergleich zugrunde liegende Handlungsalternative.

Durch den Kalkulationszinsfuß werden die zukünftigen Erfolge des Unternehmens auf die Gegenwart bezogen und damit addierbar gemacht. Gleichzeitig werden sie mit der Vorteilhaftigkeit anderer Kapitalanlagen verglichen, wobei auch das Risiko zu berücksichtigen ist.[174] Dies erfordert die Abbildung der Zahlungen aus der bestmöglichen, nicht durchgeführten Alternativanlage durch eine Renditeziffer.[175]

Grundsätzlich ist für die Diskontierung die interne Rendite des optimalen Alternativprogramms als Kalkulationszinsfuß anzusetzen.[176] Dies führt zu identischen Ergebnissen wie bei linearer Programmierung, wenn das Alternativprogramm entsprechend ermittelt wird.[177] Anzustreben ist eine möglichst exakte Abbildung des Alternativprogramms im Kalkulationszinsfuß, auch wenn dies nicht immer bis ins kleinste Detail möglich sein wird. Im Beispiel des vorhergehenden Abschnitts wurde vereinfachend von einem einperiodigen Planungshorizont ausgegangen. Der gleiche Rechenweg ergibt sich für die Optimierung folgender zukünftiger Perioden und konstanter Zahlungen mit unendlicher Laufzeit.[178] In diesen Fällen ist auch die Bestimmung der internen Rendite der verdrängten Alternativinvestitionen unproblematisch. Liegen dagegen mehrperiodige schwankende Rückzahlungen vor, kann die Ermittlung der internen Rendite des jeweiligen Investitionsprogramms mit Schwierigkeiten verbunden sein.[179]

Da die exakten Investitions- und Finanzierungsalternativen nicht immer vollständig ermittelt werden können und tatsächlich das optimale Programm erst ermittelt werden kann, wenn die Höhe des zu integrierenden Kaufpreises bekannt ist, wird statt dessen häufig von typischen Alternativinvestitionen ausgegangen. Ihr Wert wird auf das

---

173 Vgl. Abschnitt II.C.
174 Vgl. Jaensch (1966b), S. 661; Münstermann (1966a), S. 63ff; Perridon/Steiner (2002), S. 86f.
175 Vgl. Brealey/Myers (2000), S. 15ff. Diese Interpretation der Kapitalkosten ist bei der Wahl zwischen mehreren Anlagealternativen problematisch, da für die Kenntnis der bestmöglichen, nicht durchgeführten Alternative die Kenntnis der besten durchzuführenden Alternative nötig ist. Ergebnis und Ergebnisermittlung bedingen einander folglich; vgl. Perridon/Steiner (2002), S. 86ff.
176 Vgl. Coenenberg/Sieben (1976), Sp. 4067; Münstermann (1966a), S. 74f.; Jaensch (1966b), S. 663; Sieben (1967), S. 127.
177 Vgl. Sieben (1967), S. 145ff.; Wagner (1973), S. 304.
178 Vgl. Jaensch (1966b), S. 663f.
179 Vgl. stellvertretend Schneider (1992), S. 81ff.

## C. Bewertung auf Basis eines rein finanziell orientierten Zielsystems

Bewertungsobjekt übertragen, indem der Diskontierungssatz als Rendite der verdrängten Alternativinvestition mit identischen Eigenschaften am Kapitalmarkt ermittelt wird.[180] Ein solcher typisierter Kalkulationszinsfuß stellt einen Kompromiss unterschiedlicher Möglichkeiten und Neigungen der Anteilseigner dar, der insbesondere dann gerechtfertigt ist, wenn alle am gleichen Kapitalmarkt anlegen, gleichen Informationsstand, gleiche Erwartungen und gleiche Risikoeinstellungen haben.[181] Er erleichtert die praktische Handhabung des Bewertungskalküls, macht aber gegebenenfalls erforderlich, in einem zweiten Schritt divergierende individuelle Verhältnisse des Investors zu berücksichtigen.[182]

Ein Unternehmenskäufer (-verkäufer) wird die Rückflüsse aus dem Unternehmen, mit dem Nutzen aus alternativen Geldverwendungsmöglichkeiten vergleichen.[183] Er wird nur dann bereit sein, das Unternehmen zu erwerben (verkaufen), wenn das damit verbundene Einkommen ihm mindestens das gleiche Einkommen ermöglicht, wie es ihm ohne Erwerb (Verkauf) des Unternehmens möglich wäre. Der maximale Kaufpreis, den ein Erwerber bereit sein wird zu bezahlen, ergibt sich folglich durch Konstanthaltung des Nutzenniveaus bei Einbeziehung des Unternehmens in sein Investitionsprogramm. Dabei werden alternative Geldverwendungsmöglichkeiten verdrängt, deren (Nutz-)Wert in Summe den Grenzpreis des Unternehmens ergeben. Dem Unternehmen wird ein Maximalwert in der Weise zugeschrieben, dass alle dabei verdrängten Alternativen gleichwertig zum Unternehmenserwerb sind.[184]

|  | t = 0 | t = 1 |
|---|---|---|
| Kasse AB | 2.500 |  |
| Investition | -1.750 |  |
| **Rückflüsse X** |  | **4.550** |
| Saldo | 0.750 | 4.550 |
| Finanzierung/Konsum | -0.750 | -4.550 |
| Kasse SB | 0 | 0 |
| **Vergleich: Anlage 10 %** | **-4.136** | **4.550** |

Tab. II.27: Bewertung von Zahlungen durch Alternativenvergleich

---

180 Vgl. Ballwieser/Leuthier (1986), S. 607f.; Coenenberg/Hille/Kleine-Doepke (1985), S. 1193; Moxter (1983), S. 152f. m. w. N.; Schneider (1992), S. 102.
181 Vgl. Swoboda (1996), S. 63.
182 Vgl. Siepe (1998), S. 326.
183 Vgl. z. B. Ballwieser/Leuthier (1986), S. 606.
184 Vgl. hierzu ausführlich Kapitel II.C.

Kennt man den Wert einer Alternativanlage $W_A$, welche die gleichen Eigenschaften aufweist wie das Bewertungsobjekt, dann kennt man auch den Wert des Bewertungsobjekts $W_B$. Die Übertragung erfolgt mithilfe des Diskontierungssatzes durch einen Vergleich der Rückflüsse aus der Investition (dem Unternehmen) mit einer entsprechenden Alternativanlage mit gleichen Rückzahlungen (vgl. Tab. II.27). In obigem einperiodigen Beispiel lässt sich die Vergleichsrendite $r_A$ durch den Quotienten aus Rückflüssen und Preis der Anlage ermitteln:

$$(1+r_A) = \frac{X_A}{W_A} = \frac{4.550}{4.136} = 1.1.$$

Für das Bewertungsobjekt gilt entsprechend:

$$(1+r_B) = \frac{X_B}{W_B}.$$

Betrachtet man $X_B$ als gegeben, dann lässt sich $W_B$ ermitteln, indem $r_B$ durch $r_A$ ersetzt wird ($r_B = r_A$), also der Zukunftserfolg des Bewertungsobjekts mit der Alternativrendite diskontiert wird:

$$W_B = \frac{X_B}{(1+r_A)} = \frac{4.550}{1.1} = 4.136.$$

Diese Vorgehensweise lässt sich auch als Alternativenvergleich für Käufer und Verkäufer verstehen: Der Verkäufer hat folgende beiden Alternativen zur Wahl:[185]

| Alternative: | Einkommen: | |
|---|---|---|
| 1. Verkauf | Zinsen auf Verkaufserlös | $(1 + r_A^V) \times W_B$ |
| 2. Weiterführung | Rückflüsse | $X_B$ |

Damit er sich für den Verkauf entschließt, muss das Einkommen bei Verkauf mindestens genauso hoch sein wie bei Weiterführung des Unternehmens:

$$X_B \leq (1 + r_A^V) \times W_B \Rightarrow PUG = \frac{X_B}{(1+r_A^V)}$$

Dem Käufer andererseits stehen folgende beiden Alternativen zur Auswahl:

---

185 Vgl. zur folgenden Vorgehensweise Ballwieser/Leuthier (1986), S. 607.

## C. Bewertung auf Basis eines rein finanziell orientierten Zielsystems

| Alternative: | Einkommen: | |
|---|---|---|
| 1. Kauf | Rückflüsse | $X_B$ |
| 2. Anlage des Kaufpreises | Zinsen auf Verkaufserlös | $(1 + r_A^K) \times W_B$ |

Damit er sich für den Kauf entscheidet, muss gelten:

$$X_B \geq (1 + r_A^K) \times W_B \Rightarrow POG = \frac{X_B}{(1+r_A^K)}.$$

Preisuntergrenze des Verkäufers und Preisobergrenze des Käufers sind bei gleichen Rückflüssen dann identisch, wenn beide über die gleichen alternativen Anlagemöglichkeiten $r_A$ verfügen: $r_A^K = r_A^V$

Stehen dem Käufer die Mittel nicht direkt zur Verfügung, sondern ist dafür die Aufnahme eines Kredits notwendig, sieht seine Alternativenwahl wie folgt aus:

| Alternative: | Einkommen: | |
|---|---|---|
| 1. Kauf und Kreditaufnahme | Rückflüsse<br>– Zinsen auf Kaufpreis | $X_B$<br>$- (1 + r_A^K) \times W_B$ |
| 2. Unterlassung des Kaufs | | 0 |

Der Diskontierungssatz $r_A^K$ entspricht dann dem Kreditzinssatz:

$$X_B - (1 + r_A^K) \times W_B \geq 0 \text{ bzw. } POG = \frac{X_B}{(1+r_A^K)}.$$

Auf diese Weise ermittelte Unternehmenswerte geben die Preisgrenze an, deren Anlage zum Kalkulationszinssatz die gleichen Erträge erwirtschaftet wie das zu bewertende Unternehmen. Es werden Entscheidungswerte ermittelt, bei deren Überschreiten sich die Transaktion ökonomisch nicht mehr lohnt.

Auch für einen mehrperiodigen Planungshorizont lässt sich die Bewertung aus dem Alternativenvergleich ableiten:

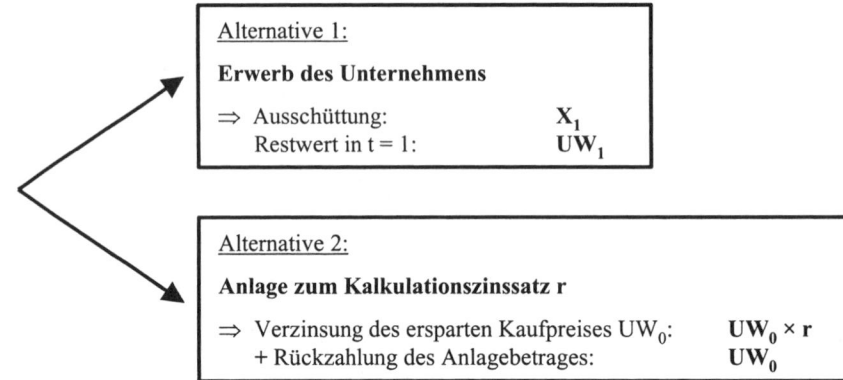

Abb. II.11: Alternativenvergleich

Bei Indifferenz der Alternativen gilt:

$$UW_0 = \frac{X_1 + UW_1}{(1+r)}.$$

mit:

$X_1$ = geschätzter Zukunftserfolg der Periode t = 1
r = Kalkulationszinsfuß

Da der selbe Zusammenhang für $UW_1$ gilt:

$$UW_1 = \frac{X_2 + UW_2}{(1+r)},$$

ergibt sich für t = 2:

$$UW_0 = \frac{X_1}{(1+r)} + \frac{X_2 + UW_2}{(1+r)^2} \text{ usw.}$$

Für einen unendlichen Planungshorizont lässt sich daher der Unternehmenswert als Barwert aller Zahlungen an den Investor ausdrücken:

$$UW_0 = \sum_{t=1}^{\infty} \frac{X_t}{(1+r)^t}.$$

Unterstellt man, dass die Zukunftserfolge in Ewigkeit konstant anfallen, vereinfacht sich obige Berechnung, zumal für die Reihe $\sum_{t=1}^{\infty} \frac{1}{(1+r)^t}$ folgender Grenzwert gilt:

## C. Bewertung auf Basis eines rein finanziell orientierten Zielsystems

$$\sum_{t=1}^{\infty} \frac{1}{(1+r)^t} \to \frac{1}{r}.$$

Damit ergibt sich für den Unternehmenswert auf Basis konstanter Zukunftserfolge $\overline{X}$:

$$UW_0 = \sum_{t=1}^{\infty} \frac{\overline{X}}{(1+r)^t} = \overline{X} \times \sum_{t=1}^{\infty} \frac{1}{(1+r)^t} = \frac{\overline{X}}{r}.$$

Geht man statt von konstanten Zukunftserfolgen von ihrem konstanten Wachstum aus, lässt sich mithilfe des Grenzwerts der Reihe $\sum_{t=1}^{\infty} \frac{(1+g)^t}{(1+r)^t} \to \frac{(1+g)}{(r-g)}$ der Unternehmenswert wie folgt ermitteln:

$$UW_0 = X_0 \times \sum_{t=1}^{\infty} \frac{(1+g)^t}{(1+r)^t} = X_0 \frac{(1+g)}{(r-g)}$$

Diese Formel ist auch unter dem Namen „Gordon-Formel" in der Bewertungslehre bekannt geworden.[186]

Will man jedoch nicht die Zukunftserfolge bis in alle Ewigkeit planen, so ergibt sich die Notwendigkeit, zu irgendeinem zukünftigen Zeitpunkt n einen Restwert zu ermitteln:

$$UW_0 = \sum_{t=1}^{n} \frac{X_t}{(1+r)^t} + \frac{UW_n}{(1+r)^n}.$$

Gerade für diese Anwendung ist die Formel für ewiges Wachstum bzw. die ewige konstante Rente nützlich. Wenn für $UW_n$ z. B. gilt:

$$UW_n = \frac{\overline{X}_{n+1}}{r},$$

dann lässt sich damit der Unternehmenswert in Form des Zukunftserfolgswerts ermitteln:

$$UW_0 = \sum_{t=1}^{n} \frac{X_t}{(1+r)^t} + \frac{\overline{X}_{n+1}}{r(1+r)^n}.$$

---

186 Vgl. z. B. Damodaran (1996), S. 192.

In der Unternehmensbewertung stehen deshalb zwei Probleme im Vordergrund: die Definition und Ermittlung der Zukunftserfolge sowie des Kapitalisierungszinses. Auf diese Fragen wird im Detail in den Kapiteln IV und V eingegangen.

# III. Methodenüberblick

In der Praxis der Unternehmensbewertung haben sich eine Vielzahl verschiedener Methoden zur Unternehmensbewertung etabliert. Dabei dominieren in Deutschland die Ertragswertmethode (39 %) und die DCF-Methoden (33 %), wobei erstere besonders bei Wirtschaftsprüfern und M&A-Beratungen beliebt ist und zweitere vor allem von Unternehmensberatungen und Investmentbanken bevorzugt werden.

|  | WP | MA | UB | IB | BU | IU | BA | Σ |
|---|---|---|---|---|---|---|---|---|
| Reproduktionswert | 0 % | 1 % | 0 % | 0 % | 0 % | 0 % | 4 % | 1 % |
| Liquidationswert | 8 % | 1 % | 2 % | 1 % | 0 % | 0 % | 1 % | 2 % |
| Substanzwertverfahren | 3 % | 3 % | 8 % | 3 % | 1 % | 4 % | 3 % | 4 % |
| Ertragswertverfahren | 80 % | 72 % | 15 % | 1 % | 45 % | 42 % | 40 % | 39 % |
| Kombinationsverfahren | 0 % | 6 % | 1 % | 0 % | 0 % | 1 % | 0 % | 1 % |
| DCF-Methoden | 4 % | 14 % | 57 % | 46 % | 34 % | 39 % | 23 % | 33 % |
| APV-Ansatz | 0 % | 0 % | 1 % | 1 % | 6 % | 0 % | 0 % | 1 % |
| Börsenwert | 1 % | 0 % | 3 % | 17 % | 4 % | 3 % | 12 % | 6 % |
| Vergleichspreise | 2 % | 3 % | 7 % | 24 % | 6 % | 3 % | 10 % | 8 % |
| Umsatzverfahren | 0 % | 0 % | 1 % | 0 % | 0 % | 0 % | 2 % | 0 % |
| Vergleichszahlen | 2 % | 0 % | 5 % | 7 % | 4 % | 8 % | 5 % | 5 % |
| Σ | 100 % | 100 % | 100 % | 100 % | 100 % | 100 % | 100 % | 100 % |
| Anzahl der Fragebögen | 8 | 7 | 12 | 9 | 7 | 6 | 10 | 59 |

Tab. III.1: Bedeutung von Bewertungsverfahren[1]

Im Gegensatz zu den in den Anfängen der Bewertungslehre weitverbreiteten substanzorientierten Einzelbewertungsverfahren stellen die heute in der Bewertungspraxis dominierenden Gesamtbewertungsverfahren auf das Unternehmen insgesamt als

---

1 Quelle: Peemöller/Bömelburg/Denkmann (1994), S. 743. WP = Wirtschaftsprüfungsgesellschaften, MA = M&A-Beratungen, UB = Unternehmensberatungen, IB = Investmentbanken, BU = Beteiligungsunternehmen, IU = Industrieunternehmen, BA = Banken.

Bewertungsobjekt ab. Zukunftserfolgswerte ermitteln den Wert des Unternehmens als Bewertungseinheit auf Basis der erwarteten, den Investoren künftig zufließenden Zukunftserfolgen. Um die zu unterschiedlichen Zeitpunkten anfallenden Zahlungen addierbar und gemäß ihrem Zahlungszeitpunkt bewertbar zu machen, werden Zahlungen mit einem Kapitalisierungszinssatz diskontiert.

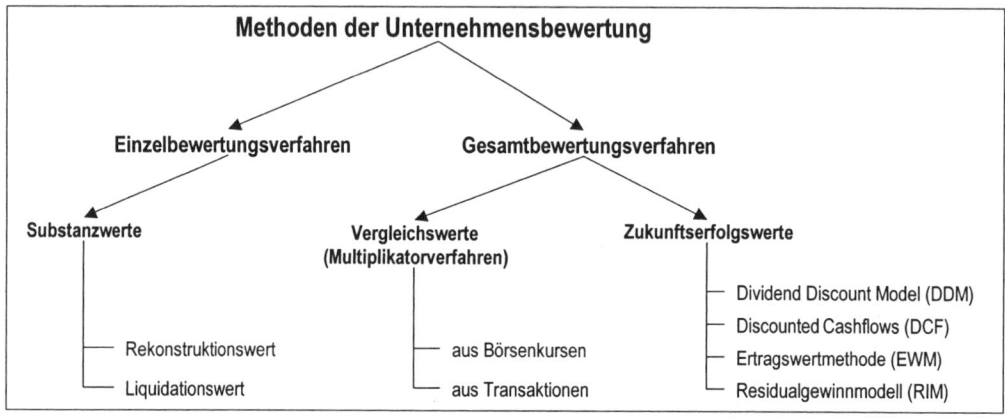

Abb. III.1: Methoden der Unternehmensbewertung

Neben dem zukunftserfolgsorientierten Ansatz existiert eine weitere Möglichkeit zur Gesamtbewertung: die vergleichsorientierte Bewertung. Ein Vergleichswert ist ein Wert, der durch Übertragung eines in einer ähnlichen Transaktion erzielten Preises auf das Bewertungsobjekt mithilfe von Multiplikatoren („Multiples") ermittelt wird. Soweit es sich bei diesem Multiplikator um einen solchen in Abhängigkeit von Zukunftserfolgen handelt, ist im Prinzip der verwendete Multiplikator als Barwertfaktor interpretierbar.[2] Jedoch wird bei der Diskontierung der Kalkulationszins aus der optimalen Alternative abgeleitet, was bei Multiplikatoren nicht gegeben ist. Im Folgenden werden die substanz-, die zukunftserfolgs- und vergleichsorientierten Verfahren überblicksartig vorgestellt, bevor im weiteren Verlauf der Arbeit auf die zukunftserfolgsorientierten Verfahren im Detail eingegangen wird.

---

2   Vgl. Ballwieser (1991), S. 54ff.

# A. Zukunftserfolgsorientierte Verfahren

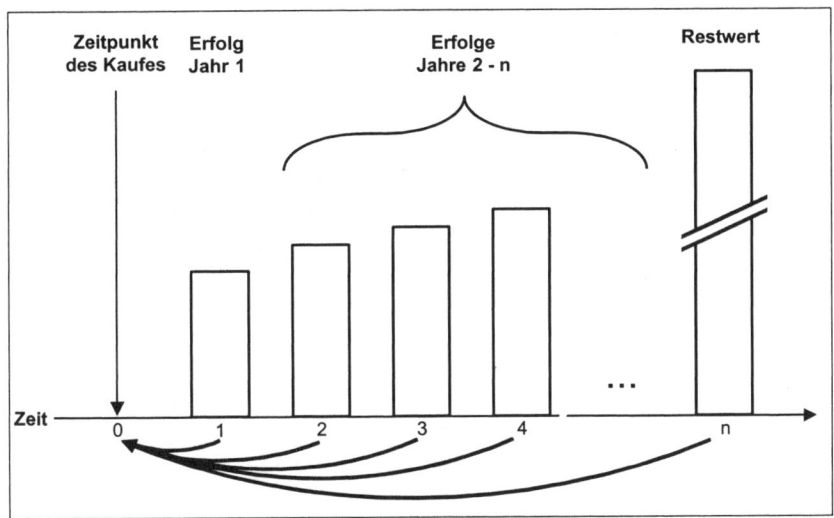

Abb. III.2: Zukunftserfolgswert

Zukunftserfolgswerte entstehen durch Diskontierung von Zukunftserfolgen. Die Festlegung der Art der dabei zu diskontierenden Erfolgsgrößen kennzeichnet im Wesentlichen die verschiedenen Varianten der zukunftserfolgsorientierten Bewertungsmethoden. Diese lassen sich danach unterscheiden, ob Ausschüttungen, Gewinne, Residualgewinne oder Cashflows diskontiert werden. Daraus resultieren die geläufigen Bewertungsverfahren: Dividend Discount Model, Ertragswertverfahren, Residualgewinnmodelle wie z. B. der Economic Value Added sowie Discounted Cashflow-Verfahren.

## 1. Dividend Discount-Model

Investoren sind beim Kauf von Unternehmensanteilen in erster Linie an den Ausschüttungen aus dem Unternehmen sowie an den Kurssteigerungen interessiert. Letztere hängen wiederum von zukünftigen Ausschüttungen ab, sodass als Grundlage der Bewertung grundsätzlich die Zahlungsströme zwischen Unternehmen und Eigentümern dienen können. Deshalb liegt es nahe, für die Bewertung die zukünftig zu erwartenden Ausschüttungen (Dividenden) abzuschätzen und zu diskontieren, um den Unternehmenswert zu ermitteln:[3]

$$UW_0 = \sum_{t=1}^{\infty} \frac{Div_t}{(1+r)^t}.$$

Dieses „Dividend Discount Model (DDM)" stellt ein für die Aktienbewertung gängiges Bewertungsverfahren dar und bildet gleichzeitig den Ausgangspunkt für die Entwicklung der übrigen Bewertungsmodelle. Es hat einen in den Ursprüngen der Bewertungslehre tief verwurzelten theoretischen Hintergrund in den frühen Arbeiten von WILLIAMS (1938) und GORDON (1959).[4] Der Bewertungsansatz hängt primär von der Möglichkeit ab, Abschätzungen der zukünftigen Höhe und des Wachstums der Ausschüttungen auf Basis der aus der Vergangenheit gewonnenen Erfahrungen zu erhalten. Zumal die Ausschüttungen nicht bis in die Ewigkeit einzeln geplant werden können, wird in der Regel in mehreren Phasen geplant, wobei das Wachstum in der Endphase undifferenziert mithilfe der „Gordon-Formel" abgebildet wird:[5]

$$UW_0 = \frac{Div_1}{(r-g)}.$$

Bei nur einperiodiger Planung kann die Formel unmittelbar zur Bewertung herangezogen werden, wobei lediglich die Dividende der Folgeperiode ($Div_1$), der Kalkulationszinsfuß und die konstante Wachstumsrate (g) abzuschätzen sind. Bei mehrphasiger Planung dient sie der Ermittlung des Restwertes im Zeitpunkt n:

$$UW_0 = \sum_{t=1}^{n} \frac{Div_t}{(1+r)^t} + \frac{1}{(1+r)^n} \times \frac{Div_{n+1}}{(r-g)}.$$

Entscheidend für diese Art der Bewertung ist die Abschätzung des Wachstums. Da der Anwendung der Gordon-Formel ein ewiges, konstantes Wachstum zugrunde liegt, ist zu beachten, dass ein Unternehmen auf Dauer nicht stärker wachsen kann als die Volks- bzw. Weltwirtschaft als Ganzes, sonst würde dieses irgendwann ein größeres Volumen annehmen als letztere. Neben dem Wirtschaftswachstum kann bei Verwendung nominaler Zahlungen auch die Preissteigerung (Inflation) zu nominalem

---

3   Vgl. Brealey/Myers (2000), S. 63ff.; Damodaran (1996), S. 191.
4   Vgl. auch Brealey/Myers (2000), S. 67; Francis/Olsson/Oswald (2000), S. 48.
5   Vgl. Damodaran (1996), S. 192. Zur Ableitung vgl. Abschnitt IV.A. Zu beachten ist, dass die Formel nur für r > g definiert ist.

Wachstum führen. Der Faktor g ist damit sinnvoller Weise langfristig auf Werte um 4-6 % beschränkt.[6]

Das DDM stellt ein einfaches Grundmodell der Bewertung dar und bildet einen guten Ausgangspunkt für das Verständnis komplexerer Bewertungsmethoden. Empirische Tests haben gezeigt, dass es sich für eine Aufdeckung von Fehlbewertungen am Kapitalmarkt sehr gut eignet.[7] Es wird gerade in der Aktienanalyse, in der eine komplexere Methodik wegen mangelnden Einblicks in die Unternehmensdaten nicht möglich ist, häufig verwendet. Die Gordon-Formel wird auch dazu verwendet, um aus einem am Markt beobachtbaren Börsenwert das darin unterstellte Wachstum abzuleiten. Daraus sollen die Erwartungen der Marktteilnehmer bestimmt werden, um z. B. Ziele für die wertorientierte Unternehmensführung festzulegen.[8] Impliziert der gegenwärtige Börsenwert z. B. ein Wachstum von 10 %, so lässt sich eine Wertsteigerung nur dann erreichen, wenn diese Erwartung übertroffen wird. Die im Börsenwert ($BW_0$) implizierte langfristige Wachstumsrate lässt sich wie folgt ermitteln:[9]

$$g = r - \frac{1}{\left(BW_0 - \sum_{t=1}^{n} \frac{Div_t}{(1+r)^t}\right) \times \frac{(1+r)^n}{Div_{n+1}}}$$

Da diese Formel jedoch auf einer Umformung der Gordon-Formel beruht, die nur für Wachstumsraten kleiner den Kapitalkosten ($g < r$) definiert ist, kann als Ergebnis auch nur eine Wachstumsrate resultieren, die kleiner als die Kapitalkosten ausfällt. Mit anderen Worten heißt das, dass die Ergebnisse der Berechnung der impliziten Wachstumsrate gegen die Kapitalkosten konvergieren. Selbst ein unendlich großer Börsenwert liefert nur eine Wachstumsrate, die sehr nahe an den Kapitalkosten liegt. Deshalb sind diese Berechnungen anhand der Gordon-Formel nur dann sinnvoll, wenn die Differenz aus Kapitalkosten und Wachstumsrate nicht sehr klein wird.[10] Die Berechnung sollte deshalb mit einer weitergehenden Analyse der implizierten Überrenditen unterstützt werden.[11]

Bei der Anwendung des DDM erweist sich die relativ undifferenzierte Abschätzung zukünftiger Ausschüttungen ohne ein tieferes Verständnis des Geschäfts des Unter-

---

6 Vgl. Damodaran (1996), S. 192f.
7 Vgl. Damodaran (1996), S. 212f., 216.
8 Vgl. Coenenberg/Salfeld (2003), S. 48.
9 Coenenberg/Salfeld (2003), S. 48. Die gleiche Berechnung lässt sich natürlich auch mithilfe von Free Cashflows anstelle von Dividenden anstellen.
10 Vgl. Coenenberg (2003), S. 1132.
11 Vgl. Coenenberg (2003), S. 1132; Abschnitt 4.2.

nehmens als problematisch. Die Abschätzung beruht häufig auf einer Extrapolation der Vergangenheit und damit auf einer vereinfachten Planung. Für Unternehmen, die bislang keine oder nur sehr geringe Anteile ihrer Gewinne ausgeschüttet haben, wird damit die Bewertung fast unmöglich. Nur durch Annahmen über das zukünftige Ausschüttungsverhalten lässt sich das DDM auch mit dem operativen Geschäft verknüpfen. Durch Abschätzung der in der Zukunft erzielbaren Gewinne und durch Anwendung einer festzulegenden Ausschüttungsquote lassen sich über den Umweg der Geschäftstätigkeit des Unternehmens Ausschüttungen ermitteln.[12] Einen solchen Weg beschreitet das in Deutschland weitverbreitete Ertragswertverfahren. Dagegen geht das international dominierende Discounted-Cashflow-Verfahren von den erwirtschafteten Zahlungsüberschüssen aus, die potenziell zur Ausschüttung zu Verfügung stehen.

## 2. Ertragswertmethode

Die Ertragswertmethode beruht auf einer detaillierten Planung des operativen Geschäfts, verbunden mit einer detaillierten Planung der zukünftigen Investitions- und Finanzierungsbedarfe. Die daraus resultierenden erwarteten zukünftigen Gewinne werden einer festzulegenden Ausschüttungspolitik unterworfen und anschließend diskontiert. Somit spielt für die Bewertung die Festlegung der Ausschüttungspolitik eine wesentliche Rolle. Die Ertragswertmethode stellt damit auf den Mittelfluss zwischen Unternehmen und Eigenkapitalgeber ab, wobei der Wert des Eigenkapitals direkt ermittelt wird.[13] Zur Ermittlung der Nettoausschüttungen an die Unternehmenseigner wird auf prognostizierte Ertragsüberschüsse zurückgegriffen, für die oft bereits Pläne bestehen.[14] In einer Nebenrechnung muss jedoch die tatsächliche Ausschüttungsfähigkeit der Gewinne überprüft werden. In einer Finanzbedarfsrechnung wird deshalb der Außenfinanzierungsbedarf unter Berücksichtigung der geplanten Ausschüttungen, Investitionen und möglicher Innenfinanzierung ermittelt.[15]

Die Festlegung der Ausschüttungspolitik steht dabei in direktem Zusammenhang zu den Finanzierungsannahmen innerhalb der Finanzbedarfsrechnung. Plant das Unternehmen eine höhere Gewinnausschüttung, als durch erwirtschaftete Zahlungsüberschüsse innenfinanzierbar ist (etwa aufgrund hoher Investitionen), so muss die Diffe-

---

12  Vgl. Damodaran (1996), S. 198.
13  Vgl. Börsig (1993), S. 84f. Vgl. zum Folgenden IDW (1983), S. 468-480; IDW (1992), S. 1-123.
14  Vgl. Jonas (1995), S. 86.
15  Vgl. IDW (1998), S. 89ff.

renz außenfinanziert werden. Die darauf entfallenden Zinsen schmälern die zukünftig ausschüttbaren Erfolge. Umgekehrt kann ein Unternehmen, das einen höheren Zahlungsüberschuss erwirtschaftet hat, als es für Ausschüttungen benötigt, die Differenz gewinnbringend anlegen. Wie aus dem MODIGLIANI/MILLER-Theorem von der Irrelevanz der Ausschüttungspolitik bekannt ist, spielen diese Überlegungen nur dann eine Rolle, wenn die auf die einbehaltene Differenz verdiente Verzinsung nicht den Kapitalkosten entspricht. Das Ergebnis einer im Einzelnen geplanten Ausschüttungspolitik entspricht immer dem Ergebnis einer Bewertung unter der Annahme der Vollausschüttung, wenn die Verzinsung der einbehaltenen Mittel und der Kalkulationszinsfuß übereinstimmen. Deshalb ist die Vollausschüttung eine gebräuchliche und theoretisch fundierte Basisannahme der Unternehmensbewertung. Durch diese Annahme entsteht der in manchen Publikationen kritisierte Eindruck, bei der Ertragswertmethode würden Gewinne diskontiert. Dies ist jedoch nur insoweit richtig, als dass die Gewinne bereits um die Folgen des Ausschüttungsverhaltens bereinigt sind. Der Zusammenhang von Ausschüttungspolitik, Finanzierung und Bewertung wird im Folgenden näher betrachtet.

## 2.1. Gewinndiskontierung und Ausschüttungsverhalten

Das für die Bewertung maßgebliche finanzielle Interesse der Investoren ist auf Ausschüttungen und Kurssteigerungen konzentriert. Ein rationaler Investor ist dann bereit, auf Ausschüttungen zu verzichten, wenn aus den Einbehaltungen in der Zukunft höhere Ausschüttungen resultieren und damit der Unternehmenswert steigt. Für den Investor besteht der Trade-off zwischen heutigen und morgigen Ausschüttungen im Wesentlichen also in der Frage, inwieweit sich eine morgige höhere Ausschüttung in eine heutige Unternehmenswertsteigerung verwandelt und in Cash transformieren lässt.[16] Insofern ist ein unmittelbar ausgeschütteter Gewinn ebenso bewertungsrelevant wie ein einbehaltener, welcher erst später zur Ausschüttung kommt.[17] Die Vorstellung, dass ausschließlich tatsächliche Ausschüttungen den Unternehmenswert determinieren, ist als „bird-in-the-hand-fallacy" in der Literatur ausführlich gewürdigt worden.[18]

---

16  Vgl. Brealey/Myers (2000), S. 454. Aus Investoren-Sicht bedeutet dies, dass tatsächliche Ausschüttungen eingetauscht werden gegen Kursgewinne, denn der Wert des Unternehmens steigt um die Einbehaltung. Damit bleibt das Vermögen des Eigentümers gleich hoch. Bevorzugt er jedoch echte Zahlungen gegenüber reinen Wertsteigerungen, muss er Anteile am Unternehmen verkaufen, um sein Konsumniveau aufrecht zu halten („homemade dividend"). Vgl. Abschnitt II.C.3.2.
17  Vgl. hierzu auch IDW (1998), Tz. 105ff.
18  Vgl. Brealey/Myers (2000), S. 453f. m.w.N.

Werden die ermittelten Zukunftserfolge nicht tatsächlich ausgeschüttet, sondern verbleiben sie im Unternehmen, dann führen sie erst in späteren Perioden zu Ausschüttungen, die um eine bestimmte Verzinsung höher sind als die ursprüngliche Einbehaltung. Entspricht diese Verzinsung genau dem Kalkulationszinsfuß, so ist der Barwert der späteren Ausschüttungen identisch mit dem Wert der Einbehaltung. In diesem Fall ist die Nicht-Ausschüttung wertneutral – eine Aussage, die dem MODIGLIANI/MILLER-Theorem von der Irrelevanz der Dividendenpolitik entspricht.[19]

**Beispiel:**
Es liegen konstante ewige Ausschüttungen von GE 100 bei einem Kalkulationszinsfuß von 10 % vor: Der Unternehmenswert beträgt somit GE 1.000 = 100/0,1 (vgl. Tab. III.2 a)). Wird nun einmalig in Jahr 1 der Zukunftserfolg thesauriert, in allen anderen Jahren dagegen voll ausgeschüttet, so hängt die Bewertung nun von den mit der Einbehaltung erzielten Rückflüssen ab.[20] Verzinst sich die Einbehaltung zu 10 %, so resultieren aus der Einbehaltung von 100 GE in den Folgejahren höhere Gewinne und damit höhere Ausschüttungen von p.a. 10 GE. Bei einer Verzinsung zu 12 % resultieren hingegen höhere Gewinne und Ausschüttungen von 12 GE.

Diskontiert man die daraus resultierenden höheren Ausschüttungen (vgl. Tab. III.2 b)), so erhält man bei einer Verzinsung von 10 % erneut einen Unternehmenswert von 1.000 GE, bei einer Verzinsung von 12 % dagegen einen Unternehmenswert von (gerundet) 1.018 GE. Solange die Verzinsung dem Kalkulationszins entspricht, d. h. bei der Wiederanlage ein Kapitalwert von Null resultiert (kapitalwertneutrale Investition), führt die explizite Berücksichtigung des Ausschüttungsverhaltens und der Verzinsung der Einbehaltung zum gleichen Unternehmenswert wie bei Annahme der Vollausschüttung. Mit anderen Worten: das Ausschüttungsverhalten ist unter den Bedingungen der kapitalwertneutralen Investition irrelevant für den Unternehmenswert.

Diskontiert man anstelle der Ausschüttungen jedoch die Gewinne, die sich unter Berücksichtigung der Verzinsung von Einbehaltungen ergeben (vgl. Tab. III.2 c)), so erhält man bei einer Verzinsung von 10 % einen Unternehmenswert von 1.091 GE, bei einer Verzinsung von 12 % dagegen einen Unternehmenswert von 1.109 GE. Beide Unternehmenswerte sind überhöht, da zwar die aus der Einbehaltung resultierenden zusätzlichen Erfolge in den diskontierten Gewinnen enthalten sind, die ur-

---

19　Vgl. Abschnitt II.C.3.2.
20　Vgl. ähnlich Moxter (1976), S. 160f.

sprüngliche Einbehaltung davon aber nicht abgezogen wurde. Letztere geht deshalb doppelt in die Bewertung ein (sog. Doppelzählungsproblem).

| | | Jahr | | | Barwert |
|---|---|---|---|---|---|
| | | 1 | 2 | 3 ... | |
| a) Gewinne vor Berücksichtigung der Einbehaltung | | 100 | 100 | 100 ... | 100/0,1 = 1.000 (Annahme der Vollausschüttung) |
| b) Ausschüttungen bei Einbehaltung in t = 1 und Investition zu r % (richtige Bewertung) | $r_1$ = 10 % | - | 110 | 110 ... | 110/(0,1 × 1,1) = 1.000 |
| | $r_2$ = 12 % | - | 112 | 112 ... | 112/(0,1 × 1,1) = 1.018 |
| c) Gewinne bei Einbehaltung in t = 1 und Investition zu r % (falsche Bewertung aufgrund Doppelzählung) | $r_1$ = 10 % | 100 | 110 | 110 ... | 110/(0,1 × 1,1) + 100/1,1 = 1.091 |
| | $r_2$ = 12 % | 100 | 112 | 112 ... | 112/(0,1 × 1,1) + 100/1,1 = 1.109 |
| d) Gewinne bei Einbehaltung in t = 1 und Investition zu r % nach Abzug der Finanzierungskosten | $r_1$ = 10 % | 100 | 100 | 100 ... | 100/0,1 = 1.000 |
| | $r_2$ = 12 % | 100 | 102 | 102 ... | 102/(0,1 × 1,1) + 100/1,1 = 1.018 |

Tab. III.2: Beispiel: Doppelzählungsproblem

Als Ergebnis lässt sich somit festhalten:
- Theoretisch richtig ist es grundsätzlich, die zukünftigen Ausschüttungen explizit zu planen, d. h. unter Annahme einer konkreten Ausschüttungspolitik, die einbehaltenen Mittel mit den internen Renditen der damit bestrittenen Investitionen zu verzinsen und den künftigen Ausschüttungen zuzurechnen – also die tatsächliche Zahlungsreihe der Ausschüttungen zu ermitteln, von denen Einbehaltungen abzusetzen sind. Dies setzt jedoch explizite Annahmen über Ausschüttungsverhalten und Reinvestitionsrenditen voraus (vgl. Tab. III.2 b)).
- Aufgrund des Doppelzählungsproblems dürfen keinesfalls unmodifizierte Gewinne unter Berücksichtigung der Erfolgswirkung von Einbehaltungen diskontiert werden (vgl. Tab. III.2 c)).
- Geht man aus praktischen Erwägungen von Gewinnen als Zahlungsreihen aus, so führen diese unter der Annahme der Vollausschüttung (vgl. Tab. III.2 a)), d. h. ohne explizite Berücksichtigung der Wirkungen des Ausschüttungsverhaltens, zu identischen Ergebnissen wie bei Reinvestition der thesaurierten Mittel zum Kalkulationszinsfuß (vgl. Tab. III.2 b)). Insoweit es tatsächlich zu Einbehaltungen und

Investitionen zu einem höheren Satz als den Kapitalkosten kommt, stellt der Wert bei Vollausschüttung einen vorsichtigen Schätzwert dar.
- Die Erfolgswirkung der Reinvestition lässt sich auch bei Gewinndiskontierung richtig in das Bewertungsmodell integrieren, indem man die Finanzierungskosten der Investition von den diskontierten Gewinnen abzieht (vgl. Tab. III.2 d)).

Für die Bewertung wäre es folglich prinzipiell notwendig, das Ausschüttungsverhalten explizit zu planen und den aus Einbehaltungen resultierenden „Erfolg vom Erfolg" zusätzlich einzubeziehen. Da jedoch das Ergebnis einer solchen Vorgehensweise bei kapitalwertneutraler Reinvestition identisch ist mit dem Fall der unmittelbaren Vollausschüttung aller Überschüsse an die Investoren, lohnt sich der Aufwand der expliziten Berücksichtigung des Ausschüttungsverhaltens nur dann, wenn konkrete Hinweise vorliegen, dass eine kapitalwertneutrale Reinvestition nicht möglich bzw. realistisch ist. In einem solchen Fall hinge aber der Unternehmenswert vom Ausschüttungsverhalten ab: Sind Reinvestitionen zu einer Rendite oberhalb der Kapitalkosten möglich, entsteht zusätzlicher Wert durch weitere Einbehaltungen. Unter solchen Umständen wäre der Unternehmenswert beliebig durch Veränderung des Ausschüttungsverhaltens steigerbar. Investitionsgelegenheiten mit positivem Kapitalwert können jedoch nur in begrenztem Ausmaß vorhanden sein. Da man aber bei der Planung die sich erst zukünftig bietenden Investitionsgelegenheiten, die nicht schon im Business Plan des Unternehmens enthalten sind, nicht kennen kann, ist es fraglich, ob man systematisch von Wiederanlagemöglichkeiten zu mehr als den Kapitalkosten ausgehen kann, ohne konkrete Aussichten darauf zu haben. Soweit lohnenswerte Investitionsgelegenheiten bekannt sind, sind diese ohnehin Bestandteil der Prognose der Zukunftserfolge und damit bereits im Bewertungsmodell integriert.

Umgekehrt ist nur bedingt einzusehen, weshalb ein Unternehmen weniger als die Kapitalkosten auf einbehaltene Erfolge verdienen können sollte. „Da bei rationalem Verhalten der Eigentümer bzw. bei einer am Shareholder Value orientierten Unternehmenspolitik des Managements erzielte finanzielle Überschüsse nur dann einbehalten werden sollen, wenn sie mindestens eine Verzinsung in Höhe der geforderten Eigenkapitalrendite versprechen,"[21] ist es vernünftig anzunehmen, dass das Unternehmen nur solche Investitionen durchführt, mit denen es zumindest die Kapitalkosten erwirtschaften kann. Insofern kann die Annahme der kapitalwertneutralen Wiederanlage nicht ausgeschütteter Überschüsse und damit „das Prinzip der Vollausschüttung als ein ‚vorsichtiges Schätzverfahren der tatsächlichen Nettoentnahmeerwartungen'[22] bezeichnet werden."[23]

---

21 IDW (1998), Tz. 105.
22 Coenenberg (1981), S. 227.

In der Praxis der Unternehmensbewertung erfolgt deshalb die Berücksichtigung des einbehaltenen Teils der Überschüsse meist nicht explizit, sondern implizit durch die Vollausschüttungshypothese und die damit verbundene Annahme einer Anlage ausschüttungsfähiger, tatsächlich aber einbehaltener Überschüsse zum Kalkulationszinsfuß.[24] Konsequenz dieser Sichtweise ist, dass mit der Vollausschüttungsannahme gleichzeitig auch jeder anderen tatsächlichen Ausschüttungspolitik genüge getan wird. Diese Auffassung wird von LÖHR deutlich formuliert: „Bei der Vollausschüttungshypothese handelt es sich – um dies noch einmal unmißverständlich herauszustreichen – um eine von der tatsächlichen Gewinnverwendungspolitik unabhängigen Fiktion."[25]

Von der Wiederanlageprämisse zu den Kapitalkosten abzuweichen ist aus theoretischer Sicht auch insofern nicht zulässig, als die Systematik der Diskontierung bereits die Wiederanlage der diskontierten Beträge zum Kalkulationszinsfuß impliziert und voraussetzt.[26] Ebenso bedeutet die Wiederanlage zum Kalkulationszinsfuß eine Investition in Geschäfte der gleichen Risikoklasse, da bei Anlage der Beträge in riskantere oder weniger riskante Investitionsgelegenheiten sich das operative Risiko und damit der Kapitalkostensatz verändern würde. Deshalb ist auch die Tilgung von Krediten und die damit ersparten Zinsen nur insoweit eine denkbare Alternative, wie dabei die Kapitalstruktur unverändert bleibt, da eine Veränderung der Kapitalstruktur über eine Veränderung des finanzwirtschaftlichen Risikos zu einer Veränderung der Eigenkapitalkosten führt.[27] Die Berücksichtigung der Wiederanlage- und Finanzierungsalternativen erfolgt mithilfe der Finanzbedarfsrechnung. Sie ermöglicht es, dass die Erfolgswirkungen von Investitionen in das Kalkül einfließen können, ohne zu einer Doppelzählung zu führen.

## 2.2. Finanzbedarfsrechnung

In der praktischen Anwendung dient die Finanzbedarfsrechnung dazu, die finanzielle Ausschüttungsfähigkeit der Gewinne sicherzustellen.[28] Zukünftige Kapitalbedarfe für Investitionen, Schuldendienst und Ausschüttungen machen eine Außenfinanzierung

---

23 IDW (1998), Tz. 105.
24 Vgl. IDW (1998), Tz. 103, 105, 107.
25 Löhr (1992), S. 525-538.
26 Vgl. z. B. Schneider (1992), S. 104ff.
27 Vgl. Abschnitt V.F.
28 Vgl. IDW (2002), Tz. 250.

notwendig, soweit sie nicht durch Innenfinanzierung gedeckt werden können. Die Zinsen auf diese Außenfinanzierung schmälern die erwirtschafteten Gewinne und damit die Ausschüttungen. Aus theoretischer Sicht ermöglicht die Finanzbedarfsrechnung zusätzlich, dass die Erfolgswirkungen von Investitionen in das Kalkül einfließen können, ohne zu einer Doppelzählung zu führen.[29] Anstatt bei der Bewertung die einbehaltenen Gewinne in Abzug zu bringen, d. h. Ausschüttungen abzüglich von Einbehaltungen zu diskontieren, lässt sich ein richtiges Ergebnis auch dadurch erzielen, dass man die darauf entfallenden Kapitalkosten von den zukünftigen Gewinnen abzieht und diese bereinigten Gewinne diskontiert. Der Barwert dieser Kapitalkosten entspricht nämlich genau dem Wert der Einbehaltung, solange beide zum Kalkulationszins berechnet werden.

Mithilfe der Finanzbedarfsrechnung werden die Finanzierungskosten ermittelt, die von den zu diskontierenden Gewinnen abzusetzen sind. In der Finanzbedarfsrechnung wird zunächst die Finanzdeckung ermittelt, die sich aus den Innenfinanzierungsquellen zusammensetzt. Sodann werden die Finanzierungsbedarfe für Investitionen, Schuldendienst und Ausschüttungen abgesetzt, woraus sich eine Unterdeckung ergibt, die es zu finanzieren gilt. Der Bestand der Nettofinanzierungsbedarfe ist zu verzinsen und schmälert die ausschüttbaren Gewinne. Übersteigen die Finanzierungsquellen den Finanzbedarf, so kommt es zu einer Überdeckung, die zur Rückführung des zu verzinsenden kumulierten Finanzbedarfs verwendet wird. Dabei kann es rechentechnisch auch zu insgesamt positiven Zinswerten kommen, die entsprechend den Gewinn erhöhen würden.

**Beispiel:**
Zur Veranschaulichung wird obiges Beispiel (vgl. Tab. III.2) weitergeführt. Hierzu werden zusätzlich konstante Abschreibungen und Investitionen von 400 als gegeben angenommen. Für die Periode $t = 1$ wird eine zusätzliche Investitionen i. H. v. 100 unterstellt, die sich mit 12 % verzinst und sich nicht abnutzt. Bei Vollausschüttung der Gewinne ergibt sich daraus ein Nettofinanzierungsbedarf von 100, der bei einem Kalkulationszins von 10 % zu Kapitalkosten von 10 GE führt (vgl. Tab. III.3).

Die einmalige Investition in Höhe von 100 in $t = 1$ wirkt sich mit einer Steigerung um $\frac{-100 + 12/0{,}1}{1{,}1} = 18$ auf den Unternehmenswert aus. Der Barwert der Finanzierungskosten, die von den diskontierten Erfolgen abgezogen werden, entspricht genau dem

---

29 Vgl. hierzu Drukarczyk (1998), S. 289: „Diese Finanzbedarfsrechnungen haben somit die Funktion, Fehler eines Kalküls, der auf Aufwands- und Ertragsrechnung aufbaut, auszugleichen." Diese Funktion werde im Ertragswertverfahren jedoch nur unzureichend erfüllt.

Wert der Investition: 10/0,1 = 100. Der richtige Unternehmenswert von 1.018 ergibt sich durch Diskontierung der um die Finanzierungskosten von 10 gekürzten Rückflüsse von (112 – 10) = 102.

|  | 1 | 2 | ... | Barwert 10 % |
|---|---|---|---|---|
| Gewinn vor Zinsen | 100,00 | 112,00 | 112,00 |  |
| + Abschreibungen etc. | 400,00 | 400,00 | 400,00 |  |
| **= Finanzdeckung** | **500,00** | **512,00** | **512,00** |  |
| Investitionen | -500,00 | -400,00 | -400,00 |  |
| Ausschüttung | -100,00 | -102,00 | -102,00 |  |
| Schuldendienst | 0,00 | -10,00 | -10,00 |  |
| **= Finanzbedarf** | **-600,00** | **-512,00** | **-512,00** |  |
| = Über-/Unterdeckung (Nettofinanzbedarf) | -100,00 | 0,00 | 0,00 |  |
| kumulierter Nettofinanzbedarf | -100,00 | -100,00 | -100,00 |  |
| Verzinsung kumul. Finanzbedarf zu 10 % (vgl. Schuldendienst) |  | -10,00 | -10,00 |  |
| **= Gewinn nach Zinsen** | **100,00** | **102,00** | **102,00** | **1.018,18** |

Tab. III.3: Beispiel: Finanzbedarfsrechnung bei Gleichheit von Eigen- und Fremdkapitalkosten

Im Beispiel wurde zunächst vereinfachend von einer Gleichheit von Eigen- und Fremdkapitalkosten ausgegangen, um die Problematik des Kapitalstruktureffekts auszuklammern. Wie Veränderungen der Kapitalstruktur durch die Finanzierung des Finanzbedarfs sich im Bewertungsmodell mithilfe der Finanzbedarfsrechnung berücksichtigen lassen, wird im Folgenden diskutiert. Dabei ähnelt die nötige Vorgehensweise sehr stark derjenigen der Residualgewinnmethode, weshalb die Vorteile dieser Methodik auch für die Ertragswertmethode genutzt werden können.

Obige Ausführungen haben gezeigt: Mithilfe der in der Finanzbedarfsrechnung ermittelten Finanzierungskosten lassen sich die Gewinne so modifizieren, dass ihre Diskontierung zu richtigen Ergebnissen führt. Aus theoretischer Sicht stellt die Finanzbedarfsrechnung damit ein Instrument zur Lösung des Doppelzählungsproblems dar. Sie ermöglicht eine Diskontierung von Gewinnen bei gleichzeitiger Irrelevanz des tatsächlichen Ausschüttungsverhaltens. Die Diskontierung von Ertragsüberschüssen (Gewinnen) an Stelle von Nettoausschüttungen innerhalb der Unternehmensbewertung führt nämlich bekanntlich "dann zum selben Ergebnis, wenn man von den

Ertragsüberschüssen kalkulatorische Zinsen auf das jeweils zum Periodenanfang vorhandene (künftige) Eigenkapital abzieht."[30]

Diese Funktion der Finanzbedarfsrechnung wird in der Praxis bislang unzureichend gewürdigt. Mit ihrer Hilfe werden lediglich die (Fremdkapital-)Zinsaufwendungen ermittelt, wobei häufig auf eine vollständige Fremdfinanzierung des Finanzbedarfs abgestellt wird.[31] Durch die Deckung des Finanzbedarfs durch Aufnahme von Fremdkapital verändert sich jedoch das finanzwirtschaftliche Risiko des Unternehmens und somit auch dessen Eigenkapitalkosten, mit denen die ausgeschütteten Gewinne diskontiert werden.

Die Barwertidentität des obigen Beispiels (Tab. III.3) beruht auf der Annahme, dass die Finanzierung des Nettofinanzbedarfs mit Fremdkapital erfolgt, dessen Verzinsung den Kapitalkosten entspricht. Eigen- und Fremdkapitalkosten entsprechen sich im Beispiel somit. In der Realität unterscheiden sich beide Größen aber meist. Durch Aufnahme von Fremdkapital zur Deckung des Finanzbedarfs verändert sich das finanzwirtschaftliche Risiko des Unternehmens und somit auch dessen Eigenkapitalkosten, mit denen die ausgeschütteten Gewinne diskontiert werden. Dieser Effekt ist deshalb zusätzlich zu berücksichtigen. Bei unternehmenswertabhängiger Finanzierung (L-Modell) steigen die Eigenkapitalkosten nach der MILES/EZZELL-Anpassungsformel:

$$r_{Ek}^{\ell} = r_{Ek}^{u} + (r_{Ek}^{u} - r_{Fk})\left(\frac{1 + r_{Fk}(1-s)}{1 + r_{Fk}}\right)\frac{Fk}{Ek}$$

Ohne die Berücksichtigung von Steuern entspricht sie der MODIGLIANI/MILLER-Anpassung:[32]

$$r_{Ek}^{\ell} = r_{Ek}^{u} + (r_{Ek}^{u} - r_{Fk})\frac{Fk}{Ek}$$

von 10 % ohne Verschuldung auf 12 % bei hälftiger Fremdfinanzierung. Um diese Kapitalkosten beibehalten zu können, ist für alle Planperioden diese Kapitalstruktur aufrechtzuerhalten. Dies erfordert eine teilweise Eigen- und Fremdfinanzierung des Nettofinanzbedarfs.

---

30  Sieben (1988), S. 366.
31  Vgl. Jonas (1995), S. 86 mit Verweis auf IDW (1992), S. 78; Peemöller/Keller (1998), S. 1023 mit Verweis auf IDW (1998), S. 31f., 89f.; auch Sieben (1995), S. 729.
32  Vgl. hierzu ausführlich unten Abschnitt V.F. Diese Formel gilt nur im Renten-Modell ohne Betrachtung von Steuern.

## A. Zukunftserfolgsorientierte Verfahren

**Beispiel:**
Wir gehen im Folgenden von einem Unternehmen aus, das zur Hälfte fremdfinanziert ist. Betragen die Kapitalkosten des unverschuldeten Unternehmens 10%, dann ergeben sich bei Fremdkapitalzinsen von 8 % und unter Vernachlässigung von Steuern Eigenkapitalkosten von 12 % nach der MODIGLIANI/MILLER-Anpassungsformel.[33]

|  | t = 1 | t = 2 | ... |
|---|---|---|---|
| Gewinn vor Zinsen | 100,00 | 112,00 | 112,00 |
| + Abschreibungen etc. | 400,00 | 400,00 | 400,00 |
| **= Finanzdeckung** | **500,00** | **512,00** | **512,00** |
| Investitionen | -500,00 | -400,00 | -400,00 |
| Ausschüttung | -59,27 | -63,27 | -63,27 |
| Schuldendienst | -40,73 | -48,73 | -48,73 |
| **= Finanzbedarf** | **-600,00** | **-512,00** | **-512,00** |
| = Über-/Unterdeckung (Nettofinanzbedarf) | -100,00 | 0,00 | 0,00 |
| Eigenfinanzierung | 0,00 |  |  |
| Fremdfinanzierung | 100,00 |  |  |
| Verzinsung der Fremdfinanzierung zu 8 % (erhöht Schuldendienst) |  | -8,00 | -8,00 |
| **= Gewinn nach Zinsen** | **59,27** | **63,27** | **63,27** |

Tab. III.4: Beispiel: Finanzbedarfsrechnung bei Mischfinanzierung

Wie aus dem MODIGLIANI/MILLER-Theorem von der Irrelevanz der Finanzierung bekannt ist, verändert die Finanzierung den Unternehmenswert nicht, solange nicht Steuervorteile der Fremdfinanzierung hinzukommen. Daher muss der Wert des gesamten Unternehmens auch bei Fremdfinanzierung 1.018 betragen, wovon die Hälfte den Eigenkapital-, die andere Hälfte den Fremdkapitalgebern gehört. Aus dieser Kapitalstruktur ergibt sich ein Wert des Eigen- und Fremdkapitals von jeweils 509,09 in t = 0. Hieraus resultieren bei einem Zinssatz von 8 % Fremdkapitalzinsen von 40,73. Wird nun der gesamte Nettofinanzbedarf von 100 der Periode t = 1 fremdfinanziert, so erhöht sich der Schuldendienst ab t = 2 um 8 (vgl. Tab. III.4).

---

[33] Dies gilt freilich nur im hier unterstellten einfachen Fall des Rentenmodells ohne Steuern. Bei anderen Annahmen wäre eine für das Steuersystem geeignete, spezielle Anpassungsformel anzuwenden.

|  | t = 1 | t = 2 | ... | Summe |
|---|---|---|---|---|
| Eigenkapitalkostensatz | 12 % | 12 % | 12 % |  |
| Barwertfaktor | 0,89285714 | 0,79719388 | 6,64328231 |  |
| **Barwert** | 52,92 | 50,44 | 420,34 | **523,70** |

Tab. III.5: Beispiel: Bewertung ohne Berücksichtigung des Kapitalstruktureffekts (falsche Bewertung)

Diskontiert man die resultierenden Gewinne nach Zinsen mit gleichbleibenden Eigenkapitalkosten von 12%, so ergibt sich ein Unternehmenswert von 523,70 (vgl. Tab. III.5), nicht von 509,09 wie theoretisch richtig wäre. Durch die volle Fremdfinanzierung des Nettofinanzbedarfs in t = 1 ändert sich die Kapitalstruktur - der Anteil des Fremdkapitals beträgt nun 54,4 %, weshalb der in Tab. 4 ermittelte Unternehmenswert unrichtig ist.[34] Die Eigenkapitalkosten müssten ab t = 2 auf 12,38 % angepasst werden.[35] Die Zahlungen der Periode t = 1 sind daher mit 12 % zu diskontieren, alle nachfolgende hingegen mit 12,38 %. Tut man dies, so ergibt sich der richtige Unternehmenswert von 509,09:

|  | t = 1 | t = 2 | ... | Summe |
|---|---|---|---|---|
| Eigenkapitalkostensatz | 12 % | 12,38 % | 12,38 % |  |
| Barwertfaktor | 0,89285714 | 0,79446757 | 6,41509734 |  |
| **Barwert** | 52,92 | 50,27 | 405,90 | **509,09** |

Tab. III.6: Beispiel: Bewertung mit Berücksichtigung des Kapitalstruktureffekts (richtige Bewertung)

Um einen einheitlichen Kapitalkostensatz für alle Perioden anwenden zu können, ist die Kapitalstruktur für alle Planperioden aufrechtzuerhalten. Dies erfordert eine teilweise Eigen- und Fremdfinanzierung des Nettofinanzbedarfs. In der Finanzbedarfsrechnung muss gerade so viel Fremdkapital aufgenommen werden, dass die Kapitalstruktur in Marktwerten konstant bleibt. Durch die Investition in t = 1 erhöht sich der Marktwert des gesamten Unternehmens auf 1.120 und damit auch das Fremdkapital auf 560. Die Fremdfinanzierung wird insofern durch die *a priori* festgelegte Kapitalstruktur bestimmt. Um die Kapitalstruktur aufrechtzuerhalten und mit einheitlichen Kapitalkosten rechnen zu können, muss zur Finanzierung der Investition in t = 1 zusätzliches Fremdkapital in Höhe von 50,91 aufgenommen werden. Der restliche Finanzbedarf von 49,09 wird eigenfinanziert. Dies erhöht den anfänglichen Schuldendienst von 40,73 um 4,07 auf 44,80 ab t = 2 (vgl. Tab. III.7 und III.8).

---

[34] 54,4 % = (509,09 + 100)/1120. Die Berechnung erfordert die Kenntnis des Unternehmenswerts in t = 1. Vgl. hierzu Tab. III.7.

[35] Mit der Kapitalstruktur in t = 1 lassen sich mit der Modigliani/Miller –Anpassung die Eigenkapitalkosten errechnen: 0,1+(0,1-0,08)(0,544/0,456) = 0,1238.

## A. Zukunftserfolgsorientierte Verfahren

|  | t = 0 | t = 1 | t = 2 | ... |
|---|---|---|---|---|
| Gesamtkapital (Marktwert) | 1.018,18 | 1.120,00 | 1.120,00 | 1.120,00 |
| Fremdkapital 50 % | 509,09 | 560,00 | 560,00 | 560,00 |
| Fremdkapitalzinsen 8 % |  | 40,73 | 44,80 | 44,80 |

Tab. III.7: Beispiel: Berechnung des Fremdkapitals bei konstanter Kapitalstruktur

|  | t = 1 | t = 2 | ... | Barwert 12 % |
|---|---|---|---|---|
| Gewinn vor Zinsen | 100,00 | 112,00 | 112,00 |  |
| + Abschreibungen etc. | 400,00 | 400,00 | 400,00 |  |
| **= Finanzdeckung** | **500,00** | **512,00** | **512,00** |  |
| Investitionen | -500,00 | -400,00 | -400,00 |  |
| Ausschüttung | -59,27 | -67,20 | -67,20 |  |
| Schuldendienst | -40,73 | -44,80 | -44,80 |  |
| **= Finanzbedarf** | **-600,00** | **-512,00** | **-512,00** |  |
| = Über-/Unterdeckung (Nettofinanzbedarf) | -100,00 | 0,00 | 0,00 |  |
| Eigenfinanzierung | 49,09 |  |  |  |
| Fremdfinanzierung | 50,91 |  |  |  |
| Verzinsung der Fremdfinanzierung zu 8 % |  | -4,07 | -4,07 |  |
| **= Gewinn nach Zinsen** | **59,27** | **67,20** | **67,20** | **552,92** |
| - Eigenfinanzierung | -49,09 |  |  | -43,83 |
| **Nettozufluss der Ek-Geber** | **10,18** | **67,20** | **67,20** | **509,09** |

Tab. III.8: Beispiel: Finanzbedarfsrechnung bei Mischfinanzierung

Der Barwert der Gewinne nach Abzug der so ermittelten Zinsen beträgt 552,92. Hier ist zusätzlich zu berücksichtigen, dass die Eigenkapitalgeber einen Betrag von 49,09 in t = 1 aufzubringen haben, der den Unternehmenswert um 43,83 reduziert, so dass der Barwert der Nettoausschüttungen an die Eigner erneut 509,09 beträgt (vgl. Tab. III.8).

Anstatt die Eigenfinanzierung durch Abzug von den Gewinnen zu berücksichtigen, lassen sich auch kalkulatorische Zinsen auf das aufgenommene Eigenkapital verrechnen, deren Barwert wiederum exakt dem aufgenommen Eigenkapital entspricht. Der Unternehmenswert ergibt sich dann unmittelbar durch Diskontierung der so ermittelten Gewinne (vgl. Tab. III.9).

|  | t = 1 | t = 2 | ... | Barwert 12 % |
|---|---|---|---|---|
| = Über-/Unterdeckung (Nettofinanzbedarf) | -100,00 | 0,00 | 0,00 | |
| Eigenfinanzierung | 49,09 | | | |
| Fremdfinanzierung | 50,91 | | | |
| Verzinsung der Fremdfinanzierung zu 8 % | | -4,07 | -4,07 | |
| = Gewinn nach Fremdkapitalzinsen | **59,27** | **67,20** | **67,20** | **552,92** |
| Verzinsung der Eigenfinanzierung zu 12 % | | -5,89 | -5,89 | -43,83 |
| = Gewinn nach Eigen- und Fremdkapitalzinsen | **59,27** | **61,31** | **61,31** | **509,09** |

Tab. III.9: Beispiel: Finanzbedarfsrechnung bei kalkulatorischen Eigenkapitalkosten

Verrechnet man diese kalkulatorischen Zinsen nicht nur auf das zusätzliche Eigenkapital, sondern auf das gesamte vorhandene Eigenkapital, so erhält man die Gewinne nach Abzug der von den Eigenkapitalgebern geforderten Mindestverzinsung, d. h. die Über- bzw. Residualgewinne. Für obiges Beispiel bei einer Ausgangsinvestition von 1.000 ergibt sich die Entwicklung des gebundenen Kapitals lt. Tab. III.10:

|  | t = 0 | t = 1 | t = 2 | ... |
|---|---|---|---|---|
| Gesamtkapital (Buchwert) | 1.000,00 | 1.100,00 | 1.100,00 | 1.100,00 |
| Fremdkapital | 509,09 | 560,00 | 560,00 | 560,00 |
| Eigenkapital | 490,91 | 540,00 | 540,00 | 540,00 |

Tab. III.10: Beispiel: Gebundenes Kapital

Durch Abzug von kalkulatorischen Zinsen auf das gesamte gebundene Eigenkapital ergeben sich die in Tab. III.11 angegebenen Residualgewinne.

|  | t = 1 | t = 2 | ... | Barwert 12 % |
|---|---|---|---|---|
| Gewinn nach Fremdkapitalzinsen | **59,27** | **67,20** | **67,20** | **552,92** |
| kalkulatorische Eigenkapitalkosten zu 12 % | -58,91 | -64,80 | -64,80 | -534,74 |
| = Residualgewinn | **0,36** | **2,40** | **2,40** | **18,18** |

Tab. III.11: Beispiel: Bewertung mit Residualgewinnen

Der Barwert der Residualgewinne entspricht dem Unternehmens-„Kapitalwert" oder auch Mehrwert. Der Unternehmenswert aus Sicht der Eigentümer setzt sich aus diesem Mehrwert zzgl. des ursprünglich investierten Kapitals von 490,91 zusammen und beträgt damit erneut 509,09. Dieses Bewertungsverfahren entspricht der Residualgewinn-Methodik, auf die in Abschnitt 4. dieses Kapitels näher eingegangen wird. Zuvor wird jedoch die Methodik der Diskontierung von Free Cashflows betrachtet.

## 3. Discounted Cashflow-Methoden

Den Discounted Cashflow (DCF)-Methoden sind verschiedene Verfahren zuzurechnen, die alle auf derselben intellektuellen Grundlage, der modernen amerikanischen Finanzierungstheorie, aufbauen (vgl. Abb. III.3 ).[36] Zunächst sind dabei Brutto- und Nettomethode, auch Entity- bzw. Equity-Ansatz genannt, zu unterscheiden. Weitere Varianten wie der Total Cashflow-(TCF), der WACC- und der Adjusted Present Value (APV)-Ansatz, ergeben sich durch unterschiedliche Vorgehensweisen bei der Berücksichtigung der Steuervorteile des Fremdkapitals.[37] Die DCF-Methoden bewerten statt der Nettoausschüttungen so genannte Free Cashflows (FCF). Bei diesen handelt es sich um betriebliche Einzahlungsüberschüsse, die im Unternehmen frei verfügbar sind, um sie zur Befriedigung der Ansprüche der Investoren zu verwenden, nachdem alle nötigen bzw. sinnvoll möglichen Investitionen getätigt wurden.[38]

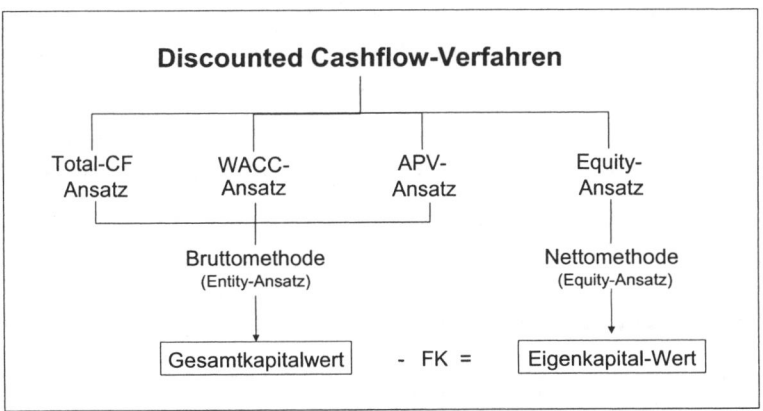

Abb. III.3: Varianten der DCF-Verfahren[39]

### 3.1. Grundlagen

Die DCF-Methoden basieren auf der modernen Investitionstheorie: Der Wert eines Investitionsprojekts wird durch den Barwert (PV) der aus ihm resultierenden Zah-

---

36   Vgl. zu diesen verschiedenen Ansätzen Copeland/Koller/Murrin (1994), S. 131f.,149. Vgl. auch Ballwieser (1998), S. 81; Drukarczyk (1996), S. 142f. mit weiteren Literaturangaben.
37   Vgl. Hachmeister (1995), S. 101, 106ff.
38   Vgl. z. B. Copeland/Koller/Murrin (1994), S. 135; Stewart (1991), S. XVIII.
39   In Anlehnung an Steiner/Wallmeier (1999), S. 3.

lungsströme (Cashflows) an das Unternehmen ermittelt, da nur Zahlungen die Zinswirkung adäquat berücksichtigen.[40] Nur tatsächlich eingenommenes Geld kann wieder angelegt werden und Zinsen erwirtschaften.

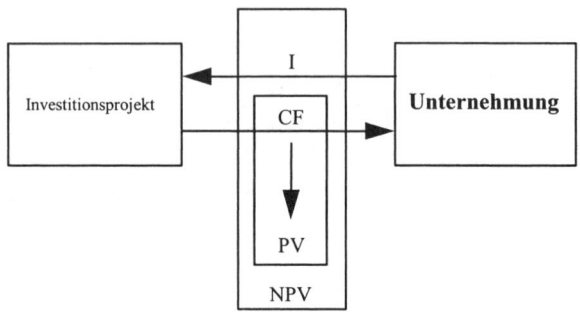

Abb. III.4: Bewertung eines Investitionsprojekts

Der Barwert der Cashflows (CF) bildet den Grenzpreis des Projekts. Indem er dem Kaufpreis des Projekts, der Anfangsinvestition (I), gegenübergestellt wird, lässt sich erkennen, ob durch die Investition ein Überschuss entsteht: Der Nettobarwert (NPV) oder auch Kapitalwert als Differenz von Barwert und Investition gibt an, ob der Wert der Investition den dafür bezahlten Preis überschreitet. Eine rationale Investitionsentscheidung erfordert deshalb, dass die nötige Anfangsinvestition höchstens gleich dem Barwert ist:

$I \leq PV[CF]$,

bzw. dass der Kapitalwert (NPV) größer gleich Null ist:

$NPV = PV[CF] - I \geq 0$.

Nach dem Wertadditivitäts-Prinzip konstituiert die Summe der Barwerte aller (m) Investitionsprojekte den Gesamt-Unternehmenswert ($Gk_0$):[41]

$$Gk_0 = \sum_{j=1}^{m} PV_0^j [CF_t].$$

Die Werte der einzelnen Investitionsprojekte bilden die „Aktivseite" einer Marktwert-Bilanz, deren „Passivseite" wiederum die Verteilung der Werte auf die einzelnen Anspruchshalter des Unternehmens abbildet (vgl. Abb. III.5). Dieses Wertadditi-

---

40  Vgl. Klook (1981), S. 876.
41  Vgl. z. B. Brealey/Myers (2000), S. 179, 541f., 1008; Copeland/Weston (1992), S. 26, 32. Die Begründung für die Gültigkeit der Wertadditivität liefern die Separationstheoreme. Vgl. Copeland/Weston (1992), S. 850 sowie oben Abschnitt II.C.3.

vitäts-Prinzip ist für die Investitionstheorie von zentraler Bedeutung[42] – hierdurch wird gewährleistet, dass sich Investitionsprojekte allein auf der Basis des Kapitalwertkriteriums beurteilen lassen.[43] Der Kapitalwert gibt dabei die Steigerung des Unternehmenswerts an, der durch das einzelne Investitionsprojekt hervorgerufen wird.[44] Der Auszahlungsbetrag der Investition ($I_0$) wird eingetauscht gegen den Wert des Projekts (PV), der Wert des Unternehmens steigt im Zeitpunkt der Durchführung um den Kapitalwert. In bilanzieller Terminologie ausgedrückt, findet ein Aktivtausch innerhalb der Marktwertbilanz des Unternehmens statt – liquide Mittel fließen ab, der Wert des Investitionsprojekts kommt hinzu.

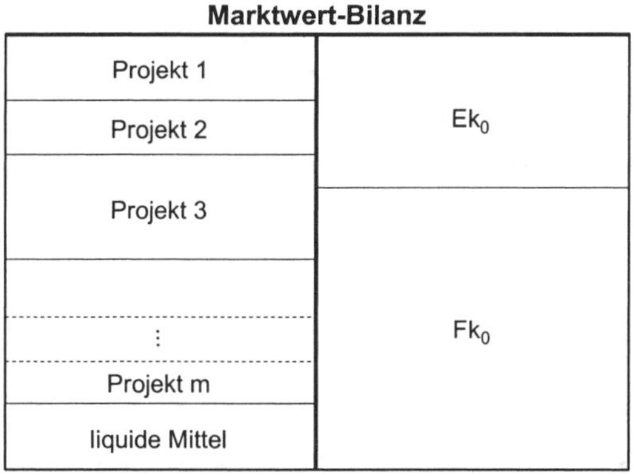

**Marktwert-Bilanz**

| Projekt 1 | |
|---|---|
| Projekt 2 | $Ek_0$ |
| Projekt 3 | |
| ⋮ | $Fk_0$ |
| Projekt m | |
| liquide Mittel | |

Abb. III.5: Marktwert-Bilanz[45]

Wird z. B. ein Unternehmen mit einem Geldbestand von 1.000 GE gegründet, so ist es zunächst ebensoviel wert. Wird dieses Geld anschließend für eine Investition verwendet, die ewige Rückflüsse von z. B. 120 GE erbringt, so ist es bei Kapitalkosten

---

42  Vgl. Perridon/Steiner (2002), S. 22.
43  Dabei werden die Barwerte der Cashflows finanzierungsunabhängig ermittelt; Auswirkungen der Finanzierung werden gesondert erfasst. Hierzu werden die Cashflows mit den gewichteten Kapitalkosten (weighted average cost of capital, WACC) diskontiert, die ein gewichtetes Mittel aus Eigen- und Fremdkapitalkosten darstellen. Der Vorteil dieser Vorgehensweise besteht in der Trennung der Investitions- von den Finanzierungsentscheidungen der Unternehmung. Vgl. Copeland/Weston (1992), S. 40. Alternativ hierzu haben Brealey/Myers den Adjusted Present Value (APV)-Ansatz entwickelt, um die „financing side effects" eines Projekts separat erfassen zu können. Der Nachteil einer Erfassung in den Kapitalkosten besteht nämlich darin, dass dabei die Auswirkungen auf andere Projekte vernachlässigt werden. Vgl. Brealey/Myers (2000), S. 551ff.
44  Vgl. Copeland/Weston (1992), S. 848ff.; Martin (1987), S. 53.
45  Der Bestand an liquiden Mitteln stellt ein besonderes Investitionsprojekt dar, das gerade einen Wert i. H. der enthaltenen Zahlungsmittel hat.

von 10 % 1.200 GE wert. Der Unternehmenswert steigt um den Kapitalwert von 200 GE.[46]

| Marktwert-Bilanz vorher | | | | Marktwert-Bilanz nachher | | | |
|---|---|---|---|---|---|---|---|
| | | Ek | 1.000 | Projekt | 1.200 | Ek | 1.200 |
| liq. M. | 1.000 | | | liq. M. | 0 | | |
| Summe | 1.000 | | 1.000 | Summe | 1.200 | | 1.200 |

Da der Wert des gesamten Unternehmens sich aus den Werten der einzelnen Projekte zusammensetzt, werden die gesamten Cashflows aus den Investitionsprojekten abzüglich der dafür verauslagten Investitionsbeträge diskontiert, um damit den Gesamt-Unternehmenswert zu erhalten.[47] Da die Unternehmensbewertung letztlich auf die Ermittlung des Eigenkapitalwertes abgezielt, muss zusätzlich die Fremdfinanzierung berücksichtigt werden. Hierfür bestehen prinzipiell zwei Alternativen: Brutto- bzw. Nettomethode.[48]

## 3.2. Brutto- und Nettomethode

Gemäß der im vorigen Abschnitt dargestellten bilanziellen Logik der Bewertung nach der DCF-Methodik liegt es nahe, Fremdkapitalzahlungen auf der „Passivseite" zu berücksichtigen. Zunächst wird der betriebliche Leistungsprozess auf der „Aktivseite" bewertet und anschließend der Wert des Fremdkapitals vom zuvor ermittelten Gesamtkapitalwert abgezogen.[49] Dies stellt die Vorgehensweise bei der „Bruttomethode", auch „Entity-Ansatz" genannt, dar. Die hierbei diskontierten Brutto-Zahlungsüberschüsse entsprechen den potenziellen Ausschüttungen sowohl an Eigen-, als auch an Fremdkapitalgeber und müssen somit deren gemeinsamen Renditeerwartungen gerecht werden. Deshalb muss der Kalkulationszinsfuß diesem Gemisch der Finanzierungen entsprechen, sodass hier ein gewichtetes Mittel der Eigen- ($r_{Ek}$) und Fremdkapitalkosten ($r_{Fk}$), die „gewichteten Kapitalkosten", zur Diskontierung verwendet wird:

$$r_{Gk} = r_{Ek} \times \frac{Ek}{Gk} + r_{Fk} \times \frac{Fk}{Gk}.$$

---

46 Bilanziell wäre der Projektwert von 1.200 GE auf der Aktivseite eigentlich in zu Anschaffungskosten bewertete bilanzierungsfähige Vermögensgegenstände von 1.000 GE und einem originären Goodwill, mit dem Kapitalwert von 200 GE, aufzuteilen.
47 Vgl. Brealey/Myers (2000), S. 77, 94f.; Copeland/Weston (1992), S. 22ff., 25, 38.
48 Vgl. bereits Moxter (1976), S. 164ff.
49 Vgl. Copeland/Koller/Murrin (2000), S. 132ff.

*A. Zukunftserfolgsorientierte Verfahren*

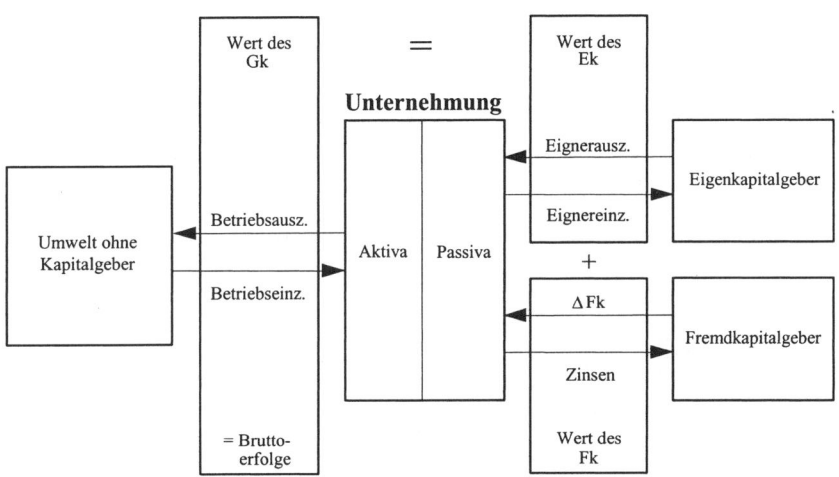

Abb. III.6: Bruttomethode

Will man dagegen unmittelbar den Unternehmenswert aus Sicht der Eigner bestimmen, können die Fremdkapitalzahlungen auch „links" bei der Ermittlung der Zukunftserfolge abgesetzt werden. Diese alternative Variante, die Netto-Methode, bewertet somit unmittelbar die möglichen Zahlungen an die Eigner.[50] Durch Diskontieren mit den Eigenkapitalkosten entsteht direkt der Wert des Eigenkapitals. Dabei ist bei den DCF-Verfahren die Brutto-Methode die am meisten verbreitete Variante,[51] während die Netto-Methode auch bei der in Deutschland üblichen Ertragswertmethode zur Anwendung kommt.[52] Grundsätzlich sind beide Vorgehensweisen aber alternativ bei den unterschiedlichen Methoden einsetzbar. Weitere Varianten der DCF-Methoden ergeben sich durch unterschiedliche Berücksichtigung von Steuervorteilen des Fremdkapitals.[53]

---

50  Da FCF./.Fk-CF = Ek-CF.
51  Vgl. Copeland/Koller/Murrin (2000), S. 131.
52  Vgl. Hachmeister (1996a); Ballwieser (1998), S. 81.
53  Vgl. Abschnitt 3.5. in diesem Kapitel.

## Nettomethode

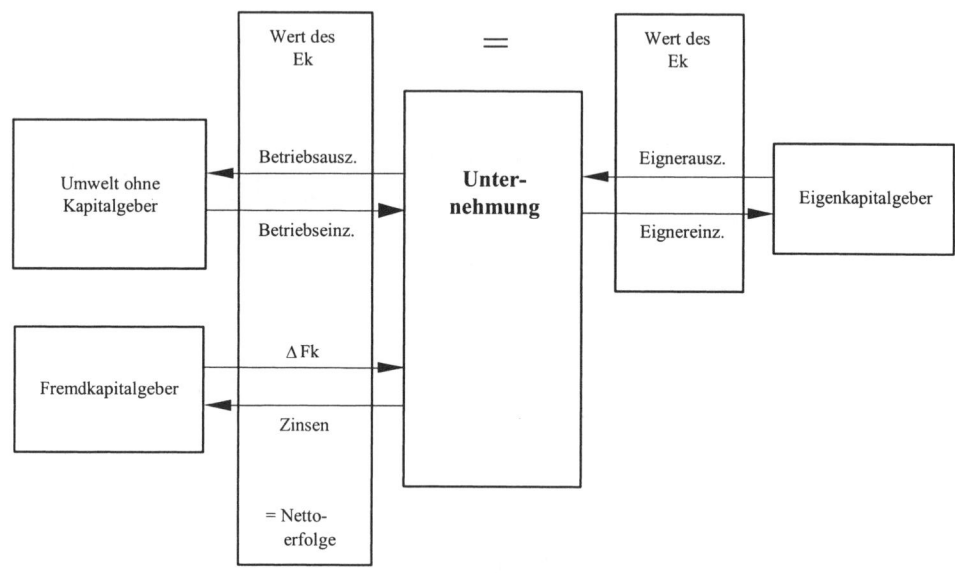

Abb. III.7: Nettomethode

**Beispiel:**
Einem Unternehmen fließen in jeder Periode 1.000 GE an finanziellen Überschüssen zu, die es an Eigen- und Fremdkapitalgeber ausschütten kann. Die Gläubiger fordern 8 % auf ihr zur Verfügung gestelltes Kapital von 5.000 GE. Somit erhalten sie Zinsen in Höhe von 400 GE. Für die Eigner verbleiben folglich 1.000 – 400 = 600 GE. Die Opportunitätskosten der Eigner betragen 12 %, daher beträgt der Wert des Eigenkapitals: $Ek_0 = \dfrac{600}{0{,}12} = 5.000$ (Nettomethode).

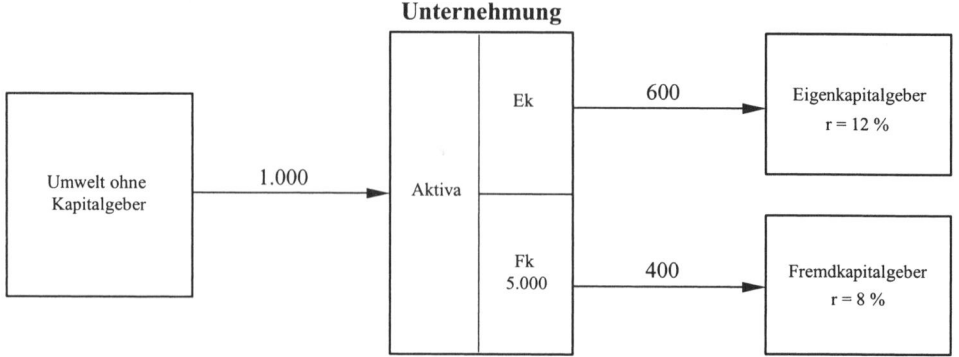

Abb. III.8: Beispiel Brutto-/Nettomethode

*A. Zukunftserfolgsorientierte Verfahren* 95

Dieser Wert lässt sich auch dadurch ermitteln, dass man den Brutto-Zahlungsstrom auf der Aktivseite bewertet und anschließend den dabei resultierenden Gesamtkapitalwert auf die beiden Anspruchsgruppen verteilt. Da das Unternehmen im Beispiel zu je 50 % Eigen- und Fremdkapital-finanziert ist, muss auch der Kalkulationszinsfuß für die Bruttomethode diesem Gemisch der Kapitalkosten entsprechen: $r_{Gk} = 0,5 \times 0,12 + 0,5 \times 0,08 = 10\%$. Es resultiert ein Gesamtkapitalwert von 10.000 GE, von dem 5.000 GE den Fremdkapitalgebern zustehen, sodass den Eignern noch 5.000 GE verbleiben:

$$Gk_0 = \frac{1.000}{0,10} = 10.000 \Rightarrow Ek_0 = Gk_0 - Fk_0 = 10.000 - 5.000 = 5.000$$

Aus diesem Beispiel wird ersichtlich, dass für die Ermittlung der gewichteten Kapitalkosten und damit für die Anwendung der Bruttomethode bekannt sein muss, welchen Anteil am Unternehmenswert die Eigenkapitalgeber halten. Dieses Zirkularitätsproblem lässt sich nur durch parallele Anwendung der Nettomethode und iterativ wiederholte Berechnungen lösen.

## 3.3. Free Cashflows und Ausschüttungsverhalten

In Abhängigkeit von der gewählten Vorgehensweise sind die zu diskontierenden Free Cashflows unterschiedlich zu definieren. Im Unterschied zur Ertragswertmethode werden die zu diskontierenden Zukunftserfolge nicht durch den Ansatz einer speziellen Ausschüttungsquote auf zuvor ermittelte zukünftige finanzielle Überschüsse berechnet, sondern es werden diejenigen Zahlungsüberschüsse (Cashflows) ermittelt, die im Unternehmen frei zur Ausschüttung zur Verfügung stehen, weshalb die betreffende Erfolgsgröße auch „freier" Cashflow genannt wird. Sie entspricht dabei nicht der tatsächlichen Ausschüttung an die Investoren, sondern stellt ihr operatives Pendant dar. Der Wechsel der Perspektive bei der Bewertung von der „Passivseite" auf die „Aktivseite" wird üblicherweise damit begründet, dass damit die Generierung des Unternehmenswerts, und nicht dessen Verteilung betrachtet wird.[54]

---

54  „...valuation models that substitute alternative attributes for dividends as the forecast target. These are claimed to be "more fundamental" because, it is said, they relate to value-generating activities within the firm rather than value-irrelevant distributions from the firm." Penman (1998), S. 306.

Innerhalb der DCF-Methoden existieren, wie im vorigen Abschnitt erläutert, zwei wesentliche, unterschiedliche Ansätze:[55] der „Free Cashflow to Equity-", auch Netto- oder Equity-Ansatz genannt, sowie der „Free Cashflow to the Firm-" oder auch Brutto-Ansatz. Dabei stellen die Netto-Free Cashflows (NFCF) die eigenkapitalbezogenen und die Brutto-Free Cashflows (BFCF) die gesamtkapitalbezogenen Free Cashflows dar. Diese Free Cashflows entsprechen aber nicht den tatsächlichen Ausschüttungen an die Investoren:

*„The NFCF is a measure of what a firm can afford to pay out as dividends. There are few firms, however, that follow the policy of paying out their entire NFCF as dividends. Many pay less, and some pay more, but the dividends paid are different from the NFCF for a number of reasons"*.[56]

Auch die bei Anwendung der Bruttomethode verwendeten Brutto-FCF (BFCF) entsprechen nicht den tatsächlichen Nettozahlungen an Eigen- und Fremdkapitalgeber, sondern den potenziell möglichen. Sie stellen diejenigen Zahlungsüberschüsse dar, die beiden Investorengruppen zur Ausschüttung zur Verfügung stehen.

Als wesentliche Gründe, warum sich Free Cashflows und Ausschüttungen meist unterscheiden, lassen sich anführen:[57]
- das Bestreben der Unternehmen, ihre Dividendenzahlungen im Zeitablauf möglichst konstant zu halten,
- die Notwendigkeit der Finanzierung zukünftiger Investitionsvorhaben,
- die in vielen Ländern existierenden Steuernachteile von Ausschüttungen gegenüber Einbehaltungen und
- die Signalwirkung von Dividendenänderungen.

Dennoch können sowohl Free Cashflows als auch Ausschüttungen zu identischen Ergebnissen führen, wenn die nicht ausgeschütteten Überschüsse innerhalb des Unternehmens zu den Kapitalkosten (vor Steuern) investiert werden können und somit spä-

---

55 Vgl. hierzu ausführlich Damodaran (1996), Kap. 11, 12.
56 Damodaran (1996), S. 219f. Die Abkürzungen wurden an die hier verwendete Schreibweise angepasst. So auch Copeland/Koller/Murrin (2000), S. 430: „....the result is free cash flow to shareholders, which is mathematically identical to dividends that *could* be paid to shareholders. This is usually not the same as actual dividends in a given year because management deliberately smoothes dividend payments across time." S. 439: „Either way there is no effect on equity free cash flow because it is the sum of actual dividends and potential dividends."
57 Vgl. Damodaran (1996), S. 220f.

ter zu höheren Ausschüttungen führen, deren Barwert genau der Einbehaltung entspricht.[58]

Natürlich könnte man statt der Free Cashflows auch die tatsächlichen Ausschüttungen diskontieren. In diesem Fall läge aber kein „Discounted Cashflow" sondern ein „Discounted Dividend"-Modell bzw. eine Ertragswertmethode vor. Die Bestimmung von tatsächlichen Ausschüttungen aus den ermittelten Zahlungsüberschüssen würde erfordern, dass man eine Ausschüttungsquote für die FCF festlegt, die nur schwer rational bestimmbar wäre. Außerdem wäre die Frage zu klären, was mit den einbehaltenen Überschüssen geschieht. Da es sich bei den Free Cashflows um „freie" Zahlungsüberschüsse handelt - also solche, die nach Deckung aller Investitionen als Überschuss zur Verfügung stehen - können sie nicht unmittelbar in geplante Investitionsprojekte einfließen, sondern frühestens in der nächsten Planperiode. Das Festsetzen einer starren Ausschüttungsquote würde über dieses Überbrückungsproblem hinaus zusätzlich die Frage aufwerfen, in welche Projekte diese Überschüsse längerfristig investiert werden sollen. Grundsätzlich ist klar, dass eine Anlage zu weniger als den Kapitalkosten den Unternehmenswert reduzieren würde und deshalb von einem rational handelnden Unternehmen nicht anzustreben ist. Anlagen über den Kapitalkosten wirken werterhöhend und sind selten: existierten tatsächlich solche Anlagemöglichkeiten, die zum Zeitpunkt der Bewertung bekannt wären, müssten sie ohnehin in das Bewertungsmodell einbezogen werden, da es ansonsten unvollständig wäre. Die dafür nötigen Investitionen wären notfalls auch durch zusätzliche Kapitalaufnahme zu finanzieren, da sie sich in jedem Fall lohnen. Diese Investitionen wären dann aber bereits von den Free Cashflows abgesetzt. Deshalb kann für ein vollständiges Planungsmodell langfristig nur die Annahme einer kapitalwertneutralen Reinvestition der einbehaltenen Überschüsse sinnvoll sein, denn weder eine Unter- noch eine Überschreitung der Kapitalkosten lässt sich dauerhaft systematisch rechtfertigen.

Ob die ermittelten Free Cashflows folglich unmittelbar ausgeschüttet werden oder nur mittelbar über eine Einbehaltung und später höhere Ausschüttung den Eigentümern zufließen, ist somit sekundär. Die Begründung hierfür liegt im Theorem von der Irrelevanz der Ausschüttungspolitik nach MODIGLIANI/MILLER: tatsächliche Ausschüttungen ergeben nur dann einen anderen Unternehmenswert, wenn die Wiederanlage der einbehaltenen Überschüsse nicht zu den Kapitalkosten erfolgen kann. Insofern können Zahlungsüberschüsse, die potenziell ausschüttbar sind, unabhängig von ihrer tatsächlichen Ausschüttung diskontiert werden, sofern sichergestellt wird, dass kein „Erfolg vom Erfolg", d. h. die Verzinsung der tatsächlich nicht ausgeschütteten Free

---

58  Vgl. Damodaran (1996), S. 233.

Cashflows, erneut in die Rechnung einfließt und so ein Doppelzählungsproblem verursacht.[59]

## 3.4. Ermittlung der Free Cashflows

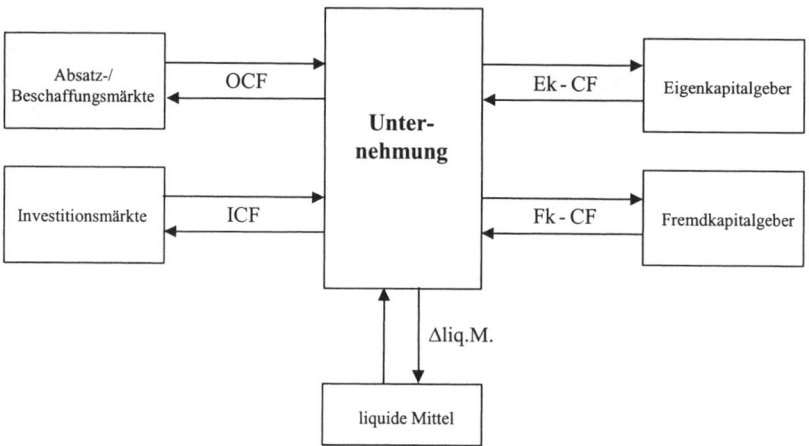

Abb. III.9: Systematik der Einzahlungsüberschüsse

Da es sich bei den Free Cashflows um Einzahlungsüberschüsse handelt, sollte deren Ermittlung mithilfe einer Kapitalflussrechnung erfolgen, da nur diese die Zahlungsmittelbewegungen vollständig erfasst.[60] Grundlage der DCF-Methodik ist die Gleichheit von Mittelherkunft und Mittelverwendung, d. h., dass sich alle Zahlungen im Unternehmen zu Null summieren müssen. Da nur soviel an die Investoren ausgeschüttet werden kann (rechte Seite der Abb. III.9), wie im operativen Geschäft (linke Seite) erwirtschaftet worden ist, werden hier die künftig zu erwartenden Zahlungsüberschüsse nach Durchführung aller notwendigen bzw. lohnenswerten Investitionen ermittelt und diskontiert.

---

[59] Bei der Diskontierung von (freien) Cashflows stellt sich das Doppelzählungsproblem zunächst nicht, da hier von den Cashflows aus dem operativen Geschäft die für Investitionen abgeflossenen Cashflows abgezogen werden – die einbehaltenen Mittel über die Investitionen, also die abzuzinsenden Beträge, mindern. Auch hier können sich jedoch Doppelzählungsprobleme ergeben, insofern Mittel einbehalten, erfolgswirksam angelegt aber nicht investitionswirksam werden. Denn werden die Free Cashflows nicht tatsächlich ausgeschüttet, sondern erhöhen den Bestand an liquiden Mitteln. Werden diese liquiden Mittel verzinst (z. B. WP des UV), wird die Anlage zwar nicht als Investition erfasst, die Zinsen erhöhen jedoch als Rückflüsse die künftigen FCF. Bei der Diskontierung von Cashflows darf deshalb der Bestand an liquiden Mitteln keine zusätzlichen Erträge/Mittelzuflüsse erbringen, was einer Vollausschüttungshypothese für Cashflows entspricht. Vgl. hierzu ausführlich Abschnitt IV.C.2.

[60] Vgl. hierzu ausführlich Kapitel VI.

## A. Zukunftserfolgsorientierte Verfahren

**Kapitalflussrechnung:**

| | | |
|---|---|---|
| Operativer Cashflow | OCF | + $E_{Oper.}$ |
| | | − $A_{Oper.}$ |
| + Investitions-Cashflow | + ICF | + $E_{Inv.}$ |
| | | − $A_{Inv.}$ |
| **= Brutto-Free Cashflow** | **= BFCF** | |
| + Fremdkapital-Cashflow | + Fk-CF | + $\Delta Fk$ |
| | | − Z |
| **= Netto-Free Cashflow** | **= NFCF** | |
| + Eigenkapital-Cashflow | + Ek-CF | + $\Delta Ek$ |
| | | − D |
| = Veränderung der liquiden Mittel | = $\Delta liq.M.$ | |

Diese Darstellung entspricht der Struktur der Kapitalflussrechnung mit den Bereichen operatives Geschäft, Investition und Finanzierung, die als Ergebnis die Veränderung der liquiden Mittel ermittelt. Der Free Cashflow der Bruttomethode ergibt sich als Zwischensaldo aus den Zahlungsüberschüssen des operativen und investiven Bereichs. Er entspricht den möglichen Ausschüttungen an Eigner und Fremdkapitalgeber. Nach Abzug der Zahlungen an die Fremdkapitalgeber errechnen sich die Free Cashflows für die Nettomethode, die den möglichen, nicht den tatsächlichen Ausschüttungen an die Eigner entsprechen (vgl. Abb.III.10).

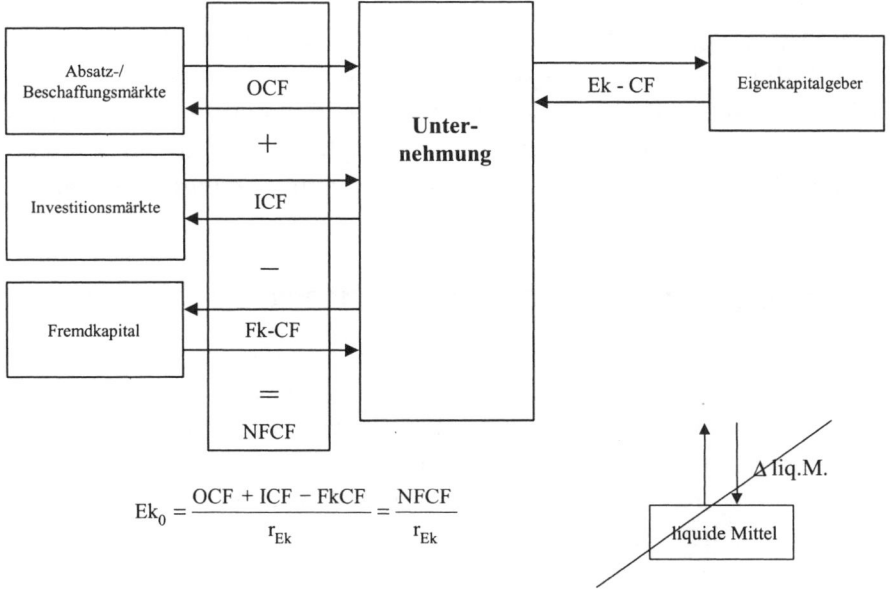

Abb. III.10: Discounted-Cashflow: Netto-(Equity-)Ansatz

Mit dieser Vorgehensweise wird implizit unterstellt, dass diese Überschüsse dem Investor auch zufließen, d. h. die Möglichkeit, dass ein Teil der Überschüsse im Unternehmen verbleibt und den Bestand an liquiden Mitteln erhöht, wird vernachlässigt. Rechtfertigung hierfür ist das Irrelevanztheorem der Ausschüttungspolitik von MODIGLIANI/MILLER, auf dem die DCF-Methodik aufbaut.

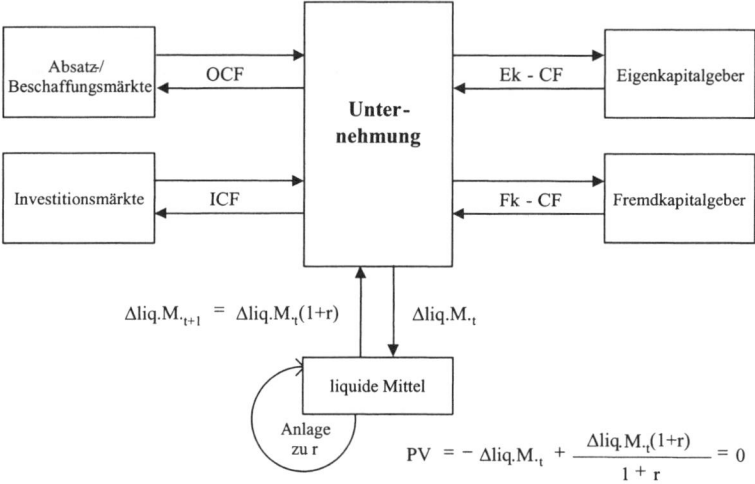

Abb. III.11: Irrelevanz der Ausschüttungspolitik

Die Vernachlässigung der tatsächlichen Ausschüttungen und damit der Veränderung der liquiden Mittel ist immer dann gerechtfertigt, wenn die im Unternehmen verbleibenden Mittel so verzinst werden können, dass sie künftige Ausschüttungen in einem Maß erhöhen, dass der Unternehmenswert entsprechend ansteigt und die geringere Ausschüttung für die Investoren durch eine Wertsteigerung kompensiert wird.

## 3.5. Überblick über die verschiedenen Ansätze der DCF-Methodik

Neben der bereits vorgestellten Unterscheidung der verschiedenen DCF-Ansätze in gesamtkapital- und eigenkapitalbezogene existieren einige weitere Varianten, die sich aus der Berechnung der anfallenden Steuern ergeben. Da die Finanzierung einen Einfluss auf die Besteuerung hat, müssen deren Auswirkungen in das Kalkül einfließen. Dies geschieht grundsätzlich auf zwei Wegen:
1. Entweder wird der gesamte Steuereffekt im Nenner, den Kapitalkosten, erfasst und entsprechend der Zähler, die Cashflows, finanzierungsunabhängig ermittelt; dann ist die Steuerbelastung, die von den Cashflows abgesetzt wird, fiktiv zu ermitteln, so als ob das Unternehmen unverschuldet wäre.

## A. Zukunftserfolgsorientierte Verfahren

2. Oder der Steuervorteil der Fremdfinanzierung wird durch die Verkürzung der Steuerlast unmittelbar in den Cashflows berücksichtigt. Dann sind die sich bei dem angesetzten Verschuldungsgrad ergebenden tatsächlichen Steuern von den Free Cashflows abzusetzen.

Hieraus resultieren vier verschiedene Bewertungsansätze: der Adjusted Present Value (APV)-Ansatz, der Weighted Average Cost-of-Capital (WACC)-Ansatz, der Total Cashflow (TCF)-Ansatz sowie der Equity-Ansatz, deren Charakteristika in Abb. III.12 zusammengestellt sind.

|  | Bruttomethode | | | Nettomethode |
| --- | --- | --- | --- | --- |
|  | APV-Ansatz | WACC-Ansatz | TCF-Ansatz | Equity-Ansatz |
| **Diskontierte Zahlungs-ströme** | Free Cashflow vor Zinsaufwand | | | Free Cashflow nach Zinsaufwand |
|  | nach **fiktiven** Steuern (eines unverschuldeten Unternehmens) = BFCF | | nach **tatsächlichen** Steuern = TCF | nach **tatsächlichen** Steuern = NFCF |
| **Kapitalkos-tensatz** | Kapitalkosten eines **Unverschuldeten** Unternehmens[61] | **Gewichtete** Kapitalkosten inkl. Tax Shield (WACC) | **Gewichtete** Kapitalkosten exkl. Tax Shield | Eigenkapitalkosten eines **verschuldeten** Unternehmens |
| **Berücksich-tigung des Tax Shield** | Separate Bewertung | In den Kapitalkosten (Nenner) | In den Cashflows (Zähler) | |

Abb. III.12: Systematisierung der DCF-Bewertungsansätze

Sowohl der Total Cashflow (TCF)-Ansatz als auch der Equity-Ansatz gehen bei der Ermittlung der zu diskontierenden Cashflows von der tatsächlichen Verschuldungssituation und damit von tatsächlichen Steuerzahlungen aus. Aufgrund der Gleichheit von Mittelherkunft und -verwendung entsprechen die operativen Cashflows nach Abzug von Investitionen und tatsächlichen Steuern (TCF) den (potenziellen) Ausschüttungen an Eigner und Fremdkapitalgeber. Entsprechend ist der für dieses Modell benötigte Kalkulationszinsfuß ein Mischzins aus Eigen- und Fremdkapitalkosten:

$$r_{TCF} = r_{Ek} \times \frac{Ek}{Gk} + r_{Fk} \times \frac{Fk}{Gk}.$$

Die Diskontierung der TCF liefert daher den Brutto-Unternehmenswert ($Gk_0$):

---

61 Beim APV-Ansatz wird das Tax Shield separat bewertet. Dessen Wert hängt von den zugrundeliegenden Finanzierungsannahmen ab und wird entweder mit den Kapitalkosten des unverschuldeten Unternehmens oder dem risikofreien Zins ermittelt.

$$Gk_0 = \sum_{t=1}^{\infty} \frac{TCF_t}{[1+r_{TCF}]^t} \quad \text{(TCF-Ansatz)}$$

Da es sich um einen Bruttoansatz handelt, ist vom so ermittelten Gesamtkapitalwert der Wert des Fremdkapitals abzuziehen, um den Eigentümerwert zu ermitteln (vgl. Abb. III.13).

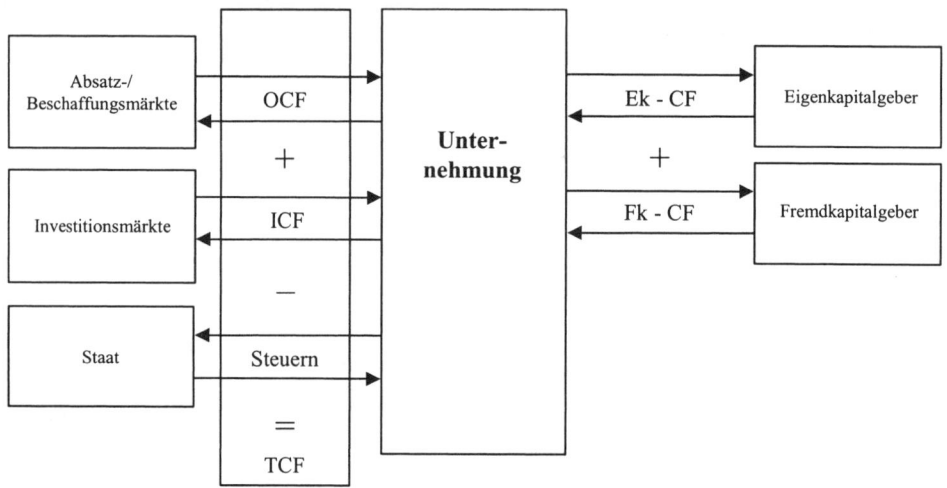

Abb. III.13: TCF-Ansatz

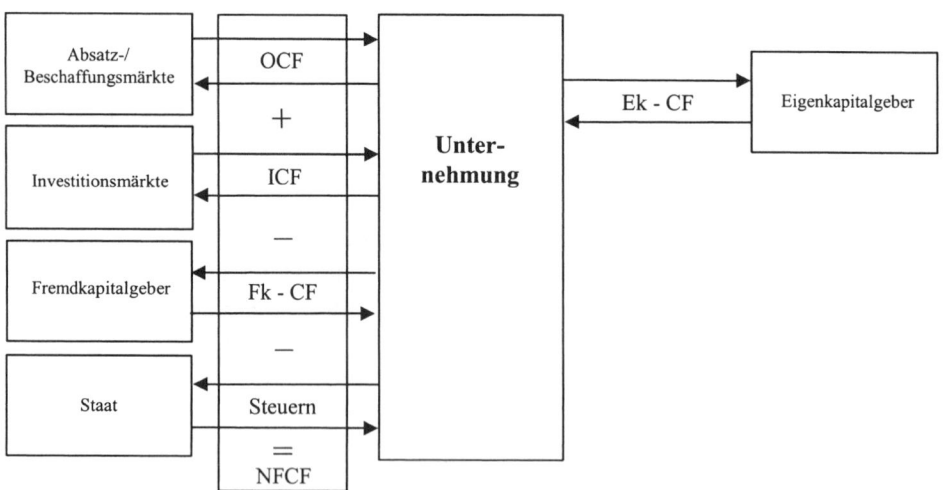

Abb. III.14: Equity-Ansatz

Subtrahiert man zusätzlich die Fremdkapital-Cashflows auf beiden Seiten der Gleichung, erhält man unmittelbar den Netto-Free Cashflow (NFCF) und damit das operative Pendant zu den (potenziellen) Nettoausschüttungen an die Eigner. Entspre-

## A. Zukunftserfolgsorientierte Verfahren

chend ist hierbei die Eigenkapitalrendite als Kalkulationszinsfuß anzusetzen und man erhält unmittelbar den Eigentümerwert (vgl. Abb. III.14):

$$Ek_0 = \sum_{t=1}^{\infty} \frac{NFCF_t}{[1+r_{Ek}]^t} \quad \text{(Equity-Ansatz)}.$$

Sowohl dem WACC-, als auch dem APV-Ansatz liegt die Fiktion zugrunde, das Unternehmen zunächst so zu bewerten, als ob es unverschuldet wäre und in einem zweiten Schritt die Verschuldung gesondert zu berücksichtigen. Beim WACC-Ansatz wird der Wert der Tax Shields durch Integration in die Kapitalkosten berücksichtigt. Der Vorteil einer solchen Vorgehensweise ist vor allem darin zu sehen, dass bei der Bewertung einzelner Projekte und Unternehmensteile nicht die Finanzierung des einzelnen Projekts inkl. seiner Steuervorteile für die Ermittlung der Cashflows bekannt sein muss, sondern dass die Finanzierungspolitik des Gesamtunternehmens global in den WACC zum Tragen kommt.[62] Die WACC beinhalten daher den Steuervorteil der Fremdfinanzierung als Reduktion der Fremdkapitalkosten. In einem einfachen, nicht näher differenzierten Steuersystem mit dem Ertragsteuersatz s lässt sich dies durch den Faktor (1 - s) darstellen:

$$r_{WACC} = r_{Ek} \times \frac{Ek}{Gk} + r_{Fk} \times (1-s) \times \frac{Fk}{Gk}.$$

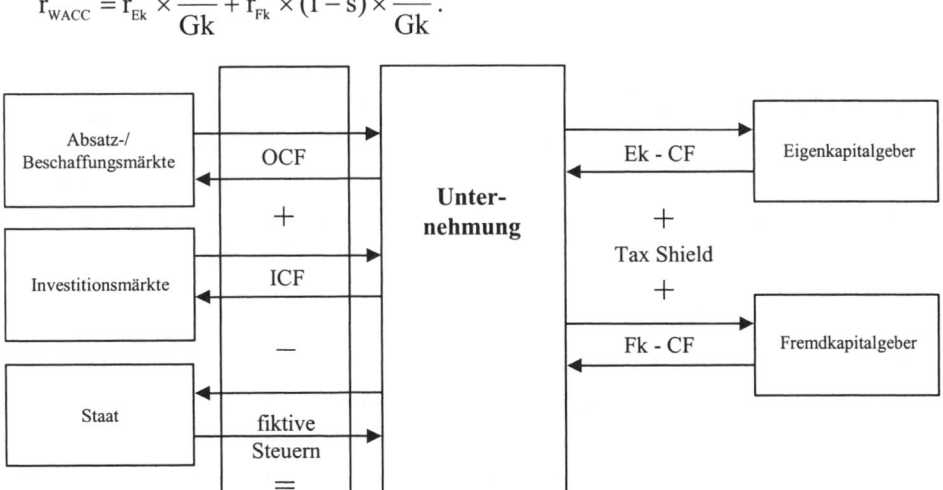

Abb. III.15: WACC-Ansatz

---

[62] Gesondert zu berücksichtigen wären auf Projektebene nur Veränderungen der Finanzierung, also durch das Projekt zusätzlich geschaffene Steuervorteile. Vgl. Brealey/Myers (2000), S. 148.

Die zugrundegelegten Cashflows eines unverschuldeten Unternehmens (BFCF) sind finanzierungsneutral zu ermitteln, d. h. es wird eine fiktive Steuerlast angesetzt, so als ob das Unternehmen keine abzugsfähigen Zinsen bezahlen würde. Diese Cashflows entsprechen damit den potenziellen Ausschüttungen an beide Investorengruppen zzgl. des Tax Shields, weshalb bei der Diskontierung mit den gewichteten Kapitalkosten inkl. Tax Shield diskontiert wird:

$$Gk_0 = \sum_{t=1}^{\infty} \frac{BFCF_t}{[1+r_{WACC}]^t} \text{ (WACC-Ansatz)}.$$

Beim APV-Ansatz wird ebenfalls von solchen unverschuldeten Überschüssen ausgegangen, jedoch wird hier der Steuervorteil nicht in die Kapitalkosten integriert, sondern in einem eigenen Schritt separat bewertet:

$$Gk_0 = PV\,[BFCF] + PVTS \text{ (APV-Ansatz)}.$$

Die Free Cashflows werden dabei so ermittelt und diskontiert, als ob das Unternehmen unverschuldet wäre (BFCF). Daher werden die BFCF mit den Kapitalkosten des unverschuldeten Unternehmens ($r_{Ek}^u$) diskontiert:

$$PV[BFCF]_0 = \sum_{t=1}^{\infty} \frac{BFCF_t}{[1+r_{Ek}^u]^t}$$

Der Barwert der Tax Shields (PVTS) wird zu diesem Wert gesondert hinzugezählt. Er ist abhängig von der unterstellten Finanzierungspolitik des Unternehmens und ist im Rahmen des APV-Ansatzes fallweise den Annahmen entsprechend abzuleiten. Diese Annahmen bedingen damit generell den Wert der Steuervorteile auch für die anderen Verfahren. Damit bildet der APV-Ansatz auch die Bewertungsgrundlage für die anderen Ansätze.[63]

Für die Finanzierung des Unternehmens existieren verschiedene Annahmebündel, bei denen zum einen zu unterscheiden ist, ob man konstante, uniforme Zahlungsströme betrachtet, oder schwankende. Zum anderen spielt die Risikostruktur der Steuervorteile der Fremdfinanzierung (Tax Shields) eine wesentliche Rolle. Sind die künftigen Bestände an Fremdkapital vorgegeben, dann sind die damit verbundenen Steuervorteile als sicher bzw. ebenso riskant wie das Fremdkapital zu betrachten und werden mit dem Fremdkapitalzins bewertet (F-Model). Der Wert der Tax Shields ergibt sich folglich durch:

---

63  Vgl. hierzu im Detail Abschnitt V.F.3.

## A. Zukunftserfolgsorientierte Verfahren

$$PVTS = \sum_{t=1}^{\infty} \frac{TS_t}{(1+r_{Fk})^t} \quad \text{(F-Modell)}.$$

Hängen die künftigen Fremdkapital-Bestände dagegen von der Höhe des Unternehmenswerts ab, wird also unternehmenswertabhängige Finanzierung unterstellt, dann sind die Steuervorteile ebenso unsicher wie der Unternehmenswert und entsprechend zu bewerten (L-Modell).[64] Da sie jeweils eine Periode im Voraus bekannt sind, gelten sie eine Periode lang als sicher bzw. ebenso riskant wie das Fremdkapital. Für den Rest der Zukunft gelten sie als ebenso unsicher wie die Cashflows, da die Höhe der Steuervorteile von der Höhe der künftigen Verschuldung abhängt und erst mit Eintreten des zukünftigen Unternehmenswerts bekannt wird. Deshalb sind sie für diese Zeit mit den unverschuldeten Eigenkapitalkosten zu diskontieren ($r_{Ek}^u$). Der Wert der Tax Shields ergibt sich folglich durch:

$$PVTS = \sum_{t=1}^{\infty} \frac{TS_t}{(1+r_{Fk})(1+r_{Ek}^u)^{t-1}} \quad \text{(L-Modell)}.$$

Diese verschiedenen Annahmen führen zu unterschiedlichen Reaktionsfunktionen der Kapitalkosten in Abhängigkeit vom Verschuldungsgrad.[65] Das L-Modell ist deshalb von großer Bedeutung, da bei schwankenden Zahlungsströmen lediglich die Annahme einer konstanten, unternehmenswertabhängigen Finanzierung es ermöglicht, im Zeitablauf konstante Kapitalkosten zu verwenden. In allen anderen Fällen sind wegen des veränderten finanzwirtschaftlichen Risikos die Kapitalkosten in jeder Periode neu zu ermitteln und für die Bewertung heranzuziehen.[66]

---

64 Vgl. z. B. Kruschwitz/Löffler (1999), S. 7; Richter (1998), S. 379f.; Wallmeier (1999), S. 1474.
65 Vgl. im Detail Abschnitt V.F.5.
66 Vgl. Abschnitt V.F.

## 3.6. Beispiel

Die Bewertung mithilfe der verschiedenen Ansätze wird im Folgenden anhand eines Beispiels veranschaulicht.

| Plan-GuV | t = 1 | t = 2 | t = 3 | t = 4 – ∞ |
|---|---|---|---|---|
| EBITDA | 1.100,00 | 1.210,00 | 1.331,00 | 1.331,00 |
| - Abschreibungen | 750,00 | 795,00 | 826,50 | 826,50 |
| = EBIT | 350,00 | 415,00 | 504,50 | 504,50 |
| - Zinsaufwand | -159,53 | -169,01 | -175,48 | -175,48 |
| - Steueraufwand (20 %) | 38,09 | 49,20 | 65,80 | 65,80 |
| = Jahresüberschuss | 152,38 | 196,79 | 263,22 | 263,22 |

Tab. III.12: Beispiel: Plan-Gewinn- und Verlustrechnung

Für die Bewertung wurden zunächst die in Tab. III.13 dargestellten Zahlungsströme mit Hilfe einer Kapitalflussrechnung geplant. Die Aktionäre erwarten eine Rendite von 12 %, der Fremdkapitalzins beträgt 8 %. Beim Fremdkapital handelt es sich um Dauerschulden. Der Verschuldungsgrad (als Verhältnis der Marktwerte von Fk und Gk) betrage konstant 50 %, der für die Bewertung relevante Steuersatz 20 %.

| Kapitalflussrechnung | t = 1 | t = 2 | t = 3 | t = 4 – ∞ |
|---|---|---|---|---|
| **Operativer Bereich:** | | | | |
| Jahresüberschuss | 152,38 | 196,79 | 263,22 | 263,22 |
| + Abschreibungen und andere nicht zahlungswirksame Aufwendungen | 750,00 | 795,00 | 826,50 | 826,50 |
| **= Operativer Cashflow** | **902,38** | **991,79** | **1.089,72** | **1.089,72** |
| **Investiver Bereich:** | | | | |
| Investitionen | -900,00 | -900,00 | -826,50 | -826,50 |
| **= investiver Cashflow** | **-900,00** | **-900,00** | **-826,50** | **-826,50** |
| **Finanzbereich:** | | | | |
| + Aufnahme Fk | 118,46 | 80,86 | 0,00 | 0,00 |
| + Aufnahme Ek | 31,54 | 24,14 | 0,00 | 0,00 |
| - Gewinnausschüttungen | -152,38 | -196,79 | -263,22 | -263,22 |
| **= Finanzierungs-Cashflow** | **-2,38** | **-91,79** | **-263,22** | **-263,22** |
| **= Veränderung liquider Mittel** | **0,00** | **0,00** | **0,00** | **0,00** |

Tab. III.13: Beispiel: Plan-Kapitalflussrechnung

Um hieraus die bewertungsrelevanten Free Cashflows abzuleiten, muss für die verschiedenen Verfahren die fiktive Steuerlast auf Basis des Gewinnes vor Zinsen und Steuern (EBIT) ermittelt werden, um die Steuerlast zu ermitteln, die bei einem nicht verschuldeten Unternehmen angefallen wäre. Tab. III.14 gibt die Rechenschritte wieder, die erforderlich sind, um sukzessive die verschiedenen FCF-Größen zu ermitteln:

| Kapitalflussrechnung | t = 1 | t = 2 | t = 3 | t = 4 – ∞ |
|---|---|---|---|---|
| Jahresüberschuss | 152,38 | 196,79 | 263,22 | 263,22 |
| + Steueraufwand | 38,09 | 49,20 | 65,80 | 65,80 |
| + Zinsaufwand | 159,53 | 169,01 | 175,48 | 175,48 |
| = EBIT | 350,00 | 415,00 | 504,50 | 504,50 |
| + Abschreibungen und andere nicht zahlungswirksame Aufwendungen | 750,00 | 795,00 | 826,50 | 826,50 |
| = OCF (Brutto) | 1.100,00 | 1.210,00 | 1.331,00 | 1.331,00 |
| - Investitionen | -900,00 | -900,00 | -826,50 | -826,50 |
| - fiktive Steuer (EBIT × s) 20 % | 70,00 | 83,00 | 100,90 | 100,90 |
| = Brutto-FCF (BFCF) | 130,00 | 227,00 | 403,60 | 403,60 |
| + Tax Shield (TS) | 31,91 | 33,80 | 35,10 | 35,10 |
| = Total-Cashflow (TCF) | 161,91 | 260,80 | 438,70 | 438,70 |
| + Aufnahme FK | 118,46 | 80,86 | 0,00 | 0,00 |
| - Zinsaufwand | -159,53 | -169,01 | -175,48 | -175,48 |
| = Netto-FCF (NFCF) | 120,84 | 172,65 | 263,22 | 263,22 |
| + Aufnahme EK | 31,54 | 24,14 | 0,00 | 0,00 |
| - Gewinnausschüttungen | -152,38 | -196,79 | -263,22 | -263,22 |
| = Veränd. Liq. Mittel | 0,00 | 0,00 | 0,00 | 0,00 |

Tab. III.14: Ermittlung der Free Cashflows nach Steuern

Für die Anwendung von APV- und WACC-Ansatz werden jeweils die fiktiven Steuern von den Operativen Brutto-Cashflows abgesetzt. Beim Equity- und TCF-Ansatz hingegen wird die tatsächliche Steuerlast verrechnet. Der Unterschied zwischen fiktiver und tatsächlicher Steuer stellt den Steuervorteil der Fremdfinanzierung, den Tax Shield dar, weshalb sich der TCF durch Addition des Tax Shields zum BFCF errechnen lässt. Durch den Abzug der Nettozahlungen an die Fremdkapitalgeber ergibt sich daraus der Netto-Free Cashflow. Diskontiert man diesen mit den Eigenkapitalkosten, so erhält man den Barwert von 1.994,14, der unmittelbar dem Unternehmenswert entspricht.

| Equity-Ansatz | Barwert | t = 1 | t = 2 | t = 3 | t = 4 – ∞ |
|---|---|---|---|---|---|
| NFCF | | 120,84 | 172,65 | 263,22 | 263,22 |
| PVF ($r_{EK}$ = 12 %) | | 0,89 | 0,80 | 0,71 | 5,93 |
| PV | **1.994,14** | 107,89 | 137,64 | 187,35 | 1.561,26 |

Im WACC-Ansatz wird der Brutto-Free Cashflow (BFCF) mit den WACC diskontiert. Die WACC betragen im Beispiel: $r_{WACC} = 0,5 \times 12 + 0,5 \times 8 \times (1 - 0,2) = 9,2\%$. Diskontiert man die BFCF mit 9,2 %, so erhält man einen Barwert von 3.807,76, wovon wegen der angenommenen Kapitalstruktur von 50 % die Hälfte von 1.903,76 dem Unternehmenswert entspricht.

| WACC-Ansatz | Barwert | t = 1 | t = 2 | t = 3 | t = 4 – ∞ |
|---|---|---|---|---|---|
| BFCF | | 130,00 | 227,00 | 403,60 | 403,60 |
| PV @ 9,2 % | 3.988,28 | 119,05 | 190,36 | 309,94 | 3.368,92 |
| Fk 50 % | 1.994,14 | | | | |
| Ek 50 % | **1.994,14** | | | | |

Beim APV-Ansatz werden die BFCF mit den Kapitalkosten des unverschuldeten Unternehmens ($r_{Ek}^u$) diskontiert. Die Tax Shields werden gesondert bewertet. Die Höhe der Steuervorteile hängt im vorliegenden Fall der unternehmenswertabhängigen Finanzierung (L-Modell) von der Höhe der künftigen Verschuldung ab und wird erst mit Eintreten des zukünftigen Unternehmenswerts bekannt. Da die TS jeweils eine Periode im Voraus bekannt sind, gelten sie eine Periode lang als ebenso sicher wie das Fremdkapital und sind daher mir $r_{FK}$ zu diskontieren. Für den Rest der Zukunft gelten sie als ebenso unsicher wie die Cashflows, weshalb für diese Zeit die unverschuldeten Eigenkapitalkosten anzusetzen sind ($r_{Ek}^u$). Daher gilt für den Barwertfaktor (PVF) zur Diskontierung der TS für die Periode t:

$$PVF_t (TS) = \frac{1}{(1 + r_{Fk})(1 + r_{Ek}^u)^{t-1}}.$$

Der Wert der Steuervorteile des verschuldeten Unternehmens beträgt:

$$PVTS = \frac{31,91}{1,08} + \frac{33,80}{1,08 \times 1,1} + \frac{35,10}{1,08 \times 1,1 \times 1,1} + \frac{35,10}{0,1} \times \frac{1}{1,08 \times 1,1 \times 1,1} = 352,92.$$

## A. Zukunftserfolgsorientierte Verfahren

Der Wert eines unverschuldeten Unternehmens beträgt:

$$PVBFCF = \frac{130}{1,1} + \frac{227}{1,1 \times 1,1} + \frac{403,6}{1,1^3} + \frac{403,60}{0,1} \times \frac{1}{1,1^3} = 3.635,35.$$

Zusammen ergibt dies den Wert des verschuldeten Unternehmens von 3.988,28, wovon nur die Hälfte dem Eigenkapital zukommt.

| APV-Ansatz | Barwert | t = 1 | t = 2 | t = 3 | t = 4 – ∞ |
|---|---|---|---|---|---|
| BFCF |  | 130,00 | 227,00 | 403,60 | 403,60 |
| TS |  | 31,91 | 33,80 | 35,10 | 35,10 |
| PVF | 10,0 % | 0,91 | 0,83 | 0,75 | 7,51 |
| PV BFCF | 3.635,35 | 118,17 | 187,55 | 303,17 | 3.026,53 |
| PVF TS |  | 0,9259 | 0,8416 | 0,7650 | 7,6387 |
| PVTS | 352,92 | 29,54 | 28,45 | 26,85 | 268,08 |
| GK | 3.988,28 |  |  |  |  |
| Fk 50 % | 1.994,14 |  |  |  |  |
| Ek 50 % | **1.994,14** |  |  |  |  |

Für den TCF-Ansatz werden die TCF mit den gewichteten Kapitalkosten ohne Steuervorteil: $r_{Gk} = 0,5 \times 12 + 0,5 \times 8 = 10\%$ diskontiert. Da die TCF aufgrund der geringeren Steuerlast jedoch höher ausfallen als die BFCF kompensiert dies den Effekt höherer Kapitalkosten gegenüber dem WACC-Ansatz und es ergibt sich derselbe Unternehmenswert.

| TCF-Ansatz | Barwert | t = 1 | t = 2 | t = 3 | t = 4 – ∞ |
|---|---|---|---|---|---|
| TCF |  | 161,91 | 260,80 | 438,70 | 438,70 |
| PVF | 10,00 % | 0,91 | 0,83 | 0,75 | 7,51 |
| Gk | 3.988,28 | 147,19 | 215,54 | 329,60 | 3.295,95 |
| Fk 50 % | 1.994,14 |  |  |  |  |
| Ek 50 % | **1.994,14** |  |  |  |  |

## 4. Residualgewinn-Modell

Die Diskontierung von Residualgewinnen ist neben der Diskontierung von Free Cashflows und Ausschüttungen die dritte Alternative zur zukunftserfolgsorientierten Bewertung von Unternehmen.[67] In die deutsche Bewertungslehre hat es in den letzten Jahren durch die verbreitete Anwendung verschiedener Residualgewinn-Konzepte im Rahmen der wertorientierten Unternehmensführung, wie z. B. dem Economic Value Added, erneuten Einzug gehalten. Ursprünglich war das Konzept bereits in den 50er Jahren als Alternative zu einer auf Cashflows basierten Investitionsrechnung von LÜCKE (1955) eingeführt worden. In der angloamerikanischen Literatur wird dieses Residual-Income-Model (RIM) auf PREINREICH (1938) und EDWARDS/BELL (1961) zurückgeführt und ist auch unter dem Begriff des Abnormal-Earnings-Modells bekannt.[68] Im deutschsprachigen Raum geht die Diskussion um die Diskontierung von um kalkulatorische Zinsen verringerte periodisierte Ergebnisgrößen, also Residualgewinne, auf LÜCKE (1955) zurück. In der Accounting-Literatur ist die Diskussion um dieses Modell durch die Arbeiten von OHLSON (1995) wieder neu angeregt worden, der zeigte, dass unter der Voraussetzung eines „*clean surplus accounting*" die verschiedenen Bewertungsmethoden zu übereinstimmenden Ergebnissen führen. Unter „*clean surplus*" wird der Umstand verstanden, dass alle nicht durch Entnahmen und Einlagen herbeigeführten Änderungen des Eigenkapitals über die GuV geführt werden und damit auch zu einer Veränderung des Gewinns führen.[69]

In der deutschsprachigen Literatur ist diese Bedingung als Kongruenzprinzip der dynamischen Bilanz bekannt. Dabei muss die Summe der Abschnittserfolge deckungsgleich mit dem Totalerfolg sein.[70] Unter dieser Voraussetzung ist gewährleistet, dass im Laufe des Lebens einer Gesellschaft die Gesamtsumme aller Zahlungsüberschüsse der aller Ertragsüberschüsse entspricht. Dann lässt sich zeigen, dass sich der Unternehmenswert aus dem Barwert der Residualgewinne, berechnet durch Abzug von kalkulatorischen Zinsen auf das Buch-Eigenkapital am Periodenanfang, zuzüglich dem Buchwert des Eigenkapitals, errechnen lässt:

---

67 Vgl. zu diesem Abschnitt Coenenberg/Schultze (2002a), S. 605ff. sowie Coenenberg/Mattner/Schultze (2003).
68 Vgl. AAA (2000), S. 163; Francis/Olsson/Oswald (2000), S. 49; Lee (1999), S. 420.
69 Vgl. Ohlson (1995), S. 661; vgl. auch Francis/Olsson/Oswald (2000), S. 50. Das *clean surplus* lässt sich wie folgt ausdrücken: $Ek_t^B = Ek_{t-1}^B + G_t - Div_t$.
70 Vgl. Münstermann (1964), S. 431; Schmalenbach (1962), S. 65.

$$Ek_0 = Ek_0^B + \sum_{t=1}^{\infty} \frac{G_t - r_{Ek} Ek_{t-1}^B}{1 + r_{Ek}}$$

Die Investitionsrechnung auf Basis von Erträgen/Aufwendungen bzw. Kosten/Leistungen wurde bereits von LÜCKE (1955) untersucht. Nach dem LÜCKE-Theorem lässt sich der Barwert einer Investition auch mithilfe dieser erfolgsorientierten Größen, anstelle von Cashflows, ermitteln, indem man kalkulatorische Zinsen $z_t$ auf den kumulierten Unterschiedsbetrag der jeweiligen Größen berechnet und von der Rechengröße abzieht. Durch den Ansatz der kalkulatorischen Zinsen auf die Differenz der beiden Rechnungsgrößen wird bei der Diskontierung (mit den Kapitalkosten k) genau der Unterschied der Rechengrößen eliminiert. So lassen sich Investitionsrechnungen grundsätzlich statt auf der Basis von Einzahlungsüberschüssen (EZÜ) mit Ertragsüberschüssen (ERÜ) durchführen, indem man kalkulatorische Zinsen auf deren kumulierte Differenz, die Kapitalbindung $KB_t$, von den Ertragsüberschüssen abzieht. Denn in den Cashflows geht die Anfangsinvestition negativ ein, in die Ertragsüberschüsse hingegen gehen sie erst im Laufe der Zeit in Form von Abschreibungen ein.

$$\sum_{t=0}^{T} \frac{EZÜ_t}{(1+k)^t} = KB_0 + \sum_{t=0}^{T} \frac{ERÜ_t - z_t}{(1+k)^t};$$

$$\text{mit } z_t = k \times KB_{t-1} = k \times \left( KB_0 + \sum_{s=0}^{t-1} (ERÜ_s - EZÜ_s) \right)$$

Aus Sicht der Planung ist es folglich unerheblich, auf welcher Grundlage die diskontierte Erfolgsgröße berechnet wird, da sich der Unterschied zum Ergebnis anderer Größen automatisch durch die Festlegung der zu verzinsenden Kapitalbindung aufhebt. Der damit berechnete Wert entspricht in jedem Fall dem Kapitalwert auf Basis von Cashflows.

Das obige Netto-Residualgewinnmodell lässt sich auch als Bruttomethode formulieren, die für die wertorientierte Unternehmensführung besser geeignet ist, da auf Geschäftsbereichsebene die Steuerung anhand von Gewinnen vor Zinsen den Vorteil hat, dass sie unabhängig von Finanzierungseinflüssen ist, auf die operative Einheiten i. d. R. keinen Einfluss haben.[71] Das in der Controlling-Literatur weit verbreitete und von der Beratungsfirma STERN/STEWART vermarktete Konzept „Economic Value

---

71  Vgl. Baum/Coenenberg/Günther (1999), S. 286.

Added" (EVA) stellt nichts anderes als ein auf die Bruttomethode überführtes Residualgewinn-Modell dar:

$$Gk_0 = Gk_0^B + \sum_{t=1}^{\infty} \frac{EBIT_t(1-s) - r_{wacc} Gk_{t-1}^B}{1 + r_{wacc}} = Gk_0^B + \sum_{t=1}^{\infty} \frac{EVA_t}{1 + r_{wacc}}$$

Beachtenswert scheint in diesem Zusammenhang die Tatsache zu sein, dass es sich beim Residualgewinnmodell keinesfalls um ein Kombinationsverfahren aus Substanz- und Ertragswert handelt, auch wenn die Addition aus den Bestandsgrößen Eigen- oder Gesamtkapital und dem Barwert der Residualgewinne diesen Eindruck erwecken könnte. Tatsächlich ist die Höhe der zum Barwert der Residualgewinne addierten Bestandsgröße für die Höhe des Unternehmenswerts irrelevant, da die abzuziehenden kalkulatorischen Zinsen ebenfalls von dieser Bestandsgröße abhängen und sich in der Rechenarithmetik des Modells die Addition des Bestandes und Subtraktion der kalkulatorischen Zinsen hierauf exakt aufheben. Für die Bewertung relevant sind lediglich die kalkulatorischen Zinsen auf die in späteren Perioden vorgenommenen Investitionen, also Erhöhungen bzw. Senkungen der Kapitalbasis, wodurch das Doppelzählungsproblem bei der Diskontierung von Gewinnen behoben wird. Die Zinsen auf die Bestandsgröße im Bewertungszeitpunkt sind hingegen lediglich für die Steuerung als relevant anzusehen, um die Opportunitätskosten des eingesetzten Eigenkapitals zu betonen.

Residualgewinnmodelle werden in der Literatur vor allem unter dem Gesichtspunkt der Performancemessung, weniger als Bewertungskonzept, diskutiert.[72] Mit ihrer zunehmenden Verbreitung als Controllinginstrument ist aber zu erwarten, dass sie zukünftig vermehrt auch im Akquisitionscontrolling eingesetzt werden dürften. Denn für eine effektive Erfolgskontrolle ist es sinnvoll, die Akquisitionsplanung mit der Akquisitionskontrolle zu verknüpfen. Aufgrund der Schnittstellen des Akquisitionscontrollings mit anderen Controllingprozessen ist es zweckmäßig, die Unternehmensbewertung, die Erfolgskontrolle von Akquisitionsobjekten sowie die Erfolgskontrolle von Geschäftsbereichen und des Gesamtunternehmens mit einheitlichen Konzepten zur Definition und Messung des „Erfolges" durchzuführen. Auf diese Weise wird eine Verzahnung der Unternehmensbewertung und der in sie eingehenden Daten (Synergieerwartungen) mit den tatsächlich eintretenden Ergebnissen (Synergieeffekten) bewirkt. Durch die seit neuestem auch in der Rechnungslegung nach US-GAAP existierende Abschreibung des derivativen Firmenwerts allein auf Basis eines Niederstwert-Tests gem. FAS 142 hat die Unternehmensbewertung nun auch Einzug in die Rechnungslegung gehalten. Auch für diese Zwecke bietet sich eine Verzah-

---

72 Vgl. insbesondere Pfaff/Bärtl (1999), S. 91ff.

nung von *ex ante* Planung und Bewertung mit der *ex post* Kontrolle und Rechenschaftslegung an.

## 4.1. Residualgewinne als Steuerungsgrößen der wertorientierten Unternehmensführung

Die existierenden Konzepte der wertorientierten Unternehmensführung beruhen auf Erfolgskennzahlen, welche einen Indikator für die Wertgenerierung einer Periode liefern sollen. Mit ihrer Hilfe sollen sowohl Entscheidungen wertorientiert getroffen, als auch Geschäftseinheiten im Hinblick auf die Wertschaffung in einer Berichtsperiode beurteilt werden.[73] Die verschiedenen Konzepte beziehen die Renditeerwartungen der Eigenkapitalgeber zusätzlich in die Unternehmensrechnung mit ein, sodass sie als kalkulatorische Kosten das Ergebnis schmälern bzw. als Mindestverzinsung des eingesetzten Kapitals der erzielten Rendite gegenüber gestellt werden.[74]

### 4.1.1. Überblick

Aus Sicht der Anteilseigner besteht der Unternehmenserfolg aus Kurssteigerungen, Dividenden, Bezugsrechten etc., dem so genannten „Total Return to Shareholders (TRS)". Mithilfe von internen Steuerungskennzahlen soll letztlich diese extern erzielbare Wertsteigerung abgebildet werden. Diese internen Kennzahlen dienen einerseits der Erfolgsbeurteilung bezüglich des Kriteriums Unternehmenswertsteigerung im Rahmen der Kontrollfunktion, sollen aber auch als Ex-ante-Entscheidungs-kriterium zur Allokation von Ressourcen dienen.[75]

Die wertorientierte Unternehmensführung entstand im Wesentlichen aus einer Kritik am traditionellen Rechnungswesen.[76] Diesem wurde vorgeworfen, es sei nicht geeignet, unternehmerische Entscheidungen wertorientiert zu treffen, denn es sei vergangenheitsorientiert und manipulierbar, vernachlässige Risiken und Kapitalbindung etc. Aus dieser Kritik entwickelten sich verschiedene wertorientierte Steuerungskonzepte.

Die theoretische Fundierung von Entscheidungshilfen für die Auswahl unternehmenswertsteigernder Handlungsalternativen beruht auf dynamischen Prognosemodellen. Die existierenden wertorientierten Erfolgskennzahlen, anhand derer die Leistung

---
73  Vgl. Strack/Villis (2001), S. 68.
74  Vgl. zu diesem Abschnitt ausführlich Coenenberg/Mattner/Schultze (2003).
75  Vgl. Strack/Villis (2001), S. 68.
76  Vgl. Rappaport (1986), S. 19ff.

des Managements bezüglich der Zielerreichung Unternehmenswertsteigerung beurteilt werden soll, sind hingegen statischer Natur. Sie werden vor allem in der Leistungskontrolle eingesetzt, wobei sie zunehmend auch an den Kapitalmarkt kommuniziert werden, um zu zeigen, dass eine Wertsteigerung erzielt wurde.[77] Ein Zusammenhang zwischen wertorientierten Kennzahlen und Unternehmenswert besteht jedoch nur über die gesamte Laufzeit eines wertsteigernden Projekts, nicht für die einzelne Periode. Eine negative wertorientierte Kennzahl für einzelne Perioden kann sich durchaus auch bei einem insgesamt wertsteigernden Projekt ergeben.[78]

Deshalb ist es wichtig, die wertorientierten Kennzahlen hinsichtlich ihrer unterschiedlichen Aufgaben und Aussagekraft bezüglich der Planungs- und Kontrollfunktion zu differenzieren. Um den Unternehmenswert zu steigern, müssen zum einen *ex ante* diejenigen Entscheidungsalternativen ausgewählt werden, die wertsteigernd wirken, und zum anderen muss *ex post* kontrolliert werden, ob die geplante Wertsteigerungen auch tatsächlich realisiert werden konnte. Ein wertorientiertes Steuerungssystem muss deshalb geeignet sein, die Planung und Kontrolle von Wertsteigerungspotenzialen zu ermöglichen und dabei gleichzeitig hinreichend Anreize bieten, die Mitarbeiter zu wertsteigerndem Handeln anzuhalten.

Ein effizientes Steuerungssystem muss grundsätzlich den Anforderungen der Anreizverträglichkeit, Kommunikationsfähigkeit und Wirtschaftlichkeit genügen.[79] Auf ein wertorientiertes Steuerungssystem bezogen muss dieses folglich geeignet sein, Wertsteigerungen abzubilden, ohne für Manipulationen anfällig zu sein, muss Analysen eventueller Abweichungen vom Soll-Zustand ermöglichen und verständlich sein, wobei der dabei betriebene Aufwand in sinnvollem Verhältnis zum Nutzen stehen muss.

Zu den bekanntesten wertorientierten Erfolgskennzahlen zählen der Economic Value Added (EVA) von Stern/Stewart[80] bzw. Economic Profit (EP) von McKinsey[81] sowie der Cash Value Added (CVA) der Boston Consulting Group (BCG)[82]. Sie lassen sich der Gruppe der Residualgewinnmodelle zuordnen, bei denen das Periodenergebnis den Kosten für das eingesetzte Kapital gegenübergestellt wird. Erst der, die Kapitalkosten übersteigende Gewinn, also ein positiver Residualgewinn, wird als echter Überschuss angesehen. Der CVA unterscheidet sich von den beiden anderen lediglich durch eine stärkere Zahlungsorientierung. Der CFRoI der BCG beruht auf denselben

---

77 Vgl. Ballwieser (2001), S. 14.
78 Vgl. Wagenhofer (1999), S. 195f.; Hebertinger (2002), S. 138.
79 Vgl. Coenenberg (1995), S. 2080ff.
80 Vgl. Stewart (1991).
81 Vgl. Copeland/Koller/Murrin (2000).
82 Vgl. Stelter (1999), S. 233ff.

Überlegungen und bildet die Rendite des Investitionsprofils ab. EVA, EP, CVA und CFRoI dienen als Maße für die Überschussgenerierung einer einzelnen Berichtsperiode und sollen die Frage beantworten, ob eine auskömmliche Rendite erwirtschaftet wurde. Die Kennzahlen ΔEVA bzw. ΔCVA werden dagegen als Maßgröße für die zusätzlich geschaffene Wertsteigerung einer Periode verwendet. Die für das Controlling, d. h. die Steuerung durch Planung und Kontrolle verfügbaren ergebnis- und cashflow-orientierten Werkzeuge sind in Tab. III.13 zusammengefasst.

| Planung | Ertragswert | Discounted Cash Flow (DCF) |
|---|---|---|
|  | Discounted EVA (MVA/DEVA) | Discounted CVA (DCVA) |
| Kontrolle | EVA | CVA |
|  | ΔEVA | ΔCVA |
|  | ROI | CFRoI |
|  | Periodisierte Größen (gewinnbasiert) | Zahlungsorientierte Größen (cashbasiert) |

Tab. III.15: Einsatzbereiche der unterschiedlichen Wertmanagementkonzepte

Da jedes Beratungsunternehmen für sich in Anspruch nimmt, die jeweils „beste" Kennzahl zu präsentieren, wird dies meist damit begründet, dass diese jeweils mit der Aktienkursentwicklung am besten korreliert sei.[83] Diverse Studien haben deshalb diesen Zusammenhang untersucht und kommen zum Schluss, dass meist traditionelle Gewinngrößen sogar besser mit der Kursentwicklung des Unternehmens korreliert sind.[84] Deshalb wird im Folgenden ein kritischer Überblick über die verschiedenen Wertmanagement-Konzepte gegeben. Dabei werden die Konzepte auf ihre Eignung für die Erfüllung der mit dem Wertmanagement verbundenen Ziele überprüft.

## 4.1.2. Wertorientierte Steuerungskonzepte

### 4.1.2.1. Shareholder Value

Die Shareholder-Value-Analyse nach RAPPAPORT kann zweifelsfrei als Vorreiter der wertorientierten Unternehmensführung betrachtet werden, durch welche die angloamerikanische Methode der Diskontierung freier Cashflows (DCF-Methode) zum Zwecke der Unternehmensbewertung erst in Deutschland populär wurde.[85] Sie ist aber eher als Management-Konzept der wertorientierten Unternehmensführung, denn als eigenständige Bewertungsmethode anzusehen.[86] Ihr besonderer Verdienst

---

83 Vgl. hierzu Günther (1997), S. 55ff.; Günther/Landrock/Muche (2000), S. 69ff.
84 Vgl. Schremper, R./Pälchen, O. (2001) für einen ausführlichen Literaturüberblick.
85 Vgl. Ballwieser (1995a), S. 119f.; Dirrigl (1994), S. 411.

als eigenständige Bewertungsmethode anzusehen.[86] Ihr besonderer Verdienst war es, die Werttreiber aufzuzeigen, die strategische Einflussgrößen und Zukunftserfolgswert zueinander in Verbindung brachten. Sie dient jedoch nicht in erster Linie dem Ziel der Ermittlung von Grenzpreisen. Auf eine exakte Wertermittlung wird meist zugunsten überschaubarer und kommunizierbarer Vorgehensweisen verzichtet.[87] Häufig sollen strategische Werte von Konzernen, ganzen Unternehmen oder von strategischen Geschäftseinheiten ermittelt und Wertlücken identifiziert werden.[88] Grundsätzlich geht diese Methode aber nach der DCF-Methodik vor, so dass in der Literatur im Zusammenhang mit den DCF-Verfahren sogar häufig auch von Shareholder-Value-Verfahren gesprochen wird.[89]

Grundlage für die wertorientierte Entscheidungsfindung ist die Investitionsrechnung und die Diskontierung von Cashflows. Discounted Cashflow-Modelle sind für eine wertorientierte Planung konzeptionell adäquat, auch wenn sie einen hohen Prognoseaufwand mit sich bringen. Daher werden sie meist nur bei großen Investitionsvorhaben eingesetzt. Sie erfordern die Abschätzung zukünftig zu erwartender Cashflows aus anstehenden Handlungsalternativen. Ein Kontrollsystem auf dieser Basis erfordert Planungen und Aufzeichnungen der erwarteten und realisierten Zahlungsströme. Häufig fehlen jedoch solche Rechenwerke und Cashflows werden derivativ aus den Ertragsüberschüssen der Bilanzierung abgeleitet, wohingegen interne Planungen auf Basis von periodisierten Größen im Unternehmen meist bereits existieren.

Aus einem einzelnen tatsächlich erwirtschafteten Perioden-Cashflow lässt sich die damit erzielte Wertschaffung nicht ablesen. Nur der „ökonomische Gewinn" als Summe aus Unternehmenswertsteigerung und erwirtschaftetem Free Cashflow wäre hierzu in der Lage.[90] Ein Kontrollsystem müsste deshalb erwartete und erzielte Cashflows miteinander vergleichen und Verschiebungen geplanter Cashflows einbeziehen. Damit wäre das Kontrollsystem jedoch anfällig für Manipulationen durch Planrevisionen. Zudem erfordert eine solche Nachrechnung einen hohen Aufwand, da die Plan-Cashflows aller Projekte zusammenzufassen und weiterzuführen wären. In der Praxis haben sich deshalb Residualgewinnmodelle durchgesetzt[91], welche die Messung von

---

86 Vgl. Bender/Lorson (1997), S. 7f.
87 „As a conceptual simplification of discounted cashflow, the value driver model is useful for explaining the fundamentals of valuation to senior managers and key operating people more than as a practical procedure for valuation." Stewart (1991), S. 254.
88 Vgl. Bender/Lorson (1997), S. 7f.
89 Vgl. stellvertretend Bender/Lorson (1997), S. 1.
90 Vgl. Pellens/Crasselt/Sellhorn (2002), S. 30; vgl. außerdem das Konzept des „economic profit" nach Copeland/Koller/Murrin (2000).
91 Vgl. Pellens/Tomaszewski/Weber (2000), S. 1825ff.

*A. Zukunftserfolgsorientierte Verfahren*

Wertsteigerungspotenzialen mithilfe bilanzieller Zahlen, d. h. periodisierter Größen, bewerkstelligen.

### 4.1.2.2. Economic Value Added

Die Grundidee einer Bewertung nach dem EVA-Konzept stellt die Tatsache dar, dass der Barwert eines Projekts, das exakt seine Kapitalkosten erwirtschaftet, genau dem Wert der Anfangsinvestition entspricht, d. h. einen Kapitalwert von Null aufweist. Ein Unternehmen, das ausschließlich Projekte mit einem Kapitalwert von Null durchführt, kann lediglich soviel wert sein, wie die Summe der in ihm gebundenen Investitionen. Um den Unternehmenswert zu steigern, müssen Investitionen durchgeführt werden, deren Gegenwartswert die ursprünglichen Investitionsausgaben übersteigen. Der Wertbeitrag (EVA) einer solchen Investition, bezogen auf eine Periode, ergibt sich deshalb aus der Überrendite, also der Differenz aus Rendite der Investition ($r_I$) und Kapitalkosten (k), multipliziert mit dem investierten Kapital ($I_0$):[92]

$$EVA_t = (r_I - k) \times I_0.$$

Der Barwert der Wertbeiträge entspricht dem Kapitalwert der Investition,[93] der in der Terminologie des EVA-Konzeptes bezogen auf einen Unternehmensbereich oder ein Gesamtunternehmen auch „Market Value Added" (MVA) genannt wird.[94]

$$MVA_0 = \sum_{t=1}^{T} \frac{EVA_t}{(1+k)^t}$$

Der Gesamtunternehmenswert (vor Finanzierung) entspricht deshalb dem Wert des Vermögens $KB_0$ plus dem Barwert der künftigen Wertbeiträge:

$$Gk_0 = KB_0 + MVA_0 = KB_0 + \sum_{t=1}^{T} \frac{EVA_t}{(1+k)^t}.$$

Schematisch lässt sich die Vorgehensweise der Bewertung wie folgt darstellen:[95]

---

92 Vgl. Stewart (1991), S. 136f.; vgl. auch die Ausführungen zu den grundlegenden Bewertungsansätzen von Modigliani/Miller, Abschnitt IV.A.2. Ähnlich auch Eidel (1999), S. 70ff.
93 Vgl. Abschnitt III.A.4.1.2.2.
94 Vgl. Stewart (1991), S. 153; vgl. auch Crasselt/Pellens/Schremper (2000), S. 74; Pfaff/Bärtl (1999), S. 93.
95 Vgl. Crasselt/Pellens/Schremper (2000), S. 75.

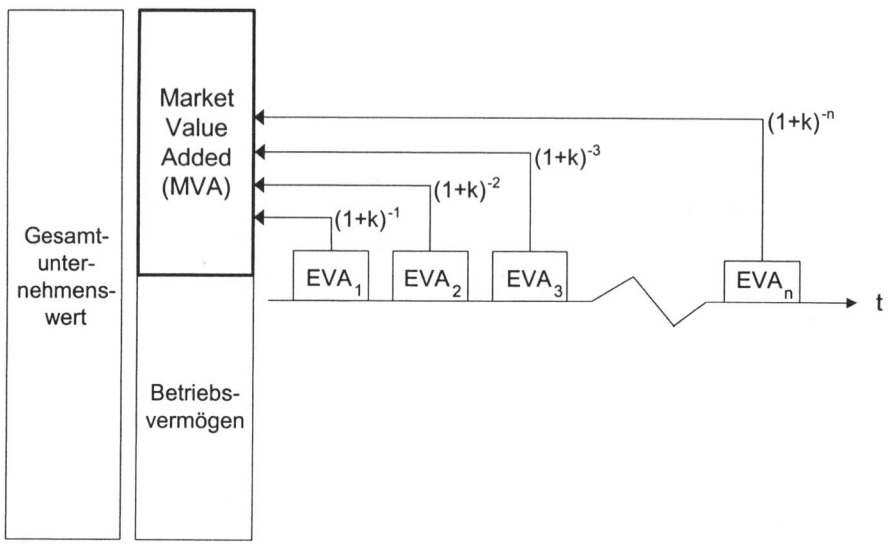

Abb. III.16: Economic Value Added

Bei der praktischen Ermittlung der EVAs ist danach zu unterscheiden, ob man bei der Bewertung von einer Berechnung vor oder nach (Fremdkapital-)Zinsen ausgehen will. Für die wertorientierte Unternehmensführung eignet sich i. d. R. die Vorgehensweise vor Zinsen (Bruttomethode) besser, da auf Geschäftsbereichsebene die Steuerung anhand von Gewinnen vor Zinsen den Vorteil hat, dass sie unabhängig von Finanzierungseinflüssen ist, auf die operative Einheiten i. d. R. keinen Einfluss haben. Dabei wird die Überschussgröße EVA meist finanzierungsunabhängig, d. h. unter der Prämisse der reinen Eigenfinanzierung berechnet. Als Kapitalkosten kommen entsprechend die „weighted average cost of capital (WACC)" zum Ansatz.

Die Nichtberücksichtigung der Finanzierung in den EVAs führt, gemäß dem WACC-Ansatz der DCF-Methoden, zum Ansatz fiktiver Steuern auf das Ergebnis vor Zinsen und Steuern (EBIT). Hiervon sind die Kapitalkosten abzuziehen, für deren Berechnung die Kapitalbindung anzusetzen ist, die sich aus dem gesamten betriebsnotwendigen Vermögen sowie aus Anpassungen der Ergebnisgröße resultierenden Erhöhungen/Minderungen zusammensetzt. Im Ergebnis resultiert folgende Bewertungsgleichung für den Gesamtunternehmenswert, d. h. für den Bruttowert des Unternehmens aus Sicht der Eigentümer und Fremdkapitalgeber:

$$Gk_0 = KB_0 + \sum_{t=1}^{\infty} \frac{EBIT_t(1-s) - r_{wacc}KB_{t-1}}{(1+r_{wacc})^t} = KB_0 + \sum_{t=1}^{\infty} \frac{EVA_t}{(1+r_{wacc})^t}.$$

## A. Zukunftserfolgsorientierte Verfahren

Um den Unternehmenswert aus Sicht der Eigentümer (shareholder value) zu erhalten, ist hiervon der Wert des Fremdkapitals (FK) abzuziehen. Dies ließe sich auch unmittelbar über die Anwendung des Nettoansatzes über eine Berechnung nach (Fremdkapital-) Zinsen erreichen, bei dem das Ergebnis (EBT) nach Abzug von Zinsen auf das Fremdkapital, vermindert um kalkulatorische Zinsen auf das gebundene Eigenkapital $EK^B$ mit den Eigenkapitalkosten diskontiert wird:[96]

$$Ek_0 = EK_0^B + \sum_{t=1}^{\infty} \frac{EBT_t(1-s) - (r_{Ek} \times EK_{t-1}^B)}{(1+r_{Ek})^t}.$$

Der Nettoansatz ist aber weniger häufig anzutreffen, da hierbei Zinsen und Steuern auf Geschäftsbereichsebene zu ermitteln wären, was für rein operative Einheiten nicht praktikabel sein kann.

Neben der oben erwähnten rein bewertungsorientierten Anpassung des aus dem Rechnungswesen verfügbaren Ergebnisses um fiktive Steuern, schlagen STERN/STEWART eine Reihe weiterer Anpassungen vor, die aber nicht bewertungsbedingt, sondern rein steuerungsrelevant sind. Mit diesen wird versucht, außerordentliche Einflüsse zu eliminieren und Auswirkungen vorsichtiger Bilanzierung zu beheben. Aufwendungen mit Investitionscharakter („strategische Kosten") werden nicht erfolgswirksam verbucht, sondern aktiviert und linear abgeschrieben.[97] Die lange Liste möglicher Anpassungen – es werden je nach Quelle bis zu 164 vorgeschlagen – steht jedoch im Widerspruch zum eigentlichen Vorteil des EVA-Konzeptes, nämlich seiner guten Kommunizierbarkeit. Damit handelt es sich bei EVA lediglich um eine Verfeinerung des Konzeptes „Residual Income".[98]

Unabhängig von der Art der Abschreibung zeigt die obige Darstellung, dass bei der Ermittlung der Wertbeiträge der Geschäftsbereiche nicht von Cashflows, sondern von periodisierten Erfolgsgrößen auszugehen ist, da hier den zukünftigen Perioden ihr Beitrag zur Generierung des Kapitalwerts zugewiesen werden soll. Die Ergebnisse sind dann identisch, wenn auf die Kapitalbindung kalkulatorische Zinsen in Abzug gebracht werden, wie aus dem LÜCKE-Theorem bekannt ist. So lassen sich Investitionsrechnungen grundsätzlich statt auf der Basis von Einzahlungsüberschüssen (EZÜ) mit Ertragsüberschüssen (ERÜ) durchführen, wenn man kalkulatorische Zinsen auf

---

96 Vgl. Eidel (1999), S. 71.
97 Vgl. Stewart (1991), S. 86ff.; Beck/Lingnau (2000), S. 9.
98 Vgl. Stern/Stewart/Chew (1995), S. 32.

deren kumulierte Differenz, die Kapitalbindung $KB_t$ von den Ertragsüberschüssen, abzieht.[99]

Diese Vorgehensweise ist der Ertragswertmethode sehr ähnlich.[100] Jedoch werden dort die kalkulatorischen Zinsen nicht auf die gesamte Kapitalbindung, sondern nur auf die zukünftigen Finanzierungsbedarfe berechnet. Damit werden dort weniger Zinsen verrechnet, deren Barwert genau $KB_0$ ausmacht, weshalb dieser Wert nicht wie bei der EVA-Methode am Ende hinzugezählt werden muss. Im Unterschied zur Ertragswertmethode handelt es sich beim EVA-Ansatz aber um eine Bruttomethode, was in der Ermittlung eines Gesamtkapitalwertes resultiert.

Der zur Ermittlung des Wertbeitrags verwendete operative Gewinn nach Steuern (NOPAT) stellt eine Bruttogröße vor Zinsabzug dar, die einen Überschuss für sämtliche am Unternehmen beteiligte Kapitalgeber repräsentiert.[101] Damit ist er unabhängig von der Finanzierung der Investition. Der ermittelte EVA stellt also einen Residual- oder Übergewinn dar, also einen, die Kapitalkosten übersteigenden Gewinn. Dies führt, wie bei der Bruttobetrachtung der DCF-Methoden, zum Ansatz fiktiver Steuern auf das Ergebnis vor Zinsen und Steuern (EBIT). Als Kapitalkosten kommen entsprechend die oben definierten WACC unter Einbezug des Steuervorteils zur Anwendung. Als Kapitalbindung wird das „CAPITAL" angesetzt, das sich aus dem gesamten betriebsnotwendigen Vermögen sowie den aus den Anpassungen des NOPAT resultierenden Erhöhungen/Minderungen zusammensetzt.[102]

$$Ek_0 = KB_0 + \sum_{t=1}^{T} \frac{EBIT_t(1-s) - (k \times KB_{t-1})}{(1+k)^t} - Fk_0;$$

$$\text{mit } k = r_E^\ell \times \frac{Ek}{Gk} + r_F \times (1-0.5s) \times \frac{Fk}{Gk}$$

Der EVA-Ansatz existiert auch als Netto-Ansatz, der aber weniger häufig anzutreffen ist. Dann wird entsprechend ein Periodenerfolg nach Abzug von Zinsen auf das Fremdkapital, vermindert um kalkulatorische Zinsen auf das gebundene Eigenkapital $EK^B$, mit den Eigenkapitalkosten diskontiert:[103]

$$Ek_0 = EK_0^B + \sum_{t=1}^{T} \frac{G_t(1-s) - (r_{Ek} \cdot EK_{t-1}^B)}{(1+r_{Ek})^t}$$

---

99  Vgl. Lücke (1955); Steiner/Wallmeier (1999), S. 7. Vgl. hierzu im Detail Kapitel V.
100 Vgl. auch Küting/Eidel (1999), S. 832.
101 Vgl. Stewart (1991), S. 86.
102 Vgl. im Detail Günther (1997), S. 234f.
103 Vgl. Eidel (1999), S. 71.

In den Anpassungen des NOPAT und des CAPITAL ist der einzige Unterschied zwischen EVA und „Residual Income" zu sehen. Das aus dem Rechnungswesen verfügbaren Ergebnis der gewöhnlichen Geschäftstätigkeit wird modifiziert mit dem Resultat eines operativen Gewinns vor Zinsen nach Steuern (NOPAT).[104] Grundsätzliches Ziel der Anpassungen ist es, eine operative Ergebnisgröße zu erhalten, die sich bei vollständiger Eigenfinanzierung ergeben würde, und die nicht auf buchhalterischen, sondern wirtschaftlichen Überlegungen beruht.[105] Außergewöhnliche Ergebniskomponenten werden nicht einbezogen und ebenso wie das Finanzergebnis eliminiert. Weiterhin werden solche Aufwendungen, die ihrem Charakter nach eher einer Investition („strategische Kosten") entsprechen, wie z. B. F&E-Aufwand oder Restrukturierungsaufwand, wieder zum Ergebnis der gewöhnlichen Geschäftstätigkeit hinzugezählt, aktiviert und über die Nutzungsdauer linear abgeschrieben.[106] Wenn man von diesen Anpassungen absieht, so ist der im EVA-Konzept verwendete Nachsteuergewinn (NOPAT) gleich dem einer fiktiven Besteuerung unterworfenen EBIT, wie in den Brutto-DCF-Verfahren üblich: NOPAT = EBIT$(1 - s)$.[107]

Mit seinen Anpassungen ähnelt das EVA-Konzept dem Betriebsergebnis der Kostenrechnung. Auch in der Kostenrechnung wird mit den Kosten und Leistungen nur derjenige Teil des Wertverbrauchs und -zuwachses erfasst, der durch die Erfüllung der spezifischen Aufgaben des Betriebes (Erzeugung und Absatz von Gütern und Leistungen) verursacht wird. Nicht erfasst werden betriebsfremde und außerordentliche Aufwendungen und Erträge, die in der Finanzbuchhaltung aufgezeichnet werden. Zusätzlich fallen dagegen sog. Zusatzkosten/Anderskosten an, die entweder in der Finanzbuchhaltung gar nicht anfallen (z. B. kalkulatorische Zinsen, Mieten, Unternehmerlohn) oder in anderer Höhe anfallen (kalkulatorische Abschreibungen). Leistungen und Kosten werden im „Betriebsergebnis" zusammengefasst. Mit dem Ansatz von kalkulatorischen Kosten in der Kostenrechnung soll dem Gedanken Rechnung getragen werden, dass die im Betrieb gebundenen Mittel auch in einer alternativen Verwendung einsetzbar wären und in dieser Einnahmen erwirtschaften könnten. Da das gebundene Kapital auch alternativ investiert und dabei eine bestimmte Rendite erwirtschaftet werden könnte, kann als echter Überschuss aus dem betrieblichen Einsatz des Kapitals nur die darüber hinausgehende Verzinsung betrachtet werden. Würden im Betriebsergebnis kalkulatorische Zinsen in Höhe einer risikoadäquaten Alternativrendite abgesetzt, würde ein resultierendes Betriebsergebnis von Null besagen, dass eine auskömmliche

---

104 Vgl. zu einem Berechnungsschema Günther (1997), S. 234f.
105 Vgl. Stern (1974); S. 67; Stewart (1991), S. 86ff.
106 Vgl. hierzu die Zusammenstellung bei Beck/Lingnau (2000), S. 9.
107 Vgl. Stern (1974), S. 67.

dass eine auskömmliche Rendite erwirtschaftet wurde, die den Kapitalgeber zufrieden stellen müsste.

### 4.1.2.3. Cash Value Added

Auch beim Cash Value Added (CVA) der Boston Consulting Group handelt es sich um ein Residualgewinnkonzept. Allerdings beruht es im Gegensatz zum EVA – wie auch in der Bezeichnung zum Ausdruck kommt – auf einem Cashflow-Ansatz. Der aus den Cashflows ermittelten Rendite des investierten Kapitals – Cashflow Return on Investment (CFRoI) genannt – wird der Kapitalkostensatz (WACC) gegenübergestellt. Die sich ergebende Differenz – „Spread", Überrendite oder Residualrendite genannt – wird mit dem zum Wiederbeschaffungswert bewerteten investierten Vermögen, der Bruttoinvestitionsbasis, multipliziert:

$$CVA_t = (CFRoI - k) \times BIB_0.$$

In den von der Boston Consulting Group (BCG) vorgelegten Konzepten sind zwei Wege zur Ermittlung des CFRoI und damit des CVA vorgeschlagen worden. Diese beiden Wege sollen im Folgenden dargestellt werden.

Die erste von BCG vorgestellte Variante des CFRoI beruht auf der Ermittlung der internen Verzinsung eines fiktiven Cashflow-Profils. Üblicherweise werden Kapitalrenditen (r) mittels einfacher Division einer Überschussgröße durch den dafür benötigten Kapitaleinsatz ermittelt. Eine solche Berechnung basiert auf der Zinsrechnung und unterstellt für die Zukunft gleichbleibende Verhältnisse, wie aus der Formel für eine ewige Rente bekannt ist:

$$r = \frac{\text{Überschuss}}{\text{Kapital}} \Leftrightarrow \text{Kapital} = \frac{\text{Überschuss}}{r}.$$

Bei einem Rückfluss von z. B. 100 und einem Kapitaleinsatz von 1.000 beträgt die Verzinsung natürlich nur dann 10 %, wenn auch in Zukunft diese Zahlungen fließen sowie die Rückzahlung des Kapitaleinsatzes gewährleistet ist. Diese Pauschalannahme konstanter ewig anfallender Zahlungen versucht Variante 1 des CFRoI-Konzepts zu verfeinern, indem es die Dauer der Zahlungen und den Rückfluss des nicht abgeschriebenen Kapitals spezifiziert. Der Cashflow der Periode wird nicht durch den Kapitaleinsatz dividiert, sondern es wird der interne Zinsfuß eines hypothetischen Cashflow-Profils ermittelt. Dabei wird angenommen, dass der realisierte Cashflow (CF) der Periode über die verbleibende Nutzungsdauer der eingesetzten Vermögensgegenstände weiterhin anfällt und am Ende dieser Nutzungsdauer (n) die nicht abgeschriebenen Aktiva liquidiert werden. Diese Zahlungsreihe wird gleich dem investierten Vermögen zu historischen Anschaffungskosten vor Abschreibungen – der Bruttoinvestitionsbasis (BIB) – gesetzt. Aus diesem theoretischen Profil wird der interne Zins berechnet (Variante 1 des CFRoI):

$$0 = -BIB + \frac{BCF}{1 + CFRoI} + \frac{BCF}{(1 + CFRoI)^2} + ... + \frac{BCF + \text{nicht abschreibbare Aktiva}}{(1 + CFRoI)^n}$$

Der resultierende Wert sollte über der geforderten Mindestverzinsung (Kapitalkostensatz) liegen. Die Berechnung unterliegt natürlich den bekannten Problemen des internen Zinses[108], wobei die Problematik mehrerer Nullstellen wegen des hypothetischen Cashflow-Profils ausgeschaltet ist. Dennoch resultieren hieraus Probleme bzgl. der Barwertkompatibilität, d. h. der Übereinstimmung des Barwerts der CVAs mit dem Kapitalwert der Investition auf Basis von Discounted Cashflows. Dies wird anhand des folgenden Beispiels näher erläutert.

Für eine Investition in Höhe von 1.000 GE mit Rückflüssen über 2 Perioden i.H.v. jeweils 600 GE, errechnet sich ein interner Zins von 13,07 %. Bei Kapitalkosten von 10 % ergibt sich ein „Spread" von 3,07 % und bei einer BIB = 1.000 ein CVA von 30,07. Bei 10 % beträgt der Barwert dieser CVAs 52,19 GE. Der Kapitalwert des Cashflow-Profils beträgt hingegen 41,32 (= 1.041,32 – 1.000).

|  | t = 1 | t = 2 |
|---|---|---|
| CF | 600,00 | 600,00 |
| Kapitalbindung | 1.000,00 | 1.000,00 |
| CFRoI | 13,07 % | 13,07 % |
| Kapitalkostensatz | 10 % | 10 % |
| **CVA** | **30,07** | **30,07** |
| Barwert CVAs = 52,19 | 27,34 | 24,85 |
| Barwert CFs = 1.041,32 | 545,45 | 495,87 |

Tab. III.16: Beispiel: Berechnung des CFRoI und CVA in Variante 1

Diese Abweichung ist durch die dem internen Zinsfuß zugrundeliegende Wiederanlageproblematik der Cashflows zum internen Zins begründet. Nur im speziellen Fall der Gleichheit von internem Zins und Kapitalkosten lässt sich eine Übereinstimmung des Barwerts der CVAs mit dem Kapitalwert der Cashflows erreichen.[109] Dagegen er-

---

108 Vgl. Brealey/Myers (2000), S. 93ff.
109 Vgl. Crasselt/Pellens/Schremper (2000), S. 205f.

zielt die im Folgenden dargestellte Variante 2 des CFRoI grundsätzlich Barwertkompatibilität.[110]

In neueren Publikationen der BCG wird auch auf eine einfachere Variante des CFRoI als statische Rentabilität abgestellt, bei welcher der Cashflow nach ökonomischen Abschreibungen durch den Kapitaleinsatz dividiert wird[111] (Variante 2 des CFRoI):

$$CFRoI = \frac{CF - ök. Abschr.}{BIB}$$

$$\Rightarrow CVA = (CFRoI - WACC) \times BIB = (CF - ök.Abschr.) - WACC \times BIB.$$

Für die Ermittlung der ökonomischen Abschreibungen nach BCG werden einerseits wirtschaftliche, nicht bilanzielle Nutzungsdauern veranschlagt, andererseits wird die unter Berücksichtigung von Zinseffekten notwendige konstante Ansparung ermittelt, welche sicherstellt, dass am Ende der Nutzungsdauer der ursprüngliche Investitionsbetrag wieder zur Verfügung steht.[112] Dies geschieht durch Division mit dem Endwertfaktor, d. h. dem Faktor für die Berechnung des Endwerts einer konstanten Zahlungsreihe:

$$ök.Abschr. = \frac{BIB}{EWF}; \quad EWF = \sum_{t=1}^{n}(1+r_{wacc})^{n-t} = \frac{(1+r_{wacc})^n - 1}{r_{wacc}}.$$

Das Ergebnis stellt die Abschreibung dar, die über die Laufzeit einschließlich Verzinsung der aus der Abschreibung finanzierten Anlagen den BIB ergibt. Damit wird effektiv in Summe jedoch weniger als der investierte Betrag abgeschrieben. Gleichzeitig wird jedoch für die Ermittlung der Kapitalkosten grundsätzlich auf die Bruttoinvestitionsbasis abgestellt, d. h. eine nicht durch Abschreibungen verringerte Kapitalbindung. Beide Effekte heben sich gegenseitig auf. Zur Veranschaulichung wird obiges Beispiel weitergeführt:

Bei einer Investitionsbasis von 1.000, Rückflüssen über 2 Perioden und einem Kalkulationszinsfuß von 10 % ergibt sich ein Endwertwertfaktor von 2,1 und damit eine ökonomische Abschreibung von 476,19. Diese wird für beide Perioden beibehalten. Zusätzlich werden Kapitalkosten in Höhe von 100 veranschlagt. In Summe werden damit 576,19 von den Cashflows abgesetzt, sodass die CVAs in beiden Perioden 23,81 betragen:

---

110 Vgl. Pfaff/Bärtl (1999), S. 95f.
111 Vgl. Stelter (1999), S. 237f.
112 Vgl. Stelter (1999), S. 235.

|  | t = 1 | t = 2 |
|---|---|---|
| CF | 600,00 | 600,00 |
| Ök. Abschreibung $_{BCG}$ | 476,19 | 476,19 |
| = Überschuss | 123,81 | 123,81 |
| Kapitalbindung | 1.000,00 | 1.000,00 |
| Kapitalkosten | 100,00 | 100,00 |
| **CVA** | **23,81** | **23,81** |
| CFRoI | 12,38 % | 12,38 % |
| Barwert CVAs = 41,32 | 21,65 | 19,68 |
| Barwert CFs = 1.041,32 | 545,45 | 495,87 |

Tab. III.17: Beispiel: Ökonomische Abschreibung (BCG-Konzept)

Der CFRoI beträgt in beiden Perioden 12,38 %. Der Barwert der CVAs beträgt 41,32 und entspricht dem Kapitalwert der Cashflows. Die Barwertkompatibilität ist gewährleistet. Bei dieser Vorgehensweise fällt jedoch auf, dass in Summe weniger als die Anschaffungskosten abgeschrieben werden: die Summe der Abschreibungen beträgt 952,38 GE, nicht 1.000 GE.[113]

Berechnet man die ökonomische Abschreibung, wie häufiger in der Literatur zu finden, mithilfe des Rentenbarwertfaktors als Annuität der Bruttoinvestitionsbasis[114], wobei die Annuität in Abschreibungs- und Zinsanteil zu teilen ist, ergibt sich anfänglich dieselbe Abschreibung wie im BCG-Konzept. Sie verändert sich jedoch in den folgenden Perioden durch eine unterschiedliche Zusammensetzung von Zins- und Abschreibungsanteil, weil die Kapitalbindung im Zeitablauf abnimmt, während die Summe beider gleich bleibt. Dabei wird insgesamt jedoch genau der Investitionsbetrag abgeschrieben.

---

113 Vgl. Crasselt/Pellens/Schremper (2000), S. 205f.
114 Vgl. Brealey/Myers (2000), S. 335f.

|  | t = 1 | t = 2 |
|---|---|---|
| CF | 600,00 | 600,00 |
| Ök. Abschreibung $_{RBF}$ | 476,19 | 523,81 |
| = Überschuss | 123,81 | 76,19 |
| Kapitalbindung | 1.000,00 | 523,81 |
| Kapitalkosten | 100,00 | 52,38 |
| **CVA** | **23,81** | **23,81** |
| Rendite | 12,38 % | 14,55 % |
| Barwert CVAs = 41,32 | 21,65 | 19,68 |

Tab. III.18: Beispiel: Ökonomische Abschreibung mit Rentenbarwertfaktor

In Weiterführung obigen Beispiels ergibt sich bei einer Investitionsbasis von 1.000, Rückflüssen über 2 Perioden und einem Kalkulationszinsfuß von 10 % ein Rentenbarwertfaktor von 1,735 und damit eine Annuität von 576,19. Diese setzt sich in der ersten Periode aus Kapitalkosten von 100 (10 % × 1.000) und einer Abschreibung von 476,19 zusammen. In der zweiten Periode betragen die Kapitalkosten nur 52,38 (10 % × (1.000 - 476,19)) und die Abschreibung 523,81, sodass insgesamt 1.000 abgeschrieben werden. Die Summe beider beträgt konstant 576,19 und der CVA damit in beiden Perioden 23,81 (vgl. Tab. III.18). Berechnet man die Rendite dieser Investition gemäß der Variante 2 des CFRoI ((CF − ök. Abschr.)/KB), so erhält man 12,38 % bzw. 14,55 %. Die Werte unterscheiden sich voneinander, da die Kapitalbindung abnimmt.

Für Periode t = 1 resultieren dieselben Beträge für Abschreibungen und Kapitalkosten wie beim BCG-Konzept. Für Periode t = 2 werden beim BCG-Konzept diese Werte jedoch weitergeführt. Nur ihre Summe entspricht der Summe aus Abschreibung und Kapitalkosten, berechnet auf Grundlage des Rentenbarwertfaktors, nicht ihre Aufteilung (vgl. Tab. III.18). Durch eine Beibehaltung der anfänglichen Kapitalbindung von 1.000 und die daraus resultierenden höheren Kapitalkosten von 47,62 werden die geringeren Abschreibungen genau ausgeglichen, sodass die CVAs richtig ermittelt werden. Der Sinn der Vorgehensweise nach BCG scheint in der vereinfachten Berechnung zu liegen. Angesichts der Gleichheit der Ergebnisse ist die Vereinfachung als unbedenklich einzuschätzen.

## 4.1.3. Anwendungsprobleme

### 4.1.3.1. Rentabilität vs. Residualgewinn

Ein positiver Residualgewinn ist gleichbedeutend mit einer Kapitalrentabilität, welche die Kapitalkosten überschreitet. Insofern kann man die Frage stellen, ob es zur wertorientierten Steuerung nicht ausreicht, wie auch in der Vergangenheit üblich, Renditen als Steuerungskennzahl heranzuziehen. Diese Problematik wird im Folgenden diskutiert. Die Fragestellung ergibt sich dabei prinzipiell unabhängig davon, ob das Residualgewinnkonzept des EVA oder CVA zugrunde gelegt wird.

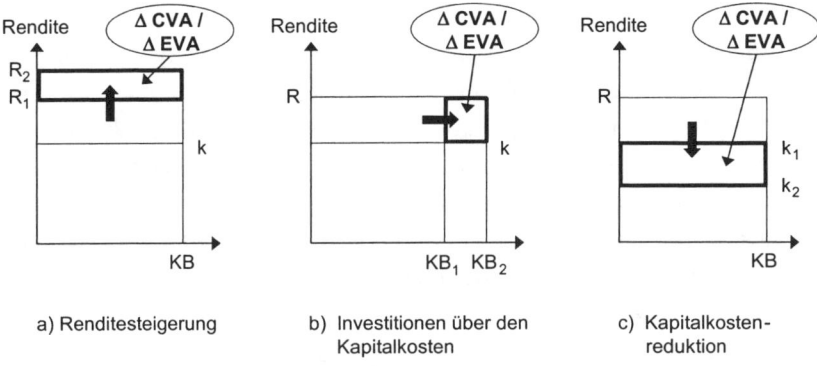

Abb. III.17: Wertsteigerungsmöglichkeiten

Der „Spread" zwischen der Rendite der Investition (CFRoI) und den Kapitalkosten (k) ist eine Variante der Kapitalrendite, die man als wertorientierte Rentabilität bezeichnen kann.[115] Ohne die Gewichtung mit dem Brutto-Vermögen genügt sie allein nicht als Beurteilungsmaßstab, da sie als Verhältniszahl den absoluten Wert des Wachstums vernachlässigt. Eine im Zeitablauf gefallene Rendite muss kein Anzeichen von Wertvernichtung sein, denn solange Projekte durchgeführt werden, deren Rendite über den Kapitalkosten liegt, wird zusätzlicher Wert geschaffen. Abbildung III.17 stellt die drei denkbaren Möglichkeiten zur Schaffung von Unternehmenswert idealtypisch dar.

Ein typisches Beispiel für ein solches Entscheidungsproblem stellt folgende Fragestellung dar: Ein Geschäftsbereich erwirtschafte mit seinem bestehenden Geschäft ein Ergebnis von 400 bei investiertem Vermögen von 1.000 und damit eine Rendite von 40 %. Ihm biete sich nun eine Investitionsgelegenheit, bei der er weitere 200 auf zusätzlich zu investierendes Vermögen von 1.000 verdienen würde. Dies würde die Ge-

---
115 Vgl. Coenenberg (2001), S. 600.

samtrentabilität des Geschäftsbereichs jedoch auf 30 % senken. Beurteilt man die Investitionsgelegenheit anhand dieses Kriteriums, wäre die Investition abzulehnen.

|  | Bestehendes Geschäft | Investitionsprojekt | Auswirkung |
|---|---|---|---|
| Ergebnis | 400 | 200 | 600 |
| Investition | 1.000 | 1.000 | 2.000 |
| ROI | 40 % | 20 % | **30 %** ↓ |
| Kapitalkostensatz | 10 % | 10 % | 10 % |
| Kapitalkosten | 100 | 100 | 200 |
| Wertbeitrag | 300 | 100 | **400** ↑ |

Tab. III.19: Beispiel zum Zielkonflikt von absoluten und relativen Zielgrößen

Geht man hingegen davon aus, dass die zu erzielende Mindestverzinsung, die Kapitalkosten, 10 % betragen, lohnt sich prinzipiell jede Investition, die mindestens diese 10 % erwirtschaftet, da sie einen positiven Kapitalwert schafft. Deshalb wird für den Geschäftsbereich die Überrendite ermittelt und mit dem eingesetzten Kapital multipliziert, was den absoluten Wertbeitrag liefert: (30 % - 10 %) × 2.000 = 400. Im Vergleich zur Ausgangssituation hat sich der Übergewinn um 100 erhöht, was als Anzeichen für Wertschaffung gedeutet werden kann.

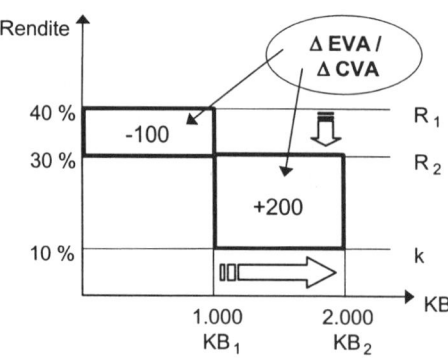

Abb. III.18: Wertsteigerung durch Investition über den Kapitalkosten

Ein Manager, der nach diesem Kriterium beurteilt wird, würde die Investition durchführen, obwohl die Rentabilität des Geschäfts zurückgegangen ist. Dieses Beispiel stellt eine Kombination der oben dargestellten (vgl. Abb. III.17) Wertsteigerungsmöglichkeiten a) und b) dar und zeigt, dass eine Wertsteigerung auch bei insgesamt sinkender Rendite möglich ist (vgl. Abb. III.18). Auf obiges Beispiel bezogen, setzt sich der Gesamteffekt von +100 aus einer Steigerung des EVA/CVA um 200 aufgrund der größeren Investitionsbasis sowie einer Reduktion um 100 aufgrund der Renditesenkung zusammen.

Bei der Interpretation von Residualgewinnen ist jedoch zu beachten, dass es sich bei einem positiven RG keinesfalls um die erzielte Unternehmenswertsteigerung der Periode handelt, sondern um die Erwirtschaftung der Überschüsse, die bereits bei der Durchführung der Investition zu einer Wertsteigerung in Höhe deren Barwerts geführt haben. Der Barwert aller Residualgewinne gibt den Kapitalwert der Investition und damit die Unternehmenswertsteigerung im Zeitpunkt der Durchführung der Investition an.

### 4.1.3.2. Interpretation von Residualgewinnen

Ein positiver Perioden-EVA oder CVA beantwortet die Frage, ob in der Berichtsperiode mehr als die Kapitalkosten verdient wurde. Er ist aber keinesfalls mit einer Wertsteigerung gleichzusetzen, insbesondere nicht betragsmäßig. Durch den periodischen EVA wird eine in t = 0 durch eine Investition initiierte Wertsteigerung schrittweise realisiert, aber keine erneute Wertsteigerung generiert.

Dies lässt sich anhand eines einfachen Beispiels veranschaulichen: Der Barwert einer Investition von 1.000 GE, die zu ewigen Rückflüssen i. H. v. 120 GE pro Periode führt, beträgt bei einem Zinssatz von 10 % 1.200 GE. Die Unternehmenswertsteigerung im Zeitpunkt der Durchführung der Investition und damit ihr Kapitalwert beträgt 200 GE. In den folgenden Perioden müssen in alle Ewigkeit positive Residualgewinne i.H.v. 20 GE erwirtschaftet werden, deren Barwert von 200 GE dem Kapitalwert der Investition entspricht. Der Barwert der Investition von 1.200 GE entspricht ihrem Grenzpreis und damit dem, aus Sicht eines rationalen Investors, maximal bezahlbaren Kaufpreis für ein solches Unternehmen. Wird in der Zukunft jährlich der geplante Residualgewinn von 20 GE erwirtschaftet, so verändert sich bei konstanten Kapitalkosten der Unternehmenswert in der Zukunft nicht – es kommt zu keiner Unternehmenswertsteigerung bei Erwirtschaftung der Residualgewinne. Deshalb wird in der Praxis als Maß für die neu geschaffene Wertsteigerung der $\Delta$EVA/$\Delta$CVA verwendet, der Auskunft darüber geben soll, wie viel Wertschaffung neu hinzu gekommen ist.[116]

Auch kann die Durchführung von wertsteigernden Investitionen mit Anlaufverlusten verbunden sein, die zu anfänglich zunächst erhöhten negativen Residualgewinnen führen, obwohl die gesamte Investition wertsteigernd wirkt.[117] Auch der $\Delta$EVA/$\Delta$CVA wäre in dem Fall negativ. Wird ein Manager an diesen Kriterien gemessen, so wird er eine solche Investition nicht durchführen. Ziel der Steuerung mit

---

116 Vgl. Strack/Villis (2001), S. 70.
117 Vgl. Wagenhofer (1999), S. 195f.; Hebertinger (2002), S. 138f.

Residualgewinnen muss es folglich sein, dass bei einer grundsätzlich lohnenswerten Investition nur positive, steigende Residualgewinne auftreten.

STERN/STEWART versuchen dieses Problem damit zu umgehen, dass alle Aufwendungen mit Investitionscharakter aktiviert und linear abgeschrieben werden, was aber das Problem nicht vollständig beheben kann, da hierbei schwerlich sämtliche denkbaren Anlaufverlustarten erfasst werden können und lineare Abschreibungen für einen Ausgleich nicht geeignet sind. Tatsächlich wären hierfür Abschreibungen nach dem Tragfähigkeitsprinzip vorzunehmen, die den Perioden annuisierte Abschreibungen in der Weise zuordnet, wie es das Rückflussprofil zulässt. Perioden mit den höchsten Rückflüssen würden dabei am stärksten belastet und umgekehrt, Perioden mit den geringsten Rückflüssen am wenigsten.[118] Für ihre Ermittlung sind jedoch umfangreiche Plandaten erforderlich.

### 4.1.3.3. Kapitalbasis bei Residualgewinnen

Die Frage nach der Aussagefähigkeit eines Residualgewinns hängt ebenfalls entscheidend von der für die Entscheidungssituation adäquaten, für die Berechnung der Kapitalkosten zugrunde gelegten Kapitalbasis ab. Für die Beurteilung einer Investitionsentscheidung ist das Kriterium positiver Kapitalwert als Überschuss über die Anfangsinvestition ausschlaggebend. Auf Residualgewinne übertragen bedeutet dies, dass eine Verzinsung des gebundenen Anfangskapitals in Höhe der Kapitalkosten gerade ausreicht. Für eine Desinvestitions-Entscheidung hingegen sind die Opportunitäten des gebundenen Kapitals, aus der Position eines Aktionärs, der eine adäquate Verzinsung seines Investments erzielen will, der von ihm bezahlte Preis der Aktie ausschlaggebend. Dies wird im Folgenden näher diskutiert.

Die Grundidee des Residualgewinn-Konzeptes lässt sich auch anhand des Verhältnisses von Markt- und Buchwerten (M/B-Ratio) darstellen.[119] Das in einem Unternehmensbereich gebundene Kapital muss über die Nutzungsdauer mindestens soviel erwirtschaften, wie dafür verauslagt wurde, d. h. der Barwert der künftigen Rückflüsse muss mindestens der Anfangsinvestition entsprechen: $PV_0 \geq I_0$. Ist der Marktwert (PV) geringer als der Buchwert (I), wird ein negativer Kapitalwert erwirtschaftet und Kapital vernichtet. Abbildung III.22 veranschaulicht die Zusammenhänge: In der

---

118 Vgl. Hebertinger (2002), S. 142ff.; Pfaff/Bärtl (1999), S. 101f.
119 Vgl. z. B. Höfner/Pohl (1993), S. 51ff.; Hax/Majluf (1991a), S. 252ff. Vgl. auch Günther (1997), S. 99 und dessen kritische Anmerkungen.

Reihenfolge ihres Beitrags zum Gesamt-Marktwert (Unternehmenswert) werden die Geschäftsbereiche aufgetragen, was etwaige „Wertvernichter" identifiziert.[120]

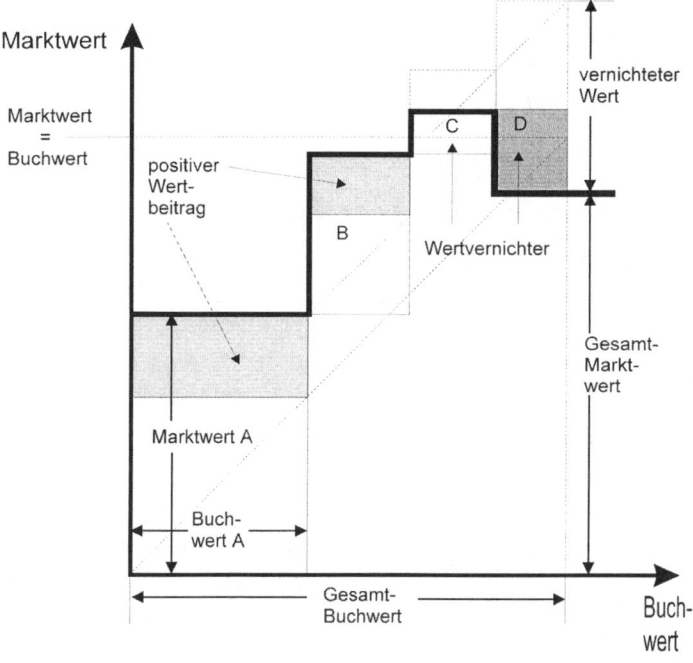

Abb. III.19: Das Verhältnis von Markt- und Buchwert von Unternehmensteilen[121]

Im Beispiel der Abb. III.19 erbringen die Bereiche A und B mehr als den Gesamtwert des Unternehmens, bei nur etwa 60 % des Buchwertes. Der Wert dieser Bereiche ist größer als das darin gebundene Kapital, die M/B-Ratio ist größer 1 bzw. der Wertbeitrag (MVA) ist positiv. Bereich D hat einen negativen Marktwert, erbringt also auch im buchhalterischen Sinne nur Verluste, vernichtet damit offensichtlich Wert. Schwieriger ist das Urteil über Bereich C, welcher zwar einen positiven Marktwert hat, der aber nicht den Buchwert erreicht. Dies entspricht einer M/B-Ratio zwischen 0 und 1. Er erwirtschaftet also buchhalterische Gewinne, die aber unterhalb der Kapitalkosten liegen. Ökonomisch handelt es sich damit um keine Gewinne, da auch die Kapitalkosten gedeckt sein müssen. Der Bereich hat einen negativen Wertbeitrag (MVA), er vernichtet Wert in Höhe der Differenz von Markt- und Buchwert.[122]

---

120 Diese Darstellung wird auch als „Leaning Brick Pile" bezeichnet. Vgl. Baum/Coenenberg/Günther (1999), S. 288ff.
121 In Anlehnung an Hax/Majluf (1991a), S. 254.
122 Vgl. zu diesem Abschnitt Höfner/Pohl (1993), S. 55f.

Das M/B-Verhältnis in dieser Anwendungsform entspricht grundsätzlich „Tobin's q",[123] einer makroökonomischen Investitionstheorie.[124] Dabei ist dieses Verhältnis ein Indikator für die Investitionstätigkeit von Unternehmen in einer Volkswirtschaft, da diese solange investieren werden, bis der geschaffene Wert (Grenzprodukt des Kapitals) gerade gleich den Kosten für das eingesetzte Kapital ist. Daraus ergibt sich die Gleichheit des Barwerts der Zukunftserfolge (PV) und des Zeitwerts des investierten Kapitals (WBK)[125], oder als Verhältnis $Q = \frac{PV}{WBK}$.[126] Damit wird deutlich, dass es sich bei Zähler und Nenner um Marktwerte handelt, nämlich die auf Kapital- und Investitionsgütermarkt. Hierin liegt die besondere Bedeutung für die Betriebswirtschaftslehre:[127] in der Gegenüberstellung zweier Bewertungen für dieselbe Sache, denn der Zähler repräsentiert die Bewertung der Zukunftserfolge durch den Kapitalmarkt, also aus der Sicht der Kapitalgeber, und der Nenner die Bewertung der Substanz. Ein Q < 1 deutet damit auf eine Übernahme und Zerschlagung des Unternehmens hin, während ein Q > 1 eine Investition in Realgüter impliziert.

Ein Q auf Geschäftsbereichsebene muss aber auf eine eigene Bestimmung dessen Marktwertes zurückgreifen. Bei einer *ex ante* Beurteilung eines Projektvorhabens zeigt dieses Verhältnis auf, ob das Projekt in der Lage ist, das investierte Kapital ($I_0$) einschließlich einer risikoadäquaten Verzinsung wieder zu verdienen: $\frac{M}{B} = \frac{PV_0}{I_0} = \frac{NPV_0 + I_0}{I_0}$.[128] Zu einem späteren Zeitpunkt des Projektes dient eine *ex post* Analyse dazu, den bisherigen Wertbeitrag zu messen und Aufschlüsse darüber zu erhalten, inwiefern frühere Pläne in Erfüllung gegangen sind und wie entsprechend heutige Prognosen einzuschätzen sind.[129]

---

123 Vgl. Tobin (1969).
124 Vgl. Branson (1989), S. 305f.; Hayashi (1982), S. 217f. Vgl auch Günther (1997), S. 240ff. Die Finanzierungstheorie verwendet manchmal auch als M/B-Ratio das Verhältnis von Aktienpreis und Aktienbuchwert. Vgl. hierzu Gehrke (1994), S. 16; Brealey/Myers (2000), S. 831.
125 Dieser Zeitwert entspricht den Reproduktions- oder Wiederbeschaffungskosten der betreffenden Operationen, was neben den Anlagen auch Humankapital und Know-how einschließt. Vgl. Gehrke (1994), S. 8.
126 Vgl. Gehrke (1994), S. 11. Genauer wird dieser Wert als „average Q" bezeichnet, im Gegensatz zum „marginal q", das den Wert einer zusätzlichen Einheit Kapital ins Verhältnis zu ihrem Substanzwert setzt. Vgl. Branson (1989), S. 306; Hayashi (1982), S. 217.
127 Vgl. Tobin/Brainard (1977), S. 235, 247f. Der eigentliche Wert der „Q-Theory of Investment" liegt damit in der vereinfachten Bestimmung des Barwerts der Zukunftserfolge über die Börsenkapitalisierung von Aktien und Schuldverschreibungen der Unternehmen, und damit über die Kapitalmärkte.
128 Dieses Verhältnis wird auch „profitability index" genannt; vgl. z. B. Brealey/Myers (2000), S. 109f.
129 Vgl. Höfner/Pohl (1993), S. 55.

## A. Zukunftserfolgsorientierte Verfahren

Inwiefern aus der Interpretation der Wertbeiträge allerdings Entscheidungen abgeleitet werden können, hängt von der Definition der Investitionsbasis ab: Wird sie auf Basis der historischen Anschaffungskosten definiert, dient der Wertbeitrag als Maß für die Amortisation der ursprünglichen Investitionsbeträge. Ein positiver Wertbeitrag bedeutet Erwirtschaftung eines positiven Kapitalwerts im Sinne der Investitionstheorie. Wird der Wert des gebundenen Kapitals hingegen auf Basis der von den Anteilseignern investierten Beträge definiert, ist der aktuelle Marktwert des Unternehmens Basis der Ermittlung der Mindestverzinsung. Der Wertbeitrag dient hier als Information, ob den Anteilseignern eine adäquate Verzinsung geboten werden kann. Es wird ein Kapitalwert aus Sicht des Investors betrachtet, was jedoch dazu führt, dass jede Unternehmenswertsteigerung die Basis erhöht und höhere Kapitalkosten mit sich bringt. Eine dritte Möglichkeit wäre der Ansatz der Wiederbeschaffungskosten bzw. des Liquidationserlöses: besonders im Fall eines Wertvernichters auf der Basis historischer Anschaffungskosten ist nämlich die Interpretation gefährlich, dass dieser Bereich aufzulösen sei [130] – diese Entscheidung kann nur auf Basis von Liquidationserlösen getroffen werden. Nur die Verzinsung des gebundenen Kapitals, bewertet zu Liquidationserlösen, repräsentiert die Opportunitätskosten des Kapitals bei der Desinvestitionsentscheidung. Eine Desinvestition lohnt sich, wenn die Rückflüsse (CF) bei Weiterführung auf Dauer unter diesen Opportunitätskosten liegen, oder mit anderen Worten: wenn sich mit einem heutigen Verkauf ein höherer Wert erzielen lässt ($L_0$) als durch Weiterführung und späteren Verkauf ($L_n$) erwirtschaftet werden kann:[131]

$$L_0 \geq \sum_{t=1}^{n} \frac{CF_t}{(1+k)^t} + \frac{L_n}{(1+k)^n} \text{ bzw. } NPV_0 = -L_0 + \sum_{t=1}^{n} \frac{CF_t}{(1+k)^t} + \frac{L_n}{(1+k)^n} \geq 0.$$

Will man diese Entscheidung mithilfe von Residualgewinnen treffen, muss der Liquidationserlös über Abschreibungen und Verzinsung der Restkapitalbindung über die weitere Nutzungsdauer verteilt werden. Für den einfachsten Fall, dass die Abschreibung in einer Summe am Ende der Nutzungsdauer erfolgt, ist die Kapitalbindung dauerhaft gleich $L_0$. Die Desinvestitionsentscheidung lässt sich dann wie folgt darstellen:

---

130 Die Investitionen der Vergangenheit sind dann „sunk costs" und es zählen nur noch die gegenwärtigen Alternativen Fortführung oder Stilllegung. Vgl. Brealey/Myers (2000), S. 123.
131 Vgl. Coenenberg (1999), S. 334. Die Bildung eines Verhältnisses von erwirtschaftetem Wert und eingesetztem Wert, wie der M/B-Ratio oder dem „profitability index", dient vor allem der Bildung einer Rangordnung von Projekten in Fällen von Kapitalbeschränkungen. Zum Vergleich einander ausschließender Alternativen ist aber der absolut geschaffene Wert das entscheidende Kriterium. Vgl. hierzu Brealey/Myers (2000), S. 109f.

$$NPV_0 = \sum_{t=1}^{n} \frac{CF_t}{(1+k)^t} - \frac{L_0(1+k)^n}{(1+k)^n} + \frac{L_n}{(1+k)^n} \geq 0.$$

Soll der Abzug der Opportunitätskosten gleichmäßig über die Nutzungsdauer erfolgen, so geschieht dies am besten mithilfe einer Annuität. Diese lässt sich durch Division des Liquidationserlöses durch den Rentenbarwertfaktor ermitteln:

$$OKK = \frac{L_0}{RBF(k,n)} = \frac{L_0}{\sum_{t=1}^{n} \frac{1}{(1+k)^t}} \Leftrightarrow L_0 = \sum_{t=1}^{n} \frac{OKK}{(1+k)^t}.$$

Da der Barwert der Opportunitätskosten OKK dem Wert der Liquidationserlöse $L_0$ entspricht, lässt sich die Entscheidung auch wie folgt darstellen, wobei die Rückflüsse nach Abzug der OKK prinzipiell den EVAs oder CVAs entsprechen:

$$NPV_0 = \sum_{t=1}^{n} \frac{CF_t - OKK}{(1+k)^t} + \frac{L_n}{(1+k)^n} \geq 0.$$

Der Ansatz einer Annuität entspricht dem Konzept der ökonomischen Abschreibung.[132] Sie entspricht einem Annuitätendarlehen, bei dem konstante Beträge an den Gläubiger zurückbezahlt werden, bei dem sich der Anteil von Zins und Tilgung aber verändert. So ist zu Beginn der Laufzeit der Betrag des gebundenen Kapitals noch relativ hoch und so auch die darauf entfallenden Zinsen. Mit fortschreitender Zeit nimmt die Kapitalbindung und der Zinsanteil ab und damit der Anteil der Abschreibung am Gesamtbetrag zu.

Dies sei mithilfe des folgenden Beispiels verdeutlicht, in dem eine Anfangsinvestition von 1.000 über 4 Jahre abgeschrieben wird: Bei 10 % ergibt dies eine ökonomische Abreibung von 1.000/RBF(4J.;10 %) = 1.000/3,169865 = 315,47 p.a. Bei Rückflüssen von 400 aus der Investition ergibt dies einen EVA von 84,53 p.a. Der Kapitalwert, berechnet als Barwert der Cashflows (PV(CF)) von 1.267,95 abzüglich der Investition von 1.000, entspricht dem Barwert der EVAs von 267,95 (vgl. Tab. III.20).

---

[132] Vgl. hierzu Brealey/Myers (2000), S. 334ff.

| Summen | | t = 0 | t = 1 | t = 2 | t = 3 | t = 4 |
|---|---|---|---|---|---|---|
| | CF | -1.000,00 | 400,00 | 400,00 | 400,00 | 400,00 |
| | Zins | | -100,00 | -78,45 | -54,75 | -28,68 |
| | Abschreibung | 0,00 | 215,47 | 237,02 | 260,72 | 286,79 |
| Ök. Abschr. | Zins + Tilgung | | 315,47 | 315,47 | 315,47 | 315,47 |
| | Kapitalbindung | -1.000,00 | -784,53 | -547,51 | -286,79 | 0,00 |
| | **EVA/CVA** | | **84,53** | **84,53** | **84,53** | **84,53** |

| | PVF | 1,00 | 0,90909091 | 0,82644628 | 0,7513148 | 0,68301346 |
|---|---|---|---|---|---|---|
| 1.267,95 | PV (CF) | | 363,64 | 330,58 | 300,53 | 273,21 |
| -1.000,00 | Investition | -1.000,00 | | | | |
| **267,95** | NPV = PV(EVA) | | 76,84 | 69,86 | 63,51 | 57,73 |

Tab. III.20: Residualgewinne bei Annuitäten-Abschreibung

Dasselbe Ergebnis lässt sich auch mit anderen Abschreibungsarten erzielen, solange man Kapitalkosten auf das am Periodenanfang gebundene Kapital von den Rückflüssen abzieht. Auch die lineare Abschreibung über die Laufzeit erfüllt den Zweck der Verteilung der Investitionsausgaben über die Nutzungsdauer.

| Summen | | t = 0 | t = 1 | t = 2 | t = 3 | t = 4 |
|---|---|---|---|---|---|---|
| | CF | -1.000,00 | 400,00 | 400,00 | 400,00 | 400,00 |
| | KK | | -100,00 | -75,00 | -50,00 | -25,00 |
| | Abschreibung | 0,00 | 250,00 | 250,00 | 250,00 | 250,00 |
| | Kapitalbindung | -1.000,00 | -750,00 | -500,00 | -250,00 | 0,00 |
| | **EVA/CVA** | | **50,00** | **75,00** | **100,00** | **125,00** |

| | PVF | 1,00 | 0,90909091 | 0,82644628 | 0,7513148 | 0,68301346 |
|---|---|---|---|---|---|---|
| 1.267,95 | PV | | 363,64 | 330,58 | 300,53 | 273,21 |
| -1.000,00 | Investition | -1.000,00 | | | | |
| **267,95** | **NPV** | | 45,45 | 61,98 | 75,13 | 85,38 |

Tab. III.21: Residualgewinne bei linearer Abschreibung

Tatsächlich führt jede denkbare Abschreibung, bei Berücksichtigung ihrer Wirkung auf die Kapitalbindung, zum selben Ergebnis beim Barwert der EVAs. Da jedoch bei linearer Abschreibung die Kapitalbindung schnell abnimmt, sinken die Kapitalkosten entsprechend schnell. Deshalb werden bei zwar gleichbleibenden Abschreibungsbeträgen im Zeitablauf immer geringere Zinsen verrechnet, sodass bei gleichbleibender Performanz die EVAs zunehmen. Der Ansatz einer Annuität führt, bezogen auf eine einzelne Investition, zu im Zeitablauf konstanten Gewinnen nach Abschreibungen und Zinsen auf die Kapitalbindung (EVA bzw. CVA). Dagegen resultieren bei linearer Abschreibung zwar gleichbleibende Gewinne nach Abschreibungen, jedoch nur vor Abzug von Zinsen: wegen der abnehmenden Kapitalbindung nehmen hier die Gewinne nach Zinsen (EVAs) zu. Betrachtet man nicht eine einzelne Investition, sondern ein wachsendes Unternehmen, das die verbrauchte Substanz reinvestiert, so wird zu einem bestimmten Zeitpunkt (hier $t = 4$ff.) ein Gleichgewichtszustand erreicht werden:[133]

|  |  | t = 0 | t = 1 | t = 2 | t = 3 | t = 4 | t = 5-∞ |
|---|---|---|---|---|---|---|---|
|  | I0 | -1.000,00 | 400,00 | 400,00 | 400,00 | 400,00 |  |
|  | I1 |  | -1.000,00 | 400,00 | 400,00 | 400,00 | 400,00 |
|  | I2 |  |  | -1.000,00 | 400,00 | 400,00 | 400,00 |
|  | I3 |  |  |  | -1.000,00 | 400,00 | 400,00 |
|  | I4 |  |  |  |  | -1.000,00 | 400,00 |
|  | I5 |  |  |  |  |  | -1.000,00 |
|  | CIF |  | 400,00 | 800,00 | 1.200,00 | 1.600,00 | 1.600,00 |
|  | COF | -1.000,00 | -1.000,00 | -1.000,00 | -1.000,00 | -1.000,00 | -1.000,00 |

|  |  | | t = 1 | t = 2 | t = 3 | t = 4 | t = 5-∞ |
|---|---|---|---|---|---|---|---|
|  | Abschreibung |  | 250,00 | 500,00 | 750,00 | 1.000,00 | 1.000,00 |
|  | Gewinn |  | 150,00 | 300,00 | 450,00 | 600,00 | 600,00 |
|  | Kapitalbindung | 1.000,00 | 1.750,00 | 2.250 | 2.500,00 | 2.500,00 | 2.500,00 |
|  | ROI |  | 15 % | 17 % | 20 % | 24 % | 24 % |
|  | KK |  | 100,00 | 175,00 | 225,00 | 250,00 | 250,00 |
|  | **EVA** |  | **50,00** | **125,00** | **225,00** | **350,00** | **350,00** |

|  |  | | t = 1 | t = 2 | t = 3 | t = 4 | t = 5-∞ |
|---|---|---|---|---|---|---|---|
|  | PVF | 1,00 | 0,90909091 | 0,82644628 | 0,7513148 | 0,68301346 | 6,83013455 |
| 13.947,41 | PV |  | 363,64 | 661,16 | 901,58 | 1.092,82 | 10.928,22 |
| -11.000,00 | Investition | -1.000,00 | -909,09 | -826,45 | -751,31 | -683,01 | -6.830,13 |
| 2.947,41 | NPV | 2.947,41 | 45,45 | 103,31 | 169,05 | 239,05 | 2.390,55 |

Tab. III.22: Residualgewinne bei linearer Abschreibung und wachsendem Kapitalstock

Zunächst wird ein Kapitalstock aufgebaut, der im Gleichgewicht durch Reinvestition der Abschreibungen auf konstantem Niveau gehalten wird. In diesem Gleichgewichtszustand ist auch die Zinsbelastung konstant und zusammen mit der linearen Abschreibung ergibt sich ein konstanter Kapitaldienst, wobei sich Abschreibungen

---

133 Vgl. auch Brealey/Myers (2000), S. 336ff.; Crasselt/Pellens/Schremper (2000), S. 75.

und Reinvestitionen ausgleichen und ein konstantes, nachhaltiges Ergebnis nach Zinsen und Abschreibungen (hier 350) erzielt wird.

### 4.1.4. Eignung von verschiedenen Erfolgsgrößen für die Leistungsbeurteilung

Das interne Rechnungswesen hat die Aufgabe, Informationen zur Fundierung von Entscheidungen sowie zur Verhaltenssteuerung der Geschäftsbereiche eines Unternehmens bereitzustellen.[134] In Planungsrechnungen werden Entscheidungswerte, wie z. B. Unternehmenswerte ermittelt, mit deren Hilfe ökonomische Entscheidungen zielgerichtet getroffen werden sollen. Solche Werte müssen den Zeitwert des Geldes sowie Unterschiede im Risiko adäquat berücksichtigen, d. h. zukunftsorientiert und risikoadäquat sein. In Kontrollrechnungen werden im Rahmen von Soll/Ist-Vergleichen Kontrollgrößen zur verhaltenssteuernden Leistungsbeurteilung verwendet. Um diese Aufgaben erfüllen zu können, muss ein solches Steuerungssystem die Kriterien der Anreizverträglichkeit, Kommunikationsfähigkeit und Wirtschaftlichkeit erfüllen. Um anreizverträglich zu sein, müssen die Kontrollgrößen in sachlich logischem Zusammenhang mit den Unternehmenszielen, insbesondere dem Shareholder Value als Oberziel stehen und dürfen nicht beeinflussbar, d. h. manipulierbar sein.[135]

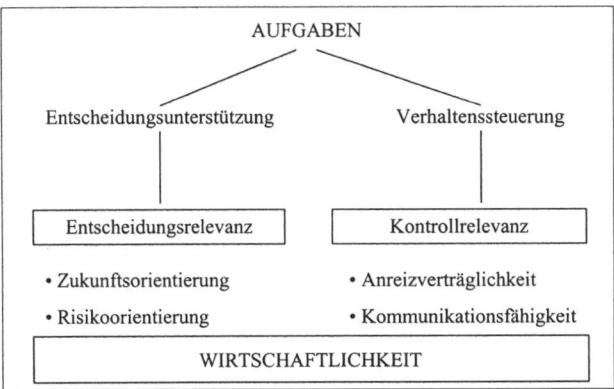

Abb. III.20: Anforderungen an Steuerungssysteme[136]

Um im Zeitablauf beurteilen zu können, ob der ursprünglich bezahlte Kaufpreis auch tatsächlich erwirtschaftet wird, müssen die Plandaten mit den Ist-Werten verglichen werden. Im Rechnungswesen stehen hierfür grundsätzlich zahlungsorientierte Cashflow-Größen und periodisierte Ergebnisgrößen zur Verfügung. Reduziert man die Be-

---

134 Vgl. zu diesem Abschnitt Coenenberg/Schultze (2002a), S. 612ff.
135 Vgl. hierzu ausführlich Coenenberg (1995), S. 2080ff.
136 Coenenberg/Schultze (2002a), S. 612.

trachtung auf die Erfolgsbeurteilung anhand einer Spitzenkennzahl, die zugleich die Grundlage für das Anreizsystem sein soll, so erscheinen Cashflow- und Ergebnisgrößen für Kontrollrechnungen unterschiedlich geeignet zu sein.

Planungsrechnungen, wie sie Investitionsrechnungen und Unternehmensbewertung darstellen, beruhen häufig auf Cashflows. Cashflows sind als Kontrollgrößen aber nur eingeschränkt geeignet, denn sie sind liquiditäts- und nicht erfolgsorientierte Kennzahlen. Der operative Cashflow gibt zwar Auskunft über den Liquiditätszufluss, gibt aber keine Antwort auf die Frage, inwieweit die dafür getätigten Investitionen gedeckt wurden. Deshalb sind zumindest die Cashflows des Investitionsbereichs mit zu berücksichtigen. Der resultierende Saldo aus operativen und investiven Cashflows, der Free Cashflow, ist aber in Bezug auf seine Ursachen nur schwer interpretierbar. So kann ein höherer Free Cashflow positive operative Gründe, aber auch Zurückhaltungen im Bereich der Investitionen zur Ursache haben. Auch lässt sich aus einem einzelnen tatsächlich erwirtschafteten Perioden-Cashflow nicht die damit erzielte Wertsteigerung ablesen. Erst durch ihre Kapitalisierung lassen sie sich in Zusammenhang zum Unternehmenswert bringen. Ein Kontrollsystem müsste deshalb erwartete und erzielte Cashflows miteinander vergleichen und Verschiebungen geplanter Cashflows einbeziehen. Damit würde das Kontrollsystem jedoch anfällig für Manipulationen durch Planrevisionen. Zudem erfordert eine solche Nachrechnung hohen Aufwand, da die Plan-Cashflows aller Projekte zusammenzufassen und weiterzuführen wären. Die Kriterien der Anreizverträglichkeit, Kommunikationsfähigkeit und Wirtschaftlichkeit würden verletzt.

Periodisierte Größen haben gegenüber Cashflows den Vorteil, dass sie die wirtschaftliche Leistung der betrachteten Periode abbilden. Durch die Verteilung von Investitionen über die Zeit werden den zufließenden Erträgen die dafür angefallenen Aufwendungen zugerechnet. Selbst Cash-orientierte wertorientierte Steuerungskonzepte wie der „Cash Value Added" wählen diese Vorgehensweise, wenn von einem vereinfachten Brutto-Cashflow eine ökonomische Abschreibung abgezogen wird, die einer Annuität auf die Anfangsinvestition entspricht. Periodenergebnisse im Sinne von Ertragsüberschüssen lassen sich jedoch nicht unmittelbar diskontieren, da die Gewinne, die nicht ausgeschüttet werden und in den Folgeperioden durch ihre Reinvestition zu höheren Ausschüttungen führen, doppelt gezählt würden (sog. Doppelzählungsproblem). Deshalb werden beim Ertragswertverfahren nicht die Periodenerfolge an sich, sondern die daraus abgeleiteten Nettoausschüttungen diskontiert. Diese Vorgehensweise hat für Zwecke der Kontrolle den Nachteil, dass die einzelne operative Geschäftseinheit auf Ausschüttungsverhalten und Finanzierung meist keinen Einfluss hat, so dass es hierfür nicht verantwortlich gemacht werden kann. Der Periodenerfolg reicht aber als Beurteilungsgröße nicht aus, weil er den dafür notwendigen Kapitaleinsatz vernachlässigt.

Das Residualgewinn (RG)-Konzept berücksichtigt diesen Aspekt der Kapitalbindung zusätzlich. Ein positiver RG besagt unmittelbar, dass in der betrachteten Periode mehr verdient wurde, als für die risikoadäquate Verzinsung des eingesetzten Kapitals erforderlich gewesen wäre. Eine Verzahnung von Bewertung und Kontrolle im Rahmen des Akquisitionscontrollings kann mithilfe des Residualgewinn-Konzeptes erfolgen, indem die beim Unternehmenserwerb bezahlten Synergien, die im Goodwill enthalten sind, auf die einzelnen Geschäftsbereiche heruntergebrochen und in das gebundene Kapital einbezogen werden. Damit wäre die Erzielung der notwendigen Verzinsung auf alle bezahlten Synergien incentiviert. Die Erwirtschaftung der darüber hinausgehenden geplanten Synergieerfolge müsste durch Zielvereinbarungen sichergestellt werden.

Grundsätzlich lässt sich festhalten, dass ein Residualgewinn nicht die Unternehmenswertsteigerung misst, sondern die Erwirtschaftung der Überschüsse, die bereits bei Durchführung der Investition zu einer Wertsteigerung geführt haben. Es geht dabei folglich primär um die Kontrolle der Einbringung des ursprünglich Erwarteten und erlaubt keine Rückschlüsse auf die Ressourcenallokation. Solche Rückschlüsse lassen nur die dynamischen Planungskonzepte zu. Dennoch wird in der Praxis häufig versucht, aus der periodischen RG-Größe auch die erzielte zusätzliche Wertgenerierung der Periode abzulesen und diese zu incentivieren. Durch die Ankopplung der Leistungsbeurteilung und Managementvergütung an die Höhe oder Steigerung des RG können jedoch Steuerungsprobleme entstehen, da selbst bei lohnenswerten, mit positivem Kapitalwert versehen Projekten negative RG auftreten können. Dieses Problem ließe sich nur mit Abschreibungen nach dem Tragfähigkeitsprinzip beheben, deren Anwendung zu einem in allen Perioden einheitlichen, positiven RG führt. Allerdings erfordert diese Vorgehensweise die Kenntnis des Cashflow-Profils und umfangreiche Berechnungen, was wiederum der Wirtschaftlichkeit und Kommunikationsfähigkeit abträglich ist.[137] Insofern besteht beim RG-Konzept ein deutlicher Tradeoff zwischen Wirtschaftlichkeit und Kommunikationsfähigkeit einerseits und der Anreizverträglichkeit andererseits.

Zusammenfassend lässt sich festhalten, dass der Vorteil des Residualgewinnkonzeptes im Wesentlichen in seiner leichten Anwendbarkeit und guten Kommunizierbarkeit, auch für „non-financials", besteht.[138] Ein weiterer Vorteil besteht in der Be-

---

137 Vgl. Hebertinger (2002), S. 141ff.; Wagenhofer (1999), S. 195f.
138 Vgl. Stern/Shiely/Ross (2001), S. 15.

wusstmachung der Werttreiber sowie dem Einbezug der Kapitalkosten und deren Treiber, die in einer traditionellen Erfolgsrechnung nicht Bestandteil der Maßgrößen sind, wie z. B. der Forderungsbestand als Teil des Working Capital. Die Maßgenauigkeit lässt sich jedoch nur durch umfangreiche Anpassungen herstellen, die ihrerseits im Widerspruch zum Wirtschaftlichkeits- und Kommunikationsprinzip stehen. Gegenüber den diskutierten statischen Erfolgsgrößen haben die darauf aufbauenden dynamischen Bewertungsmethoden den Vorteil, dass sie konzeptionell besser in der Lage sind, die Unternehmenswertsteigerung der betrachteten Periode abzubilden. Für Planungsrechnungen ist heute unstrittig, dass sich Unternehmenswertsteigerungen als oberstes Unternehmensziel am besten mithilfe der dynamischen Investitionsrechenverfahren und damit letztendlich mit den gängigen Unternehmensbewertungsmethoden abbilden lassen. Die Zielkongruenz ist somit am besten gewährleistet. Ob dynamische Verfahren für Steuerungssysteme und für Kontrollrechnungen in gleicher Weise wie für Planungsrechnungen geeignet sind, bleibt jedoch zu prüfen. Insbesondere ist fraglich, ob ein Leistungsbeurteilungssystem zukunftsorientiert sein sollte. Denn durch den Zukunftsbezug werden automatisch Planrevisionen in die Beurteilung einbezogen, was die Manipulationsresistenz beeinträchtigt. Gleichzeitig fällt die Kommunikationsfähigkeit im Sinne der Verständlichkeit gegenüber Residualgewinnmodellen deutlich ungünstiger aus. Die Beurteilung ist in Tab. III.23 zusammengefasst:

|  | dynamische Verfahren | | statische Größen | |
|---|---|---|---|---|
|  | DCF | RIM | FCF | RG |
| **Anreizverträglichkeit** | | | | |
| - Zielkongruenz | ++ | ++ | 0 | + |
| - Maßgenauigkeit (Manipulationsresistenz) | - | 0 | ++ | + |
| **Kommunikationsfähigkeit** | | | | |
| - Analysefähigkeit | + | + | - | + |
| - Verständlichkeit | - | - | - | ++ |
| **Wirtschaftlichkeit** | - | 0 | 0 | + |

Tab. III.23: Beurteilung von Steuerungskonzepten für die wertorientierte Leistungsbeurteilung

## 4.2. Residualgewinn-Modell in der Unternehmensbewertung im Vergleich zu Ertragswert- und DCF-Methode

Üblicherweise[139] wird von Vertretern der DCF-Methodik ihre Überlegenheit aus der Tatsache abgeleitet, dass sie auf der Investitionstheorie beruht und Cashflows gegenüber Gewinngrößen den Vorteil haben, nicht durch Bilanzpolitik beeinflussbar zu sein.[140] Dies gilt freilich nur im Hinblick auf Bilanzansatz und Bewertung, und nicht im Hinblick auf die eigentlich gravierenderen Sachverhaltsgestaltungen. Andererseits haben Free Cashflows auch den Nachteil, dass Investitionsauszahlungen dazu führen, dass über längere Zeiträume negative Werte erzielt werden können, und erst relativ spät die entsprechenden Rückflüsse ins Kalkül eingehen.[141] Dies erfordert i. d. R. längere Prognosezeiträume zur Erreichung eines Gleichgewichtszustands und führt häufig zu einem hohen Anteil der Residualwerte am Gesamtunternehmenswert. Dagegen werden bei periodisierten Größen die Investitionsauszahlungen über die Nutzungsdauer verteilt und mit den aus ihnen generierten Rückflüssen zusammengebracht („matching"). Wegen der damit verbundenen geringeren Schwankungen ermöglichen diese Größen verlässlichere Prognosen über kürzere Prognosezeiträume. Der Anteil des Residualwerts am Gesamtwert fällt bedeutend geringer aus.[142]

Empirischen Untersuchungen haben gezeigt, dass dem Residualgewinn-Modell aufgrund der dargestellten Vorteile ein bedeutend besserer Erklärungsgehalt von Unternehmenswerten am Kapitalmarkt zukommt.[143] So zeigt z. B. eine Studie von Francis et al. in Übereinstimmung mit verschiedenen anderen Untersuchungen einen Erklärungsgehalt von 71 % für das Residualgewinn-Modell, während mithilfe des DCF-Modell nur 35 % und mit dem Dividenden-Diskontierungs-Modell nur 51 % der Preisänderungen erklärt werden konnten. Eine mögliche Erklärung für diesen Unterschied wird von den Autoren in dem Umstand gesehen, dass in ihrer Untersuchung der durchschnittliche Anteil des Restwerts am Gesamtwert beim Residualgewinn-Modell nur 21 %, dagegen beim Dividenden-Diskontierungs-Modell 65 % und beim DCF-Modell 82 % ausmacht. Bei den beiden letzteren wird der Unternehmenswert ausschließlich durch Stromgrößen erklärt, während die Bestandsgröße Eigenkapital beim Residualgewinn-Modell 72 % der Unternehmenswerte ausmacht. Somit erscheinen Bewertungsfehler des externen Rechnungswesens bei der Bewertung des

---

139 Vgl. zu diesem Abschnitt Coenenberg/Schultze (2002a), S. 606ff.
140 Vgl. z. B. Copeland/Koller/Murrin (2000), Kap. 5 "Cash is King" oder Rappaport (1986), Kap. 2 "Shortcomings of Accounting Numbers".
141 Vgl. Penman/Sougiannis (1998), S. 367.
142 Vgl. Penman/Sougiannis (1998), S. 367.
143 Vgl. AAA (2001), S. 165f. für eine Zusammenstellung neuerer Studien.

Eigenkapitals weniger schwerwiegend zu sein, als die Prognosefehler bei der Abschätzung zukünftiger Zahlungsströme.[144]

Diese Studien beruhen jedoch auf öffentlich verfügbaren Informationen und lassen somit lediglich Schlüsse auf Kapitalmarktbewertungen zu. Es liegen jedoch keine Ergebnisse vor, die eine Übertragung dieser empirischen Ergebnisse auf eine Unternehmensbewertung auf Unternehmensebene zulassen würden, wenn dieses über alle notwendigen Informationen verfügt.[145] Gleiches lässt sich allerdings auch für die von den Befürwortern der DCF-Methode genannten Vorteile einer Cashflow-basierten Bewertung sagen. In einer intern aufgestellten Prognoserechnung sind grundsätzlich alle Rechengrößen zueinander konsistent zu ermitteln und führen dann auch zu identischen Ergebnissen.[146] Ein geringerer Anteil des Residualwertes am Unternehmenswert stellt folglich nicht *per se* einen Vorteil einer Methodik dar, da sich theoretisch jederzeit gleiche Ergebnisse erzielen lassen – keines der Verfahren ist „richtiger", unabhängig von dem damit verbundenen Anteil des Residualwerts. Ein Vorteil ist eher in der damit verbundenen größeren Transparenz der Annahmen und größeren Plausibilität des Restwerts zu sehen.[147] Denn gerade durch die Fortschreibung der Verhältnisse des letzten detailliert geplanten Jahres kann es zu erheblichen Inkonsistenzen kommen.

Der Restwert am Ende des Planungshorizonts wird häufig durch eine Fortschreibung des letzten detailliert geplanten Jahres als konstante oder als wachsende ewige Rente mithilfe des Gordon-Modells ermittelt. Um die Verhältnisse eines Jahres fortschreiben zu können, ist es als ein „normalisiertes Jahr" zu bestimmen, das repräsentativ für die gesamte darauffolgende Zukunft stehen kann und in dem eine Art Gleichgewichtszustand erreicht sein muss, welches sich im Wesentlichen auf die zu Beginn sehr unterschiedlich verlaufenden Wachstumsraten der Plandaten bezieht. Besondere Bedeutung kommt den Investitionen und Abschreibungen zu, weil ein Unternehmen auf Dauer nicht mehr abschreiben kann, als es investiert. Das für die Endphase fortgeschriebene Jahr muss daher als ein für die gesamte darauffolgende Zukunft repräsentatives Jahr geplant werden und darf deshalb nur solche Investitionen vorsehen,

---

144 Vgl. Francis/Olsson/Oswald (2000), S. 57. Hierzu kritisch Lundholm/O'Keefe (2001a, b); dagegen Penman (2001b).
145 Vgl. AAA (2001), S. 166f.; S. 167: „The only research of which we are aware that examines the accuracy of any of the three models at the firm level is Kaplan and Ruback (1995). They compare the accuracy of the DCF model to the method of multiples (market to EBITDA) in valuing 51 highly leveraged transactions during 1983-1989 and find that the DCF valuations based on management forecasts of cash flows are within 10 percent of the realized transaction value and superior to the multiples approach."
146 Vgl. AAA (2001), S. 169.
147 Vgl. Harris (2000), S. 7f.

# A. Zukunftserfolgsorientierte Verfahren 143

wie sie für die Erzielung des in der Endphase vorgesehenen Wachstums ausreichend sind. Statt des nunmehr empfohlenen Zwei-Phasen-Modells mit der Zweiteilung in Detailplanung und ewige Rente bedarf es in Fällen mit hohen Veränderungsraten in der Detailplanungsphase tatsächlich eines Drei-Phasen-Modells, in dem die zweite Phase der allmählichen Annäherung der detailliert geplanten Zahlen an den Gleichgewichtszustand dient, in dem Investitionen und Abschreibungen gleichlaufen.[148]

Auch was die dabei zugrundeliegende Rentabilität des Unternehmens betrifft, ist die Frage zu stellen, ob diese nachhaltig in der Endphase erzielt werden kann. Um eine über die Kapitalkosten hinausgehende Rendite, d. h. eine Überrendite, zu erzielen, muss ein Unternehmen in irgendeiner Weise gegenüber seinen Wettbewerbern bevorteilt sein.[149] Ein Kostenvorteil erlaubt es ihm, höhere Margen über geringere Kosten oder Marktanteilsgewinne über günstigere Preise zu erzielen. Ein Differenzierungsvorteil ermöglicht höhere Margen durch einen überdurchschnittlichen Preis, ebenso wie eine erhöhte Attraktivität in den Augen der Kunden und damit eine erhöhte Nachfrage. Nach dem Zeitpunkt des Erlöschens des Wettbewerbsvorteils erzielt das Unternehmen im Durchschnitt mit seinen Projekten nur noch eine branchenübliche, durchschnittliche Rendite in Höhe der Kapitalkosten.[150] Deshalb ist für die Unternehmensbewertung der Zeitraum abzuschätzen, bis zu dem der Vorteil, und damit die Überrendite, durch die Wettbewerbskräfte erodiert ist. Die Länge dieses Zeitraums hängt vor allem von den Investitionszyklen sowie der Wettbewerbsintensität der Branche ab.

Die Frage der Abschätzung der Dauer des Fortbestehens von Überrenditen hängt auch unmittelbar mit der Abgrenzung des Bewertungsobjekts („wie es steht und liegt") zusammen. Natürlich ist es Aufgabe des neuen Managements nach einer Akquisition, auch über den Planungshorizont bei Unternehmenserwerb hinaus neue Wettbewerbsvorteile zu schaffen und so dauerhaft für das Fortbestehen von Überrenditen zu sorgen. Jedoch ist es zum Bewertungszeitpunkt nicht absehbar, inwieweit dies mit noch nicht einmal bestehenden Geschäftsideen gelingen kann und ist vor allem im vorliegenden Bewertungsobjekt selbst nicht angelegt, sondern erst durch zukünftige Leistungen zu generieren. Werden diese jedoch bereits bei der Bewertung antizipiert, so wird bereits bei Akquisition bezahlt, was zukünftige Management-

---

148 Vgl. die Empfehlungen der HFA-Stellungnahme 2/1983 in IDW (1983), S. 471 und auch IDW (1985/86), S. 1093. In IDW S 1 wird nur noch von 2 Phasen ausgegangen, wobei die zweite und dritte Phase ineinander aufgehen, vgl. IDW (2000), Tz. 80ff. Vgl. auch Damodaran (1996), S. 191ff.; Günther (1997), S. 109ff.; Rappaport (1986), S. 50ff. Sharpe/Alexander (1990), S. 481f.
149 Vgl. Rappaport (1986), S. 62f.
150 Vgl. Sharpe/Alexander (1990), S. 481. Vgl. auch Harris (2000), S. 7ff.

Generationen an kreativen Ideen leisten sollen. Außerdem haben empirische Untersuchungen gezeigt, dass es nur wenige Unternehmen gibt, die auf Dauer wirklich ihre Kapitalkosten erwirtschaften.[151] Deshalb scheint ein Planungsmodell, in dem von einer im Zeitablauf gegen die Kapitalkosten konvergierenden Rendite ausgegangen wird, für die Unternehmensbewertung sinnvoll und notwendig. Hierfür scheinen Residualgewinnmodelle am geeignetsten zu sein, wie im Folgenden an einem Beispiel veranschaulicht wird:

|  | t = 0 | t = 1 | t = 2 | t = 3 | t = 4 | t = 5 - ∞ |
|---|---|---|---|---|---|---|
| OCF |  | 500 | 2.000 | 2.900 | 2.200 | 2.200 |
| ICF | -3.000 | -1.200 | -1.200 | -1.200 | -1.200 | -1.200 |
| FCF | -3.000 | -700 | 800 | 1.700 | 1.000 | 1.000 |
| PV FCF @ 10 % | 8.815,18 | -636,36 | 661,16 | 1.277,24 | 683,01 | 6.830,13 |

Tab. III.24: Beispiel: Unternehmensbewertung nach der DCF-Methodik

Im Jahr 4 wird ein konstantes Niveau erreicht, das für die Zukunft fortgeschrieben wird, was zu einem Unternehmenswert von 8.815,18 führt. Aus den Cashflows ist schwer zu erkennen, ob diese Fortschreibung ökonomisch sinnvoll und begründet ist.[152] Tab. III.25 gibt die Residualgewinne wieder, die sich bei einer Nutzungsdauer der Investitionen von 3 Jahren ergeben. Betrachtet man diese, so ist leicht zu erkennen, dass ab Periode 4 ein Übergewinn von 760 bei einem Kapitaleinsatz von 2.400, also eine Überrendite von 32 % erzielt wird. Eine solche Überrendite in alle Ewigkeit fortzuschreiben scheint mehr als bedenklich.

|  | t = 0 | t = 1 | t = 2 | t = 3 | t = 4 | t = 5 - ∞ |
|---|---|---|---|---|---|---|
| Abschreibungen | 0 | -1.000 | -1.400 | -1.800 | -1.200 | -1.200 |
| Gewinn | 0 | -500 | 600 | 1.100 | 1.000 | 1.000 |
| Kapitalbindung | 3.000 | 3.200 | 3.000 | 2.400 | 2.400 | 2.400 |
| Kapitalkosten | 0 | 300 | 320 | 300 | 240 | 240 |
| RG | 0 | -800 | 280 | 800 | 760 | 760 |
| PV RG @ 10 % | 5.815,18 | -727,27 | 231,40 | 601,05 | 519,09 | 5.190,90 |
| geb. Kapital | 3.000,00 |  |  |  |  |  |
| Unternehmenswert | 8.815,18 |  |  |  |  |  |

Tab. III.25: Beispiel: Unternehmensbewertung nach der RIM-Methodik

---

151 Vgl. z.B. für den Zeitraum 1985-94, Bughin/Copeland (1997), S. 159ff.
152 Vgl. auch Copeland/Koller/Murrin (2000), S. 270ff.

## A. Zukunftserfolgsorientierte Verfahren

|  |  | 1. Phase ||||| 2. Phase |||| 3. Phase |
|---|---|---|---|---|---|---|---|---|---|---|---|
| t = | 0 | 1 | 2 | 3 | 4 | 5 | 6 | 7 | 8 | 9 | 10 - ∞ |
| OCF | 0 | 500 | 2.000 | 2.900 | 2.200 | 2.200 | 2.048 | 1.896 | 1.744 | 1.592 | 1.440 |
| ICF | -3.000 | -1.200 | -1.200 | -1.200 | -1.200 | -1.200 | -1.200 | -1.200 | -1.200 | -1.200 | -1.200 |
| FCF | -3.000 | -700 | 800 | 1.700 | 1.000 | 1.000 | 848 | 696 | 544 | 392 | 240 |
| PV FCF @ 10 % | 4.879,66 | -636,36 | 661,16 | 1.277,24 | 683,01 | 620,92 | 478,67 | 357,16 | 253,78 | 166,25 | 1.017,83 |

Tab. III.26: Beispiel: Unternehmensbewertung nach der DCF-Methodik mit konvergierender Überrendite

Geht man dagegen davon aus, dass der Wettbewerbsvorteil noch weitere 5 Jahre verteidigt werden kann und ab Periode 10 nur noch die Kapitalkosten auf die dann getätigten Investitionen verdient werden können und lässt man die Rentabilität über diesen Zeitraum linear sinken, dann ergibt sich lediglich ein Unternehmenswert in Höhe von 4.879,66 (vgl. Tab. III.27). Obwohl DCF-Methodik und RIM für die Bewertung gleiche Ergebnisse liefern, ist die praktische Handhabung einer Bewertung mit Residualgewinnen wesentlich transparenter, weil hier der Zusammenhang von Rentabilität und Kapitalkosten deutlich erkennbar ist. Ab Periode 10 wird eine Überrendite von Null und damit ein Residualgewinn von Null erwirtschaftet:

|  |  | 1. Phase ||||| 2. Phase |||| 3. Phase |
|---|---|---|---|---|---|---|---|---|---|---|---|
| t = | 0 | 1 | 2 | 3 | 4 | 5 | 6 | 7 | 8 | 9 | 10 - ∞ |
| Abschreibungen | 0 | -1.000 | -1.400 | -1.800 | -1.200 | -1.200 | -1.200 | -1.200 | -1.200 | -1.200 | -1.200 |
| Gewinn | 0 | -500 | 600 | 1.100 | 1.000 | 1.000 | 848 | 696 | 544 | 392 | 240 |
| Kapitalbindung | 3.000 | 3.200 | 3.000 | 2.400 | 2.400 | 2.400 | 2.400 | 2.400 | 2.400 | 2.400 | 2.400 |
| Kapitalkosten | 0 | 300 | 320 | 300 | 240 | 240 | 240 | 240 | 240 | 240 | 240 |
| RG | 0 | -800 | 280 | 800 | 760 | 760 | 608 | 456 | 304 | 152 | 0 |
| PV RG @ 10 % | 1.879,66 | -727,27 | 231,40 | 601,05 | 519,09 | 471,90 | 343,20 | 234,00 | 141,82 | 64,46 | 0,00 |
| geb. Kapital | 3.000,00 |  |  |  |  |  |  |  |  |  |  |
| Unternehmenswert | 4.879,66 |  |  |  |  |  |  |  |  |  |  |

Tab. III.27: Beispiel: Unternehmensbewertung nach der RIM-Methodik mit konvergierender Überrendite

Die Residualgewinn-Methodik hat somit den wesentlichen Vorteil, die in der Endphase unterstellte Rentabilität deutlicher zum Ausdruck zu bringen und so die Planung transparenter zu machen. Dieser Vorteil ist als umso gewichtiger einzuschätzen, je schlechter die Datenbasis für die weiter in der Zukunft liegenden Zeiträume ist. Gerade für die externe Bewertung in der kapitalmarktorientierten Bewertung ist dies der Fall wie von den oben erwähnten empirischen Ergebnissen bestätigt wird. Gleichwohl keinesfalls zu vernachlässigen ist dieses Problem der zunehmenden Unsicherheit späterer Zeitpunkte in der beratungsorientierten Bewertung ebenso wie in den übrigen Bewertungsfällen. Das Beispiel macht aber auch deutlich: Vor allem bei sich dynamisch verändernden Unternehmen kann es sinnvoll sein, nach dem Planungshorizont vor Einsatz der sogenannten ewigen Rente eine Übergangsphase einzubauen, die der Normalisierung von Rendite und Investitionen auf ein auf Dauer zu erwartendes Maß dient.

Dieser Vorteil lässt sich im Umkehrschluss auch für die Analyse von Börsenwerten nutzen. Wie oben ausgeführt, wird z. B. das DDM bzw. die zugrundeliegende Gordon-Formel häufig auch dazu verwendet, um aus einem am Markt beobachtbaren Börsenwert das darin implizierte Wachstum abzuleiten. Daraus sollen die Erwartungen der Marktteilnehmer abgeleitet werden, um z. B. Ziele für die wertorientierte Unternehmensführung abzuleiten. Impliziert der gegenwärtige Börsenwert z. B. ein Wachstum von 10 %, so lässt sich eine Wertsteigerung nur dann erreichen, wenn diese Erwartung übertroffen wird.

Die langfristige Wachstumsrate die im Börsenwert enthalten ist lässt sich aus dem beobachteten Gesamtwert des Unternehmens (Enterprise Value, $EV_0$) wie folgt ermitteln:[153]

$$g = r_{WACC} - \frac{1}{\left(EV_0 - \sum_{t=1}^{n} \frac{BFCF_t}{(1+r_{wacc})^t}\right) \times \frac{(1+r_{WACC})^n}{Div_{n+1}}}$$

Bei der Interpretation der Ergebnisse ist jedoch zu beachten,[154] dass die „Gordon"-Bewertungsformel nur für g < WACC definiert ist. Dies impliziert, dass die daraus abgeleitete Formel zur Ermittlung der impliziten Wachstumsrate g deshalb grundsätzlich Werte liefert, die kleiner ausfallen als die eingesetzten WACC. Mit zunehmend hohen eingesetzten Unternehmenswerten konvergiert das Ergebnis folglich gegen die Kapitalkosten. Deshalb ist es grundsätzlich sinnvoll, nicht nur nach dem unterstellten Wachstum, sondern auch nach der unterstellten Überrendite zu fragen. Die Überrendite gibt an, wie viel über die Kapitalkosten hinaus verdient wird, ein Residualgewinn ist entsprechend der Übergewinn nach Abzug der Kapitalkosten. Die in einer Bewertung implizierte Überrendite errechnet sich aus dem impliziten Residualgewinn durch Division mit dem gebundenen Kapital. Der implizite Residualgewinn wiederum lässt

---

153 Coenenberg/Salfeld (2003), S. 48.
154 Vgl. Coenenberg (2003), S. 1132.

## A. Zukunftserfolgsorientierte Verfahren

sich durch Division der Bewertungsdifferenz aus beobachtetem Börsenwert (BW) und Unternehmenswert ohne Terminal Value ($Gk^{1-n}$) mit dem Barwertfaktor der ewigen Rente ermitteln:[155]

$$RG_{n+1} = \frac{BW - Gk_0^{1-n} - \sum_{t=1}^{n} \frac{RG_t}{(1+r_{WACC})^t}}{\frac{1}{r_{WACC} \times (1+r_{WACC})^n}}$$

**Beispiel:**
Wir betrachten ein Unternehmen, von dem für drei Jahre Analystenschätzungen über die Höhe der Gewinne vorliegen. Es wird erwartet, dass das Unternehmen aufgrund von Wettbewerbsvorteilen in seiner Branche in den nächsten drei Jahren die Gewinne um 10 % p.a. steigern kann, wozu allerdings auch das gebundene Kapital in gleichem Maße wachsen muss. Bei Kapitalkosten von 15 % ergeben sich folgende Residualgewinne und Überrenditen:

|                | t = 1    | t = 2    | t = 3    |
|----------------|----------|----------|----------|
| Gewinne        | 220,00   | 242,00   | 266,20   |
| geb. Kapital   | 1.000,00 | 1.100,00 | 1.210,00 |
| Kapitalkosten  | 150,00   | 165,00   | 181,50   |
| Residualgewinne| 70,00    | 77,00    | 84,70    |
| Überrendite    | 7 %      | 7 %      | 7 %      |

Tab. III.28: Beispiel: Analystenschätzungen

Der beobachtete Börsenwert des Unternehmens betrage 2.000. Der Barwert obiger Residualgewinne beträgt 174,78. Dieser Barwert zzgl. des gebundenen Kapitals von 1.000 erklären 1.174,78 des Börsenwerts. Die Differenz von 2.000 − 1.174,78 = 825,22 muss sich durch die Residualgewinne ab der Periode 4 erklären lassen. Nach obiger Formel errechnet sich ein implizites Wachstum der Residualgewinne von 7,73 %, das nötig ist, um eine Bewertungsdifferenz von 825,22 zu erklären. Das Ergebnis legt nahe, dass in dieser Bewertung bereits von relativ hohen Wachstumserwartungen ausgegangen wird. Betrachtet man alternative Börsenwerte und die dadurch implizierten Wachstumsfaktoren, so wird deutlich, dass der Wert von 1.550 eine Bewertung ohne Wachstum repräsentiert, dass andererseits aber bei höheren Unternehmenswerten die damit implizierten Wachstumsraten gegen die Kapitalkosten

---

155 Vgl. hierzu Abschnitt III.A.3.

von 15 % konvergieren (vgl. Tab. III.29). Im Grenzbereich liefert obige Formel daher nur bedingt aussagekräftige Informationen.

| Unternehmenswert | 1.550 | 2.000 | 2.500 | 3.000 | 5.000 | 10.000 | 100.000 | 1.000.000 |
|---|---|---|---|---|---|---|---|---|
| implizites Wachstum | 0 % | 7,73 % | 10,36 % | 11,59 % | 13,35 % | 14,28 % | 14,94 % | 14,99 % |

Tab. III.29: Implizite Wachstumserwartungen bei alternativen Börsenwerten

Untersucht man obigen Fall bei alternativ denkbaren Börsenwerten nach den bei einem noch realistischen unendlichen Wachstum von z. B. 5 % unterstellten Überrenditen über die Kapitalkosten, so ergeben sich die in Tab. III.30 angegebenen Werte. Sie veranschaulichen, dass die extrem überhöhten Unternehmenswerte im Wesentlichen eine überhöhte Überrendite implizieren. Die oben ermittelten Wachstumsraten sind nur solange sinnvoll interpretierbar, wie die Differenz aus Wachstumsfaktor und Kapitalkosten nicht sehr klein wird. Andererseits zeigt das Beispiel des Unternehmenswerts von 1.550, der kein Wachstum erfordert, dass hier dennoch eine ewige Überrendite von 4,5 % unterstellt ist, was nur dann begründet ist, wenn das Unternehmen dauerhaft eine bevorzugte Marktstellung verteidigen kann.

| Unternehmenswert | 1.550 | 2.000 | 2.500 | 3.000 | 5.000 | 10.000 | 100.000 | 1.000.000 |
|---|---|---|---|---|---|---|---|---|
| implizite Überrendite | 4,5 % | 9,88 % | 15,86 % | 21,85 % | 45,79 % | 105,64 % | 1.183,01 % | 11.956,62 % |

Tab. III.30: Implizite Wachstumserwartungen bei alternativen Börsenwerten

Insgesamt gesehen erscheint das Residualgewinn-Modell durch die Verknüpfung der für die Leistungsbeurteilung gut geeigneten statischen Erfolgsgröße Residualgewinn mit einem für die Planung gut geeigneten dynamischen Bewertungsverfahren gegenüber den übrigen Bewertungsmodellen bevorteilt zu sein. Es erweist sich aus empirischer Sicht als das Modell, das kapitalmarktorientierte Unternehmenswerte am besten erklärt. Zudem weist das Residualgewinn-Modell in allen Anwendungsfällen, der Bewertung für das Impairment, für die Kaufpreisermittlung sowie für die Erfolgskontrolle große Vorteile hinsichtlich Transparenz der Annahmen und der Daten auf. Als integratives Bewertungsmodell für Zwecke der Akquisitionsbewertung, des Controllings sowie des Reportings eignet es sich folglich besonders. Eine Verknüpfung dieser Rechenwerke über ein einheitliches Planungs-, Kontroll- und Bewertungssystem anhand von Residualgewinnen erscheint schon aus Wirtschaftlichkeitsgründen geboten.

## 4.3. Implikationen für die gutachterliche Unternehmensbewertung

Die dargestellten Vorteile der Residualgewinnmethode legen ihre Anwendung auch für die gutachterliche Bewertung nahe.[156] Bislang ist die Ertragswertmethode bei der gutachterlichen Bewertung durch den Berufsstand der Wirtschaftsprüfer vorherrschend. Aufgrund der konzeptionellen Nähe des Residualgewinnmodells zum periodisierten Rechnungswesen und dem Ertragswert-Verfahren bietet sich seine verstärkte Anwendung geradezu an.[157]

Durch die Zusammenführung von Ertragswertmethode und Residualgewinnmethode ergibt sich ein weiterer Vorteil: bei der Anwendung der Ertragswertmethode bleibt häufig der Einfluss der Kapitalstruktur auf den Kapitalisierungszinsfuß unberücksichtigt, was sich durch eine Übertragung der Vorgehensweise der Residualgewinnmethodik auf die Ertragswertmethodik beheben ließe.

Aus der Bewertungstheorie ist bekannt, dass Veränderungen der Kapitalstruktur Anpassung des Kapitalisierungszinssatzes erfordern.[158] Ein konstanter Kapitalisierungszinssatz hingegen erfordert eine gleichbleibende, konstante Kapitalstruktur in Marktwerten, was wiederum Eigenkapitalaufnahmen oder Thesaurierungen erfordert. Eigenkapitalerhöhungen wiederum sind von den Zukunftserfolgen abzuziehen und nur die Nettoausschüttungen sind zu diskontieren, um Doppelzählungen zu vermeiden. Alternativ zum Abzug der Eigenkapitalerhöhungen ist auch ein Abzug kalkulatorischer Kapitalkosten auf die Eigenkapitalerhöhungen möglich, da deren Barwert genau den Erhöhungen entspricht.

Beim Ertragswert-Verfahren gehen die zukünftigen Finanzierungsbedarfe in die Finanzbedarfsrechnung ein, mit deren Hilfe der vom Ertrag vor Zinsen abzusetzende Zinsaufwand ermittelt wird. Eigenkapitalfinanzierung stellt die Ausnahme dar. Dabei wird übersehen, dass dies zu Veränderungen der Kapitalstruktur führt und eigentlich in den Kapitalkosten zu berücksichtigen wäre. Um mit einem einheitlichen Kalkulationszinsfuß arbeiten zu können müssten daher im Rahmen der Finanzbedarfsrechnung anteilig Eigenfinanzierungen vorgenommen werden.

Beim Residualgewinn-Modell werden von den Gewinnen kalkulatorische Eigenkapitalkosten, berechnet auf das am Periodenanfang gebundene Eigenkapital abgezogen. Das Eigenkapital verändert sich jährlich um die erfolgten Eigenkapitalaufnahmen und

---

156 Vgl. auch die vor dem FASB gehaltene Präsentation von Harris (2000).
157 Vgl. hierzu Coenenberg/Schultze (2002a), S. 610.
158 Vgl. hierzu insbesondere Inselbag/Kaufold (1997), S. 114; Miles/Ezzell (1980), S. 719f.; für einen Überblick über die deutschsprachige Diskussion vgl. Wallmeier (1999).

Thesaurierungen, sodass durch den Abzug der Kapitalkosten auch die Doppelzählungsproblematik der Gewinndiskontierung behoben wird.

Berücksichtigt man im Rahmen der Ertragswertmethode die notwendigen Eigenkapitalerhöhungen ebenfalls durch kalkulatorische Eigenkapitalkosten, so unterscheiden sich Residualgewinnmethode und Ertragswertmethode effektiv nur noch durch die Berechnungsbasis der Eigenkapitalkosten: Bei der Residualgewinnmethode wird im Unterschied zur Ertragswertmethode lediglich die gesamte Kapitalbasis, einschließlich des im Zeitpunkt der Bewertung vorhandenen Eigenkapitals, mit Finanzierungskosten belegt.[159] Mit einer Anwendung der Residualgewinnmethode wäre folglich die ohnehin notwendige Erweiterung der Ertragswertmethode um die Kapitalstrukturproblematik mit den Vorteilen der Residualgewinn-Bewertung verbindbar.

## B. Substanzbewertung

Zielsetzung der Substanzbewertung ist die Ermittlung des Werts des vorhandenen Nettovermögens (Vermögen ./. Schulden) eines Unternehmens. Der Substanzwertbegriff ist gekennzeichnet durch das Prinzip der Einzelbewertung von Vermögens- und Schuldenpositionen zu am Markt beobachtbaren bzw. erzielbaren Preisen.

Der Substanzwert basiert auf der Summe der Werte der einzelnen Vermögensgegenstände und Schulden. Bewertet man die in der Bilanz erfassten Positionen nach den bilanziellen Bewertungsregeln, entspricht der resultierende Wert dem bilanziellen Eigenkapital. Dieses unterscheidet sich jedoch vom Marktwert des Unternehmens durch stille Reserven (bzw. Lasten) in Form von zu niedrig ausgewiesenen Vermögensgegenständen (bzw. zu hoch angesetzten Schulden) und nicht bilanzierten Vermögenswerten (bzw. Schulden) wie z. B. selbsterstellte immaterielle Werte einschließlich dem originären Firmenwert (Goodwill) (vgl. Abb. III.21). Der originäre Firmenwert ist jedoch eine Residualgröße, die selbst nicht beobachtbar ist. Deshalb muss er mithilfe anderer Bewertungsmethoden ermittelt werden.

---

159 Vgl. ausführlich Schultze (2001), S. 368, 383ff., 393ff., insbes. auch 403, 409.

*B. Substanzbewertung* 151

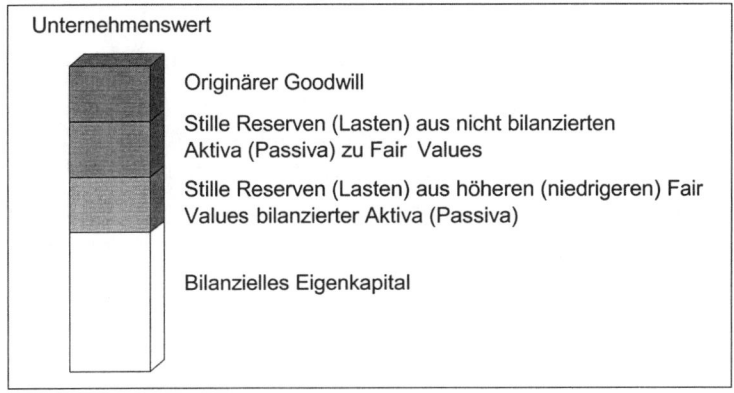

Abb. III.21: Komponenten des Unternehmenswerts bei Einzelbewertung

In der internationalen Bilanzierung ist vermehrt die Tendenz zu beobachten, die Lücke zwischen bilanziellem Eigenkapital und Markt- bzw. Unternehmenswert zu schließen, indem vermehrt bisher nicht bilanzierungsfähige Positionen zum Ansatz kommen und eine Fair-Value-Bilanzierung angestrebt wird. Auch die international übliche Asset-Definition als zukünftiger Nutzenzufluss legt ein Asset-Verständnis im Sinne eines Barwert zukünftig zufließender Cashflows zugrunde.[160] Auch die neue Goodwill-Bilanzierung nach SFAS 141/142 weist in diese Richtung: künftig ist jährlich die Ermittlung der Marktwerte der Reporting-Units (RU) erforderlich. Für die Ermittlung des tatsächlichen Abwertungsbedarfs werden im zweiten Schritt auch die Fair Values der bilanzierten und nicht bilanzierten Aktiva und Passiva benötigt. Der bilanzierte Goodwill ist mit dem resultierenden rechnerischen Goodwill als Differenz aus Marktwert der RU und dem Fair Value ihrer Aktiva/Passiva zu vergleichen und auf den niedrigeren Wert abzuschreiben.[161] Insofern bietet der neue Standard in diesem Zusammenhang eine ideale Gelegenheit, durch Angabe der genannten Fair Values bzw. der oben erwähnten Unterschiedsbeträge z. B. innerhalb der Segmentberichterstattung, die Informationslücke zwischen Markt- und Buchwerten zu schließen.[162]

In der Praxis der Unternehmensbewertung existiert der Substanzwert in unterschiedlichen Ausprägungsformen, in Abhängigkeit davon, welche Vermögensgegenstände und Schulden einbezogen werden und auf welcher Preisgrundlage sie bewertet wer-

---

160 Vgl. hierzu die Asset-Definition nach IAS bzw. US-GAAP sowie Brealey/Myers (2000); aber auch bereits Ordelheide (1988).
161 Vgl. Pellens/Sellhorn (2001).
162 Vgl. hierzu die Diskussion um ein „Intellectual Capital Statement" sowie Teile der Fair-Value-Debatte; z. B. in Haller/Dietrich (2001c); Ranker/Wohlgemuth/Zwirner (2001).

den.[163] So entspricht ein Substanzwert, bewertet nach den bilanziellen Ansatz- und Bewertungsregeln, dem bilanziellen Eigenkapital. Werden die einzelnen Vermögensgegenstände und Schulden hingegen unter der Fiktion bewertet, dass das Unternehmen kurzfristig aufgelöst bzw. ein Vermögensgegenstand kurzfristig verkauft werden müsste, so resultiert der sog. Liquidationswert, der als absolute Wertgrenze interpretiert werden kann. Er hängt entscheidend von der Zerschlagungsintensität, d. h. vom Grad der möglichen Bündelung einzelner Gegenstände, sowie der Zerschlagungsgeschwindigkeit ab.[164] Er wird jedoch nur in einem weiteren Sinne als Teil der Substanzwerte angesehen, welche i. d. R. unter der Fiktion der Unternehmensfortführung ermittelt werden.[165]

| Wert<br>Einbezug | historische Anschaffungs-/ Herstellungskosten | Wiederbeschaffungskosten (neu/alt) | Zerschlagungswert |
|---|---|---|---|
| aktivierte Vermögensgegenstände/ Schulden | bilanzielles Eigenkapital | ——— | ——— |
| aktivierbare Vermögensgegenstände/ Schulden (entgeltlich erworbene) | ——— | Teilrekonstruktions- neu- bzw. -altwert | ——— |
| aktivierbare und nicht aktivierbare Vermögensgegenstände | ——— | Gesamtrekonstruktions- neu- bzw. -altwert | Liquidationswert |

Tab. III.31: Substanzwerte

Die Substanzwertermittlung i.e.S. erfolgt unter der Prämisse der zweck- bzw. güteridentischen Rekonstruktion des Unternehmens, als ob das Unternehmen in seiner bestehenden Form „auf der grünen Wiese" neu errichtet werden würde.[166] Solche Werte werden auch als Rekonstruktionswerte bezeichnet.[167] Werden dabei nur die durch den Kauf aktivierbaren Vermögensgegenstände angesetzt, entsteht ein sog. Teilrekonstruktionswert. Werden hingegen auch diejenigen Vermögensgegenstände einbezogen, die zwar nicht aktivierbar, aber für das Betriebsgeschehen ebenso unerlässlich sind (z. B. Know-how), wird ein sog. Vollrekonstruktionswert ermittelt. Die Differenz aus Kaufpreis und Teilrekonstruktionswert ist der Goodwill - der Mehrwert, der

---

163 Vgl. Sieben/Maltry (2001), S. 377.
164 Vgl. Sieben/Maltry (2001), S. 377.
165 Vgl. IDW (1998), S. 132; Sieben/Maltry (2001), S. 377.
166 Vgl. Sieben/Maltry (2001), S. 377.
167 Vgl. Kraus-Grünewald (1995), S. 1839.

## B. Substanzbewertung

durch die einmalige Kombination aller Vermögensgegenstände innerhalb des Unternehmens entsteht.[168]

Ein Vollrekonstruktionswert erfordert die Bewertung von immateriellen Werten wie Know-how, Organisation oder Managementfähigkeiten.[169] Da diese nicht greifbar und handelbar sind, ist es schwierig, Marktpreise zu finden, die diesen Zweck erfüllen. Da sie ihren Wert erst durch den Einsatz im Unternehmen erhalten, müssten sie mit ihrem Beitrag zum Erfolg des Unternehmens bewertet werden. Es ist schwierig, dem einzelnen Vermögensgegenstand einen solchen Wert zuzuweisen.[170] Erst der gemeinsame Einsatz der Produktionsfaktoren führt dazu, dass deren Verbindung, das Unternehmen, mehr wert sein kann als die Summe der Einzelteile. Der Übergang von einer Substanzbewertung zu einer zukunftserfolgsorientierten Bewertung ist daher fließend.[171] Der Vermögensgegenstand wird dann nicht mehr als solcher mit seinem Beitrag zum Gesamterfolg (Nutzen) des Unternehmens bewertet, sondern die Gesamtheit aller Vermögensgegenstände in ihrem Zusammenspiel für den Erfolg des Unternehmens insgesamt ist relevant.

In der praktischen Anwendung wird der Substanzwert i. d. R. als Teilrekonstruktionsaltwert ermittelt.[172] Als solcher hat der Substanzwert für die Praxis der Unternehmensbewertung nur untergeordnete Bedeutung. Der Teilrekonstruktionswert ist für die Abwicklung eines Kaufs notwendig, um ihren Wertansatz in der Bilanz festzustellen. Das nicht-betriebsnotwendige Vermögen, also der Teil des Unternehmens, der für die Betriebstätigkeit nicht unbedingt erforderlich ist, wird auf diese Weise separat bewertet.[173] Auch bilden Substanzwerte die Grundlage für Prognosen der zukünftigen Geschäftsentwicklung, indem der zukünftige Finanzbedarf für substanzerhaltende Maßnahmen abgeschätzt werden kann. Auch andere substanzabhängige Daten für Erfolgsprognosen wie Abschreibungen, Zinsen etc. werden auf ihrer Basis geschätzt. Eine detaillierte Beschäftigung mit der Substanz des Unternehmens ist auch zur Beurteilung darin enthaltener Risiken, wie z. B. Altlasten, angezeigt. Außerdem dient sie der Ermittlung der Wertansätze für die Aufteilung des Gesamtkaufpreises auf die einzelnen Vermögensgegenstände und

---

168 Vgl. Helbling (1995), S. 80.
169 Vgl. oben Abschnitt II.A.2.
170 Dies wird für die Bilanzierung seit längerem intensiv diskutiert; vgl. z. B. Bryant (1989); Haller (1998); Reilly (1996); Scicluna (1994).
171 So zeigt bereits Sieben, dass Vollrekonstruktionswerte als spezielle Ertragswerte anzusehen sind; vgl. Sieben (1963a), S. 61.
172 Vgl. IDW (1998), S. 132.
173 Vgl. IDW (1998), S. 43.

zelnen Vermögensgegenstände und Schulden sowie eines Geschäfts- oder Firmenwertes für die Bilanzierung.[174]

Dem Substanzwert werden deshalb heute nur noch folgende Hilfsfunktionen in Verbindung mit einem zukunftserfolgsorientierten Verfahren zugesprochen:[175]

- Lieferung der rechnerischen Grundlagen für einige Daten zur Ertrags- bzw. Einzahlungsüberschussrechnung (z.B. Abschreibungen, Zinsen), die von der Unternehmenssubstanz abhängen,
- Auskunft über zukünftigen Finanzbedarf für substanzerhaltende Aufwendungen,
- Bewertung des nicht-betriebsnotwendigen Vermögens,
- Aufteilung des Kaufpreises auf die Werte der einzelnen Vermögensgegenstände und Schulden,
- Ermittlung der Zeitwerte (Teilwerte) für den bilanziellen Ansatz der einzelnen Vermögensgegenstände und Schulden sowie die Ermittlung des Goodwill und
- Einblick in bisher unbekannte Risiken, die mit den zu übernehmenden Vermögens- und Schuldpositionen in Zusammenhang stehen.

Auch wenn sich inzwischen die Meinung durchgesetzt hat, dass der Unternehmenswert zukunftsbezogen als Bewertungseinheit zu ermitteln ist, wird doch wegen der vielen unbekannten und unsicheren Faktoren, die in eine solche Bewertung einfließen, in der Praxis häufig auf Konventionen und Kompromisslösungen abgestellt, wie sie z. B. das Stuttgarter Verfahren darstellt. Auch in der Rechtsprechung wird heute primär den zukunftsorientierten Verfahren die Befähigung zur Ermittlung eines rechtsrichtigen Werts zuerkannt.[176] Das Substanzwertverfahren wird daher für die Verkehrswertermittlung nicht mehr angewendet.

Für Zwecke der Steuerbemessung (Erbschafts-, Schenkungssteuer) wird häufig die Ermittlung des gemeinen Werts nach § 11 Abs. 2 S. 2 BewG erforderlich, um den Wert nicht notierter Anteile an Kapitalgesellschaften abzuschätzen. Diese Ermittlung erfolgt nach R 96ff. ErbStR mithilfe des Stuttgarter Verfahrens, das von der Finanzverwaltung entwickelt wurde. Das Stuttgarter Verfahren wird häufig auch für gesell-

---

174 Vgl. Coenenberg (1984), S. 501; IDW (1992), S. 124; IDW (1998), S. 133.
175 Vgl. ähnlich IDW (1998), S. 133. Zu den Berechnungsgrundlagen einzelner Posten vgl. WP-Handbuch 1992, Bd. II, S. 125ff.
176 Vgl. Piltz (2001), Tz. 1920 m.w.N.

## B. Substanzbewertung

schaftsvertragliche Abfindungsregelungen, bei denen vertraglich das Stuttgarter Verfahren vorgegeben ist.[177]

Beim Stuttgarter Verfahren handelt es sich um ein Kombinationsverfahren aus Substanz und Ertragswert. Zur Ermittlung des Unternehmenswerts (UW) wird zum Substanzwert (S) das Fünffache (n) des Übergewinns, d. h. des die Normalverzinsung (i) bzw. die Kapitalkosten (i.H.v. derzeit 9 %) überschreitenden Gewinns (G), hinzugezählt.[178]

$$UW = S + n(G - i \times UW) \Rightarrow UW = \frac{1}{(1 + n \times i)}(S + n \times G)$$

Geht man z. B. von ewigen Gewinnen i. H. v. 45.000 bei einem Substanzwert von 300.000 aus, dann ergibt sich nach dem Stuttgarter Verfahren bei n = 5 und i = 9 % ein Unternehmenswert von:

$$UW = \frac{1}{1{,}45} \times (300.000 + 5 \times 45.000) = 362.000$$

Da der Ertragswert (E) in der einfachsten Berechnungsform dem Barwert einer Reihe ewig anfallender, konstanter Gewinne (ewige Rente), also dem Bruch aus Gewinn und Kalkulationszinsfuß entspricht:

$$E = \frac{G}{i} \Rightarrow G = i \times E$$

lässt sich der Unternehmenswert nach dem Stuttgarter Verfahren auch als Kombination aus Ertragswert und Substanzwert darstellen:

$$UW = S + \frac{n \times i}{1 + n \times i} \times (E - S)$$

Der Ertragswert beträgt im Beispiel:

$$E = \frac{45.000}{0{,}09} = 500.000$$

---

[177] Das Stuttgarter Verfahren wird von Sachverständigen und Gerichten nicht mehr angewendet, wenn es nicht in Gesellschafterverträgen als Wertmaßstab zugrundegelegt wurde, was jedoch relativ häufig der Fall ist. Vgl. Piltz (2001), Tz. 1923.
[178] Vgl. R 100 ErbStR.

Somit stellt der Wert nach Stuttgarter Verfahren einen Mischwert aus Substanz- und Ertragswert dar, wobei die Differenz aus Ertrags- und Substanzwert zu 0,45/1,45 = 31 % in den Wert einfließt:

UW = 300.000 + (0,45/1,45) × (500.000 - 300.000) = 362.000

Neben dieser Konvention wir der Unternehmenswert in der Praxis häufig auch mit dem Vielfachen einer Maßgröße, wie z. B. dem Jahresumsatz, ermittelt. Das Vielfache ergibt sich dabei aus vergleichbaren Transaktionen, was im Folgenden dargestellt wird.

## C. Vergleichswerte (Multiplikator-Verfahren)

Bewertungen basieren grundsätzlich auf Vergleichen.[179] Ohne eine Vergleichsgröße lässt sich einem Objekt kein Wert beimessen, denn es fehlt der Maßstab. Nur wenn man den Wert eines vergleichbaren Objekts kennt, kann man diesen auf das Bewertungsobjekt übertragen. Diese Überlegungen liegen auch den zukunftserfolgsorientierten Bewertungsmethoden zugrunde, wobei der Wert der Vergleichsobjekts in den Kalkulationszinsfuß einfließt und durch Diskontierung übertragen wird. Deshalb ist der in der Literatur gebräuchliche Begriff „Vergleichswert" für aus Multiplikatoren resultierende Unternehmenswerte nur insofern richtig gewählt, als hier die Übertragung des Wertes des Vergleichsunternehmens auf das Bewertungsobjekt unmittelbar und nicht durch Diskontierung erfolgt.

Existierte ein identisches Gut, dann könnte man dessen Wert unmittelbar für das Bewertungsobjekt heranziehen.[180] Lediglich Größenunterschiede müsste man berücksichtigen. Dieses Bewertungsprinzip findet sich bereits unter dem Begriff „Leistungseinheitswert" bei Eugen Schmalenbach.[181] Hans Münstermann beschreibt die Leistungseinheitswertmethode nach Schmalenbach im Werk „Wert und Bewertung der Unternehmung" aus dem Jahr 1966 wie folgt: „Betriebe desselben Wirtschaftszweigs haben bei qualitativ und quantitativ gleichen Leistungen den gleichen Gesamtwert. Weichen ihre Leistungen in der Menge voneinander ab, so ändern sich ihre Gesamtwerte entsprechend den Mengenunterschieden. Mit anderen Worten: Bei Betrieben mit qualitativ gleichen Leistungen verhält sich der Gesamtwert eines Betriebes zum Gesamtwert eines anderen Betriebes wie die Leistungsmenge des einen zu der des

---

179 Vgl. Moxter (1976), S. 168ff.
180 Vgl. zum Folgenden Coenenberg/Schultze (2002b).
181 Vgl. Schmalenbach (1954), S. 78.

anderen Betriebes."[182] Zur Veranschaulichung mag folgendes Beispiel nach Eugen Schmalenbach dienen: „wenn... eine Kohlenzeche, die jährlich 100 000 t Kohlen produziert, einen Wert von 5 Millionen DM hat, so muss nach dieser Regel eine andere gleichartige Kohlenzeche, die 150 000 t im Jahr produziert, einen Wert von 7,5 Millionen DM haben."[183]

Dieses Grundprinzip liegt auch den heute populären Multiplikator-Methoden zugrunde. Durch simples Ins-Verhältnis-Setzen einer Bezugsgröße, z. B. dem Gewinn, wird nach den Regeln des Dreisatzes der Wert des Vergleichsobjekts auf das Bewertungsobjekt übertragen. Dies unterstellt freilich, dass sich Vergleichsunternehmen und Bewertungsobjekt in ihren Eigenschaften entsprechen und sich eine Bezugsgröße (BG) finden lässt, bezüglich derer die Unternehmenswerte (UW) in linearer Beziehung stehen: [184]

$$\frac{UW_A}{BG_A} = \frac{UW_B}{BG_B} = m$$

Solche Multiplikatoren (m), auch "multiples" genannt, sind heute insbesondere am Kapitalmarkt von großer praktischer Bedeutung bei der Bewertung von Unternehmen.[185] Vor allem in der Aktienanalyse finden Multiples Anwendung, um die Kapitalmarktbewertung einzelner Titel auf „Fehlbewertungen" zu überprüfen und entsprechende Trading-Empfehlungen abzugeben. Aber auch bei Börsengängen und Unternehmenserwerben spielen diese Methoden eine große Rolle. Von besonderer Bedeutung als Bezugsgrößen sind hier vor allem verschiedene Gewinn- und Cashflow-Größen.[186]

Bei den Multiplikator-Verfahren handelt es sich nicht um exakte Bewertungsmethoden wie bei Anwendung der zukunftserfolgsorientierten Methoden, sondern um vereinfachende Bewertungen. Auch von den Anwendern der Multiplikatormethode wird nicht bestritten, dass sich der theoretisch richtige Unternehmenswert aus dem Barwert der Zukunftserfolge ergibt.[187]

---

182 Münstermann (1966), S. 133.
183 Schmalenbach (1954), S. 78.
184 Vgl. Bausch (2000), S. 451.
185 Vgl. Ballwieser (1991), S. 62.
186 Vgl. Barthel (1996), S. 157ff.; Perridon/Steiner (2002), S. 223ff.
187 Vgl. Löhnert/Böckmann (2001), S. 404f.

## 1. Methodik

Ein Multiplikator ist eine Kennzahl, die aus einer Strom- (z. B. Gewinn, Cashflow, Umsatz etc.) oder Bestandsgröße (Buchwert des Eigenkapitals) sowie einer Wertgröße (Börsenkurs, Transaktionspreis) besteht. Diese Kennzahl repräsentiert das Vielfache, das bei der zugrunde gelegten Transaktion für die betreffende Bezugsgröße bezahlt wurde. Durch Multiplikation der Kennzahl mit der entsprechenden Bezugsgröße des Bewertungsobjekts kann dieses Vielfache auf die Situation des zu bewertenden Unternehmens übertragen werden. Wurde z. B. beim Kauf eines vergleichbaren Unternehmens das Fünffache des Gewinns bezahlt, so kann daraus geschlossen werden, dass das zu bewertende Unternehmen, wenn es z. B. einen Gewinn von 10 Mio. GE erwirtschaftet, bei Übertragung der Wertrelationen des Vergleichsunternehmens, einen Wert von entsprechend 5 × 10 = 50 Mio. GE hätte. In der Regel wird dabei auf eine Vielzahl von Vergleichsunternehmen/Transaktionen zurückgegriffen, sodass eine Bandbreite von Multiplikatoren und damit von Unternehmenswerten resultiert.

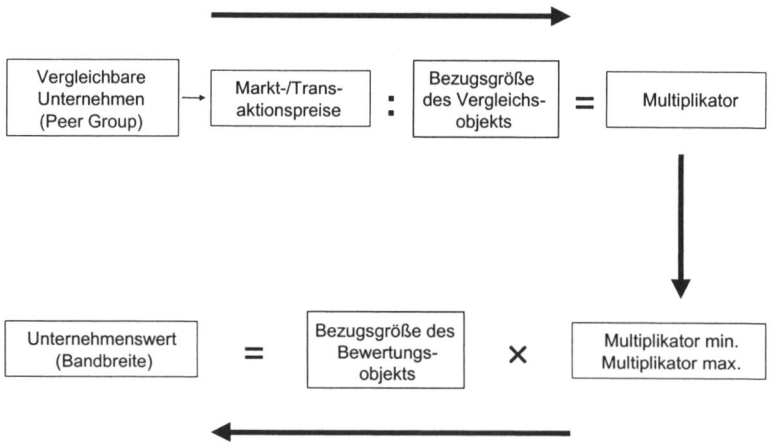

Abb. III.22: Funktionsweise von Multiplikatoren

Entscheidend für das Ergebnis der Multiplikatorbewertung ist die Konsistenz von Multiplikatorbildung und verwendeter Bezugsgröße. Das heißt, wird ein Multiplikator auf Basis eines Gewinnes vor Steuern ermittelt, so ist auch die Bewertung (Multiplikation) mit dem Gewinn vor Steuern des Bewertungsobjekts durchzuführen, um ein konsistentes, interpretierbares Ergebnis zu erzielen.

## C. Vergleichswerte (Multiplikator-Verfahren)

Die Bewertung erfolgt deshalb sinnvoll in drei Schritten:[188]

*1.) Auswahl von Vergleichsunternehmen*
Um ein Unternehmen zu bewerten, müssen vergleichbare Unternehmen herangezogen werden können. Diese zu identifizieren, stellt das erste, wenn nicht schwerste, Problem der Multiplikatormethode dar. Als Kriterien für die Auswahl der Vergleichsunternehmen gelten Branchenzugehörigkeit, Unternehmensgröße, Marktposition, Kostenstruktur, Lebenszyklusphase, geographische Verbreitung, Aktionärsstruktur u.a.m.[189] Die Werte der identifizierten Vergleichsunternehmen müssen nun auf das Bewertungsobjekt übertragen werden. Dazu gilt es, Bezugsgrößen zu identifizieren, die eine solche Übertragung sinnvoll erlauben.

*2.) Identifikation von Bezugsgrößen und Bildung von Multiplikatoren*
In der Praxis werden diverse Kennzahlen als Bezugsgrößen für die Multiplikatorbildung herangezogen. Dazu gehören neben dem Gewinn auch der Buchwert des Eigenkapitals oder auch nicht finanzielle Größen. Die Auswahl der Bezugsgröße hängt entscheidend vom zu bewertenden Unternehmen ab.[190] Durch Division der Marktkapitalisierung durch die Bezugsgröße des Vergleichsunternehmens erhält man den Multiplikator des Vergleichsunternehmens. Die Multiplikatoren der verschiedenen Vergleichsunternehmen werden sich in der Regel unterscheiden. Dadurch wird eine Bandbreite von Multiplikatoren aufgebaut, die sich auch durch Durchschnittsbildung auf einen einzelnen Multiplikator verengen lässt.

*3.) Bestimmung des Unternehmenswerts*
Der Vergleichswert für das betrachtete Bewertungsobjekt ergibt sich nun durch Multiplikation mit der entsprechenden Bezugsgröße, die auch für die Multiplikatorbildung herangezogen wurden. Dabei ist auf Konsistenz der Bezugs- und Wertgrößen zu achten, d. h. ob diese eigen- oder gesamtkapitalbezogen sind.[191] Ebenso wie die zukunftserfolgsorientierte Bewertung zu einer Ermittlung entweder eines Eigenkapital- (Nettomethode) oder eines Gesamtkapitalwertes (Bruttomethode) führt, so ist auch bei Anwendung der Multiplikatormethode diese Unterscheidung zu treffen. Entsprechend ist bei einem gesamtkapitalbezogenen Multiplikator, häufig auch „enterprise-value-multiple" genannt,[192] der Multiplikator auf der Grundlage des Gesamt-Unternehmenswertes (Eigen- und Fremdkapital) zu ermitteln.

---

188 Vgl. Damodaran (2001), S. 1; Hillebrandt (2001), S. 618.
189 Vgl. Cheridito/Hadewicz (2001), S. 322; Löhnert/Böckmann (2001), S. 412.
190 Vgl. hierzu Abschnitt 4 in diesem Kapitel.
191 Vgl. Damodaran (2001), S. 257f.
192 Vgl. Löhnert/Böckmann (2001), S. 403.

**Beispiel:**
Ein Unternehmen hat einen Jahresüberschuss von 15 Mio. GE bei einem Aktienkurs von 50 GE und einer Aktienanzahl von 1.000.000 Stück. Das durchschnittliche Kurs-Gewinn-Verhältnis der Vergleichsunternehmen liegt bei 4. Mit diesen Daten errechnet sich der Vergleichswert wie folgt:

1) Marktkapitalisierung = Anzahl der Aktien × Aktienkurs
  = 1.000.000 × 50 GE
  = 50 Mio. GE
2) Vergleichswert = Multiplikator × Bezugsgröße
  = KGV × Jahresüberschuss
  = 4 × 15 Mio. GE
  = 60 Mio. GE

Der Börsenwert des Unternehmens liegt somit unter dem Vergleichswert, das Unternehmen ist relativ zu den Vergleichsunternehmen unterbewertet. Diese Aussage lässt sich auch anhand der Multiplikatoren selbst treffen: Das KGV des Beispielunternehmens liegt bei 50/15 = 3,3 und damit unter dem durchschnittlichen KGV. Die Bedeutung dieser Aussagen wird im Folgenden näher erläutert.

## 2. Verfahren zur Ermittlung von Multiplikatoren

Zur Ermittlung der für eine Bewertung benötigten Multiplikatoren existieren zwei grundsätzliche Ansätze:[193]

1. Multiplikatoren auf der Basis von vergleichbaren börsennotierten Unternehmen
2. Multiplikatoren auf der Basis von vergleichbaren Transaktionen

Ad 1.) Unternehmenswert auf Basis von vergleichbaren börsennotierten Unternehmen:
Die Börsenkurse von Vergleichsunternehmen dienen hier zur Ermittlung der Multiplikatoren. Diese Vorgehensweise bietet den Vorteil der vergleichsweise einfachen Verfügbarkeit der Daten, birgt aber das Problem in sich, dass Börsenkurse zeitweiligen Stimmungen unterliegen können.

Ad 2.) Unternehmenswert auf Basis vergleichbarer Transaktionen:

---
193 Vgl. Löhnert/Böckmann (2001), S. 403; Damodaran (2001), S. 2.

Als Unternehmenswerte werden dabei die Kaufpreise von vergleichbaren Unternehmenstransaktionen verwendet. Während beim Ansatz „normaler" Börsenwerte keine Übernahmeprämien berücksichtigt sind, hat diese Vorgehensweise den Vorteil, dass realisierte Akquisitionssituationen berücksichtigt werden können. Dem steht eine schwierigere Verfügbarkeit dieser Transaktionspreise entgegen. Außerdem beinhalten diese Kaufpreise subjektive Gegebenheiten dieser Transaktionen wie z.B. Synergie- und Restrukturierungspotenziale, die auch bei Unternehmenskäufen der gleichen Branche und Größe nicht immer in gleicher Höhe auftreten werden.

## 3. Arten von Multiplikatoren

In der Vielzahl denkbarer Multiples ist vor allem eine Unterscheidung von unmittelbarer Bedeutung für das Ergebnis: Ebenso wie die zukunftserfolgsorientierte Bewertung zu einer Ermittlung entweder eines Eigenkapital- (Nettomethode) oder eines Gesamtkapitalwertes (Bruttomethode) führt, so ist auch bei Anwendung der Multiplikatormethode zu unterscheiden, ob die verwendete Bezugsgröße eigen- oder gesamtkapitalbezogen ist. Entsprechend ist bei einem gesamtkapitalbezogenen Multiplikator, häufig auch „enterprise-value-multiple" genannt,[194] der Multiplikator auf der Grundlage des Gesamt-Unternehmenswertes (Eigen- und Fremdkapital) zu ermitteln.

|  | Enterprise-Value | Equity-Value |
|---|---|---|
| **Stromgrößen** | EBIT | Gewinn |
|  | EBITDA | Cashflow |
|  | Umsatz | Netto-Free Cashflow |
|  | Brutto-Free Cashflow |  |
| **Bestandsgrößen** | Buchwert des investierten Vermögens | Buchwert des Eigenkapitals |

Tab. III.32: Arten von Multiplikatoren

Basis für Multiplikatoren bilden sowohl Stromgrößen als auch Bestandsgrößen der Vergleichsunternehmen.[195] Von besonderer Bedeutung als Bezugsgrößen sind vor allem verschiedene Gewinn- und Cashflow-Größen.[196] Daneben werden auch nicht finanzielle, operative Kennzahlen als Bezugsgrößen herangezogen. Dazu gehören z. B.

---
194 Vgl. Löhnert/Böckmann (2001), S. 403.
195 Vgl. Cheridito/Hadewicz (2001), S. 322f.; Löhnert/Böckmann (2001), S. 410f.
196 Vgl. Barthel (1996), S. 157ff.; Perridon/Steiner (2002), S. 223ff.

die Anzahl von Vertragskunden bei Mobilfunkanbietern oder die Anzahl von „pageviews" bei Internetanbietern. Die Bewertung mit solchen, oder auch mit Umsatzmultiples bedeutet jedoch nicht, dass ein Käufer bereit wäre, für diese Größen bzw. den Umsatz an sich zu bezahlen. Sie unterstellt vielmehr ein identisches Margen- und Risikoprofil der verglichenen Unternehmen.[197] Solche Multiplikatoren dienen dazu, auch in den Fällen eine Bewertung zu ermöglich, wo aufgrund fehlender Vergangenheitserfahrungen eine Abschätzung künftiger Entnahmeüberschüsse schwierig ist.

## 3.1. Kurs-Gewinn-Verhältnis

Anhand der veröffentlichten Informationen im Jahresabschluss sind vereinfachte Bewertungen des Unternehmens durch einfache Erfolgsprognosen und mithilfe von Multiplikatoren möglich. Auch wenn es sich bei einer solchen Bewertung nur um Schätzwerte für einen individuellen, subjektiven Unternehmenswert handeln kann, so sind doch auch hier die Erkenntnisse der entscheidungsorientierten Unternehmensbewertung zu beachten. Bewertungsrelevant sind grundsätzlich die Nettoausschüttungen (Div) an die Unternehmenseigner. Um eine fundamentale Bewertung mit einem einzelnen Multiplikator vornehmen zu können, muss man von konstanten Ausschüttungen bzw. von ihrem konstanten Wachstum ausgehen. Bei konstanten, ewigen Ausschüttungen ergibt sich der Unternehmenswert aus Sicht der Unternehmenseigner ($EK_0$) anhand des Dividend-Discount-Models (DDM) wie folgt:[198]

$$EK_0 = \sum_{t=1}^{\infty} \frac{Div}{(1+r)^t} = \frac{Div}{r} \Leftrightarrow m = \frac{1}{r}.$$

Der Multiplikator (m) für die erwartete Dividende entspricht dann dem Kehrwert des Kalkulationszinsfusses. Bei einem konstanten Wachstum (g) der Ausschüttungen ($Div_1 = Div_0 (1+g)$) lässt sich der Unternehmenswert mithilfe der sog. „Gordon-Formel"[199] auch wie folgt ermitteln:[200]

$$Ek_0 = \sum_{t=1}^{\infty} Div_0 \frac{(1+g)^t}{(1+r)^t} = Div_0 \frac{(1+g)}{r-g} = \frac{Div_1}{r-g} \Leftrightarrow m = \frac{1}{r-g}.$$

Der Multiplikator (m) bei wachsenden Ausschüttungen entspricht dem Kehrwert der Differenz von Kalkulationszinsfuss und Wachstum. Geht man davon aus, dass die

---

197 Vgl. Löhnert/Böckmann (2001), S. 404f., 412.
198 Vgl. grundlegend Williams (1938); Miller/Modigliani (1961), S. 411-435.
199 Vgl. Damodaran (2001), S. 192.
200 Vgl. Ballwieser (1991), S. 54ff.; Perridon/Steiner (1999), S. 212ff.

Gewinnausschüttungen mit (1-e) (mit e = Einbehaltungsrate) vom Gewinn (G) abhängen, dann entspricht das "Kurs-Gewinn-Verhältnis (KGV)" dem folgenden komplexen Faktor aus Einbehaltungsrate, Wachstum und Kapitalkosten:[201]

$$Ek_0 = \frac{Div_1}{r-g} = G_1 \frac{(1-e)}{r-g} \Leftrightarrow KGV = \frac{Ek_0}{G_1} = \frac{(1-e)}{r-g}.$$

Das KGV stellt eine Kennzahl dar, welche erklärt, mit welchem Vielfachen des Periodengewinns die Börse eine Aktie bewertet. In diesem Zusammenhang ist auch die Notwendigkeit der Veröffentlichung eines Gewinns pro Aktie (EPS) zu sehen, mit dessen Hilfe die Bewertung eines einzelnen Anteils anhand des KGV möglich ist.

## 3.2. Kurs-Free Cashflow-Verhältnis

Wie das dargestellte KGV lassen sich auch Kennzahlen mit Cashflows als Bezugsgröße aufstellen. Praktische Verwendung finden Kurs-Cashflow (KCF)-Verhältnisse bisher vor allem auf der Basis eines DVFA-Cashflow oder des EBITDA.[202] Sollen die in der KFR präsentierten Informationen entsprechend genutzt werden, müssen diese entsprechend den Erkenntnissen der Unternehmensbewertung aufbereitet werden. Zugrunde liegt dann die Systematik der DCF-Methode mit der Bewertungsgröße Free Cashflow. Dabei ist zu differenzieren, ob nach der Bruttomethode zunächst der Gesamtwert des Unternehmens (GK) ermittelt werden soll, von dem der Wert des Fremdkapitals zu subtrahieren ist, um zum Wert des Eigenkapitals zu gelangen, oder ob dieser nach der Nettomethode direkt ermittelt werden soll.

Wird für die Kennzahlenbildung ein Brutto-FCF herangezogen, also ein Mittelüberschuss vor Abzug der Fremdkapitalzahlungen, ist anschließend der Wert des Fremdkapitals abzuziehen.

$$Gk_0 = \sum_{t=1}^{\infty} \frac{BFCF}{(1+r_{Gk})^t} = \frac{BFCF}{r_{Gk}}$$

$$UW_0 = \frac{BFCF}{r_{Gk}} - Fk$$

---

201 Vgl. Perridon/Steiner (2001), S. 212ff.; hierzu auch Aders/Galli/Wiedemann (2000), S. 202f.
202 Vgl. z. B. Perridon/Steiner (2002), S. 228ff.; Mandl/Rabel (1997), S. 266.

Eine dem KGV entsprechende Kennzahl lässt sich dann zum einen auf der Basis des Unternehmensgesamtwerts aufstellen. Hierfür muss aber zum Börsenwert der Aktien der Wert des Fremdkapitals hinzugezählt werden, was für die Kennzahlenbildung wenig geeignet erscheint.

$$\text{Gesamtwert-BFCF-Verhältnis:} \quad \frac{UW_0 + FK}{BFCF} = \frac{1}{r_{Gk}}$$

Alternativ kann der BFCF auch direkt ins Verhältnis zum Aktienwert gestellt werden, allerdings ist die Kennzahl dann nur eingeschränkt aussagefähig:

$$\text{Preis-BFCF-Verhältnis:} \quad \frac{UW_0}{BFCF} = \frac{1}{r_{Gk}} - \frac{Fk}{BFCF}.$$

Verwendet man dagegen einen Netto-FCF, der bereits um Fremdkapitalzahlungen gekürzt ist, erhält man direkt den Wert des Eigenkapitals. Die Aussage ist dann mit der des KGV identisch:

$$UW_0 = \frac{NFCF}{r_{Ek}},$$

$$\frac{UW_0}{NFCF} = \frac{1}{r_{Ek}}.$$

Auch auf einen Free Cashflow sind die oben verwendeten Wachstumsformeln anwendbar, sodass Unternehmenswert und Preis -Netto-Free Cashflow -Verhältnis sich darstellen lassen mit:

$$UW_0 = NFCF_0 \frac{(1+g)}{r_{Ek} - g},$$

$$\frac{UW_0}{NFCF_0} = \frac{(1+g)}{r_{Ek} - g}.$$

Das Preis-NFCF-Verhältnis lässt sich damit als komplexer Ausdruck der Wachstumserwartungen und der Renditeforderungen der Aktionäre interpretieren. Natürlich muss zur Bildung dieser Kennzahlen entweder der Kurs mit der Anzahl der Aktien multipliziert und dann mit dem gesamten NFCF ins Verhältnis gesetzt werden, bzw. der Netto-FCF durch die Anzahl der Aktien geteilt werden, um ihn zum Aktienkurs ins Verhältnis zu setzen. Im Folgenden soll die genaue Größe, die für die Unternehmensbewertung aus der Kapitalflussrechnung heranzuziehen ist, abgeleitet werden.

## 4. Bewertungszweck

Multiplikatoren auf Basis von Börsenkursen dienen in erster Linie dem Zweck der *relativen Bewertung* unterschiedlicher Kapitalmarkttitel. Mit ihrer Hilfe werden Vergleichswerte für einen relativen Preisvergleich mit dem Ziel ermittelt, Fehlbewertungen zueinander aufzudecken. Durch Gegenüberstellen der Multiplikatoren vergleichbarer Unternehmen soll ein Indiz dafür gefunden werden, ob einer der Titel fehlbewertet ist. Damit sollen Preisunterschiede aufgedeckt und kurzfristig Arbitragegewinne erzielt werden.[203] Dabei dienen die Multiplikatoren jedoch nicht der Ermittlung eines „intrinsischen", d. h. des fundamentalen inneren Wertes, sondern der Abschätzung ihres Marktpreises, d. h. des erzielbaren Kauf- oder Verkaufspreises.[204] Es wird gerade als ihr Vorteil eingeschätzt, dass sie im Gegensatz zu Zukunftserfolgswerten in der Lage sind, Marktstimmungen abzubilden.[205] Wenn z. B. sämtliche Technologiewerte im Markt besonders hoch gehandelt werden, soll das eine Unternehmen herausgefiltert werden, das relativ zu den anderen fehlbewertet ist. Grundannahme eines solchen Ansatzes ist, dass der Markt im Durchschnitt richtig liegt und einzelne Unternehmen fehlbewertet sein könnten. Hingegen ist die Grundannahme der Zukunftserfolgswert-Methoden, dass Märkte kurzfristig Fehler machen können, welche aber langfristig ausgeglichen werden.[206] Deshalb liegen in euphorischen Börsenzeiten („bull market") die Multiplikatorwerte meist über den Zukunftserfolgswerten und bei gedrückter Börsenstimmung („bear market") ist das Gegenteil der Fall.[207]

Aus Sicht der relativen Bewertung heraus lässt sich verstehen, weshalb die Unternehmensbewertung am Kapitalmarkt nicht ausschließlich aus der Sicht von Zukunftserfolgswerten gesehen wird, sondern auch deren Verhältnis zu Preisen am Kapitalmarkt eine Rolle spielt. Fraglich ist jedoch, inwieweit die Multiplikatormethode auch für andere Bewertungszwecke sinnvoll ist. Typischerweise wird sie von Investment-

---

203 Dies gilt besonders für Fondsmanager, die danach beurteilt werden, ob sie andere Fonds übertroffen haben. Vgl. Damodaran (2001), S. 252.
204 Vgl. Damodaran (2001), S. 252, 272.
205 Die Diskontierung beruht auf langjährigen Durchschnittsrenditen und versucht, die zukünftigen erwarteten Entwicklungen am Kapitalmarkt mit einzubeziehen. Deshalb werden dabei die Stimmungsschwankungen des Kapitalmarkts nivelliert. Zudem basiert die Entscheidungswertermittlung auf wesentlich detaillierteren Prognosen der Zukunftserfolge, während die Multiplikatormethode bestenfalls auf Analystenschätzungen für die nächsten ein bis zwei Jahre zurückgreift.
206 Vgl. Damodaran (2001), S. 272.
207 Vgl. Damodaran (1996), S. 291.

banken gerne auch bei Kaufpreisermittlungen im Rahmen des M&A und bei Börsengängen angewandt.[208]

Wie dargelegt, zielen Kaufpreisermittlung und relative Bewertung auf unterschiedliche Zwecksetzungen ab. Vergleichswerte auf Basis von Multiplikatoren sollen gerade Marktstimmungen widerspiegeln, Grenzpreise hingegen den „inneren Wert" bzw. Entscheidungswert aus Sicht einer Partei. Dieses Auseinanderfallen von Vergleichswerten und Grenzpreisen wird z. B. bei Börsengängen deutlich: So könnte bei einem Börsengang wegen einer euphorischen Stimmung sich ein deutlich über dem Zukunftserfolgswert liegender Vergleichswert auf der Grundlage von Multiplikatoren ergeben. Der Vergleichswert bildet den Wert ab, der in der momentanen Stimmung am Markt zu erzielen wäre, der Zukunftserfolgswert hingegen den auf Basis der Abschätzung der zu erwartenden Zukunftsentwicklungen ermittelten Unternehmenswert. Eine Vernachlässigung des Vergleichswerts würde zu einem unterdurchschnittlichen Emissionserlös führen.[209] Andererseits bedeutet die Ausnutzung einer Überbewertung des Marktes gleichzeitig eine Gefahr für den langfristigen Emissionserfolg im Sinne einer dauerhaften Zufriedenheit der Aktionäre. Aus Sicht der Theorie kann deshalb nur der Grenzpreis und damit die Zukunftserfolgswert-Methodik zufrieden stellen.

Multiplikatoren auf Basis von Transaktionspreisen werden häufig für die Ermittlung von Unternehmenswerten im Rahmen von M&A-Transaktionen verwendet. Sie haben den Vorteil, dass sie bereits eine Prämie für die Übernahme der unternehmerischen Kontrollrechte sowie ggf. sich aus dem Zusammenschluss ergebender Synergievorteile beinhalten, während Börsenkurse nur den „stand-alone"-Wert einer rein finanziell motivierten Eigentumsposition repräsentieren.[210] Transaktionspreis-Multiplikatoren dienen folglich nicht der relativen Bewertung für Arbitrage-Zwecke sondern im Wesentlichen einer Gewinnung von Vergleichs- bzw. Erfahrungswerten aus ähnlichen Transaktionen. Dabei wird jedoch nicht auf die individuellen Möglichkeiten unterschiedlicher Erwerber bei dem konkreten Zielunternehmen abgestellt, sondern vielmehr die Situation der Referenztransaktion übertragen. Dieser Referenz- anstelle eines Zielunternehmensbezugs führt dazu,[211] dass Werte auf Basis von Transaktionsmultiplikatoren bestenfalls eine Bandbreite und ersten Anhaltspunkt liefern, keines-

---

208 Vgl. Bausch (2000), S. 449.
209 In der Praxis erfolgen deshalb Neuemissionen heute i. d. R. im Wege des Bookbuilding-Verfahrens, bei dem der Emissionspreis durch Zeichnungsaufträge innerhalb einer vorgegebenen Spanne auf den letztendlichen Preis eingeengt wird. Hierdurch wird das Problem zu hoher Zeichnungsgewinne zumindest teilweise behoben. Vgl. hierzu ausführlich Baumeister/Werkmeister (2001), S. 225f.
210 Vgl. Bausch (2000), S. 452f.
211 Vgl. Bausch (2000), S. 456.

falls aber eine Grenzpreisermittlung ersetzen können. Ihr Zweck ist folglich vor allem in der Absicherung vor Fehleinschätzungen, d.h. einer Plausibilitätsprüfung, zu sehen.[212]

Ein wesentlicher Grund für die Popularität der Multiplikator-Methode liegt in ihrer einfachen Anwendbarkeit und Verständlichkeit.[213] Insbesondere in den Fällen, in denen eine exakte Bewertung aufgrund des unzureichenden Informationsstandes des Bewerters nicht möglich ist bzw. der Aufwand einer exakten Bewertung in einem unangemessenen Verhältnis zum Bewertungszweck stünde, bietet sich eine vereinfachte Bewertung an. Im Gegensatz zu den zukunftserfolgsorientierten Methoden müssen keine expliziten Annahmen über den Kalkulationszinsfuß einerseits, einschließlich der Überlegungen zu Basiszins, Risikozuschlag und Kapitalstrukturproblematik, und der Cashflowstruktur andererseits, mit Überlegungen zu Gewinnmargen, Nachhaltigkeit und Wachstumsraten, getroffen werden.[214] Jedoch ist dieser Vorteil vordergründig, denn alle diese Annahmen sind in den Multiplikatoren implizit enthalten und werden durch ihre Auswahl ebenso getroffen, nur eben nicht bewusst.[215] Die richtige Anwendung der Multiplikatormethode macht die Anpassung der Multiplikatoren um Unterschiede zwischen den Unternehmen notwendig und wird damit ebenso komplex wie eine Zukunftserfolgs-Methodik.

## 5. Kritik

Wie oben abgeleitet entspricht das "Kurs-Gewinn-Verhältnis (KGV)" einem komplexen Faktor aus Einbehaltungsrate, Wachstum und Kapitalkosten.[216] Unterschiede in beobachteten KGVs deuten deshalb nicht unmittelbar auf eine Fehlbewertung, sondern können durch diese drei Faktoren bedingt sein. Jeder dieser Faktoren kann Anlass zu Bewertungsunterschieden geben. Unterschiede in den Faktoren müssten folglich durch Anpassungen der Multiplikatoren ausgeglichen werden, was konzeptionell aufwendig und schwierig ist, da hierfür theoretische Konzepte weitgehend fehlen.[217]

---

212 Vgl. Ballwieser (1991), S. 62f.; Bausch (2000), S. 459.
213 Vgl. Damodaran (2001), S. 252. Für eine Diskussion der Einsatzmöglichkeiten und Grenzen der Multiplikatormethode in der Unternehmensbewertung vgl. Ballwieser (1997), S. 185ff.; Barthel (1996), S. 149ff.
214 Vgl. Küting/Eidel (1999), S. 231.
215 Vgl. Damodaran (2001), S. 262.
216 Vgl. Perridon/Steiner (1999), S. 212ff.; hierzu auch Aders/Galli/Wiedemann (2000), S. 202f.
217 Vgl. Küting/Eidel (1999), S. 229.

Die Problematik wird im Folgenden anhand von Unterschieden in der Kapitalstruktur veranschaulicht.

## 5.1. Kapitalstruktureffekt

In der Finanzierungstheorie ist seit langem bekannt, dass der Verschuldungsgrad und das damit verbundenen finanzwirtschaftliche Risiko in erheblichem Maße Einfluss auf die Renditeforderungen der Eigentümer hat. Die Kapitalkosten eines unverschuldeten Unternehmens hängen allein vom operativen Risiko ab. Wegen der Übernahme zusätzlichen finanzwirtschaftlichen Risikos werden die Eigner eines verschuldeten Unternehmens höhere Renditen fordern.

Durch das MODIGLIANI/MILLER-Theorem von der Irrelevanz der Finanzierung ist bekannt, dass sich die Verschuldungseffekte ohne Berücksichtigung von Steuern exakt ausgleichen: In dem Maße wie sich durch den Leverage-Effekt Chancen auf höhere Verzinsung des eingesetzten Kapitals ergeben, steigt das Risiko der Eigner und damit ihre Renditeforderung. Erst der Einbezug von Steuern wirkt sich auf den Unternehmenswert aus. Da die Fremdfinanzierung gegenüber der Eigenfinanzierung steuerlich begünstigt ist, fließen den Eignern durch die Verschuldung zusätzliche Erfolge zu, die sog. Tax Shields. Hierdurch werden die Ansprüche der Eigner im Vergleich zur Alternativanlage „gebremst" – die Steigerung fällt geringer aus. Die Theorie hat sich sehr ausführlich mit der Frage der Bewertung dieser Tax Shields und damit ihrer Auswirkung auf die Kapitalkostenfunktion befasst.[218]

Es existieren verschiedene Annahmebündel, bei denen zum einen zu unterscheiden ist, ob man konstante, uniforme Zahlungsströme betrachtet, oder schwankende. Zum anderen spielt die Risikostruktur der Steuervorteile der Fremdfinanzierung (Tax Shields) eine wesentliche Rolle. Diese verschiedenen Annahmen führen zu den unterschiedlichen Reaktionsfunktionen der Kapitalkosten in Abhängigkeit vom Verschuldungsgrad.[219] Hervorzuheben ist, dass bei schwankenden Zahlungsströmen lediglich die Annahme einer konstanten, unternehmenswertabhängigen Finanzierung es ermöglicht, im Zeitablauf konstante Kapitalkosten zu verwenden. In allen anderen Fällen sind die Kapitalkosten in jeder Periode neu zu ermitteln und für die Bewertung anzusetzen.[220]

---

218 Vgl. hierzu insbesondere Inselbag/Kaufold (1997), S. 114; Miles/Ezzell (1980), S. 719f.; vgl. für einen Überblick über die deutschsprachige Diskussion Wallmeier (1999), S. 1473-1490.
219 Vgl. hierzu die Zusammenstellungen in Wallmeier (1999), S. 1474 und Abschnitt V.F.
220 Vgl. hierzu Abschnitt V.F.

## 5.2. Beispiel

Wir betrachten zwei Unternehmen A und B mit identischem operativen Geschäft, aber unterschiedlicher Finanzierungsstruktur. Von Unternehmen A sei der Preis bekannt, von Unternehmen B gesucht. Dabei wird der Einfachheit halber von konstanten Überschüssen ausgegangen (vgl. Tab. III.33).

|  | Unternehmen A | Unternehmen B |
| --- | --- | --- |
| EBIT | 100 | 80 |
| Zinsen | 18 | 0 |
| EE-Steuern 35 % | 28,7 | 28 |
| Jahresüberschuss | 53,3 | 52 |
| Marktkapitalisierung | 350 | ? |
| Fremdkapital | 300 | 0 |
| „Enterprise Value (EV)" | 650 | ? |
| Kurs/Gewinn-Verhältnis (KGV) | 6,57 | ? |
| EV/EBIT-Verhältnis | 6,5 | ? |

Tab. III.33: Beispiel: Vergleichsunternehmen

Bewertet man Unternehmen B mithilfe des KGV von A, dann ergeben sich zunächst:

$$Ek_0^B = J\ddot{U}^B \times 6{,}57 = 341{,}46$$

Dieser Wert ist jedoch nicht aussagekräftig, da Unternehmen A wegen seines höheren Verschuldungsgrades ein höheres Risiko aufweist und damit höhere Kapitalkosten trägt als Unternehmen B und deshalb einem Bewertungsabschlag unterliegt. Der Wert des Unternehmens B müsste folglich höher liegen. In der Literatur wird empfohlen, Brutto-Multiplikatoren wie das Enterprise-Value (EV)/EBIT-Multiple anzuwenden, da diese in der Lage seien, unterschiedliche Finanzierungsstrukturen auszugleichen.[221] Es resultiert ein Wert von:

$$Gk_0^B = EBIT^B \times 6{,}5 = 520$$

Im vorliegenden Fall entspricht dieser Wert unmittelbar dem Eigenkapitalwert von B, da B unverschuldet ist. Er bleibt jedoch einer theoretischen Überprüfung zu unterziehen. Theoretische Grundlage für die Bewertung von finanzierungsunabhängigen

---

221 Vgl. Küting/Eidel (1999),S. 230 m. w. N.

Brutto-Überschüssen (EBIT) ist der WACC-Ansatz der DCF-Methodik.[222] Geht man vom WACC-Ansatz aus, dann zeigt sich, dass der hierfür notwendige Multiplikator vom Steuersatz sowie den gewichteten Kapitalkosten abhängt:

$$Gk_0 = \frac{EBIT(1-s)}{r_{Ek}\frac{Ek}{Gk} + r_{Fk}(1-s)\frac{Fk}{Gk}} = EBIT\frac{(1-s)}{r_{wacc}} \Leftrightarrow m = \frac{(1-s)}{r_{wacc}}$$

Bewertet man Unternehmen A nach dem WACC-Ansatz, so lässt sich der implizite Kalkulationszinsfuß obiger Bewertung ermitteln:

$$650 = \frac{100(0{,}65)}{r_{wacc}} \Leftrightarrow r_{wacc} = \frac{EBIT(1-s)}{Gk_0} = \frac{100(0{,}65)}{650} = 10\%$$

Überträgt man diesen Satz auf Unternehmen B, so ergibt sich der oben auf Basis des EV/EBIT-Multiplikators ermittelte Wert:

$$Gk_0^B = \frac{EBIT(1-s)}{r_{wacc}} = \frac{80(0{,}65)}{0{,}1} = 520$$

Dies zeigt, dass die Verwendung des Multiplikators gleichbedeutend mit der Übertragung der WACC in Höhe von 10 % ist. Diese Übertragung ist jedoch nicht zulässig, da Unternehmen B eine andere Finanzierungsstruktur als Unternehmen A aufweist und sich deshalb seine Kapitalkosten von Unternehmen A unterscheiden. Nur bei Vernachlässigung von Steuern sind die WACC unabhängig von der Kapitalstruktur des Unternehmens.[223] Wegen der höheren Verschuldung von A beinhaltet dieser Unternehmenswert den Wert der Steuervorteile der Fremdfinanzierung, die bei B jedoch nicht anfallen. Bei Einbezug von Steuern fallen deshalb die WACC mit zunehmender Verschuldung an.

Ermittelt man die Kapitalkosten, die für das unverschuldete Unternehmen B anzuwenden wären, so ergeben sich:[224]

---

222 Allerdings ist dabei zusätzlich die Annahme konstanter ewiger Zahlungen sowie der Gleichheit von Investitionen und Abschreibungen notwendig, um eine Konstanz und Gleichheit von EBIT und Free Cashflow herzustellen.
223 Vgl. Modigliani/Miller (1958); Modigliani/Miller (1963), S. 433-443. Deshalb führt das EV/EBIT-Verhältnis nur in einer Welt ohne Steuern, wie im Beispiel bei Küting/Eidel (1999),S. 229f., zu richtigen Ergebnissen.
224 Vgl. Modigliani/Miller (1963). Diese Berechnung unterstellt ein Rentenmodell mit bekanntem und konstantem Fremdkapitalbestand. Außerdem wird vereinfachend von einer Wirksamkeit des gesamten Steuersatzes als Tax-Shield ausgegangen, was im deutschen Steuersystem nur bedingt richtig ist. Da Unternehmen B unverschuldet ist, entsprechen die so ermittelten Kapi-

## C. Vergleichswerte (Multiplikator-Verfahren)

$$r_{Ek}^u = \frac{r_{wacc}}{\left(1-s\frac{Fk}{Gk}\right)} = \frac{0{,}1}{1-0{,}35\frac{300}{650}} = 11{,}93\% = r_{wacc}^B.$$

Bewertet man Unternehmen B nun mit dem WACC-Ansatz, dann ergibt sich der theoretisch „richtige" Wert von:

$$Gk_0^B = \frac{EBIT(1-s)}{r_{wacc}} = \frac{80(0{,}65)}{0{,}1193} = 436.$$

Hieraus lassen sich nun die Multiplikatoren ermitteln, die für eine richtige Bewertung erforderlich gewesen wären (vgl. Tab. III.34).

|  | Unternehmen A | Unternehmen B |
|---|---|---|
| Marktkapitalisierung | 350 | 436 |
| Fremdkapital | 300 | 0 |
| „Enterprise Value (EV)" | 650 | 436 |
| Kurs/Gewinn-Verhältnis | 6,57 | 8,38 |
| EV/EBIT-Verhältnis | 6,5 | 5,45 |

Tab. III.34: Beispiel: Bewertung mit Multiplikatoren

Das richtige EBIT-Multiple von Unternehmen B in Höhe von 5,45 entspricht dem Kehrwert der kapitalstrukturadjustierten WACC des Unternehmens B vor Steuern:

$$\frac{r_{wacc}^B}{(1-s)} = 18{,}35\% \Leftrightarrow \frac{1}{0{,}1835} = 5{,}45 = \frac{EV}{EBIT}$$

Als Fazit lässt sich festhalten, dass sich eine Bewertung von Unternehmen mit unterschiedlicher Kapitalstruktur nicht auf eine vereinfachte Bewertung mithilfe von Multiplikatoren, stützen kann. Auch das EV/EBIT-Verhältnis, ist nicht in der Lage, diese Unterschiede zu kompensieren. Angesichts der vielfältigen Unterschiede zwischen Unternehmen bzgl. der bewertungsrelevanten Faktoren würde jeder einzelne eine Anpassung der Multiplikatoren erfordern.

---

talkosten eines unverschuldeten Unternehmens gleichzeitig auch den WACC des Unternehmens B.

## 6. Zusammenfassung

Das Multiplikator-Verfahren beinhaltet eine ganze Reihe von Unschärfen. Deshalb sollte es in der Praxis nur zu einer Intervallbestimmung oder zu einer Plausibilitätsprüfung möglicher Unternehmenswerte angewendet werden. Selbst die Zwecksetzung der relativen Bewertung kann die Methodik nur unzureichend erfüllen. Die richtige Anwendung setzt Identität aller Parameter bei Vergleichs- und Bewertungsobjekt voraus - dann ist die Bewertung allerdings trivial. Strukturelle Unterschiede zwischen den zu vergleichenden Unternehmen erfordern die Anpassung der Multiplikatoren, die eine Zukunftserfolgsbewertung streng genommen voraussetzen. Die Multiplikator-Methode wird dann ebenso komplex wie die Zukunftserfolgs-Methode, ihr Vorteil der Einfachheit entfällt.

Anstatt solch komplexer Anpassungen der Multiplikatoren erscheint die Anwendung vereinfachter zukunftserfolgsorientierter Verfahren vorziehenswürdig. Z. B. das Discounted-Dividend-Model (DDM) oder die vereinfachte DCF-Bewertung mithilfe des Werttreiber-Modells nach RAPPAPORT (1986) bieten hierfür Anhaltspunkte.[225] Diese tragen einerseits dem Bewertungszweck, nämlich Anwendungsfällen mit geringerer Informationsdichte, durch einen geringeren Detaillierungsgrad Rechnung, machen andererseits aber die explizite Abschätzung der in die Bewertung einfließenden Faktoren notwendig. Ein mithilfe von Multiples ermittelter Unternehmenswert kann daher bestenfalls als Plausibilitäts-Check den zukunftserfolgsorientierten Bewertungsmethoden zur Seite stehen.

---

225 Vgl. Rappaport (1986), S. 76.

# D. Fallbeispiel

Die Medizintechnik AG,[226] ein Unternehmen der Medizinelektronikbranche, hat sich als Ergebnis einer intensiven strategischen Analyse dazu entschlossen, ihre Aktivitäten im Herzschrittmacherbereich auf den amerikanischen Markt auszudehnen. Dieses Ziel scheint durch internes Wachstum nicht erreichbar zu sein, weshalb eine Akquisition geplant ist. Aus den möglichen Kandidaten wird das amerikanische Unternehmen Pacemaker Inc. ausgewählt und soll im Folgenden bewertet werden.

Im ersten Schritt wird der Substanzwert der Pacemaker Inc. ermittelt. In Form des **Rekonstruktionswert** wird einerseits die Bilanz des Unternehmens näher analysiert, wobei versteckte Risiken aufgedeckt werden, andererseits vollzieht dieser Wert die theoretische Alternative einer Eigenerrichtung in den USA nach. Die Pacemaker Inc. weist die in Tab. III.34 angegebenen Bilanzpositionen zum 31.12.00 aus. Neben den einzelnen Bilanzpositionen mit ihren Buchwerten sind die zur Berechnung des Rekonstruktionswerts notwendigen Korrekturen aufgeführt, die zu den einzelnen Zeitwerten führen. Die Neubewertung ist z.B. bei Grundstücken und Gebäuden auf eine Unterbewertung in der Bilanz zurückzuführen, die dadurch entstanden ist, dass die Vermögensgegenstände höchstens zu ihren Anschaffungs- und Herstellungskosten angesetzt werden dürfen. Sie müssen bei der Annahme einer Neuerrichtung zu Zeitwerten in den Rekonstruktionswert eingehen. Die Erhöhung des Fremdkapitals in Höhe von 14 Mio. EUR liegt im vorliegenden Fall an einer im Vergleich zum amerikanischen Unternehmen (Pacemaker Inc.) vorsichtigeren Rückstellungspolitik des deutschen Unternehmens (Medizintechnik AG), die dazu führt, dass Garantie- und Gewährleistungsrückstellungen höher angesetzt werden. Es errechnet sich ein Rekonstruktionswert von 311,37 Mio. EUR.

Die Berechnung des **Liquidationswerts** aus Pacemaker-Sicht folgt grundsätzlich der gleichen Vorgehensweise, nur dass als Zeitwerte Beträge gewählt werden, die beim Verkauf der einzelnen Gegenstände erzielbar wären.

---

226 Vgl. zu diesem Beispiel Coenenberg/Schultze/Biberacher (2002); ähnlich auch Coenenberg/Jakoby (2000).

| Bilanzpositionen | Buchwert in Mio. EUR | Neubewertung/ Korrekturen in Mio. EUR | Zeitwert in Mio. EUR |
|---|---|---|---|
| **Aktiva** | | | |
| Patente | - | + 87,50 | 87,50 |
| Grundstücke | 21,45 | + 28,73 | 50,18 |
| Gebäude | 95,65 | + 23,35 | 119,00 |
| Technische Anlagen | 55,30 | + 7,70 | 63,00 |
| Programmiergeräte | 39,58 | + 12,92 | 52,50 |
| Betriebs- und Geschäftsausstattung | 7,83 | + 1,05 | 8,88 |
| Sonstiges Anlagevermögen | 12,01 | - | 12,01 |
| Vorräte | 281,66 | − 10,50 | 271,16 |
| Forderungen | 175,70 | − 3,50 | 172,20 |
| Kasse und Wertpapiere | 20,69 | - | 20,69 |
| Rechnungsabgrenzungsposten | 4,20 | - | 4,20 |
| **Fremdkapital** | − 535,95 | − 14,00 | − 549,95 |
| **Rekonstruktionswert** | 178,12 | +133,25 | 311,37 |

Tab. III.35: Beispiel einer Rekonstruktionswertberechnung

Im zweiten Schritt werden **Vergleichswerte** für die Pacemaker Inc. ermittelt. Die Pacemaker Inc. erwirtschaftete im Geschäftsjahr 00 einen Jahresüberschuss in Höhe von umgerechnet 30,3 Mio. EUR. Das KGV der Medizinelektronikbranche, in der Pacemaker tätig ist, beträgt derzeit 17,4. Damit beträgt für Pacemaker auf Basis des Branchen-KGV der Marktwert (des Eigenkapitals):

17,4 · 30,3 Mio. EUR = 527,2 Mio. EUR.

Dieser Betrag wäre als Börsenwert für Pacemaker zu erwarten, wenn das Unternehmen an der Börse notiert wäre und einem Branchendurchschnittsunternehmen in jeglicher Hinsicht (Marktstellung, Kostenposition, Größe, Kapitalstruktur etc.) entspräche. Der Referenzwert für in den USA getätigte Transaktionen in der Branche Medizinelektronik liegt für den vorliegenden Fall beim 0,5- bis 1,2fachen des Umsatzes. Daraus lässt sich für Pacemaker bei einem Umsatz von umgerechnet 853,71 Mio. EUR im Jahr 00 folgender Wert errechnen:

Vergleichswert  = Multiple · Umsatz
 = 0,5 · 853,71 Mio. EUR = 426,86 Mio. EUR (= Minimum) bzw.
 = 1,2 · 853,71 Mio. EUR = 1024,45 Mio. EUR (= Maximum).

Im dritten Schritt werden die zukunftserfolgsorientierten Bewertungsverfahren angewendet. Der Medizintechnik AG liegen Pacemakers interne Absatz-, Preis- und Kostenprognosen für die nächsten fünf Jahre vor. In der Detailplanungsphase (t = 0 bis 5) wurden alle möglichen Einflussfaktoren, u.a. Marktvolumen und Marktwachstum,

Segmentanteile und Segmentanteilsentwicklung, Pacemakers Marktanteil, Preise und Preisentwicklung, Kosten pro Herzschrittmacher, Kostensenkung durch Erfahrungskurveneffekte und Kostensteigerung durch Inflation berücksichtigt. Für die darauffolgenden Perioden wird von einer Konstanz der Ergebnisse des Jahres 5 ausgegangen.

| Plan-GuV (in Mio. EUR) | 1 | 2 | 3 | 4 | 5 | ab 6 |
|---|---|---|---|---|---|---|
| Umsatz | 945,36 | 1.046,62 | 1.158,19 | 1.280,82 | 1.307,91 | 1.307,91 |
| -zahlungswirksamer Aufwand | 801,18 | 901,59 | 995,82 | 1.101,99 | 1.120,11 | 1.120,11 |
| = EBITDA | 144,18 | 145,03 | 162,37 | 178,82 | 187,80 | 187,80 |
| - Abschreibungen | 57,95 | 47,30 | 48,67 | 44,27 | 45,02 | 45,02 |
| + Zinsertrag | 0,00 | 7,17 | 14,04 | 21,45 | 28,16 | 35,94 |
| = EBIT | 86,23 | 104,90 | 127,74 | 156,00 | 170,94 | 178,72 |
| - Zinsaufwand | -19,59 | -20,85 | -21,93 | -22,73 | -23,10 | -23,23 |
| - Ertragsteuern | 23,32 | 29,42 | 37,03 | 46,64 | 51,74 | 54,42 |
| = Jahresüberschuss | 43,31 | 54,63 | 68,78 | 86,62 | 96,09 | 101,07 |

Tab. III.36: Beispiel zur Prognose zukünftiger Unternehmensergebnisse

| Plan-Bilanz (in Mio. EUR) | 0 | 1 | 2 | 3 | 4 | 5 | ab 6 |
|---|---|---|---|---|---|---|---|
| **Aktiva** | | | | | | | |
| Anlagevermögen | 231,82 | 280,91 | 330,27 | 378,69 | 424,40 | 472,56 | 472,56 |
| Netto-Umlaufvermögen | 226,22 | 195,09 | 161,20 | 124,19 | 83,74 | 37,47 | 37,47 |
| Summe | 458,04 | 476,01 | 491,47 | 502,88 | 508,14 | 510,03 | 510,03 |
| **Passiva** | | | | | | | |
| Eigenkapital | 178,12 | 178,12 | 178,12 | 178,12 | 178,12 | 178,12 | 178,12 |
| verzinsliches FK | 279,92 | 297,89 | 313,35 | 324,76 | 330,02 | 331,91 | 331,91 |
| Summe | 458,04 | 476,01 | 491,47 | 502,88 | 508,14 | 510,03 | 510,03 |

Tab. III.37: Beispiel zur Prognose zukünftiger Bilanzwerte

Neben der operativen Planung ist eine detaillierte Planung der Investitionsbedarfe und daraus resultierenden Abschreibungen sowie der resultierenden Finanzierungsbedarfe nötig (vgl. Tab. III.36 bis 38). Aus der operativen Planung und den Investitionen ergibt sich ein konkreter Innenfinanzierungsspielraum, aus dem unter den Ausschüttungsannahmen ein bestimmtes Finanzierungsverhalten zwingend folgt. Dies lässt sich mit Hilfe einer Kapitalflussrechnung planen, in der auch die bewertungsrelevanten Größen für die DCF-Methode ermittelt werden können.

| Plan-Kapitalflussrechnung (in Mio. EUR) | 1 | 2 | 3 | 4 | 5 | ab 6 |
|---|---|---|---|---|---|---|
| Jahresüberschuss | 43,31 | 54,63 | 68,78 | 86,62 | 96,09 | 101,07 |
| + Abschreibungen | 57,95 | 47,30 | 48,67 | 44,27 | 45,02 | 45,02 |
| + ΔNetto-Umlaufvermögen | 31,12 | 33,90 | 37,01 | 40,45 | 46,28 | 0,00 |
| + Steueraufwand | 23,32 | 29,42 | 37,03 | 46,64 | 51,74 | 54,42 |
| + Zinsaufwand | 19,59 | 20,85 | 21,93 | 22,73 | 23,10 | 23,23 |
| = Mittelzufluss aus dem laufendem Geschäft (BOCF) | 175,31 | 186,10 | 213,42 | 240,71 | 262,23 | 223,73 |
| Investitionen in Sachanlagen | -62,66 | -54,11 | -51,27 | -48,42 | -45,02 | -45,02 |
| Investitionen in Finanzanlagen | -44,39 | -42,55 | -45,82 | -41,55 | -48,16 | 0,00 |
| = Summe Investitionen (ICF) | -107,05 | -96,66 | -97,09 | -89,97 | -93,18 | -45,02 |
| = BOCF + ICF | 68,26 | 89,44 | 116,33 | 150,74 | 169,05 | 178,72 |
| - fiktive Steuer (EBIT×s) | 30,18 | 36,71 | 44,71 | 54,60 | 59,83 | 62,55 |
| =Brutto-Free Cashflow (BFCF) | 38,08 | 52,72 | 71,62 | 96,14 | 109,23 | 116,17 |
| + Steuervorteil Fremdkap. | 6,86 | 7,30 | 7,68 | 7,96 | 8,09 | 8,13 |
| - Zinsaufwand (Z) | -19,59 | -20,85 | -21,93 | -22,73 | -23,10 | -23,23 |
| + Aufnahme FK (ΔFk) | 17,97 | 15,46 | 11,42 | 5,26 | 1,88 | 0,00 |
| =Netto-Free Cashflow (NFCF) | 43,31 | 54,63 | 68,78 | 86,62 | 96,09 | 101,07 |
| - Ausschüttung | -43,31 | -54,63 | -68,78 | -86,62 | -96,09 | -101,07 |
| + Eigenkapital-Aufnahme | 0,00 | 0,00 | 0,00 | 0,00 | 0,00 | 0,00 |
| = Eigenkapital-Cashflow (Ek-CF) | -43,31 | -54,63 | -68,78 | -86,62 | -96,09 | -101,07 |
| Veränderung Liquider Mittel | 0,00 | 0,00 | 0,00 | 0,00 | 0,00 | 0,00 |

Tab. III.38: Beispiel zur Prognose zukünftiger Free Cashflows

Der Kalkulationszinsfuß für Pacemaker ergibt sich nach dem CAPM wie folgt:

landesüblicher (= risikoloser) Zinssatz $R_f$     6 %
erwartete Marktrendite $R_m$     11 %
Branchen-$\beta$     1,41

Daraus ergibt sich ein Zinssatz von:
$$r_{EK} = 6\% + 1{,}41\,(11\% - 6\%) = 13{,}05\%$$

Dieser Zins ist als Rendite einer Anlage in Aktien an risikoäquivalenten Unternehmen und damit als Opportunitätskosten der Eigenkapitalgeber zu interpretieren. Er kann unmittelbar als Kalkulationszinsfuß für die Nettomethode verwendet werden.

| Jahr | Ausschüttung | Erhöhung EK | Nettoausschüttung | Barwertfaktor | Barwert bei 13,05 % |
|---|---|---|---|---|---|
| 1 | 43,31 | 0,00 | 43,31 | 0,88 | 38,31 |
| 2 | 54,63 | 0,00 | 54,63 | 0,78 | 42,74 |
| 3 | 68,78 | 0,00 | 68,78 | 0,69 | 47,60 |
| 4 | 86,62 | 0,00 | 86,62 | 0,61 | 53,03 |
| 5 | 96,09 | 0,00 | 96,09 | 0,54 | 52,04 |
| ab 6 | 101,07 | 0,00 | 101,07 | 4,15 | 419,41 |
| Eigenkapitalwert in Mio. EUR | | | | | 653,14 |

Tab. III.39: Beispiel zur Ertragswertmethode

Für Pacemaker ergibt sich nach der Ertragswertmethode bei Eigenkapitalkosten von 13,05 % ein Barwert der Nettoausschüttungen und damit Eigenkapitalwert von 653,14 Mio. EUR (vgl. Tab. III.39). Bei der Bewertung ist zu beachten, dass der Restwert, d. h. der unendlich fortgeschriebene Erfolg des Jahres 6 in Höhe von jährlich 101,07 Mio. EUR einen Großteil des Unternehmenswerts ausmacht. Bei einem Zinssatz von 13,05 % ergibt sich durch die ewige Rente ein Wert von

$$Ek_5 = \frac{101,07}{0,1305} = 774,45 \text{ Mio. EUR},$$

dessen Barwert von 419,41 Mio. EUR, bezogen auf t = 0, immerhin 64 % des Gesamtwerts ausmacht.

Bei Anwendung der Bruttomethode muss noch das Mischungsverhältnis von Eigen- und Fremdkapital durch Ermittlung der WACC berücksichtigt werden. Bei Fremdkapitalkosten von 7 %, einem konstanten Fremdkapitalanteil von 30 % (gemessen am Marktwert des Gesamtkapitals) und einem Steuersatz von 35 % ergibt sich ein gewichteter Kapitalkostensatz (WACC) nach Steuern von 10,5 %:

$$r_{wacc} = 13{,}05\% \cdot 0{,}7 + 7\% \cdot (1-0{,}35) \cdot 0{,}3 = 10{,}5\%$$

Von dem damit errechneten Gesamtunternehmenswert muss der Marktwert des Fremdkapitals abgezogen werden, um den Marktwert des Eigenkapitals zu erhalten. Für Pacemaker ergibt sich ein Bruttowert des Gesamtkapitals von 933,06 Mio. EUR und eine Eigenkapitalwert von 653,14 Mio. EUR (vgl. Tab. III.40).

| Jahr | BFCF | Barwert-Faktor | Barwert bei 10,50 % |
|---|---|---|---|
| 1 | 38,08 | 0,90 | 34,46 |
| 2 | 52,72 | 0,82 | 43,18 |
| 3 | 71,62 | 0,74 | 53,08 |
| 4 | 96,14 | 0,67 | 64,49 |
| 5 | 109,23 | 0,61 | 66,30 |
| ab 6 | 116,17 | 5,78 | 671,56 |
| Gesamtkapitalwert in Mio. EUR | | | 933,06 |
| Fremdkapitalwert (30 %) in Mio. EUR | | | 279,92 |
| Eigenkapitalwert (70 %) in Mio. EUR | | | 653,14 |

Tab. III.40: Beispiel zur DCF-Bruttomethode

Für die Anwendung der Residualgewinnmethode ergibt sich die in Tab. III.41 wiedergegebene Berechnung.

| Jahr | EBIT | EBIT(1-s) | geb. Kapital $V_{t-1}$ | Kapitalkosten | EVA | Barwert bei 10,5 % |
|---|---|---|---|---|---|---|
| 1 | 86,23 | 56,05 | 458,04 | 48,09 | 7,95 | 7,20 |
| 2 | 104,90 | 68,18 | 476,01 | 49,98 | 18,20 | 14,91 |
| 3 | 127,74 | 83,03 | 491,47 | 51,60 | 31,43 | 23,29 |
| 4 | 156,00 | 101,40 | 502,88 | 52,80 | 48,60 | 32,60 |
| 5 | 170,94 | 111,11 | 508,14 | 53,35 | 57,76 | 35,06 |
| ab 6 | 178,72 | 116,17 | 510,03 | 53,55 | 62,61 | 361,97 |
| Market Value Added $MVA_0$ | | | | | | 475,02 |
| + investiertes Kapital $V_0$ | | | | | | 458,04 |
| = Gesamtkapitalwert | | | | | | 933,06 |
| - Fremdkapital (30 %) | | | | | | 279,92 |
| = Eigenkapitalwert (70 %) | | | | | | 653,14 |

Tab. III.41: Beispiel zur Bewertung mit Residualgewinnen

Zur Interpretation der mit dieser Bewertung ermittelten Werte dient die in Tab. III.42 dargestellte Marktwert-Bilanz: Der Market Value Added von 475,02 Mio. EUR stellt den Aufpreis dar, der für die Übernahme des investierten Vermögens der Pacemaker von 458,04 Mio. EUR zu bezahlen wäre. Dies ergibt einen Gesamtwert von 933,06 Mio. EUR. Nach Abzug der übernommenen verzinslichen Schulden verbleibt ein Unternehmenswert (Shareholder Value) von 653,14 Mio. EUR.

*D. Fallbeispiel* 179

| Aktiva | Marktwert-Bilanz | | Passiva |
|---|---|---|---|
| Market Value Added | 475,02 | Eigenkapitalwert | 653,14 |
| investiertes Kapital | 458,04 | Fremdkapitalwert | 279,92 |
| Summe | 933,06 | Summe | 933,06 |

Tab. III.42: Marktwertbilanz zur Bewertung mit Residualgewinnen

Der bisher ermittelte Zukunftserfolgswert von 653,14 Mio. EUR stellt den **Stand-Alone-Wert** des Unternehmens dar. Für den Unternehmensverbund aus Medizintechnik und Pacemaker ergeben sich darüber hinaus Synergie- und Restrukturierungspotenziale, die in Tab. III.43 angegeben sind. Sie erhöhen den **subjektiven** Unternehmenswert aus Sicht des Käufers entsprechend.

| Jahr | Einkauf | Fertigung | F&E | Integration | Summe |
|---|---|---|---|---|---|
| 1 | 18,91 | -7,00 | 0,00 | -17,50 | **-5,59** |
| 2 | 20,93 | -7,00 | 0,00 | -14,00 | **-0,07** |
| 3 | 23,16 | 20,05 | 0,00 | 0,00 | **43,22** |
| 4 | 25,62 | 22,01 | 17,50 | 0,00 | **65,12** |
| ab 5 | 26,16 | 22,37 | 17,50 | 0,00 | **66,03** |

Tab. III.43: Synergiepotenziale (in Mio. EUR)

Die Synergiepotenziale z.B. des Jahres 3 in Höhe von 43,22 Mio. EUR setzen sich aus verschiedenen Synergien zusammen. So können bei den Lieferanten größere Rabatte durchgesetzt werden, die sich durch das gesteigerte Einkaufsvolumen in 5 % niedrigeren Materialkosten in Höhe von 23,16 Mio. EUR niederschlagen. Weiterhin ist es möglich, durch Restrukturierungsaufwendungen in Höhe von 14 Mio. EUR verteilt auf die Jahre 1 und 2 noch nicht ausgeschöpfte Rationalisierungspotenziale in Höhe von 5% der Fertigungskosten zu realisieren. Dies macht weitere 20,05 Mio. EUR für das Jahr 3 aus. Die Synergien für die Folgejahre werden auf vergleichbare Weise ermittelt. Daneben müssen aber auch Integrationskosten in Höhe von geschätzten 31,5 Mio. EUR über zwei Jahre berücksichtigt werden, die mit der Integration des neuen Unternehmensteils in die bestehende Organisation verbunden sind. Aufgrund dessen fallen im Beispiel die durch die Synergien notwendigen Korrekturen in den ersten Jahren negativ aus und werden erst ab dem Jahr 3 positiv. Für die Realisation dieser Synergien ist allerdings auch eine Refinanzierung erforderlich, damit die geplante Kapitalstruktur aufrechterhalten werden kann. Bei unternehmenswertorientierter Finanzierung erfordert dies zusätzliches Fremdkapital von EUR 96,01 Mio. Bei einem Fremdkapitalzins von 7 % ergeben sich in $t = 1$ zusätzliche Fremdkapitalkosten von EUR 6,72 Mio. p. a. (vgl. Tab. III.44).

| Jahr | Synergien Brutto | zusätzliches Zinsergebnis | Synergien Netto | Synergien nach Steuern | Barwert bei 13,05 % |
|---|---|---|---|---|---|
| 1 | -5,59 | -6,72 | -12,31 | -8,00 | -7,08 |
| 2 | -0,07 | -5,26 | -5,33 | -3,46 | -2,71 |
| 3 | 43,22 | -3,79 | 39,43 | 25,63 | 17,74 |
| 4 | 65,12 | -3,26 | 61,86 | 40,21 | 24,62 |
| 5 | 66,03 | -3,24 | 62,78 | 40,81 | 22,10 |
| ab 6 | 66,03 | -3,24 | 62,78 | 40,81 | 169,36 |
| Netto-Synergiewert | | | | | 224,03 |
| Stand-Alone-Wert | | | | | 653,14 |
| Subjektiver Ertragswert | | | | | 877,17 |

Tab. III.44: Beispiel zur Ermittlung des subjektiven Ertragwerts (in Mio. EUR)

Diskontiert man diese Synergien nach Abzug der zusätzlichen Zinsen und darauf entfallenden Steuern mit den Eigenkapitalkosten, so erhält man einen Barwert der Synergien von 224,03 Mio. EUR. Dieser mehrt den Stand-Alone-Wert von 653,14 Mio. EUR und man erhält einen subjektiven Unternehmenswert von 877,17 Mio. EUR. Ein entsprechendes Ergebnis wäre auch mit den übrigen oben vorgestellten Methoden erreichbar, indem man die Auswirkungen der Synergien auf die jeweils verwendete Zukunftserfolgsgröße entsprechend berücksichtigt.

Abb. III.23 zeigt zusammenfassend für das Beispiel den Verhandlungsspielraum, auch unter Berücksichtigung der übrigen ermittelten Unternehmenswerte. Dabei wird deutlich, dass auf Grund der unterschiedlichen Verfahren diverse Unternehmenswerte errechenbar sind. Der Verhandlungsspielraum ergibt sich zwischen dem Stand-Alone-Wert (653,14 Mio. EUR) und dem subjektiven Zukunftserfolgswert (877,17 Mio. EUR). Ein neutraler Gutachter würde weiterhin die Frage zu beantworten haben, ob ein Teil der realisierbaren Restrukturierungs- und Synergiepotenziale auch für Pacemaker selbst bei einer Änderung der Unternehmensstrategie zu erreichen wäre. Diese intersubjektiv zu akzeptierenden Entwicklungsmöglichkeiten ergeben sich z.B., wenn Pacemaker eigenständig in der Lage wäre und geplant hätte, die vorgesehene Rationalisierung in der Fertigung vorzunehmen. Dieses im Barwert etwa 73 Mio. EUR ausmachende Restrukturierungspotenzial würde die Preisuntergrenze von Pacemaker auf 726,14 Mio. EUR erhöhen. An den sich ergebenden Unternehmenswerten ist weiterhin sehr gut erkennbar, dass die ermittelten Zukunftserfolgswerte ziemlich genau in der Mitte zwischen den beiden aus vergleichbaren Transaktionen abgeleiteten Werte liegen und das der Mittelwert der Vergleichswerte mit 725,66 Mio. EUR im vorliegenden Fall einen guten Schätzwert für das Ergebnis der Zukunftserfolgswertberechnungen darstellt. Dies unterstützt die Plausibilität des Ergebnisses.

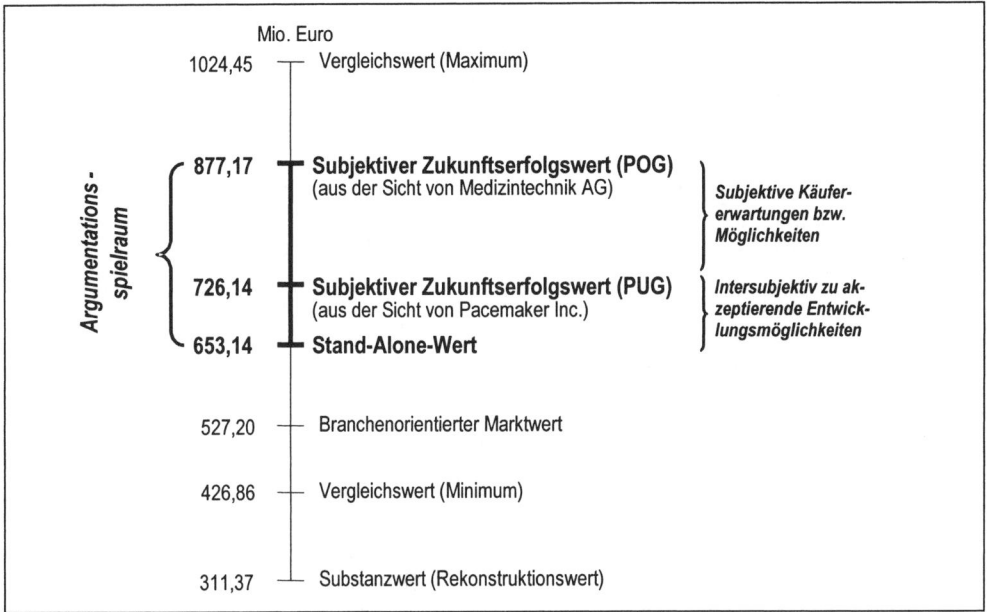

Abb. III.23: Verhandlungsspielraum

# IV. Zukunftserfolgswerte: Bestimmung der Zukunftserfolge

Die moderne Bewertungslehre geht grundsätzlich davon aus, dass der Wert einer Investition, wie sie ein Unternehmenskauf ist, von der Höhe der Zahlungsrückflüsse an den Investor, von ihrem Risiko und ihrem zeitlichem Anfall abhängig ist. Um die zu unterschiedlichen Zeitpunkten anfallenden Zahlungen addierbar und gemäß ihrem Zahlungszeitpunkt bewertbar zu machen, werden Zahlungen mit einem Kapitalisierungszinssatz diskontiert. Solche Werte, die im Gegensatz zu substanzorientierten Verfahren auf Basis von erwarteten, zukünftigen Erfolgen ermittelt werden, werden im Rahmen dieser Arbeit als Zukunftserfolgswerte bezeichnet.[1] Sie stellen damit einen Oberbegriff für alle aus entscheidungsorientierten Bewertungsverfahren resultierenden Unternehmenswerte dar.

Für die Ermittlung von Zukunftserfolgswerten bestehen zwei Hauptproblemkreise: die Ermittlung der Zukunftserfolge sowie der Kapitalkosten, die in den folgenden Kapiteln IV und V behandelt werden. Diese Hauptprobleme bilden den theoretischen Hintergrund und die Gemeinsamkeiten der zukunftserfolgsorientierten Verfahren, Discounted Cashflow- und Ertragswert-Methode, auf die im Einzelnen in den Kapiteln VI und VII eingegangen wird.

---

1   Vgl. Busse von Colbe (1957), S. 11.

# A. Unternehmensbewertung anhand von Entnahmeüberschüssen

Wie bereits BUSSE VON COLBE (1957) feststellte, ist bei der Bewertung ganzer Unternehmen von den gleichen theoretischen Grundlagen auszugehen wie bei der Bewertung anderer Werte innerhalb der Investitions- und Finanzierungstheorie, nämlich von den Zahlungsströmen, die aus dem jeweiligen Projekt oder Finanztitel resultieren.[2] Für Investitionsrechnungen werden Einzahlungsüberschüsse aus der Sicht des Unternehmens diskontiert, da nur tatsächlich erfolgte Zahlungen angelegt und verzinst werden können, wie von der Kapitalwertmethode unterstellt wird. Da die Unternehmensbewertung aus der Sicht der Eigentümer erfolgt, muss deren Standpunkt bei der Bestimmung der Zahlungsströme eingenommen werden.[3] Unterstellt man, dass lediglich finanzieller Zuwachs ihnen Nutzen stiftet, sind es die Entnahmemöglichkeiten, an denen sie interessiert sind. Damit zählen alle vom Unternehmen zu erwartenden Zahlungen wie etwa Gewinnausschüttungen, Anteilsrückkäufe, Bezugsrechtsverkäufe etc. zu den bei der Bewertung zu berücksichtigenden Größen.[4]

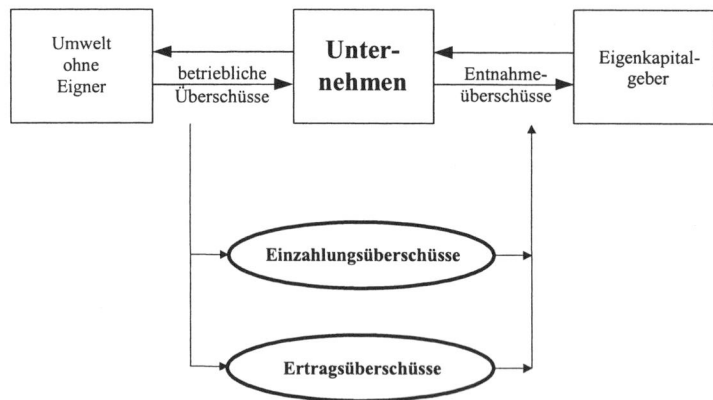

Abb. IV.1: Perspektiven bei der Unternehmensbewertung[5]

Über den Grundsatz der Bewertung von Rückflüssen an die Eigner ist sich die Theo-

---

2   Vgl. Busse von Colbe (1957), S. 39ff. Vgl. auch Coenenberg (1981), S. 224 mit weiteren Literaturangaben.
3   Zur einzahlungsorientierten Perspektive des Investors vgl. Münstermann (1966a), S. 46f. Vgl. auch Coenenberg/Sieben (1976), Sp. 4070; Moxter (1983), S. 79; Sieben (1988), S. 362.
4   Vgl. ausführlich Maul (1992), S. 1255f.
5   In Anlehnung an: Münstermann (1964), S. 430; Coenenberg/Jakoby (2000), S. 191.

## A. Unternehmensbewertung anhand von Entnahmeüberschüssen

rie einig (sog. Zuflussprinzip).[6] Die verschiedenen Methoden der Unternehmensbewertung unterscheiden sich vor allem in der Art und Weise, wie aus den Prognosen der zukünftigen Geschäftsentwicklung die möglichen Ausschüttungen approximiert werden. Denn diese hängen natürlich davon ab, wieviel das Unternehmen mit seiner Betriebstätigkeit erwirtschaftet. Zu klären bleibt, wie sich die Entnahmeüberschüsse aus der Prognose der zukünftigen Betriebstätigkeit und dem Rechnungswesen, das diese abbildet, ableiten und bewerten lassen.

Da Entnahmeüberschüsse nicht ohne eine Prognose der im operativen Geschäft erwirtschafteten Überschüsse bestimmt werden können, werden an ihrer Stelle in Theorie und Praxis alternativ betriebliche Ertrags-, Einnahme- oder Einzahlungsüberschüsse diskutiert.[7] Über die Korrektheit dieser Alternativen besteht in der Literatur jedoch keine Einigkeit. Eine Diskontierung von betrieblichen Einnahmeüberschüssen ist grundsätzlich nicht sinnvoll, da Einnahmen nicht gleich Einzahlungen sind - sie unterscheiden sich von diesen im Wesentlichen durch kurzfristige Kreditvorgänge. Deshalb stehen sie in einem weniger sachlogischen Zusammenhang zu den Entnahmeüberschüssen als Ertrags- bzw. Einzahlungsüberschüsse.[8] Gewinne sind schon für die Ermittlung der Steuerschuld notwendig, Cashflows für den Finanzierungsbedarf.[9] Das eigentliche Problem liegt, vereinfacht ausgedrückt, darin, ob die Ausschüttungen eher von den Gewinnen oder eher von den Cashflows abhängen. Egal ob man Gewinne oder Cashflows diskontiert - mit ihrer Diskontierung wird unterstellt, dass sie dem Investor auch zufließen. Ob sie jedoch dem Investor unmittelbar oder nur mittelbar über eine Einbehaltung und spätere Ausschüttung und einem damit verbundenen Kursgewinn[10] zufließen, ist nur dann nicht von Bedeutung, wenn die Anlage der einbehaltenen Mittel kapitalwertneutral erfolgen kann, d. h., der Barwert der späteren Ausschüttungserhöhung dem Barwert der gegenwärtigen Ausschüttungsverringerung

---

6   Vgl. Moxter (1983), S. 79. Vgl. hierzu auch Sieben (1988), S. 361 m. w. N. Vgl. auch die bekannte Darstellung in Helbling (1995), S. 86 und auch Modigliani/Miller (1961), S. 411f. Für einen Überblick über die verschiedenen Perspektiven bei der Bewertung vgl. Günther (1997), S. 78ff.

7   Vgl. z. B. Gerling (1985), S. 66ff.; Maul (1992), S. 1255ff.; Peemöller (1993), S. 410ff. Im Folgenden wird der Begriff Einzahlungsüberschuss ausschließlich für betriebliche Zahlungsüberschüsse, also für Zahlungen zwischen der Umwelt ohne Eigner und dem Unternehmen, verwendet. Vgl. auch Gerling (1985), S. 199.

8   Vgl. hierzu ausführlich Maul (1992), S. 1256.

9   Vgl. Brealey/Myers (2000), S. 129; Drukarczyk (1998), S. 126; Ely/Mande (1996); Kroll (1985), S. 75; IDW (1992), S. 46, Tz. 86.

10  Werden nicht ausgeschüttete Finanzmittel zu den Kapitalkosten im Unternehmen angelegt und später entsprechend aufgezinst ausgeschüttet, führt dies bei rationalen Kapitalmärkten zu einem Kursgewinn, der den Eigner für die geringere Ausschüttung in entsprechender Höhe entschädigt - solange er indifferent zwischen Kursgewinnen und Ausschüttungen ist. Vgl. Miller/Modigliani (1961); Abschnitt II.C.3.2.

entspricht. Eine Nichtbeachtung der Auswirkungen des Ausschüttungsverhaltens führt zur Doppelzählung der einbehaltenen Überschüsse.[11]

Die Frage, welche der Größen zur Bewertung herangezogen werden, stellt einen zentralen Unterschied der verschiedenen Methoden der Unternehmensbewertung dar. Die in Deutschland weitverbreitete Ertragswertmethode greift bei der Ermittlung der Nettoausschüttungen an die Unternehmenseigner auf prognostizierte Ertragsüberschüsse zurück. Ihre tatsächliche finanzielle Ausschüttungsfähigkeit wird in einer Nebenrechnung, der Finanzbedarfsrechnung überprüft, die den Außenfinanzierungsbedarf unter Berücksichtigung der geplanten Ausschüttungen, Investitionen und möglichen Innenfinanzierung ermittelt.[12] Zusätzlich müssen bei der Bewertung Anpassungen vorgenommen werden, die sicherstellen, dass das Unternehmen unter diesen Ausschüttungsannahmen weiter existieren kann.[13] Die Discounted Cashflow-Methoden bewerten statt den Nettoausschüttungen sogenannte Free Cashflows (FCF). Bei diesen handelt es sich um betriebliche Einzahlungsüberschüsse, die im Unternehmen frei verfügbar sind, um sie zur Befriedigung der Ansprüche der Investoren zu verwenden, nachdem alle nötigen bzw. sinnvoll möglichen Investitionen getätigt wurden.[14]

Eine theoretisch „richtige" Definition der zu bewertenden Rechengrößen ist nur vor dem Hintergrund ihres Zwecks innerhalb der Unternehmensbewertung möglich. Die Unklarheit[15] über die Verwendung von Einzahlungs-, Einnahme-, Ertrags- und Entnahmeüberschüssen scheint, zumindest teilweise, in der Tatsache begründet zu sein, dass bei der Unternehmensbewertung ein Perspektivenwechsel von der Ebene Unter-

---

11  Vgl. oben Abschnitt III.A.
12  Vgl. IDW (1998), S. 89ff.
13  So erfordert die Ertragswertmethode eine Substanzerhaltungsrechnung, um nicht das Unternehmen in seiner Substanz zu schwächen und die Nachhaltigkeit der Gewinne zu gefährden. Bei der Discounted Cashflow-Methode geschieht dies implizit durch den Abzug aller notwendigen Erhaltungs- und Erweiterungsinvestitionen.
14  Vgl. z. B. Copeland/Koller/Murrin (1994), S. 135; Stewart (1991), S. XVIII; vgl. auch Richter (1996), S. 1078f.; Steiner/Wallmeier (1999), S. 2; Steiner/Bruns (2002), S. 245.
15  Vgl. zu dieser Diskussion Abschnitt IV.B. - Unklarheit in der Diskussion kommt vor allem dadurch zustande, dass der Begriff Einzahlungsüberschuss bzw. Cashflow für verschiedene Sachverhalte verwendet wird. Üblicherweise wird hierunter der betriebliche Zahlungsstrom der Ebene Umwelt-Unternehmen verstanden. Vgl. nur Mandl/Rabel (1997), S. 116f. Gelegentlich wird jedoch auch die Perspektive des Investors bezogen und dann von Cashflows gesprochen, was zwar richtig ist, aber nicht zur Klarheit beiträgt. Besser wäre es, von Entnahmeüberschüssen zu sprechen, um sie somit klar von betrieblichen Einzahlungsüberschüssen abzugrenzen. Vgl. hierzu z. B. Drukarczyk (1998), S. 126ff., der die entziehbaren Überschüsse Free Cashflows nennt. Auf S. 293 wird dort die Bewertung von Einzahlungsüberschüssen gefordert, womit aber Entnahmeüberschüsse gemeint sind.

nehmen - Umwelt hin zur Ebene Unternehmen - Investor erfolgen muss.[16] Zwar gilt auch hier, wie für die Investitionsrechnung, dass nur tatsächliche Zahlungen verzinslich und damit diskontierbar sind. Jedoch sind Einzahlungsüberschüsse aus Sicht des Unternehmens nicht identisch mit Einzahlungsüberschüssen aus Sicht der Eigner, den Entnahmeüberschüssen. Dennoch wird mit Bezug auf den „Grundsatz der Bewertung nachhaltig entziehbarer, verfügbarer Einnahmeüberschüsse"[17] bzw. der Bewertung „der zukünftigen Überschüsse der Einnahmen über die Ausgaben"[18] immer wieder gefordert, die Bewertung anhand betrieblicher Einnahmeüberschüsse durchzuführen.[19] Dies wird aber mit keinem theoretischen Konzept begründet, sondern es wird stillschweigend eine Übereinstimmung der Zahlungen auf der Ebene Umwelt - Unternehmen mit denen der Ebene Unternehmen - Eigner unterstellt, was nicht gerechtfertigt ist.[20] Es ist deshalb zu fordern, dass beide Ebenen für die Unternehmensbewertung in einen theoretisch begründeten, sachlichen Zusammenhang gebracht werden.[21]

## B. Erfolg in der Betriebswirtschaftslehre

Der Wert des Unternehmens resultiert aus dem für die Eigner geschaffenen Nutzen. Reduziert man das Interesse des Eigners auf finanzielle Größen, dann sind dies die Beträge, die der Unternehmer aus dem Unternehmen entziehen kann, um sie für seine Bedürfnisbefriedigung zu verwenden. Theoretisch kann er soviel entnehmen, wie er möchte – jedoch kann er davon nur die Beträge als Gewinn betrachten, die entnehmbar sind, ohne die Substanz des Unternehmens anzugreifen. Was er darüber hinaus entnimmt, dezimiert das ursprünglich eingelegte Kapital. Durch eine Substanzerhaltungskonzeption bei der Gewinnermittlung wird sichergestellt, dass das im Unternehmen gebundene Kapital erhalten bleibt. In Abhängigkeit von der unterstellten Form der Substanzerhaltung unterscheidet man verschiedene Gewinnkonzeptionen in der Betriebswirtschaftslehre.

---

16 Vgl. Busse von Colbe (1957), S. 41; Münstermann (1964), S. 430.
17 Vgl. IDW (1983), S. 473.
18 Vgl. IDW (1983), S. 469.
19 Vgl. z. B. Bender/Lorson (1996b), S. 651; Schildbach (1993), S. 27. Dass auch bei der Vorgehensweise des IDW (1983), S. 469 tatsächlich Zahlungen der Ebene Umwelt - Unternehmen und nicht der Ebene Unternehmen – Eigner gemeint sind, konstatiert auch Maul (1992), S. 1255.
20 Vgl. auch Maul (1992), S. 1255f.
21 Vgl. hierzu im Detail Kapitel IV.A.

Dem „ökonomischen Gewinn" liegt der kapitaltheoretische Gewinnbegriff zugrunde.[22] Das Konzept zielt auf eine Erfolgskapitalerhaltung ab, also den Erhalt der wirtschaftlichen Leistungsfähigkeit des Unternehmens.[23] Der ökonomische Gewinn lässt sich definieren als Veränderung des Erfolgskapitals zuzüglich Entnahmen und abzüglich Einlagen.[24] Das Erfolgskapital stellt den Gegenwartswert des Unternehmens auf der Grundlage seiner Zukunftserfolge oder auch seines Erfolgspotenzials dar.[25] Der ökonomische Gewinn „gleicht einer ewigen Rente auf den Ertragswert der Unternehmung."[26] Er ist der Betrag, der entnommen werden kann, ohne die Ertragskraft des Unternehmens zu schmälern.

Bei dieser Konzeption ergibt sich einerseits der Unternehmenswert aus den zukünftig erzielbaren Erfolgen, andererseits resultieren die Gewinne aus den Veränderungen des Unternehmenswerts. Um eine der beiden Größen zu bestimmen, muss die andere bekannt sein. Es zeigt sich somit, dass für die Unternehmensbewertung eine andere Vorgehensweise zur Ermittlung des Erfolgs (Gewinns) gefunden werden muss.[27]

Während der ökonomische Gewinn auf der Veränderung des Unternehmenswerts als Gegenwartswert der zukünftigen Erfolge basiert, macht der bilanzielle Gewinnbegriff an der Veränderung des bilanziellen Unternehmenswerts fest.[28] Eine Zunahme des bilanziellen Reinvermögens (Vermögen abzgl. Schulden) stellt hier den Gewinn dar. Wie bereits in Abschnitt III.B. dargestellt wurde, geht die bilanzielle Bewertung in die ökonomische Gewinnermittlung über, wenn man bei der Bewertung des Vermögens nicht die historischen Anschaffungskosten als Wert der Vermögensgegenstände ansetzt, sondern ihren zu erwartenden Erfolgsbeitrag. Insofern sind die Konzepte miteinander nahe verwandt. Da die bilanzielle Gewinnermittlung jedoch in erster Linie der Rechenschaftslegung und der damit verbundenen Zahlungsbemessungsfunktion gegenüber Eigentümern, Gläubigern, Fiskus und anderen Interessengruppen dient, ist an sie die Forderung eines hohen Maßes an Objektivität, d. h. intersubjektiver Überprüfbarkeit, zu stellen, weshalb sie auch gesetzlich geregelt ist. Mit einer auf subjektiven Schätzungen beruhenden Bewertung der Vermögensgegenständen zu ihren Zukunftserfolgswerten wäre dies aber nicht erreichbar.[29]

---

22  Vgl. Schützinger (1957), S. 7f.; Wegmann (1970), S. 32f.
23  Vgl. Schneider (1963), S. 466f.
24  Vgl. Münstermann (1966b), S. 580f.; Wegmann (1970), S. 34f.
25  Vgl. Coenenberg (2003), S. 1147f.
26  Schneider (1963), S. 466.
27  Vgl. Treynor (1972), S. 41.
28  Vgl. Coenenberg (2003), S. 1182ff.
29  Vgl. hierzu ausführlich Münstermann (1966b), S. 585f.

Unterschiede zwischen der bilanziellen und der ökonomischen Gewinnermittlung ergeben sich durch die Zielgruppe des Jahresabschlusses.[30] Da das Betriebsergebnis für interne Zwecke ermittelt wird, ist es nicht an gesetzliche Vorschriften gebunden, weshalb in der Kostenrechnung ein ähnlicher Weg verfolgt wird wie bei der ökonomischen Gewinnermittlung, allerdings anhand der aus dem Rechnungswesen verfügbaren Rechengrößen. Innerhalb der Kostenrechnung spricht man von Kosten/Leistungen als Begriffe für den tatsächlichen, betriebswirtschaftlichen Wertverzehr/Wertzuwachs. Diese entsprechen grundsätzlich den Aufwendungen/Erträgen, unterscheiden sich aber in einigen wichtigen Punkten davon. So beziehen sich Kosten nur auf den zur Erstellung der betrieblichen Leistung und zur Erhaltung der Betriebsbereitschaft notwendigen Teil des Wertverzehrs.[31] Es werden auch zusätzliche Kosten verrechnet, die nicht gleichzeitig Aufwand darstellen. Beispielsweise wird oft von aktuellen Marktpreisen und nicht historischen Anschaffungs- bzw. Herstellungskosten ausgegangen, um die Verteuerung des Inputs zu berücksichtigen. Mit dieser Vorgehensweise wird auf eine Sachkapitalerhaltung abgezielt, d. h. es wird eine mengenmäßige Wiederbeschaffung des investierten Reinvermögens angestrebt.[32] Als Gewinn gelten diejenigen Leistungen, die über die für die Erhaltung der Substanz notwendigen Beträge hinaus erwirtschaftet wurden. Dagegen wird durch den Ansatz von historischen Preisen lediglich eine Geldkapitalerhaltung erzielt, also eine Erhaltung des vom Unternehmer investierten Geldes. Die Erfolge, die über die für die Erhaltung des ursprünglichen Einlagekapitals notwendigen Erfolge hinaus erwirtschaftet wurden, gelten hier als Gewinn.[33] Eine Erfolgskapitalerhaltung, die auf den Erhalt der wirtschaftlichen Leistungsfähigkeit des Unternehmens abzielt, ist mit beiden Konzepten nicht erreichbar. Jedoch lässt sich mit dem Ansatz von Wiederbeschaffungskosten bei der Ertragswertermittlung zumindest eine Sachkapitalerhaltung erzielen.

Neben der Kapitalerhaltung spielt auch das „timing" für die Höhe des Gewinns eine große Rolle, d. h. welcher Periode der Gewinn zuzurechnen ist. Der Periodengewinn beruht grundsätzlich auf Konventionen, denn eigentlich ist ein Gewinn erst dann er-

---

30 Für eine ausführliche Unterscheidung der Begriffe Aufwendungen/Erträge und Kosten/Leistungen vgl. Coenenberg (1999), S. 39ff. Einerseits gehen sog. neutrale Erträge/Aufwendungen, die als betriebsfremd einzustufen sind, nicht in die Kostenrechnung ein, andererseits existieren kalkulatorische Kosten/Leistungen, die in der handelsrechtlichen Erfolgsrechnung nicht oder nur in anderer Höhe auftauchen. Dies sind z. B. kalk. Abschreibungen (z. B. zu Wiederbeschaffungskosten), kalk. Zinsen, ein kalk. Unternehmerlohn etc. Vgl. Coenenberg (1999), S. 61ff.
31 Vgl. Lücke (1965), S. 4.
32 Vgl. Coenenberg (1999), S. 62.
33 Vgl. Coenenberg (2003), S. 1147ff.

mittelbar, wenn eine Transaktion völlig abgeschlossen ist, aus Unternehmersicht also dann, wenn das Unternehmen wieder aufgelöst ist.[34] Man spricht bei einer solchen Gesamtbetrachtung von einer sog. Totalperiode, der gesamten Lebensdauer des Unternehmens.[35] Da man aber für die Unternehmensführung frühzeitig Informationen über die Geschäftsentwicklung benötigt, Steuern bezahlt werden müssen, Gewinne entnommen werden sollen etc., ist eine periodische Erfolgsrechnung notwendig. Dabei muss die Summe der Abschnittserfolge deckungsgleich mit dem Totalerfolg sein (sog. Kongruenzprinzip der dynamischen Bilanz).[36] Diese Kongruenz tritt im einfachsten Fall dann auf, wenn in jeder Periode Auszahlung und Aufwand bzw. Einzahlung und Ertrag zusammenfallen.

Im denkbar einfachsten Fall der Betriebstätigkeit, bei Ankauf von Waren und sofortigem Weiterverkauf, würde es zur Erfolgsermittlung völlig genügen, nach abgeschlossener Transaktion in der Kasse nachzusehen – eine sog. Kassenüberschussrechnung wäre völlig ausreichend. Der Überschuss am Jahresende über die zu Beginn vorhandenen Finanzmittel entspräche dem Gewinn.[37] Meist sind aber die Geschäftsaktivitäten vielschichtiger, sodass die Zeit, in der die Vermögensgegenstände wieder zu Geld gemacht werden können, den Abrechnungszeitraum überschreitet. Dann ist es notwendig, während der Laufzeit abzurechnen, um eine Steuerung der Aktivitäten zu ermöglichen. Denn man will z. B. bereits vor Abschluss des gesamten Projekts wissen, ob dieses bisher erfolgreich war. Oder man will bereits einen Gewinn ermitteln, bevor alle Waren verkauft sind, um die Steuern festsetzen zu können und einen Teil des Gesamtgewinns für den Lebensunterhalt zu entnehmen.

Das grundsätzliche Ziel des Gewinnstrebens lässt sich somit nicht undifferenziert in die Praxis umsetzen. Kurzfristig ist es für jedes Unternehmen wichtig, seine Zahlungsfähigkeit, d. h. Liquidität, sicherzustellen. Ist es nicht mehr zahlungsfähig, dann tritt der Konkurs ein. Liquidität ist aber nicht notwendigerweise gleichbedeutend damit, dass das Unternehmen auch erfolgreich, also „gewinnbringend", ist. Nur wenn ein Unternehmen langfristig sicherstellen kann, dass es liquide und erfolgreich ist, wird sein Überleben gewährleistet sein. Das „Erfolgspotenzial" der Unternehmung muss sichergestellt werden. Man unterscheidet entsprechend die Ziele Liquidität, Erfolg und Erfolgspotenzial.[38]

---

34  Vgl. Münstermann (1964), S. 429.
35  Vgl. Kloock (1984b), S. 490f.; Münstermann (1964), S. 430.
36  Vgl. Münstermann (1964), S. 431; Schmalenbach (1962), S. 65.
37  Vgl. Münstermann (1964), S. 430f.
38  Vgl. Coenenberg (1999), S. 28f.

Um diese verschiedenen Ziele verfolgen zu können, wird im Rechnungswesen in verschiedenen Rechnungen der Zielerreichungsgrad gemessen. Für die Liquidität ist der Bestand und der Zu- und Abfluss an liquiden Mitteln entscheidend. Diese lassen sich über Einzahlungen und Auszahlungen bzw. unter Einbezug von Kreditgeschäften über Einnahmen und Ausgaben messen. Erfolg wird über Erträge/Aufwendungen bzw. Kosten/Leistungen gemessen - je nachdem, ob er für interne oder externe Bedürfnisse ermittelt wird.

Die unterschiedlichen Rechengrößen werden innerhalb der Rechnungen zu unterschiedlichen Ergebnisgrößen komprimiert, die jeweils Maßgrößen für die unterschiedlichen Zielgrößen der Betriebswirtschaftslehre darstellen:

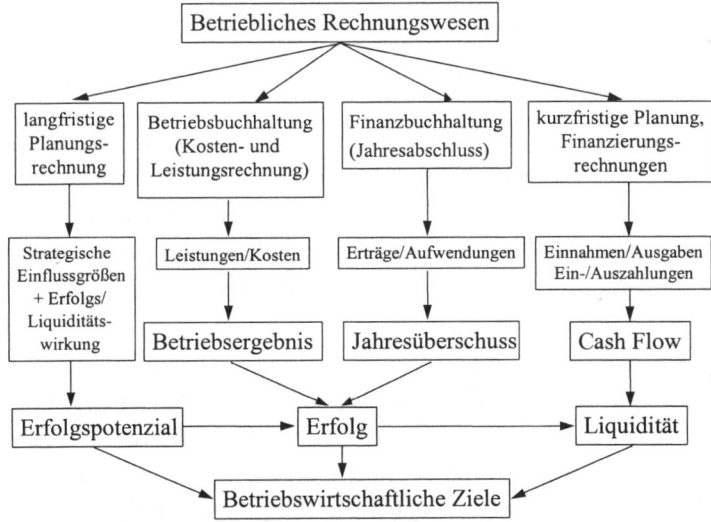

Abb. IV.2: Messung der Zielerreichung durch das Rechnungswesen[39]

Auszahlungen und Einzahlungen sind tatsächliche Zahlungen in Geld, die den Bestand an liquiden Mitteln des Unternehmens verändern. Dagegen sind Ausgaben/Einnahmen Begriffe für solche Vorgänge, die rechtlich den Anspruch auf Finanzmittel herbeiführen. Durch Abschluss des Kaufvertrages schuldet der Käufer dem Verkäufer den Kaufpreis, der Verkäufer das betreffende Gut. Mit Entstehen des Kaufvertrags besteht für das kaufende Unternehmen eine rechtliche Verpflichtung zur Bezahlung, die als Ausgabe bezeichnet wird – umgekehrt entsteht für den Verkäufer eine Einnahme. Da mit dem Eintreten der Verpflichtung nicht immer sofort eine Zahlung verbunden ist, sondern Kreditvorgänge dazwischen liegen können, können Einnahmen/Ausgaben und Einzahlungen/Auszahlungen auseinanderfallen.

---

39 In Anlehnung an Coenenberg (1999), S. 29.

Einnahmen/Ausgaben verändern somit den Fond Nettogeldvermögen (Liquide Mittel + Forderungen - Verbindlichkeiten).

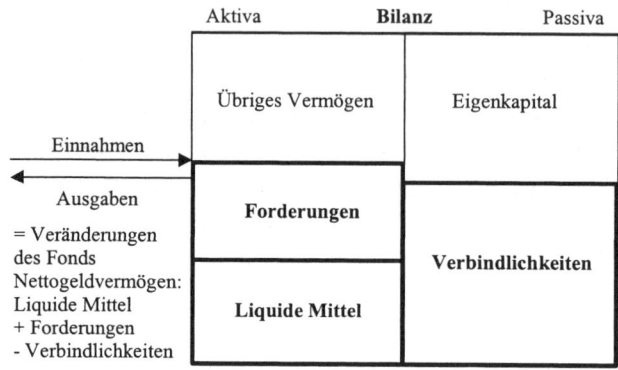

Abb. IV.3: Finanzierungsrechnung: Veränderung des Fonds Nettogeldvermögen[40]

Aufwendungen/Erträge sind Begriffe für den Wertverzehr/Wertzuwachs im Unternehmen. Erst wenn ein Input im Unternehmen verbraucht ist, entsteht ein Aufwand, erst wenn eine Leistung erbracht, d. h. vollendet und dem Kunden übergeben ist, gilt ein Ertrag als realisiert (sog. Realisationsprinzip). Der Aufwand wird erst realisiert, wenn die zugehörige Leistung erbracht ist (sog. Prinzip der sachlichen Abgrenzung).[41]

Der Saldo von Erträgen und Aufwendungen ergibt den Jahresüberschuss. Einzelne Geschäftsvorfälle, die zu Zunahmen des Reinvermögens führen, werden Erträge genannt, Abnahmen entsprechend als Aufwendungen bezeichnet. Das Reinvermögen setzt sich zusammen aus Vermögensgegenständen, die zu ihren Anschaffungs- oder Herstellungskosten bewertet werden, und Schulden, die zu ihren Rückzahlungsbeträgen bewertet werden.[42] Der Jahresüberschuss stellt damit die Veränderungen des Reinvermögens zzgl. Entnahmen und abzgl. Einlagen während der Abrechnungsperiode dar.

---

40 In Anlehnung an Coenenberg (1999), S. 32.
41 Vgl. Coenenberg (2003), S. 39ff.
42 Vgl. Coenenberg (2003), S. 77ff. „Zunächst sind nach § 253 Abs. 1 HGB die Vermögensgegenstände mit den Anschaffungs- oder Herstellungskosten, Verbindlichkeiten mit dem Rückzahlungsbetrag, Rentenverpflichtungen mit dem Barwert und Rückstellungen mit dem nach 'vernünftiger kaufmännischer Beurteilung' notwendigen Wert anzusetzen." Coenenberg (2003), S. 93.

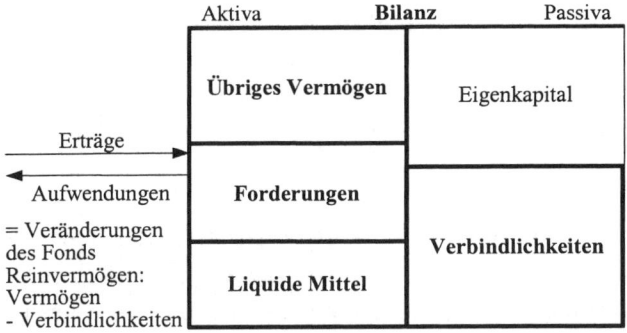

Abb. IV.4: Erfolgsrechnung: Veränderung des Fonds Reinvermögen[43]

Da sich Erträge/Aufwendungen und Einzahlungen/Auszahlungen voneinander unterscheiden, fallen auch deren Salden, d. h. Ertrags- und Einzahlungsüberschüsse, i. d. R. unterschiedlich aus. Lediglich dann, wenn innerhalb der Rechnungsperiode das gesamte investierte Vermögen umgeschlagen und wieder zu Geld geworden wäre, entsprächen sich die Fonds Liquide Mittel und Vermögen und somit auch die Überschüsse.

# C. Zusammenhang unterschiedlicher Erfolgsgrößen

Die Theorie der Unternehmensbewertung ist sich einig, dass bei der Bewertung von den Zahlungsströmen der Eigner auszugehen ist. Da Entnahmeüberschüsse aber ohne Ertrags- und Einzahlungsüberschüsse nicht zu ermitteln sind, ist ihr Zusammenhang genauer zu untersuchen. Nach dem LÜCKE-Theorem[44] ist der Unterschied zwischen Einzahlungs-, Ertrags- und Entnahmeüberschüssen nur in deren zeitlicher Verschiebung zu sehen, sodass deren Summen über die Totalperiode immer identisch sind. Für die Anwendung auf die Unternehmensbewertung bedeutet dies, dass eine alternative Verwendung der Überschussgrößen zu identischen Ergebnissen führen muss, so lange zeitliche Verschiebungen und deren Zinswirkung berücksichtigt werden.[45]

Grundlage der Unternehmensbewertung ist die Investitionsrechnung. Sie baut i. d. R. auf Zahlungsgrößen auf, da nur diese die Zinswirkung adäquat berücksichtigen.[46]

---

43 Quelle: Coenenberg (1999), S. 37.
44 Vgl. Lücke (1955).
45 Vgl. Gerling (1985), S. 201ff.; Günther (1997), S. 86ff.; Sieben (1995), S. 723.
46 Vgl. Kloock (1981), S. 876.

Nur tatsächlich eingenommenes Geld kann wieder angelegt werden und Zinsen erwirtschaften. LÜCKE untersucht die Anwendbarkeit von handelsrechtlichen Erfolgsgrößen und Größen der Kosten- und Leistungsrechnung für die Investitionsrechnung und kommt zu dem Ergebnis, dass sie an Stelle von Einzahlungsüberschüssen verwendbar sind.[47]

Für die Unternehmensbewertung muss die Investitionsrechnung jedoch aus einem anderen Blickwinkel erfolgen: hier sind die Zahlungen zwischen Unternehmen und Eignern die bewertungsrelevanten Zahlungsströme, nicht die betrieblichen Einzahlungsüberschüsse der Ebene Umwelt – Unternehmen.

# 1. Gesamtsicht der Unternehmenstätigkeit: die Totalperiode

„Genau festzustellen ist allein der 'Total-Gewinn' eines Unternehmens von der Gründung bis zur Beendigung der Liquidation."[48] Man spricht bei einer solchen Gesamtbetrachtung von einer sog. Totalperiode, der gesamten Lebensdauer des Unternehmens.[49]

## 1.1. Totalerfolg

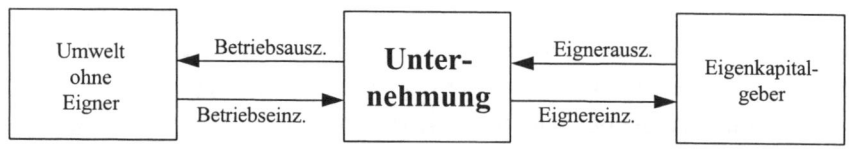

Abb. IV.5: Abgrenzung der Sphäre der Eigner und übrigen betrieblichen Zahlungen[50]

In der Totalperiode sind aus Unternehmenssicht die Gesamteinnahmen immer gleich den Gesamtausgaben.[51] Um einen Überschuss zu ermitteln, müssen die beiden Ebenen Unternehmen - Umwelt und Unternehmen - Eigner getrennt betrachtet werden. Dann ergibt sich der Totalerfolg als Differenz aller Betriebsein- und -auszahlungen

---

47 Vgl. Lücke (1955); Lücke (1965), S. 22f. Vgl. auch Kloock (1984a), S. 77; ähnlich auch Bodenhorn (1964), S. 27f.; Edward/Bell (1961), S. 68.
48 Hasenack (1954), S. 75 zitiert nach Münstermann (1964), S. 429.
49 Vgl. Kloock (1984b), S. 490f.; Münstermann (1964), S. 430.
50 Quelle: Münstermann (1964), S. 430.
51 Vgl. Münstermann (1964), S. 429.

## C. Zusammenhang unterschiedlicher Erfolgsgrößen

und ebenfalls als Differenz aller Eignerein- und -auszahlungen.[52] Der Totalerfolg entspricht dem Überschuss der Eigner-Entnahmen (ENT) über die Einlagen (EINL). Ein positiver Totalerfolg entsteht dann, wenn insgesamt mehr entnommen werden kann, als eingelegt wurde. Dieser Entnahmeüberschuss muss im Unternehmen verdient werden, also durch Einzahlungsüberschüsse gedeckt sein:[53]

$$\text{Totalerfolg} = \sum_{t=0}^{T}(\text{ENT}_t - \text{EINL}_t) = \sum_{t=0}^{T}(E_t - A_t).$$

Hat zu einem bestimmten Zeitpunkt h der Unternehmer gewisse Nettoentnahmen getätigt, dann verbleibt der Rest der Einzahlungsüberschüsse als Geldbestand ($GB_h$) im Unternehmen:

$$GB_h = \sum_{t=0}^{h}(E_t - A_t) - \sum_{t=0}^{h}(\text{ENT}_t - \text{EINL}_t).^{54}$$

Einzahlungsüberschüsse und Ertragsüberschüsse unterscheiden sich zwar in ihrem zeitlichen Anfall, aber nicht in ihrer absoluten Höhe, sodass für die Totalperiode gelten muss:

$$\sum_{t=0}^{T}(\text{ERT}_t - \text{AUF}_t) = \sum_{t=0}^{T}(E_t - A_t).^{55}$$

Zu Beginn der Betriebstätigkeit oder eines Investitionsprojekts werden hohe Anfangsauszahlungen nötig, die erst später über die im Umsatzprozess erzielten Einzahlungen zurückgewonnen werden. „Kapitalbedarf ist für den Betrieb der Bedarf an Geldmitteln zur Überbrückung der so entstehenden zeitlichen Distanz zwischen Einzahlungen und Auszahlungen."[56] Durch diese Auszahlungen wird Geld in anderen Vermögensgegenständen wie Vorräten oder technischen Anlagen, Fabrikaten sowie Forderungen gebunden, bis es schließlich wieder freigesetzt wird. Werden insgesamt höhere Einzahlungen erzielt als Auszahlungen notwendig waren, entsteht zusätzlich zur Rückgewinnung des eingesetzten Kapitals ein Überschuss, der als Gewinn entnehmbar ist.

---

52 Vgl. Münstermann (1964), S. 429f.; auch Kloock (1984b), S. 490f.
53 Unter Einzahlungsüberschüssen sind hier also alle Zahlungen zwischen Unternehmen und Umwelt ohne Eigner zu verstehen; vgl. Gerling (1985), S. 199.
54 Vgl. Sieben (1988), S. 364.
55 Dieser Zusammenhang stellt nichts anderes als das sog. Bilanzaxiom dar, nachdem über die gesamte Lebensdauer des Unternehmens der Totalgewinn gleich der Summe der Einzahlungsüberschüsse ist; vgl. Hax (1993), S. 149; Kloock (1984b), S. 490f.; Münstermann (1964), S. 430; Sieben (1988), S. 365.
56 Hax (1979), Sp. 903.

Der Ansatz von Abschreibungen versucht, den Wertverzehr von langlebigen Wirtschaftsgütern abzubilden, wobei gleichzeitig die Anfangsauszahlung als Aufwand über die Lebensdauer verteilt wird. Mit dem Ansatz von Aufwendungen für den Verbrauch von Vorratsvermögen und anderen Vermögensgegenständen wird deren Anschaffungsausgabe von den Erträgen abgesetzt. Durch den Ansatz von Aufwendungen für Auszahlungen früherer Perioden kommt es damit zu einer Rückgewinnung gebundenen Kapitals.[57] Dagegen erhöhen Erträge, die erst später zu Einzahlungen führen (z. B. Zielverkauf), die Kapitalbindung, während Einzahlungen, die Erträge einer anderen Periode darstellen (z. B. Eingang einer Forderung), zu einer Freisetzung von Kapital führen. Somit gilt für die Kapitalbindung $KB_t$ zu einem bestimmten Zeitpunkt h:

$$KB_h = \sum_{t=0}^{h}(A_t - E_t) + \sum_{t=0}^{h}(ERT_t - AUF_t) \text{ bzw.}$$

$$KB_h = \sum_{t=0}^{h}(ERT_t - AUF_t) - \sum_{t=0}^{h}(E_t - A_t).^{58}$$

Prinzipiell sind die Entnahmen des Unternehmers nicht auf die Gewinne beschränkt, jedoch können als Gewinn nur die Beträge betrachtet werden, die entnehmbar sind, ohne das eingelegte Kapital anzugreifen. Als Periodenerfolge können damit solche Veränderungen des Eigenkapitalbestands $Ek^B_t$ aufgefasst werden, die nicht durch Eignerein- und -auszahlungen hervorgerufen wurden:

$G_t = (ERT_t - AUFW_t) = \Delta Ek^B_t - (EINL_t - ENT_t)$.

Der Eigenkapitalbestand zu einem bestimmten Zeitpunkt h entspricht der Summe aller Veränderungen des Eigenkapitals:

$$Ek^B_h = \sum_{t=0}^{h} \Delta Ek^B_t .$$

Da

$\Delta Ek^B_t = (ERT_t - AUF_t) + (EINL_t - ENT_t)$,

gilt für den Eigenkapitalbestand:

---

57 „Unter dem gebundenen Kapital versteht man denjenigen Teil der zu Beginn des Projekts entstehenden Auszahlungen, der noch nicht in Form von Abschreibungen verrechnet worden ist." Hax (1993), S. 149.
58 Vgl. Hax (1979), Sp. 909f.; Hax (1993), S. 149; Sieben (1988), S. 365.

$$Ek_h^B = \sum_{t=0}^{h}(ERT_t - AUF_t) + (EINL_t - ENT_t).$$

Bei Auflösung des Unternehmens werden alle gebundenen Beträge frei, sodass insgesamt am Ende der Unternehmenstätigkeit neben den erzielten Gewinnen auch die verbleibende Substanz entnommen werden kann. Da bei der buchhalterischen Gewinnermittlung als Differenz von Erträgen (ERT) und Aufwendungen (AUF) eine Geldkapitalerhaltung unterstellt wird, bleiben nach Gewinnentnahme genau die ursprünglichen Einlagen erhalten:

$$\sum_{t=0}^{T} ENT_t = \sum_{t=0}^{T}(ERT_t - AUF_t) + EINL_t.$$

Bei Auflösung des Unternehmens wird das verbleibende Eigenkapital vollständig entnommen. Damit gilt:

$$Ek_T^B = 0 \text{ und } \sum_{t=0}^{T}(ENT_t - EINL_t) = \sum_{t=0}^{T}(ERT_t - AUF_t).$$

## 1.2. Grundmodell von Lücke

Nach obigen Ausführungen gelten folgende grundsätzlichen Zusammenhänge:

$$\sum_{t=0}^{T}(ENT_t - EINL_t) = \sum_{t=0}^{T}(ERT_t - AUF_t) = \sum_{t=0}^{T}(E_t - A_t)$$

$$GB_h = \sum_{t=0}^{h}(E_t - A_t) - \sum_{t=0}^{h}(ENT_t - EINL_t)$$

$$KB_h = \sum_{t=0}^{h}(ERT_t - AUF_t) - \sum_{t=0}^{h}(E_t - A_t)$$

$$EK_h^B = \sum_{t=0}^{h}(ERT_t - AUF_t) - (ENT_t - EINL_t).$$

Nach dem LÜCKE-Theorem lässt sich der Barwert jeder der obigen Rechengrößen durch eine der anderen ausdrücken, indem kalkulatorische Zinsen $z_t$ auf die jeweilige Bestandsgröße berechnet werden, mit der die beiden Rechengrößen miteinander in Zusammenhang stehen. Denn durch den Ansatz der kalkulatorischen Zinsen auf die

Differenz der beiden Rechnungsgrößen wird bei der Diskontierung genau der Unterschied der Rechengrößen eliminiert.[59]

Allgemein gilt für den Barwert (PV) einer Rechengröße X:[60]

$$PV[X_t] = PV[Y_t] + PV[z_t] \text{ bzw. } PV[X_t] - PV[z_t] = PV[Y_t],$$

wobei

$$PV[X_t] = \sum_{t=0}^{T} \frac{X_t}{(1+r)^t} \text{ und } PV[Y_t] = \sum_{t=0}^{T} \frac{Y_t}{(1+r)^t}$$

$$z_t = r \times B_{t-1} \text{ und } B_{t-1} = \sum_{s=0}^{t-1} (X_s - Y_s).$$

Die kalkulatorischen Zinsen werden jeweils auf die gebundenen Finanzmittel am Periodenbeginn berechnet. Am Ende der Totalperiode ist $B_T$ gleich Null, ebenso seien im Zeitpunkt der Bewertung keine Bestände vorhanden ($B_0 = 0$). Dann gilt:[61]

$$PV[z_t] = \sum_{t=1}^{T} \frac{1}{(1+r)^t} \times r \times \sum_{s=0}^{t-1}(X_s - Y_s) =$$

$$= r \times \sum_{t=1}^{T} \frac{1}{(1+r)^t} \times \sum_{s=0}^{t-1} X_s - r \times \sum_{t=1}^{T} \frac{1}{(1+r)^t} \times \sum_{s=0}^{t-1} Y_s.$$

Mit

$$\sum_{t=1}^{T} \frac{1}{(1+r)^t} \times \sum_{s=0}^{t-1} Y_s = \frac{(1+r)^T - 1}{r(1+r)^T} \times Y_0 + \frac{(1+r)^{T-1} - 1}{r(1+r)^T} \times Y_1 + \ldots$$

$$+ \ldots + \frac{(1+r)^1 - 1}{r(1+r)^T} \times Y_{T-1} + 0 \times Y_T$$

$$= \frac{1}{r} \times \sum_{t=0}^{T} Y_t \left( \frac{(1+r)^{T-t}}{(1+r)^T} - \frac{1}{(1+r)^T} \right) = \frac{1}{r} \times \left( \sum_{t=0}^{T} \frac{Y_t}{(1+r)^t} - \frac{1}{(1+r)^T} \sum_{t=0}^{T} Y_t \right)$$

gilt

---

59 Vgl. Laux/Liermann (1993), S. 551f.
60 Vgl. Lücke (1965), S. 23.
61 Vgl. zu folgendem Beweis die Vorgehensweise bei Hax (1993), S. 149ff.; Gerling (1985), S. 416ff.

## C. Zusammenhang unterschiedlicher Erfolgsgrößen

$$PV[z_t] = r \frac{1}{r} \left( \sum_{t=0}^{T} \frac{X_t}{(1+r)^t} - \frac{1}{(1+r)^T} \sum_{t=0}^{T} X_t \right) - r \frac{1}{r} \left( \sum_{t=0}^{T} \frac{Y_t}{(1+r)^t} - \frac{1}{(1+r)^T} \sum_{t=0}^{T} Y_t \right)$$

$$\Leftrightarrow PV[z_t] = \left( \sum_{t=0}^{T} \frac{X_t}{(1+r)^t} - \sum_{t=0}^{T} \frac{Y_t}{(1+r)^t} \right) - \underbrace{\left( \frac{1}{(1+r)^T} \sum_{t=0}^{T} (X_t - Y_t) \right)}_{=0}$$

$$\Leftrightarrow PV[z_t] = \left( \sum_{t=0}^{T} \frac{X_t}{(1+r)^t} - \sum_{t=0}^{T} \frac{Y_t}{(1+r)^t} \right).$$

Damit lässt sich der behauptete Zusammenhang herstellen:

$$\sum_{t=0}^{T} \frac{Y_t}{(1+r)^t} + PV[z_t] = \sum_{t=0}^{T} \frac{Y_t}{(1+r)^t} + \left( \sum_{t=0}^{T} \frac{X_t}{(1+r)^t} - \sum_{t=0}^{T} \frac{Y_t}{(1+r)^t} \right)$$

$$= \left( \sum_{t=0}^{T} \frac{X_t}{(1+r)^t} \right) \text{q.e.d.}$$

So lassen sich Investitionsrechnungen statt auf der Basis von Einzahlungsüberschüssen mit Ertragsüberschüssen durchführen, wenn man für X Ertragsüberschüsse und für Y Einzahlungsüberschüsse wählt, somit kalkulatorische Zinsen auf deren Differenz, die Kapitalbindung $KB_t$, berechnet und sie von den Ertragsüberschüssen abzieht.

Entsprechend lassen sich für Unternehmensbewertung Ertragsüberschüsse (X) statt Entnahmeüberschüssen (Y) verwenden, wenn man kalkulatorische Zinsen auf den Eigenkapitalbestand $Ek_h^B = \sum_{t=0}^{h} (ERT_t - AUF_t) - (ENT_t - EINL_t)$ berechnet und sie von den Einzahlungsüberschüssen abzieht.

Es lassen sich Einzahlungsüberschüsse (X) statt Entnahmeüberschüssen (Y) verwenden, wenn man von den Einzahlungsüberschüssen kalkulatorische Zinsen auf den Geldbestand $GB_h = \sum_{t=0}^{h} (E_t - A_t) - \sum_{t=0}^{h} (ENT_t - EINL_t)$ abzieht.

Dieses Grundmodell nach LÜCKE gilt zunächst nur für den Fall der Gesamtbetrachtung eines Projektes bzw. eines Unternehmens von Gründung bis Liquidation. Inwieweit es sich auf realistische Anwendungsfälle ausdehnen lässt, wurde in der Literatur ausführlich untersucht. Im Folgenden soll die Anwendbarkeit des Theorems auf den in der Unternehmensbewertung üblicherweise vorzufindenden Fall eines bereits bestehenden Unternehmens untersucht werden.[62]

## 1.3. Erweitertes Modell für bereits bestehende Unternehmen

Findet die Bewertung nicht zum Zeitpunkt der Gründung des Unternehmens statt, dann muss in obigen Beziehungsgleichungen jeweils der Bestand im Bewertungszeitpunkt berücksichtigt werden. Die Summen der Rechengrößen über die verbleibende Totalperiode entsprechen sich nunmehr nur noch, wenn man den bereits aufgelaufenen Bestand hinzuzählt:[63]

$$\sum_{t=0}^{T}(ERT_t - AUF_t) = \sum_{t=0}^{T}(ENT_t - EINL_t) + Ek_0^B$$

$$\sum_{t=0}^{T}(ERT_t - AUF_t) = \sum_{t=0}^{T}(E_t - A_t) + KB_0$$

$$\sum_{t=0}^{T}(E_t - A_t) = \sum_{t=0}^{T}(ENT_t - EINL_t) + GB_0$$

Für die Bestandsgrößen im verbleibenden Rest der Totalperiode gilt entsprechend:

$$Ek_{t-1}^B = \sum_{s=0}^{t-1}(ERT_s - AUF_s) - \sum_{s=0}^{t-1}(ENT_s - EINL_s) + Ek_0^B$$

$$KB_{t-1} = \sum_{s=0}^{t-1}(ERT_s - AUF_{st}) - \sum_{s=0}^{t-1}(E_s - A_s) + KB_0$$

$$GB_{t-1} = \sum_{s=0}^{t-1}(E_s - A_s) - \sum_{s=0}^{t-1}(ENT_s - EINL_s) + GB_0.$$

---

62 Voraussetzung für die Gültigkeit des Theorems ist lediglich das Kongruenzprinzip. „Im Laufe der weiteren Entwicklung wurden verschiedene Probleme dieser Äquivalenz untersucht, die durch die gesetzten Annahmen bei der Ableitung des Theorems vernachlässigt werden konnten. Insbesondere die Verwendung eines einheitlichen Zinsfußes für alle Perioden bzw. die Unterstellung einer waagerechten Zinsstruktur-Kurve stand einer Verallgemeinerung des Ergebnisses lange entgegen, bis Marusev/Pfingsten (1993) zeigten, dass das Theorem bei Verwendung arbitragefreier Forward Rates auch ohne diese Annahme seine Gültigkeit behält." Knoll (1996), S. 117; auch Kloock (1981), S. 873ff. Zur Gültigkeit des Theorems bei Verwendung von Wiederbeschaffungskosten vgl. Kloock (1984a), S. 75ff.

63 Vgl. Gerling (1985), S. 207f.

## C. Zusammenhang unterschiedlicher Erfolgsgrößen

Dann gilt:[64]

$$B_0 + PV[X_t] - PV[z_t] = PV[Y_t],$$

wobei

$$z_t = r \times B_{t-1} \text{ und } B_{t-1} = B_0 + \sum_{s=0}^{t-1}(X_s - Y_s)$$

$$PV[z_t] = \sum_{t=1}^{T}\frac{1}{(1+r)^t} \times r \times \left(B_0 + \sum_{s=0}^{t-1}(X_s - Y_s)\right) =$$

$$= r \times \sum_{t=1}^{T}\frac{1}{(1+r)^t} \times B_0 + r \times \sum_{t=1}^{T}\frac{1}{(1+r)^t} \times \sum_{s=0}^{t-1}X_s - r \times \sum_{t=1}^{T}\frac{1}{(1+r)^t} \times \sum_{s=0}^{t-1}Y_s.$$

Mit

$$r \times \sum_{t=1}^{T}\frac{1}{(1+r)^t} \times B_0 = r \times B_0 \times \left(\frac{1}{r} - \frac{1}{r(1+r)^T}\right) = B_0 \times \left(1 - \frac{1}{(1+r)^T}\right)$$

gilt

$$PV[z_t] = B_0 \times \left(1 - \frac{1}{(1+r)^T}\right) + r \times \sum_{t=0}^{T}\frac{1}{(1+r)^t} \times \sum_{s=0}^{t-1}X_s - r \times \sum_{t=0}^{T}\frac{1}{(1+r)^t} \times \sum_{s=0}^{t-1}Y_s$$

$$PV[z_t] = \left(\sum_{t=0}^{T}\frac{X_t}{(1+r)^t} - \sum_{t=0}^{T}\frac{Y_t}{(1+r)^t}\right) - \left(\frac{1}{(1+r)^T}\sum_{t=0}^{T}(X_t - Y_t)\right) + \left(B_0 - \frac{B_0}{(1+r)^T}\right)$$

$$= \left(\sum_{t=0}^{T}\frac{X_t}{(1+r)^t} - \sum_{t=0}^{T}\frac{Y_t}{(1+r)^t}\right) - \underbrace{\left(\frac{1}{(1+r)^T}\sum_{t=0}^{T}(X_t - Y_t) + B_0\right)}_{=0} + B_0$$

$$= \left(\sum_{t=0}^{T}\frac{X_t}{(1+r)^t} - \sum_{t=0}^{T}\frac{Y_t}{(1+r)^t}\right) + B_0$$

und damit

$$B_0 + \sum_{t=0}^{T}\frac{X_t}{(1+r)^t} - PV[z_t] = B_0 + \sum_{t=0}^{T}\frac{X_t}{(1+r)^t} - \left(\sum_{t=0}^{T}\frac{X_t}{(1+r)^t} - \sum_{t=0}^{T}\frac{Y_t}{(1+r)^t} + B_0\right) =$$

$$= \left(\sum_{t=0}^{T}\frac{Y_t}{(1+r)^t}\right) \text{ q.e.d.}$$

---

[64] Vgl. Hax (1993), S. 151f.; Engels (1962), S. 134; Gerling (1985), S. 420f.

Für die Unternehmensbewertung anhand von Ertragsüberschüssen (X) statt Entnahmeüberschüssen (Y) bedeutet dies, dass von den Ertragsüberschüssen nicht nur kalkulatorische Zinsen auf den Eigenkapitalbestand am Periodenanfang $[Ek^B_{t-1} = \sum_{s=0}^{t-1}(ERT_s - AUF_s) - \sum_{s=0}^{t-1}(ENT_s - EINL_s) + Ek^B_0]$ abzuziehen sind, sondern zu diesem Wert auch noch der Eigenkapitalbestand zum Bewertungszeitpunkt $Ek^B_0$ addiert werden muss:[65]

$$Ek_0 = \sum_{t=0}^{T}(ERT_t - AUF_t - r \times Ek^B_{t-1})q^{-t} + Ek^B_0.$$

Verwendet man statt Entnahmeüberschüssen (Y) Einzahlungsüberschüsse (X), dann müssen kalkulatorische Zinsen auf den Geldbestand am jeweiligen Periodenanfang $[GB_{t-1} = \sum_{s=0}^{t-1}(E_s - A_s) - \sum_{s=0}^{t-1}(ENT_s - EINL_s) + GB_0]$ von den Einzahlungsüberschüssen abgezogen und außerdem der Wert des Geldbestands im Bewertungszeitpunkt $GB_0$ addiert werden:

$$Ek_0 = \sum_{t=0}^{T}(E_t - A_t - r \times GB_{t-1})q^{-t} + GB_0.$$

Zu beachten ist hierbei, dass die kalkulatorischen Zinsen mit dem Kalkulationszinsfuß zu ermitteln sind, da andernfalls die obige Herleitung hinfällig wird.

## 1.4. Erweiterung für unbegrenzte Lebensdauern

Obige Überlegungen sind direkt anwendbar für einzelne Projekte und Unternehmen mit begrenzter Lebensdauer. Die vorhergehenden Beweise hingen davon ab, dass $\sum_{t=0}^{T}X_t = \sum_{t=0}^{T}Y_t$ bzw. $\sum_{t=0}^{T}X_t - \sum_{t=0}^{T}Y_t + B_0 = 0$ galt. Diese Zusammenhänge sind bei unbegrenzten Lebensdauer nicht gegeben. Es lässt sich jedoch zeigen, dass auch hier das Theorem Gültigkeit besitzt. Es ist für $T \to \infty$:

---

65 Vgl. Sieben (1988), S. 366.

## C. Zusammenhang unterschiedlicher Erfolgsgrößen

$$z_t = r \times B_{t-1} \text{ und } B_{t-1} = B_0 + \sum_{s=0}^{t-1}(X_s - Y_s)$$

$$PV[z_t] = \sum_{t=1}^{\infty} \frac{1}{(1+r)^t} \times r \times \left( B_0 + \sum_{s=0}^{t-1}(X_s - Y_s) \right)$$

$$PV[z_t] = r \times \sum_{t=1}^{\infty} \frac{1}{(1+r)^t} \times B_0 + r \times \sum_{t=1}^{\infty} \frac{1}{(1+r)^t} \times \sum_{s=0}^{t-1} X_s - r \times \sum_{t=1}^{\infty} \frac{1}{(1+r)^t} \times \sum_{s=0}^{t-1} Y_s.$$

Mit

$$r \times \sum_{t=0}^{\infty} \frac{1}{(1+r)^t} \times B_0 = r \times B_0 \times \frac{1}{r} = B_0$$

und

$$\sum_{t=1}^{T} \frac{1}{(1+r)^t} \times \sum_{s=0}^{t-1} Y_s = \frac{1}{r} \times Y_0 + \frac{(1+r)^{T-1}-1}{r(1+r)^T} \times Y_1 + \ldots + \frac{(1+r)^1-1}{r(1+r)^T} \times Y_{T-1} + 0 \times Y_T$$

$$= \frac{1}{r} \times \sum_{t=0}^{\infty} Y_t \left( \frac{(1+r)^{T-t}}{(1+r)^T} - \frac{1}{(1+r)^T} \right) = \frac{1}{r} \times \left( \sum_{t=0}^{\infty} \frac{Y_t}{(1+r)^t} - \underbrace{\frac{1}{(1+r)^T} \sum_{t=0}^{\infty} Y_t}_{\to 0 \text{ für } T \to \infty} \right)$$

$$\to \frac{1}{r} \times \left( \sum_{t=0}^{\infty} \frac{Y_t}{(1+r)^t} \right) \text{ für } T \to \infty$$

gilt:

$$PV[z_t] = r \times \sum_{t=1}^{\infty} \frac{1}{(1+r)^t} \times B_0 + r \times \sum_{t=1}^{\infty} \frac{1}{(1+r)^t} \times \sum_{s=0}^{t-1} X_s - r \times \sum_{t=1}^{\infty} \frac{1}{(1+r)^t} \times \sum_{s=0}^{t-1} Y_s$$

$$= B_0 + \left( \sum_{t=0}^{\infty} \frac{X_t}{(1+r)^t} \right) - \left( \sum_{t=0}^{\infty} \frac{Y_t}{(1+r)^t} \right).$$

Damit gilt für T→∞:

$$B_0 + \sum_{t=0}^{T} \frac{X_t}{(1+r)^t} - PV[z_t] = B_0 + \sum_{t=0}^{T} \frac{X_t}{(1+r)^t} - \left( \sum_{t=0}^{T} \frac{X_t}{(1+r)^t} - \sum_{t=0}^{T} \frac{Y_t}{(1+r)^t} + B_0 \right)$$

$$= \left( \sum_{t=0}^{T} \frac{Y_t}{(1+r)^t} \right) \text{q.e.d.}$$

Für eine tatsächliche Gleichheit sind allerdings sehr hohe Werte für T, d. h. sehr lange Planungshorizonte, erforderlich. Dies liegt darin begründet, dass die Summe der Zahlungen $Y_t$ sehr große Werte annimmt. Gilt z. B. Y = konstant = 1.000.000, T = 100 und r = 10 %, dann beträgt der Barwert aller Zahlungen Y:

$$\sum_{t=0}^{T}\frac{Y_t}{(1+r)^t} = Y \times \sum_{t=0}^{100}\frac{1}{(1+r)^t} = Y \times 10{,}9992743 = 10.999.274$$

$$\to Y \times \left(1 + \frac{1}{r}\right) = 11.000.000$$

Der Barwert der Summe der Zahlungen beträgt:

$$\frac{1}{(1+r)^T}\sum_{t=0}^{100}Y_t = 0{,}000072565 \times 100 \times Y = 7256{,}57 \to 0 \text{ für } T\to\infty.$$

und ihre Differenz:

$$\sum_{t=0}^{100}\frac{Y_t}{(1+r)^t} - \frac{1}{(1+r)^T}\sum_{t=0}^{100}Y_t = 10.992.017{,}77 \to 11.000.000 \text{ für } T\to\infty.$$

Je höher die Zahlungen Y, desto größer der absolute Wert des Barwerts der Summe der Zahlungen. Gleichzeitig nimmt seine relative Bedeutung aber gegenüber dem Barwert der Zahlungen ab, sodass auch dann die Abweichung gering ist. Jedoch ist eine Länge des Planungshorizonts von 100 Perioden in der praktischen Bewertungssituation undurchführbar. Bei 30 Perioden ist der Barwertfaktor von 10 % immerhin noch 0,0573, sodass es zu einer Abweichung von etwa 6 % käme. Entsprechend könnte eine Lösung des Problems dadurch herbeigeführt werden, „statt einer unendlichen einfach eine (genügend lange) endliche Lebensdauer der Unternehmung zu unterstellen."[66] Dann sind die Bewertungsgleichungen des vorangegangenen Abschnitts anwendbar. Für ein Phasenmodell, in dem die ewige Rente nur in der letzten Phase Verwendung findet, lässt sich das Theorem jedoch anwenden, wie im Folgenden gezeigt wird.

---

66   Sieben (1988), S. 368.

## 1.4.1. Beweis für ein Phasenmodell mit konstanten Überschüssen in der Endphase

Bei der in der Praxis üblichen Phasen-Methode wird nur eine kurze Phase von 3-5 Jahren detailliert geplant, danach kommt es zu pauschalen Annahmen über die Entwicklung der Bewertungsgrößen.[67] In der letzten Phase, ab dem Ende der Detailplanung $t = m$, wird meist von konstanten Überschüssen ausgegangen:[68]

$$X_m = X_{m+1} = ... = X_\infty = \text{konstant und } Y_m = Y_{m+1} = ... = Y_\infty = \text{konstant}$$

Es gilt:

$$B_0 + PV[X_t - z_t] = PV[Y_t],$$

wobei

$$PV[X_t] = \sum_{t=0}^{m} \frac{X_t}{(1+r)^t} + \sum_{t=m+1}^{\infty} \frac{X_m}{(1+r)^t} = \sum_{t=0}^{m} \frac{X_t}{(1+r)^t} + \frac{X_m}{r(1+r)^m}$$

$$PV[Y_t] = \sum_{t=0}^{m} \frac{Y_t}{(1+r)^t} + \frac{Y_m}{r(1+r)^m}$$

$$PV[z_t] = \sum_{t=1}^{m} \frac{z_t}{(1+r)^t} + \sum_{t=m+1}^{\infty} \frac{z_t}{(1+r)^t}$$

$$\sum_{t=m+1}^{\infty} \frac{z_t}{(1+r)^t} = \frac{B_m}{(1+r)^m} + \frac{(X_m - Y_m)}{r(1+r)^m}$$

$$z_t = r \times B_{t-1} \text{ und } B_{t-1} = B_0 + \sum_{s=0}^{t-1}(X_s - Y_s)$$

$$z_{m+1} = r \times B_m \text{ und } B_m = B_0 + \sum_{s=0}^{m}(X_s - Y_s).$$

Behauptung: Dann ist

---

67  Vgl. hierzu Abschnitt IV.D.2.3.
68  Von einer Anpassungsphase kann abstrahiert werden, da sie sich rechnerisch in die Phase der Detailplanung einfügt.

$$B_0 + \sum_{t=0}^{\infty}\frac{X_t}{(1+r)^t} - PV[z_t]$$

$$= B_0 + \sum_{t=0}^{m}\frac{X_t}{(1+r)^t} + \frac{X_m}{r(1+r)^m} - \sum_{t=1}^{m}\frac{z_t}{(1+r)^t} - \frac{B_m}{(1+r)^m} - \frac{(X_m - Y_m)}{r(1+r)^m}$$

$$= \sum_{t=0}^{m}\frac{Y_t}{(1+r)^t} + \frac{Y_m}{r(1+r)^m}$$

Beweis:
Der Barwert der kalkulatorischen Zinsen in der Endphase beträgt:[69]

$$\sum_{t=m+1}^{\infty}\frac{z_t}{(1+r)^t} = \frac{B_m}{(1+r)^m} + \frac{(X_m - Y_m)}{r(1+r)^m}$$

Der Barwert der kalkulatorischen Zinsen in der Detailplanung beträgt:

$$\sum_{t=1}^{m}\frac{z_t}{(1+r)^t} = \sum_{t=1}^{m}\frac{1}{(1+r)^t} \times r \times \left(B_0 + \sum_{s=0}^{t-1}(X_s - Y_s)\right)$$

$$= B_0 \times \left(1 - \frac{1}{(1+r)^m}\right) + r \times \sum_{t=0}^{m}\frac{1}{(1+r)^t} \times \sum_{s=0}^{t-1}X_s - r \times \sum_{t=0}^{m}\frac{1}{(1+r)^t} \times \sum_{s=0}^{t-1}Y_s$$

$$= \left(\sum_{t=0}^{m}\frac{X_t}{(1+r)^t} - \sum_{t=0}^{m}\frac{Y_t}{(1+r)^t}\right) - \left(\frac{1}{(1+r)^T}\sum_{t=0}^{m}(X_t - Y_t)\right) + \left(B_0 - \frac{B_0}{(1+r)^m}\right)$$

$$= \left(\sum_{t=0}^{m}\frac{X_t}{(1+r)^t} - \sum_{t=0}^{m}\frac{Y_t}{(1+r)^t}\right) - \frac{1}{(1+r)^m}\underbrace{\left(\sum_{t=0}^{m}(X_t - Y_t) + B_0\right)}_{=B_m} + B_0$$

$$= \left(\sum_{t=0}^{m}\frac{X_t}{(1+r)^t} - \sum_{t=0}^{m}\frac{Y_t}{(1+r)^t}\right) - \frac{B_m}{(1+r)^m} + B_0$$

mit

$$r \times B_0 \times \sum_{t=1}^{m}\frac{1}{(1+r)^t} = r \times B_0 \times \left(\frac{1}{r} - \frac{1}{r(1+r)^m}\right) = B_0 \times \left(1 - \frac{1}{(1+r)^m}\right)$$

und

---

[69] Vgl. die Ableitung im Anhang.

$$\sum_{t=1}^{m}\frac{1}{(1+r)^t}\times\sum_{s=0}^{t-1}Y_s = \frac{(1+r)^m-1}{r(1+r)^m}\times Y_0 + \frac{(1+r)^{m-1}-1}{r(1+r)^m}\times Y_1 + \ldots$$

$$+\ldots+\frac{(1+r)^1-1}{r(1+r)^m}\times Y_{m-1} + 0\times Y_m$$

$$=\frac{1}{r}\times\sum_{t=0}^{m}Y_t\left(\frac{(1+r)^{m-t}}{(1+r)^m}-\frac{1}{(1+r)^m}\right) = \frac{1}{r}\times\left(\sum_{t=0}^{m}\frac{Y_t}{(1+r)^t}-\frac{1}{(1+r)^m}\sum_{t=0}^{m}Y_t\right).$$

Damit gilt:

$$B_0 + \sum_{t=0}^{m}\frac{X_t}{(1+r)^t} + \frac{X_m}{r(1+r)^m} - \sum_{t=1}^{m}\frac{z_t}{(1+r)^t} - \frac{B_m}{(1+r)^m} - \frac{(X_m-Y_m)}{r(1+r)^m}$$

$$= B_0 + \sum_{t=0}^{m}\frac{X_t}{(1+r)^t} + \frac{X_m}{r(1+r)^m} - \left(\sum_{t=0}^{m}\frac{X_t}{(1+r)^t} - \sum_{t=0}^{m}\frac{Y_t}{(1+r)^t}\right) + \frac{B_m}{(1+r)^m} - B_0$$

$$-\frac{B_m}{(1+r)^m} - \frac{(X_m-Y_m)}{r(1+r)^m} = \sum_{t=0}^{m}\frac{Y_t}{(1+r)^t} + \frac{Y_m}{r(1+r)^m} \quad \text{q.e.d.}$$

Das Theorem ist in einem Phasenmodell mit konstanten Zahlungen in der Endphase also anwendbar.

### 1.4.2. Interpretation

Zur Veranschaulichung der eben dargestellten Zusammenhänge möge folgendes Beispiel dienen: Gegeben seien folgende beiden Zahlungsreihen, wobei ab Periode 5 von konstanten Überschüssen ausgegangen wird:

|   | t = 0 | t = 1 | t = 2 | t = 3 | t = 4 = m | t = 5 = m + 1 | ∞ |
|---|---|---|---|---|---|---|---|
| X | 2 | 3 | 4 | 5 | 5 | 5 | 5 |
| Y | 1 | 1 | 3 | 4 | 4 | 4 | 4 |

Bei einem Kalkulationszinsfuß von 10 % ergeben sich folgende Barwerte für die Überschüsse ab t = 5:

$$\frac{X_m}{r(1+r)^m} = \frac{5}{0{,}1}\times\frac{1}{(1{,}1)^4} = 34{,}15$$

$$\frac{Y_m}{r(1+r)^m} = \frac{4}{0{,}1}\times\frac{1}{(1{,}1)^4} = 27{,}32$$

Die Gesamt-Barwerte der Überschüsse unterscheiden sich um 11,91:

|           | t = 0 | t = 1 | t = 2 | t = 3 | t = 4 = m | ∞    | Summe     |
|-----------|-------|-------|-------|-------|-----------|------|-----------|
| PVF (10 %)| 1,00  | 0,91  | 0,83  | 0,75  | 0,68      | 6,83 |           |
| PV(X)     | 2,00  | 2,73  | 3,31  | 3,76  | 3,42      | 34,15| 49,355372 |
| PV(Y)     | 1,00  | 0,91  | 2,48  | 3,01  | 2,73      | 27,32| 37,446281 |
| Differenz |       |       |       |       |           |      | 11,909091 |

Sie lassen sich angleichen, indem man auf die kumulierte Differenz (X − Y) kalkulatorische Zinsen berechnet. Dies ist aber nur während der Detailplanung (t = 1 bis 4) ein gangbarer Weg. Danach lassen sich die Differenzen nicht in alle Ewigkeit aufsummieren. Deshalb wird der Barwert der kalkulatorischen Zinsen für die Endphase mithilfe obiger Formel ermittelt:

$$\sum_{t=m+1}^{\infty} \frac{z_t}{(1+r)^t} = \frac{1}{(1+r)^m}\left(B_m + \frac{(X_m - Y_m)}{r}\right) = \frac{1}{(1,1)^4}\left(6 + \frac{(5-4)}{0,1}\right) = \frac{16}{(1,1)^4} = 10,93$$

Insgesamt erhält man einen Barwert der Zinsen von 11,91 GE, was genau der Differenz der Barwerte der Überschüsse entspricht:

|                           | t = 0 | t = 1    | t = 2    | t = 3    | t = 4 = m | ∞        | Summe     |
|---------------------------|-------|----------|----------|----------|-----------|----------|-----------|
| (X_t − Y_t)               | 1     | 2        | 1        | 1        | 1         | 1        |           |
| B_t = (X_t − Y_t) kumul.  | 1     | 3        | 4        | 5        | 6         |          |           |
| z_t                       |       | 0,1      | 0,3      | 0,4      | 0,5       | 16       |           |
| PVF (10 %)                | 1     | 0,91     | 0,83     | 0,75     | 0,68      | 0,68     |           |
| PV(z)                     | 0     | 0,090909 | 0,247934 | 0,300526 | 0,341507  | 10,92822 | 11,909091 |

Nach Abzug dieser kalkulatorischen Zinsen vom Barwert der Erfolgsgröße X entsprechen sich die Barwerte:

$$PV[X_t] - PV[z_t] = 49,355372 - 11,909091 = 37,446281 = PV[Y_t]$$

Für die Anwendung des Theorems auf unendliche Lebensdauern ist für die Berechnung des Barwerts der kalkulatorischen Zinsen für die Endphase die Anwendung obiger Formel erforderlich.

## 1.4.3. Erweiterung bei Vollausschüttung

Diese Vorgehensweise lässt sich bei Vollausschüttung stark vereinfachen. Es kann gezeigt werden, dass sich die Bewertung bei Annahme im Zeitablauf konstanter Bestandsgrößen $B_t$ vereinfacht zu:[70]

$$B_0 + PV[X_t] - PV[z_t] = PV[X_t] = PV[Y_t],$$

wobei

$$z_t = r \times B_{t-1} \text{ und } B_{t-1} = B_0 = \text{konstant}$$

$$PV[z_t] = \sum_{t=1}^{\infty} \frac{1}{(1+r)^t} \times r \times B_0 = \frac{B_0}{r} \times r = B_0$$

und damit

$$B_0 + \sum_{t=0}^{\infty} \frac{X_t}{(1+r)^t} - PV[z_t] = \left( \sum_{t=0}^{\infty} \frac{Y_t}{(1+r)^t} \right)$$

$$\Rightarrow \sum_{t=0}^{\infty} \frac{X_t}{(1+r)^t} = \left( \sum_{t=0}^{\infty} \frac{Y_t}{(1+r)^t} \right) \text{q.e.d.}$$

In einem solchen Fall sind die Barwerte der Überschüsse ohne Korrekturen äquivalent. Konstante Bestandsgrößen bedeuten aber nichts anderes als eine Vollausschüttung der betreffenden Stromgrößen:

$$\Delta Ek^B_t = (ERT_t - AUF_t) - (ENT_t - EINL_t) = 0$$

wenn $(ERT_t - AUF_t) = (ENT_t - EINL_t)$ und

$$\Delta GB_t = (E_t - A_t) - (ENT_t - EINL_t) = 0$$

wenn $(E_t - A_t) = (ENT_t - EINL_t)$.

Der Ersatz von Entnahmeüberschüssen durch Ertragsüberschüsse bzw. Einzahlungsüberschüsse ist ohne Korrektur folglich dann möglich, wenn bei unendlicher Lebensdauer von einer Vollausschüttung der betreffenden Erfolgsgröße ausgegangen wird. Dadurch werden letztlich aber Ertrags- bzw. Einzahlungsüberschüsse in Entnahmeüberschüsse verwandelt. In den Planungsrechnungen müssen die Beträge dann tatsächlich abfließen und im Bedarfsfall durch Außenfinanzierung neu aufgenommen

---

70 Vgl. Hax (1993), S. 152; Käfer (1969), S. 309, 312; Sieben (1988), S. 367.

werden. Bei der Ertragswertmethode geschieht genau dies mithilfe der Finanzbedarfsrechnung. Bei der Discounted Cash Flow-Methode bleibt dieser Sachverhalt bisher unberücksichtigt.

Im Einzelnen gilt:

$PV[ENÜ_t] = PV[ERÜ_t]$ mit $Ek_0^B$ = konstant

$PV[ENÜ_t] = PV[EZÜ_t]$ mit $GB_0$ = konstant

$PV[ERÜ_t] = PV[EZÜ_t]$ mit $KB_0 = Ek_0 - GB_0$ = konstant

$PV[ENÜ_t] = PV[ERÜ_t] = PV[EZÜ_t]$ mit $GB_0, Ek_0$ = konstant

Bewertungen auf der Basis von Einzahlungs-, Ertrags- und Entnahmeüberschüssen sind ohne Korrekturen also nur dann identisch, wenn gleichzeitig Geldbestand und Eigenkapitalbestand konstant sind. Dies ist gleichbedeutend mit einer Vollausschüttung sowohl der Gewinne als auch der Einzahlungsüberschüsse. Das Eigenkapital kann nur konstant gehalten werden, wenn neben den Gewinnausschüttungen keine Kapitalentnahmen oder -einlagen stattfinden. Der Geldbestand kann nur konstant sein, wenn alle Überschüsse abfließen und alle Defizite von außen gedeckt werden. Da gleichzeitig das Eigenkapital konstant sein soll, kann der Ab- bzw. Zufluss nur an die bzw. von den Gläubigern erfolgen.

## 1.5. Zusammenfassung

Zusammenfassend lassen sich folgende grundlegende Zusammenhänge von Einzahlungsüberschüssen (EZÜ), Ertragsüberschüssen (ERÜ) und Entnahmeüberschüssen (ENÜ) aus dem Theorem ableiten:

$$PV[Y_t] = B_0 + PV[X_t] - PV[z_t] \text{ und } z_t = r \times B_{t-1},$$

$$\text{mit } B_{t-1} = B_0 + \sum_{s=0}^{t-1}(X_s - Y_s).$$

Dabei ist zu beachten, dass die kalkulatorischen Zinsen $z_t$ grundsätzlich mit dem Kalkulationszinsfuß ermittelt werden. Im Einzelnen gilt:

## C. Zusammenhang unterschiedlicher Erfolgsgrößen

1. $PV[EN\ddot{U}_t] = Ek_0^B + PV[ER\ddot{U}_t - z_t]$

   mit $z_t = r \times Ek_{t-1}^B = r \times \left( Ek_0^B + \sum_{s=0}^{t-1}(ER\ddot{U}_s - EN\ddot{U}_s) \right)$

2. $PV[EN\ddot{U}_t] = GB_0 + PV[EZ\ddot{U}_t - z_t]$

   mit $z_t = r \times GB_{t-1} = r \times \left( GB_0 + \sum_{s=0}^{t-1}(EZ\ddot{U}_s - EN\ddot{U}_s) \right)$

3. $PV[EZ\ddot{U}_t] = PV[EN\ddot{U}_t + z_t] - GB_0$

   mit $z_t = r \times GB_{t-1} = r \times \left( GB_0 + \sum_{s=0}^{t-1}(EZ\ddot{U}_s - EN\ddot{U}_s) \right)$

4. $PV[EZ\ddot{U}_t] = KB_0 + PV[ER\ddot{U}_t - z_t]$

   mit $z_t = r \times KB_{t-1} = r \times \left( KB_0 + \sum_{s=0}^{t-1}(ER\ddot{U}_s - EZ\ddot{U}_s) \right)$

Unterstellt man eine Planung, welche die Verzinsung von Einbehaltungen bereits beinhaltet, dann bildet der Barwert der ENÜ den Referenzwert für die Bewertung.

Zu 1.)
Derselbe Wert wie auf Basis von Entnahmeüberschüssen lässt sich mithilfe von Ertragsüberschüssen ermitteln, wenn man davon kalkulatorische Zinsen auf das am Periodenanfang gebundene Eigenkapital abzieht und den Wert des Eigenkapitals zum Zeitpunkt der Bewertung hinzuzählt.

Zu 2.)
Derselbe Wert lässt sich mithilfe von Einzahlungsüberschüssen ermitteln, indem man vom Barwert der EZÜ kalkulatorische Zinsen auf den Geldbestand abzieht und den Geldbestand im Bewertungszeitpunkt hinzuzählt. Diese Korrekturen sind notwendig, weil es bei den Einzahlungsüberschüsse zur Doppelzählung der Verzinsung der einbehaltenen liquiden Mittel kommt, wie Umformung 3 zeigt.

Zu 3.)
Der Barwert von Einzahlungsüberschüssen, der auf Basis von Zahlen ermittelt wird, welche die Verzinsung der Einbehaltungen bereits beinhalten, ist um die Verzinsung des Geldbestandes zu hoch und um den Geldbestand selbst zu niedrig. Nur bei Konstanz des Geldbestandes gleichen sich beide Werte aus.

Zu 4.)

Die Barwerte von Einzahlungsüberschüssen und Ertragsüberschüssen unterscheiden sich durch kalkulatorische Zinsen auf die Kapitalbindung und die Kapitalbindung selbst. Diese Übereinstimmung wird z. B. beim EVA-Konzept unterstellt, das von einer Diskontierung von ERÜ nach Abzug kalkulatorischer Zinsen auf die Kapitalbindung ausgeht. Durch diese Korrekturen der ERÜ wird aber nur eine Übereinstimmung mit den EZÜ, nicht aber mit den ENÜ erreicht.[71]

Geht man hingegen von einer vereinfachten Planung aus, die Einbehaltungen und ihre Verzinsung nicht explizit berücksichtigt, dann muss deren Verzinsung in einer Nebenrechnung zu den ENÜ hinzugezählt werden. $PV[ENÜ_t + z_t]$ bildet dann die Ausgangsbasis für die Bewertung – die Verzinsung des Geldbestandes erfolgt hier jedoch grundsätzlich zum Kalkulationszinsfuß. Dabei stellt die Differenz aus Zahlungs- und Entnahmeüberschüssen (EZÜ – ENÜ), also der Geldbestand, die Basis für die Ermittlung der Zinsen dar.

Dann gilt:

$$PV[Y_t] + PV[z_t] = B_0 + PV[X_t] \text{ und } z_t = r \times B_{t-1}, \text{ mit } B_{t-1} = B_0 + \sum_{s=0}^{t-1}(X_s - Y_s)$$

$$PV[ENÜ_t + z_t] = GB_0 + PV[EZÜ_t] \text{ mit}$$

$$z_t = r \times GB_{t-1} = r \times \left( GB_0 + \sum_{s=0}^{t-1}(EZÜ_s - ENÜ_s) \right).$$

Der Unternehmenswert lässt sich dann auch durch den Barwert der EZÜ plus dem Geldbestand im Zeitpunkt der Bewertung ermitteln. Eine Bewertung mit Einzahlungsüberschüssen ohne Beachtung des Ausschüttungsverhaltens geht also grundsätzlich von einer Verzinsung einbehaltener liquider Mittel zum Kalkulationszinsfuß aus.[72] Will man denselben Wert durch Ertragsüberschüsse ermitteln, muss gelten:[73]

$$GB_0 + PV[EZÜ_t] = GB_0 + KB_0 + PV[ERÜ_t - z_t]$$

$$\text{mit } z_t = r \times KB_{t-1} = r \times \left( KB_0 + \sum_{s=0}^{t-1}(ERÜ_s - EZÜ_s) \right) \text{ und } GB_0 + KB_0 = Ek^B_0.$$

---

71 Vgl. Abschnitt VI.D.
72 Vgl. Abschnitt VI.D.
73 Da $PV[ENÜ] = PV[ERÜ - z(Ek)]$, ist $PV[ENÜ + z(GB)] = PV[ERÜ - z(Ek) + z(GB)] = PV[ERÜ - z(KB)]$

## C. Zusammenhang unterschiedlicher Erfolgsgrößen

Dieses Grundmodell gilt nur für eine begrenzte Lebensdauer, lässt sich aber mithilfe folgender Zusammenhänge auf ein Phasenmodel mit unbegrenzter Lebensdauer und konstanten Überschüssen in der Endphase ausweiten:

$$PV[Y_t] = B_0 + PV[X_t] - PV[z_t] \text{ mit}$$

$$PV[X_t] = \sum_{t=0}^{m} \frac{X_t}{(1+r)^t} + \sum_{t=m+1}^{\infty} \frac{X_m}{(1+r)^t} = \sum_{t=0}^{m} \frac{X_t}{(1+r)^t} + \frac{X_m}{r(1+r)^m}$$

$$PV[z_t] = \sum_{t=1}^{m} \frac{z_t}{(1+r)^t} + \sum_{t=m+1}^{\infty} \frac{z_t}{(1+r)^t} \text{ und}$$

$$\sum_{t=m+1}^{\infty} \frac{z_t}{(1+r)^t} = \frac{1}{(1+r)^m}\left(B_m + \frac{(X_m - Y_m)}{r}\right).$$

Im Einzelnen gilt z. B. für Ertragsüberschüsse und Entnahmeüberschüsse:

$$PV[ENÜ_t] = Ek_0^B + PV[ERÜ_t] - PV[z_t]$$

$$= Ek_0^B + \sum_{t=0}^{\infty} \frac{ERÜ_t}{(1+r)^t} - \sum_{t=1}^{m} \frac{z_t}{(1+r)^t} - \frac{1}{(1+r)^m}\left(Ek_m^B + \frac{(ERÜ_m - ENÜ_m)}{r}\right)$$

$$\text{mit } z_t = r \times Ek_{t-1}^B = r \times \left(Ek_0^B + \sum_{s=0}^{t-1}(ERÜ_s - ENÜ_s)\right).$$

Dieser komplexe Sachverhalt lässt sich für unbegrenzte Lebensdauern und konstante Bestandsgrößen stark vereinfachen:

$$PV[Y_t] = PV[X_t] \text{ mit } z_t = r \times B_{t-1} \text{ und } B_{t-1} = B_0 = \text{konstant}$$

Im Einzelnen gilt dann:

| |
|---|
| $PV[ENÜ_t] = PV[ERÜ_t] \ \forall \ Ek_0^B = \text{konstant}$ |
| $PV[ENÜ_t] = PV[EZÜ_t] \ \forall \ GB_0 = \text{konstant}$ |
| $PV[ERÜ_t] = PV[EZÜ_t] \ \forall \ KB_0 = \text{konstant}$ |
| $PV[ENÜ_t] = PV[ERÜ_t] = PV[EZÜ_t] \ \forall \ GB_0 \text{ und } Ek_0 = \text{konstant}$ |

## 2. Konsequenzen für die Unternehmensbewertung

Mithilfe des LÜCKE-Theorems wurde gezeigt, mit welchen Erfolgsgrößen die Unternehmensbewertung unter bestimmten Bedingungen erfolgen kann. Eine Bewertung mit bereinigten Ertrags- oder Einzahlungsüberschüssen liefert denselben Wert wie mit Entnahmeüberschüssen. Dies ermöglicht aber keinen Verzicht auf die Prognose zukünftiger Entnahmeüberschüsse, da sie in die zur Ermittlung der kalkulatorischen Zinsen notwendigen Bestandsgrößen eingehen.[74]

Anhand des folgenden einfachen Beispiels sollen die Auswirkungen des LÜCKE-Theorems auf die Bewertung veranschaulicht werden. Es soll die Bewertung anhand von Einzahlungsüberschüssen (EZÜ), Ertragsüberschüssen (ERÜ) und Entnahmeüberschüssen (ENÜ) verglichen werden. Zur Ermittlung der Entnahmen wird Vollausschüttung der Gewinne unterstellt. Die Verzinsung der Einbehaltung wird zunächst nicht explizit berücksichtigt (vgl. Tab. III.2).

Es zeigt sich, dass zwei grundsätzlich unterschiedliche Werte resultieren: Bei Bewertung der Einzahlungsüberschüsse ergibt sich ein Wert von 94,74 GE, bei Bewertung von Entnahmeüberschüsse ein Wert von 24,87 GE. Der Wert der ERÜ von 248,68 ist aufgrund des Doppelzählungsproblems völlig überhöht: die einbehaltenen Gewinne gehen doppelt, also einmal im Jahr der Einbehaltung und ein zweites Mal durch die aus ihnen gewonnenen Erfolge in späteren Jahren, in die Berechnung ein.[75]

Der Wert von 94,74 GE auf Basis der EZÜ lässt sich ebenfalls durch Bewertung von Ertragsüberschüssen nach Abzug kalkulatorischer Zinsen auf die Kapitalbindung (ERÜ – z(KB)) und durch Entnahmeüberschüsse nach Addition von kalkulatorischen Zinsen auf den Geldbestand (ENÜ + z(GB)) ermitteln. Dieser Wert der Einzahlungsüberschüsse basiert auf der Prämisse, dass die Geldmittel dem Investor unmittelbar zufließen. Geschieht dies jedoch nicht, dann wird durch diese Bewertung grundsätzlich unterstellt, dass die einbehaltenen Mittel zum Kalkulationszins angelegt werden können und entsprechend zukünftige Entnahmeüberschüsse erhöhen. Nur dann entsprechen sich Diskontierung von Einzahlungs- und Entnahmeüberschüssen.

---

74  Vgl. Sieben (1988), S. 371; Steiner (1981), S. 97f.
75  Vgl. Moxter (1983), S. 79.

## C. Zusammenhang unterschiedlicher Erfolgsgrößen

| | t = 0 | t = 1 | t = 2 | t = 3 | Summe |
|---|---|---|---|---|---|
| Einzahlungen | | 1.000 | 1.000 | 1.000 | |
| Auszahlungen | -900 | 600 | 600 | 600 | |
| EZÜ | -900 | 400 | 400 | 400 | 300 |
| Abschreibung | | 300 | 300 | 300 | |
| Ertrag | | 1.000 | 1.000 | 1.000 | |
| Aufwand | | 900 | 900 | 900 | |
| ERÜ | | 100 | 100 | 100 | 300 |
| Einlagen | 900 | 0 | 0 | 0 | |
| Entnahmen | | 100 | 100 | 1.000 | |
| ENÜ | -900 | 100 | 100 | 1.000 | 300 |
| Ek=Σ(ERÜ–ENÜ) | 900 | 900 | 900 | 0 | |
| GB=Σ(EZÜ–ENÜ) | 0 | 300 | 600 | 0 | |
| KB=Σ(ERÜ–EZÜ) | 900 | 600 | 300 | 0 | |
| z(Ek) | 0 | 90 | 90 | 90 | |
| z(GB) | 0 | 0 | 30 | 60 | |
| z(KB) | 0 | 90 | 60 | 30 | |
| ERÜ – z(Ek) | 0 | 10 | 10 | 10 | |
| EZÜ – z(GB) | -900 | 400 | 370 | 340 | |
| ERÜ – z(KB) | 0 | 10 | 40 | 70 | |
| ENÜ + z(GB) | -900 | 100 | 130 | 1.060 | |
| PVF (10 %) | 1 | 0,91 | 0,83 | 0,75 | |
| PV(EZÜ) | -900 | 363,64 | 330,58 | 300,53 | 94,7408 |
| PV(ERÜ) | 0 | 90,91 | 82,64 | 75,13 | 248,685 |
| PV(ENÜ) | -900 | 90,91 | 82,64 | 751,31 | 24,86852 |
| PV(ERÜ – z(Ek)) | 0 | 9,09 | 8,26 | 7,51 | 24,86852 |
| PV(EZÜ – z(GB)) | -900 | 363,64 | 305,79 | 255,45 | 24,86852 |
| PV(ERÜ – z(KB)) | 0 | 9,09 | 33,06 | 52,59 | 94,7408 |
| PV(ENÜ + z(GB)) | -900 | 90,91 | 107,44 | 796,39 | 94,7408 |

Tab. IV.1: Vergleich der Bewertung unterschiedlicher Erfolgsgrößen

Der Wert von 24,87 GE, ermittelt auf Basis der ENÜ, lässt sich auch durch Bewertung von Ertragsüberschüssen nach Abzug kalkulatorischer Zinsen auf das Eigenkapital (ERÜ – z(Ek)) sowie von Einzahlungsüberschüssen nach Abzug kalkulatorischer Zinsen auf den Geldbestand (EZÜ – z(GB)) ermitteln. Er fällt geringer aus, da hier keine Wiederanlage der einbehaltenen Mittel berücksichtigt wurde. Um den „richtigen" Wert zu bestimmen müssen die tatsächlichen Wiederanlagemöglichkeiten bekannt sein. Ist z. B. eine tatsächliche Anlage des Geldbestandes zu 12 % möglich, sind statt (-900; 100; 100; 1.000) höhere Entnahmeüberschüsse von (-900; 100; 100; 1.112,32) möglich. Es ergeben sich folgende neue Werte:

|  | t = 0 | t = 1 | t = 2 | t = 3 | Summe |
|---|---|---|---|---|---|
| Zinsertrag (GB×12 %) | 0 | 0 | 36 | 76,32 | 112,32 |
| EZÜ | -900 | 400 | 436 | 476,32 | 412,32 |
| ERÜ | 0 | 100 | 136 | 176,32 | 412,32 |
| ENÜ | -900 | 100 | 100 | 1.112,32 | 412,32 |
| Ek=Σ(ERÜ–ENÜ) | 900 | 900 | 936 | 0 |  |
| GB=Σ(EZÜ–ENÜ) | 0 | 300 | 636 | 0 |  |
| KB=Σ(ERÜ–EZÜ) | 900 | 600 | 300 | 0 |  |
| z(Ek) | 0 | 90 | 90 | 93,6 |  |
| z(GB) | 0 | 0 | 30 | 63,6 |  |
| z(KB) | 0 | 90 | 60 | 30 |  |
| ERÜ – z(Ek) | 0 | 10 | 46 | 82,72 |  |
| EZÜ – z(GB) | -900 | 400 | 406 | 412,72 |  |
| ERÜ – z(KB) | 0 | 10 | 76 | 146,32 |  |
| PVF (10 %) | 1 | 0,9091 | 0,8264 | 0,7513 |  |
| PV(EZÜ) | -900 | 363,64 | 360,33 | 357,87 | **181,83** |
| PV(ERÜ) | 0 | 90,91 | 112,40 | 132,47 | 335,78 |
| PV(ENÜ) | -900 | 90,91 | 82,64 | 835,70 | **109,26** |
| PV(ERÜ – z(Ek)) | 0 | 9,09 | 38,02 | 62,15 | **109,26** |
| PV(EZÜ – z(GB)) | -900 | 363,64 | 335,54 | 310,08 | **109,26** |
| PV(ERÜ – z(KB)) | 0 | 9,09 | 62,81 | 109,93 | 181,83 |
| PV(Zinsertrag) | 0 | 0,00 | 29,75 | 57,34 | **87,09** |

Tab. IV.2: Vergleich der Bewertung unterschiedlicher Erfolgsgrößen bei Reinvestition zu mehr als den Kapitalkosten

Der Wert der Entnahmeüberschüsse nach Berücksichtigung der tatsächlichen Anlagemöglichkeiten des Geldbestandes beträgt nun 109,26 und ergibt sich ebenso durch Diskontierung von Ertragsüberschüssen (inkl. Zinserträgen) nach Abzug kalkulatorischer Zinsen auf den Eigenkapitalbestand sowie von Einzahlungsüberschüssen (inkl. Zinserträge) nach Abzug von kalkulatorischen Zinsen auf den Geldbestand. Der Barwert der Einzahlungsüberschüsse von 181,83 GE ist nun durch Doppelzählung völlig überhöht. Er entspricht dem Barwert der ursprünglichen EZÜ von 94,74 plus dem Barwert der Zinsen auf die einbehaltenen Mittel von 87,09. Da der ursprüngliche Wert bereits eine Verzinsung dieser Mittel zum Kalkulationszinsfuß enthält, kommt es hier zur Doppelzählung. Zinsen auf den Bestand an liquiden Mitteln wie Bankguthaben, Wertpapiere des Umlaufvermögens etc., dürfen also nicht ohne weiteres in die Bewertung mit Einzahlungsüberschüssen aufgenommen werden. Dieses Problem kann, wie oben gezeigt, durch Abzug von kalkulatorischen Zinsen auf den Geldbestand umgangen werden (EZÜ – z(GB)). Eine andere Möglichkeit besteht darin, die Anlage des Geldbestandes als Investition aufzufassen, welche die Einzahlungsüberschüsse mindert. Dann entsprechen sich Einzahlungsüberschüsse und Ent-

C. Zusammenhang unterschiedlicher Erfolgsgrößen

nahmeüberschüsse in jeder Periode, da die Differenz den Geldbestand darstellt, der dann angelegt wird und so die Einzahlungsüberschüsse mindert:

|  | t = 0 | t = 1 | t = 2 | t = 3 | Summe |
|---|---|---|---|---|---|
| ΔGB vor ENÜ = EZÜ | -900 | 400 | 400 | 400 |  |
| ENÜ | -900 | 100 | 100 | 1000 |  |
| ΔGB nach ENÜ | 0 | 300 | 300 | -600 |  |
| **Anlage 12 %** |  | -300 | 336 |  |  |
| GB nachher |  | 0 | 636 |  |  |
| **Anlage 12 %** |  |  | -636 | 712,32 |  |
| GB nachher |  | 0 | 0 | 112,32 |  |
| **ENÜ neu** | -900 | 100 | 100 | 1.112,32 |  |
| Ausz. für Anlage |  | -300 | -636 |  |  |
| Einz. aus Anlage |  |  | 336 | 712,32 |  |
| **EZÜ neu** | -900 | 100 | 100 | 1.112,32 |  |
| Zinsertrag |  |  | 36,00 | 76,32 |  |
| **ERÜ neu** | 0,00 | 100,00 | 136,00 | 176,32 |  |
| PVF (10 %) | 1 | 0,9091 | 0,8264 | 0,7513 |  |
| PV(EZÜ neu) | -900 | 90,91 | 82,64 | 835,70 | **109,26** |
| PV(ERÜ neu) | 0 | 90,91 | 112,40 | 132,47 | 335,78 |
| PV(ENÜ neu) | -900 | 90,91 | 82,64 | 835,70 | **109,26** |
| PV(ERÜ – z(Ek)) | 0 | 9,09 | 38,02 | 62,15 | **109,26** |
| PV(EZÜ – z(GB)) | -900 | 90,91 | 82,64 | 835,70 | **109,26** |
| PV(ERÜ – z(KB)) | 0 | 9,09 | 38,02 | 62,15 | **109,26** |

Tab. IV.3: Vergleich der Bewertung unterschiedlicher Erfolgsgrößen bei Reinvestition zu mehr als den Kapitalkosten und Korrektur

Natürlich erfolgte in obigem Beispiel die Wahl der Entnahmen beliebig – es zeigt sich jedoch, dass sie durchaus Relevanz für den Unternehmenswert haben können, wenn die Anlage nicht ausgeschütteter Beträge zu einem anderen Satz als den Kapitalkosten erfolgt. Denn ist bekannt, dass die Mittel im Unternehmen besser angelegt werden können (12 %) als beim Eigner (10 %), dann lohnen sich Einbehaltungen für den Kapitalgeber, es entsteht ein positiver Kapitalwert. Der maximale Unternehmenswert wäre erreicht, wenn alle Mittel einbehalten würden: 114,09 GE. Der geringste Unternehmenswert ergibt sich bei einer Vollausschüttung aller Einzahlungsüberschüsse im Wert von 94,74 GE. Dies ist allerdings problematisch, denn wenn solche Anlagemöglichkeiten existieren, dann sollte das Unternehmen diese in jedem Fall wahrnehmen und evtl. sogar zusätzliches Kapital aufnehmen. Da solche Investitionsgelegenheiten mit positivem Kapitalwert in der operativen Planung bereits berücksichtigt sind, ist fraglich, ob überschüssige Geldbestände zu mehr als den Kapitalkosten angelegt werden können.

Können hingegen die Mittel im Unternehmen tatsächlich nur zu weniger als dem Kalkulationszins angelegt werden, z. B. zu 8 %, stellt sich die Situation umgekehrt dar: Dann ist der Wert auf Basis der Einzahlungsüberschüsse von 94,74 GE der maximale Wert, der erreichbar ist, wenn alle Einzahlungsüberschüsse den Eignern unmittelbar zufließen und er diese zu 10 % anlegen kann. Geht man dagegen von einer Vollausschüttung der Gewinne und Anlage der einbehaltenen Geldmittel zu 8 % aus, ergibt sich ein Unternehmenswert von nur 80,41 GE, bei vollständiger Einbehaltung sogar nur 75,63 GE. Insofern ist die Ausschüttungspolitik durchaus von Relevanz für den Unternehmenswert. Sie hängt direkt mit den Wiederanlagemöglichkeiten der einbehaltenen Mittel zusammen. Eine Irrelevanz ergibt sich nur dann, wenn sie exakt zu den Kapitalkosten angelegt werden.[76]

Es lässt sich folglich festhalten, dass die grundsätzlich richtige Vorgehensweise die Diskontierung der tatsächlich ausgeschütteten Mittel bei gleichzeitiger Berücksichtigung der Verzinsung der einbehaltenen Mittel ist. Diskontiert man hingegen Gewinne oder Cashflows unbeachtlich der tatsächlichen Ausschüttungen, dann ist diese Vorgehensweise immer dann richtig, wenn sich die einbehaltenen Mittel genau zum Kalkulationszinsfuß verzinsen (bzw. ein Kapitalwert von Null entsteht). Können die Mittel jedoch zu einer besseren Rendite investiert werden (und ein positiver Kapitalwert erwirtschaftet werden), was ja Ziel jeder unternehmerischen Disposition sein sollte, dann resultiert daraus bei Gewinnen unmittelbar ein Doppelzählungsproblem: Werden Gewinne diskontiert, die sowohl tatsächliche Ausschüttungen als auch Einbehaltungen beinhalten, dann führt dies zu Doppelzählung der Einbehaltung und Investition, wenn dieser Betrag einmal im Gewinn des Jahres der Investition enthalten ist und über eine Erhöhung zukünftiger Gewinne nochmals in die Rechnung einfließt.[77] Werden beide Perspektiven jedoch strikt getrennt, dann führt die Diskontierung ausgeschütteter Gewinne unter Berücksichtigung der Verzinsung einbehaltener Gewinne dann zum gleichen Ergebnis wie die Diskontierung von Ertragsüberschüssen ohne Berücksichtigung des tatsächlichen Ausschüttungsverhaltens, wenn die Verzinsung der einbehaltenen Mittel zum Kalkulationszins erfolgt.

Bei der Diskontierung von Cashflows nach Abzug von Investitionen stellt sich dieses Problem zunächst nicht, da hier die für Investitionen abgezogen Beträge die einbehaltenen Mittel aufheben und so die abgezinsten Beträge mindern. Auch hier können sich jedoch Doppelzählungsprobleme ergeben, wenn Mittel einbehalten, erfolgswirksam angelegt aber nicht investitionswirksam werden. Denn werden die Einzahlungsüberschüsse nicht tatsächlich ausgeschüttet, sondern als Erhöhung des Bestandes an

---

76  Vgl. ähnlich Käfer (1969), S. 312f.
77  Vgl. Moxter (1983), S. 79.

liquiden Mitteln einbehalten. Werden diese liquiden Mittel verzinst (z. B. Bankguthaben, Festgelder etc.) dann wird die Anlage zwar nicht als Investition erfasst, die Zinsen erhöhen jedoch die künftigen EZÜ. Bei der Diskontierung von Cashflows darf deshalb der Bestand an liquiden Mitteln keine zusätzlichen Erträge/Mittelzuflüsse erbringen, was einer Vollausschüttungshypothese für Cashflows entspricht. Eine weitere Möglichkeit ist, die liquiden Mittel so eng zu fassen, dass sie keine verzinslichen Bestandteile beinhalten.[78]

Im folgenden Abschnitt wird von der exakten Definition der Zukunftserfolge abstrahiert und erst bei der Darstellung der Vorgehensweisen der verschiedenen Methoden (Kapitel VI und VII) wieder aufgegriffen.

# D. Planung der Zukunftserfolge

Der Unternehmenswert als Barwert zukünftiger, geschätzter Erfolge hängt primär von der Qualität der Prognose ab. Liegen einmal Schätzungen über Höhe und Entwicklung der Zukunftserfolge vor, dann lassen sich relativ leicht Werte ermitteln. Die Kunst der Bewertung besteht in erster Linie in der gelungenen Abschätzung der zukünftigen Entwicklungsmöglichkeiten.[79] Zur Prognose der künftigen Entwicklung stehen diverse Instrumente der strategischen Planung zur Verfügung.[80] Viel Beachtung haben die Arbeiten von PORTER gefunden, der die Erkenntnisse der industrieökonomischen Theorie in praktische Modelle umgesetzt hat.[81] Der Zusammenhang von strategischen Faktoren und der Unternehmensbewertung soll im Folgenden aufgezeigt werden.

## 1. Quellen des Unternehmenswertes

Grundsätzlich hängt der Erfolg des Unternehmens sowohl von den Umfeldbedingen als auch von den besonderen Eigenschaften des Unternehmens, d. h. von seiner relativen Positionierung innerhalb der Branche, ab.[82] Die Rentabilität einer Branche wird

---

78 Vgl. hierzu im Detail Abschnitt VI.D.
79 Vgl. IDW (1998), S. 46f.
80 Vgl. Coenenberg (1992), S. 102ff.
81 Vgl. Porter (1985, 1988). Auch Rappaport nutzt dessen Erkenntnisse für sein Shareholder Value-Modell. Vgl. Rappaport (1986), S. 81ff.
82 Vgl. z. B. Porter (1985), S. 1.

determiniert von ihrer Struktur und dem Verhalten der Wettbewerber. Dies drückt sich im sog. „Structure-Conduct-Performance"-Paradigma der Industrieökonomik aus, welches in der folgenden Abb. IV.6. dargestellt ist.[83]

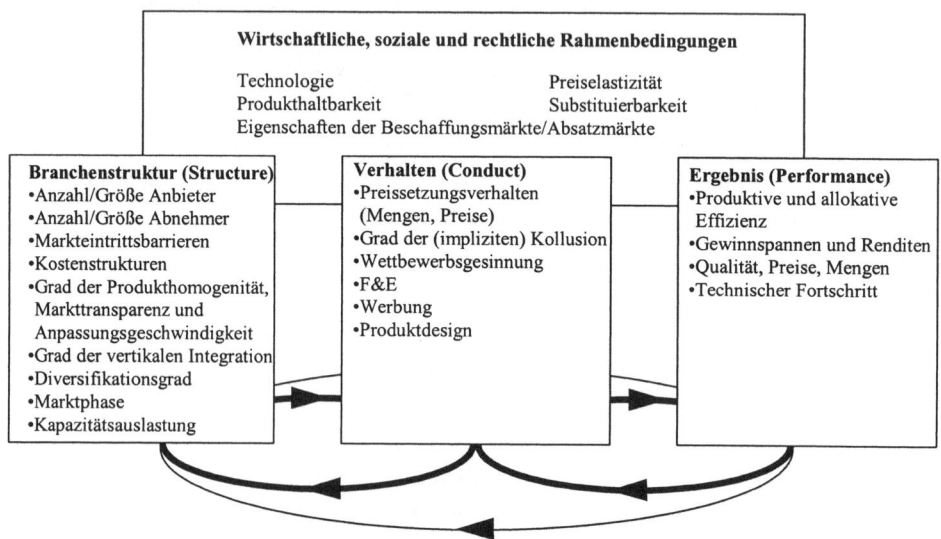

Abb. IV.6: Structure-Conduct-Performance[84]

Die Industrieökonomik hat zum Gegenstand, den realistischen Fall von Märkten mit unvollkommener Konkurrenz zu untersuchen. Der von der traditionellen Mikroökonomie untersuchte Idealfall eines vollkommenen Marktes[85] führt unter der Zielsetzung der Gewinnmaximierung und den bekannten restriktiven Annahmen zu einem pareto-optimalen volkswirtschaftlichen Gleichgewicht, in dem kein Marktteilnehmer seine Situation verbessern kann, ohne dass gleichzeitig ein anderer schlechter gestellt werden würde. Dies ist gleichbedeutend mit der in der Ökonomie angestrebten effizienten Allokation von Ressourcen.

Das einperiodige Gewinnmaximierungskonzept ist im Mehrperiodenfall unter Berücksichtigung von Zeitpräferenzen gleichbedeutend mit der Kapitalwertmaximierung, bei der die Unternehmung den Barwert aller durchgeführten Investitionsprojekte zu maximieren hat.[86] Es werden so lange Investitionen getätigt, bis der letzte investierte Euro gerade einen Kapitalwert von Null erwirtschaftet. Auch diese Zielset-

---

83 Vgl. Clarke (1985), S. 3.
84 In Anlehnung an Copeland/Koller/Murrin (1994), S. 207; Schmidt (1987), S. 61.
85 Zu den Annahmen des Modells der vollständigen Konkurrenz vgl. stellvertretend Schumann (1987), S. 177f., S. 236f.
86 Vgl. Schumann (1987), S. 342f.

zung führt zu einem pareto-optimalen[87] langfristigen Konkurrenzgleichgewicht, das dadurch gekennzeichnet ist, dass alle Unternehmen einen Gewinn von Null, also gerade ihre Kapitalkosten, erwirtschaften.[88] Ökonomische Gewinne (Renten), d. h. Renditen über den (risikoadäquaten) Kapitalkosten, können nur kurzfristig auftreten und werden durch Konkurrenz zunichte gemacht.[89] Beim Auftreten neuer Marktbedingungen kommt es zu Reallokationen, in deren Ablauf es zu Gewinnen kommen kann. Das heißt, das Entstehen neuer Information, neuen Wissens, neuer Technologien etc. verschafft einem Marktteilnehmer vorübergehend Vorteile, die er ausnutzen kann, bis seine Konkurrenten den Vorsprung eingeholt haben, sich ein neuer Gleichgewichtspreis bildet und sein Gewinn wieder auf Null gedrückt wird.

In einem effizienten Markt ist die Anpassungsgeschwindigkeit sehr hoch. Der Kapitalmarkt wird im Allgemeinen als effizient angesehen, zumindest in der halbstrengen Form, d. h. Preise reflektieren alle historischen und öffentlich zugänglichen Informationen.[90] Vor allem Finanzinstitutionen haben sich darauf spezialisiert, diesen Informationsverarbeitungs- und Anpassungsprozess auszunutzen. Analysten sind ständig auf der Jagd nach neuer Information, Händler nach Arbitragemöglichkeiten, sodass dafür gesorgt ist, dass Anpassungen sehr schnell erfolgen und die Gewinnmöglichkeiten verschwindend gering sind. Nur echtes Insiderwissen ermöglicht eine systematische Erzielung von Überrenditen. Die Produktmärkte hingegen sind entschieden weniger effizient und damit ist die Anpassungsgeschwindigkeit um vieles geringer. Neues Wissen kann sehr viel besser geschützt und ausgenützt werden. Das mit dem Insiderwissen der Börsen vergleichbare geheime Forschungsresultat oder die neue chemische Zusammensetzung eines Produktes muss nicht veröffentlicht werden, es kann ferner durch Patente geschützt werden. In der Schaffung und Sicherung neuen Wissens sowie in der konsequenten Ausnutzung von Zeitvorteilen liegen daher wesentliche Erfolgschancen des Unternehmens.[91]

Im Lichte dieser Effizienz-Unterschiede zwischen Kapital- und Gütermärkten lässt sich auch die Doktrin der Kapitalwert-Maximierung als Unternehmensziel verstehen. Da die im Unternehmen eingesetzten Mittel von den Kapitalgebern mit dem Ziel der

---

87  Vgl. Varian (1992), S. 364; vgl. außerdem zum Folgenden Schumann (1987), S. 347.
88  Ein Unternehmerlohn und eine Eigenkapitalverzinsung sind hierin enthalten.
89  Solche Renten werden auch Quasi-Renten genannt, weil sie durch Wettbewerb zunichte gemacht werden und nur vorübergehend auftreten. Echte Renten sind solche, die sich etwa durch Patente etc. über lange Zeit aufrechterhalten lassen.
90  Vgl. Copeland/Weston (1992), S. 361; diese Aussage gilt für den deutschen Kapitalmarkt nur mit Einschränkungen. Jedoch lässt sich mit Sicherheit sagen, dass er zumindest vielfach effizienter ist als die Gütermärkte. Vgl. hierzu Coenenberg/Sautter (1988), S. 200.
91  Vgl. hierzu auch Baum/Coenenberg/Günther (1999), S. 133ff.; Coenenberg/Baum (1992), S. 27f.; Van Horne (1992), S. 206.

Erwirtschaftung eines Gewinnes überlassen wurden und Renditen in Höhe der Kapitalkosten von den Kapitalgebern am Kapitalmarkt erzielt werden können, muss es Ziel der Unternehmensführung sein, mindestens eine gleich hohe, besser aber eine darüberliegende Rendite zu erwirtschaften.[92] Unterstellt man, dass das Capital Asset Pricing Model (CAPM) die risikoadäquaten Renditeforderungen der Anleger richtig widerspiegelt, so kann man die Wertpapierlinie (SML) als grafische Darstellung dieser Zielsetzung ansehen.[93] Die SML stellt alle möglichen Kombinationen an systematischem Risiko und dem dafür vom Kapitalmarkt gebotenen Preis dar. Nur Investitionsprojekte, deren interne Verzinsung auf oder über der SML liegen, machen unternehmerisch einen Sinn, da ansonsten die Mittel einfacher am Kapitalmarkt platziert werden könnten. Die langfristige Gleichgewichtsrendite einer Branche entspricht dabei der für das betreffende Risiko am Kapitalmarkt erhältlichen Rendite und damit den Kapitalkosten.[94]

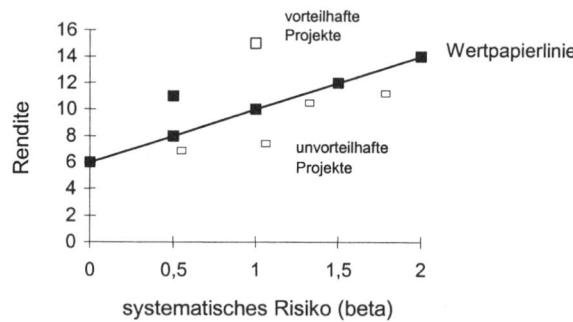

Abb. IV.7: Investitionsprojekte und Wertpapierlinie[95]

Ein positiver Kapitalwert ist nichts anderes als der Barwert dieser ökonomischen Renten.[96] Er hat als Barwert den Vorteil, die zu unterschiedlichen Zeitpunkten anfallenden Zahlungen in Gegenwartswerte zu verwandeln und dadurch vergleichbar und vor allem addierbar zu machen. Der Wert zweier (in Dauer oder Ausmaß) völlig unterschiedlicher Projekte ist einfach die Summe ihrer Barwerte. Dieses „Prinzip der Wert-Additivität"[97] bedeutet, dass der Wert einer Unternehmung gleich der Summe der Werte aller in ihr durchgeführten Projekte, also ihrer Barwerte ist. Akzeptiert

---

92   Vgl. Siegert (1995), S. 583; Van Horne (1992), S. 205.
93   Zur Wertpapierlinie als Darstellungsform des Trade-off von Risiko und Rendite vgl. auch Coenenberg/Sautter (1988), S. 209.
94   Vgl. Brealey/Myers (2000), S. 297ff.; Porter (1988), S. 27; Van Horne (1992), S. 205f.
95   Quelle: Van Horne (1992), S. 206.
96   Vgl. Brealey/Myers (2000), S. 297f.
97   Copeland/Weston (1992), S. 26, 30.

man die Kapitalwertmaximierung als Auswahlkriterium für Investitionsvorhaben, so wird deren Aggregat, die Unternehmenswertmaximierung, zum obersten Auswahlkriterium aller möglichen Strategien des Gesamtunternehmens.[98] Diese sehr finanzwirtschaftliche Betrachtungsweise entspricht der in der amerikanischen Literatur unter dem Begriff der „Shareholder-Wealth-Maximization" überwiegend vertretenen Zielsetzung.[99] Ziel ist es hierbei, Wert für die Eigner zu schaffen. Da ihnen Einkommen nicht nur in Form einer Dividende zukommen kann, sondern auch als Kursgewinn, Bezugsrecht etc., geht es hier nicht darum, kurzfristig die buchhalterischen Gewinne und damit die Dividenden hoch zu halten, sondern den am Zukunftserfolg orientierten Wert des Unternehmens zu steigern und damit den Eignern Kursgewinne zukommen zu lassen. Denn jedes Projekt mit positivem Kapitalwert müsste den Unternehmenswert um diesen Wert erhöhen.[100]

Ein Unternehmen, das nicht mehr als seine Kapitalkosten verdient, kann auch nicht mehr wert sein als das in ihm gebundene Kapital:

$$KB = \frac{r \times KB}{r}.$$

Wenn ein Markt tendenziell einem Gleichgewicht zustrebt, in dem die Wettbewerber gerade noch ihre Kapitalkosten verdienen, dann müssen Umstände existieren, die ein Zustandekommen eines solchen Konkurrenzgleichgewichts verhindern, um einen Unternehmenswert erzielen zu können, der über das eingesetzte Kapital hinausgeht.

Für die relative Wettbewerbsposition des Unternehmens innerhalb der Branche sind dessen Wettbewerbsvorteile entscheidend. Diese ermöglichen ihm Gewinne über dem Branchendurchschnitt.[101] Branchenrentabilität und Wettbewerbsposition zusammen entscheiden über Dauer und Höhe der Gewinne. Quellen ökonomischer Renten und damit eines positiven Unternehmens-Kapitalwertes, also eines über den Wert des eingesetzten Kapitals hinausgehenden Unternehmenswertes, sind damit die Branchenattraktivität und der nachhaltige Wettbewerbsvorteil.[102] Sie bestimmen über die Fähigkeit, langfristig in einer Branche Renditen über den Kapitalkosten zu erzielen.

---

98  Zum Konzept des ökonomischen Gewinnes als Leistungsmaßstab und der Gewinnermittlung nach dem Gesamtwertprinzip vgl. Coenenberg (1999), S. 42 und Coenenberg (2003), S. 1182ff.
99  Vgl. z. B. Copeland/Weston, S. 20; Van Horne (1992), S. 6.
100 Vgl. Brealey/Myers (2000), S. 305; Copeland/Weston S. 38.
101 Vgl. Rappaport (1986), S. 92.
102 Vgl. van Horne (1992), S. 205.

## 1.1. Branchenattraktivität und Wettbewerbsintensität

Wie dargestellt strebt jeder Markt langfristig einem Gleichgewicht zu, in dem die Wettbewerber einen Gewinn von Null erwirtschaften. Positive Gewinne bieten einen Anreiz zum Markteintritt bzw. zur Ausdehnung der Kapazitäten, bis bei der vorhandenen Technologie sich dies nicht mehr lohnt, bis der Gewinn auf Null gedrückt wird. Die folgende Abbildung zeigt, wie mittelfristig durch Markteintritte unter ungünstigeren Verhältnissen produzierende Firmen bzw. Technologien an den Rand gedrängt und langfristig aus dem Markt verdrängt werden und der Preis sich tendenziell den durchschnittlichen Branchenkosten annähert.

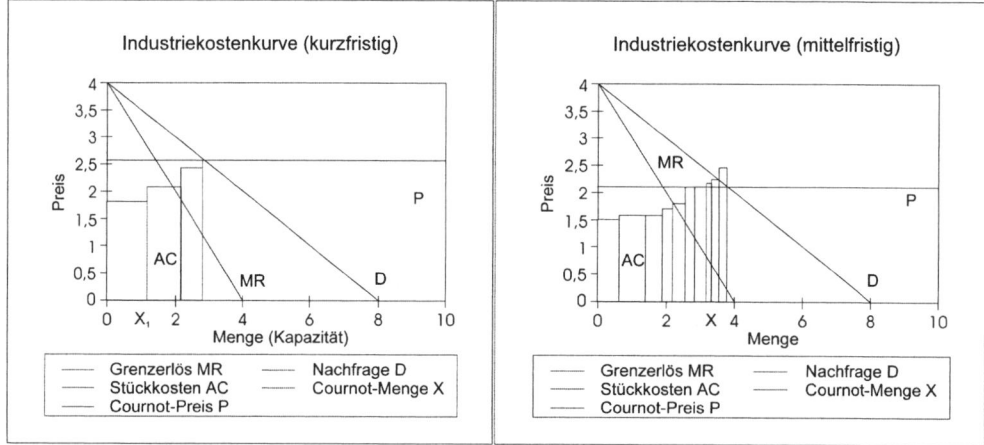

Abb. IV.8: Kurz- und mittelfristiger Wettbewerb anhand von Industriekostenkurven[103]

Bei Vorliegen eines vollkommenen Marktes wird sich dieser Prozess so lange fortsetzen, bis alle Unternehmen im Markt zu gleichen Bedingungen produzieren, gleiche Kosten aufweisen und sich keine weiteren Markteintritte mehr lohnen, da keine Gewinne mehr entstehen. In diesem langfristigen Konkurrenzgleichgewicht gilt dann Preis (P) gleich Grenzkosten (GK) gleich langfristige Durchschnittskosten (LDK):

---

103 Für eine Darstellung von Industriekostenkurven vgl. Dycke/Schulte (1991). Vgl. auch Meyersiek (1991), S. 237ff. Dem dargestellten Beispiel liegt ein Cournot-Oligopol-Modell zugrunde.

# D. Planung der Zukunftserfolge

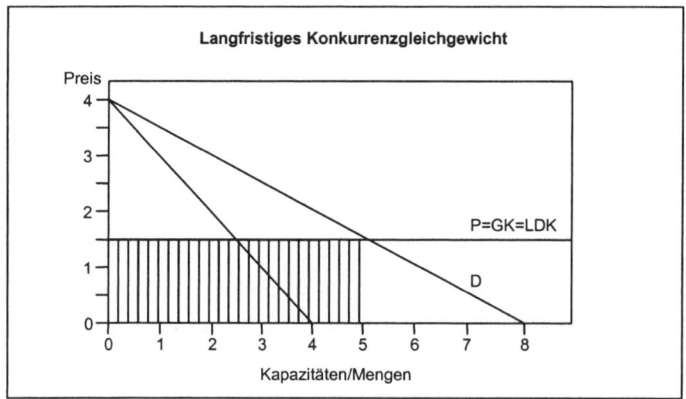

Abb. IV.9: Langfristiger Wettbewerb in einem vollkommenen Markt

In einem solchen Markt kann ein Unternehmen nur erfolgreich sein, wenn es diesen Anpassungsprozess ständig von neuem in Gang bringt, wenn es durch Innovation die Preis/Kostenverhältnisse ändert. Dies macht deutlich, dass in der Realität ein solches Konkurrenzgleichgewicht selten zu Stande bzw. zur Ruhe kommen wird, was jedoch gerade einen Ansatzpunkt für unternehmerisches Handeln darstellt.

Ist ein freier Markteintritt allerdings nicht ohne weiteres möglich, d. h. sind von potenziellen Konkurrenten bestimmte Kosten zu tragen, die von den etablierten Unternehmen nicht getragen werden müssen, dann lohnen sich Markteintritte nur so lange, wie diese Markteintrittskosten den Wert der zu erwartenden zukünftigen Gewinne nicht übersteigen und es lassen sich für die Etablierten langfristig positive Renten erzielen. Solche Kosten nennt man auch Markteintrittsbarrieren.[104] Man unterscheidet hierbei absolute Kosten-, Größen- und Produktdifferenzierungsvorteile. Sie verhindern einen Eintritt dadurch, dass die Eindringlinge keinen Gewinn erwarten können, da sie nur zu höheren Kosten anbieten könnten oder nur einen geringeren Preis erzielen könnten, sodass ihnen keine Gewinne entstehen. Diese Barrieren wiegen umso schwerer, je höher der erforderliche Kapitalbedarf ist. Investitionen, die bei Scheitern in einem Markt und einem darauffolgenden Marktaustritt wertlos werden, bezeichnet man auch als „sunk costs". Je höher diese ausfallen, desto riskanter wird ein Markteintritt. Gleichzeitig wirken sie als Marktaustrittsbarrieren und verschärfen den Wettbewerb in einer Branche, was die zu erwartenden Gewinne weiter drückt. Hohe Investitionen in spezifische Anlagen, effiziente Mindestgrößen oder F&E, die nötig wären, um die Kostenvorteile oder Differenzierungsvorteile der Etablierten zu

---

[104] Entsprechend der Definition von Bain (1956); vgl. Clarke (1985), S. 73.

übergehen, sind also die eigentliche Voraussetzung für solche Markteintrittsbarrieren.[105]

Neben diesen sog. strukturellen Markteintrittsbarrieren existieren künstliche (meist staatliche) und strategische. Unter letzteren versteht man in erster Linie Verhaltensweisen der Etablierten, die pessimistische Erwartungen bei den potenziellen Eindringlingen bezüglich des Wettbewerbs nach deren Eindringen hervorrufen sollen, indem ihnen glaubhaft gemacht wird, dass sie mit hartem Preiswettbewerb zu rechnen haben werden, sodass durch den Eintritt der Marktpreis soweit sinken wird, dass keine Gewinne mehr erwartet werden können.[106] Hierzu zählen daher auch die oben erwähnten sunk costs.

Markteintrittsbarrieren ermöglichen es Unternehmen also, langfristig positive Gewinne zu erzielen, ohne damit neue Unternehmen anzulocken. Ihre Höhe ist mit entscheidend über die Stärke des Wettbewerbs innerhalb der Branche. Aber noch andere Faktoren sind ausschlaggebend für die Frage, wie viele Eindringlinge nötig wären, um den Preis bis auf die Kosten zu drücken. Im Extremfall kann bereits der Preiskrieg zwischen nur zwei Unternehmen dies herbeiführen.[107] Zur Analyse der Wettbewerbsintensität hat PORTER das Modell der „Fünf Wettbewerbskräfte" entwickelt, das neben der Bedrohung durch potenzielle Konkurrenten noch die Marktmacht von Lieferanten und Abnehmern, die Bedrohung durch Ersatzprodukte und die generelle Branchenstruktur als Triebkräfte des Wettbewerbs identifiziert. Die Wettbewerbsintensität entscheidet damit über die Stärke der Tendenz hin zu einem Konkurrenzgleichgewicht und damit über die langfristige Attraktivität einer Branche.[108]

Über den Erfolg eines einzelnen Unternehmens entscheidet aber auch dessen relative Position innerhalb der Branche. Selbst wenn eine Branche aufgrund geringer Wettbewerbsintensität durchaus interessant ist, kann dies nur genutzt werden, wenn das Unternehmen sich nachhaltig im Markt halten kann. Es muss auf die Dauer sichergestellt werden, nicht durch den Wettbewerb an den Rand gedrängt zu werden, wie o-

---

105 Vgl. Schmidt/Engelke (1989), S. 401.
106 Vgl. Clarke (1985), S. 87ff.; für eine ausführliche Darstellung vgl. Porter (1988), S. 29ff. und Schmidt/Engelke (1989), S. 399ff.
107 Diese Art des Wettbewerbs wird in der Industrieökonomik als Bertrand-Wettbewerb bezeichnet, der sich durch die Aussage „two are enough for competition" darstellt. Den Gegenpol hierzu bildet der Cournot-Wettbewerb als Form des sanften Wettbewerbs. Vgl. Clarke (1985), S. 39ff.
108 Vgl. Porter (1988), S. 27f.

ben mithilfe der Industriekostenkurven veranschaulicht wurde. Diese Fähigkeit wird auch nachhaltiger Wettbewerbsvorteil genannt.[109]

Wie nachhaltig ein solcher Wettbewerbsvorteil ist, wird von den Gegebenheiten der Branche bestimmt. Je intensiver der Wettbewerb, desto schneller werden Vorteile aufgeholt. Die vollkommene Konkurrenz als oberes Extrem der Wettbewerbsintensität weist die geringste Verteidigbarkeit von Wettbewerbsvorteilen (geringe Markteintrittsbarrieren etc.) und damit die stärkste Tendenz hin zu dem oben dargestellten Konkurrenzgleichgewicht auf, weshalb sie als am unattraktivsten gelten kann.[110] Die attraktivste der Wettbewerbsformen ist natürlich das Monopol, wo jegliche Konkurrenz entweder durch staatliche Regulierung oder einen gravierenden Vorsprung ausgeschaltet ist. Lässt man den Ausnahmefall des künstlichen Monopols außer Acht, dann muss auch jeder natürliche Monopolist zur Erzielung seines Erfolgs dasselbe vorweisen können wie andere Unternehmen: einen nachhaltigen Wettbewerbsvorteil.[111]

## 1.2. Wettbewerbsvorteil

Die Fähigkeit eines einzelnen Unternehmens, mit den „Fünf Wettbewerbskräften" besser umzugehen als die Konkurrenten, resultiert aus den beiden grundlegenden Wettbewerbsvorteilen: dem Kostenvorteil und der Differenzierung.[112] Diese wirken in zweifacher Weise als Markteintrittsbarrieren gegen potenziellen Wettbewerb und als Schirm gegen tatsächlichen Wettbewerb. Als Markteintrittsbarrieren ermöglichen sie den etablierten Unternehmen, den Preis gerade so hoch über die LDK zu setzen, wie ihr Kostenvorteil bzw. Zusatznutzen gegenüber einem potenziellen Eindringling wäre, dieser also keinen Gewinn bei seinem Kosten- bzw. Nutzenniveau erwarten kann. In ähnlicher Weise beschützen sie das bevorteilte Unternehmen auch vor dem Wettbewerb mit den bereits im Markt etablierten Konkurrenten.[113]

---

109 Zum Begriff des „sustainable competitive advantage" vgl. Porter (1985), S. 11ff.
110 Vgl. Porter (1988), S. 28.
111 Die Existenz dieses sog. natürlichen Monopols wird in der Regel durch sog. Kosten-Subadditivität begründet, was bedeutet, dass es günstiger für ein einzelnes Unternehmen ist, eine bestimmte Menge zu produzieren, als für mehrere Unternehmen. Vgl. Aschinger (1984), S. 220.
112 Vgl. Porter (1985), S. 11 und Porter (1988), S. 62ff.
113 Bei einem Kostenvorteil würde das etablierte Unternehmen den Preis gerade unterhalb der Kosten des Eindringlings setzen. Bei Differenzierung könnte der Eindringling sein Produkt nur nach einem Abschlag vom Preis verkaufen, sodass das etablierte Unternehmen den Preis vorher so setzen kann, dass nach dem vorzunehmenden Abschlag der Eindringling einen Verlust

## 1.2.1. Differenzierung

Stehen sich auf einem Markt eine Vielzahl von Anbietern und Nachfragern gegenüber, dann kommt es durch den Marktmechanismus zu einem Gleichgewichtspreis für das Gut. Nur bei dem Preis, bei dem Angebot gleich Nachfrage ist, sind beide Parteien zufrieden. Bei rationalem Verhalten der Marktteilnehmer kann es entsprechend der Annahmen[114] nur zu einem einzigen Gleichgewichtspreis kommen. Alle Marktteilnehmer verhalten sich als Mengenanpasser, d. h. sie variieren nur die angebotene oder nachgefragte Menge, da sie keinen Einfluss auf den Preis haben, der ihnen als Datum vorgegeben ist. Haben die Marktteilnehmer dagegen Präferenzen irgendwelcher Art, etwa gegenüber einem Anbieter oder bestimmten Produkteigenschaften, können unterschiedliche Preise z. B. an unterschiedlichen Standorten oder bei unterschiedlichen Anbietern erzielt werden.

Befindet man sich auf einem Markt mit unvollständiger Konkurrenz, auf dem nur wenige Anbieter oder nur wenige Nachfrager vertreten sind, dann wird sich aufgrund des verringerten Konkurrenzdrucks ein anderer Marktpreis bilden. Eine geringe Zahl von Anbietern ist in der Lage, Preise zu fordern, die über dem obigen Gleichgewichtspreis liegen. Dadurch erhöht sich zwar ihr Gewinn, aber die Gesamtmenge sinkt und es kommen weniger Nachfrager zum Zuge. Insgesamt werden weniger Marktteilnehmer zufrieden gestellt. Auf der anderen Seite ist eine geringe Anzahl von Nachfragern in der Lage, Druck auf den Preis auszuüben, sodass er geringer als der Konkurrenzpreis ausfallen wird. Kann ein Unternehmen ein überlegenes Produkt zu etwa gleichen Kosten produzieren, dann entsteht ein positiver Gewinn, indem der Wettbewerb im übrigen Markt den Preis auf die Stückkosten drücken wird, während das differenzierende Unternehmen für sein Produkt einen darüber liegenden Preis

---

erleiden würde. Vgl. Clarke (1985), S. 79. In der Realität wird ein solcher Verlust wohl zu Gunsten von Marktanteilsgewinnen des Öfteren hingenommen werden, um mit den damit erzielbaren Größen- und Erfahrungskurveneffekten in eine günstigere Position als die etablierten Unternehmen zu gelangen, um dann die Differenzierung nachzuholen. Durch die günstigere Kostenposition können dann die ehemals etablierten unterboten werden. Vgl. hierzu das Konzept der „Outpacing-Strategies" in Kleinaltenkamp (1989).

114 Ein Markt mit vollständiger Konkurrenz muss folgende Voraussetzungen erfüllen:
   1. Atomistische Angebots- und Nachfragestruktur: Es existieren sehr viele Anbieter und Nachfrager die keine Marktmacht haben, die jeweils nur einen kleinen Teil der Gesamtmengen beitragen.
   2. Keine Präferenzen (homogene Güter): Kein Anbieter wird von einem Nachfrager bevorzugt und umgekehrt. Denkbar wären dagegen z. B. räumliche Präferenzen (örtliche Nähe) oder persönliche Präferenzen (z. B. Bekanntschaft etc.) oder auch sachliche Präferenzen (bzgl. der Objekteigenschaften).
   3. Vollständige Markttransparenz: Alle kennen das Güterangebot und die geforderten Preise. Information sind frei und kostenlos verfügbar. Vgl. Schumann (1987), S. 177f., S. 236f.

fordern kann. Da gewöhnlich die Differenzierung Investitionen erfordern wird, werden seine Kosten meist über den Stückkosten der Konkurrenten liegen. Sie dürfen jedoch nicht so hoch werden, dass sie den damit geschaffenen höheren Kundenwert übersteigen.

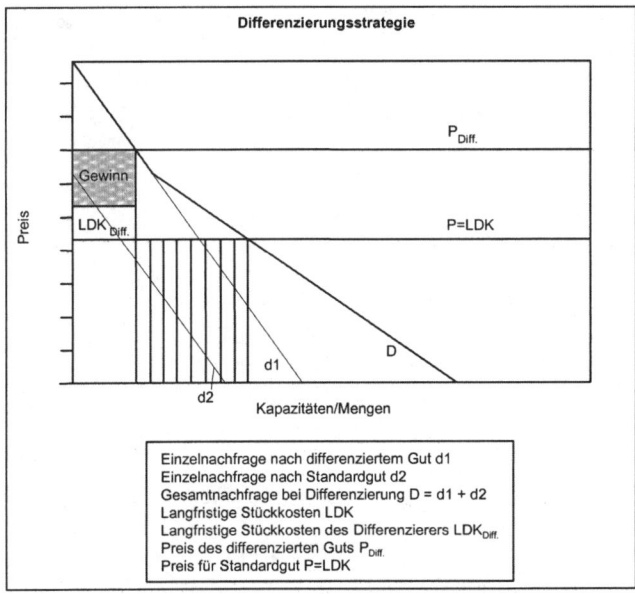

Abb. IV.10: Die Differenzierungsstrategie anhand von Industriekostenkurven[115]

## 1.2.2. Kostenvorteil

Ein Unternehmen, das in der Lage ist, ein homogenes Produkt zu geringeren Kosten als die Konkurrenz zu produzieren, kann den Preis gerade so setzen, dass es selbst den maximalen Gewinn erzielt, wobei keine Markteintritte möglich sind und auch die etablierten Konkurrenten keine Gewinne erzielen. Der optimale Preis stellt sich bei den Stückkosten des Marginalanbieters ein. Diese setzen sich zusammen aus den Produktionskosten (PK) und den Opportunitätskosten des eingesetzten Kapitals (OKK). Diese Zusammenhänge werden in Abb. IV.11 dargestellt.

---

115 Vgl. Clarke (1985), S. 79.

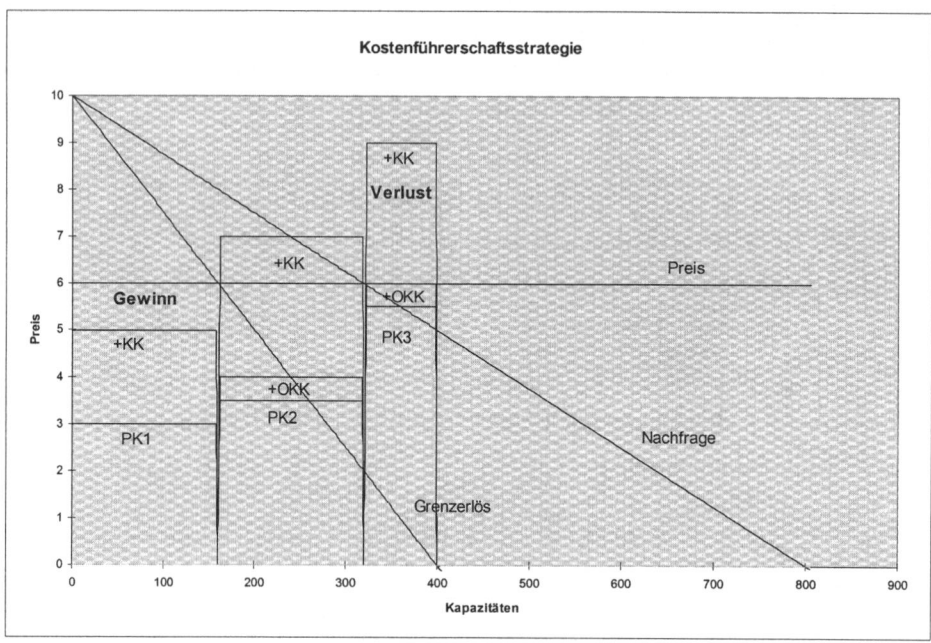

Abb. IV.11: Die Kostenführerschaftsstrategie anhand von Industriekostenkurven[116]

Während ein Unternehmen langfristig die Kapitalkosten des investierten Kapitals (KK) verdienen muss, wird für den Marktaustritt entscheidend, ob der Barwert der zu erwartenden Gewinne einen momentanen Liquidationserlös deckt oder nicht. Mit anderen Worten: die zu erwartende Rendite bei einem Verbleib im Markt muss mindestens die Rendite bei einem Marktaustritt und einer Alternativinvestition der dabei erzielten Mittel entsprechen. Deshalb ergeben sich die OKK für den Marktaustritt aus den Kapitalkosten auf den Liquidationserlös. Ein Gewinn ergibt sich für das Unternehmen, dessen Produktions- und Kapitalkosten pro Stück (PK1 + KK) unter dem Marktpreis liegen. Die beiden anderen Unternehmen erleiden einen Verlust, aber nur das dritte wird aus dem Markt verdrängt, weil seine Kosten, bestehend aus den Produktionskosten (PK3) und den Kapitalkosten auf den bei Fortführung entgehenden Liquidationserlös (OKK) nicht länger gedeckt sind. Mit anderen Worten weist für ihn die Austrittsalternative einen größeren Erfolg auf als der Barwert der Fortführungsalternative.[117]

---

116 Dieses Beispiel beruht auf der Zahlengrundlage des Falles „Marvin Enterprise" in Brealey/Myers (2000), S. 300ff. Hierbei ist PK1 = 3 GE; PK2 = 3,5 GE; PK3 = 5,5 GE; OKK = 0,5 GE = 20 % × 2,5 GE; KK = 2 GE = 20 % × 10 GE. Dabei fallen Kapazitätserstellungskosten in Höhe von 10 GE pro Einheit an.
117 Vgl. hierzu auch Abschnitt VI.D.

Der Gewinn des Unternehmens 1 kann aber nur so lange bestehen bleiben, wie keine anderen Unternehmen in den Besitz der Technologie gelangen und zu den gleichen Kosten produzieren können. Tritt dies im Zeitpunkt T ein, so wird der Preis auf das Konkurrenzergebnis gedrückt und es gilt: Preis gleich Durchschnittskosten. Dies ist in Abb. IV.11 durch ein Beispiel wiedergegeben: hier beträgt der Konkurrenzpreis 5 GE. Bis dieses Gleichgewicht jedoch zu Stande kommt, kann Unternehmen 1 einen positiven (Über-)Gewinn in Höhe der Differenz von $(6 - 3 - 2) = 1$ GE pro Kapazitätseinheit erzielen. Unternehmen 2 muss beim derzeitigen Preis von 6 zwar einen ökonomischen Verlust in Höhe von $(7 - 6) = 1$ GE hinnehmen, macht jedoch noch einen buchhalterischen Gewinn von $(6 - 3,5) = 2,5$ GE. Der Marktaustritt wäre für Unternehmen 2 erst bei einem Sinken des Preises unter den Wert von 4 GE anzuraten, da dann die Opportunitätskosten des eingesetzten Kapitals nicht mehr gedeckt wären. Die Liquidationsalternative erbrächte Rückflüsse von 0,5 GE pro Einheit, die bei Weiterführung nicht mehr erwirtschaftet würden. Bis dahin werden zwar nicht mehr die Kapitalkosten auf die ursprünglichen Investitionsausgaben verdient, es wird jedoch noch immer eine Art „Wertdeckungsbeitrag" erwirtschaftet. Unternehmen 3 ist hingegen an der Austrittsschwelle angelangt: sinkt der Preis unter den derzeitigen Wert von 6 GE, so ist es zum Marktaustritt veranlasst, da bei Weiterführung geringere Erfolge als die mit dem Austritt verbundenen 0,5 GE pro Kapazitätseinheit erwirtschaftet werden.[118] Rechnet man damit, dass Unternehmen 1 seinen Kostenvorteil 5 Jahre lang verteidigen kann, so ergibt sich auf Basis der ökonomischen Gewinne von 1 GE pro Einheit und Periode bei einem jährlichen Absatz von 160 Stück ein Kapitalwert von:

$$\text{NPV} = \sum_{t=1}^{5} \frac{1 \times 160}{1,2^t} = 478,5 \text{ GE}.$$

Dieser stimmt mit dem konventionell berechneten Kapitalwert überein:[119]

$$\text{NPV} = -1.600 + \sum_{t=1}^{5} \frac{(6-3) \times 160}{1,2^t} + \sum_{t=6}^{\infty} \frac{(5-3) \times 160}{1,2^t}$$

$$\text{NPV} = -1.600 + 1.435,50 + 643 = 478,50 \text{ GE}.$$

Zudem ist diese Berechnung äquivalent mit der Feststellung, dass für den Zeitraum von 5 Jahren eine um 10 % über der kompetitiven langjährigen Marktrendite von 20 % liegende Rendite erwirtschaftet werden kann, was bei einem Kapitaleinsatz von

---

118 Dabei sind die Erfolge aus der Liquidation als ewige Rente auf den Liquidationserlös von 2,5 GE zu verstehen.
119 Vgl. Brealey/Myers (2000), S. 303, 305.

1.600 zu einem jährlichen ökonomischen Gewinn von 160 und damit wieder zum gleichen Kapitalwert führt. Die Gleichheit der Berechnungen ergibt sich aus der Tatsache, dass nach dem Zeitpunkt des Verschwindens des Wettbewerbsvorteils, dem Zeitpunkt T, nur noch gerade die Kapitalkosten von 20 % verdient werden können. Dadurch entspricht die Summe der Anfangsinvestition und des Wertes nach T dem Wert der in Abzug gebrachten Kapitalkosten (KK) (20 % × 10 = 2 pro Kapazitätseinheit):

$$-1.600 + \sum_{t=6}^{\infty} \frac{(5-3) \times 160}{1{,}2^t} = -957 = \sum_{t=1}^{5} \frac{-2 \times 160}{1{,}2^t}$$

Für den Kapitalwert eines Investitionsprojekts mit Rückflüssen bis zum Zeitpunkt T gilt allgemein:

$$NPV_0 = -I_0 + \sum_{t=1}^{T} \frac{(E_t - A_t)}{(1+r)^t}$$

Dasselbe Ergebnis lässt sich erzielen, indem man von ewigen Einzahlungsüberschüssen kalkulatorische Zinsen auf das eingesetzte Kapital abzieht:

$$NPV_0 = \sum_{t=1}^{\infty} \frac{(E_t - A_t) - r \times I_0}{(1+r)^t}$$

Die Äquivalenz ergibt sich, da für einen unendlichen Planungshorizont gilt:[120]

$$I_0 = \frac{r \times I_0}{r} = \sum_{t=1}^{T} \frac{r \times I_0}{(1+r)^t} + \sum_{t=T+1}^{\infty} \frac{r \times I_0}{(1+r)^t} = \left( \frac{r \times I_0}{r} - \frac{r \times I_0}{r(1+r)^T} \right) + \left( \frac{r \times I_0}{r(1+r)^T} \right)$$

Somit gilt

$$NPV_0 = -I_0 + \sum_{t=1}^{\infty} \frac{(E_t - A_t)}{(1+r)^t} = \sum_{t=1}^{\infty} \frac{(E_t - A_t)}{(1+r)^t} - \frac{r \times I_0}{r} = \sum_{t=1}^{\infty} \frac{(E_t - A_t) - r \times I_0}{(1+r)^t}$$

und

$$NPV_0 = -I_0 + \sum_{t=1}^{T} \frac{(E_t - A_t)}{(1+r)^t} = \sum_{t=1}^{T} \frac{(E_t - A_t)}{(1+r)^t} - \frac{r \times I_0}{r}$$

---

[120] Vgl. Brealey/Myers (2000), S. 41 f.

$$= \sum_{t=1}^{\infty} \frac{(E_t - A_t) - r \times I_0}{(1+r)^t} - \sum_{t=T+1}^{\infty} \frac{(E_t - A_t)}{(1+r)^t}$$

Bei einem begrenzten Projekt, bei dem nach dem Zeitpunkt T keine Zahlungen mehr fließen, ist der letzte Summenausdruck gleich Null und somit die Gleichheit hergestellt. Interessant ist diese Bewertungsform für die strategische Analyse. Wenn ein Markt tendenziell einem Gleichgewicht zustrebt, in dem die Wettbewerber gerade noch ihre Kapitalkosten verdienen, dann genügt es, nur den Wert der "Übergewinne", also des Anteils der Gewinne, der die Kapitalkosten übersteigt, zu diskontieren, wobei nur der Zeitraum bis zum Versiegen des Wettbewerbsvorteils im Zeitpunkt T berücksichtigt werden muss:

$$NPV_0 = -I_0 + \sum_{t=1}^{\infty} \frac{(E_t - A_t)}{(1+r)^t} = \sum_{t=1}^{T} \frac{(E_t - A_t) - r \times I_0}{(1+r)^t}.$$

Wenn nach dem Zeitpunkt T nur noch die Kapitalkosten verdient werden, gilt:

$$\sum_{t=T+1}^{\infty} \frac{(E_t - A_t)}{(1+r)^t} = \sum_{t=T+1}^{\infty} \frac{r \times I_0}{(1+r)^t}.$$

Damit lässt sich der Kapitalwert wie folgt ausdrücken:

$$NPV_0 = -I_0 + \sum_{t=1}^{\infty} \frac{(E_t - A_t)}{(1+r)^t} = \sum_{t=1}^{\infty} \frac{(E_t - A_t)}{(1+r)^t} - \frac{r \times I_0}{r}$$

$$NPV_0 = \sum_{t=1}^{T} \frac{(E_t - A_t) - r \times I_0}{(1+r)^t} + \underbrace{\sum_{t=T+1}^{\infty} \frac{(E_t - A_t) - r \times I_0}{(1+r)^t}}_{=0} = \sum_{t=1}^{T} \frac{(E_t - A_t) - r \times I_0}{(1+r)^t}.$$

Die Summe der Anfangsinvestition und des Wertes nach T entspricht exakt dem Wert der in Abzug gebrachten Kapitalkosten:

$$-I_0 + \sum_{t=T+1}^{\infty} \frac{(E_t - A_t)}{(1+r)^t} = \sum_{t=1}^{T} \frac{r \times I_0}{(1+r)^t}$$

Dies ist die dem Residualgewinn-Modell zugrunde liegende Methodik und entspricht dem oben zur Wertpapierlinie Gesagten.[121] Der ökonomische Mehrwert (Market Value Added) ist dabei gleich dem das eingesetzte Kapital übersteigenden Wert des Unternehmens, mithin ein Unternehmens-Kapitalwert.

---

121 Vgl. Stewart (1991), S. 320ff.

## 2. Prognose der Zukunftserfolge

Für eine zukunftserfolgsorientierte Unternehmensbewertung ist es erforderlich, Prognosen über den künftigen Geschäftsverlauf des Unternehmens zu erarbeiten und daraus das Ausschüttungspotenzial abzuleiten. Die dafür erforderliche Analyse muss eine Vielzahl von Informationen zusammentragen, auswerten und für daraus die zukünftigen Entwicklungsmöglichkeiten ableiten. Einen Rahmen für diese Analyse und die zu betrachtenden bewertungsrelevanten Inhalte bietet die fundamentale Aktienanalyse, die alle als bewertungsrelevant angesehenen Informationen zusammenträgt und analysiert, um daraus Vorstellungen über den inneren Wert abzuleiten.[122]

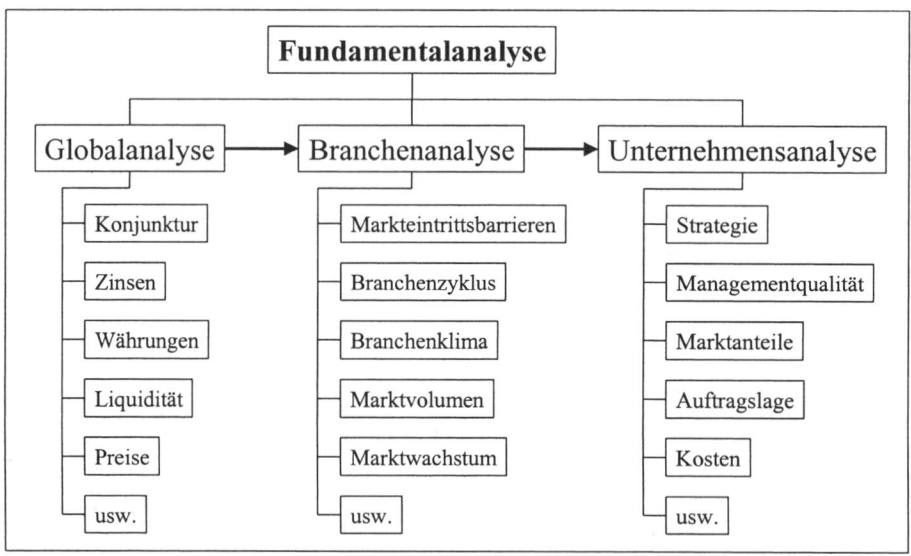

Abb. IV.12: Unterteilung der Fundamentalanalyse[123]

Der Startpunkt einer jeden Analyse muss das Verständnis der Ausgangssituation sein. Dabei sollte sich die Analyse gezielt auf die wertbestimmenden Faktoren richten.[124] Dazu gehört, neben einer eingehenden strategischen Analyse, die Analyse der operativen Stärken und Schwächen des Unternehmens. Ebenso wie für die strategische Analyse eine Vielzahl von Instrumenten des strategischen Controlling Anwendung finden können,[125] so ist auch für die operative Analyse ein breites Instrumenta-

---

122 Vgl. Steiner/Bruns (2002), S. 231.
123 In Anlehnung an Steiner/Bruns (2002), S. 231.
124 Vgl. Copeland/Koller/Murrin (1994), S. 154.
125 Vgl. IDW (1998), S. 51. Für einen Überblick über die Instrumente der strategischen Planung vgl. exemplarisch Baum/Coenenberg/Günther (1999).

rium verfügbar. Hierzu zählen z. B. die Deckungsbeitragsrechnung, Break-even-Analyse, das Erfahrungskurvenkonzept u.a.m.[126] Die Prognose der Zukunftserfolge erfolgt deshalb sinnvoller Weise in zwei Schritten: Zunächst müssen die verfügbaren Daten der Vergangenheit analysiert und um Sondereinflüsse bereinigt werden. Auf dieser Grundlage können dann mithilfe von detaillierten Marktanalysen, unter Berücksichtigung der Branchenentwicklung und der allgemeinen wirtschaftlichen Lage, zukünftige Erfolge abgeleitet werden.

## 2.1. Bereinigung und Analyse der Vergangenheitsdaten

Die Analyse der Ausgangssituation ist durch zwei Gesichtspunkte geprägt: zum einen sind die wesentlichen Einflussfaktoren auf das operative Geschäft zu identifizieren, zum anderen sind Sondereinflüsse zu eliminieren, welche die Prognose der künftigen Entwicklungen störend beeinflussen würden. Um die Ausgangssituation verstehen und in die Zukunft fortschreiben zu können, sind zwangsläufig auch die üblichen Methoden der Bilanzanalyse eine wichtige Hilfe.[127] Deshalb müssen an dieser Stelle auch die für eine aussagefähige Analyse der Zahlen des Jahresabschlusses notwendigen Bereinigungen vorgenommen werden.

Zu den vorzunehmenden Korrekturen gehören[128]
- die Eliminierung der Aufwendungen/Erträge des nicht betriebsnotwendigen Vermögens, da dieses meist getrennt bewertet wird,
- die Bereinigung des nicht periodengerechten Erfolgsausweises, etwa aufgrund von langfristigen Fertigungsaufträgen,
- die Bereinigung aufgrund der Ausübung von Bilanzierungswahlrechten, z. B. bei den Herstellungskosten,
- die Bereinigung sonstiger Erfolgsfaktoren, wie z. B. der Ansatz eines kalkulatorischen Unternehmerlohns.

In Anlehnung an die für die Bilanzanalyse gebräuchliche Einteilung lässt sich auch die Analyse der Vergangenheitsdaten im Rahmen der Unternehmensbewertung in eine erfolgswirtschaftliche und eine finanzwirtschaftliche Analyse gliedern und entsprechend vornehmen.[129] Ein typischer Anwendungsfall für die dort ermittelten

---
126 Vgl. hierzu z. B. Coenenberg (1999).
127 Vgl. hierzu Coenenberg (2003), S. 917ff. Vgl. auch Mandl/Rabel (1997), S. 146ff.
128 Vgl. IDW (1998), S. 81ff.
129 Vgl. hierzu im Detail Coenenberg (2003), S. 917ff.

Kennzahlen ist eine einfache, aber häufig angewendete Technik, das Percentage-of-Sales-Forecasting, d. h. die Anbindung der Unternehmensentwicklung an die Umsatzentwicklung.[130] Hierfür sind verschiedene Verhältniszahlen in Abhängigkeit vom Umsatz notwendig.

Die Zukunftserfolge lassen sich auch mithilfe mathematisch-statistischer Prognoseverfahren, i. d. R. Regressionsmodellen, ermitteln.[131] Durch Zeitreihenanalysen, einer speziellen Form von Regressionsmodellen mit der Zeit als alleiniger Einflussgröße, ist lediglich eine einfache Extrapolation der Vergangenheitsdaten in linearer und nichtlinearer Form möglich. Mithilfe multipler Regression können hingegen Abhängigkeiten zu verschiedenen Variablen hergestellt werden.[132] Darüber hinaus ist auch mithilfe von Expertensystemen die Ableitung von Bandbreiten möglicher Entwicklungen und die Zuordnung von Wahrscheinlichkeiten möglich.[133] Mithilfe von Sensitivitätsanalysen[134] können die einzelnen erfolgsbestimmenden Faktoren durch partielle Variation auf die Stärke ihres Einflusses auf die Erfolgsgröße hin überprüft werden. Sie ermöglicht auch die Ermittlung von Grenz- bzw. Break-even-Werten der Variablen, bei denen gerade noch ein Erfolg zu erwarten ist. Diese geben Auskunft über das operative Risiko des Unternehmens oder Geschäftsbereiches. Mithilfe der Simulationstechnik, z. B. der Monte-Carlo-Simulation, ist die gleichzeitige totale Variation aller Variablen möglich und liefert die vollständige Wahrscheinlichkeitsverteilung der Erfolge auf Basis aller möglichen Kombinationen der berücksichtigten Einflussfaktoren.[135] Die mehrwertigen Schätzungen der Zukunftserfolge und ihre Determinanten fließen in die noch darzustellende Berücksichtigung des Risikos ein.[136]

## 2.2. Erstellen der Zukunftsprognose

Im Zuge der tatsächlichen Prognose der Zukunftserfolge wird es nötig, die in der strategischen und operativen Analyse gewonnen Erkenntnisse zusammenzufügen. Dabei stellt insbesondere die Zusammenführung der „soft facts" der möglichen stra-

---

130 Vgl. Higgins (1995), S. 94ff.; vgl. auch Brealey/Myers (2000), S. 824ff.; Copeland/Koller/Murrin (1994), S. 168.
131 Vgl. hierzu im Detail Bretzke (1975), S. 126ff.; vgl. auch IDW (1998), S. 54.
132 Hierfür kommen als Variablen z. B. das Marktwachstum, der Marktanteil, die Wertschöpfungstiefe etc. in Frage.
133 Vgl. Kraus-Grünewald (1995), S. 1840; IDW (1998), S. 54 m. w. N.
134 Vgl. z. B. Brealey/Myers (2000), S. 260ff.
135 Vgl. hierzu Brealey/Myers (2000), S. 268ff.; Coenenberg (1992), S. 793ff.
136 Vgl. unten Abschnitt V.C.1.

tegischen Entwicklung mit den operativen Kennzahlen eine Herausforderung dar. Wie wirkt sich die identifizierte Branchenentwicklung und Unternehmenspositionierung auf die Preis-, Absatz- und Kostenstrukturen aus? Inwieweit sind künftig etwa aufgrund von Lebenszyklusüberlegungen vermehrte Anstrengungen im Bereich F&E oder Marketing notwendig? Über welchen Zeitraum ist mit einem profitablem Wachstum zu rechnen?

Ein typisches Beispiel für die Percentage-of-Sales-Methode ist die in Abb. IV.13 dargestellte Shareholder Value-Analyse nach RAPPAPORT (1986). Ein wesentlicher Beitrag dieser ist die Identifikation von „Value Drivers", „Werttreibern" des Unternehmenswertes und ihre Beeinflussung durch strategische Entscheidungen. Das Konzept schlägt eine Brücke zwischen Unternehmensstrategie und -zielsetzung, indem es die Unternehmensbewertung mit Instrumenten der strategischen Planung, vor allem den von PORTER entwickelten Analysemethoden für Branchenstruktur und Unternehmensposition, verbindet.[137]

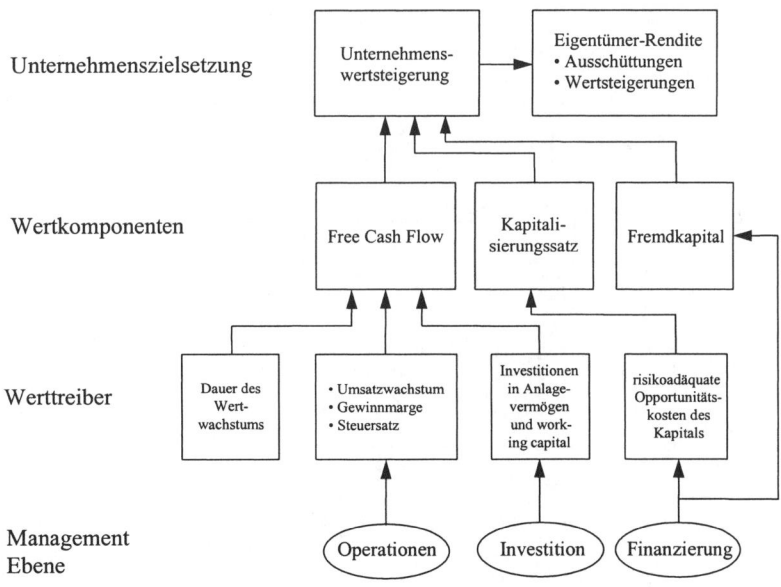

Abb. IV.13: Shareholder Value-Konzept[138]

Die eigentliche Voraussetzung für den Erfolg des Unternehmens ist das Fehlen eines Konkurrenzgleichgewichts. Dazu sind entweder ständige Innovationen nötig, oder aber die Existenz von Marktunvollkommenheiten. Die Analyse trägt dazu bei, nach

---

137 Vgl. Rappaport (1986), S. 81ff. Vgl. auch Copeland/Koller/Murrin (1994), S. 201ff.
138 Quelle: Rappaport (1986), S. 76.; eigene Übersetzung.

diesen eigentlichen Wurzeln des Erfolges zu suchen, die Investitions-Gelegenheit nicht nur mit Zahlenwerk zu versehen, sondern zu fragen, ob dieses Vorhaben spezifische Marktunvollkommenheiten ausnützt, oder inwiefern das Unternehmen sich in einer einmaligen Position befindet, um Unvollkommenheiten zu kreieren oder auszunützen.[139] Es müssen zum einen die Wettbewerbsvorteile identifiziert werden, die eine Rendite über den Kapitalkosten ermöglichen sollen, und zum anderen die Intensität des Wettbewerbs eingeschätzt werden, der diese Vorteile erodiert. Anhand dessen gilt es, den Zeitpunkt zu bestimmen, ab dem kein echtes Wachstum mehr möglich ist, da nur noch die Kapitalkosten verdient werden können. Jede Investition zahlt sich dann nur noch genau mit dem Investitionsbetrag aus. Die Zusammenhänge der dargestellten Analyse der umweltlichen Chancen und Risiken und der unternehmerischen Stärken und Schwächen mit den Treibergrößen der Unternehmensbewertung lässt sich schematisch wie in Abb. IV.14 darstellen.

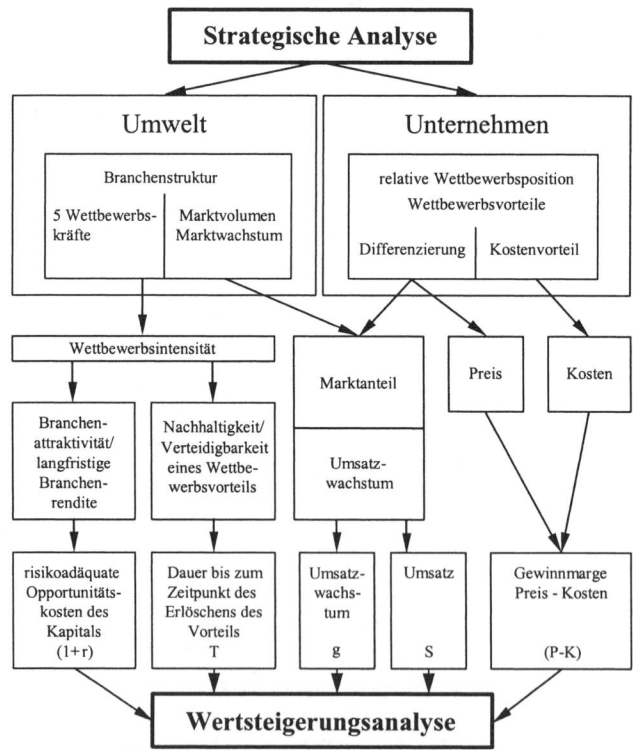

Abb. IV.14: Verbindung von Unternehmensstrategie und Unternehmenswert am Beispiel der Wertsteigerungsanalyse

---

139 Vgl. Grundy (1992), S. 61. Vgl. hierzu auch Brealey/Myers (2000), S. 297.

Das zur Identifikation der beiden grundlegenden Formen von Wettbewerbsvorteilen entwickelte Instrument der Wertkette gibt Aufschluss über die Höhe des geschaffenen Kundenwertes und die Struktur und Höhe der dafür nötigen Kosten.[140] Zusammen mit einer Wettbewerbsanalyse liefert dies die für das Wertreiber-System von Rappaport benötigten Informationen (vgl. Abb. IV.15).[141]

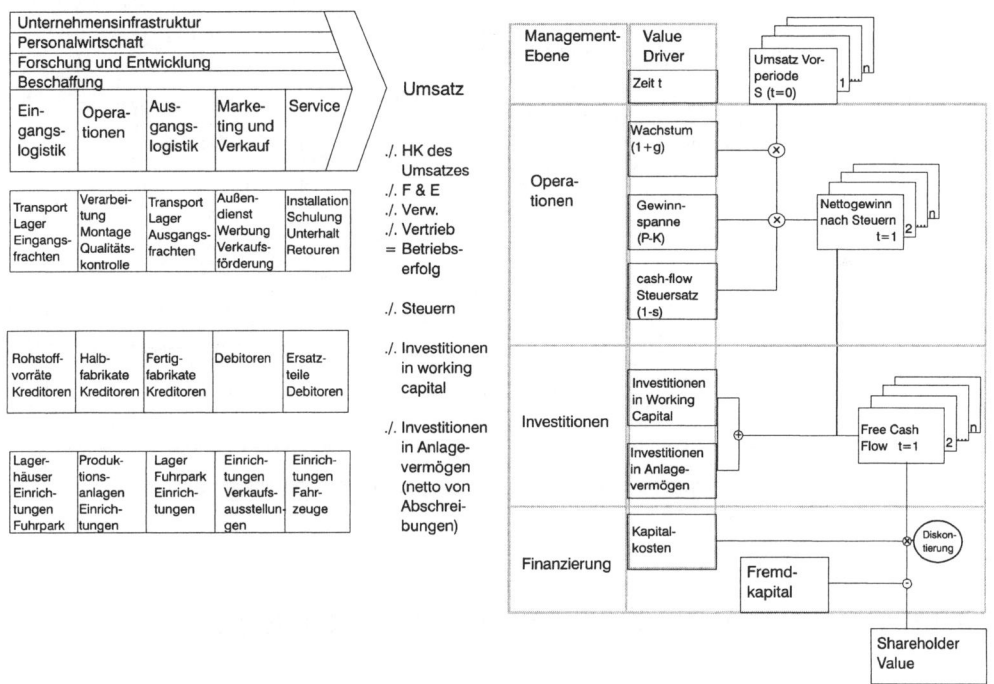

Abb. IV.15: Verbindung der Wettbewerbsvorteile mit dem Unternehmenswert[142]

Fasst man die identifizierten Informationsinhalte mit den Analyse- und Bewertungs-Werkzeugen zusammen, so lässt sich das resultierende Informationssystem wie in Abb. IV.16 dargestellt schematisch wiedergegeben.

---

140 Vgl. Porter (1985), S. 3, 33ff.
141 Vgl. Rappaport (1986), S. 76.
142 Entwickelt auf Basis von: Rappaport (1986), S. 52, 76, 87; Meyersiek (1991), S. 235; Gomez/Weber (1989), S. 29.

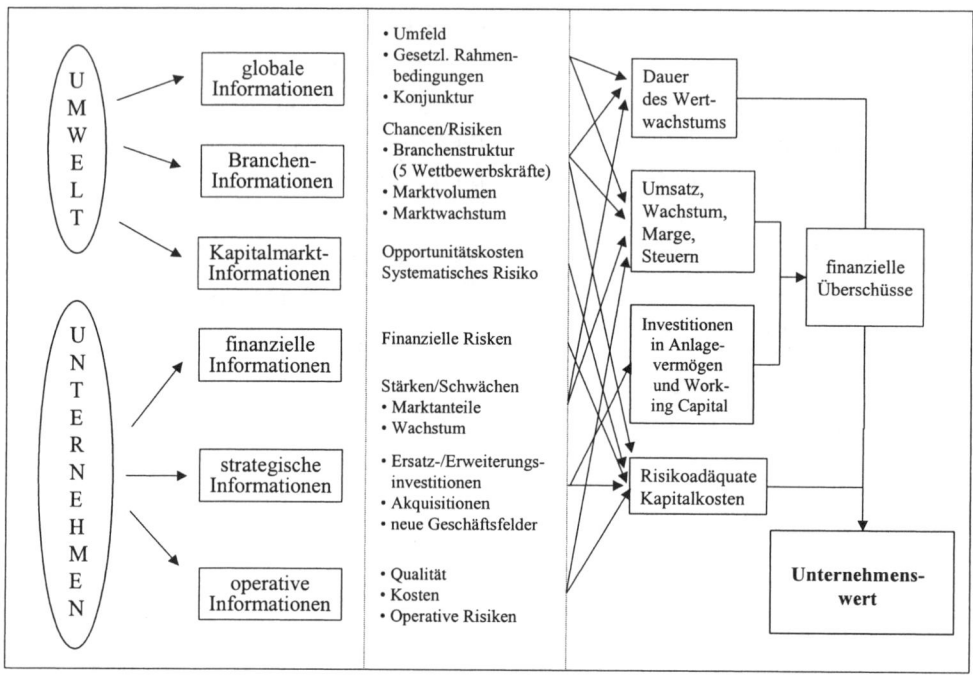

Abb. IV.16: Informationssystem zur Ermittlung des Unternehmenswerts[143]

## 2.3. Phasenmethode zur Prognose der Zukunftserfolge

Eine detaillierte Prognose der Ausschüttungen an die Anteilseigner auf der Basis von Vermögens-, Finanz- und Ertragslage, Ausschüttungsverhalten, Wiederanlagemöglichkeiten und Wachstumschancen ist nicht über einen unendlichen Zeithorizont möglich.[144] Normalerweise liegen detaillierte operative Pläne nur für einen Zeitraum von bis zu fünf Jahren vor, strategische Pläne bis zu etwa zehn Jahren.[145] Deshalb wird in der Praxis von einer Planung in drei Phasen ausgegangen: Innerhalb der ersten Phase, welche die nähere Zukunft von ca. 3-5 Jahren umfasst, wird so detailliert wie möglich geplant. In Phase 2 (weitere 5-7 Jahre) werden mehr oder weniger pau-

---

143 Quelle: Ruhwedel/Schultze (2002), S. 614.
144 Vgl. IDW (1985/86), S. 1092f.
145 Vgl. Günther (1997), S. 109f.

*D. Planung der Zukunftserfolge*

schale Annahmen getroffen, wie sich die identifizierten Trends der ersten Phase weiterentwickeln. In der letzten Phase wird eine konstante Entwicklung unterstellt.[146]

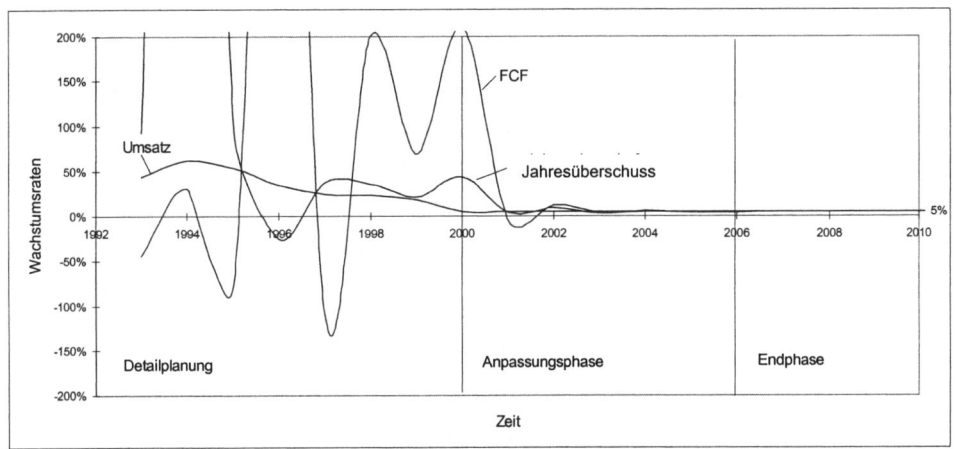

Abb. IV.17: Beispiel zur Phasenmethode[147]

Auch die amerikanische Literatur schlägt eine ähnliche Vorgehensweise vor.[148] Dabei ist die Phaseneinteilung aber nicht nur von den vorliegenden Informationen bestimmt, sondern vor allem von den strategischen Zusammenhängen. Abbildung IV.15 stellt beispielhaft diese Vorgehensweise dar.[149] Die erste Phase wird üblicherweise so gewählt, dass sie ein zu erwartendes überdurchschnittliches Wachstum abdeckt. In der letzten Phase ist dann ein gewisses Gleichgewicht erreicht, in dem das Unternehmen nicht schneller wächst als der Rest der Branche oder Volkswirtschaft. Dazwischen kann eine weitere Phase eingefügt werden, in der sich die hohen Wachstumsraten langsam an den „steady state" der letzten Phase angleichen.[150] Für die Endphase sind besondere Überlegungen nötig, denn im Wert der Zahlungen nach dem Ende der Detailplanung liegt meist mehr als die Hälfte des Gesamtwertes des Unternehmens begründet.[151]

---

146 Vgl. die Empfehlungen der HFA-Stellungnahme 2/1983 in IDW (1983), S. 471 und auch IDW (1985/86), S. 1093. In IDW S 1 wird nur noch von 2 Phasen ausgegangen, wobei dann die zweite und dritte Phase ineinander übergehen, vgl. IDW (2000), Tz. 80ff.
147 Dieses Beispiel wurde einem anonymen Praxisfall entnommen.
148 Vgl. Copeland/Koller/Murrin (1994), S. 274ff.; Damodaran (1996), S. 191ff.; Günther (1997), S. 109ff.; Rappaport (1986), S. 50ff. Sharpe/Alexander (1990), S. 481f. Manchmal werden auch hier nur zwei Phasen vorgeschlagen, wobei dann die Anpassungsphase in der Detailplanung aufgeht.
149 Vgl. ähnlich Günther (1997), S. 110.
150 Vgl. hierzu im Detail Damodaran (1996), S. 207f., 228f.; Sharpe/Alexander (1990), S. 481f.
151 Vgl. z. B. Copeland/Koller/Murrin (1994), S. 274ff.

## 2.4. Formelhafte Abbildung der zukünftigen Unternehmensentwicklung

In verschiedenen Situationen kann es sinnvoll und notwendig sein, die künftige Unternehmensentwicklung formelhaft und pauschal abzubilden, etwa um sich einen ersten Überblick zu verschaffen oder wenn eine detaillierte Planung nicht möglich ist oder nicht weiter sinnvoll erscheint, wie z. B. in der Endphase der Planung.[152]

Unterstellt man, dass bis zu einem Zeitpunkt n ein konstanter Zukunftserfolg $\overline{X}$ erzielt werden kann, dann können diese Zukunftserfolge als Rente mit einer Laufzeit von n Jahren betrachtet werden und mit dem Rentenbarwertfaktor RBF (Zinssatz r, Laufzeit n) abgezinst werden. Für die Zeit nach Ende des Planungshorizonts kann ein geschätzter Liquidationsnettoerlös $L_n$ angesetzt werden. Wird unterstellt, dass ein konstanter Zukunftserfolg $\overline{X}$ nicht nur bis zu einem bestimmten Planungshorizont n anfällt, sondern für die gesamte Lebensdauer des Unternehmens, dann lässt sich der Unternehmenswert sehr einfach anhand der Formel für die konstante ewige Rente ermitteln:

$$\text{RBF}(r, n) = \frac{(1+r)^n - 1}{i(1+r)^n} \xrightarrow{n \to \infty} \frac{1}{r} \Rightarrow UW_0 = \frac{\overline{X}}{r}$$

Nimmt man an, dass die Zahlungen mit dem Faktor g wachsen, so gilt mit $X_1 = X_0 (1 + g)$:

$$UW_0 = \sum_{t=1}^{\infty} X_0 \frac{(1+g)^t}{(1+r)^t} = X_0 \frac{(1+g)}{r-g} = \frac{X_1}{r-g}$$

Werden etwa bis zu einem bestimmten Zeitpunkt n die Zukunftserfolge einzeln detailliert bzw. pauschalisiert (Phasen 1 und 2) geplant, und erst danach konstante Erfolge angenommen, so ergibt folgende Kombination den Unternehmenswert:[153]

$$UW_0 = \sum_{t=1}^{n} \frac{X_t}{(1+r)^t} + \frac{\overline{X}}{r(1+r)^n}$$

Bei konstantem Wachstum g in der Endphase ergibt sich:

---

152 So auch in der fundamentalen Aktienanalyse; vgl. hierzu Perridon/Steiner (2002), S. 227ff.
153 Für Phase 3 lässt sich auch ein Nettoliquidationserlös schätzen, wenn von einer Auflösung zum Zeitpunkt n ausgegangen wird.

*D. Planung der Zukunftserfolge* 243

$$UW_0 = \sum_{t=1}^{n} \frac{X_t}{(1+r)^t} + \frac{X_n(1+g)}{(r-g)(1+r)^n}.$$

Geht man von einer konstanten Einbehaltungsrate e aus, dann hängen die Ausschüttungen $X_t$ mit $(1-e)$ vom Gewinn ab, sodass sich der Unternehmenswert wie folgt berechnen lässt:

$$UW_0 = \frac{X_1}{r-g} = \frac{(1-e)G_1}{r-g}.$$

Mit $\dfrac{UW_0}{G_1} = \dfrac{(1-e)}{r-g}$, was dem bekannten „Kurs-Gewinn-Verhältnis" (KGV) entspricht, das folglich von Einbehaltung, Wachstum und Rendite abhängt.[154]

Da wiederum das Wachstum von der Eigenkapitalrendite ROE und dem Einbehaltungssatz e abhängt ($g = e \times ROE$), gilt für das KGV auch:[155]

$$\frac{UW}{G} = \frac{(1-e)}{r-g} = \frac{(1-e)}{r\left(1-\dfrac{g}{r}\right)} = \frac{(1-e)}{r(1-e)} = \frac{1}{r}.$$

Wenn die Verzinsung der einbehaltenen Mittel genau zum Kalkulationszins erfolgt (ROE = r), dann ist auch die Diskontierung von konstanten Gewinnen gleichwertig mit der von wachsenden Ausschüttungen, da Einbehaltungen nicht zu Doppelzählungen führen:

$$UW_0 = \frac{X_1}{r-g} = \frac{(1-e)G_1}{r-g} = \frac{(1-e)G_1}{r\left(1-\dfrac{g}{r}\right)} = \frac{(1-e)G_1}{r(1-e)} = \frac{G_1}{r}.$$

Die Einbehaltung und Investition zu einer Rendite, die dem Diskontierungssatz entspricht, generiert Rückflüsse mit einem Barwert in Höhe der Investition, also mit einem Kapitalwert von Null. Das Wachstum der Dividenden entspricht im Barwert folglich genau der ursprünglichen Einbehaltung, also dem Betrag, um den die Ausschüttungen niedriger sind als die Gewinne. Es spielt deshalb keine Rolle, ob man den Gewinn um die Einbehaltung vermindert und später mit dem gleichen Barwert wachsen lässt, oder ob man die Einbehaltung und das resultierende Wachstum unbeachtet lässt. Dies bedeutet jedoch gleichzeitig, dass es unter keinen Umständen sinn-

---

154 Vgl. Perridon/Steiner (2002), S. 227f.
155 mit $e = \dfrac{g}{ROE} = \dfrac{g}{r}$. Vgl. Perridon/Steiner (2002), S. 227.

voll ist, die Einbehaltung zu vernachlässigen und trotzdem das Wachstum zu berücksichtigen. Die Diskontierung von Gewinnen (Ertragsüberschüssen) anstelle von Ausschüttungen führt bei Thesaurierungen und Wachstum zur Doppelzählung von Ausschüttungen[156].

Diese Zusammenhänge sind vor allem für die Bestimmung des Restwertes am Ende des Planungshorizonts, dem Zeitpunkt T, interessant, da hier fast immer auf pauschale Annahmen zurückgegriffen werden muss. Der Endwert in der letzten Phase der Planung wird oft mithilfe der Formel für eine unendlich wachsende Zahlungsreihe

$$UW_T = \sum_{t=T+1}^{\infty} \frac{X_T(1+g)^t}{(1+r)^t} = X_T \frac{(1+g)}{(r-g)}$$

bestimmt. Dies birgt die Gefahr in sich, unbedacht vergangene Trends fortzuschreiben, die bei den tatsächlichen Wettbewerbsverhältnis keinen Bestand haben könnten.

Eine konstante Entwicklung kann nur insofern angenommen werden, wie sie mit den strategischen Verhältnissen harmoniert. Ein konstantes Wachstum in alle Ewigkeit kann z. B. nicht höher liegen als das Wachstum der Weltwirtschaft, sonst würde das Unternehmen nach gewisser Zeit einen größeren Umfang als diese annehmen.[157] Andererseits impliziert ein Nullwachstum (d. h. konstante Zukunftserfolge) in der Endphase bei nominalem Diskontierungssatz, dass die Unternehmensaktivitäten effektiv mit der Inflation schrumpfen. Eine Konstanz darf also nur in realen Werten angenommen werden, bzw. es muss in nominalen Werten zumindest ein Wachstum in Höhe der zu erwartenden Inflation unterstellt werden.[158]

In der ersten Phase werden alle in die Bewertung eingehenden Größen für jede einzelne Periode geplant. Dabei werden sich i. d. R. die Wachstumsraten verschiedener Planungsgrößen wie Umsatz, Kosten, Gewinne, Ausschüttungen, Free Cashflows etc. unterscheiden. In der Endphase müssen diese dagegen übereinstimmen, um ein konsistentes, konstantes Wachstum zu ermöglichen.[159] Für einen Umsatz U, Umsatzkosten C, bestehend aus zahlungswirksamen Kosten CC und nicht zahlungswirksamen Kosten NCC, sowie Gewinne G und Ausschüttungen X lässt sich dies wie folgt zeigen:

$G_t = $ Ertrag $-$ Aufwand $= U_t - C_t = U_t - CC_t - NCC_t$

---

156 Vgl. Moxter (1983), S. 79f.
157 Vgl. Copeland/Weston (1992), S. 554; Damodaran (1996), S. 192f.; Kruschwitz/Löffler (1998), S. 1041f. Zum Problem des unendlichen Wachstums vgl. Durand (1957).
158 Vgl. Damodaran (1996), S. 192f.
159 Vgl. Damodaran (1996), S. 192f.

$$\Rightarrow G_t (1 + g) = (U_t - C_t)(1 + g) = U_t (1 + g) - C_t (1 + g)$$

$$X = (1 - e) G \Rightarrow (1 - e) G (1 + g) = X (1 + g)$$

Auch der Free Cashflow (FCF), definiert als operative Einzahlungsüberschüsse (OCF) abzüglich Investitionen I, wächst entsprechend konstant, wenn gleichzeitig auch die Investitionen mit g wachsen:

$$FCF_t = (OCF_t - I_t)$$

$$OCF_t = U_t - CC_t = G_t + NCC_t$$

$$I_t = N_t + NCC_t$$

$$FCF_t = (G_t - N_t) = (G_t + NCC_t - I_t) = (U_t - CC_t - I_t)$$

$$G_t (1 + g)$$

$$= U_t (1 + g) - C_t (1 + g) = U_t (1 + g) - CC_t (1 + g) - NCC_t (1 + g)$$

$$\Rightarrow G_t (1 + g) - I_t (1 + g) + NCC_t (1 + g) = OCF_t (1 + g) - I_t (1 + g)$$

$$\Rightarrow (G_t - N_t)(1 + g) = (OCF_t - I_t)(1 + g) = (U_t - CC_t - I_t)(1 + g)$$

$$= FCF_t (1 + g)$$

Würden die Investitionen mit mehr als g wachsen, z. B. g', würden auch die Abschreibungen und die Kosten entsprechend stärker wachsen, wobei folglich die Gewinne zurückfallen würden. Die Gewinne könnten nur zufällig konstant wachsen, wenn die Wachstumsraten der Umsätze und zahlungswirksamen Kosten in jedem Jahr einem gewichteten Mittel der Wachstumsraten entsprächen. Nur wenn die Umsätze und zahlungswirksamen Kosten CC ebenfalls mit g' wachsen, ist gewährleistet, dass der Gewinn konstant mit g' wächst. Dann wächst automatisch auch der Free Cashflow mit g'.

Für echtes Wachstum muss das Unternehmen in irgendeiner Weise bevorteilt sein. Ein Kostenvorteil erlaubt es ihm, Marktanteilsgewinne über günstigere Preise zu erzielen. Ein Differenzierungsvorteil ermöglicht einen überdurchschnittlichen Preis und dadurch höhere Umsätze, ebenso wie eine erhöhte Attraktivität in den Augen der Kunden und damit erhöhte Nachfrage. Dabei ist aber Umsatzwachstum nicht gleich Unternehmenswertwachstum, zumal auch die dafür nötigen Investitionen zu betrachten sind. Ein erhöhter Umsatz, der aber weniger als die Kapitalkosten erwirtschaftet, ist kein echtes Wachstum.[160]

Einen Anhaltspunkt für die Höhe des „richtigen" Wachstums gibt die Feststellung, dass jeder Markt zu einem Konkurrenzgleichgewicht tendiert. Nach dem Zeitpunkt des Erlöschens des Wettbewerbsvorteils, dem Zeitpunkt T, erzielt das Unternehmen im Durchschnitt mit seinen Projekten nur noch eine branchenübliche, durchschnittliche Rendite.[161] Danach getätigte Investitionen erbringen damit nur einen Kapitalwert von Null. Mit anderen Worten: der Barwert der Investitionen entspricht genau dem mit ihnen geschaffenen höheren Wert, also dem Barwert der höheren Ausschüttungen, also deren Wachstums.[162] Der Endwert im Zeitpunkt T kann dann also, wie oben für Gewinne gezeigt, durch Diskontierung der Gewinne ohne Berücksichtigung der Einbehaltungen und des Wachstums ermittelt werden. Das gleiche gilt für die Diskontierung von Free Cashflows, indem der FCF vor Abzug der Investitionen aber ohne Wachstum bewertet wird. Der mit der Formel für ewiges konstantes Wachstum ermittelte Endwert ergibt den gleichen Wert wie der auf Basis konstanter Zahlungen vor Investitionen errechnete Wert:

$$FCF_t \frac{(1+g)}{(r-g)} = (FCF_t + I_t)\frac{1}{r}$$

Daraus lässt sich derjenige Gleichgewichts-Wachstumsfaktor g* für die Endphase ermitteln, bei dem der Wert des Wachstums der FCF gleich dem Barwert der Investitionen ist:

$$g^* = \frac{(r \times I_t)}{[(1+r) \times FCF_t] + I_t}.$$

Da beide Formeln, die für ewiges Wachstum und die für ewige konstante Zahlungen, gleich leicht anwendbar sind, kann es bei dieser Feststellung nicht darum gehen, sich die Arbeit zu erleichtern, sondern sie im Gegenteil zu verfeinern. Die Annahme eines Kapitalwerts von Null der Investitionen nach dem Zeitpunkt T ermöglicht eine gezieltere Planung der Investitionen und Cashflows und verhindert eine unbedachte Fortschreibung von Trends.

---

160 Vgl. Rappaport (1986), S. 62f.
161 Vgl. Sharpe/Alexander (1990), S. 481.
162 Vgl. Rappaport (1986), S. 62f.

# V. Zukunftserfolgswerte: Bestimmung von Diskontierungssätzen

Zukunftserfolgswerte entstehen durch Diskontierung von Zukunftserfolgen und sind als Entscheidungswerte, d. h. als Grenzpreise, konzipiert, denn sie resultieren aus dem Vergleich des Unternehmenskaufs bzw. -verkaufs mit der besten, unterlassenen Handlungsalternative. Ein Zukunftserfolgswert stellt damit den Wert dar, ab dem der Unternehmenskauf (-verkauf) gerade vorteilhafter wird als die der Bewertung zugrunde liegende Handlungsalternative.

Der Wert eines Unternehmens hängt grundsätzlich davon ab, welchen Nutzen es seinen Eigentümern stiftet. Zugunsten der praktischen Durchführbarkeit wird in der Unternehmensbewertung in der Regel allein auf den monetären Nutzen abgestellt. Dadurch wird der Kauf eines Unternehmens zu einer rein finanziell motivierten Anlageentscheidung und lässt sich mit anderen Anlageformen vergleichen. Die Bewertung eines Unternehmens ist damit nichts anderes als das Auffinden des Betrages, der anderswo für Erfolge gleicher Art und Höhe zu bezahlen wäre.[1] Der Wert dieser optimalen Alternativanlage wird durch Diskontierung auf das Bewertungsobjekt übertragen. Bei der Diskontierung übernimmt der Kalkulationszinsfuß die Funktion des Alternativenvergleichs. Dies erfordert die Abbildung der Zahlungen aus der bestmöglichen, nicht durchgeführten Alternativanlage durch eine Renditeziffer.[2]

---

1 Vgl. Wagner (1973), S. 304; Sieben (1967), S. 142.
2 Vgl. Abschnitt II.C. und D.

# A. Äquivalenzprinzipien

Um den Preis der besten Alternativinvestition auf das Bewertungsobjekt übertragen zu können, müssen beide gegeneinander substituierbar sein, denn sonst wäre ein potenzieller Käufer nicht bereit, für beide denselben Preis zu bezahlen.[3] Daraus folgt, dass die Alternativanlage dem Bewertungsobjekt in Zahlungsstruktur, dem damit verbundenen Risiko, der Verfügbarkeit der Zahlungen etc. völlig entsprechen muss. Die Literatur nennt daher folgende Äquivalenzprinzipien als Anforderungen für die Wahl der Alternativanlage:[4]

1. Laufzeitäquivalenz (Planungshorizontäquivalenz): Bewertungsobjekt und Alternativanlage müssen sich bzgl. des zeitlichen Anfalls der Zahlungen entsprechen.
2. Kaufkraftäquivalenz: Die Geldentwertung ist bei beiden Alternativen in gleicher Weise zu berücksichtigen.
3. Arbeitseinsatzäquivalenz: Ein Vergleich mit einer reinen Kapitalmarktanlage ist nicht sinnvoll, wenn das Bewertungsobjekt zusätzlich den Arbeitseinsatz (Geschäftsführung) des Eigentümers erfordert. Dieser Arbeitseinsatz muss als Unternehmerlohn eigens honoriert werden.[5]
4. Unsicherheitsäquivalenz: Das Risiko beider Alternativen muss sich entsprechen, d. h. die Rückflüsse aus der Vergleichsanlage müssen mit dem gleichen Risiko behaftet sein wie die aus dem Bewertungsobjekt.
5. Verfügbarkeitsäquivalenz: Die Rückzahlungen beider Alternativen müssen für den Konsum in gleicher Weise verfügbar sein. Dies gilt insbesondere für die Berücksichtigung von Steuern, die bei unterschiedlichen Anlageformen unterschiedlich anfallen und zunächst abzusetzen sind, bevor die Rückflüsse konsumierbar sind.

Im Folgenden wird die Umsetzung der genannten Prinzipien bei der Bewertung, insbesondere die daraus resultierende Ermittlung des Diskontierungssatzes, betrachtet.

---

3 Soll das Alternativprogramm durch das zu erwerbende Unternehmen unter Konstanthaltung des Nutzens des Investors ersetzt werden, dann müssen beide in ihren Eigenschaften für den Investor perfekte Substitute sein.
4 Vgl. Ballwieser/Leuthier (1986), S. 608; Mandl/Rabel (1997), S. 75ff.; Moxter (1983), S. 155ff.; Sieben (1993), Sp. 4325f.
5 Vgl. Moxter (1983), S. 176.

# B. Berücksichtigung der Laufzeitäquivalenz

Die Alternativanlage muss so gewählt werden, dass die Dauer der Anlage der Lebensdauer des Bewertungsobjekts entspricht. Ist keine solche verfügbar, etwa weil die Lebensdauer des Unternehmens länger ist als die längste mögliche Alternativanlage, sind Annahmen über eine Anschlussinvestition notwendig.[6]

Ist der Zeithorizont, über den die Bewertung erfolgt, länger als eine Periode, dann muss erstens berücksichtigt werden, dass während dieser Zeit bereits Zinsen ausbezahlt und so eine Zinseszinswirkung entstehen kann und zweitens unterschiedlich hohe Zinssätze für unterschiedlich lange Zeiträume bezahlt werden. Zunächst soll der Fall betrachtet werden, dass für alle Perioden der gleiche Zinssatz gilt.

## 1. Bewertung mit undifferenzierten Diskontierungssätzen

Die Verzinsung der Alternativanlage soll auf das Bewertungsobjekt übertragen werden. Die Höhe der Rendite hängt vom zugrundeliegenden Zeitraum ab. Bezahlt z. B. eine Anlage von 1.000 GE einen Betrag von 1.210 GE nach zwei Jahren zurück, dann entspricht dies einer Verzinsung von 21 %. Nach gängiger Konvention erfolgt die Angabe der Verzinsung auf der Basis eines Jahreszeitraums, im Beispiel 10 % p. a. Dies unterstellt, dass die Zinsen jährlich bezahlt, weiter angelegt und ein zweites Mal verzinst werden: $1.000 \times (1,1) \times (1,1) = 1.210$.

|  | t = 0 | t = 1 | Fälligkeit (t = 2) |
|---|---|---|---|
| Anlage | -1.000 |  | +1.000 |
| Verzinsung (10 %) |  | +100 | +100 |
| Wiederanlage (10 %) |  | - 100 | +110 |
| Rückflüsse |  | 0 | 1.210 |
| Barwertfaktor PVF (10 %) |  | $\frac{1}{1,1} = 0,9091$ | $\frac{1}{1,1^2} = 0,8264$ |
| Barwert PV = | 1.000 | 0 | $\frac{1}{1,1^2} \times 1,210 = 1.000$ |

Entspricht die Verzinsung von 10 % den Opportunitätskosten des Anlegers, dann kann der Marktwert der Anlage in t = 0 dadurch bestimmt werden, dass die Beträge,

---
6  Vgl. Ballwieser/Leuthier (1986), S. 608 m. w. N.

die aus der Anlage an den Anleger zurückfließen, mit diesem Satz diskontiert werden. Dann entspricht der Marktwert dem Anlagebetrag von 1.000 GE. Diese Gleichheit stellt sich durch Arbitrageprozesse ein. Denn läge die Rendite der Anlage über dem Marktniveau, d. h. wären die Opportunitätskosten geringer, dann wären Anleger bereit, einen höheren Preis für die Anlage zu bezahlen und die Rendite der Anlage entspräche wieder dem Marktniveau.

Betrachtet man dagegen ein Wertpapier, das die Zinsbeträge nicht sammelt und weiterverzinst, sondern jährlich ausbezahlt, dann ergeben sich folgende Rückflüsse:

|  | t = 0 | t = 1 | Fälligkeit (t = 2) |
|---|---|---|---|
| Anlage | -1.000 |  | +1.000 |
| Verzinsung (10 %) |  | +100 | +100 |
| Rückflüsse |  | 100 | 1.100 |
| Barwertfaktor PVF (10 %) |  | 0,9091 | 0,8264 |
| Barwert PV = | 1.000 | 90,91 | 909,09 |

Diskontierung der Rückflüsse bei einem Opportunitätskostensatz von 10 % ergibt ebenfalls einen Wert von 1.000 GE. Eine Anlage, die Zinsen jährlich ausbezahlt, würde demnach genauso behandelt wie eine Anlage, die Zinsen ansammelt und weiterverzinst. Dies ist dann richtig, wenn ein Anleger für die Restlaufzeit der Anlage die Zinsen zum gleichen Zinssatz anlegen kann, wenn also die Zinssätze für alle Laufzeiten gleich sind. Die Diskontierung mit undifferenzierten Sätzen impliziert eine Wiederanlage der ausgeschütteten Beträge zum entsprechenden Diskontierungssatz beim Anleger.

Dies lässt sich einfach formal zeigen. Gegeben sei eine zweiperiodige Anlage I mit Rückzahlungen von $X_1$ in t = 1 und $X_2$ in t = 2. Eine Wiederanlage der Rückflüsse in t = 1 sei möglich zu $r_W$. Für den Fall, dass die Wiederanlage zum Diskontierungssatz $r_A$ möglich ist, d. h. $r_A = r_W$, gilt $PV = \dfrac{X_1(1+r_W)+X_2}{(1+r_A)^2} = \dfrac{X_1}{(1+r_A)} + \dfrac{X_2}{(1+r_A)^2}$ und die Bewertung ist durch Diskontierung der jährlichen Rückzahlungen zu erreichen.

|  | t = 0 | t = 1 | Fälligkeit (t = 2) |
|---|---|---|---|
| Anlage | -I | | |
| Rückflüsse | | $X_1$ | $X_2$ |
| Wiederanlage | | $-X_1$ | $+X_1$ |
| Verzinsung ($r_W$) | | | $+X_1 r_W$ |
| Summe | | 0 | $X_1(1 + r_W) + X_2$ |
| Barwertfaktor PVF (10 %) | | $\dfrac{1}{(1+r_A)}$ | $\dfrac{1}{(1+r_A)^2}$ |
| Barwert PV = | | 0 | $\dfrac{X_1(1+r_W)+X_2}{(1+r_A)^2}$ |

Meist unterscheiden sich jedoch die Sätze, zu denen am Markt Mittel für unterschiedliche Zeiträume angelegt werden können. Man spricht von einer normalen bzw. ansteigenden Zinsstrukturkurve, wenn die Zinssätze, die für kurze Laufzeiten bezahlt werden, geringer sind als die für lange Laufzeiten. Den umgekehrten Fall, dass geringere Renditen für lange Laufzeiten bezahlt werden bezeichnet man als inverse bzw. fallende Zinsstrukturkurve.[7] Dementsprechend existieren für zukünftige Zahlungsströme in Abhängigkeit vom Zeitpunkt ihres Anfallens zum Bewertungszeitpunkt verschiedene Marktpreise, weshalb die Bewertung der Zahlungsströme auch mit solchen differenzierten Marktpreisen, d. h. Kalkulationszinssätzen, durchgeführt werden sollte.[8]

## 2. Bewertung unter Berücksichtigung der Zinsstruktur

Mithilfe von Zinsstrukturkurven werden zukünftige Rückflüsse mit laufzeitadäquaten Opportunitätskostensätzen bewertet.[9] Als Kalkulationszinsfüße stehen Zerobond-

---

[7] Vgl. z. B. Steiner/Bruns (2002), S. 148f. Für die Gestalt der Zinsstrukturkurve gibt es diverse Erklärungsansätze. So werden meist deshalb höhere Zinsen für längere Zeiträume bezahlt, weil die Mittel dort länger gebunden sind. Andererseits trifft dies nicht immer zu, weil die Sätze für lange Laufzeiten auch die Erwartungen über die Entwicklungen in der Zukunft widerspiegeln. Wird z. B. erwartet, dass in der Zukunft die Zinssätze fallen werden, dann werden heute geringere Sätze für lange Laufzeiten bezahlt werden. Für eine Darstellung vgl. z. B. Mishkin (1992), S. 140ff.

[8] Die Diskontierung mit laufzeitadäquaten Diskontierungssätzen wird in der Literatur auch unter dem Stichwort „Marktzinsmethode" diskutiert, die bei der Kalkulation von Bankprodukten ihren Ursprung hatte und später auf andere Investitionsobjekte ausgedehnt wurde. Vgl. dazu Adam/Schlüchtermann/Utzel (1993), S. 3; Gründl (1995), S. 907; Rolfes (1993).

[9] Vgl. hierzu Steiner/Bruns (2002), S. 152ff.; Perridon/Steiner (2002), S. 190ff. Vgl. auch Schwetzler (1996), S. 1093ff.

renditen und Forward Rates zur Verfügung. Es existieren Strukturkurven für Kapitalmarkttitel, die periodische Zinszahlungen vornehmen und für Nullkuponanleihen (Zerobonds),[10] die erst bei Fälligkeit einen Gesamtbetrag ausbezahlen, der sowohl Zins als auch Tilgung beinhaltet. Im Falle einer normalen, ansteigenden Zinsstrukturkurve liegen die Sätze der Zerobondstrukturkurve oberhalb der Zinsstrukturkurve, im Falle einer inversen Struktur unterhalb.

## 2.1. Zerobondabzinsungsfaktoren

Die Zahlungsstruktur des Bewertungsobjekts lässt sich nachbilden indem einzelne Zerobonds betrachtet werden, die jeweils eine einzige spätere Rückzahlung in Höhe der jeweiligen Rückzahlung des Bewertungsobjekts aufweisen. Betrachtet man eine Investition, die 2.000 GE in t = 1, 2.100 GE in t = 2 und 1.600 GE in t = 3 erbringt, dann könnte für jede Rückzahlung jeweils ein Zerobond gefunden werden, der eine solche Rückzahlung bietet:

|  | Wert W in t = 0 | t = 1 | t = 2 | t = 3 |
|---|---|---|---|---|
| Rückflüsse aus Investition |  | 2.000 | 2.100 | 1.600 |
| Zerobond 1 | 1.818 | 2.000 | 0 | 0 |
| Zerobond 2 | 1.704 | 0 | 2.100 | 0 |
| Zerobond 3 | 1.138 | 0 | 0 | 1.600 |
| Summe | 4.6600 | 2.000 | 2.500 | 1.600 |

Die Summe der Werte der Zerobonds ergibt den Wert des Bewertungsobjekts. Die Rendite eines Zerobonds mit Restlaufzeit von t Perioden lässt sich nach der Formel $1 + r_t = \sqrt[t]{\frac{W_t}{W_0}}$ ermitteln, wobei $W_t$ dem Rückzahlungsbetrag und $W_0$ den Anschaffungskosten entsprechen. Daraus lassen sich Diskontierungsfaktoren ableiten:

---

10 Ein Zerobond unterscheidet sich von einem zinszahlenden Bond dadurch, dass er während der Laufzeit keine Rückzahlung vornimmt. Ein Zerobond kann also dadurch aus einem normalen Bond nachgebildet werden, dass die Zinszahlung des normalen Bonds dazu benutzt werden, einen Kredit zu tilgen, der im Ausgangszeitpunkt den Anlagebetrag schmälert. Bei flacher Zinsstruktur hätte dies keinen Einfluss auf die Renditen. Bei steigender Zinsstruktur bieten kurzfristige Kapitalanlagen/-aufnahmen eine geringere Verzinsung als langfristige. Deshalb kann der Zinsbetrag zu einem günstigeren Satz geliehen werden als er im Zerobond angelegt werden kann, weshalb dann die Rendite des Zerobond höher ist. Vgl. Steiner/Bruns (2002), S. 156f. Im Folgenden wird direkt von der Nullkuponstrukturkurve ausgegangen.

B. Berücksichtigung der Laufzeitäquivalenz

| Investition | $(1 + r_t)$ | Wert t = 0 | t = 1 | t = 2 | t = 3 |
|---|---|---|---|---|---|
| Rückflüsse | | | 2.000 | 2.100 | 1.600 |
| Zerobond 1 | 1,10 | 1.818 | 2.000 | 0 | 0 |
| Zerobond 2 | 1,11 | 1.704 | 0 | 2.100 | 0 |
| Zerobond 3 | 1,12 | 1.138 | 0 | 0 | 1.600 |
| Barwert | | 4.660 | $\frac{2.000}{1,1}=1.818$ | $\frac{2.100}{1,11^2}=1.704$ | $\frac{1.600}{1,12^3}=1.138$ |

Die Bewertung der Rückflüsse $X_t$ erfolgt dann durch Diskontierung mit den impliziten Renditen $r_t$ aus Zerobonds mit entsprechender Restlaufzeit t bis zum Ende des Planungshorizonts T:

$$PV = \frac{X_1}{(1+r_1)} + \frac{X_2}{(1+r_2)^2} + \frac{X_3}{(1+r_3)^3} = \sum_{t=1}^{T} \frac{X_t}{(1+r_t)^t}.$$

## 2.2. Forward Rates

Die Verzinsung von Anlagen, die zwar heute vereinbart, aber erst in der Zukunft durchgeführt werden, bezeichnet man als Forward Rates. Dagegen bezeichnet man Zinssätze für Anlagen, die heute vereinbart und durchgeführt werden als Spot Rates. Durch Arbitrageprozesse werden Forward Rates so bepreist, dass eine Anlage in t = 0 für z. B. zwei Perioden zur zweiperiodigen Spot Rate den Investor nicht besser oder schlechter stellt als eine einperiodige Anlage mit (vorher vereinbarter) Wiederanlage zu $r_{1,2}$. Der Zinssatz $r_{1,2}$ bezeichnet eine Forward Rate für die Verzinsung einer einperiodigen, zukünftigen Anlage von t = 1 bis t = 2. Eine Anlage in einen zweiperiodigen Zerobond in t = 0 liefert einen Endwert von $(1 + r_2)^2$, eine einperiodige Anlage mit Wiederanlage zur Forward Rate einen Endwert von $(1 + r_1)(1 + r_{1,2})$. Damit keine Arbitragegewinne möglich sind, muss gelten:

$$(1 + r_2)^2 = (1 + r_1)(1 + r_{1,2}).$$

Bei der Anlage in Zerobonds ergibt sich damit für $r_{1,2}$ ein Wert von:

$$(1+r_{1,2}) = \frac{(1+r_2)^2}{(1+r_1)},$$

bzw. bei Anlage in zinszahlenden Bonds mit einer Verzinsung von i:

$$(1+r_{1,2}) = \frac{(1+i_2)}{(1+i_1-i_2)} \cdot {}^{11}$$

Allgemein gilt:

$$(1+r_t)^t = (1+r_{t-1})^{t-1} \times (1+r_{t-1,t})$$

und damit:

$$(1+r_{t-1,t}) = \frac{(1+r_t)^t}{(1+r_{t-1})^{t-1}}$$

oder für eine beliebige Laufzeit L der Forward Rate:

$$(1+r_t)^t = (1+r_{t-L})^{t-L} \times (1+r_{t-L,t})^L$$

und damit:

$$(1+r_{t-L,t})^L = \frac{(1+r_t)^t}{(1+r_{t-L})^{t-L}}.$$

Statt einer Diskontierung mit Zerobondrenditen kann die Abzinsung auch mit Forward Rates erfolgen, da sich die Zerobondrenditen durch sie ersetzen lassen: $(1+r_2)^2 = (1+r_1)(1+r_{1,2})$. Somit gilt z. B. für ein dreiperiodiges Bewertungsobjekt:

$$PV = \frac{X_1}{(1+r_1)} + \frac{X_2}{(1+r_2)^2} + \frac{X_3}{(1+r_3)^3} = \frac{X_1}{(1+r_1)} + \frac{X_2}{(1+r_1)(1+r_{1,2})} + \frac{X_3}{(1+r_1)(1+r_{1,2})(1+r_{2,3})}$$

## 3. Implizite Wiederanlageprämissen und Zinserwartungen

Am Kapitalmarkt gehen die Erwartungen über die Veränderung der Zinssätze in Angebot und Nachfrage und damit in Spot und Forward Rates ein. Um Arbitragemöglichkeiten auszuschließen, muss für das Beispiel einer zweiperiodigen Anlage mit Rückzahlungen von $X_1$ in $t=1$ und $X_2$ in $t=2$ folgende Bedingung erfüllt sein:

---

11 Vgl. Steiner/Bruns (2002), S. 155. Die etwas kompliziertere Ermittlung mithilfe von Zinszahlern soll hier nicht weiter thematisiert werden, da sie zu identischen Ergebnissen führt und weniger anschaulich ist. Dabei gilt grundsätzlich $r_1 = i_1$, da bei einperiodigen Anlagen kein Unterschied zwischen Zinszahlern und Zerobonds besteht.

## B. Berücksichtigung der Laufzeitäquivalenz

$$\frac{X_1(1+r_{1,2})}{(1+r_2)^2} + \frac{X_2}{(1+r_2)^2} = \frac{X_1}{(1+r_1)} + \frac{X_2}{(1+r_2)^2}.$$

Denn werden die Rückflüsse $X_1$ zu $r_{1,2}$ wiederangelegt, dann errechnet sich ein Endvermögen in $t=2$ von $[X_1(1+r_{1,2})+X_2]$. Dieses könnte auch durch Anlage des Betrages von $\frac{X_1(1+r_{1,2})+X_2}{(1+r_2)^2}$ in einen Zerobond mit 2 Perioden Restlaufzeit erreicht werden. Damit keine der Anlagealternativen einen Investor besser oder schlechter stellt, muss gelten:

$$\frac{1}{(1+r_1)} = \frac{(1+r_{1,2})}{(1+r_2)^2} \text{ bzw. } (1+r_{1,2}) = \frac{(1+r_2)^2}{(1+r_1)}.$$

Dies entspricht obiger Berechnung der Forward Rate, sodass die Bedingung *ex ante* erfüllt sein wird. *Ex post* können sich dagegen die tatsächlichen Spot-Wiederanlagemöglichkeiten von den Forward Rates unterscheiden. Bei $r_1 = 10\%$ und $r_2 = 11\%$ errechnet sich $r_{1,2} = 12\%$. Im Falle einer normalen, ansteigenden Zinsstruktur werden Forward Rates immer höher sein als eine Spot Rate mit entsprechender Laufzeit (z. B. $r_{1,2} > r_1$). Im Zeitpunkt der Ausführung der Forward Anlage wird eine nicht vorher vereinbarte Anlage mit entsprechender Laufzeit nur zur Spot Rate möglich sein. Bleibt die Zinsstruktur im Zeitablauf unverändert, dann entspricht die dann gültige Spot Rate der früher gültigen (z. B. in $t=1$ eine einperiodige Anlage zu 10 %). Eine Wiederanlage zur Forward Rate ohne vorherige Vereinbarung ist nicht möglich. Im Beispiel kann dann nicht zu 12 %, sondern nur zu 10 % wiederangelegt werden. Eine Spotanlage zu 12 % wäre in $t=1$ nur möglich, wenn das Zinsniveau entsprechend gestiegen ist. Da eine ansteigende Zinsstruktur aber der Normalfall ist, kann von einem solchen Anstieg des Zinsniveaus nicht generell ausgegangen werden.

Die Diskontierung mit zinsstrukturadäquaten Sätzen impliziert aber eine Wiederanlage zu den Forward Rates, was nicht immer den tatsächlichen Wiederanlagemöglichkeiten entsprechen wird.[12] Würde aber konkret von einer Forward Rate erwartet,[13]

---

12 Dies hat im Zuge der Diskussion um die Anwendbarkeit der „Marktzinsmethode" zu heftigen Auseinandersetzungen geführt. Vgl. zum Wiederanlageproblem kritisch Adam/Schlüchtermann/Utzel (1993), S. 16; Adam/Schlüchtermann/Hering (1994), S. 118; Kruschwitz/Röhrs (1994); Rolfes (1994 a, b).
13 Vgl. Schwetzler (1996), S. 1094. Unter Unsicherheit stellt die gegebene Marktsituation die Erwartungen des Marktes dar und kann kaum systematisch übertrumpft werden. Man müsste ein Modell über die stochastische Veränderung der Zinsstruktur in der Zeit entwickeln, um diese Aspekte in die Bewertung einfließen lassen zu können. Vgl. Hartmann-Wendels/Gumm-Heußen (1994); Gründl (1995), S. 913f. m. w. N.

dass sie sich von der entsprechenden zukünftigen Spot Rate unterscheiden wird, dann könnten mit dieser Information Arbitragegewinne erzielt werden. Deshalb lässt sich die Forward Rate als 'unbiased predictor' (unvoreingenommener Schätzwert) für die zukünftige Spot Rate auffassen, der zwar nicht eintreten muss, aber ex ante Arbitragefreiheit gewährleistet. Insofern beinhaltet die Zinsstruktur bereits alle systematischen Erwartungen bzgl. der Veränderung zukünftiger Zinsen.[14]

## 4. Berücksichtigung der Laufzeitäquivalenz in der Praxis

Die Übertragung der Marktpreise für Zahlungsströme auf das Bewertungsobjekt erfordert die Berücksichtigung der zeitlichen Struktur der Zahlungen, sodass die Verwendung laufzeitadäquater Diskontierungssätze angebracht ist. Eine eingeschränkte Anwendbarkeit des Konzepts ergibt sich jedoch durch die Tatsache, dass Zerobonds am deutschen Kapitalmarkt meist nur mit einer Laufzeit von ca. 10 Jahren verfügbar sind.[15] Für Bewertungsobjekte mit längerem Planungshorizont stehen für darüber hinausgehende Zeitpunkte keine Marktpreise als Vergleichsobjekte zur Verfügung. Für die Zeit nach Ablauf der längstmöglichen Alternativanlage wird damit eine Prognose der dann möglichen Wiederanlage notwendig. Eine pragmatische Lösung bestünde darin, den Stichtagszins[16] mit der längsten verfügbaren Laufzeit für die Zeiträume nach der Ablauf der längsten verfügbaren Laufzeit heranzuziehen. Bei normaler Zinsstruktur impliziert dies jedoch eine Wiederanlage zukünftiger lang- und kurzfristiger Mittel zu einem hohen, langfristigen Satz.[17] In der Praxis geht man bei der Bewertung dagegen i. d. R. von einer flachen Zinsstruktur aus, d. h. es wird für alle Laufzeiten der gleiche Zins unterstellt.[18] Damit ist auch eine Wiederanlage der Rückflüsse zu diesem Satz möglich, wie bei der Diskontierung mit undifferen-

---

14  Die 'unbiased-forward-rate-theory', bedeutet nicht, dass die Forward Rate die zukünftige Spot Rate vorhersagt, sondern nur, dass sich kein systematischer Hinweis auf eine andere zukünftige Spot Rate aus ihr ableiten lässt. Vgl. z. B. Giddy (1994), S. 163f.; Eaker/Fabozzi/Grant (1996), S. 131.
15  Vgl. Schwetzler (1996), S. 1088.
16  Dies schlägt Schwetzler (1996), S. 1095 vor. Andere Autoren halten das Konzept laufzeitadäquater Diskontierungssätze für nicht anwendbar, wenn der Planungshorizont den längstmöglichen Anlagezeitraum überschreitet. Vgl. Kruschwitz/Röhrs (1994), S. 658; Rolfes (1994b), S. 669.
17  Außerdem müssen die einzelnen Diskontierungssätze noch um die Aspekte der übrigen Äquivalenzprinzipien, wie z. B. der Unsicherheit korrigiert werden, was sich als schwierig und aufwendig erweist. Vgl. Gründl (1995), S. 913f.
18  Die Verwendung eines einheitlichen Zinses stellt gängige Praxis dar. Vgl. IDW (1992), S. 94ff.

ziertem Kapitalisierungszinsfuß unterstellt wird. Dann ist auch eine unendliche Reinvestitionskette bei unendlichem Planungshorizont unproblematisch.[19]

Bei tatsächlich nicht-flacher Zinsstruktur stellt sich aber die Frage, ob ein kurzfristiger oder langfristiger Zinssatz oder möglicherweise auch ein Durchschnittszins aus der Zinsstruktur zum Bewertungszeitpunkt gewählt werden soll. Auch zukünftige Zinssätze werden vorgeschlagen.[20] Prognostizierte zukünftige Zinssätze spiegeln aber nicht die aktuell gültigen Marktpreise der zu bewertenden Zahlungsströme wider.[21] Jedoch ist für die Zeit nach Ablauf der längstmöglichen Alternativanlage eine Prognose der dann möglichen Wiederanlage unerlässlich. Insofern besteht das Problem bei der Wahl eines Einheitszinses darin, einerseits die aktuellen Marktpreise für Zahlungsströme einschließlich ihres zeitlichen Anfalls wiederzugeben, andererseits noch nicht beobachtbare zukünftige Marktpreise für spätere Zahlungszeitpunkte zu prognostizieren.

Wird von der tatsächlichen Zinsstruktur abgewichen, dann ergeben sich auf jeden Fall Bewertungsfehler, die eigentlich nur im Vergleich mit der Referenz der laufzeitadäquaten Diskontierung ermittelbar sind. Diese ist jedoch von den Annahmen am Ende der Laufzeit abhängig. Akzeptiert man, dass die Zinsstruktur in gewissem Rahmen die Erwartungen des Marktes widerspiegelt,[22] dann erscheint ein durchschnittlicher Stichtagszins wie die Umlaufsrendite genauso geeignet wie jede andere Prognose.

Weiterhin ergibt sich für die Alternativanlage das Problem, dass die Wiederanlage am Ende der längsten verfügbaren Anlagedauer dem Risiko unterliegt, dass die zukünftigen Zinssätze nicht den erwarteten entsprechen (Zinsänderungsrisiko[23]). Das

---

19 Vgl. Jaensch (1966b), S. 663; Schneider (1992), S. 104ff.
20 Vgl. IDW (1992), S: 97.
21 Vgl. hierzu IDW (1992), S. 96f.; Schwetzler (1996), S. 1088ff. mit einer ausführlichen Diskussion.
22 Die Erwartungshypothese zur Erklärung der Zinsstruktur widerspricht in einigen Punkten anderen Erklärungsansätzen. So steht die Tatsache, dass eine ansteigende Zinsstruktur steigende Zinsen impliziert im Widerspruch zu der Beobachtung, dass eine solche Zinsstrukur der Normalfall ist, obwohl Zinsen nicht ständig steigen. Die normale Zinsstruktur kann hingegen so erklärt werden, dass eine Prämie für lange Laufzeiten bezahlt werden muss, um Investoren dazu zu bewegen, Mittel langfristig anzulegen. Dies wiederum rechtfertigt nicht die Annahme eines steigenden Zinsniveaus. Dagegen zeigt sich eine inverse Zinsstruktur oft dann, wenn fallende Zinsen erwartet werden. Vgl. z. B. Mishkin (1992), S. 142ff.
23 „Unter Zinsänderungsrisiko im engeren Sinn wird das sogenannte Endwertänderungsrisiko verstanden, d. h., dass sich der für die Wiederanlage relevante Marktzins im Zeitablauf ändert und eine geplante Rendite bis zu einem bestimmten Planungshorizont dadurch nicht erzielt werden kann." Perridon/Steiner (2002), S. 190f.

gleiche gilt auch für die Wiederanlage der Zahlungsüberschüsse des Unternehmens, soweit sie nicht sofort für den Konsum verbraucht werden. Insofern unterliegen Bewertungsobjekt und Alternativanlage einem unterschiedlichen Risiko. Dieses Problemfeld soll erst im Zusammenhang mit der Unsicherheits- und Verfügbarkeitsäquivalenz besprochen werden.

## C. Berücksichtigung von Arbeitseinsatz- und Kaufkraftäquivalenz

Sollen Bewertungsobjekt und Alternativanlage miteinander vergleichbar sein, muss ein eventuell notwendiger Arbeitseinsatz des Käufers oder Verkäufers innerhalb des zu bewertenden Unternehmens gesondert berücksichtigt werden. Denn sollen die zu bewertenden Zahlungen aus dem Unternehmen diesen Arbeitseinsatz mit honorieren, dann können sie nicht allein mit der Rendite einer Alternativanlage verglichen werden, die keinen solchen Arbeitseinsatz erfordert. Der Grund dafür ist, dass die Alternative zum Unternehmenserwerb dann nicht nur in den Rückflüssen aus einer Anlage der Finanzmittel am Kapitalmarkt, sondern auch aus dem Alternativeinsatz des Humankapitals des potenziellen Käufers zu sehen ist. Der bestmögliche alternative Arbeitseinsatz muss sich in den Opportunitätskosten widerspiegeln. Anstatt zu versuchen, das potenzielle Einkommen aus einer alternativen selbständigen oder unselbständigen Tätigkeit des Unternehmers im Kalkulationszinsfuß abzubilden, kann auch ein entsprechender kalkulatorischer Unternehmerlohn von den jährlichen zu bewertenden Zahlungsströmen abgesetzt werden.[24]

Ähnlich verhält es sich mit Schwankungen im Preisniveau. Die Unternehmenserfolge werden i. d. R. der Inflation ausgesetzt sein, d. h. zukünftige Umsätze wachsen mit steigendem Preisniveau, ebenso die Umsatzkosten. Die resultierenden nominalen Erfolge sind entsprechend mit einer Alternativanlage zu vergleichen, die ebenso wie der Inflation unterliegt. Der für Kapitalmarkttitel beobachtbare Zins ist ein solcher nominaler Wert, der mit steigender Inflation zunimmt.[25] Geht man in der Erfolgsprognose jedoch von realen Werten aus, d. h. wird der Effekt der Inflation auf Umsatz und Kosten nicht berücksichtigt, muss auch ein entsprechender realer Zinssatz für die Alternativanlage angesetzt werden, d. h. es muss vom Nominalzins ein Inflationsabschlag vorgenommen werden.

---

24  Vgl. Busse von Colbe (1957), S. 28; Münstermann (1966a), S. 43ff.; Moxter (1983), S. 176ff. m. w. N.
25  Vgl. z. B. Abel/Bernanke (1992), S. 56ff.

Nach FISHER (1930) entspricht der nominale Zins $r_n$ dem Produkt aus realem Zins $r_r$ und erwarteter Inflation $p^e$: $(1+r_n) = (1+r_r)(1+p^e)$.

Der reale Zins ermittelt sich somit als Quotient aus nominalem Zins und erwarteter Inflation: $(1+r_r) = \dfrac{(1+r_n)}{(1+p^e)}$.

Durch Ausmultiplizieren erhält man die Gleichung $r_n = r_r + p^e + r_r p^e$ und damit die Approximation für den realen Zins durch $r_r \cong r_n - p^e$.[26]

Die vereinfachte Ermittlung des realen Zinses durch Subtraktion der erwarteten Preissteigerungsrate vom Nominalzins führt nur so lange zu sinnvollen Ergebnissen, wie Realzins und Preissteigerungsrate sehr gering sind, sodass das Produkt $r_r p^e$ sehr klein ist (bei 3 % Inflation und 3 % Realzins immerhin noch 0,09 %).

Eine Rechnung in nominalen Werten muss also Preissteigerung in den Erfolgsprognosen berücksichtigen und diese mit einem nominalen Zins diskontieren. Für eine Rechnung mit realen, d. h. nicht inflationierten, Erfolgsgrößen ist dagegen ein Abschlag vom Kalkulationszinsfuß vorzunehmen.[27] Jedoch wird in der Literatur bezweifelt, dass ein solcher Abschlag nicht zu weiteren Unwägbarkeiten führt, zumal die Überwälzbarkeit der Inflation in Umsatz und Kosten dem Problem der Unsicherheit unterliegt. Die Mehrwertigkeit der Inflationsüberwälzbarkeit lässt sich aber leichter in einer mehrwertigen Erfolgsprognose berücksichtigen als zu versuchen, diesen Unsicherheitsaspekt beim Geldentwertungsabschlag in den Kapitalkosten zu berücksichtigen.[28] Des Weiteren unterliegen einzelne Umsatz- und Kostenkomponenten unterschiedlichen Inflationsraten, sodass sich diese leichter in eine Prognoserechnung integrieren lassen als zu versuchen, sie als Mischsatz von den Kapitalkosten abzusetzen.[29]

# D. Berücksichtigung der Unsicherheitsäquivalenz

In den bisherigen Ausführungen wurde der Aspekt der Unsicherheit der Zukunft weitgehend vernachlässigt. Dieses Problem stellt sich sowohl bzgl. der unsicheren Geschäftsentwicklung des Bewertungsobjekts als auch bzgl. der Alternativen. Das Äquivalenzprinzip fordert die Gleichheit beider, sodass unsichere Zahlungsströme

---

26  Vgl. Gerling (1985), S. 175f.
27  Vgl. Brealey/Myers (2000), S. 124ff.; Damodaran (1996), S. 108ff.; Moxter (1983), S. 185ff.
28  Vgl. Ballwieser (1981), S. 108ff., 114; Drukarczyk (1996), S. 275ff.; Moxter (1983), S. 200f. m. w. N. Zur Überfrachtung des Kalkulationszinsfußes vgl. Perridon/Steiner (2002), S. 26089.
29  Vgl. Damodaran (1996), S 108; Copeland/Koller/Murrin (1994), S. 210f.

des Unternehmens nicht ohne weiteres mit festverzinslichen Anlageformen verglichen werden können. Statt dessen müssen Alternativinvestitionen herangezogen werden, deren Risikostruktur der des Bewertungsobjekts entsprechen.

Unter Unsicherheit ergeben sich diverse mögliche Szenarien für die zukünftige Geschäftsentwicklung des Bewertungsobjekts und es lässt sich ihr nicht länger ein bestimmter resultierender Erfolg zuordnen, sondern bestenfalls eine Wahrscheinlichkeitsverteilung möglicher Zukunftserfolge,[30] sodass das Gewinnmaximierungsziel nicht länger klar definiert ist. Auch kann dieses Problem nicht einfach dadurch gelöst werden, dass statt der sicheren Gewinne Erwartungswerte herangezogen werden, da Entscheidungen nicht nur den Erwartungswert sondern auch Breite und Gestalt der Wahrscheinlichkeitsverteilung beeinflussen können. Unter solchen Bedingungen lassen sich verschiedene Alternativen nur mithilfe von Risikonutzenfunktionen vergleichen, die in der Lage sind, die Neigungen des Investors gegenüber den Eigenschaften der Wahrscheinlichkeitsverteilung widerzuspiegeln und die unterschiedlichen Alternativen gegen einander abzuwägen.[31]

## 1. Berücksichtigung der Unsicherheit beim Vergleich mit der optimalen Alternativinvestition

Um mehrwertige Zukunftserfolge bewerten zu können, müssen sie mit einer optimalen Alternativanlage verglichen werden, welche die gleiche Risikostruktur aufweist wie das Bewertungsobjekt.[32] Da als beobachtbare Alternativen oft nur weitgehend sichere Anlagen am Kapitalmarkt als Vergleichsmaßstab zur Verfügung stehen, ergeben sich zwei Möglichkeiten, um den Vergleich durchzuführen: entweder es werden die unsicheren Zukunftserfolge mit einer ebenso unsicheren Alternative verglichen, wobei bei Fehlen eines äquivalenten Vergleichsobjekts die Alternative an das Unternehmensrisiko anzupassen ist (Risikozuschlagsmethode), oder es wird eine sichere Alternative zugrunde gelegt und die Zukunftserfolge quasi „sicher gemacht" (Sicherheitsäquivalenzmethode).[33]

---

30  Vgl. für die mögliche Ermittlung von Wahrscheinlichkeitsverteilungen von Zukunftserfolgen mithilfe von Entscheidungsbäumen, Simulationsmodellen u. a. m. Bretzke (1975), Brealey/Myers (2000), S. 259ff.; Drukarczyk (1996), S. 72ff. Zur Vorgehensweise bei der Planung der Zukunftserfolge vgl. weiter unten Abschnitt 3.3. in diesem Kapitel.
31  Vgl. Modigliani/Miller (1958), S. 213.
32  Vgl. Moxter (1983), S. 155ff.
33  Vgl. Ballwieser (1981), S. 97ff., Ballwieser (1993), S. 155ff.; Ballwieser (1997), S. 2393f.; Mandl/Rabel (1997), S. 218ff.

Für die Einschätzung des Risikos der verschiedenen Alternativen müssen die persönlichen Maßstäbe des Investors angesetzt werden. Grundsätzlich verfolgt dieser bei der Alternativenwahl die Zielsetzung der Vermögensmaximierung. Grundlage hierfür ist der Erwartungswert der Zukunftserfolge. Dieser allein ist aber nicht ausreichend für eine Entscheidung, denn auch die Struktur der Wahrscheinlichkeitsverteilung spielt bei der Auswahl eine wichtige Rolle. Welche Alternative ein Investor auswählt, hängt von seinen persönlichen Risikoneigungen ab.

## 1.1. Arten von Risikopräferenzen

Es lassen sich drei Grundtypen von Entscheidungsträgern bei der Wahl zwischen zwei Alternativen mit unterschiedlicher Risikostruktur und ansonsten gleichen Charakteristika kennzeichnen:[34]

1. risikoaverse Investoren ziehen c. p. die Alternative mit geringerem Risiko vor,
2. risikofreudige Investoren präferieren dagegen c. p. die Alternative mit höherem Risiko,
3. risikoneutrale Investoren sind c. p. indifferent zwischen beiden Alternativen.

Die Entscheidungstheorie versucht, diese unterschiedlichen subjektiven Risikoneigungen mithilfe kardinaler Nutzenfunktionen zu erfassen. Dabei soll die Höhe des Nutzens, die ein spezifischer Entscheidungsträger bei unterschiedlich riskanten Alternativen erfährt, abgebildet werden. Damit wird zur Entscheidungsfindung nicht allein der Erwartungswert $E(X)$ der mehrwertigen Zukunftserfolge $X$ betrachtet, sondern die Merkmalsausprägungen werden mithilfe einer für den Investor spezifischen Nutzenfunktion $U(X)$ bewertet. Der mithilfe der Eintrittswahrscheinlichkeiten gebildete Erwartungswert des Nutzens der möglichen Zukunftserfolge $E[U(X)]$ lässt sich als Kriterium zur Entscheidungsfindung heranziehen – es wird die Alternative gewählt werden, die den höchsten erwarteten Nutzen stiftet.[35] Anhand des Kriteriums Nutzenerwartungswert lassen sich obige drei Arten der Risikoneigung näher charakterisieren:[36]

---

34 Vgl. Sieben/Schildbach (1980), S. 57f.
35 Dieses Prinzip wird in der Entscheidungstheorie Bernoulli-Prinzip genannt. Vgl. Bamberg/Coenenberg (2000), S. 86; Sieben/Schildbach (1980), S. 55ff.; vgl. auch Copeland/Weston (1992), S. 82ff.
36 Vgl. Bamberg/Coenenberg (2000), S. 93ff.; Copeland/Weston (1992), S. 85ff.

1. Ein risikoneutraler Entscheidungsträger ist c. p. indifferent zwischen zwei unterschiedlich riskanten Alternativen. Er beurteilt eine sichere Alternative ebenso wie eine riskante anhand des Erwartungswerts E(X). Der Nutzen dieses Erwartungswerts U[E(X)] stimmt mit dem Nutzenerwartungswert E[U(X)] überein. Es handelt sich also um eine lineare Nutzenfunktion mit U[E(X)] = E[U(X)].
2. Ein risikoaverser Entscheidungsträger zieht dagegen Alternativen mit geringerem Risiko vor. Der Nutzen einer sicheren Zahlung ist deshalb größer als der einer unsicheren. Der Nutzen des Erwartungswerts der Zahlungen liegt deshalb über dem Erwartungswert der Nutzen der unsicheren Zahlungen, die Nutzenfunktion ist konkav: U[E(X)] > E[U(X)].
3. Ein risikofreudiger Entscheidungsträger zieht dagegen Alternativen mit höherem Risiko vor. Der Nutzen einer sicheren Zahlung ist deshalb geringer als der einer unsicheren. Der Nutzen des Erwartungswerts der Zahlungen liegt deshalb unter dem Erwartungswert der Nutzen der unsicheren Zahlungen, die Nutzenfunktion ist konvex: U[E(X)] < E[U(X)].

Da der Nutzen des Erwartungswerts bei einem risikoaversen Investor über dem Erwartungswert der Nutzen der unsicheren Zahlungen liegt, wäre ein solcher Investor bereit, den erwarteten Nutzen der unsicheren Zahlung gegen eine geringere sichere Zahlung mit gleichem Nutzen einzutauschen: U[SÄ] = E[U(X)]. Das Sicherheitsäquivalent SÄ liegt dabei unterhalb des Erwartungswerts der unsicheren Zahlungen: SÄ < E(X).[37] Der risikoaverse Investor wäre bereit, eine Risikoprämie RP zu bezahlen, um die unsicheren Zahlungen in sichere einzutauschen: SÄ = E(X) − RP. Für einen risikoneutralen Investor wäre die Risikoprämie hingegen gleich Null, für einen risikofreudigen negativ.[38]

## 1.2. Sicherheitsäquivalenzmethode

Dieser entscheidungstheoretische Zusammenhang liefert die nötige Basis, um unsicheren Zahlungen ein entsprechendes Sicherheitsäquivalent zuordnen zu können. Dieses hängt von der Gestalt der individuellen Nutzenfunktion ab:

---

37 Das Sicherheitsäquivalent „bildet jene innerhalb der Ertragsbandbreite gelegene Ertragsgröße, für die gilt, dass das Risiko niedriger Erträge gerade aufgewogen wird durch die Chancen höherer Erträge." Schneider (1992), S. 521; vgl. auch Moxter (1983), S. 147.
38 Vgl. Bamberg/Coenenberg (2000), S. 99. Deshalb trifft das gelegentlich anzutreffende Argument, dass unternehmerische Chancen und Risiken sich ausgleichen und deswegen kein Risikozu- oder -abschlag notwendig sei, nur für risikoneutrale Investoren zu. Vgl. hierzu Baetge/Krause (1994), S. 436.

$$SÄ = U^{-1}\{E[U(X)]\}.$$

Mit diesem Sicherheitsäquivalent des Zukunftserfolges wäre es möglich, die Bewertung durch Vergleich mit sicheren Alternativinvestitionen vorzunehmen, d. h. mit einem allgemein beobachtbaren, risikofreien Zinssatz $r_f$ zu diskontieren:[39]

$$W = \sum_{t=1}^{T} \frac{SÄ_t}{(1+r_f)^t}$$

Problematisch ist allerdings die Bestimmung eines Sicherheitsäquivalents, da es von der individuellen Risikonutzenfunktion des Entscheidungsträgers abhängt. Die Anwendung des Bernoulli-Prinzips setzt voraus, dass der Entscheidungsträger seine Risikopräferenzrelationen dem Bewerter a priori anzugeben vermag. Dies ist mit großen Schwierigkeiten verbunden, zumal sich die Risikopräferenzen für bestimmte Ergebnisbereiche unterscheiden oder sich im Zeitablauf verändern können. Wegen der Schwierigkeit der Handhabung werden in der Praxis statt der Bestimmung der konkreten Risikonutzenfunktion des Entscheidungsträgers mehr oder weniger pauschale Risikozuschläge zum Kalkulationszinsfuß vorgenommen.[40]

## 1.3. Risikozuschlagsmethode

Sicherheitsäquivalenzmethode und Risikozuschlagsmethode sind äquivalent, wenn bei unendlichem Planungshorizont und konstanten Erfolgen und Risikoprämien gilt: $\frac{SÄ}{r_f} = \frac{E(X)}{r_f + \zeta}$.[41] Insofern muss für die Bestimmung eines entscheidungstheoretisch fundierten Risikozuschlags ($\zeta$) ebenso die Risikonutzenfunktion des Entscheidungsträgers bekannt sein, wie für die Ermittlung des Sicherheitsäquivalents. Ein positiver Risikozuschlag zum Kalkulationszinsfuß entspricht einem negativen Abschlag vom Erwartungswert der unsicheren Zukunftserfolge X und unterstellt deshalb Risikoaversion.[42]

Generell lässt sich sagen, dass durch den Risikozuschlag zum Kalkulationszinsfuß nicht die Sicherheitsäquivalenzmethode repliziert werden soll, sondern eine Verein-

---

39  Vgl. hierzu Moxter (1983), S. 155ff.; Siegel (1994), 465ff. Von einer möglichen Unsicherheit des risikofreien Zinses wird hier abstrahiert.
40  Vgl. Coenenberg (1992), S. 113f.
41  Das Modell lässt sich auch auf den Nichtrentenfall ausdehnen. Vgl. dazu und zum Folgenden Ballwieser (1995b), Sp. 1872ff.
42  Vgl. hierzu kritisch Ballwieser (1990), S. 171f.

fachung der Berücksichtigung des Risikos erreicht werden soll, indem dieses auch ohne exakte Kenntnis der Risikonutzenfunktion ermittelt wird.[43] Während die Bestimmung der Sicherheitsäquivalente für jede Periode getrennt möglich ist und eine im Zeitablauf differenzierte Berücksichtigung schwankender Risikoneigung erlaubt, geschieht dies bei der Risikozuschlagsmethode mit konstantem Risikozuschlag[44] automatisch. Durch die Potenzierung des Diskontierungsfaktors, der den Risikozuschlag beinhaltet, unterliegen spätere Perioden höheren Risikoabschlägen bzgl. ihres Wertbeitrags.[45]

Durch obigen Zusammenhang lässt sich ein Plausibilitätstest des vorgenommenen Risikozuschlags durchführen, indem er in das entsprechende Sicherheitsäquivalent verwandelt wird. Liegt dieses unterhalb des kleinsten möglichen Wertes der Wahrscheinlichkeitsverteilung der Zukunftserfolge, steht dies im Widerspruch zur Definition des Sicherheitsäquivalents und der Zuschlag müsste reduziert werden.[46] Umgekehrt lässt sich durch diesen Minimalwert der Wahrscheinlichkeitsverteilung ein maximaler Zuschlag in der folgenden Weise berechnen:[47]

$$\zeta_{max} = \frac{E(X) - X_{min}}{X_{min}} r_f.$$

Dies ergibt einen Grenzwert, den der Risikozuschlag nicht überschreiten darf. In ähnlicher Weise lässt sich ein pragmatischer Zuschlag ermitteln, der linear mit der Differenz aus Erwartungswert und Minimalwert wächst. Entscheidungstheoretisch lässt sich dies nicht begründen, sondern bildet lediglich eine denkbare Vorgehensweise zur systematischen Ermittlung eines Zuschlags, wenn kein Sicherheitsäquivalent und keine Risikonutzenfunktion bekannt sind:[48]

$$\zeta_{prag} = \frac{E(X) - X_{min}}{E(X)} r_f.$$

---

43  Vgl. Schneider (1992), S. 522.
44  Bei schwankenden Zukunftserfolgen und -verteilungen sowie sich verändernden Risikoneigungen müssten eigentlich auch unterschiedliche Zuschläge für die einzelnen Perioden ermittelt werden. Dies ist allerdings unüblich. Vgl. Ballwieser (1993), S. 158; Mandl/Rabel (1997), S. 228.
45  Vgl. Siepe (1998), S. 327. Vgl. auch Brealey/Myers (2000), S. 243.
46  Vgl. Ballwieser (1990), S. 172.
47  Vgl. hierzu im Detail Ballwieser (1995b), Sp. 1872f.
48  Vgl. Ballwieser (1995b), Sp. 1873. Die Vorgehensweise führt zu relativ hohen Zuschlägen und wird deshalb für nicht realistisch gehalten. Vgl. Drukarczyk (1996), S. 241f.

## 1.4. Risikoprofilmethode

Die Sicherheitsäquivalenzmethode verdichtet die Wahrscheinlichkeitsverteilungen pro Periode auf ein Sicherheitsäquivalent. Somit müssen alle Planperioden den subjektiven Risikoneigungen des Investors unterworfen werden, um anschließend die ermittelten Sicherheitsäquivalente zu einem Unternehmenswert zusammenzufassen. Anstatt für jede Periode ein Sicherheitsäquivalent zu bestimmen, besteht eine alternative Vorgehensweise darin, die gesamten Wahrscheinlichkeitsverteilungen auf den Bewertungszeitpunkt zu diskontieren und so eine Wahrscheinlichkeitsverteilung der möglichen Unternehmenswerte zu erhalten.[49] Dabei ist mit einem sicheren Kalkulationszinsfuß zu diskontieren, da die Risikoeinstellung des Entscheidungsträgers erst in einem zweiten Schritt Berücksichtigung findet:[50] Liegt die Wahrscheinlichkeitsverteilung der Unternehmenswerte in Form einer Dichte- oder Verteilungsfunktion vor, kann der sicherheitsäquivalente Unternehmenswert für den Entscheidungsträger ermittelt werden, indem dieser den Wert angibt, bei dem subjektiv aus seiner Sicht die Chancen eines tatsächlich höheren Barwerts der Zukunftserfolge durch die Risiken eines geringeren Barwerts gerade aufgewogen werden.[51]

Der Vorteil dieser Vorgehensweise besteht darin, dass der Entscheidungsträger den für ihn relevanten Entscheidungswert unmittelbar aus der Gesamtwertverteilung bestimmen kann. Außerdem liefert die Gesamtwertverteilung interessante Zusatzinformationen z. B. über den minimal und maximal zu erzielenden Unternehmenswert, die bei den übrigen Verfahren der Risikoberücksichtigung durch die frühzeitige Verdichtung der mehrwertigen Größen auf einwertige verloren geht.[52] Mithilfe des so bestimmten sicherheitsäquivalenten Unternehmenswerts kann auch ein impliziter Risikozuschlag ermittelt werden, der bei Diskontierung der Erwartungswerte der Wahrscheinlichkeitsverteilungen zum gleichen Ergebnis geführt hätte. Dieser könnte dann für einen Plausibilitätstest von auf andere Weise ermittelten Risikozuschlägen und zu weiteren Berechnungen verwendet werden. Andererseits erfordert die Risikoprofilmethode einen höheren Rechenaufwand, zumal für jede Periode explizite

---

49  Vgl. hierzu Coenenberg (1992), S. 112ff.; Siegel (1991); Siegel (1994), S. 468ff.
50  Vgl. Coenenberg (1992), S. 115. Die Diskontierung mit einem risikobehafteten Zinssatz würde zu einer doppelten Berücksichtigung des Risikos führen, vgl. Van Horne (1992), S. 170f.; vgl. auch Brealey/Myers (2000), S. 275. Siegel (1994), S. 469ff. zieht eine unsichere Alternativinvestition als Vergleichsobjekt heran und vergleicht die Profile der Endwerte. Dies erübrigt jedoch nicht eine spätere Diskontierung mit einem sicherheitsäquivalenten Zinssatz.
51  Vgl. Mandl/Rabel (1997), S. 224f.; Siegel (1994), S. 469.
52  Vgl. Coenenberg (1992), S. 120. Vgl. auch Siegel (1994), S. 471.

Wahrscheinlichkeitsverteilungen der möglichen Erfolge aufzustellen sind.[53] Die Vorgehensweise beinhaltet zudem alle, d. h. auch unternehmensspezifische Risikokomponenten[54]. Es ist folglich zu prüfen, inwieweit der Entscheidungsträger in der Lage ist, durch Portfoliodiversifikation das Risiko, dem er tatsächlich ausgesetzt ist, zu reduzieren. Dies soll im folgenden Abschnitt untersucht werden, der auf die Möglichkeit der Quantifizierung eines Risikozuschlags durch Betrachtung von Alternativinvestitionen mit vergleichbarer Risikostruktur am Kapitalmarkt eingeht.

## 2. Berücksichtigung der Unsicherheit im Kalkulationszinsfuß durch den Rückgriff auf Marktbeobachtungen

Als Alternative zum Erwerb des Bewertungsobjekts bietet sich der Erwerb eines vergleichbaren Unternehmens am Kapitalmarkt an. Da dort ständig Anteile von Unternehmen gehandelt werden, sind für solche Anteile jederzeit Marktpreise beobachtbar, die sich auf das Bewertungsobjekt übertragen lassen. Dafür ist es notwendig, Alternativen heranzuziehen, die in ihren Eigenschaften, insbesondere dem Risiko, dem Bewertungsobjekt entsprechen. Hierzu müssen die Risiken der Alternativen quantifiziert und verglichen werden.

Eine Wahrscheinlichkeitsverteilung lässt sich mithilfe dreier Kriterien beschreiben: dem Erwartungswert, der Standardabweichung bzw. Varianz und der Schiefe.[55] Von zwei Alternativen mit gleichem Erwartungswert ist diejenige die riskantere, die eine „breitere" Verteilung der möglichen Ergebnisausprägungen, also eine höhere Varianz oder Standardabweichung, aufweist. Die Schiefe[56] („skewness") gibt an, ob die Verteilung eher nach rechts hin zum oberen Spektrum der Ausprägungen (positive Schiefe) oder nach links (negative Schiefe) geneigt ist. Die Schiefe wird in der Lite-

---

53 Vgl. Mandl/Rabel (1997), S. 225. Vgl. kritisch zur Möglichkeit der Ermittlung von Wahrscheinlichkeitsverteilungen Drukarczyk (1996), S. 72ff., 221.
54 Vgl. Brealey/Myers (2000), S. 275.
55 Es sind auch noch weitere Maße denkbar, wie etwa die Semivarianz, die nur Abweichungen zu einer Seite, etwa nach unten, angibt. Vgl. Copeland/Weston (1992), S. 145ff.; Elton/Gruber (1995), S. 50f.; Gerling (1985), S. 128ff.; Kromschröder (1979), S. 19.
56 Die Schiefe ist insofern von Bedeutung, als ein risikoaverser Investor bei identischem Erwartungswert und identischer Varianz eine positive Schiefe gegenüber einer negativen bevorzugen wird, da höhere Maximalwerte als Minimalwerte, gemessen am Abstand vom Mittelwert, erreicht werden können. Vgl. Gerling (1985), S. 130f.

ratur jedoch meist vernachlässigt[57] und es wird von einer Normalverteilung der Renditen ausgegangen, die sich ausreichend durch Erwartungswert μ und Standardabweichung σ beschreiben lässt. Geht man folglich von einer Normalverteilung aus,[58] können Entscheidungen unter Risiko anhand der beiden Kriterien Erwartungswert und Standardabweichung bzw. Varianz getroffen werden.[59]

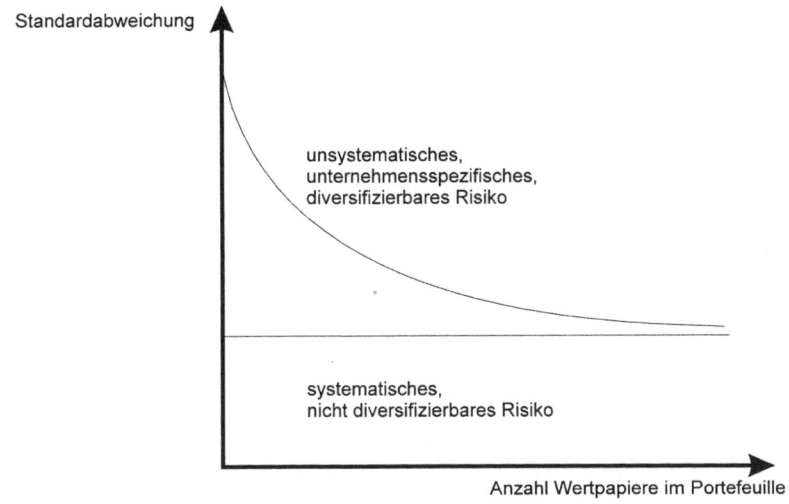

Abb. V.1: Systematisches und unsystematisches Risiko[60]

Auf der Grundlage dieser Maße wurde von der Portfoliotheorie[61] ein in sich geschlossenes Theoriegebäude entwickelt, das die Zusammensetzung eines optimalen

---

57  Vgl. Copeland/Weston (1992), S. 96, 153f.; Elton/Gruber (1995), S. 51, 247f. Die Schiefe spielt nur bei nicht-symmetrischen Verteilungen eine Rolle. Empirische Untersuchungen haben ergeben, dass die Verteilung von Renditen einer Normalverteilung hinreichend nahe kommt. Vgl. Gerling (1985), S. 132; Kromschröder (1979), S. 19.

58  Diese Vereinfachung der Verwendung von Erwartungswert und Standardabweichung als alleinige Risikomaße führt nur bei normalverteilten Renditen zu befriedigenden Ergebnissen: „This mean-variance paradox example very clearly demonstrates the shortcomings of a theory of choice that relies on the (somewhat heroic) assumption that returns are normally distributed. Nevertheless, much of the remainder of this text will assume that returns are in fact normally distributed." Copeland/Weston (1992), S. 101f.

59  Vgl. Bamberg/Coenenberg (2000), S. 108f.; Copeland/Weston (1992), S. 96. Solche Entscheidungen nach dem (μ; σ)-Prinzip stehen auch dann in Einklang mit dem Bernoulli-Prinzip, wenn die unterstellte Nutzenfunktion quadratisch, also von der Form $U(x) = a + bx + cx^2$ ist. Vgl. Bamberg/Coenenberg (2000), S. 107ff.; Copeland/Weston (1992), S. 153.

60  Vgl. Brealey/Myers (2000), S. 169; Copeland/Weston (1992), S. 186; Elton/Gruber (1995), S. 63.

61  Vgl. hierzu vor allem Markowitz (1959). Für eine Darstellung der im Folgenden beschriebenen Portfoliotheorie vgl. Copeland/Weston (1992), S. 145ff.; Elton/Gruber (1995), S. 46ff.; Perri-

Wertpapierportefeuilles ableitet. Da der Investor nicht nur eine einzige Anlage zur Auswahl hat, kann er seine Mittel in ein Portfolio verschiedener Anlagen investieren. Ein rational handelnder, risikoaverser Investor wird durch Diversifikation das tatsächliche Risiko, dem er ausgesetzt ist, reduzieren. Das in einem vollständig diversifizierten Portefeuille noch verbleibende Restrisiko eines Wertpapiers nennt man systematisches Risiko, das durch Diversifikation eliminierte und somit auf unternehmensspezifischen Faktoren beruhende Risiko dagegen unsystematisches Risiko.

## 2.1. Theorie der Wertpapiermischung

Der Erwartungswert der Rendite des Portfolios entspricht dem gewichteten Mittel der Erwartungswerte der Renditen der enthaltenen n Wertpapiere:

$$E(r_p) = \sum_{i=1}^{n} w_i E(r_i)$$

Unter Rendite wird hier die Differenz aus Periodend- und Anfangsvermögen im Verhältnis zum Anfangsvermögen verstanden:

$$R = \frac{Vg_1 - Vg_0}{Vg_0}.\text{[62]}$$

Die Varianz des Portfolios ist dagegen eine Funktion der gewichteten Einzelvarianzen und der Kovarianzen der Renditen der einzelnen Wertpapiere:

$$\sigma_p^2 = \sum_{j=1}^{n}\sum_{i=1}^{n} w_i w_j \sigma_{ij},$$

wobei sich die Kovarianz aus den Standardabweichungen und dem Korrelationskoeffizienten ρ zusammensetzt:

$$\sigma_{ij} = \sigma_i \sigma_j \rho_{ij}.$$

---

don/Steiner (2002), S. 260ff.; Schneider (1992), S. 473ff.; Sharpe (1964), S. 425ff.; Sharpe/Alexander (1990), S. 154ff.

[62] Wegen dieser Definition der Rendite wird implizit nur eine einzige Periode undefinierter Länge und damit keine Zinseszinswirkung betrachtet, es besteht kein Unterschied zwischen Wertsteigerungen und Ausschüttungen. Der Investor strebt lediglich ein maximales Endvermögen und damit einen maximalen Vermögenszuwachs an.

## D. Berücksichtigung der Unsicherheitsäquivalenz

Für ein Portfolio, das aus zwei Wertpapieren besteht, ergibt sich die folgende Varianz:

$$\sigma_p^2 = \sum_{j=1}^{2}\sum_{i=1}^{2} w_i w_j \sigma_{ij} = w_1 w_1 \sigma_{11} + w_1 w_2 \sigma_{12} + w_2 w_2 \sigma_{22} + w_2 w_1 \sigma_{21} =$$

$$w_1^2 \sigma_1^2 + w_2^2 \sigma_2^2 + 2 w_1 w_2 \sigma_1 \sigma_2 \rho_{12}.$$

Sind die Renditen zweier Wertpapiere perfekt miteinander korreliert ($\rho = 1$), ergibt sich:

$$\sigma_p^2 = w_1^2 \sigma_1^2 + w_2^2 \sigma_2^2 + 2 w_1 w_2 \sigma_1 \sigma_2 = (w_1 \sigma_1 + w_2 \sigma_2)^2,$$

sodass das Risiko des Portefeuilles dem gewichteten Mittel des Risikos der Einzelpapiere entspricht:

$$\sigma_p = w_1 \sigma_1 + w_2 \sigma_2.$$

Sind zwei Wertpapiere dagegen weniger als perfekt korreliert, ist eine Reduktion des Risikos durch Mischung möglich. Für perfekte negative Korrelation ergibt sich:

$$\sigma_p^2 = w_1^2 \sigma_1^2 + w_2^2 \sigma_2^2 - 2 w_1 w_2 \sigma_1 \sigma_2 = (w_1 \sigma_1 - w_2 \sigma_2)^2 = (w_2 \sigma_2 - w_1 \sigma_1)^2,$$

sodass die beiden Wertpapiere so kombinierbar sind, dass sich das Risiko völlig eliminieren lässt.

Für jede Korrelation zwischen den beiden Extremwerten 1 und -1 beschreibt die Risiko-Rendite-Funktion in Abhängigkeit der Wertpapiermischung eine Parabel im ($\mu$; $\sigma$)-Raum. Es existiert ein Punkt, bei dem das Risiko minimal wird. Bei Kombination vieler verschiedener Wertpapiere ergibt sich ebenfalls eine solche konkave Kurve aller Wertpapiermischungen mit minimaler Standardabweichung bei gegebener Rendite. Oberhalb der Kombination mit minimalen Risiko liegen alle effizienten ($\mu$; $\sigma$)-Kombinationen, d. h. alle höchstmöglich realisierbaren Renditen bei gegebener Standardabweichung.[63] Ein Investor wird entsprechend seinen Risikoneigungen diejenige Wertpapiermischung wählen, die in einem Punkt auf dieser effizienten Kurve liegt, der tangential zu seinen Indifferenzkurven liegt, sodass die Grenzrate der Substitution von Rendite und Risiko der Grenzrate der Transformation entspricht.

---

[63] Innerhalb der Kurve liegen ineffiziente Wertpapiermischungen, die durch andere Mischungsverhältnisse in ihrer Risiko-Rendite-Struktur verbessert werden könnten.

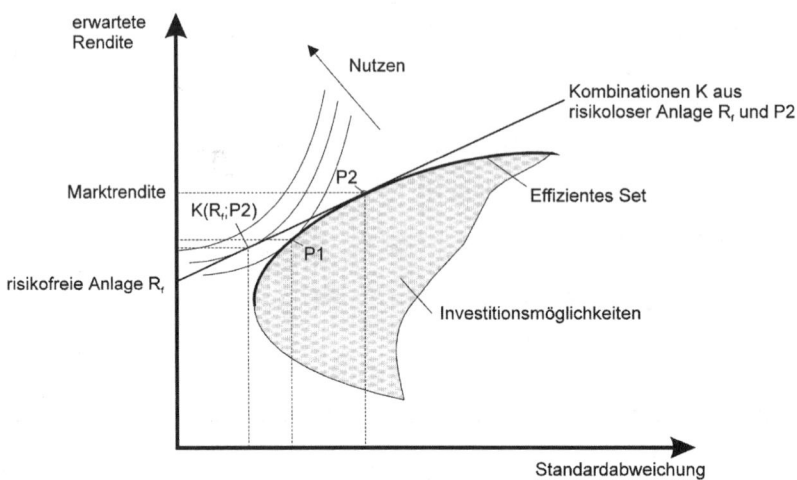

Abb. V.2: Optimale Wertpapiermischung und Effizientes Set

Existiert zusätzlich ein risikoloses Wertpapier, dann lässt sich durch Mischung von Anlagen in dieses risikolose Wertpapier und ein riskantes Portefeuille auf der effizienten Kurve jede beliebige Risiko-Rendite-Kombination bei höchstmöglicher Effizienz herstellen.[64] Durch diese Linearkombination aus risikoloser Anlage und riskantem Portfolio lässt sich für jeden Anleger ein Nutzenniveau erreichen, das besser bzw. mindestens gleich gut ist, wie dasjenige des riskanten Portefeuilles, das er ohne Existenz der risikolosen Anlage gewählt hätte. Während ohne eine solche risikolose Anlage jeder Investor ein anderes Portefeuille präferiert hätte, ergibt sich ein einziger Punkt auf der effizienten Kurve, der tangential mit der Kurve aller Linearkombinationen aus diesem Punkt und der risikolosen Anlage ist. Der durch die Indifferenzkurven in Abb. V.2 beschriebene risikoaverse Investor wählt zunächst Portfolio P1 auf dem effizienten Rand des Investitionsmöglichkeitenraumes. Bei Berücksichtigung der Möglichkeit der risikolosen Anlage wählt er jedoch K, eine Kombination der risikolosen Anlage und dem riskanten Portefeuille P2.

---

64  Da das risikolose Wertpapier eine Standardabweichung von Null hat, ist die Standardabweichung jeder Kombination dieser Anlage mit einer riskanten Anlage allein eine Funktion der Standardabweichung der riskanten Anlage und ihrem Gewicht: $\sigma_p = w_1 \sigma_1 + 0$ und damit bezüglich einer Veränderung der Mischung eine lineare Funktion: $\frac{\partial \sigma_p}{\partial w} = \sigma_1$ im $(\mu; \sigma)$-Raum.

## 2.2. Capital Asset Pricing Model

Die vorstehend stark verkürzt dargestellte Theorie der optimalen Wertpapiermischung ist ein Ansatz, um das Verhalten von Investoren zu erklären. Diese Erkenntnisse können dazu verwendet werden, um das Zustandekommen von Preisen auf dem Kapitalmarkt zu erklären. Ein Modell, mit dessen Hilfe dies gelingt, ist das Capital Asset Pricing Model (CAPM).[65]

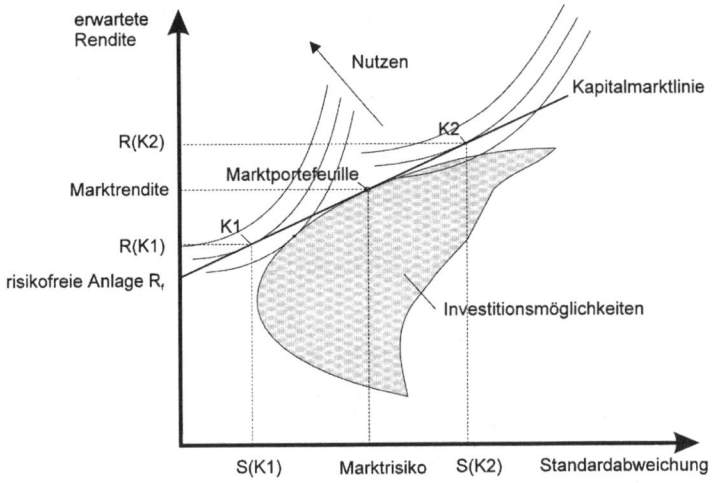

Abb. V.3: Marktportefeuille und Kapitalmarktlinie

Haben alle Investoren die gleichen, homogenen Erwartungen bezüglich der möglichen Renditen der Wertpapiere, dann existiert ein einziger Investitionsmöglichkeitenraum und ein einziges effizientes Set von Wertpapiermischungen und damit auch eine einzige Kurve aller Linearkombinationen mit der risikolosen Anlage. Die dadurch beschriebene Gerade heißt Kapitalmarktlinie (CML). Jeder Anleger wird eine Kombination aus risikoloser Anlage und dem Tangentialpunkt halten („Two-Fund-Separation")[66]. Der Tangentialpunkt muss dann das Marktportefeuille sein, das sich aus allen existierenden riskanten Werten zusammensetzt. Im Gleichgewicht wird jeder Investor unabhängig von den individuellen Risikoneigungen im Verhältnis der

---

[65] Vgl. Sharpe (1963, 1964), Lintner (1965a, b), Mossin (1966), weiterentwickelt durch Lintner (1969) für heterogene Erwartungen und Steuern und durch Black (1972) für fehlende risikofreie Anlageformen. Für eine ausführliche Darstellung der Annahmen, Ableitung und Kritikpunkte des Models vgl. Copeland/Weston (1992), S. 193ff.; Elton/Gruber (1995), S. 294ff.; Perridon/Steiner (2002), S. 272ff.

[66] Vgl. Tobin (1958).

prozentualen Zusammensetzung des Marktportefeuilles in die einzelnen Werte investieren.[67]

Marktportefeuille und Kapitalmarktlinie sind aber nur dann eindeutig bestimmt, wenn man von rational handelnden, risikoaversen Entscheidungsträgern ausgeht, die den Nutzen ihres Endvermögens maximieren wollen und bei homogenen Erwartungen ein vollkommener Kapitalmarkt vorliegt, auf dem die Investoren unbeschränkt und zum gleichen Zinssatz risikolos Mittel anlegen und aufnehmen können. Gleichzeitig müssen alle riskanten Investitionsgelegenheiten bekannt, beliebig teilbar und handelbar sein.[68] Unter diesen Bedingungen lässt sich ein Gleichgewichtspreis für das Risiko eines im Marktportefeuille enthaltenen Wertpapiers z ermitteln. Im Gleichgewicht muss die Steigung der Kapitalmarktlinie und des effizienten Sets gleich sein.

Die CML ist gegeben durch: $E(R_i) = \frac{E(R_m) - R_f}{\sigma_m} \sigma_i$.

Damit beträgt ihre Steigung: $\frac{\partial E(R_i)}{\partial \sigma_i} = \frac{E(R_m) - R_f}{\sigma_m}$.

Die Rendite und Varianz eines Portefeuilles P bestehend aus Marktportefeuille und einem beliebigen Wertpapier z sind gegeben durch:

$$E(R_p) = w_m E(R_m) + w_z E(R_z)$$

$$\sigma_p = (w_m^2 \sigma_m^2 + w_z^2 \sigma_z^2 + 2 w_m w_z \sigma_{mz})^{\frac{1}{2}}.$$

Variiert man das Portefeuille so, dass $w_m + w_z = 1$ gilt, dann ist $w_m = (1 - w_z)$ und damit:

$$E(R_p) = (1 - w_z) E(R_m) + w_z E(R_z)$$

$$\sigma_p = [(1 - w_z)^2 \sigma_m^2 + w_z^2 \sigma_z^2 + 2(1 - w_z) w_z \sigma_{mz}]^{\frac{1}{2}}.$$

---

67 Im Gleichgewicht darf keine Überschussnachfrage und kein überschüssiges Angebot verbleiben, sodass die Preise der Titel sich so lange anpassen werden, bis der Markt geräumt ist. Da das Marktportefeuille sich aus allen Werten zusammensetzt und jeder Investor in das Marktportefeuille investiert, wird sich sein persönliches riskantes Portefeuille immer genauso zusammensetzen wie das Marktportefeuille, also entsprechend der prozentualen Anteile der Einzelwerte am Marktportefeuille. Vgl. Copeland/Weston (1992), S. 195; Elton/Gruber (1995), S. 296.
68 Vgl. zu den Annahmen des CAPM Copeland/Weston (1992), S. 194; Elton Gruber (1995), S. 295; Perridon/Steiner (2002), S. 272f.

Eine marginale Veränderung des Portefeuilles zu Gunsten von z verändert die Rendite und die Standardabweichung wie folgt:

$$\frac{\partial E(R_p)}{\partial w_z} = E(R_z) - E(R_m)$$

$$\frac{\partial \sigma_p}{\partial w_z} = \frac{1}{2}[(1-w_z)^2 \sigma_m^2 + w_z^2 \sigma_z^2 + 2(1-w_z)w_z \sigma_{mz}]^{-\frac{1}{2}}$$

$$\times [2w_z \sigma_m^2 + 2w_z \sigma_z^2 + 2\sigma_{mz} - 2\sigma_m^2 - 4w_z \sigma_{mz}].$$

Da im Gleichgewicht alle Investoren das Marktportefeuille halten und in diesem das Wertpapier z bereits mit seinem Marktwert enthalten ist, lässt sich $w_z$ als Nachfrageüberschuss interpretieren, der im Gleichgewicht gleich Null sein muss: $w_z = 0$. Unter diesen Bedingungen ändert sich die erste Ableitung der Standardabweichung wie folgt:[69]

$$\left.\frac{\partial \sigma_p}{\partial w_z}\right|_{w_z=0} = \frac{1}{2}[\sigma_m^2]^{-\frac{1}{2}} \times [2\sigma_{mz} - 2\sigma_m^2] = \frac{\sigma_{mz} - \sigma_m^2}{\sigma_m}.$$

Daraus ergibt sich für die Steigung des effizienten Sets im Marktportefeuille:

$$\frac{\partial E(R_p)}{\partial \sigma_p} = \frac{\partial E(R_p)}{\partial w_z} \left.\frac{\partial w_z}{\partial \sigma_p}\right|_{w_z=0} = E(R_z) - E(R_m) \times \frac{\sigma_m}{\sigma_{mz} - \sigma_m^2}.$$

Setzt man nun die Steigungen von Kapitalmarktlinie und effizientem Set gleich, dann ergibt sich folgende Beziehung:

$$\frac{E(R_m) - R_f}{\sigma_m} = E(R_z) - E(R_m) \times \frac{\sigma_m}{\sigma_{mz} - \sigma_m^2}.$$

Daraus lässt sich nun die erwartete Rendite des Wertpapiers z bestimmen:

$$E(R_z) = R_f + [E(R_m) - R_f] \times \frac{\sigma_{mz}}{\sigma_m^2} = R_f + [E(R_m) - R_f] \times \beta_z.$$

Die durch diese Gleichung beschriebene Gerade wird Wertpapierlinie (SML) genannt. Die Rendite eines beliebigen Wertpapiers ist damit abhängig vom risikofreien Zins und einer Risikoprämie, die von der Überrendite des Marktportefeuilles über

---

[69] Vgl. Copeland/Weston (1992), S. 196f.

den risikofreien Zins und dem Risiko des Wertpapiers bezogen auf das Risiko des Marktportefeuilles abhängt. Dieses Maß für das Risiko des Wertpapiers wird Beta genannt, da es der Steigung einer Regressionsgeraden der Rendite des Wertpapiers und der Marktrendite entspricht. Gleichzeitig entspricht es dem Verhältnis von Kovarianz eines Wertpapiers mit dem Marktportefeuille und der Varianz des Marktportefeuilles, sodass das Marktportefeuille selbst ein Beta von 1 trägt.

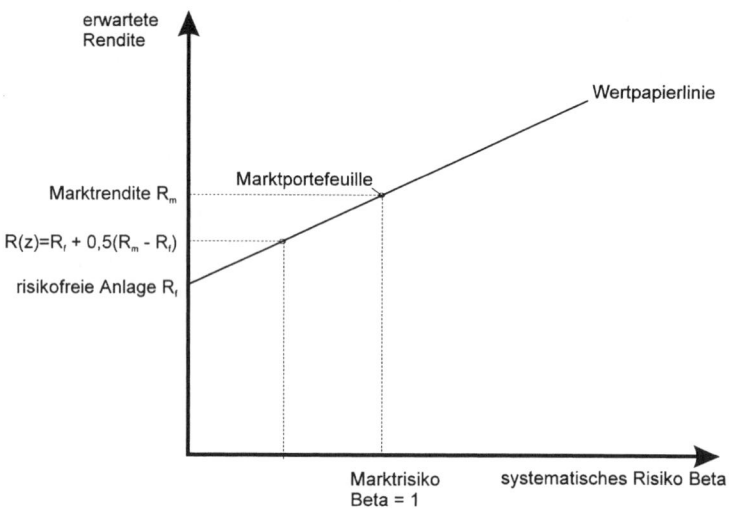

Abb. V.4: Wertpapierlinie

Aus der Gleichung der Regressionsgeraden, die auch Marktmodell genannt wird,[70] $R_z = a_z + \beta_z R_m + \varepsilon_z$, lässt sich auch ein Ausdruck für das Gesamtrisiko des Wertpapiers z gewinnen: $\sigma_z^2 = \beta_z^2 \sigma_m^2 + \sigma_\varepsilon^2$. Das Gesamtrisiko setzt sich folglich aus zwei Teilen zusammen: erstens dem systematischen Risiko, das vom Marktrisiko und dem Beta des Unternehmens abhängt und zweitens einem unsystematischen, unternehmensspezifischen Risikofaktor. Das unsystematische Risiko ist jedoch durch Diversifikation eliminierbar und geht folglich nicht in die Bepreisung des Risikos ein.

Die Ableitung verdeutlicht, dass es sich beim CAPM um ein Gleichgewichtsmodell handelt, das nur unter den spezifischen Bedingungen der Markträumung auf einem vollkommenen Kapitalmarkt zu dieser einfachen und anschaulichen Lösung für die Bepreisung riskanter Wertpapiere kommt. Ein Teil der restriktiven Annahmen konnte in Folgearbeiten aufgehoben werden, ohne die Grundaussage des Models zu ver-

---

70 Im Gleichgewichtsmodell des CAPM gilt: $(E(R_z) - R_f) = \beta(E(R_m) - R_f)$, sodass $\alpha_z = 0$ für die Regressionsgleichung $(E(R_z) - R_f) = \alpha + (E(R_m) - R_f) \times \beta + \varepsilon$ gelten muss. Vgl. Gujarati (1988), S. 135; Perridon/Steiner (2002), S. 276.

*D. Berücksichtigung der Unsicherheitsäquivalenz*

ändern.[71] Die Berücksichtigung einer ungleichen Besteuerung von Dividendenerträgen $t_d$ und Kursgewinnen $t_{kg}$ durch BRENNAN (1970) führt jedoch dazu, dass die Rendite zwar weiterhin eine lineare Funktion und abhängig von Beta ist, dass jedoch eine weitere Variable für die Dividendenrendite DY hinzugefügt werden muss:[72]

$$E(R_z) = R_f + \beta_z[(E(R_m) - R_f) - (DY_m - R_f)\theta + (DY_z - R_f)\theta.$$

Wenn Dividenden stärker besteuert werden als Kursgewinne, werden Investoren eine höhere Vorsteuerrendite von solchen Anteilen erwarten, die einen größeren Anteil der Rendite in Dividendenform ausschütten. Deshalb wird sich ein Nachsteuer-Gleichgewicht einstellen, das die beobachtbaren Vorsteuerrenditen der Wertpapiere gegenüber dem Standard-CAPM verändert.[73] Somit ist das CAPM in seiner Grundform für reale Bedingungen mit unterschiedlicher Besteuerung von Dividenden und Kursgewinnen nicht anwendbar. Weitere Steuergesichtspunkte, wie unterschiedliche Besteuerung auf privater und Unternehmensebene, wurden bisher nicht untersucht.[74]

---

71  Black (1972) zeigt, dass sich die risikolose Anlage z ersetzen lässt durch ein Portefeuille mit einem Beta von Null, das auf dem äußeren Rand des Investitionsmöglichkeitenraumes liegt. Daraus leitet sich eine Wertpapierlinie der folgenden Art ab: $E(R_i) = E(R_z) + \beta(E(R_m) - E(R_z))$. Hierfür ist allerdings die Möglichkeit zu Leerverkäufen von zentraler Bedeutung, was für die Herleitung des Standard-CAPM nicht erforderlich ist. Vgl. Wallmeier (1997), S. 60ff. m. w. N. Dieser Zusammenhang ist auch Grundlage für einen bedeutenden Kritikpunkt an der Anwendbarkeit des CAPM, der von Roll (1977) vorgebracht wurde: Das CAPM in obiger Form lässt sich für jedes effiziente Portfolio herleiten, unabhängig davon, ob es sich um das tatsächliche Marktportefeuille handelt. Da das Marktportefeuille sich aus allen existierenden Werten zusammensetzt, also auch Immobilien, Münzen etc., ist es praktisch nicht beobachtbar. Jeder Test des CAPM testet deshalb letztlich nur das unterstellte Basisportefeuille auf seine Effizienz. Vgl. Copeland/Weston (1992), S. 218f. Lintner (1969) zeigte, dass auch bei heterogenen Erwartungen die wesentlichen Aussagen des CAPM Bestand haben. Fama (1965) zeigt, dass sich das Modell auf andere symmetrische Renditeverteilungen als die Normalverteilung ausdehnen lässt. Sind Renditen jedoch unsymmetrisch verteilt, wie sich dies über lange Zeiträume empirisch erwiesen hat, dann stellt dies die Aussagen des CAPM infrage. Vgl. Copeland/Weston (1992), S. 208f. Vgl. zur Auflösung weiterer Annahmen Perridon/Steiner (2002), S. 277ff.
72  $\theta$ ist ein gewichtetes Mittel aus den Steuersätzen der Investoren, wobei die Gewichte von den Anteilen $w_i$ abhängen, die der einzelne Investor in riskante Anteile anlegt und seiner Risikoneigung, ausgedrückt durch durch das Verhältnis der Nachsteuer-Überrendite zur Varianz des von ihm gehaltenen Portefeuilles: $\theta = H\left(\sum_i \frac{(t_{di} - t_{kgi})w_i}{(1-t_{kgi})\lambda_i}\right) \Big/ \sum_i w_i$ mit $\lambda_i = \frac{(R_{pi}^A - R_{fi}^A)}{\sigma_{pi}^2(1-t_{gi})}$ und $H = \left(\sum_i w_i\right) \Big/ \left(\sum_i \frac{w_i}{\lambda_i}\right)$. Vgl. Elton/Gruber (1995), S. 333f.
73  Vgl. hierzu ausführlich Elton/Gruber (1995), S. 332ff.
74  Vgl. Copeland/Weston (1992), S. 211.

Empirische Tests des CAPM müssen auf beobachtbare Ereignisse zurückgreifen und können deshalb nicht von erwarteten Renditen ausgehen, sondern nur historische Renditen betrachten. Insofern lässt sich das Modell nur testen, wenn die Erwartungen über lange Zeiträume im Mittel mit den tatsächlichen Realisationen übereinstimmen.[75] Die empirische Validität wurde über lange Zeit bejaht, bis neuere Untersuchungen daran berechtigte Zweifel aufkommen ließen.[76] Vor allem für deutsche Verhältnisse wird die Gültigkeit des CAPM bezweifelt.[77] Deshalb wird in der Finanzierungstheorie vermehrt auf andere Bewertungsmodelle wie die Arbitrage Pricing Theory (APT) abgestellt.

## 2.3. Arbitrage Pricing Theory

Die APT wurde als Alternative zum CAPM von ROSS (1976, 1977) entwickelt und basiert auf dem „Law of one Price", nach dem zwei identische Gegenstände keinen unterschiedlichen Preis haben können, denn sonst wären risikolose Arbitragemöglichkeiten gegeben.[78] Steht die Rendite eines Wertpapiers in linearer Beziehung zu K Faktoren F (Faktorenmodell: $R_i = E(R_i) + \beta_{i1} F_1 + ... + \beta_{iK} F_K + \varepsilon_i$), dann lässt sich eine Hyperebene der Form $E(R_i) = \lambda_0 + \beta_{i1} \lambda_1 + ... + \beta_{iK} \lambda_K$ finden, auf der im Gleichgewicht die Renditen aller Wertpapiere liegen müssen. Dabei stellen die $\lambda_k$ die Faktorprämien für die Übernahme des Risikos des jeweiligen Faktors k dar. Denn wäre ein Wertpapier j, dessen systematisches Risiko sich durch die spezifischen Sensitivitäten ($\beta_{j1}$, $\beta_{j2}$,..., $\beta_{jk}$) durch die K Faktoren abbilden lässt, anders bepreist, ließe sich immer ein Portefeuille aus anderen Wertpapieren zusammenstellen, das die gleichen Sensitivitäten zu den K Faktoren aufweist wie j. Folglich ließe sich der Preisunterschied durch Arbitrage ausnutzen. Deshalb muss im Gleichgewicht das Risiko eines Wertpapiers so bepreist sein, dass sich der Preis aus den Sensitivitäten des Papiers zu den K Faktoren und den Risikoprämien für die Übernahme des betreffenden Risikos zusammensetzt:[79]

---

75  Vgl. Elton/Gruber (1995), S. 341f. Vgl. zur Problematik der eingeschränkten Testbarkeit des CAPM auch Perridon/Steiner (2002), S. 281ff.
76  Vgl. vor allem Fama/French (1992).
77  Vgl. hierzu Wallmeier (1997), S. 69f. mit zahlreichen Literaturquellen.
78  Vgl. Copeland/Weston (1992), S. 219ff.; Elton/Gruber (1995), S. 368f.; Perridon/Steiner (2002), S. 283ff.; Sharpe/Alexander (1990), S. 249ff.
79  Zunächst konnte von Ross für diesen Zusammenhang nur eine ungefähre Gleichheit gezeigt werden; vgl. Kruschwitz/Löffler (1997), S. 648. Jedoch zeigten spätere Untersuchungen, dass unter realitätsnahen Bedingungen die Abweichungen von einer exakten Faktorbewertung nur gering sind, sodass es gerechtfertigt erscheint, von einer Gleichung auszugehen. Vgl. Steiner/Wallmeier (1997), S. 1086f. Diese „Gleichgewichts-APT" genannten Ansätze erfordern al-

*D. Berücksichtigung der Unsicherheitsäquivalenz* 277

$$E(R_i) = R_f + [E(R_1) - R_f]\beta_{i1} + \ldots + [E(R_k) - R_f]\beta_{ik} = R_f + \sum_{k=1}^{K}[E(R_k) - R_f]\beta_{ik}.$$

Die Risikoprämie eines Faktors k entspricht $[E(R_k) - R_f]$, dem Renditeüberschuss eines Portefeuilles, dessen Risiko genau dem Faktor k entspricht.[80] Insofern lässt sich das CAPM als Spezialfall des APT auffassen, in dem nur das Marktportfolio als relevanter Faktor betrachtet wird.[81] Während sich jedoch die Marktrendite im CAPM modellendogen aus den erwarteten Renditen ergibt, müssen die Faktorrenditen im APT exogen vorgegeben werden.[82]

Die Faktoren werden vom Modell selbst nicht spezifiziert und müssen empirisch ermittelt werden.[83] Als Faktoren kommen verschiedene makroökonomische Einflussgrößen in Frage. In der Literatur werden z. B. vorgeschlagen:[84]

1. die Preissteigerungsrate, wegen ihres Einflusses auf Umsatz, Kosten und Zinsen,
2. die Zinsstruktur, wegen ihres Einflusses auf den Wert von Zahlungen in ferner Zukunft relativ zu Zahlungen in näherer Zukunft,
3. Risikoprämien, die am Markt beobachtbar sind durch Preisdifferenzen für relativ sichere Bonds (Aaa) und riskantere Bonds (z. B. Baa),
4. die Industrieproduktion als Indikator für die gesamtwirtschaftliche Entwicklung.

Das APT wird von vielen Autoren als das allgemeinere Modell aufgefasst, mit dem CAPM als speziellem Unterfall. Dabei werden die Annahmen des APT als weniger restriktiv betrachtet.[85] Beide Modelle unterstellen jedoch einen vollkommenen, informationseffizienten Kapitalmarkt ohne Transaktionskosten. Im CAPM herrschen homogene Erwartungen bzgl. der Renditeerwartungswerte und -verteilungen, im APT bzgl. der Faktorstruktur und Faktorsensitivitäten. Während das CAPM stärkere Annahmen über die Präferenzen der Entscheidungsträger benötigt, werden im APT

---

lerdings zusätzliche Annahmen, um eine exakte Bewertung zu ermöglichen. Vgl. Nowak (1994), S. 74f.; Wallmeier (1997), S. 77ff.
80 Vgl. Copeland/Weston (1992), S. 221; Elton/Gruber (1995), S. 371f.
81 Vgl. Copeland/Weston (1992), S. 219, 222.
82 Vgl. Wallmeier (1997), S. 92.
83 Vgl. Perridon/Steiner (2002), S. 284.
84 Dabei sind vor allem (unerwartete) Änderungen der Einflussgrößen relevant. Vgl. Chen/Roll/Ross (1986). Vgl. auch Copeland/Koller/Murrin (1994), S. 266f.; Copeland/Weston (1992), S. 230; Elton/Gruber (1995), S. 383. Einen Überblick über Versuche zur empirischen Ermittlung der Faktoren gibt Wallmeier (1997), S. 82ff. Vgl. außerdem Wallmeier (1997) S. 135ff. für weitere mögliche Einflussgrößen.
85 Vgl. z. B. Copeland/Weston (1992), S. 222; Kruschwitz/Löffler (1997), S. 645. Vgl. auch Nowak (1994), S. 54, 59f. mit weiteren Quellen.

höhere Anforderungen an den Renditeverlauf gestellt, der dem linearen Faktorenmodell gehorchen muss. Ein objektives Urteil über die Stärke der Annahmen lässt sich daher nur schwer treffen.[86]

Die empirische Validität des APT hängt direkt von den einbezogenen Faktoren ab und konnte bisher nicht befriedigend geklärt werden, „da sowohl die Zahl der bewerteten Faktoren als auch das Vorzeichen im Zeitablauf nicht stabil sind und auch in Abhängigkeit von der Untersuchungsgruppe stark schwanken."[87] Besonders für den deutschen Aktienmarkt hat sich gezeigt, dass die in Tests mit makroökonomischen Faktorgrößen geschätzten Faktorbetas als Risikomaße noch weniger geeignet waren als das traditionelle CAPM-Beta.[88]

## 2.4. Anwendbarkeit für die Unternehmensbewertung

CAPM und APT stellen Ansätze dar, mit deren Hilfe sich die Eigenkapitalkosten des Bewertungsobjekts schätzen lassen. Sie werden bisher vor allem im angloamerikanischen Schrifttum proklamiert, während die deutsche Bewertungstheorie und -praxis ihnen eher skeptisch gegenüber steht.[89] Über die APT lässt sich sagen, dass sie bisher nur bedingt einsatzfähig ist, so lange Faktoren und Faktorsensitivitäten nicht ausreichend spezifiziert sind.[90] Im Zusammenhang mit den Annahmen des CAPM lassen sich vor allem folgende Kritikpunkte vorbringen:

(1) Das CAPM wurde in Erwartungswerten formuliert, die aber nicht beobachtbar sind. In der Praxis wird der Risikofaktor β durch das Marktmodell, also durch Regression der Aktien-Rendite des Unternehmens mit denen des Marktportefeuilles, gewöhnlich repräsentiert durch einen Aktienindex, ermitteln.[91] Um die Werte für Beta und Risikoprämie für die Bewertung nutzbar zu machen, muss entweder ihre Konstanz angenommen werden, oder ihre Veränderung in der Zeit prognostiziert werden. Empirisch zeigt sich, dass die Werte starken Schwankungen

---

86 Vgl. Wallmeier (1997), S. 91f. Vgl. auch Elton/Gruber (1995), S. 368f.; Perridon/Steiner (2002), S. 283ff.
87 Perridon/Steiner (2002), S. 277.
88 Vgl. Nowak (1994), S. 278.
89 Vgl. Copeland/Koller/Murrin (1994), S. 239ff.; Stewart (1991), S. 434ff. Vgl. andererseits Ballwieser (1990), S. 173ff.; Ballwieser (1998), S. 83; Baetge/Krause (1994) und Böcking/Nowak (1998) mit einer ausführlichen Diskussion der Anwendbarkeit des CAPM; Schneider (1992), S. 520, 526ff.
90 Vgl. Baetge/Krause (1994), S. 437.
91 Vgl. Baetge/Krause (1994), S. 442ff.

unterliegen können.⁹² Für die Risikoprämie wird gewöhnlich ein Wert von 5-6 % vorgeschlagen.⁹³

(2) Die Annahme eines vollkommenen, atomistischen Kapitalmarktes und eines allumfassenden Marktportefeuilles ist bei tatsächlicher Verwendung eines Aktienindex wie dem DAX problematisch.⁹⁴

(3) Als Gleichgewichtsmodell schließt das CAPM die Notwendigkeit aus, eine Unternehmensbewertung überhaupt durchführen zu müssen. Denn alle Werte sind im Marktportefeuille mit ihrem Marktwert enthalten.⁹⁵ Der Unternehmenskauf soll aber möglicherweise gerade deshalb durchgeführt werden, weil er eine günstige Gelegenheit darstellt (Unterbewertung) oder der Käufer mehr aus dem Unternehmen machen kann als die bisherigen Eigentümer.⁹⁶ Der Erwerb führt dann zu Veränderungen der Unternehmensstruktur, die auch die Beta-Werte verändern werden.⁹⁷

(4) Das CAPM betrachtet nur das systematische, d. h. nicht diversifizierbare Risiko als bewertungsrelevant. Es unterstellt dabei voll diversifizierte Investoren, die außerdem nur einen durch die Zusammensetzung des Marktportefeuilles bedingten Anteil am Unternehmen erwerben. Dies mag beim Erwerb eines ganzen Unternehmens durch ein anderes im Streubesitz befindliches Unternehmen noch gegeben sein. Besteht der Erwerberkreis jedoch aus einem einzelnen oder einigen wenigen Gesellschaftern, deren Mittel nicht ausreichen, um über den Unternehmenserwerb hinaus sich voll zu diversifizieren, können für den Kauf auch unsystematische Risikokomponenten eine Rolle spielen.⁹⁸

(5) Das CAPM ist als Einperiodenmodell aufgebaut, sodass für einen mehrperiodigen Planungshorizont die Frage zu klären ist, wie dies mit dem Modellaufbau vereinbar ist. Geht man in der Weise vor, die in der Praxis üblich ist, nämlich spätere Perioden sukzessive auf den Gegenwartszeitpunkt zu diskontieren, dann wird letztlich für jede Periode die Anwendung des CAPM notwendig. Mit anderen Worten: die Ergebnisse des CAPM wie Beta, Risikoprämien und auch der risikofreie Zins unterliegen einer Veränderung im Zeitablauf. Da diese Verände-

---

92  Vgl. Baetge/Krause (1994), S. 447; Ballwieser (1998), S. 83; Böcking/Nowak (1998), S. 688.
93  Vgl. Jonas (1995), S. 90. Copeland/Koller/Murrin (1993), S. 423 nennen einen Wert von 5,3 % für 1954-88, Baetge/Krause (1994), S. 453 nennen 2,65 % für den Zeitraum 1967-91 und 6,8 % für 1954-89. Vgl. auch die Zusammenstellung in Günther (1997), S. 179.
94  Vgl. Ballwieser (1998), S. 83; Böcking/Nowak (1998), S. 688.
95  Vgl. Ballwieser (1998), S. 83.
96  Vgl. Böcking/Nowak (1998), S. 689.
97  Dieses Problem, dass Regressionsparameter auf der Basis einer bestimmten Unternehmenspolitik geschätzt werden, um sie für zukünftige Entscheidungen zu verwenden, obwohl sie sich durch die Entscheidung verändern werden, ist in der Ökonomie als „Lucas-Kritik" bekannt geworden. Vgl. Lucas (1976).
98  Vgl. Schildbach (1998), S. 309.

rungen nicht prognostizierbar sind, stellen sie zusätzliche Risiken dar, die BOGUE/ROLL (1974) zu einer Erweiterung des CAPM um weitere Risikokomponenten veranlasste. Die Komplexität dieses erweiterten Modells nimmt aber mit zunehmender Periodenzahl stark zu, mit der Konsequenz, dass das Modell unpraktikabel wird.[99]

(6) Aus der Annahme eines einperiodigen Horizonts resultiert auch das Problem der Wahl des risikolosen Zinses bei nicht-flacher Zinsstrukturkurve. Einerseits unterliegen kurzfristige Zinsen weniger stark dem Zinsänderungsrisiko, was der geforderten Risikofreiheit eher entspräche. Außerdem käme dies dem Charakter eines Einperiodenmodells bei sukzessiver Anwendung näher.[100] Andererseits sind die Geldmittel im Unternehmen langfristig gebunden, sodass ein langfristiger Zins eher die Länge der Kapitalbindung widerspiegelt. Die für eine Wiederanlage notwendigen zukünftigen Zinssätze werden am besten durch einen langfristigen Zins repräsentiert, denn nach der Erwartungs-Hypothese zur Erklärung der Zinsstrukturkurve ist der langfristige Zins ein Mittelwert der erwarteten zukünftigen kurzfristigen Zinssätze.[101] Für den risikofreien Zins wird deshalb gewöhnlich die Rendite langfristiger Staatspapiere herangezogen.[102] Für deutsche Verhältnisse ergibt sich z. B. ein $R_f$ von 7 % als historischer und zu erwartender Mittelwert für zehnjährige Staatsanleihen.[103]

(7) Grundsätzlich steht man bei der Anwendung des CAPM für die Unternehmensbewertung vor dem Problem, dass das Bewertungsobjekt möglicherweise nicht an der Börse gehandelt wird und somit kein Beta zur Verfügung steht. Meist unterliegen auch verschiedene Geschäftsbereiche unterschiedlichen Risiken, sodass der über die Börse ermittelte Wert einen Durchschnitt über alle Bereiche des Unternehmens darstellt.[104] Für die Bewertung von Unternehmensteilen müssten dann spartenspezifische Betas bestimmt werden. Da aber auch Sparten eines Unternehmens i. d. R. nicht einzeln börsennotiert sind, kann in beiden Fällen die Ermittlung des Beta nur über vergleichbare Werte anderer Unternehmen in der betreffenden Branche oder über fundamentale Daten geschehen.[105] Hierzu sind jedoch Anpassungen nötig, die im Folgenden dargestellt werden.

---

99 Vgl. Schneider (1992), S. 523; Wallmeier (1997), S. 86.
100 Vgl. z. B. Van Horne (1992), S. 213f.
101 Vgl. Mishkin (1992), S. 142f.
102 Vgl. Copeland/Koller/Murrin (1994), S. 258ff.; Günther (1997), S. 176f. Eine langfristige Betrachtung legt damit langfristige Vergleichsrenditen zugrunde. Vgl. Copeland/Weston (1992), S. 146, 401ff.; Baetge/Krause (1994), S. 449.
103 Vgl. Schmieding (1995), S. B1; auch Baetge/Krause (1994), S. 453.
104 Vgl. Van Horne (1992), S. 251.
105 Vgl. Günther (1997), S. 182ff.

Um Betas vergleichbarer Unternehmen heranziehen zu können, müssen diese um Unterschiede in den Verschuldungsgraden bereinigt werden.[106] Dazu muss zunächst das betreffende Beta des Vergleichunternehmens auf das eines unverschuldeten Unternehmens rückgerechnet werden, um den resultierenden Wert auf die (geplante zukünftige) Verschuldung $L = \frac{Fk}{Ek}$ des zu bewertenden Unternehmens hochzurechnen:[107]

$$\text{Schritt 1: } \beta_{\text{unverschuldet}} = \frac{\beta_{\text{Vergleich}}}{1 + L_{\text{Vergleich}}(1-s)}$$

$$\text{Schritt 2: } \beta_{\text{verschuldet}} = \beta_{\text{unverschuldet}}[1 + L_{\text{tatsächlich}}(1-s)]$$

Das resultierende Beta kann dann zur Berechnung der Eigenkapitalrendite verwendet werden. Diese Bereinigung setzt allerdings die Gültigkeit des MODIGLIANI/MILLER-Theorems der Irrelevanz der Finanzierung voraus. Zu beachten ist hier außerdem, dass es sich bei den Werten für Eigen- und Fremdkapital im Verschuldungsgrad um Marktwerte handelt.[108] Damit wird das Ergebnis der Bewertung bereits für seine Ermittlung benötigt, was eine iterative Vorgehensweise notwendig macht.[109]

In Anbetracht der vorgebrachten Kritikpunkte scheint eine Anwendung des CAPM bei der Unternehmensbewertung nur bedingt möglich. Andererseits stellt die Finanzierungstheorie noch keine anderen, ausgereiften Lösungen zur Verfügung, sodass APT und CAPM zumindest als Anhaltspunkte bei der Kapitalkostenermittlung Verwendung finden können. Ihre Anwendung erfordert die Sammlung einer Vielzahl von Einzelinformationen und dient damit zumindest einer expliziten Auseinandersetzung mit den in die Risikozuschläge eingehenden Komponenten.[110] Spielt unsystematisches Risiko eine Rolle, lässt sich mithilfe der Risikoprofilmethode[111] auch ein impliziter Risikozuschlag ermitteln, der mit dem CAPM-Zuschlag verglichen und

---

106 Vgl. Brealey/Myers (2000), S. 229ff.; Günther (1997), S. 182; Van Horne (1992), S. 214ff.
107 Vgl. Van Horne (1992), S. 216. Die hier angegebene Anpassungsformel unterstellt allerdings die Modigliani/Miller-Anpassung und ist damit nur im Rentenmodell bei feststehendem Fremdkapitalbestand anwendbar. Vgl. Abschnitt V.F.5.3. für Anpassungen im deutschen Steuersystem.
108 Vgl. Brealey/Myers (2000), S. 229ff.
109 Vgl. z. B. Jonas (1995), S. 95.
110 Vgl. Ballwieser (1998), S. 83.
111 Denkbar wäre z. B. der Fall, dass es bei der Risikoprofilmethode trotz Berücksichtigung des unsystematischen Risikos zu geringeren impliziten Risikozuschlägen als mit dem CAPM kommt, wenn die individuellen Risikoneigungen des Entscheidungsträgers nur geringe Risikoaversion aufweisen.

auf seine Plausibilität hin überprüft werden kann. Dies scheint einer mehr oder weniger pauschalen Ermittlung des Risikozuschlags vorziehenswürdig.

## E. Berücksichtigung der Verfügbarkeitsäquivalenz

Bewertungsrelevant ist die Ebene des Investors. Zahlungen aus dem Unternehmen kann er zu seiner persönlichen Bedürfnisbefriedigung verwenden, d. h. zum Konsum oder einer anderweitigen Reinvestition, was auch Kredittilgungen einschließt, denn über Anlage überschüssiger oder Aufnahme für den gewünschten Konsum notwendiger Beträge kann er sein persönliches Konsumprogramm optimieren.

Beim Vergleich mit der Alternativanlage muss sichergestellt werden, dass deren Zahlungen die gleiche Verfügbarkeit für den Investor aufweisen wie die aus dem Unternehmen. Insofern mussten bei der Berücksichtigung der Planungshorizontäquivalenz Alternativanlagen gefunden werden, welche die gleiche Struktur bzgl. der Zahlungszeitpunkte aufwiesen. Bei nicht-flacher Zinsstruktur existiert für jeden Zahlungszeitpunkt ein eigener Marktpreis, der durch den Kalkulationszinsfuß auf das Bewertungsobjekt übertragen wird.

Entsprechen die Unternehmenszahlungen genau den Konsumwünschen des Investors, ist diese Bewertung richtig. Wünscht der Investor jedoch z. B. einen höheren späteren Konsum als dies mit den Zahlungen des Unternehmens möglich ist, muss er zusätzlich Mittel anlegen. Dies kann er nur zu dem dann aktuellen zukünftigen Zins, nicht zu den impliziten Forward Rates. Da dieser zukünftige Zins Schwankungen unterliegt, besteht für den Investor ein Zinsänderungsrisiko.[112]

### 1. Konsumpräferenzen und Zinsänderungsrisiko

Berücksichtigt man bei der Bewertung mit laufzeitadäquaten Diskontierungssätzen die Konsumpräferenzen des Investors und die damit verbundene Notwendigkeit zur Anlage oder Aufnahme zukünftiger Zahlungen, müssen die daraus resultierenden Risikoaspekte in die Bewertung einfließen. Wenn sich Konsumpräferenzen und Zah-

---

112 Vgl. Schwetzler (1996), S. 1087.

lungsstruktur nicht entsprechen, muss der Investor für das zusätzlich übernommene Risiko einen Abschlag vom Grenzpreis vornehmen.[113]

Wie bereits ausgeführt, scheitert die Berücksichtigung der Konsumpräferenzen in der Praxis am Fehlen der dafür notwendigen Kenntnis der intertemporalen Nutzenfunktion des Investors. Da man nicht prognostizieren kann, in welcher Höhe in der Zukunft Mittel angelegt oder aufgenommen werden müssen, ist auch die Höhe des Zinsänderungsrisikoabschlags schwer zu bestimmen.[114] Arbeitet man hingegen mit einem einzigen Kalkulationszinsfuß für alle Perioden, muss dieser zusätzlich zum Alternativenvergleich eine Separationsfunktion übernehmen, d. h. er muss über die Möglichkeit der unbeschränkten Aufnahme und Anlage von Mitteln zu diesem Satz gewährleisten, sodass die explizite Berücksichtigung der Konsumpräferenzen unnötig ist. Der Kalkulationszinsfuß repräsentiert dann gleichzeitig die (riskante) Alternativanlage und die zukünftigen Anlage- und Kreditmöglichkeiten des Investors. Damit scheint er überfordert zu sein, zumal sich schon die Aufnahme von Krediten zu dem (z. B. mithilfe des CAPM ermittelten) risikobehafteten Kalkulationszinsfuß in der Realität ausschließen lässt. Auch wenn es schwierig erscheint, den nötigen Zinsänderungs-Risikoabschlag vom Unternehmenswert zu quantifizieren, so muss er doch zumindest qualitativ bei der Interpretation des Ergebnisses dadurch Berücksichtigung finden, dass man sich der Vernachlässigung der konkreten Konsumwünsche des Investors bewusst ist.

Ein ähnlich gelagertes Problem ergibt sich bezüglich der tatsächlichen Verfügbarkeit der Ausschüttungen. Daraus resultiert die Frage, ob die Zukunftserfolge bei beiden Alternativen in gleicher Weise zu Einzahlungen beim Investor führen und im Detail auch, ob beide Alternativen in gleicher Weise der Besteuerung unterworfen sind.

## 2. Ausschüttbarkeit

Werden zwei Alternativen verglichen, von denen die eine (Unternehmen) zu Vermögenssteigerungen im Sinne von Kursgewinnen, die andere (Anlage) zu tatsächlich konsumierbaren Geldzuflüssen (Zinsen) führt, sind diese beiden nur vergleichbar, wenn der Eigentümer indifferent zwischen beiden Formen der Vermögenssteigerung ist bzw. sich Wertsteigerungen schnell und kostenfrei in konsumierbare Beträge um-

---

113 Vgl. Schwetzler (1996), S. 1087.
114 Auch wenn Terminmärkte existieren, auf denen man sich gegen das Zinsänderungsrisiko absichern könnte, sind die Kosten dieser Strategie doch nicht ermittelbar, ohne die genauen Konsumpläne des Investors zu kennen. Vgl. dagegen Schwetzler (1996), S. 1087, Fn. 30.

setzen lassen. Hiervon wird i. d. R. in der Bewertungstheorie ausgegangen, auch wenn dies in der Realität nicht immer gegeben ist.[115]

Zieht man als Vergleichsobjekt den Kauf anderer Unternehmen heran,[116] wie dies implizit durch Verwendung von kapitalmarktorientierten Kalkulationszinssätzen der Fall ist, scheint die Äquivalenz am ehesten gewährleistet zu sein. In der praktischen Ermittlung errechnen sich Renditen im CAPM beispielsweise aus Dividenden und Kursgewinnen. Dennoch unterstellt die Systematik der Diskontierung, dass Finanzmittel in der Periode, in der sie abgezinst werden, dem Eigner zufließen, um verzinst werden zu können.

Werden die ermittelten Zukunftserfolge nicht tatsächlich ausgeschüttet, sondern verbleiben sie im Unternehmen, führen sie erst in späteren Perioden zu Ausschüttungen, die entsprechend der Verwendung der einbehaltenen Mittel um eine bestimmte Verzinsung höher sein werden als die ursprüngliche Einbehaltung. Entspricht diese Verzinsung genau dem Kalkulationszinsfuß, so ist der Barwert der späteren Auszahlung identisch mit dem Wert der Einbehaltung. In diesem Fall ist die Nicht-Ausschüttung wertneutral („neutrale Reinvestition"). Aus Investoren-Sicht bedeutet dies jedoch, dass tatsächliche Ausschüttungen eingetauscht werden gegen Kursgewinne, denn der Wert des Unternehmens steigt um den Wert der Einbehaltung. Bevorzugt der Eigner jedoch echte Zahlungen gegenüber Wertsteigerungen, muss er Anteile am Unternehmen verkaufen, um sein Konsumniveau aufrecht zu halten („homemade dividend").[117] Bei Vorliegen eines vollkommenen Kapitalmarkts ist das Ausschüttungsverhalten deshalb irrelevant. Liegen jedoch Marktunvollkommenheiten vor, lassen sich Einbehaltungen nicht kostenlos über Wertsteigerungen auf Investorenebene in Geld verwandeln. Durch Informationsasymmetrien, Steuern, Bankspesen und andere Faktoren wird eine Umsetzung der Einbehaltung in Unternehmenswert und ihr Umtausch in konsumierbares Geld eingeschränkt sein. Deshalb muss in der Unternehmensbewertung versucht werden, den Effekt dieser Marktunvollkommenheiten auf den Unternehmenswert abzubilden.[118]

---

115 Vgl. Abschnitt IV.A.2. und 5.
116 Vgl. z. B. Siepe (1997), S. 1.
117 Vgl. Abschnitt II.C.3.2.
118 Vgl. Abschnitt IV.A.5.

## 3. Berücksichtigung von Steuern

Zum Zwecke der Verfügbarkeitsäquivalenz ist zu fordern, dass die Rückzahlungen beider Alternativen für den Konsum in gleicher Weise verfügbar sein müssen. Dies gilt insbesondere für die Berücksichtigung von Steuern, die bei unterschiedlichen Anlageformen unterschiedlich anfallen. Die steuerliche Belastung der Zukunftserfolge aus dem zu bewertenden Unternehmen und aus dem Vergleichsobjekt muss vergleichbar sein.

Der Käufer erhält im Fall des Unternehmenskaufs Ausschüttungen X aus dem Unternehmen und muss diese versteuern.[119] Eine Alternative stellt die Unterlassung des Kaufs und Anlage des Kaufbetrages dar, aus der er eine Verzinsung r erzielt, die er versteuern muss:[120]

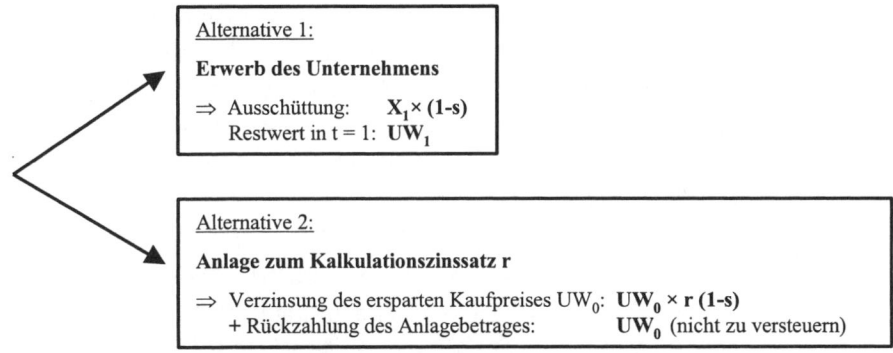

Abb. V.5: Bewertung als Alternativenvergleich mit Steuern

Betrachtet der Investor beide Alternativen als äquivalent und damit als Substitute, so lässt sich der bekannte Preis der Alternative 2 auf das Bewertungsobjekt übertragen. Denn ist der Investor indifferent zwischen beiden Alternativen, dann gilt:

$$UW_1 + X_1 (1-s) = UW_0 \times [1 + r(1-s)]$$

Hieraus lässt sich durch Umformung der Grenzpreis (POG) des potenziellen Unternehmenskäufers für das zur Disposition stehende Unternehmen ermitteln:

$$\Rightarrow POG_0 = UW_0 = \frac{P_1 + X_1(1-s)}{1 + r(1-s)}$$

---

[119] Im Folgenden wird stellvertretend nur die Situation des Käufers betrachtet, wobei sich die Perspektive des Verkäufers analog ergibt.
[120] Vgl. zur folgenden Vorgehensweise Ballwieser/Leuthier (1986), S. 607.

UW₁ lässt sich wieder durch den Ausdruck $UW_1 = \dfrac{UW_2 + X_2(1-s)}{1 + r(1-s)}$ erklären usw., sodass sich der Unternehmenswert allgemein darstellen lässt als:

$$POG_0 = \frac{X_1(1-s)}{1+r(1-s)} + \frac{X_2(1-s)}{[1+r(1-s)]^2} + \ldots = \sum_{t=1}^{\infty} \frac{X_t(1-s)}{[1+r(1-s)]^t}$$

Da Steuern die Rückflüsse an die Eigner in beiden Alternativen reduzieren, sind diese grundsätzlich bewertungsrelevant.[121]

## 4. Berücksichtigung verschiedener Steuerarten

In der Literatur wurde lange Zeit der Standpunkt vertreten, dass Steuern nur insoweit zu berücksichtigen seien, wie sie in Zähler und Nenner unterschiedlich anfallen, also die Nettoausschüttungen an die Eigner beeinflussen, beim Alternativvertrag aber nicht in gleicher Weise anfallen.[122] Dies ist auch auf internationaler Ebene die noch immer durchaus gängige Vorgehensweise.[123] Sie ist allerdings nur für den Fall einer konstanten ewigen Rente zulässig, denn dann lässt sich der Steuersatz aus der Bewertungsformel herauskürzen.

Als weiteren Grund führt die Literatur an, dass es sich bei Zähler und Nenner um zwei unterschiedliche Handlungsalternativen handeln kann,[124] die je nach Wahl der optimalen, unterlassenen Alternative (Kauf eines anderen Unternehmens, Anlage am Kapitalmarkt) auch unterschiedlich besteuert sein können (z. B. Zins-/Dividendeneinkünfte, Kursgewinne; unterschiedliche Grenzsteuersätze bei gewerblichen Einkünften und Einkünften aus Kapitalmarktanlage). Dann würde es sich bei den Steuersätzen in Zähler und Nenner um unterschiedliche Größen handeln, die nicht gegeneinander gekürzt werden können:[125]

$$UW_0 = \sum_{t=1}^{\infty} \frac{X_t(1-s_{b.ESt})}{[1+r(1-s_{n.b.ESt})]^t}$$

---

121 Vgl. Mandl/Rabel (1997), S. 167ff.
122 Vgl. hierzu Ballwieser (1995), S. 19f.; Ballwieser (1999), S. 24ff.; Mandl/Rabel (1997), S. 170f.
123 Vgl. IDW (1998), S. 68; Damodaran (1996), S. 112f.
124 Vgl. Mandl/Rabel (1997), S. 188.
125 Vgl. Siepe (1997), S. 2ff.

## E. Berücksichtigung der Verfügbarkeitsäquivalenz

mit:

$s_{b.ESt}$ = Steuersatz bei betrieblichen Einkünften
$s_{n.b.ESt}$ = Steuersatz bei nicht betrieblichen Einkünften

Dabei ist jedoch zu beachten, dass nur die Übertragung einer in allen Aspekten äquivalenten Alternative (Nenner) auf das Bewertungsobjekt (Zähler) zulässig ist, weshalb es konzeptionell fraglich ist, ob die beiden eben skizzierten Alternativen, betriebliche und nicht-betriebliche Einkünfte, wirklich für einen Investor äquivalente Alternativen darstellen können. Denn die logische Handlungsalternative, die eine Indifferenz zwischen beiden Alternativen herstellen würde, ist die Anlage in ein anderes Unternehmen gleicher Struktur.

Auch die Tatsche, dass in der Praxis die Kapitalkosten häufig durch einen risikofreien Basiszins, der meist durch die Rendite von Staatspapieren repräsentiert wird, zuzüglich eines Risikozuschlags ermittelt wird, bedeutet nicht, dass die Handlungsalternative in der Anlage in Staatspapieren bestünde, sondern stellt lediglich die additive Zusammenstellung der Rendite eines äquivalenten Unternehmens durch mehrere Komponenten dar. Für die Bewertung börsennotierter Unternehmen stellt folglich die Anlage am Kapitalmarkt in andere Unternehmen mit gleichen Eigenschaften die konzeptionell richtige Alternative dar, was in die Verwendung von Bepreisungsmodellen wie dem CAPM mündet und eine Besteuerung der Erträge aus der Handlungsalternative in Form von Dividendeneinkommen und Kurssteigerungen mit sich bringt. Für die Bewertung kleinerer, nicht börsennotierter Unternehmen ist die Anwendung der Kapitalmarktalternative insofern gerechtfertigt, als hierüber Informationen verfügbar sind und diese Möglichkeit jedem Investor offen steht, während die Preise anderer, möglicherweise in der Struktur dem Bewertungsobjekt besser entsprechender Unternehmen, wegen ihrer mangelnden Beobachtbarkeit nicht verfügbar sind. Benutzt man also CAPM-basierte Kapitalkosten, dann ist auch die Besteuerung kapitalmarktbezogen vorzunehmen.

Aus den oben genannten Gründen erachtet die Theorie alle Steuern grundsätzlich als bewertungsrelevant.[126] Auch das IDW ist in jüngster Zeit dieser theoretischen Forderung gefolgt und ist dazu übergegangen, persönliche Steuern zu berücksichtigen.[127] Unabhängig von der Rechtsform, unterliegen alle Unternehmen in Deutschland der Gewerbeertragsteuer, die bei den Eigner nicht anrechenbar ist und folglich von den

---

126 Vgl. Ballwieser (1996), S. 2393ff.; Günther (1998), S. 1834ff.; König/Zeidler (1996), S. 1101; Kruschwitz/Löffler (1998), S. 1042; Siepe (1997), S. 4f.
127 Vgl. IDW (1998), S. 66ff.; Siepe (1997), S. 2.

Zukunftserfolge abzusetzen ist.[128] Bezüglich der Besteuerung des Einkommens ist nach der Rechtsform des Bewertungsobjekts zu differenzieren. Personengesellschaften und Einzelunternehmen unterliegen selbst nicht der Besteuerung, da sie keine eigene Rechtspersönlichkeit aufweisen. Steuersubjekt sind hier allein die Eigner, die mit ihren Einkünften der Einkommensteuer unterliegen.[129] Kapitalgesellschaften als juristische Personen sind jedoch selbst Steuersubjekte und unterliegen der Körperschaftsteuer.[130]

Aufgrund des bis zur Verabschiedung des Steuersenkungsgesetzes im Juli 2000 bestehenden Anrechnungsverfahrens konnte die Körperschaftsteuer auf ausgeschüttete Gewinne als Vorauszahlung auf die persönliche Einkommensteuerschuld des (anrechnungsberechtigten) Eigners betrachtet werden,[131] weshalb ihr expliziter Ansatz i. d. R. unterbleiben konnte.[132] Bei fehlender Anrechenbarkeit, z. B. bei ausländischen Anteilsbesitz, mussten jedoch bei alter Rechtslage die Zukunftserfolge auch um die Körperschaftsteuer auf ausgeschüttete Gewinne gemindert werden. Die Körperschaftsteuer auf einbehaltene Gewinne musste grundsätzlich immer explizit berücksichtigt werden, da sie, zumindest bis zu einer späteren Ausschüttung mit entsprechender Körperschaftsteuer-Gutschrift, definitiven Charakter hat.[133] Theoretisch richtig ist folglich die Berücksichtigung der Steuerwirkung des tatsächlichen Ausschüttungsverhaltens.[134]

Mit Verabschiedung des Steuersenkungsgesetzes (StSenkG) rückt die Bundesregierung vom bisherigen System des Anrechnungsverfahrens ab.[135] Die unterschiedliche Besteuerung von Ausschüttung und Einbehaltungen wird aufgegeben und beide mit einheitlichen 25 % besteuert.[136] Die resultierende Doppelbesteuerung wird durch das

---

128 Mit dem Steuersenkungsgesetz wurde allerdings mit § 35 EStG n. F. die Entlastung gewerblicher Personengesellschaften von der Gewerbesteuer durch Minderung der Einkommensteuerbelastung durch einen typisierten Faktor auf den Gewerbesteuermessbetrag eingeführt. Vgl. hierzu Herzig/Lochmann (2000). Von dieser Besonderheit wird im Folgenden abstrahiert und auf die Besteuerung von Kapitalgesellschaften abgestellt.
129 Vgl. auch IDW (1998), S. 68.
130 Im Folgenden wird in erster Linie auf die Situation von Kapitalgesellschaften abgestellt.
131 Vgl. Siepe (1997), S. 3.
132 Vgl. z. B. Kußmaul (1999), S. 337; Copeland/Koller/Murrin (1993), S. 413.
133 Vgl. Siepe (1997), S. 3.
134 Vgl. Peemöller/Keller (1998), S. 1023f., 1030.
135 Einen Überblick über die wesentlichen Änderungen gibt Dötsch/Pung (2000b).
136 Vgl. § 23 KStG n. F.

sog. „Halbeinkünfteverfahren" gemildert, bei dem nur die Hälfte der Ausschüttung der Einkommensteuer unterliegt.[137]

Im folgenden Kapitel werden ausführlich die Auswirkungen der Finanzierungsstruktur auf den Unternehmenswert diskutiert, wobei auch weiter auf die Berücksichtigung von Steuern eingegangen wird.

# F. Einfluss der Finanzierung auf die Bewertung

Die Fremdfinanzierung wirkt sich in mehrfacher Weise auf die Position der Kapitalgeber aus. Zum einen beeinflusst sie den Anteil der Eigenkapitalgeber an den Zahlungsströmen, zum anderen aber auch deren Volatilität, also Risiko, und damit die Renditeforderungen der Eigenkapitalgeber. Nach der These von der Irrelevanz der Finanzierung von MODIGLIANI/MILLER (1958) ist jedoch der Wert des Unternehmens unabhängig von seiner Kapitalstruktur, also dem Verhältnis von Eigen- und Fremdkapital. Weiterhin besagt das Theorem, dass die Eigenkapitalkosten eine linear ansteigende Funktion des Verschuldungsgrades sind.[138]

## 1. Einfluss der Fremdfinanzierung auf die Kapitalkosten

Fremdkapital unterscheidet sich von Eigenkapital durch die vertraglich festgelegte, befristete Überlassung und Verzinsung. Würde letztere in Abhängigkeit vom Überschuss gewählt, hätte die Fremdfinanzierung nur eine Aufteilung des Gesamterfolges in zwei Investorengruppen zur Folge. Da jedoch das Fremdkapital mit festgelegten Zahlungsverpflichtungen verbunden ist, steigt mit zunehmender Verschuldung das Risiko für die Eigenkapitalgeber.[139] Dieses setzt sich additiv aus dem leistungswirtschaftlichen Risiko, also dem Risiko bei vollständiger Eigenfinanzierung, und dem Kapitalstrukturrisiko zusammen.[140] Das leistungswirtschaftliche Risiko wird durch die Variabilität der Cashflows bestimmt. Je stärker die Cashflows schwanken, desto weniger eignen sie sich zur Bedienung eines hohen, vorgegebenen Schuldendienstes.

---

137 Vgl. § 3 Nr. 40 EStG n. F. Für eine kritische Darstellung des Verfahrens vgl. außerdem Bareis (2000), S. 133ff.; Pezzer (2000), S. 144ff.; Rödder (2000), S. 353ff.; Vgl. Schön (2000), S. 153; Sigloch (2000), S. 160ff.
138 Vgl. Modigliani/Miller (1958); Miller (1988), S. 99f.
139 Vgl. Berger (1993), S. 18; Schmid (1994), S. 186.
140 Vgl. Perridon/Steiner (2002), S. 487.

Diese fixen Zahlungsverpflichtungen bedeuten für die Eigenkapitalgeber ein zusätzliches Risiko, das Leverage-Risiko, aber gleichzeitig auch eine Leverage-Chance,[141] wenn die mit dem Unternehmen, bei vollständiger Eigenkapitalfinanzierung, erzielbare Rendite, die leistungswirtschaftliche Rendite ($r_{Ek}^u$), die Kosten für das Fremdkapital übersteigt. Dies drückt sich im sog. Leverage-Effekt aus, der besagt, dass sich die Eigenkapitalrendite eines verschuldeten Unternehmens ($r_{Ek}^\ell$) aus der leistungswirtschaftlichen Rendite und einer Prämie für das finanzwirtschaftliche Risiko, der Differenz aus leistungswirtschaftlicher Rendite ($r_{Ek}^u$) und Fremdkapitalkosten ($r_{Fk}$) mal dem Verschuldungsgrad, zusammensetzt:[142]

$$r_{Ek}^\ell = r_{Ek}^u + (r_{Ek}^u - r_{Fk})\frac{Fk}{Ek}$$

Dieser Effekt wirkt jedoch auch in eine für die Eigenkapitalgeber nachteilige Richtung, wenn die operative Rendite unter die Fremdkapitalkosten fällt. Nach MODIGLIANI/MILLER (1958) sind diese beiden Effekte einander ebenbürtig, sodass eine höhere Rendite nur mit höherem Risiko erkauft wird und sich somit keine positiven Effekte auf die Gesamtkapitalkosten und damit den Firmenwert ergeben.[143] Mithilfe des CAPM und $\beta_{Ek}$ als Maß für das Risiko der Eigenkapitalgeber lässt sich dies wie folgt ausdrücken:[144]

$$\beta_{Ek}^\ell = \beta_{Ek}^u + (\beta_{Ek}^u - \beta_{Fk})\frac{Fk}{Ek}$$

---

141 Vgl. Schmid (1994), S. 186.
142 Vgl. z. B. Perridon/Steiner (2002), S. 488; Stewart (1991), S. 274.
143 Vgl. Modigliani/Miller (1958). Für eine zusammenfassende Darstellung der Ableitung und der dahinterstehenden strengen Annahmen des Modigliani/Miller-Theorems von der Irrelevanz der Kapitalstruktur vgl. z. B. Copeland/Weston (1992), S. 437ff.; Brealey/Myers (2000), S. 447ff.; Perridon/Steiner (2002), S. 499ff. Miller (1988), S. 100 bewertet das eigene Modell wie folgt: „showing what doesn't matter can also show, by implication, what does."
144 Vgl. Brealey/Myers (2000), S. 483.

F. Einfluss der Finanzierung auf die Bewertung

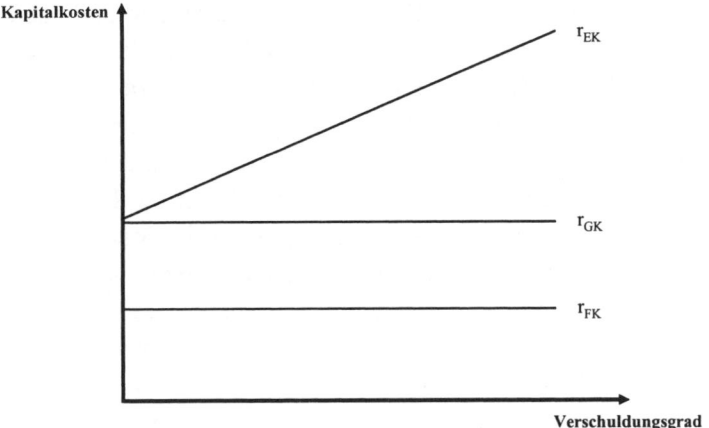

Abb. V.6: Kapitalkosten im Modigliani/Miller-Theorem[145]

Damit steigt das Risiko der Eigenkapitalgeber in gleichem Maße wie deren Rendite. Die Gesamtkapitalkosten als gewichtetes Mittel aus den Eigen- und Fremdkapitalkosten (WACC) sind damit konstant und entsprechen der Rendite einer unverschuldeten Unternehmung.[146] Dies lässt sich graphisch wie in Abb. V.6. darstellen.

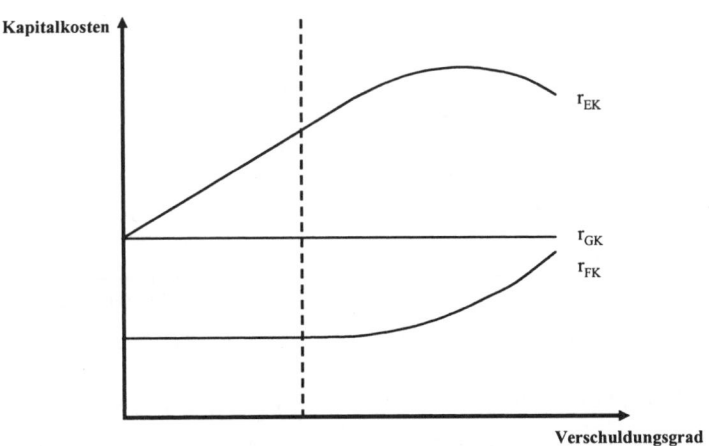

Abb. V.7: Kapitalkosten im Modigliani/Miller-Theorem unter Annahme von Kreditrisiko[147]

Berücksichtigt man allerdings, dass mit zunehmender Verschuldung das Risiko eines Konkurses zunimmt, werden ab einem bestimmten Verschuldungsgrad die Fremdka-

---

[145] In Anlehnung an Perridon/Steiner (2002), S. 501.
[146] Vgl. Perridon/Steiner (2002), S. 502. Für eine Ableitung des Zusammenhangs im CAPM vgl. Van Horne (1992), S. 275.
[147] In Anlehnung an Perridon/Steiner (2002), S. 502.

pitalgeber höhere Renditen fordern. Die Gesamtkapitalrendite und auch der Gesamt-Unternehmenswert bleiben hierbei konstant. Dies folgt aus der Tatsache, dass dabei nur finanzwirtschaftliches Risiko von den Eigenkapitalgebern auf die Fremdkapitalgeber verlagert wird.[148] Die Gesamtkapitalrendite ergibt sich allein aus dem Geschäftsrisiko der Unternehmung und entspricht daher der einer unverschuldeten. Ein positiver Effekt der Verschuldung ergibt sich erst durch die Berücksichtigung von Steuern.[149] Eine höhere Verschuldung senkt insgesamt die Steuerlast, ein gleich hoher Gewinn vor Steuern wird zu höherem Nachsteuereinkommen bei den Kapitalgebern.[150] Ein Unternehmen muss, mit anderen Worten, zur Befriedigung der Ansprüche der Kapitalgeber weniger Gewinn vor Steuern erwirtschaften, wenn es Mittel in Form von Fremdkapital aufnimmt, als es erzielen müsste, wenn es diese in Form von Eigenkapital aufgenommen hätte. Die Fremdkapitalkosten verringern sich damit gegenüber der vorherigen Betrachtung ohne Steuern und ebenso die Gesamtkapitalkosten.

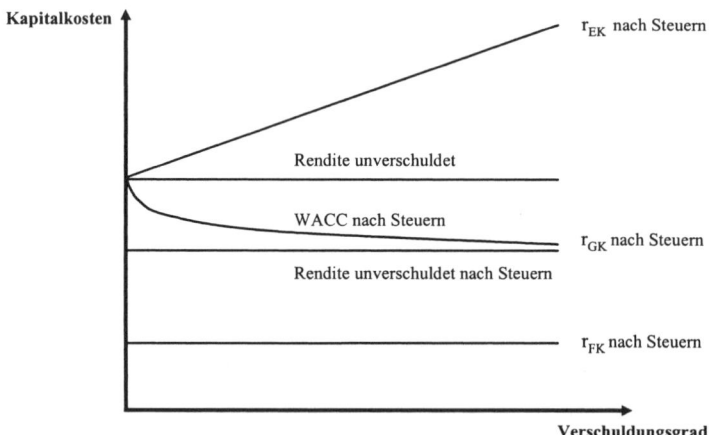

Abb. V.8: Kapitalkosten im Modigliani/Miller-Theorem unter Berücksichtigung von Steuern[151]

Durch diesen Steuervorteil steigt der Wert des Unternehmens mit zunehmender Verschuldung an.[152] Die Eigenkapitalkosten des verschuldeten Unternehmens steigen gegenüber dem Fall ohne Steuern weniger stark an (sog. MM-Anpassung):[153]

---

148 Vgl. Brealey/Myers (2000), S. 482.
149 Vgl. Modigliani/Miller (1963).
150 Vgl. Van Horne (1992), S. 276ff.
151 In Anlehnung an Copeland/Weston (1992), S. 450, 459, 471; Stewart (1991), S. 281.
152 Der Wert des Unternehmen erhöht sich dabei um den Wert des „tax shield". Da Steuervorteile nur dann geltend gemacht werden können, wenn auch Gewinne gemacht werden, hängt die Höhe des tax shield von der Wahrscheinlichkeit solcher Gewinne ab. Vgl. z. B. Van Horne (1992), S. 277f.
153 Die angegebene Formel gilt nur für den Fall der ewigen Rente. Vgl. unten Abschnitt 4.2.

## F. Einfluss der Finanzierung auf die Bewertung

$$r_{Ek}^{\ell} = r_{Ek}^{u} + (r_{Ek}^{u} - r_{Fk})(1-s)\frac{Fk}{Ek}$$

Diese Funktion basiert jedoch auf der Annahme, dass die Steuervorteile sicher feststehen (sog. F-Modell).[154] Koppelt man durch die Annahme der Unternehmenswertabhängigen Finanzierung die Höhe und Entwicklung des Fremdkapitals an den Unternehmenswert der jeweiligen Periode, dann wird die zukünftige Kapitalstruktur in Marktwerten festgelegt, und der Fremdkapitalbestand kann sich im Zeitablauf ändern. Damit sind auch die künftigen Steuervorteile unsicher und ebenso riskant wie der Unternehmenswert (sog. L-Modell). Dieses Annahmebündel nach MILES/EZZELL führt zu folgender Anpassungsformel (sog. ME-Anpassung):[155]

$$r_{Ek}^{\ell} = r_{Ek}^{u} + (r_{Ek}^{u} - r_{Fk})\left(\frac{1+r_{Fk}(1-s)}{1+r_{Fk}}\right)\frac{Fk}{Ek}$$

Gleichzeitig mit den Steuervorteilen erhöht sich aber auch die Wahrscheinlichkeit eines Konkurses. Die damit verbundenen Kosten wie Gerichts- und Verwaltungskosten senken den Wert des Unternehmens wieder ab.[156] Zusätzlich entstehen Kosten durch eine eingeschränkte Weiterführbarkeit des Unternehmens während der Abwicklung des Insolvenzverfahrens. Neben diesen Konkurskosten entstehen für die Anteilshalter bereits dadurch Kosten, dass das Unternehmen sich finanziellen Schwierigkeiten nähert, sog. „agency costs of debt".[157] Das Management,[158] das kaum noch etwas zu verlieren hat, könnte dann etwa hoch-riskante Projekte aufnehmen, die eine geringe Chance beinhalten, das Unternehmen zu retten, mit größerer Wahrscheinlichkeit aber scheitern werden („risk shifting"). Andererseits werden sich die Eigner weigern, Geld für positive Projekte bereitzustellen, solange diese nur den Kreditoren nutzen („Unterinvestitionsproblem"). Auch ein künstliches Hinauszögern des Konkurses oder eine zusätzliche Schwächung durch Dividenden kann die Situation noch verschlimmern. Dies schadet vor allem den Kreditoren, da die Eigenkapitalgeber aufgrund der beschränkten Haftung nur noch den Restwert ihrer Beteiligung zu verlieren haben.[159] Deshalb wird eine Überwachung durch die Fremdkapitalgeber nötig, die Kosten verursacht („monitoring-costs").[160]

---

154 Vgl. hierzu ausführlich unten Abschnitt 4.1.
155 Vgl. Miles/Ezzell (1980), S. 723, 726f. Vgl. auch Brealey/Myers (2000), S. 546.
156 Vgl. Brealey/Myers (2000), S. 510ff.; Van Horne (1992), S. 284ff.
157 Vgl. Jensen (1988), S. 29; Jensen/Meckling (1976), S. 333ff.
158 Dies schließt auch Eigentümer-Manager mit ein.
159 Der Konkurs tritt ökonomisch ein, wenn der Wert des Unternehmens unter den des Fremdkapitals fällt, also der Aktionärswert negativ würde. Die Aktionäre müssen dies jedoch durch die begrenzte Haftung nicht tragen. Vgl. Brealey/Myers (2000), S. 510ff.
160 Vgl. hierzu Brealey/Myers (2000), S. 517ff.; Jensen (1988), S. 30; Van Horne (1992), S. 293f.

Alle diese Faktoren zusammengenommen ergeben einen konkaven Verlauf des Unternehmenswertes bei steigender Verschuldung. Durch den Steuereffekt steigt der Unternehmenswert mit steigender Verschuldung zunächst an. Dabei steigt allerdings die Wahrscheinlichkeit eines Konkurses, was sich negativ auf den Unternehmenswert auswirkt. Die „agency costs of debt" reduzieren ihn weiter.[161] Dies ist in der folgenden Abbildung veranschaulicht.

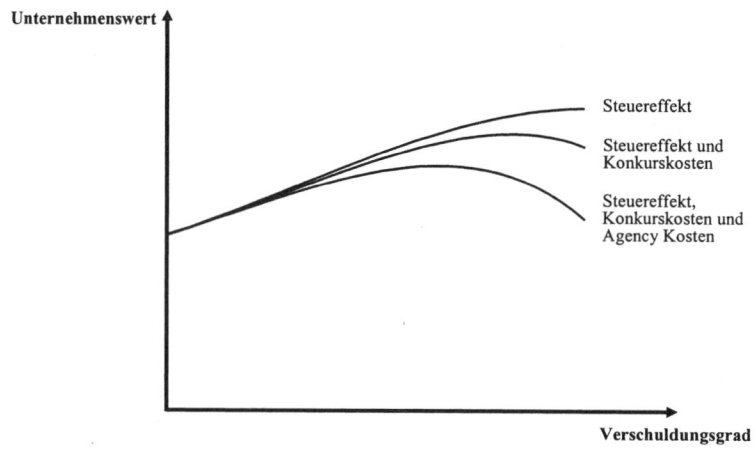

Abb. V.9: Auswirkungen der Eigentümerstruktur auf den Unternehmenswert[162]

Neben den bisher dargestellten Agency-Konflikten, die hauptsächlich aus dem Interessenkonflikt zwischen Managern und Fremdkapitalgebern herrühren und die mit steigender Verschuldung zunehmen, resultiert eine weitere Form von Agency Problemen aus dem Konflikt von Managern und Aktionären.[163] Bei der Mehrzahl der großen Unternehmen handelt es sich um große Kapitalgesellschaften, die durch eine Trennung von Eigentum und Geschäftsführung gekennzeichnet sind, der „separation of ownership and control".[164] Das Management wird zu Agenten der Eigentümer, den Prinzipalen. Hieraus resultieren Ineffizienzen, auch Agency Kosten genannt. Darunter fallen Kosten zur Überwachung der Agenten („monitoring costs"), Kosten für die Agenten, um den Prinzipalen Rechenschaft abzulegen und eine Handlungsweise in deren Interesse zu belegen und sicherzustellen („bonding costs") und Kosten, die aus der Tatsache resultieren, dass sich selbst bei bester Überwachung und Rechenschaftslegung das Verhältnis doch nicht optimal regeln lässt („residual loss").[165] Unter die letzte Gruppe sind die „agency costs of free cashflow" einzuordnen, die sich

---

161 Vgl Brealey/Myers (2000), S. 510ff.; Van Horne (1992), S. 268ff.
162 Quelle: Van Horne (1992), S. 294.
163 Vgl. Jensen (1988), S. 30.
164 Vgl. Jensen (1989); Jensen/Meckling (1976).
165 Vgl. Jensen/Meckling (1976), S. 308f.

daraus ergeben, dass Manager geneigt sein werden, überschüssige Finanzmittel im Unternehmen halten zu wollen, anstatt diese an die Aktionäre auszuschütten, da diese Ausschüttung ihre Macht und ihren Einfluss schmälern würde. Bei Bedarf würde später eine Aufnahme neuer Mittel über den Kapitalmarkt nötig, der dies kritisch überwachen würde.[166] Deshalb werden diese „Free Cashflows" im Unternehmen gehalten und entweder in Projekte mit Renditen unter den Kapitalkosten investiert („Überinvestitionsproblem") oder ganz und gar für unnötige Anschaffungen verschwendet, besonders auch zu Gunsten des Management („managerial consumption").[167]

Diese Ausführungen zeigen, dass es einen Verschuldungsgrad gibt, der den Unternehmenswert maximiert.[168] Dieser unterscheidet sich von Unternehmen zu Unternehmen in Abhängigkeit seines inhärenten operativen Risikos, der damit verbundenen Gefahr eines Konkurses bei steigender Verschuldung, der Höhe der Konkurskosten sowie seiner Fähigkeit, den Steuereffekt ausnützen zu können. Dementsprechend sind Unternehmen mit stetigen Cashflows und Gewinnen sowie Aktiva, die im Konkursfall keinen zu großen Wertverlusten unterliegen, Kandidaten für hohe Verschuldungsgrade.[169] Die Ausnutzung solcher ungenutzter „Verschuldungskapazität" ist ein Ansatzpunkt von sog. „Leveraged Buyouts" (LBOs) bzw. Management Buyouts (MBOs).[170] Die Literatur untersucht diese speziellen Strukturen auf ihre Besonderheiten und kommt zu dem Ergebnis, dass sie einen positiven Einfluss auf den Wert des Unternehmens haben.[171]

## 1.1. Einfluss der Finanzierung am Beispiel des Management Buyout

Entscheidendes Kriterium zum Gelingen eines Buyout ist dessen Finanzierung. Nicht umsonst wird oft das Entstehen neuer Finanzierungsmöglichkeiten wie etwa der Junk

---

166 Vgl. Jensen (1986), S. 323.
167 Vgl. Jensen (1986), S. 323; Jensen/Meckling (1976), S. 312ff.; Schmid (1994), 197ff.
168 Vgl. hierzu ausführlich Perridon/Steiner (2002), S. 510ff.; Rudolph (1986), S. 895ff.
169 Vgl. Brealey/Myers (2000), S. 520f.
170 Vgl. Donaldson (1994), S. 20; Van Horne (1992), S. 309. Ein Management Buyout bezeichnet eine Übernahme durch Manager des Unternehmens, also leitende Angestellte, die bereits vor Übernahme im Unternehmen beschäftigt waren; vgl. Kropp (1992), S. 9f., 19; zu diversen anderen Buyout-Formen vgl. Lerbinger (1986), S. 133f. Streng genommen müsste eine solche Übernahme folglich Leveraged Management Buyout genannt werden, was sich aber nur zum Teil in der Literatur durchgesetzt hat. Oft werden LBO und MBO synonym verwendet oder als Unterfall des jeweils anderen betrachtet. Vgl. Berger (1993) S. 16; Harbers (1992), S. 159; Kropp (1992), S. 12; Vest (1995), S. 15.
171 Vgl. z. B. Jensen (1986), S. 323ff. Vgl. auch Bull (1994), S. 80f.

Bonds zu Beginn der 80er Jahre mit als Grund für die darauf folgende Übernahmewelle in den USA angesehen.[172] Daneben wird auch die damit verbundene bessere Ausnutzung der „borrowing capacity" der Unternehmen als wichtiger Grund für Firmenübernahmen und Restrukturierungen angesehen.[173]

Im Zusammenhang mit Management Buyouts ist die Finanzierung deshalb von so großer Bedeutung, weil im Regelfall schon der Kaufpreis die privaten Mittel des Management-Teams weit überschreiten dürfte. Der Fall, dass der gesamte Erwerbspreis von ihnen direkt aufgebracht werden kann, „kommt praktisch nicht vor."[174] In der Mehrzahl der Fälle wird der Eigenkapitalanteil nur etwa 10 - 20 % des Gesamtkaufpreises ausmachen.[175] Zusätzlich muss für eine flexible Folgefinanzierung gesorgt sein, die das Unternehmen nicht kurzfristig in Liquiditätsschwierigkeiten bringt.[176]

Als primäres Finanzierungsinstrument dient zunächst das klassische Bankdarlehen. Hierbei bestehen die deutschen Banken häufig auf dinglichen oder hypothekarischen Sicherheiten,[177] was meist durch Verpfändung von Vermögensgegenständen wie Grundstücken, Gebäuden, Maschinen etc. erfolgt.[178] Ist diese Form der Finanzierung ausgeschöpft,[179] bieten Banken auch ungesicherte, jedoch gegenüber weiteren Verbindlichkeiten vorrangige Darlehen auf Basis der zu erwartenden Cashflows an, allerdings, entsprechend dem höheren Risiko, zu ungünstigeren Konditionen.[180] Außerdem werden oft zusätzliche vertragliche Bedingungen an die Kreditvergabe geknüpft, wie etwa die Höhe der Vergütung an die Geschäftsführung etc.[181] Diese klassischen Finanzierungsformen liefern in der Regel ca. 60 % der benötigten Mittel.[182]

Weitere Finanzierungsquelle ist selbstverständlich das Eigenkapital. Dieses ist jedoch durch die persönlichen Verhältnisse des Buyout-Teams beschränkt. Eine gewisse Mindestmenge an Eigenkapital ist aber notwendig, wenn das Unternehmen nicht von Anfang an zum Scheitern verurteilt sein soll.[183] Meist werden 10 - 20 %

---

172 Vgl. Forst (1993), S. 19; Harbers (1992), S. 164.
173 Vgl. z. B. Drukarczyk (1992), S. 6; Stewart/Glassman (1988), S. 85ff.
174 Harbers (1992), S. 159.
175 Vgl. Berger (1993), S. 189.
176 Vgl. Schwenkedel (1991), S. 76.
177 Vgl. Hoffmann/Ramke (1990), S. 62.
178 Vgl. Schwenkedel (1991), S. 79.
179 Für eine Übersicht der Beleihungsgrenzen von Banken vgl. Vest (1995), S. 267.
180 Vgl. Berger (1993), S. 196; Schwenkedel (1991), S. 80.
181 Vgl. Schwenkedel (1991), S. 80.
182 Vgl. Hoffmann/Ramke (1990), S. 60; Schwenkedel (1991), S. 88.
183 Vgl. Hitschler (1990), S. 1880.

*F. Einfluss der Finanzierung auf die Bewertung*

Eigenkapitalanteil für notwendig erachtet.[184] Schließt man sich dem an, so kann es je nach Größe der Transaktion bereits bei der Eigenkapitalaufbringung zu Kapitalbedarf kommen. Zu dessen Aufbringung sind Venture-Capital-Gesellschaften und Investment-Banken bereit. Da diese Mittel aber dem vollen unternehmerischen Risiko unterliegen, werden hierfür entsprechend hohe Renditen (25 - 40 %)[185] gefordert. Das Interesse dieser Kapitalgeber liegt meist nicht in einer Geschäftsführung, sondern lediglich an der Erzielung einer hohen Rendite, die in der Regel durch Wertsteigerung der Anteile erzielt wird. Entsprechend begrenzt ist ihr Interesse und zielt auf einen Verkauf der Beteiligung innerhalb von 5 - 7 Jahren ab.[186]

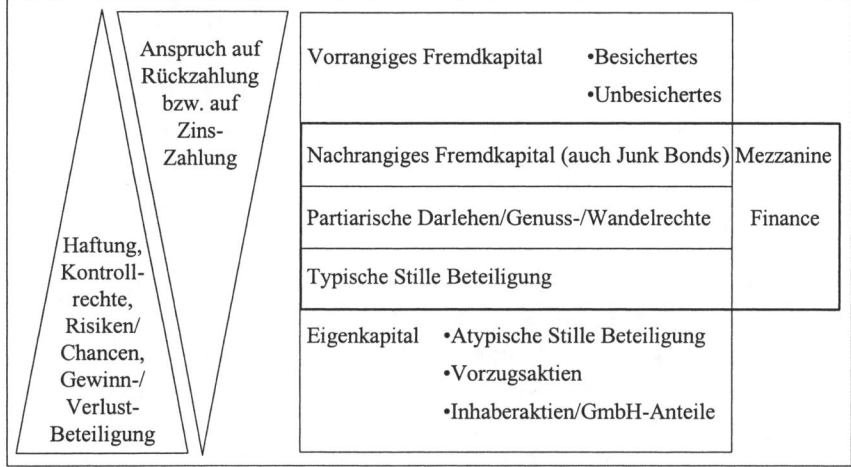

Abb. V.10: Mezzanine Finance[187]

Nach Ausschöpfung dieser Finanzierungsformen verbleibt ein Finanzierungsbedarf von etwa 20 %. Deshalb wurde eine komplizierte Struktur, das sog. „Mezzanine Financing", entwickelt, das die, zwischen herkömmlichem Eigen- und Fremdkapital bestehende Lücke schließt. In den USA wurden hierfür vor allem Junk Bonds bekannt.[188] Das sind unter „investment grade" (Moody's: Baa, Standard & Poor's BBB)[189] eingestufte Industrie-Wertpapiere, die in den 80er Jahren in der damaligen Übernahmewelle besonders an Popularität gewannen. Handelte es sich dabei anfangs meist um Bonds von in Schwierigkeiten geratenen Firmen, sog. „fallen angels", so benutzten später auch angesehene Firmen diese Finanzierungsform, um Übernahmen

---

184 Vgl. Boxberg (1991), S. 20; Hoffmann/Ramke (1990), S. 60.
185 Vgl. Harbers (1992), S.161.
186 Vgl. Herfort (1991), S. 64; Schwenkedel (1991), S. 78.
187 Vgl. Berger (1993), S. 186ff.
188 Vgl. Hoffmann/Ramke (1990), S. 63.
189 Vgl. Braun (1989), S. 38; Brealey/Myers (2000), S. 691f.

durchzuführen oder abzuwehren. Somit liegt das hohe Risiko dieser Papiere weniger in der prekären Firmensituation als in dem hohen Verschuldungsgrad von bis zu 90 oder 95 %.[190] In Deutschland kommen für das Mezzanine Financing vor allem das partiarische Darlehen und die stille Beteiligung, des Weiteren Genussrechte, Wandelrechte und Verkäufer-Darlehen (seller's notes) in Betracht.[191]

Hauptcharakteristikum bei diesen Finanzierungsformen ist die Nachrangigkeit gegenüber den Gläubigern aus höherstehenden Fremdkapitalien.[192] Im Konkursfalle würden zunächst die erstrangig dinglich gesicherten Kredite aus der Konkursmasse befriedigt. Je niedriger im Rang und je näher die Mittel dem Eigenkapital stehen, desto geringer sind die Aussichten einer Rückzahlung. Vorzugsaktien stehen insofern über Inhaberaktien, als gewöhnlich eine bestimmte Verzinsung garantiert wird (die aber trotzdem gewinnabhängig bleibt) und dafür Unternehmenskontrollrechte aufgegeben werden. Eine Rückzahlung des Nennkapitals ist nicht vorgesehen. Jeder weiter oben liegende „Streifen" enthält umso mehr das Attribut der festen Verzinsung und Tilgung und dafür umso geringere Mitspracherechte. Dagegen ist die Rückzahlungsverpflichtung des eingesetzten Kapitals mit steigender Nähe zum Eigenkapital immer geringer, d. h. Fristigkeit (Duration) und Risiko nehmen zu. Durch den Rangrücktritt[193] treten die Ansprüche hinter die aller anderen nicht nachrangigen Gläubiger zurück. Für die Übernahme dieses erhöhten Risikos muss natürlich ein Anreiz geschaffen werden, was durch in Aussicht stellen von Kontrollrechten durch Wandelrechte oder einfach durch höhere Verzinsung geschieht.[194] Durch den Rangrücktritt kann „Quasi-Eigenkapital" entstehen, das gegenüber den anderen Gläubigern wie haftendes Eigenkapital fungiert, wenn durch die Erklärung sichergestellt ist, dass der Gläubiger nicht demnächst seine Forderung einfordern wird und damit die Stabilität des Unternehmens bedrohen könnte. Dies kann dadurch geschehen, dass die Befriedigung der Ansprüche allein auf zukünftige Gewinne und einem nach Befriedigung aller anderen Gläubiger verbleibenden Liquidationserlös abgestellt wird.[195]

---

190 Vgl. Brealey/Myers (2000), S. 692.
191 Vgl. Harbers (1992), S. 166; Herfort (1991), S. 101; Hoffmann/Ramke (1990), S. 63f. Die früher durch die staatliche Genehmigungspflicht nach § 795 BGB unmöglich erschienene Emission von Junk Bonds ist zumindest theoretisch seit Aufhebung dieser Regelung im Jahre 1990 durch das Gesetz zur Vereinfachung der Ausgabe von Schuldverschreibungen als weitere Möglichkeit auch in Deutschland zu betrachten. Jedoch dürfte es in Deutschland schwierig sein, hierfür Investoren zu finden. Vgl. Harbers (1992), S. 167; Hitschler (1990), S. 1880.
192 Vgl. Schwenkedel (1991), S. 82.
193 Vgl. Herfort (1991), S. 102.
194 Vgl. Huydts (1992), S. 155f.
195 Vgl. Herfort (1991), S. 103.

Basis für die Vergabe dieser Finanzmittel sind die zukünftigen Cashflows.[196] Für die fremdkapitalnäheren Mittel müssen sie Zins und Tilgung gewährleisten, für die eigenkapitalnäheren sollen sie vor allem Wertsteigerungen der Anteile am Unternehmen erbringen.[197] Wegen des hohen Schuldendienstes wird für die Zusammensetzung des Produktportfolios gefordert, dass diese einen hohen und stetigen Cashflow erbringen muss, wie dies bei „cash cow"-Produkten der Fall ist.[198] Damit begrenzt die Höhe der zu erwartenden Cashflows die Höhe der aufnehmbaren Fremdmittel und beeinflusst damit die Kapitalstruktur.

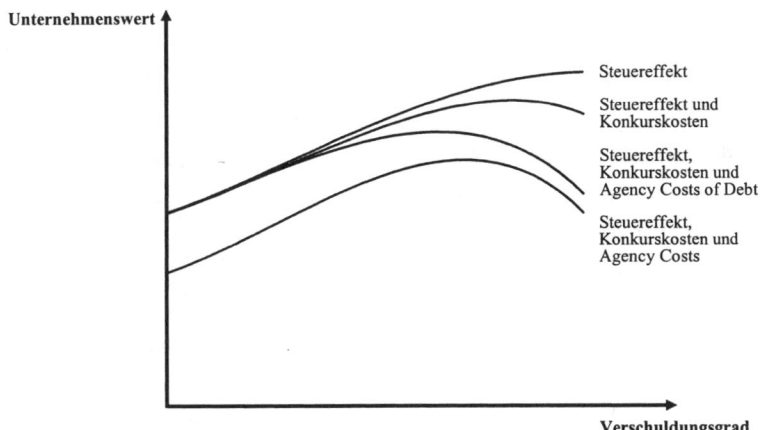

Abb. V.11: Agency Kosten und Unternehmenswert

Durch die verstärkte Aufnahme von Fremdkapital geht das Management eine feste Verpflichtung ein, die es dazu zwingt, die freien Cashflows, in Form von Zinsen auszuschütten, anstatt sie zu verschwenden. Dadurch erhöht sich insgesamt der Mittelfluss an die Investoren (Ek + Fk) und damit der Wert des Unternehmens. Zusätzlich übt der zu leistende Schuldendienst Druck auf das Management aus, härter und effizienter zu arbeiten, um ihn zu erwirtschaften.[199] Insgesamt betrachtet, wirkt sich eine Berücksichtigung dieser Agency Kosten durch eine Reduktion des Unternehmenswerts aus, mit zunehmender Verschuldung aber in abnehmendem Maße. Dies ist in Abb. V.11. dargestellt: Durch einen Leveraged Buyout können Agency Kosten reduziert und der optimale Verschuldungsgrad entlang der untersten Kurve gewählt werden. Ein Management Buyout hingegen, bei dem die Trennung von Eigentum und Leitung aufgehoben wird, resultiert in einer völligen Auflösung der sich hieraus ergebenden Agency Kosten und schafft damit zusätzlichen Wert, sodass die zweitun-

---

196 Vgl. Hoffmann/Ramke (1990), S. 66; Schwenkedel (1991), S. 81.
197 Vgl. Huydts (1992), S. 156.
198 Vgl. Braun (1989), S. 20ff.
199 Vgl. Jensen (1988), S. 29.

terste Kurve erreicht werden kann. Außerdem können durch ein „strip-financing", bei dem jeder Investor gezwungen ist, in alle Finanzierungsformen in einem festgelegten Verhältnis zu investieren, Konflikte zwischen Fremd- und Eigenkapitalgebern ausgeschaltet bzw. reduziert werden.[200] Damit können auch die Agency Costs of Debt abgebaut werden, wodurch im Idealfall die zweitoberste Kurve erreicht wird.

## 1.2. Fazit

Die obigen Ausführungen haben gezeigt, dass eine Vielzahl von Einflüssen aus der Finanzierungsstruktur auf den Unternehmenswert einwirken. Diese lassen sich aber nicht ohne weiteres formelhaft abbilden und bei der Unternehmensbewertung berücksichtigen. Deshalb wird in der Praxis der Unternehmensbewertung davon weitgehend abstrahiert und die Berücksichtigung des Kapitalstruktur-Effekts auf die Wirkung der Steuern reduziert.[201] Zum Teil wird neuerdings der Versuch unternommen, den Effekt von mit Verschuldung steigenden Kreditkosten im Modell abzubilden.[202] Die angesprochenen Agency-Probleme lassen sich dagegen nur qualitativ ins Kalkül einbeziehen. Man muss sich, wie bei allen Vereinfachungen, der Tatsache bewusst sein, dass die Bewertung die Realität nur teilweise wiedergibt.

## 2. Ableitung der steuerlichen Vorteile der Fremdfinanzierung

Im Folgenden werden die für die Unternehmensbewertung wesentlichen Regelungen diskutiert, wobei die durch die Einführung des Halbeinkünfteverfahrens gegebenen Änderungen als Abwandlung der bisherigen Vorgehensweise dargestellt werden.

Ein steuerlicher Vorteil der Fremdfinanzierung resultiert grundsätzlich aus der Tatsache, dass Eigenkapitalgeber-Einkünfte (Ausschüttungen) anders besteuert werden als Fremdkapitalgeber-Einkünfte (Zinsen).[203] So ist das als Steuerparadoxon bekannte Phänomen, wonach aus einer unvorteilhaften Investitionsalternative durch Fremd-

---

200 Vgl. Jensen (1986), S. 325f.
201 Vgl. IDW (1998), S. 63f.; Copeland/Koller/Murrin (1994), S. 332f.; vgl. Abschnitt IV.A.4.
202 Vgl. z. B. Inselbag/Kaufold (1997), S. 114ff.
203 Weiterhin ist auch die Ertragsteuer auf den steuerlichen Veräußerungsgewinn oder -verlust bewertungsrelevant. Da es sich hierbei allerdings um kein methodenspezifisches Problem handelt, soll ihre Berücksichtigung hier unterbleiben.

*F. Einfluss der Finanzierung auf die Bewertung*                                                                 301

finanzierung eine vorteilhafte werden kann, darauf zurückzuführen, dass Fremdkapital durch die Abzugsfähigkeit von Fremdkapitalzinsen bei der steuerlichen Gewinnermittlung faktisch begünstigt und das Eigenkapital hierdurch diskriminiert wird. In diesem Zusammenhang wird auch von einem Steuerschild („tax shield") des Fremdkapitals gesprochen.[204] Im Folgenden sollen die Besonderheiten unterschiedlicher (vereinfachter) Steuersysteme und ihre Auswirkungen auf die Unternehmensbewertung untersucht werden.

## 2.1. Bewertung unverschuldeter Unternehmen als Ausgangspunkt

Beginnt man mit dem einfachen Fall eines unverschuldeten Unternehmens in einer Welt ohne Steuern, lässt sich die Bewertung als Alternativenvergleich schematisch wie folgt darstellen:[205]

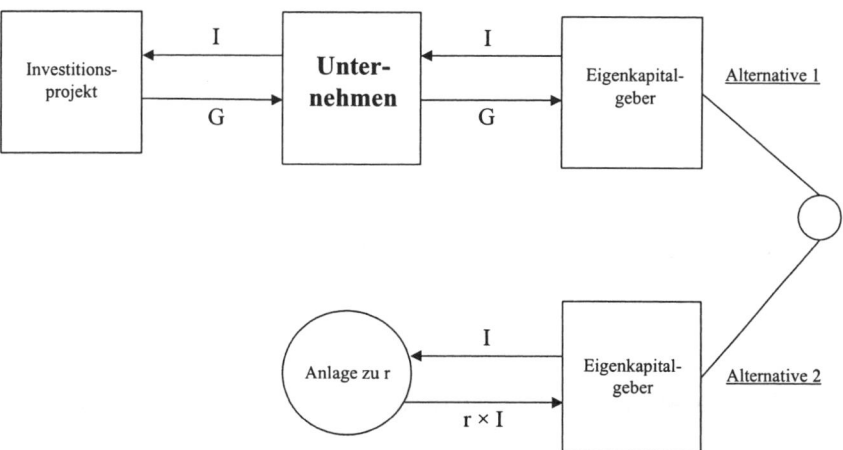

Abb. V.12: Bewertung eines unverschuldeten Unternehmens in einer Welt ohne Steuern

Die Eigenkapitalgeber überlassen dem Unternehmen den Betrag I, den sie alternativ auch zu einer Rendite r anlegen könnten. Das Unternehmen investiert den Betrag in

---

204 Vgl. hierzu Schneider (1992), S. 246ff.
205 In der folgenden Darstellung wird vereinfachend zunächst von einer Diskontierung von Gewinnen ausgegangen. Erst an späterer Stelle wird dies um die tatsächlich diskontierten Größen erweitert. Dabei wird implizit unterstellt, dass es sich bei den Gewinnen um zahlungswirksame Größen handelt, dass also z. B. Abschreibungen reinvestiert werden etc. Des Weiteren liegt konzeptionell eine konstante ewige Rente zugrunde, was jedoch unschädlich für die abgeleiteten Ergebnisse ist. Vgl. für eine ähnliche Ableitung Copeland/Weston (1992), S. 441ff.

ein Projekt, das den Gewinn G abwirft. Um die Renditewünsche der Kapitalgeber zu befriedigen, muss G mindestens gleich r × I sein:

$$G \geq r \times I$$

bzw. das Projekt darf nicht mehr kosten als:

$$\frac{G}{r} \geq I.$$

Nun sei eine Gewinnsteuer $t_g$ betrachtet, die auf Unternehmensebene erhoben und auf persönlicher Ebene nicht angerechnet wird. Dann stellt sich die Situation folgendermaßen dar, wenn diese Steuer auf Unternehmensebene für r nicht anfällt. Von persönlichen Steuern wird hier noch abstrahiert.

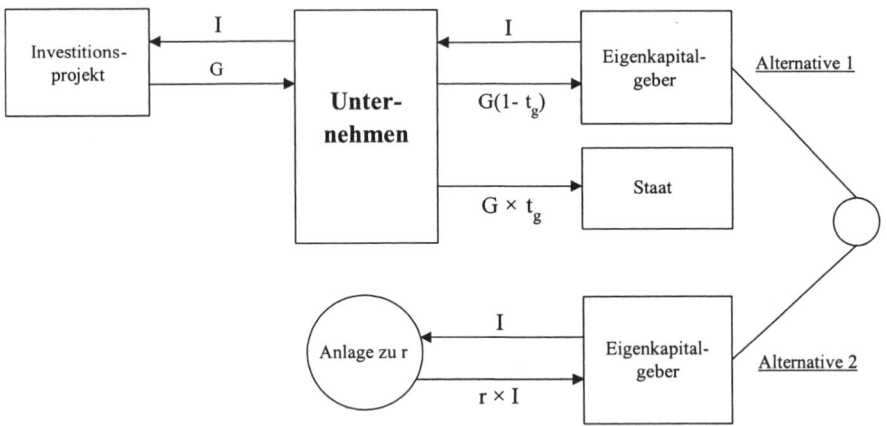

Abb. V.13: Bewertung eines unverschuldeten Unternehmens bei einfacher Gewinnsteuer

Der Gewinn vor Steuern muss ausreichen, um sowohl die Renditeforderungen als auch den Staat zu befriedigen:

$$G \geq r \times I + G \times t_g \quad \Leftrightarrow \quad (1 - t_g) G \geq r \times I.$$

Daraus ergibt sich der Grenzpreis der Investition mit:

$$\frac{(1 - t_g)G}{r} = I.$$

Die Renditeforderungen leiten sich wiederum aus der optimalen Alternativinvestition ab. Da hier noch von persönlichen Steuern abstrahiert wird, können auch auf r nur Unternehmenssteuern anfallen. Sofern dies der Fall ist, handelt es sich bei der hier verwendeten Größe r bereits um eine Nachsteuergröße. Wenn beispielsweise die Anlage am Kapitalmarkt in Aktien als Alternative herangezogen würde, müsste deren Dividendenrendite nach Steuern (KSt, KESt) herangezogen werden. Im deutschen Anrechnungssystem dieser Steuern auf die persönliche Ebene entfällt dies.

Werden zusätzlich Steuern auf persönlicher Ebene (v) eingeführt, auf die bezahlte Unternehmenssteuern nicht anrechenbar sind, kommt es zu einer Doppelbesteuerung. Dies ist beispielsweise im US-amerikanischen Steuersystem der Fall:

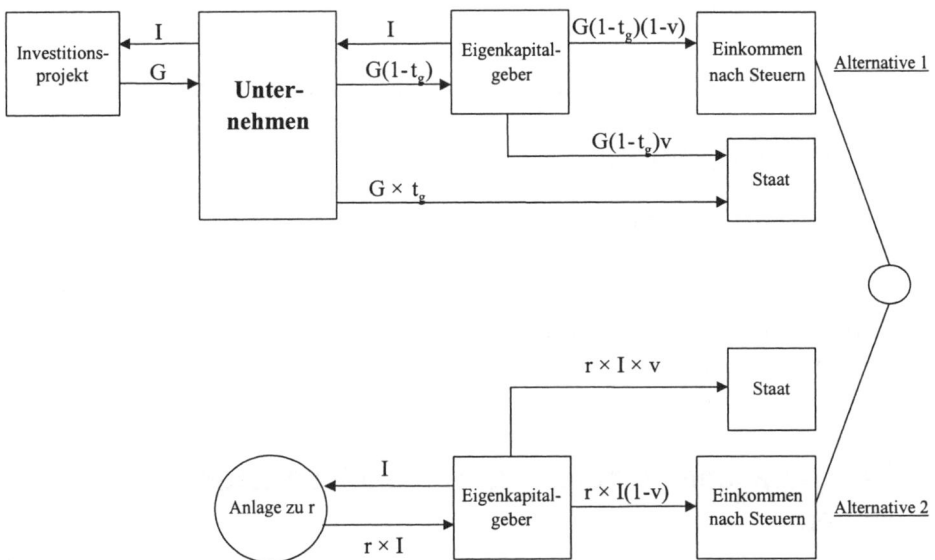

Abb. V.14: Bewertung eines unverschuldeten Unternehmens bei Doppelbesteuerung

Das Einkommen aus dem Unternehmenskauf beträgt (Alternative 1):

$$G(1 - t_g)(1 - v)$$

Steht dem Eigentümer eine Alternative zur Wahl, die ihm vor persönlichen Steuern eine Rendite r versprechen würde, so beträgt diese Rendite nach persönlichen Steuern $r(1 - v)$, sein Einkommen auf die alternative Verwendung des Investitionsbetrages (Alternative 2):

$$r(1 - v)I$$

Der Gewinn nach Unternehmenssteuern und persönlichen Steuern $G(1 - t_g)(1 - v)$ muss diesem mindestens entsprechen (Alternative 1 ≥ Alternative 2):

$$G(1 - t_g)(1 - v) \geq r(1 - v)I.$$

Löst man nach I auf, erhält man die Preisobergrenze (POG) der Investition:

$$POG_0 = \frac{(1-t_g)(1-v)G}{(1-v)r} \geq I$$

Im betrachteten einfachen Fall der konstanten ewigen Rente würde sich die persönliche Steuer herauskürzen. Für den realistischeren Fall schwankender Zahlungen ist dies jedoch nicht der Fall, wie bereits oben gezeigt wurde. Dann muss der persönliche Steuersatz in der Alternativrendite und in den Zukunftserfolgen berücksichtigt werden.

Das Halbeinkünfteverfahren führt auf persönlicher Ebene zu einer erneuten Besteuerung der Hälfte der Einkünfte, sodass sich die Preisobergrenze unter diesen Bedingungen wie folgt ermitteln lässt:

$$POG_0 = \frac{(1-t_H)(1-0{,}5v)G}{(1-v)r} \geq I.$$

Hierbei wird unterstellt, dass die unterliegende Alternativinvestition einer vollen Einkommensbesteuerung unterliegt.

## 2.2. Bewertung unter Einbezug der Fremdfinanzierung ohne Steuern

Die Umsetzung dieses Vorteils der Fremdfinanzierung in die Unternehmensbewertung erfolgt in den verschiedenen Bewertungsansätzen unterschiedlich. Dabei ist zu unterscheiden, ob nach Netto- oder Bruttomethode vorgegangen wird. Weiterhin ergeben sich Unterschiede bei der Art der Berücksichtigung des Steuervorteils des Fremdkapitals.

Grundsätzlich lautet die Vorgehensweise wie folgt: Zu messen sind die Gesamteinkünfte an den Alternativinvestitionen der Investoren. Das Investitionsprojekt I = Gk wird anteilig mit Ek/Gk Eigenkapital und Fk/Gk Fremdkapital finanziert.

*F. Einfluss der Finanzierung auf die Bewertung*

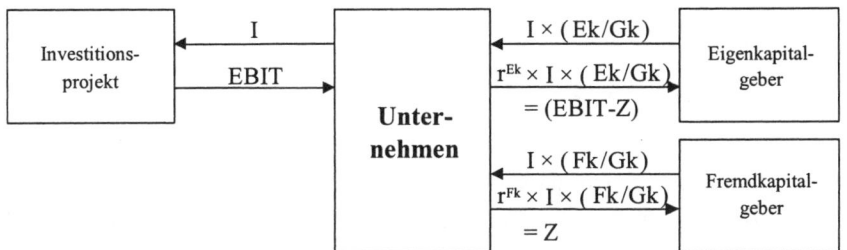

Abb. V.15: Bewertung eines verschuldeten Unternehmens ohne Steuern

Die aus dem Unternehmen erzielbaren Erfolge aller Investorengruppen müssen mindestens denen aus den Alternativen entsprechen:[206]

$$(EBIT - Z) + Z \geq \left( r_{Ek} \times \frac{Ek}{Gk} \times I \right) + \left( r_{Fk} \times \frac{Fk}{Gk} \times I \right)$$

Bei der Bruttomethode werden die Einkünfte beider Investorengruppen gemeinsam betrachtet und mit deren Alternativen verglichen, sodass der Preis der Investition den folgenden Grenzwert nicht überschreiten darf:

$$\frac{EBIT}{\left( r_{Ek} \frac{Ek}{Gk} \right) + \left( r_{Fk} \frac{Fk}{Gk} \right)} \geq I$$

Es werden alle Zukunftserfolge, sowohl die an Eigner als auch die an Fremdkapitalgeber ausgeschütteten, mit einem gewichteten Kapitalkostensatz, diskontiert. Deshalb resultiert daraus ein Gesamtkapitalwert des Unternehmens, von dem noch der Wert des Fremdkapitals zu subtrahieren ist, um den eigentlichen Unternehmenswert aus Sicht der Eigentümer zu erhalten.

Zu beachten ist hierbei, dass diese Bewertung konstante Zukunftserfolge voraussetzt. Wie bereits gezeigt wurde, lässt sich die Ableitung durch eine sukzessive Vorgehensweise auf den Fall mit schwankenden Zukunftserfolgen ausdehnen, wobei sich der gemischte Kapitalkostensatz in gleicher Weise ergibt. Die Bewertungsformel lautet dann:

---

206 EBIT steht für earnings before interest and taxes, also den Gewinn eines unverschuldeten Unternehmens vor Steuern. Obwohl an dieser Stelle keine Steuern berücksichtigt werden, soll diese geläufige Abkürzung bereits hier verwendet werden, um bei der Integration von Steuern keinen Symbolwechsel durchführen zu müssen.

$$Gk_0 = \sum_{t=1}^{\infty} \frac{EBIT_t}{\left[1+\left(r_{Ek}\frac{Ek}{Gk}+r_{Fk}\frac{Fk}{Gk}\right)\right]^t} \geq I$$

Die Formel unterstellt allerdings konstante Verhältnisse von Eigen- und Fremdkapital. Andernfalls wäre für jede Periode ein neuer Kapitalkostensatz zu ermitteln. Außerdem handelt es sich bei den Gewichten um Marktwerte. Das Ergebnis (Gk – Fk = Ek) der Bewertung muss also bereits bekannt sein, um die Kapitalkosten zu ermitteln. Dies lässt sich durch eine iterative Vorgehensweise lösen. Bei der Nettomethode wird dagegen direkt die Position der Eigentümer betrachtet und die Fremdkapitalzahlungen als Kosten auf der operativen Seite („Aktivseite") erfasst:

$$EBIT \geq \left(r_{Ek} \times \frac{Ek}{Gk} \times I\right) + \left(r_{Fk} \times \frac{Fk}{Gk} \times I\right)$$

$$EBIT - r_{Fk} \times Fk \geq (r_{Ek} \times Ek)$$

Somit ergibt sich der folgende Grenzpreis für das Eigenkapital des Unternehmens:

$$Ek_0 = \frac{EBIT - Z}{r_{Ek}}$$

Bisher wurden noch keine steuerlichen Vorteile berücksichtigt. Dies soll im Folgenden geschehen.

## 2.3. Vorteil der Fremdfinanzierung bei Doppelbesteuerung

Zunächst wird ein Steuersystem mit Doppelbesteuerung betrachtet, wie dies z. B. in den USA der Fall ist.[207] In einem solchen Steuersystem, in dem Fremdkapitalzinsen von der Berechnungsgrundlage der Körperschaftsteuer ($t_k$) absetzbar sind und Einkommen der Eigenkapitalgeber auf privater Ebene ohne Anrechnung der Körperschaftsteuer nochmals besteuert werden, hat Fremdkapital-Einkommen einen eindeutigen Vorteil darin, dass es nur einmal beim Fremdkapitalgeber besteuert wird. Das Einkommen der Eigenkapitalgeber nach persönlichen Steuern beträgt:

$(EBIT - Z)(1 - t_k)(1 - v)$

Das der Fremdkapitalgeber:

---

207 Vgl. Brealey/Myers (2000), S. 504ff.

# F. Einfluss der Finanzierung auf die Bewertung

$Z(1 - v)$

Für die Investoren insgesamt beträgt das Einkommen:

$EBIT(1 - t_k)(1 - v) + t_k Z(1 - v)$

Im unverschuldeten Fall waren es:

$G(1 - t_k)(1 - v) = EBIT(1 - t_k)(1 - v)$

Die Differenz beträgt:

$t_k Z(1 - v)$

Das Einkommen aller Investoren eines verschuldeten Unternehmens ist also um diesen Betrag größer. Er wird auch „Tax Shield" genannt und stellt den Steuervorteil der Fremdfinanzierung in einer Periode gegenüber der Eigenfinanzierung dar. Der hier abgeleitete Steuervorteil ist aber nicht direkt auf deutsche Verhältnisse übertragbar.

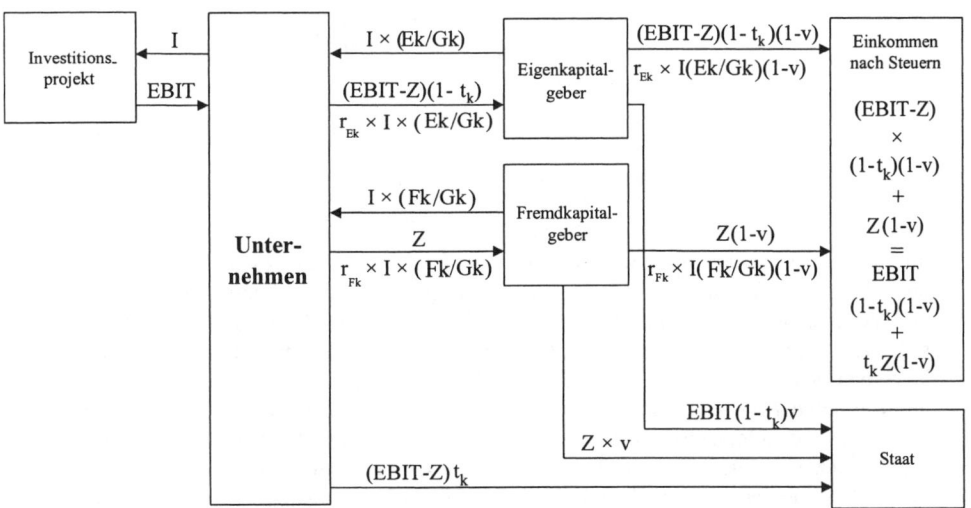

Abb. V.16: Bewertung eines verschuldeten Unternehmens bei Doppelbesteuerung

## 2.4. Vorteil der Fremdfinanzierung im Anrechnungsverfahren

Im Anrechnungsverfahren ist ein Fremdkapitalvorteil in der obigen Form nicht gegeben, da aufgrund der Anrechnung der Körperschaftsteuer ($t_k$) auf die persönliche Steuerschuld jegliche Form von Einkommen, egal ob in Form von Ausschüttungen oder Zinseinkünften, effektiv mit dem persönlichen Einkommensteuersatz belastet wird. Ein Vorteil ergibt sich jedoch durch Steuerformen, die nur auf betrieblicher Ebene anfallen, und die nicht auf die Steuerschuld des Kapitalgebers verrechnet werden können. Einbezogen werden deshalb nur Steuern auf Unternehmensebene, die zum Tax Shield des Fremdkapitals führen. Dies ist seit 1997 durch die (faktische) Abschaffung der Vermögen- und Gewerbekapitalsteuer bis zur Verabschiedung des StSenkG nur noch die Gewerbeertragsteuer (s).[208] Während Gewinne, also Eigenkapitalgeber-Einkommen, voll der Gewerbeertragsteuer unterliegen, werden Zinsen aus Dauerschulden nur zur Hälfte und Zinsen aus kurzfristigen Darlehen gar nicht der Gewerbeertragsteuer (GESt) unterworfen. Die Situation eines unverschuldeten Unternehmens stellt sich dann wie folgt dar:

---

208 Im Folgenden werden nur die grundlegenden Besonderheiten des deutschen Steuersystems betrachtet. Die Wirkungsweise wäre für die ausgesetzte bzw. abgeschaffte Gewerbekapital- und Vermögensteuer prinzipiell die gleiche wie für die Gewerbeertragsteuer, nur verhalten sie sich nicht proportional zum Gewinn, was die Darstellung erschwert. Für einen Finanzierungskostenvergleich vgl. z. B. Perridon/Steiner (2002), S. 480ff. Für eine Ableitung der gewichteten Kapitalkosten unter Einbezug der Vermögensteuer, Gewerbekapitalsteuer, Gewerbeertragsteuer und unterschiedlicher Einbehaltungs- und Ausschüttungsbelastung bei der Körperschaftsteuer vgl. Drukarczyk (1993), S. 177ff. Im Folgenden wird die unterschiedliche Wirkung von Einbehaltung und Thesaurierung auf die Körperschaftsteuer vernachlässigt, die bei den Anlegern aufgrund von Unterschieden in deren Einkommensteuersätzen zu Präferenzen bzgl. einer Einbehaltung oder Ausschüttung führen kann. Deshalb kann es sich lohnen, Gewinne auszuschütten und durch eine Kapitalerhöhung wieder in das Unternehmen zurückzuholen („Schütt-aus-Hol-zurück"-Politik). Vgl. hierzu z. B. Dirrigl (1995); Perridon/Steiner (2002), S. 502ff. Dies ist aufgrund der Kosten einer Kapitalerhöhung aber nur sinnvoll bei Anlegern mit deutlich geringerem Grenzsteuersatz als der Einbehaltungsbelastung der KSt. So auch Jonas (1995), S. 94. Die Berücksichtigung von Einbehaltungen erfolgt durch ihre Investition und Verzinsung, welche künftige Ausschüttungen erhöht. Hierzu ist jeweils die tatsächliche Ausschüttung und Besteuerung anzusetzen. Im Folgenden wird von Einbehaltungen abstrahiert, sodass $t_k$ die Ausschüttungsbelastung darstellt. Vgl. zur Berücksichtigung der Zusammensetzung des steuerlichen Eigenkapitals Fass/Hülsmeier (1998).

*F. Einfluss der Finanzierung auf die Bewertung*

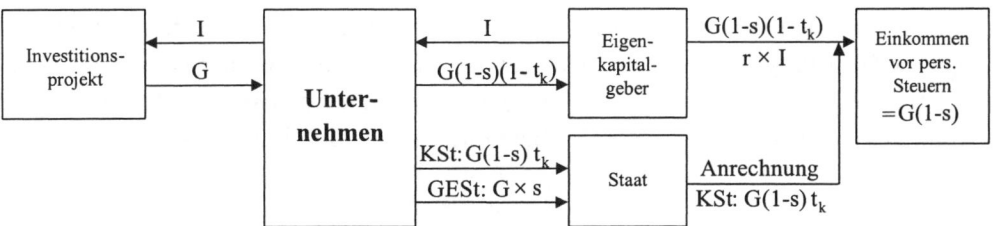

Abb. V.17: Bewertung eines unverschuldeten Unternehmens im Anrechnungsverfahren

Die GESt ist von der Körperschaftsteuer absetzbar, sodass für deren Berechnung gilt:[209] $KSt = G(1 - s)t_k$. Der Eigenkapitalgeber erhält in ihrer Höhe eine Steuergutschrift, sodass er effektiv nur die GESt bezahlt, abgesehen von seiner zu erbringenden Einkommensteuer. Sein Einkommen beträgt somit vor pers. Steuern:

$G(1 - s)$,

und nach pers. Steuern:

$G(1 - s)(1 - v)$

Dieses Einkommen muss mindestens gleich der Alternativrendite vor Einkommensteuer r bzw. nach Einkommensteuer $r(1 - v)$ auf den Investitionsbetrag I sein:
vor pers. Steuern:

$G(1 - s) = r \times I$,

und nach pers. Steuern:

$G(1 - s)(1 - v) = r(1 - v) I$.

Der Grenzpreis der Investition beträgt vor pers. Steuern:

$$I = \frac{G(1-s)}{r},$$

und nach pers. Steuern:

$$I = \frac{G(1-s)(1-v)}{r(1-v)}.$$

---

209 Die Gewerbeertragssteuer ist auch von ihrer eigenen Bemessungsgrundlage absetzbar, weshalb sich der effektive Gewerbeertragsteuersatz s wie folgt ergibt: s = (Messzahl × Hebesatz)/(1 + Messzahl × Hebesatz). Vgl. z. B. Drukarczyk (1993), S. 181.

Der Einbezug persönlicher Steuern erfolgt grundsätzlich durch Ansatz der Einkommensteuerbelastung in Zähler und Nenner. Der Anschaulichkeit der Darstellung halber unterbleibt dies im Folgenden. Grundsätzlich müssen dann alle Renditen und Erfolge als vor persönlichen Steuern betrachtet werden, die davon zusätzlich abzusetzen sind.

Wird nun auch eine Fremdkapitalfinanzierung berücksichtigt, ergibt sich die GESt aus dem Gewinn vor Zinsen und Steuern (EBIT) abzüglich der Zinsen Z, zuzüglich der Hälfte der Zinsen auf Dauerschulden ($Z_D$). Für die Ermittlung des Gewerbeertrags ist nur die Hälfte aller Dauerschuldzinsen steuerlich abzugsfähig, die Zinsen auf kurzfristige Schulden ($Z_k$) hingegen vollständig. Für die folgende Untersuchung wird zunächst angenommen, dass alle Schulden Dauerschulden sind.

Damit ergibt sich folgende Bemessungsgrundlage für die GESt:[210]

$$(EBIT - Z_D + 0{,}5Z_D) = (EBIT - 0{,}5Z_D)$$

$$\Rightarrow GESt = (EBIT - 0{,}5Z_D)s$$

Die Eigenkapitalgeber erhalten damit effektiv:

EBIT − Z − GESt

$= EBIT - Z - (EBIT - 0{,}5)s$

$= [(1 - s) \times EBIT - (1 - 0{,}5s)Z_D]$

und die Fremdkapitalgeber erhalten Z. Die Investoren erhalten dann in der Summe:

$EBIT - Z_D + Z_D - (EBIT - 0{,}5Z_D)s$

$= EBIT - s \times EBIT + 0{,}5sZ_D$

$= EBIT (1 - s) + 0{,}5sZ_D$

Im unverschuldeten Fall waren es: $EBIT(1 - s)$

Das Einkommen aller Investoren eines verschuldeten Unternehmens ist also um (0,5sZ) größer. Diese Beträge werden auch Tax Shield genannt und stellen den gesamten Zuwachs zum Unternehmenswert aus der Fremdfinanzierung dar.

---

[210] Bemessungsgrundlage für die Gewerbeertragsteuer ist der Gewerbeertrag gem. § 6 GewStG. Ausgangsgröße ist der „Gewinn aus Gewerbebetrieb" nach EStG oder KStG. Dieser wird um Kürzungen bzw. Hinzurechnungen gem. §§ 8 und 9 GewStG vermehrt bzw. gemindert.

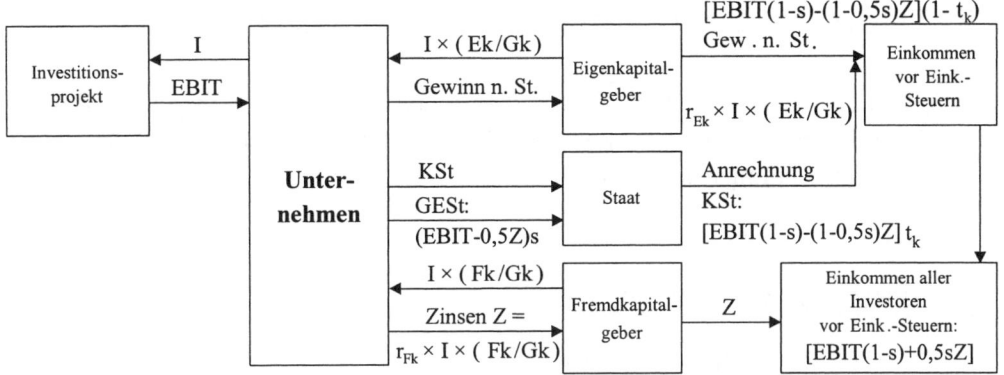

Abb. V.18: Bewertung eines verschuldeten Unternehmens im Anrechnungsverfahren

Nimmt man anstelle einer Finanzierung mit Dauerschulden ausschließlich kurzfristige Schulden an, sind alle kurzfristigen Zinsen $Z_k$ bei der Ermittlung der GESt abzugsfähig. Somit ist der gesamte GESt-Satz im Tax Shield zu berücksichtigen und beträgt dann $sZ_k$. Bei einer Mischfinanzierung besteht der gesamte Tax Shield (TS) aus der Summe der Einzel-Tax Shields von lang- und kurzfristigen Zinsen. Will man den Steuervorteil in einem einzigen Faktor auf den Gewerbesteuersatz berücksichtigen, so ergibt sich dieser als gewichtetes Mittel der Anteile der lang- und kurzfristigen Zinsen an den Gesamtzinsen in folgender Weise:

$$TS = (sZ_k + 0{,}5sZ_D) = \left(\frac{Z_k}{Z} + 0{,}5\frac{Z_D}{Z}\right) \times sZ = \phi sZ \text{ mit } Z = Z_k + Z_D.$$

Das Tax Shield für deutsche Verhältnisse auf der Basis allein der Gewerbesteuer lässt sich folglich durch den Faktor $\phi sZ$ als gewichtetes Mittel der Zusammensetzung der Schuldzinsen abbilden, wobei der Mischfaktor $\phi = \left(\frac{Z_k}{Z} + 0{,}5\frac{Z_D}{Z}\right)$ sich im Bereich [0,5; 1] bewegt.

**Beispiel:**

$s = 20\,\%$ und $Z = 100$

$Z_k = 50 \Rightarrow sZ_k = 10$

$Z_D = 50 \Rightarrow 0{,}5sZ_D = 5$

$TS = (sZ_k + 0{,}5sZ_D) = 10 + 5 = 15$

$TS = \left(\frac{50}{100} + 0{,}5\frac{50}{100}\right) \times 20\,\% \times 100 = 0{,}75 \times 20 = 15.$

## 2.5. Persönliche Steuern im Anrechnungsverfahren

Der Ansatz persönlicher Steuern ist grundsätzlich notwendig, will man nicht Bewertungsfehler begehen.[211] Das Einkommen der Eigenkapitalgeber nach persönlichen Steuern im Anrechnungsverfahren beträgt:

$$\text{EBIT} - Z - \text{GESt} - \text{KSt} - \text{ESt} + \text{KSt}$$

$$= (\text{EBIT} - Z - \text{GESt})(1 - v)$$

$$= [\text{EBIT} - Z - (\text{EBIT} - \phi Z)s](1 - v)$$

$$= [\text{EBIT}(1 - s) - (1 - \phi s) Z](1 - v)$$

Das der Fremdkapitalgeber:

$$Z(1 - v)$$

Für die Investoren insgesamt beträgt das Einkommen:

$$[\text{EBIT}(1 - s) - (1 - \phi s) Z](1 - v) + Z(1 - v)$$

$$= \text{EBIT}(1 - s)(1 - v) + \phi s Z(1 - v)$$

Im unverschuldeten Fall waren es:

$$\text{EBIT} (1 - s)(1 - v)$$

Somit beträgt das Tax Shield nach persönlichen Steuern:

$$\phi s Z(1 - v).$$

---

211 Vgl. Abschnitt V.E.4.

## 2.6. Vorteil der Fremdfinanzierung im Halbeinkünfteverfahren

Die Relevanz des Einbezugs persönlicher Steuern wird durch die Einführung des Halbeinkünfteverfahrens noch wesentlich verschärft, da es hierbei zu einem zusätzlichen Unterschied in der Besteuerung von Eigen- und Fremdkapitalgebereinkommen auf persönlicher Ebene kommt. Grundsätzlich sind hierauf die oben gemachten Aussagen zur Doppelbesteuerung anwendbar, wobei es lediglich zu einer halben Doppelbesteuerung kommt.[212] Das Einkommen der Eigenkapitalgeber wird zunächst auf Unternehmensebene mit einem Körperschaftsteuersatz $t_H$ von 25 % belegt und sodann auf privater Ebene mit dem halben persönlichen Steuersatz versteuert. Das Einkommen nach Steuern der Eigentümer eines verschuldeten Unternehmens ohne Berücksichtigung der Gewerbesteuer beträgt damit:

$$(EBIT - Z)(1 - t_H)(1 - 0{,}5v).$$

Das Nachsteuereinkommen der Fremdkapitalgeber beträgt:

$$Z(1 - v).$$

Für die Investoren insgesamt beträgt das Einkommen:

$$Z(1 - v) + (EBIT - Z)(1 - t_H)(1 - 0{,}5v)$$
$$= EBIT(1 - t_H)(1 - 0{,}5v) + Z\big((1 - v) - (1 - t_H)(1 - 0{,}5v)\big)$$
$$= EBIT(1 - t_H)(1 - 0{,}5v) + Z\big(t_H - (1 + t_H)0{,}5v\big).$$

---

[212] Um persönliche Steuern im Bewertungsmodell erfassen zu können, muss im Folgenden die unmittelbare Steuerbarkeit der Unternehmensgewinne auf persönlicher Ebene unterstellt werden. Die folgende Ableitung erfordert daher die Annahme der Vollausschüttung. Diese Annahme ist äquivalent zur Annahme der Irrelevanz des Ausschüttungsverhaltens, solange alle nicht ausgeschütteten Mittel im Unternehmen zu den Kapitalkosten vor Steuern angelegt werden. Denn dann fließen die um die entsprechende Verzinsung erhöhten einbehaltenen Mittel den Investoren zu einem späteren Zeitpunkt zu und wären erst dann zu versteuern, was im Barwert identische Werte liefert. Andernfalls müsste man nicht nur explizite Ausschüttungsannahmen treffen, sondern auch die Verwendung der einbehaltenen Mittel genau festlegen. Damit erhielte man ein Dividend-Discount-Modell, vgl. Damodaran (1996), S. 233). Aber jede Wiederanlage der einbehaltenen Mittel zu mehr als den Kapitalkosten wäre irrational. Bei einer Wiederanlage zu mehr als den Kapitalkosten würde es sich stets lohnen, zusätzliche Mittel einzubehalten, ja sogar weitere Mittel aufzunehmen. Nur die Annahme einer kapitalwertneutralen Wiederanlage lässt sich in einem Planungsmodell, das auf die Ewigkeit ausgerichtet ist, nachhaltig umsetzen. Da diese Annahme jedoch die gleichen Ergebnisse erzielt wie die Vollausschüttung, kann man ebenso gut letztere anwenden. Darüber hinaus werden keine Unterschiede in der Besteuerung von Dividenden und Kurswertsteigerungen berücksichtigt.

Im unverschuldeten Fall sind es:

$EBIT(1 - t_H)(1 - 0.5v)$.

Das Tax Shield für diese Verhältnisse beträgt also:[213]

$TS = Z((1-v) - (1-t_H)(1-0.5v))$  bzw.  $TS = t_H Z - (1+t_H)0.5vZ$.

Es fällt damit gegenüber dem Fall der einfachen Doppelbesteuerung um $(1 + t_H)0.5vZ$ geringer aus. Ein Steuervorteil ergibt sich nur, solange die Doppelbesteuerung geringer ausfällt als die Besteuerung der Zinseinkünfte. Bei einem Körperschaftsteuersatz von 25 % beträgt der Einkommensteuersatz, ab dem sogar ein Nachteil entsteht, 40 %:

$(1 - 0.4) = (1 - 0.25)(1 - 0.5 \times 0.4) = 0.6$.

Berücksichtigt man zusätzlich eine auf persönlicher Ebene nicht anrechenbare Gewerbeertragsteuer, erhöht sich die Steuerwirkung der Fremdfinanzierung. Die Eigenkapitalgeber erhalten nach Unternehmenssteuern und Einkommensteuer:

$(EBIT - Z - GESt)(1 - t_H)(1 - 0.5v)$

$= [EBIT - Z - (EBIT - \phi Z)s](1 - t_H)(1 - 0.5v)$

$= [EBIT(1 - s) - (1 - \phi s)Z](1 - t_H)(1 - 0.5v)$

und die Fremdkapitalgeber erhalten $Z(1 - v)$. Die Investoren erhalten dann in der Summe:

---

[213] Das Tax Shield repräsentiert die Steuerersparnis aus der Aufnahme von Fremdkapital einer einzelnen Periode. Investoren einer verschuldeten Unternehmung zahlen c.p. in Summe weniger Steuern als die einer unverschuldeten. Zur Ableitung vgl. Brealey/Meyers (2000), S. 504f. Drukarczyk (2001), S. 199f. folgt einer anderen Vorgehensweise: Er vergleicht die Steuerzahlungen der Investoren eines verschuldeten Unternehmens mit denen eines Investors in ein unverschuldetes Unternehmen, der sich selbst auf privater Ebene verschuldet um den gleichen Verschuldungsgrad herzustellen (sog. „homemade leverage"). Da private Zinszahlungen im neuen deutschen Steuersystem nur zur Hälfte steuerlich abzugsfähig sind, während sie auf Unternehmensebene voll abzugsfähig sind, führt diese Vorgehensweise zu anderen Ergebnissen als die hier gewählte. Der sog. Einkommensteuer-Effekt (vgl. Drukarczyk (2001), S. 240f.) beruht ebenfalls auf dieser Annahme. Das hier abgeleitete Tax Shield beruht auf einem Unternehmen, das selbst verschuldet ist. Da dies für die Eigentümer von Vorteil ist, da in diesem Fall die Zinszahlung voll steuerlich abzugsfähig ist, handelt es sich beim „homemade leverage" und dem „firm leverage" nicht um gleichwertige Alternativen. Deshalb wäre das Modigliani/Miller-Theorem von der Irrelevanz der Finanzierung, das die theoretische Grundlage für den „homemade leverage" bildet, nicht erfüllt. Investoren würden den „firm leverage" vorziehen, weshalb dieser die realistischere Grundlage für die Ermittlung des Tax Shild bildet.

$$[EBIT(1-s) - (1-\phi s)Z](1-t_H)(1-0,5v) + Z(1-v)$$

$$\Leftrightarrow EBIT(1-s)(1-t_H)(1-0,5v) + Z(1-v) - (1-\phi s)(1-t_H)(1-0,5v)Z.$$

Im unverschuldeten Fall sind es:

$$EBIT(1-s)(1-t_H)(1-0,5v).$$

Das Tax Shield für diese Verhältnisse beträgt folglich nicht mehr $\phi sZ$ wie im Anrechnungsverfahren, sondern nunmehr:

$$TS = Z(1-v) - (1-\phi s)(1-t_H)(1-0,5v)Z$$

$$\Leftrightarrow TS = Z[(1-v) - (1-\phi s)(1-t_H)(1-0,5v)]$$

$$\Leftrightarrow TS = \omega Z$$

$$\text{mit } \omega = (1-v) + (1-0,5v)(1-t_H)(1-\phi s) = \frac{TS}{Z} = \frac{TS}{r_{Fk}Fk}$$

oder auch:

$$\Leftrightarrow TS = \tau Z(1-v)$$

$$\text{mit } \tau = \frac{\omega}{(1-v)} = \frac{(1-v) + (1-0,5v)(1-t_H)(1-\phi s)}{(1-v)} = \frac{TS}{Z(1-v)} = \frac{TS}{r_{Fk}(1-v)Fk}$$

Beide Darstellungsweisen sind für die spätere Integration in die Bewertung nützlich. Zweitere eignet sich besonders, um den Steuervorteil als Prozentsatz der Zinsen darzustellen. Die folgenden Tabellen geben einen Überblick über die Höhe des Steuervorteils $\tau$ in Abhängigkeit vom Gewerbesteuerhebesatz und der Einkommensteuer. Tab. V.1. stellt die Werte für den Fall der Finanzierung mit Dauerschulden ($\phi = 0,5$) dar. Die Darstellung zeigt, wie sich die Höhe des Gewerbesteuersatzes positiv, die des Einkommensteuersatzes negativ auf die Höhe des Vorteils auswirkt. Es zeigt sich auch, dass für einen persönlichen Steuersatz von 40 % der Wert des Steuerfaktors $\tau$ gerade dem effektiven Gewerbesteuersatz (bzw. dessen Hälfte bei Dauerschulden) entspricht. Somit wäre unter der Annahme von persönlichen Steuern in dieser Höhe der Steuerfaktor einfach mit dem Gewerbeertragssteuersatz ermittelbar.

| | v = | 15 % | 20 % | 25 % | 30 % | 35 % | 40 % | 45 % | 50 % |
|---|---|---|---|---|---|---|---|---|---|
| h = | s = | τ = | | | | | | | |
| 0 % | 0,00 % | 18,38 % | 15,63 % | 12,50 % | 8,93 % | 4,81 % | 0,00 % | -5,68 % | -12,50 % |
| 20 % | 0,99 % | 18,79 % | 16,04 % | 12,93 % | 9,38 % | 5,28 % | 0,50 % | -5,16 % | -11,94 % |
| 40 % | 1,96 % | 19,18 % | 16,45 % | 13,36 % | 9,82 % | 5,74 % | 0,98 % | -4,65 % | -11,40 % |
| 60 % | 2,91 % | 19,57 % | 16,85 % | 13,77 % | 10,25 % | 6,19 % | 1,46 % | -4,14 % | -10,86 % |
| 80 % | 3,85 % | 19,95 % | 17,25 % | 14,18 % | 10,68 % | 6,64 % | 1,92 % | -3,65 % | -10,34 % |
| 100 % | 4,76 % | 20,33 % | 17,63 % | 14,58 % | 11,10 % | 7,07 % | 2,38 % | -3,17 % | -9,82 % |
| 120 % | 5,66 % | 20,69 % | 18,01 % | 14,98 % | 11,51 % | 7,50 % | 2,83 % | -2,69 % | -9,32 % |
| 140 % | 6,54 % | 21,05 % | 18,38 % | 15,36 % | 11,91 % | 7,92 % | 3,27 % | -2,22 % | -8,82 % |
| 160 % | 7,41 % | 21,41 % | 18,75 % | 15,74 % | 12,30 % | 8,33 % | 3,70 % | -1,77 % | -8,33 % |
| 180 % | 8,26 % | 21,75 % | 19,11 % | 16,11 % | 12,69 % | 8,74 % | 4,13 % | -1,32 % | -7,86 % |
| 200 % | 9,09 % | 22,09 % | 19,46 % | 16,48 % | 13,07 % | 9,13 % | 4,55 % | -0,88 % | -7,39 % |
| 220 % | 9,91 % | 22,43 % | 19,81 % | 16,84 % | 13,44 % | 9,52 % | 4,95 % | -0,45 % | -6,93 % |
| 240 % | 10,71 % | 22,75 % | 20,15 % | 17,19 % | 13,81 % | 9,91 % | 5,36 % | -0,02 % | -6,47 % |
| 260 % | 11,50 % | 23,08 % | 20,48 % | 17,53 % | 14,17 % | 10,28 % | 5,75 % | 0,40 % | -6,03 % |
| 280 % | 12,28 % | 23,39 % | 20,81 % | 17,87 % | 14,52 % | 10,65 % | 6,14 % | 0,81 % | -5,59 % |
| 300 % | 13,04 % | 23,71 % | 21,13 % | 18,21 % | 14,87 % | 11,02 % | 6,52 % | 1,21 % | -5,16 % |
| 320 % | 13,79 % | 24,01 % | 21,44 % | 18,53 % | 15,21 % | 11,37 % | 6,90 % | 1,61 % | -4,74 % |
| 340 % | 14,53 % | 24,31 % | 21,75 % | 18,86 % | 15,54 % | 11,72 % | 7,26 % | 2,00 % | -4,33 % |
| 360 % | 15,25 % | 24,61 % | 22,06 % | 19,17 % | 15,87 % | 12,07 % | 7,63 % | 2,38 % | -3,92 % |
| 380 % | 15,97 % | 24,90 % | 22,36 % | 19,49 % | 16,20 % | 12,41 % | 7,98 % | 2,75 % | -3,52 % |
| 400 % | 16,67 % | 25,18 % | 22,66 % | 19,79 % | 16,52 % | 12,74 % | 8,33 % | 3,13 % | -3,13 % |
| 420 % | 17,36 % | 25,46 % | 22,95 % | 20,09 % | 16,83 % | 13,07 % | 8,68 % | 3,49 % | -2,74 % |
| 440 % | 18,03 % | 25,74 % | 23,23 % | 20,39 % | 17,14 % | 13,39 % | 9,02 % | 3,85 % | -2,36 % |
| 460 % | 18,70 % | 26,01 % | 23,51 % | 20,68 % | 17,44 % | 13,71 % | 9,35 % | 4,20 % | -1,98 % |
| 480 % | 19,35 % | 26,28 % | 23,79 % | 20,97 % | 17,74 % | 14,02 % | 9,68 % | 4,55 % | -1,61 % |
| 500 % | 20,00 % | 26,54 % | 24,06 % | 21,25 % | 18,04 % | 14,33 % | 10,00 % | 4,89 % | -1,25 % |

Tab. V.1: Steuerfaktor τ für das Tax Shield im Halbeinkünfteverfahren bei Dauerschulden ($\phi = 0{,}5$)

Bei einer Finanzierung mit kurzfristigen Schulden ändern sich die Tax Shields gravierend. Tab. V.2 gibt die Steuerfaktoren τ für diese Annahme wieder.

|  | v = | 15 % | 20 % | 25 % | 30 % | 35 % | 40 % | 45 % | 50 % |
|---|---|---|---|---|---|---|---|---|---|
| h = | s = | τ = | | | | | | | |
| 0 % | 0,00 % | 18,38 % | 15,63 % | 12,50 % | 8,93 % | 4,81 % | 0,00 % | -5,68 % | -12,50 % |
| 20 % | 0,99 % | 19,19 % | 16,46 % | 13,37 % | 9,83 % | 5,75 % | 0,99 % | -4,64 % | -11,39 % |
| 40 % | 1,96 % | 19,98 % | 17,28 % | 14,22 % | 10,71 % | 6,67 % | 1,96 % | -3,61 % | -10,29 % |
| 60 % | 2,91 % | 20,76 % | 18,08 % | 15,05 % | 11,58 % | 7,58 % | 2,91 % | -2,60 % | -9,22 % |
| 80 % | 3,85 % | 21,52 % | 18,87 % | 15,87 % | 12,43 % | 8,47 % | 3,85 % | -1,62 % | -8,17 % |
| 100 % | 4,76 % | 22,27 % | 19,64 % | 16,67 % | 13,27 % | 9,34 % | 4,76 % | -0,65 % | -7,14 % |
| 120 % | 5,66 % | 23,00 % | 20,40 % | 17,45 % | 14,08 % | 10,20 % | 5,66 % | 0,30 % | -6,13 % |
| 140 % | 6,54 % | 23,72 % | 21,14 % | 18,22 % | 14,89 % | 11,04 % | 6,54 % | 1,23 % | -5,14 % |
| 160 % | 7,41 % | 24,43 % | 21,88 % | 18,98 % | 15,67 % | 11,86 % | 7,41 % | 2,15 % | -4,17 % |
| 180 % | 8,26 % | 25,12 % | 22,59 % | 19,72 % | 16,45 % | 12,67 % | 8,26 % | 3,04 % | -3,21 % |
| 200 % | 9,09 % | 25,80 % | 23,30 % | 20,45 % | 17,21 % | 13,46 % | 9,09 % | 3,93 % | -2,27 % |
| 220 % | 9,91 % | 26,47 % | 23,99 % | 21,17 % | 17,95 % | 14,24 % | 9,91 % | 4,79 % | -1,35 % |
| 240 % | 10,71 % | 27,13 % | 24,67 % | 21,88 % | 18,69 % | 15,01 % | 10,71 % | 5,64 % | -0,45 % |
| 260 % | 11,50 % | 27,77 % | 25,33 % | 22,57 % | 19,41 % | 15,76 % | 11,50 % | 6,48 % | 0,44 % |
| 280 % | 12,28 % | 28,41 % | 25,99 % | 23,25 % | 20,11 % | 16,50 % | 12,28 % | 7,30 % | 1,32 % |
| 300 % | 13,04 % | 29,03 % | 26,63 % | 23,91 % | 20,81 % | 17,22 % | 13,04 % | 8,10 % | 2,17 % |
| 320 % | 13,79 % | 29,64 % | 27,26 % | 24,57 % | 21,49 % | 17,94 % | 13,79 % | 8,89 % | 3,02 % |
| 340 % | 14,53 % | 30,24 % | 27,88 % | 25,21 % | 22,16 % | 18,64 % | 14,53 % | 9,67 % | 3,85 % |
| 360 % | 15,25 % | 30,83 % | 28,50 % | 25,85 % | 22,82 % | 19,33 % | 15,25 % | 10,44 % | 4,66 % |
| 380 % | 15,97 % | 31,41 % | 29,10 % | 26,47 % | 23,47 % | 20,01 % | 15,97 % | 11,19 % | 5,46 % |
| 400 % | 16,67 % | 31,99 % | 29,69 % | 27,08 % | 24,11 % | 20,67 % | 16,67 % | 11,93 % | 6,25 % |
| 420 % | 17,36 % | 32,55 % | 30,27 % | 27,69 % | 24,73 % | 21,33 % | 17,36 % | 12,66 % | 7,02 % |
| 440 % | 18,03 % | 33,10 % | 30,84 % | 28,28 % | 25,35 % | 21,97 % | 18,03 % | 13,38 % | 7,79 % |
| 460 % | 18,70 % | 33,64 % | 31,40 % | 28,86 % | 25,96 % | 22,61 % | 18,70 % | 14,08 % | 8,54 % |
| 480 % | 19,35 % | 34,18 % | 31,96 % | 29,44 % | 26,56 % | 23,23 % | 19,35 % | 14,77 % | 9,27 % |
| 500 % | 20,00 % | 34,71 % | 32,50 % | 30,00 % | 27,14 % | 23,85 % | 20,00 % | 15,45 % | 10,00 % |

Tab. V.2: Steuerfaktor τ für das Tax Shield im Halbeinkünfteverfahren bei kurzfristigen Schulden (ϕ = 1)

Die Werte zeigen, dass sich teilweise für Einkommensteuersätze über 40 % sogar ein negatives Tax Shield, also ein Steuernachteil der Fremdfinanzierung, ergibt. Der Einkommensteuersatz v*, bis zu dem ein Vorteil der Fremdfinanzierung erzielbar ist, lässt sich wie folgt allgemein bestimmen:

$$(1 - v) = (1 - \phi s)(1 - t_H)(1 - 0{,}5v)$$
$$\Leftrightarrow v\,(1 - 0{,}5(1 - \phi s)(1 - t_H)) = 1 - (1 - \phi s)(1 - t_H)$$

$$\Leftrightarrow v^* = \frac{1-(1-\phi s)(1-t_H)}{1-0,5(1-\phi s)(1-t_H)}.$$

Bei einem effektiven Gewerbeertragsteuersatz von 16,67 % und einem Körperschaftsteuersatz von 25 % und reinen Dauerschulden errechnet sich ein v* von 47,62 %. Oberhalb dieses Grenzsteuersatzes ist die Fremdfinanzierung sogar mit einem steuerlichen Nachteil verbunden. Die folgende Tabelle gibt diesen Steuersatz v* in Abhängigkeit vom zugrunde liegenden Gewerbesteuersatz und dem Anteil an Dauer- bzw. kurzfristigen Schulden wieder:

| h = | 0 % | 40 % | 80 % | 120 % | 160 % | 200 % | 240 % | 280 % | 320 % | 360 % | 380 % | 400 % | 420 % | 440 % | 460 % | 480 % | 500 % |
|---|---|---|---|---|---|---|---|---|---|---|---|---|---|---|---|---|---|
| s = | 0 % | 2,0 % | 3,8 % | 5,7 % | 7,4 % | 9,1 % | 10,7 % | 12,3 % | 13,8 % | 15,3 % | 16,0 % | 16,7 % | 17,4 % | 18,0 % | 18,7 % | 19,4 % | 20,0 % |
| 0,5 | 40,0 % | 40,9 % | 41,8 % | 42,7 % | 43,5 % | 44,2 % | 45,0 % | 45,7 % | 46,4 % | 47,0 % | 47,3 % | 47,6 % | 47,9 % | 48,2 % | 48,5 % | 48,8 % | 49,1 % |
| 1 | 40,0 % | 41,9 % | 43,6 % | 45,3 % | 46,8 % | 48,3 % | 49,7 % | 51,0 % | 52,2 % | 53,4 % | 54,0 % | 54,5 % | 55,1 % | 55,6 % | 56,1 % | 56,6 % | 57,1 % |

Tab. V.3: Grenzeinkommensteuersätze für das Tax Shield im Halbeinkünfteverfahren

Zusammenfassend lässt sich sagen, dass die Berücksichtigung des Steuervorteils der Fremdfinanzierung im Halbeinkünfteverfahren wesentlich differenzierter zu behandeln ist als im Anrechnungsverfahren.

## 3. Ableitung der verschiedenen Bewertungsansätze

In der angloamerikanischen Bewertungsliteratur existieren vier Ansätze zur Bewertung: der APV-Ansatz, der WACC-, TCF-, und der Equity-Ansatz,[214] wobei der WACC-Ansatz dabei der in der Praxis am weitesten verbreitete ist.[215] Diese Ansätze werden üblicherweise nur im Zusammenhang mit der DCF-Bewertung diskutiert. Sie unterschieden sich aber lediglich durch die unterschiedliche Berücksichtigung des Tax Shields bei der Bewertung. Dies lässt sich auch auf andere Bewertungsmodelle übertragen. Dem Equity-Ansatz liegt konzeptionell genauso wie der Ertragswertmethode die Nettomethode zugrunde. Im Folgenden wird zunächst der grundlegende Zusammenhang der Bewertungsansätze mit den Steuervorteilen des Fremdkapitals aufgezeigt. Sodann werden die Bewertungsansätze unabhängig von den gegebenen Steuervorschriften abgeleitet, um eine Anpassung auf andere Systeme zu ermöglichen.

---

214 Vgl. z. B. Copeland/Koller/Murrin (2000), S. 146ff.
215 Vgl. Inselbag/Kaufold (1997), S. 114.

## 3.1. Grundsätzlicher Zusammenhang

Steht dem Eigentümer eine Alternative zur Wahl, die ihm vor persönlichen Steuern eine Rendite $r_{Ek}$ versprechen würde, so beträgt sein Einkommen auf die alternative Verwendung des Investitionsbetrages:

$$r_{Ek} \times \left(\frac{Ek}{Gk} \times I\right).$$

Das alternative Einkommen der Fremdkapitalgeber beträgt entsprechend:

$$r_{Fk} \times \left(\frac{Fk}{Gk} \times I\right).$$

Das Einkommen aller Investoren aus dem Unternehmen beträgt bei ausschließlicher Berücksichtigung der Gewerbesteuer:

$$EBIT\,(1-s) + \phi sZ.$$

Dieses muss der Summe der Alternativeinkommen:

$$r_{Ek} \times \left(\frac{Ek}{Gk} \times I\right) + r_{Fk} \times \left(\frac{Fk}{Gk} \times I\right)$$

mindestens entsprechen:

$$EBIT\,(1-s) + \phi sZ \geq r_{Ek} \times \left(\frac{Ek}{Gk} \times I\right) + r_{Fk} \times \left(\frac{Fk}{Gk} \times I\right).$$

Folgt man den selben Überlegungen für den Einbezug persönlicher Steuern im Anrechnungsverfahren, muss der allgemeine Bewertungsansatz dort wie folgt lauten:

$$[EBIT\,(1-s) + \phi sZ](1-v) \geq r_{Ek}(1-v_{Ek})\left(\frac{Ek}{Gk} \times I\right) + r_{Fk}(1-v_{Fk})\left(\frac{Fk}{Gk} \times I\right).$$

Der allgemeine Bewertungsansatz im Halbeinkünfteverfahren lautet:

$$EBIT(1-s)(1-t_H)(1-0{,}5v) + TS \geq r_{Ek}(1-v_{Ek})\left(\frac{Ek}{Gk} \times I\right) + r_{Fk}(1-v_{Fk})\left(\frac{Fk}{Gk} \times I\right)$$

mit $TS = \omega Z$

und $\omega = (1-v) + (1-0{,}5v)(1-t_H)(1-\phi s) = \dfrac{TS}{Z} = \dfrac{TS}{r_{Fk} Fk}$.

Diese Alternativenvergleiche bilden die Grundlage für den Einbezug des Steuervorteils in die Bewertung. Hierfür existieren verschiedene Möglichkeiten, worin sich die Eigenarten der verschiedenen Methoden der Unternehmensbewertung zeigen. Im folgenden wird der Einbezug des Tax Shields exemplarisch für den Fall des Anrechnungsverfahrens demonstriert, wobei weiterhin von einer einheitlichen Bemessungsgrundlage für die Bewertung und Besteuerung ausgegangen wird. In einem zweiten Schritt wird diese Vorgehensweise auf den allgemeinen Fall übertragen.

### 3.1.1. Total Cashflow-Ansatz

Um aus der obigen grundlegenden Beziehung den Grenzpreis abzuleiten, bei dem sich der Kauf gerade noch lohnt, muss diese nach dem in der Anlagealternative zu verzinsenden, ersparten Kaufpreis I aufgelöst werden. Hierdurch lässt sich der Grenzpreis $Gk_0$ des Unternehmens ermitteln: Der Barwert der Rückflüsse muss mindestens genauso groß sein wie die ursprüngliche Investitionsausgabe:

$$Gk_0 = \dfrac{EBIT(1-s) + \phi sZ}{r_{Ek}\dfrac{Ek}{Gk} + r_{Fk}\dfrac{Fk}{Gk}} \geq I.$$

Bei diesem Ansatz wird der Steuervorteil direkt im Zähler berücksichtigt und ein Grenzpreis des Gesamtunternehmens ermittelt, von dem der Wert des Fremdkapitals abzuziehen ist.[216] Im Spezialfall der ewigen Rente lässt sich auch hier die persönliche Steuer herauskürzen. Für schwankende Zukunftserfolge müssen sie jedoch berücksichtigt werden. Dann resultiert folgender Ansatz:

$$Gk_0 = \sum_{t=1}^{\infty} \dfrac{EBIT_t(1-s)(1-v) + \phi s Z_t (1-v)}{(1+r_{Gk})^t}$$

$$\text{mit } r_{Gk} = \left(r_{Ek}(1-v)\dfrac{Ek}{Gk}\right) + \left(r_{Fk}(1-v)\dfrac{Fk}{Gk}\right).$$

---

216 Die Formel unterstellt konstante Verhältnisse von Eigen- und Fremdkapital. Außerdem handelt es sich bei den Gewichten um Marktwerte. Das Ergebnis der Bewertung (Gk - Fk = Ek) muss also bereits bekannt sein, um die Kapitalkosten zu ermitteln. Dies lässt sich durch eine iterative Vorgehensweise lösen. Vgl. hierzu Abschnitt 5 in diesem Kapitel.

## 3.1.2. WACC-Ansatz

Statt die Gesamteinkünfte der Investoren nach allen Finanzierungseffekten mit den gesamten Alternativrenditen zu vergleichen, kann auch die Finanzierungswirkung ganz auf die Seite der Alternativrendite gebracht werden, quasi um die Finanzierungswirkungen gebündelt auf der „Passivseite" darzustellen:

$$\text{EBIT} (1-s) \geq \left( r_{Ek} \times \frac{Ek}{Gk} \times I \right) + \left( r_{Fk} \times \frac{Fk}{Gk} \times I \right) - \phi s Z.$$

Mit $Z = r_{Fk} \times \left( \dfrac{Fk}{Gk} \times I \right)$ gilt:

$$\text{EBIT} (1-s) \geq \left( r_{Ek} \times \frac{Ek}{Gk} \times I \right) + \left( r_{Fk} \times \frac{Fk}{Gk} \times I \right) - \left( \phi s \times r_{Fk} \times \frac{Fk}{Gk} \times I \right)$$

$$\text{EBIT}(1-s) \geq \left( r_{Ek} \times \frac{Ek}{Gk} + r_{Fk}(1-\phi s) \times \frac{Fk}{Gk} \right) \times I$$

$$Gk_0 = \frac{\text{EBIT}(1-s)}{r_{Ek} \times \dfrac{Ek}{Gk} + r_{Fk}(1-\phi s) \times \dfrac{Fk}{Gk}} \geq I$$

Der Nenner entspricht der bekannten „Lehrbuchformel" der „weighted average cost of capital" (WACC). Zu beachten ist, dass sich die GESt hierbei auf den vollen Gewinn vor Zinsen errechnet, also den Gewinn einer unverschuldeten Unternehmung und der Steuervorteil allein in den Kapitalkosten zum Tragen kommt.[217]

## 3.1.3. APV-Ansatz

Der „Adjusted Present Value"-Ansatz geht wiederum einen anderen Weg, indem er versucht, den Wert der Finanzierung gesondert darzustellen und den Unternehmenswert ohne Verschuldung entsprechend zu „adjustieren". Deshalb wird das Einkommen aus einem unverschuldeten Unternehmen herangezogen und mit den fiktiven (Eigen-) Kapitalkosten eines unverschuldeten Unternehmens diskontiert. Dazu wird der Barwert der Tax Shields aus der Fremdfinanzierung gesondert hinzugezählt, die mit den Fremdkapitalkosten zu diskontieren sind, da zukünftige Tax Shields, ebenso wie künftige Bestände an Fremdkapital, in ihrer Höhe quasi sicher feststehen:[218]

---

217 Vgl. z. B. Copeland/Koller/Murrin (1994), S. 135ff.; Copeland/Weston (1992), S. 441ff.; Jonas (1995), S. 87, 94.
218 Diese Ableitung gilt nur im Rentenmodell bei feststehendem Fremdkapitalbestand (F-Modell).

$$Gk_0 = \frac{EBIT(1-s)}{r_{Ek}^u} + \frac{\phi sZ}{r_{Fk}} \geq I$$

Dies entspricht auch:

$$Gk_0 = \frac{EBIT(1-s)}{r_{Ek}^u} + \phi sFk \geq I$$

Die Eigenkapitalkosten des unverschuldeten Unternehmens ergeben sich (im Rentenfall) durch die sog. MODIGLIANI/MILLER –Anpassung:[219]

$$r_{Ek} = r_{Ek}^u + \left(r_{Ek}^u - r_{Fk}\right)\frac{Fk}{Ek}(1-\phi s)$$

$$\Leftrightarrow r_{Ek}^u = \frac{r_{Ek}\frac{Ek}{Gk} + r_{Fk}\frac{Fk}{Gk}(1-\phi s)}{\left(1-\phi s\frac{Fk}{Gk}\right)}.$$

Mit diesen Zusammenhängen lässt sich der APV-Ansatz wieder in die ursprüngliche Form überführen:

$$\frac{EBIT(1-s)\left(1-\phi s\frac{Fk}{Gk}\right)}{r_{Ek}\frac{Ek}{Gk} + r_{Fk}\frac{Fk}{Gk}(1-\phi s)} \geq I - \phi sFk$$

$$\frac{EBIT(1-s)}{r_{Ek}\frac{Ek}{Gk} + r_{Fk}\frac{Fk}{Gk}(1-\phi s)} \geq \frac{\left(1-\phi s\frac{Fk}{Gk}\right)I}{\left(1-\phi s\frac{Fk}{Gk}\right)}$$

$$EBIT(1-s) \geq I\left(r_{Ek}\frac{Ek}{Gk} + r_{Fk}\frac{Fk}{Gk} - \phi sr_{Fk}\frac{Fk}{Gk}\right)$$

$$EBIT(1-s) + \phi sZ \geq \left(r_{Ek} \times \frac{Ek}{Gk} \times I\right) + \left(r_{Fk} \times \frac{Fk}{Gk} \times I\right) \quad \text{q.e.d.}$$

Die Überführung macht deutlich, dass ein eindeutiger Zusammenhang zwischen den Bewertungsansätzen und den Anpassungsfunktionen für die Kapitalkosten für Veränderungen des Verschuldungsgrades existiert. Hierauf wird im Detail in Abschnitt 4 dieses Kapitels eingegangen.

---

219 Vgl. hierzu ausführlich Abschnitt 4 dieses Kapitels.

## 3.1.4. Nettoansatz

Bei der Nettomethode werden die Fremdkapitalgeber-Zahlungen auf der „Aktivseite" berücksichtigt. Mit $Z = r_{Fk} \times \left(\dfrac{Fk}{Gk} \times I\right)$ und $I = Gk$ gilt:

$$\text{EBIT}(1-s) + \phi sZ \geq \left(r_{Ek} \times \dfrac{Ek}{Gk} \times I\right) + Z$$
$$\text{EBIT}(1-s) + \phi sZ - Z \geq \left(r_{Ek} \times Ek\right)$$
$$\text{EBIT}(1-s) - (1-\phi s)Z \geq \left(r_{Ek} \times Ek\right)$$

Der investierte Betrag (Kaufpreis) des Eigenkapitals darf den folgenden Grenzwert nicht überschreiten:

$$Ek_0 = \dfrac{\text{EBIT}(1-s) - (1-\phi s)Z}{r_{Ek}}$$

Dieser Ansatz nach der Nettomethode ermittelt somit direkt einen Grenzpreis für den Eigentümerwert des Unternehmens und entspricht im Vorgehen sowohl der Ertragswertmethode als auch dem Flow to Equity-Ansatz der DCF-Methoden.

## 3.2. Steuersystemunabhängige Ableitung der Bewertungsansätze

Die bisherigen Ausführungen dienten der Veranschaulichung der üblichen Bewertungsmodelle. Jeder Ansatz setzt die Verwendung methodenspezifischer und konsistenter Erfolgsgrößen voraus. Durch die dargestellten Bewertungsgleichungen für WACC-, TCF- und Equity-Ansatz wird der Zusammenhang von gegebenen Kapitalkostensätzen in einem bestimmten Zeitpunkt beschrieben. Es konnte gezeigt werden, dass alle Bewertungsmodelle miteinander in direkter Beziehung stehen und deshalb grundsätzlich auch ineinander überführbar sind.[220] Der dargestellte APV-Ansatz war in der obigen Form jedoch nur durch das Unterstellen eines bestimmten Zusammenhangs der Eigenkapitalkosten eines verschuldeten und eines unverschuldeten Unternehmens, der sog. MODIGLIANI/MILLER-Anpassung, in die anderen Ansätze überführbar.[221] Dieser Zusammenhang lässt sich jedoch verallgemeinern, da zum einen eine eindeutige Beziehung der verschiedenen Bewertungsansätze untereinander existiert, die durch die oben dargestellte, auf dem Alternativenvergleich basierende Aus-

---
220 Vgl. auch Wallmeier (1999), S. 1474ff.; kritisch Hachmeister (1999), S. 109ff.
221 Vgl. auch Hachmeister (1999), S. 111.

gangsgleichung gegeben ist, und zum anderen die Reaktionsfunktionen der Kapitalkosten auf Veränderungen des Verschuldungsgrades aus dem APV-Ansatz resultieren. Deshalb existieren eindeutige Zusammenhänge zwischen den Bewertungsmodellen und den Finanzierungsprämissen. Um dies allgemein zu zeigen, werden im Folgenden die verschiedenen Bewertungsansätze in allgemeiner, d. h. in steuersystemunabhängiger Form, abgeleitet. Danach werden steuersystemunabhängige Reaktionsfunktionen abgeleitet, die den Zusammenhang aufzeigen.

Bewertungsrelevant sind die Rückflüsse X aus dem Bewertungsobjekts nach Steuern. Betrachtet man ein verschuldetes Unternehmen, so unterscheidet sich dessen Steuerlast (T) von der eines unverschuldeten Unternehmens ($T^u$) durch das Tax Shield TS:

$$T^u = T + TS$$

Dabei wird auf die gesamte Ertragsteuerbelastung der Investoren abgestellt, was sowohl betriebliche als auch private Steuern einschließt. Damit unterscheiden die Rückflüsse eines verschuldeten Unternehmens nach Steuern sich von denen eines unverschuldeten Unternehmens durch das Tax Shield:

$$X^\ell = X^u + TS \Leftrightarrow X^u = X^\ell - TS$$

Die Rückflüsse nach Steuern ($X^\ell$) müssen in jeder Periode die Renditeerwartungen der Investoren nach Steuern, einschließlich persönlicher Steuern (v), erfüllen. Investoren in das Eigenkapital eines verschuldeten Unternehmens ($Ek_0^\ell$) erwarten die Rendite $r_{Ek}^\ell$ auf den Eigenkapitalanteil am Gesamtunternehmenswert ($Gk_0^\ell$), welche zum persönlichen Steuersatz auf Einkünfte aus solchem Kapitalvermögen ($v_{Ek}$) zu versteuern ist. Fremdkapitalgeber fordern eine Rendite $r_{Fk}$ auf das Fremdkapital ($Fk_0$), welche zum Steuersatz $v_{FK}$ zu versteuern ist.

Deshalb kann der obige Alternativenvergleich auch wie folgt ausgedrückt werden:[222]

$$Gk_1^\ell + X_1^u + TS_1 = Gk_0^\ell[1 + r_{Ek}^\ell(1 - v_{Ek})\frac{Ek_0^\ell}{Gk_0^\ell} + r_{Fk}(1 - v_{Fk})\frac{Fk_0}{Gk_0^\ell}].$$

Hierbei werden die zu diskontierenden $X^u$ unter der Fiktion einer reinen Eigenfinanzierung nach Abzug der daraus resultierenden Steuerzahlungen berechnet. Somit bleibt der Steuervorteil der Fremdfinanzierung im Zähler der Bewertung unberück-

---

[222] Die Steuern des unverschuldeten Unternehmens $T^u$ sowie das Tax Shield TS beinhalten persönliche Steuern.

sichtigt. Der Steuervorteil wird ausschließlich im Nenner, den „weighted average cost of capital (WACC)" berücksichtigt.[223] Aus obigem Bewertungsansatz (b) lässt sich dies wie folgt ableiten:

$$Gk_1^\ell + X_1^u = Gk_0^\ell [1 + r_{Ek}^\ell (1-v_{Ek}) \frac{Ek_0^\ell}{Gk_0^\ell} + r_{Fk}(1-v_{Fk})\frac{Fk_0}{Gk_0^\ell}] - TS_1$$

$$\Leftrightarrow Gk_1^\ell + X_1^u = Gk_0^\ell [1 + r_{Ek}^\ell (1-v_{Ek}) \frac{Ek_0^\ell}{Gk_0^\ell} + r_{Fk}(1-v_{Fk})\left(1 - \frac{TS_1}{r_{Fk}(1-v)Fk_0}\right)\frac{Fk_0}{Gk_0^\ell}]$$

$$\Leftrightarrow Gk_0^\ell = \frac{Gk_1^\ell + X_1^u}{1 + r_{Ek}^\ell (1-v_{Ek}) \frac{Ek_0^\ell}{Gk_0^\ell} + r_{Fk}(1-v_{Fk})\left(1 - \frac{TS_1}{r_{Fk}(1-v)Fk_0}\right)\frac{Fk_0}{Gk_0^\ell}}$$

Da dieser Zusammenhang für jede Periode gelten muss, lässt sich durch sukzessives Ersetzen der Residualwerte durch ihre DCF-Äquivalente folgender Ausdruck gewinnen:[224]

$$Gk_0^\ell = \sum_{t=1}^{\infty} \frac{X_t^u}{[1 + r_{Gk}^\ell (1-v)]^t} \quad \text{(WACC-Ansatz)}$$

mit $r_{Gk}^\ell (1-v) = r_{Ek}^\ell (1-v_{Ek}) \frac{Ek_0^\ell}{Gk_0^\ell} + r_{Fk}(1-v_{Fk})\left(1 - \frac{TS_1}{r_{Fk}(1-v)Fk_0}\right)\frac{Fk_0}{Gk_0^\ell}$

Der Kapitalisierungssatz dieses Ausdrucks stellt eine generalisierte Version nach persönlichen Steuern der „Lehrbuch-Formel" der WACC dar[225] und beschreibt den Zusammenhang der Fremdkapital- und der verschuldeten Eigenkapitalkosten bei einem gegebenen Verhältnis von Fremdkapital zu Eigenkapital. Dabei setzt die Formel ein konstantes Verhältnis dieser Werte im Zeitablauf voraus.

Neben dem WACC-Ansatz lässt sich der weniger gebräuchliche „Total Cashflow (TCF)"-Ansatz aus obiger basaler Bewertungsäquivalenz (b) herleiten, bei dem das Tax Shield nicht wie bei den WACC im Nenner, sondern im Zähler Berücksichtigung findet und somit nicht die Free Cashflows nach fiktiven, sondern nach tatsächlichen Steuern diskontiert werden:

$$X^\ell = X^u + TS = (OCF + ICF - T^u + TS)$$

---

[223] Vgl. Copeland/Weston (1991), S. 441ff.
[224] Diese Formel berücksichtigt keine Veränderungen der Kapitalstruktur im Zeitablauf. Deshalb muss diese konstant gehalten werden, will man diesen Ansatz anwenden.
[225] Vgl. z. B. Inselbag/Kaufold (1997), S. 114ff.

$$Gk_1^\ell + X_1^u + TS_1 = Gk_0^\ell [1 + r_{Ek}^\ell (1 - v_{Ek}) \frac{Ek_0^\ell}{Gk_0^\ell} + r_{Fk}(1 - v_{Fk}) \frac{Fk_0}{Gk_0^\ell}]$$

Auflösen der Gleichung nach dem Wert des verschuldeten Unternehmens und sukzessives Ersetzen ergibt den Total Cash Flow (TCF)-Ansatz:

$$Gk_0^\ell = \sum_{t=1}^{\infty} \frac{X_t^u + TS_t}{\left[1 + r_{Ek}^\ell (1 - v_{Ek}) \frac{Ek_0^\ell}{Gk_0^\ell} + r_{Fk}(1 - v_{Fk}k) \frac{Fk_0}{Gk_0^\ell}\right]^t} \quad \text{(TCF-Ansatz)}$$

Wie beim TCF-Ansatz werden auch beim „Equity-Ansatz" die Free Cashflows nach tatsächlichen Steuern bewertet. Jedoch werden dabei dem Nettoansatz gefolgt, d. h. es werden die eigenkapitalbezogenen Netto Free Cashflows (NFCF) mit den verschuldeten Eigenkapitalkosten diskontiert und damit unmittelbar der Wert des Eigenkapitals ermittelt. Aus der Gleichheit von Mittelherkunft und Mittelverwendung lassen sich diese NFCF nach tatsächlichen Steuern wie folgt ableiten:[226]

$$FCF = Ek\text{-}CF + Fk\text{-}CF = OCF_1 + ICF_1 - T_1$$
$$NFCF = Ek\text{-}CF = OCF_1 + ICF_1 - T_1 - Fk\text{-}CF$$
$$NFCF = OCF_1 + ICF_1 - T_1 - (Z(1 - v_D) - \Delta Fk)$$

Die unverschuldeten Free Cashflows $X^u$ werden hierbei aufgesplittet in nach den Anspruchsgruppen: Z repräsentiert die Zinszahlungen an die Fremdkapitalgeber, NFCF die verbleibenden Free Cashflows nach Befriedigung der Ansprüche der Gläubiger und damit die den Eignern zustehenden Überschüsse netto von Eigenkapitalerhöhungen.[227]

$$X^\ell = X^u + TS$$
$$X^\ell = NFCF - Z(1 - v_{Fk}) + \Delta Fk$$
$$\Rightarrow NFCF = X^u + TS - Z(1 - v_{Fk}) + \Delta Fk$$

Hieraus resultiert, in Abänderung des obigen Alternativenvergleichs, folgende Äquivalenz der Alternativen:

$$Gk_1^\ell + X_1^u + TS_1 - Z(1 - v_{Fk}) + \Delta Fk = Ek_0^\ell [1 + r_{Ek}^\ell (1 - v_{Ek})]$$

---

226 Vgl. im Detail Kapitel V.C.
227 Vgl. Coenenberg/Schultze (1998), S. 290ff.

## F. Einfluss der Finanzierung auf die Bewertung

Durch Auflösen nach dem Wert des Eigenkapitals eines verschuldeten Unternehmens und sukzessive Substitution der Residualwerte erhält man den Equity-Ansatz:[228]

$$Ek_0^\ell = \sum_{t=1}^{\infty} \frac{NFCF_t}{\left(1+r_{Ek}^\ell(1-v)\right)^t} = \sum_{t=1}^{\infty} \frac{X_t^u + TS_t - Z_t(1-v_{Fk}) + \Delta Fk_t}{\left(1+r_{Ek}^\ell(1-v)\right)^t} \quad \text{(Equity-Ansatz)}$$

Alle drei soeben dargestellten Ansätze hängen von den verschuldeten Eigenkapitalkosten ab. Dagegen ermittelt der vierte Ansatz, der APV-Ansatz, den Unternehmenswert auf Basis der Free Cashflows und Eigenkapitalkosten eines unverschuldeten Unternehmens.[229] Dabei setzt sich der Wert des verschuldeten Unternehmens ($Gk_0^\ell$) aus dem Wert des unverschuldeten Unternehmens zuzüglich des Barwerts der Steuervorteile (PVTS) zusammen. Der Wert des unverschuldeten Unternehmens ergibt sich durch Diskontierung der erwarteten Brutto-Free Cashflows ($X^u$) mit den unverschuldeten Kapitalkosten ($r_{Ek}^u$).[230] Für den Rentenfall lässt sich dieser Ansatz wie folgt abbilden:

$$Gk_0^\ell = \frac{X^u}{r_{Ek}^u} + PVTS \qquad X^u = OCF + ICF - T^u$$

Der Wert der Tax Shields hängt allerdings von den Finanzierungsannahmen ab und muss im Einzelnen konkretisiert werden. Der APV-Ansatz bildet damit die Grundlage für die Untersuchung der Auswirkungen von Veränderungen der Kapitalstruktur auf die Kapitalkosten und den Unternehmenswert.[231] Hieraus lassen sich verschiedene Reaktionsfunktionen ableiten, welche die Auswirkungen von Veränderungen der Kapitalstruktur auf die verschuldeten Kapitalkosten abbilden.[232] Diese stellen die Verbindung zwischen dem APV und den übrigen Bewertungsansätzen her, denn es lässt sich zeigen, dass sich durch Einsetzen der Reaktionsfunktionen in den APV-Ansatz sich wieder obige Ausgangsgleichung ermitteln lässt.

---

228 Vgl. Martin (1987), S. 56, der vom „flow through to equity"-Ansatz spricht.
229 Das APV-Modell wurde zuerst von Modigliani/Miller (1963) vorgestellt und später durch Myers (1974) generalisiert.
230 Vgl. z. B. Inselbag/Kaufold (1997), S. 116.
231 Vgl. Miles/Ezzell (1980), S. 719.
232 Vgl. für einen Überblick Wallmeier (1999).

## 4. Steuersystemunabhängige Ableitung der Reaktionsfunktionen

In der Literatur findet sich eine Vielzahl von Beiträgen, in welchen die Äquivalenz und die Vorteile der dargestellten Ansätze, im Wesentlichen des WACC- und APV-Ansatzes, diskutiert werden.[233] Einerseits wird behauptet, dass alle Ansätze zu übereinstimmenden Ergebnissen führen, solange die Finanzierungsprämissen adäquat abgebildet werden,[234] andererseits wird dies unter realitätsnahen Umfeldbedingungen bezweifelt.[235] Diese Diskussion wird jedoch sehr widersprüchlich geführt, was meist auf eine Vermischung verschiedener Modellwelten zurückzuführen ist.[236] In Abhängigkeit von den unterstellten Finanzierungsprämissen ergeben sich eindeutige Zusammenhänge zwischen den Kapitalkostensätzen.[237] Während WACC-, TCF- und Equity-Ansatz den Zusammenhang von Kapitalkostensätzen zu einem bestimmten Zeitpunkt beschreiben, hängt die Entwicklung der Kapitalkostensätze im Zeitablauf von der Entwicklung der Verschuldung ab. Mit anderen Worten: Kennt man die Eigen- und Fremdkapitalkosten bei einem bestimmten Verschuldungsgrad, lassen sich mithilfe der WACC- oder TCF-Formel die Gesamtkapitalkosten bestimmen und mit dem entsprechenden Ansatz ein Unternehmenswert finden. Der Vergleich von WACC- und APV-Ansatz setzt deshalb eine große Sorgfalt bei der Bestimmung der Kapitalkosten voraus. Im Folgenden wird deshalb der Zusammenhang zwischen den denkbaren Finanzierungsannahmen und den daraus resultierenden Auswirkungen auf die Kapitalkosten und damit die Bewertungsmodelle ausführlich untersucht.

---

233 Vgl. hierzu Inselbag/Kaufold (1997), S. 114; Miles/Ezzell (1980), S. 719f. Vgl. auch Drukarczyk/Richter (1995), S. 559ff.; Hachmeister (1999), S. 106ff.; Hachmeister (1996a), S. 251ff.; Hachmeister (1996b), S. 357ff.; Luehrmann (1997), S. 145ff.; Richter (1996a), S. 1076ff.; Richter (1997), S. 226ff.; Schwetzler/Darijtschuk (1998), S. 26ff.; Wallmeier (1999), S. 1473ff.

234 Vgl. Ballwieser (1998), S. 82 m. w. N.; Hachmeister (1996a), S. 251ff.; IDW (1998), S. 104 m. w. N.

235 Vgl. Richter (1998), S. 379ff.; Kruschwitz/Löffler (1998), S. 3, 17f.; Schwetzler/Darijtschuk (1998), S. 26ff.

236 Vgl. hierzu ausführlich Wallmeier (1999), S. 1481ff.

237 Vgl. Wallmeier (1999), S. 1476.

## 4.1. Finanzierungsprämissen

Für die Abbildung der Wirkung von Veränderungen der Verschuldung auf die Kapitalkosten ist es nötig, die grundsätzlichen Überlegungen von oben nun in zweifacher Weise zu erweitern:

Erstens hängt die Bewertung davon ab, welche Finanzierungsstrategie das Unternehmen verfolgt. Hier werden i. d. R. zwei grundsätzliche Alternativen betrachtet:[238]

- Die Höhe und Entwicklung des Fremdkapitals wird festgeschrieben und unabhängig von der Entwicklung des Unternehmenswerts beibehalten – etwa weil sich das Unternehmen durch Kreditverträge auf einen bestimmten Tilgungsplan festgelegt hat.[239] Dann schwankt zwangsläufig das Verhältnis von Fremdkapital und Marktwert des Unternehmens $Gk_t = \frac{Fk_t}{Gk_t}$ im Zeitablauf. Durch die Festschreibung sind jedoch die Höhe des Fremdkapitals und die damit verbundenen Steuervorteile bereits im Zeitpunkt der Bewertung bekannt und damit ebenso riskant wie das Fremdkapital selbst (sog. F-Modell).
- Die Höhe und Entwicklung des Fremdkapitals wird an den Unternehmenswert der jeweiligen Periode gekoppelt (ertragswertabhängige Finanzierung). Die zukünftige Kapitalstruktur in Marktwerten wird festgelegt, sodass der Fremdkapitalbestand in der Zeit schwankt. Damit sind auch die künftigen Steuervorteile unsicher und ebenso riskant wie der Unternehmenswert (sog. L-Modell).

Zweitens ist es möglich, dass die Kapitalkosten im Zeitablauf Veränderungen unterliegen. Will man mit über alle Perioden konstanten Kapitalkosten arbeiten, ergeben sich andere Finanzierungsprämissen, als wenn man zulässt, dass die Kapitalkostensätze schwanken und dann die Auswirkungen der Veränderungen auf den Unternehmenswert im Bewertungsmodell einfangen muss. Deshalb werden im Folgenden zwei verschiedene Fälle betrachtet: der Rentenfall sowie der Fall im Zeitablauf schwankender Zahlungen.

---

238 Vgl. z. B. Kruschwitz/Löffler (1999), S. 7; Richter (1998), S. 379f.; Wallmeier (1999), S. 1474.
239 Vgl. Inselbag/Kaufold (1997), S. 114, 116ff. Dabei müssen *ex post* auftretende, unvorhergesehene Finanzierungsbedarfe durch Eigenkapitalaufnahme gedeckt werden und umgekehrt evtl. Überschüsse durch Ausschüttungen bzw. Eigenkapitalrückführung ausgeglichen werden. Die steuerlichen Folgen dieser Finanzierungsstrategie bleiben in den meisten Modellen ohne Berücksichtigung, sind aber nicht zu unterschätzen. Vgl. Richter (1998), S. 380.

|  | F-Modell | L-Modell |
|---|---|---|
| **1. Rentenfall** | konstante Kapitalkosten | konstante Kapitalkosten |
| **2.. Nicht-Rentenfall** | | |
| 2.1. konstanter Leverage | n.a. | konstante Kapitalkosten |
| 2.2. schwankender Leverage | schwankende Kapitalkosten | schwankende Kapitalkosten |

Tab. V.4: Finanzierungsstrategien und Einfluss auf die Kapitalkosten

Neben der Unterscheidung in F- und L-Finanzierungsmodelle werden im Folgenden deshalb zwei Fälle betrachtet: Der Spezialfall des Rentenmodells als Ausgangspunkt sowie der Nicht-Rentenfall. Bei letzterem ist weiterhin der Unterfall eines konstanten Verschuldungsgrades zu untersuchen, der im L-Modell im Zeitablauf konstante Kapitalkostensätze bewirkt. Daneben wird die Verallgemeinerung des F- und L-Modells bei im Zeitablauf schwankenden Kapitalstrukturen sowie schwankenden Kapitalkostensätzen betrachtet.

Es werden jeweils die für diese unterschiedlichen Bedingungen gültigen Reaktionsgleichungen abgeleitet, welche die Veränderungen der Gesamt- bzw. Eigenkapitalkosten bei Veränderungen des Verschuldungsgrades abbilden. Ein wesentlicher Bestandteil der Anpassungen basiert auf den Steuervorteilen des Fremdkapitals, welche wiederum von unterschiedlichen Steuersystemen abhängen. Deshalb werden zunächst generalisierte Anpassungsgleichungen abgeleitet, die unabhängig vom jeweiligen Steuersystem gelten. Im zweiten Schritt werden diese Überlegungen auf das deutsche System im Anrechnungsverfahren und sodann auf das Halbeinkünfteverfahren angewandt.

## 4.2. Rentenmodell

In obiger Darstellung der Alternativen der DCF-Methoden wurde davon ausgegangen, dass die Parameter der Formeln in allen Perioden konstant sind. Das bedeutet, dass erwartete Cashflows, Steuersätze, Eigen- und Fremdkapitalkostensätze und damit auch die Werte von Eigen- und Fremdkapital sowie daraus resultierend die Kapitalstruktur konstant sind (sog. Rentenmodell).[240] Mit Konstanz der Zahlungsströme im Rentenmodell ist aber nicht gemeint, dass sie im Zeitablauf feststehen und damit

---

240 Vgl. Brealey/Myers (2000), S. 546; Myers (1974), S. 12.

F. Einfluss der Finanzierung auf die Bewertung

sicher seien, sondern lediglich, dass sie in allen Zukunftsperioden den selben Erwartungswert aufweisen, sodass die Unternehmenswerte der Zukunft unsicher sind. Deshalb muss auch im Rentenmodell die Entscheidung getroffen werden, ob die zukünftige Fremdkapitalaufnahme einem vorgegebenen Plan folgen soll oder ob sie an die Entwicklung des Unternehmenswerts gekoppelt werden soll.[241]

Im Rentenmodell bei gegebenem Fremdkapitalbestand (F-Modell) ist der Wert der Steuervorteile (Tax Shield) sicher,[242] sodass ihre Bewertung mit dem Fremdkapitalkostensatz erfolgen kann.[243] Bei gegebener Kapitalstruktur hingegen sind der Fremdkapitalbestand und die daraus resultierenden Steuervorteile genauso unsicher wie der Unternehmenswert. Deshalb muss hier die Ermittlung des Barwerts der Tax Shields (PVTS) zum risikobehafteten Kapitalkostensatz erfolgen.

Den Ausgangspunkt der Überlegungen stellt der APV-Ansatz dar, der bereits von MODIGLIANI/MILLER (1963) eingeführt und von MYERS (1974) verallgemeinert wurde:[244] Der Wert eines verschuldeten Unternehmens $Gk_0^\ell$ setzt sich aus dem Wert des unverschuldeten Unternehmens und dem Wert der Steuervorteile PVTS zusammen. Der Wert des unverschuldeten Unternehmens ergibt sich durch Diskontierung der Zahlungen an die Investoren bei Annahme der reinen Eigenkapitalfinanzierung ($X^u$) mit den Eigenkapitalkosten des unverschuldeten Unternehmens $r_{Ek}^u$:

$$Gk_0^\ell = \frac{X^u}{r_{Ek}^u(1-v_{Ek})} + PVTS \quad \text{mit } X^u = OCF + ICF - EBIT \times s = BFCF$$

Der Wert des Tax Shields hängt davon ab, ob das L- oder F-Modell zur Anwendung kommt.

### 4.2.1. F-Modell (Modigliani & Miller)

Im F-Modell ergibt sich deshalb folgender grundlegender Bewertungsansatz:

$$Gk_0^\ell = \frac{X^u}{r_{Ek}^u(1-v_{Ek})} + \frac{TS}{r_{Fk}(1-v_{Fk})}$$

---

241 Vgl. Wallmeier (1999), S. 1480f.
242 Der Wert der TS ist allerdings nur dann sicher, wenn der zukünftige Steuersatz feststeht und das Unternehmen auch den Steuervorteil nutzen kann. Modigliani/Miller (1963), S. 438.
243 Vgl. Modigliani/Miller (1963), S. 436; Myers (1974), S. 22.
244 Vgl. hierzu Miles/Ezzell (1980), S. 719.

Will man jedoch nicht gemäß dem APV-Ansatz die Überschüsse und Tax Shields getrennt voneinander bewerten, sondern gemäß dem WACC-Ansatz die Bewertung allein durch Diskontierung der Überschüsse des unverschuldeten Unternehmens $X^u$, also der Brutto-Free Cashflows, erreichen, so lässt sich die Bewertungsgleichung so umstellen, dass dies ermöglicht wird:[245]

$$Gk_0^\ell - \frac{TS}{r_{Fk}(1-v_{Fk})} = \frac{X^u}{r_{Ek}^u(1-v_{Ek})}$$

$$\Leftrightarrow \left(1 - \frac{TS}{r_{Fk}(1-v_{Fk})Fk}\frac{Fk}{Gk}\right)Gk_0^\ell = \frac{X^u}{r_{Ek}^u(1-v_{Ek})}$$

$$\Leftrightarrow Gk_0^\ell = \frac{X^u}{\left(1 - \frac{TS}{r_{Fk}(1-v_{Fk})Fk}\frac{Fk}{Gk}\right)r_{Ek}^u(1-v_{Ek})}$$

Dieser Bewertungsansatz definiert den für die unmittelbare Diskontierung der Brutto-Free Cashflows zu verwendenden Kapitalisierungszins als Funktion des Verschuldungsgrades und der Kapitalkosten eines unverschuldeten Unternehmens. Dies ergibt die sog. MODIGLIANI/MILLER-Anpassung, welche die Veränderung der Gesamtkapitalkosten bei einer Veränderung des Verschuldungsgrades für das Renten-F-Modell abbildet und hier unabhängig von einem speziellen Steuersystem in generalisierter Form dargestellt ist:

(a) $\boxed{r_{Gk}^\ell(1-v) = r_{Ek}^u(1-v_{Ek})\left(1 - \frac{TS}{r_{Fk}(1-v_{Fk})Fk}\frac{Fk}{Gk}\right)}$

Im Spezialfall, dass $v_{Ek} = v_{Fk} = v$, gilt:[246]

$$r_{Gk}^\ell(1-v) = r_{Ek}^u\left(1 - v - \frac{TS}{r_{Fk}Fk}\frac{Fk}{Gk}\right)$$

Will man, gemäß der Vorgehensweise des TCF-Ansatzes, nicht die Brutto-Free Cashflows eines unverschuldeten Unternehmens an die Investoren $X^u$, sondern die eines verschuldeten $X^\ell$ diskontieren, gilt für diese:

$$X^\ell = X^u + TS = (OCF_t + ICF_t - T^u + TS) \text{ bzw. } X^u = X^\ell - TS$$

---

245 Vgl. Miles/Ezzell (1980), S. 725.
246 Vgl. Miller (1977).

## F. Einfluss der Finanzierung auf die Bewertung

Es resultiert der folgende Bewertungsansatz:[247]

$$Gk_0^\ell = \frac{X^u}{r_{Ek}^u(1-v_{Ek})} + \frac{TS}{r_{Fk}(1-v_{Fk})} = \frac{X^\ell - TS}{r_{Ek}^u(1-v_{Ek})} + \frac{TS}{r_{Fk}(1-v_{Fk})}$$

$$\Leftrightarrow Gk_0^\ell = \frac{X^\ell}{r_{Ek}^u(1-v_{Ek})} + \left(1 - \frac{r_{Fk}(1-v_{Fk})}{r_{Ek}^u(1-v_{Ek})}\right)\frac{TS}{r_{Fk}(1-v_{Fk})}$$

$$\Leftrightarrow Gk_0^\ell = \frac{X^\ell}{r_{Ek}^u(1-v_{Ek}) - \left(\frac{r_{Ek}^u(1-v_{Ek})}{r_{Fk}(1-v_{Fk})} - 1\right)\frac{TS}{Fk}\frac{Fk}{Gk}}.$$

Für die Anpassung der Kapitalkosten im TCF-Ansatz gilt damit folgende Anpassungsformel:

(b) $\boxed{r_{TCF}^\ell(1-v) = r_{Ek}^u(1-v_{Ek}) - \left(\frac{r_{Ek}^u(1-v_{Ek})}{r_{Fk}(1-v_{Fk})} - 1\right)\frac{TS}{Fk}\frac{Fk}{Gk}}.$

Im Spezialfall, dass $v_{Ek} = v_{Fk} = v$, gilt:[248]

$$r_{TCF}^\ell(1-v) = r_{Ek}^u(1-v) - (r_{Ek}^u - r_{Fk})\frac{TS}{r_{Fk}Fk}\frac{Fk}{Gk}$$

Geht man nach der Nettomethode vor, so sind die Zahlungsströme zwischen den Investorengruppen aufzuteilen: NFCF fließt an die Aktionäre, Z an die Fk-Geber:[249]

$$X^\ell = X^u + TS = NFCF + Z.$$

D.h. NFCF = $X^u$ + TS – Z bzw. $X^u$ = NFCF + Z - TS

$$Ek_0^\ell = Gk_0^\ell - Fk = \frac{X^u}{r_{Ek}^u(1-v_{Ek})} + \frac{TS}{r_{Fk}(1-v_{Fk})} - Fk$$

$$Ek_0^\ell = \frac{NFCF + Z(1-v_{Fk}) - TS}{r_{Ek}^u(1-v_{Ek})} + \frac{TS}{r_{Fk}(1-v_{Fk})} - Fk$$

---

[247] Vgl. Modigliani/Miller (1963), S. 438f.
[248] Vgl. Modigliani/Miller (1963), S. 438f.
[249] Dies setzt voraus, dass der Fremdkapitalbestand sich nicht ändert, denn es muss gelten: ΔFK = 0, sonst wäre der Netto-Zufluss an die Eigner höher.

$$\Leftrightarrow Ek_0^\ell = \frac{NFCF}{r_{Ek}^u(1-v_{Ek})} + \left(\frac{r_{Fk}(1-v_{Fk})}{r_{Ek}^u(1-v_{Ek})} - \frac{TS}{r_{Ek}^u(1-v_{Ek})Fk}\right)Fk$$

$$-\left(1 - \frac{TS}{r_{Fk}(1-v_{Fk})Fk}\right)Fk \Leftrightarrow$$

$$Ek_0^\ell = \frac{NFCF}{\left[r_{Ek}^u(1-v_{Ek}) - \left(r_{Fk}(1-v_{Fk}) - r_{Ek}^u(1-v_{Ek}) + \left(\frac{r_{Ek}^u(1-v_{Ek})}{r_{Fk}(1-v_{Fk})} - 1\right)\frac{TS}{Fk}\right)\frac{Fk}{Ek}\right]}$$

Hieraus resultiert die generalisierte MODIGLIANI/MILLER-Anpassung für die Eigenkapitalkosten eines verschuldeten Unternehmens im Renten-F-Modell:

(c) $\quad \boxed{r_{Ek}^\ell(1-v_{Ek}) = r_{Ek}^u(1-v_{Ek}) + \left(r_{Ek}^u(1-v_{Ek}) - r_{Fk}(1-v_{Fk})\right)\left(1 - \frac{TS/Fk}{r_{Fk}(1-v_{Fk})}\right)\frac{Fk}{Ek}}$.

Im Spezialfall, dass $v_{Ek} = v_{Fk} = v$, gilt:

$$r_{Ek}^\ell(1-v) = r_{Ek}^u(1-v) + (r_{Ek}^u - r_{Fk})(1 - v - \frac{TS}{r_{Fk}Fk})\frac{Fk}{Ek}$$

Diese Ableitung in Anlehnung an MODIGLIANI/MILLER zeigt auf der Grundlage des APV-Ansatzes verschiedene Bewertungsansätze und die Entwicklung der Kapitalkosten mit steigendem Verschuldungsgrad auf. Dass die hier abgeleiteten Formeln mit den zuvor dargestellten Bewertungsansätzen übereinstimmen, lässt sich anhand der „Lehrbuchformel" der WACC zeigen. Bei dieser geht es nicht um die Beschreibung der Kapitalkosten als Funktion des Verschuldungsgrades, sondern um die Ermittlung der Gesamtkapitalkosten bei gegebenem Verschuldungsgrad.[250] Setzt man also in die WACC-Formel die Entwicklung der Eigenkapitalkosten nach der MM-Anpassung ein, erhält man die MM-Anpassung für die Gesamtkapitalkosten:[251]

$$r_{WACC}(1-v) = \left(r_{Ek}^\ell(1-v_{Ek})\frac{Ek}{Gk} + r_{Fk}(1 - v_{Fk} - \frac{TS}{r_{Fk}Fk})\frac{Fk}{Gk}\right)$$

$$\forall r_{Ek}^\ell(1-v_{Ek}) = r_{Ek}^u(1-v_{Ek}) - \left(r_{Fk}(1-v_{Fk}) - r_{Ek}^u(1-v_{Ek})\right)\left(1 - \frac{TS}{r_{Fk}(1-v_{Fk})Fk}\right)\frac{Fk}{Ek}$$

$$\Leftrightarrow r_{WACC}(1-v) = r_{Ek}^u(1-v_{Ek})\left(1 - \frac{TS}{r_{Fk}(1-v_{Fk})Fk}\frac{Fk}{Gk}\right) = \text{Gleichung (a)}$$

---

250 Vgl. ähnlich Kruschwitz/Löffler (1999), S. 12f.
251 Vgl. Copeland/Weston (1992), S. 451; vgl. auch Drukarczyk (1998), S. 162.

*F. Einfluss der Finanzierung auf die Bewertung*

Das gleiche lässt sich für den TCF-Ansatz zeigen:

$$r_{TCF}(1-v) = \left(r_{Ek}(1-v_{Ek})\frac{Ek}{Gk} + r_{Fk}(1-v_{Fk})\frac{Fk}{Gk}\right)$$

$$\forall r_{Ek}^{\ell}(1-v_{Ek}) = r_{Ek}^{u}(1-v_{Ek}) - \left(r_{Fk}(1-v_{Fk}) - r_{Ek}^{u}(1-v_{Ek})\right)\left(1 - \frac{TS}{r_{Fk}(1-v_{Fk})Fk}\right)\frac{Fk}{Ek}$$

$$\Leftrightarrow r_{TCF}(1-v) = \left(r_{Ek}^{u}(1-v_{Ek}) - \left(\frac{r_{Ek}^{u}(1-v_{Ek})}{r_{Fk}(1-v_{Fk})} - 1\right)\frac{TS}{Fk}\frac{Fk}{Gk}\right) = \text{Gleichung (b)}$$

Die verschiedenen Kapitalkosten-Formeln sind grundsätzlich also miteinander kompatibel, erfüllen aber unterschiedliche Zwecke: Die hier abgeleiteten Gleichungen stellen die Kapitalkosten in Abhängig von Veränderungen der Verschuldung dar, wobei die Basis jeweils von den fiktiven Kapitalkosten eines unverschuldeten Unternehmens gebildet wird. Dadurch wird das Unternehmensrisiko in seine beiden Komponenten aufgespalten: die unverschuldeten Kapitalkosten geben allein das operative Risiko wieder, wobei eine zunehmende Fremdfinanzierung und damit zunehmendes finanzwirtschaftliches Risiko das Unternehmensrisiko und damit die beizulegenden Kapitalkosten des Unternehmens erhöht. Dagegen bilden die WACC die Kapitalkosten bei einem bestimmten, zu einem Zeitpunkt gegebenen Verhältnis von Eigen- und Fremdfinanzierung ab. Diese Grundaussage gilt nicht nur für das Renten-F-Modell, sondern auch für andere Verhältnisse, wie sie z. B. durch das L-Modell abgebildet werden.

### 4.2.2. L-Modell (Miles & Ezzel)

Im L-Modell steht die Höhe des Fremdkapitals jeweils eine Periode lang fest, sodass der Steuervorteil jeweils nur für eine Periode als gegeben anzunehmen und damit mit den Fremdkapitalkosten zu bewerten ist. Für alle vorhergehenden Perioden ist jedoch der unsichere Kapitalkostenansatz anzuwenden, weil das TS das selbe Risiko aufweist wie der Unternehmenswert,[252] sodass der Bewertungsansatz dann wie folgt lautet:[253]

$$Gk_0^{\ell} = \frac{X^u}{r_{Ek}^{u}(1-v_{Ek})} + \sum_{t=1}^{\infty}\frac{TS}{(1+r_{Fk}(1-v_{Fk}))(1+r_{Ek}^{u}(1-v_{Ek}))^{t-1}}$$

$$\Leftrightarrow Gk_0^{\ell} = \frac{X^u}{r_{Ek}^{u}(1-v_{Ek})} + \frac{TS}{r_{Ek}^{u}(1-v_{Ek})}\frac{(1+r_{Ek}^{u}(1-v_{Ek}))}{(1+r_{Fk}(1-v_{Fk}))}$$

---

252 Vgl. Myers (1974), S. 22; Wallmeier (1999), S. 1481.
253 Vgl. ähnlich Brealey/Myers (2000), S. 561f.

$$\Leftrightarrow Gk_0^\ell = \frac{X^u}{\left(r_{Ek}^u(1-v_{Ek}) - \frac{TS}{Fk}\frac{(1+r_{Ek}^u(1-v_{Ek}))}{(1+r_{Fk}(1-v_{Fk}))}\frac{Fk}{Gk}\right)}$$

Somit ergibt sich für das L-Modell folgende Anpassungsgleichung für die Gesamtkapitalkosten im WACC-Ansatz:[254]

$$(d) \quad \boxed{r_{Gk}^\ell(1-v) = r_{Ek}^u(1-v_{Ek}) - \frac{TS}{Fk}\frac{(1+r_{Ek}^u(1-v_{Ek}))}{(1+r_{Fk}(1-v_{Fk}))}\frac{Fk}{Gk}}$$

Formel (d) ist eine generalisierte Version der sog. MILES/EZZELL-Anpassung. Geht man nach der Nettomethode vor, stellt sich die Bewertung wie folgt dar:

$$Ek_0^\ell = Gk_0^\ell - Fk = \frac{X^u}{r_{Ek}^u(1-v_{Ek})} + \frac{TS}{r_{Ek}^u(1-v_{Ek})}\frac{(1+r_{Ek}^u(1-v_{Ek}))}{(1+r_{Fk}(1-v_{Fk}))} - Fk$$

$$Ek_0^\ell = \frac{NFCF + Z(1-v_{Fk}) - TS}{r_{Ek}^u(1-v_{Ek})} + \frac{TS}{r_{Ek}^u(1-v_{Ek})}\frac{(1+r_{Ek}^u(1-v_{Ek}))}{(1+r_{Fk}(1-v_{Fk}))} - Fk$$

$$\Leftrightarrow Ek_0^\ell = \frac{NFCF}{r_{Ek}^u(1-v_{Ek}) + \frac{(r_{Ek}^u(1-v_{Ek}) - r_{Fk}(1-v_{Fk}))}{(1+r_{Fk}(1-v_{Fk}))}\left(1+r_{Fk}(1-v_{Fk}) - \frac{TS}{Fk}\right)\frac{Fk}{Ek}}.$$

Dabei lassen sich die Eigenkapitalkosten wie folgt zusammenfassen:[255]

$$(e) \quad \boxed{r_{Ek}^\ell(1-v_{Ek}) = r_{Ek}^u(1-v_{Ek}) + \left[r_{Ek}^u(1-v_{Ek}) - r_{Fk}(1-v_{Fk})\right]\left(1 - \frac{TS/Fk}{1+r_{Fk}(1-v_{Fk})}\right)\frac{Fk}{Ek}}$$

Dies entspricht der MILES/EZZELL-Anpassungsformel für die Eigenkapitalkosten. Einsetzen in die WACC (Lehrbuchformel) liefert die oben abgeleiteten Gesamtkapitalkosten:[256]

$$r_{WACC}(1-v) = \left(r_{Ek}^\ell(1-v_{Ek})\frac{Ek}{Gk} + r_{Fk}(1-v_{Fk} - \frac{TS}{r_{Fk}Fk})\frac{Fk}{Gk}\right)$$

$$\forall r_{Ek}^\ell(1-v_{Ek}) = r_{Ek}^u(1-v_{Ek}) + \left[r_{Ek}^u(1-v_{Ek}) - r_{Fk}(1-v_{Fk})\right]\left(1 - \frac{TS/Fk}{1+r_{Fk}(1-v_{Fk})}\right)\frac{Fk}{Ek}$$

$$\Leftrightarrow r_{WACC}(1-v) = r_{Ek}^u(1-v_{Ek}) - \frac{TS}{Fk}\frac{(1+r_{Ek}^u(1-v_{Ek}))}{(1+r_{Fk}(1-v_{Fk}))}\frac{Fk}{Gk} = \text{Gleichung (d)}$$

---

254 Vgl. auch Myers (1974), S. 11; Wallmeier (1999), S. 1478.
255 Vgl. auch Wallmeier (1999), S. 1478.
256 Vgl. auch Miles/Ezzell (1980), S. 726f., Wallmeier (1999), S. 1476.

F. Einfluss der Finanzierung auf die Bewertung

| V = Fk/Gk | 0 % | 10 % | 30 % | 50 % | 70 % | 90 % | 95 % |
|---|---|---|---|---|---|---|---|
| L = Fk/Ek | 0 % | 11 % | 43 % | 100 % | 233 % | 900 % | 1.900 % |
| **F-Modell:** | | | | | | | |
| MM-Eigenkapitalkosten (F) | 15,00 % | 15,44 % | 16,71 % | 19,00 % | 24,33 % | 51,00 % | 91,00 % |
| MM-Gesamtkapitalkosten (F) | 15,00 % | 14,70 % | 14,10 % | 13,50 % | 12,90 % | 12,30 % | 12,15 % |
| Lehrbuchformel (F) | 15,00 % | 14,70 % | 14,10 % | 13,50 % | 12,90 % | 12,30 % | 12,15 % |
| **L-Modell:** | | | | | | | |
| ME-Eigenkapitalkosten (L) | 15,00 % | 15,55 % | 17,10 % | 19,91 % | 26,45 % | 59,18 % | 108,3 % |
| ME-Gesamtkapitalkosten (L) | 15,00 % | 14,79 % | 14,37 % | 13,95 % | 13,54 % | 13,12 % | 13,01 % |
| Lehrbuchformel (L) | 15,00 % | 14,79 % | 14,37 % | 13,95 % | 13,54 % | 13,12 % | 13,01 % |

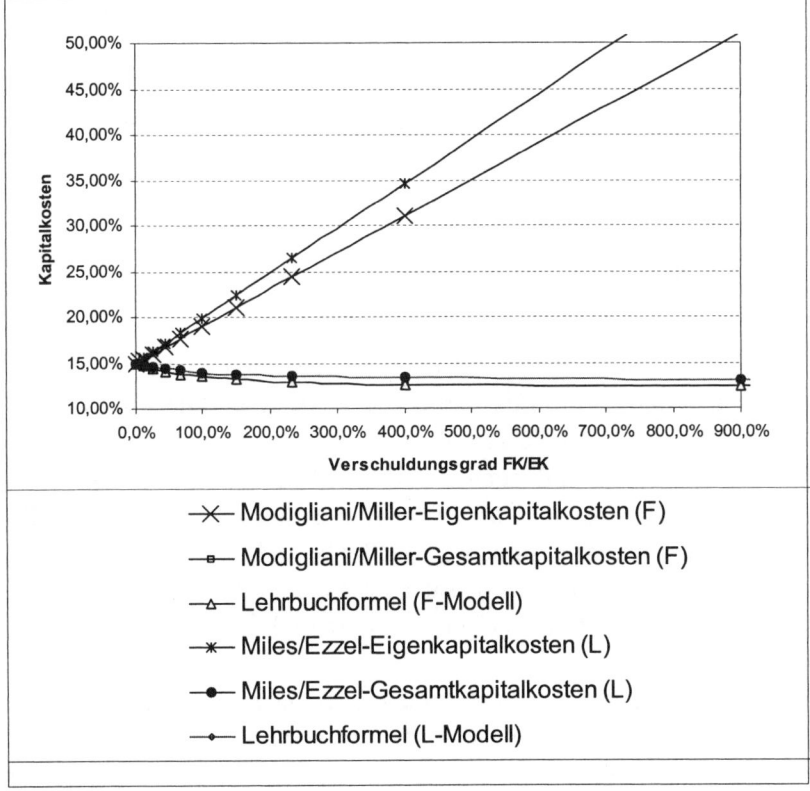

Abb. V.19: Kapitalkosten im F- und L-Modell[257]

---

[257] Die Berechnung unterstellt einen effektiven Gewerbesteuersatz von 20 % bei ausschließlich kurzfristigen Schulden. Die Gesamtkapitalkosten nach der Lehrbuchformel entsprechen jeweils der MM und der ME-Anpassung und sind deshalb in der Abbildung nicht erkennbar, weil sie überdeckt sind.

Das in Abb. V.19 dargestellte Beispiel zeigt, ausgehend von Kapitalkosten von 15 % eines unverschuldeten Unternehmens und konstanten Fremdkapitalkosten von 10 %, die unterschiedliche Entwicklung der Kapitalkosten im F- und L-Modell. Da im L-Modell auch die Tax Shields riskant sind, steigen hier die Eigenkapitalkosten mit zunehmender Verschuldung stärker an bzw. nehmen die Gesamtkapitalkosten weniger stark ab als im F-Modell. Das Beispiel zeigt auch, dass die Lehrbuchformel, angewandt auf die so ermittelten Ek-Kosten, identische Ergebnisse liefert wie die Anpassungsformeln.

Der Rentenfall wurde als Ausgangspunkt gewählt, weil er es ermöglicht, die Vorgehensweise anschaulich darzustellen. In einem Phasenmodell ist dies auch die übliche Vorgehensweise für den Ansatz der ewigen Rente. In der Phase der Detailplanung werden jedoch i. d. R. im Zeitablauf schwankende Zahlungen zum Ansatz kommen. Deshalb ist weiter aufzuzeigen, inwieweit dies den Bewertungsansatz verändert. Dabei sind zwei Vorgehensweisen denkbar: es können in jeder Periode neue Kapitalkostensätze ermittelt werden, oder es kann ein einheitlicher Satz beibehalten werden.

## 4.3. Im Zeitablauf konstante Kapitalkostensätze

Wie anhand des Rentenmodells bereits deutlich geworden ist, hat die Finanzierungsstrategie einen erheblichen Einfluss auf die Bewertung und den Ansatz der Kapitalkosten. Verändern sich die in die Ermittlung der Kapitalkosten eingehenden Komponenten im Zeitablauf, so sind auch die Kapitalkosten jeder Periode anzupassen. MILES/EZZELL (1980) haben für den Nicht-Rentenfall gezeigt, dass bei Einhaltung eines konstanten Verschuldungsgrades ($\Lambda$ = Fk/Gk) in Marktwerten (L-Modell) nicht nur die grundsätzlichen Bewertungsansätze (WACC etc.) anwendbar sind,[258] sondern auch die Kapitalkosten im Zeitablauf unverändert sind.[259]

Der Wert eines verschuldeten Unternehmens setzt sich aus dem Wert eines unverschuldeten Unternehmens plus dem Wert der Steuervorteile zusammen. Der Wert des unverschuldeten Unternehmens wird durch Diskontierung der Zahlungen an die Investoren bei Annahme der reinen Eigenkapitalfinanzierung ($X^u$) mit den Eigenkapitalkosten des unverschuldeten Unternehmens $r_{Ek}^u$ ermittelt:

---

258 Vgl. Miles/Ezzell (1980), S. 723, 726f. Vgl. auch Brealey/Myers (2000), S. 546.
259 Vgl. Miles/Ezzell (1980), S. 726.

## F. Einfluss der Finanzierung auf die Bewertung

$$Gk_0^u = \sum_{t=1}^{T} \frac{X_t^u}{(1+r_{Ek}^u(1-v_{Ek}))^t} + \frac{Gk_T^u}{(1+r_{Ek}^u(1-v_{Ek}))^T}.$$

Beim verschuldeten Unternehmen kommt der Wert des Steuervorteils (PVTS) hinzu, der im L-Modell allerdings in jeder Periode vom verschuldeten Unternehmenswert der jeweiligen Folgeperiode abhängt, sodass der Unternehmenswert nicht durch simple Addition des Werts der TS zum unverschuldeten Unternehmenswert ermittelt werden kann. Die Höhe des Fremdkapitals wird immer jeweils am Periodenanfang festgesetzt,[260] sodass auch der Wert des Tax Shield dann für die jeweilige Folgeperiode feststeht und damit ebenso riskant wie das Fremdkapital ist, weshalb er für diese Periode nur mit den Fremdkapitalkosten zu diskontieren ist. Für die übrigen Perioden ist er ebenso unsicher wie der Unternehmenswert, da die Höhe des Fremdkapitals noch nicht feststeht, sondern von den diskontierten Zahlungsströmen abhängt.[261] Der verschuldete Wert $Gk_t^\ell$ und der unverschuldete Wert $Gk_t^u$ unterscheiden sich deshalb im L-Modell in jeder Periode lediglich um den Faktor $1 \Big/ \left(1 - \dfrac{\Lambda TS_t/Fk_{t-1}}{1+r_{Fk}(1-v_{Fk})}\right)$.

D. h. verschuldeter und unverschuldeter Unternehmenswert sind perfekt miteinander korreliert und damit im Risiko identisch. Deshalb sind alle $Gk_t$ mit $r_{Ek}^u$ zu diskontieren.[262] Der verschuldete Wert in t = 0 errechnet sich wie folgt (APV-Ansatz):

$$Gk_0^\ell = \frac{X_1^u}{1+r_{Ek}^u(1-v_{Ek})} + \frac{TS_1}{1+r_{Fk}(1-v_{Fk})} + \frac{Gk_1^\ell}{1+r_{Ek}^u(1-v_{Ek})}$$

Der WACC-Ansatz kann hieraus abgeleitet werden, indem man nach einer Diskkontierung der unverschuldeten Free cashflows ($X^u$) auflöst:

$$Gk_0^\ell = \frac{X_1^u + Gk_1^\ell}{1+r_{Ek}^u(1-v_{Ek})} + \frac{\Lambda Gk_0^\ell TS_1/Fk_0}{1+r_{Fk}(1-v_{Fk})}$$

$$\Leftrightarrow Gk_0^\ell = \frac{X_1^u + V_1^\ell}{(1+r_{Ek}^u(1-v_{Ek}))\left(1 - \dfrac{\Lambda TS_1/Fk_0}{1+r_{Fk}(1-v_{Fk})}\right)}$$

---

260 Die Länge der Planperioden bedingt, wie stark der Effekt dieser Festschreibung auf den Unternehmenswert ist. Im Extrem der stetigen Bewertung fällt dieser Effekt kaum noch ins Gewicht. Vgl. Richter (1998), S. 382. Dies führt zu einem vereinfachten Ansatz, der hier nicht weiter betrachtet wird.
261 Vgl. Miles/Ezzell (1980), S. 724. Vgl. auch Wallmeier (1999), S. 1479f.
262 Vgl. Miles/Ezzell (1980), S. 725.

Der verschuldete Wert in t = 1 errechnet sich auf dieselbe Weise:

$$Gk_1^\ell = \frac{X_2^u + Gk_2^\ell}{(1 + r_{Ek}^u(1 - v_{Ek}))\left(1 - \frac{\Lambda TS_2/Fk_1}{1 + r_{Fk}(1 - v_{Fk})}\right)}$$

Dies lässt sich beliebig oft wiederholen. Ersetzt man jeweils die $Gk_t^\ell$ durch ihre Barwert-Äquivalente, so ergibt sich folgende Bewertungsgleichung:

$$Gk_0^\ell = \sum_{t=1}^{T} \frac{X_t^u}{(1 + r_{Gk}^\ell(1 - v))^t} \frac{X_T^\ell}{(1 + r_{Gk}^\ell(1 - v))^T}$$

Durch Auflösen des Diskontierungssatzes nach $r_{Gk}$ erhält man die MILES/EZZELL-Anpassung für konstante, für alle Perioden gültige Gesamtkapitalkosten eines verschuldeten Unternehmens:[263]

$$(f) \quad \boxed{r_{Gk}^\ell(1 - v) = r_{Ek}^u(1 - v_{Ek}) - \frac{TS_t}{Fk_{t-1}}\left(\frac{1 + r_{Ek}^u(1 - v_{Ek})}{1 + r_{Fk}(1 - v_{Fk})}\right)\frac{Fk}{Gk}}$$

Da $TS_t$ multiplikativ von $Fk_{t-1}$ abhängt, ergeben sich bei Veränderungen von Fk im Zeitablauf keine Veränderungen von $\frac{TS}{Fk}$. Die hier verwendete Schreibweise ermöglicht einen Ersatz des Ausdrucks $\frac{TS}{Fk}$ durch eine spezielle Form des Tax Shield in Abhängigkeit vom zugrundeliegenden Steuersystem.

Der Nettoansatz liefert die Eigenkapitalkosten. Die Zahlungsströme sind erneut zwischen den Investorengruppen aufzuteilen: NFCF fließt an die Aktionäre, $(Z - \Delta Fk_t)$ an die Fk-Geber:

$$NFCF_t = X_t^u + TS_t - Z_t(1 - v_{Fk}) + \Delta Fk_t$$
$$\Rightarrow X_t^u = NFCF_t - TS_t + Z_t(1 - v_{Fk}) - \Delta Fk_t$$

Damit ergibt sich folgender Ansatz für Periode t = 0:

$$Ek_0^\ell = Gk_0^\ell - Fk_0 = \frac{X_1^u}{1 + r_{Ek}^u(1 - v_{Ek})} + \frac{TS_1}{1 + r_{Fk}(1 - v_{Fk})} + \frac{Gk_1^\ell}{1 + r_{Ek}^u(1 - v_{Ek})} - Fk_0^\ell$$

---

[263] Vgl. Miles/Ezzell (1980), S. 726.

*F. Einfluss der Finanzierung auf die Bewertung* 341

$$\Leftrightarrow Ek_0^\ell = \frac{NFCF_1 - TS_1 + r_{Fk}(1-v_{Fk})Fk_0 - \Delta Fk_1}{1+r_{Ek}^u(1-v_{Ek})} + \frac{TS_1}{1+r_{Fk}(1-v_{Fk})} +$$

$$+ \frac{Gk_1^\ell}{1+r_{Ek}^u(1-v_{Ek})} - Fk_0$$

$$\Leftrightarrow Ek_0^\ell = \frac{NFCF_1 + Ek_1^\ell}{1+r_{Ek}^u(1-v_{Ek})\left\{1-\left(\frac{\left(1-\frac{TS_1}{Fk_0}+r_{Fk}(1-v_{Fk})\right)}{1+r_{Ek}^u(1-v_{Ek})}+\frac{\frac{TS_1}{Fk_0}}{1+r_{Fk}(1-v_{Fk})}-1\right)\frac{Fk_0}{Ek}\right\}}$$

Sukzessives Ersetzen der Endwerte liefert folgenden Bewertungsansatz:

$$Ek_0^\ell = \sum_{t=1}^{T}\frac{NFCF_1}{(1+r_{Ek}^\ell(1-v_{Ek}))^t} + \frac{Ek_T^\ell}{(1+r_{Ek}^\ell(1-v_{Ek}))^T}.$$

Dabei lassen sich die Eigenkapitalkosten wie folgt darstellen:[264]

(g) $\boxed{r_{Ek}^\ell(1-v_{Ek}) = r_{Ek}^u(1-v_{Ek}) + \left[r_{Ek}^u(1-v_{Ek}) - r_{Fk}(1-v_{Fk})\right]\left(1-\frac{TS/Fk}{1+r_{Fk}(1-v_{Fk})}\right)\frac{Fk}{Ek}}$

Diese Formel ist als MILES/EZZELL-Anpassung bekannt und dient der Korrektur der Eigenkapitalkosten bei Veränderungen der Kapitalstruktur unter Annahme eines konstanten Verschuldungsgrades.[265] Durch Einsetzen dieses Zusammenhangs in die „Lehrbuchformel" erhält man wieder den obigen Zusammenhang für die Entwicklung der Gesamtkapitalkosten (f), wie bereits oben gezeigt wurde.[266]

Wird jedoch keine in Marktwerten konstante Kapitalstruktur unterstellt, dann lässt sich auch nicht für jede Planperiode derselbe Kalkulationszins anwenden.

### 4.4. Im Zeitablauf schwankende Kapitalkostensätze

In der Realität sind die Annahmen eines konstanten Fremdkapitalbestandes (MM-Rentenmodell) bzw. eines konstanten Verhältnisses von Unternehmenswert und Fremdkapitalbestand nur selten anzutreffen. Unter realistischen Bedingungen werden

---

264 Vgl. auch Wallmeier (1999), S. 1478.
265 Vgl. Wallmeier (1999), S. 1476.
266 Vgl. auch Miles/Ezzell (1980), S. 726f., Wallmeier (1999), S. 1476.

deshalb die Diskontierungssätze im Zeitablauf zwangsläufig schwanken. Dann gilt für den Unternehmenswert in Periode t = 0:

$$Gk_0 = \frac{X_1 + Gk_1}{1 + r_0}.$$

$Gk_1$ lässt sich wiederum durch den Ausdruck $Gk_1 = \dfrac{X_2 + Gk_2}{1 + r_1}$ erklären usw., sodass sich der Unternehmenswert allgemein darstellen lässt als:[267]

$$Gk_0 = \frac{X_1}{1+r_0} + \frac{X_2}{(1+r_0)(1+r_1)} + \ldots = \sum_{t=1}^{T} \frac{X_t}{\prod_{j=0}^{t-1}(1+r_j)} \frac{Gk_T}{\prod_{j=0}^{T-1}(1+r_j)}.$$

Ob eine von vornherein festgeschriebene Finanzierungspolitik (F-Modell), die keinen weiteren Fremdfinanzierungsspielraum zulässt, oder eine wertorientierte Strategie (L-Modell), bei der Situationen denkbar sind, in denen selbst dann Fremdkapital aufgenommen wird, wenn ein Finanzierungsüberschuss vorliegt,[268] die Realität besser repräsentiert, ist fraglich.[269] Unterstellt man z. B., dass ein Unternehmen seine Fremdkapitalaufnahme anhand des künftigen Finanzbedarfs plant und dabei in Buchwerten eine konstante Kapitalstruktur einhalten will, ist dies weder mit dem L-Modell noch mit dem F-Modell abbildbar, da sich der Finanzbedarf auf der Basis der erwarteten (unsicheren) künftigen Cashflows ergibt. Die Fremdkapitalaufnahme ist dann ebenfalls mehrwertig und ebenso unsicher wie die Cashflows, es sei denn, das Unternehmen würde die Aufnahme des Erwartungswerts des Fremdkapitals im Bewertungszeitpunkt fest vertraglich vereinbaren bzw. sich anderweitig darauf festlegen. Für die Abbildung einer Plankapitalstruktur in Buchwerten existieren in der Literatur noch keine Ansätze.[270] Ein erster Schritt dorthin stellt die Berücksichtigung

---

267 Vgl. auch Miles/Ezzell (1980), S. 723.
268 Steigt der Unternehmenswert in der betrachteten Zukunftsperiode, dann muss auch das Fremdkapital zunehmen, unabhängig vom Finanzbedarf.
269 Wie gefährlich die Unterstellung von typisierten Finanzierungsstrategien sein kann, zeigt das in Inselbag/Kaufold (1997), S. 116 dargestellte Beispiel zum F-Modell: „From that point on, Media will increase debt outstanding by 4 % per year, in line with the expected growth of operating Cashflows." Diese Strategie führt ab Periode t = 20 zu einem negativen Eigenkapital in Buchwerten.
270 Die Bewertung der Tax Shields in anderen als den hier betrachteten Extremfällen des F- und L-Modells ist sehr komplex. Dies zeigt z. B. die Ableitung für die Bewertung des Tax Shield in der besonderen Situation eines LBO in Löffler (2000). Vgl. Barclay/Smith/Watts (1995), S. 4ff., für eine Diskussion der Bestimmungsfaktoren des Verschuldungsverhaltens; hierzu auch Inselbag/Kaufold (1997), S. 119.

periodenspezifischer Kapitalkostensätze dar. Im Folgenden werden deshalb F- und L-Modell bei schwankenden Kapitalkostensätzen betrachtet.

### 4.4.1. F-Modell

Kennzeichen des F-Modells ist auch im allgemeinen Fall eine bestimmte, vorgegebene Fremdkapitalhöhe pro Planperiode. Durch die deterministische Entwicklung der Verschuldung hängt die Höhe des Steuervorteils allein von der Höhe des Fremdkapitals und nicht von den erwarteten Zukunftserfolgen ab, sodass die Bewertung des Tax Shield mit den Fremdkapitalkosten erfolgen kann.[271] Im Unterschied zum Renten-F-Modell ist hier aber eine Änderung der Höhe der Fremdfinanzierung möglich (d. h. $\Delta Fk \neq 0$), im Gegensatz zum L-Modell ist sie ex ante geplant und tritt nicht nur ex post durch Realisation vom Erwartungswert abweichender Unternehmenswerte ein. Ausgangspunkt bildet wieder der Wert eines unverschuldeten Unternehmens, der sich wie zuvor ergibt als:[272]

$$Gk_0^u = \sum_{t=1}^{T} \frac{X_t^u}{(1+r_{Ek}^u(1-v_{Ek}))^t} + \frac{Gk_T^u}{(1+r_{Ek}^u(1-v_{Ek}))^T}.$$

Der Wert eines verschuldeten Unternehmens $Gk_0^\ell$ setzt sich aus dem Wert des unverschuldeten Unternehmens und dem Wert der Steuervorteile PVTS zusammen:

$$Gk_0^\ell = Gk_0^u + PVTS_0$$

Dabei ergibt sich der Wert der Tax Shields TS auf Basis der Fremdkapitalkosten $r_{Fk,t}$ die im Zeitablauf schwanken können:[273]

$$PVTS_0 = \sum_{t=1}^{T} \frac{TS_t}{\prod_{j=0}^{t-1}(1+r_{Fk,j}(1-v_{Fk}))} + \frac{TS_T}{\prod_{j=0}^{T-1}(1+r_{Fk,j}(1-v_{Fk}))}.$$

Dabei[274] gilt für die Unternehmenswerte zu jedem Zeitpunkt der folgende Zusammenhang:

---

271 Vorausgesetzt, das Unternehmen kann den Steuervorteil auch nutzen.
272 Vgl. zum Folgenden allgemein Inselbag/Kaufold (1997) und Heitzer/Dutschmann (1999).
273 Dabei wird unterstellt, dass das operative Risiko des Unternehmens und folglich die Eigenkapitalkosten des unverschuldeten Unternehmens im Zeitablauf konstant bleiben. Lediglich Veränderungen des Kapitalstrukturrisikos führen zu Veränderungen der Kapitalkosten des verschuldeten Unternehmens.
274 Die unverschuldeten Eigenkapitalkosten werden angenommen keiner Veränderung im Zeitablauf zu unterliegen, um die Veränderung des operative Risikos von dem des finanzwirtschaftlichen zu trennen.

$$Gk_{t-1}^{\ell} = Gk_{t-1}^{u} + PVTS_{t-1} = \frac{X_t^u + V_t^u}{1 + r_{Ek}^u(1-v_{Ek})} + \frac{PVTS_t}{1 + r_{Fk}(1-v_{Fk})} + \frac{TS_t}{1 + r_{Fk}(1-v_{Fk})}$$

und:

$$PVTS_{t-1} = \frac{PVTS_t}{1 + r_{Fk,t-1}(1-v_{Fk})} + \frac{TS_t}{1 + r_{Fk,t-1}(1-v_{Fk})}.$$

Damit lässt sich die Bewertung wieder durch sukzessives Ersetzen der Unternehmenswerte pro Periode finden. Für den Zeitpunkt t = 0 gilt:

$$Gk_0^{\ell} = Gk_0^u + PVTS_0 = \frac{X_1^u + Gk_1^u}{1 + r_{Ek}^u(1-v_{Ek})} + \frac{PVTS_1}{1 + r_{Fk}(1-v_{Fk})} + \frac{TS_1}{1 + r_{Fk}(1-v_{Fk})}$$

$$\Leftrightarrow Gk_0^{\ell} + \frac{PVTS_1}{1 + r_{Ek}^u(1-v_{Ek})} - PVTS_0 = \frac{X_1^u + Gk_1^{\ell}}{1 + r_{Ek}^u(1-v_{Ek})}$$

$$\Leftrightarrow Gk_0^{\ell} = \frac{X_1^u + Gk_1^{\ell}}{\left(1 + r_{Ek}^u(1-v_{Ek})\right)\left(1 + \frac{PVTS_1}{1 + r_{Ek}^u(1-v_{Ek})}\frac{1}{Gk_0^{\ell}} - \frac{PVTS_0}{Gk_0^{\ell}}\right)}$$

$$\Leftrightarrow Gk_0^{\ell} = \frac{X_1^u + Gk_1^{\ell}}{1 + r_{Ek}^u(1-v_{Ek}) + \frac{PVTS_1 - (1 + r_{Ek}^u(1-v_{Ek}))PVTS_0}{Gk_0^{\ell}}}$$

Durch Vereinfachen und sukzessives Einsetzen aller $Gk_{t-1}^{\ell}$ erhält man folgenden Bewertungsansatz (WACC-Ansatz):

$$Gk_0^{\ell} = \sum_{t=1}^{T} \frac{X_t^u}{\prod_{j=0}^{t-1}\left(1 + r_{Gk,j}^{\ell}(1-v)\right)} + \frac{Gk_T^{\ell}}{\prod_{j=0}^{T-1}\left(1 + r_{Gk,j}^{\ell}(1-v)\right)}$$

mit folgender Anpassungsformel für die Gesamtkapitalkosten:

(h) $\boxed{r_{Gk,t-1}^{\ell}(1-v) = r_{Ek}^u(1-v_{Ek}) - \frac{PVTS_t + (1 + r_{Ek}^u(1-v_{Ek}))PVTS_{t-1}}{Gk_{t-1}^{\ell}}}$

Der Nettoansatz liefert die Anpassungsregel für die Eigenkapitalkosten. Mit $X^u$ = BFCF = NFCF $- TS_t + (Z_t - \Delta Fk_t)$ gilt für den Zeitpunkt t = 0:

## F. Einfluss der Finanzierung auf die Bewertung

$$Ek_0^\ell = Gk_0^u + PVTS_0 - Fk_0 = \frac{X_1^u}{1+r_{Ek}^u(1-v_{Ek})} + \frac{Gk_1^u}{1+r_{Ek}^u(1-v_{Ek})} + PVTS_0 - Fk_0$$

$$\Leftrightarrow$$

$$Ek_0^\ell = \frac{NFCF_1 - TS_1 + r_{Fk}(1-v_{Fk})Fk_0 - \Delta Fk_1}{1+r_{Ek}^u(1-v_{Ek})} + \frac{Gk_1^u}{1+r_{Ek}^u(1-v_{Ek})} + PVTS_0 - Fk_0$$

$$\Leftrightarrow Ek_0^\ell = \frac{NFCF_1 + Ek_1^\ell}{(1+r_{Ek}^\ell(1-v_{Ek}))}.$$

Durch sukzessives Ersetzen der Residualwerte erhält man den folgenden Bewertungsansatz (Equity-Ansatz):

$$Ek_0^\ell = \sum_{t=1}^{T} \frac{NFCF_t}{\prod_{j=0}^{t-1}\left(1+r_{Ek,j}^\ell(1-v_{Ek})\right)} + \frac{Ek_T^\ell}{\prod_{j=0}^{T-1}\left(1+r_{Ek,j}^\ell(1-v_{Ek})\right)}$$

und damit die Anpassungsformel für die Eigenkapitalkosten pro Periode:[275]

$$\boxed{\begin{aligned}
\text{(i)} \quad & r_{Ek,t-1}^\ell(1-v_{Ek}) \\
&= r_{Ek}^u(1-v_{Ek}) + \left(r_{Ek}^u(1-v_{Ek}) - r_{Fk,t-1}(1-v_{Fk}) + \frac{TS_1}{Fk_{t-1}}\right)\frac{Fk_{t-1}}{Ek_{t-1}^\ell} + \\
& + \frac{PVTS_t - PVTS_{t-1}(1+r_{Ek}^u(1-v_{Ek}))}{Ek_{t-1}^\ell}
\end{aligned}}$$

Setzt man diese in die Lehrbuchformel ein, erhält man wieder die Anpassungsformel für die Gesamtkapitalkosten (Formel (h)):

$$r_{WACC,t-1}(1-v) = (r_{Ek}^u(1-v_{Ek}) + \left(r_{Ek}^u(1-v_{Ek}) - r_{Fk,t-1}(1-v_{Fk}) + \frac{TS_1}{Fk_{t-1}}\right)\frac{Fk_{t-1}}{Ek_{t-1}^\ell} +$$

$$+ \frac{PVTS_t - PVTS_{t-1}(1+r_{Ek}^u(1-v_{Ek}))}{Ek_{t-1}^\ell})\frac{Ek_{t-1}^\ell}{Gk_{t-1}^\ell}$$

$$+ r_{Fk}(1-v_{Fk} - \frac{TS_1}{r_{Fk,t-1}Fk_{t-1}})\frac{Fk_{t-1}}{Gk_{t-1}^v}$$

$$r_{WACC,t-1}(1-v) = \left(r_{Ek}^u(1-v_{Ek}) + \frac{PVTS_t - PVTS_{t-1}(1+r_{Ek}^u(1-v_{Ek}))}{Gk_{t-1}^\ell}\right).$$

---

275 Vgl. auch Heitzer/Dutschmann (1999), S. 1466. Diese Formel ist überführbar in die bei Inselbag/Kaufold (1997), S. 118 bzw. Wallmeier (1999), S. 1477 dargestellte Form.

Damit führen auch im allgemeinen Fall bei schwankenden Kapitalkostensätzen die verschiedenen Bewertungsansätze zu übereinstimmenden Ergebnissen.

### 4.4.2. L-Modell

Werden Veränderungen der Kapitalstruktur in Marktwerten vorgenommen, so gilt das oben Abgeleitete jeweils für die Dauer der Einhaltung einer bestimmten Kapitalstruktur. Die Bewertungsformeln des Abschnitts über das L-Modell bei konstanter Kapitalstruktur sind hier also jeweils für eine Periode gültig. Hier kann unter L-Modell nicht die Verfolgung einer bestimmten Kapitalstruktur zu verstehen sein, sondern lediglich das Vorliegen unsicherer, unternehmenswertabhängiger Steuervorteile begründet hier die Bezeichnung. Dabei gilt für jeden Zeitpunkt der folgende Zusammenhang der Unternehmenswerte:

$$Gk_{t-1}^{\ell} = Gk_{t-1}^{u} + PVTS_{t-1} = \frac{X_t^u}{1+r_{Ek}^u(1-v_{Ek})} + \frac{Gk_t^u}{1+r_{Ek}^u(1-v_{Ek})} + PVTS_{t-1}$$

$$PVTS_{t-1} = \frac{PVTS_t}{1+r_{Ek}^u(1-v_{Ek})} + \frac{TS_t}{1+r_{Fk,t-1}(1-v_{Fk})}.$$

Für den Unternehmenswert in t = 0 gilt somit:

$$Gk_0^{\ell} = Gk_0^u + PVTS_0 = \frac{X_1^u + Gk_1^u}{1+r_{Ek}^u(1-v_{Ek})} + \frac{PVTS_1}{1+r_{Ek}^u(1-v_{Ek})} + \frac{TS_1}{1+r_{Fk,0}(1-v_{Fk})}$$

$$\Leftrightarrow Gk_0^{\ell} - \frac{TS_1}{1+r_{Fk,0}(1-v_{Fk})} = \frac{X_1^u + Gk_1^{\ell}}{1+r_{Ek}^u(1-v_{Ek})}$$

$$\Leftrightarrow Gk_0^{\ell} = \frac{X_1^u + Gk_1^{\ell}}{1+r_{Ek}^u(1-v_{Ek})\left(1-\frac{TS_1/Fk_0}{1+r_{Fk,0}(1-v_{Fk})}\frac{Fk_0}{Gk_0^{\ell}}\right)}.$$

Durch Vereinfachen und sukzessives Ersetzen erhält man:

$$Gk_0^{\ell} = \sum_{t=1}^{T} \frac{X_t^u}{\prod_{j=0}^{t-1}(1+r_{Gk,j}^{\ell}(1-v))} + \frac{Gk_T^{\ell}}{\prod_{j=0}^{T-1}(1+r_{Gk,j}^{\ell}(1-v))}$$

(j) $\boxed{r_{Gk,t-1}^{\ell}(1-v) = r_{Ek}^u(1-v_{Ek}) - \frac{TS_t}{Fk_{t-1}}\frac{1+r_{Ek}^u(1-v_{Ek})}{1+r_{Fk,t-1}(1-v_{FK})}\frac{Fk_{t-1}}{Gk_{t-1}^{\ell}}}$,

was der MILES/EZZELL-Anpassung, angewandt auf eine einzelne Periode, entspricht. Auch für den Nettoansatz lassen sich diese Zusammenhänge aufzeigen:

F. Einfluss der Finanzierung auf die Bewertung

$$Ek_0^\ell = \frac{NFCF_1 - TS_1 + r_{Fk,0}(1-v_{Fk})Fk_0 - \Delta Fk_1}{1+r_{Ek}^u(1-v_{Ek})} + \frac{Gk_1^u}{1+r_{Ek}^u(1-v_{Ek})} + PVTS_0 - Fk_0$$

$$Ek_0^\ell - \frac{\left(1-\dfrac{TS_1}{Fk_0}+r_{Fk,0}(1-v_{FK})\right)Fk_0}{1+r_{Ek}^u(1-v_{Ek})} - \frac{TS_1}{1+r_{Fk,0}(1-v_{Fk})} + FK_0 = \frac{NFCF_1 + Ek_1^\ell}{1+r_{Ek}^u(1-v_{Ek})}.$$

Durch sukzessives Ersetzen erhält man folgende allgemeine Version der MILES/EZZELL-Anpassungsformel für die Eigenkapitalkosten:[276]

(k)
$$\boxed{\begin{aligned}r_{Ek,t-1}^\ell(1-v_{Ek}) &= r_{Ek}^u(1-v_{Ek}) \\ &+ \left[r_{Ek}^u(1-v_{Ek})-r_{Fk,t-1}(1-v_{Fk})\right]\left(1-\frac{TS_t/Fk_{t-1}}{1+r_{FK,t-1}(1-v_{Fk})}\right)\frac{Fk_{t-1}}{Ek_{t-1}^\ell}\end{aligned}}$$

## 4.5. Zusammenfassung

Es wurde aus dem APV-Ansatz jeweils der Brutto- und der Nettoansatz abgeleitet und ihr Zusammenhang über die „Lehrbuchformel" der WACC aufgezeigt. Diese ist, wie der TCF- und der Equity-Ansatz, grundsätzlich auf jeden Fall anwendbar und erzielt gleiche Resultate wie der APV-Ansatz. Voraussetzung ist lediglich, dass die Auswirkungen einer veränderten Kapitalstruktur auf die in die Bewertungsansätze eingehenden Komponenten (Eigen-/Fremdkapitalkosten) durch die jeweils gültige Anpassungsformel richtig abgebildet werden. Als Referenz kann grundsätzlich der APV-Ansatz gelten,[277] der jedoch für jede Finanzierungspolitik neu formuliert werden muss. Aus ihm kann die Entwicklung der Eigen- und Gesamtkapitalkosten abgeleitet werden, womit dann auch die anderen Bewertungsansätze anwendbar sind. Der komplexere APV-Ansatz erscheint vor allem in den Fällen nützlich, in denen die Kapitalstruktur ungewöhnlichen Veränderungen unterliegt. Für das L-Modell zeigt sich, dass alle betrachteten Fälle mit der MILES/EZZELL-Anpassung behandelt werden können, bei konstantem Verschuldungrad sogar mit einem einheitlichen Satz. Der Fall einer unternehmenswertorientierten Finanzierung (L-Modell) eignet sich des-

---

276 Die Analyse von Miles/Ezzell (1980) war auf konstante Kapitalstrukturen beschränkt. Da sich aber hier ein Ergebnis in sehr ähnlicher Form ergibt, nämlich die selbe Formel angewandt auf eine Periode, soll hier die selbe Bezeichnung verwendet werden.
277 Vgl. auch Richter (1996a), S. 1077.

halb für den Einsatz der WACC-Methode besonders.[278] Die angesprochenen Anpassungsformeln sind im Folgenden nochmals in einer Übersicht zusammengestellt.[279]

**Eigenkapitalkosten**

**Rentenmodell:**
F-Modell (MM-Formel)

$$r_{Ek}^{\ell}(1-v_{Ek}) = r_{Ek}^{u}(1-v_{Ek}) + \left(r_{Ek}^{u}(1-v_{Ek}) - r_{Fk}(1-v_{Fk})\right)\left(1 - \frac{TS/Fk}{r_{Fk}(1-v_{Fk})}\right)\frac{Fk}{Ek}$$

L-Modell (ME-Formel)

$$r_{Ek}^{\ell}(1-v_{Ek}) = r_{Ek}^{u}(1-v_{Ek}) + \left[r_{Ek}^{u}(1-v_{Ek}) - r_{Fk}(1-v_{Fk})\right]\left(1 - \frac{TS/Fk}{1+r_{Fk}(1-v_{Fk})}\right)\frac{Fk}{Ek}$$

**Nicht-Rentenmodell/konstante Kapitalkostensätze:**
L-Modell (ME-Formel)

$$r_{Ek}^{\ell}(1-v_{Ek}) = r_{Ek}^{u}(1-v_{Ek}) + \left[r_{Ek}^{u}(1-v_{Ek}) - r_{Fk}(1-v_{FK})\right]\left(1 - \frac{TS/Fk}{1+r_{Fk}(1-v_{Fk})}\right)\frac{Fk}{Ek}$$

**Nicht-Rentenmodell/schwankende Kapitalkostensätze:**
F-Modell

$$r_{Ek,t-1}^{\ell}(1-v_{Ek}) = r_{Ek}^{u}(1-v_{Ek}) + \left(r_{Ek}^{u}(1-v_{Ek}) - r_{Fk,t-1}(1-v_{Fk}) + \frac{TS_t}{Fk_{t-1}}\right)\frac{Fk_{t-1}}{Ek_{t-1}^{\ell}}$$

$$+ \frac{PVTS_t - PVTS_{t-1}(1+r_{Ek}^{u}(1-v_{Ek}))}{Ek_{t-1}^{\ell}}$$

L-Modell

$$r_{Ek,t-1}^{\ell}(1-v_{Ek}) = r_{Ek}^{u}(1-v_{Ek})$$

$$+ \left[r_{Ek}^{u}(1-v_{Ek}) - r_{Fk,t-1}(1-v_{FK})\right]\left(1 - \frac{TS_t/Fk_{t-1}}{1+r_{FK,t-1}(1-v_{Fk})}\right)\frac{Fk_{t-1}}{Ek_{t-1}^{\ell}}$$

---

278 Vgl. Inselbag/Kaufold (1997), S. 122.
279 Die hier getroffene Unterscheidung in konstante und nicht-konstante Kapitalkostensätze ist Resultat aus den getroffenen Annahmen und darf nur im Zusammenhang mit diesen verstanden werden.

## Gesamtkaptialkosten WACC-Ansatz):

### Rentenmodell:

F-Modell (MM-Formel)

$$r^{\ell}_{Gk}(1-v) = r^{u}_{Ek}(1-v_{Ek})\left(1 - \frac{TS}{r_{Fk}(1-v_{Fk})D}\frac{Fk}{Gk}\right)$$

L-Modell (ME-Formel)

$$r^{\ell}_{Gk}(1-v) = r^{u}_{Ek}(1-v_{Ek}) - \frac{TS}{Fk}\frac{(1+r^{u}_{Ek}(1-v_{Ek}))}{(1+r_{Fk}(1-v_{Fk}))}\frac{Fk}{Gk}$$

### Nicht-Rentenmodell/konstante Kapitalkostensätze:

L-Modell (ME-Formel)

$$r^{\ell}_{Gk}(1-v) = r^{u}_{Ek}(1-v_{Ek}) - \frac{TS}{Fk}\frac{(1+r^{u}_{Ek}(1-v_{Ek}))}{(1+r_{Fk}(1-v_{FK}))}\frac{Fk}{Gk}$$

### Nicht-Rentenmodell/schwankende Kapitalkostensätze:

F-Modell

$$r^{\ell}_{Gk,t-1}(1-v) = \left(r^{u}_{Ek}(1-v_{Ek}) - \frac{PVTS_t + (1+r^{u}_{Ek}(1-v_{Ek}))PVTS_{t-1}}{Gk^{\ell}_{t-1}}\right)$$

L-Modell

$$r^{\ell}_{Gk,t-1}(1-v) = r^{u}_{Ek}(1-v_{Ek}) - \frac{TS_t}{Fk_{t-1}}\frac{1+r^{u}_{Ek}(1-v_{Ek})}{1+r_{Fk,t-1}(1-v_{FK})}\frac{FK_{t-1}}{Gk^{\ell}_{t-1}}$$

## 4.6. Ableitung der Kapitalkosten eines unverschuldeten Unternehmens

Die Anwendung obiger Anpassungsformeln ist im Wesentlichen in zwei Fällen notwendig: Zum einen ist es denkbar, dass bei Erwerb des Bewertungsobjekts eine neue Finanzierungsstruktur geplant ist, die es erfordert, die Auswirkungen der Veränderung zu berücksichtigen. Zweitens ist die Anpassung dann unerlässlich, wenn die Kapitalkosten von Vergleichsunternehmen auf das Bewertungsobjekt übertragen werden sollen, zumal deren Verschuldungsgrade sich fast immer unterscheiden werden. Dies erfordert zunächst die Rückrechnung auf den unverschuldeten Fall und ein erneutes Hochrechnen auf den Verschuldungsgrad des Bewertungsobjekts. Durch Auflösen der Anpassungs-Formeln nach den Eigenkapitalkosten eines unverschuldeten Unternehmens, lassen sich die unterschiedlichen Verschuldungsgrade der Vergleichsunternehmen auf einen gemeinsamen Nenner, den Fall der reinen Eigenfinanzierung, bringen:

Aus der MODIGLIANI/MILLER –Anpassung ergibt sich für das F-Modell:

$$r_{Ek}^{\ell}(1-v_{Ek}) = r_{Ek}^{u}(1-v_{Ek}) + \left(r_{Ek}^{u}(1-v_{Ek}) - r_{Fk}(1-v_{Fk})\right)\left(1 - \frac{TS/Fk}{r_{Fk}(1-v_{Fk})}\right)\frac{Fk}{Ek}$$

$$\Leftrightarrow r_{Ek}^{u}(1-v_{Ek}) = \frac{r_{Ek}^{\ell}(1-v_{Ek})\frac{Ek}{Gk} + r_{Fk}(1-v_{Fk})\frac{Fk}{Gk}\left(1 - \frac{TS}{r_{Fk}(1-v_{Fk})Fk}\right)}{\left(1 - \frac{TS}{r_{Fk}(1-v_{Fk})Fk}\frac{Fk}{Gk}\right)}$$

$$\Leftrightarrow r_{Ek}^{u}(1-v_{Ek}) = \frac{r_{wacc}^{\ell}(1-v)}{\left(1 - \frac{TS}{r_{Fk}(1-v_{Fk})Fk}\frac{Fk}{Gk}\right)}$$

Für die Anpassungsgleichung nach MILES/EZZELL gilt:

$$r_{Ek}^{\ell}(1-v_{Ek}) = r_{Ek}^{u}(1-v_{Ek}) + \left[r_{Ek}^{u}(1-v_{Ek}) - r_{Fk}(1-v_{Fk})\right]\left(1 - \frac{TS/Fk}{1+r_{Fk}(1-v_{Fk})}\right)\frac{Fk}{Ek}$$

$$\Leftrightarrow r_{Ek}^{\ell}(1-v_{Ek}) = r_{Ek}^{u}(1-v_{Ek}) + \Psi\left[r_{Ek}^{u}(1-v_{Ek}) - r_{Fk}(1-v_{Fk})\right]$$

$$\Leftrightarrow r_{Ek}^{u}(1-v_{Ek}) = \frac{r_{Ek}^{\ell}(1-v_{Ek}) + \Psi r_{Fk}(1-v_{Fk})}{(1+\Psi)} \text{ mit } \Psi = \left(1 - \frac{TS/Fk}{1+r_{Fk}(1-v_{Fk})}\right)\frac{Fk}{Ek}$$

Die verschuldeten Kapitalkosten bei einem veränderten Verschuldungsgrad können nun ermittelt werden, indem sie wieder in obige Anpassungsformeln eingesetzt werden.

Will man die Kapitalkosten mithilfe des CAPM bestimmen, lassen sich hierfür auch die unverschuldeten Betas ermitteln. Denn geht man jedoch nicht von Renditen der Vergleichsobjekte, sondern von deren Betas für die Anwendung des CAPM aus, so müssen zunächst unverschuldete Betas ermittelt werden, die dann entsprechend an den Verschuldungsgrad des Bewertungsobjekts anzupassen sind.

*F. Einfluss der Finanzierung auf die Bewertung* 351

Durch Einsetzen der CAPM-Formel für die Eigenkapitalkosten:[280]

$$r_{Ek}^u(1-v) = R_f(1-v) + \beta_{Ek}^u(1-v)(R_m - R_f)$$

mit $\beta_{EK}$ als Maß für das Risiko der Eigenkapitalgeber in die Anpassungsgleichungen lässt sich der Zusammenhang auf der Grundlage von Betas bestimmen.[281]

Für die Anpassungsgleichung nach MODIGLIANI/MILLER gilt:

$$r_{Ek}^u(1-v_{Ek}) = \frac{r_{Ek}^\ell(1-v_{Ek})\frac{Ek}{Gk} + r_{Fk}(1-v_{Fk})\frac{Fk}{Gk}\left(1 - \frac{TS}{r_{Fk}(1-v)Fk}\right)}{\left(1 - \frac{TS}{r_{Fk}(1-v)Fk}\frac{Fk}{Gk}\right)}$$

mit $r = [R_f + \beta(R_m - R_f)]$:

$$\Leftrightarrow r_{Ek}^u(1-v_{Ek}) = [R_f(1-v_{Ek}) + \beta_{Ek}^u(1-v_{Ek})(R_m - R_f)] =$$

$$= \frac{[R_f(1-v_{Ek}) + \beta_{Ek}^\ell(1-v_{Ek})(R_m - R_f)]\frac{Ek}{Gk}}{\left(1 - \frac{TS}{r_{Fk}(1-v_{Fk})Fk}\frac{Fk}{Gk}\right)} +$$

$$+ \frac{[R_f(1-v_{Fk}) + \beta_{Fk}(1-v_{Fk})(R_m - R_f)]\frac{Fk}{Gk}\left(1 - \frac{TS}{r_{Fk}(1-v_{FK})FK}\right)}{\left(1 - \frac{TS}{r_{Fk}(1-v_{Fk})Fk}\frac{Fk}{Gk}\right)}$$

$$\Leftrightarrow \boxed{\beta_{Ek}^u(1-v_{Ek}) = \frac{\beta_{Ek}^\ell(1-v_{Ek})\frac{Ek}{Gk} + \left(\beta_{Fk}(1-v_{Fk}) - (v_{Fk} - v_{Ek})\frac{R_f}{(R_m - R_f)}\right)\left(1 - \frac{TS}{r_{Fk}(1-v_{Fk})Fk}\right)\frac{Fk}{Gk}}{\left(1 - \frac{TS}{r_{Fk}(1-v_{Fk})Fk}\frac{Fk}{Gk}\right)}}$$

---

[280] Bei der hier verwendeten CAPM-Formel handelt es sich um das Standard-CAPM, das ohne persönliche Steuern abgeleitet wurde. Eine Ableitung des CAPM unter Berücksichtigung persönlicher Steuern existiert unseres Wissens nicht. Brennan (1970) erweitert das CAPM um den Unterschied der Besteuerung von Dividenden und Kursgewinnen und kommt zum Schluss, dass auch in diesem Fall das Beta das richtige Risikomaß ist. Sein Modell beinhaltet jedoch einen weiteren Faktor für die Dividendenrendite. Vgl. oben Abschnitt IV.C.3.2.; Copeland/Weston (1992), S. 211.

[281] Vgl. Brealey/Myers (2000), S. 483.

Nur im speziellen Fall dass $v_{Ek} = v_{Fk} = v$ erhält man:

$$\beta_{Ek}^u = \frac{\beta_{Ek}^\ell \dfrac{Ek}{Gk} + \beta_{Fk} \dfrac{Fk}{Gk}\left(1 - \dfrac{TS}{r_{Fk}(1-v)Fk}\right)}{\left(1 - \dfrac{TS}{r_{Fk}(1-v)Fk}\dfrac{Fk}{Gk}\right)}$$

Für die Anpassungsgleichung nach MILES/EZZELL gilt:

$$\beta_{Ek}^u(1-v_{Ek}) = \frac{\beta_{Ek}^\ell(1-v_{Ek}) + \left(\beta_{Fk}(1-v_{Fk}) - (v_{Fk} - v_{Ek})\dfrac{R_f}{R_m - R_f}\right)\Psi}{(1+\Psi)} \quad \text{mit}$$

$$\Psi = \left(1 - \frac{TS/Fk}{1 + r_{Fk}(1-v_{Fk})}\right)\frac{Fk}{Ek}$$

Nur im speziellen Fall $v_{Ek} = v_{Fk} = v$ erhält man:

$$\beta_{Ek}^\ell = \frac{\beta_{Ek}^\ell + \Psi \beta_{Fk}^\ell}{(1+\Psi)}.$$

In beiden Fällen wird das Fremdkapital-Beta benötigt, das sich aus den Fremdkapitalkosten ableiten lässt:

$$r_{Fk}^\ell = R_f + \beta_{Fk}^\ell(R_m - R_f) \Leftrightarrow \beta_{Fk}^\ell = \frac{r_{Fk}^\ell - R_f}{R_m - R_f}.$$

Die so ermittelten unverschuldeten Betas können sodann dazu verwendet werden, mittels der CAPM-Formel nach Steuern die unverschuldeten Kapitalkosten zu ermitteln, die dann unmittelbar für den APV-Ansatz verwendet werden können.

$$r_{Ek}^u(1-v_{Ek}) = [R_f(1-v_{Ek}) + \beta_{Ek}^u(1-v_{Ek})(R_m - R_f)]$$

Für die Anwendung des Equity-Ansatzes hingegen müssen die verschuldeten Eigenkapitalkosten, für den WACC-Ansatz die verschuldeten WACC aus den unverschuldeten Kapitalkosten mithilfe obiger Anpassungsgleichungen an den geplanten Verschuldungsgrad des Bewertungsobjekts angepasst werden. Hierzu müssen die konkreten steuerlichen Verhältnisse des jeweiligen Landes, in dem das Bewertungsobjekt seinen Sitz hat, berücksichtigt werden. Im Folgenden werden diese für deutsche Verhältnisse angegeben.

## 5. Reaktionsfunktionen für deutsche Verhältnisse

Im Folgenden werden die steuersystemunabhängigen Anpassungsformeln auf deutsche Verhältnisse übertragen.[282]

### 5.1. Anpassungen im Halbeinkünfteverfahren

Für das Halbeinkünfteverfahren unter Einbezug persönlicher Steuern ergibt sich ein Tax Shield in Höhe von:

$$TS = \omega Z = \tau Z(1 - v)$$

mit: $\omega = (1-v) + (1-0,5v)(1-t_H)(1-\phi s) = \dfrac{TS}{Z} = \dfrac{TS}{r_{Fk}Fk}$

$\Leftrightarrow \dfrac{TS}{r_{Fk}(1-v)Fk} = \tau = \dfrac{\omega}{(1-v)} = 1 - \dfrac{(1-\phi s)(1-t_H)(1-0,5v)}{(1-v)}$

$\Leftrightarrow (1-v)(1-\tau) = (1-\phi s)(1-t_H)(1-0,5v)$

und $\phi = \left(\dfrac{Z_k}{Z} + 0,5\dfrac{Z_D}{Z}\right)$ und $Z(1-v) = r_{Fk}(1-v)Fk$

Daraus lassen sich die folgenden Anpassungsformeln ableiten:

---

[282] Vgl. ähnlich auch Dinstuhl (2002), S. 82ff.; Drukarczyk (2001), S. 199ff.; Drukarczyk/Lobe (2002a), S. 17ff.; Drukarczyk/Lobe (2002b), S. 4ff.

## Eigenkapitalkosten

**Rentenmodell:**

F-Modell (MM-Formel)

$$r_{Ek}^{\ell}(1-v_{Ek}) = r_{Ek}^{u}(1-0{,}5v) + \left(r_{Ek}^{u}(1-0{,}5v) - r_{Fk}(1-v)\right)(1-\tau)\frac{Fk}{Ek}$$

$$\Leftrightarrow r_{Ek}^{\ell}(1-v_{Ek})$$

$$= r_{Ek}^{u}(1-0{,}5v) + \left(r_{Ek}^{u}(1-0{,}5v) - r_{Fk}(1-v)\right)\left(\frac{(1-\phi s)(1-t_H)(1-0{,}5v)}{(1-v)}\right)\frac{Fk}{Ek}$$

L-Modell (ME-Formel)

$$r_{Ek}^{\ell}(1-0{,}5v) = r_{Ek}^{u}(1-0{,}5v) + \left[r_{Ek}^{u}(1-0{,}5v) - r_{Fk}(1-v)\right]\left(\frac{1+r_{Fk}(1-v)(1-\tau)}{1+r_{Fk}(1-v)}\right)\frac{Fk}{Ek}$$

$$\Leftrightarrow r_{Ek}^{\ell}(1-v_{Ek}) =$$

$$= r_{Ek}^{u}(1-0{,}5v) + \left[r_{Ek}^{u}(1-0{,}5v) - r_{Fk}(1-v)\right]\left(\frac{1+r_{Fk}(1-\phi s)(1-t_H)(1-0{,}5v)}{1+r_{Fk}(1-v)}\right)\frac{Fk}{Ek}$$

**Nicht-Rentenmodell/konstante Kapitalkostensätze:**

L-Modell (ME-Formel)

$$r_{Ek}^{\ell}(1-0{,}5v) = r_{Ek}^{u}(1-0{,}5v) + \left[r_{Ek}^{u}(1-0{,}5v) - r_{Fk}(1-v)\right]\left(\frac{1+r_{Fk}(1-v)(1-\tau)}{1+r_{Fk}(1-v)}\right)\frac{Fk}{Ek}$$

**Nicht-Rentenmodell/schwankende Kapitalkostensätze:**

F-Modell

$$r_{Ek,t-1}^{\ell}(1-v_{Ek}) = r_{Ek}^{u}(1-0{,}5v) + \left(r_{Ek}^{u}(1-0{,}5v) - r_{Fk}(1-v)(1-\tau)\right)\frac{Fk_{t-1}}{Ek_{t-1}^{v}}$$

$$+ \frac{PVTS_t - PVTS_{t-1}(1+r_{Ek}^{u}(1-v))}{Ek_{t-1}^{v}}$$

L-Modell

$$r_{Ek,t-1}^{\ell}(1-v_{Ek}) = r_{Ek}^{u}(1-0{,}5v)$$

$$+ \left[r_{Ek}^{u}(1-0{,}5v) - r_{Fk,t-1}(1-v)\right]\left(\frac{1+r_{Fk}(1-v)(1-\tau)}{1+r_{Fk}(1-v)}\right)\frac{Fk}{Ek}$$

## Gesamtkapitalkosten (WACC-Ansatz):

**Rentenmodell:**

F-Modell (MM-Formel)

$$r_{Gk}^\ell(1-v) = r_{Ek}^u(1-0{,}5v)\left(1 - \tau\frac{Fk}{Gk}\right)$$

L-Modell (ME-Formel)

$$r_{Gk}^\ell(1-v) = r_{Ek}^u(1-0{,}5v) - \tau r_{Fk}(1-v)\frac{1+r_{Ek}^u(1-0{,}5v)}{1+r_{Fk}(1-v)}\frac{Fk}{Gk}$$

**Nicht-Rentenmodell/konstante Kapitalkostensätze:**

L-Modell (ME-Formel)

$$r_{Gk}^\ell(1-v) = r_{Ek}^u(1-0{,}5v) - \tau r_{Fk}(1-v)\frac{1+r_{Ek}^u(1-0{,}5v)}{1+r_{Fk}(1-v)}\frac{Fk}{Gk}$$

**Nicht-Rentenmodell/schwankende Kapitalkostensätze:**

F-Modell

$$r_{Gk,t-1}^\ell(1-v) = \left(r_{Ek}^u(1-0{,}5v) + \frac{PVTS_t - (1+r_{Ek}^u(1-0{,}5v))PVTS_{t-1}}{Gk_{t-1}^\ell}\right)$$

L-Modell

$$r_{Gk,t-1}^\ell(1-v) = r_{Ek}^u(1-0{,}5v) - \tau r_{Fk}(1-v)\frac{1+r_{Ek}^u(1-0{,}5v)}{1+r_{Fk,t-1}(1-v)}\frac{Fk_{t-1}}{Gk_{t-1}^\ell}$$

## 5.2. Anpassungen im Anrechnungsverfahren

Für das **Anrechnungsverfahren** bzw. ein vereinfachtes Steuersystem mit ausschließlicher Berücksichtigung der Gewerbesteuer ergibt sich ein Tax Shield in Höhe von:

$$TS = \phi s Z \text{ mit } \phi = \left(\frac{Z_k}{Z} + 0{,}5\frac{Z_{Fk}}{Z}\right)$$

$$\Leftrightarrow \frac{TS}{r_{Fk}Fk} = \phi s \text{ bzw. } \frac{TS}{Fk} = \phi s r_{Fk}.$$

Die oben angegebenen Anpassungsgleichungen lassen sich leicht auf diese Verhältnisse anpassen, indem man $\tau = \phi s$ setzt.

## Eigenkapitalkosten:

**Rentenmodell:**

F-Modell $\quad r_{Ek}^{\ell} = r_{Ek}^{u} + (r_{Ek}^{u} - r_{Fk})(1-\phi s)\dfrac{Fk}{Ek}\quad$ (MM-Anpassung)

L-Modell $\quad r_{Ek}^{\ell} = r_{Ek}^{u} + (r_{Ek}^{u} - r_{Fk})\left(\dfrac{1+r_{Fk}(1-\phi s)}{1+r_{Fk}}\right)\dfrac{Fk}{Ek}\quad$ (ME-Anpassung)

**konstante Kapitalkostensätze:**

L-Modell $\quad r_{Ek}^{\ell} = r_{Ek}^{u} + (r_{Ek}^{u} - r_{Fk})\left(\dfrac{1+r_{Fk}(1-\phi s)}{1+r_{Fk}}\right)\dfrac{Fk}{Ek}\quad$ (ME-Anpassung)

**schwankende Kapitalkostensätze:**

F-Modell $\quad r_{Ek,t-1}^{\ell} = r_{Ek}^{u} + \left(r_{Ek}^{u} - (1-\phi s)r_{Fk}\right)\dfrac{Fk_{t-1}}{Ek_{t-1}^{\ell}} + \dfrac{PVTS_t - PVTS_{t-1}(1+r_{Ek}^{u})}{Ek_{t-1}^{\ell}}$

L-Modell $\quad r_{Ek,t-1}^{\ell} = r_{Ek}^{u} + (r_{Ek}^{u} - r_{Fk,t-1})\left(\dfrac{1+r_{Fk,t-1}(1-\phi s)}{1+r_{Fk,t-1}}\right)\dfrac{Fk_{t-1}}{Ek_{t-1}^{\ell}}\quad$ (ME-Anpassung)

## Gesamtkapitalkosten

**Rentenmodell:**

F-Modell $\quad r_{Gk}^{\ell} = r_{Ek}^{u}(1-\phi s)\dfrac{Fk}{Ek}$

L-Modell $\quad r_{Gk}^{\ell} = r_{Ek}^{u} - \phi s r_{Fk}\dfrac{(1+r_{Ek}^{u})}{(1+r_{Fk})}\dfrac{Fk}{Gk}\quad$ (ME-Anpassung)

## konstante Kapitalkostensätze

L-Modell $\quad r_{Gk}^{\ell} = r_{Ek}^{u} - \phi s r_{Fk} \dfrac{(1+r_{Ek}^{u})}{(1+r_{Fk})} \dfrac{Fk}{Gk} \quad$ (ME-Anpassung)

## schwankende Kapitalkostensätze

F-Modell $\quad r_{Gk,t-1}^{\ell} = r_{Ek}^{u} + \dfrac{PVTS_{t} - (1+r_{Ek}^{u})PVTS_{t-1}}{Gk_{t-1}^{\ell}}$

L-Modell $\quad r_{Gk,t-1}^{\ell} = \left( r_{Ek}^{u} - \dfrac{TS_{t}(1+r_{Ek}^{u})}{Gk_{t-1}^{v}} \right) = r_{Ek}^{u} - \phi s r_{Fk,t-1} \dfrac{Fk_{t-1}}{Gk_{t-1}^{\ell}} \dfrac{1+r_{Ek}^{u}}{1+r_{Fk,t-1}} \quad$ (ME-Anpassung)

## 5.3. Unverschuldete Kapitalkosten im Halbeinkünfteverfahren

Für die Ermittlung der Eigenkapitalkosten eines unverschuldeten Unternehmens ergeben sich unter Zugrundelegung obiger Formeln für das Halbeinkünfteverfahren folgende Formeln:

Für die MODIGLIANI/MILLER –Anpassung gilt:

$$r_{Ek}^{u}(1-v_{Ek}) = \dfrac{r_{Ek}^{\ell}(1-0{,}5v)\dfrac{Ek}{Gk} + r_{Fk}(1-v)\dfrac{Fk}{Gk}(1-\tau)}{\left(1-\tau\dfrac{Fk}{Gk}\right)}$$

$$\Leftrightarrow r_{Ek}^{u}(1-v_{Ek}) = \dfrac{r_{wacc}^{\ell}(1-v)}{\left(1-\tau\dfrac{Fk}{Gk}\right)}$$

Für die Anpassungsgleichung nach MILES/EZZELL gilt:

$$r_{Ek}^{u}(1-v_{Ek}) = \dfrac{r_{Ek}^{\ell}(1-0{,}5v) + \Psi r_{Fk}(1-v)}{(1+\Psi)} \quad \text{mit } \Psi = \left( \dfrac{1+r_{Fk}(1-v)(1-\tau)}{1+r_{Fk}(1-v)} \right) \dfrac{Fk}{Ek}$$

Für die Korrektur der Betas nach MODIGLIANI/MILLER gilt:

$$\beta_{Ek}^u(1-v_{Ek}) = \frac{\beta_{Ek}^\ell(1-0{,}5v)\frac{Ek}{Gk} + \left(\beta_{Fk}(1-v) - 0{,}5v\frac{R_f}{(R_m - R_f)}\right)(1-\tau)\frac{Fk}{Gk}}{\left(1 - \tau\frac{Fk}{Gk}\right)}$$

Für die Anpassung nach MILES/EZZELL gilt:

$$\beta_{Ek}^u(1-0{,}5v) = \frac{\beta_{Ek}^\ell(1-0{,}5v) + \left(\beta_{Fk}(1-v) - 0{,}5v\frac{R_f}{R_m - R_f}\right)\Psi}{(1+\Psi)}$$

$$\text{mit } \Psi = \left(\frac{1 + r_{Fk}(1-v)(1-\tau)}{1 + r_{Fk}(1-v)}\right)\frac{Fk}{Ek}$$

Die Anpassungsgleichungen lassen sich leicht auf die Verhältnisse des Anrechnungsverfahrens anpassen, indem man TS = ϕsZ bzw. τ = ϕs setzt.

# VI. Discounted Cashflow-Methoden

Die dargestellten grundlegenden Vorgehensweisen bei der zukunftserfolgsorientierten Unternehmensbewertung haben in der Bewertungspraxis zu verschiedenen methodischen Ansätzen geführt. Während das Ertragswertverfahren traditionell in der deutschen Bewertungslehre vertreten wird, finden die Discounted Cashflow-Methoden im internationalen Kontext verstärkt Anwendung. Beide Verfahren liefern Zukunftserfolgswerte, also Barwerte von erwarteten künftigen Erfolgen des Bewertungsobjekts (vgl. Abb. VI.1). Während jedoch die Ertragswertmethode grundsätzlich nach der Nettomethode vorgeht, also unmittelbar den Wert des Unternehmens aus Sicht der Eigentümer ermittelt, existieren verschiedene Varianten von DCF-Methoden sowohl als Netto- als auch als Bruttoansätze. Aufgrund ihrer Dominanz wird sich die folgende Darstellung auf diese beiden Bewertungsverfahren konzentrieren. Im Folgenden werden diese ausführlich dargestellt, um sie anschließend einander gegenüberzustellen und Gemeinsamkeiten und Unterschiede aufzuzeigen.

Den Discounted Cashflow-Methoden sind mehrere Verfahren zuzurechnen, die alle auf der selben intellektuellen Grundlage, der modernen amerikanischen Finanzierungstheorie, aufbauen. Zunächst sind dabei Brutto- und Nettomethode, auch Entity- bzw. Equity-Ansatz genannt, zu unterscheiden. Weitere Unterfälle wie der Adjusted Present Value (APV)-Ansatz ergeben sich durch unterschiedliche Vorgehensweisen bei der Berücksichtigung der Steuervorteile des Fremdkapitals.[1]

---

1  Vgl. zu diesen verschiedenen Ansätzen Copeland/Koller/Murrin (1994), S. 131f., 149. Vgl. auch Ballwieser (1998), S. 81; Drukarczyk (1996), S. 142f.; Steiner/Bruns (2002), S. 245.

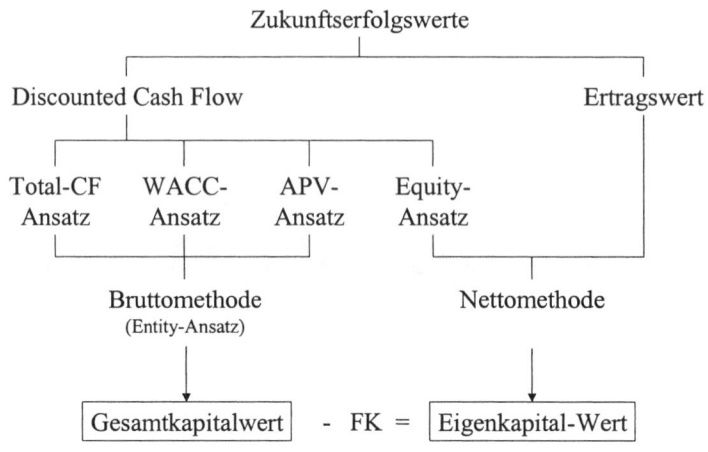

Abb. VI.1: Zukunftserfolgswerte[2]

# A. Konzeptionelle Grundlagen

Die von der amerikanischen Finanzierungstheorie diskutierten Bewertungsansätze basieren auf den grundlegenden Arbeiten von WILLIAMS (1938)[3] sowie MILLER/MODIGLIANI (1961) und deren These von der Irrelevanz der Dividendenpolitik.[4] Sie spiegeln daher deren Ansicht wider, der Wert des Unternehmens sei allein durch seine „Aktivseite", den betrieblichen Leistungsprozess, bestimmt. Dabei sei es unerheblich, wie dieser „Kuchen" aufgeteilt wird, d. h. wie er auf der Passivseite verteilt wird.[5] Denn unter deren Annahmen eines vollkommenen Kapitalmarkts und dem Fehlen von Transaktionskosten und Steuern ist es für den Aktionär unbedeutend, ob er seine Rendite in Form von Kurssteigerungen oder Dividenden erhält.[6]

---

2    In Anlehnung an Steiner/Wallmeier (1999), S. 3.
3    Weiterentwickelt von Gordon (1959, 1962) zum bekannten Dividenden-Diskontierungs-Modell, auch bekannt als „Gordon-Formel".
4    Vgl. dazu exemplarisch Stewart (1991), S. XVIIff., 43ff., 94ff., 309ff.; Weston/Chung/Hoag (1990), S. 157ff.
5    Vgl. Van Horne (1992), S. 273.
6    Vgl. Copeland/Weston (1992), S. 544ff.; Stewart (1991), S. XVII; Van Horne (1992), S. 272, 328. Dies lässt sich auch auf eine Welt mit Körperschaftsteuern ausdehnen. Die weiteren Annahmen eines perfekten Kapitalmarktes mit vollkommener Information und fehlenden Transaktionskosten führen allerdings dazu, dass der intern bestimmte Wert des Unternehmens sich vom Wert am Kapitalmarkt unterscheiden kann. Vgl. Van Horne (1992), S. 328 und Copeland/Weston (1992), S. 548ff.

## A. Konzeptionelle Grundlagen

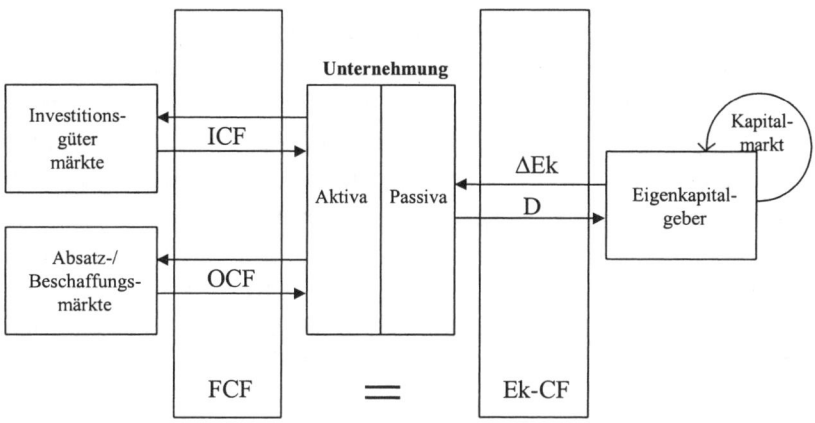

Abb. VI.2: Irrelevanz der Ausschüttungspolitik bei reiner Eigenfinanzierung

Die Zahlungen des Unternehmens werden in zwei Sphären geteilt: eine „Aktivseite", die Ebene [Umwelt ohne Eigner – Unternehmung], und eine „Passivseite", die Ebene [Unternehmung – Eigner]. Die Betriebstätigkeit wird repräsentiert durch Zahlungsüberschüsse aus der laufenden Geschäftstätigkeit (OCF) und aus der Investitionstätigkeit (ICF). Da nur soviel an die Eigner ausgeschüttet werden kann, wie auf der „Aktivseite" erwirtschaftet wird, müssen die Nettoausschüttungen (Ek-CF) der Summe der betrieblichen Einzahlungsüberschüsse (OCF + ICF), d. h. dem „Free Cashflow" (FCF), entsprechen.

Die Irrelevanz der Ausschüttungspolitik äußert sich bei den DCF-Methoden insofern, als die betrieblichen Einzahlungsüberschüsse ohne explizite Annahme eines konkreten Ausschüttungsverhaltens diskontiert werden.
Hierfür gibt es zwei Rechtfertigungen:[7]
- Die ursprüngliche, von MODIGLIANI/MILLER angeführte,[8] ist die, dass sich die Ausschüttungen wegen der Gleichheit von Mittelherkunft und Mittelverwendung für jede Periode direkt durch die übrigen Zahlungen abbilden lassen (vgl. Abb. VI.2). Da annahmegemäß das Investitionsprogramm (OCF und ICF) feststeht, muss zwangsläufig eine höhere Ausschüttung (D) zu einer höheren Eigenkapitalaufnahme ($\Delta$Ek) führen, sodass der Eigner netto gleichgestellt bleibt. Umgekehrt führt hier zwangsläufig eine geringere Ausschüttung zu einer geringeren Kapitalaufnahme bzw. einer Kapitalherabsetzung.
- Eine weitere mögliche Begründung ist, dass nicht ausgeschüttete Mittel im Unternehmen investiert werden und so später zu höheren Ausschüttungen führen.

---

7   Vgl. Rubinstein (1976), S. 1229.
8   Vgl. Miller/Modigliani (1961).

Der Barwert ist dann exakt derselbe, wenn die einbehaltenen Mittel zum Kalkulationszins angelegt werden (neutrale Reinvestition).[9] Folglich steigt der Wert der zukünftigen Ausschüttungen und damit der Kurswert der Aktie um exakt den Wert der Einbehaltung. Der Aktionär kann nun Teile seines Aktienpaketes verkaufen („homemade dividend"), um so den durch die Minderausschüttung entgangenen Liquiditätsverlust auszugleichen. Damit der Kurswert aber tatsächlich entsprechend steigt, muss der Markt vollkommen informiert sein. Außerdem muss der Aktionär indifferent zwischen Dividenden und Kurssteigerungen sein, was bei Vorliegen von Transaktionskosten und unterschiedlicher Besteuerung in der Realität selten der Fall ist.

## B. Verschiedene Bewertungsansätze und ihre Äquivalenz nach Modigliani/Miller

Bewertungsgrundlage nach MODIGLIANI/MILLER (MM) sind die Zahlungen zwischen Unternehmen und Eignern, in erster Linie also Gewinnausschüttungen. MM präzisieren dies dahingehend, dass die Bewertung aus der Sicht der gegenwärtigen Eigner erfolgt und somit tatsächlich die Nettoausschüttungen, also die Ausschüttungen netto von zukünftigen Eigenkapitalerhöhungen, zu bewerten sind. Darauf aufbauend diskutieren sie vier Bewertungsansätze und zeigen ihre Gleichwertigkeit:[10] die Kapitalisierung von (1) Nettoausschüttungen, (2) Cashflows, (3) Gewinnen nach Abzug von Nettoinvestitionen und (4) gegenwärtigen Gewinnen plus Wachstumschancen.[11] STERN (1974) greift den zweiten Ansatz auf und entwickelt ihn weiter zum Free Cashflow-Modell, ebenso entwickelt RAPPAPORT (1986) hieraus seinen Shareholder Value-Ansatz.[12]

---

9  Vgl. Brennan (1971); Gordon (1963).
10  MM treffen folgende Annahmen:
   - Vollkommener Kapitalmarkt: es existieren viele Anbieter und Nachfrager, die keine Marktmacht haben. Information sind frei und kostenlos verfügbar, es gibt keine Transaktionskosten und Steuern. Es besteht kein Unterschied in der Besteuerung von Kursgewinnen und Dividenden.
   - Rationalität: die Marktteilnehmer verhalten sich rational und maximieren ihren Nutzen durch Mehrung des Vermögens, sind indifferent zwischen Kursgewinnen und Dividenden.
   - Vollkommene Sicherheit: es besteht keine Unsicherheit über zukünftige Umweltzustände.
   Vgl. Miller/Modigliani (1961), S. 412. Vgl. auch Francis (1976), S. 245.
11  Vgl. hierzu auch Lorie/Dodd/Kimpton (1985), S. 89f.
12  Vgl. Copeland/Koller/Murrin (1994), S. XIII; Stewart (1991), S. XXIf.; Weston/Chung/Hoag (1990), S. 157ff.

## 1. Bewertung von Nettoausschüttungen

Grundlage der Gleichwertigkeit verschiedener Bewertungsansätze bei MM ist die Feststellung, dass der Unternehmenswert zwar von den Ausschüttungen an die Eigner abhängt, die Höhe der tatsächlichen Ausschüttungen aber durch neu aufgenommene Finanzmittel beeinflussbar ist, ohne dass sich dabei die Nettoposition der Alteigentümer ändert. Deshalb ist die „Ertragskraft" bzw. sind die „potenziellen Ausschüttungen" bewertungsrelevant.[13]

Bei festgelegter Investitionspolitik können höhere Dividenden durch die Aufnahme zusätzlichen Kapitals herbeigeführt werden, ohne damit das operative Geschäft zu beeinflussen. Die höhere Dividende bedeutet dann zwar einen momentan höheren Rückfluss an die bestehenden Eigner, aber da neue Mittel aufgenommen werden müssen, vermindert sich der Anteil der Alteigentümer am Unternehmen entsprechend und sie erleiden einen Kursverlust in gleicher Höhe.[14]

Grundsätzlich erhält ein Investor Rückflüsse aus Dividenden ($d_t$) und einem Verkauf zu einem höheren Preis ($p_t$).[15] Der Wert seines Anteils zu einem bestimmten Zeitpunkt $t = 0$ ergibt sich als Barwert (PV) dieser zukünftigen Rückflüsse: $p_0 = PV[d_1 + p_1]$.[16] Der gegenwärtige Wert ($Ek_0$) des Unternehmens für die Eigenkapitalgeber ($n_0$) ergibt sich somit als Barwert aller Dividenden ($D_1$) und des zukünftigen Wertes aus Sicht der Alteigentümer ($n_0 p_1$). Neue Eigentümer ($m_1$) und damit der Wert neuen Eigenkapitals ($\Delta Ek = m_1 p_1$) werden hier explizit aus dem Unternehmenswert ausgenommen.[17]

$$(1)\ Ek_0 = n_0 p_0 = PV[D_1 + n_0 p_1] =$$
$$= PV[D_1 + (n_0 + m_1)p_1 - m_1 p_1] = PV[D_1 + Ek_1 - m_1 p_1].$$

Dies gilt für jeden Zeitpunkt $t = 1, ..., T$:

---

13 Vgl. Miller/Modigliani (1961), S. 416.
14 Dies ist leicht einsichtig im Falle eines Eigners, der selbst das nötige Eigenkapital einschießen muss, um eine höhere Dividende zu erhalten.
15 Zu Gunsten einer einfacheren Darstellung wird auf die Kennzeichnung unsicherer Größen verzichtet.
16 Mit $PV[X] = \sum_{t=1}^{T} X_t q^{-t}$ und mit $q^{-t} = \frac{1}{(1+r)^t}$.
17 Die Anzahl aller Anteile $n_1$ im Zeitpunkt 1 setzt sich zusammen aus den Alteigentümern $n_0$ und den neu ausgegebenen Anteilen $m_1$. Neues Eigenkapital = Anzahl der neuen Anteile (m) mal Emissionspreis (p).

$$Ek_1 = n_1 p_1 = PV[D_2 + (n_1 + m_2)p_2 - m_2 p_2] = PV[D_2 + Ek_2 - m_2 p_2]$$
$$Ek_t = n_t p_t = PV[D_{t+1} + (n_t + m_{t+1})p_{t+1} - m_{t+1} p_{t+1}]$$
$$= PV[D_{t+1} + Ek_{t+1} - m_{t+1} p_{t+1}]$$

Damit lässt sich (1) auch darstellen als:

$$(1a)\ Ek_0 = n_0 p_0 = \sum_{t=1}^{T}(D_t - m_t p_t)q^{-t} + Ek_T q^{-T}$$

Mit zunehmender Länge des Planungshorizonts (T) verschwindet PV[$Ek_T$], sodass sich der Unternehmenswert als Barwert aller Dividenden abzüglich des Barwerts allen neu aufgenommenen Eigenkapitals ergibt:

$$(1b)\ \Delta Ek = \sum_{t=1}^{\infty}(D_t - m_t p_t)q^{-t}$$

Diese Formel wird von MODIGLIANI/MILLER auch als „fundamentale Bewertungsgleichung" bezeichnet. Eine Bewertung lässt sich demzufolge anhand von Dividenden durchführen, wenn sie netto von Kapitalerhöhungen erfolgt, also auf der Basis von Nettoausschüttungen.[18] Ausgehend von dieser grundlegenden Erkenntnis kann die Bewertung mithilfe anderer Größen untersucht werden.

## 2. Bewertung von Cashflows

Die Discounted Cashflow-Methoden bewerten statt den Nettoausschüttungen so genannte Free Cashflows (FCF). Bei diesen handelt es sich um Einzahlungsüberschüsse, die im Unternehmen frei verfügbar sind, um sie zur Befriedigung der Ansprüche der Investoren zu verwenden, nachdem alle nötigen bzw. sinnvoll möglichen Investitionen getätigt wurden.[19] Grundlage dieses Ansatzes ist die Gleichheit von Mittelherkunft und Mittelverwendung: Bei gegebenen Investitionen (I) und gegebenen Cashflows aus dem operativen Geschäft (OCF) können höhere Ausschüttungen (D) nur durch neues Eigenkapital (mp) bewirkt werden:

$$(I)\ m_t p_t + OCF_t = I_t + D_t$$

---

18 Vgl. Miller/Modigliani (1961), S. 419.
19 Vgl. z. B. Copeland/Koller/Murrin (1994), S. 135; Stewart (1991), S. XVIII.

MM zeigen, dass die Bewertung anhand von Dividenden tatsächlich durch die aus dem operativen Geschäft stammenden Free Cashflows determiniert ist.[20] Dies gelingt durch Substitution der Dividenden

(Ia) $[D_t = m_t p_t + OCF_t - I_t]$

in der fundamentalen Bewertungsgleichung:

(1) $Ek_0 = n_0 p_0 = PV[D_1 + n_0 p_1]$.

Es ergibt sich:

(Ia in 1) $Ek_0 = PV[(OCF_1 - I_1) + (n_0 + m_1)p_1] = PV[(OCF_1 - I_1) + Ek_1]$

Da dies für jede Periode gilt und sich beliebig wiederholen lässt, berechnet sich der Unternehmenswert bei unendlichem Planungshorizont als Barwert aller zukünftigen Free Cashflows und ist unabhängig von der Dividendenpolitik:[21]

(2) $Ek_0 = n_0 p_0 = \sum_{t=1}^{\infty} (OCF_t - I_t) q^{-t}$

Gleichung (2) entspricht der üblichen Bewertung nach der DCF-Methodik, wobei der Term $(OCF_t - I_t)$ den Free Cashflows entspricht, wie sie meist definiert werden. Ihre Berechnung unterscheidet sich allerdings von Autor zu Autor.[22]

## 3. Bewertung von Gewinnen nach Abzug von Nettoinvestitionen

Nach MM ist die Bewertung anhand von Cashflows und Gewinnen grundsätzlich gleichwertig. Sie zeigen dies über folgenden einfachen Zusammenhang: Gewinne

---

20  Vgl. Modigliani/Miller (1961), S. 414f.
21  Die Unabhängigkeit folgt, da $D_t$ nicht in der Bewertungsformel auftaucht und alle anderen Terme von $D_t$ unabhängig sind gemäß deren Annahmen. Vgl. Miller/Modigliani (1961), S. 414f.
22  Eine Übersicht über die verschiedenen Definitionen gibt Günther (1997), S. 113ff. Unterschiedliche Free Cashflow-Definitionen ergeben sich aus der Tatsache, dass dieser nicht direkt aus den Daten des Rechnungswesens verfügbar ist, sondern meist aus dem Jahresabschluss abgeleitet werden muss.

($G_t$) und Operative Cashflows unterscheiden sich nur durch nicht-zahlungswirksame Kosten ($NCC_t$):[23]

$G_t$ = Ertrag − Aufwand = $U_t - CC_t - NCC_t$
$OCF_t = U_t - CC_t = G_t + NCC_t$
$-I_t = -N_t - NCC_t$
$(OCF_t - I_t) = (G_t - N_t)$

Die Free Cashflows lassen sich damit darstellen als Gewinne nach Abzug von Nettoinvestitionen ($G_t - N_t$). Damit gilt:[24]

(3) $Ek_0 = n_0 p_0 = PV[\Sigma(OCF_t - I_t)] = PV[\Sigma(G_t - N_t)]$.[25]

Die Vorgehensweise ist einleuchtend, da durch den Abzug der Nettoinvestitionen das Problem der Doppelzählung von Investitionen bei der Diskontierung von Gewinnen behoben wird. Zu diesem Problem der Doppelzählung kommt es, da Gewinne einbehalten und investiert werden können. Da diese Investitionen in der Zukunft höhere Gewinne mit sich bringen und der Investitionsbetrag im Gewinn des Jahres der Investition bereits einmal enthalten ist, fließt er über die Erhöhung zukünftiger Gewinne ein zweites Mal in die Rechnung ein.[26] Deshalb müssen zur Finanzierung der Nettoinvestitionen einbehaltene Gewinne abgezogen werden. Werden die für Investition notwendigen Mittel extern aufgenommen, statt sie durch Einbehaltung zu finanzieren, erhöhen sich für das Unternehmen die Kosten für die Finanzierung und den Eignern fließen nur die Gewinne nach Abzug dieser Finanzierungskosten zu:

(3a) $Ek_0 = n_0 p_0 = PV[\Sigma(G_t - r \times N_t)]$[27]

---

[23] $G_t$ = Gewinn im Zeitpunkt t
$U_t$ = Umsatz im Zeitpunkt t
$CC_t$ = Zahlungswirksame Kosten im Zeitpunkt t
$NCC_t$ = Nicht-zahlungswirksame Kosten im Zeitpunkt t
$I_t$ = Bruttoinvestitionen im Zeitpunkt t
$N_t$ = Nettoinvestitionen im Zeitpunkt t

[24] Vgl. Miller/Modigliani (1961), S. 415f.; vgl. auch Copeland/Weston (1992), S. 548ff.

[25] Der Term (Gt − Nt) wird von manchen Autoren auch als „economic earnings" bezeichnet, deren Diskontierung zum gleichen Ergebnis führe wie die DCF-Methode. Vgl. z. B. Lorie/Dodd/Kimpton (1985), S. 91; Francis (1976), S. 252. Bei genauerer Hinsicht zeigt sich aber, dass hier nicht wirklich ein „ökonomischer Gewinn" definiert wurde, sondern dass es sich tatsächlich lediglich um die indirekte Ermittlung des Free Cashflow aus dem Gewinn handelt, wie weiter unten noch gezeigt werden wird. Vgl. auch Stern (1974), S. 67.

[26] Vgl. z. B. Ballwieser (1993), S. 153; Bodenhorn (1959), S. 489.

[27] Bei den Kapitalkosten r handelt es sich um die Opportunitätskosten des eingesetzten Kapitals - in der MM-Welt vollständiger Eigenfinanzierung sind dies die Eigenkapitalkosten.

MM zeigen die Äquivalenz dieses Ansatzes mit dem vorherigen durch den einfachen Sachverhalt, dass im Falle eines unendlichen Planungshorizonts $PV[\sum(r \times N_t)]$ $= \frac{r \times N_t}{r} = N_t$ gilt. Damit lässt sich die Bewertung auch wie folgt darstellen:

(3b) $Ek_0 = PV[\sum(G_t - r \times N_t)] = PV[\sum(G_t - N_t)]$.[28]

Nach diesem Ansatz kann die Diskontierung von Gewinnen also dann erfolgen, wenn das Doppelzählungsproblem durch direkten Abzug der Nettoinvestitionen oder durch indirekten Abzug des Barwerts der Finanzierungskosten gelöst wird. Dies stellt im Prinzip die Vorgehensweise der Ertragswertmethode dar. Da dort der Finanzbedarf für die Nettoinvestitionen jedoch mit dem Fremdkapitalzins verzinst wird, ist unmittelbar ersichtlich, dass die soeben abgeleitete Äquivalenz mit der DCF-Methode dann nicht gelten kann. Da sich die Fremdkapitalzinsen so gut wie immer von den Eigenkapitalkosten unterscheiden, ist

$$PV[\sum(r_{Fk} \times N_t)] = \frac{r_{Fk} \times N_t}{r_{Ek}} \neq N_t$$

und damit

$$Ek_0 = PV[\sum(G_t - r_{Fk} \times N_t)] \neq PV[\sum(G_t - N_t)].$$

## 4. Bewertung von gegenwärtigen Gewinnen plus Wachstumschancen

Ein weiterer Ansatz ist die Bewertung von gegenwärtigen Gewinnen plus Wachstumschancen,[29] was eine weitere Möglichkeit zur Lösung des Doppelzählungsproblems darstellt. Durchgeführte Erweiterungsinvestitionen erhöhen die zukünftigen Gewinne um die Rendite i auf den Investitionsbetrag: $i \times N_t$. Unter der Annahme einer ewigen Rente ergibt sich ein Wert dieser Investition von $\frac{i \times N_t}{r}$. Andererseits verlieren die Aktionäre zum Zeitpunkt t der Investition den Betrag $N_t$, sodass sich der Wert für sie nur um ($\frac{i \times N_t}{r} - N_t$) bzw. ($\frac{(i-r) \times N_t}{r}$) erhöht. Wenn das Unternehmen in jeder Periode Investitionen aus einbehaltenen Gewinnen durchführt, er-

---

28 Vgl. Miller/Modigliani (1961), S. 420f.
29 Vgl. Miller/Modigliani (1961), S. 416f.

höht sich der Unternehmenswert um $\sum_{t=1}^{\infty}\{\frac{1}{(1+r)^{t-1}}\frac{(i-r)\times N_t}{r}\}$. Den Basiswert stellt der Wert der momentan vorhandenen Aktiva dar, der sich als ewige Rente des Gewinns zu Beginn der Bewertung ergibt, also ohne Wachstum. Da für das Wachstumspotential nur die Nettoinvestitionen angesetzt wurden, sind die Erhaltungsinvestitionen zur Aufrechterhaltung dieser ewigen Gewinne durch Abschreibungen und andere interne Finanzierungsquellen gedeckt.

Der Unternehmenswert ergibt sich demnach als:

$$(4)\, Ek_0 = \frac{G_0}{r} + \sum_{t=1}^{\infty} N_t \frac{(i-r)}{r(1+r)^{t-1}}.$$

Diese Formel hat die vorteilhafte Eigenschaft, dass sie die für ein „echtes Wachstum" notwendige Bedingung von Renditen oberhalb der Kapitalkosten unterstreicht. Sie wird deshalb neuerdings in etwas abgewandelter Form unter dem Namen „economic value added" (EVA™) als Konzept der Unternehmenswertsteigerung von STERN/STEWART[30] vermarktet.

In der neueren Literatur wird dieser Ansatz auch unter dem Begriff der Diskontierung von „excess returns" oder „abnormal earnings" diskutiert. Dabei werden diese „Übergewinne" als die über die Kapitalkosten des eingesetzten Eigenkapitals hinausgehenden Gewinne definiert.[31] Dahinter steht der Gedanke, dass wenn ein Unternehmen nur eine „normale" Rendite auf seine Investitionen verdient, sein Wert auch nur gleich dem eingesetzten Kapital bzw. dem Buchwert der Investition ($I_0$) sein kann. Nur wenn darauf eine höhere Rendite verdient wird, wird Wert geschaffen. In dieser Version ergibt sich folgende Bewertungsformel:

(4a) $Ek_0 = I_0 + PV[\Sigma(G_t - (r \times I_0))]$.

Diese Überlegungen liegen den verschiedenen Discounted Cashflow-Methoden zugrunde. Um zu den üblichen Verfahren zu kommen, muss nur noch die Möglichkeit der Verschuldung berücksichtigt werden. Dadurch ergeben sich die beiden möglichen Ansätze, Brutto- und Nettomethode, in Abhängigkeit der Berücksichtigung von Fremdkapitalzahlungen auf der „linken" oder „rechten" Seite. Die gebräuchlichere Methode ist dabei die Bruttomethode, da sie das gesamte Unternehmen auf der „Aktivseite" bewertet und den Wert dann im zweiten Schritt auf die Investoren verteilt, also eine für MM typische Sichtweise bezieht.

---

30 Vgl. Stewart (1991).
31 Vgl. z. B. Palepu/Bernard/Healy (1996), Kap. 7 S. 2; Mastracchio/Lipitt (1996), S. 2.

# C. Ableitung der bewertungsrelevanten Cashflows

Die aufgezeigte Ableitung verschiedener Bewertungsansätze nach MM impliziert, dass bei entsprechender Definition die Ergebnisse unterschiedlicher Vorgehensweisen gleichwertig sind. Eine ähnliche Überleitung kann für die gebräuchlichen Methoden der Unternehmensbewertung verwendet werden, nachdem diese in eine realitätsnahe Form gebracht wurden. Die Ansätze von MODIGLIANI/MILLER lassen sich nicht direkt auf die Realität anwenden, da die Ableitung unter stark einschränkenden Annahmen vorgenommen wurde. Die bekannten restriktiven Annahmen des MM-Modells wie die des vollkommenen Marktes, der Sicherheit und der Abwesenheit von Steuern wurden vielfach untersucht. Das Irrelevanz-Theorem der Dividendenpolitik hat sich demgegenüber standhaft erwiesen und konnte selbst unter Unsicherheit abgeleitet werden.[32] Der Effekt von Steuern ist dagegen abhängig vom jeweiligen Steuersystem – in Deutschland wird im Allgemeinen eine Relevanz der Dividendenpolitik im Rahmen des „Schütt-aus-hol-zurück-Verfahrens" bejaht.[33]

Grundsätzlich verwenden die Discounted Cashflow-Methoden betriebliche Einzahlungsüberschüsse zur Bewertung und basieren dabei auf dem Bewertungsansatz zur Diskontierung von Cashflows nach MODIGLIANI/MILLER.[34] Dies wurde jedoch nur für unverschuldete Unternehmen hergeleitet, obwohl die DCF-Methode auch auf verschuldete Unternehmen angewandt wird. Die ursprüngliche Herleitung wurde nicht entsprechend nachvollzogen.[35] Dies soll an dieser Stelle geschehen, um eine genaue Definition des Free Cashflow zu ermöglichen und Schwachstellen der oben dargestellten Ableitungen offen zu legen. Die Bewertung von Cashflows wird oft damit begründet, sie habe den Vorteil, frei von bilanzpolitischen Einflüssen auf das Ergebnis zu sein.[36] Außerdem haben Kapitalmarktstudien gezeigt, dass sich Investoren von reinen buchhalterischen Ergebnisschwankungen nicht beeinflussen lassen, sondern gemäß dem Effekt auf die Cashflows des Unternehmens reagieren.[37] Dies wird als Hinweis gedeutet, dass Cashflows die eigentlich wertbestimmenden Fakto-

---

32 Vgl. Rubinstein (1976). Vgl. hierzu auch Van Horne (1992), S. 328ff.
33 Vgl. Perridon/Steiner (2002), S. 521ff. Vgl. auch Dirrigl (1995), Sp. 1694ff.
34 Vgl. Stewart (1991), S. 252f.
35 Vgl. Stern (1974). Vgl. auch Damodaran (1996), S. 101.
36 Vgl. z. B. Copeland/Koller/Murrin (1994), Kap. 3 „Cash is King" oder Rappaport (1986), Kap. 2 „Shortcomings of Accounting Numbers".
37 Ein oft zitiertes Beispiel ist der Wechsel der Bewertungsmethode von Vorräten, z. B. Copeland/Koller/Murrin (1994), S. 84f.; Damodaran (1997), S. 435f.

ren seien. Andererseits konnte gezeigt werden, dass Ertragsgrößen[38] gegenüber Zahlungsgrößen einen zusätzlichen Informationsgehalt für Investoren besitzen.

Die Diskontierung von Cashflows lässt sich allein anhand einer empirischen Korrelation mit dem Unternehmenswert nicht begründen. Stattdessen ist ihr Zusammenhang zu den eigentlich bewertungsrelevanten Größen aufzuzeigen. Auch ist ohne eine theoretisch richtige und vollständige Definition der Cashflows der Einfluss der Bilanzpolitik nicht ausgeschaltet, sondern sogar eine weitere Unwägbarkeit durch unterschiedliche Definitionen gegeben.

## 1. Herkömmliche Definition des „Free Cashflow"

Das eigentliche Ziel der Unternehmensbewertung ist der Mittelfluss zwischen Unternehmen und Eigenkapitalgebern (Ek-CF), d. h. Ausschüttungen netto von Einlagen. „Man könnte argumentieren, auch nicht-ausgeschüttete Gewinne erhöhten den Reichtum der Eigner, weil sie eine Wertsteigerung der Anteile bewirken. Hierbei bleibt jedoch unerklärt, warum diese Wertsteigerung eintritt. Die Erklärung ist einfach, [...] der nicht ausgeschüttete Gewinnbetrag dient der Finanzierung von Investitionen mit positivem Kapitalwert und erhöht damit den Kapitalwert zukünftiger Ausschüttungen."[39] Der Unternehmenswert ergibt sich also aus dem Barwert der zukünftigen Ausschüttungen an die Anteilshalter, was Kursgewinne bereits mit beinhaltet.[40]

Zur detaillierten Planung der Ausschüttungen ist es nötig, alle zukünftig möglichen Zahlungen an die Anteilseigner zu bestimmen, also etwa Dividenden, Aktienrückkäufe, Bezugsrechte etc. Da diese aber schwer zu bestimmen bzw. zu prognostizieren sind, wird stattdessen die „Aktivseite", der betriebliche Leistungsprozess, bewertet.[41] Die dabei entstehende Größe wird „Free Cashflow" genannt und entspricht den Überschüssen, die an die Investoren ausgeschüttet werden können.[42] Der Begriff Free Cashflows (FCF) wurde von JOEL STERN eingeführt[43] und steht für sämtliche, durch den Geschäftsbetrieb eingenommenen finanziellen Überschüsse, die für Ausschüt-

---

38  Vgl. für einen Literaturüberblick White/Sondhi/Fried (1994), S. 145. Es wird daher gefordert, Bilanzierungsregeln so zu formulieren, dass das resultierende Jahresergebnis zu einem optimalen Indikator für den Unternehmenswert wird. Vgl. Black (1993), S. 2.
39  Hax (1993), 148f.
40  Vgl. Sharpe/Alexander (1990), S. 461ff. für eine ausführliche Diskussion.
41  Vgl. Stewart (1991), S. 94, 102ff., insbesondere S. 309.
42  Vgl. Copeland/Weston (1992), S. 441ff.; Steiner/Wallmeier (1999), S. 2; Steiner/Bruns (2002), S. 246.
43  Vgl. hierzu Stewart (1991), S. XXII; Stern (1974), S. 68ff.

*C. Ableitung der bewertungsrelevanten Cashflows*

tung an die Investoren frei zur Verfügung stehen, nachdem alle wertsteigernden Investitionsprojekte finanziert sind.[44] Sie werden in der Regel sehr einfach wie folgt definiert:[45]

Cashflow
− Investitionen in das Anlagevermögen
− Investitionen in das Working Capital
= Free Cashflow

Über die genaue Definition herrscht allerdings Uneinigkeit.[46] Um die Größen zu ermitteln, die tatsächlich zur Ausschüttung an die Investoren zur Verfügung stehen, müssten alle Ein- und Auszahlungen bestimmt und addiert werden. Praktisch geschieht dies häufig mit vereinfachten Berechnungen in Form eines „Cashflow" als Rückrechnung vom Jahresüberschuss, durch Addition von Abschreibungen und Einstellungen in die Rückstellungen als nicht zahlungswirksamen Aufwendungen.[47] Als vereinfachte Form des Umsatzüberschusses erfasst dieser Wert aber nur einen Teil der tatsächlichen Mittelbewegungen. Eine Umsatzüberschussrechnung ermittelt einen Großteil der Bewegungen des Umsatzbereiches, vernachlässigt aber Bewegungen im Bereich der Investitionen und Finanzierungen. Eine Bestimmung des für die Bewertung relevanten „Free Cashflow" innerhalb einer Kapitalflussrechnung, die eine vollständige Übersicht über Mittelherkunft und -verwendung gibt,[48] erscheint deshalb angebracht.[49]

---

44  Vgl. Copeland/Koller/Murrin (1994), S. 167f.; Stern (1974), S. 67; Stewart (1991), S. XVIII, S. 307. Vgl. hierzu auch Jensen (1988), S. 28: „Free cashflow is cashflow in excess of that required to fund all of a firm's projects that have positive net present values when discounted at the relevant cost of capital. Such free cashflows must be paid out to shareholders if the firm is to be efficient and to maximize value for shareholders." Vgl. Jensen (1986), S. 323; Jensen/Meckling (1976), S. 312ff.; Richter (1996a), S. 1078.
45  Vgl. Börsig (1993), S. 85; Copeland/Koller/Murrin (1994), S. 135f.; Copeland/Weston (1992), S. 440ff.; Günther (1997), S. 96, 112; Steiner/Wallmeier (1999), S. 2.
46  Vgl. Beck/Lingnau (2000), S. 8; Ballwieser (1998), S. 86; Peemöller/Keller (1998), S. 885. Eine Übersicht über die vielen verschiedenen Definitionen gibt Günther (1997), S. 137ff.
47  Zum Begriff des „Cashflow" als vereinfachter Form des Umsatzüberschusses vgl. Coenenberg (2003), S. 972ff.; zu dessen Verwendung für die Discounted Cashflow-Methode vgl. z. B. Börsig (1993), S. 85.
48  Vgl. Coenenberg (1999), S. 623ff.; Coenenberg/Schmidt (1976), S. 423.
49  Vgl. Coenenberg (2003), S. 982f.

## 2. Erweiterung um weitere Mittelquellen und -verwendungen

Die Ableitung nach MODIGLIANI/MILLER impliziert, dass die Diskontierung von Nettoausschüttungen und Einzahlungsüberschüssen gleichwertig ist. Die Ableitung ist jedoch unvollständig und muss um weitere Mittelquellen und -verwendungen ergänzt werden, wie z. B. die Möglichkeit der Fremdfinanzierung.

### 2.1. Eine umfassende Definition von Mittelherkunft und -verwendung

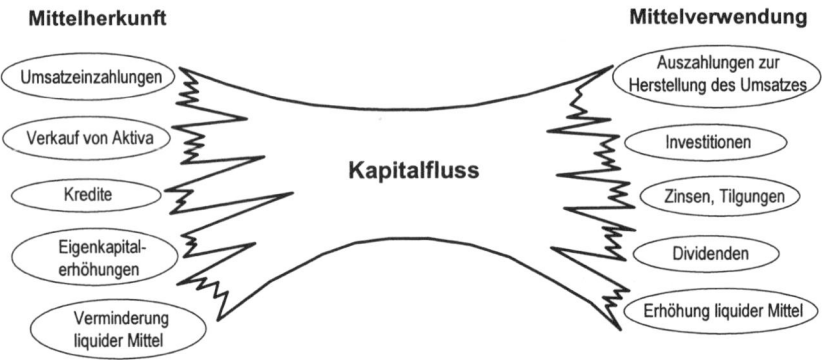

Abb. VI.3: Zahlungsmittelströme innerhalb eines Unternehmens

Die Zahlungen an die Eigner können als Residuum aus allen anderen Zahlungen des Unternehmens bestimmt werden. Eine Gesamtübersicht über alle Zahlungen des Unternehmens gibt Abb. VI.3 Die Zahlungen lassen sich in vier Gruppen teilen: erstens solche operativen Ursprungs (OCF), also Zahlungsüberschüsse aus dem Umsatzprozess, zweitens solche aus Investitionen in Sachanlagen und Finanzanlagen (ICF), drittens aus der Finanzierung des Unternehmens, also Kredite, Kapitalerhöhungen, Dividenden, Zinsen, Tilgungen etc. (Fin-CF) und letztens Zahlungen von und an die Kasse, Bank oder andere direkt verfügbare liquide Mittel ($\Delta$liq.M.). Die Veränderung der liquiden Mittel im Jahresablauf ergibt sich als Residuum aus der Summe[50] aus Investitions-, Finanzierungs- und operativen Zahlungen ($\Delta$liq.M. = ICF + OCF + Fin-CF). Umgekehrt können die auf der „Aktivseite" erwirtschafteten Überschüsse

---

50  Ob addiert oder subtrahiert werden muss, ergibt sich jeweils aus dem Vorzeichen der Zahlungen.

## C. Ableitung der bewertungsrelevanten Cashflows

(OCF + ICF) zur Ausschüttung an Eigen- und Fremdkapitalgeber oder zur Erhöhung liquider Mittel verwendet werden. Dies ist in Abb. VI.4 veranschaulicht.[51]

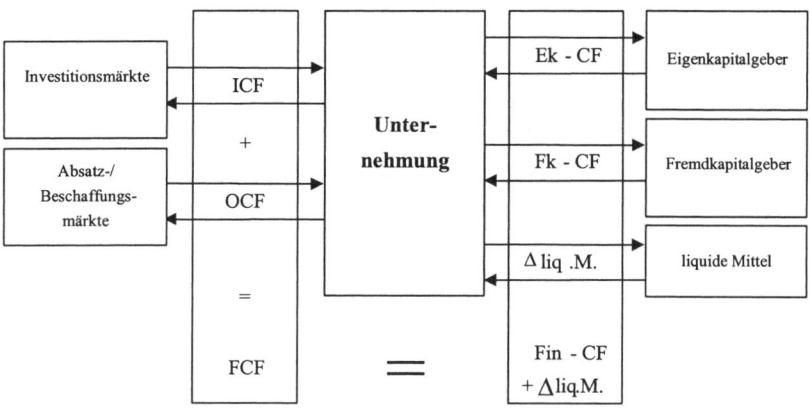

Abb. VI.4: Gruppen von Zahlungsströmen

Die vorstehende Übersicht entspricht der Struktur der Kapitalflussrechnung, die sich vereinfacht wie folgt darstellt:

**Kapitalflussrechnung:**[52]

| | | |
|---|---|---|
| Operativer Cashflow | OCF | = $E_{Oper.} - A_{Oper.}$ |
| + Investitions-Cashflow | + ICF | = $E_{Inv.} - A_{Inv.}$ |
| + Finanzierungs-Cashflow | + Fin-CF | = $E_{Fin.} - A_{Fin.}$ |
| = Veränderung der liquiden Mittel | = $\Delta liq.M.$ | |

Es gilt:

(II) $(E_{Oper.} - A_{Oper.}) + (E_{Inv.} - A_{Inv.}) + (E_{Fin.} - A_{Fin.}) - \Delta liq.M. = 0$

bzw.

$OCF + ICF + Fin\text{-}CF - \Delta liq.M. = 0$

Hieraus lassen sich die Ausschüttungen an die Investoren ($A_{Fin.}$) ableiten:

(IIa) $OCF + ICF + E_{Fin.} - \Delta liq.M. = A_{Fin.}$

---

51 Vgl. auch Copeland/Koller/Murrin (1994), S. 135.
52 E = Einzahlungen, A = Auszahlungen.

| | | |
|---|---|---|
| **I.** | **Umsatzbereich** | |
| | Gesamtergebnis vor Zinsaufwand | |
| ./. | finanzunwirksame Erträge | |
| + | finanzunwirksame Aufwendungen | „Cash- |
| = | Umsatzüberschuss im engen Sinne, vor Zinsaufwand | flow" |
| ./. | sonstige betr. Erträge, soweit im Investitionsbereich als Zufluss erfasst | |
| + | sonstige betr. Aufwendungen, im Investitionsbereich als Abfluss erfasst | |
| + | als finanzwirksamer Aufwand erfasste liquiditätsunwirksame Aktivabnahmen und Passivzunahmen | |
| ./. | als finanzwirksamer Ertrag erfasste liquiditätsunwirksame Aktivzunahmen und Passivabnahmen | |
| = | Umsatzüberschuss im weiten Sinne I, vor Zinsaufwand | Δ Net |
| ./. | Zunahme kurzfristiger Aktiva (Restlaufzeit ≤ 1 Jahr) | Working |
| ./. | Abnahme kurzfristiger Passiva (Restlaufzeit ≤ 1 Jahr) | Capital |
| = | Umsatzüberschuss im weiten Sinne II, vor Zinsaufwand | |
| + | Abnahme kurzfristiger Aktiva (Restlaufzeit ≤ 1 Jahr) | |
| + | Zunahme kurzfristiger Passiva (Restlaufzeit ≤ 1 Jahr) | |
| **=** | **Umsatzüberschuss im weiten Sinne III, vor Zinsaufwand (OCF)** | |
| **II.** | **Investitionsbereich** | |
| ./. | Auszahlungen für Zugänge an immateriellen Vermögensgegenständen, Sach- und Finanzanlagen | Ersatz- und Erweiterungs- |
| + | Einzahlungen für Abgänge an immateriellen Vermögensgegenständen, Sach- und Finanzanlagen (bewertet zu Liquidationserlösen) | investitionen |
| = | Netto- Anlageinvestitionen (ICF) | |
| **=** | **Finanzüberschuss/-defizit vor Finanzierung und Zinsaufwand (OCF + ICF)** | |
| **III.** | **Finanzierungsbereich** | |
| + | Erhöhungen des gezeichneten Kapitals und der Rücklagen | Zufluss |
| + | Zunahme mittel- und langfristiger Finanzschulden (Restlaufzt. > 1 Jahr) | von Außen |
| ./. | Verringerungen des gezeichneten Kapitals und der Rücklagen | |
| ./. | Abnahme mittel- und langfristiger Finanzschulden (Restlaufzt. > 1 Jahr) | Befriedigung |
| ./. | Gezahlter Zinsaufwand | der |
| ./. | Dividendenzahlung | Investoren |
| **=** | **Veränderung der liquiden Mittel** | |

Abb. VI.5: Kapitalflussrechnung

Hinter obigen Gleichungen steht ein umfassendes Berechnungssystem, welches es ermöglicht, diese Zahlungen aus dem Rechnungswesen mittels einer Kapitalflussrechnung abzuleiten. Eine solche ist in Abb. V.5 vereinfacht wiedergegeben.[53]

## 2.2. Bewertung der Nettoausschüttungen an die Investoren

Mit der im vorangegangenen Abschnitt erfolgten Erweiterung der Mittelherkunft und -verwendung lässt sich eine genaue Definition des Free Cashflows ableiten. Ausgangspunkt der Ableitung stellt dabei die Bewertung auf der Grundlage der Nettoausschüttungen an die Investoren dar. Der dabei erfolgende Abzug der zukünftigen Kapitaleinlagen von den Ausschüttungen ist gleichbedeutend mit einer Bewertung aus der Perspektive der gegenwärtigen Investoren.

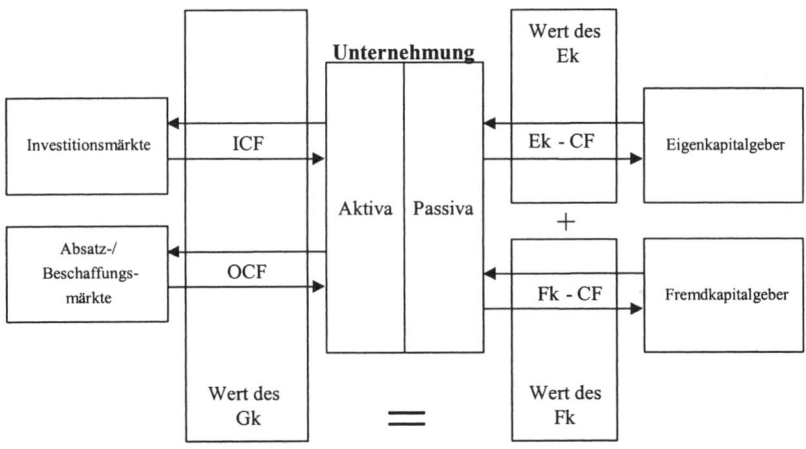

Abb. VI.6: Gesamtwert und Werte von Eigen- und Fremdkapital

Wegen der Möglichkeit zur Fremdkapitalfinanzierung muss unterschieden werden, ob nach der sog. „Brutto- oder Nettomethode" vorgegangen werden soll, was die Behandlung der Fremdkapitalzahlungen betrifft. Meist wird bei der Discounted Cashflow-Methode nach der Bruttomethode vorgegangen, d. h. es werden die gesamtkapitalbezogenen Free Cashflows,[54] die das Ausschüttungspotenzial für Eigen- und

---

53 In Anlehnung an Günther (1997), S. 123f. Für ein vollständiges Ermittlungsschema vgl. Coenenberg (1999), S. 648ff. Für die Umsetzung in unterschiedlichen Rechnungslegungsstandards vgl. Coenenberg (2003), S. 756ff.
54 Vgl. hierzu Coenenberg (2003), S. 982f.

Fremdkapitalgeber repräsentieren, mit den Gesamtkapitalkosten diskontiert.[55] Diese Cashflows werden deshalb hier Brutto-Free Cashflows (BFCF) genannt. Die Vorgehensweise liefert den Gesamtwert des Unternehmens inklusive dem Wert des Fremdkapitals, weshalb hiervon der Wert des Fremdkapitals subtrahiert werden muss, um zum Wert für die Eigner oder auch „Shareholder Value" zu gelangen.[56] Es ist aber ebenso möglich, nach der Nettomethode die eigenkapitalbezogenen Free Cashflows nach Abzug von Fremdkapitalzahlungen (Fk-CF) (und damit die Zahlungen an die Eigner (Ek-CF)) mit den Eigenkapitalkosten zu diskontieren und so direkt zum Wert des Eigenkapitals zu gelangen.[57] Zunächst soll die Nettomethode betrachtet werden.

### 2.2.1. Free Cashflow in der Nettomethode

Durch die Berücksichtigung der Fremdkapitalfinanzierung bei der Nettomethode ändert sich zunächst nichts an der generellen Vorgehensweise. Es werden die Nettoausschüttungen an die Eigentümer bewertet:

$$(1b)\ Ek_0 = n_0 p_0 = \sum_{t=1}^{\infty}(D_t - m_t p_t) q_{Ek}^{-t} .^{58}$$

Lediglich die Definition des Zahlungsstroms muss angepasst werden. Finanzierungs-Einzahlungen ($E_{Fin.}$) bestehen aus neuem Eigenkapital (mp) und neuem Fremdkapital ($\Delta Fk$), Finanzierungs-Auszahlungen ($A_{Fin.}$) sind Dividenden und andere Ausschüttungen (D) und Fremdkapitalzinsen ($r_{Fk}Fk$).

**Kapitalflussrechnung:**

| | | |
|---|---|---|
| Operativer Cashflow | OCF | = $E_{Oper.} - A_{Oper.}$ |
| Investitions-Cashflow | + ICF | = $E_{Inv.} - A_{Inv.}$ |
| Finanzierungs-Cashflow | + Fin-CF | = $E_{Fin.}$ (= mp + $\Delta Fk$) |
| | | $- A_{Fin.}$ (= $- D - r_{Fk}Fk$) |
| = Veränderung der liquiden Mittel | = $\Delta$liq.M. | |

---

55 Diese Vorgehensweise wird auch „Free Cashflow to the Firm-Approach" genannt. Vgl. Damodaran (1996), S. 237ff.
56 Vgl. z. B. Damodaran (1996), S. 10ff.; Dirrigl (1994), S. 414f.
57 Vgl. z. B. Damodaran (1996), S. 219ff., Hachmeister (1996a), S. 251f.
58 Vgl. zur „fundamentalen Bewertungsgleichung" von MM Abschnitt VI.B. Diese Form setzt bereits einen unendlichen Planungshorizont voraus, sodass der Barwert des Restwerts am Ende des Planungshorizonts PV[$Ek_T$] sich Null nähert.

## C. Ableitung der bewertungsrelevanten Cashflows

Daraus ergibt sich folgende Gleichung für Mittelherkunft und -verwendung:

(III) $OCF + ICF + (mp + \Delta Fk - D - r_{Fk}Fk) - \Delta liq.M. = 0$.

Die Ausschüttungen der Periode t ($D_t$) lassen sich dann wie folgt ausdrücken:

(IIIa) $D_t = OCF_t + ICF_t + (m_t p_t + \Delta Fk_t - r_{Fk}Fk_t) - \Delta liq.M._t$ .

Einsetzen liefert (IIIa in 1b):

$$Ek_0 = [\sum_{t=1}^{\infty}(OCF_t + ICF_t + m_t p_t + \Delta Fk_t - r_{Fk}Fk_t - \Delta liq.M._t - m_t p_t) q_{Ek}^{-t}]$$

(2a) $Ek_0 = n_0 p_0 = [\sum_{t=1}^{\infty}(OCF_t + ICF_t + \Delta Fk_t - r_{Fk}Fk_t - \Delta liq.M._t) q_{Ek}^{-t}]$.

Die hier diskontierte Größe entspricht den Zahlungsüberschüssen, die an die Eigner ausgeschüttet werden. Operative Cashflows (OCF) sind die im Geschäft verdienten Mittel, diese werden durch die dafür nötigen Investitionen (ICF) geschmälert. Subtraktion der Zinszahlungen ($r_{Fk}Fk_t$) ist notwendig, da es sich hier um einen Nettoansatz handelt und der OCF vor Zinsaufwand berechnet ist. Da die Bewertung aus der Nettoposition der Investoren erfolgt, wird nur der Wert des gegenwärtigen Fremdkapitals berücksichtigt. Eine Anpassung erfolgt durch Addition des neuen Fremdkapitals ($\Delta Fk_t$) zu den Zinsen auf das gesamte Fremdkapital. Aus dem selben Grund, der Diskontierung der Nettoausschüttungen an die Alteigentümer, wird hier neues Eigenkapital nicht addiert, sondern kompensiert sich mit den abzuziehenden Einlagen der fundamentalen Bewertungsgleichung. Es ließe sich aber ebenso hinzuaddieren und später als Barwert vom Gesamtwert subtrahieren, ähnlich wie dies bei der Bruttomethode mit dem Wert des Fremdkapitals geschieht.[59]

Da die Veränderung der liquiden Mittel sich als Residuum aller tatsächlich erfolgten Zahlungen ergibt, kann sie nur bestimmt werden, nachdem die tatsächliche Ausschüttung bekannt ist. Die obige Definition (2a) enthält also einen Zirkelschluss. Durch Ersatz der Ausschüttungen $D_t$ der Periode t in der fundamentalen Bewertungsgleichung (Ib) mit dem aus der Gleichheit von Mittelherkunft und Mittelverwendung ermittelten Ausdruck der Gleichung (IIIa) wird implizit unterstellt, die Ausschüttungen $D_t$ der Periode t hingen vom Finanzmittelüberschuss der Periode t ab. Jedoch kann Gleichung (IIIa) nicht dazu verwendet werden, $D_t$ zu prognostizieren, wenn $\Delta liq.M._t$ unbekannt ist. Aber $\Delta liq.M._t$ ist nur dann bekannt, wenn $D_t$ bekannt ist – es liegt eine Gleichung mit zwei Unbekannten vor. Um die Ausschüttungen aus den Zahlungsüberschüssen der Periode t ermitteln zu können, muss eine An-

---

59  Dies wird im Abschnitt 2.3. „Bruttoausschüttungen" näher besprochen.

nahme über $\Delta$liq.M._t getroffen werden. Betrachtet man für Prognosezwecke $D_t$ nicht als die tatsächlichen Ausschüttungen der Periode t, sondern als die potenziell möglichen, dann lässt sich dieser Betrag bestimmen, indem $\Delta$liq.M._t als gleich Null angenommen wird und damit implizit annimmt, der Finanzmittelüberschuss [= $OCF_t$ + $ICF_t$ + ($m_t p_t$ + $\Delta Fk_t$ − $r_{Fk} Fk_t$)] würde auch ausgeschüttet und die liquiden Mittel erhöhten sich nicht. Dann entsprechen *ex ante* die an die Investoren potenziell ausschüttbaren Mittel (Free Cashflows) den *ex post* tatsächlich ausgeschütteten Nettozahlungen an die Eigner (Ek-CF = mp − D) zuzüglich der Veränderung der liquiden Mittel ($\Delta$liq.M.). Mit anderen Worten wird die tatsächliche Veränderung der liquiden Mittel im Free Cashflow mit erfasst:[60]

$$NFCF_t = (D_t - m_t p_t + \Delta liq.M._t).$$

Zur Veranschaulichung möge folgendes Beispiel dienen: Der Finanzmittelüberschuss der Periode beträgt 11. Angenommen, es sei eine Ausschüttung von lediglich 10 geplant, ergibt sich eine Veränderung der liquiden Mittel von 1. Der Free Cashflow von 11 entspricht dann der tatsächlichen Ausschüttung von 10 plus der Veränderung der liquiden Mittel von 1.

| Kapitalflussrechnung: | | | Beispiel |
|---|---|---|---|
| Operativer Cashflow | OCF | = $E_{Oper.}$ − $A_{Oper.}$ | 17 |
| + Investitions-Cashflow | + ICF | = $E_{Inv.}$ − $A_{Inv.}$ | - 4 |
| + Fremdkapital-Cashflow | + Fk-CF | = + $\Delta$Fk | 0 |
| | | − Z | - 2 |
| = Netto-Free Cashflow | = NFCF | | 11 |
| + Eigenkapital-Cashflow | + Ek-CF | = + mp | 0 |
| | | − D | - 10 |
| = Veränderung der liquiden Mittel | = $\Delta$liq.M. | | 1 |

Demzufolge ergibt sich der Free Cashflow der Nettomethode als:

(5a) $NFCF = (OCF_t + ICF_t + \Delta Fk_t - r_{Fk} Fk_t)$

und der Unternehmenswert als Eigentümerwert errechnet sich nach der Formel:

(6a) $Ek_0 = n_0 p_0 = [\sum_{t=1}^{\infty} (OCF_t + ICF_t + \Delta Fk_t - r_{Fk} Fk_t) q_{Ek}^{-t}].$

---

60  Vgl. hierzu im Detail Abschnitt VI.D.

## 2.2.2. Free Cashflow in der Bruttomethode

Geht man nach der Bruttomethode vor, wird der Zahlungsstrom an alle Investoren, sowohl Eigen- wie Fremdkapitalgeber, bewertet. Der ermittelte Wert ist gleich dem Unternehmensgesamtwert für beide Investorengruppen. Der Wert des Eigenkapitals ist gegeben durch die Nettoausschüttungen an die Eigner, der Wert des Fremdkapitals besteht aus dem Barwert zukünftiger Zinsen und Tilgungen. Kritisch ist hier die Berücksichtigung neu aufgenommenen Fremdkapitals. Geht man analog zur bisherigen Betrachtungsweise von der Nettoposition der Investoren aus, dürfen hier auch nur Nettozahlungen an die Fremdkapitalgeber betrachtet werden. Der Barwert aller zukünftigen Zinsen und Tilgungen abzüglich Fremdkapitalerhöhungen ergibt dann den Wert des bestehenden Fremdkapitals ($\sum_{t=1}^{\infty}(r_{Fk}Fk_t - \Delta Fk_t)q_{Fk}^{-t}$), der in den meisten Fällen dem Buchwert des verzinslichen Fremdkapitals im Zeitpunkt der Bewertung entsprechen wird.[61]

Der Gesamt-Unternehmenswert ($Gk_0$) lässt sich somit darstellen als:

$$(1c) \quad Gk_0 = Ek_0 + Fk_0 = n_0 p_0 + \sum_{t=1}^{\infty}(r_{Fk}Fk_t - \Delta Fk_t)q_{Fk}^{-t}$$

$$= \sum_{t=1}^{\infty}(D_t - m_t p_t)q_{Ek}^{-t} + \sum_{t=1}^{\infty}(r_{Fk}Fk_t - \Delta Fk_t)q_{Fk}^{-t}.$$

Die Gleichung für Mittelherkunft und Mittelverwendung ist in gleicher Form wie bei der Nettomethode anwendbar, da die Zahlungen identisch sind. Einsetzen von (IIIa) $D = OCF + ICF + (mp + \Delta Fk - r_{Fk}Fk) - \Delta liq.M.$ in (1c) liefert:

$$(2b) \quad Gk_0 = [\sum_{t=1}^{\infty}(OCF_t + ICF_t + m_t p_t + \Delta Fk_t - r_{Fk}Fk_t - \Delta liq.M._t - m_t p_t)q_{Ek}^{-t}]$$

$$+ [\sum_{t=1}^{\infty}(r_{Fk}Fk_t - \Delta Fk_t)q_{Fk}^{-t}] = Ek_0 + Fk_0 = \sum_{t=1}^{\infty}\frac{Ek\text{-}CF_t}{(1+r_{Ek})^t} + \sum_{t=1}^{\infty}\frac{Fk\text{-}CF_t}{(1+r_{Fk})^t}$$

$$\Leftrightarrow Gk_0 = [\sum_{t=1}^{\infty}(OCF_t + ICF_t + \Delta Fk_t - r_{Fk}Fk_t - \Delta liq.M._t)q_{Ek}^{-t}]$$

$$+ [\sum_{t=1}^{\infty}(r_{Fk}Fk_t - \Delta Fk_t)q_{Fk}^{-t}].$$

---

61 Da $\Delta Fk_t = Fk_t - Fk_{t-1}$ und $[\sum(r_{Fk}Fk_t)q_{Fk}^{-t}] = Fk_t$, ist auch $[\sum(r_{Fk}\Delta Fk_t)q_{Fk}^{-t}] = \Delta Fk_t$ und damit $[\sum(r_{Fk}Fk_t - \Delta Fk_t)q_{Fk}^{-t}] = [\sum(r_{Fk}(Fk_{t-1} + \Delta Fk_t) - \Delta Fk_t)q_{Fk}^{-t}] = Fk_{t-1} + \Delta Fk_t - \Delta Fk_t = Fk_0$.

Um Gleichung (2b) weiter zu vereinfachen, müssen die Kapitalisierungszinssätze für beide Barwerte identisch sein. Da der erste Barwert dem Strom an die Eigenkapitalgeber entspricht, muss er mit den Eigenkapitalkosten diskontiert werden, der zweite entsprechend mit den Fremdkapitalkosten. Diese werden zu einem Zinssatz zusammengefasst, den sog. „gewichteten Kapitalkosten (WACC)".

Unter der Annahme ewiger, konstanter Zahlungsreihen setzt sich der Unternehmensgesamtwert aus $Gk_0 = Ek_0 + Fk_0 = \dfrac{Ek\text{-}CF}{r_{Ek}} + \dfrac{Fk\text{-}CF}{r_{Ek}}$ zusammen. Die Nettoausschüttungen an die Investoren (Gk-CF) müssen mindestens den von ihnen geforderten Mindestrenditen auf das jeweils eingesetzte Eigen- und Fremdkapital entsprechen:[62]

$$Gk\text{-}CF = Ek\text{-}CF + Fk\text{-}CF \geq r_{Ek} \times Ek_0 + r_{Fk} \times Fk_0 = r_{Ek}\dfrac{Ek_0}{Gk_0}Gk_0 + r_{Fk}\dfrac{Fk_0}{Gk_0}Gk_0$$

$$\Rightarrow \dfrac{Gk - CF}{Gk_0} \geq r_{Gk} = (r_{Ek}\dfrac{Ek_0}{Gk_0} + r_{Fk}\dfrac{Fk_0}{Gk_0}) = WACC$$

$$Gk_0 = \dfrac{Gk\text{-}CF}{r_{Gk}} = \dfrac{Ek\text{-}CF}{r_{Ek}} + \dfrac{Fk\text{-}CF}{r_{Fk}} = \dfrac{Ek\text{-}CF + Fk\text{-}CF}{(r_{Ek}\dfrac{Ek_0}{Gk_0} + r_{Fk}\dfrac{Fk_0}{Gk_0})}.$$

Unter diesen Bedingungen lässt sich der obige Ausdruck (2b) zusammenfassen zu:

(2c) $Gk_0 = Ek_0 + Fk_0 = [\sum_{t=1}^{\infty}(OCF_t + ICF_t - \Delta liq.M._t) \, q_{wacc}^{-t}].$

Wie bereits erwähnt, setzt die Ermittlung des Free Cashflow voraus, dass $\Delta liq.M._t = 0$, sodass der Free Cashflow der Bruttomethode (BFCF) sich ergibt als:

(5b) $BFCF = (OCF_t + ICF_t).$

Dieser Brutto-Free Cashflow entspricht den tatsächlichen Nettoausschüttungen an beide Investoren-Gruppen (Ek-CF + Fk-CF) zzgl. der Veränderung der liquiden Mittel.

---

62 Die Investoren fordern eine Mindestrendite r auf das von ihnen eingesetzte Kapital. Deshalb handelt es sich bei $Ek_0$ und $Fk_0$ um die Marktwerte des eingesetzten Eigen- und Fremdkapitals, bei $Gk_0$ um den Marktwert des Gesamtkapitals, d. h. den Gesamtunternehmenswert.

*C. Ableitung der bewertungsrelevanten Cashflows*                                                    381

**Kapitalflussrechnung:**

| Operativer Cashflow | OCF | = $E_{Oper.} - A_{Oper.}$ |
|---|---|---|
| + Investitions-Cashflow | + ICF | = $E_{Inv.} - A_{Inv.}$ |
| = Brutto-Free Cashflow | = BFCF | |
| + Fremdkapital-Cashflow | + Fk-CF | + $\Delta Fk - r_{Fk}Fk$ |
| + Eigenkapital-Cashflow | + Ek-CF | + mp – D |
| = Veränderung der liquiden Mittel | = $\Delta$liq.M. | |

Um zum Wert des Eigenkapitals zu gelangen, muss der Marktwert des bestehenden Fremdkapitals ($Fk_0$) von dem so ermittelten Gesamtwert abgezogen werden. Da Kapitalerhöhungen (sowohl Fremd- als auch Eigenkapital) die Nettoposition des Kapitalgebers nicht verändern, werden sie in dieser Definition nicht im Free Cashflow berücksichtigt. Der Eigentümerwert ergibt sich wie folgt:

$$(6b) \quad Ek_0 = Gk_0 - Fk_0 = [\sum_{t=1}^{\infty}(OCF_t + ICF_t)\, q_{wacc}^{-t}] - [\sum_{t=1}^{\infty}(r_{Fk}Fk_t - \Delta Fk_t)\, q_{Fk}^{-t}].$$

Bei obiger Vorgehensweise ist es von entscheidender Bedeutung, dass diese Definition des Brutto-Free Cashflow den Abzug des Marktwertes lediglich des bestehenden Fremdkapitals erfordert. Der Marktwert des Fremdkapitals ergibt sich als Barwert von Zins und Tilgung. Werden alle zukünftigen Zinsen und Tilgungen einbezogen, ergibt dies den Wert allen Fremdkapitals, inklusive zukünftiger Erhöhungen. Es soll aber nur der Marktwert des bestehenden Fremdkapitals abgezogen werden.[63] Dieser ergibt sich als Barwert der Zinsen (und Tilgungen) auf das bestehende Fremdkapital. Da für Fremdkapital die Opportunitätskosten i. d. R. dem Fremdkapitalzins entsprechen, wird der Barwert dieser Zinsen (und Tilgungen) fast immer dem ursprünglichen Nominalwert (Buchwert) entsprechen.

### 2.2.3. Beispiel

Ein Unternehmen X hat einen stetigen OCF von 1,1 und erhält die Gelegenheit, mit einer Investition von 10 in t = 1 weitere 1,2 ab t = 2 in alle Ewigkeit zu verdienen.

---

63 Dies wird nicht immer so gesehen. Viele Autoren sprechen lediglich vom Marktwert des Fremdkapitals, ohne dies näher zu spezifizieren. Der Abzug des Marktwerts des Fremdkapitals "als Barwert der an die Fremdkapitalgeber fließenden Cashflows" wird z. B. gefordert von Jonas (1995), S. 85; ebenso Kirsch/Krause (1996), S. 794; Sieben (1995), S. 717. Copeland/Koller/Murrin (1994), S. 137 berechnen den Wert des Fremdkapitals ebenfalls als Barwert der Cashflows an die Fremdkapitalgeber, verweisen aber darauf, dass „in most cases, only the company's debt outstanding on the valuation date must be valued."

Diese Investition soll mit Fremdkapital finanziert werden. Die Cashflows und ihre Barwerte bei einheitlichen Kapitalkosten von 10 % gestalten sich wie folgt:[64]

|  | PV in t = 0 | t = 1 | t = 2 | t = 3 | t = 4-∞ |
|---|---|---|---|---|---|
| $\Delta Fk_t$ | 9,1 | 10 | | | |
| ICF | 9,1 | -10 | | | |
| OCF alt | 11,0 | 1,1 | 1,1 | 1,1 | 11 |
| OCF neu | 10,9 | | 1,2 | 1,2 | 12 |
| OCF gesamt | 21,9 | 1,1 | 2,3 | 2,3 | 23 |
| (OCF+ICF) | 12,8 | -8,9 | 2,3 | 2,3 | 23 |
| $r_{Fk}Fk_t$ | 9,1 | 0 | 1 | 1 | 10 |
| (OCF+ICF) – $r_{Fk}Fk_t$ | 3,7 | -8,9 | 1,3 | 1,3 | 13 |
| (OCF+ICF) – $r_{Fk}Fk_t$ + $\Delta Fk_t$ | 12,8 | 1,1 | 1,3 | 1,3 | 13 |
| PVF bei 10 % | | 0,9091 | 0,8264 | 0,7513 | 0,7513 |

Vor Durchführung des Investitionsprojekts ist das Unternehmen 11 wert, entsprechend dem Barwert der ewigen Cashflows PV[OCF alt], da weder Investitionen noch andere Zahlungen ausstehen. Das neue Projekt ist weitere 10,9 = PV[OCF neu] wert. Dafür muss das Unternehmen allerdings einen Gegenwert von 9,1 = PV[ICF] investieren, sodass der Kapitalwert des Projekts nur 1,8 = PV[OCF neu + ICF] beträgt. Der Gesamtwert des Unternehmens nach dem Projekt beträgt dann 12,8 = PV[OCF + ICF]. Der Unternehmenswert steigt um den Kapitalwert der Investition von 11 auf 12,8.[65]

Gemäß der Bruttomethode ($Ek_0 = Gk_0 - Fk_0 = $ PV[OCF + ICF] $- Fk_0$) könnte man nun versucht sein, den Wert des Fremdkapitals PV[$r_{Fk}Fk_t$] von 9,1 hiervon abzuziehen, um zu einem Eigenkapitalwert von 3,7 zu gelangen. Dies wäre jedoch unrichtig, da der Wert dieses Fremdkapitals bereits durch Abzug der Investition berücksichtigt ist. Oder anders ausgedrückt: zum Zeitpunkt der Bewertung existiert kein Fremdkapital, das abzuziehen wäre ($Fk_0 = 0$).

---

64  Zu Gunsten der Klarheit der Argumentation wird hier von Effekten der Kapitalstruktur auf die Kapitalkosten für den Augenblick abstrahiert. Hierfür wird angenommen, dass Eigen- und Fremdkapitalkosten identisch sind.
65  Vgl. z. B. Martin (1987).

*C. Ableitung der bewertungsrelevanten Cashflows*

|  | Marktwert-Bilanz vorher |  |  |  | Marktwert-Bilanz nachher |  |  |
|---|---|---|---|---|---|---|---|
| Aktiva | 11 | Ek | 11 | Aktiva alt | 11 | Ek | 11 |
|  |  |  |  | Projekt | 1,8 | Kapitalwert | 1,8 |
|  |  | Fk | 0 |  |  | Fk | 0 |
| Summe | 11 |  | 11 | Summe | 12,8 |  | 12,8 |

Nach der dargestellten Systematik ergibt sich der Wert einer Anlage oder Investition aus der Bewertung der Rückflüsse. Investitionen werden von den Cashflows subtrahiert, weil sie die Rückflüsse vermindern. Werden gleichzeitig diese Mittel aber wieder zugeführt, stellt sich die Frage, weshalb sie abgezogen werden sollten. Wird wie im Beispiel der ICF völlig außenfinanziert, steht der gesamte OCF zur Ausschüttung bereit. Würde dagegen der ICF innenfinanziert, also aus Mitteln aus dem Umsatzprozess, verringerten sich die ausschüttbaren Mittel in dieser Höhe. Lediglich die Teile der Investition, die innenfinanziert sind, schmälern die ausschüttbaren Mittel.

Der Abzug aller Investitionen von den Operativen Cashflows in der Standarddefinition ist deshalb nur dann gerechtfertigt, wenn dies über einen geringeren Wert bei Abzug des Fremdkapitals ausgeglichen wird. Ein alternativer Weg wäre folglich, das neu aufgenommene Fremdkapital ($\Delta Fk_t$) in die Free Cashflows aufzunehmen und so den außenfinanzierten Teil der Investition auszugleichen. Der Gesamtwert des Unternehmens wäre dann gleich $PV[OCF + ICF + \Delta Fk_t] = 21{,}9 = PV[OCF\ gesamt]$. Davon gehören 9,1 den (zukünftigen) Fremdkapitalgebern und $PV[(OCF + ICF) + \Delta Fk_t - r_{Fk} Fk_t] = 12{,}8$ den Eigenkapitalgebern.

|  | Marktwert-Bilanz vorher |  |  |  | Marktwert-Bilanz nachher |  |  |
|---|---|---|---|---|---|---|---|
| Aktiva | 11 | Ek | 11 | Aktiva alt | 11 | Ek | 11 |
|  |  |  |  | Projekt | 10,9 | Kapitalwert | 1,8 |
|  |  | Fk | 0 |  |  | Fk | 9,1 |
| Summe | 11 |  | 11 | Summe | 21,9 |  | 21,9 |

Dieser Ansatz geht von der Perspektive aus, dass neu aufgenommenes Fremdkapital auch zur Ausschüttung an die Eigner verwendet werden kann. Es erhöht entsprechend den Unternehmensgesamtwert, aber auch den Wert des Fremdkapitals und muss vom Gesamtwert abgezogen werden, um den Eigenkapitalwert zu ermitteln.[66] Diese „Bruttoperspektive" wird im nächsten Abschnitt besprochen.

---

66 Dieser würde nur dann davon berührt, wenn der Barwert der Rückzahlungen (Zins und Tilgung) nicht dem Barwert der Einzahlungen (Kreditaufnahme) entspricht. Eine positive Differenz (Kapitalwert) hingegen würde den Eigenkapitalwert erhöhen, eine negative entsprechend verringern. Wie bereits erwähnt, wird der Kapitalwert der Finanzierung meist Null sein. Dies ist aber nicht notwendigerweise so.

## 2.3. Bewertung der Bruttoausschüttungen an die Investoren

Eine ähnliche Problematik wie im eben diskutierten Fall ergibt sich bei der Behandlung von Eigenkapitalerhöhungen. Kapitalerhöhungen erhöhen den Gesamtwert des Unternehmens. Die Position der Anteilshalter vor der Kapitalerhöhung verbessert sich dabei aber nicht grundsätzlich. Eine Verbesserung hängt davon ab, was mit den eingenommenen Mitteln geschieht. Werden sie nur zu einer Erhöhung der Ausschüttung verwendet, entsteht kein zusätzlicher Wert. Werden sie dagegen in ein Projekt mit positivem Kapitalwert investiert, erhöht sich der Wert um diesen Kapitalwert.

Eine Bewertung der Nettoausschüttungen an die Kapitalgeber bezieht sich auf die Position der gegenwärtigen Anteilshalter. Etwaige spätere Kapitalerhöhungen erhöhen nicht den Unternehmenswert aus deren Sicht. Diese Vorgehensweise ist z. B. dann sinnvoll, wenn die Unternehmensbewertung einer Kaufpreisermittlung bei einer Akquisition dienen soll und für spätere geplante Investitionen eine Außenfinanzierung notwendig wird, die den Wert des Unternehmens zwar erhöht, für den Käufer aber zusätzliche Mittelbereitstellung erfordert. Dies lässt sich nochmals anhand der fundamentalen Bewertungsgleichung von MM verdeutlichen: Ausschüttungen werden netto von neuem Eigenkapital bewertet.

$$(1b) \quad Ek_0 = n_0 p_0 = [\sum_{t=1}^{\infty} (D_t - m_t p_t) q_{Ek}^{-t}].$$

Gelegentlich kann es allerdings sinnvoll sein, nicht von einer Nettoposition der Investoren auszugehen, sondern den Bruttozahlungsstrom vom Unternehmen an die (gegenwärtigen und künftigen) Investoren zu betrachten.[67] Was geschieht etwa bei einer Neugründung, bei der es keinen gegenwärtigen Eigentümer gibt? Der zukünftige Eigentümer wird sich dafür interessieren, wie viel das investierte Eigenkapital nach Gründung wert ist. Die Bewertung nach der Standard-DCF-Methodik wird aber nur den Unternehmenswert netto von dieser Investition, also ihren Kapitalwert liefern. Dies beantwortet zwar die Frage, ob sich die Investition lohnt, kann aber zu Verwirrung führen, wenn man sich der Interpretation dieses Wertes nicht bewusst ist. Hierzu ein Beispiel:

---

67  Der Klarheit halber sei darauf hingewiesen, dass dies nicht mit Brutto- und Nettomethode im Sinne der Berücksichtigung des Fremdkapitals zu verwechseln ist, sondern dass die Bruttozahlungsströme von Kapitalerhöhungen gemeint sind.

*C. Ableitung der bewertungsrelevanten Cashflows*

Ein Unternehmen wird in t = 0 gegründet. Eigenkapital wird in drei Stufen zu je 10 einbezahlt. Dieses Geld wird in drei Projekte investiert, die jeweils 1,1 p. a. auf Dauer verdienen:

|           | PV in t = 0 | t = 0 | t = 1  | t = 2  | t = 3  | t = ∞  |
|-----------|-------------|-------|--------|--------|--------|--------|
| Mp        | 27,35       | 10    | 10     | 10     |        |        |
| ICF       | 27,35       | 10    | 10     | 10     |        |        |
| OCF       | 30,09       |       | 1,1    | 2,2    | 3,3    | 33     |
| (OCF+ICF) | 2,74        | -10   | -8,9   | -7,8   | 3,3    | 33     |
| PVF (10 %)|             | 1     | 0,9091 | 0,8264 | 0,7513 | 0,7513 |

Der Wert der drei Projekte ist 30,09. Dafür wurden 27,35 investiert, die von den Eigenkapitalgebern aufgebracht wurden. Bei 10 % ist diese Investition offensichtlich rentabel mit einem positiven Kapitalwert von 2,74. Dies entspricht auch dem Barwert der OCF+ICF. Würde die normale DCF-Methodik dazu verwendet, dieses Unternehmen zu bewerten, wäre das Ergebnis 2,74. Natürlich ist dieser Wert auch interpretierbar. Er entspricht dem Wert, den ein potenzieller Käufer vor der Gründung des Unternehmens bereit wäre zu bezahlen, wohl wissend, dass er erst noch 27,35 an Eigenkapital aufbringen muss. Der Wert des Unternehmens nach Gründung ist 30,09.

Berücksichtigt man dies, lässt sich der Free Cashflow auch so definieren, dass er alle Finanzierungseinzahlungen (Eigen- und Fremdkapitalerhöhungen) beinhaltet, um den Brutto-Gesamtwert des Unternehmens ($BGk_0$) zu ermitteln. Um zum Brutto-Eigentümerwert ($BEk_0$) zu gelangen, muss der Fremdkapitalwert als Barwert aller zukünftigen Zinsen und Tilgungen ($BFk_0$) hiervon abgezogen werden. Und um den Netto-Eigentümerwert ($Ek_0$) zu ermitteln, muss der Wert der Eigenkapitalerhöhungen abgezogen werden. Im Folgenden soll nach der obigen Vorgehensweise eine formale Definition gegeben werden.

Die Gleichung für Mittelherkunft und -verwendung

(IIIa) $OCF + ICF + (mp + \Delta Fk - r_{Fk}Fk) - \Delta liq.M. = D$

lässt sich nun vereinfachen zu:

(IIIb) $OCF + ICF + (E_{Fin.} - r_{Fk}Fk) - \Delta liq.M. = D$.

Daraus lassen sich folgende Definitionen entwickeln:

## 2.3.1. Free Cashflow in der Nettomethode

(1b) $Ek_0 = n_0 p_0 = \sum_{t=1}^{\infty} (D_t - m_t p_t) q_{Ek}^{-t}$.[68]

(1d) $BEk_0 = Ek_0 + \sum_{t=1}^{\infty} (m_t p_t) q_{Ek}^{-t} = \sum_{t=1}^{\infty} (D_t) q_{Ek}^{-t}$.

Damit entspricht der hier ermittelte Wert dem Barwert der zukünftigen Ausschüttungen.

(IIIb in 1d) $BEk_0 = \sum_{t=1}^{\infty} (OCF_t + ICF_t + (E_{Fin.t} - r_{Fk}Fk_t) - \Delta \text{liq.M.}_t) q_{Ek}^{-t}$.

Gemäß obigen Ausführungen ergibt sich der Netto-Free Cashflow für Bruttoausschüttungen ($NFCF^B$) als:

(5c) $NFCF^B = OCF + ICF + (E_{Fin.} - r_{Fk}Fk)$.

Die Kapitalflussrechnung verdeutlicht, dass der so ermittelte Wert genau den Brutto-Ausschüttungen (D) an die Eigentümer entspricht (unter Vernachlässigung der Veränderung der liquiden Mittel):

**Kapitalflussrechnung:**

| | | |
|---|---|---|
| Operativer Cashflow | OCF | $E_{Oper.} - A_{Oper.}$ |
| + Investitions-Cashflow | + ICF | $E_{Inv.} - A_{Inv.}$ |
| + Finanzierungs-Einzahlungen | + $E_{Fin.}$ | + $\Delta Fk$ |
| | | + mp |
| - Fremdkapital-Auszahlungen | | $- r_{Fk}Fk$ |
| Netto-Free Cashflow (Brutto) | = $NFCF^B$ | |
| | | $- D$ |
| = Veränderung der liquiden Mittel | = $\Delta$liq.M. | |

Der Nettowert des Eigenkapitals ermittelt sich hier wie folgt:

(6c) $Ek_0 = BEk_0 - \sum_{t=1}^{\infty} (m_t p_t) q_{Ek}^{-t}$

$= \sum_{t=1}^{\infty} (OCF_t + ICF_t + E_{Fin.t} - r_{Fk}Fk_t) q_{Ek}^{-t} - \sum_{t=1}^{\infty} (m_t p_t) q_{Ek}^{-t}$.

---

[68] Diese Gleichung setzt bereits einen unendlichen Planungshorizont voraus, sodass $Ek_T$ verschwindet.

## 2.3.2. Free Cashflow in der Bruttomethode

Bei der Bruttomethode wird nicht nur das existierende Fremdkapital ($Fk_0$) berücksichtigt, sondern der Marktwert des gesamten Fremdkapitals als Barwert von Zins und Tilgung ($BFk_0$):

(1c) $Gk_0 = Ek_0 + Fk_0 = [\sum_{t=1}^{\infty}(D_t - m_t p_t) q_{Ek}^{-t}] + [\sum_{t=1}^{\infty}(r_{Fk} Fk_t - \Delta Fk_t) q_{Fk}^{-t}]$.

(1e) $BGk_0 = BEk_0 + BFk_0 = Ek_0 + \sum_{t=1}^{\infty}(m_t p_t) q_{Ek}^{-t} + Fk_0 + \sum_{t=1}^{\infty}(\Delta Fk_t) q_{Fk}^{-t} =$

$= \sum_{t=1}^{\infty}(D_t - m_t p_t) q_{Ek}^{-t} + \sum_{t=1}^{\infty}(m_t p_t) q_{Ek}^{-t} +$

$\sum_{t=1}^{\infty}(r_{Fk} Fk_t - \Delta Fk_t) q_{Fk}^{-t} + \sum_{t=1}^{\infty}(\Delta Fk_t) q_{Fk}^{-t} =$

$= \sum_{t=1}^{\infty}(D_t) q_{Ek}^{-t} + \sum_{t=1}^{\infty}(r_{Fk} Fk_t) q_{Fk}^{-t}$.

(IIIb in 1e):

$BGk_0 = [\sum_{t=1}^{\infty}(OCF_t + ICF_t + (E_{Fin.t} - r_{Fk} Fk_t) - \Delta liq.M._{.t}) q_{Ek}^{-t}] + [\sum_{t=1}^{\infty}(r_{Fk} Fk_t) q_{Fk}^{-t}]$.

Unter den bereits besprochenen Bedingungen lässt sich dies vereinfachen zu:

$BGk_0 = \sum_{t=1}^{\infty}(OCF_t + ICF_t + E_{Fin.t} - \Delta liq.M._{.t}) q_{wacc}^{-t}$.

Damit ergibt sich der Free Cashflow hier als:

(5d) $BFCF^B = OCF + ICF + E_{Fin.}$.

Dieser Wert entspricht genau den Finanzierungs-Auszahlungen ($A_{Fin.}$) an die Eigen- und Fremdkapitalgeber, unter Vernachlässigung der Veränderung der liquiden Mittel, wie die Kapitalflussrechnung zeigt:

**Kapitalflussrechnung:**

| | | |
|---|---|---|
| Operativer Cashflow | OCF | $E_{Oper.} - A_{Oper.}$ |
| + Investitions-Cashflow | + ICF | $E_{Inv.} - A_{Inv.}$ |
| + Finanzierungs-Einzahlungen | + $E_{Fin.}$ | + $\Delta Fk$ |
| | | + mp |
| **Brutto-Free Cashflow (Brutto)** | **= $BFCF^B$** | |
| – Finanzierungs-Auszahlungen | – $A_{Fin.}$ | – $r_{Fk}Fk$ |
| | | – D |
| = Veränderung der liquiden Mittel | = $\Delta liq.M.$ | |

Der Nettowert des Eigenkapitals ermittelt sich hier wie folgt:

$$\text{(6d)} \quad Ek_0 = BGk_0 - BFk_0 - \sum_{t=1}^{\infty}(m_t p_t)q_{Ek}^{-t} =$$

$$\sum_{t=1}^{\infty}(OCF_t + ICF_t + E_{Fin.t})q_{Ek}^{-t} - \sum_{t=1}^{\infty}(r_{Fk}Fk_t)q_{Fk}^{-t} - \sum_{t=1}^{\infty}(m_t p_t)q_{Ek}^{-t}.$$

## 2.4. Überblick

Es zeigt sich, dass es nicht eine einzige richtige Definition für den Free Cashflow gibt, sondern dass lediglich eine mit der Vorgehensweise konsistente Definition notwendig ist, um nicht Bewertungsfehler zu begehen. Im Folgenden werden die gegebenen Definitionen zusammengefasst. Die Free Cashflows errechnen sich jeweils wie folgt:

| Methode: | Ebene: | Umwelt – Unternehmen | Unternehmen – Investor |
|---|---|---|---|
| **Nettoausschüttungen:** | | | |
| 1. Nettomethode: | (5a) | $NFCF_t^N = (OCF_t + ICF_t + \Delta Fk_t - r_{Fk}Fk_t)$ | $= (D_t - m_t p_t) + \Delta liq.M._t$ <br> $= Ek\text{-}CF + \Delta liq.M._t$ |
| 2. Bruttomethode: | (5b) | $BFCF_t^N = (OCF_t + ICF_t)$ | $= Ek\text{-}CF_t + Fk\text{-}CF_t$ <br> $+ \Delta liq. M._t$ |
| **Bruttoausschüttungen:** | | | |
| 3. Nettomethode: | (5c) | $NFCF_t^B = OCF_t + ICF_t + (E_{Fin.t} - r_{Fk}Fk_t)$ | $= D_t + \Delta liq. M._t$ |
| 4. Bruttomethode: | (5d) | $BFCF_t^B = OCF_t + ICF_t + E_{Fin.t}$ | $= A_{Fin.t} + \Delta liq. M._t$ |

Diese Cashflows führen aber nur dann zu einem richtigen Unternehmenswert, wenn sie entsprechend dem jeweiligen Bewertungsmodell behandelt werden. Der Wert des Eigenkapitals der Alteigentümer ergibt sich jeweils nach folgenden Formeln:

| Nettoausschüttungen: | | |
|---|---|---|
| 1. Nettomethode: | (6a) | $Ek_0 = n_0 p_0 = \sum_{t=1}^{\infty}(OCF_t + ICF_t + \Delta Fk_t - r_{Fk}Fk_t)\, q_{Ek}^{-t}$ |
| 2. Bruttomethode: | (6b) | $Ek_0 = Gk_0 - Fk_0 = \sum_{t=1}^{\infty}(OCF_t + ICF_t)q_{wacc}^{-t} - \sum_{t=1}^{\infty}(r_{Fk}Fk_t - \Delta Fk_t)q_{Fk}^{-t}$ |

C. Ableitung der bewertungsrelevanten Cashflows

| Bruttoausschüttungen: | |
|---|---|
| 3. Netto-methode: | (6c) $Ek_0 = BEk_0 - \sum_{t=1}^{\infty}(m_t p_t) q_{Ek}^{-t} =$ <br><br> $= \sum_{t=1}^{\infty}( OCF_t + ICF_t + E_{Fin.t} - r_{Fk}Fk_t) \, q_{Ek}^{-t} - \sum_{t=1}^{\infty}(m_t p_t) q_{Ek}^{-t}$ |
| 4. Brutto-methode: | (6d) $Ek_0 = BGk_0 - BFk_0 - \sum_{t=1}^{\infty}(m_t p_t) q_{Ek}^{-t} =$ <br><br> $= \sum_{t=1}^{\infty}( OCF_t + ICF_t + E_{Fin.t}) \, q_{wacc}^{-t} - \sum_{t=1}^{\infty}(r_{Fk}Fk_t) q_{Fk}^{-t} - \sum_{t=1}^{\infty}(m_t p_t) q_{Ek}^{-t} \, .$ |

Dies lässt sich an dem folgenden Modell veranschaulichen:

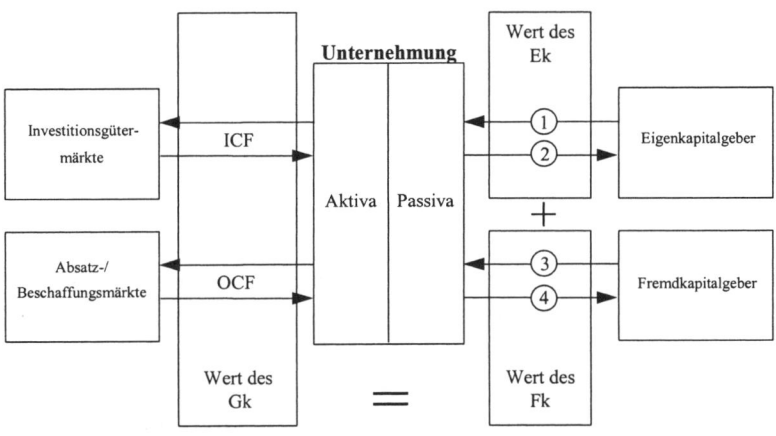

Abb. VI.7: Bewertung von Nettoausschüttungen

Der Wert des Eigenkapitals der Alteigentümer entspricht den Pfeilen (2 – 1), der Wert des bestehenden Fremdkapitals entsprechend (4 – 3). Dies entspricht der Bewertung von Nettoausschüttungen. Methode 1, die Nettomethode, bewertet direkt Pfeile (2 – 1), indem sie [OCF + ICF – 4 + 3] bewertet. Methode 2, die Bruttomethode, errechnet (2 – 1), indem sie [OCF + ICF] bewertet und anschließend den Wert von (4 – 3) abzieht.

Die Methode der Bewertung von Bruttoausschüttungen zielt dagegen auf die Pfeile 2 und 4 ab. In Abb. VI.8 ist dies dadurch veranschaulicht, dass die Pfeile 1 und 3 als Finanzierung der Investitionen dem Bereich der Cashflows des Unternehmens zugeordnet wurden. Methode 3, die Nettomethode, bewertet Pfeil 2, indem sie [OCF + ICF – 4 + 3 + 1)] bewertet. Der resultierende Wert entspricht dem Bruttowert der Eigentümer (2) und muss um Kapitalerhöhungen (–1) bereinigt werden, um zum Wert des Eigenkapitals der Alteigentümer (2 − 1) zu gelangen. Methode 4, die Bruttomethode, bewertet Pfeile (2 + 4), indem sie [OCF + ICF + 3 + 1)] bewertet. Da dies dem Bruttogesamtwert des Unternehmens entspricht, muss von diesem Wert (4 + 1) abgezogen werden, um den Nettoeigentümerwert (2 − 1) zu erhalten.

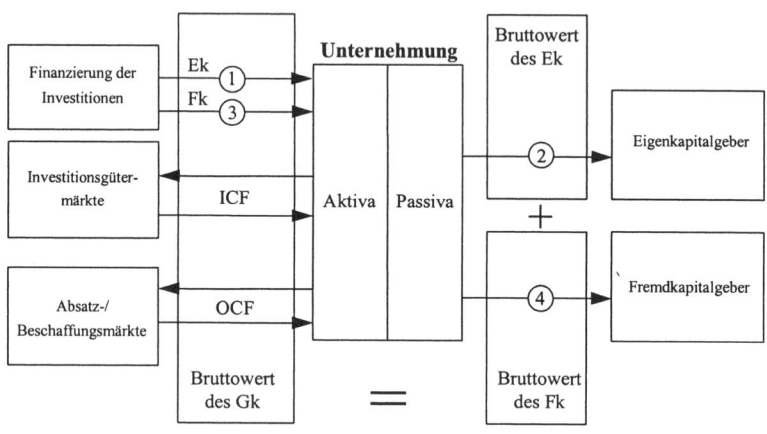

Abb. VI.8: Bewertung von Bruttoausschüttungen

Die Bewertung auf der Grundlage von Bruttoausschüttungen ist nur scheinbar komplizierter, denn tatsächlich besteht der Unterschied lediglich darin, welcher Saldo innerhalb der Kapitalflussrechnung zur Bewertung herangezogen wird. Der Vorteil liegt außer der möglichen Anwendung auf spezielle Bewertungsfälle wie Neugründungen vor allem darin, dass die jeweils bezogene Position klar erkennbar ist. Ein ausdrücklicher Abzug zukünftiger Einlagen verdeutlicht den Charakter des Unternehmenswerts als Nettowert − ähnlich, wie dies der Bruttomethode beim Abzug des Fremdkapitals zugestanden wird.

Einen weiteren wichtigen Zweck erfüllt der Ansatz der Bruttoausschüttungen: Er berücksichtigt zukünftige Veränderungen der Kapitalstruktur bei der Ermittlung der Kapitalkosten, während dies die Methode der Nettoausschüttungen nicht leisten kann. Da die Bewertung von Nettoausschüttungen netto von zukünftigen Eigen- und Fremdkapitalerhöhungen erfolgt, vernachlässigt sie deren Auswirkungen auf die Kapitalstruktur. Die gewichteten Kapitalkosten werden auf der Basis der aktuellen und nicht der künftigen Kapitalstruktur ermittelt.[69] Im Zahlenbeispiel in Abschnitt 2.2.3. dieses Kapitels ist der Eigenkapitalanteil vor der Investition 100 %, durch die Fremdkapitalfinanzierung der Investition sinkt er auf ca. 58 % (= 12,8/21,9). Bei Betrachtung der Nettoausschüttungen verändert er sich überhaupt nicht − der Eigen-

---

69  Vgl. ähnlich Hachmeister (1996a), S. 261.

kapitalwert entspricht dem Gesamtwert von 12,8. Damit verändern sich auch Eigenkapitalkosten und gewichtete Kapitalkosten nicht, obwohl sich das Risiko der Eigenkapitalgeber verändert.

Im Folgenden werden die Definitionen der Free Cashflows um die Auswirkungen von Steuern erweitert. Dabei wird zunächst auf das System des Anrechnungsverfahrens abgestellt. In einem weiteren Schritt werden diese grundlegenden Überlegungen um die Besteuerung auf der Ebene der Investoren sowie das mit dem Steuersenkungs-Gesetz eingeführte Halbeinkünfteverfahren ausgeweitet.[70]

## 3. Berücksichtigung von Steuern

Die bisher gegebenen FCF-Definitionen berücksichtigen die Auswirkungen der Fremdfinanzierung auf die Unternehmensbewertung. Die aus der Fremdfinanzierung resultierenden Steuereffekte sind dabei jedoch noch unberücksichtigt. Hierfür stehen unterschiedliche Vorgehensweisen zur Wahl, die sowohl Auswirkungen auf die Gestalt des Free Cashflow als auch auf den verwendeten Kapitalisierungszins haben. Aus der Abbildung des steuerlichen Vorteils der Fremdfinanzierung resultieren vier in der Literatur diskutierte Varianten der DCF-Methoden: der WACC-, der TCF-, der APV- und der Equity-Ansatz.[71] Diese Ansätze liefern jedoch nur dann richtige und übereinstimmende Ergebnisse, wenn Free Cashflows und Kapitalkosten in Abstimmung mit dem jeweils zugrundeliegenden Ansatz ermittelt werden. Deshalb werden im Folgenden die grundlegenden Zusammenhänge für die Ableitung der Ansätze innerhalb eines vereinfachten Steuersystems dargestellt.[72] In Abschnitt VI.C.3.2. wird

---

70  Zu Gunsten der Übersichtlichkeit wird im Folgenden nur von Nettoausschüttungen ausgegangen.
71  Vgl. Volpert (1989), 129ff., 141ff., 159ff. mit zahlreichen Quellenangaben über die Herkunft der Ansätze. Vgl. auch Hachmeister (1999), S. 101; Drukarczyk (1998), S. 178; Steiner/Wallmeier (1999), S. 3.
72  Dabei wird ein vereinfachtes Steuersystem deutscher Prägung unterstellt. Aufgrund des Anrechnungsverfahrens wird unterstellt, dass die Körperschaftsteuer auf die persönlicher Einkommensteuerschuld anrechenbar ist und deshalb nicht explizit berücksichtigt werden muss. Diese Vorgehensweise ist jedoch nur für anrechnungsberechtigte Inländer richtig. Zusätzlich muss die Besteuerung auf privater Ebene Berücksichtigung finden. Dies geschieht durch Kürzung aller Zahlungsströme um den Betrag der persönlichen Steuer sowie Kürzung der Eigen- und Fremdkapitalkosten um die auf die Vergleichsinvestition anfallenden Steuern. Außerdem wird unterstellt, dass ein sofortiger Verlustausgleich möglich ist. Die unterschiedliche Besteuerung von Ausschüttungen und Kursgewinnen bleibt unberücksichtigt, ebenso der gespaltene Körperschaftsteuersatz. Substanzsteuern fallen nicht an und beim Fremdkapital handelt es sich um Dauerschulden. Vgl. hierzu ausführlich Drukarczyk (1998), S. 30ff., 168ff., 178ff.

die Vorgehensweise auf das Halbeinkünfteverfahren angewendet.

Die Discounted Cashflow-Methode geht i. d. R. von fiktiven, nicht tatsächlichen Steuerzahlungen aus, wobei meist der Steuervorteil der Fremdfinanzierung im Kalkulationszinsfuß zum Tragen kommt.

## 3.1. Free Cashflows im Anrechnungsverfahren

Der Unternehmenswert als Grenzpreis leitet sich aus dem in Abschnitt II.D. dargestellten Alternativenvergleich ab:[73] Ein Erwerber eines Unternehmens ist dann gerade indifferent zwischen dem Erwerb des Unternehmens und der Unterlassungsalternative, wenn das Einkommen, das er aus dem Unternehmen beziehen kann gerade dem aus der besten äquivalenten Alternativanlage entspricht. Aus dieser Äquivalenzbeziehung lässt sich durch Auflösen der Grenzpreis ermitteln. Um den Unternehmenserwerb ökonomisch sinnvoll zu gestalten, muss das Einkommen aller Investoren aus dem Bewertungsobjekt der Alternativrendite mindestens entsprechen. Für das Anrechnungsverfahren gilt daher die folgende Beziehung:

$$\text{EBIT}(1-s) + \phi sZ \geq r_{Ek} \times \left(\frac{Ek}{Gk} \times I\right) + r_{Fk} \times \left(\frac{Fk}{Gk} \times I\right).$$

### 3.1.1. Ableitung der bewertungsrelevanten Cashflows

Für die Ableitung dieser Beziehung wurde angenommen, dass die Gewinne gleichzeitig auch in Geld zur Verfügung stehen, um die Ansprüche von Staat und Investoren zu befriedigen. Dies ist i. d. R. aber nicht zwangsläufig der Fall, sondern die Gewinne müssen um nicht zahlungswirksame Aufwendungen und Erträge sowie um nicht erfolgswirksame Zahlungen bereinigt werden, um zum für die Ausschüttung verfügbaren Mittelüberschuss zu gelangen. Die Gleichheit von Mittelherkunft und

---

73 Hier wird zunächst zu Gunsten der Anschaulichkeit der Darstellung vernachlässigt, dass bei den DCF-Methoden eigentlich Free Cashflows diskontiert werden müssen. M. a. W. wird zunächst unterstellt, dass Unterschiede zwischen Einzahlung/Auszahlung einerseits und Aufwand/Ertrag andererseits sich gegenseitig aufheben, wie z. B. bei Gleichheit von Abschreibungen und Investitionen. Die abgeleiteten Modelle werden in einem zweiten Schritt dahingehend erweitert. Außerdem wird erneut vom Rentenmodell ausgegangen, d. h. es werden uniforme, ewige Zahlungsströme unterstellt. Wie bereits gezeigt wurde, lässt sich die Ableitung problemlos auf den Fall mit schwankenden Zukunftserfolgen ausdehnen, wenn man künftige Unternehmenswerte sukzessive durch Barwerte von Erfolgsgrößen ersetzt.

## C. Ableitung der bewertungsrelevanten Cashflows

Mittelverwendung muss um Steuerzahlungen GESt und KSt erweitert werden, um hieraus die FCF nach Berücksichtigung von Steuern abzuleiten:

$$(OCF_t + ICF_t + \Delta Ek_t + \Delta Fk_t - D_t - Z_t - \Delta liq.M._t - GESt_t - KSt_t) = 0.$$

Da den (anrechnungsberechtigten, inländischen) Eignern im Anrechnungsverfahren die KSt wieder zufließt, erhalten sie effektiv den Betrag $(D + KSt - \Delta Ek_t)$, sodass der Alternativenvergleich wie folgt ausfällt:[74]

$$(D + KSt - \Delta EK) \geq r_{Ek} \times Ek \text{ bzw. } \frac{D + KSt - \Delta EK}{r_{Ek}} \geq Ek.$$

Aus der Gleichheit von Mittelherkunft und Mittelverwendung lassen sich die Nettoausschüttungen wie folgt durch operative Zahlungen ersetzen:

$$(D_t + KSt_t - \Delta Ek_t) = (OCF_t + ICF_t + \Delta Fk_t - Z_t - \Delta liq.M._t - GESt_t).$$

Daraus folgt der folgende Bewertungsansatz:

Equity-Ansatz:

$$Ek_0 = \frac{NFCF}{r_{Ek}} = \frac{OCF + ICF + \Delta Fk - Z - GESt}{r_{Ek}}.$$

Betrachtet man alle Investoren, um nach der Bruttomethode vorzugehen, ergibt sich folgender Alternativenvergleich:

$$(D_t + KSt_t - \Delta Ek_t) + (Z_t - \Delta Fk_t) \geq r_{Ek} \times \left(\frac{Ek}{Gk} \times I\right) + r_{Fk} \times \left(\frac{Fk}{Gk} \times I\right).$$

Mithilfe der Gleichheit von Mittelherkunft und Mittelverwendung

$$(D_t + KSt_t - \Delta Ek_t) + (Z_t - \Delta Fk_t) = (OCF_t + ICF_t - \Delta liq.M. - GESt)$$

und mit

$$GESt = (EBIT - \phi Z) \times s = (EBIT \times s - \phi sZ)$$

ergibt sich folgender Bewertungsansatz:

$$OCF + ICF - EBIT \times s + \phi sZ \geq r_{Ek} \times \left(\frac{Ek}{Gk} \times I\right) + r_{Fk} \times \left(\frac{Fk}{Gk} \times I\right).$$

---

[74] Dies gilt nur bezogen auf die Ausschüttungsbelastung. Einbehaltungen werden hier vernachlässigt.

Die Größe (OCF + ICF – EBIT × s) stellt die potenziell an die Investoren ausschüttbaren Überschüsse dar, die unter der Fiktion der Eigenfinanzierung besteuert werden. Diese sollen, wie zuvor, Brutto-Free Cashflows genannt werden; $\phi sZ$ ist der Tax Shield. Geht man nun anstelle der im vorangegangenen Abschnitt verwendeten, auf Erfolgsgrößen basierenden Beziehungsgleichung, von dieser Beziehung aus, so müssen in den oben abgeleiteten Bewertungsgleichungen jeweils alle EBIT (1 – s) durch (OCF + ICF – EBIT × s) ersetzt werden:[75]

WACC-Ansatz:

$$Gk_0 = \frac{OCF + ICF - EBIT \times s}{r_{Ek} \times \frac{Ek}{Gk} + r_{Fk}(1-\phi s) \times \frac{Fk}{Gk}} = \frac{BFCF}{WACC}.$$

APV-Ansatz:

$$Gk_0 = \frac{OCF + ICF - EBIT \times s}{r_u} + \frac{\phi sZ}{r_{Fk}} = \frac{BFCF}{r_u} + \frac{\phi sZ}{r_{Fk}}.$$

TCF-Ansatz:

$$Gk_0 = \frac{OCF + ICF - EBIT \times s + \phi sZ}{r_{Ek}\frac{Ek}{Gk} + r_{Fk}\frac{Fk}{Gk}} = \frac{BFCF + \phi sZ}{r_{Ek}\frac{Ek}{Gk} + r_{Fk}\frac{Fk}{Gk}}.$$

Da für die Ermittlung der Gewerbeertragsteuer gilt:

$$GESt = (EBIT - 0{,}5Z_D - Z_k) \times s = (EBIT \times s - \phi sZ),$$

lässt sich der TCF-Ansatz auch wie folgt ausdrücken:

$$Gk_0 = \frac{OCF + ICF - GESt}{r_{Ek}\frac{Ek}{Gk} + r_{Fk}\frac{Fk}{Gk}}.$$

Dies bedeutet, dass bei der Ermittlung der Cashflows von den Mittelzuflüssen aus laufender Geschäfts- und Investitionstätigkeit die normalen, tatsächlichen Zins- und Gewerbeertragsteuerzahlungen abgezogen werden können. Das gilt auch für den Equity-Ansatz. Dagegen erfordert der WACC- und der APV-Ansatz den Abzug von

---

[75] Die Ableitung macht deutlich, dass für deutsche Verhältnisse, auch bei Annahme von Dauerschulden, der Gewerbeertragsteuersatz s nicht generell als halber Satz angesetzt werden darf, sondern jeweils nur am richtigen Ort.

fiktiven, auf einen Unternehmensgewinn vor Zinsen berechnete, Gewerbeertragsteuern.

### 3.1.2. Ermittlung der Cashflows mithilfe der Kapitalflussrechnung

Die Bestimmung der bewertungsrelevanten Free Cashflows sollte innerhalb der Kapitalflussrechnung erfolgen, da nur sie vollständig die Zahlungsmittelbewegungen erfasst. Bei einer vereinfachten Cashflow-Rechnung bzw. Umsatzüberschussrechnung würden sonst diverse Zahlungsvorgänge vernachlässigt.

Der Brutto-Free Cashflow ergibt sich im Allgemeinen innerhalb der zahlungsstromorientierten Kapitalflussrechnung als Saldo des operativen Cashflow (OCF) und des Investitions-Cashflow (ICF). Zur Bestimmung des „Free Cashflows" in einer nach nationalen bzw. internationalen Regeln (DRS 2, FAS 95 bzw. IAS 7) aufgestellten Kapitalflussrechnung[76] müssen jedoch die jeweiligen Bereichssalden – Cashflow aus laufender Geschäftstätigkeit, Cashflow aus der Investitionstätigkeit und Cashflow aus der Finanzierungstätigkeit – modifiziert werden, um zu den für die Unternehmensbewertung benötigten Größen OCF, ICF und Fin-CF zu gelangen. Die notwendigen Anpassungen sind nicht nur aufgrund der nicht eindeutigen Bestimmungen und eingeräumten Wahlrechte in den einzelnen Rechnungslegungsstandards, sondern auch nach dem gewähltem Bewertungsansatz, Brutto- bzw. Nettomethode, zu unterscheiden. Im Folgenden werden Kapitalflussrechnungen mit der indirekten Darstellung im Bereich der laufenden Geschäftstätigkeit (Rückrechnung vom Jahresergebnis zum Cashflow aus der laufenden Geschäftstätigkeit) untersucht, da lediglich diese Darstellungsform praktische Relevanz besitzt.[77]

#### 3.1.2.1. Nettomethode

Zur Bestimmung der Größe Netto-Free Cashflow (NFCF) müssen Anpassungen im Bereich der laufenden Geschäftstätigkeit, der Investitionstätigkeit und der Finanzie-

---

76 Vgl. für die Darstellung der Unterschiede Coenenberg (2003), S. 756ff.; Pilhofer (2000), S. 292ff.

77 Trotz der Empfehlung des IASC und FASB dominiert in der nationalen wie auch internationalen Rechnungslegungspraxis fast ausnahmslos die indirekte Darstellungsmethode im operativen Bereich. In 1996 stellten gemäß einer empirischen Untersuchung weniger als 2 % bzw. 11 von 600 US-amerikanischen Unternehmen das „Statement of Cashflows" nach der direkten Methode auf. Vgl. AICPA (1997), S. 495. Für einen internationalen Vergleich vgl. Wallace/Choudhury/Pendlebury (1997), S. 11. Auch in deutschen Konzernabschlüssen stellt die überwiegende Mehrzahl von Unternehmen den Cashflow aus der laufenden Geschäftstätigkeit nach der indirekten Methode dar. In 1996 stellten 27 aller DAX-Unternehmen eine Kapitalflussrechnung auf, wovon lediglich ein Konzern die direkte Methode für den operativen Bereich wählte. Vgl. Jakoby/Maier/Schmechel (1999), S. 235.

rungstätigkeit vorgenommen werden. Die zu diskontierende Größe trägt im Falle der Nettomethode auch die Bezeichnung Netto-Free Cashflow, da sie ausschließlich Mittel zur Bedienung der Eigenkapitalgeber enthält. Folglich ist der NFCF eine Größe nach Fremdfinanzierung (gezahlten Zinsen und zahlungswirksame Fremdkapitalveränderungen ($\Delta$Fk)) und vor Kapitaleinzahlungen von und Ausschüttungen an Eigenkapitalgeber sowie vor Körperschaftsteuer und nach Gewerbeertragsteuer.

Der NFCF setzt sich aus dem operativen Cashflow (OCF) nach bezahlter Gewerbesteuer, dem Investitions-Cashflow (ICF) und dem Fremdkapital-Cashflow (Fk-CF = + $\Delta$Fk − Z)[78] zusammen. Um die bewertungsrelevante Größe OCF aus der Kapitalflussrechnung zu erhalten, muss der „Cashflow aus der laufenden Geschäftstätigkeit" um die gezahlte Körperschaftsteuer, die grundsätzlich dem operativen Bereich zuzuordnen ist,[79] korrigiert werden. Die gezahlte Körperschaftsteuer wird zum Cashflow aus der laufenden Geschäftstätigkeit hinzugerechnet, soweit die Körperschaftsteuer bei der persönlichen Einkommensteuer anrechnungsfähig ist und als Ertragsbestandteil der Eigenkapitalgeber anzusehen ist. Die Körperschaftsteuer wird allerdings erst in der Periode der Gewinnausschüttung, die regelmäßig im folgenden Jahr erfolgt, gutgeschrieben. Der Verwerfungseffekt um ein Geschäftsjahr wird hier vernachlässigt.

Die Ermittlung des Netto-FCF in der Kapitalflussrechnung nach DRS 2 bei Anwendung der indirekten Darstellungsform im Bereich der laufenden Geschäftstätigkeit ist in Abb. VI.9 dargestellt, wobei die bewertungsrelevanten Anpassungen jeweils fett/kursiv dargestellt sind.

---

78 Als Synonym für Fremdkapital-Cashflows (Fk-CF) wird – in Anlehnung an die Definition der „Cashflows" nach DRS 2.5 – der Begriff „Cashflows aus der Fremdfinanzierungstätigkeit" verwendet.

79 Vgl. DRS 2.41; IAS 7.35; FAS 95.23 (c). Werden gezahlte Ertragsteuern gemäß der Option in DRS 2.41 und IAS 7.35 den beiden anderen Bereichen zugeordnet, so sind die jeweiligen Bereichssalden um die dort berücksichtigten, gezahlten Ertragsteuern zu erhöhen. Vgl. Coenenberg (2003), S. 776ff.

*Operativer Bereich:*

| | | |
|---|---|---|
| 1. | | Periodenergebnis (einschließlich Ergebnisanteilen von Minderheitsgesellschaftern) vor außerordentlichen Posten |
| 2. | +/– | Abschreibungen/Zuschreibungen auf Gegenstände des Anlagevermögens |
| 3. | +/– | Zunahme/Abnahme der Rückstellungen |
| 4. | +/– | Sonstige zahlungsunwirksame Aufwendungen/Erträge (bspw. Abschreibung auf ein aktiviertes Disagio) |
| 5. | –/+ | Gewinn/Verlust aus dem Abgang von Gegenständen des Anlagevermögens |
| 6. | –/+ | Zunahme/Abnahme der Vorräte, der Forderungen aus Lieferungen und Leistungen sowie anderer Aktiva, die nicht der Investitions- oder Finanzierungstätigkeit zuzuordnen sind |
| 7. | +/– | Zunahme/Abnahme der Verbindlichkeiten aus Lieferungen und Leistungen sowie anderer Passiva, die nicht der Investitions- oder Finanzierungstätigkeit zuzuordnen sind |
| 8. | +/– | Ein- und Auszahlungen aus außerordentlichen Posten |
| **9.** | **=** | **Cashflow aus der laufenden Geschäftstätigkeit** |
| | | *+ gezahlte Zinsen (soweit im operativen Bereich ausgewiesen)* |
| | | *+ gezahlte Körperschaftsteuer (soweit anrechenbar)* |
| | | **= OCF (= OCF nach Gewerbeertragsteuer und vor gezahlten Zinsen)** |

*Investitionsbereich:*

| | | |
|---|---|---|
| 10. | | Einzahlungen aus Abgängen von Gegenständen des Sachanlagevermögens |
| 11. | + | Einzahlungen aus Abgängen von Gegenständen des immateriellen Anlagevermögens |
| 12. | – | Auszahlungen für Investitionen in das Sachanlagevermögen |
| 13. | – | Auszahlungen für Investitionen in das immaterielle Anlagevermögen |
| 14. | + | Einzahlungen aus Abgängen von Gegenständen des Finanzanlagevermögens |
| 15. | – | Auszahlungen für Investitionen in das Finanzanlagevermögen |
| 16. | + | Einzahlungen aus dem Verkauf von konsolidierten Unternehmen und sonstigen Geschäftseinheiten |
| 17. | – | Auszahlungen aus dem Erwerb von konsolidierten Unternehmen und sonstigen Geschäftseinheiten |
| 18. | + | Einzahlungen aufgrund von Finanzmittelanlagen im Rahmen der kurzfristigen Finanzdisposition |
| 19. | – | Auszahlungen aufgrund von Finanzmittelanlagen im Rahmen der kurzfristigen Finanzdisposition |
| **20.** | **=** | **Cashflow aus der Investitionstätigkeit (ICF)** |

*Finanzierungsbereich:*

| | | |
|---|---|---|
| 23. | + | Einzahlungen aus der Begebung von Anleihen und der Aufnahme von (Finanz-) Krediten |
| 24. | – | Auszahlungen aus der Tilgung von Anleihen und (Finanz-) Krediten |
| | | *– gezahlte Zinsen* |
| | **=** | **Cashflows aus der Fremdfinanzierungstätigkeit (Fk-CF = ΔFk – Z)** |

| | |
|---|---|
| **OCF + ICF + Fk-CF** | |
| **= NFCF (nach Gewerbeertragsteuer und nach Fremdfinanzierung)** | |

| | | |
|---|---|---|
| 21. | + | Einzahlungen aus Eigenkapitalzuführungen (Kapitalerhöhungen, Verkauf eigener Anteile etc.) |
| 22. | – | Auszahlungen an Unternehmenseigner und Minderheitsgesellschafter (Dividenden, Erwerb eigener Anteile, Eigenkapitalrückzahlungen, andere Ausschüttungen) |
| **25.** | **=** | **Cashflow aus der Finanzierungstätigkeit (Fin-CF)** |
| | | *– gezahlte Körperschaftsteuer (soweit oben hinzugezählt)* |

*Finanzmittelnachweis:*

| | | |
|---|---|---|
| **26.** | | **Zahlungswirksame Veränderungen des Finanzmittelbestandes (Δ liq.M.)** |
| 27. | +/– | Wechselkurs-, konsolidierungskreis- und bewertungsbedingte Änderungen des Finanzmittelfonds |
| 28. | + | Finanzmittelfonds am Anfang der Periode |
| 29. | = | Finanzmittelfonds am Ende der Periode |

Abb. VI.9: Ermittlungsschema zur Bestimmung des Netto-Free Cashflow im Anrechnungsverfahren in einer Kapitalflussrechnung nach DRS 2

Da bei Anwendung der indirekten Darstellungsmethode im Bereich der laufenden Geschäftstätigkeit alle zahlungsunwirksamen Aufwendungen und Erträge durch Rückrechnung zu eliminieren sind, müssen lediglich die Körperschaftsteuerauszahlungen (und nicht die in der Gewinn- und Verlustrechnung ausgewiesenen Steueraufwendungen) hinzugerechnet werden. Denn die Steueraufwendungen, die zu keiner Auszahlungen geführt haben, sind – bei korrekter Erstellung der Kapitalflussrechnung – bereits unter der Sammelposition Nr. 4 „Sonstige zahlungsunwirksame Aufwendungen" des DRS 2 erfasst und damit aus dem Cashflow aus der laufenden Geschäftstätigkeit herausgerechnet worden.

Zu den Fremdkapital-Cashflows bzw. Cashflows aus der Fremdfinanzierungstätigkeit (Fk-CF = $\Delta$Fk – Z) zählen sämtliche Zahlungsvorgänge im Rahmen der Beschaffung und Rückzahlung von Finanzschulden ($\Delta$Fk) einschließlich gezahlter Fremdkapitalzinsen (Z).[80] Für die Höhe des NFCF ist es unbedeutend, ob die gezahlten Zinsen im operativen Bereich oder im Finanzierungsbereich negativ berücksichtigt worden sind. Für die Höhe der einzelnen Komponenten des NFCF (OCF + ICF + Fk-CF) spielt jedoch die Zuordnung der Zinsen eine wichtige Rolle. Da der Barwert der Fk-CF den Wert des Fremdkapitals repräsentiert, ist ein Ausweis der Zinsen in diesem Bereich sinnvoll. Sind die gezahlten Fremdkapitalzinsen (Z) im operativen Bereich berücksichtigt, so müssten sie richtigerweise in den Finanzierungsbereich umgebucht werden.

Eigentlich müssten die gezahlten Steuern auch in der Nettomethode zum Cashflow aus laufender Geschäftstätigkeit hinzugezählt werden, um die betrieblich verdienten Cashflows in voller Höhe und ihre Distribution der an die unterschiedlichen Interessengruppen (Eigner, Gläubiger, Staat) gesondert auszuweisen. Dies würde den Charakter des OCF als finanzierungsunabhängigen Zahlungsstrom verdeutlichen.[81]

### 3.1.2.2. Bruttomethode

Der Brutto-Free Cashflow (BFCF), d. h. alle an Eigen- und Fremdkapitalgeber möglichen Zahlungen unter der Annahme einer reinen Eigenfinanzierung, stellt die Bewertungsbasis für die Bruttomethode dar. Der BFCF entspricht dem betrieblichen Zahlungsüberschuss nach fiktiver Gewerbesteuer auf den Gewinn eines unverschuldeten Unternehmens:

---

80  Grundsätzlich verlangen die Standards (vgl. DRS 2.36; IAS 7.33; FAS 95.23 (d)), gezahlte Zinsen dem operativen Bereich zuzuweisen, allerdings dürfen sie, im Gegensatz zu FAS 95.23 (d), nach DRS 2.39 und IAS 7.33 auch dem Finanzierungsbereich zugeordnet werden.
81  Vgl. auch Gebhardt (1999), Rz. 171.

## C. Ableitung der bewertungsrelevanten Cashflows

$$BFCF = OCF + ICF - EBIT \times s.$$

Der BFCF ist als eine Größe vor Finanzierung (gezahlten Zinsen und zahlungswirksame Fremdkapitalveränderungen (Fk-CF = $\Delta$Fk – $r_{Fk}$Fk)), vor Kapitaleinzahlungen von und Ausschüttungen an Eigenkapitalgeber (EK-CF = $\Delta$Ek – Div.), vor Körperschaftsteuer und nach (fiktiver) Gewerbeertragsteuer zu bestimmen.

Im WACC- und im APV-Ansatz werden unmittelbar die BFCF diskontiert, beim APV-Ansatz kommen zusätzlich die Tax Shields hinzu. Beim WACC-Ansatz wird der Steuervorteil der Fremdfinanzierung im Nenner bei den gewogenen Kapitalkosten erfasst. Beim TCF-Ansatz wird hingegen das Tax Shield im Zähler bei den Cashflows erfasst – der BFCF wird also um die Tax Shields erhöht, was im Ergebnis einer Bruttogröße nach tatsächlichen, nicht fiktiven Steuern entspricht.

Um den OCF aus der Kapitalflussrechnung zu erhalten, muss der „Cashflow aus der laufenden Geschäftstätigkeit" um gezahlte Zinsen und Ertragsteuern korrigiert werden. Die gezahlten Zinsen werden zum Cashflow aus der laufenden Geschäftstätigkeit hinzuaddiert, weil sie den Fremdkapitalgebern zur Verfügung stehen. Die gezahlten Ertragsteuern werden hinzugerechnet, soweit sie den Cashflow im operativen Bereich geschmälert haben. Wie schon bei der Nettomethode, werden auch hier lediglich die gezahlten Zinsen und gezahlten Ertragsteuern hinzugerechnet. Der BFCF nach dem WACC-Ansatz ermittelt sich in der Kapitalflussrechnung nach DRS 2 wie folgt: (Bewertungsrelevante Anpassungen sind fett/kursiv dargestellt).

| | | |
|---|---|---|
| *Operativer Bereich:* | | |
| 1. | | Periodenergebnis (einschließlich Ergebnisanteilen von Minderheitsgesellschaftern) vor a.o. Posten |
| 2. | +/– | Abschreibungen/Zuschreibungen auf Gegenstände des Anlagevermögens |
| 3. | +/– | Zunahme/Abnahme der Rückstellungen |
| 4. | +/– | Sonstige zahlungsunwirksame Aufwendungen/Erträge |
| 5. | –/+ | Gewinn/Verlust aus dem Abgang von Gegenständen des Anlagevermögens |
| 6. | –/+ | Zunahme/Abnahme der Vorräte, der Forderungen aus Lieferungen und Leistungen sowie anderer Aktiva, die nicht der Investitions- oder Finanzierungstätigkeit zuzuordnen sind |
| 7. | +/– | Zunahme/Abnahme der Verbindlichkeiten aus Lieferungen und Leistungen sowie anderer Passiva, die nicht der Investitions- oder Finanzierungstätigkeit zuzuordnen sind |
| 8. | +/– | Ein- und Auszahlungen aus außerordentlichen Posten |
| **9.** | **=** | **Cashflow aus der laufenden Geschäftstätigkeit** |
| | | *+ gezahlte Zinsen (soweit im operativen Bereich ausgewiesen)* |
| | | *+ gezahlte Ertragsteuern (KSt, GESt)* |
| | | *= Operativer Cashflow (OCF) vor gezahlten Zinsen und vor gezahlten Ertragsteuern* |
| *Investitionsbereich:* | | |
| 10. | | Einzahlungen aus Abgängen von Gegenständen des Sachanlagevermögens |
| 11. | + | Einzahlungen aus Abgängen von Gegenständen des immateriellen Anlagevermögens |
| 12. | – | Auszahlungen für Investitionen in das Sachanlagevermögen |
| 13. | – | Auszahlungen für Investitionen in das immaterielle Anlagevermögen |
| 14. | + | Einzahlungen aus Abgängen von Gegenständen des Finanzanlagevermögens |
| 15. | – | Auszahlungen für Investitionen in das Finanzanlagevermögen |
| 16. | + | Einzahlungen aus dem Verkauf von konsolidierten Unternehmen und sonstigen Geschäftseinheiten |
| 17. | – | Auszahlungen aus dem Erwerb von konsolidierten Unternehmen und sonstigen Geschäftseinheiten |
| 18. | + | Einzahlungen aufgrund von Finanzmittelanlagen im Rahmen der kurzfristigen Finanzdisposition |
| 19. | – | Auszahlungen aufgrund von Finanzmittelanlagen im Rahmen der kurzfristigen Finanzdisposition |
| **20.** | **=** | **Cashflow aus der Investitionstätigkeit (= ICF)** |
| | | OCF + ICF |
| | | *– fiktiver Gewerbeertragsteueraufwand (EBIT × s)* |
| | | **= BFCF (vor gezahlten Zinsen, vor gezahlter Körperschaftsteuer und nach fiktiver GESt)** |
| *Finanzierungsbereich:* | | |
| 21. | | Einzahlungen aus Eigenkapitalzuführungen (Kapitalerhöhungen, Verkauf eigener Anteile etc.) |
| 22. | – | Auszahlungen an Unternehmenseigner und Minderheitsgesellschafter (Dividenden, Erwerb eigener Anteile, Eigenkapitalrückzahlungen, andere Ausschüttungen) |
| 23. | + | Einzahlungen aus der Begebung von Anleihen und der Aufnahme von (Finanz-) Krediten |
| 24. | – | Auszahlungen aus der Tilgung von Anleihen und (Finanz-) Krediten |
| **25.** | **=** | **Cashflow aus der Finanzierungstätigkeit** |
| | | *– gezahlte Zinsen (soweit oben korrigiert)* |
| | | *= Fin-CF (nach gezahlten Zinsen und vor gezahlter Körperschaftsteuer)* |
| | | *– gezahlte Ertragsteuern + fiktiver Gewerbeertragsteueraufwand* |
| **26.** | **=** | **Zahlungswirksame Veränderungen des Finanzmittelbestandes (Δ liq. M.)** |

Abb. VI.10: Ermittlungsschema zur Bestimmung des Brutto-Free Cashflow im Anrechnungsverfahren in einer Kapitalflussrechnung nach DRS 2

Für die TCF-Methode sind die so ermittelten BFCF jeweils um die Tax Shields zu erhöhen.

### 3.1.3. Persönliche Steuern

Wie in Kapitel V.E. dargestellt wurde, spielen auch persönliche Steuern für die Bewertung eine große Rolle. Diese werden üblicherweise bei den DCF-Methoden vernachlässigt, lassen sich aber einfach integrieren, da der Bewertungsansatz unter Berücksichtigung von Steuern auf privater Ebene der Investoren dem Bewertungsansatz ohne persönliche Steuern bis auf den Faktor $(1-v)$ auf beiden Seiten entspricht: [82]

$$[\text{EBIT}(1-s) + \phi sZ](1-v) \geq r_{Ek}(1-v)\left(\frac{Ek}{Gk} \times I\right) + r_{Fk}(1-v)\left(\frac{Fk}{Gk} \times I\right).$$

Eine Möglichkeit zur Berücksichtigung persönlicher Steuern wäre, vereinfachend den Free Cashflow zu besteuern:

$$UW_0 = \sum_{t=1}^{\infty} \frac{FCF_t(1-v)}{[1+r(1-v)]^t}.$$

Dabei sind die FCF, wie oben in Abhängigkeit vom gewählten Ansatz, entsprechend zu definieren. Dies setzt allerdings voraus, dass die Cashflows in der jeweiligen Höhe den Investoren zufließen und auch besteuert werden. Dabei würde jedoch vernachlässigt, dass Teile der FCF nicht besteuert werden, wie z. B. Amortisationsbeträge der Anfangsinvestitionen, die über Abschreibungen von den Gewinnen abgesetzt werden und den Eignern durch Kurssteigerungen oder Kapitalrückzahlung zu Gute kommen. Geht man von einer Gewinnbesteuerung aus, sind von den Cashflows die auf Basis von Gewinnen ermittelten Steuern abzuziehen. Es ergibt sich:

$$\text{GESt} = (\text{EBIT} - \phi Z) \times s = (\text{EBIT} \times s - \phi sZ)$$
$$\text{ESt} = (\text{EBIT} - Z - \text{GESt}) \times v = (\text{EBIT}(1-s) - Z + \phi sZ) \times v$$
$$= \text{EBIT}(1-s)v - Zv + \phi sZv.$$

Das Einkommen der Eigenkapitalgeber nach Steuern beträgt:

$$(\text{OCF}_t + \text{ICF}_t + \Delta Fk_t - Z - \text{GESt}) - \text{Est}$$
$$= \text{OCF}_t + \text{ICF}_t + \Delta Fk_t - \text{EBIT}_t \times s - \text{EBIT}_t(1-s) \times v - Z_t(1-\phi s)(1-v).$$

Das Einkommen der Fremdkapitalgeber nach Steuern, netto von Kapitalaufnahmen beträgt:

---

82 Vgl. Abschnitt V.F.3.

$Z_t(1 - v) - \Delta Fk_t$.

Das Einkommen aller Investoren nach Steuern beträgt folglich:

$OCF_t + ICF_t - EBIT_t \times s - EBIT_t(1 - s) \times v - Z_t(1 - \phi s)(1 - v) + Z_t(1 - v)$.

Für die Berechnung der bewertungsrelevanten Brutto-Free Cashflows nach persönlichen Steuern müssen folglich nicht nur fiktive Gewerbesteuern, sondern auch fiktive persönliche Steuern von den OCF + ICF abgezogen werden:

$BFCF_t^{pers.} = OCF_t + ICF_t - EBIT_t \times s - EBIT_t(1 - s) \times v$.

Das Tax Shield (TS) nach persönlichen Steuern beträgt folglich:

$TS_t^{pers.} = Z_t[(1 - v) - (1 - \phi s)(1 - v)] = \phi s Z - \phi s v Z$

Mit dieser Definition von Brutto-Free Cashflow und Tax Shield lassen sich obige Bewertungsformeln um persönliche Steuern erweitern. Für den Einbezug persönlicher Steuern muss der Bewertungsansatz wie folgt lauten:

$$BFCF^{pers.} + TS^{pers.} \geq r_{Ek}(1 - v)\left(\frac{Ek}{Gk} \times I\right) + r_{Fk}(1 - v)\left(\frac{Fk}{Gk} \times I\right).$$

Hieraus ergeben sich vereinfacht die folgenden Bewertungsansätze für das Rentenmodell:

TCF-Ansatz:

$$Gk_0 = \frac{BFCF^{pers.} + TS^{pers.}}{r_{Ek}(1 - v)\frac{Ek}{Gk} + r_{Fk}(1 - v)\frac{Fk}{Gk}}.$$

WACC-Ansatz:

$$Gk_0 = \frac{BFCF^{pers.}}{(1 - v)r_{Ek}\frac{Ek}{Gk} + (1 - 0{,}5s)(1 - v)r_{Fk}\frac{Fk}{Gk}}.$$

APV-Ansatz:

$$Gk_0 = \frac{BFCF^{pers.}}{r_u(1 - v)} + \frac{TS^{pers.}}{r_{Fk}(1 - v)}.$$

Im Nettoansatz wird das tatsächliche Nachsteuer-Einkommen der Eigenkapitalgeber diskontiert. Dieses beträgt:

$$\text{NFCF}^{\text{pers.}} = (\text{OCF}_t + \text{ICF}_t + \Delta \text{Fk}_t - Z - \text{GESt}) - \text{Est}$$
$$\Leftrightarrow \text{NFCF}^{\text{pers.}} = \text{BFCF}^{\text{pers.}} + \Delta \text{Fk}_t - Z(1 - \phi s)(1 - v).$$

Equity-Ansatz:

$$Ek_0 = \frac{\text{NFCF}^{\text{pers.}}}{r_{Ek}(1-v)}.$$

## 3.2. Free Cashflows im Halbeinkünfteverfahren

Im Rahmen des Halbeinkünfteverfahrens gewinnt der Einbezug persönlicher Steuern besondere Bedeutung. Da hier nur die Hälfte der ausgeschütteten und bereits mit einem pauschalen Körperschaftsteuersatz von 25 % versteuerten Gewinne der Einkommensteuer unterliegen, muss die ESt explizit in die Bewertung einbezogen werden.

Die Definition des bewertungsrelevanten Free Cashflow hängt direkt vom verwendeten Bewertungsmodell ab und muss gleichzeitig mit den dafür relevanten Kapitalkosten abgeleitet werden. Im Folgenden werden deshalb die für das Halbeinkünfteverfahren gültigen Bewertungsmodelle hergeleitet. Dabei wird auf die in Abschnitt V.F.2. abgeleiteten Steuervorteile zurückgegriffen und erneut zunächst vereinfachend von einer Diskontierung von Erfolgsgrößen[83] ausgegangen, um die grundsätzliche Vorgehensweise der verschiedenen Ansätze herauszustellen. In einem zweiten Schritt werden dann die für die Ansätze zu verwendenden Cashflows in Abhängigkeit von den zugrundeliegenden Finanzierungsprämissen abgeleitet.

### 3.2.1. Vereinfachtes Rentenmodell

Geht man zunächst vom vereinfachten Modell aus, ohne die Zahlungswirksamkeit der Erträge und Aufwendungen zu berücksichtigen, ergibt sich folgendes Modell:[84] Das Einkommen der Investoren aus dem Unternehmen nach Abzug aller Steuern muss der Summe der Alternativeinkommen nach Abzug der darauf fälligen Steuern mindestens entsprechen, sodass sich folgender Bewertungsansatz ergibt:[85]

---

[83] Dies entspricht der Diskontierung von Cashflows unter der Annahme, dass es sich bei Erträgen und Aufwendungen um zahlungswirksame Größen handelt, dass also z. B. Abschreibungen reinvestiert werden usw.

[84] Wenn Abschreibungen den Investitionen entsprechen und ansonsten keine weiteren nicht zahlungswirksamen Erträge/Aufwendungen vorliegen, entspricht der EBIT dem Free Cashflow.

[85] Vgl. Abschnitt V.F.3.

$$\text{EBIT}(1-s)(1-t_H)(1-0{,}5v) + \text{TS}^H \geq r_{Ek}(1-v_{Ek})\left(\frac{Ek}{Gk} \times I\right) + r_{Fk}(1-v_{Fk})\left(\frac{Fk}{Gk} \times I\right)$$

mit $\text{TS}^H = \omega Z$

und $\omega = (1-v) + (1-0{,}5v)(1-t_H)(1-\phi s) = \dfrac{TS}{Z} = \dfrac{TS}{r_{Fk}Fk}$.

Für deutsche Körperschaften gilt mit Einführung des Halbeinkünfteverfahrens eine Entlastung der Ausschüttungen auf persönlicher Ebene: sie unterliegen nur zur Hälfte der persönlichen Besteuerung. Dies gilt es, auch bei der Bemessung der Eigenkapitalkosten zu berücksichtigen. Die Opportunitätskosten der Eigentümer bestehen in einer risikoäquivalenten Anlage ihrer Finanzmittel in einem anderen Unternehmen. Werte für die Eigenkapitalkosten, ermittelt z. B. auf Basis des CAPM, liegen üblicherweise nach Abzug betrieblicher Steuern, aber vor Abzug persönlicher Steuern vor. Sie setzten sich in der Regel aus Kursgewinnen und Dividendenerträgen zusammen. Während Dividenden der halben pers. Steuer unterliegen, sind Kursgewinne, die nach Ablauf der Spekulationsfrist realisiert werden, steuerfrei. Nur Kursgewinne, die vor Ablauf der Spekulationsfrist realisiert werden, unterliegen der vollen persönlichen Steuer. Da sich die Zusammensetzung der Alternativrendite aus diesen verschiedenen Komponenten nicht ermitteln lässt, muss hierüber eine vereinfachende Annahme getroffen werden. Der volle persönliche Steuersatz würde der Sachlage nicht gerecht, da damit eine vollständige Zusammensetzung aus steuerbaren Spekulationsgewinnen unterstellt würde. Ein Satz von Null wäre ebenfalls nicht sachgerecht, da er zwar die langfristige Position des Eigentumserwerbs am Unternehmen ohne frühzeitige Kursgewinnrealisation widerspiegelt, aber keine Ausschüttungen erlauben würde. Deshalb kann mit dem, dem Halbeinkünfteverfahren zugrundeliegenden, Satz von 50 % der persönlichen Steuer, ein sinnvoller Mittelweg beschritten werden. Damit können wir setzen: $v_{Ek} = 0{,}5v; v_{Fk} = v$.

$$\text{EBIT}(1-s)(1-t_H)(1-0{,}5v) + \omega Z \geq r_{Ek}(1-0{,}5v)\left(\frac{Ek}{Gk} \times I\right) + r_{Fk}(1-v)\left(\frac{Fk}{Gk} \times I\right)$$

Durch Einsetzen und Auflösen nach dem von den Investoren bezahlten Kaufpreis I des Unternehmens lassen sich erneut die verschiedenen (vereinfachten) Bewertungsansätze im Rentenmodell ermitteln:[86]

---

86  Vgl. zur Vorgehensweise Abschnitt V.D.3.

C. Ableitung der bewertungsrelevanten Cashflows

WACC-Ansatz (vereinf. Renten-Modell):

$$Gk_0 = \frac{EBIT(1-s)(1-t_H)(1-0{,}5v)}{r_{Ek}(1-0{,}5v)\dfrac{Ek}{Gk} + (1-0{,}5s)(1-t_H)(1-0{,}5v)r_{Fk}\dfrac{Fk}{Gk}}.$$

Die für den WACC-Ansatz im Halbeinkünfteverfahren zu verwendenden gewichteten Kapitalkosten betragen somit nach persönlichen Steuern:

$$\text{WACC n.St.} = r_{Ek}(1-0{,}5v)\frac{Ek}{Gk} + (1-\phi s)(1-t_H)(1-0{,}5v)r_{Fk}\frac{Fk}{Gk}.$$

TCF-Ansatz (vereinf. Renten-Modell):

$$Gk_0 = \frac{EBIT(1-s)(1-t_H)(1-0{,}5v) + TS^H}{r_{Ek}(1-0{,}5v)\dfrac{Ek}{Gk} + r_{Fk}(1-v)\dfrac{Fk}{Gk}}.$$

APV-Ansatz (vereinf. Renten-Modell):

$$\text{F-Modell: } Gk_0 = \frac{EBIT(1-s)(1-t_H)(1-0{,}5v)}{r_{Ek}^u(1-0{,}5v)} + \frac{TS^H}{r_{Fk}(1-v)}.$$

$$\text{L-Modell: } Gk_0 = \frac{EBIT(1-s)(1-t_H)(1-0{,}5v)}{r_{Ek}^u(1-0{,}5v)} + \frac{TS^H}{r_{Ek}^u(1-0{,}5v)} \cdot \frac{1+r_{Ek}^u(1-0{,}5v)}{1+r_{Fk}(1-v)}.$$

Nettoansatz (vereinf. Renten-Modell):

$$Ek_0 = \frac{[EBIT - Z - (EBIT - 0{,}5Z)s](1-t_H)(1-0{,}5v)}{r_{Ek}(1-0{,}5v)}.$$

### 3.2.2. Bewertungsansätze im Rentenmodell

Im zweiten Schritt werden nun die bisher verwendeten Erfolgsgrößen durch Zahlungsgrößen ersetzt. Mithilfe der Gleichheit von Mittelherkunft und Mittelverwendung lassen sich die bewertungsrelevanten Nettoausschüttungen wie folgt durch operative Zahlungen ersetzen:[87]

$$(D_t - \Delta Ek_t) = (OCF_t + ICF_t + \Delta Fk_t - Z_t - \Delta liq.M._{\cdot t} - KSt_t - GESt_t).$$

---

87  Vgl. hierzu die Vorgehensweise in Abschnitt VI.C.2.

Im Halbeinkünfteverfahren wird die KSt zur Definitivsteuer, sie ist nicht anrechenbar. Daraus ergibt sich für die Steuerbelastung:

$$\text{KSt} = (\text{EBIT} - Z - \text{GESt}) \times t_H = (\text{EBIT} - Z - \text{EBIT} \times s + 0{,}5sZ) \times t_H$$
$$= (1-s)\text{EBIT} \times t_H - t_H Z + 0{,}5st_H Z$$

$$\text{ESt} = (\text{EBIT} - Z - \text{GESt} - \text{KSt}) \times 0{,}5v$$
$$= (\text{EBIT}(1-s)(1-t_H) - Z + 0{,}5sZ + t_H Z - 0{,}5st_H Z)) \times 0{,}5v.$$

Das Einkommen der Eigenkapitalgeber nach Steuern beträgt:

$$= (\text{OCF}_t + \text{ICF}_t + \Delta\text{Fk}_t - Z - \Delta\text{liq.M.}_{-t} - \text{GESt} - \text{KSt}) - \text{Est}$$
$$= \text{OCF}_t + \text{ICF}_t + \Delta\text{Fk}_t - \Delta\text{liq.M.}_{-t} - Z(1-0{,}5s)(1-0{,}5v)(1-t_H)$$
$$- \text{EBIT} \times s - (1-s)\text{EBIT} \times t_H - \text{EBIT}(1-s)(1-t_H) \times 0{,}5v$$

Das Einkommen der Fremdkapitalgeber nach Steuern beträgt:

$$Z(1-v) - \Delta\text{Fk}_t.$$

Das Einkommen aller Investoren nach Steuern beträgt folglich:

$$(\text{OCF}_t + \text{ICF}_t + \Delta\text{Fk}_t - Z - \Delta\text{liq.M.}_{-t} - \text{GESt} - \text{KSt}) - \text{ESt} + Z(1-v) - \Delta\text{Fk}_t$$
$$= \text{OCF}_t + \text{ICF}_t - \Delta\text{liq.M.}_{-t} - Z(1-0{,}5s)(1-0{,}5v)(1-t_H) + Z(1-v)$$
$$- \text{EBIT}_t \times s - (1-s)\text{EBIT}_t \times t_H - \text{EBIT}_t(1-s)(1-t_H) \times 0{,}5v$$

Das Einkommen aus einem unverschuldeten Unternehmen nach persönlichen Steuern beträgt:

$$\text{OCF}_t + \text{ICF}_t - \Delta\text{liq.M.}_{-t}$$
$$- \text{EBIT}_t \times s - (1-s)\text{EBIT}_t \times t_H - \text{EBIT}_t(1-s)(1-t_H) \times 0{,}5v.$$

Das Tax Shield beträgt folglich:[88]

$$\text{TS}^H = Z[(1-v) - (1-0{,}5s)(1-t_H)(1-0{,}5v)].$$

Der Brutto-Free Cashflow im Halbeinkünfteverfahren nach persönlichen Steuern beträgt folglich:

$$X^u = (\text{OCF} + \text{ICF} - T^u) =$$
$$\text{BFCF}_t^H = \text{OCF}_t + \text{ICF}_t - \text{EBIT}_t \times s - (1-s)\text{EBIT}_t \times t_H$$
$$- \text{EBIT}_t(1-s)(1-t_H) \times 0{,}5v$$
$$\Leftrightarrow \text{BFCF}_t^H = \text{OCF}_t + \text{ICF}_t - \text{EBIT}_t \times [1 - (1-s)(1-t_H)(1-0{,}5v)].$$

---

[88] Vgl. Abschnitt V.F.

Die Berechnung des BFCF im Halbeinkünfteverfahren mithilfe einer Kapitalflussrechnung nach DRS 2 ist in Abb. IV.11 wiedergegeben (bewertungsrelevante Anpassungen sind fett/kursiv dargestellt). Mit diesen Definitionen von Brutto-Free Cashflow und Tax Shield lassen sich obige Bewertungsformeln im Rentenmodell auf Zahlungsgrößen anpassen:

WACC-Ansatz (Renten-Modell):

$$Gk_0 = \frac{BFCF^H}{r_{Ek}(1-0{,}5v)\frac{Ek}{Gk} + (1-0{,}5s)(1-t_H)(1-0{,}5v)r_{Fk}\frac{Fk}{Gk}}.$$

Für die TCF-Methode ist der so ermittelte BFCF um den Wert der Tax Shields zu erhöhen:

TCF-Ansatz (Renten-Modell):

$$Gk_0 = \frac{BFCF^H + TS^H}{r_{Ek}(1-0{,}5v)\frac{Ek}{Gk} + r_{Fk}(1-v)\frac{Fk}{Gk}}.$$

Beim APV-Ansatz werden die Free Cashflows des unverschuldeten Unternehmens und die Tax Shields separat bewertet. Der Wert der Tax Shields hängt von den Finanzierungsprämissen ab:

APV-Ansatz (Renten-Modell):

$$\text{F-Modell: } Gk_0 = \frac{BFCF^H}{r_{Ek}^u(1-0{,}5v)} + \frac{TS^H}{r_{Fk}(1-v)}.$$

$$\text{L-Modell: } Gk_0 = \frac{BFCF^H}{r_{Ek}^u(1-0{,}5v)} + \frac{TS^H}{r_{Ek}^u(1-0{,}5v)} \cdot \frac{1+r_{Ek}^u(1-0{,}5v)}{1+r_{Fk}(1-v)}.$$

Für den Equity-Ansatz werden die an die Eigenkapitalgeber ausschüttbaren Cashflows nach tatsächlichen Steuern diskontiert. Dies erübrigt die Ermittlung fiktiver Steuerzahlungen eines unverschuldeten Unternehmens:

$$NFCF^H = (OCF + ICF + \Delta Fk - Z - GESt - KSt) - Est$$
$$\Leftrightarrow NFCF^H = BFCF^H + \Delta Fk_t - Z(1-\phi s)(1-0{,}5v)(1-t_H).$$

Equity-Ansatz (Renten-Modell):

$$Ek_0 = \frac{NFCF^H}{r_{Ek}(1-v)}.$$

### 3.2.3. Bewertungsansätze im Nicht-Rentenmodell

Will man die Ansätze ableiten, die auch im Nicht-Rentenmodell gültig sind, so kann direkt auf die allgemeinen Ergebnisse des Abschnitts V.F.3. zurückgegriffen werden. Diese sind lediglich auf das Halbeinkünfteverfahren anzupassen. Bei den Bewertungsansätzen ist jedoch danach zu differenzieren, ob von im Zeitablauf konstanten Kapitalkosten ausgegangen werden soll, oder ob diese variieren.

#### 3.2.3.1. Bewertungsansätze im Nicht-Rentenmodell bei konstanten Kapitalkosten

Für den steuersystemunabhängigen WACC-Ansatz gilt:

$$Gk_0^\ell = \sum_{t=1}^{\infty} \frac{X_t^u}{[1+r_{wacc}^\ell(1-v)]^t}$$

mit:

$$r_{wacc}^\ell(1-v) = r_{Ek}^\ell(1-v_{Ek})\frac{Ek_0^\ell}{Gk_0^\ell} + r_{Fk}(1-v_{Fk})\left(1 - \frac{TS_1}{r_{Fk}(1-v)Fk_0}\right)\frac{Fk_0}{Gk_0^\ell}$$

Dass dieser Ansatz jedoch keine Änderungen der Verhältnisse von Eigen- und Fremdkapital im Zeitablauf vorsieht, gilt folglich also nur bei konstantem Verschuldungsgrad (L-Modell). Durch Einsetzen des Wertes des Tax Shields im Halbeinkünfteverfahren sowie $v_E = 0{,}5v; v_D = v$ erhält man:[89]

WACC-Ansatz (Nicht-Renten-L-Modell):

$$Gk_0^\ell = \sum_{t=1}^{\infty} \frac{BFCF_t^H}{[1+r_{wacc}^\ell(1-v)]^t}$$

mit:

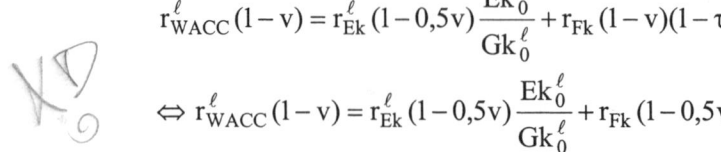

---

89  Vgl. ähnlich Baetge/Niemeyer/Kümmel (2001), S. 326.

und $BFCF_t^H = OCF_t + ICF_t - EBIT_t \times [1 - (1-s)(1-t_H)(1-0,5v)]$.

Dieselbe Vorgehensweise dient der Ableitung der übrigen Ansätze wie folgt:

TCF-Ansatz (Nicht-Renten-L-Modell):

$$Gk_0^\ell = \sum_{t=1}^{\infty} \frac{BFCF_t^H + TS_t^H}{\left[1 + r_{Ek}^\ell (1-0,5v)\dfrac{Ek_0^\ell}{Gk_0^\ell} + r_{Fk}(1-v)\dfrac{Fk_0}{Gk_0^\ell}\right]^t}$$

APV-Ansatz (Nicht-Renten-L-Modell):

$$V_0^\ell = \sum_{t=1}^{\infty} \frac{BFCF_t^H}{[1 + r_{Ek}^u(1-0,5v)]^t} + \frac{TS_t^H}{(1 + r_{Fk}(1-v))(1 + r_{Ek}^u(1-0,5v))^{t-1}}$$

Equity-Ansatz (Nicht-Renten-L-Modell):

$$Ek_0^\ell = \sum_{t=1}^{\infty} \frac{NFCF_t^H}{\left(1 + r_{Ek}^\ell(1-0,5v)\right)^t} = \sum_{t=1}^{\infty} \frac{BFCF_t^H + TS_t^H - Z_t(1-v) + \Delta Fk_t}{\left(1 + r_{Ek}^\ell(1-0,5v)\right)^t}$$

mit:

$NFCF^H = (OCF + ICF + \Delta Fk - Z - GESt - KSt) - Est$

$\Leftrightarrow NFCF^H = BFCF^H + \Delta Fk_t - Z(1-\phi s)(1-0,5v)(1-t_H)$.

### 3.2.3.2. Bewertungsansätze im Nicht-Rentenmodell bei schwankenden Kapitalkosten

Für den steuersystemunabhängigen WACC-Ansatz bei schwankenden Kapitalkosten gilt:[90]

$$Gk_0^\ell = \sum_{t=1}^{\infty} \frac{X_t^u}{\prod_{j=0}^{t-1}\left(1 + r_{wacc,j}^\ell(1-v)\right)}$$

mit:

$$r_{wacc,j}^\ell(1-v) = r_{Ek,t-1}^\ell(1-v_{Ek})\frac{Ek_{t-1}^\ell}{Gk_{t-1}^\ell} + r_{Fk,t-1}(1-v_{Fk})\left(1 - \frac{TS_t}{r_{Fk}(1-v)Fk_{t-1}}\right)\frac{Fk_{t-1}}{Gk_{t-1}^\ell}$$

---

90 Vgl. Abschnitt V.F.5.

Durch Einsetzen des Wertes des Tax Shields im Halbeinkünfteverfahren sowie $v_E = 0{,}5v; v_D = v$ erhält man:

WACC-Ansatz (Nicht-Renten-Modell, schwankende Kapitalkosten):

$$Gk_0^\ell = \sum_{t=1}^{\infty} \frac{BFCF_t^H}{\prod_{j=0}^{t-1}\left(1 + r_{wacc,j}^\ell(1-v)\right)}$$

mit:

$$r_{wacc,j}^\ell(1-v) = r_{Ek,t-1}^\ell(1-0{,}5v)\frac{Ek_{t-1}^\ell}{Gk_{t-1}^\ell} + r_{Fk,t-1}(1-v)(1-\tau)\frac{Fk_{t-1}}{Gk_{t-1}^\ell}$$

$$\Leftrightarrow r_{wacc,j}^\ell(1-v) = r_{Ek,t-1}^\ell(1-0{,}5v)\frac{Ek_{t-1}^\ell}{Gk_{t-1}^\ell} + r_{Fk,t-1}(1-0{,}5v)(1-t_H)(1-\phi s)\frac{Fk_{t-1}}{Gk_{t-1}^\ell}$$

und $BFCF_t^H = OCF_t + ICF_t - EBIT_t \times [1 - (1-s)(1-t_H)(1-0{,}5v)]$.

TCF-Ansatz (Nicht-Renten-Modell, schwankende Kapitalkosten):

$$Gk_0^\ell = \sum_{t=1}^{\infty} \frac{BFCF_t^H + TS_t^H}{\prod_{j=0}^{t-1}\left(1 + r_{Ek,j}^\ell(1-0{,}5v)\frac{Ek_j^\ell}{Gk_j^\ell} + r_{Fk,j}(1-v)\frac{Fk_j}{Gk_j^\ell}\right)}$$

APV-Ansatz (Nicht-Renten-Modell, schwankende Kapitalkosten):

$$Gk_0^\ell = Gk_0^u + PVTS_0$$

F-Modell

$$Gk_0^\ell = \sum_{t=1}^{\infty} \frac{BFCF_t^H}{\left(1 + r_{Ek}^u(1-0{,}5v)\right)^t} + \sum_{t=1}^{\infty} \frac{TS_t^H}{\prod_{j=0}^{t-1}\left(1 + r_{Fk,j}(1-v)\right)}.$$

L-Modell

$$Gk_0^\ell = \sum_{t=1}^{\infty} \frac{BFCF_t^H}{\left(1 + r_{Ek}^u(1-0{,}5v)\right)^t} + \sum_{t=1}^{\infty} \frac{TS_t^H}{\left(1 + r_{Fk,0}(1-v)\right)\left(1 + r_{Ek}^u(1-v)\right)^{t-1}}$$

*C. Ableitung der bewertungsrelevanten Cashflows* 411

Equity-Ansatz (Nicht-Renten-L-Modell):

$$Ek_0^\ell = \sum_{t=1}^{\infty} \frac{NFCF_t^H}{\prod_{t=0}^{t-1}\left(1 + r_{Ek,j}^\ell(1-0,5v)\right)}$$

mit:
$NFCF^H = (OCF + ICF + \Delta Fk - Z - GESt - KSt) - Est$
$\Leftrightarrow NFCF^H = BFCF^H + \Delta Fk_t - Z(1-\phi s)(1-0,5v)(1-t_H)$.

Die Ableitung zeigt erneut, dass sich für den Fall konstanter Kapitalkosten der WACC-Ansatz gut eignet, während im Falle schwankender Verschuldungsgrade sich der APV-Ansatz anbietet, da hier keine komplexen Anpassungen der Kapitalkosten erfolgen müssen.

### 3.2.3.3. Ermittlung der Cashflows mithilfe der Kapitalflussrechnung

Abb. V.11 stellt die Berechnung der Brutto-Free Cashflows (BFCF) für den WACC- und APV-Ansatz im Halbeinkünfteverfahren mithilfe der Kapitalflussrechnung nach DRS 2 dar. Abb. V.12. gibt die entsprechende Berechnung der NFCF wieder. Dort werden die Zinsen und Steuern aus dem operativen Bereich eliminiert und dem Finanzierungsbereich zugeordnet, um einen unsaldierten Ausweis des zur Verteilung an die verschiedenen Interessengruppen zur Verfügung stehenden Freien Cashflows zu ermöglichen.

Die von den Cash Flows abzuziehende fiktive Steuerlast $T^u$ berechnet sich ohne Berücksichtigung der Steuervorteile der Fremdfinanzierung. Diese Steuerbelastung lässt sich für jede Steuerart einzeln, aber auch durch Multiplikation des Gewinns vor Zinsen und Steuern (EBIT) mit dem kombinierten Steuersatz $s_{kom}$ aus effektivem Gewerbesteuer-, Körperschaftsteuer- und persönlichen Steuersatzsatz ermitteln:

$T^u = EBIT \times s$
$\quad + EBIT(1-s) \times t_H$
$\quad + EBIT(1-s)(1-t_H) \times 0,5v$
$\Leftrightarrow T^u = EBIT \times s_{kom}$;

mit:
$s_{kom} = [1 - (1-s)(1-t_H)(1-0,5v)]$

| | | |
|---|---|---|
| *Operativer Bereich:* | | |
| 1. | | Periodenergebnis (einschließlich Ergebnisanteilen von Minderheitsgesellschaftern) vor außerordentlichen Posten |
| 2. | +/– | Abschreibungen/Zuschreibungen auf Gegenstände des Anlagevermögens |
| 3. | +/– | Zunahme/Abnahme der Rückstellungen |
| 4. | +/– | Sonstige zahlungsunwirksame Aufwendungen/Erträge (bspw. Abschreibung auf ein aktiviertes Disagio) |
| 5. | –/+ | Gewinn/Verlust aus dem Abgang von Gegenständen des Anlagevermögens |
| 6. | –/+ | Zunahme/Abnahme der Vorräte, der Forderungen aus Lieferungen und Leistungen sowie anderer Aktiva, die nicht der Investitions- oder Finanzierungstätigkeit zuzuordnen sind |
| 7. | +/– | Zunahme/Abnahme der Verbindlichkeiten aus Lieferungen und Leistungen sowie anderer Passiva, die nicht der Investitions- oder Finanzierungstätigkeit zuzuordnen sind |
| 8. | +/– | Ein- und Auszahlungen aus außerordentlichen Posten |
| **9.** | **=** | **Cashflow aus der laufenden Geschäftstätigkeit** |

| | |
|---|---|
| | + *gezahlte Zinsen (soweit im operativen Bereich ausgewiesen)* |
| | + *gezahlte Ertragsteuern (KSt, GESt)* |
| | = **Operativer Cashflow (OCF) vor gezahlten Zinsen und vor gezahlten Ertragsteuern** |

| | | |
|---|---|---|
| *Investitionsbereich:* | | |
| 10. | | Einzahlungen aus Abgängen von Gegenständen des Sachanlagevermögens |
| 11. | + | Einzahlungen aus Abgängen von Gegenständen des immateriellen Anlagevermögens |
| 12. | – | Auszahlungen für Investitionen in das Sachanlagevermögen |
| 13. | – | Auszahlungen für Investitionen in das immaterielle Anlagevermögen |
| 14. | + | Einzahlungen aus Abgängen von Gegenständen des Finanzanlagevermögens |
| 15. | – | Auszahlungen für Investitionen in das Finanzanlagevermögen |
| 16. | + | Einzahlungen aus dem Verkauf von konsolidierten Unternehmen und sonstigen Geschäftseinheiten |
| 17. | – | Auszahlungen aus dem Erwerb von konsolidierten Unternehmen und sonstigen Geschäftseinheiten |
| 18. | + | Einzahlungen aufgrund von Finanzmittelanlagen im Rahmen der kurzfristigen Finanzdisposition |
| 19. | – | Auszahlungen aufgrund von Finanzmittelanlagen im Rahmen der kurzfristigen Finanzdisposition |
| **20.** | **=** | **Cashflow aus der Investitionstätigkeit (= ICF)** |

| |
|---|
| OCF + ICF |
| – *fiktiver Gewerbeertragsteueraufwand [EBIT × s]* |
| – *fiktiver Körperschaftsteueraufwand [(1 – s)EBIT$_t$ × t$_H$]* |
| – *fiktive Einkommensteuer [EBIT$_t$(1 – s)(1 – t$_H$) × 0,5v]* |
| = **BFCF (vor gezahlten Zinsen, nach fiktiven EESt)** |

| | | |
|---|---|---|
| *Finanzierungsbereich:* | | |
| 21. | | Einzahlungen aus Eigenkapitalzuführungen (Kapitalerhöhungen, Verkauf eigener Anteile etc.) |
| 22. | – | Auszahlungen an Unternehmenseigner und Minderheitsgesellschafter (Dividenden, Erwerb eigener Anteile, Eigenkapitalrückzahlungen, andere Ausschüttungen) |
| 23. | + | Einzahlungen aus der Begebung von Anleihen und der Aufnahme von (Finanz-) Krediten |
| 24. | – | Auszahlungen aus der Tilgung von Anleihen und (Finanz-) Krediten |
| **25.** | **=** | **Cashflow aus der Finanzierungstätigkeit** |
| | | – *gezahlte Zinsen (soweit oben korrigiert)* |
| | | = **Fin-CF (nach gezahlten Zinsen und vor gezahlter Körperschaftsteuer)** |
| | | – *gezahlte Ertragsteuern (GESt, KSt) + fiktive EESt* |
| **26.** | **=** | **Zahlungswirksame Veränderungen des Finanzmittelbestandes (Δ liq. M.)** |

Abb. VI.11: Ermittlungsschema zur Berechnung des Brutto-Free Cashflow im Halbeinkünfteverfahren in einer Kapitalflussrechnung nach DRS 2

## C. Ableitung der bewertungsrelevanten Cashflows

*Operativer Bereich:*

| | | |
|---|---|---|
| 1. | | Periodenergebnis (einschließlich Ergebnisanteilen von Minderheitsgesellschaftern) vor außerordentlichen Posten |
| 2. | +/– | Abschreibungen/Zuschreibungen auf Gegenstände des Anlagevermögens |
| 3. | +/– | Zunahme/Abnahme der Rückstellungen |
| 4. | +/– | Sonstige zahlungsunwirksame Aufwendungen/Erträge (bspw. Abschreibung auf ein aktiviertes Disagio) |
| 5. | –/+ | Gewinn/Verlust aus dem Abgang von Gegenständen des Anlagevermögens |
| 6. | –/+ | Zunahme/Abnahme der Vorräte, der Forderungen aus Lieferungen und Leistungen sowie anderer Aktiva, die nicht der Investitions- oder Finanzierungstätigkeit zuzuordnen sind |
| 7. | +/– | Zunahme/Abnahme der Verbindlichkeiten aus Lieferungen und Leistungen sowie anderer Passiva, die nicht der Investitions- oder Finanzierungstätigkeit zuzuordnen sind |
| 8. | +/– | Ein- und Auszahlungen aus außerordentlichen Posten |
| **9.** | **=** | **Cashflow aus der laufenden Geschäftstätigkeit** |

| | |
|---|---|
| | *+ gezahlte Zinsen (soweit im operativen Bereich ausgewiesen)* |
| | *+ gezahlte Ertragsteuern (KSt, GESt)* |
| | **= Operativer Cashflow (OCF) vor gezahlten Zinsen und vor gezahlten Ertragsteuern** |

*Investitionsbereich:*

| | | |
|---|---|---|
| 10. | | Einzahlungen aus Abgängen von Gegenständen des Sachanlagevermögens |
| 11. | + | Einzahlungen aus Abgängen von Gegenständen des immateriellen Anlagevermögens |
| 12. | – | Auszahlungen für Investitionen in das Sachanlagevermögen |
| 13. | – | Auszahlungen für Investitionen in das immaterielle Anlagevermögen |
| 14. | + | Einzahlungen aus Abgängen von Gegenständen des Finanzanlagevermögens |
| 15. | – | Auszahlungen für Investitionen in das Finanzanlagevermögen |
| 16. | + | Einzahlungen aus dem Verkauf von konsolidierten Unternehmen und sonstigen Geschäftseinheiten |
| 17. | – | Auszahlungen aus dem Erwerb von konsolidierten Unternehmen und sonstigen Geschäftseinheiten |
| 18. | + | Einzahlungen aufgrund von Finanzmittelanlagen im Rahmen der kurzfristigen Finanzdisposition |
| 19. | – | Auszahlungen aufgrund von Finanzmittelanlagen im Rahmen der kurzfristigen Finanzdisposition |
| **20.** | **=** | **Cashflow aus der Investitionstätigkeit (= ICF)** |

*Finanzierungsbereich:*

| | | |
|---|---|---|
| 23. | + | Einzahlungen aus der Begebung von Anleihen und der Aufnahme von (Finanz-) Krediten |
| 24. | – | Auszahlungen aus der Tilgung von Anleihen und (Finanz-) Krediten |
| | | *- gezahlte Zinsen* |
| | = | *Cash Flow aus der Finanzierungstätigkeit (Fk-CF = ΔFk – Z)* |

| |
|---|
| **OCF + ICF + Fk-CF** |
| *– gezahlte Gewerbeertragsteuer* |
| *– gezahlte Körperschaftsteuer* |
| *– gezahlte Einkommensteuer* |
| **= NFCF (nach Zinsen, EESt)** |

| | | |
|---|---|---|
| 21. | | Einzahlungen aus Eigenkapitalzuführungen (Kapitalerhöhungen, Verkauf eigener Anteile etc.) |
| 22. | – | Auszahlungen an Unternehmenseigner und Minderheitsgesellschafter (Dividenden, Erwerb eigener Anteile, Eigenkapitalrückzahlungen, andere Ausschüttungen) |
| **25.** | **=** | **Cashflow aus der Finanzierungstätigkeit** |
| | | *+ gezahlte Einkommensteuer* |
| **26.** | **=** | **Zahlungswirksame Veränderungen des Finanzmittelbestandes (Δ liq. M.)** |

Abb. VI.12: Ermittlungsschema zur Berechnung des Netto-Free Cashflow im Halbeinkünfteverfahren in einer Kapitalflussrechnung nach DRS 2

# D. Behandlung des Ausschüttungsverhaltens im DCF-Modell

Die DCF-Verfahren basieren, wie dargestellt, auf den Überlegungen von MODIGLIANI/MILLER. Danach fußt die Diskontierung „freier" Cashflows auf der Idee, Nettoausschüttungen durch ihr betriebliches Pendant, die auf der „Aktivseite" erwirtschafteten Cashflows nach Investitionen, zu bestimmen. Dies wird über die Gleichheit von Mittelherkunft und Mittelverwendung vollzogen.[91]

Bereits BUSSE VON COLBE (1957) stellte fest, dass bei der Unternehmensbewertung von Zahlungsströmen zwischen dem Unternehmen und dem Unternehmer auszugehen ist. Für die Unternehmensbewertung sei jedoch „häufig die Annahme zweckdienlich, der Unternehmer erhielte mit Eingang der Zahlung von der Umwelt Verfügungsmacht über das Geld"[92]. Bei den DCF-Methoden werden nicht Nettoausschüttungen (Fin-CF) bewertet, sondern die betrieblichen Einzahlungsüberschüsse (OCF + ICF).[93] Damit wird implizit angenommen, dass sie den Investoren zufließen, also nicht im Unternehmen verbleiben und nicht den Bestand an liquiden Mitteln erhöhen ($\Delta$liq.M. = 0).[94] Unter diesen Bedingungen entsprechen sich OCF + ICF und Finanzzahlungen Fin-CF unmittelbar, was die eigentliche Legitimation für die Diskontierung von Free Cashflows darstellt:[95]

---

91 Vgl. Abschnitt VI.A.2. Deshalb bauen die DCF-Methoden auf dem Theorem der Irrelevanz des Ausschüttungsverhaltens auf. Auch wenn Rappaport (1986), S. 26f. die Beachtung der Dividendenpolitik im Zusammenhang mit „earnings" anmahnt, so kommt diese aber keinesfalls bei der Diskontierung von Cashflows zur Anwendung: die DCF-Ansätze gehen alle von der Vorstellung Modigliani/Miller's aus, dass sich die Ebene Unternehmen – Investoren über die Gleichheit von Mittelverwendung und Mittelherkunft durch die Ebene Unternehmen – Umwelt ersetzen lässt und deshalb der Unternehmenswert als Barwert betrieblicher Einzahlungsüberschüsse ermittelt werden kann. Vgl. Modigliani/Miller (1961), S. 414f.; hierzu ausführlich Stewart (1991), S. 94, 102ff., 309ff.; auch Copeland/Koller/Murrin (1994), S. 135. An keiner Stelle der klassischen DCF-Literatur findet sich ein Hinweis auf eine Anpassung der Cashflows an das Ausschüttungsverhalten. Statt dessen werden diese regelmäßig als Ausschüttungspotenzial verstanden, d. h. sie können, müssen aber nicht, ausgeschüttet werden. Die Free Cashflows bilden dabei das operative Pendant zu den Nettoausschüttungen. Vgl. Stewart (1991), S. 94, 309. Vgl. auch Copeland/Koller/Murrin (1994), S. 135; Damodaran (1996), S. 99, 219ff., 233; Damodaran (1997), S. 634, 637; Rappaport (1998), S. 32; Rappaport (1986), S. 50.

92 Busse von Colbe (1957), S. 41.

93 Vgl. Copeland/Koller/Murrin (1994), S. 135; Damodaran (1996), S. 99, 219ff., 233; Damodaran (1997), S. 634, 637; Rappaport (1986), S. 50; Stewart (1991), S. 309.

94 Vgl. Sieben (1995), S. 722f.; ähnlich auch Mandl/Rabel (1997), S. 117f.

95 Vgl. Copeland/Koller/Murrin (1994), S. 135; Stewart (1991), S. 309.

## D. Behandlung des Ausschüttungsverhaltens im DCF-Modell

BFCF = OCF + ICF = Fin-CF

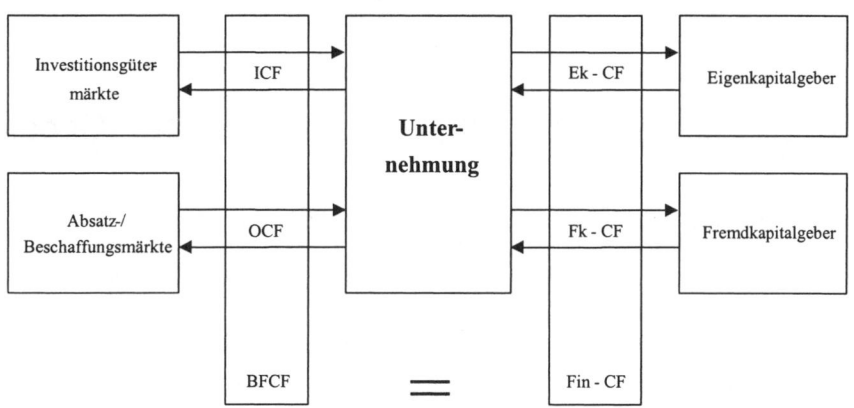

Abb. VI.13: Bewertung in der Bruttomethode der DCF-Methoden

Die im Finanzbereich der Kapitalflussrechnung abgebildeten Zahlungen werden auf diese Weise approximiert. Ergibt sich ein negativer Saldo, fließen also z. B. mehr Mittel im Investitionsbereich ab, als im operativen Bereich erwirtschaftet wurden, dann müssen im Finanzbereich Mittel aufgenommen werden. Ein negativer Free Cashflow bedeutet also Aufnahme von Mitteln von den Investoren – und zwar entsprechend der in den gewichteten Kapitalkosten enthaltenen Gewichte für die Kapitalstruktur. Ein positiver Free Cashflow bedeutet einen Mittelüberschuss, der in Form von Zinsen, Dividenden und Kapitalrückzahlungen an die Investoren abfließt.

Bei den DCF-Methoden wird keine spezielle Ausschüttungspolitik geplant,[96] es werden einfach alle „Free" Cashflows, d. h. alle (nach erfolgten Investitionen) überschüssigen, ausschüttbaren Mittel diskontiert.[97] Damit wird unterstellt, dass sie den Investoren zufließen bzw. kapitalwertneutral reinvestiert werden.[98] Hierin kommt die Irrelevanz der Ausschüttungspolitik zum Ausdruck. Bei tatsächlich nicht gegebener Vollausschüttung der Free Cashflows erhöhen die einbehaltenen Finanzmittel den

---

[96] „Im Unterschied zum Ertragswertverfahren ist in den DCF-Verfahren grundsätzlich jedoch keine Überprüfung vorgesehen, ob der prognostizierte Cashflow auch tatsächlich ausschüttungsfähig ist oder ob aus rechtlichen oder faktischen Gründen eine Ausschüttung nicht möglich ist." IDW (1998), S. 106.
[97] Vgl. Damodaran (1997), S. 634; Rappaport (1998), S. 32; Zu dieser sog. „residualen Ausschüttungspolitik" vgl. Richter (1996), S. 1078ff.
[98] Vgl. Ohlson (1990), S. 666ff.

Geldbestand.[99] Die Freien Cashflows beinhalten dann nicht nur Entnahmeüberschüsse, sondern auch die im Unternehmen verbleibenden Mittel (BFCF = Fin-CF + Δliq.M.).

## 1. Irrelevanz des Ausschüttungsverhaltens im DCF-Modell

MM zeigen die Irrelevanz der Dividendenpolitik, indem sie ableiten, dass der Unternehmenswert durch $Ek_0 = n_0 p_0 = \sum_{t=1}^{T}(OCF_t - I_t)q^{-t} + Ek_T q^{-t}$ determiniert ist.[100]

„Since $D_t$ does not appear directly among the arguments and since $OCF_t$, $I_t$, $Ek_T$ and $q^{-t}$ are all independent of $D_t$ (either by their nature or by assumption) it follows that the current value of the firm must be independent of the current dividend decision."[101] Formal lässt sich dies wie folgt ausdrücken:[102]

$$\frac{\partial Ek_0}{\partial D_t} = 0.$$

Diese Unabhängigkeit folgt aber lediglich aufgrund der restriktiven Annahmen über Mittelherkunft und Mittelverwendung: (I) $[m_t p_t + OCF_t = I_t + D_t]$. Denn da $OCF_t$ und $I_t$ gemäß der Annahmen von MM konstant sind, folgt aus Gleichung (I) unmittelbar, dass bei einer Erhöhung des Eigenkapitals ($m_t p_t$) die Ausschüttungen ($D_t$) um den selben Betrag steigen müssen. Umgekehrt folgt, dass bei einer Verringerung der Ausschüttung Eigenkapital zurückbezahlt werden muss, da sonst die Gleichung nicht aufgehen kann. Betrachtet man die Sachlage aus der Perspektive eines einzelnen Eigentümers, dann ist offensichtlich, dass sich dessen Situation nie verändert, da er bei einer Erhöhung der Ausschüttung denselben Betrag wieder einbezahlen muss und bei einer Verringerung der Ausschüttung den fehlenden Betrag über eine Eigenkapitalherabsetzung erhält.

Erweitert man die Gleichung für Mittelherkunft und -verwendung um die Möglichkeit, den Bestand an liquiden Mittel zu verändern:

---

99 Vgl. auch Sieben (1995), S. 723f.
100 Vgl. Miller/Modigliani (1961), S. 414f. und Abschnitt VI.A.1. Vgl. auch Perridon/Steiner (2002), S. 521. Fremdkapital soll an dieser Stelle zu Gunsten der Anschaulichkeit vernachlässigt werden.
101 Miller/Modigliani (1961), S. 414. Die Symbole wurden an die hier verwendete Schreibweise angepasst.
102 Vgl. Brennan (1971), S. 1117f.

## D. Behandlung des Ausschüttungsverhaltens im DCF-Modell

$[m_t p_t + OCF_t = I_t + D_t + \Delta liq.M._t],$

dann ergibt sich eine völlig andere Situation. Eine höhere Ausschüttung kann dann bewirkt werden, indem entweder wie bisher neues Eigenkapital aufgenommen wird oder aber indem aus bestehenden Beständen an liquiden Mitteln ausgeschüttet wird. Umgekehrt muss eine geringere Ausschüttung nicht notwendigerweise zu einem Anteilsrückkauf führen, sondern erhöht lediglich die Reserven an liquiden Mitteln. Die Situation des Aktionärs bleibt von Veränderungen des Ausschüttungsverhaltens nicht unberührt:

$$Ek_0 = n_0 p_0 = f(q^{-t}, OCF_t, ICF_t, \Delta liq.M._t)$$
$$= \sum_{t=1}^{\infty} (OCF_t + ICF_t) - \Delta liq.M._t)] \, q^{-t}$$

mit:
$q^{-t}, OCF_t, ICF_t, = \text{konst. und } \Delta liq.M._t = f(D_t).^{103}$

$$\frac{dEk_0}{dD} = \frac{\partial Ek_0}{\partial r}\frac{dr}{dD} + \frac{\partial Ek_0}{\partial OCF}\frac{dOCF}{dD} + \frac{\partial Ek_0}{\partial ICF}\frac{dICF}{dD} + \frac{\partial Ek_0}{\partial \Delta liq.M.}\frac{d\Delta liq.M.}{dD}$$

$$\Leftrightarrow \frac{dEk_0}{dD} = 0 + 0 + 0 + \frac{\partial Ek_0}{\partial \Delta liq.M.}\frac{d\Delta liq.M.}{dD} \neq 0.$$

Eine Veränderung des Ausschüttungsverhaltens führt über eine Veränderung der liquiden Mittel zu einer Veränderung des Unternehmenswerts. Unverändert bleibt die Situation der Aktionäre nur dann, wenn die einbehaltenen Mittel zu den Kapitalkosten angelegt werden und ihnen der Betrag, um den die Ausschüttung verringert wurde, durch einen Kursgewinn zufließt. Betrachtet man zwei identische Unternehmen A und B, die sich nur in ihrem Ausschüttungsverhalten unterscheiden, werden ihre Unternehmenswerte identisch sein, wenn die Differenz der Ausschüttung (ΔD) kapitalwertneutral investiert werden kann, d. h. der Barwert der höheren späteren Ausschüttungen genau dem Barwert der ursprünglichen Minderausschüttung entspricht:[104]

$$Ek_0^A = \frac{D_1}{(1+r)} + \frac{D_2}{(1+r)^2} + \frac{Ek_2}{(1+r)^2}$$

$$Ek_0^B = \frac{D_1 - \Delta D}{(1+r)} + \frac{D_2 + (1+r)\Delta D}{(1+r)^2} + \frac{Ek_2}{(1+r)^2}$$

---

103 Die Veränderung der liquiden Mittel hängt vom tatsächlichen Ausschüttungsverhalten ab, ist also eine Funktion in Abhängigkeit von D.
104 Vgl. Rubinstein (1976), S. 1229f.

$$= \frac{D_1}{(1+r)} - \frac{\Delta D}{(1+r)} + \frac{D_2}{(1+r)^2} + \frac{\Delta D}{(1+r)} + \frac{Ek_2}{(1+r)^2} = Ek_0^A.$$

Die DCF-Methoden diskontieren mit den Free Cashflows einen Wert, der sich von den tatsächlichen Nettoausschüttungen um Δliq.M. unterscheidet (z. B. NFCF = D – mp + Δliq.M.). Die Diskontierung von Free Cashflows an Stelle von Ausschüttungen ist deshalb sinnvoll, weil sie die Annahme einer konkreten Ausschüttungspolitik vermeidet. Die Veränderung der liquiden Mittel (Δliq.M.) ergibt sich erst nach Annahme einer konkreten tatsächlichen Ausschüttung (D). Wenn man aber konkrete Annahmen über die Ausschüttungen des Unternehmens macht, dann kann man diese auch direkt diskontieren.

Eine Diskontierung von Free Cashflows an Stelle von (Netto-) Ausschüttungen ist dann gerechtfertigt, wenn der Wert der diskontierten Free Cashflows insgesamt dem Wert der tatsächlich erfolgten (Netto-) Ausschüttungen entspricht:

$$\sum_{t=1}^{T} \frac{FCF_t}{(1+r)^t} = \sum_{t=1}^{T} \frac{D_t - m_t p_t}{(1+r)^t}.$$

Da die Free Cashflows den Ausschüttungen plus den Veränderungen der liquiden Mittel entsprechen, gilt für den Unternehmenswert:

$$Ek_0^A = \sum_{t=1}^{T} \frac{FCF_t}{(1+r)^t} = \sum_{t=1}^{T} \left( \frac{D_t - m_t p_t}{(1+r)^t} + \frac{\Delta liq.M._t}{(1+r)^t} \right).$$

Damit die Barwerte von Free Cashflows und Ausschüttungen gleich sein können, muss der Barwert der Veränderung der liquiden Mittel gleich Null sein:

$$PV[\Delta liq.M._t] = \sum_{t=1}^{T} \frac{\Delta liq.M._t}{(1+r)^t} = 0.$$

Das ist dann der Fall, wenn in jeder Periode die liquiden Mittel konstant gehalten werden, also Δliq.M.$_t$ = 0 gilt, oder die einbehaltenen Mittel genau zu den Kapitalkosten angelegt werden können. Betrachtet man die Bewertung anhand von Free Cashflows (Unternehmen A) und anhand von tatsächlichen Ausschüttungen (Unternehmen B), sind beide nur dann äquivalent, wenn die Veränderung der liquiden Mittel kapitalwertneutral zu den Kapitalkosten verzinst wird:

$$Ek_0^A = \frac{FCF_1}{(1+r)} + \frac{FCF_2}{(1+r)^2} + \frac{Ek_2}{(1+r)^2}$$

$$Ek_0^B = \frac{D_1 - m_1p_1}{(1+r)} + \frac{D_2 - m_2p_2}{(1+r)^2} + \frac{Ek_2}{(1+r)^2}$$

$$= \frac{FCF_1 - \Delta liq.M._1}{(1+r)} + \frac{FCF_2 + (1+r)\Delta liq.M._1}{(1+r)^2} + \frac{Ek_2}{(1+r)^2}$$

$$= \frac{FCF_1}{(1+r)} - \frac{\Delta liq.M._1}{(1+r)} + \frac{FCF_2}{(1+r)^2} + \frac{\Delta liq.M._1}{(1+r)} + \frac{Ek_2}{(1+r)^2} = Ek_0^A$$

In der Realität ist fraglich, ob eine kapitalwertneutrale Anlage stets möglich sein wird. Besonders bei der Bewertung eines gegebenen Unternehmens mit gegebenen Investitionsmöglichkeiten bleibt offen, wie überschüssige Mittel (NFCF − D + ΔEk = Δliq.M.), die am Ende des Jahres, nachdem bereits alle geplanten, lohnenswerten Investitionen durchgeführt worden sind, noch kapitalwertneutral investiert werden können.[105] Hierbei ist auch die steuerliche Wirkung der Einbehaltung zu bedenken, was im folgenden Abschnitt diskutiert wird. Hinzu kommt, dass Mittel oftmals nicht an die Eigner fließen, weil das Management sie lieber zur eigenen Flexibilität im Unternehmen behält und keinesfalls in Projekte mit positivem Kapitalwert investiert, was innerhalb der Agency-Theory ausführlich diskutiert worden ist.[106]

Werden Einbehaltungen vorgenommen, die zu weniger als den Kapitalkosten investiert werden können, wird der Wert auf Basis der Free Cashflows über dem tatsächlichen Wert liegen. Damit kann der Wert, der mit der dargestellten DCF-Methode ermittelt wird, als Wertobergrenze interpretiert werden, die realisierbar wäre, wenn alle FCF tatsächlich ausgeschüttet würden und die bei einer Übernahme des Unternehmens durch eine entsprechende Änderung des Ausschüttungsverhaltens möglicherweise erreichbar wäre.[107] Eine differenzierte Berücksichtigung des Ausschüttungsverhaltens sowie der steuerlichen Auswirkungen liefert einen genaueren Wert.[108]

## 2. Liquide Mittel und Ausschüttungsverhalten

In der deutschen Literatur wird auch vorgeschlagen, Erhöhungen der liquiden Mittel bei der Berechnung der FCF in Abzug zu bringen (und entsprechend Verringerungen

---

105 Die Free Cashflows sind ja gerade definiert als diejenigen Mittel, die ausgeschüttet werden können, nachdem alle Investitionen mit einem Kapitalwert von größer oder gleich Null durchgeführt wurden.
106 Vgl. Jensen (1986), S. 323ff.; Jensen (1988), S. 28f.
107 Vgl. Damodaran (1996), S. 234.
108 Zur Forderung nach einer exakteren Abbildung der steuerlichen Wirkung von Ausschüttungen vgl. Ballwieser (1995b), S. 128.

zu addieren).[109] Daneben wird auch vorgeschlagen, von den Free Cashflows den Betrag der einbehaltenen Gewinne abzuziehen,[110] was im Ergebnis dem Abzug der Veränderung der liquiden Mittel entspricht. Diese Vorgehensweise führt zur Ermittlung eines modifizierten Free Cashflow „unter Berücksichtigung der vorgesehenen Ausschüttungspolitik".[111]

Für die Kenntnis der Veränderung der liquiden Mittel ist es erforderlich, die Höhe der Ausschüttungen zu kennen. Als Ausgangspunkt möge das folgende Beispiel dienen:

| Kapitalflussrechnung: | | | Beispiel |
|---|---|---|---|
| Operativer Cashflow | OCF | | 17 |
| + Investitions-Cashflow | + ICF | | - 4 |
| + Fremdkapital-Cashflow | + Fk-CF | + $\Delta$Fk | 0 |
| | | − $r_{Fk}Fk$ | - 2 |
| = Netto-Free Cashflow | = NFCF | | 11 |
| + Eigenkapital-Cashflow | + Ek-CF | + $\Delta$Ek | 0 |
| | | − D | - 10 |
| = Veränderung der liquiden Mittel | = $\Delta$ liq.M. | | 1 |

Im Beispiel resultiert aus einer Ausschüttung von 10 GE eine Veränderung der liquiden Mittel von 1 GE. Ist diese bekannt, kann sie bei der Ermittlung des FCF in Abzug gebracht werden. Dann sind Free Cashflow und Nettoausschüttung identisch (NFCF = Ek-CF = 10):

| Kapitalflussrechnung: | | | Beispiel |
|---|---|---|---|
| Operativer Cashflow | OCF | | 17 |
| + Investitions-Cashflow | + ICF | | - 4 |
| + Fremdkapital-Cashflow | + Fk-CF | + $\Delta$Fk | 0 |
| | | − $r_{Fk}Fk$ | - 2 |
| −/+ Erhöhungen/Verringerungen der liquiden Mittel | − $\Delta$liq.M. | | - 1 |
| = Netto-Free Cashflow | = NFCF | | 10 |
| + Eigenkapital-Cashflow | + Ek-CF | + $\Delta$Ek | 0 |
| | | − D | - 10 |

---

109 Vgl. Ballwieser (1998), S. 86; IDW (1999), S. 78; IDW (2000), Tz. 127.
110 Vgl. Drukarczyk/Richter (1995), S. 564ff.; Richter (1996), S. 1079ff.
111 IDW (1998), S. 106 (im Orginal fett gedruckt).

## D. Behandlung des Ausschüttungsverhaltens im DCF-Modell

Wenn man jedoch die Höhe der Ausschüttung kennt, benötigt man den Free Cashflow nicht mehr – man kann unmittelbar die Ausschüttungen diskontieren.[112] Versteht man die Erhöhung der liquiden Mittel als Erhöhung des „Operating Cash", dann ist dies in den Investitionen in das „Working Capital" zu berücksichtigen.[113] Über diesen Bestand an betriebsnotwendigen Zahlungsmitteln hinaus, stellen im Unternehmen vorhandene liquide Mittel „freien Cash" dar, der für Ausschüttungen zur Verfügung steht. Er kann nur durch ein anderes Ausschüttungsverhalten als das der Vollausschüttung aller Free Cashflows zustande kommen. Um diesen Sachverhalt in der Unternehmensbewertung abzubilden, müssen die liquiden Mittel in zwei separate Gruppen eingeteilt werden: einerseits diejenigen, die für die Betriebstätigkeit als Bestand vorhanden sein müssen („working capital") und andererseits die noch darüber hinaus verbleibenden, frei verfügbaren Mittel. Dies ist problematisch, weil die Annahmen über die Veränderung der liquiden Mittel in direktem Zusammenhang zum Ausschüttungsverhalten stehen und nicht unabhängig voneinander geplant werden können.

Nimmt man bezogen auf obiges Beispiel an, die Kassenbestände müssten z.B. aufgrund gestiegener Umsätze um 2 GE erhöht werden, kommt es durch den Abzug der Investitionen in das Working Capital zu einem Netto-FCF von 9 GE. Dieser muss nun zwangsläufig auch ausgeschüttet werden, um den Kassenbestand nicht wieder zu reduzieren. Werden tatsächlich z. B. wie zuvor 10 GE ausgeschüttet, verringert dies den Kassenbestand erneut um 1 GE. Eine höhere Ausschüttung kann nur solange akkommodiert werden, wie noch freie Mittel im Unternehmen verfügbar sind, die nicht als Working Capital benötigt werden, also „freien Cash" darstellen. Würden weniger als 9 GE ausgeschüttet, verbliebe der Rest im Unternehmen und würde die liquiden Mittel weiter erhöhen. Der in der Kapitalflussrechnung ausgeschiedene Fonds der liquiden Mittel wird dadurch neu definiert in einen speziellen Fonds bestehend aus Mitteln, die eigentlich nicht für den Unternehmensprozess benötigt werden. Besteht kein solcher Puffer, wird das Ausschüttungsverhalten durch die Planung der Kassenbestände festgeschrieben.

---

112 Diese Identität ist jedoch nur im hier zugrunde gelegten Nettoverfahren offensichtlich.
113 Vgl. z. B. Copeland/Koller/Murrin (1994), S. 183, 195.

| Kapitalflussrechnung: | | | Beispiel |
|---|---|---|---|
| Operativer Cashflow | OCF | | 17 |
| + Investitions-Cashflow | + ICF | | - 4 |
| + Fremdkapital-Cashflow | + Fk-CF | + $\Delta$Fk | 0 |
| | | − $r_{Fk}$Fk | - 2 |
| − Erhöhungen der liquiden Mittel (Working Capital) | − $\Delta$liq.M. WC | | - 2 |
| = Netto-Free Cashflow | = NFCF | | 9 |
| + Eigenkapital-Cashflow | + Ek-CF | + $\Delta$Ek | 0 |
| | | − D | - 10 |
| = Veränderung der liquiden, frei verfügbaren Mittel | = $\Delta$liq.F.M. | | - 1 |

Die Planung der tatsächlichen Ausschüttungen erfordert es aber eigentlich, die gesellschaftsrechtliche Ausschüttbarkeit anhand von Ertragsüberschüssen zu ermitteln. In der Realität kann nicht grundsätzlich von der vollständigen Ausschüttung aller Einzahlungsüberschüsse ausgegangen werden. Bei Kapitalgesellschaften ist gesellschaftsrechtlich nur der Bilanzgewinn, d. h. der nach Rücklagendotierung und Verrechnung bestehender Ergebnisvorträge verbleibende Jahreserfolg ausschüttungsfähig. Darüber hinaus besteht lediglich auf dem Wege der Auflösung von Rücklagen, durch Kapitalherabsetzung oder durch Rückkauf eigener Aktien unter Einhaltung der damit verbundenen Formvorschriften die Möglichkeit, Mittel an die Eigentümer auszuschütten.[114] Die Aufnahme und Rückzahlung von Eigenkapital ist schon wegen der damit verbundenen Transaktionskosten in Form von Bankspesen, Verwaltungskosten etc. nicht in jeder Periode sinnvoll. Deshalb werden sich die tatsächlichen Ausschüttungen in der Regel von den potenziellen unterscheiden.

Die klassischen DCF-Verfahren sehen üblicherweise weder die explizite Planung von Ausschüttungen noch eine Nebenrechnung mit Ertragsüberschüssen vor.[115] Damit bei dieser Vorgehensweise keine Bewertungsfehler auftreten, müssen die im Unternehmen verbleibenden Mittel kapitalwertneutral investiert werden, damit sie die zukünftigen Ausschüttungen so erhöhen können,[116] dass der Barwert der Wertsteigerung der Höhe der Einbehaltung entspricht.[117] Die klassischen DCF-Methoden stellen daher einen vereinfachenden Ansatz dar, der das Problem der Ausschüttungspoli-

---

114 Vgl. IDW (1998), S. 24, 79. Bei Personengesellschaften können ähnliche Beschränkungen im Gesellschaftervertrag gegeben sein. Vgl. auch Bender/Lorson (1996b), S. 652; Maul (1992), S. 1255.
115 Vgl. auch IDW (1998), S. 106.
116 Diese Erträge dürfen dabei aber nicht erneut in die Rechnung einfließen, da sie durch die Diskontierung der FCF bereits im Wert des Unternehmens enthalten sind.
117 Vgl. obige Ausführungen zur Irrelevanzthese von MM.

## D. Behandlung des Ausschüttungsverhaltens im DCF-Modell

tik und Wiederanlage der einbehaltenen Beträge durch die Annahme umgehen will, diese Beträge verzinsen sich zu den Kapitalkosten.

Will man sich damit nicht zufrieden geben und die Auswirkungen von Einbehaltungen auf künftige Ausschüttungen inklusive ihrer steuerlichen Implikationen in der Unternehmensbewertung abbilden,[118] muss die Kapitalflussrechnung so aufgestellt werden, dass nicht die ermittelten Free Cashflows ausgeschüttet werden, sondern der handelsrechtlich mögliche bzw. steuerlich sinnvolle Teil der Ertragsüberschüsse. Die Differenz aus Free Cashflow und Ausschüttungen verbleibt im Unternehmen. Die darauf erwirtschaftete Verzinsung wird innerhalb der Plan-GuV vereinnahmt und erhöht entsprechend künftige Ausschüttungen. Die damit verbundene Investition, z. B. in Finanzanlagen, muss in den FCF Berücksichtigung finden: Im Jahr der Einbehaltung müssen die FCF um den Investitionsbetrag verringert und in den Folgejahren um die Rückflüsse erhöht werden. Dies erfordert eine Nebenrechnung (Finanzbedarfsrechnung), in der die Ausschüttungen und die darüber hinaus verbleibende Finanzdeckung ermittelt wird. Unter der Annahme, dass in obigem Beispiel handelsrechtlich tatsächlich 5 GE ausschüttbar sind, ergeben sich 4 GE als Bestand an frei verfügbaren Mittel:

| Finanzbedarfsrechnung: | | Beispiel |
|---|---|---|
| **Finanzbedarfe:** | | |
| Investitionen (ICF) | + ICF | - 4 |
| – Erhöhungen der liquiden Mittel (Working Capital) | – $\Delta$liq.M. WC | - 2 |
| Zinsen | – Z | - 2 |
| Ausschüttung | – D | - 5 |
| Gesamt: | | **- 13** |
| **Finanzdeckung:** | | |
| Operativer Cashflow | OCF | 17 |
| + Eigenkapital-Aufnahme | + $\Delta$Ek | 0 |
| + Fremdkapital-Cashflow | + $\Delta$Fk | 0 |
| Gesamt: | | **17** |
| = Über/Unterdeckung (Veränderung der liquiden, frei verfügbaren Mittel) | = $\Delta$ liq.F.M. | **= + 4** |

Diese 4 GE werden nicht als Working Capital benötigt und können deshalb investiert werden, um künftig Erträge zu erwirtschaften. Werden diese Rückflüsse in den künf-

---

118 Eine genaue Herausarbeitung der steuerlichen Einflussfaktoren und der Ausschüttungspolitik auf die Wertermittlung fordert z. B. Ballwieser (1995a), S. 128.

tigen Cashflows berücksichtigt, dann muss auch die Investition der 4 GE von den FCF abgesetzt werden, um eine Doppelzählung zu verhindern:

| Kapitalflussrechnung: | | | Beispiel |
|---|---|---|---|
| Operativer Cashflow | OCF | | 17 |
| + Investitions-Cashflow | + ICF | | - 4 |
| –/+ Erhöhungen der liquiden Mittel (Working Capital) | – $\Delta$liq.M. WC | | - 2 |
| – Investition frei verfügbarer Mittel | – $\Delta$liq.F.M. | | - 4 |
| = Brutto-Free Cashflow | = BFCF | | = 7 |
| + Fremdkapital-Cashflow | + Fk-CF | + $\Delta$Fk | 0 |
| | | – Z | - 2 |
| = Netto-Free Cashflow | = NFCF | | = 5 |
| = Eigenkapital-Cashflow | = Ek-CF | D | - 5 |
| | | – $\Delta$Ek | 0 |
| = verbleibende frei verfügbare Mittel | | | = 0 |

Die so ermittelten „Free Cashflows" entsprechen den tatsächlichen Nettoausschüttungen an die Investoren: der BFCF von 7 GE entspricht der Summe der Ausschüttungen an Eigen- und Fremdkapitalgeber (Ek-CF + Fk-CF = 7 GE), der NFCF den Ausschüttungen an die Eigner (Ek-CF) von 5 GE. Die Höhe der tatsächlichen Ausschüttungen wird aber nicht über die Free Cashflows ermittelt, sondern über die Nebenrechnungen Gewinn- und Verlustrechnung und Finanzbedarfsrechnung. Damit wird ein so modifiziertes DCF-Verfahren im Ergebnis zu einem Ertragswertverfahren mutiert.[119]

Vergleicht man beide Vorgehensweisen, die der international üblichen, klassischen DCF-Methoden und die der modifizierten DCF-Methoden, dann kommt diesen Modifikationen nur dann eine Bedeutung zu, wenn das Ausschüttungsverhalten von Relevanz ist. Mit anderen Worten werden beide Arten von DCF-Methoden nur dann zu unterschiedlichen Ergebnissen führen, wenn die aufgrund der Beschränkungen der Ausschüttungspolitik im Unternehmen verbleibenden freien Mittel nicht kapitalwertneutral investiert werden können. Die Annahme der kapitalwertneutralen Reinvestition wird im deutschen Steuersystem bei einem gespaltenen Körperschaftsteuersatz als nur schwer haltbar angesehen,[120] weshalb die Bedingungen für eine solche Anlage im Folgenden genauer untersucht werden.

---

119 Vgl. auch IDW (1998), S. 27, Tz. 90.
120 Vgl. Maul (1979), S. 108f.; Maul (1992), S. 1256f.; Bender/Lorson (1996b), S. 652.

## 3. Irrelevanz der Ausschüttungspolitik und Steuern

Die DCF-Methoden in ihrer international üblichen Form basieren auf der Irrelevanz der Ausschüttungspolitik nach MODIGLIANI/MILLER, die sich entgegen aller Kritik in einem effizienten Kapitalmarkt selbst unter Unsicherheit immer wieder hat bestätigen lassen.[121] Es ist jedoch unbestritten, dass Dividenden bei unvollkommener Informationslage eine Funktion von „Signalen", im Sinne von Informationen über die Zukunftsaussichten des Unternehmens, zukommt.[122] Deshalb tendieren die meisten Unternehmen zu einer im Zeitablauf konstanten Ausschüttungspolitik.[123] Bei Marktunvollkommenheiten, wie sie durch Steuersysteme gegeben sein können, wird prinzipiell eine Relevanz der Ausschüttungspolitik für den Unternehmenswert begründet.[124] Beispielsweise würde eine geringere Besteuerung von Kursgewinnen als von Ausschüttungen zu einer grundsätzlichen Präferenz von Einbehaltungen führen. Auch durch die im deutschen Anrechnungsverfahren gegebene höhere Besteuerung von Einbehaltungen als von Ausschüttungen kann eine Relevanz der Ausschüttungspolitik begründet sein.

Damit der Eigentümer im Falle einer Einbehaltung gegenüber dem Fall der Ausschüttung gleichgestellt ist, muss ihm der entgangene Betrag auf andere Weise zufließen. Dies kann unmittelbar z. B. durch Aktienrückkauf, aber auch mittelbar durch Kurssteigerungen geschehen. Damit eine Kurssteigerung für ihn gleich wertvoll ist, muss er sie kostenfrei in Bargeld verwandeln können bzw. er muss zwischen Ausschüttungen und Wertsteigerungen indifferent sein. Wenn Wertsteigerungen[125] ebenso wie Ausschüttungen besteuert werden, muss die Wertsteigerung exakt die gleiche Höhe haben wie die ausgefallene Ausschüttung.

Im Folgenden soll gezeigt werden, welche Vorsteuerrendite auf einbehaltene Gewinne verdient werden muss, um eine Kurswertsteigerung in Höhe der Minderausschüttung zu produzieren. Hierzu wird abgeleitet, mit welcher Rendite sich einbehaltene Beträge verzinsen müssen, damit nach allen Unternehmenssteuern höhere zukünftige Ausschüttungen möglich werden, die im Zeitpunkt der Einbehaltung zu einer Unter-

---

121 Vgl. Brealey/Myers (2000), S. 454; Rubinstein (1976), S. 1229f.; Van Horne (1992), S. 328ff.
122 Vgl. Healy/Palepu (1988), S. 149ff.
123 Vgl. Brealey/Myers (2000), S. 463f.
124 Vgl. Brealey/Myers (2000), S. 455ff.; Perridon/Steiner (2002), S. 521ff.
125 Wird hingegen die Wertsteigerung nicht besteuert, dann kann sie um die persönliche Steuer, die auf Ausschüttung angefallen wäre, geringer ausfallen. Bei einem Steuersatz von 40 % gleichen sich die Einbehaltungsbelastung und die persönliche Steuer aus. Im Folgenden wird von diesem Effekt sowie die Besteuerung auf Eignerebene abstrahiert.

nehmenswertsteigerung in einer Höhe führen, welche die Minderausschüttung ausgleichen. Durch die höhere Besteuerung von Einbehaltungen steht im Anrechnungsverfahren dem Unternehmen ein geringerer Betrag zur Investition zur Verfügung, mit dem Resultat, dass die hierauf verdiente Rendite die Rendite einer Vergleichsanlage, die der Investor mit den ausgeschütteten Mitteln selbst durchführen könnte, übersteigen muss.[126]

## 3.1. Einbehaltungen im Anrechnungsverfahren

Im Folgenden wird zunächst gezeigt, zu welcher Wertsteigerung eine Einbehaltung und anschließende Anlage der einbehaltenen Finanzmittel zu den Kapitalkosten im Rahmen des Anrechnungsverfahrens führt. Anschließend wird die Rendite abgeleitet, die auf die einbehaltenen Mittel verdient werden muss, damit die aus der Einbehaltung resultierende Wertsteigerung exakt die Minderausschüttung auszugleichen vermag. Die aus der Einbehaltung resultierende Verbesserung des Verschuldungspotenzials wird in einem zusätzlichen Schritt in die Überlegungen mit einbezogen. Im darauffolgenden Abschnitt wird die Analyse auf das Halbeinkünfteverfahren ausgeweitet.

### 3.1.1. Wertsteigerung durch Einbehaltung beim unverschuldeten Unternehmen

Im Folgenden wird untersucht, wie sich Einbehaltungen auf das Einkommen der Investoren und damit auf den Unternehmenswert auswirken. Es wird zunächst von einem unverschuldeten Unternehmen ausgegangen. Die Wirkung der Finanzierung auf die Einbehaltung wird in Abschnitt 3.1.3. untersucht.

Geht man davon aus, dass einmalig in t = 0 ein prozentualer Teil (e) des Gewinns vor Steuern $G_0$ einbehalten und ein Anteil (1 − e) ausgeschüttet wird, dann wird der einbehaltene Teil ($eG_0(1 - s)$) mit dem Thesaurierungssatz $t_e$ besteuert, der andere Teil $(1 - e)G_0(1 - s)$ mit dem Ausschüttungssatz $t_k$.[127]

$$\text{KSt-Belastung} = (eG_0(1 - s)) \times t_e + (1 - e)G_0(1 - s) \times t_k$$

---

[126] Vgl. Maul (1979), S. 109. Vgl. auch Coenenberg (1981), S. 226.
[127] Auf den besonderen Fall der steuerfreien ausländischen Einkünfte, die im EK 01 enthalten sind, wird hier nicht eingegangen. In diesem Fall und unter Berücksichtigung persönlicher Steuern kann eine Einbehaltung zu einer Erhöhung des Unternehmenswerts führen. Vgl. Fass/Hülsmeier (1998), S. 1489ff.

## D. Behandlung des Ausschüttungsverhaltens im DCF-Modell

Für den ausgeschütteten Teil gilt das Anrechnungsverfahren: die KSt in Höhe von $(1-e)G_0(1-s)t_k$ ist auf die persönliche Steuerschuld anrechenbar, sodass die Anteilseigner in $t = 0$ nach Gewerbesteuer und vor Einkommensteuer den folgenden Betrag erhalten:

$$\text{Einkommen}_0 = (1-e)G_0(1-t_k)(1-s) + (1-e)G_0(1-s)t_k = (1-e)G_0(1-s).$$

Der einbehaltene Teil $[eG_0(1-s)(1-t_e)]$ wird zu einer Rendite i reinvestiert und erhöht die späteren Gewinne vor Steuern um $\{i \times [eG_0(1-s)(1-t_e)]\}$. Auf die Verzinsung wird erneut Gewerbesteuer und Körperschaftsteuer fällig, wobei letztere anrechenbar ist. Die Anteilseigner erhalten deshalb in $t = 1$ folgende erhöhte Ausschüttungen vor Einkommensteuer:[128]

Verzinsung n. St. =

$$= \{i \times [eG_0(1-s)(1-t_e)]\}(1-s)(1-t_k) + \{i \times [eG_0(1-s)(1-t_e)]\}(1-s) \times t_k$$
$$= \{i \times [eG_0(1-s)(1-t_e)]\}(1-s).$$

Wird unendliche Reinvestition unterstellt, erhalten die Eigner ewig diesen Betrag, sodass ihr Barwert folgenden Wert annimmt:

$$\text{Barwert der Zinsen} = \frac{i \times eG_0(1-s)(1-t_e)(1-s)}{r_{Ek}}.$$

Im Falle, dass die Rendite dem Kapitalisierungszins ($i = r_{Ek}$) entspricht, beträgt der Barwert der Ausschüttungserhöhungen:

$$\text{Barwert der Zinsen} = \frac{r_{Ek} \times eG_0(1-s)(1-t_e)(1-s)}{r_{Ek}} = eG_0(1-s)(1-t_e)(1-s).$$

Hätte das Unternehmen stattdessen ausgeschüttet, wäre den Eignern in Periode $t = 0$ folgender Betrag zugeflossen, den sie zu den Eigenkapitalkosten $r_{Ek}$ (vor persönlichen Steuern) risikoadäquat selbst hätten anlegen können:

$$\text{Entgangene Ausschüttung} = eG_0(1-s).$$

Diese entgangene Ausschüttung ist größer als der Barwert der späteren (ewigen) Rückflüsse aus der Einbehaltung und Verzinsung zu den Eigenkapitalkosten:

$$eG_0(1-s) > eG_0(1-s)(1-t_e)(1-s).$$

---

[128] Die auf die erhöhten Ausschüttungen anfallende Ausschüttungsbelastung ist wieder anrechenbar, deshalb wird sie hier vernachlässigt.

Für den Fall, dass die Investition nur über n Perioden erfolgt und am Ende der Einbehaltungsbetrag in einer Summe zurückfließt, z. B. bei einer Anlage am Kapitalmarkt, erhalten die Eigner:[129]

Barwert der späteren erhöhten Ausschüttungen =

$$\sum_{t=1}^{n} \frac{r_{Ek} \times eG_0(1-s)(1-t_e)(1-s)}{(1+r_{Ek})^t} + \frac{eG_0(1-s)(1-t_e)}{(1+r_{Ek})^n}$$

$$= \sum_{t=1}^{n} \frac{r_{Ek} \times eG_0(1-s)(1-t_e)}{(1+r_{Ek})^t} - \frac{s \times r_{Ek} \times eG_0(1-s)(1-t_e)}{(1+r_{Ek})^t} + \frac{eG_0(1-s)(1-t_e)}{(1+r_{Ek})^n}$$

$$= \underbrace{eG_0(1-s)(1-t_e)}_{\text{Einbehaltung}} - \underbrace{\sum_{t=1}^{n} \frac{s \times r_{Ek} \times eG_0(1-s)(1-t_e)}{(1+r_{Ek})^t}}_{\text{PV(GESt)}}.$$

Das heißt: der Barwert der um die Verzinsung der Einbehaltung erhöhten Ausschüttungen entspricht der ursprünglichen Einbehaltung [$eG_0(1-s)(1-t_e)$] abzüglich des Barwerts (PV) der auf die Rendite entfallenden Gewerbesteuer. Damit verlieren die Eigentümer bei einer Reinvestition zum Eigenkapitalkostensatz effektiv die Gewerbesteuer.

Weiterhin gilt es zu berücksichtigen, dass bei einer Ausschüttung aus dem mit dem Thesaurierungssatz belasteten Eigenkapital (z. B. EK 40) die Ausschüttungsbelastung durch eine zusätzliche Steuergutschrift in Höhe von ($t_e - t_k$) hergestellt wird. Die Eigner erhalten in Periode n aus der Rückzahlung der Einbehaltung folglich:

Einkommen$_n$ = [$eG_0(1-s)(1-t_e)$] + [$eG_0(1-s)(t_e-t)$] = [$eG_0(1-s)(1-t_k)$]

Dies lässt sich umformen zu:

Einkommen$_n$ = [$eG_0(1-s)(1-t_e)$] + [$eG_0(1-s)(t_e-t)$] + [$eG_0(1-s) \times t_k$] =
= [$eG_0(1-s)(1-t_e)$] + [$eG_0(1-s)t_e$] = [$eG_0(1-s)$].

Der gesamte Barwert der Erhöhung beträgt folglich:

---

129 Dabei ist die Rückzahlung des Investitionsbetrages steuerfrei. Das gleiche gilt für Realinvestitionen, bei denen über die Abschreibung die Anfangsinvestition steuerfrei gestellt wird. Dann könnten die Abschreibungsbeträge pro Periode durch Ausschüttung aus den Gewinnrücklagen an die Eigner fließen. Dies verändert zwar den Barwert, nicht aber die gemachte Aussage.

$$PV = \sum_{t=1}^{n} \frac{r_{Ek} \times eG_0(1-s)(1-t_e)(1-s)}{(1+r_{Ek})^t} +$$

$$+ \frac{eG_0(1-s)(1-t_e) + eG_0(1-s)(t_e - t_k) + eG_0(1-s) \times t_k}{(1+r_{Ek})^n} =$$

$$\sum_{t=1}^{n} \frac{r_{Ek} \times eG_0(1-s)(1-t_e)(1-s)}{(1+r_{Ek})^t} + \frac{eG_0(1-s)}{(1+r_{Ek})^n}$$

$$= eG_0(1-s)(1-t_e) - \sum_{t=1}^{n} \frac{r_{Ek} \times eG_0(1-s)(1-t_e) \times (s)}{(1+r_{Ek})^t} +$$

$$+ \frac{eG_0(1-s)(t_e - t) + eG_0(1-s) \times t}{(1+r_{Ek})^n}$$

$$= \underbrace{eG_0(1-s)(1-t_e)}_{\text{Einbehaltung}} - \underbrace{\sum_{t=1}^{n} \frac{s \times r_{Ek} \times eG_0(1-s)(1-t_e)}{(1+r_{Ek})^t}}_{\text{Gewerbesteuer}} + \underbrace{\frac{eG_0(1-s) \times t_e}{(1+r_{Ek})^n}}_{\text{Steuergutschrift}}.$$

Der Zufluss an die Eigner erhöht sich um den Barwert der Steuergutschrift in Periode n. Hätte das Unternehmen ursprünglich ausgeschüttet, wäre den Eignern in Periode t = 0 folgender Betrag zugeflossen:

Entgangene Ausschüttung = $[eG_0(1 - s)]$.

Der Kapitalwert der Einbehaltung aus Sicht der Eigner beträgt damit:

$$NPV = \underbrace{-eG(1-s)}_{\text{Entgang}} + \underbrace{eG(1-s)(1-t_e)}_{\text{Einbehaltung}} - \underbrace{\sum_{t=1}^{n} \frac{s \times r_{Ek} \times eG(1-s)(1-t_e)}{(1+r_{Ek})^t}}_{\text{Gewerbesteuer}} + \underbrace{\frac{eG(1-s) \times t_e}{(1+r_{Ek})^n}}_{\text{Steuergutschrift}}.$$

Damit die Eigentümer durch die Einbehaltung nicht schlechter gestellt werden, muss gelten:

$$\underbrace{eG(1-s) - eG(1-s) \times t_e}_{\text{Einbehaltung}} + \underbrace{\frac{eG(1-s) \times t_e}{(1+r_{Ek})^n}}_{\text{Steuergutschrift}} \overset{!}{\geq} \underbrace{eG(1-s)}_{\text{Entgang}} + \underbrace{\sum_{t=1}^{n} \frac{s \times r_{Ek} \times eG(1-s)(1-t_e)}{(1+r_{Ek})^t}}_{\text{Gewerbesteuer}}$$

$$\Rightarrow \underbrace{\frac{eG(1-s) \times t_e}{(1+r_{Ek})^n}}_{\text{Steuergutschrift}} - eG(1-s) \times t_e \overset{!}{\geq} \underbrace{\sum_{t=1}^{n} \frac{s \times r_{Ek} \times eG(1-s)(1-t_e)}{(1+r_{Ek})^t}}_{\text{Gewerbesteuer}}$$

$$\Rightarrow \underbrace{\frac{eG(1-s) \times t_e}{(1+r_{Ek})^n}}_{\text{Steuergutschrift}} - eG(1-s) \times t_e \overset{!}{\geq} \underbrace{s \times r_{Ek} \times eG(1-s)(1-t_e) \times \sum_{t=1}^{n} \frac{1}{(1+r_{Ek})^t}}_{\text{Gewerbesteuer}}.$$

Mit:

$$\sum_{t=1}^{n} \frac{1}{(1+r_{Ek})^t} = \frac{1}{r_{Ek}} - \frac{1}{r_{Ek}(1+r_{Ek})^n}$$

gilt:

$$\underbrace{\frac{eG(1-s) \times t_e}{(1+r_{Ek})^n}}_{\text{Steuergutschrift}} - eG(1-s) \times t_e \overset{!}{\geq} \underbrace{s \times eG(1-s)(1-t_e) - \frac{s \times eG(1-s)(1-t_e)}{(1+r_{Ek})^t}}_{\text{Gewerbesteuer}}$$

$$\Rightarrow \frac{eG(1-s) \times t_e}{(1+r_{Ek})^n} + \frac{s \times eG(1-s)(1-t_e)}{(1+r_{Ek})^t} \overset{!}{\geq} eG(1-s) \times t_e + s \times eG(1-s)(1-t_e).$$

Da $\frac{eG(1-s) \times t_e}{(1+r_{Ek})^n} < eG(1-s) \times t_e$ und auch $\frac{s \times eG(1-s) \times t_e}{(1+r_{Ek})^n} < s \times eG(1-s) \times t_e$ ist, gilt:

$$\frac{eG(1-s) \times t_e}{(1+r_{Ek})^n} + \frac{s \times eG(1-s)(1-t_e)}{(1+r_{Ek})^t} < eG(1-s) \times t_e + s \times eG(1-s)(1-t_e)$$

und damit:

NPV < 0.

Somit reicht eine Verzinsung vor Steuern zu den Eigenkapitalkosten bei gespaltenem Körperschaftsteuersatz im Anrechnungsverfahren nicht aus, um die Eigentümer gegenüber der Vollausschüttung gleichzustellen.

### 3.1.2. Ableitung der für eine kapitalwertneutrale Reinvestition benötigten Rendite beim unverschuldeten Unternehmen

Damit die Eigner bei Einbehaltung gegenüber einer Vollausschüttung gleichgestellt sind, muss das Unternehmen eine höhere Rendite auf die Einbehaltung erwirtschaften, als die Eigenkapitalkosten. Im Rentenfall beträgt die Mindestrendite i:

$$\frac{i \times eG(1-s)(1-t_e)(1-s)}{r_{Ek}} = eG(1-s)$$

$$\Leftrightarrow \frac{i}{r_{Ek}} = \frac{eG(1-s)}{eG(1-s)(1-t_e)(1-s)}$$

$$\Leftrightarrow i = \frac{r_{Ek} \times eG(1-s)}{eG(1-s)(1-t_e)(1-s)}$$

$$\Leftrightarrow i = \frac{r_{Ek}}{(1-t_e)(1-s)}.$$

**Beispiel:**
Ein Unternehmen erwirtschafte konstante Gewinne vor Steuern in Höhe von 1.250 GE. Daraus erzielen die Eigner bei Vollausschüttung nach Gewerbesteuer von 20 % ein Einkommen von 1.000 GE vor persönlichen Steuern.[130] Bei Kapitalkosten von 10 % beträgt der Unternehmenswert 10.000:

$$UW_0 = \frac{1.000}{0,1} = 10.000$$

Nun werde einmalig in t = 1 der Gewinn einbehalten und für vier Perioden zum Kalkulationszinsfuß von 10 % investiert. Der Ertrag aus der Einbehaltung sowie deren Rückfluss in t = 5 sollen in der jeweiligen Periode ausgeschüttet werden. Nach Körperschaftsteuer verbleibt ein Betrag von 600 GE im Unternehmen, der Erträge von 60 GE generiert, welche die Ausschüttungen um 48 GE erhöhen:

| | Ausgangswert | Erhöhung aus Einbehaltung bei 10 % | Erhöhung aus Einbehaltung bei 20,833 % | Symbole |
|---|---|---|---|---|
| Gewinn v. St. | 1.250 | 60 | 125 | G |
| GESt | 250 | 12 | 25 | sG |
| zu verst. Einkommen des Unternehmens | **1.000** | 48 | 100 | (1-s)G |
| KSt 40 % | 400 | 19,2 | 40 | (1-s)G×$t_e$ |
| Zugang Ek 40 | 600 | 28,8 | 60 | (1-s)G(1-$t_e$) |
| + KSt-Minderung (10/60) | 100 | 4,8 | 10 | (1-s)G(t-$t_e$) |
| = Bardividende | 700 | 33,6 | 70 | (1-s)G(1-$t_k$) |
| + anrechenbare KSt | 300 | 14,4 | 30 | (1-s)G×$t_k$ |
| = zu verst. Eink. des Anteilseigners | 1.000 | 48 | 100 | (1-s)G |

Bei der Anlage zu 10 % ergibt sich folgender Einkommensstrom bei den Eignern:

---

130 Die Gewerbesteuer wird hier vereinfachend als effektiver Satz von 20 % angesetzt, ohne explizite Rücksichtnahme auf die Abzugsfähigkeit von der eigenen Bemessungsgrundlage.

|  | t = 0 | t = 1 | t = 2 | t = 3 | t = 4 | t = 5 | t = ∞ |
|---|---|---|---|---|---|---|---|
| Ausschüttung |  |  | 1.000 | 1.000 | 1.000 | 1.000 | 1.000 |
| Einbehaltung |  | 1.000 |  |  |  |  |  |
| Rückfluss aus Einbehaltung |  |  | 48 | 48 | 48 | 1.048 |  |
| **gesamter Rückfluss** |  | 0 | 1.048 | 1.048 | 1.048 | 2.048 | 1.000 |
| Barwertfaktor bei 10 % |  | 0,909 | 0,826 | 0,751 | 0,683 | 0,621 | 6,209 |
| Barwert | 9.850 | 0 | 866 | 787 | 716 | 1.272 | 6.209 |

Der Unternehmenswert sinkt auf 9.850 GE. Der Kapitalwert von –150 GE aus Sicht der Eigner ergibt sich durch die folgende Differenzenbetrachtung und lässt sich durch die obige Ableitung nachvollziehen:

|  | t = 0 | t = 1 | t = 2 | t = 3 | t = 4 | t = 5 | t = ∞ |
|---|---|---|---|---|---|---|---|
| ΔCF der Eigner |  | -1.000 | 48 | 48 | 48 | 1.048 |  |
| Barwertfaktor bei 10 % |  | 0,909 | 0,826 | 0,751 | 0,683 | 0,621 |  |
| Kapitalwert | -150 | -909 | 40 | 36 | 33 | 651 |  |

| Barwert Einbehaltung $[eG(1-s)(1-t_e)]$ | 545 |
|---|---|
| Barwert Gewerbesteuer | -35 |
| Barwert KSt-Gutschrift | 248 |
| Summe | = 759 |
| Barwert der entgangenen Ausschüttung | -909 |
| Verlust | = -150 |

Wird dagegen die Einbehaltung mit $i = \dfrac{r_{Ek}^u}{(1-t_e)(1-s)} = \dfrac{0,1}{(0,6)(0,8)} = 20,83\ \%$ verzinst, ergeben sich jährlich zusätzliche Erträge von 125 GE und ein zusätzliches Einkommen der Eigner von 100 GE. Damit ergibt sich folgende Zahlungsreihe in der Differenzenbetrachtung:

|  | t = 0 | t = 1 | t = 2 | t = 3 | t = 4 | t = 5 | t = ∞ |
|---|---|---|---|---|---|---|---|
| ΔCF der Eigner |  | -1.000 | 100 | 100 | 100 | 1.100 |  |
| Barwertfaktor bei 10 % |  | 0,909 | 0,826 | 0,751 | 0,683 | 0,621 |  |
| Kapitalwert | 0 | -909 | 83 | 75 | 68 | 683 |  |

Der Wert der erhöhten Ausschüttungen beträgt genau 909 GE, wie der Barwert der entgangenen Ausschüttung. Die Eigner sind somit gleichgestellt.

*D. Behandlung des Ausschüttungsverhaltens im DCF-Modell* 433

Die bisherigen Ausführungen zeigen, dass bei einem unverschuldeten Unternehmen eine Gleichstellung der Eigentümer durch Anlage der einbehaltenen Beträge zu den Kapitalkosten vor Steuern erzielt werden kann. In der bisherigen Betrachtung blieb unberücksichtigt, dass bei einem verschuldeten Unternehmen Einbehaltungen zu einer Verbesserung der Eigenkapitalquote führen, was seinerseits zu Veränderungen der Eigenkapitalkosten führt. Diesen Effekt auf die Kapitalstruktur gilt es zusätzlich zu berücksichtigen.

### 3.1.3. Berücksichtigung der Auswirkungen auf das Verschuldungspotenzial

Das Ausschüttungsverhalten ist Bestandteil der Finanzierung des Unternehmens.[131] Deshalb sind Wechselwirkungen zwischen Ausschüttungs- und Finanzierungsverhalten zu berücksichtigen.[132] Im Einzelnen ergeben sich durch Änderungen des Ausschüttungsverhaltens auch Änderungen der Kapitalstruktur, mit entsprechenden Auswirkungen auf die Kapitalkosten.[133]

Die Irrelevanz des Ausschüttungsverhaltens beruht auf der Idee, dass der Eigentümer für eine höhere Ausschüttung entweder unmittelbar durch die Aufnahme von Eigenkapital oder indirekt durch einen Kursverlust bezahlen muss. Eine geringere Ausschüttung wird durch geringere Kapitalaufnahme (Rückzahlung von Eigenkapital) oder Kursgewinne ausgeglichen. Durch eine Einbehaltung wird c.p. der Anteil des Eigenkapitals erhöht, sodass die Eigenkapitalkosten fallen. Deshalb genügt auch bei einem verschuldeten Unternehmen für den Ausgleich einer Einbehaltung durch Wertsteigerung bereits eine geringere Verzinsung als die verschuldeten Eigenkapitalkosten,[134] nämlich die Kapitalkosten eines entsprechenden unverschuldeten Unternehmens, wie im Folgenden gezeigt werden soll.

Zur Veranschaulichung wird folgendes einfache Beispiel betrachtet: Das Unternehmen A erziele (unter Vernachlässigung von Steuern) unendliche Erfolge nach Zinsen[135] von 100 GE bei Eigenkapitalkosten von 10 % – es hat einen Unternehmens-

---

131 Bei der Ableitung ihres Theorems haben Modigliani/Miller von Fremdfinanzierung abstrahiert, um den Effekt der Dividendenpolitik von dem der Finanzierung zu trennen. Vgl. Miller/Modigliani (1961), S. 429ff.
132 Vgl. Sieben (1995), S. 729f.
133 Vgl. Maul (1979), S. 109. Vgl. auch Coenenberg (1981), S. 226.
134 Vgl. auch Coenenberg (1981), S. 226.
135 Der Einfachheit halber wird Reinvestition der Abschreibungen angenommen, sodass kein Unterschied zwischen Gewinnen und Cashflows besteht.

wert von $Ek_0^A = \dfrac{100}{0,1} = 1.000\,GE$. Unter der Voraussetzung, dass das Unternehmen die Erfolge kontinuierlich erzielen kann, wird der Unternehmenswert bis zum Zeitpunkt der nächsten Ausschüttung ansteigen und kurz vor dem Ausschüttungstag 1.100 GE erreichen, um nach Dividendenabschlag wieder auf 1.000 GE zu fallen. Behält das Unternehmen nun einmalig 50 GE ein, um damit eine Investition zu finanzieren, die eine Rendite von 10 % erbringt, steigen die künftigen Erfolge auf 105 GE und damit der Unternehmenswert auf $Ek_0^A = \dfrac{105}{0,1} = 1.050$ GE am Tag der Ausschüttung. Der Eigner ist folglich gleichgestellt gegenüber dem Ausgangsfall: er hat ein Vermögen von 50 GE Ausschüttung und 1.050 GE Kurswert.[136]

Geht man etwa davon aus, dass das Unternehmen A vor Thesaurierung zu je 50 % mit Eigen- und Fremdkapital finanziert war, verändern sich durch die Einbehaltung die Kapitalverhältnisse und damit die Eigenkapitalkosten.

Zieht man als Vergleichsobjekt ein unverschuldetes Unternehmen B mit identischem operativen Geschäft und Risiko heran, dann wird dieses bei Fremdkapitalkosten von 6 % operative Gewinne (EBIT) von 160 GE erwirtschaften. Bei resultierenden 8 % Kapitalkosten eines unverschuldeten Unternehmens beträgt der Gesamtkapitalwert des Unternehmens B: $Ek_0^B = Gk_0^B = \dfrac{160}{0,08} = 2.000$ GE. Auch der Gesamtkapitalwert des Unternehmens A vor Thesaurierung beträgt $Gk_0^A = \dfrac{160}{0,08} = 2.000$ GE, da bei Nichtexistenz von Steuern die gewichteten Kapitalkosten von A den Eigenkapitalkosten des unverschuldeten Unternehmens B entsprechen. Der Wert des Fremdkapitals von A beträgt 1.000 GE, entsprechend 50 % von 2.000 GE oder $Fk_0^A = \dfrac{60}{0,06} = 1.000$ GE.

Wird nun bei beiden Unternehmen durch eine einmalige Thesaurierung von 50 GE der Gewinn vor Zinsen von 160 auf 165 GE erhöht, steigt auch der Unternehmenswert entsprechend: $Ek_0^B = Gk_0^B = \dfrac{165}{0,08} = 2.062,50$ GE. Dies entspricht auch dem Gesamtkapitalwert für das verschuldete Unternehmen A, da sich die gewichteten Kapitalkosten nicht verändern.

---

136 Inwieweit der Eigner indifferent ist zwischen Kursgewinnen und „cash" soll hier nicht thematisiert werden.

Es verändert sich jedoch das Verhältnis von Eigen- und Fremdkapital, sodass die Eigenkapitalkosten nunmehr $r_{Ek}^A = 0{,}08 + (0{,}08 - 0{,}06)\dfrac{1.000}{1.062{,}50} = 0{,}0988$ betragen. Der Eigenkapitalwert beträgt somit: $Ek_0^A = \dfrac{105}{0{,}0988} = 1.062{,}50$ GE.

Es zeigt sich, dass aufgrund des Leverage-Effekts eine Verzinsung der Einbehaltung zu den Kapitalkosten eines verschuldeten Unternehmens vor Thesaurierung sogar zu einer echten Wertsteigerung führt. Um den Ausfall der Ausschüttung von 50 GE zu kompensieren, genügt eine Anlage zum Eigenkapitalkostensatz des unverschuldeten Unternehmens von 8 %. Dies erhöht die Erfolge um 4 GE p.a. und damit den Gesamtwert um 50 GE: $Ek_0^B = Gk_0^B = \dfrac{164}{0{,}08} = 2.050$ GE.

Geht man vom F-Modell aus, dann ergeben sich für A:

Eigenkapitalkosten von

$$r_{Ek}^A = 0{,}08 + (0{,}08 - 0{,}06)\dfrac{1.000}{1.050} = 0{,}099$$

und ein Eigentümerwert von

$$Ek_0^A = \dfrac{104}{0{,}099} = 1.050 \text{ GE.}^{137}$$

Dasselbe Ergebnis lässt sich auch bei Existenz von Steuern erzielen. Setzt man eine einfache Gewinnsteuer von 20 % auf Unternehmensebene an, die auf privater Ebene nicht anrechenbar ist (entsprechend einer Gewerbesteuer bei kurzfristigen Schulden), dann sind alle obigen Erfolge und Renditen entsprechend zu kürzen.

Der Wert des unverschuldeten Unternehmens B beträgt unverändert: $Ek_0^B = Gk_0^B = \dfrac{160(1-0{,}2)}{0{,}08(1-0{,}2)} = \dfrac{128}{0{,}064} = 2.000$ GE. Unternehmen A bezahlt Steuern auf den Gewinn nach Zinsen: $160 - 60 = 100$. Daraus ergibt sich ein Erfolg nach Steuern von 80 GE und ein Tax Shield von 12 GE ($= 80 + 60 - 128$). Der Gesamtwert des verschuldeten Unternehmens A wird also um $PVTS = \dfrac{12}{0{,}06} = 200$ GE höher ausfallen, als der des unverschuldeten Unternehmens B.

---

137 Diese Berechnung unterstellt ein Renten-F-Modell und erlaubt so die Anwendung der Modigliani/Miller –Anpassung; vgl. Abschnitt V.F.

Daraus ergeben sich (im Renten-F-Modell) Eigenkapitalkosten für A von: $r_{Ek}^A = 0,064 + (0,064 - 0,06)(1 - 0,2)\frac{1.000}{1.200} = 0,06\overline{6}$. Mit diesen lässt sich über die Nettomethode direkt der Wert des Eigenkapitals bestimmen: $Ek_0^A = \frac{80}{0,066} = 1.200$ GE.

Derselbe Wert kann über die Bruttomethode ermittelt werden. Das Einkommen der Investoren des verschuldeten Unternehmens beträgt nach Steuern (160 − 60 − 20 + 60 =) 140; dies entspricht dem Nachsteuereinkommen des unverschuldeten Unternehmens zzgl. dem Tax Shield. Die gewichteten Kapitalkosten für den TCF-Ansatz betragen $r_{TCF}^A = \frac{1.200}{2.200}0,06\overline{6} + \frac{1.000}{2.200}0,06 = 0,06\overline{363}$.

Es ergibt sich ein Gesamtwert von: $Gk_0^A = \frac{128 + 12}{0,0636} = 2.200$ GE.

Die WACC betragen $r_{WACC}^A = \frac{1.200}{2.200}0,06\overline{6} + \frac{1.000}{2.200}0,06 \times 0,8 = 0,058182$ und damit der Gesamtwert von A: $Gk_0^A = \frac{128}{0,058182} = 2.200$.

Wird nun eine Einbehaltung von 50 GE vor Steuern bzw. 40 GE aus versteuerten Gewinnen vorgenommen und rentiert sich diese mit 8 % vor Steuern, ergibt sich ein neuer EBIT von 160 + (0,08 × 40) = 163,20.

Für das unverschuldete Unternehmen B genügt diese Verzinsung, um den Eigner gegenüber der Ausgangslage gleichzustellen:

$$Ek_0^B = Gk_0^B = \frac{163,20(1 - 0,2)}{0,08(1 - 0,2)} = \frac{130,56}{0,064} = 2.040 \text{ GE}.$$

Für Unternehmen A ergeben sich nun Erfolge nach Zinsen und Steuern von 82,56 und ein Tax Shield von weiterhin 12 GE (= 82,56 + 60 − 130,56). Der Gesamtwert von A wird also wie zuvor um 200 GE höher sein als der von B. Es verändern sich erneut die Verhältnisse von Eigen- und Fremdkapital, die Eigenkapitalkosten betragen $r_{Ek}^A = 0,064 + (0,064 - 0,06)(1 - 0,2)\frac{1.000}{1.240} = 0,06658$, woraus sich ein Eigentümerwert von $Ek_0^A = \frac{82,56}{0,06658} = 1.240$ GE ergibt. Auch die Eigner von A sind also gleichgestellt.

## D. Behandlung des Ausschüttungsverhaltens im DCF-Modell

Die bisherigen Ausführungen verdeutlichen, dass für eine Irrelevanz von Einbehaltungen sich diese auch bei verschuldeten Unternehmen (im F-Modell) zu den Eigenkapitalkosten vor Steuern eines unverschuldeten Unternehmens verzinsen müssen:

$$\text{kapitalwertneutrale Verzinsung } i = \frac{r_{Ek}^u}{(1-t_e)(1-s)}$$

Bisher wurde von einer Veränderung der Kapitalstruktur durch die Einbehaltungen ausgegangen (F-Modell) und der Kalkulationszinsfuß entsprechend angepasst. Dies setzt freilich voraus, dass die zukünftigen Fremdkapitalbestände festgelegt und ex ante bekannt sind.

Geht man hingegen von einer konstanten Kapitalstruktur (L-Modell) aus, erhöht sich bei einem verschuldeten Unternehmen durch die Einbehaltung das Verschuldungspotenzial. Es kommt zu einer höheren Fremdkapitalaufnahme und höheren Tax Shields. Wird gemäß der Annahmen des L-Modells die Kapitalstruktur durch zusätzliche Fremdkapitalaufnahme konstant gehalten, führen die dabei entstehenden zusätzlichen Tax Shields zu einer Verringerung der für einen Ausgleich notwendigen Verzinsung.

Der Wert des unverschuldeten Unternehmens beträgt in der Ausgangslage erneut $Ek_0^B = Gk_0^B = \frac{160(1-0,2)}{0,08(1-0,2)} = \frac{128}{0,064} = 2.000$ GE. Der Wert des verschuldeten Unternehmens erhöht sich um den Wert der Tax Shields. Geht man von einer Fremdkapitalquote von 50 % aus, dann beträgt der Fremdkapitalbestand nach mehreren Iterationen 1.103,88 GE und demzufolge der Zinsaufwand 66,23. Das Tax Shield beträgt folglich 13,25 (66,23 × 0,2), ihr Barwert $PVTS = \frac{13,25}{0,064} \frac{(1,064)}{(1,06)} = 207,76$. Somit ergibt sich ein Gesamtwert des verschuldeten Unternehmens von 2.207,76 und ein Eigen- wie Fremdkapitalwert von 1.103,88.

Es ergeben sich Kapitalkosten des verschuldeten Unternehmens von (MILES/EZZEL-Anpassung):

$$r_{Ek}^\ell = 0,064 + (0,064 - 0,06)\left(\frac{1+0,06(0,8)}{1+0,06}\right)\frac{0,5}{0,5} = 0,067955 \text{ und}$$

$$r_{WACC}^A = 0,5 \times 0,06\overline{6} + 0,5 \times 0,06 \times 0,8 = 0,057977$$

Der Unternehmenswert nach dem Nettoansatz errechnet sich durch Diskontierung der Überschüsse nach Steuern von 75,01 GE (= 160 – 66,23 – 18,75) mit den Eigenkapitalkosten:

$$Ek_0^A = \frac{75,01}{0,067955} = 1.103,88$$

Nach dem WACC-Ansatz ergibt sich:

$$Gk_0^A = \frac{128}{0,057977} = 2.207,76$$

Eine Einbehaltung 50 GE führt bei einer konstanten Fremdkapitalquote von 50 % zu einer Aufnahme von weiterem Fremdkapital in Höhe von 50 GE. Diese Beträge sind zusätzlich investierbar und erhöhen die künftigen Entnahmen, soweit die mit ihnen verdiente Verzinsung die dafür bezahlten Zinsaufwendungen übersteigt.

Der Zinsaufwand der Periode t = 1 steigt damit um 3 GE und die zukünftigen Tax Shields um 0,60 GE (= 50 × 0,06 × 0,2). Der Wert der Tax Shields erhöht sich damit um 9,41 GE. Die zusätzlich aufgenommenen Fremdmittel stehen ebenfalls zur Investition zur Verfügung. Damit sind insgesamt 100 GE investierbar. Die Verzinsung dieser 100 GE muss in der Zukunft zu höheren Ausschüttungen führen, die wiederum zu einer Unternehmenswertsteigerung in t = 0 führen, welche genau die Einbehaltung kompensiert. Im vorliegenden Fall muss die Investition folglich zu einer Verzinsung erfolgen, die zu einer Unternehmenswertsteigerung von 100 GE führt. Da durch die zusätzlichen Tax Shields bereits eine Steigerung von 9,41 GE erreicht werden konnte, muss die Verzinsung nur noch ein Wertsteigerung von 90,59 GE erbringen. Damit müssen die zukünftige Ausschüttungen um 5,7977 steigen:

$$\frac{\Delta X}{0,064} = 90,59 \Leftrightarrow \Delta X = 90,59 \times 0,064 = 5,7977$$

Dies entspricht einer Nachsteuer-Verzinsung einer Anlage der 100 GE von:

$$i(1-s) = \frac{5,7977}{100} = 0,057977 = r_{WACC}^{\ell}.$$

Die für eine Unternehmenswertsteigerung von 90,59 benötigte Verzinsung der Einbehaltung entspricht folglich den WACC. Aufgrund des zusätzlichen Tax Shield $\Delta TS$ auf das neu aufgenommene Fremdkapital $\Delta Fk$, kann die für eine kapitalwertneutrale Reinvestition notwendige Verzinsung geringer ausfallen als im Fall des un-

## D. Behandlung des Ausschüttungsverhaltens im DCF-Modell

verschuldeten Unternehmens, bei dem eine Verzinsung zu den Eigenkapitalkosten vor Steuern nötig gewesen wäre. Es genügt eine Vorsteuer-Verzinsung zu

$$i = \frac{r^\ell_{WACC}}{(1-s)} = \frac{0{,}05797}{0{,}8} = 0{,}07247.$$

Um den Zinssatz i allgemein zu ermitteln, zu dem sich die Anlage verzinsen muss, damit der Barwert der Minderausschüttung E an die Investoren insgesamt genau den darauf verdienten Erträgen entspricht, muss der Barwert der den Investoren entgangenen Ausschüttungen E dem der späteren Rückzahlung zzgl. der Verzinsung und zusätzlichen Tax Shields entsprechen:

$$-E + \frac{E}{(1+r^u_{Ek})} + \frac{i(1-s) \times E}{(1+r^u_{Ek})} + \frac{\Delta TS}{(1+r_{Fk})} \overset{!}{=} 0$$

$$-E + \frac{E}{(1+r^u_{Ek})} + \frac{i(1-s) \times E}{(1+r^u_{Ek})} + \frac{0{,}5 s r_{Fk} \Delta Fk}{(1+r_{Fk})} \overset{!}{=} 0.$$

Da die gesamte Einbehaltung aus $E = \Delta Ek + \Delta Fk = \Delta Gk = 50 + 50 = 100$ besteht, gilt auch $\Delta Fk = \frac{Fk \times E}{Gk}$. Damit lässt sich die Bedingung vereinfachen zu:

$$i(1-s) = r^u_{Ek} - 0{,}5 s r_{Fk} \frac{(1+r^u_{Ek})}{(1+r_{Fk})} \frac{Fk}{Gk}.$$

Der Ausdruck auf der rechten Seite der Gleichung entspricht der MILES/EZZEL- Anpassung für die Gesamtkapitalkosten und damit den WACC im L-Modell. Es gilt folglich im L-Modell ohne Berücksichtigung der Körperschaftsteuer:

$$\boxed{\text{Kapitalwertneutrale Verzinsung } i = \frac{r^\ell_{WACC}}{(1-s)}.}$$

Bezieht man zusätzlich die auf die Einbehaltung anfallende Körperschaftsteuer (Thesaurierungssatz) in die Überlegungen ein, ergibt sich folgende Ableitung:
Damit die Investoren gegenüber der Vollausschüttung gleichgestellt sind, muss der Barwert der künftigen Ausschüttungserhöhungen dem der Minderausschüttung E entsprechen:[138]

---

[138] Die Minderausschüttung E ist als gesamte geringere Nettoausschüttung an die Investoren, d. h. Eigen- und Fremdkapitalgeber, gegenüber der Ausgangslage der Vollausschüttung zu verstehen. Die Gewerbesteuer ist in beiden Fällen hiervon bereits abgesetzt, sodass das Reinvestitionsvolumen nur durch die Körperschaftsteuer auf Einbehaltungen geschmälert wird.

$$-E + \frac{E}{(1+r_{Ek}^u)} + \frac{i(1-s) \times (E - KSt_e)}{(1+r_{Ek}^u)} + \frac{\Delta TS}{(1+r_{Fk})} \stackrel{!}{=} 0$$

$$-E + \frac{E}{(1+r_{Ek}^u)} + \frac{i(1-s) \times E}{(1+r_{Ek}^u)} - \frac{i(1-s) \times t_e E}{(1+r_{Ek}^u)} \frac{Ek}{Gk} + \frac{0{,}5sr_{Fk}E}{(1+r_{Fk})} \frac{Fk}{Gk} \stackrel{!}{=} 0$$

Die Bedingung lässt sich vereinfachen zu:

$$i(1-s)\left(1 - t_e \frac{Ek}{Gk}\right) = r_{Ek}^u - 0{,}5sr_{Fk} \frac{(1+r_{Ek}^u)}{(1+r_{Fk})} \frac{Fk}{Gk}.$$

Der Ausdruck auf der rechten Seite der Gleichung entspricht wieder der MILES/EZZEL- Anpassung für die Gesamtkapitalkosten und damit den WACC im L-Modell. Deshalb gilt im L-Modell unter Berücksichtigung des Thesaurierungssatzes:

$$\boxed{\text{Kapitalwertneutrale Verzinsung } i = \frac{r_{WACC}^\ell}{(1-s)\left(1 - t_e \dfrac{Ek}{Gk}\right)}.}$$

## 3.2. Einbehaltungen im Halbeinkünfteverfahren

Die abgeleiteten hohen Reinvestitionsrenditen sind vor allem durch das ausschüttungsförderliche Steuersystem des Anrechnungsverfahrens bedingt. Durch die Einführung des Halbeinkünfteverfahrens soll nach der Zielsetzung des StSenkG hingegen die Innenfinanzierung stärker gefördert werden.[139] Im Halbeinkünfteverfahren bringt jede Gewinnausschüttung an natürliche Personen eine steuerliche Mehrbelastung auf Anteilseignerebene mit sich.[140]

Die steuerliche Gesamtbelastung $t_{ges.}$ von Gewinnen vor persönlichen Steuern wird bei einer Messzahl von 5 % und einem Hebesatz von 400 % der Gewerbesteuer künftig 37,5 % betragen:[141]

$$t_{ges.} = s + t_H(1-s) = 0{,}1666 + 0{,}25\,(1 - 0{,}1666) = 0{,}375.$$

---

139 Vgl. BMF (2000), S. 94; auch Dötsch/Pung (2000a), S. 3; Haase/Lüdemann (2000), S. 747.
140 Vgl. Dötsch/Pung (2000a), S. 3.
141 Vgl. Haase/Lüdemann (2000), S. 747. Steuerliche Besonderheiten wie ein evtl. Progressionsvorbehalt, die Besteuerung von Gewinnen aus der Veräußerung von Kapitalgesellschaften, Solidaritätszuschlag, Freibeträge etc. bleiben hier unberücksichtigt.

## D. Behandlung des Ausschüttungsverhaltens im DCF-Modell

Bei der Unternehmenssteuerbelastung wird künftig nicht mehr zwischen einbehaltenen und ausgeschütteten Gewinnen differenziert, sodass bei Gewinnthesaurierung 62,5 % der Gewinne zur Reinvestition zur Verfügung stehen.

$$(1-t_H)(1-s) = (1 - 0,25)(1 - 0,1666) = 0,625.$$

Im Anrechnungsverfahren waren es nur 50 %:

$$(1-t_e)(1-s) = (1 - 0,40)(1 - 0,1666) = 0,5.$$

Die Vorteilhaftigkeit des neuen Verfahrens für Anteilseigner hängt von deren individuellem Steuersatz ab. Werden im Halbeinkünfteverfahren Gewinne ausgeschüttet, verbleiben bei einem Einkommensteuersatz von z. B. 35 % den Eignern 51,56 % der ursprünglichen Vorsteuergewinne:

$$(1 - t_H)(1-s)(1-0,5v) = (1 - 0,25)(1 - 0,1666)(1 - 0,5 \times 0,35)$$
$$= (0,625)(0,825) = 0,515625.$$

Im Anrechnungsverfahren sind es 54,167 %:

$$(1-s)(1-v) = (1 - 0,1666)(1 - 0,35) = 0,541667.$$

Beide Verfahren sind für Eigner mit einem Grenzsteuersatz $v = 40$ % gleichwertig:[142]

$$(1-t_H)(1-s)(1-0,5v) = (1-s)(1-v)$$
$$\Rightarrow v = \frac{0,25}{0,625} = 0,4$$

Die folgende Tabelle zeigt den Nachsteuergewinn, der einem Eigentümer in Abhängigkeit von seinem individuellen persönlichen Steuersatz v alternativ in den beiden Verfahren aus einem Vorsteuergewinn von 100 GE zufließt:

| v = | 0,05 | 0,1 | 0,15 | 0,2 | 0,25 | 0,3 | 0,35 | 0,4 | 0,45 | 0,5 | 0,55 |
|---|---|---|---|---|---|---|---|---|---|---|---|
| Nachsteuergewinne: | | | | | | | | | | | |
| Anrechnungsverfahren | 79,17 | 75,00 | 70,83 | 66,67 | 62,50 | 58,33 | 54,17 | 50,00 | 45,83 | 41,67 | 37,50 |
| Halbeinkünfteverfahren | 60,94 | 59,38 | 57,81 | 56,25 | 54,69 | 53,13 | 51,56 | 50,00 | 48,44 | 46,88 | 45,31 |

Tab. VI.1: Nachsteuergewinne im Anrechnungs- und Halbeinkünfteverfahren

---

142 Vgl. Haase/Lüdemann (2000), S. 748; Sigloch (2000), S. 169f.

Es wird deutlich, dass Steuerpflichtige mit einem Steuersatz von bis zu 40 % im Halbeinkünfteverfahren sogar benachteiligt werden.[143] Für die Unternehmensbewert-ung ist aber entscheidend, inwiefern einbehaltene und ausgeschüttete Gewinne unterschiedlich besteuert werden. Der Eigner ist bei Einbehaltungen im Halbeinkünfteverfahren dann gleichgestellt, wenn der Barwert der späteren Ausschüttungserhöhung nach persönlichen Steuern dem einer sofortigen Ausschüttung entspricht:[144]

$$ENÜ_0(1-0{,}5v) = \frac{\Delta ENÜ_1(1-0{,}5v)}{(1+r_{Ek}^u)}.$$

Bei Ausschüttung verbleiben den Eigentümern von den Vorsteuergewinnen (EBT) nach Unternehmens- und persönlichen Steuern:

$$EBT(1-t_H)(1-s)(1-0{,}5v).$$

Dies stellt gleichzeitig den bei einer Einbehaltung entgangenen Ausschüttungsbetrag dar, um den der Unternehmenswert für die Eigner steigen muss. Der bei Einbehaltung der Gewinne im Unternehmen verbleibende Betrag lautet:

$$EBT(1-t_H)(1-s) = \Delta Ek.$$

Die Einbehaltung wird mit dem Zinssatz i verzinst und z. B. eine Periode später an die Investoren ausgeschüttet.
Die Investoren erhalten dann nach Steuern i(1 - s)(1 - $t_H$)(1 - 0,5v). Bei einem unverschuldeten Unternehmen beträgt der Barwert:

$$PV = \frac{E}{(1+r_{Ek}^u(1-0{,}5v))} + \frac{E \times i(1-s)(1-t_H)(1-0{,}5v)}{(1+r_{Ek}^u(1-0{,}5v))}.$$

Für eine Gleichstellung von Einbehaltung und Ausschüttung muss folglich gelten:

$$-E + \frac{E}{(1+r_{Ek}^u(1-0{,}5v))} + \frac{E \times i(1-s)(1-t_H)(1-0{,}5v)}{(1+r_{Ek}^u(1-0{,}5v))} = 0.$$

Die Bedingung lässt sich vereinfachen zu:

$$r_{Ek}^u(1-0{,}5v) = i(1-s)(1-t_H)(1-0{,}5v)$$

---

143 Vgl. Haase/Lüdemann (2000), S. 748.
144 Die Tatsache, dass Kursgewinne steuerfrei sind, solange sie nicht innerhalb der Spekulationsfrist realisiert werden, führt dazu, dass diese gegenüber Ausschüttungen präferiert werden. Das Ausmaß der Kursgewinne kann jedoch nur durch die Höhe künftiger steuerbarer Nettoausschüttungen determiniert sein, sodass diese hier zu betrachten sind.

## D. Behandlung des Ausschüttungsverhaltens im DCF-Modell

Es gilt:

$$i = \frac{r_{Ek}^u (1 - 0{,}5v)}{i(1-s)(1-t_H)(1-0{,}5v)}.$$

Bei einem verschuldeten Unternehmen nimmt gleichzeitig die Verschuldung um $\Delta Fk = E\frac{Fk}{Gk}$ zu. Mit $\Delta Fk + \Delta Ek = E$ und $\Delta Ek = E\frac{Ek}{Gk}$ stehen folgende Beträge zur Investition zur Verfügung:

$$E = \Delta Ek + \Delta Fk = E\frac{Ek}{Gk} + E\frac{Fk}{Gk} = EBT(1-s)(1-t_H) + \Delta Fk.$$

Im Anrechnungsverfahren waren es nur:

$$E - t_e \Delta Ek = \Delta Ek(1-t_e) + \Delta Fk = EBT(1-s)(1-t_e) + \Delta Fk.$$

Die Investitionsbeträge werden im Halbeinkünfteverfahren mit einer Rendite von i verzinst und eine Periode später an die Investoren ausgeschüttet. Die Nachsteuerrendite für die Investoren beträgt folglich von $i(1-s)(1-t_H)(1-0{,}5v)$. Der Barwert inklusive Tax Shield beträgt:

$$PV = \frac{E}{(1+r_{Ek}^u(1-0{,}5v))} + \frac{E \times i(1-s)(1-t_H)(1-0{,}5v)}{(1+r_{Ek}^u(1-0{,}5v))} + \frac{\Delta TS}{(1+r_{Fk}(1-v))}.$$

Das Tax Shield im Halbeinkünfteverfahren beträgt:[145]

$$TS = \omega Z = \tau Z(1-v) = \tau(1-v)\, r_{Fk}\, Fk$$

$$\text{mit: } \tau = \frac{\omega}{(1-v)} = 1 - \frac{(1-\phi s)(1-t_H)(1-0{,}5v)}{(1-v)} = \frac{TS}{r_{Fk}(1-v)Fk}$$

Für eine Gleichstellung von Einbehaltung und Ausschüttung muss folglich gelten:

$$-E + \frac{E}{(1+r_{Ek}^u(1-0{,}5v))} + \frac{E \times i(1-s)(1-t_H)(1-0{,}5v)}{(1+r_{Ek}^u(1-0{,}5v))} + \frac{\Delta TS}{(1+r_{Fk}(1-v))} = 0$$

$$\Leftrightarrow -E + \frac{E}{(1+r_{Ek}^u(1-0{,}5v))} + \frac{E \times i(1-s)(1-t_H)(1-0{,}5v)}{(1+r_{Ek}^u(1-0{,}5v))} + \frac{\tau(1-v)r_{Fk}\Delta Fk}{(1+r_{Fk}(1-v))} = 0$$

---

[145] Vgl. Abschnitt V.F.2.6.

$$\Leftrightarrow -E + \frac{E}{(1+r_{Ek}^u(1-0,5v))} + \frac{E \times i(1-s)(1-t_H)(1-0,5v)}{(1+r_{Ek}^u(1-0,5v))} + \frac{\tau(1-v)r_{Fk}E}{(1+r_{Fk}(1-v))}\frac{Fk}{Gk} = 0$$

Die Bedingung lässt sich vereinfachen zu:

$$i(1-s)(1-t_H)(1-0,5v) = r_{Ek}^u(1-0,5v)) - \tau(1-v)r_{Fk}\frac{(1+r_{Ek}^u(1-0,5v))}{(1+r_{Fk}(1-v))}\frac{Fk}{Gk}$$

Der Ausdruck auf der rechten Seite der Gleichung entspricht der auf das Halbeinkünfteverfahren angepassten MILES/EZZEL-Anpassung im L-Modell:[146]

$$r_{Gk}^\ell(1-v) = r_{Ek}^u(1-0,5v) - \tau r_{Fk}(1-v)\frac{1+r_{Ek}^u(1-0,5v)}{1+r_{Fk}(1-v)}\frac{Fk}{Gk}$$

Dies entspricht den WACC im Halbeinkünfteverfahren:

$$r_{Gk}^\ell = r_{WACC}^\ell(1-v) = r_{Ek}(1-0,5v)\frac{Ek}{Gk} + (1-0,5s)(1-t_H)(1-0,5v)r_{Fk}\frac{Fk}{Gk}.$$

Die gesuchte Rendite i ergibt sich damit auch im Halbeinkünfteverfahren als Vielfaches der WACC:

$$i = \frac{r_{WACC}^\ell(1-v)}{(1-s)(1-t_H)(1-0,5v)}.$$

Unter Vernachlässigung der persönlichen Steuer ergibt sich für einen Hebesatz von 400 % ein Steuerfaktor von 1,6 mit dem die WACC zu multiplizieren sind, um die erforderliche Rendite i zu erhalten:

$$i = \frac{1}{(1-0,1666)(1-0,25)} \times r_{WACC}^\ell = 1,60 \times r_{WACC}^\ell.$$

Im Anrechnungsverfahren waren es hingegen:

$$i = \frac{r_{WACC}^\ell}{(1-s)\left(1-t_e\frac{Ek}{Gk}\right)}.$$

Vergleicht man die resultierenden Steuerfaktoren in beiden Verfahren, dann sind beide bei einem Eigenkapitalanteil von 63 % äquivalent. Darunter ist im Halbein-

---

146 Vgl. Abschnitt V.F.5.

## D. Behandlung des Ausschüttungsverhaltens im DCF-Modell

künfteverfahren, darüber im Anrechnungsverfahren eine höhere Rendite für die Gleichstellung der Investoren bei einer Einbehaltung gegenüber einer Ausschüttung erforderlich:

| Ek/Gk | 0,1 | 0,2 | 0,3 | 0,4 | 0,5 | 0,6 | 0,63 | 0,7 | 0,8 | 0,9 | 1 |
|---|---|---|---|---|---|---|---|---|---|---|---|
| Halbeinkünfte-verfahren | 1,60 | 1,60 | 1,60 | 1,60 | 1,60 | 1,60 | 1,60 | 1,60 | 1,60 | 1,60 | 1,60 |
| Anrechnungs-verfahren | 1,25 | 1,30 | 1,36 | 1,43 | 1,50 | 1,58 | 1,60 | 1,67 | 1,76 | 1,88 | 2,00 |

Tab. VI.2: Vergleich der Multiplikatoren für die Ermittlung der erforderlichen Rendite einer kapitalwertneutralen Reinvestition im Halbeinkünfte- und Anrechnungsverfahren

Diese Multiplikatoren sind auf die jeweils verwendeten risikoadäquaten WACC anzuwenden. Die Unabhängigkeit vom Verschuldungsgrad im Halbeinkünfteverfahren kommt durch die Gleichstellung von Einbehaltungs- und Ausschüttungsbelastung zustande. Hierdurch muss der Unternehmenswert bei Einbehaltung um $(1 - t_H)$ weniger steigen, sodass auch die Verschuldung weniger zunimmt. Eigen- und Fremdkapitalzunahme sind also beide um den Wert der Körperschaftsteuer reduziert, nicht nur die Eigenkapitalzunahme wie im Anrechnungsverfahren. Deshalb kommt im Steuerfaktor der volle Körperschaftsteuersatz zum Tragen, und nicht nur der anteilige.

## 3.3. Fazit

Die Wirkung des Ausschüttungsverhaltens spielt für den Unternehmenswert eine große Rolle und sollte in den Bewertungsmodellen nicht vernachlässigt werden. Die Vernachlässigung des Ausschüttungsverhaltens ist nur bei einer Vorsteuer-Verzinsung möglich, die weit über dem Nachsteuer-Kalkulationszinsfuß liegt. Da man bei der Planung die sich erst zukünftig bietenden Investitionsgelegenheiten nicht kennen kann, ist es i. d. R. vernünftig anzunehmen, dass das Unternehmen nur solche Investitionen durchführt, mit denen es zumindest die Kapitalkosten erwirtschaften kann.[147] Dann beinhaltet eine Diskontierung freier Cashflows bereits die Investition im Unternehmen verbleibender Mittel in solche kapitalwertneutralen Projekte und die Bewertung wird wesentlich erleichtert.

Liegen jedoch konkrete Indizien vor, dass keine solchen Investitionsgelegenheiten zur Verfügung stehen, liefert der Ansatz der geschätzten möglichen Verzinsung einen genaueren Wert.[148] Allerdings ist dann im Detail zu begründen, weshalb ein Unternehmen überschüssige, freie Geldbestände nicht z. B. durch Ausschüttung aus dem Eigenkapital den Eigentümern zukommen lassen kann und gleichzeitig keine kapitalwertneutralen Investitionsgelegenheiten zur Verfügung stehen. Dabei ist auch das Risiko der getätigten Investitionen zu beachten, da sich bei Anlage der Beträge in riskantere oder weniger riskante Investitionsgelegenheiten das operative Risiko und damit der Kapitalkostensatz verändern würde. Jedoch würde eine Anlage in Anteilen an anderen Unternehmen gleichen Risikos zwar eine risikoadäquate Verzinsung in Höhe des Kalkulationszinsfusses erwarten lassen, jedoch wäre auch hierauf i. d. R. Gewerbesteuer zu entrichten, sodass nach Steuern keine Kapitalwertneutralität gegeben wäre. Auch die Tilgung von Krediten und der Ansatz damit ersparter Zinsen ist nur insoweit eine denkbare Anlagealternative, wie dabei die Kapitalstruktur unverändert bleibt. Deshalb ist im Einzelfall zu überprüfen, ob eine rechtliche Ausschüttbarkeit der Überschüsse gewährleistet ist oder ob die Annahme der kapitalwertneutralen Reinvestition gerechtfertigt ist, die es erlaubt, die Free Cashflows unkorrigiert zu diskontieren. Andernfalls wären ausschließlich die rechtlich aus-

---

147 „Da bei rationalem Verhalten der Eigentümer bzw. bei einer am Shareholder Value orientierten Unternehmenspolitik des Managements erzielte finanzielle Überschüsse nur dann einbehalten werden sollen, wenn sie mindestens eine Verzinsung in Höhe der geforderten Eigenkapitalrendite versprechen..." IDW (1998), Tz. 105.

148 Dann dürfen allerdings nicht mehr Free Cashflows i.e.S. diskontiert werden, sondern nur noch tatsächliche Nettoausschüttungen. Alternativ kann man auch die Ermittlung der Free Cashflows dahingehend verändern, dass sie den Nettoausschüttungen an die Investoren entsprechen. Dann sind auch die verschiedenen Bewertungsansätze der DCF-Methoden abbildbar.

schüttbaren Überschüsse zu bewerten, wobei die Nachsteuer-Verzinsung der dann im Unternehmen verbleibenden Differenz aus finanziellen Überschüssen (Free Cashflow) und Ausschüttung zusätzlich anzusetzen wäre.

Durch das neu eingeführte Halbeinkünfteverfahren verliert die Problematik des gespaltenen KSt-Satzes an Bedeutung, da in diesem Ausschüttungen und Einbehaltungen einheitlich besteuert werden. Jedoch ergibt sich durch die Gewerbesteuer auch dort das selbe Wiederanlageproblem.[149] Um nach Steuern eine Verzinsung in Höhe der Kapitalkosten zu erzielen, ist vor Steuern generell eine weit höhere Rendite erforderlich.

---

149 Vgl. hierzu Abschnitt V.B.2.2.

# VII. Ertragswertmethode

Unternehmensbewertungen erfolgen in Deutschland, wie in vielen anderen Ländern, zu einem großen Teil durch Wirtschaftsprüfer (WP).[1] Aufgrund fehlender gesetzlicher Regelungen hat der Hauptfachausschuss des Instituts der Wirtschaftsprüfer (IDW) im Jahre 1983 erstmals allgemeine Grundsätze zur Durchführung von Unternehmensbewertungen (HFA 2/1983) formuliert. Diese Grundsätze haben für den Wirtschaftsprüferstand „insoweit verbindlichen Charakter, als sie die Auffaßungen des Berufes zu fachlichen Fragen darlegen oder zu ihrer Entwicklung beitragen."[2] Gerade bei gesetzlich veranlassten Aufgaben im Bereich der Unternehmensbewertung unterstützen diese Richtlinien die Arbeit des WP.[3] In den auf die Veröffentlichung folgenden Jahren wurden diese Richtlinien vielfältig kritisiert.[4] Vor allem durch den zunehmenden Einfluss US-amerikanischer Bewertungsverfahren, den Discounted Cashflow (DCF)-Verfahren, mehrten sich die kritischen Stimmen am Verfahren des IDW, der Ertragswertmethode. Das IDW sah sich deshalb veranlasst, in seiner Neuauflage des Wirtschaftsprüferhandbuchs 1998 und im neuen Standard zur Unternehmensbewertung IDW S 1 die Vorgehensweise zur Unternehmensbewertung zu überarbeiten und neben der Ertragswertmethode auch die DCF-Methoden für die Unternehmensbewertung zuzulassen.[5]

Unter „Ertragswertmethode" wird üblicherweise das in den Verlautbarungen des IDW so bezeichnete Bewertungsverfahren des deutschen Wirtschaftsprüferstandes verstanden. In der deutschsprachigen Literatur wird der Begriff „Ertragswert" aber

---

1   Vgl. Bellinger/Vahl (1992), S. 217ff.; Gerling (1985), S. 38ff.
2   Dörner (1983), S. 549.
3   Vgl. Dörner (1983), S. 549f.
4   Vgl. den Überblick bei Bender/Lorson (1996b), S. 650f.
5   Vgl. IDW (1998), S. 2, 103ff.; IDW (1999), S. 202; IDW (2000), Tz. 106; IDW (2002), S. 2, 109ff.

auch synonym mit einem Unternehmenswert verwendet, der im Gegensatz zum Substanzwert auf Basis von Zukunftserfolgen ermittelt wurde.[6] Dies trifft aber auf alle hier betrachteten Bewertungsverfahren, also auch die DCF-Methoden zu. Im Rahmen dieser Arbeit wird zur besseren Unterscheidung als allgemeiner Begriff der Ausdruck „Zukunftserfolgswert" verwendet.[7]

## A. Ertragswert als Zukunftserfolgswert

Die Ertragswertmethode geht grundsätzlich nach der Nettomethode vor und ermittelt direkt den Wert des Eigenkapitals durch Abstellen auf den Mittelfluss zwischen Unternehmen und Eigenkapitalgebern.[8] Bezüglich der dabei verwendeten Erfolgsgröße wird die Ertragswertmethode allerdings sehr unterschiedlich interpretiert. Zum einen wird darunter die Diskontierung von Erträgen abzüglich Aufwendungen verstanden, wie sie zunächst im Schrifttum üblich war, nachdem die Substanzorientierung der Bewertung aufgegeben worden war.[9] Zum anderen wird die Diskontierung von Einnahmeüberschüssen gefordert.[10] Das liegt daran, dass „Ertragswert" in der deutschsprachigen Literatur sowohl als spezieller Begriff für die übliche Methode der Wirtschaftsprüfer, als auch als allgemeiner Begriff für den Zukunftserfolgswert verwendet wird.[11]

Zurückgehend auf HELBLING (1995) lassen sich verschiedene Perspektiven definieren, von denen die investororientierte Betrachtungsweise, d. h. die Diskontierung von Nettoeinnahmen (richtiger eigentlich: Nettoeinzahlungen) des Investors, heute

---

6   Vgl. z. B. Ballwieser/Leuthier (1986), S. 607; Helbling (1995), S. 92; Peemöller/Keller/Rödl (1996), S. 74.
7   Teilweise wird der Ertragswert auch als die auf den individuellen Investor ausgerichtete Methode betrachtet. Vgl. Drukarczyk (1996), S. 209ff., S. 263ff. Zum Ertragswert als Zukunftserfolgswert bei heterogener Zielsetzung lässt sich feststellen, dass schon Moxter unter einem Ertragswert einen Zukunftserfolgswert versteht, bei dem unter Erfolg jede Art von Zielrealisation verstanden werden kann, also auch für nicht monetäre Ziele. Vgl. Hafner (1989), S. 14f.
8   Vgl. Börsig (1993), S. 84f; Vgl. IDW (1983), S. 468-480; IDW (1992), S. 1-123; IDW (1998), S. 79.
9   Vgl. Mellerowicz (1952), S. 51ff. Vgl. hierzu Busse von Colbe (1957), S. 27ff.; Kraus-Grünwald (1995), S. 1839. Vgl. auch Bellinger/Vahl (1992), S. 195ff.; Dirrigl (1994), S. 411; Sieben (1995), S. 720.
10  Vgl. z. B. Hachmeister (1996a), S. 251; Hinz/Behringer (2000), S. 24; Schildbach (1993), S. 27; Vgl. auch Barthel (1995), S. 347; Maul (1992), S. 1255; Mandl/Rabel (1997), S. 124f.
11  Vgl. z. B. Ballwieser/Leuthier (1986), S. 607; Helbling (1995), S. 92; Peemöller/Keller/Rödl (1996), S. 74.

als die richtige gilt.[12] Dies steht in Einklang mit dem bereits erwähnten Zuflussprinzip nach MOXTER bzw. der Abgrenzung der betrieblichen Perspektive von der Sphäre der Eigner nach MÜNSTERMANN und BUSSE VON COLBE.[13] Die dem Investor zufließenden Zahlungen beinhalten dabei sowohl Ausschüttungen, als auch Steuergutschriften, Bezugsrechtsverkäufe u.a.m. Um diese zu prognostizieren, ist ein Wechsel auf die Unternehmensebene notwendig,[14] was die Notwendigkeit der Schätzung von Ausschüttungen aus den künftigen Erfolgen des Unternehmens anhand einer konkreten Ausschüttungspolitik einschließlich der damit verbundenen Steuerproblematik zur Folge hat.[15]

Ausgehend von diesem Grundsatz wird in der Literatur nun ein Perspektivenwechsel auf die Ebene Umwelt – Unternehmen vorgeschlagen, um die Annahme eines bestimmten Ausschüttungsverhaltens zu vermeiden. Dieser Wechsel ermögliche es, das Entnahmepotenzial anhand künftiger Einnahmeüberschüsse abzuschätzen.[16] Da eine solche Einnahmeüberschussrechnung in der Praxis meist schwierig umzusetzen sei, zumal das Rechnungswesen auf Erfolgsgrößen aufgebaut ist, stelle die Verwendung von Ertragsüberschüssen eine weitere mögliche Vereinfachung dar.[17]

Bereits BUSSE VON COLBE (1957) stellte fest, dass bei der Unternehmensbewertung eigentlich von Zahlungsströmen zwischen dem Unternehmen und dem Unternehmer auszugehen ist. Für die Unternehmensbewertung sei jedoch „häufig die Annahme zweckdienlich, der Unternehmer erhielte mit Eingang der Zahlung von der Umwelt Verfügungsmacht über das Geld"[18]. Es sollten „Einnahmen und Ausgaben als Basis für den Zukunftserfolgswert gewählt werden, weil nur sie, nicht Erträge und Aufwendungen, Geldbewegungen wiedergeben"[19].

---

12 Vgl. zum Folgenden Helbling (1995), S. 92ff.; Mandl/Rabel (1997), S. 29ff., 109ff. geben einen Überblick über die hier angesprochenen Ertragswert-Ansätze. Vgl. auch Serfling/Pape (1995), S. 942ff.
13 Vgl. Busse von Colbe (1957), S. 41; Münstermann (1964), S. 430; Moxter (1983), S. 79f. Hierzu unten Abschnitt IV.B.
14 Das von Serfling/Pape (1995), S. 943 konstatierte Probleme der Bestimmung der Zahlungen Dritter kann hier nicht nachvollzogen werden, da der Nutzenstrom vom Unternehmen aus erfolgt und nur sein Verkauf (z. B. Bezugsrechte) an Dritte erfolgt. Dies geschieht zu Marktpreisen, die den gleichen Regeln unterliegen wie die betrachteten Zahlungsströme aus dem Unternehmen.
15 Vgl. Serfling/Pape (1995), S. 943. Vgl. auch Drukarczyk (1995), S. 332f.
16 Vgl. Serfling/Pape (1995), S. 943.
17 Vgl. Mandl/Rabel (1997), S. 36.
18 Busse von Colbe (1957), S. 41.
19 Busse von Colbe (1957), S. 43. In der heutigen Terminologie würde man nicht von Einnahmen und Ausgaben, sondern von Einzahlungen und Auszahlungen sprechen.

Das IDW hat die Durchführung einer Einnahmeüberschussrechnung immer mit der Begründung abgelehnt, dass „im allgemeinen eine verlässliche Einnahmeüberschussrechnung im Hinblick auf ihre Grenzen nicht möglich"[20] sei. Deshalb werden statt dessen modifizierte Ertragsüberschüsse als Bewertungsgrundlage herangezogen, die zudem den Vorteil hätten, dass innerhalb der Unternehmen dafür oft bereits Pläne bestünden.[21] Auf diese Weise hat sich das IDW die Kritik zugezogen, vom Ideal einer Einnahmeüberschussrechnung abzuweichen.[22] Diese Kritik hat sich mit zunehmender Popularität der DCF-Methoden, die auf Einzahlungsüberschüssen beruhen, zwangsläufig verschärft.[23] Darüber hinaus wird die Verwendung des Begriffs „Einnahmen" statt „Einzahlungen" kritisiert.[24] Letzteres ist aber wohl auf den Ursprung des Begriffs, die dargestellten Arbeiten von BUSSE VON COLBE, zurückzuführen, der hierunter auch Zahlungsströme in Geld, in der heutigen Terminologie also Einzahlungsüberschüsse verstanden hat.[25]

Die Kritik beruht offensichtlich auf dem vom IDW selbst zugrundegelegten „Grundsatz der Bewertung nachhaltig entziehbarer, verfügbarer Einnahmeüberschüsse"[26]. Durch diesen Grundsatz wurde der falsche Eindruck erweckt, Einnahmeüberschüsse seien die ideale Grundlage der Bewertung. Tatsächlich muss aber die Perspektive Unternehmen – Eigner und die damit verbundenen Zahlungsströme, die Entnahmeüberschüsse, Ausgangspunkt der Bewertung sein.[27] Jedoch handelt es sich bei Entnahmeüberschüssen nicht um „Cashflows" im Sinne von betrieblichen Einnahme- bzw. Einzahlungsüberschüssen.[28] Dass eine solche Gleichsetzung dennoch häufig erfolgt, zeigen zahlreiche Literaturstellen.[29] Entnahmeüberschüsse entstehen durch die Annahme einer konkreten Ausschüttungspolitik aus betrieblichen Einzahlungs- bzw.

---

20  IDW (1985/86), S. 1091. Vgl. auch IDW (1992), S. 48.
21  Vgl. IDW (1983), S. 470. Vgl. auch Jonas (1995), S. 86.
22  Vgl. etwa Bender/Lorson (1996b), S. 651; Helbling (1995), S. 94; Mandl/Rabel (1997), S. 127; Kraus-Grünewald (1995), S. 1840. Dabei wird unterstellt, dass ein Ertragswert auf der Basis von Periodenerfolgen die größte Bewertungsvereinfachung im Sinne einer geringeren Genauigkeit mit sich bringt. Vgl. Mandl/Rabel (1997), S. 36.
23  Vgl. ähnlich Jonas (1995), S. 83f., 86.
24  Vgl. Mandl/Rabel (1997), S. 122; Maul (1992), S. 1256.
25  Vgl. Busse von Colbe (1957), S. 43. Vgl. auch Steiner (1981), S. 97.
26  Vgl. IDW (1983), S. 473.
27  Vgl. auch Maul (1992), S. 1255f.
28  Vgl. hierzu Abschnitt IV.B.; auch Gerling (1985), S. 199; Mandl/Rabel (1997), S. 116f.; anderer Ansicht Drukarczyk (1998), S. 126.
29  Vgl. IDW (1983), S. 473. Vgl. auch Bender/Lorson (1996b), S. 651; Schildbach (1993), S. 27. Dass auch bei der Vorgehensweise des IDW tatsächlich Zahlungen der Ebene Umwelt - Unternehmen und nicht der Ebene Unternehmen – Eigner gemeint sind, konstatiert auch Maul (1992), S. 1255.

## A. Ertragswert als Zukunftserfolgswert

Ertragsüberschüssen[30] und stellen dann natürlich Zahlungsüberschüsse der Eigner dar.[31] Um diese begrifflichen Verwirrungen zu vermeiden, sollte der Begriff „Cashflow" für die Zahlungsüberschüsse der Eigner vermieden und auf die betrieblichen Zahlungsüberschüsse beschränkt werden.

Auf die Kritik reagiert das IDW in seinen überarbeiteten Richtlinien zur Unternehmensbewertung, indem es nicht mehr auf Einnahmeüberschüsse Bezug nimmt, sondern den Unternehmenswert nunmehr als „Barwert der mit dem Eigentum an dem Unternehmen verbundenen Nettozuflüsse an die Unternehmenseigner (Nettoeinnahmen der Unternehmenseigner)"[32] bestimmt. Damit folgt nun auch das IDW explizit dem Zuflussprinzip der betriebswirtschaftlichen Theorie.[33]

Bei der Diskussion, welche Rechengröße als Zukunftserfolg herangezogen wird, ob Einzahlungs- oder Ertragsüberschüsse, ist zu differenzieren, ob diese direkt für die Unternehmensbewertung verwendet, also diskontiert werden sollen, oder ob mit ihrer Hilfe auf Entnahmeüberschüsse geschlossen werden soll. Bei den bereits dargestellten DCF-Methoden wird die erste Vorgehensweise gewählt: es werden Einzahlungsüberschüsse diskontiert und nicht aus ihnen Entnahmeüberschüsse abgeleitet. Interpretiert man den Ertragswert als Barwert von Einnahmeüberschüssen in der Tradition von BUSSE VON COLBE (1957), dann ist prinzipiell kein Unterschied zur Nettomethode der DCF-Methoden zu sehen.[34] Jedoch soll hier die vom IDW tatsächlich umgesetzte Methode Gegenstand der Untersuchung sein.

---

30  Vgl. IDW (2000), Tz. 26ff.
31  Vgl. hierzu auch die Ermittlung entziehbarer Überschüsse anhand von Ertragsüberschüssen nach Drukarczyk (1998), S. 126ff., die er allerdings entgegen obiger Bedenken Free Cashflows nennt.
32  IDW (1999), S. 201. Vgl. auch IDW (2000), Tz. 24ff.
33  Vgl. IDW (1998), S. 24; IDW (2000), Tz. 25; IDW (2002), S. 27.
34  Vgl. Dirrigl (1994), S. 411; auch Ballwieser (1993), S. 153; Ballwieser (1999), S. 27ff.

# B. Ertragswertmethode des Instituts der Wirtschaftsprüfer

Das IDW geht beim Ertragswert-Verfahren von modifizierten Ertragsüberschüssen aus.[35] Für den Ansatz von Ertragsüberschüssen spricht, dass sie die Grundlage für die gesetzlichen Vorschriften über die Gewinnverwendung darstellen. Denn bei Kapitalgesellschaften ist gesellschaftsrechtlich nur der Bilanzgewinn ausschüttungsfähig, d. h. der nach Rücklagendotierung und Verrechnung bestehender Ergebnisvorträge verbleibende Jahreserfolg. Darüber hinaus besteht lediglich auf dem Wege der Auflösung von Rücklagen, einer Kapitalherabsetzung oder durch Rückkauf eigener Aktien mit den damit verbundenen Formvorschriften die Möglichkeit, Mittel an die Eigentümer auszuschütten.[36] Deshalb kann von einer vollständigen Ausschüttung aller Einzahlungsüberschüsse nicht grundsätzlich ausgegangen werden.[37]

Zu modifizieren sind die Ertragsüberschüsse deshalb, weil aufgrund des zeitlichen Auseinanderfallens von Einzahlung und Ertrag bzw. Auszahlung und Aufwand der Periodenerfolg nicht notwendigerweise in Geld vorhanden sein muss.[38] Deshalb wird in einer Nebenrechnung, einer sog. Finanzbedarfsrechnung, die tatsächliche finanzielle Ausschüttungsfähigkeit der Gewinne überprüft. In dieser wird der Außenfinanzierungsbedarf unter Berücksichtigung der geplanten Ausschüttungen, Investitionen und möglichen Innenfinanzierung ermittelt.[39] Ein resultierender negativer Saldo wird durch Kreditaufnahme oder Kapitalaufnahme außenfinanziert, die darauf entfallenden Zinsen schmälern die Ausschüttungsbeträge.[40] Umgekehrt kann ein Überschuss dazu verwendet werden, Schulden zu tilgen und so Zinsen zu sparen bzw. durch Anlage Zinserträge zu erwirtschaften. Im Falle eines positiven Saldos erhöhen zusätzliche Zinserträge die ausschüttungsfähigen Gewinne. Eine sich dabei möglicherweise verändernde Kapitalstruktur und die damit verbundene Veränderung des finanzwirtschaftlichen Risikos muss in den Eigenkapitalkosten berücksichtigt werden.[41]

---

35  Vgl. IDW (1998), S. 79; IDW (2002), S. 87. Vgl. zur Ertragswertmethode des IDW allgemein IDW (1983); IDW (1985/86); IDW (1992); IDW (1998); IDW (1999); IDW (2000); IDW (2002).
36  Vgl. Bender/Lorson (1996b), S. 652.
37  Vgl. IDW (1998), S. 24, 79; IDW (2002), S. 87. Bei Personengesellschaften können ähnliche Beschränkungen im Gesellschaftervertrag gegeben sein.
38  Vgl. Drukarczyk (1998), S. 289f.
39  Vgl. IDW (1998), S. 89ff.; IDW (2002), S. 95ff.
40  Vgl. IDW (1998), S. 80, 89f.; IDW (2002), S. 88, 95f.
41  Vgl. IDW (1998), S. 63f., 89.; IDW (2002), S. 72f., 95.

## B. Ertragswertmethode des Instituts der Wirtschaftsprüfer

Bei der Planung der Ausschüttungen ist zu beachten, dass diese nicht zu einer Aushöhlung der Unternehmenssubstanz führen dürfen. Das Unternehmen muss auf Dauer in der Lage sein, Gewinne zu erwirtschaften.[42] Deshalb wird mithilfe einer Substanzerhaltungsrechnung sichergestellt, dass durch die Ausschüttungen nicht Mittel aus dem Unternehmen fließen, die für die Wiederbeschaffung von verbrauchten Vermögensgegenständen benötigt werden. Wegen der meist höheren Wiederbeschaffungskosten liegen die aus der Abschreibung bzw. Herstellungskostenermittlung auf Basis historischer Anschaffungskosten im Umsatzprozess wiedergewonnenen Mittel unter den benötigten Beträgen. Die Differenz muss deshalb durch Thesaurierung im Unternehmen einbehalten werden. Die einbehaltenen Gewinne werden in eine Substanzerhaltungs-Rücklage eingestellt, um die "Nachhaltigkeit" der Gewinne zu gewährleisten.[43]

Bis zur Überarbeitung der Richtlinien ging das IDW grundsätzlich von der Vollausschüttungsannahme aus. Nunmehr wird diese nur noch als Bestandteil einer objektivierten Wertermittlung betrachtet. Für die Ermittlung subjektiver, auf die individuelle Situation einer Partei zugeschnittener Werte, ist der geplante Umfang der Innenfinanzierung und ihre Konsequenzen auf künftige Ausschüttungen explizit zu berücksichtigen.[44] Bei der objektivierten Wertermittlung basiert die Ertragswertmethode jedoch weiterhin auf der Annahme der Vollausschüttung der Gewinne.

Auch bezüglich der Alternativinvestition (Vergleichsrendite) wird differenziert, ob die individuelle Situation einer Partei mit einzubeziehen ist, oder ob eine neutrale Stellung eingenommen werden soll. Ausgehend von einer individuellen oder typisierten Anlagealternative wird durch Addition eines Risikozuschlags der risikoadäquate Kalkulationszinsfuß angesetzt. Die Ermittlung des Risikozuschlags kann nun auch mithilfe des CAPM erfolgen.[45]

---

42  Vgl. zur erfolgsorientierten Substanzerhaltung oben Abschnitt IV.B.; Coenenberg (1999), S. 1079f.
43  Vgl. IDW (1998), S. 27f., 32.; IDW (2002), S. 31f., 39f.
44  Wird bei der Ermittlung subjektiver Unternehmenswerte im Rahmen der Beratungsfunktion eine andere Ausschüttungsannahme als sinnvoller erachtet, dann kann auch diese angesetzt werden. Vgl. IDW (1998), S. 39; IDW (2002), S. 48.
45  Vgl. IDW (1998), S. 64ff.; IDW (2002), S. 73.

# C. Kritische Würdigung

Die Ertragswertmethode des IDW wurde seit dem Erscheinen der Richtlinien zur Unternehmensbewertung immer wieder kritisiert.[46] Ansatzpunkt für eine Kritik war z. B. die Ebene der Bestimmung der Zukunftserfolge (Einnahmeüberschüsse nicht auf Ebene Umwelt – Unternehmen sondern Unternehmen – Eigner)[47] oder die Ermittlung der Zukunftserfolge über Ertragsüberschüsse[48]. Auch die objektivierte Wertermittlung[49] und ihre Substanzorientierung[50] wurden kritisiert. Bezüglich der Berücksichtigung des Risikos und der Ermittlung des Kapitalisierungszinses wurde vor allem die Aufteilung in spezielle und generelle Risikofaktoren,[51] die Phaseneinteilung[52] sowie die Art der Ermittlung des Risikozuschlags[53] angegriffen. Aber auch die Berücksichtigung persönlicher Ertragsteuern[54] sowie der Zusammensetzung des steuerlichen Eigenkapitals[55] wurde gefordert.

Durch die Neuauflage des WP-Handbuchs (1998) und den neuen Bewertungsstandard IDW S 1 ist die Mehrzahl der angeführten Kritikpunkte, mit Ausnahme der weiteren Verwendung von Ertragsüberschüssen, der Substanzbezogenheit der Prognose sowie der objektivierten Wertermittlung berücksichtigt worden. Insgesamt wird den neuen Richtlinien in der Literatur bescheinigt, dass sie „den gegenwärtigen Stand der Diskussion hervorragend"[56] zusammenfassen. Die jüngst erschienene 12. Auflage des WP-Handbuchs (2002) berücksichtigt darüber hinaus auch die Relevanz von Börsenwerten und Marktdaten bei der Bewertung sowie das neu eingeführte Hal-

---

46  Vgl. den Überblick bei Bender/Lorson (1996b), S. 651f.; Mandl/Rabel (1997), S. 246ff.
47  Vgl. Maul (1992), S. 1255ff. Vgl. auch IDW (1998), S. 24; IDW (2002), S. 27f.
48  Vgl. Mandl/Rabel (1997), S. 127ff. Vgl. auch IDW (1998), S. 23ff.; IDW (2002), S. 27ff.
49  Vgl. Ballwieser (1995a), S. 126ff.; Kraus-Grünewald (1995), S. 1839ff.; Schildbach (1993), S. 32ff. Vgl. auch IDW (1998), S. 29ff. ; IDW (2002), S. 34ff.
50  Vgl. Bender/Lorson (1996b), S. 651; Born (1995), S. 186; Maul (1992), S. 1255; Moxter (1981). Vgl. auch IDW (1998), S. 27f.; IDW (2002), S. 31f.
51  Vgl. Ballwieser (1993), S. 159f.; Mandl/Rabel (1997), S. 214f.; Maul (1992), S. 1258. Vgl. auch IDW (1998), S. 62; IDW (2002), S. 71.
52  Vgl. Peemöller/Keller/Rödl (1996), S. 76. Vgl. auch IDW (1998), S. 51ff.
53  Vgl. Mandl/Rabel (1997), S. 234f.; Vgl. auch IDW (1998), S. 60ff. ; IDW (2002), S. 70ff.
54  Dies wird in der Literatur seit langem gefordert. Vgl. Ballwieser (1995a), S. 127f.; Moxter (1983), S. 177ff. Vgl. auch IDW (1998), S. 66 bzw. IDW (2002), S. 75 und die dort aufgeführte Literatur.
55  Vgl. Drukarczyk (1997), S. 466; Faß/Hülsmeier (1998), S. 1487ff.; König/Zeidler (1996), S. 1102ff.; Peemöller/Popp (1997), S. 303ff.; Popp (1999), S. 1154ff.; Siepe (1997), S. 39ff. Vgl. auch IDW (1998), S. 34f.
56  Kruschwitz/Löffler (1999), S. 2.

beinkünfteverfahren. Auch wurden die damit in Zusammenhang stehenden Fragen der methodischen Berücksichtigung von Steuern überarbeitet.[57]

Im Folgenden wird auf die Kernbereiche der Ertragswertmethode sowie auf einige Kritikpunkte näher eingegangen. Dabei sollen die wesentlichen bestimmenden Merkmale der Methodik dargestellt und die adäquate Berücksichtigung der vorgebrachten Kritik überprüft werden.

## 1. Zusammenhang von Entnahme- und Ertragsüberschüssen

Das Ertragswertverfahren wird in beiden Interpretationsformen, ob anhand von Ertragsüberschüssen oder Einnahmeüberschüssen, in der Literatur angegriffen.[58] Dabei wird die Diskussion meist sehr einseitig zu Gunsten der DCF-Methoden geführt.

Als Barwert von Einnahmeüberschüssen wurde die Ertragswertmethode dafür kritisiert, dass die Annahme der Vollausschüttung angesichts ökonomischer, handels- und steuerrechtlicher Schranken unrealistisch sei, und dass auch das Argument, die thesaurierten Beträge verzinsten sich zum Kalkulationszinsfuß, in einer Welt mit Steuern nur schwerlich realisierbar sei.[59] Gleichzeitig aber wird den DCF-Methoden ein „Fortschritt in Richtung einer zielkonformen Definition entziehbarer Zahlungsüberschüsse und eine Annäherung an den theoretischen Stand der Unternehmensbewertungslehre"[60] bescheinigt. Wie aber bereits ausführlich dargestellt wurde, beruht auch die DCF-Methodik auf der Annahme, dass Einzahlungsüberschüsse entweder den Investoren unmittelbar zufließen oder sich im Unternehmen zu den Kapitalkosten verzinsen.

Anderenorts wird die Ertragswert-Ermittlung auf der Basis von Ertragsüberschüssen als „äußerst problematisch" eingeschätzt und deshalb abgelehnt.[61] An ihrer Stelle wird eine Ertragswert-Ermittlung auf Basis von Einzahlungsüberschüssen gefordert.[62] Dabei wird an der Verwendung von Ertragsüberschüssen bemängelt, dass diese bilanzpolitischen Manipulationsmöglichkeiten unterliegen, was bei Einzahlungs-

---

57 Vgl. IDW (2002), S. 1, 16ff., 19ff., 71, 117ff.
58 Vgl. insbesondere Bender/Lorson (1996b), S. 650ff.; Mandl/Rabel (1997), S. 128ff. und die dort angegebene Literatur.
59 Vgl. Bender/Lorson (1996b), S. 652; Maul (1992), S. 1256f.
60 Bender/Lorson (1996b), S. 654.
61 Vgl. Mandl/Rabel (1997), S. 130.
62 Vgl. Mandl/Rabel (1997), S. 130.

überschüssen nicht der Fall sei.⁶³ Dies kann sich aber nur auf die Vergangenheitsanalyse beziehen, denn die Prognose stützt sich sinnvoller Weise auf beide Arten von Rechengrößen und liegt zudem in der Hand des Bewerters. Außerdem wird die Bewertung mit Ertragsüberschüssen nicht im Zusammenhang mit der ausgleichenden Wirkung der Finanzbedarfsrechnung gesehen,⁶⁴ sondern als „blinde" Diskontierung von Gewinnen verstanden.⁶⁵

In diesem Zusammenhang ist zu beklagen, dass es in der Literatur kaum einen Hinweis darauf gibt, inwiefern die Bewertung mit verschiedenen Rechengrößen im Einklang mit dem tatsächlichen Ziel der Bewertung, den Entnahmeüberschüssen, steht. Statt dessen wird regelmäßig die Bewertung von Einzahlungsüberschüssen als Referenz betrachtet.⁶⁶ Auch das IDW gründet seine Vorgehensweise nicht auf einen systematischen Zusammenhang von Entnahme- und Ertragsüberschüssen. Ein solcher wird lediglich über die grundsätzliche Notwendigkeit der Erwirtschaftung finanzieller Überschüsse (Einzahlungsüberschüsse) für eine Ausschüttungen an die Eigner hergestellt.⁶⁷ Gleichzeitig wird eine grundsätzliche Übereinstimmung der Bewertung von betrieblichen Einnahme- und Ertragsüberschüssen unterstellt.⁶⁸ Ein höherer Einzahlungsüberschuss wird bei Diskontierung von Ertragsüberschüssen dadurch ausgeglichen, dass kalkulatorische Zinsen auf ihre Differenz die künftigen Ausschüttungen erhöhen.⁶⁹ Dies führt dann zu identischen Unternehmenswerten, wenn die Verzinsung der Differenz unter Vernachlässigung steuerlicher Effekte zum Kalkulationszinsfuß erfolgt.⁷⁰

Künftige Ertragsüberschüsse können nicht diskontiert werden, ohne eine Verbindung zu den Entnahmeüberschüsse herzustellen.⁷¹ Es stellt sich die Frage, ob hierfür die Annahme einer konkreten Ausschüttungspolitik erforderlich ist, um auf dem Umweg über betriebliche Ertragsüberschüsse tatsächlich Entnahmeüberschüsse zu ermitteln,

---

63 Vgl. Bender/Lorson (1996b), S. 650ff.; Jonas (1995), S. 83ff.; Lorson (1999), S. 1335f.; Mandl/Rabel (1997), S. 128ff.
64 Vgl. hierzu Drukarczyk (1998), S. 289: „Diese Finanzbedarfsrechnungen haben somit die Funktion, Fehler eines Kalküls, der auf Aufwands- und Ertragsrechnung aufbaut, auszugleichen." Diese Funktion werde im Ertragswertverfahren jedoch nur unzureichend erfüllt.
65 Vgl. Mandl/Rabel (1997), S. 127.
66 Vgl. Gerling (1985), S. 199; Mandl/Rabel (1997), S. 128f. und obige Ausführungen des Abschnitts IV.B.
67 Vgl. IDW (1998), S. 23f.; IDW (2002), S. 27f.
68 Vgl. IDW (1998), S. 26f.; IDW (2000), Tz. 26ff.; IDW (2002), S. 30f.
69 Vgl. IDW (1998), S. 27; IDW (2002), S. 31.
70 Vgl. Sieben (1995), S. 713, 723f.
71 Vgl. auch Drukarczyk (1995), S. 332.

oder ob Ertragsüberschüsse auch unmittelbar, d. h. ohne Annahme eines Ausschüttungsverhaltens diskontiert werden können.

Wegen des Doppelzählungsproblems dürfen bei Gewinndiskontierung keine Erträge aus der Einbehaltung berücksichtigt werden bzw. es muss von einer Einbehaltung von Null, also Vollausschüttung, ausgegangen werden. Dies liefert identische Werte wie bei einer Verzinsung der Einbehaltungen zum Kalkulationszinsfuß. Die Annahme der Vollausschüttung lässt sich deshalb als „vorsichtiges Schätzverfahren der tatsächlichen Entnahmeerwartungen"[72] bezeichnen. Mit dieser Annahme repliziert die Ertragswertmethode die zu bewertenden Nettoentnahmen mit Ertragsüberschüssen. Das heißt, es werden Ertragsüberschüsse diskontiert, die mit den Entnahmeüberschüssen gleichzusetzen sind und somit Einzahlungsüberschüsse aus Sicht der Eigner darstellen.[73] Bei jeder anderen Ausschüttungspolitik als der Vollausschüttung sind hingegen die Auswirkungen von Thesaurierungen auf den Wert des Eigenkapitals, die künftigen Gewinne und Ausschüttungen explizit zu berücksichtigen. In diesem Falle dürfen keine Ertragsüberschüsse, sondern lediglich die sich daraus ergebenden Entnahmeüberschüsse diskontiert werden.[74]

Die Substitution von Entnahme- durch Ertragsüberschüsse wurde auch von SIEBEN (1988) ausführlich untersucht. Nach dem LÜCKE-Theorem[75] sind in der Totalperiode die Summe aller Nettoentnahmen und die Summe aller Ertragsüberschüsse identisch, d. h. es kann insgesamt nicht mehr ausgeschüttet werden, als an Ertragsüberschüssen erwirtschaftet wurde:

$$\sum_{t=0}^{T}(\text{Entnahmen}_t - \text{Einlagen}_t) = \sum_{t=0}^{T}(\text{Erträge}_t - \text{Aufwendungen}_t)$$

Insofern ergeben sich Unterschiede lediglich im zeitlichen Anfall der Rechnungsgrößen, nicht aber in ihrer absoluten Höhe. Die Diskontierung dieser Rechnungsgrößen innerhalb der Unternehmensbewertung führt „dann zum selben Ergebnis, wenn man von den Ertragsüberschüssen kalkulatorische Zinsen auf das jeweils zum Periodenanfang vorhandene (künftige) Eigenkapital abzieht."[76] Bei bereits bestehenden Unternehmen stellt das existierende Eigenkapital potenzielle zukünftige Entnahmeüberschüsse dar, sodass die zukünftigen Nettoausschüttungen der Summe aller zukünftigen Ertragsüberschüsse zzgl. des bestehenden Eigenkapitals entsprechen. Bei

---

72 Coenenberg (1981), S. 227. Vgl. auch IDW (1998), S. 33.
73 Vgl. Sieben (1988), S. 361.
74 Vgl. IDW (1998), S. 39; IDW (2002), S. 48.
75 Vgl. Lücke (1955) und Abschnitt IV.C.1.
76 Sieben (1988), S. 366.

unendlicher Lebensdauer und Vollausschüttung bleibt der Wert des Eigenkapitals konstant, der Barwert der vom jeweiligen Ertragsüberschuss abzuziehenden kalkulatorischen Zinsen auf das Eigenkapital und das hinzu zu addierende Eigenkapital heben sich damit im Bewertungszeitpunkt auf, sodass sich Barwert der Ertragsüberschüsse und Barwert der Entnahmeüberschüsse entsprechen. Unter diesen Bedingungen kann eine Substitution der Nettoentnahmen durch Ertragsüberschüsse ohne Korrektur erfolgen.[77] Wird hingegen nicht von einer Vollausschüttung ausgegangen, können Ertragsüberschüsse nur nach Abzug kalkulatorischer Zinsen diskontiert werden.

Es lassen sich folglich zwei Fälle unterscheiden: Entweder es werden keine Einbehaltungen berücksichtigt, d. h. es wird Vollausschüttung angenommen, dann werden mithilfe der Ertragsüberschüsse Entnahmeüberschüsse ermittelt, die als solche bewertbar sind. Die Zinsen auf das Fremdkapital schmälern die Ausschüttungsbeträge. Oder es werden Einbehaltung vorgenommen, dann muss dies über den Abzug der Einbehaltung von den Ertragsüberschüssen (also Diskontierung der Entnahmeüberschüsse), oder über den Abzug kalkulatorischer Zinsen von den Ertragsüberschüssen (also Diskontierung der Ertragsüberschüsse nach kalkulatorischen Zinsen) berücksichtigt werden.[78]

Aus dieser von der Theorie geforderten Ertragswertmethode als Barwert von Entnahmeüberschüssen, die, wie dargestellt, häufig als Bewertung von „Einnahmeüberschüssen" missverstanden wird und deshalb vereinfacht mit den DCF-Methoden gleichgesetzt wird, lassen sich zwei mögliche Arten von Ertragswertmethoden ableiten:
1) entweder es werden Entnahmeüberschüsse diskontiert, die auf der Grundlage geschätzter Ertragsüberschüsse unter Beachtung handels- und steuerrechtlicher Vorschriften und unter Annahme einer konkreten Ausschüttungspolitik ermittelt werden,[79]
2) oder es werden Ertragsüberschüsse diskontiert, von denen bei Veränderungen des Eigenkapitals kalkulatorische Zinsen abzusetzen sind.

---

77  Vgl. Sieben (1988), S. 367; IDW (1992), S. 45 Tz. 84. Es ist folglich unrichtig, bei der Verwendung von Ertragsüberschüssen in der Bewertungspraxis von der Vollausschüttungshypothese abzuweichen, auch wenn in der Realität handelsrechtliche, steuerliche und ökonomische Zwänge (vgl. Maul (1992), S. 1256ff.) gegeben sein können, die einer tatsächlichen Vollausschüttung entgegenstehen. Vgl. hingegen Kaden/Wagner/Weber/Wenzel (1997), S. 503. Die Annahme ist notwendig, um überhaupt mit Ertragsüberschüssen rechnen zu dürfen.

78  Dies entspricht der von MM vorgeschlagenen Diskontierung von Gewinnen nach Abzug von kalkulatorischen Zinsen auf die Nettoinvestitionen. Vgl. oben Abschnitt VI.B.

79  Vgl. Drukarczyk (1998), S. 126ff.

## 2. Finanzbedarfsrechnung

Die Ertragsüberschussrechnung gibt Auskunft über die Höhe der künftig erzielbaren Erfolge, sie informiert nicht über die Höhe des tatsächlich zur Verfügung stehenden Geldes, mit dem Investitionen, Ausschüttungen etc. bezahlt werden müssen. Deshalb ist sie durch eine Finanzbedarfsrechnung zu ergänzen. Diese ermittelt den Außenfinanzierungsbedarf für alle geplanten Auszahlungen (Investitionen, Gewinnausschüttung) unter Berücksichtigung der bei der geplanten Ausschüttungs- und Kapitalstrukturpolitik möglichen Innenfinanzierung. Unter Innenfinanzierung versteht man im Allgemeinen die aus dem Umsatzprozess gewonnenen Mittel, die nicht von Auszahlungen des Umsatzprozesses gedeckt sind.[79]

Für die Finanzbedarfsrechnung gelten dieselben Aussagen, wie sie oben zur Ermittlung der Free Cashflows gemacht wurden. Auch für sie eignet sich am Besten eine Kapitalflussrechnung.[80] Die Kapitalflussrechnung vollzieht, vereinfacht, folgende Korrekturen am Gewinn nach Abzug von Zinsen:

| | | Grund für die Korrektur | |
|---|---|---|---|
| I. | **Umsatzbereich** | | |
| | Gewinn nach Zinsen | | Cashflow |
| + | Fremdkapitalzinsen | | |
| + | Abschreibungen | + Aufwand, aber keine Auszahlung | |
| ./. | Verringerungen/ | ./. Ertrag, aber keine Einzahlung | |
| + | Erhöhungen der Rückstellungen | + Aufwand, aber keine Auszahlung | |
| = | „Cashflow" | | |
| ./. | Investitionen in das | | |
| + | Desinvestitionen aus dem Working Capital (kurzfr. Forderungen – kurzfr. Verbindlichkeiten + Erhöhung der Vorräte) | ./. Ertrag, aber keine Einzahlung<br>+ Aufwand, aber keine Auszahlung<br>+ Einzahlung, aber kein Ertrag<br>./. Auszahlung, aber kein Aufwand | Δ Working Capital |
| = | **Umsatzüberschuss (OCF)** | | |
| II. | **Investitionsbereich** | | Ersatz- und Erweiterungsinvestitionen |
| ./. | Investitionen in d. Anlagevermögen | ./. Auszahlung, aber kein Aufwand | |
| + | Desinvestitionen | + Einzahlung, aber kein Ertrag | |
| = | Anlageinvestitionen (ICF) | | |
| = | **Finanzüberschuss/-defizit vor Finanzierung und Zinsaufwand (OCF + ICF)** | | |
| IV. | **Finanzierungsbereich** | | Mittelzufluss von Außen |
| + | Zunahme mittel- und langfristiger Finanzschulden | | |
| ./. | Abnahme mittel- und langfristiger Finanzschulden | | Befriedigung der Gläubiger |
| ./. | Zinsaufwand | | |
| = | **Free Cashflow an die Eigner (NFCF)** | | |
| + | Erhöhungen des gezeichneten Kapitals und der Kapitalrücklagen | | |
| ./. | Verringerungen des gezeichneten Kapitals und der Kapitalrücklagen | | Befriedigung der Eigner |
| ./. | Dividendenzahlung | | |
| = | **Veränderung der liquiden Mittel** | | |

---

[79] Vgl. Perridon/Steiner (2002), S. 464ff.
[80] Vgl. auch IDW (1998), S. 90.

Die Kapitalflussrechnung lässt sich damit vereinfacht wie folgt darstellen:

| Gewinn | G | |
|---|---|---|
| + Fremdkapitalzinsen | +Z | |
| = Gewinn vor Zinsen | =EBIT | |
| Innenfinanzierungsquellen: | | |
| + Aufwand, aber keine Auszahlung | | |
| + Einzahlung, aber kein Ertrag | | N* |
| Finanzierungsbedarfe: | | |
| ./. Auszahlung, aber kein Aufwand | | |
| ./. Ertrag, aber keine Einzahlung | | |
| = Finanzüberschuss/-defizit vor Finanzierung und Zinsaufwand | = OCF + ICF | = EBIT + N* |
| Fremdfinanzierung | + ΔFk | |
| Zahlungen an Gläubiger | − Z | |
| = Free Cashflow an Eigner | = NFCF | |
| Eigenkapitalfinanzierung | + ΔEK | |
| Ausschüttungen | − D | |
| = Veränderung der liquiden Mittel | = Δliq.M. | |

In der Finanzbedarfsrechnung wird der Teil der gesamten Mittelbewegungen betrachtet, der, zusätzlich zu den Gewinnen, zur Deckung der geplanten Ausgaben zur Verfügung steht. Der Betrag, der bei Vollausschüttung der Gewinne nach erfolgten Investitionen als Überdeckung zur Verfügung steht, um damit Eigen- oder Fremdkapital zurückzubezahlen, sei hier mit N* bezeichnet.[81] Bei negativen N* entsteht eine Unterdeckung, die durch Außenfinanzierung gedeckt werden muss. Im trivialen Fall, dass die einzigen vorzunehmenden Anpassungen in der Addition von Abschreibungen und der Subtraktion von Investitionen bestehen, ist der resultierende Wert für N* interpretierbar als Nettoinvestitionen und entspricht dem von MM verwendeten N.[82] Dies sei durch folgendes Beispiel veranschaulicht: Der Wert von N* = -5 GE ergibt sich im Beispiel unmittelbar aus der Differenz von Investitionen und Abschreibungen N* = 5 − 10 = -5 GE.

---

81 Vgl. ähnlich Steiner/Wallmeier (1999), S. 7.
82 Vgl. Abschnitt VI.B.

## C. Kritische Würdigung

| Finanzbedarfsrechnung: | | | Beispiel |
|---|---|---|---|
| **Finanzquellen:** | | | |
| Gewinn | G | | 10 |
| + Zinsen | Z | | 2 |
| + Abschreibungen | | | 5 |
| = Finanzdeckung | | | = 17 |
| **Finanzbedarfe:** | | | |
| Investitions-Cashflow | ICF | | - 10 |
| – Zinsen | – Z | | - 2 |
| – Gewinnausschüttung | – D | | -10 |
| = Finanzbedarf | | | = -22 |
| = Über/Unterdeckung | N* | = $\Delta Fk + \Delta Ek$ | -5 |

Finanzüber- und -unterdeckungen werden in den Planergebnisrechnungen durch zusätzliche Zinserträge bzw. Zinsaufwendungen zur Ermittlung des ausschüttungsoffenen Gewinns berücksichtigt.[83] Falls der Finanzbedarf nicht durch Fremdfinanzierung gedeckt werden kann, „sind zukünftige Kapitaleinlagen oder umgekehrt auch Kapitalrückzahlungen bei der Bewertung des Unternehmens anzusetzen"[84]. Die Finanzierungsannahmen sind auf den jeweiligen Einzelfall abzustimmen.[85] Bei der Ermittlung objektivierter Werte unter Annahme der Vollausschüttung wird in der Regel von einer Beibehaltung der bisherigen Kapitalstruktur ausgegangen. Hier ist keine Finanzierung aus Gewinnen möglich, was jedoch nicht den Teil der Gewinne betrifft, der aus Substanzerhaltungsgründen einbehalten wird.[86] Bei subjektiven Werten wird die konkrete Ausschüttungspolitik und die daraus resultierende Finanzierung aus Einbehaltungen unter Berücksichtigung der geplanten, möglicherweise geänderten, Kapitalstruktur berücksichtigt.[87]

Zur Ermittlung des Finanzbedarfs lässt sich die Gleichheit von Mittelherkunft und Mittelverwendung nutzen, indem sie nach der Außenfinanzierung aufgelöst wird. Daraus ergibt sich:

---

[83] Vgl. IDW (1998), S. 91; IDW (2002), S. 97.
[84] IDW (1985/86), S. 1091. Vgl. auch IDW (1998), S. 80; IDW (2002), S. 88.
[85] Vgl. IDW (1998), S. 25; IDW (2002), S. 29.
[86] Vgl. IDW (1998), S. 32; IDW (2002), S. 39f.
[87] Vgl. IDW (1998), S. 39; IDW (2002), S. 53.

$$OCF + ICF + (\Delta Ek + \Delta Fk - D - Z) - \Delta liq.M. = 0$$
$$\Leftrightarrow -(\Delta Ek + \Delta Fk) = OCF + ICF - D - Z - \Delta liq.M.$$
$$= EBIT + N^* - D - Z - \Delta liq.M.^{88}$$

Der Ertragswert als Barwert von Entnahmeüberschüssen lässt sich darstellen als:

$$Ek_0^{EW} = \sum_{t=1}^{\infty} [D_t - \Delta Ek_t]\, q_{Ek}^{-t}.$$

Mit

$$-(\Delta Fk + \Delta Ek) = EBIT + N^* - D - Z - \Delta liq.M.$$

gilt

$$-\Delta Ek = EBIT + N^* - D - Z - \Delta liq.M. + \Delta Fk$$

und damit

$$Ek_0^{EW} = \sum_{t=1}^{\infty} [D_t + EBIT + N^* - D - Z - \Delta liq.M. + \Delta Fk]\, q_{Ek}^{-t}$$
$$\Leftrightarrow Ek_0^{EW} = \sum_{t=1}^{\infty} [G_t + N_t^* - \Delta liq.M._{\cdot t} + \Delta Fk_t]\, q_{Ek}^{-t}.$$

Auch wenn in dieser Bewertungsgleichung die Ausschüttungen D nicht auftauchen, so ist sie doch abhängig vom Ausschüttungsverhalten, da dieses die Veränderung der liquiden Mittel beeinflusst. Auf obiges Beispiel bezogen ergibt sich:

$$-(\Delta Fk + \Delta Ek) = EBIT + N^* - D - Z - \Delta liq.M.$$
$$= 12 - 5 - 10 - 2 - 0 = -5.$$

Wird der Finanzbedarf von 5 GE mit 2,5 GE Fremdkapital und 2,5 GE Eigenkapital finanziert und werden die Gewinne voll ausgeschüttet (D = 10), ergibt sich:

$$D - \Delta Ek = 10 - 2{,}5 = G + N^* - \Delta liq.M. + \Delta Fk = 10 - 5 - 0 + 2{,}5 = 7{,}5.$$

Neben diesem Barwert der Nettoausschüttungen lässt sich in ähnlicher Weise der Barwert von modifizierten Ertragsüberschüssen ermitteln. In der Praxis wird häufig

---

[88] Da es sich hierbei um eine Gleichung zur Planung des Außenfinanzierungsbedarfs handelt, kann an dieser Stelle $\Delta liq.M.$ einen beliebigen geplanten Wert annehmen - i. d. R. wird ein bestimmter Bestand an liquiden Mitteln beibehalten werden ($\Delta liq.M. = 0$), oder der Bestand könnte z. B. mit der Inflation wachsen ($\Delta liq.M. > 0$).

## C. Kritische Würdigung

auf eine vollständige Fremdfinanzierung des Finanzbedarfs abgestellt.[89] Die Zinsen auf diesen Finanzbedarf schmälern dann die ausschüttungsfähigen Gewinne. Bei vollständiger Fremdfinanzierung des Finanzbedarfs ist $\Delta Ek = 0$ und $E_{Fin} = \Delta Fk$. Bei vollständiger Fremdfinanzierung errechnen sich die Zinsen wie folgt:

$$Z_t = r_{Fk}Fk_{t-1} = r_{Fk}Fk_{t-2} + r_{Fk}\Delta Fk_{t-1} = Z_{t-1} + r_{Fk}\Delta Fk_{t-1}$$

$$= r_{Fk}Fk_{t-2} + r_{Fk}(OCF_{t-1} + ICF_{t-1} - G_{t-1}^* - Z_{t-1} - \Delta liq.M._{t-1})$$

Damit ergibt sich der ausschüttbare Gewinn als:

$$G_t^* = EBIT_t - Z_t = EBIT_t - r_{Fk}Fk_{t-1}$$

$$= EBIT_t - r_{Fk}Fk_{t-2} - r_{Fk}(OCF_{t-1} + ICF_{t-1} - G_{t-1}^* - Z_{t-1} - \Delta liq.M._{t-1})$$

$$= EBIT_t - r_{Fk}Fk_{t-2} - r_{Fk}(EBIT_{t-1} + N_{t-1}^* - EBIT_{t-1} - \Delta liq.M._{t-1})$$

$$= EBIT_t - Z_{t-1} - r_{Fk}(N_{t-1}^* - \Delta liq.M._{t-1})$$

Der Ertragswert als Barwert von Ertragsüberschüssen bei Vollausschüttung und reiner Fremdfinanzierung ergibt sich wie folgt:

$$Ek_0^{EW} = \sum_{t=1}^{\infty} [EBIT_t - Z_{t-1} - r_{Fk}(N_{t-1}^* - \Delta liq.M._{t-1})] \, q_{Ek}^{-t}$$

Das IDW schlägt die Finanzbedarfsrechnung an Stelle einer Einnahmeüberschussrechnung mit folgender Begründung vor: „Da im allgemeinen eine verläßliche Einnahmeüberschussrechnung im Hinblick auf ihre Grenzen nicht möglich ist, wird durch die Finanzbedarfsrechnung als Ergänzungsrechnung zur Ertragsüberschussrechnung ein Verfahren vorgeschlagen, welches die Grenzen der Ertragsüberschussrechnung überwinden helfen kann. Die Finanzbedarfsrechnung wirft bezüglich des Investitionssektors zwar die gleichen Schätzungsprobleme auf, wie sie bei der Einnahmeüberschussrechnung geschildert wurden, sie bleiben hier allerdings i. d. R. auf die Veranschlagung des Zinsaufwands überschaubar begrenzt."[90] Da jedoch für die Finanzbedarfsrechnung die gleichen Informationen benötigt werden wie für eine Einnahmeüberschussrechnung, ist diese Argumentation nicht stichhaltig.[91] Besser wäre es, in der Finanzbedarfsrechnung ein Instrument zu sehen, das dazu dient, den

---

89 Vgl. Jonas (1995), S. 86 mit Verweis auf IDW (1992), S. 78; Peemöller/Keller (1998), S. 1023; mit Verweis auf IDW (1998), S. 31f., 89f. Vgl. auch Sieben (1995), S. 729.
90 IDW (1985/86), S.1091. Vgl. auch IDW (1992), S. 48.
91 Vgl. auch Mandl/Rabel (1997), S. 127.

Gegenwartswert der Ertragsüberschüsse an den gesuchten Wert der Entnahmeüberschüsse anzunähern.[92]

Wie von MM gezeigt wurde, kann eine Diskontierung von Gewinnen dann erfolgen, wenn das Doppelzählungsproblem durch direkten Abzug der Nettoinvestitionen oder indirekten Abzug durch den Barwert der Finanzierungskosten gelöst wird.[93] Bei unendlichem Planungshorizont entspricht der Barwert der Finanzierungskosten dem Betrag der Nettoinvestition N*:

$$PV = \sum_{t=1}^{\infty} \frac{k \times N^*}{(1+k)^t} = \frac{k \times N^*}{k} = N^*.$$

Dies setzt allerdings voraus, dass die Finanzierungskosten mit dem Kalkulationszinsfuß ermittelt werden. Eine vollständige Fremdfinanzierung führt zu Veränderungen der Kapitalstruktur und damit der Kapitalkosten, was bei der Ertragswertmethode häufig unzureichend berücksichtigt wird.[94] Will man mit konstanten Kapitalkosten rechnen, muss man den Finanzbedarf gemäß einer vorgegebenen Kapitalstruktur in Marktwerten teilweise eigenfinanzieren. Zieht man folglich von den Gewinnen neben den pagatorischen Zinsen auf den fremdfinanzierten Teil auch kalkulatorische Zinsen (z) auf den eigenfinanzierten Teil des Finanzbedarfs ab, erhält man die durch das LÜCKE-Theorem gegebene Anpassung von Ertragsüberschüssen an Entnahmeüberschüsse.[95] Es gilt:

$$-\Delta Ek = EBIT + N^* - D - Z - \Delta liq.M. + \Delta Fk$$

$$G_t^* = EBIT_t - Z_t - z_t$$

$$= EBIT_t - Z_t - r_{Ek}(EBIT_{t-1} + N^*_{t-1} - D_{t-1} - Z_{t-1} - \Delta liq.M._{t-1} + \Delta Fk_{t-1})$$

Bei Vollausschüttung ergibt sich:

$$G_t^* = EBIT_t - Z_t - r_{Ek}(N^*_{t-1} - \Delta liq.M._{t-1} + \Delta Fk_{t-1})$$

und damit:

$$Ek_0^{EW} = \sum_{t=1}^{\infty} [EBIT_t - Z_t - r_{Ek}(N^*_{t-1} - \Delta liq.M._{t-1} + \Delta Fk_{t-1})] q_{Ek}^{-t}.$$

---

92 Vgl. hierzu im Detail Abschnitt III.A.2.2 und VIII.F.2.3.
93 Vgl. oben Abschnitt VI.B.4.
94 Vgl. Abschnitt C.5 in diesem Kapitel.
95 Vgl. auch unten Abschnitt VIII.F.2.3.

## C. Kritische Würdigung

Vergleicht man dies mit dem Barwert der Entnahmeüberschüsse

$$Ek_0^{EW} = \sum_{t=1}^{\infty} [G_t + N_t^* - \Delta liq.M._{-t} + \Delta Fk_t] q_{Ek}^{-t},$$

dann wird die Übereinstimmung offensichtlich, zumal der Barwert der kalkulatorischen Zinsen, der von den Ertragsüberschüssen abgezogen wird, dem Betrag der direkten Abzüge bei der Ermittlung der Entnahmeüberschüsse entspricht:

$$\sum_{t=1}^{\infty} [r_{Ek}(N_t^* - \Delta liq.M._{-t} + \Delta Fk_t)] q_{Ek}^{-t} = [N_t^* - \Delta liq.M._{-t} + \Delta Fk_t].$$

Bei der subjektiven Wertermittlung muss gegenüber der objektivierten Wertermittlung in der Finanzbedarfsrechnung die Finanzierung aus der Thesaurierung von Gewinnen durch Addition der Gewinne als Finanzdeckung und Abzug der Ausschüttungen als Finanzbedarf erfolgen. Die Einbehaltung verringert somit die Finanzierungskosten. Der Barwert der Verringerung der Finanzierungskosten entspricht bei Ermittlung zum Kalkulationszinsfuß genau der Einbehaltung. In der Finanzbedarfsrechnung wird, wie in der Kapitalflussrechnung zur Ermittlung der FCF, konzeptionell von einer Beibehaltung der liquiden Mittel ausgegangen. Soweit eine bestimmte Kapitalstruktur beibehalten werden soll, führt eine Thesaurierung bei Unterdeckung durch die Gleichheit von Mittelherkunft und -verwendung automatisch zu einer geringeren Eigenkapitalaufnahme. Bei Überdeckung führt die Einbehaltung zu einer Kapitalrückzahlung.[96]

Wird trotz Überdeckung eine Einbehaltung vorgenommen und nicht durch eine Kapitalrückzahlung ausgeglichen, verändert sich die Kapitalstruktur, was durch veränderte Kapitalkosten berücksichtigt werden muss. Gleichzeitig werden die liquiden Mittel erhöht, die entweder angelegt oder zu einer geringeren Fremdmittelaufnahme genutzt werden können. Der Unternehmenswert bleibt dann konstant, wenn die Anlage zum Kalkulationszinsfuß erfolgt. Einen solchen Fall einer Einbehaltung ohne Rücksicht auf die aktuelle Finanzsituation stellt die Substanzerhaltungsrücklage dar, die im folgenden Abschnitt dargestellt wird.

---

[96] Hier gilt somit das MM-Theorem von der Irrelevanz der Ausschüttungspolitik in seiner einfachen Variante, d. h. die Einbehaltung ist durch direkten Ausgleich für den Eigner irrelevant. Steuern sind in dieser Argumentation nicht berücksichtigt.

## 3. Substanzerhaltung

Bei der Bewertung geht das IDW von Ertragsüberschüssen aus. Deren Höhe hängt, wie oben erläutert wurde, von der zugrunde liegenden Kapitalerhaltungskonzeption ab.[97] Laut IDW wird eine Erfolgskapitalerhaltung angestrebt, also der leistungsorientierte Ersatz der verbrauchten Güter unter Berücksichtigung des technischen Fortschritts, nicht die identische Reproduktion.[98] „Zu diesem Zweck werden die Ausgaben für die notwendigen Investitionen in das Anlage- und Umlaufvermögen in alle Teilpläne (Plan-Gewinn- und Verlustrechnung, Finanzbedarfsrechnung, Planbilanz) – zumindest für den eigenfinanzierten Teil des Vermögens – auf der Basis aktueller (Wieder-)Beschaffungspreise einbezogen."[99] Bei steigenden Preisen führt die handelsrechtliche bilanzielle Gewinnermittlung, der mit dem Ansatz historischer Kosten die Geldkapitalerhaltung zugrunde liegt, zu Scheingewinnen. Diese sind jedoch handelsrechtlich ausschüttbar und unterliegen auch der Besteuerung. Deshalb ist die Ermittlung der handels- und steuerrechtlichen Gewinne in jedem Fall für eine Bewertung notwenig. Ihre Ausschüttung und Besteuerung führt dann zu einer Aushöhlung der Unternehmenssubstanz, wenn künftig nicht genügend Finanzmittel zur Verfügung stehen, um die für den Erhalt der Erfolge notwendige Substanz zu ersetzen. Deshalb wird ein Teil der Gewinne, der den eigenfinanzierten Teil der zu ersetzenden Substanz abdeckt, einbehalten und in eine Substanzerhaltungsrücklage (SE-Rücklage) eingestellt.[100]

Die Annahme der Netto-Substanzerhaltung führt dazu, dass die Reinvestitionen auch bei gestiegenen Preisen mit der geplanten Eigenkapitalquote durch Abschreibungen und SE-Rücklage eigenfinanziert werden. Der übrige Teil wird fremdfinanziert und geht in die Finanzbedarfsrechnung ein. Damit ist die Beibehaltung der Bilanzverhältnisse auch bei Geldentwertung gewahrt.

Zur Veranschaulichung soll folgendes, einfaches Beispiel dienen: Eine Ölquelle kann mit einer Investition von 1.000 GE erschlossen werden und erbringe Rückflüsse von 1.000 GE p.a., die aber nach zwei Jahren ersetzt werden muss mit Kosten von 1.500 GE, um weitere zwei Jahre zu operieren. Nach vier Jahren seien die Ressourcen erschöpft und das Projekt beendet. Der Barwert der betrieblichen Einzahlungsüberschüsse (FCF) und damit der Kapitalwert der Investition beträgt 930,20 GE.

---

97  Vgl. Abschnitt IV.B.
98  Vgl. IDW (1998), S. 27; IDW (2002), S. 31.
99  IDW (1998), S. 27f.; IDW (2002), S. 31f.
100 Mit dieser Vorgehensweise wird aber bekanntlich nur eine Sachkapitalerhaltung, keine Erfolgskapitalerhaltung, erreicht. Vgl. Coenenberg (1999), S. 1079f.

## C. Kritische Würdigung

Die Kapitalkosten betragen einheitlich 10 %.

|  | t = 0 | t = 1 | t = 2 | t = 3 | t = 4 |
|---|---|---|---|---|---|
| Investition | -1.000 |  | -1.500 |  |  |
| Rückfluss |  | 1.000 | 1.000 | 1.000 | 1.000 |
| FCF | -1.000 | 1.000 | -500 | 1.000 | 1.000 |
| PV FCF @ 10 % = 930,20 | -1.000 | 909,09 | -413,22 | 751,31 | 683,01 |

Auf Basis einer Nutzungsdauer von zwei Jahren und dem Ansatz historischen Anschaffungskosten bei den Abschreibungen ergeben sich folgende Erfolge vor Zinsen:

|  | t = 1 | t = 2 | t = 3 | t = 4 |
|---|---|---|---|---|
| EBITDA | 1.000 | 1.000 | 1.000 | 1.000 |
| Abschreibung | -500 | -500 | -750 | -750 |
| EBIT | 500 | 500 | 250 | 250 |

Dies sind aber noch nicht die ausschüttungsfähigen Erfolge, sondern sie sind noch um die Zinsen auf den Finanzbedarf zu kürzen. Die Investition werde zu je 50 % mit Eigen- und Fremdmitteln finanziert. Es ergibt sich zunächst ein Finanzbedarf von 1.000 GE, der mit je 500 GE Eigen- und Fremdkapital finanziert wird. Durch die Abschreibung stehen 500 GE in t = 2 zur Verfügung, diese werden innerhalb der Finanzbedarfsrechnung zu 50 % als Fk-Tilgung und zu 50 % als Ek-Rückführung berücksichtigt. Alternativ könnten die freien Mittel auch zu 10 % angelegt werden, was zum gleichen Ergebnis führen würde.

| Finanzbedarfsrechnung | t = 0 | t = 1 | t = 2 | t = 3 | t = 4 |
|---|---|---|---|---|---|
| **Finanzbedarf:** |  |  |  |  |  |
| Investitionen | -1.000 |  | -1.500 |  |  |
| **Finanzdeckung:** |  |  |  |  |  |
| Abschreibung |  | 500 | 500 | 750 | 750 |
| Über-/Unterdeckung | -1.000 | 500 | -1.000 | 750 | 750 |
| Eigenkapital-Vortrag | 0 | 500 | 250 | 750 | 375 |
| Ek-Aufnahme | 500 | -250 | 500 | -375 | -375 |
| Ek Schlussbestand | 500 | 250 | 750 | 375 | 0 |
| Fremdkapital-Vortrag | 0 | 500 | 250 | 750 | 375 |
| Fk-Aufnahme | 500 | -250 | 500 | -375 | -375 |
| Fk Schlussbestand | 500 | 250 | 750 | 375 | 0 |
| Fk-Zinsen | 0 | 50 | 25 | 75 | 37,50 |
| Saldo | 0 | 0 | 0 | 0 | 0 |

Die Finanzüber-/Unterdeckung wird jeweils zu 50 % mit Eigen- und Fremdmitteln beglichen. Daraus ergeben sich die Zinsen, um welche die Gewinne zu kürzen sind. Darüber hinaus müssen für die Ermittlung der Nettoausschüttungen alle Einlagen abgezogen und alle Kapitalrückzahlungen addiert werden.

| EBITDA | 0,00 | 1.000,00 | 1.000,00 | 1.000,00 | 1.000,00 |
|---|---|---|---|---|---|
| Abschreibung | 0,00 | 500,00 | 500,00 | 750,00 | 750,00 |
| Zinsen | 0,00 | 50,00 | 25,00 | 75,00 | 37,50 |
| Ergebnis (EBT) | 0,00 | 450,00 | 475,00 | 175,00 | 212,50 |
| -Einlagen | 500,00 | -250,00 | 500,00 | -375,00 | -375,00 |
| Nettoausschüttungen | -500,00 | 700,00 | -25,00 | 550,00 | 587,50 |
| PVF | 1,00 | 0,91 | 0,83 | 0,75 | 0,68 |
| PV = 930,20 | -500,00 | 636,36 | -20,66 | 413,22 | 401,27 |

Der Barwert der Nettoentnahmen beträgt 930,20 GE, wie zuvor auch auf Basis der FCF ermittelt wurde.

Wird nun zusätzlich eine Substanzerhaltungsrechnung eingeführt, müsste bei Bruttosubstanzerhaltung eine erhöhte Abschreibung von 750 GE angesetzt werden. Bei Nettosubstanzerhaltung werden nur 50 % der erhöhten Kosten von 250 GE, d. h. 125 GE in die Abschreibung einbezogen. Daraus ergibt sich eine Abschreibung von 625 GE und eine Substanzerhaltungs-Rücklage (SE-RL) von 125 GE in t = 1. Diese Mittel können c.p. eine Periode lang angelegt werden, bis sie in t = 2 für die Reinvestition benötigt werden.[101] Aus der erneuten, erhöhten Abschreibung in t = 2 entsteht eine SE-RL von 250 GE ab t = 2.

---

101 Die übrigen Prämissen der obigen Vorgehensweise werden dabei beibehalten.

## C. Kritische Würdigung

|  | t = 0 | t = 1 | t = 2 | t = 3 | t = 4 |
|---|---|---|---|---|---|
| Finanzbedarf: |  |  |  |  |  |
| Investitionen | -1.000 |  | -1.500 |  |  |
| Finanzdeckung: |  |  |  |  |  |
| Abschreibung |  | 625 | 625 | 750 | 750 |
| Über-/Unterdeckung | -1.000 | 625 | -875 | 750 | 750 |
| Eigenkapital-Vortrag | 0 | 500 | 250 | 500 | 125 |
| Ek-Aufnahme | 500 | -250 | 250 | -375 | -375 |
| Ek Schlussbestand | 500 | 250 | 500 | 125 | -250 |
| SE-RL | 0 | 125 | 250 | 250 | 250 |
| Δ Anlage | 0 | -125 | 125 | 0 | 0 |
| Finanzanlage | 0 | 125 | 0 | 0 | 0 |
| Zinsen 10 % |  | 0 | 12,5 | 0 | 0 |
| Ek gesamt | 500 | 375 | 750 | 375 | 0 |
| Fremdkapital-Vortrag | 0 | 500 | 250 | 750 | 375 |
| Fk-Aufnahme | 500 | -250 | 500 | -375 | -375 |
| Fk gesamt | 500 | 250 | 750 | 375 | 0 |
| Fk-Zinsen | 0 | 50 | 25 | 75 | 37,5 |
| Saldo | 0 | 0 | 0 | 0 | 0 |
|  |  |  |  |  |  |
| EBITDA | 0,00 | 1.000,00 | 1.000,00 | 1.000,00 | 1.000,00 |
| Abschreibung | 0,00 | 625,00 | 625,00 | 750,00 | 750,00 |
| Zinsen | 0,00 | 50,00 | 12,50 | 75,00 | 37,50 |
| Ergebnis (EBT) | 0,00 | 325,00 | 362,50 | 175,00 | 212,50 |
| -Einlagen | 500,00 | -250,00 | 250,00 | -375,00 | -375,00 |
| Nettoausschüttungen | -500,00 | 575,00 | 112,50 | 550,00 | 587,50 |
| PVF | 1,00 | 0,91 | 0,83 | 0,75 | 0,68 |
| PV = **930,20** | -500,00 | 522,73 | 92,98 | 413,22 | 401,27 |

Der Wert beträgt erneut 930,20 GE. Durch die Zinsen, die auf die SE-Rücklage verdient werden können, verringert sich die Zinslast aus der Finanzbedarfsrechnung. Dies hebt den Effekt der geringeren Ausschüttungen in t = 1 aufgrund der Substanzerhaltung auf. Dies wird zusammenfassend anhand folgender Übersicht nochmals deutlich:

|  | t = 0 | t = 1 | t = 2 | t = 3 | t = 4 |
|---|---|---|---|---|---|
| Nettoausschüttungen | -500,00 | 700,00 | -25,00 | 550,00 | 587,50 |
| (ohne SE) PV = 930,20 | -500,00 | 636,36 | -20,66 | 413,22 | 401,27 |
| Nettoausschüttungen | -500,00 | 575,00 | 112,50 | 550,00 | 587,50 |
| (mit SE) PV = 930,20 | -500,00 | 522,73 | 92,98 | 413,22 | 401,27 |

Hierdurch wird der erwähnte Effekt der Finanzbedarfsrechnung deutlich: Eine Einbehaltung (in diesem Fall die SE-Rücklage) wird entweder unmittelbar durch geringere Kapitalaufnahme ausgeglichen, oder die durch sie ersparten Finanzierungskosten entsprechen im Barwert der Einbehaltung. Dies setzt freilich voraus, dass die Zinsen zum Kalkulationszinsfuß ermittelt werden.

Der Grundsatz der Substanzerhaltung ist in der Literatur zum Teil heftig kritisiert worden. Dem IDW wird vorgeworfen, es würde mit einer starren Substanzorientierung und insbesondere durch die Konzentration auf die materielle Substanz, am Wesen des unternehmerischen Erfolges vorbeizielen.[102] Mit der Erhaltung der materiellen Substanz, selbst unter Berücksichtigung des technischen Fortschritts, sei noch lange keine Erhaltung des Erfolgs gewährleistet. Viel wichtiger sei es, die immateriellen Werte wie Kundenbeziehungen, Vertriebskanäle, Know-how, Organisationsstruktur etc. zu fördern.[103] Eine Aufrechterhaltung der betrieblichen Erfolgspotenziale ist durch den Ansatz von Wiederbeschaffungskosten sicher nicht möglich.[104] Insgesamt wird eine allzu große Vereinfachung der Problematik und eine fehlende Prognoseorientierung konstatiert.

Die Substanzerhaltung ist vor allem für die Ermittlung objektivierter Werte entwickelt worden und wird vor allem in diesem Zusammenhang diskutiert.[105] Die Bildung der SE-Rücklage dient der Ermittlung eines nachhaltigen, langfristig ausschüttungsfähigen Erfolges oder auch der „Normalverzinsung".[106] Sie hat einen Glättungseffekt. Dies mag für den Ansatz eines durchschnittlichen Wertes sinnvoll sein, bei detaillierter Planung von Zahlungsströmen ist sie jedoch unnötig. Denn in der Finanzbedarfsrechnung werden künftige Reinvestitionsbedarfe ohnehin berücksichtigt. Für die Ermittlung der Steuerbelastung sind handels- und steuerrechtliche Gewinne,

---

102 Vgl. Bender/Lorson (1996b), S. 651; Maul (1992), S. 1255.
103 Vgl. Bender/Lorson (1996b), S. 651.
104 In den überarbeiteten Richtlinien strebt das IDW zwar die erfolgsorientierte Substanzerhaltung an, will dies aber mit dem Konzept der Sachkapitalerhaltung erreichen. Vgl. IDW (1998), S. 27f.; IDW (2002), S. 31f.
105 Vgl. Bender/Lorson (1996b), S. 651; Maul (1992), S. 1254f.
106 Vgl. Maul (1992), S. 1255.

nicht Gewinne nach Substanzerhaltungsmaßnahmen anzusetzen. Zudem ist die Finanzierung aus Einbehaltungen in steuerlicher Hinsicht gegenüber der Aufnahme neuen Eigenkapitals vergleichsweise teuer.[107] Wie BALLWIESER feststellt, schweigt sich das IDW darüber aus, inwieweit Substanzerhaltung eine von den Eignern gewünschte Zielsetzung ist und inwieweit sie sich auf den Unternehmenswert auswirkt.[108] Wie eben dargestellt, wirkt sie sich bei detaillierter Planung der künftigen Zahlungsströme entweder gar nicht, oder bei Berücksichtigung der mit einer Einbehaltung verbundenen Steuerlast sogar negativ auf den Unternehmenswert aus.[109] Eine detaillierte Planung künftiger Finanzbedarfe und ihre unter steuerlichen Gesichtspunkten optimale Finanzierung ist einer starren Substanzerhaltungsrechnung sicher vorzuziehen.[110] „Diese aufwendige Ermittlung ungeeigneter Investitionsraten erscheint deshalb nicht erforderlich."[111]

## 4. Objektivierte Wertermittlung

Wie einleitend erwähnt, beruht die Idee der objektivierten Wertermittlung auf der Aufgabe der neutralen Gutachtertätigkeit und einer objektivierten Datengewinnung.[112] Das IDW bezeichnet dies als Kommunikationsfunktion, in der es darum gehe, den Verhandlungspartnern komprimierte Informationen über die Ertragskraft des Unternehmens zu liefern.[113]

Für die objektivierte Wertermittlung werden spezielle Annahmen getroffen, wie z. B. der Ansatz eines typisierten, persönlichen Steuersatzes von 35 % sowie die Vollaus-

---

107 Das IDW stellt fest, dass z. B. für die Bildung einer Rücklage von 100 GE nach Steuern eine Vorsteuer-Ergebnis von 218 nötig ist. Vgl. IDW (1998), S. 28; IDW (2002), S. 32. Vgl. auch Coenenberg (1981), S. 217; Maul (1972), S. 108f.
108 Ballwieser (1995a), S. 128.
109 Eine über die handelsrechtlich zulässige Einbehaltung hinaus vorgenommene Zuführung zu den Substanzerhaltungs-Rücklagen bedeutet für den Eigner eine Minderausschüttung und für das Unternehmen eine Verringerung des eigenzufinanzierenden Teils des Finanzbedarfs. Somit reduziert sich der von den Eignern beizubringende Betrag und sie sind unmittelbar gleichgestellt. Liegt keine Unter-, sondern eine Überdeckung vor, wird ein solcher Ausgleich nur dann gegeben sein, wenn die einbehaltenen Mittel zum Kalkulationszinsfuß unter Beachtung der steuerlichen Konsequenzen angelegt werden können. Die auf die Einbehaltung fälligen Steuern führen jedoch zu einer Erhöhung der nötigen Verzinsung, weshalb durch die Substanzerhaltung der Eigner i. d. R. schlechter gestellt wird. Vgl. Abschnitt VI.D.3.
110 Dabei sollte die geplante (unter Umständen geänderte) Kapitalstruktur eingehalten werden, um nicht Veränderungen der Kapitalkosten berücksichtigen zu müssen, was problematisch ist.
111 Maul (1992), S. 1255.
112 Vgl. oben Abschnitt II.A.3.
113 Vgl. IDW (1998), S. 5; IDW (2002), S. 10f.

schüttung der Gewinne. „Da für Zwecke der Ermittlung objektivierter Unternehmenswerte

- der am Bewertungsstichtag vorhandene Unternehmensumfang maßgeblich ist,
- neben Ersatzinvestitionen nur bereits konkret eingeleitete Erweiterungsinvestitionen/ Desinvestitionen berücksichtigt werden dürfen und
- üblicherweise keine Veränderungen der gegebenen Kapitalstruktur geplant werden,

ist bei der Ermittlung objektivierter Unternehmenswerte im Regelfall kein Raum für die explizite Erfassung der Auswirkungen einbehaltener finanzieller Überschüsse auf den Unternehmenswert."[114]

Ob für die neutrale Gutachtertätigkeit aber tatsächlich die Ermittlung eines objektivierten Wertes sinnvoll ist, der für jedermann, und damit letztlich für niemanden zutrifft, erscheint fraglich.[115] Ein Unternehmenswert, der „die dem Unternehmen innewohnende und übertragbare Ertragskraft"[116] ermitteln will, erinnert stark an die bereits seit langem überkommene objektive Wertermittlung. Wenn überhaupt, dann käme ein solcher Wert allenfalls der Preisuntergrenze des Verkäufers nahe.[117] Jedoch ist der objektivierte Wert nicht deckungsgleich mit dieser, denn sonst wäre er auf dessen individuelle Verhältnisse ausgerichtet. Gerade das wird aber z. B. durch Eliminierung des personenbezogenen Einflusses[118] des Eigentümers oder sonstiger Beziehungen personeller oder familiärer Art, der echten Synergieeffekte oder durch Ansatz typisierter Steuern[119] verhindert. Selbst wenn der objektivierte Wert der Preisuntergrenze entspräche oder auch nur nahe käme, bliebe immer noch zu fragen, warum der Wirtschaftsprüfer als neutraler Gutachter die Verhandlungsposition des Verkäufers der Gegenparteien offenbaren sollte.[120] Wenn er ihm aber nicht entspricht, lassen sich auch nicht ohne weiteres die darauf aufbauenden, theoretisch sinnvollen Werte ermitteln. Um für die Parteien von Interesse zu sein, müssen letztlich die Korrekturen wieder rückgängig gemacht werden: der Verkäufer wird selbst-

---

114 IDW (1998), S. 32; IDW (2002), S. 39.
115 Vgl. Schildbach (1993), S. 29.
116 IDW (1999), S. 67; IDW (2000), Tz. 46.
117 Vgl. Coenenberg (1981), S. 225.
118 Die früher kritisierte Eliminierung des personenbezogenen Einflusses des Managements ist durch die Annahme des Verbleibs des Managements ersetzt worden. Vgl. zur Kritik Ballwieser (1995a), S. 127; Schildbach (1993), S. 32f.
119 Vgl. IDW (1999), S. 67f.; IDW (2000), Tz. 46ff.
120 Vgl. Ballwieser (1995a), S. 127; Schildbach (1995), S. 621ff.

verständlich seinen individuellen Steuersatz, seine Beziehungen usw. zu Grunde legen, der Käufer entsprechend seine Situation und Möglichkeiten.

Als Schiedsgutachter in einer Konfliktsituation übernimmt der Gutachter bei der Ermittlung eines Einigungswerts die Funktion der Preisverhandlungen und muss ein Mittel zwischen den subjektiven Vorstellungen finden. Der Schiedswert soll einen möglichst fairen Kompromiss innerhalb des durch die individuellen Entscheidungswerte der Kontrahenten gesteckten Rahmens herbeiführen. Deshalb kann dieser Einigungswert nicht direkt durch den objektivierten Wert repräsentiert sein, der regelmäßig das untere Ende des Verhandlungsspielraums widerspiegelt.[121] Auch als Ausgangspunkt eignet er sich weniger gut als die tatsächliche Preisuntergrenze. Darüber hinaus sind in einem solchen Einigungswert alle Wertkomponenten zu berücksichtigen, die auf solchen Entwicklungsmöglichkeiten und Synergien beruhen, die auch vom bisherigen Eigentümer realisierbar wären, selbst wenn sie über das bestehende Konzept hinausgehen. Der objektivierte Wert wird deshalb von der Theorie überwiegend abgelehnt.[122]

## 5. Kapitalisierungszins

Bei der Ermittlung des Kapitalisierungszinssatzes geht das IDW von der Risikozuschlagsmethode aus, da die Ermittlung der für die Sicherheitsäquivalenzmethode notwendigen Risikonutzenfunktionen in der Praxis kaum möglich sei.[123] Die Überprüfung der Plausibilität von Risikozuschlägen mithilfe von Sicherheitsäquivalenten sei jedoch grundsätzlich sinnvoll.[124]

Die sowohl vom IDW als auch auf internationaler Ebene bevorzugte Zinszuschlagsmethode „weist den Vorteil auf, daß sie sich auf empirisch beobachtbares Verhalten stützen kann"[125]. Dies gilt insbesondere für die Ermittlung des Risikozuschlags mit Kapitalmarktmodellen wie dem CAPM, welches nun auch im Rahmen der Ertragswertmethode angewendet werden kann.[126] Die Anwendung des CAPM wird aber

---

121 Vgl. Schildbach (1993), S. 36.
122 Vgl. Ballwieser (1995a), S. 126f.; Bender/Lorson (1996b), S. 651; Drukarczyk (1995), S. 332; Kraus-Grünewald (1995), S. 1841ff.; Mandl/Rabel (1997), S. 27; Maul (1992), S. 1254ff.; Schildbach (1993), S. 25ff.; Schildbach (1995), S. 620ff.
123 Vgl. IDW (1998), S. 61; IDW (2002), S. 71.
124 Vgl. hierzu Abschnitt V.C.3; Ballwieser (1990), S. 172; IDW (1998), S. 100; IDW (2002), S. 106.
125 IDW (2000), Tz. 96. Vgl. auch Jonas (1995), S. 95f.; Mandl/Rabel (1997), S. 234f.
126 Vgl. IDW (1998), S. 64ff.; IDW (2002), S. 73ff.

nicht unkritisch empfohlen, sondern es wird insbesondere darauf hingewiesen, dass vor allem die Verwendung historischer Werte der in die Berechnung einfließenden Größen nicht der Konzeption des Modells entspricht und zu Bewertungsfehlern führen kann. Insgesamt wird die Anwendung des CAPM „als marktbezogene Orientierungsgröße" gewertet, die aber eine einzelfallbezogene Einschätzung des WP nicht ersetzen kann.[127]

Für die subjektive Wertermittlung ist auf die individuellen Verhältnisse des Investors abzustellen. Als Basiszins wird auf die Rendite der günstigsten alternativen Anlage, aber auch auf den „Zinssatz ablösbarer Kredite, die durchschnittliche Rendite branchengleicher Unternehmen, die durchschnittliche Aktienrendite"[128] abgestellt. Diese sind um einen Risikozuschlag zu erhöhen, der die Risikoäquivalenz herstellt. Wie dies zu geschehen hat, ist aber nicht eindeutig dargestellt, obwohl darauf hingewiesen wird, dass der Basiszins in dieser Form bereits Risiko beinhalten kann.

Basis der Ermittlung des Kapitalisierungszinses stellt bei der objektivierten Bewertung der landesübliche Zins dar, unter dem die durchschnittliche Umlaufrendite inländischer öffentlicher Anleihen zu verstehen ist.[129] Er soll den risikofreien Zins abbilden, der in einem zweiten Schritt durch einen Risikozuschlag zu einem risikoadäquaten Kapitalkostensatz angepasst wird. Deshalb sind inländische, öffentliche Anleihen als Basis anzusetzen. Im Einzelfall ist zu prüfen, ob ausländische Anleihen eher einer quasi-sicheren Position für die vertretene Partei entsprechen. Der Basiszins muss auch bzgl. der Laufzeit äquivalent sein, weshalb eine der Lebensdauer des Unternehmens entsprechende Laufzeit zu wählen ist. Da Anleihen mit Laufzeiten über 30 Jahren kaum beobachtbar sind, werden Wiederanlageprämissen für die darüber hinausgehende Zeit notwendig. Dies bringt die Notwendigkeit der Schätzung des zukünftigen Zinsniveaus mit sich.

Der darüber hinaus anzusetzende Risikozuschlag soll das operative und finanzielle Risiko abbilden.[130] Er ist „nach dem Unsicherheitsgrad der prognostizierten Zukunftserfolge (Schwankungsbreiten, unvorhersehbare Entwicklungen) im Vergleich

---

127 Vgl. IDW (1998), S. 66; IDW (2002), S. 75.
128 IDW (1998), S. 102; IDW (2002), S. 108.
129 Vgl. zu diesem Absatz IDW (1998), S. 97ff.; IDW (2002), S. 103ff.
130 Vgl. IDW (1998), S. 99; IDW (2002), S. 105. Das Kapitalstrukturrisiko ist durch die bekannte MM-Anpassungsformel zu berücksichtigen. Vgl. IDW (1998), S. 63f.; IDW (2002), S. 72. Auch die in der Finanzbedarfsrechnung angesetzte Finanzierung ist entsprechend ihrer Auswirkungen auf die Kapitalstruktur entsprechend zu berücksichtigen. Vgl. IDW (1998), S. 89; IDW (2002), S. 95.

zur Alternativrendite aus öffentlichen Anleihen zu bemessen."[131] Damit wird sowohl das Risiko spezieller als auch genereller Art (oder in international üblicher Terminologie: sowohl systematisches als auch unsystematisches Risiko) im Kalkulationszinsfuß berücksichtigt.

Aufgrund zunehmender Kritik[132] hat das IDW von der zuvor üblichen Aufspaltung des Risikos in spezielle und generelle Risiken Abstand genommen, mit dem Hinweis, bei den international gebräuchlichen Verfahren, die auf Kapitalpreisbildungsverfahren aufbauten, sei lediglich die Unterscheidung in ein systematisches und ein unsystematisches Risiko üblich.[133] Deshalb soll künftig auf die Aufteilung des Risikos verzichtet „und das Unternehmerrisiko (sowohl spezieller als auch genereller Art) ausschließlich im Kapitalisierungszinssatz und damit im Nenner"[134] erfasst werden.

Damit geht die Änderungsmaßnahme des IDW aber an der Kritik vorbei: Tatsächlich ist es nicht die Aufteilung des Risikos an sich, die Anlass zur Kritik gibt, sondern die Art der Aufteilung, die es schwierig macht, die Arten voneinander zu trennen und das spezielle Risiko zu quantifizieren.[135] Eine grundsätzliche Berücksichtigung aller Risikokomponenten widerspricht hingegen den Erkenntnissen der Portfoliotheorie. Zwar sind durchaus Fälle denkbar, in denen das diversifizierbare, unternehmensspezifische Risiko über das systematische, nicht diversifizierbare Risiko hinaus für den Bewerter eine Rolle spielt.[136] In solchen Fällen wird jedoch auch von der investitionstheoretischen Literatur vorgeschlagen, diese Faktoren eher explizit in den Cashflows zu berücksichtigen, als über die mehr oder weniger pauschale Anpassung des Kalkulationszinsfusses.[137] Soweit ein Investor sich aber durch Diversifikation gegen unsystematisches Risiko absichern kann, ist dessen Berücksichtigung weder im Kalkulationszinsfuß noch in den Zukunftserfolgen angezeigt. Deshalb sollte weiterhin eine Differenzierung der Unternehmensrisiken erfolgen, wenn auch in der international üblichen Unterscheidung in systematisches und unsystematisches Risiko. Dabei darf unsystematisches Risiko nur in dem Maße Eingang in die Prognose der Zukunftserfolge finden, wie die bewertende Partei nicht voll diversifiziert ist.[138]

---

131 IDW (1998), S. 99f.; IDW (2002), S. 105.
132 Vgl. Ballwieser (1993), S. 159f.; Mandl/Rabel (1997), S. 214f.; Maul (1992), S. 1258.
133 Vgl. IDW (1998), S. 62; IDW (2002), S. 71.
134 IDW (1998), S. 62; IDW (2002), S. 71. Vgl. auch IDW (2000), Tz. 96.
135 Vgl. Mandl/Rabel (1997), S. 215.
136 Man denke z. B. an personenbezogene Unternehmen, in denen der Eigentümer einen Großteil seines Vermögens in die Firma investiert hat, sodass er sich nicht vollständig diversifizieren kann. Vgl. Abschnitt V.C.3 und Schildbach (1998), S. 309.
137 Vgl. hierzu Brealey/Myers (2000), S. 238f.
138 Vgl. auch Mandl/Rabel (1997), S. 215.

Die Berücksichtigung des Kapitalstrukturrisikos im Kalkulationszinsfuß ist auch in der Neufassung der Richtlinien des IDW unbefriedigend geregelt. So findet sich lediglich der Hinweis, dass der mit wachsender Verschuldung durch den Leverage-Effekt gestiegenen Eigenkapitalrendite ein gestiegenes Risiko bei den Eigentümern gegenüberstehe, welches entsprechend im Risikozuschlag zu berücksichtigen sei[139] und sich durch die folgende Formel abbilden lasse:[140]

$$r_{Ek}^{\ell} = r_{Gk} + (r_{Gk} - r_{Fk}) \frac{Fk}{Ek}.$$

Bei dieser Formel handelt es sich um die MODIGLIANI/MILLER-Anpassung ohne Berücksichtigung von Steuern, die nur im Rentenmodell gilt. Wie die Ausführungen in Abschnitt V.F. deutlich erkennen lassen, ist eine solche pauschale Berücksichtigung von Veränderungen der Kapitalstruktur völlig unzureichend.[141] Wie dort gezeigt wurde, ist unter diesen Umständen die Gleichheit der unterschiedlichen Bewertungsansätze nicht herzustellen, sodass eine der Grundannahmen des IDW, nämlich die Übereinstimmung der verschiedenen Verfahren (Nettoansatz und Bruttoansatz bzw. Ertragswert und DCF), verletzt ist.[142] Nur für die Verwendung der DCF-Methoden differenziert das WP-Handbuch 2002 weiter.[143] Die dort dargestellten Verfahrensweisen gelten jedoch nur für den Spezialfall des Renten-F-Modells. Für den üblichen Praxisfall der Verwendung eines einheitlichen Kalkulationszinsfußes für alle Perioden ist hingegen die Annahme eines konstanten Verschuldungsgrades (L-Modell) notwendig, für welche die MILES/EZZELL-Anpassung für die Eigenkapitalkosten gilt.[144] Für das deutsche Steuersystem lautet diese unter Berücksichtigung von persönlichen Steuern (v):[145]

---

139 Vgl. IDW (1998), Tz. 280f.; IDW (2002), Tz. 296f.
140 Vgl. IDW (1998), Tz. 189; IDW (2002), Tz. 296f.
141 Vgl. kritisch auch Hachmeister (1996a), S. 271 bzgl. des früheren Verzichts auf eine Kapitalstrukturanpassung.
142 Vgl. IDW (1998), S. 76; IDW (2002), S. 84. Vgl. kritisch auch Kruschwitz/Löffler (1999), S. 2ff.
143 Für Anpassungen im Rahmen des WACC-Ansatzes ergänzt IDW (2002), Tz. 324 die Anpassungsformel um einen kombinierten Entlastungssatz auf den Fremdkapitalzins, der dem hier angegebenen Faktor $(1 - 0,5s)(1 - t_H)(1 - 0,5v)$ entspricht (vgl. Tz. 331ff.). Tz. 336 enthält für den APV-Ansatz eine entsprechende Ermittlung der unverschuldeten Eigenkapitalkosten. Das dort dargestellte Beispiel gilt nur für den speziellen Fall des Renten-F-Modells. Die angegebenen Formeln sind nicht auf den Fall schwankender Zahlungsströme (Nicht-Renten-Fall) übertragbar, für den spezielle Anpassungsformeln erforderlich sind (vgl. Inselbag/Kaufold (1997)). Nur die Annahme der unternehmenswertabhängigen Finanzierung (L-Modell) ermöglicht die Beibehaltung der Kapitalkosten im Zeitablauf.
144 Vgl. Miles/Ezzell (1980), S. 723, 726f. Vgl. auch Brealey/Myers (2000), S. 546.
145 Vgl. Abschnitt V.F.5.

$$r_{Ek}^{\ell}(1-0,5v) = r_{Ek}^{u}(1-0,5v) + \left(r_{Ek}^{u}(1-0,5v) - r_{Fk}(1-v)\right)$$
$$\times \left(\frac{1 + r_{Fk}(1-0,5s)(1-t_H)(1-0,5v)}{1 + r_{Fk}(1-v)}\right) \times \frac{Fk}{Ek}$$

## 6. Berücksichtigung von Steuern

Für die Berücksichtigung von Steuern in der Ertragswertmethode gelten die grundsätzlichen Ausführungen des Abschnitts V.F. Wie bei der Equity-Methode der DCF-Methoden, werden hier die tatsächlich bezahlten Gewerbeertragsteuern von den Ertragsüberschüssen abgesetzt.[146] Die Ertragswertmethode als Barwert modifizierter Ertragsüberschüsse bei Vollausschüttung lässt sich formelhaft wie folgt darstellen:[147]

$$Ek_0^{EW} = \sum_{t=1}^{T} \frac{EBIT_t - Z_t - GESt_t}{\prod_{j=0}^{t-1}\left(1 + r_{Ek,j}^{\ell}\right)} + \frac{Ek_T^{EW}}{\prod_{j=0}^{T-1}\left(1 + r_{Ek,j}^{\ell}\right)}$$

Dabei werden die abzuziehenden Zinsen in der Finanzbedarfsrechnung ermittelt.[148] Hinzu kommt, dass das IDW (1998) sich auch auf die grundsätzliche Berücksichtigung persönlicher Steuern festgelegt hat, womit es eine Vorreiterrolle auf internationaler Ebene einnimmt.[149] Damit ergibt sich ein Ertragswert in folgender Form:

$$Ek_0^{EW} = \sum_{t=1}^{T} \frac{(EBIT_t - Z_t - GESt_t)(1-v)}{\prod_{j=0}^{t-1}\left(1 + r_{Ek,j}^{\ell}(1-v)\right)} + \frac{Ek_T^{EW}}{\prod_{j=0}^{T-1}\left(1 + r_{Ek,j}^{\ell}(1-v)\right)}$$

Für das Halbeinkünfteverfahren ergibt sich folgender Ansatz:

$$Ek_0^{EW} = \sum_{t=1}^{T} \frac{[EBIT_t - Z_t - (EBIT_t - 0,5Z_t)s](1-t_H)(1-0,5v)}{\prod_{j=0}^{t-1}\left(1 + r_{Ek,j}^{\ell}(1-v)\right)} + \frac{Ek_T^{EW}}{\prod_{j=0}^{T-1}\left(1 + r_{Ek,j}^{\ell}(1-v)\right)}$$

---

146 Vgl. Sieben (1995), S. 720.
147 Die Auswirkungen der Finanzierungsannahmen auf die Kapitalkosten sind in jeder Periode zu berücksichtigen, was zu periodenspezifischen Kapitalkosten führt.
148 Bei Eigenkapitalveränderungen sind entsprechend auch kalkulatorische Eigenkapitalzinsen abzusetzen.
149 Vgl. IDW (1998), S. 92; IDW (2002), S. 98; Siepe (1997), S. 2.

Für die Ertragswertmethode als Barwert von Entnahmeüberschüssen gilt grundsätzlich die fundamentale Bewertungsgleichung:

(1a) $Ek_0 = \sum_{t=1}^{T}(D_t - m_t p_t)q^{-t} + Ek_T q^{-T}$

Geht man hierbei von einer konstanten Ausschüttungsrate $(1 - e)$ aus, dann lässt sich der Ertragswert auch darstellen als: [150]

$$Ek_0^{EW} = \sum_{t=1}^{T} \frac{(1-e)(EBIT_t - GESt_t - Z_t)(1-v) - m_t p_t}{(1+r_{Ek}(1-v))^t} + \frac{Ek_T^{EW}}{(1+r_{Ek}(1-v))^T},$$

wobei Verzinsung und Endwert der Einbehaltungen in den Entnahmeüberschüssen und $Ek_T$ enthalten sind.

---

150 Hier vereinfacht dargestellt bei konstanten Kapitalkostensätzen, ohne Berücksichtigung der Thesaurierungsbelastung der Körperschaftsteuer und ohne persönliche Ertragsteuern.

# VIII. Gegenüberstellung der Ertragswert- und Discounted Cashflow-Methoden

In der jüngeren Vergangenheit wurden diverse Beiträge über die Unterschiede der Ertragswert- und DCF-Methoden[1] sowie mehrere Vorschläge zu einer Überleitung vorgelegt.[2] Viele Arbeiten richteten ihre Aufmerksamkeit in erster Linie auf die Überleitung von Netto- und Bruttoansatz,[3] die mit den inzwischen erschienenen Beiträgen zu diesem Thema als geklärt betrachtet werden kann.[4]

BORN zeigt anhand eines Beispiels, dass beide Methoden zum gleichen Ergebnis kommen.[5] Dabei definiert er die Ertragswertmethode als Diskontierung von Ertragsüberschüssen nach Abzug von Nettoinvestitionen,[6] sodass als Generalisierung seines Beispiels die Ausführungen des Abschnitts VI.B. über die Bewertungsansätze von MODIGLIANI/MILLER und ihre Übereinstimmung gelten können.

---

1   Vgl. Ballwieser (1993), S. 166f.; Ballwieser (1999), S. 27ff.; Ballwieser (2001b); Drukarczyk (1995), S. 329ff.; Hachmeister (1999), S. 252ff.; Kaden/Wagner/Weber/Wenzel (1997); Kirsch/Krause (1996, 1997); Peemöller/Keller (1998), S. 1058ff.; Schmidt (1995), S. 1088ff.; Sieben (1995), S. 713ff. Hierzu auch Böcking/Nowak (1998), S. 685.
2   Vgl. Born (1996); Kaden/Wagner/Weber/Wenzel (1997), S. 502ff.; Kirsch/Krause (1996), S. 804ff.
3   Vgl. Kaden/Wagner/Weber/Wenzel (1997), S. 502ff.; Kirsch/Krause (1996), S. 804ff.; hierzu auch IDW (1998), S. 76 m. w. N.
4   Vgl. hierzu Abschnitt VI.C.3.
5   Vgl. Born (1996, 1997).
6   Vgl. Born (1996), S. 1889.

HACHMEISTER setzt in seinen vielbeachteten Arbeiten die Ertragswertmethode mit der Nettomethode der DCF-Methoden gleich, wodurch sich der Vergleich auf die Überführung der Brutto- und Nettoansätze reduziert.[7] BALLWIESER erachtet beide Methoden als äquivalent, solange man dieselben Annahmen trifft, zumal beide als Zukunftserfolgswerte konzipiert sind und damit der theoretischen Forderung des Zuflussprinzips genügen müssen.[8] Auch SCHMIDT sieht im Ertragswert den Barwert von Nettoausschüttungen, wobei aber auch hier nicht der von der Praxis eingesetzte, sondern der von der Theorie geforderte Ertragswert Gegenstand der Diskussion ist.[9] Dabei bleibt außer Acht, wie die Entnahmeerwartungen zu bestimmen sind.[10] „Was die Praxis macht, ist eine andere Frage."[11]

Den bisher umfassendsten theoretischen Vergleich legt SIEBEN vor. Er betrachtet den Ertragswert als Barwert von Ertragsüberschüssen nach Abzug von tatsächlich bezahlten Steuern und von mithilfe der Finanzbedarfsrechnung ermittelten Fremdkapitalzinsen.[12] Er kommt zum Schluss, dass die Verfahren auf grundsätzlich kompatiblen Konzeptionen beruhen, sich jedoch Bewertungsdifferenzen aus unterschiedlichen Annahmen bezüglich der Finanzierung von Investitionen und dem Ansatz über die Zeit konstanter Kapitalisierungssätze ergeben können.[13]

Im Folgenden werden die wesentlichen Methodenbestandteile in zwei Hinsichten genauer untersucht: zum einen hinsichtlich ihrer Übereinstimmung untereinander, zum anderen aber auch mit dem theoretischen Ideal. Dabei werden insbesondere die verwendeten Rechengrößen zur Bestimmung der Zukunftserfolge, die Bestimmung des Kalkulationszinsfusses und ihr Zusammenhang über die Verwendung der Brutto- bzw. Nettomethode sowie die Berücksichtigung des Risikos bzw. die Art der Ermitt-

---

7 Vgl. Hachmeister (1996a), S. 251ff., insbesondere S. 251, 271, 277. Hachmeister (1996b), S. 357. Zwar versteht er unter der Ertragswertmethode die Bewertung von Nettoausschüttungen, setzt diese aber mit betrieblichen Einzahlungsüberschüssen (Flow to Equity) gleich. Vgl. Hachmeister (1999), S. 252f.
8 Vgl. Ballwieser (1999), S. 27ff.
9 Dies geschieht mit Verweis auf das bekannte Zuflussprinzip nach Moxter (1983), S. 79.
10 Vgl. Schmidt (1995), S. 1092. Dass die Cashflows der Ebene Umwelt – Unternehmen und die Entnahmeüberschüsse der Ebene Unternehmen – Eigner entstammen, diskutiert Schmidt auf S. 1096, ohne jedoch „die Plausibilität dieser These anzweifeln zu wollen".
11 Ballwieser (1999), S. 27.
12 Vgl. Sieben (1995), S. 720.
13 Vgl. Sieben (1995), S. 728. Der dort noch weiter angeführte Grund für Bewertungsdifferenzen, die vereinfachte Berücksichtigung des Steuervorteils in den WACC, erscheint nach heutigen Erkenntnissen nicht mehr relevant.

lung des Risikozuschlags betrachtet.[14] Die objektivierte Wertermittlung kann hingegen nicht als charakteristisches Merkmal der Ertragswertmethode betrachtet werden, sondern stellt vielmehr eine Bewertungskonzeption dar, die durch bestimmte Annahmen auf die Planung einwirkt, und weniger auf die Bewertungsmethode selbst. Dies wird dadurch deutlich, dass von den Wirtschaftsprüfern auch die DCF-Methoden für die objektivierte Wertermittlung eingesetzt werden können.[15] Auch die Substanzerhaltungsrechnung ist für die Unternehmensbewertung nach der Ertragswertmethode nicht erforderlich, sondern stellt lediglich eine bestimmte Planungsmethode dar.

# A. Brutto- vs. Nettorechnung

Als Hauptunterschied zwischen DCF-Methoden und dem Ertragswert-Verfahren wird in der Literatur häufig die ausschließliche Anwendung der Netto-Methode beim Ertragswert gegenüber den Brutto- und Nettoansätzen der DCF-Methoden festgestellt. Wie oben dargestellt wurde, kommen alle Verfahren, ob Brutto- oder Nettoverfahren, zum gleichen Ergebnis, solange die Auswirkungen einer Veränderung auf die Kapitalstruktur adäquat berücksichtigt werden.[16] DCF- und Ertragswertmethode kämen folglich unter ansonsten gleichen Bedingungen zum gleichen Ergebnis, d. h. wenn bei beiden dieselben Erfolgsgrößen und dieselben Eigenkapitalkosten angesetzt würden.[17]

Die Anpassung der Kapitalkosten an Kapitalstrukturveränderungen geschieht bei der Ertragswertmethode jedoch nur unzureichend.[18] Die sehr differenzierte Behandlung dieses Problems innerhalb der DCF-Methoden kann als inzwischen gefestigte Erkenntnis der Finanzierungstheorie angesehen werden, sodass es keine Rechtfertigung für ihre Vernachlässigung bei der Ertragswertmethode gibt.

Zwar wird den Bruttomethoden immer wieder vorgeworfen, die Ermittlung der WACC beruhe auf einem Zirkelschluss, zumal die benötigten Gewichte sich aus

---

14 Vgl. Ballwieser (1993), S. 168; Bergrath (1997), S. 197ff.; Born (1996), S. 1889; Hachmeister (1996a), S. 251f.; Kirsch/Krause (1996, 1997); Kußmaul (1999), S. 336; Mandl/Rabel (1997), S. 246ff.; Serfling/Pape (1996), S. 62; Sieben (1995).
15 Vgl. IDW (1998), S. 2f.
16 Vgl. oben Abschnitt V.F; vgl. auch Hachmeister (1996a), S. 251, 261; IDW (1998), S. 76; Richter (1996), S. 1076; Sieben (1995), S. 736.
17 Vgl. auch Sieben (1995), S. 725.
18 Vgl. Abschnitt VII.C.5.

Marktwerten ergeben, die erst Ergebnis der Berechnungen seien.[19] Dabei wird jedoch vernachlässigt, dass völlig unabhängig von der gewählten Bewertungstechnik explizite Annahmen über die künftige Kapitalstruktur bzw. ihre Veränderungen getroffen werden müssen. Zwar lassen sich die Fremdfinanzierungsbedarfe anhand der prognostizierten Finanzbedarfe bestimmen, doch muss die Deckung dieser Finanzbedarfe mit Fremd- und Eigenmitteln den vorgegebenen Finanzierungsprämissen folgen. Jede Veränderung der Kapitalstruktur in Marktwerten führt zu Änderungen der Kapitalkosten und muss im Kalkulationszinsfuß berücksichtigt werden, was in jeder Periode zu unterschiedlichen Kapitalkosten führt. Dies gilt nicht nur für die Brutto-, sondern in gleichem Maße für die Nettomethode und die dort verwendeten Eigenkapitalkosten. Lediglich die Koppelung der Finanzierung an den Unternehmenswert ermöglicht es, einen im Zeitablauf konstanten Kapitalisierungssatz zu verwenden. Die mit einer ertragswertabhängigen Finanzierung verbundene Finanzierungsstrategie lässt sich zwar nur mit einigem Rechenaufwand umsetzen,[20] jedoch erscheint der damit verbundene Aufwand geringer als die Anpassung der Kapitalkosten in jeder Periode, die ebenfalls auf Basis der für die betreffende Periode sich ergebenden Marktwertgewichte erfolgen muss.[21]

Bei einer konstanten Kapitalstruktur in Buchwerten kommt es in Marktwerten zu Schwankungen der Kapitalstruktur, was auch zu Veränderungen der Kapitalkosten führt. Für eine solche Finanzierungspolitik gibt es noch keine praktikablen Anpassungsformeln, da der Fremdkapitalbestand im Risiko weder als sicher (F-Model) noch als ebenso unsicher wie der Unternehmenswert (L-Model) einzustufen ist.[22]

Insofern ist die Diskussion um die Vorzüge der Netto- gegenüber der Bruttomethode verfehlt. In modernen PC-Anwendungen ist ihre parallele Anwendung und iterative Ermittlung kein Problem, sodass die verschiedenen Ansätze als gegenseitige Kontrollgrößen genutzt werden können. Nur wenn alle Ansätze zum gleichen Ergebnis führen, wurde richtig gerechnet.

---

19 Dies lässt sich jedoch durch eine iterative Vorgehensweise lösen, die in modernen EDV-Anwendungen kein Problem darstellt. Vgl. Jonas (1995), S. 95; Kaden/Wagner/Weber/Wenzel (1997), S. 501.
20 Vgl. auch Ballwieser (1995a), S. 124; Volpert (1989), S. 146ff.
21 Zur Notwendigkeit des Ansatzes von Marktwertgewichten vgl. Brennan (1973), S. 25ff.; zur Verwendung einer Zielkapitalstruktur in Buchwerten vgl. Barclay/Smith/Watts (1996).
22 Das Tax Shield ist dann nicht problemlos bewertbar, da die Volatilität des Fremdkapitalbestandes komplizierten Prozessen folgt. Beispielsweise bewertet Löffler (2000) das Tax Shield eines LBOs mithilfe eines Martingale-Prozesses.

# B. Bestimmung der Kapitalkostensätze

Einen weiteren Unterschied der Methoden stellt die Ermittlung der Kapitalkostensätze dar, wobei hier wegen der Nettorechnung der Ertragswertmethode nur die Eigenkapitalkosten für einen Vergleich relevant sind. Diese sind abhängig von den individuellen Investitionsalternativen der Eigenkapitalgeber und sollen dessen Risikoneigung widerspiegeln.[23] Da dies gerade bei einer Vielzahl verschiedener Eigner nur sehr schwer möglich ist, werden bei der praktischen Anwendung des Ertragswertverfahrens oft mehr oder weniger pauschale Risikozuschläge zum landesüblichen Zins vorgenommen.[24] Bei den DCF-Methoden erfolgt diese Typisierung der Alternativanlage durch eine „kapitalmarktorientierte" Bestimmung der Eigenkapitalkosten mithilfe von Verfahren wie dem CAPM oder APT.[25] Hierin wird in der Literatur häufig ein Vorteil der DCF-Methoden gesehen.[26]

Die Bewertung an einem effizienten, gleichgewichtigen Kapitalmarkt stellt die einzige Basis für eine theoretisch richtige Bewertung dar, weshalb alle Modelle der Unternehmensbewertung letztlich versuchen, diese nachzustellen.[27] Insofern sind alle Methoden der Unternehmensbewertung kapitalmarktorientiert. Da für die Herstellung der Risikoäquivalenz die Investition in ein anderes Unternehmen mit vergleichbarem Risiko die einzige logische Alternative darstellt und eine Investition in eine risikofreie Anlage mit anschließender Risikoanpassung nur eine andere Vorgehensweise mit demselben Ziel bedeuten kann, nämlich dem Beziffern der risikoadäquaten Rendite, erscheint diese Diskussion um eine Marktorientierung fehlgeleitet.[28]

Da es sich bei CAPM und APT um Gleichgewichtsmodelle handelt, die entwickelt wurden, um das Verhalten von Anlegern auf dem Kapitalmarkt zu erklären, spiegeln sie jedoch nicht die individuellen Anlagealternativen eines bestimmten Investors

---

23 Vgl. Sieben (1995), S. 726f.
24 Vgl. Ballwieser (1994), S. 1404.
25 Vgl. Böcking/Nowak (1998), S. 687.
26 Vgl. Bender/Lorson (1996b), S. 653; Mandl/Rabel (1997), S. 285ff., 384f. Serfling/Pape (1996), S. 62 bemerken hierzu: „Bezüglich des Diskontierungsfaktors liegt die Differenzierung darin, dass das Ertragswertverfahren in der Regel eine alternative Kapitalmarktrendite durch einen relativ pauschalen Risikozuschlag modifiziert, während die DCF-Methode mit unternehmensspezifischen risikoadjustierten Kapitalkosten rechnet. Die DCF-Methode zeichnet sich damit sowohl hinsichtlich der Erfolgsgröße als auch bezüglich des Kalkulationszinssatzes durch ihren konsequenten Zahlungsbezug aus."
27 Vgl. Schneider (1992), S. 520; Vgl. auch Löhr (1992), S. 527.
28 Vgl. auch Ballwieser (1999), S. 29, 33.

wider, sondern die eines typischen, diversifizierten Investors.[29] Bei Gültigkeit der Annahmen des CAPM würde jeder Marktteilnehmer einen Anteil am umfassenden Marktportefeuille halten, sodass sich damit die Suche nach den individuellen Investitionsmöglichkeiten erübrigen würde.[30] Die Modelle sind in ihrer Konzeption nicht auf die subjektive Grenzpreisermittlung des Erwerbers eines ganzen Unternehmens ausgerichtet, sondern auf die Bepreisung von Unternehmensanteilen, d. h. die Ermittlung von Börsenwerten. Börsenwerte unterscheiden sich von Unternehmenswerten jedoch darin, dass sie nur Bruchteile des Gesamtwertes aus der Perspektive eines Investors darstellen, dem keine aktiven Gestaltungsmöglichkeiten eingeräumt werden.[31] Eine solche Handlungsalternative bezieht deshalb nicht die subjektiven Gestaltungsmöglichkeiten des Bewerters ins Kalkül mit ein, die mit dem Erwerb der Kontrollrechte über ein anderes Unternehmen einhergehen. Die DCF-Methoden haben ihre Verbreitung vor allem durch den zunehmenden Einsatz des unternehmenswertorientierten Managements gefunden, bei dem es gerade um die Generierung und Messung von Aktionärswert von i. d. R. großen Publikumsgesellschaften geht. Deshalb ist diese Ausrichtung auf den typischen Investor auch nicht verwunderlich. Sie scheint aber eher für die Ermittlung von objektivierten Werten als von Entscheidungswerten geeignet - aber nicht, weil die Bestimmung des Kalkulationszinsfußes mithilfe des CAPM objektiver im Sinne von eher nachvollziehbar ist,[32] sondern, weil damit nicht die subjektiven Möglichkeiten des Investors abgebildet werden können.

Angesichts der zahlreichen, gegenüber den kapitalmarktorientierten Verfahren vorzubringenden Kritikpunkte erscheinen diese nur eingeschränkt anwendbar und für die Typisierungsproblematik nur bedingt hilfreich.[33] Dennoch sind sie einer pauschalen Risikobeurteilung vorzuziehen, die aber auch ohne Existenz dieser Modelle keine theoretische Unterstützung finden könnte. CAPM und APT können zumindest als Ergänzung zur Ermittlung des Risikozuschlags beitragen.[34] Dies empfiehlt nunmehr auch das IDW,[35] sodass hierin kein methodischer Unterschied gesehen werden kann.

Dagegen steht die vom IDW vorgesehene grundsätzliche Berücksichtigung aller Risiken (auch unsystematischer) im Kalkulationszinsfuß im Widerspruch zu den Erkenntnissen der Portfoliotheorie. Auch die unzureichende Berücksichtigung von Veränderungen der Kapitalstruktur stellt weniger einen Unterschied zu den DCF-

---

29 Vgl. Hachmeister (1999), S. 255ff.
30 Vgl. Sieben (1995), S. 727f.
31 Vgl. Hachmeister (1999), S. 47.
32 Vgl. Ballwieser (1999), S. 33; a. A. Bender/Lorson (1996b), S. 653.
33 Vgl. Baetge/Krause (1994), S. 441; Böcking/Nowak (1998), S. 690.
34 Vgl. Ballwieser (1995), S. 126; Bender/Lorson (1996b), S. 653f.; Schmidt (1995), S. 1094f.
35 Vgl. IDW (1998), S. 64ff.

Methoden, als vielmehr eine echte methodische Unzulänglichkeit der Ertragswertmethode des IDW dar.

## C. Berücksichtigung von Steuern

Eine Besonderheit der Unternehmensbewertung gemäß den Grundsätzen des IDW stellt die Berücksichtigung persönlicher Steuern dar, die auch von der Theorie unterstützt wird. Diese ist generell bei den DCF-Methoden nicht vorgesehen, kommt aber bei der Anwendung der DCF-Methoden durch Wirtschaftsprüfer in gleichem Maße zur Anwendung wie bei der Ertragswertmethode. Hier ist also eine Anpassung der DCF-Methoden zu erwarten bzw. zu fordern.

Der Steuervorteil aus der Fremdfinanzierung wird bei den verschiedenen Bewertungsansätzen auf unterschiedliche Weise, jedoch mit dem gleichen Ergebnis berücksichtigt. Beim WACC-Ansatz schlägt sich der Steuervorteil in einer Verringerung der Kapitalkosten nieder, während die Free Cashflows denen einer unverschuldeten Unternehmung nach Steuern entsprechen. Beim Ertragswertverfahren werden dagegen nur effektiv geleistete Steuerzahlungen berücksichtigt.[36] Diese unterschiedlichen Vorgehensweisen führen zu identischen Ergebnissen, zumal die Vorgehensweise der Ertragswertmethode bei der Berücksichtigung des Steuervorteils der des Equity-Ansatzes entspricht.[37]

In allen Fällen sind für die Berechnung der Steuerschuld Ertragsgrößen und nicht Zahlungsgrößen relevant, sodass grundsätzlich immer eine Berechnung zukünftiger Gewinne nötig wird. Eine solche Nebenrechnung mit Ertragsüberschüssen ist für die DCF-Methoden zur Bewertung von Einzahlungsüberschüssen genauso erforderlich, wie für die Ertragswertmethode eine Nebenrechnung mit Einzahlungsüberschüssen (Finanzbedarfsrechnung) für die Bewertung von Ertragsüberschüssen notwendig ist. Es zeigt sich daher, dass für eine durchgängig konsistente Bewertung sowohl Ertrags- wie Einzahlungsüberschüsse benötigt werden, sodass beide Methoden voneinander profitieren können.

---

36 Vgl. Sieben (1995), S. 725f.
37 Vgl. oben Abschnitt V.F.; vgl. auch Hachmeister (1996a), S. 251, 261; Sieben (1995), S. 725f.

# D. Finanzierungsannahmen

Neben den expliziten Finanzierungsprämissen, wie z. B. die einer konstanten Zielkapitalstruktur, spielen für die Bewertung vor allem auch die impliziten Finanzierungsprämissen eine große Rolle, die sich aus dem unterstellten Ausschüttungsverhalten ergeben.

Bei den DCF-Methoden wird implizit die Vollausschüttung aller Cashflows nach Abzug der erforderlichen Investitionen unterstellt.[38] Belässt man es in der Planung bei der Ermittlung der FCF, tritt dies nicht offen zu Tage. Will man jedoch die Planbilanzen mit den Beständen an liquiden Mitteln aufstellen, wird eine explizite Ausschüttungsannahme erforderlich. Werden alle FCF ausgeschüttet, bleibt der Bestand an liquiden Mitteln konstant. Bei einem negativen FCF kommt es zu einer negativen Ausschüttung, also zu einer Kapitalaufnahme. Geht man nach der Bruttomethode vor, erfolgt diese Ausschüttung im Verhältnis der Anteile an Eigen- und Fremdkapitalgeber. Damit dieses Verhältnis konstant bleiben kann, muss unabhängig vom tatsächlichen Finanzbedarf Fremdkapital aufgenommen oder getilgt werden, sodass sich die Finanzierung nicht explizit auf die Bewertung auswirkt.

Will man dagegen die Ausschüttungen auf das rechtlich zulässige Maß beschränken, muss die im Unternehmen verbleibende Liquidität auf zukünftige Kapitalaufnahmen angerechnet werden. Damit es zu keiner Doppelzählung kommt, muss eine eventuelle Anlage als Investition abgesetzt werden. Im Falle einer kapitalwertneutralen Anlage ist die Berücksichtigung dieser Einbehaltung irrelevant.

Auch das Ertragswert-Verfahren kennt eine solche Irrelevanz-Annahme.[39] Bei der Diskontierung von Ertragsüberschüssen bei Vollausschüttung[40] handelt es sich ebenfalls um ein Verfahren, das von der tatsächlichen Gewinnverwendungspolitik unabhängig ist, wenn im Unternehmen verbleibende Liquidität zu den Kapitalkosten investiert werden kann.[41] Die Annahme der Vollausschüttung ist nur insoweit nötig, als sie Einfluss auf die Höhe des für die Berechnung der kalkulatorischen Zinsen anzusetzenden Eigenkapitals hat. Denn bei Vollausschüttung bleibt der Wert des Eigenkapitals konstant, wodurch sich ein Abzug von kalkulatorischen Zinsen erübrigt. Da bei Annahme von Vollausschüttung die Ertragsüberschüsse aber auch tatsächlich dem Eigner zufließen, stellen sie Entnahmeüberschüsse dar, die als solche

---

38  Vgl. Sieben (1995), S. 722ff.; vgl. auch das Beispiel von Luehrmann (1997), S. 148ff.
39  Vgl. Löhr (1992), S. 525ff.; Sieben (1995), S. 723.
40  Vgl. Abschnitt VII.C.1. und Sieben (1988), S. 366.
41  Vgl. Löhr (1992), S. 525.

## D. Finanzierungsannahmen

dem Eigner zufließen, stellen sie Entnahmeüberschüsse dar, die als solche bewertet werden können. Jede andere Ausschüttungspolitik[42] lässt sich durch die Bewertung von Entnahmeüberschüssen oder von Ertragsüberschüssen nach Abzug kalkulatorischer Zinsen auf das sich dann ergebende Eigenkapital berücksichtigen.

Unabhängig von der Finanzierungspolitik betrachtet, mag die Ausschüttungspolitik für den Unternehmenswert irrelevant sein, wenn die Einbehaltung zu den Kapitalkosten investiert werden kann. Die Finanzierung ist in Steuersystemen, die nicht entscheidungsneutral sind, jedoch bekannter Maßen nicht für den Unternehmenswert irrelevant.[43] Da das Ausschüttungsverhalten aber Einfluss auf die Finanzierung hat, kann auch sie nicht irrelevant sein.[44]

Bezogen auf eine Periode führt jede Einbehaltung zu einer geringeren Kapitalaufnahme, sodass hier das MM-Theorem von der Irrelevanz der Ausschüttungspolitik in seiner einfachen Variante, d. h. durch direkten Ausgleich über die Gleichheit von Mittelherkunft und Mittelverwendung, gilt. Da jedoch die Einbehaltung mit einer höheren Steuer belastet ist als die Ausschüttung, wäre eine „Schütt-aus-Hol-zurück-Politik" aus Sicht eines Investors mit einem geringeren Grenzsteuersatz als dem Thesaurierungssatz einer Einbehaltung vorzuziehen.[45] Da aufgrund der erhöhten Steuerbelastungen von Einbehaltungen nur ein geringerer Teil des Kapitals dem Unternehmen für Investitionen zur Verfügung steht, muss eine entsprechend höhere Rendite auf diese Einbehaltung erwirtschaftet werden, um Kapitalwertneutralität und damit Irrelevanz im Zeitablauf herzustellen.[46] Aufgrund der Steuerwirkung nimmt das Ausschüttungsverhalten folglich Einfluss auf den Unternehmenswert, weshalb seine Berücksichtigung auch für die DCF-Methoden zu fordern ist.

Bezüglich der expliziten Finanzierungsprämissen geben die DCF-Methoden i. d. R. klare Anleitung, während dies bei der Ertragswertmethode nur vage bzw. nur in Bezug auf eine Kapitalstruktur in Buchwerten geschieht. Eine solche Finanzierungspolitik führt bei der Ertragswertmethode unweigerlich zu schwankenden Kapitalisie-

---

42 Vgl. IDW (1998), S. 39.
43 Vgl. Modigliani/Miller (1963); vgl. auch Richter (1995), Sp. 1770ff., Abschnitt VI.D.
44 Vgl. Sieben (1995), S. 729f.
45 Vgl. Perridon/Steiner (2002), S. 521ff. Vgl. auch Dirrigl (1995), Sp. 1694ff. Dies ist aufgrund der Kosten einer Kapitalerhöhung aber nur bei Anlegern mit deutlich geringerem Grenzsteuersatz als der Einbehaltungsbelastung der KSt sinnvoll. Vgl. Jonas (1995), S. 94. Jedoch bleiben im DCF-Modell ohnehin die Transaktionskosten für Kapitalerhöhungen und –rückführungen unberücksichtigt.
46 Vgl. Abschnitt VI.D.

rungssätzen, was aber in der Regel nicht beachtet wird.[47] Um mit konstanten Kapitalisierungssätzen rechnen zu dürfen, wäre auch bei der Ertragswertmethode zwangsläufig die Annahme einer in Marktwerten konstanten Kapitalstruktur erforderlich.

Im DCF-Verfahren entsteht der Eindruck, als würden alle Investitionen bevorzugt innenfinanziert.[48] Nur der Überschuss der operativen Cashflows über die Investitionen ist ausschüttbar, ein negativer Saldo führt zu negativen Ausschüttungen, also zu einer Kapitalaufnahme. In der Bruttomethode wird dieser Betrag, der $BFCF_t = (OCF_t + ICF_t)$, vor Außenfinanzierung diskontiert. Darin kommt die unterstellte Finanzierungsunabhängigkeit der Cashflows zum Ausdruck. Jedoch ist von diesem Bruttowert der Wert des Fremdkapitals abzuziehen, der sich durch die Nettozuflüsse an die Fremdkapitalgeber ergibt:

$$Fk_0 = \sum_{t=1}^{\infty} (r_{Fk} Fk_t - \Delta Fk_t) \times q_{Fk}^{-t}.$$

In der Nettomethode sind diese Zahlungsströme unmittelbar von den Netto-FCF abgesetzt: $NFCF_t = (OCF_t + ICF_t + \Delta Fk_t - Z_t)$. Der zunächst rein innenfinanzierte Brutto-FCF wird folglich direkt oder indirekt durch die Aufnahme von Fremdkapital auch außenfinanziert. Die Höhe der tatsächlichen Fremdfinanzierung hängt von der Höhe der tatsächlichen Ausschüttungen und Eigenfinanzierung ab. Deshalb sind für die Fremdkapitalaufnahme explizite, zusätzliche Annahmen notwendig, was z. B. zum Ansatz einer Zielkapitalstruktur in Marktwerten führt.

| Finanzbedarfsrechnung: | | | Beispiel |
|---|---|---|---|
| Operativer Cashflow | OCF | | 17 |
| + Investitions-Cashflow | + ICF | | - 4 |
| = Finanzüberschuss/-defizit vor Außenfinanzierung und Zinsaufwand | = OCF + ICF | = BFCF | 13 |
| – Zinsen | – Z | | - 2 |
| – Ausschüttung | – D | | -20 |
| –/+ Erhöhungen/Verringerungen der liquiden Mittel | – $\Delta$liq.M. | | -1 |
| = Außenfinanzierungsbedarf | | = $\Delta Fk + \Delta Ek$ | -10 |

Beim Ertragswertverfahren ist die Vorgehensweise eine andere: hier wird aus der Innenfinanzierung zunächst die Ausschüttung finanziert, bevor der für Investitionen benötigte Finanzbedarf gedeckt werden kann.[49] Dies allein führt jedoch zu keinem

---

47 Vgl. Sieben (1995), S. 730f.; vgl. auch Hachmeister (1996a), S. 267.
48 Vgl. Sieben (1995), S. 729.
49 Vgl. Sieben (1995), S. 729.

*D. Finanzierungsannahmen*

Unterschied der Methoden, denn solange die Höhe des Finanzbedarfs identisch ist, d. h. das gleiche Investitions- und tatsächliche Ausschüttungsverhalten unterstellt wird, hängt die Fremdfinanzierung nicht von der Reihenfolge der Finanzierung ab, sondern nur von den expliziten Finanzierungsprämissen. In obigem Beispiel resultiert aus einer festgesetzten Ausschüttung von 20 ein Außenfinanzierungsbedarf von 10. Dieser würde z. B. gemäß einer Zielkapitalstruktur hälftig eigen- und fremdfinanziert werden:

| Kapitalflussrechnung: | | | Beispiel |
|---|---|---|---|
| Operativer Cashflow | OCF | | 17 |
| + Investitions-Cashflow | + ICF | | - 4 |
| = BFCF | = OCF + ICF | = BFCF | 13 |
| + Fremdfinanzierung | + Fk-CF | + $\Delta$Fk | 5 |
| – Zinsen | | – Z | - 2 |
| + Eigenfinanzierung | + Ek-CF | + $\Delta$Ek | 5 |
| – Ausschüttung | | – D | -20 |
| = Veränderung der liquiden Mittel | = $\Delta$liq.M. | | 1 |

Häufig wird bei der Ertragswertmethode auf eine vollständige Fremdfinanzierung des Finanzbedarfs abgestellt,[50] was zwangsläufig zu Veränderungen der Kapitalstruktur und den damit verbundenen Problemen führt. Zwar sieht das IDW prinzipiell auch eine Eigenkapitalaufnahme vor, falls der Finanzbedarf nicht mehr durch Fremdfinanzierung gedeckt werden kann.[51] Jedoch existieren keine klaren Regeln, wann dies der Fall sein soll, sondern ist auf den jeweiligen Einzelfall abzustimmen.[52] Bei der Ermittlung objektivierter Werte unter Annahme der Vollausschüttung wird in der Regel von einer Beibehaltung der bisherigen Kapitalstruktur in Buchwerten ausgegangen. Hier ist keine Finanzierung des Finanzbedarfs aus Gewinnen möglich.[53]

Die unterschiedlichen Finanzierungsannahmen führen durch ihre Steuerwirkung zu Ergebnisunterschieden.[54] Deshalb ist es sinnvoll, bei beiden Methoden von einheitli-

---

50 Vgl. Jonas (1995), S. 86 mit Verweis auf IDW (1992), S. 78; Peemöller/Keller (1998), S. 1023 mit Verweis auf IDW (1998), S. 31f., 89f.; Sieben (1995), S. 729.
51 Vgl. IDW (1985/86), S. 1091. Vgl. auch IDW (1998), S. 80.
52 Vgl. IDW (1998), S. 25.
53 Vgl. IDW (1998), S. 32.
54 Insofern ist Sieben (1995), S. 729 nicht zuzustimmen, der davon ausgeht, dass die Finanzierung angesichts der Angreifbarkeit der Prämissen des Theorems der Irrelevanz der Finanzierung offensichtlich Auswirkungen auf den Unternehmenswert habe. Eine Relevanz der Finanzierung für den Unternehmenswert ergibt sich lediglich durch die in Abschnitt V.F. dargestellten Auswirkungen von Steuern, Konkurs- und Agenturkosten.

chen Finanzierungsannahmen auszugehen: will man mit konstanten Kapitalkosten rechnen, muss man eine ertragswertabhängige Finanzierung unterstellen.

Im Falle eines Innenfinanzierungsüberschusses, wenn also z. B. weniger investiert wird, als während der jeweiligen Periode Abschreibungen anfallen, weichen jedoch die Ergebnisse voneinander ab, da dieser Überschuss beim Ertragswertverfahren im Unternehmen verbleibt, während er bei den DCF-Methoden ausgeschüttet wird. Deshalb muss gleichzeitig auch ein einheitliches Ausschüttungsverhalten unterstellt werden.

# E. Unterschiedliche Erfolgsgrößen

In der Literatur wird häufig eine Übereinstimmung von DCF-Equity-Methode und Ertragswertmethode angenommen, wobei unterstellt wird, beide gingen von betrieblichen Einzahlungsüberschüssen aus.[55] Dies wird zwar in Teilen der theoretischen Literatur gefordert, ist aber in der Ertragswertmethode des IDW nicht umgesetzt.[56] Andererseits wird Ihre Übereinstimmung dadurch herzustellen versucht, dass bei beiden die Entnahmeüberschüsse als Bewertungsgrößen Verwendung finden sollen.[57] Dies ist wiederum bei den DCF-Methoden keineswegs der Fall: es wird regelmäßig auf Einzahlungsüberschüsse im Sinne von Zahlungen zwischen Umwelt und Unternehmen abgestellt.[58] Dass diese nur bei Gültigkeit der Irrelevanz der Ausschüttungspolitik mit den Entnahmeüberschüssen gleichwertig sind, wurde ausführlich diskutiert. Es existiert in den DCF-Methoden keine Transformationsregel, wie aus betrieblichen Einzahlungsüberschüssen Entnahmeüberschüsse werden sollten – dies kann allenfalls auf dem Umweg über die handelsrechtliche Ausschüttungsfähigkeit von Ertragsüberschüssen erfolgen. Eine solche Nebenrechnung sehen die klassischen DCF-Methoden nicht vor.[59]

---

55 Vgl. Ballwieser (1995a), S. 123; Hachmeister (1996a), S. 251ff.; Hachmeister (1996b), S. 357; Hachmeister (1999), S. 252f.; Mandl/Rabel (1997), S. 246.
56 Vgl. auch Abschnitt VII.A.
57 Vgl. Ballwieser (1999), S. 27ff.; Drukarczyk (1998), S. 177.
58 Vgl. Modigliani/Miller (1961), S. 414f.; hierzu ausführlich Stewart (1991), S. 94, 102ff., 309ff.; Vgl. auch Copeland/Koller/Murrin (1994), S. 135; Damodaran (1996), S. 99, 219ff., 233; Damodaran (1997), S. 634, 637; Rappaport (1998); S. 32, Rappaport (1986), S. 50. An keiner Stelle der DCF-Literatur findet sich ein Hinweis auf die Anwendung einer Ausschüttungsquote auf die Cashflows. Statt dessen werden diese regelmäßig als Ausschüttungspotenzial verstanden, d. h. sie können, müssen aber nicht ausgeschüttet werden. Vgl. Abschnitt VI.D.
59 Vgl. Abschnitt VI.D.2.

Die Übereinstimmung mit den DCF-Methoden kann also nicht auf diesem einfachen Wege untersucht werden, sondern es muss gezeigt werden, dass die Diskontierung von Ertragsüberschüssen nach Abzug der auf den Finanzbedarf entfallenden Zinsen bzw. die Diskontierung von Entnahmeüberschüssen zu übereinstimmenden Ergebnissen führt. Der Zusammenhang zwischen diesen verschiedenen Erfolgsgrößen kann über das LÜCKE-Theorem hergestellt werden, nach welchem der Unterschied zwischen Einzahlungs-, Ertrags- und Entnahmeüberschüssen nur in ihrer zeitlicher Verschiebung zu sehen ist. Deshalb muss eine alternative Verwendung der Überschussgrößen zu identischen Ergebnissen führen, solange zeitliche Verschiebungen und deren Zinswirkung berücksichtigt werden.[60]

Ein Vergleich der Ertragswertansätze mit den DCF-Methoden soll im folgenden Abschnitt erfolgen.

# F. Vergleich der Ergebnisse unterschiedlicher Erfolgsgrößen bei DCF und Ertragswert

Um die Ergebnisse beider Methoden miteinander vergleichen zu können, müssen ihre Bewertungsformeln zunächst in eine entsprechende Form gebracht werden. Hierzu wird von der Nettomethode der DCF-Verfahren ausgegangen, zumal ihre Übereinstimmung mit den übrigen DCF-Methoden bereits ausführlich dargestellt wurde. Außerdem wird die DCF-Methode in der international üblichen Form, d. h. ohne Anpassungen für das Ausschüttungsverhalten zu Grunde gelegt.[61]

## 1. Überführung der Discounted Cashflow-Nettomethode in Gewinngrößen

Die DCF-Nettomethode wurde dargestellt als Diskontierung von Netto-Free Cashflows:

$$Ek_0^{DCF} = [\sum_{t=1}^{\infty}(OCF_t + ICF_t + \Delta Fk_t - Z_t)\,q_{Ek}^{-t}].$$

---

60 Vgl. auch Drukarczyk (1998), S. 291.
61 Vgl. Abschnitt VI.D.2.

Die indirekte Ermittlung der FCF aus dem Periodengewinn in einer Kapitalflussrechnung erlaubt es, die FCF auch in Gewinngrößen auszudrücken. Diese lässt sich vereinfacht wie folgt darstellen:

| | | |
|---|---|---|
| Gewinn | G | |
| + Fremdkapitalzinsen | +Z | |
| = Gewinn vor Zinsen | =EBIT | |
| Innenfinanzierungsquellen: | | |
| + Aufwand, aber keine Auszahlung | | |
| + Einzahlung, aber kein Ertrag | | N* |
| Finanzierungsbedarfe: | | |
| ./. Auszahlung, aber kein Aufwand | | |
| ./. Ertrag, aber keine Einzahlung | | |
| = Finanzüberschuss/-defizit vor Finanzierung und Zinsaufwand | = OCF + ICF | |
| Fremdfinanzierung | + ΔFk | |
| Zahlungen an Gläubiger | − Z | |
| = Free Cashflow an Eigner | = NFCF | = EBIT + N* + ΔFk − Z |
| Eigenkapitalfinanzierung | + ΔEk | |
| Ausschüttungen | − D | |
| = Veränderung der liquiden Mittel | = Δliq.M. | |

Der Netto-Free Cashflow lässt sich damit auch wie folgt abbilden:[62]

$$NFCF = (OCF_t + ICF_t + \Delta Fk_t - Z_t) = (EBIT_t + N_t^* + \Delta Fk_t - Z_t)$$

$$\Rightarrow Ek_0^{DCF} = \sum_{t=1}^{\infty}(EBIT_t + N_t^* - Z_t + \Delta Fk_t)q_{Ek}^{-t}.$$

## 2. Ertragswert-Methode bei Vollausschüttung

Interpretiert man die Ertragswertmethode als Kapitalisierung künftiger Entnahmeüberschüsse, ist die Annahme eines bestimmten Ausschüttungsverhaltens erforderlich. Für die objektivierte Wertermittlung wird i. d. R. Vollausschüttung angenommen, für subjektive Werte kann auch ein anderes Ausschüttungsverhalten unterstellt werden. Durch die Ausschüttungsannahme werden aus den periodisierten Erfolgsgrößen tatsächliche Zahlungen. Das bedeutet aber nicht, dass aus Ertragsüberschüs-

---

62 Obwohl hier Steuern zunächst nicht beachtet werden, wird dennoch zu Gunsten einer Einheitlichkeit der Benennung der Ausdruck EBIT für den Gewinn vor Zinsen und Steuern (von Null) verwendet.

sen betriebliche Einzahlungsüberschüsse werden, sondern Zahlungen der Ebene Unternehmen – Eigner.

Die Ertragswertmethode als Barwert modifizierter Ertragsüberschüsse stellt auf die Diskontierung von modifizierten Ertragsüberschüssen ab. Bei einer anderen Ausschüttungspolitik als der Vollausschüttung müssen kalkulatorische Zinsen auf das am Periodenanfang gebundene Eigenkapital abgezogen und am Ende des Planungshorizonts der Restwert des bilanziellen Eigenkapitals hinzugezählt werden. Bei Vollausschüttung kann der Abzug dieser kalkulatorischen Zinsen unterbleiben, da dann der Restwert des Eigenkapitals dem Barwert der Zinsen entspricht. Im Folgenden wird zunächst Vollausschüttung der Gewinne unterstellt. Bei anderem Ausschüttungsverhalten muss entsprechend die Wirkung der Einbehaltung auf künftige Erfolge zusätzlich berücksichtigt werden. Es ergeben sich folgende Bewertungsformeln für den Ertragswert auf Basis von Ertrags- bzw. Entnahmeüberschüssen:

$$Ek_0^{EW(ERÜ)} = \sum_{t=1}^{\infty} (EBIT_t - Z_t) q_{Ek}^{-t}$$

$$Ek_0^{EW(ENÜ)} = \sum_{t=1}^{\infty} [EBIT_t - Z_t + N_t^* - \Delta liq.M._{\cdot t} + \Delta Fk_t] q_{Ek}^{-t},$$

## 2.1. Vergleich der Ergebnisse der Netto-DCF-Methode und dem Ertragswert auf Basis von Entnahmeüberschüssen

Die Ergebnisse können nun miteinander verglichen werden, wozu jeweils die Differenz der beiden Ergebnisse [$Ek_{DCF} - Ek_{EW}$] berechnet wird. Zunächst wird die DCF-Netto-Methode mit dem Barwert der Entnahmeüberschüsse verglichen. Dabei wird unterstellt, dass in beiden Methoden dieselben Kapitalisierungssätze zur Anwendung kommen und die operative Planung, d. h. EBIT und N*, in beiden Methoden identisch sind. Dann ergibt sich folgende Differenz:

$$Ek_0^{DCF} - Ek_0^{EW(ENÜ)} =$$

$$= \sum_{t=1}^{\infty} (EBIT_t + N_t^* - Z_t^{DCF} + \Delta Fk_t^{DCF}) q_{Ek}^{-t}$$

$$- \sum_{t=1}^{\infty} (EBIT_t + N_t^* - Z_t^{EW} + \Delta Fk_t^{EW} + \Delta liq.M_t^{EW}) q_{Ek}^{-t}$$

$$= \sum_{t=1}^{\infty} (-Z_t^{DCF} + \Delta Fk_t^{DCF} + Z_t^{EW} - \Delta Fk_t^{EW} - \Delta liq.M_t^{EW}) q_{Ek}^{-t}$$

Ein Unterschied der Methoden könnte sich durch die Finanzierung ergeben. Wird jedoch in beiden Methode die gleiche Höhe der Fremdfinanzierung angenommen, was schon zur Einhaltung der Voraussetzung der Gleichheit der Kapitalisierungssätze erforderlich ist, entsprechen sich jeweils die $\Delta Fk_t$ und $Z_t$. Eine Differenz resultiert dann allein aus der Behandlung der liquiden Mittel:

$$Ek_0^{DCF} - Ek_0^{EW(ENÜ)} = \sum_{t=1}^{\infty} (-\Delta liq.M_t^{EW}) q_{Ek}^{-t}$$

Diese Differenz ergibt sich aus der Nichtbeachtung des Ausschüttungsverhalten in der DCF-Methode. Wird stattdessen die Veränderung der liquiden Mittel, die sich aus der Differenz von Finanzüberschüssen (NFCF) und tatsächlichen Entnahmeüberschüssen ergibt, von den Cashflows abgezogen, werden damit die Free Cashflows zu tatsächlichen Entnahmeüberschüssen und die beiden Methoden äquivalent. Dann werden aber keine „Cashflows" im Sinne von betrieblichen Einzahlungsüberschüssen bewertet, sondern nur noch „Cashflows" im Sinne von Einzahlungsüberschüssen der Eigner, d. h. betriebliche Entnahmeüberschüsse.

## 2.2. Vergleich der Ergebnisse der Netto-DCF-Methode und dem Ertragswert auf Basis von Ertragsüberschüssen

Im Folgenden wird der Vergleich für die Netto-DCF-Methode mit dem Ertragswert als Barwert von modifizierten Ertragsüberschüssen durchgeführt. Es gelten erneut dieselben Voraussetzungen, d. h. identische operative Planungsrechnungen und Kapitalisierungssätze in beiden Methoden. Es ergibt sich folgende Differenz:

$$Ek_0^{DCF} - Ek_0^{EW(ERÜ)}$$
$$= \sum_{t=1}^{\infty} (EBIT_t + N_t^* - Z_t^{DCF} + \Delta Fk_t^{DCF}) q_{Ek}^{-t} - \sum_{t=1}^{\infty} (EBIT_t - Z_t^{EW}) q_{Ek}^{-t}$$
$$= \sum_{t=1}^{\infty} (N_t^* + \Delta Fk_t^{DCF} - Z_t^{DCF} + Z_t^{EW}) q_{Ek}^{-t}$$

Damit die Ergebnisse identisch sein können, sind zwei Fälle zu unterscheiden:[63]

---

63 Die Möglichkeit, dass sich die Differenz zufällig und unsystematisch ausgleicht, wird hier nicht untersucht, da sie ökonomisch nicht sinnvoll erscheint.

# F. Vergleich der Ergebnisse unterschiedlicher Erfolgsgrößen bei DCF und Ertragswert

Fall 1)
die Differenz der Erfolgsgrößen ist in jeder Periode gleich Null und damit die Höhe der diskontierten Zukunftserfolge in jeder Periode identisch,

Fall 2)
die Zukunftserfolge sind zwar in einzelnen Perioden unterschiedlich, dafür gleicht sich die Differenz im Zeitablauf aus und ihre Barwerte sind identisch.

Zu Fall 1)
Die Differenz ist dann gleich Null und damit die Methoden identisch, wenn in jeder Periode:

1. die Zinsen der beiden Methoden gleich sind: ($Z_t^{DCF} = Z_t^{EW}$) und wenn
2. die „Nettoinvestitionen" (N*) vollständig fremdfinanziert werden: ($-N_t^* = \Delta Fk_t^{DCF}$).[64]

|  | (1) | (2) | (3) | (4) |
|---|---|---|---|---|
| Gewinn =10<br>Zinsen = 2 | EBIT = 12 | EBIT = 12 | EBIT = 12 | EBIT = 12 |
| + Abschreibungen<br>– Investitionen | N* = -1 | N* = -1 | N* = 1 | N* = 1 |
| = OCF + ICF | 11 | 11 | 13 | 13 |
| + Fremdkapitalfinanzierung | 1 | 0 | 0 | - 1 |
| – Zinsen | 2 | 2 | 2 | 2 |
| = NFCF | **10** | **9** | **11** | **10** |
| + Eigenkapitalfinanzierung | 0 | 1 | 0 | 0 |
| – Vollausschüttung | 10 | 10 | 10 | 10 |
| G* = EBIT – Z<br>= Veränderung der liq. M. | = 0 | = 0 | = 1 | = 0 |

Tab. VIII.1: Beispiel: Free Cashflow und Ausschüttung

Dies sei an folgenden Beispielen verdeutlicht: Ausgehend von einem Ertragsüberschuss (Gewinn) von 10 GE und Zinsaufwand von 2 GE ergibt sich bei unterschiedlicher Investition und Finanzierung immer dann derselbe Netto-FCF wie der ausgeschüttete Gewinn von 10 GE, wenn die Fremdfinanzierung genau der Höhe der „Nettoinvestitionen" N* (hier Abschreibungen abzgl. Investitionen) entspricht (vgl. Tab. VIII.1).

---

64 Hierunter fällt auch der häufig verwendete Fall der Gleichheit von Abschreibung und Investition, sodass keine Unterschiede zwischen Gewinn und Cashflow bestehen und auch kein Finanzierungsbedarf entsteht.

(1) Im Falle negativer N*, in denen aus der Innenfinanzierung ohne Selbstfinanzierung weniger Geld zur Verfügung steht als für Investitionen benötigt wird, werden die Methoden dann übereinstimmen, wenn dieser Finanzbedarf durch Fremdkapital gedeckt wird.
(2) Wird der Finanzbedarf dagegen mit Eigenkapital gedeckt, unterscheiden sich die Zahlungsströme der Methoden.
(3) Im Falle positiver N* werden die Methoden zu unterschiedlichen Ergebnissen führen, da diese überschüssigen Mittel bei der DCF-Methode als ausgeschüttet gelten, während sie bei der Ertragswertmethode im Unternehmen verbleiben.
(4) Wird diese Finanzüberdeckung N* an die Fk-Geber ausgeschüttet, d. h. Fremdkapital getilgt, so wird der NFCF so reduziert, dass er der Ausschüttung der Ertragswertmethode entspricht.[65]

In Beispiel (2) kommt es zu einem Unterschied der Erfolgsgrößen: der NFCF beträgt nur 9 GE, der Ertragsüberschuss 10 GE. Bewertet man bei der Ertragswertmethode Entnahmeüberschüsse, belaufen sich diese ebenfalls nur auf 9 GE, da die Kapitalaufnahme von 1 GE von der Ausschüttung abzusetzen ist. Bewertet man dagegen Ertragsüberschüsse, wie in obiger Bewertungsgleichung unterstellt, entsteht ein Bewertungsunterschied, der nur über kalkulatorische Zinsen auf das erhöhte Eigenkapital im Zeitablauf wieder ausgeglichen werden kann.

Zu Fall 2)
Sobald folglich Eigenfinanzierung vorliegt, ist eine Identität in jeder Periode nicht mehr gegeben und es kann lediglich in Barwerten zu einem Ausgleich kommen:

$$\sum_{t=1}^{\infty}(N_t^* + \Delta Fk_t^{DCF})q_{Ek}^{-t} = \sum_{t=1}^{\infty}(Z_t^{DCF} - Z_t^{EW})q_{Ek}^{-t}.$$

In diesem Fall können Ertragsüberschüsse nicht mehr unkorrigiert verwendet werden, da sie den Mittelabfluss vom Eigner (durch Kapitalaufnahme oder Thesaurierung) nicht berücksichtigen und so zu einem überhöhten Unternehmenswert führen. Die Differenz von Fremdkapitalaufnahme und Nettoinvestitionen (N* + ΔFk), also der eigenfinanzierte Anteil der Nettoinvestitionen, muss über kalkulatorische Zinsen bei der Ertragswertmethode ausgeglichen werden, die über die Zinsen der DCF-Methoden hinaus anfallen. Diese Bedingung entspricht dem indirekten Abzug der Nettoinvestitionen über kalkulatorische Zinsen von MM.[66] Da jedoch

---

65 Vgl. auch die Bedingungen des Abschnitts IV.C.3.1. für die Gültigkeit des Lücke-Theorems bei Vollausschüttung.
66 Dies entspricht der von MM vorgeschlagenen Diskontierung von Gewinnen nach Abzug von kalkulatorischen Zinsen auf die Nettoinvestitionen. Vgl. oben Abschnitt VI.C.4.

MILLER/MODIGLIANI (1961) keine Fremdfinanzierung zulassen, kommen in deren Überlegungen weder Fremdkapital noch Fremdkapitalzinsen vor:

$$Ek_0^{DCF} = \sum_{t=1}^{\infty}(G_t - N_t^*)q_{Ek}^{-t}.$$

Bei Fremdfinanzierung muss jedoch nur der Teil der Nettoinvestitionen, der nicht fremdfinanziert wird (N* + ΔFk), vom Gewinn (EBIT – Z) abgesetzt werden:

$$Ek_0^{DCF} = \sum_{t=1}^{\infty}\underbrace{(EBIT_t - Z_t^{DCF}}_{=G_t} + \underbrace{N_t^* + \Delta Fk_t}_{\text{eigenfin.N.}})q_{Ek}^{-t}.$$

Dieser Abzug kann auch indirekt über kalkulatorische Zinsen (z) erfolgen, die vereinfachend hier für einen ewigen Planungshorizont und eine einmalige Differenz dargestellt werden:

$$\sum_{j=1}^{\infty}\left[\underbrace{r_{Ek} \times (N_t^* + \Delta Fk_t)}_{=z}\right] \cdot q_{Ek}^{-j} = (N_t^* + \Delta Fk_t).$$

Diese müssen innerhalb der Ertragswertmethode über die pagatorischen Zinsen auf das Fremdkapital hinaus in allen künftigen Perioden abgesetzt werden:

$$Ek_0^{DCF} = \sum_{t=1}^{\infty}\underbrace{(EBIT_t - Z_t^{DCF}}_{=G_t^*} - z_t)q_{Ek}^{-t} \text{ mit } -z_t = r_{Ek} \times (N_t^* + \Delta Fk_t).$$

Dann gilt:

$$\sum_{t=1}^{\infty}z_t q_{Ek}^{-t} = \sum_{t=1}^{\infty}(Z_t^{DCF} - Z_t^{EW})q_{Ek}^{-t}$$

$$\Leftrightarrow \sum_{t=1}^{\infty}Z_t^{EW} q_{Ek}^{-t} = \sum_{t=1}^{\infty}(Z_t^{DCF} - z_t)q_{Ek}^{-t}.$$

und damit:

$$\sum_{t=1}^{\infty}(N_t^* + \Delta Fk_t^{DCF})q_{Ek}^{-t} = \sum_{t=1}^{\infty}(Z_t^{DCF} - Z_t^{EW})q_{Ek}^{-t} \qquad \text{q.e.d.}$$

Dies setzt allerdings voraus, dass die kalkulatorischen Zinsen auf Basis des Kapitalisierungszinsfußes ermittelt werden.

In Beispiel (3) liegt der umgekehrte Fall vor: hier ist der in der Ertragswertmethode diskontierte Erfolg (10 GE) geringer als in der DCF-Methode (11 GE). Wenn nämlich N* positiv ist, also ein Mittelüberschuss vorliegt, so wird dieser in der DCF-Methode ausgeschüttet, bei der Ertragswertmethode verbleibt er im Unternehmen. Er wird im Unternehmen reinvestiert und erhöht die späteren Erfolge und Ausschüttungen der Ertragswertmethode. Damit es zu keiner Doppelzählung kommt, darf dieser „Erfolg vom Erfolg"[67] jedoch in der DCF-Methode nicht die künftigen FCF erhöhen. Die Ergebnisse sind nur dann identisch, wenn sich N* innerhalb der Ertragswertmethode zu den Kapitalkosten verzinst, sodass die späteren Ertragsüberschüsse im Barwert genau um N* wachsen. Bei einer einheitlichen Zahlungsgrundlage für beide Rechnungen dürfte also die Verzinsung der N* lediglich für die Ertragswertmethode berücksichtigt werden, also außerhalb der Planzahlen als kalkulatorische Verzinsung. Eine weitere Alternative ist, die Anlage der N* als Investition zu behandeln und damit auch von den FCF abzusetzen. Dann sind die Periodenerfolge in beiden Rechnungen wieder identisch.

Um in beiden Methoden identische Ergebnisse erzielen zu können, sind folglich identische Finanzierungsannahmen zu treffen. Tritt Eigenfinanzierung auf, ist der Barwert der Ertragsüberschüsse um diese Eigenfinanzierung zu hoch, weshalb die Rechnung um den Abzug kalkulatorischer Zinsen zu ergänzen ist. Tritt ein Innenfinanzierungsüberschuss auf, dürfen die aus seiner Einbehaltung resultierenden Erträge ausschließlich in der Ertragswertmethode berücksichtigt werden. Alternativ muss die Einbehaltung als Investition von den FCF abgesetzt werden, um dann auch die daraus resultierenden Erfolge einzubeziehen.

## 2.3. Lücke-Theorem und Vollausschüttung

Aus den Ausführungen zum LÜCKE-Theorem ist bekannt, dass die Annahme von Vollausschüttung die Vorgehensweise bei der Bewertung stark erleichtert. Sowohl die Ertragswert- als auch die DCF-Methoden versuchen, eine Übereinstimmung der dort verwendeten Erfolgsgrößen mit den Entnahmeüberschüssen dadurch herzustellen, dass Konstanz der dafür relevanten Bestandsgrößen Eigenkapital bzw. Geldbestand unterstellt wird. Damit aber beide Methoden miteinander übereinstimmen können, müssten beide Bestandsgrößen gleichzeitig konstant sein.[68] Da dies nur schwer

---

67 Vgl. Löhr (1992), S. 525.
68 Vgl. Abschnitt IV.C.1.4.

durchzuhalten ist, lässt sich der Ansatz von kalkulatorischen Zinsen bei wenigstens einer der beiden Methoden kaum vermeiden.

Auf die Ertragswertmethode bezogen bedeutet die Voraussetzung der Konstanz des Eigenkapitals nicht nur Vollausschüttung der Gewinne, sondern auch eine reine Fremdfinanzierung des Finanzbedarfs. Nur so kann der Buchwert des Eigenkapitals konstant gehalten werden und der Abzug kalkulatorischer Zinsen von den Ertragsüberschüssen vermieden werden. Es zeigt sich also, dass auch der in der Praxis verwendete Ansatz der Vollausschüttung und reinen Fremdfinanzierung des Finanzbedarfs einen theoretischen Hintergrund hat.[69] Er vernachlässigt jedoch die Auswirkungen der Finanzierung auf die Kapitalstruktur und Kapitalkosten. Bei schwankenden Kapitalkostensätzen lässt sich aber kein Ausgleich über kalkulatorische Zinsen herstellen – es muss also auch hier eine Kapitalstruktur in Marktwerten eingehalten werden. Dann lässt sich aber eine teilweise Eigenfinanzierung des Finanzbedarfs kaum vermeiden, sodass der Ansatz kalkulatorischer Zinsen erforderlich wird.

Bei reiner Fremdfinanzierung wird der Finanzbedarf N* vollständig über den Abzug von Zinsen aus der Bewertung eliminiert. Bei teilweiser Eigenfinanzierung fallen bei identischem Finanzbedarf die in den Ertragsüberschüssen abgezogenen Zinsen entsprechend niedriger aus – diese Lücke ist durch kalkulatorische Zinsen auf die Eigenfinanzierung zu schließen.

Nach dem LÜCKE-Theorem sind die kalkulatorischen Zinsen auf die kumulierte Differenz aus Ertrags- und Entnahmeüberschüssen zu ermitteln:

$$PV[ENÜ_t] = Ek_0^B + PV[ERÜ_t - z_t]$$

$$\text{mit } z_t = r \times Ek_{t-1}^B = r \times \left( Ek_0^B + \sum_{s=0}^{t-1} (ERÜ_s - ENÜ_s) \right).$$

Die Differenz (ERÜ – ENÜ) lässt sich mithilfe obiger Darstellung der Kapitalflussrechnung ermitteln:

$$ERÜ = G = EBIT - Z$$
$$ENÜ = D - \Delta Ek = NFCF - \Delta liq.M. = EBIT + N^* + \Delta Fk - Z - \Delta liq.M.$$
$$\Rightarrow (ERÜ - ENÜ) = EBIT - Z - (EBIT + N^* + \Delta Fk - Z - \Delta liq.M.)$$
$$\Rightarrow (ERÜ - ENÜ) = - (N^* + \Delta Fk - \Delta liq.M.)$$

---

69 Vgl. auch Drukarczyk (1998), S. 289f.

Sie ist nichts anderes als der Finanzbedarf N* nach Finanzierung aus Fremdkapital und liquiden Mitteln, also der eigenfinanzierte Teil des Finanzbedarfs.

Der Abzug kalkulatorischer Zinsen auf das bestehende Eigenkapital im Zeitpunkt der Bewertung $Ek^B_0$ kann bei unendlichem Planungshorizont unterbleiben, da der Barwert genau den Wert des Eigenkapitals ausmacht, der zum Barwert der ERÜ nach kalkulatorischen Zinsen hinzugezählt werden muss: $Ek^B_0 = \dfrac{r \times Ek^B_0}{r}$.

Deshalb gilt bei unendlichem Planungshorizont:

$$Ek_0 = PV[ENÜ_t] = PV[EBIT_t - Z_t - z_t]$$
$$\Leftrightarrow Ek^{EW}_0 = \sum_{t=1}^{\infty} \frac{(D_t - m_t p_t)}{(1+r_{Ek})^t} = \sum_{t=1}^{\infty} \frac{(EBIT_t - Z_t - z_t)}{(1+r_{Ek})^t}$$
$$\text{mit } z_t = r \times \left(-\sum_{s=0}^{t-1}(N^*_s + \Delta Fk_s - \Delta liq.M._s)\right).$$

Diese Zusammenhänge gelten auch für die Diskontierung von Einzahlungsüberschüssen. Um die Bewertung mit unkorrigierten Einzahlungsüberschüssen durchführen zu können, muss der Bestand an liquiden Mitteln konstant gehalten werden. Dies ist nur bei Vollausschüttung aller überschüssigen Finanzmittel möglich. Anhand obiger Zusammenhänge zeigt sich auch, dass die Differenz aus Ausschüttung und Einzahlungsüberschuss (EZÜ – ENÜ) der Veränderung der liquiden Mittel entspricht:

$$EZÜ = NFCF = (EBIT + N^* + \Delta Fk - Z)$$
$$ENÜ = D - \Delta Ek = NFCF - \Delta liq.M. = EBIT + N^* + \Delta Fk - Z - \Delta liq.M.$$
$$\Rightarrow (EZÜ - ENÜ) = (EBIT + N^* + \Delta Fk - Z)$$
$$\quad - (EBIT + N^* + \Delta Fk - Z - \Delta liq.M.)$$
$$\Rightarrow (EZÜ - ENÜ) = \Delta liq.M.$$

Damit der Wert der Einzahlungsüberschüsse dem der Entnahmeüberschüsse entsprechen kann, müssen kalkulatorische Zinsen auf den Geldbestand davon abgesetzt werden:

$$PV[ENÜ_t] = GB_0 + PV[EZÜ_t - z_t]$$
$$\text{mit } z_t = r \times GB_{t-1} = r \times \left(GB_0 + \sum_{s=0}^{t-1}(EZÜ_s - ENÜ_s)\right).$$

Wie zuvor kann bei einem unendlichen Planungshorizont der Bestand im Bewertungszeitpunkt vernachlässigt werden, da sich Addition des Bestandes und Barwert der Zinsen hierauf gegenseitig aufheben. Dann sind lediglich noch kalder Zinsen hierauf gegenseitig aufheben. Dann sind lediglich noch kalkulatorische Zinsen auf die kumulierte Veränderung der liquiden Mittel abzusetzen. Derselbe Effekt lässt sich durch direkten Abzug der Veränderungen der liquiden Mittel von den Einzahlungsüberschüssen erreichen. In letzterem Falle entsprechen die so korrigierten Einzahlungsüberschüsse unmittelbar den Entnahmeüberschüssen.

Bei unendlichem Planungshorizont gilt folglich:

$$Ek_0 = PV[ENÜ_t] = PV[EZÜ_t - z_t] = PV[NFCF_t - z_t]$$

$$\Leftrightarrow Ek_0^{DCF} = \sum_{t=1}^{\infty} \frac{(D_t - m_t p_t)}{(1+r_{Ek})^t} = \sum_{t=1}^{\infty} \frac{(NFCF_t - z_t)}{(1+r_{Ek})^t}$$

$$\Leftrightarrow Ek_0^{DCF} = \sum_{t=1}^{\infty} \frac{(NFCF_t - \Delta liq.M._t)}{(1+r_{Ek})^t} \text{ mit } z_t = r \times \left( \sum_{s=0}^{t-1} (\Delta liq.M._s) \right).$$

## 2.4. Lücke-Theorem und Economic Value Added

Der EVA-Ansatz, der von einer Diskontierung von Ertragsüberschüssen nach Abzug kalkulatorischer Zinsen auf die Kapitalbindung ausgeht, hat die DCF-Methoden zur Grundlage. Deshalb beruht die Ableitung auf der Übereinstimmung des Barwerts der EVAs (= ERÜ – z) mit dem der Cashflows (EZÜ):

$$PV[EZÜ_t] = KB_0 + PV[ERÜ_t - z_t]$$

$$\text{mit } z_t = r \times KB_{t-1} = r \times \left( KB_0 + \sum_{s=0}^{t-1} (ERÜ_s - EZÜ_s) \right).$$

Die Kapitalbindung lässt sich wie folgt ermitteln:

ERÜ = G = EBIT − Z
EZÜ = NFCF = (EBIT + N* + ΔFk − Z)
⇒ (ERÜ − EZÜ) = EBIT − Z − (EBIT + N* + ΔFk − Z)
⇒ (ERÜ − EZÜ) = − (N* + ΔFk).

Somit gilt folgender Bewertungsansatz:

$$Ek_0^{DCF} = \sum_{t=1}^{\infty} \frac{(NFCF_t)}{(1+r_{Ek})^t} = Ek_0^{EVA} = KB_0 + \sum_{t=1}^{\infty} \frac{(EBIT_t - Z_t - z_t)}{(1+r_{Ek})^t}$$

$$\text{mit } z_t = r \times KB_{t-1} = r \times \left( KB_0 - \sum_{s=0}^{t-1} (N_s^* + \Delta Fk_s) \right).$$

Durch diese Korrekturen der ERÜ wird aber nur eine Übereinstimmung mit den EZÜ, nicht aber mit den ENÜ erreicht. Berücksichtigt man wie zuvor, dass eine Übereinstimmung der korrigierten Ertragsüberschüsse (EVAs) mit den Entnahmeüberschüssen anzustreben ist, dann ist die Ableitung des dafür nötigen Ansatzes identisch mit dem der Ertragswertmethode.

Die eben erfolgte Ableitung für die Ertragswertmethode stellt einen Nettoansatz dar, der die weniger gebräuchliche Variante des EVA-Ansatzes wiedergibt. Üblicherweise handelt es sich beim EVA-Ansatz um eine Bruttomethode. Dort müssen die Entnahmeüberschüsse weiter gefasst werden und neben denen der Eigentümer auch die Zahlungsströme von und an die Fremdkapitalgeber beinhalten. Dann sind die Größen ERÜ und EZÜ als Bruttogrößen $ERÜ^B$ und $EZÜ^B$ vor Fremdkapitalzahlungen zu definieren. Für diese gilt:

$$EZÜ^B = EZÜ + Z - \Delta Fk = NFCF + Fk\text{-}CF = BFCF = (EBIT + N^*)$$

$$ERÜ^B = ERÜ + Z = G + Z = EBIT$$

$$ENÜ = D - \Delta Ek = NFCF - \Delta liq.M. = EBIT + N^* + \Delta Fk - Z - \Delta liq.M.$$

$$\Rightarrow (ERÜ^B - EZÜ^B) = EBIT - (EBIT + N^*) = -N^*.$$

Eine Übereinstimmung von Einzahlungs- und Ertragsüberschüssen im Bruttomodell lässt sich durch Abzug kalkulatorischer Zinsen auf die Brutto-Kapitalbindung $KB^B$ von den Ertragsüberschüssen herbeiführen, die sich durch Kumulieren der Perioden-Finanzierungsbedarfe $N^*$ ergibt:

$$PV[EZÜ^B_t] = KB^B_0 + PV[ERÜ^B_t - z_t]$$

$$Gk_0^{DCF} = \sum_{t=1}^{\infty} \frac{(BFCF_t)}{(1+r_{Ek})^t} = Gk_0^{EVA} = KB^B_0 + \sum_{t=1}^{\infty} \frac{(EBIT_t - z_t)}{(1+r_{Ek})^t}$$

$$\text{mit } z_t = r \times KB^B_{t-1} = r \times \left( KB^B_0 + \sum_{s=0}^{t-1} (ERÜ^B_s - EZÜ_s) \right) = r \times \left( KB^B_0 - \sum_{s=0}^{t-1} (N^*_s) \right).$$

Die oben verwendete Kapitalbindung KB ist als Netto-Kapitalbindung einzuordnen, da Fremdkapitalzahlungen negativ in sie eingehen. Außerdem ist der Geldbestand vom Gesamtvermögen abzusetzen, sodass sie als Netto-Vermögen nach Abzug von Fremdkapital und Geldbestand interpretiert werden kann. Die Bruttokapitalbindung $KB^B$ hingegen ist das Vermögen nach Abzug des Geldbestands, vor Abzug von Fremdmitteln:

| Aktiva | Passiva |
|---|---|
| GB = Σ(EZÜ − ENÜ) = Σ(Δliq.M.) | Ek = Σ(ERÜ − ENÜ) <br> = − Σ(N* + ΔFk − Δliq.M.) |
| KB = Σ(ERÜ − EZÜ) = − Σ(N* + ΔFk) | |
| **KB$^B$ = − Σ(N*)** | Fk = Σ(ΔFk) |

KB = Netto-Kapitalbindung (netto von Geldbestand und Fremdmitteln)
KB = − Σ(N* + ΔFk) = KB$^B$ − Fk
KB$^B$ = Brutto-Kapitalbindung (ohne Geldbestand, vor Abzug von Fremdmitteln)
KB$^B$ = − Σ(N*)

Will man die EVA-Bewertung aber nicht auf einer Übereinstimmung mit Einzahlungsüberschüssen, sondern mit Entnahmeüberschüssen aufbauen, müssen die kalkulatorischen Zinsen auf Basis der kumulierten Differenz von Brutto-Ertrags- und Entnahmeüberschüssen (ERÜ$^B$ − ENÜ$^B$) ermittelt werden.
Für diese gilt:

$$ENÜ^B = Ek\text{-}CF + Fk\text{-}CF = D - \Delta Ek + Z - \Delta Fk$$
$$= NFCF - \Delta liq.M. + Z - \Delta Fk = EBIT + N^* - \Delta liq.M.$$
$$ERÜ^B = ERÜ + Z = G + Z = EBIT$$
$$\Rightarrow (ERÜ^B - ENÜ^B) = EBIT - (EBIT + N^* - \Delta liq.M.) = - N^* + \Delta liq.M.$$

Die kumulierte Differenz Σ(ERÜ$^B$ − ENÜ$^B$) von Brutto-Ertrags- und Entnahmeüberschüssen entspricht KB$^B$ + GB = Ek + Fk, dem Gesamtvermögen. Für den Brutto-EVA gilt folglich:

$$PV[ENÜ^B_t] = KB^B_0 + GB_0 + PV[ERÜ^B_t - z_t]$$
$$Gk^{EVA}_0 = KB^B_0 + GB_0 + \sum_{t=1}^{\infty} \frac{(EBIT_t - z_t)}{(1+r_{Ek})^t}$$
$$\text{mit } z_t = r \times (KB^B_{t-1} + GB_{t-1}) = r \times \left( KB^B_0 + GB_0 + \sum_{s=0}^{t-1} (-N^*_s + \Delta liq.M._s) \right).$$

## 3. Ertragswertmethode bei differenziertem Ausschüttungsverhalten

Wird ein anderes Ausschüttungsverhalten als das der Vollausschüttung der Gewinne unterstellt, ist zu unterscheiden, ob Entnahmeüberschüsse oder Ertragsüberschüsse bewertet werden sollen. Entnahmen sind um den Betrag der Einbehaltung zu mindern, wobei die Verzinsung der Einbehaltungen die zukünftigen Entnahmeüberschüsse erhöht. Werden Ertragsüberschüsse bewertet, so ist deren Barwert um die Einbehaltung überhöht. Deshalb sind die Ertragsüberschüsse um kalkulatorische Zinsen auf die Einbehaltung zu mindern, was obigen Ausführungen über die Eigenfinanzierung des Finanzbedarfs entspricht. Die Einbehaltung der Gewinne erhöht die liquiden Mittel. Sie ist deshalb in obiger Formel bei Vollausschüttung bereits berücksichtigt und ist folglich auch bei Thesaurierung anwendbar:

$$Ek_0 = PV[ENÜ_t] = PV[EBIT_t - Z_t - z_t]$$
$$\Leftrightarrow Ek_0^{EW} = \sum_{t=1}^{\infty} \frac{(D_t - m_t p_t)}{(1+r_{Ek})^t} = \sum_{t=1}^{\infty} \frac{(EBIT_t - Z_t - z_t)}{(1+r_{Ek})^t}$$
$$\text{mit } z_t = r \times \left(-\sum_{s=0}^{t-1}(N_s^* + \Delta Fk_s - \Delta liq.M._s)\right).$$

Folgende Beispiele verdeutlichen die Ermittlung der einbehaltenen Finanzüberschüsse als Differenz (ERÜ – ENÜ):

|  | (1) | (2) | (3) |
|---|---|---|---|
| EBIT | 12 | 12 | 12 |
| – Zinsen | -2 | -2 | -2 |
| = ERÜ = G | G = **10** | G = **10** | G = **10** |
| + Abschreibungen |  |  |  |
| – Investitionen | N* = -1 | N* = -1 | N* = 1 |
| = OCF + ICF | 11 | 11 | 13 |
| + Fremdkapitalfinanzierung | 1 | 0 | 0 |
| – Zinsen | 2 | 2 | 2 |
| = NFCF | 10 | 9 | 11 |
| + Eigenfinanzierung | 0 | 1 | 0 |
| – Ausschüttung | -5 | -5 | -5 |
| = ENÜ | 5 | 4 | 5 |
| = Veränderung der liq.M. | = 5 | = 5 | = 6 |
| (ERÜ–ENÜ) = – (N* +ΔFk + Δliq.M.) | -(-1+1-5) = 5 | -(-1-5) = 6 | -(1-6) = 5 |

Auch die DCF-Methoden kommen bei Einbehaltungen zu einem überhöhten Ergebnis, da die tatsächlichen Zuflüsse beim Eigner nicht den FCF entsprechen. Als Maßstab für den „richtigen" Wert können allein ein rechtlich mögliches Ausschüttungsverhalten und realistische Wiederanlagemöglichkeiten gelten. Die zwangsweise im Unternehmen verbleibenden finanziellen Mittel werden zum Thesaurierungssatz versteuert und investiert, die Rückflüsse erhöhen spätere Ausschüttungen, möglicherweise auch auf dem Wege von Kapitalrückführungen. Wie sich dies auf eine DCF-Bewertung auswirkt, wird im folgenden Kapitel untersucht.

# G. Ergebnis

Obige Ausführungen haben gezeigt, dass Ertragswertmethode und DCF-Methoden neben vielen konzeptionellen Gemeinsamkeiten eine Reihe von Unterschieden aufweisen, die zwangsläufig zu Bewertungsunterschieden führen.

Eine Gemeinsamkeit ist in der Grundkonzeption als Zukunftserfolgsrechnung und der ihr zugrunde liegenden Theorie zu sehen, die in Kapitel III. dargestellt wurde. Auch die Berücksichtigung des Steuervorteils ist unabhängig vom Vorliegen einer Brutto- oder Nettorechnung als gleichwertig zu betrachten. Die Ermittlung des Risikozuschlags ist in beiden Methoden flexibel gelöst, auch die Ertragswertmethode erlaubt die Anwendung „kapitalmarktorientierter Verfahren". Mit der Berücksichtigung persönlicher Steuern geht die Ertragswertmethode konsequent einen von der Theorie geforderten Schritt, mit dem sie den DCF-Methoden überlegen ist. Auch die Berücksichtigung eines konkreten Ausschüttungsverhaltens und seiner steuerlichen Wirkungen wird von der Theorie gefordert[70] und ist in der Ertragswertmethode am Weitesten umgesetzt.

In anderen Bereichen dagegen entspricht die Umsetzung der Ertragswertmethode weniger den theoretischen Anforderungen. Dies gilt vor allem in Bezug auf eine Berücksichtigung der Auswirkungen von Veränderungen der Kapitalstruktur. Der Einbezug der verschiedenen Risikokomponenten ist in beiden Methoden zu starr festgelegt und sollte stärker auf den Einzelfall bezogen werden. Diese Punkte sind aber eher als Abweichungen von einem theoretischen Ideal zu werten, denn als Unterschiede zwischen den Methoden. Deshalb ist für die Ertragswertmethode zu fordern, dass die Behandlung des Kapitalstrukturrisikos und der Risikokomponenten entspre-

---

[70] Vgl. Ballwieser (1995b), S. 128.

chend anzupassen ist. Für die DCF-Methoden ist eine Berücksichtigung persönlicher Steuern und des Ausschüttungsverhaltens zu fordern.

Neben diesen Kritikpunkten existieren einige methodische Unterschiede, die in ihren Auswirkungen noch zu untersuchen sind. So verwenden die Methoden unterschiedliche Erfolgsgrößen, die in Abhängigkeit vom unterstellten Ausschüttungsverhalten und den weiteren Finanzierungsannahmen zu übereinstimmenden oder unterschiedlichen Ergebnissen führen können. Abb. VIII.1 fasst den Methodenvergleich zusammen.[71]

| Merkmale | DCF-Methoden | Ertragswertverfahren | |
|---|---|---|---|
| Wertermittlung | Kapitalisierung von Zukunftserfolgen, ermittelt in Phasenrechnungen (Phasen-Methode) | | |
| Bewertungs-grundlage | Einzahlungsüberschüsse (Free Cashflow) PV(FCF) | „modifizierte" Ertragsüberschüsse PV(ERÜ-Z) | Entnahmeüberschüsse PV(ENÜ) |
| Ausschüttungs-verhalten | irrelevant | Vollausschüttung / Irrelevanz | spezifische Annahmen |
| Nebenrechnung | keine | Finanzbedarfsrechnung | |
| Investitionen | unmittelbar berücksichtigt | mittelbar über Abschreibungen und Zinsergebnis (Finanzbedarfsrechnung) | |
| Finanzierungs-annahmen | - Kapitalaufnahme entsprechend der Finanzierungsprämissen (Zielkapitalstruktur)<br>- Ausschüttung der Einzahlungsüberschüsse<br>FCF = OCF + ICF<br>OCF > ICF ⇒ FCF > 0 (Innenfinanzierung + Ausschüttung)<br>OCF < ICF ⇒ FCF < 0 (Innen- + Außenfinanzierung) | - Vollausschüttung der Ertragsüberschüsse oder anderes Ausschüttungsverhalten<br>- Innenfinanzierung zur Deckung von Ausschüttungen und Investitionen<br>- weiterer Finanzbedarf gedeckt durch Außenfinanzierung | |
| Differenz | Bei Vollausschüttung in der Ertragswertmethode kann eine Differenz entstehen, wenn FCF > G, denn die Differenz N* verbleibt im Unternehmen | | |
| Perspektive | Brutto- und Nettomethode | Nettomethode | |
| Eigenkapitalkosten | bestimmt mittels CAPM oder APT | Basiszinssatz („landesüblicher Zinssatz") + subjektiv festgesetzter Risikozuschlag<br>ebenso möglich: Ermittlung über CAPM | |
| Risikokomponenten | systematisches Risiko | systematisches und unsystematisches Risiko | |
| Kapitalstrukturrisiko | differenziert: MM- bzw. ME-Anpassung | undifferenziert: MM-Anpassung ohne Steuern | |
| persönliche Steuern | keine Berücksichtigung | werden berücksichtigt (Zähler + Nenner) | |

Abb. VIII.1: Synoptischer Vergleich von DCF- und Ertragswert-Methode

---

[71] Vgl. ähnliche Darstellungen in Ballwieser (1993), S. 168; Bender/Lorson (1997), S. 9; Serfling/Pape (1996), S. 62; Sieben (1995), S. 721.

Um übereinstimmende Ergebnisse zu erzielen, muss eine einheitliche Zahlengrundlage hergestellt werden, die von identischen Finanzierungsprämissen ausgeht. Dies allein genügt jedoch nicht, sondern es müssen bei beiden Methoden Anpassungen vorgenommen werden, die von den Finanzierungsprämissen und dem Ausschüttungsverhalten abhängen. Im folgenden Kapitel IX. werden die Bedingungen genauer betrachtet, unter denen identische Ergebnisse erzielt werden können.

# IX. Synthese: Bedingungen für übereinstimmende Ergebnisse

Nachdem im vorangegangenen Kapitel ausführlich auf die Gemeinsamkeiten und Unterschiede der Bewertungsverfahren eingegangen wurde, soll nun aufgezeigt werden, welche Bedingungen gegeben sein müssen, damit die Methoden zu übereinstimmenden Ergebnissen führen können. Hierfür können diese nicht in unveränderter Form angewendet werden, da sich bestimmte Methodenbestandteile grundsätzlich ausschließen. Die dargestellten methodischen Defizite sollen an dieser Stelle nicht weiter diskutiert werden, die Methoden werden hier entsprechend angepasst. Deshalb gilt die im Folgenden aufzuzeigende Ergebnisübereinstimmung nicht für die Methoden im Allgemeinen, sondern nur für die entsprechend angepassten Vorgehensweisen.

Über die Bereinigung der Defizite hinaus sind einige Modifikationen notwendig, die es ermöglichen, zu einheitlichen Ergebnissen zu gelangen. Diese werden im Folgenden zusammenfassend wiedergegeben.

Aus obigen Ausführungen lassen sich folgende allgemeine Voraussetzungen für eine Übereinstimmung der Ergebnisse auf Basis von Einzahlungsüberschüssen (Free Cashflows), Ertragsüberschüssen und Entnahmeüberschüssen ableiten:

- Zunächst ist von einer einheitlichen Planungsrechnung, identischen Finanzierungsannahmen und Kapitalkosten auszugehen.
- Um einen Ausgleich der unterschiedlichen Rechengrößen über kalkulatorische Zinsen zu ermöglichen, sind im Zeitablauf konstante Kapitalkosten anzusetzen, weshalb eine konstante Kapitalstruktur in Marktwerten (ertragswertabhängige Finanzierung) zugrunde zu legen ist. Dies erübrigt zudem die weitaus komplizierte-

re Bewertung anhand von periodenspezifischen Kapitalkostensätzen. In beiden Fällen ist aber die Ermittlung zukünftiger Unternehmenswerte erforderlich.
- Durch die ertragswertabhängige Finanzierung ist die Aufnahme und Rückzahlung von Fremdkapital festgelegt. Deshalb können die in der Finanzbedarfsrechnung ermittelten Über-/Unterdeckungen nach Fremdfinanzierung nur durch Eigenkapital und liquide Mittel ausgeglichen werden.
- Die Finanzbedarfsrechnung ist als ein Instrument anzusehen, das dazu dient, den Gegenwartswert der Ertragsüberschüsse an den gesuchten Wert der Entnahmeüberschüsse anzugleichen. Deshalb sind pagatorische Zinsen auf den fremdfinanzierten Teil und kalkulatorische Zinsen in Höhe der Eigenkapitalkosten auf den eigenfinanzierten Teil des Finanzbedarfs zu ermitteln und von den ERÜ abzusetzen. Diese kalkulatorischen Zinsen dürfen in die Free Cashflows der DCF-Methoden nicht eingehen.

Über diese allgemeinen Bedingungen hinaus sind einige Anpassungen notwendig, die davon abhängen, in welchem Detaillierungsgrad das Ausschüttungsverhalten abgebildet werden soll. Es lassen sich zwei unterschiedliche Ansätze verfolgen: das Ausschüttungsverhalten kann durch die Annahme der kapitalwertneutralen Reinvestition umgangen werden oder es kann explizit im Bewertungsmodell berücksichtigt werden.

Geht man von den DCF-Methoden im engeren Sinne, d. h. von einer Diskontierung betrieblicher Zahlungsüberschüsse ohne Korrekturen für das Ausschüttungsverhalten aus, dann handelt es sich um eine vereinfachte Planungsrechnung, die das tatsächliche Ausschüttungsverhalten durch die Annahme der kapitalwertneutralen Reinvestition ersetzt.[1] Von einer solchen vereinfachten Planung auszugehen, kann durchaus sinnvoll sein, wenn es z. B. nicht um die Ermittlung von Grenzpreisen ganzer Unternehmen geht, sondern um die Ermittlung von Werten für die wertorientierte Steuerung. Für die Ermittlung des Werts von Geschäftseinheiten macht die Berücksichtigung des Ausschüttungsverhaltens keinen Sinn, wenn dieses nicht in der Hand des Bewertungsobjekts liegt. Wenn keine expliziten Informationen über tatsächlich geplante Einbehaltungen und ihre Investitionsmöglichkeiten vorliegen, wie z. B. am Ende des Planungshorizonts, ist die Annahme der Anlage zu den Kapitalkosten als neutral einzustufen, da sie den Wert weder nach oben noch nach unten beeinflusst. Dann erscheint die Annahme der Vollausschüttung aller finanziellen Mittel bzw. die äquivalente Annahme einer kapitalwertneutralen Reinvestition gerechtfertigt.

---

1   Vgl. Abschnitt VI.D.

## A. Vereinfachte Planung ohne explizite Berücksichtigung des Ausschüttungsverhaltens

In einer solchen Planungsrechnung sind die DCF-Methoden i.e.S. unmodifiziert anwendbar. Hingegen müssen Ertrags- und Entnahmeüberschüsse, die auf Basis einer solchen vereinfachten Planung ermittelt wurden, erst noch um die Verzinsung der im Unternehmen verbleibenden liquiden Mittel erweitert werden, da diese in der Plan-GuV nicht enthalten ist:[2] Die Ermittlung der Verzinsung erfordert die Ermittlung der im Unternehmen verbleibenden Geldbestände als kumulierte Differenz von Einzahlungs- und Entnahmeüberschüssen (EZÜ – ENÜ) und damit die Annahme eines konkreten Ausschüttungsverhaltens. Dies widerspricht aber der Intention einer vereinfachten Planungsrechnung. Für solche Anwendungsfälle erscheinen daher die DCF-Methoden geeigneter. Gleichwohl können auch in diesen Fällen mit der Ertragswertmethode übereinstimmende Ergebnisse erzielt werden, was in Abschnitt A. anhand eines Beispiels veranschaulicht werden soll.

Eine Modifikation der in den DCF-Methoden verwendeten Einzahlungsüberschüsse ist nur dann sinnvoll, wenn man das Ausschüttungsverhalten und seine Auswirkungen im Bewertungsmodell explizit berücksichtigen will. Angesichts der gegebenen rechtlichen und faktischen Einschränkungen des Ausschüttungsverhaltens, der Aufnahme sowie der Rückzahlung von Eigenkapital erscheint eine Betrachtung der tatsächlichen Zahlungen von und an die Eigner wünschenswert. Jedoch ist hierfür die Ermittlung von Entnahmeüberschüssen anhand von Ertrags- und Einzahlungsüberschüssen notwendig. Die DCF-Methoden sind dann um eine Nebenrechnung über die Ausschüttungsfähigkeit der Cashflows durch Gewinnausschüttung, Auflösung von Rücklagen, Kapitalherabsetzung oder Rückkauf eigener Aktien zu ergänzen.

Würden in jeder Periode die mithilfe der Finanzbedarfsrechnung nach erfolgter Fremdfinanzierung ermittelten Unterdeckungen durch Eigenkapitalaufnahme und Überdeckungen durch Kapitalrückzahlung ausgeglichen, verblieben keine Finanzmittel im Unternehmen. Ein solches Finanzierungs- bzw. Ausschüttungsverhalten entspricht im Ergebnis der Vorgehensweise der klassischen DCF-Methoden – es wird die tatsächliche Ausschüttung aller Free Cashflows hergestellt. Werden Überschüsse jedoch nicht in jeder Periode abgeführt, etwa um zukünftige Finanzbedarfe zu decken, oder weil eine Rückzahlung von Eigenkapital nur in gewissen Abständen eingeplant ist, erhöhen diese Mittel den Geldbestand und sind bis zu ihrer anderweitigen Verwendung bestmöglich zu investieren. Da sich die Überschüsse nach geplanten (Real-)Investitionen ergeben, können sie i. d. R. nur in Finanzanlagen investiert werden. Die Annahme über ihre Verzinsung ist für den Unternehmenswert entscheidend: nur wenn sie nach Steuern kapitalwertneutral investiert werden können, wird

---

2 Vgl. Abschnitt VI.D.

ein Unternehmenswert erzielt, wie er auf Basis der klassischen DCF-Methoden ermittelt wird.

Im Gegensatz zur vereinfachten Planung, die keine Ermittlung der im Unternehmen verbleibenden Mittel vorsieht und daher auch die darauf entfallenden Erfolge unberücksichtigt lässt,[3] müssen in einer detaillierten Planung die Ertrags- und Steuerwirkung der Einbehaltung von Überschüssen berücksichtigt werden. Um eine Doppelzählung der aus der Nichtausschüttung finanzieller Überschüsse resultierenden Erfolge bei den DCF-Methoden zu vermeiden, sind kalkulatorische Zinsen auf die kumulierte Differenz (EZÜ - ENÜ) der finanziellen Überschüsse (EZÜ = NFCF) und der Nettoausschüttungen, welche der Veränderung der liquiden Mittel entspricht, von den FCF abzusetzen. Die Anlage der Differenz kann als Investition auch direkt von den FCF abgesetzt werden, entsprechend muss deren Rückfluss als Desinvestition wieder hinzu gezählt werden. Werden die Free Cashflows durch den Abzug der Einbehaltung bzw. der Veränderung des Geldbestandes modifiziert, stellen sie keine Zahlungsströme der Ebene Umwelt – Unternehmen mehr dar, sondern bilden die tatsächlichen Zahlungen der Ebene Unternehmen – Investoren ab. Damit hat man auf kompliziertem Wege ermittelt, was sich durch Anwendung des vorgesehenen Ausschüttungsverhaltens aus Ertragsüberschüssen und Finanzbedarfsrechnung unmittelbar ermitteln lässt: die Entnahmeüberschüsse.

Es zeigt sich, dass für eine detaillierte Planung unter Berücksichtigung des Ausschüttungsverhaltens die Bewertung anhand von dafür ohnehin notwendigen Entnahme- bzw. Ertragsüberschüssen, wie sie von der Ertragswertmethode verwendet werden, vorzuziehen ist. Jedoch lassen sich auch in diesem Fall alle DCF-Ansätze anwenden. Ihre parallele Verwendung erscheint insofern sinnvoll, als eine Bewertung nur dann konsequent richtig vorgenommen wurde, wenn mit allen Ansätzen dasselbe Ergebnis erzielt wird.

Im Folgenden sollen anhand eines ausführlichen Beispiels die Bedingungen veranschaulicht werden, unter denen die verschiedenen Methoden zu identischen Ergebnissen führen. Dabei wird zunächst von einer vereinfachten Planung ausgegangen und gezeigt, dass der mit den DCF-Methoden ermittelte Wert sich mithilfe von Entnahme- bzw. Ertragsüberschüssen nur dann erzielen lässt, wenn kalkulatorische Zinsen auf den Geldbestand in Höhe des Kalkulationszinsfußes hinzugezählt werden. Für die Ermittlung dieser Zinsen ist die Annahme eines Ausschüttungsverhaltens erforderlich, wobei von einer Vollausschüttung der Gewinne ausgegangen wird. In ei-

---

[3] Deshalb sind diese, wie oben dargestellt, im Falle einer vereinfachten Planung in Form von kalkulatorischen Zinsen zu den Entnahmeüberschüssen hinzuzuzählen.

nem zweiten Schritt wird die Integration des Ausschüttungsverhaltens in das Bewertungsmodel untersucht. Nachdem dies für die Vollausschüttung von Gewinnen geschehen ist, wird auch die Gewinnthesaurierung betrachtet. Es wird gezeigt, dass der durch die DCF-Methoden eingangs ermittelte Wert sich nur unter Erzielung einer Rendite, deren Höhe von der Besteuerung der Einbehaltung abhängig ist, erzielen lässt.

# A. Vereinfachte Planung ohne explizite Berücksichtigung des Ausschüttungsverhaltens

Wird die Planung so aufgestellt, dass sie sich auf das operative Geschäft des Bewertungsobjekts konzentriert, ohne rechtliche und faktische Restriktionen bei der Kapitalaufnahme und -ausschüttung zu beachten, so wird dabei unterstellt, dass sich diese Nichtbeachtung im Zeitablauf dadurch ausgleicht, dass die tatsächlich im Unternehmen verbleibenden Mittel kapitalwertneutral reinvestiert werden können. Wie im Abschnitt über die Prognose der Zukunftserfolge dargestellt wurde, wird im Gleichgewichtszustand jedes Unternehmen im Durchschnitt gerade seine Kapitalkosten verdienen, sodass diese Annahme durchaus gerechtfertigt erscheint, solange keine konkreten Anhaltspunkte dafür bestehen, dass sie im betrachteten Bewertungsfall unrealistisch ist.

## 1. Bewertung bei reiner Eigenfinanzierung

|  | t = 0 | t = 1 | t = 2 | t = 3 | t = 4 | t = 5 |
|---|---|---|---|---|---|---|
| Investition | -1.000 |  | -1.500 |  |  |  |
| Rückfluss (EBITDA) |  | 1.000 | 1.000 | 1.000 | 1.000 | 0,00 |
| FCF |  | 1.000 | -500 | 1.000 | 1.000 | 0,00 |
| PV-Faktor 12,5 % |  | 0,8889 | 0,7901 | 0,7023 | 0,6243 |  |
| PV FCF = 1.820,45 |  | 888,89 | -395,06 | 702,33 | 624,30 |  |

Zur Veranschaulichung der Ausführungen wird auf das Beispiel aus Abschnitt VII.C.3. zurückgegriffen: Eine vollständig eigenfinanzierte Investition von ursprünglich 1.000 GE erbringe Rückflüsse von 1.000 GE p.a., muss aber nach zwei Jahren ersetzt werden mit Kosten von 1.500 GE, um weitere zwei Jahre zu operieren. Nach vier Jahren seien die Ressourcen erschöpft und das Unternehmen werde aufgelöst.[4] Die risikoadäquaten Kapitalkosten des unverschuldeten Unternehmens betragen in jeder Periode 12,5 %. Der Barwert der betrieblichen Einzahlungsüberschüsse beträgt 1.820,45 GE. Bei den Rückflüssen handelt es sich um Salden der Umsatzein- und -auszahlungen. Die einzigen nicht-zahlungswirksamen Aufwendungen seien Abschreibungen, sodass die Rückflüsse den Gewinnen vor Zinsen, Steuern und Abschreibungen (EBITDA) entsprechen. Auf Basis einer Nutzungsdauer von zwei Jahren und bei Ansatz historischer Anschaffungskosten für die Abschreibung ergeben sich folgende Gewinne vor Zinsen und Steuern:

|  | $t=1$ | $t=2$ | $t=3$ | $t=4$ | $t=5$ |
|---|---|---|---|---|---|
| EBITDA | 1.000 | 1.000 | 1.000 | 1.000 | 0 |
| Abschreibung | -500 | -500 | -750 | -750 | 0 |
| EBIT | 500 | 500 | 250 | 250 | 0 |

Im Folgenden wird zunächst von Steuern abstrahiert. Bei Vollausschüttung der Gewinne ergeben sich folgende Entnahmeüberschüsse und Free Cashflows:

| KFR | $t=0$ | $t=1$ | $t=2$ | $t=3$ | $t=4$ | $t=5\text{-}\infty$ |
|---|---|---|---|---|---|---|
| Jahresüberschuss | 0 | 500 | 500 | 250 | 250 | 0 |
| + Abschreibungen | 0 | 500 | 500 | 750 | 750 | 0 |
| = Mittelzufluss aus laufender Geschäftstätigkeit | 0 | 1.000 | 1.000 | 1.000 | 1.000 | 0 |
| Investitionen | -1.000 | 0 | -1.500 | 0 | 0 | 0 |
| = Mittelzufluss aus der Investitionstätigkeit | -1.000 | 0 | -1.500 | 0 | 0 | 0 |
| = Brutto-Free Cashflow | -1.000 | 1.000 | -500 | 1.000 | 1.000 | 0 |
| + Fk-CF | 0 | 0 | 0 | 0 | 0 | 0 |
| = Netto-Free Cashflow | -1.000 | 1.000 | -500 | 1.000 | 1.000 | 0 |
| + Aufnahme von Eigenkapital | 1.000 | 0 | 1.000 | 0 | 0 | 0 |
| - Ausschüttungen | 0 | -500 | -500 | -250 | -250 | 0 |
| = ENÜ | 1.000 | -500 | 500 | -250 | -250 | 0 |
| = Veränderung liquider Mittel | 0 | 500 | 0 | 750 | 750 | 0 |
| Bestand Liquider Mittel (GB) | 0 | 500 | 500 | 1.250 | 2.000 | 2.000 |
| Zinsen auf GB (12,5 %) | 0 | 0 | 62,50 | 62,50 | 156,25 | 250 |

---

4  Das Beispiel wird in Abschnitt 4 auf eine unendliche Lebensdauer ausgeweitet.

A. Vereinfachte Planung ohne explizite Berücksichtigung des Ausschüttungsverhaltens

Der Barwert der Free Cashflows (NFCF = BFCF) entspricht dem oben errechneten Wert von 1.820,45 GE. Der Wert der Entnahmeüberschüsse beträgt jedoch nur 381,04 GE, was auch dem Wert der Ertragsüberschüsse nach Abzug kalkulatorischer Zinsen auf das Eigenkapital plus dem Wert des Eigenkapitals im Bewertungszeitpunkt gemäß dem Ertragswert- bzw. Residualgewinn (RG)-Ansatz entspricht. Wird der Geldbestand, der im Unternehmen verbleibt, zu 12,5 % angelegt, so wird dadurch weiterer Wert von 1.439,41 GE geschaffen. Diesen erhalten die Eigner zusätzlich zu den Entnahmeüberschüssen. In Summe entspricht dies dem Barwert der FCF von 1.820,45 GE:

|  | Barwert | t = 1 | t = 2 | t = 3 | t = 4 | t = 5 | t = ∞ |
|---|---|---|---|---|---|---|---|
| PV Faktor 12,5 % | 0,00 | 0,8889 | 0,7901 | 0,7023 | 0,6243 | 0,5549 | 4,4394 |
| PV FCF | 1.820,45 | 888,89 | -395,06 | 702,33 | 624,30 | 0,00 | 0,00 |
| PV ENÜ | 381,04 | 444,44 | -395,06 | 175,58 | 156,07 | 0,00 | 0,00 |
| PV z(GB) | 1.439,41 | 0,00 | 49,38 | 43,90 | 97,55 | 138,73 | 1.109,86 |
| PV (ENÜ + z(GB)) | 1.820,45 |  |  |  |  |  |  |
| PV ERÜ | 1.171,16 | 444,44 | 395,06 | 175,58 | 156,07 | 0,00 | 0,00 |
| PV z(Ek) | 1.790,12 | 111,11 | 98,77 | 175,58 | 156,07 | 138,73 | 1.109,86 |
| + Ek-Bestand in t = 0 | 1.000,00 |  |  |  |  |  |  |
| PV (ERÜ − z(Ek)) +Ek$_0$ | 381,04 |  |  |  |  |  |  |

Werden dagegen z. B. nur 10 % auf den Geldbestand erwirtschaftet, dann beträgt der Barwert dieser Zinsen nur 1.151,53 GE und der Gesamtwert für die Eigner nur 1.532,57 GE.

|  | Barwert | t = 1 | t = 2 | t = 3 | t = 4 | t = 5 | t = ∞ |
|---|---|---|---|---|---|---|---|
| Zinsen auf GB bei 8 % |  | 50,00 | 50,00 | 125,00 | 200,00 | 200,00 | 200,00 |
| PV Faktor 12,5 % |  | 0,8889 | 0,7901 | 0,7023 | 0,6243 | 0,5549 | 4,4394 |
| PV FCF | 1.820,45 | 888,89 | -395,06 | 702,33 | 624,30 | 0,00 | 0,00 |
| PV ENÜ | 381,04 | 444,44 | -395,06 | 175,58 | 156,07 | 0,00 | 0,00 |
| PV z(GB) | 1.151,53 | 0,00 | 39,51 | 35,12 | 78,04 | 110,99 | 887,89 |
| PV (ENÜ + z(GB)) | 1.532,57 |  |  |  |  |  |  |
| PV ERÜ | 1.171,16 | 444,44 | 395,06 | 175,58 | 156,07 | 0,00 | 0,00 |
| PV z(Ek) | 1.790,12 | 111,11 | 98,77 | 175,58 | 156,07 | 138,73 | 1.109,86 |
| + Ek-Bestand in t = 0 | +1.000,00 |  |  |  |  |  |  |
| PV (ERÜ − z(Ek))+Ek$_0$ | 381,04 |  |  |  |  |  |  |

Der Barwert der FCF überschätzt in diesem Falle den eigentlichen Wert um 287,88 GE. Bei 15 % Rendite ergäbe sich hingegen ein Eigentümerwert von 2.108,34 GE und eine Unterschätzung durch den DCF in gleicher Höhe.

## 2. Berücksichtigung von Steuern

Werden nun zusätzlich auf persönlicher Ebene nicht anrechenbare Unternehmenssteuern berücksichtigt,[5] z. B. eine Gewerbeertragsteuer von effektiv 20 %,[6] reduziert dies den Unternehmenswert auf 1.684,93 GE, vorausgesetzt, die betrachtete Steuer fällt auf die dem Kalkulationszinsfuß zugrundeliegende Alternative in gleicher Weise an, sodass sich nunmehr Eigenkapitalkosten von 10 % ergeben.

|  | t = 1 | t = 2 | t = 3 | t = 4 | t = 5 |
|---|---|---|---|---|---|
| EBITDA | 1.000 | 1.000 | 1.000 | 1.000 | 0 |
| Abschreibung | -500 | -500 | -750 | -750 | 0 |
| EBIT | 500 | 500 | 250 | 250 | 0 |
| - GESt 20 % auf EBIT | -100 | -100 | -50 | -50 | 0 |
| = Jahresüberschuss | 400 | 400 | 200 | 200 | 0 |

Die Free Cashflows des unverschuldeten Unternehmens sind um die Gewerbesteuer zu verringern:

|  | t = 0 | t = 1 | t = 2 | t = 3 | t = 4 | t = 5-∞ |
|---|---|---|---|---|---|---|
| BFCF v. St. | -1.000,00 | 1.000,00 | -500,00 | 1.000,00 | 1.000,00 | 0,00 |
| - GESt 20 % auf EBIT |  | -100,00 | -100,00 | -50,00 | -50,00 | 0,00 |
| = BFCF n. St | -1.000,00 | 900,00 | -600,00 | 950,00 | 950,00 | 0,00 |
|  | **Barwert** |  |  |  |  |  |
| PV Faktor 10 % |  | 0,91 | 0,83 | 0,75 | 0,68 | 0,62 |
| PV BFCF n. St. | 1.684,93 | 818,18 | -495,87 | 713,75 | 648,86 | 0,00 |

---

5   Persönliche Steuern bleiben hier zunächst unberücksichtigt, da sie zwar Auswirkungen auf den Gesamtwert, nicht aber auf die verschiedenen Methoden haben und nur zusätzliche Komplexität mit sich bringen. Es wird hier nach dem vereinfachten Modell vorgegangen, nach dem die Körperschaftsteuer auf persönlicher Ebene anrechenbar ist.

6   Dieser Satz soll dem effektiven Steuersatz entsprechen, der sich unter Berücksichtigung der Abzugsfähigkeit von der eigenen Bemessungsgrundlage ergibt.

Berücksichtigt man zusätzlich die Möglichkeit der Fremdfinanzierung, erhöht sich der Unternehmenswert um den Barwert der Tax Shields.

## 3. Bewertung bei Fremdfinanzierung und konstanter Kapitalstruktur

Um mit einem einheitlichen Kapitalisierungszinssatz rechnen zu können, wird von einer Zielkapitalstruktur in Marktwerten mit einem Verschuldungsgrad von 50 % Fremdkapitalanteil, bestehend aus Dauerschulden, ausgegangen. Der Fremdkapitalzinssatz betrage 8 %. Zunächst wird die Vorgehensweise der DCF-Methoden dargestellt.

### 3.1. DCF-Methoden

Die Höhe des Fremdkapitals und damit der Tax Shields hängt von den künftigen Unternehmenswerten ab. Deshalb ist das Ergebnis der Bewertung für den Ansatz des Fremdkapitals bereits erforderlich. Durch iteratives Vorgehen ergibt sich:

|  | t = 0 | t = 1 | t = 2 | t = 3 | t = 4 | t = 5 |
|---|---|---|---|---|---|---|
| $Gk_t$ | 1.701,97 | 965,23 | 1.657,82 | 866,85 | 0,00 | 0,00 |
| davon 50 % = $Fk_t$ | 850,98 | 482,61 | 828,91 | 433,42 | 0,00 | 0,00 |

Der Wert des Fremdkapitals im Zeitpunkt t = 0 ergibt sich auch als Barwert aller Zahlungen von und an die Fremdkapitalgeber (Fk-CF):

|  | Barwert | t = 1 | t = 2 | t = 3 | t = 4 | t = 5 |
|---|---|---|---|---|---|---|
| $\Delta Fk_t$ |  | 850,98 | -368,37 | 346,30 | -395,49 | -433,42 | 0,00 |
| $Z_t$ |  |  | 68,08 | 38,61 | 66,31 | 34,67 | 0,00 |
| Fk-CF |  |  | 436,45 | -307,69 | 461,80 | 468,10 | 0,00 |
| PV Faktor 8 % |  |  | 0,93 | 0,86 | 0,79 | 0,74 | 0,68 |
| PV Fk-CF | **850,98** | 404,12 | -263,79 | 366,59 | 344,07 | 0,00 |

Ist die Höhe des Fremdkapitals bekannt, lassen sich auch die Gewinne nach Zinsen und die zu entrichtenden Steuerbeträge ermitteln:

| GuV | t = 0 | t = 1 | t = 2 | t = 3 | t = 4 | t = 5-∞ |
|---|---|---|---|---|---|---|
| EBITDA | | 1.000,00 | 1.000,00 | 1.000,00 | 1.000,00 | 0,00 |
| - Abschreibungen | | 500,00 | 500,00 | 750,00 | 750,00 | 0,00 |
| = EBIT | | 500,00 | 500,00 | 250,00 | 250,00 | 0,00 |
| - Zinsaufwand | | -68,08 | -38,61 | -66,31 | -34,67 | 0,00 |
| = EBT | | 431,92 | 461,39 | 183,69 | 215,33 | 0,00 |
| - GESt 20 % | | 93,19 | 96,14 | 43,37 | 46,53 | 0,00 |
| = G | 0,00 | 338,73 | 365,25 | 140,32 | 168,79 | 0,00 |
| fiktive Steuer (EBIT × s) | | 100,00 | 100,00 | 50,00 | 50,00 | 0,00 |
| EBIT(1 - s) = NOPAT | 0,00 | 400,00 | 400,00 | 200,00 | 200,00 | 0,00 |

Hieraus ergeben sich folgende Tax Shields pro Periode:

| | Barwert | t = 1 | t = 2 | t = 3 | t = 4 | t = 5 |
|---|---|---|---|---|---|---|
| $TS_t = 0{,}5sZ_t$ | | 6,81 | 3,86 | 6,63 | 3,47 | 0,00 |
| PV Faktor | | 0,9259 | 0,8418 | 0,7652 | 0,6957 | 0,6324 |
| PVTS | 17,04 | 6,30 | 3,25 | 5,07 | 2,41 | 0,00 |

Die Tax Shields sind eine Periode lang mit dem Fremdkapitalkostensatz, die übrigen Perioden mit den Kapitalkosten des unverschuldeten Unternehmens zu diskontieren. Daraus ergibt sich ein Barwert der Tax Shields (PVTS) von 17,04 GE. Dieser ist zum Barwert der BFCF des unverschuldeten Unternehmens von 1.684,93 GE hinzuzuzählen, was einen Gesamtkapitalwert von 1.701,97 GE ergibt. Diese Vorgehensweise entspricht der des APV-Ansatzes. Geht man nach einem der übrigen Ansätze der DCF-Methoden vor, sind zunächst die Eigenkapitalkosten des verschuldeten Unternehmens zu bestimmen. Nach der für diesen Anwendungsfall relevanten MILES/EZZEL-Anpassung ergeben sich Eigenkapitalkosten von 11,985 %:

$$r_{Ek}^{\ell} = r_{Ek}^{u} + (r_{Ek}^{u} - r_{Fk})\left(\frac{1 + r_{Fk}(1 - 0{,}5s)}{1 + r_{Fk}}\right)\frac{Fk}{Ek}$$

$$= 0{,}1 + (0{,}1 - 0{,}08)\left(\frac{1 + 0{,}08(1 - 0{,}1)}{1 + 0{,}8}\right)\frac{0{,}5}{0{,}5} = 0{,}11985$$

Die gewichteten Kapitalkosten für den TCF- bzw. WACC-Ansatz lauten:

$$r_{TCF} = \left(r_{Ek} \times \frac{Ek}{Gk} + r_{Fk} \times \frac{Fk}{Gk}\right) = 0{,}11985 \times 0{,}5 + 0{,}08 \times 0{,}5 = 0{,}0993$$

A. Vereinfachte Planung ohne explizite Berücksichtigung des Ausschüttungsverhaltens

$$r_{WACC} = \left(r_{Ek} \times \frac{Ek}{Gk} + r_{Fk}(1-0,5s) \times \frac{Fk}{Gk}\right) = 0,1199 \times 0,5 + 0,08(1-0,1) \times 0,5$$
$$= 0,09593$$

Für den TCF-Ansatz sind zu den Cashflows des unverschuldeten Unternehmens, den BFCF, die Tax Shields hinzuzuzählen, für den WACC-Ansatz können die BFCF unmittelbar diskontiert werden:

|  | t = 0 | t = 1 | t = 2 | t = 3 | t = 4 | t = 5-∞ |
|---|---|---|---|---|---|---|
| BFCF (nach Steuern) | -1.000,00 | 900,00 | -600,00 | 950,00 | 950,00 | 0,00 |
| + TS |  | 6,81 | 3,86 | 6,63 | 3,47 | 0,00 |
| BFCF + TS | -1.000,00 | 906,81 | -596,14 | 956,63 | 953,47 | 0,00 |
| **TCF-Ansatz** | **Barwert** |  |  |  |  |  |
| PV Faktor 9,93 % |  | 0,9092 | 0,8266 | 0,7515 | 0,6832 | 0,6211 |
| PV (BFCF + TS) | 1.701,97 | 824,43 | -492,74 | 718,88 | 651,41 | 0,00 |
| **WACC-Ansatz** |  |  |  |  |  |  |
| PV Faktor 9,59 % |  | 0,9125 | 0,8326 | 0,7597 | 0,6932 | 0,6325 |
| PV BFCF | 1.701,97 | 821,22 | -499,56 | 721,74 | 658,57 | 0,00 |

Bei beiden Ansätzen resultiert ein Gesamtkapitalwert von 1.701,97 GE. Auch der Brutto-RG-Ansatz liefert den gleichen Wert. Hier werden von den Gewinnen vor Zinsen nach Abzug fiktiver Steuern (NOPAT = EBIT (1-s)) kalkulatorische Zinsen auf die am Periodenanfang vorhandene Kapitalbindung abgezogen. Die KB ergibt sich hier als fortgeführter Buchwert der Investition.

| **RG-Ansatz (Brutto)** | t = 0 | t = 1 | t = 2 | t = 3 | t = 4 | t = 5-∞ |
|---|---|---|---|---|---|---|
| Anfangsbestand | 0,00 | 1.000,00 | 500,00 | 1.500,00 | 750,00 | 0,00 |
| + Investition | 1.000,00 | 0,00 | 1.500,00 | 0,00 | 0,00 | 0,00 |
| - Abschreibung | 0,00 | 500,00 | 500,00 | 750,00 | 750,00 | 0,00 |
| = Schlussbestand | 1.000,00 | 500,00 | 1.500,00 | 750,00 | 0,00 | 0,00 |
| Kapitalkosten 9,59 % | 0,00 | 95,93 | 47,96 | 143,89 | 71,94 | 0,00 |
| NOPAT | 0,00 | 400,00 | 400,00 | 200,00 | 200,00 | 0,00 |
| RG | 0,00 | 304,07 | 352,04 | 56,11 | 128,06 | 0,00 |
| PV Faktor 9,59 % |  | 0,9125 | 0,8326 | 0,7597 | 0,6932 | 0,6325 |
| **PV RG** | **701,97** | 277,46 | 293,11 | 42,63 | 88,77 | 0,00 |

Das Resultat der RG-Bewertung ist ein Barwert von 701,97 GE. Hierzu ist die Kapitalbindung in t = 0 hinzuzuzählen, um zum Wert des Gesamtkapitals von 1.701,97 GE zu gelangen. Der Wert des Eigenkapitals entspricht 50 % hiervon bzw. 1.701,97 GE – 850,98 GE = 850,98 GE.

Für den Netto-Ansatz (Equity-Ansatz) sind von den BFCF die Zahlungen an die Fremdkapitalgeber abzuziehen und wie beim TCF-Ansatz die Tax Shields hinzuzuzählen.

| Equity-Ansatz | t = 0 | t = 1 | t = 2 | t = 3 | t = 4 | t = 5-∞ |
|---|---|---|---|---|---|---|
| BFCF (nach Steuern) | -1.000,00 | 900,00 | -600,00 | 950,00 | 950,00 | 0,00 |
| + TS |  | 6,81 | 3,86 | 6,63 | 3,47 | 0,00 |
| - Fk-CF | 850,98 | -436,45 | 307,69 | -461,80 | -468,10 | 0,00 |
| = NFCF | -149,02 | 470,36 | -288,45 | 494,83 | 485,37 | 0,00 |

Der NFCF lässt sich auch direkt durch Abzug der tatsächlich bezahlten Steuern ermitteln:

| Equity-Ansatz | t = 0 | t = 1 | t = 2 | t = 3 | t = 4 | t = 5-∞ |
|---|---|---|---|---|---|---|
| BFCF v. St. | -1.000,00 | 1.000,00 | -500,00 | 1.000,00 | 1.000,00 | 0,00 |
| - GESt 20 % auf EBT |  | -93,19 | -96,14 | -43,37 | -46,53 | 0,00 |
| + ΔFk$_t$ | 850,98 | -368,37 | 346,30 | -395,49 | -433,42 | 0,00 |
| - Z$_t$ |  | -68,08 | -38,61 | -66,31 | -34,67 | 0,00 |
| = NFCF | -149,02 | 470,36 | -288,45 | 494,83 | 485,37 | 0,00 |
|  | Barwert |  |  |  |  |  |
| PV Faktor 11,985 % |  | 0,8930 | 0,7974 | 0,7121 | 0,6359 | 0,5678 |
| PV NFCF | **850,98** | 420,02 | -230,01 | 352,35 | 308,62 | 0,00 |

Es ergibt sich unmittelbar der Eigenkapitalwert von 850,98 GE, der 50 % des oben ermittelten Gesamtkapitalwerts von 1.701,97 GE entspricht.

## 3.2. Ertragswertmethode

Der Ertragswert kann auf Basis von Entnahmeüberschüssen oder von Ertragsüberschüssen nach Abzug kalkulatorischer Zinsen auf den eigenfinanzierten Teil des Finanzbedarfs ermittelt werden. Ebenso lässt sich auch ein Netto-Residualgewinn-Ansatz formulieren, der von den Gewinnen kalkulatorische Zinsen auf das gebunde-

## A. Vereinfachte Planung ohne explizite Berücksichtigung des Ausschüttungsverhaltens

ne Buch-Eigenkapital abzieht. Die beiden letzteren sind im betrachteten Fall identisch, da aufgrund des endlichen Planungshorizonts sich die Addition des Eigenkapitalbestands im Bewertungszeitpunkt nicht durch geringere kalkulatorische Zinsen ersetzen lässt.[7]

| Finanzbedarfsrechnung | t = 0 | t = 1 | t = 2 | t = 3 | t = 4 | t = 5 |
|---|---|---|---|---|---|---|
| Finanzbedarfe | | | | | | |
| Investitionen | -1.000,00 | 0,00 | -1.500,00 | 0,00 | 0,00 | 0,00 |
| Ausschüttung | 0,00 | -338,73 | -365,25 | -140,32 | -168,79 | 0,00 |
| Zinsen | 0,00 | -68,08 | -38,61 | -66,31 | -34,67 | 0,00 |
| Steuern | 0,00 | -93,19 | -96,14 | -43,37 | -46,53 | 0,00 |
| = Finanzbedarfe | -1.000,00 | -500,00 | -2.000,00 | -250,00 | -250,00 | 0,00 |
| OCF | 0,00 | 1.000,00 | 1.000,00 | 1.000,00 | 1.000,00 | 0,00 |
| = Finanzdeckung | 0,00 | 1.000,00 | 1.000,00 | 1.000,00 | 1.000,00 | 0,00 |
| Unter/Überdeckung | -1.000,00 | 500,00 | -1.000,00 | 750,00 | 750,00 | 0,00 |
| Ek-Aufnahme | 149,02 | 0,00 | 522,07 | 0,00 | 0,00 | -671,09 |
| Fk-Aufnahme | 850,98 | -368,37 | 346,30 | -395,49 | -433,42 | 0,00 |

Um das Eigenkapital jeder Periode zu ermitteln, müssen Annahmen über das Ausschüttungsverhalten getroffen werden, die für die bisher dargestellten DCF-Ansätze nicht notwendig waren. Geht man von einer Vollausschüttung der Gewinne aus, so verbleibt die Differenz aus Gewinn und NFCF im Unternehmen und erhöht die liquiden Mittel. Es werden während der Lebensdauer des Unternehmens keine Kapitalrückzahlungen vorgenommen, sodass sich die Differenz zu einem Wert kumuliert, der dem eingelegten Eigenkapital entspricht, welches am Ende der Geschäftstätigkeit an die Eigner zurückgezahlt wird.[8] Es resultieren folgende Geldbestände:

| Kapitalflussrechnung | t = 0 | t = 1 | t = 2 | t = 3 | t = 4 | t = 5-∞ |
|---|---|---|---|---|---|---|
| = NFCF | -149,02 | 470,36 | -288,45 | 494,83 | 485,37 | 0,00 |
| - Ausschüttung | 0,00 | -338,73 | -365,25 | -140,32 | -168,79 | 0,00 |
| + Ek-Aufnahme | 149,02 | 0,00 | 522,07 | 0,00 | 0,00 | -671,09 |
| = Veränd. Liq. Mittel | 0,00 | 131,63 | -131,63 | 354,51 | 316,58 | -671,09 |
| Geldbestand | 0,00 | 131,63 | 0,00 | 354,51 | 671,09 | 0,00 |

---

7  Vgl. hierzu aber Abschnitt 4.
8  Bei der Kapitalaufnahme wird unterstellt, dass für den Betrieb kein Bestand an liquiden Mitteln erforderlich ist, dass also der GB vollständig investierbar ist.

Es ergeben sich folgende Planbilanzen:[9]

| Planbilanzen | t = 0 | t = 1 | t = 2 | t = 3 | t = 4 | t = 5-∞ |
|---|---|---|---|---|---|---|
| Sachanlagen | 1.000,00 | 500,00 | 1.500,00 | 750,00 | 0,00 | 0,00 |
| Geldbestand $GB_t$ | 0,00 | 131,63 | 0,00 | 354,51 | 671,09 | 0,00 |
| = Summe Aktiva | 1.000,00 | 631,63 | 1.500,00 | 1.104,51 | 671,09 | 0,00 |
| Eigenkapital | 149,02 | 149,02 | 671,09 | 671,09 | 671,09 | 0,00 |
| Fremdkapital | 850,98 | 482,61 | 828,91 | 433,42 | 0,00 | 0,00 |
| = Summe Passiva | 1.000,00 | 631,63 | 1.500,00 | 1.104,51 | 671,09 | 0,00 |

Ermittelt man auf Basis dieser Werte die kalkulatorischen Zinsen für die Ermittlung der Ertragsüberschüsse nach kalkulatorischen Zinsen bzw. Netto-RGs, ergeben sich folgende Werte:

| Ertragswert / RIM | t = 0 | t = 1 | t = 2 | t = 3 | t = 4 | t = 5 |
|---|---|---|---|---|---|---|
| Eigenkapitalkosten 11,985 % auf das gebundene Ek | 0,00 | 17,86 | 17,86 | 80,43 | 80,43 | 80,43 |
| ERÜ | 0,00 | 338,73 | 365,25 | 140,32 | 168,79 | 0,00 |
| ERÜ – z | 0,00 | 320,87 | 347,39 | 59,89 | 88,36 | -80,43 |
| | | Barwert | | | | |
| PV Faktor 11,985 % | | 0,8930 | 0,7974 | 0,7121 | 0,6359 | 0,5678 |
| PV (ERÜ – z) | 616,70 | 286,53 | 277,01 | 42,64 | 56,19 | -45,67 |
| + Ek-Bestand in t = 0 | 149,02 | | | | | |
| = PV (ERÜ – z) + $Ek_0$ | 765,72 | | | | | |

Zählt man zum Barwert von 616,70 GE den Buchwert des Eigenkapitals im Zeitpunkt t = 0 hinzu, erhält man einen Wert von 765,72 GE. Dieser entspricht dem Barwert der Entnahmeüberschüsse:

---

9 An dieser Stelle sei darauf hingewiesen, dass die eingangs erfolgte Planung der Kapitalstruktur in Marktwerten ganz offensichtlich mit der Planung der Finanzierung in Buchwerten wenig gemein hat. Nachdem die Fremdfinanzierung festgeschrieben ist, gilt es hier nur noch, die Eigenfinanzierung zu bestimmen.

A. Vereinfachte Planung ohne explizite Berücksichtigung des Ausschüttungsverhaltens

|  | t = 0 | t = 1 | t = 2 | t = 3 | t = 4 | t = 5 |
|---|---|---|---|---|---|---|
| Ausschüttung | 0,00 | 338,73 | 365,25 | 140,32 | 168,79 | 0,00 |
| - Ek-Aufnahme | -149,02 | 0,00 | -522,07 | 0,00 | 0,00 | 671,09 |
| = ENÜ | -149,02 | 338,73 | -156,82 | 140,32 | 168,79 | 671,09 |
|  | Barwert |  |  |  |  |  |
| PV Faktor 11,985 % |  | 0,8930 | 0,7974 | 0,7121 | 0,6359 | 0,5678 |
| PV (ENÜ) | 765,72 | 302,48 | -125,05 | 99,92 | 107,33 | 381,05 |

Dieser Wert enthält keine Verzinsung der im Unternehmen verbliebenen Geldbestände, der Differenz aus NFCF und Ausschüttung (EZÜ - ENÜ). Verzinsen sich diese zu den Eigenkapitalkosten, erhöht sich der Unternehmenswert um 85,26 GE. Dies ergibt in Summe einen Wert von 850,98 GE, was dem auf Basis der DCF-Methoden ermittelten Wert entspricht. Liegt die tatsächlich mögliche Verzinsung über oder unter diesem Wert, dann stellt der mithilfe der DCF-Methoden ermittelte Wert lediglich eine Näherungsgröße dar.

|  | t = 0 | t = 1 | t = 2 | t = 3 | t = 4 | t = 5 |
|---|---|---|---|---|---|---|
| GB = Σ(EZÜ-ENÜ) | 0,00 | 131,63 | 0,00 | 354,51 | 671,09 | 0,00 |
| Verzinsung zu 11,985 % |  | 0,00 | 15,78 | 0,00 | 42,49 | 80,43 |
|  | Barwert |  |  |  |  |  |
| PV Faktor 11,985 % |  | 0,8930 | 0,7974 | 0,7121 | 0,6359 | 0,5678 |
| PV (z(GB)) | 85,26 | 0,00 | 12,58 | 0,00 | 27,02 | 45,67 |
| PV (ENÜ) | 765,72 |  |  |  |  |  |
| PV (ENÜ + z(GB)) | 850,98 |  |  |  |  |  |

## 4. Bewertung im Phasenmodell

Die Übereinstimmung der Methoden lässt sich auch für ein Phasenmodel mit unendlicher Lebensdauer des Unternehmens zeigen. Hierzu wird das obige Beispiel dahingehend modifiziert, dass in t = 4 eine erneute Investition von 1500 GE notwendig ist, um danach ewige Rückflüsse von 629,86 GE zu erhalten. Die Abschreibungen müssen reinvestiert werden, um diese Rückflüsse dauerhaft zu erhalten.

| GuV | t = 0 | t = 1 | t = 2 | t = 3 | t = 4 | t = 5 | t = 6-∞ |
|---|---|---|---|---|---|---|---|
| EBITDA | | 1.000,00 | 1.000,00 | 1.000,00 | 1.000,00 | 629,86 | 629,86 |
| - Abschreibungen | | -500,00 | -500,00 | -750,00 | -750,00 | -450,00 | -450,00 |
| = EBIT | | 500,00 | 500,00 | 250,00 | 250,00 | 179,86 | 179,86 |
| - Zinsaufwand | | -68,08 | -38,61 | -66,31 | -34,67 | -60,00 | -60,00 |
| = EBT | | 431,92 | 461,39 | 183,69 | 215,33 | 119,86 | 119,86 |
| - GESt 20 % | | -93,19 | -96,14 | -43,37 | -46,53 | -29,97 | -29,97 |
| = G | 0,00 | 338,73 | 365,25 | 140,32 | 168,79 | 89,89 | 89,89 |
| fikt. Steuer (EBIT × s) | | 100,00 | 100,00 | 50,00 | 50,00 | 35,97 | 35,97 |
| EBIT(1 - s) = NOPAT | 0,00 | 400,00 | 400,00 | 200,00 | 200,00 | 143,89 | 143,89 |

Es lassen sich folgende Free Cashflows ermitteln:

| Kapitalflussrechnung | t = 0 | t = 1 | t = 2 | t = 3 | t = 4 | t = 5 | t = 6-∞ |
|---|---|---|---|---|---|---|---|
| EBIT (1-s) | 0,00 | 400,00 | 400,00 | 200,00 | 200,00 | 143,89 | 143,89 |
| Abschreibungen | 500,00 | 500,00 | 750,00 | 750,00 | 450,00 | 450,00 | 500,00 |
| Investitionen in SA | -1.000,00 | 0,00 | -1.500,00 | 0,00 | -1.500,00 | -450,00 | -450,00 |
| = BFCF | -1.000,00 | 900,00 | -600,00 | 950,00 | -550,00 | 143,89 | 143,89 |
| + TS | 0,00 | 6,81 | 3,86 | 6,63 | 3,47 | 6,00 | 6,00 |
| = TCF | -1.000,00 | 906,81 | -596,14 | 956,63 | -546,53 | 149,89 | 149,89 |
| Z | 0,00 | -68,08 | -38,61 | -66,31 | -34,67 | -60,00 | -60,00 |
| ΔFk | 850,98 | -368,37 | 346,30 | -395,49 | 316,58 | 0,00 | 0,00 |
| = NFCF | -149,02 | 470,36 | -288,45 | 494,83 | -264,63 | 89,89 | 89,89 |
| Ausschüttung | 0,00 | -338,73 | -365,25 | -140,32 | -168,79 | -89,89 | -89,89 |
| Ek-Aufnahme | 149,02 | 0,00 | 522,07 | 0,00 | 78,91 | 0,00 | 0,00 |
| Ek-CF (=-ENÜ) | 149,02 | -338,73 | 156,82 | -140,32 | -89,88 | -89,89 | -89,89 |
| = Veränd. liq. M. | 0,00 | 131,63 | -131,63 | 354,51 | -354,51 | 0,00 | 0,00 |
| GB | 0,00 | 131,63 | 0,00 | 354,51 | 0,00 | 0,00 | 0,00 |

Hierfür ist allerdings die Kenntnis der folgenden zukünftigen Unternehmenswerte und Fremdkapitalbestände notwendig:

| | t = 0 | t = 1 | t = 2 | t = 3 | t = 4 | t = 5 | t = 6-∞ |
|---|---|---|---|---|---|---|---|
| $Gk_t$ | 1.701,97 | 965,23 | 1.657,82 | 866,85 | 1.500,00 | 1.500,00 | 1.500,00 |
| $Fk_t$ | 850,98 | 482,61 | 828,91 | 433,42 | 750,00 | 750,00 | 750,00 |

## A. Vereinfachte Planung ohne explizite Berücksichtigung des Ausschüttungsverhaltens

Mit diesen Zahlen lässt sich die Bewertung durchführen:

| DCF | t = 0 | t = 1 | t = 2 | t = 3 | t = 4 | t = 5 | t = 6-∞ |
|---|---|---|---|---|---|---|---|
| APV-Ansatz | Barwert | | | | | | |
| PVF 10 % | | 0,9091 | 0,8264 | 0,7513 | 0,6830 | 0,6209 | 6,2092 |
| PVF für TS | | 0,9259 | 0,8418 | 0,7652 | 0,6957 | 0,6324 | 6,3242 |
| PV BFCF | 1.643,19 | 818,18 | -495,87 | 713,75 | -375,66 | 89,34 | 893,44 |
| PVTS | 58,78 | 6,30 | 3,25 | 5,07 | 2,41 | 3,79 | 37,95 |
| PV BFCF + TS | 1.701,97 | | | | | | |
| TCF-Ansatz | Barwert | | | | | | |
| PV Faktor 9,93 % | | 0,9092 | 0,8266 | 0,7515 | 0,6832 | 0,6211 | 6,2159 |
| PV (BFCF + TS) | 1.701,97 | 824,43 | -492,74 | 718,88 | -373,39 | 93,10 | 931,70 |
| WACC-Ansatz | | | | | | | |
| PV Faktor 9,59 % | | 0,9125 | 0,8326 | 0,7597 | 0,6932 | 0,6325 | 6,5941 |
| PV BFCF | 1.701,97 | 821,22 | -499,56 | 721,74 | -381,27 | 91,02 | 948,82 |
| Equity-Ansatz | | | | | | | |
| PV Faktor 11,985 % | | 0,8930 | 0,7974 | 0,7121 | 0,6359 | 0,5678 | 4,7375 |
| PV NFCF | 850,98 | 420,02 | -230,01 | 352,35 | -168,27 | 51,04 | 425,85 |

Alle DCF-Methoden ermitteln erneut denselben Wert.

| RG-Ansatz (Brutto) | t = 0 | t = 1 | t = 2 | t = 3 | t = 4 | t = 5 | t = 6-∞ |
|---|---|---|---|---|---|---|---|
| EBIT(1-s) | 0,00 | 400,00 | 400,00 | 200,00 | 200,00 | 143,89 | 143,89 |
| invest. Kapital | 1.000,00 | 500,00 | 1.500,00 | 750,00 | 1.500,00 | 1.500,00 | 1.500,00 |
| Kapitalkosten 9,59 % | | 95,93 | 47,96 | 143,89 | 71,94 | 143,89 | 143,89 |
| Brutto-RG | | 304,07 | 352,04 | 56,11 | 128,06 | 0,00 | 0,00 |
| PV Faktor 9,59 % | | 0,9125 | 0,8326 | 0,7597 | 0,6932 | 0,6325 | 6,5941 |
| PV RG | 701,97 | 277,46 | 293,11 | 42,63 | 88,77 | 0,00 | 0,00 |
| + inv. Kap. | 1.000,00 | | | | | | |
| Gk | 1.701,97 | | | | | | |

Die Übereinstimmung der Ergebnisse liegt darin begründet, dass für die Rückflüsse aus der Investition im Zeitpunkt t = 4 eine kapitalwertneutrale Verzinsung angesetzt wurde. Dies ist für die Methodengleichheit nicht erforderlich, sondern wurde angesetzt, um die Werte beibehalten zu können und die Aussagekraft der RGs zu verdeutlichen: Sie sind ab Periode t = 5 gleich Null, d. h. die Investition und die daraus resultierenden Rückflüsse tragen zu keiner Mehrung des Unternehmenswerts bei. Hierin wird die kapitalwertneutrale Verzinsung der Investition in t = 4 deutlich. Es resultiert derselbe Unternehmenswert wie auf Basis der DCF-Methoden. Die gleiche Aussage kann man ebenso mit Netto-RGs ableiten:

| RG-Ansatz (Netto) | t = 0 | t = 1 | t = 2 | t = 3 | t = 4 | t = 5 | t = 6-∞ |
|---|---|---|---|---|---|---|---|
| G | **0,00** | 338,73 | 365,25 | 140,32 | 168,79 | 89,89 | 89,89 |
| Ek-Bestand | **149,02** | 149,02 | 671,09 | 671,09 | 750,00 | 750,00 | 750,00 |
| Kapitalkosten 11,99 % | | 17,86 | 17,86 | 80,43 | 80,43 | 89,89 | 89,89 |
| Netto-RG | | **320,87** | **347,39** | **59,89** | **88,36** | **0,00** | **0,00** |
| | | Barwert | | | | | |
| PV Faktor 11,99 % | | 0,8930 | 0,7974 | 0,7121 | 0,6359 | 0,5678 | 4,7375 |
| PV RG | **662,37** | 286,53 | 277,01 | 42,64 | 56,19 | 0,00 | 0,00 |
| + Ek$_0$ | **149,02** | | | | | | |
| = PV (ENÜ) | **811,39** | | | | | | |

Auch die Netto-RGs sind ab t = 5 gleich Null. Der MVA beträgt hier jedoch nur 662,37 GE. Zusammen mit dem Eigenkapitalbestand in t = 0 ergeben sich 811,39 GE. Aufgrund der vereinfachten Planungsrechnung enthält dieser Wert keine Verzinsung der im Unternehmen verbliebenen Geldbestände.[10] Er entspricht dem Barwert der ENÜ in der Ertragswertmethode:

| Ertragswert | t = 0 | t = 1 | t = 2 | t = 3 | t = 4 | t = 5 | t = 6-∞ |
|---|---|---|---|---|---|---|---|
| Ausschüttung | 0,00 | 338,73 | 365,25 | 140,32 | 168,79 | 89,89 | 89,89 |
| - Ek-Aufnahme | -149,02 | 0,00 | -522,07 | 0,00 | -78,91 | 0,00 | 0,00 |
| = ENÜ | -149,02 | 338,73 | -156,82 | 140,32 | 89,88 | 89,89 | 89,89 |
| | | Barwert | | | | | |
| PV Faktor 11,985 % | | 0,8930 | 0,7974 | 0,7121 | 0,6359 | 0,5678 | 4,7375 |
| PV (ENÜ) | **811,39** | 302,48 | -125,05 | 99,92 | 57,15 | 51,04 | 425,85 |

Setzt man für die Verzinsung der GB erneut die Eigenkapitalkosten an, erhöht sich der Unternehmenswert um 39,59 GE auf 850,98 GE:

---

10 Dass beim Netto-RG-Ansatz die Verzinsung der GB addiert wird, beim Brutto-Eva-Ansatz dies jedoch nicht erfolgen muss, liegt an der zugrunde gelegten Bestandsgröße für die Ermittlung der kalkulatorischen Zinsen. Da für den Bruttoansatz nur die Brutto-Kapitalbindung ohne Geldbestand statt der gesamten Aktiva abgezogen wird, muss anschließend nicht die Verzinsung des GB hinzugezählt werden.

A. Vereinfachte Planung ohne explizite Berücksichtigung des Ausschüttungsverhaltens 529

| Ertragswert | t = 0 | t = 1 | t = 2 | t = 3 | t = 4 | t = 5 | t = 6-∞ |
|---|---|---|---|---|---|---|---|
| GB | 0,00 | 131,63 | 0,00 | 354,51 | 0,00 | 0,00 | 0,00 |
| Verzinsung 11,985 % | | 0,00 | 15,78 | 0,00 | 42,49 | 0,00 | 0,00 |
| | Barwert | | | | | | |
| PV Faktor 11,985 % | | 0,8930 | 0,7974 | 0,7121 | 0,6359 | 0,5678 | 4,7375 |
| PV (z(GB)) | 39,59 | 0,00 | 12,58 | 0,00 | 27,02 | 0,00 | 0,00 |
| PV (ENÜ) | 811,39 | | | | | | |
| PV (ENÜ + z(GB)) | 850,98 | | | | | | |

Bei unendlichem Planungshorizont lässt sich der Eigentümerwert auch durch Abzug von kalkulatorischen Zinsen auf den eigenfinanzierten Teil des Finanzbedarfs ermitteln, ohne den Bestand im Bewertungszeitpunkt berücksichtigen zu müssen. Berechnet man die Zinsen lediglich auf das Eigenkapital ohne den Bestand in t = 0, muss dieser Bestand auch nicht zum Barwert der Ertragsüberschüsse nach kalkulatorischen Zinsen hinzugezählt werden. Auch hier resultiert zunächst jedoch nur ein Wert ohne die Verzinsung des Geldbestands, der noch zusätzlich zum Barwert addiert werden muss, um den Eigentümerwert zu erhalten. Die einzelnen so modifizierten Ertragsüberschüsse (ERÜ − z) sind jedoch nicht wie die RGs dahingehend interpretierbar, ob die mit den Rückflüssen erzielte Rendite zur Deckung der Kapitalkosten ausreicht. Deshalb erscheint der geringe zusätzliche Aufwand zur Berücksichtigung des Eigenkapitalbestands in t = 0 gerechtfertigt.

| Ertragswert | t = 0 | t = 1 | t = 2 | t = 3 | t = 4 | t = 5 | t = 6-∞ |
|---|---|---|---|---|---|---|---|
| G | **0,00** | 338,73 | 365,25 | 140,32 | 168,79 | 89,89 | 89,89 |
| Ek-Bestand ohne Ek$_0$ | 0,00 | 0,00 | 522,07 | 522,07 | 600,98 | 600,98 | 600,98 |
| kalk. Zinsen 11,99 % | | 0,00 | 0,00 | 62,57 | 62,57 | 72,03 | 72,03 |
| ERÜ − z | | 338,73 | 365,25 | 77,75 | 106,22 | 17,86 | 17,86 |
| | Barwert | | | | | | |
| PV Faktor 11,99 % | | 0,8930 | 0,7974 | 0,7121 | 0,6359 | 0,5678 | 4,7375 |
| PV (ERÜ − z) | **811,39** | 302,48 | 291,25 | 55,36 | 67,54 | 10,14 | 84,61 |
| + z(GB) | 39,59 | | | | | | |
| = Ek | **850,98** | | | | | | |

Die bisherige Bewertung setzt voraus, dass die Verzinsung der im Unternehmen verbleibenden Mittel nicht schon in der Planung und damit in den FCF berücksichtigt ist. Dies vernachlässigt die steuerliche Wirkung der Einbehaltung und Wiederanlage. Alternativ kann man diese Verzinsung auch integrieren, muss dann aber die Anlage der Beträge als Investition von den FCF abziehen, um eine Doppelzählung zu vermeiden. Der Anschaulichkeit wegen wird im Folgenden wieder zum Ausgangsbeispiel mit begrenzter Lebensdauer des Unternehmens zurückgekehrt.

## B. Berücksichtigung der Auswirkungen des Ausschüttungsverhaltens

Bei Gültigkeit der Prämisse der Wiederanlage der im Unternehmen verbleibenden Geldbeträge zu den Kapitalkosten kommen alle betrachteten Verfahren der Unternehmensbewertung zu identischen Ergebnissen. Durch die Besonderheiten des deutschen Steuersystems wird der Zinssatz, zu dem die kapitalwertneutrale Wiederanlage erfolgen muss, jedoch höher sein als der Kalkulationszinsfuß. Dies wird im Folgenden in zwei Abschnitten diskutiert. Zunächst wird Vollausschüttung der Gewinne unterstellt, was die Berücksichtigung der steuerlichen Behandlung von Gewinnthesaurierungen erübrigt. Im Anschluss wird auch dies in die Betrachtung einbezogen.

### 1. Bewertung bei Vollausschüttung der Gewinne

Zunächst wird weiterhin von einer Vollausschüttung der Gewinne ausgegangen. Es wird die Frage untersucht, wie sich die über die Gewinne hinausgehenden finanziellen Überschüsse auf die Bewertung auswirken. Der Barwert der Free Cashflows entspricht dem einer maximal möglichen Ausschüttung, wenn in jeder Periode alle Gewinne und zusätzlich auch alle darüber hinausgehenden Finanzüberschüsse ausgeschüttet werden (hier dargestellt als negative Kapitalaufnahme):

|  | t = 0 | t = 1 | t = 2 | t = 3 | t = 4 | t = 5-∞ |
|---|---|---|---|---|---|---|
| Gewinn | 0,00 | 338,73 | 365,25 | 140,32 | 168,79 | 0,00 |
| N* = I + Abschr. | -1.000,00 | 500,00 | -1.000,00 | 750,00 | 750,00 | 0,00 |
| + Aufnahme Fk | 850,98 | -368,37 | 346,30 | -395,49 | -433,42 | 0,00 |
| = NFCF | -149,02 | 470,36 | -288,45 | 494,83 | 485,37 | 0,00 |
| - Gewinnausschüttung | 0,00 | -338,73 | -365,25 | -140,32 | -168,79 | 0,00 |
| + Ek-Aufnahme | 149,02 | -131,63 | 653,70 | -354,51 | -316,58 | 0,00 |
| = Ek-CF (=-ENÜ) | 149,02 | -470,36 | 288,45 | -494,83 | -485,37 | 0,00 |
| = Veränd. liq. Mittel | 0,00 | 0,00 | 0,00 | 0,00 | 0,00 | 0,00 |
| PV(ENÜ) | **850,98** | 420,02 | -230,01 | 352,35 | 308,62 | 0,00 |

## B. Berücksichtigung der Auswirkungen des Ausschüttungsverhaltens

Um den Effekt der Ausschüttungspolitik untersuchen zu können, soll eine einmalige Einbehaltung überschüssiger Mittel betrachtet werden. In Periode t = 1 besteht ein Finanzmittelüberschuss von 131,63 GE, der als negative Kapitalaufnahme, d. h. Kapitalrückzahlung, den Eigentümern zufließt, da er keinen Gewinn darstellt. Wird er einbehalten, erhöht er die liquiden Mittel und kann eine Periode lang investiert werden, bis er in t = 2 zur Deckung von Finanzbedarfen verwendet wird.

|  | t = 0 | t = 1 | t = 2 | t = 3 | t = 4 | t = 5-∞ |
|---|---|---|---|---|---|---|
| - Gewinnausschüttung | 0,00 | -338,73 | -365,25 | -140,32 | -168,79 | 0,00 |
| + Ek-Aufnahme | 149,02 | 0,00 | 522,07 | -354,51 | -316,58 | 0,00 |
| = Ek-CF (= -ENÜ) | 149,02 | -338,73 | 156,82 | -494,83 | -485,37 | 0,00 |
| = Veränd. liq. Mittel | 0,00 | 131,63 | -131,63 | 0,00 | 0,00 | 0,00 |
|  | **Barwert** |  |  |  |  |  |
| PV (ENÜ) | **838,40** | 302,48 | -125,05 | 352,35 | 308,62 | 0,00 |
| PV (z(GB)) | **12,58** | 0,00 | 12,59 | 0,00 | 0,00 | 0,00 |
| gesamt | **850,98** |  |  |  |  |  |

Durch die Einbehaltung erhalten die Eigentümer eine um 131,63 GE geringere Ausschüttung. Diese wird in der Folgeperiode durch eine um 131,63 GE geringere Kapitalaufnahme ausgeglichen.

|  | t = 0 | t = 1 | t = 2 | t = 3 | t = 4 | t = 5-∞ |
|---|---|---|---|---|---|---|
| bisherige ENÜ | -149,02 | 470,36 | -288,45 | 494,83 | 485,37 | 0,00 |
| ENÜ nach Einbehaltung | -149,02 | 338,73 | -156,82 | 494,83 | 485,37 | 0,00 |
| Differenz ENÜ | 0,00 | 131,63 | -131,63 | 0,00 | 0,00 | 0,00 |

Damit die Eigentümer jedoch in Barwerten gleichgestellt sind, müssen die künftigen Ausschüttungen steigen. Die Verzinsung des im Unternehmen verbleibenden Geldbestands gleicht im Barwert die geringere Ausschüttung aus. Die Einbehaltung und die daraus resultierenden höheren späteren Nettoausschüttungen führen zu einer Erhöhung des Unternehmenswerts in t = 1. Damit die Eigentümer gleichgestellt sind, muss die Erhöhung des Unternehmenswerts die geringere Ausschüttung kompensieren.

|  | t = 0 | t = 1 | t = 2 | t = 3 | t = 4 | t = 5-∞ |
|---|---|---|---|---|---|---|
| bisheriger Eigentümerwert | 850,98 | 482,61 | 828,91 | 433,42 | 0,00 | 0,00 |
| Einbehaltung | 0,00 | 131,63 | 0,00 | 0,00 | 0,00 | 0,00 |
| Eigentümerwert nach Einbeh. | 850,98 | 614,25 | 828,91 | 433,42 | 0,00 | 0,00 |

Die Wertsteigerung in t = 1 wird durch höhere Entnahmeüberschüsse in der Zukunft hervorgerufen. Dabei handelt es sich nicht allein um eine Verzinsung des Geldbestandes, sondern auch um die mit der Einbehaltung verbundene Wirkung auf die Verschuldungskapazität des Unternehmens. Bei einem unverschuldeten Unternehmen mit Kapitalkosten von 10 % beträgt die Barwertdifferenz der um eine Periode verzögerten (Netto-)Ausschüttung 10,88 GE. Damit künftig höhere Ausschüttungen diese ausgleichen können, müssen die Geldbestände nach Steuern mit 10 % verzinst werden. Vor Steuern ergibt sich ein Satz von 12,5 %.

|  | t = 0 | t = 1 | t = 2 | t = 3 | t = 4 | t = 5-∞ |
|---|---|---|---|---|---|---|
| Differenz ENÜ | 0,00 | 131,63 | -131,63 | 0,00 | 0,00 | 0,00 |
| Verzinsung 12,5 % | 0,00 | 0,00 | 16,45 | 0,00 | 0,00 | 0,00 |
| Verzinsung n. St. 10 % | 0,00 | 0,00 | 13,16 | 0,00 | 0,00 | 0,00 |
|  | **Barwert** |  |  |  |  |  |
| PVF 10 % |  | 0,91 | 0,83 | 0,75 | 0,68 | 0,62 |
| PV Differenz ENÜ | **10,88** | 119,66 | -108,79 | 0,00 | 0,00 | 0,00 |
| PV Zinsen n. St. | **10,88** | 0,00 | 10,88 | 0,00 | 0,00 | 0,00 |

Bei einem verschuldeten Unternehmen erhöht sich durch die Einbehaltung auch das Verschuldungspotenzial. Es kommt zu einer höheren Fremdkapitalaufnahme und höheren Tax Shields. Bei einer Fremdkapitalquote von 50 % führt die Einbehaltung von 131,63 GE zu einer Aufnahme von weiterem Fremdkapital in Höhe von 131,63 GE in t = 1. Diese Beträge sind zusätzlich investierbar und erhöhen die künftigen Entnahmen, soweit die mit ihnen verdiente Verzinsung die dafür bezahlten Zinsaufwendungen übersteigt. Geschieht diese Aufnahme nicht, steigt die Eigenkapitalquote und die Eigenkapitalkosten fallen, was entsprechend berücksichtigt werden müsste. Dies entspräche jedoch nicht dem hier zugrundegelegten L-Modell.

|  | t = 0 | t = 1 | t = 2 | t = 3 | t = 4 | t = 5-∞ |
|---|---|---|---|---|---|---|
| Fk alt | 850,98 | 482,61 | 828,91 | 433,42 | 0,00 | 0,00 |
| Fk neu | 850,98 | 614,25 | 828,91 | 433,42 | 0,00 | 0,00 |
| Zinsaufwand neu |  | 68,08 | 49,14 | 66,31 | 34,67 | 0,00 |
| Tax Shields neu |  | 6,81 | 4,91 | 6,63 | 3,47 | 0,00 |
| Tax Shields alt |  | 6,81 | 3,86 | 6,63 | 3,47 | 0,00 |
| Differenz |  | 0,00 | 1,05 | 0,00 | 0,00 | 0,00 |
|  | **Barwert** |  |  |  |  |  |
| PVF |  | 0,9259 | 0,8418 | 0,7652 | 0,6957 | 0,6324 |
| PVTS | **17,93** | 6,30 | 4,14 | 5,07 | 2,41 | 0,00 |
| PV Differenz | **0,89** | 0,00 | 0,89 | 0,00 | 0,00 | 0,00 |

Der Wert der Tax Shields steigt unter diesen Bedingungen um 0,89 GE. Die zusätzlich aufgenommenen Fremdmittel erhöhen ebenfalls den Geldbestand. Damit sind insgesamt 263,26 GE in t = 1 investierbar. Es fließen den Investoren in t = 1 gegenüber der Ausgangslage insgesamt 263,26 GE weniger zu, was durch die Verzinsung der Beträge abgedeckt werden muss.

|  | t = 0 | t = 1 | t = 2 | t = 3 | t = 4 | t = 5-∞ |
|---|---|---|---|---|---|---|
| bisherige Fk-Aufnahme | 850,98 | -368,37 | 346,30 | -395,49 | -433,42 | 0,00 |
| Fk-Aufn. nach Einbehaltung | 850,98 | -236,74 | 214,66 | -395,49 | -433,42 | 0,00 |
| Differenz Fk-CF | 0,00 | 131,63 | -131,63 | 0,00 | 0,00 | 0,00 |
| Differenz ENÜ | 0,00 | 131,63 | -131,63 | 0,00 | 0,00 | 0,00 |
| Gesamtdifferenz | 0,00 | 263,26 | -263,26 | 0,00 | 0,00 | 0,00 |
|  | **Barwert** |  |  |  |  |  |
| PV 10 % | **21,76** | 239,33 | -217,57 | 0,00 | 0,00 | 0,00 |
| zus. Tax Shields | 0,89 |  |  |  |  |  |
| Verlust insgesamt | **20,87** |  |  |  |  |  |

Durch die Einbehaltung entgehen den Investoren insgesamt Werte in Höhe von 21,76 GE. Da höhere Tax Shields im Wert von 0,89 GE entstehen, muss der Barwert der Verzinsung nur 20,87 GE betragen. Dies entspricht Zinserträgen von $20,87(1,1)^2 = 25,25$ GE in t = 2 oder einer Nachsteuer-Verzinsung einer einperiodigen Anlage der 263,26 GE von:

$$i(1-s) = \frac{25,25}{263,26} = 0,09593 = r_{WACC}^{\ell}.$$

Der Prozentsatz von 9,593 % entspricht den hier verwendeten WACC. Aufgrund des zusätzlichen Tax Shield ΔTS auf das neu aufgenommene Fremdkapital ΔFk von 131,63 GE beträgt die für eine kapitalwertneutrale Reinvestition notwendige Verzinsung:[11]

$$i = \frac{r^{\ell}_{WACC}}{(1-s)} = \frac{0,09593}{0,8} = 0,11991.$$

Werden die Geldbestände zu diesem Satz investiert, erhöhen sich die BFCF der Ausgangslage um den Zinsertrag nach Steuern und verringern sich um die Investitionsauszahlung der Anlage der GB:

| APV-Ansatz | t = 0 | t = 1 | t = 2 | t = 3 | t = 4 | t = 5-∞ |
|---|---|---|---|---|---|---|
| BFCF alt | -1.000,00 | 900,00 | -600,00 | 950,00 | 950,00 | 0,00 |
| + Zinsertrag n. St. | | 0,00 | 25,25 | 0,00 | 0,00 | 0,00 |
| - Anlage GB | | 263,26 | -263,26 | 0,00 | 0,00 | 0,00 |
| = BFCF neu | -1.000,00 | 636,74 | -311,48 | 950,00 | 950,00 | 0,00 |
| | Barwert | | | | | |
| PVF 10 % | | 0,9091 | 0,8264 | 0,7513 | 0,6830 | 0,6209 |
| PV BFCF neu | 1.684,04 | 578,85 | -257,42 | 713,75 | 648,86 | 0,00 |
| PVTS | 17,93 | | | | | |
| Gesamtkapitalwert | 1.701,97 | | | | | |

Dieser Wert lässt sich ebenso mit den übrigen DCF-Ansätzen ermitteln. Die Kapitalflussrechnung nach Berücksichtigung der Einbehaltung und ihrer Anlage (dargestellt als Investitionen in Finanzanlagen FA) sieht wie folgt aus:

---

11 Vgl. Abschnitt VI.D.

## B. Berücksichtigung der Auswirkungen des Ausschüttungsverhaltens

| Kapitalflussrechnung | t = 0 | t = 1 | t = 2 | t = 3 | t = 4 | t = 5-∞ |
|---|---|---|---|---|---|---|
| EBIT (1-s) | 0,00 | 400,00 | 425,25 | 200,00 | 200,00 | 0,00 |
| Abschreibungen | 0,00 | 500,00 | 500,00 | 750,00 | 750,00 | 0,00 |
| Investitionen in SA | -1.000,00 | 0,00 | -1.500,00 | 0,00 | 0,00 | 0,00 |
| Investitionen in FA | 0,00 | -263,26 | 263,26 | 0,00 | 0,00 | 0,00 |
| = BFCF | -1.000,00 | 636,74 | -311,48 | 950,00 | 950,00 | 0,00 |
| + TS | 0,00 | 6,81 | 4,91 | 6,63 | 3,47 | 0,00 |
| = TCF | -1.000,00 | 643,55 | -306,57 | 956,63 | 953,47 | 0,00 |
| Z | 0,00 | -68,08 | -49,14 | -66,31 | -34,67 | 0,00 |
| ΔFk | 850,98 | -236,74 | 214,66 | -395,49 | -433,42 | 0,00 |
| = NFCF | -149,02 | 338,73 | -141,05 | 494,83 | 485,37 | 0,00 |
| Ausschüttung | 0,00 | -338,73 | -381,03 | -140,32 | -168,79 | 0,00 |
| Ek-Aufnahme | 149,02 | 0,00 | 522,07 | -354,51 | -316,58 | 0,00 |
| Ek-CF (=-ENÜ) | 149,02 | -338,73 | 141,05 | -494,83 | -485,37 | 0,00 |
| = Veränd. liq.F.M. | 0,00 | 0,00 | 0,00 | 0,00 | 0,00 | 0,00 |

Durch Bewertung der so ermittelten Free Cashflows in der üblichen Form ergeben sich identische Ergebnisse:

| | t = 0 | t = 1 | t = 2 | t = 3 | t = 4 | t = 5-∞ |
|---|---|---|---|---|---|---|
| **TCF-Ansatz** | **Barwert** | | | | | |
| PV Faktor 9,93 % | | 0,9092 | 0,8266 | 0,7515 | 0,6832 | 0,6211 |
| PV BFCF + TS | **1.701,97** | 585,08 | -253,40 | 718,88 | 651,41 | 0,00 |
| **WACC-Ansatz** | | | | | | |
| PV Faktor 9,59 % | | 0,9125 | 0,8326 | 0,7597 | 0,6932 | 0,6325 |
| PV BFCF | **1.701,97** | 581,00 | -259,34 | 721,74 | 658,57 | 0,00 |
| **Equity-Ansatz** | | | | | | |
| PV Faktor 11,985 % | | 0,8930 | 0,7974 | 0,7121 | 0,6359 | 0,5678 |
| PV NFCF | **850,98** | 302,48 | -112,47 | 352,35 | 308,62 | 0,00 |

Der so durchgeführte Nettoansatz entspricht sowohl dem Barwert der NFCF als auch dem der ENÜ der Ertragswertmethode. Es besteht hier folglich kein Unterschied zwischen dem Ertragswert auf Basis von Nettoausschüttungen und dem DCF-Equity-Ansatz. Nicht nur die in der Nettomethode verwendeten NFCF sind mit den Entnahmeüberschüssen identisch, sondern auch die übrigen so modifizierten Free Cashflows entsprechen den tatsächlichen Ausschüttungen an die Investoren.

Auch der Ertragswert bzw. Netto-RG als Barwert von Ertragsüberschüssen nach Abzug kalkulatorischer Zinsen auf das Eigenkapital zzgl. des Eigenkapitals im Bewertungszeitpunkt liefert denselben Wert:

| Ertragswert | t = 0 | t = 1 | t = 2 | t = 3 | t = 4 | t = 5-∞ |
|---|---|---|---|---|---|---|
| Gewinn | 0,00 | 338,73 | 381,03 | 140,32 | 168,79 | 0,00 |
| Ek-Aufnahme | 149,02 | 0,00 | 522,07 | -354,51 | -316,58 | 0,00 |
| Ek-Bestand | 149,02 | 149,02 | 671,09 | 316,58 | 0,00 | 0,00 |
| z(Ek) 11,99 % | | -17,86 | -17,86 | -80,43 | -37,94 | 0,00 |
| | Barwert | | | | | |
| PV ERÜ | 813,55 | 302,48 | 303,83 | 99,92 | 107,33 | 0,00 |
| Ek-Bestand in t = 0 | 149,02 | | | | | |
| PV z(Ek) | -111,59 | -15,95 | -14,24 | -57,27 | -24,13 | -15,95 |
| Gesamt | 850,98 | | | | | |

Auch mit dem Brutto-RG lässt sich derselbe Wert errechnen, wenn man von den EBIT(1-s) kalkulatorische Zinsen auf das gesamte Vermögen am Periodenanfang abzieht. Es ergeben sich folgende neue Planbilanzen:

| Planbilanzen | t = 0 | t = 1 | t = 2 | t = 3 | t = 4 | t = 5-∞ |
|---|---|---|---|---|---|---|
| Kapitalbindung $KB_t$ | 1.000,00 | 500,00 | 1.500,00 | 750,00 | 0,00 | 0,00 |
| Geldbestand $GB_t$ | 0,00 | 263,26 | 0,00 | 0,00 | 0,00 | 0,00 |
| = Summe Aktiva | 1.000,00 | 763,26 | 1.500,00 | 750,00 | 0,00 | 0,00 |
| Eigenkapital | 149,02 | 149,02 | 671,09 | 316,58 | 0,00 | 0,00 |
| Fremdkapital | 850,98 | 614,25 | 828,91 | 433,42 | 0,00 | 0,00 |
| = Summe Passiva | 1.000,00 | 763,26 | 1.500,00 | 750,00 | 0,00 | 0,00 |

Es errechnet sich ein MVA von 701,97 GE, der zusammen mit dem Bestand an Aktiva in t = 0 einen Gesamtkapitalwert von 1.701,97 GE ergibt:

## B. Berücksichtigung der Auswirkungen des Ausschüttungsverhaltens

| Brutto-RG | t = 0 | t = 1 | t = 2 | t = 3 | t = 4 | t = 5-∞ |
|---|---|---|---|---|---|---|
| EBIT(1-s) | 0,00 | 400,00 | 425,25 | 200,00 | 200,00 | 0,00 |
| -N* | 1.000,00 | -500,00 | 1.000,00 | -750,00 | -750,00 | 0,00 |
| $KB^B = \Sigma(-N^*)$ | 1.000,00 | 500,00 | 1.500,00 | 750,00 | 0,00 | 0,00 |
| $KB^B + GB$ | 1.000,00 | 763,26 | 1.500,00 | 750,00 | 0,00 | 0,00 |
| $Z(KB^B + GB)$ 9,593 % | | 95,93 | 73,22 | 143,89 | 71,94 | 0,00 |
| RG | | 304,07 | 352,04 | 56,11 | 128,06 | 0,00 |
| | Barwert | | | | | |
| PV RG | 701,97 | 277,46 | 293,11 | 42,63 | 88,77 | 0,00 |
| Bestand in t = 0 | 1.000,00 | | | | | |
| Gesamt | 1.701,97 | | | | | |

Der ermittelte Wert von 1.701,97 GE bzw. 850,98 GE ist aber nur dann zu erreichen, wenn sich die Geldbestände zu den WACC vor Steuern verzinsen. Ist nur eine geringere Verzinsung möglich, resultiert ein geringeres Ergebnis, das sich auch bei Anwendung der so modifizierten DCF-Methoden ergibt. Bei einer Verzinsung von z. B. 8 % resultiert ein Gesamtkapitalwert von lediglich 1.679,37 GE bzw. 839,69 GE:

| | t = 0 | t = 1 | t = 2 | t = 3 | t = 4 | t = 5-∞ |
|---|---|---|---|---|---|---|
| BFCF | -1.000,00 | 638,90 | -322,19 | 242,78 | 1.702,49 | 0,00 |
| TS | 0,00 | 6,72 | 4,81 | 6,56 | 6,21 | 0,00 |
| BFCF + TS | -1.000,00 | 645,62 | -317,39 | 249,33 | 1.708,70 | 0,00 |
| NFCF = ENÜ | 339,54 | -146,72 | 141,00 | 869,83 | 0,00 | 339,54 |
| APV-Ansatz | Barwert | | | | | |
| PV BFCF | 1.659,77 | 580,82 | -266,28 | 182,40 | 1.162,82 | 0,00 |
| PVTS | 19,61 | 6,22 | 4,05 | 5,02 | 4,32 | 0,00 |
| PV BFCF + TS | 1.679,37 | | | | | |
| TCF-Ansatz | Barwert | | | | | |
| PV BFCF + TS | 1.679,37 | 586,97 | -262,34 | 187,36 | 1.167,38 | 0,00 |
| WACC-Ansatz | | | | | | |
| PV BFCF | 1.679,37 | 582,98 | -268,26 | 184,44 | 1.180,21 | 0,00 |
| Equity-Ansatz | | | | | | |
| PV NFCF = ENÜ | 839,69 | 303,20 | -117,00 | 100,40 | 553,08 | 0,00 |

Das Ausmaß der Wirkung einer geringeren Verzinsung auf den Unternehmenswert hängt natürlich von der Höhe und Dauer der Einbehaltung ab. Insofern ist die hier nur relativ geringe Auswirkung von ca. 1 % Wertreduktion auf die nur einmalige und einperiodige Einbehaltung zurückzuführen.

## 2. Bewertung bei Gewinnthesaurierung

Will man bei der Bewertung auch Gewinnthesaurierungen berücksichtigen, ändert sich nichts grundlegendes an der eben dargestellten Vorgehensweise. Die aus der Einbehaltung resultierenden Erfolge erhöhen die künftigen Ausschüttungen. Hierbei ist allerdings die steuerliche Behandlung der Einbehaltungen zu berücksichtigen. Sie beeinflusst die Höhe des zur Investition verfügbaren Einbehaltungsbetrags sowie die Höhe des Entgangs aus der Minderausschüttung beim Investor. Will man denselben Wert ermitteln, wie zuvor mit den unmodifizierten DCF-Methoden ermittelt wurde, dann ist erneut eine Verzinsung der einbehaltenen, investierbaren Beträge zu erzielen, deren Höhe aus der speziellen Situation heraus zu ermitteln ist.

Im Folgenden wird im ersten Schritt vom früher gültigen Anrechnungsverfahren ausgegangen, da es eine Berechnung vor persönlichen Steuern ermöglicht. Da der Ansatz persönlicher Steuern zu einem veränderten Unternehmenswert führt, lässt sich nur unter Verzicht auf den Ansatz persönlicher Steuern die Identität zum oben ermittelten Wert herstellen. Im zweiten Schritt werden die Auswirkungen der Einführung des Halbeinkünfteverfahrens und von persönlichen Steuern diskutiert.

### 2.1. Bewertung im Anrechnungsverfahren

Die Bewertung kann in jedem Fall auf Basis der angenommenen Ausschüttungen unter Berücksichtigung der Erfolge aus der Thesaurierung durchgeführt werden. Jedoch muss erneut die durch die Thesaurierung gegebene Veränderung der Kapitalstruktur bzw. der Verschuldungskapazität des Unternehmens berücksichtigt werden. Werden Einbehaltungen vorgenommen, so verringert dies den Verschuldungsgrad und verändert die Kapitalkosten. Will man mit einheitlichen Kapitalkosten rechnen, müssen entsprechend hohe Fremdkapitalaufnahmen erfolgen.

In t = 1 soll einmalig die Hälfte des Periodengewinns i. H. v. 338,73 GE einbehalten werden, um die Investition in t = 2 zu finanzieren. Damit erhalten die Eigner eine Ausschüttung von 169,37 GE vor persönlicher Steuer. Die Einbehaltung von 169,37 GE wird mit dem Thesaurierungssatz von 40 % versteuert. Nach Steuern von 67,75

GE stehen noch 101,62 GE zur Investition zur Verfügung. Die Eigentümer erhalten eine um 169,37 GE geringere Ausschüttung. Der Unternehmenswert muss in t = 1 entsprechend steigen, um diesen Verlust auszugleichen.[12]

Die Einbehaltung wird in der Folgeperiode ausgeglichen, das Körperschaftsteuerguthaben an die Eigner ausbezahlt. Betrachtet man zunächst erneut ein unverschuldetes Unternehmen, dann könnte eine entgangene Ausschüttung von 169,37 GE über die Anlage dieses Betrages zum Eigenkapitalkostensatz des unverschuldeten Unternehmens von 10 % ausgeglichen werden. Barwert der Zinsen und Barwert der späteren Ausschüttung entsprechen einander. Da jedoch die bezahlte Körperschaftsteuer bei Ausschüttung aus dem Ek 40 zwar an die Eigner zurückfließt,[13] die Beträge in der Zwischenzeit aber nicht zur Investition zur Verfügung stehen, muss der Barwert von 5,60 GE durch Verzinsung der einbehaltenen Nachsteuer-Gewinne i. H. v. 101,62 GE erwirtschaftet werden.

|  | t = 0 | t = 1 | t = 2 | t = 3 | t = 4 | t = 5-∞ |
|---|---|---|---|---|---|---|
| Einbehaltung |  | -101,62 | 101,62 |  |  |  |
| Verzinsung 10 % n. St. |  | 0,00 | 10,16 | 0,00 |  |  |
| KSt |  | -67,75 | 67,75 | 0,00 |  |  |
|  | Barwert |  |  |  |  |  |
| PVF 10 % |  | 0,91 | 0,83 | 0,75 | 0,68 | 0,62 |
| PV Einbehaltung | -8,40 | -92,38 | 83,98 | 0,00 | 0,00 | 0,00 |
| PV Verzinsung | 8,40 | 0,00 | 8,40 | 0,00 | 0,00 | 0,00 |
| PV KSt | -5,60 | -61,59 | 55,99 | 0,00 | 0,00 | 0,00 |

Um den Ausgleich zwischen den Zahlungen herzustellen, ist eine Verzinsung der investierbaren Beträge i. H. v. 101,62 GE mit 20,83 % vor Steuern[14]:

$$i = \frac{r_{Ek}^u}{(1-t_e)(1-s)} = \frac{0,1}{(0,6)(0,8)} = 0,20833,$$

---

12 Um den Effekt der Gewinnthesaurierung isoliert untersuchen zu können, wird im folgenden Beispiel angenommen, dass die zuvor betrachteten frei verfügbaren Mittel von 131,63 in t = 1 durch Kapitalherabsetzung ausgeschüttet werden, sodass lediglich die einbehaltenen Gewinne im Unternehmen verbleiben.
13 Hier wird vereinfacht angenommen, dass die Körperschaftsteuerminderung durch Auszahlung des Einbehaltungssatzes erfolgt, da die Ausschüttungsbelastung auf persönlicher Ebene anrechenbar ist, die hier nicht betrachtet wird.
14 Vgl. oben Abschnitt VI.D.3.1.

bzw. 16,67 % nach Gewerbesteuern notwendig. Die Barwertdifferenz der um eine Periode verzögerten (Netto-)Ausschüttung beträgt 14,00 GE – diese wird durch Zinsen im Barwert von 14,00 GE exakt ausgeglichen:

| | t = 0 | t = 1 | t = 2 | t = 3 | t = 4 | t = 5-∞ |
|---|---|---|---|---|---|---|
| Einbehaltung v. St. | | -169,37 | 169,37 | | | |
| Anlage | | 101,62 | -101,62 | | | |
| Verzinsung 20,83 % v. St. | | 0,00 | 21,17 | 0,00 | | |
| Verzinsung 16,67 % n. GSt. | | 0,00 | 16,94 | 0,00 | | |
| | Barwert | | | | | |
| PVF 10 % | | 0,91 | 0,83 | 0,75 | 0,68 | 0,62 |
| PV Einbehaltung | -14,00 | -153,97 | 139,98 | 0,00 | 0,00 | 0,00 |
| PV Verzinsung n.St. | 14,00 | 0,00 | 14,00 | 0,00 | 0,00 | 0,00 |

Um die Minderausschüttung auszugleichen, muss der Eigenkapitalwert in t = 1 um 169,37 GE steigen, was durch künftig höhere Nettoausschüttungen gedeckt sein muss. Bei konstanter Kapitalstruktur wird auch das Fremdkapital entsprechend zunehmen.

| | t = 0 | t = 1 | t = 2 | t = 3 | t = 4 | t = 5-∞ |
|---|---|---|---|---|---|---|
| bisherige Eigentümerwerte $EK_t$ | 850,98 | 482,61 | 828,91 | 433,42 | 0,00 | 0,00 |
| Einbehaltung | 0,00 | 169,37 | 0,00 | 0,00 | 0,00 | 0,00 |
| Eigentümerwerte n. Einbeh. | 850,98 | 651,98 | 828,91 | 433,42 | 0,00 | 0,00 |

Bei der hier betrachteten Kapitalstruktur von 50 % Fremdkapitalanteil führt die Einbehaltung von 169,37 GE in t = 1 zu einer zusätzlichen Aufnahme von Fremdkapital in ebensolcher Höhe. Der Wert der Tax Shields steigt um 1,14 GE.

B. Berücksichtigung der Auswirkungen des Ausschüttungsverhaltens

| | t = 0 | t = 1 | t = 2 | t = 3 | t = 4 | t = 5-∞ |
|---|---|---|---|---|---|---|
| Fk alt | 850,98 | 482,61 | 828,91 | 433,42 | 0,00 | 0,00 |
| Fk neu | 850,98 | 651,98 | 828,91 | 433,42 | 0,00 | 0,00 |
| Zinsaufwand neu | | 68,08 | 52,16 | 66,31 | 34,67 | 0,00 |
| Tax Shields neu | | 6,81 | 5,22 | 6,63 | 3,47 | 0,00 |
| Tax Shields alt | | 6,81 | 3,86 | 6,63 | 3,47 | 0,00 |
| Differenz | | 0,00 | 1,35 | 0,00 | 0,00 | 0,00 |
| | **Barwert** | | | | | |
| PVF | | 0,9259 | 0,8418 | 0,7652 | 0,6957 | 0,6324 |
| PVTS | **17,93** | 6,30 | 4,39 | 5,07 | 2,41 | 0,00 |
| PV Differenz | **1,14** | 0,00 | 1,14 | 0,00 | 0,00 | 0,00 |

Die zusätzlich aufgenommenen Fremdmittel sind ebenfalls investierbar, sodass insgesamt 101,62 + 169,37 = 270,99 GE für eine Anlage zur Verfügung stehen. In t = 1 fließen gegenüber der Ausgangslage den Investoren insgesamt 338,74 GE weniger zu, was durch die Verzinsung von 270,99 GE abgedeckt werden muss.

| | t = 0 | t = 1 | t = 2 | t = 3 | t = 4 | t = 5-∞ |
|---|---|---|---|---|---|---|
| Einbehaltung gesamt | | -169,37 | 169,37 | | | |
| Fremdkapitalaufnahme | | -169,37 | 169,37 | | | |
| gesamt | | -338,74 | 338,74 | | | |
| | **Barwert** | | | | | |
| PVF 10 % | | 0,91 | 0,83 | 0,75 | 0,68 | 0,62 |
| PV Einbehaltung | **-28,00** | -307,95 | 279,95 | 0,00 | 0,00 | 0,00 |
| zus. Tax Shields | 1,14 | | | | | |
| Verlust insgesamt | **26,86** | | | | | |

Durch die Einbehaltung und Ausschüttung in der Folgeperiode entgehen den Investoren insgesamt Werte i. H. v. 28,00 GE. Es entstehen zusätzliche Tax Shields im Wert von 1,14 GE, sodass die Verzinsung der investierbaren 270,99 GE lediglich einen Barwert von 26,86 GE erbringen muss. Dies entspricht Zinserträgen von 26,86 $(1,1)^2 = 32,49$ GE in t = 2 oder einer Nachsteuer-Verzinsung der einperiodigen Anlage der 270,99 GE von 11,991 % nach Gewerbesteuern:

$$i(1-s) = \frac{32,49}{270,99} = 0,11991 = \frac{0,09593}{0,8}.$$

Die für einen Ausgleich erforderliche Rendite vor Steuern sinkt gegenüber dem unverschuldeten Unternehmen durch die zusätzliche Verschuldung von zuvor 20,83 % auf 14,98 %. Dieser Satz entspricht den hier verwendeten WACC vor Steuern. Die für eine kapitalwertneutrale Reinvestition notwendige Verzinsung beträgt allgemein:[15]

$$i = \frac{r_{WACC}^{\ell}}{(1-s)\left(1-t_e \frac{Ek}{Gk}\right)}$$

Auf obiges Beispiel bezogen ergeben sich 14,98 %:

$$i = \frac{0{,}09593}{0{,}8 \times (1-0{,}4 \times 0{,}5)} = \frac{0{,}09593}{0{,}8 \times 0{,}8} = 0{,}1498.$$

Werden die investierbaren Überschüsse von 270,99 GE nun zu diesem Satz investiert, was als Investition von den Cashflows abzuziehen ist, und werden die daraus resultierenden Erfolge in die Ergebnisrechnung und Besteuerung entsprechend integriert und in der Folgeperiode ausgeschüttet, verbleibt kein weiterer Bestand an frei verfügbaren liquiden Mitteln:

| Kapitalflussrechnung | t = 0 | t = 1 | t = 2 | t = 3 | t = 4 | t = 5-∞ |
|---|---|---|---|---|---|---|
| EBIT (1-s) | 0,00 | 400,00 | 432,49 | 200,00 | 200,00 | 0,00 |
| + Abschreibungen | 0,00 | 500,00 | 500,00 | 750,00 | 750,00 | 0,00 |
| Investitionen in SA | -1.000,00 | 0,00 | -1.500,00 | 0,00 | 0,00 | 0,00 |
| Investitionen in FA | 0,00 | -270,99 | 270,99 | 0,00 | 0,00 | 0,00 |
| - KSt | 0,00 | -67,75 | 67,75 | 0,00 | 0,00 | 0,00 |
| = BFCF | -1.000,00 | 561,27 | -228,77 | 950,00 | 950,00 | 0,00 |
| + TS | 0,00 | 6,81 | 5,22 | 6,63 | 3,47 | 0,00 |
| = TCF | -1.000,00 | 568,08 | -223,56 | 956,63 | 953,47 | 0,00 |
| - Z | 0,00 | -68,08 | -52,16 | -66,31 | -34,67 | 0,00 |
| + Fk-Aufnahme | 850,98 | -199,00 | 176,93 | -395,49 | -433,42 | 0,00 |
| = NFCF | -149,02 | 300,99 | -98,79 | 494,83 | 485,37 | 0,00 |
| Ausschüttung | 0,00 | -169,36 | -453,30 | -140,32 | -168,79 | 0,00 |
| Ek-Aufnahme | 149,02 | -131,63 | 552,08 | -354,51 | -316,58 | 0,00 |
| Ek-CF (=-ENÜ) | 149,02 | -300,99 | 98,79 | -494,83 | -485,37 | 0,00 |
| = Veränd. liq.F.M. | 0,00 | 0,00 | 0,00 | 0,00 | 0,00 | 0,00 |

---

15 Vgl. Abschnitt VI.D.3.1.

Die Kapitalflussrechnung veranschaulicht, dass in t = 1 lediglich die Hälfte der erzielten Gewinne ausgeschüttet wird. Zusätzlich werden die im vorangegangenen Abschnitt diskutierten Überschüsse von 131,63 GE durch negative Kapitalaufnahme ausgeschüttet. Dies ist zwar unrealistisch, dient aber der Isolation des Effekts der Gewinnthesaurierung. Würden auch diese Überschüsse einbehalten, käme es zu einer Vermischung der für die Herstellung der Kapitalwertneutralität notwendigen Verzinsungen, was die Klarheit des Beispiels beeinträchtigen würde.

Die in der Kapitalflussrechnung abgebildeten Cashflows lassen sich nun mit den üblichen Bewertungsansätzen bewerten. In allen Fällen resultieren dieselben Unternehmenswerte wie im Ausgangsfall:

|  | t = 0 | t = 1 | t = 2 | t = 3 | t = 4 | t = 5-∞ |
|---|---|---|---|---|---|---|
| **APV-Ansatz** | Barwert |  |  |  |  |  |
| PVF 10 % |  | 0,9091 | 0,8264 | 0,7513 | 0,6830 | 0,6209 |
| PV BFCF | 1.683,79 | 510,24 | -189,07 | 713,75 | 648,86 | 0,00 |
| PVTS | 18,18 | 6,81 | 5,22 | 6,63 | 3,47 | 0,00 |
| Gesamtkapitalwert | 1.701,97 |  |  |  |  |  |
| **TCF-Ansatz** |  |  |  |  |  |  |
| PV Faktor 9,93 % |  | 0,9092 | 0,8266 | 0,7515 | 0,6832 | 0,6211 |
| PV BFCF + TS | 1.701,97 | 516,47 | -184,78 | 718,88 | 651,41 | 0,00 |
| **WACC-Ansatz** |  |  |  |  |  |  |
| PV Faktor 9,59 % |  | 0,9125 | 0,8326 | 0,7597 | 0,6932 | 0,6325 |
| PV BFCF | 1.701,97 | 512,14 | -190,48 | 721,74 | 658,57 | 0,00 |
| **Equity-Ansatz** |  |  |  |  |  |  |
| PV Faktor 11,985 % |  | 0,8930 | 0,7974 | 0,7121 | 0,6359 | 0,5678 |
| PV NFCF = ENÜ | 850,98 | 268,78 | -78,77 | 352,35 | 308,62 | 0,00 |

Der Ertragswert als Barwert von Entnahmeüberschüssen ist erneut identisch mit dem Barwert der modifizierten NFCF. Auch der Ertragswert bzw. Netto-RG als Barwert von Ertragsüberschüssen nach Abzug kalkulatorischer Zinsen auf das Eigenkapital zzgl. des Eigenkapitals im Bewertungszeitpunkt liefert denselben Wert:

| Ertragswert | t = 0 | t = 1 | t = 2 | t = 3 | t = 4 | t = 5-∞ |
|---|---|---|---|---|---|---|
| Gewinn | 0,00 | 270,98 | 453,30 | 140,32 | 168,79 | 0,00 |
| Ek-Bestand | 149,02 | 119,01 | 671,09 | 316,58 | 0,00 | 0,00 |
| z(Ek) 11,99 % | | -17,86 | -14,26 | -80,43 | -37,94 | 0,00 |
| | Barwert | | | | | |
| PV ERÜ | 810,69 | 241,98 | 361,46 | 99,92 | 107,33 | 0,00 |
| Ek-Bestand in t = 0 | +149,02 | | | | | |
| PV z(Ek) | -108,72 | -15,95 | -14,24 | -57,27 | -24,13 | -15,95 |
| Gesamt | **850,98** | | | | | |

Wird jedoch nur eine geringere Verzinsung von z. B. 8 % auf die verfügbaren Beträge von 270,99 GE erzielt, errechnet sich ein Wert von lediglich 1.689,37 GE bzw. 844,68 GE:

| DCF | t = 0 | t = 1 | t = 2 | t = 3 | t = 4 | t = 5-∞ |
|---|---|---|---|---|---|---|
| **APV-Ansatz** | Barwert | | | | | |
| BFCF | | 562,02 | -244,73 | 950,00 | 950,00 | 0,00 |
| TS | | 6,76 | 5,16 | 6,63 | 3,47 | 0,00 |
| PVF 10 % | | 0,9091 | 0,8264 | 0,7513 | 0,6830 | 0,6209 |
| PV BFCF | 1.671,28 | 510,24 | -189,07 | 713,75 | 648,86 | 0,00 |
| PVTS | 18,08 | 6,26 | 4,34 | 5,07 | 2,41 | 0,00 |
| Gesamtkapitalwert | **1.689,37** | | | | | |
| **TCF-Ansatz** | | | | | | |
| BFCF + TS | | 568,78 | -239,58 | 956,63 | 953,47 | 0,00 |
| PV Faktor 9,93 % | | 0,9092 | 0,8266 | 0,7515 | 0,6832 | 0,6211 |
| PV BFCF + TS | **1.689,37** | 517,11 | -198,02 | 718,88 | 651,41 | 0,00 |
| **WACC-Ansatz** | | | | | | |
| PV Faktor 9,59 % | | 0,9125 | 0,8326 | 0,7597 | 0,6932 | 0,6325 |
| PV BFCF | **1.689,37** | 512,83 | -203,77 | 721,74 | 658,57 | 0,00 |
| **Equity-Ansatz** | | | | | | |
| NFCF = ENÜ | | 301,22 | -106,94 | 494,83 | 485,37 | 0,00 |
| PV Faktor 11,985 % | | 0,8930 | 0,7974 | 0,7121 | 0,6359 | 0,5678 |
| PV NFCF = ENÜ | **844,68** | 268,98 | -85,28 | 352,35 | 308,62 | 0,00 |

| Ertragswert | | | | | | |
|---|---|---|---|---|---|---|
| ERÜ | | 301,22 | -106,94 | 494,83 | 485,37 | 0,00 |
| Ek-Bestand | 155,32 | 125,44 | 671,09 | 316,58 | 0,00 | 0,00 |
| kalkulatorische Zinsen | | 18,61 | 15,03 | 80,43 | 37,94 | 0,00 |
| PV Faktor 11,985 % | | 0,8930 | 0,7974 | 0,7121 | 0,6359 | 0,5678 |
| PV ERÜ | 799,38 | 268,98 | -85,28 | 352,35 | 308,62 | 0,00 |
| PV ERÜ | +155,32 | | | | | |
| Ek-Bestand in t = 0 | -110,01 | 16,62 | 11,99 | 57,27 | 24,13 | 0,00 |
| Gesamt | **844,68** | | | | | |

Unabhängig von der Annahme der kapitalwertneutralen Reinvestition lassen sich also mit den so modifizierten Methoden gleiche Ergebnisse erzielen. Die DCF-Methoden können dann aber nicht mehr als Methoden mit „Discounted Cashflows" angesehen werden, da die so modifizierten Cashflows Ausschüttungsüberschüsse darstellen, die in Nebenrechnungen auf der Basis von Ertragsüberschüssen und Finanzbedarfen ermittelt werden. Die mit den klassischen DCF-Methoden errechneten Werte lassen sich nur bei Vollausschüttung aller frei verfügbaren Mittel erzielen. Werden diese nicht ausgeschüttet, sind relativ hohe Vorsteuerrenditen erforderlich, um die Investoren gegenüber der Vollausschüttung gleichzustellen.

## 2.2. Bewertung im Halbeinkünfteverfahren

Das obige Beispiel soll hier nicht weitergeführt werden, da die Berücksichtigung des Halbeinkünfteverfahrens zunächst die Einführung persönlicher Steuern erforderlich macht, was im nächsten Abschnitt geschehen soll. Dass eine Übereinstimmung der DCF-Ansätze untereinander im Halbeinkünfteverfahren existiert, wurde bereits theoretisch gezeigt. Da die Bewertung auf Basis von Entnahmeüberschüssen mit der modifizierten DCF-Nettomethode übereinstimmt, ist folglich auch im Halbeinkünfteverfahren eine Übereinstimmung von Ertragswertmethode und modifizierten DCF-Methoden gegeben. Was eine Übereinstimmung mit dem Wert der unmodifizierten DCF-Methoden im Halbeinkünfteverfahren angeht, so ist diese durch den Ansatz der eben dargestellten Reinvestitionssätze herzustellen. Hierfür wären zunächst die an das Halbeinkünfteverfahren angepassten Kapitalkostensätze nach persönlichen Steuern zu ermitteln und anschließend die Bewertung mit und ohne Berücksichtigung des Ausschüttungsverhaltens durchzuführen. Im Folgenden wird die Berücksichtigung persönlicher Steuern bei der Bewertung näher behandelt.

## C. Berücksichtigung persönlicher Steuern

Im Folgenden werden die Auswirkungen der Berücksichtigung persönlicher Steuern auf die Bewertung untersucht. Dabei wird zunächst vom Anrechnungsverfahren und in einem zweiten Schritt vom Halbeinkünfteverfahren ausgegangen.

### 1. Bewertung im Anrechnungsverfahren

Für die Bewertung gelten dieselben Annahmen wie in Abschnitt A. Zusätzlich wird unterstellt, dass der persönliche Steuersatz der Eigentümer 35 % betrage. Sowohl die Zukunftserfolge als auch die Kapitalkosten sind entsprechend um die persönlichen Steuern zu reduzieren. Hierbei wird nicht weiter auf die Ausschüttungsproblematik eingegangen, da die hierfür notwendigen Bedingungen oben ausreichend gewürdigt wurden.

Die Höhe des Fremdkapitals und damit der Tax Shields hängt von den künftigen Unternehmenswerten ab. Deshalb ist das Ergebnis der Bewertung für den Ansatz des Fremdkapitals bereits erforderlich. Nach mehreren Iterationen ergibt sich:

|  | t = 0 | t = 1 | t = 2 | t = 3 | t = 4 | t = 5 |
|---|---|---|---|---|---|---|
| $Gk_t$ | 1.484,50 | 817,09 | 1.608,05 | 828,34 | 0,00 | 0,00 |
| davon 50 % = $Fk_t$ | 742,25 | 408,54 | 804,02 | 414,17 | 0,00 | 0,00 |

Der Wert des Fremdkapitals im Zeitpunkt t = 0 ergibt sich auch als Barwert aller Zahlungen von und an die Fremdkapitalgeber (Fk-CF) nach pers. Steuern, diskontiert mit den Fremdkapitalkosten nach pers. Steuern von 8 % × (1 - 0,35) = 5,2 %:

|  | Barwert | t = 1 | t = 2 | t = 3 | t = 4 | t = 5-∞ |
|---|---|---|---|---|---|---|
| $\Delta Fk_t$ | 742,25 | -333,71 | 395,48 | -389,85 | -414,17 | 0,00 |
| $Z_t$ |  | 59,38 | 32,68 | 64,32 | 33,13 | 0,00 |
| $Z_t(1-v)$ |  | 38,60 | 21,24 | 41,81 | 21,54 | 0,00 |
| Fk-CF n. pers. St. |  | 372,30 | -374,24 | 431,66 | 435,71 | 0,00 |
| PV Faktor 5,2 % |  | 0,95 | 0,90 | 0,86 | 0,82 | 0,78 |
| PV Fk-CF | **742,25** | 353,90 | -338,15 | 370,76 | 355,74 | 0,00 |

## C. Berücksichtigung persönlicher Steuern

Nachdem die Höhe des Fremdkapitals ermittelt ist, lassen sich auch die Gewinne nach Zinsen und die zu entrichtenden Steuern, einschließlich der pers. Steuern, ermitteln:

| GuV | t = 0 | t = 1 | t = 2 | t = 3 | t = 4 | t = 5-∞ |
|---|---|---|---|---|---|---|
| EBITDA | | 1.000,00 | 1.000,00 | 1.000,00 | 1.000,00 | 0,00 |
| - Abschreibungen | | 500,00 | 500,00 | 750,00 | 750,00 | 0,00 |
| = EBIT | | 500,00 | 500,00 | 250,00 | 250,00 | 0,00 |
| - Zinsaufwand | | -59,38 | -32,68 | -64,32 | -33,13 | 0,00 |
| = EBT | | 440,62 | 467,32 | 185,68 | 216,87 | 0,00 |
| - GESt 20 % | | 94,06 | 96,73 | 43,57 | 46,69 | 0,00 |
| = G | | 346,56 | 370,58 | 142,11 | 170,18 | 0,00 |
| - ESt 35 % | | 121,30 | 129,70 | 49,74 | 59,56 | 0,00 |
| = G n. pers. St. | | 225,26 | 240,88 | 92,37 | 110,62 | 0,00 |
| Steuerbelastung der Ek-Geber | | 215,36 | 226,44 | 93,31 | -106,25 | 0,00 |
| Einkommensteuer der Fk-Geber | | 20,78 | 11,44 | 22,51 | 11,60 | 0,00 |
| Steuerbelastung Fk+Ek | | -236,14 | 237,88 | 115,82 | 117,85 | 0,00 |
| fiktive Steuer (EBIT × $s_{kom}$) | | 240,00 | 240,00 | 120,00 | 120,00 | 0,00 |
| Tax Shield | | 3,86 | 2,12 | 4,18 | 2,15 | 0,00 |
| EBIT(1 − $s_{kom}$) = NOPAT | | 260,00 | 260,00 | 130,00 | 130,00 | 0,00 |

Aus der Differenz aus tatsächlicher und fiktiver Steuerbelastung aller Investoren errechnet sich das Tax Shield. Die fiktive Steuerbelastung ergibt sich durch Multiplikation des Gewinns vor Zinsen und Steuern (EBIT) und mit dem kombinierten Steuersatz aus Gewerbe- und Einkommensteuer $s_{kom} = [1 − (1 − v)(1 − s)] = 48\,\%$. Die Tax Shields lassen sich mithilfe der Formel $TS = Z[(1 − v) − (1 − v)(1 − \phi s)] = 0{,}065Z$ auch unmittelbar errechnen. Hieraus ergibt sich folgender Barwert der Tax Shields:

| | Barwert | t = 1 | t = 2 | t = 3 | t = 4 | t = 5 |
|---|---|---|---|---|---|---|
| $TS_t$ | | 3,86 | 2,12 | 4,18 | 2,15 | 0,00 |
| PV Faktor | | 0,9506 | 0,8926 | 0,8381 | 0,7869 | 0,7389 |
| PVTS | 10,76 | 3,67 | 1,90 | 3,50 | 1,69 | 0,00 |

Die Tax Shields sind eine Periode lang mit dem Fremdkapitalkostensatz nach pers. Steuern in Höhe von $0{,}65 \times 8\,\% = 5{,}2\,\%$, die übrigen Perioden mit den Kapitalkosten des unverschuldeten Unternehmens nach pers. Steuern in Höhe von 0,65 × 10 % = 6,5 %, zu diskontieren. Daraus ergibt sich ein Barwert der Tax Shields (PVTS) von 10,76 GE. Dieser ist zum Barwert der BFCF des unverschuldeten Unternehmens nach pers. Steuern hinzuzuzählen. Zur Ermittlung der BFCF n. pers. Steuern ist von den operativen Überschüssen nach Investitionen (BOCF + ICF) die fiktive Steuerbelastung einschließlich pers. Steuern abzuziehen:

|  | t = 0 | t = 1 | t = 2 | t = 3 | t = 4 | t = 5 |
|---|---|---|---|---|---|---|
| BOCF | 0,00 | 1.000,00 | 1.000,00 | 1.000,00 | 1.000,00 | 0,00 |
| ICF | -1.000,00 | 0,00 | -1.500,00 | 0,00 | 0,00 | 0,00 |
| BOCF + ICF | -1.500,00 | 1.000,00 | -500,00 | 1.000,00 | 1.000,00 | 0,00 |
| - fiktive Steuer |  | 240,00 | 240,00 | 120,00 | 120,00 |  |
| = BFCF n. pers. St. |  | 760,00 | -740,00 | 880,00 | 880,00 |  |

Diskontiert man, gemäß der Vorgehensweise des APV-Ansatzes, diesen BFCF n. pers. St. mit den unverschuldeten Eigenkapitalkosten n. pers. Steuern, so erhält man einen Barwert von 1.473,74 GE. Zählt man den Wert der Tax Shields hinzu, erhält man einen Gesamtkapitalwert von 1.484,50 GE.

| APV-Ansatz | Barwert | t = 1 | t = 2 | t = 3 | t = 4 | t = 5 |
|---|---|---|---|---|---|---|
| PV Faktor |  | 0,9390 | 0,8817 | 0,8278 | 0,7773 | 0,7299 |
| PV BFCF | 1.473,74 | 713,62 | -652,43 | 728,51 | 684,04 | 0,00 |
| + PVTS | 10,76 |  |  |  |  |  |
| = Gk | 1.484,50 |  |  |  |  |  |
| Ek = 50 % Gk | 742,25 |  |  |  |  |  |

Geht man nach einem der übrigen Ansätze der DCF-Methoden vor, sind zunächst die Eigenkapitalkosten des verschuldeten Unternehmens zu bestimmen. Nach der für diesen Anwendungsfall relevanten MILES/EZZEL-Anpassung ergeben sich Eigenkapitalkosten von 7,7936 %:

$$r_{Ek}^{\ell}(1-v) = r_{Ek}^{u}(1-v) + (r_{Ek}^{u}(1-v) - r_{Fk}(1-v))\left(\frac{1 + r_{Fk}(1-\phi s)(1-v)}{1 + r_{Fk}(1-v)}\right)\frac{Fk}{Ek}$$

$$= 0,065 + (0,065 - 0,052)\left(\frac{1 + 0,08(1-0,1)(1-0,35)}{1 + 0,052}\right)\frac{0,5}{0,5} = 7,7936\%$$

## C. Berücksichtigung persönlicher Steuern

Die gewichteten Kapitalkosten für den TCF- bzw. WACC-Ansatz betragen entsprechend:

$$r_{TCF}(1-v) = \left(r_{Ek}^{\ell}(1-v)\frac{Ek}{Gk} + r_{Fk}(1-v)\frac{Fk}{Gk}\right) = 0{,}077936 \times 0{,}5 + 0{,}052 \times 0{,}5 = 6{,}4968\%$$

$$r_{WACC}(1-v) = \left(r_{Ek}^{\ell}(1-v)\frac{Ek}{Gk} + r_{Fk}(1-\phi s)(1-v)\frac{Fk}{Gk}\right) = 0{,}077936 \times 0{,}5 + 0{,}068 \times 0{,}5 =$$
$$= 6{,}2368\%$$

Für die Anwendung des WACC-Ansatz können die oben ermittelten BFCF unmittelbar diskontiert werden. Für den TCF-Ansatz hingegen ist die tatsächliche Steuerbelastung zu unterstellen, sodass für die Berechnung der TCF zu den BFCF die Tax Shields hinzuzuzählen sind. Für den Netto-Ansatz (Equity-Ansatz) sind von den BFCF die Zahlungen an die Fremdkapitalgeber abzuziehen und wie beim TCF-Ansatz die Tax Shields hinzuzuzählen, sodass sich dessen Berechnung innerhalb der Kapitalflussrechnung im Finanzierungsbereich einordnen lässt.[16]

| Kapitalflussrechnung | t = 0 | t = 1 | t = 2 | t = 3 | t = 4 | t = 5-∞ |
|---|---|---|---|---|---|---|
| BOCF + ICF | -1.000,00 | 1.000,00 | -500,00 | 1.000,00 | 1.000,00 | 0,00 |
| - fiktive Steuer (EBIT*$s_{kom}$) | 0,00 | 240,00 | 240,00 | 120,00 | 120,00 | 0,00 |
| = BFCF (nach allen Steuern) | -1.000,00 | 760,00 | -740,00 | 880,00 | 880,00 | 0,00 |
| + fiktive Steuern | 0,00 | 240,00 | 240,00 | 120,00 | 120,00 | 0,00 |
| - ges. Steuern Fk+Ek | 0,00 | -236,14 | -237,88 | -115,82 | -117,85 | 0,00 |
| = TCF (nach allen Steuern) | -1.000,00 | 763,86 | -737,88 | 884,18 | 882,15 | 0,00 |
| + Steuern der Fk-Geber | 0,00 | 20,78 | 11,44 | 22,51 | 11,60 | 0,00 |
| - Zinsen | 0,00 | -59,38 | -32,68 | -64,32 | -33,13 | 0,00 |
| + Aufnahme FK | 742,25 | -333,71 | 395,48 | -389,85 | -414,17 | 0,00 |
| = FK-CF n. St. | 742,25 | -372,30 | -374,24 | -431,66 | -435,71 | 0,00 |
| = NFCF | -257,75 | 391,56 | -363,64 | 452,52 | 446,45 | 0,00 |
| - Ausschüttung | 0,00 | -225,26 | -240,88 | -92,37 | -110,62 | 0,00 |
| + EK-Aufnahme | 257,75 | -166,29 | 604,52 | -360,15 | -335,83 | 0,00 |
| = Ek-CF | 257,75 | -391,56 | 363,64 | -452,52 | -446,45 | 0,00 |
| Veränd. Liq. Mittel | 0,00 | 0,00 | 0,00 | 0,00 | 0,00 | 0,00 |

---

16  Bei der Planung wird vereinfacht von einer Vollausschüttung aller finanziellen Überschüsse ausgegangen, sodass sich kein unmittelbares Wiederanlageproblem stellt. Dieses Vorgehensweise ist äquivalent zur Annahme der kapitalwertneutralen Reinvestition.

Mit diesen Werten lässt sich nun die Bewertung durchführen:

| DCF | t = 0 | t = 1 | t = 2 | t = 3 | t = 4 | t = 5-∞ |
|---|---|---|---|---|---|---|
| **TCF-Ansatz** | **Barwert** | | | | | |
| PV Faktor 6,4968 % | | 0,9390 | 0,8817 | 0,8279 | 0,7774 | 0,7300 |
| PV TCF | **1.484,50** | 717,26 | -650,59 | 732,03 | 685,80 | 0,00 |
| **WACC-Ansatz** | | | | | | |
| PV Faktor 6,2368 % | | 0,9413 | 0,8860 | 0,8340 | 0,7851 | 0,7390 |
| PV BFCF | **1.484,50** | 715,38 | -655,66 | 733,94 | 690,85 | 0,00 |
| **Equity-Ansatz** | | | | | | |
| PV Faktor 7,7936 % | | 0,9277 | 0,8606 | 0,7984 | 0,7407 | 0,6871 |
| PV NFCF | **742,25** | 363,25 | -312,96 | 361,29 | 330,67 | 0,00 |

Alle DCF-Ansätze liefern den selben Unternehmenswert von 1.484.50 GE als Wert des Gesamtkapitals bzw. von 742,25 GE als Wert des Eigenkapitals, wie auch oben bereits mit dem APV-Ansatz ermittelt worden war.

Bewertet man gemäß der Ertragswertmethode die Nettoausschüttungen (Ek-CF) nach pers. Steuern, so erhält man die selbe Bewertung wie beim Equity-Ansatz, da im vorliegenden Fall alle finanziellen Überschüsse ausgeschüttet werden und deshalb kein Unterschied zwischen NFCF und Ek-CF bestehen. Dieses Resultat gilt aber, wie oben umfassend diskutiert, nur für den Spezialfall der Vollausschüttung aller Überschüsse bzw. den äquivalenten Fall der kapitalwertneutralen Reinvestition nicht ausschüttbarer Überschüsse.

| | | | | | | |
|---|---|---|---|---|---|---|
| - Ausschüttung | | -225,26 | -240,88 | -92,37 | -110,62 | 0,00 |
| + EK-Aufnahme | | -166,29 | 604,52 | -360,15 | -335,83 | 257,75 |
| = Ek-CF | | -391,56 | 363,64 | -452,52 | -446,45 | 257,75 |
| **Ertragswert** | | | | | | |
| PV Faktor 7,7936 % | | 0,9277 | 0,8606 | 0,7984 | 0,7407 | 0,6871 |
| PV Ek-CF | **742,25** | 363,25 | -312,96 | 361,29 | 330,67 | 0,00 |

Auch der Brutto-RG-Ansatz liefert den gleichen Wert. Die Kapitalbindung ergibt sich hier allein aus dem fortgeführten Buchwert der Investition, da im Beispiel kein Umlaufvermögen angesetzt wurde.

## C. Berücksichtigung persönlicher Steuern

| Planbilanzen | t = 0 | t = 1 | t = 2 | t = 3 | t = 4 | t = 5-∞ |
|---|---|---|---|---|---|---|
| Kapitalbindung $KB_t$ | 1.000,00 | 500,00 | 1.500,00 | 750,00 | 0,00 | 0,00 |
| Geldbestand $GB_t$ | 0,00 | 0,00 | 0,00 | 0,00 | 0,00 | 0,00 |
| = Summe Aktiva | 1.000,00 | 500,00 | 1.500,00 | 750,00 | 0,00 | 0,00 |
| Bil. Eigenkapital | 257,75 | 91,46 | 695,98 | 335,83 | 0,00 | 0,00 |
| Verz. Fremdkapital | 742,25 | 408,54 | 804,02 | 414,17 | 0,00 | 0,00 |
| = Summe Passiva | 1.000,00 | 500,00 | 1.500,00 | 750,00 | 0,00 | 0,00 |

Es ergibt sich erneut ein Gesamtkapitalwert von 1.484,50 GE:

| RG-Ansatz (Brutto) | t = 0 | t = 1 | t = 2 | t = 3 | t = 4 | t = 5-∞ |
|---|---|---|---|---|---|---|
| Kapitalbindung | 1.000,00 | 500,00 | 1.500,00 | 750,00 | 0,00 | 0,00 |
| Kapitalkosten 6,2368 % | 0,00 | 62,37 | 31,18 | 93,55 | 46,78 | 0,00 |
| NOPAT | 0,00 | 260,00 | 260,00 | 130,00 | 130,00 | 0,00 |
| Brutto-RG | 0,00 | 197,63 | 228,82 | 36,45 | 83,22 | 0,00 |
| PV Faktor 6,2368 % | | 0,9413 | 0,8860 | 0,8340 | 0,7851 | 0,7390 |
| PV RG | 484,50 | 186,03 | 202,74 | 30,40 | 65,34 | 0,00 |
| + investiertes Kapital | 1.000,00 | | | | | |
| = Gesamtkapitalwert | 1.484,50 | | | | | |

Ermittelt man für den Netto-Ansatz die kalkulatorischen Zinsen auf das Eigenkapital für die Ermittlung der Ertragsüberschüsse nach kalkulatorischen Zinsen bzw. Netto-RGs, so ergeben sich folgende Werte:

| Ertragswert / RG | t = 0 | t = 1 | t = 2 | t = 3 | t = 4 | t = 5-∞ |
|---|---|---|---|---|---|---|
| Eigenkapitalkosten 7,7936 % auf das gebundene Ek | 0,00 | 20,09 | 7,13 | 54,24 | 26,17 | 0,00 |
| G n. ESt. | 0,00 | 225,26 | 240,88 | 92,37 | 110,62 | 0,00 |
| Netto-RG | 0,00 | 205,17 | 233,75 | 38,13 | 84,44 | 0,00 |
| | Barwert | | | | | |
| PV Faktor 7,7936 % | | 0,9277 | 0,8606 | 0,7984 | 0,7407 | 0,6871 |
| PV | 484,50 | 190,34 | 201,17 | 30,44 | 62,55 | 0,00 |
| + Ek-Bestand in t = 0 | 257,75 | | | | | |
| = PV (ERÜ – z) + $Ek_0$ | 742,25 | | | | | |

Zählt man zum Barwert der Netto-RGs von 484,50 GE den Buchwert des Eigenkapitals im Zeitpunkt t = 0 hinzu, erhält man einen Wert von 742,25 GE.

## 2. Bewertung im Halbeinkünfteverfahren

Mit dem Halbeinkünfteverfahren sind gegenüber dem Beispiel des vorangehenden Abschnitts zusätzlich die definitive Körperschaftsteuer in Höhe von 25 % und die nur hälftige Besteuerung der Gewinnausschüttungen auf persönlicher Ebene zu berücksichtigen. Da bei der Wahl der risikoadäquaten Alternativverzinsung für die Eigenkapitalkosten ebenfalls die Körperschaftsteuer von den Alternativverträgen abzusetzen ist, reduzieren sich die unverschuldeten Eigenkapitalkosten von 10 % auf 7,5 %.

Die Höhe des Fremdkapitals ergibt sich nach mehreren Iterationen wie folgt:

|  | t = 0 | t = 1 | t = 2 | t = 3 | t = 4 | t = 5 |
|---|---|---|---|---|---|---|
| $Gk_t$ | 1.468,92 | 806,78 | 1.606,17 | 825,76 | 0,00 | 0,00 |
| davon 50 % = $Fk_t$ | 734,46 | 403,39 | 803,08 | 412,88 | 0,00 | 0,00 |

Nachdem die Höhe des Fremdkapitals ermittelt ist, lassen sich auch die Gewinne nach Zinsen und die zu entrichtenden Steuern, einschließlich der pers. Steuern, ermitteln:

| GuV | t = 0 | t = 1 | t = 2 | t = 3 | t = 4 | t = 5-∞ |
|---|---|---|---|---|---|---|
| EBITDA |  | 1.000,00 | 1.000,00 | 1.000,00 | 1.000,00 | 0,00 |
| - Abschreibungen |  | 500,00 | 500,00 | 750,00 | 750,00 | 0,00 |
| = EBIT |  | 500,00 | 500,00 | 250,00 | 250,00 | 0,00 |
| - Zinsaufwand |  | 58,76 | 32,27 | 64,25 | 33,03 | 0,00 |
| = EBT |  | 441,24 | 467,73 | 185,75 | 216,97 | 0,00 |
| - GESt 20 % |  | 94,12 | 96,77 | 43,58 | 46,70 | 0,00 |
| - KSt 25 % |  | 86,78 | 92,7 | 35,54 | 42,57 | 0,00 |
| = G |  | 260,34 | 278,22 | 106,63 | 127,70 | 0,00 |
| - ESt 35 % |  | 45,56 | 48,69 | 18,66 | 22,35 | 0,00 |
| = G n. pers. St. |  | 214,78 | 229,53 | 87,97 | 105,36 | 0,00 |
| Steuerbelastung der Ek-Geber |  | 226,46 | 238,20 | 97,78 | 111,61 | 0,00 |
| Einkommensteuer der Fk-Geber |  | 20,56 | 11,29 | 22,49 | 11,56 | 0,00 |
| Steuerbelastung Fk+Ek |  | 247,03 | 249,49 | 120,27 | 123,17 | 0,00 |
| fiktive Steuer (EBIT × $s_{kom}$) |  | 252,50 | 252,50 | 126,25 | 126,25 | 0,00 |
| Tax Shield |  | 5,47 | 3,01 | 5,98 | 3,08 | 0,00 |
| EBIT(1 − $s_{kom}$) = NOPAT |  | 247,50 | 247,50 | 123,75 | 123,75 | 0,00 |

## C. Berücksichtigung persönlicher Steuern

Das Tax Shield errechnet sich aus der Differenz aus tatsächlicher und fiktiver Steuerbelastung aller Investoren. Die fiktive Steuerbelastung ergibt sich durch Multiplikation des Gewinns vor Zinsen und Steuern (EBIT) und mit dem kombinierten Steuersatz $s_{kom} = [1 - (1 - s)(1 - t_H)(1 - 0{,}5v)] = 50{,}5\,\%$ aus Gewerbe-, Körperschaft- und Einkommensteuer.[17] Die Tax Shields lassen sich mithilfe der Formel $TS = \omega Z = Z[(1 - v) - (1 - \phi s)(1 - t_H)(1 - 0{,}5v)] = Z \times 9{,}3125\,\%$ auch unmittelbar errechnen.

Die Tax Shields sind eine Periode lang mit dem Fremdkapitalkostensatz nach pers. Steuern in Höhe von $0{,}65 \times 8\,\% = 5{,}2\,\%$, die übrigen Perioden mit den Kapitalkosten des unverschuldeten Unternehmens nach pers. Steuern von $(1 - 0{,}5 \times 0{,}35) \times 7{,}5\,\% = 6{,}1875\,\%$ zu diskontieren. Daraus ergibt sich ein Barwert der Tax Shields (PVTS) von 15,38 GE. Dieser ist zum Barwert der BFCF des unverschuldeten Unternehmens nach pers. Steuern hinzuzuzählen. Zur Ermittlung der BFCF n. pers. Steuern ist von den operativen Überschüssen nach Investitionen (BOCF + ICF) die fiktive Steuerbelastung einschließlich pers. Steuern abzuziehen:

|  | t = 0 | t = 1 | t = 2 | t = 3 | t = 4 | t = 5 |
|---|---|---|---|---|---|---|
| BOCF | 0,00 | 1.000,00 | 1.000,00 | 1.000,00 | 1.000,00 | 0,00 |
| ICF | -1.000,00 | 0,00 | -1.500,00 | 0,00 | 0,00 | 0,00 |
| BOCF + ICF | -1.500,00 | 1.000,00 | -500,00 | 1.000,00 | 1.000,00 | 0,00 |
| - fiktive Steuer |  | 252,50 | 252,50 | 126,25 | 126,25 | 0,00 |
| = BFCF n. pers. St. |  | 747,50 | -752,50 | 873,75 | 873,75 | 0,00 |

Nach dem APV-Ansatz sind diese Zahlungsüberschüsse mit den unverschuldeten Eigenkapitalkosten n. pers. Steuern zu diskontieren. Man erhält einen Barwert von 1.453,54 GE. Zählt man den Wert der Tax Shields von 15,38 hinzu erhält man einen Gesamtkapitalwert von 1.468,92 GE.

| APV-Ansatz | Barwert | t = 1 | t = 2 | t = 3 | t = 4 | t = 5 |
|---|---|---|---|---|---|---|
| $TS_t = \omega Z_t$ |  | 5,47 | 3,01 | 5,98 | 3,08 | 0,00 |
| PV Faktor |  | 0,9506 | 0,8952 | 0,8430 | 0,7939 | 0,7476 |
| PVTS | 15,38 | 5,20 | 2,69 | 5,04 | 2,44 | 0,00 |
| BFCF n. pers. St. |  | 747,50 | -752,50 | 873,75 | 873,75 | 0,00 |
| PV Faktor 6,1875 % |  | 0,9417 | 0,8869 | 0,8352 | 0,7865 | 0,7407 |
| PV BFCF | 1.453,54 | 703,94 | -667,36 | 729,74 | 687,22 | 0,00 |
| = Gk | = 1.468,92 |  |  |  |  |  |
| Ek = 50 % Gk | 734,46 |  |  |  |  |  |

---

17  Vgl. oben Abschnitt V.F.5.

Für die Anwendung der übrigen DCF-Ansätze sind zunächst die Eigenkapitalkosten des verschuldeten Unternehmens zu bestimmen. Hierfür ist die Ermittlung des Steuerfaktors $\tau$ hilfreich:

$$\tau = \frac{\omega}{(1-v)} = \frac{9{,}3125\%}{0{,}65} = 14{,}3269\%$$

und $(1-v)(1-\tau) = (1-\phi s)(1-t_H)(1-v) = 55{,}6875\%$

Mithilfe der MILES/EZZEL-Anpassung ergeben verschuldete Eigenkapitalkosten nach pers. Steuern von 7,168 %:

$$r_{Ek}^{\ell}(1-0{,}5v) = r_{Ek}^{u}(1-0{,}5v) + (r_{Ek}^{u}(1-0{,}5v) - r_{Fk}(1-v))\left(\frac{1+r_{Fk}(1-v)(1-\tau)}{1+r_{Fk}(1-v)}\right)\frac{Fk}{Ek}$$

$$= 0{,}061875 + (0{,}061875 - 0{,}052)\left(\frac{1+0{,}08 \times 0{,}556875}{1+0{,}052}\right)\frac{0{,}5}{0{,}5} = 7{,}168\%$$

Die gewichteten Kapitalkosten für den TCF- bzw. WACC-Ansatz lauten:

$$r_{TCF}(1-v) = \left(r_{Ek}^{\ell}(1-0{,}5v)\frac{Ek}{Gk} + r_{Fk}(1-v)\frac{Fk}{Gk}\right) = 0{,}07168 \times 0{,}5 + 0{,}052 \times 0{,}5 = 6{,}184\%$$

$$r_{WACC}(1-v) = \left(r_{Ek}^{\ell}(1-0{,}5v)\frac{Ek}{Gk} + r_{Fk}(1-v)(1-\tau)\frac{Fk}{Gk}\right) = 0{,}07168 \times 0{,}5 + 0{,}04455 \times 0{,}5$$
$$= 5{,}8115\,\%$$

| Kapitalflussrechnung | t = 0 | t = 1 | t = 2 | t = 3 | t = 4 | t = 5-∞ |
|---|---|---|---|---|---|---|
| BOCF + ICF | -1.000,00 | 1.000,00 | -500,00 | 1.000,00 | 1.000,00 | 0,00 |
| - fiktive Steuer (EBIT*s_kom) | 0,00 | 252,50 | 252,50 | 126,25 | 126,25 | 0,00 |
| = BFCF (nach allen Steuern) | -1.000,00 | 747,50 | -752,50 | 873,75 | 873,75 | 0,00 |
| + fiktive Steuern | 0,00 | 252,50 | 252,50 | 126,25 | 126,25 | 0,00 |
| - ges. Steuern Fk+Ek | 0,00 | -247,03 | -249,49 | -120,27 | -123,17 | 0,00 |
| = TCF (nach allen Steuern) | -1.000,00 | 752,97 | -749,49 | 879,73 | 876,83 | 0,00 |
| + Steuern der Fk-Geber | 0,00 | 20,56 | 11,29 | 22,49 | 11,56 | 0,00 |
| - Zinsen | 0,00 | -58,76 | -32,27 | -64,25 | -33,03 | 0,00 |
| + Aufnahme FK | 734,46 | -331,07 | 399,69 | -390,20 | -412,88 | 0,00 |
| = FK-CF n. St. | 734,46 | -369,26 | 378,72 | -431,96 | -434,35 | 0,00 |
| = NFCF | -265,54 | 383,71 | -370,78 | 447,77 | 442,48 | 0,00 |
| - Ausschüttung | 0,00 | -214,78 | -229,53 | -87,97 | -105,36 | 0,00 |
| + EK-Aufnahme | 265,54 | -168,93 | 600,31 | -359,80 | -337,12 | 0,00 |
| = Ek-CF | 265,54 | -383,71 | 370,78 | -447,77 | -442,48 | 0,00 |
| Veränd. Liq. Mittel | 0,00 | 0,00 | 0,00 | 0,00 | 0,00 | 0,00 |

## C. Berücksichtigung persönlicher Steuern

Die für die Bewertung benötigten Free Cashflows ergeben sich wie im vorangegangenen Abschnitt mithilfe der Kapitalflussrechnung. Mit diesen Werten lässt sich nun die Bewertung durchführen. Es resultiert bei allen DCF-Ansätzen der selbe Unternehmenswert von 1.468,92 GE als Wert des Gesamtkapitals und 734,46 GE als Wert des Eigenkapitals.

|  | t = 0 | t = 1 | t = 2 | t = 3 | t = 4 | t = 5-∞ |
|---|---|---|---|---|---|---|
| **TCF-Ansatz** | **Barwert** | | | | | |
| PV Faktor 6,184 % | | 0,9451 | 0,8932 | 0,8441 | 0,7978 | 0,7539 |
| PV TCF | 1.468,92 | 706,44 | -672,11 | 737,55 | 697,04 | 0,00 |
| **WACC-Ansatz** | | | | | | |
| PV Faktor 5,8115 % | | 0,9418 | 0,8869 | 0,8353 | 0,7866 | 0,7408 |
| PV BFCF | 1.468,92 | 709,12 | -664,74 | 734,81 | 689,73 | 0,00 |
| **Equity-Ansatz** | | | | | | |
| PV Faktor 7,168 % | | 0,9331 | 0,8707 | 0,8125 | 0,7581 | 0,7074 |
| PV NFCF | 734,46 | 358,05 | -322,84 | 363,80 | 335,45 | 0,00 |

Der Barwert der Nettoausschüttungen (Ek-CF) nach pers. Steuern gem. der Ertragswertmethode entspricht dem Equity-Ansatz, da, wie bereits im vorigen Abschnitt, im vorliegenden Fall alle finanziellen Überschüsse ausgeschüttet werden und deshalb keine Unterschiede zwischen NFCF und Ek-CF bestehen.[18]

|  |  |  |  |  |  |  |
|---|---|---|---|---|---|---|
| - Ausschüttung | | -214,78 | -229,53 | -87,97 | -105,36 | 0,00 |
| + EK-Aufnahme | | -168,93 | 600,31 | -359,80 | -337,12 | 0,00 |
| = Ek-CF | | -383,71 | 370,78 | -447,77 | -442,48 | 0,00 |
| **Ertragswert** | | | | | | |
| PV Faktor 7,168 % | | 0,9331 | 0,8707 | 0,8125 | 0,7581 | 0,7074 |
| PV Ek-CF | 734,46 | 358,05 | -322,84 | 363,80 | 335,45 | 0,00 |

Die für den Brutto-RG-Ansatz benötigte Kapitalbindung ergibt sich erneut aus dem fortgeführten Buchwert der Investition:

---

18 Dies gilt aber, wie zuvor, nur für den Spezialfall der Vollausschüttung aller Überschüsse bzw. den äquivalenten Fall der kapitalwertneutralen Reinvestition nicht ausschüttbarer Überschüsse.

| Planbilanzen | t = 0 | t = 1 | t = 2 | t = 3 | t = 4 | t = 5-∞ |
|---|---|---|---|---|---|---|
| Kapitalbindung KB$_t$ | 1.000,00 | 500,00 | 1.500,00 | 750,00 | 0,00 | 0,00 |
| Geldbestand GB$_t$ | 0,00 | 0,00 | 0,00 | 0,00 | 0,00 | 0,00 |
| = Summe Aktiva | 1.000,00 | 500,00 | 1.500,00 | 750,00 | 0,00 | 0,00 |
| Bil. Eigenkapital | 265,54 | 96,61 | 696,92 | 337,12 | 0,00 | 0,00 |
| Verz. Fremdkapital | 734,46 | 403,39 | 803,08 | 412,88 | 0,00 | 0,00 |
| = Summe Passiva | 1.000,00 | 500,00 | 1.500,00 | 750,00 | 0,00 | 0,00 |

Es ergibt sich erneut ein Gesamtkapitalwert von 1.468,92 GE:

| RG-Ansatz (Brutto) | t = 0 | t = 1 | t = 2 | t = 3 | t = 4 | t = 5-∞ |
|---|---|---|---|---|---|---|
| Kapitalbindung | 1.000,00 | 500,00 | 1.500,00 | 750,00 | 0,00 | 0,00 |
| Kapitalkosten 5,8115 % | 0,00 | 58,12 | 29,06 | 87,17 | 43,59 | 0,00 |
| NOPAT | 0,00 | 247,50 | 247,50 | 123,75 | 123,75 | 0,00 |
| Brutto-RG | 0,00 | 189,38 | 218,44 | 36,58 | 80,16 | 0,00 |
| PV Faktor 5,8115 % | | 0,9451 | 0,8932 | 0,8441 | 0,7978 | 0,7539 |
| **PV RG** | **468,92** | 178,98 | 195,11 | 30,88 | 63,95 | 0,00 |
| + investiertes Kapital | 1.000,00 | | | | | |
| = Gesamtkapitalwert | **1.468,92** | | | | | |

Der selbe Unternehmenswert resultiert mit dem Netto-Ansatz auf Basis von Ertragsüberschüssen nach kalkulatorischen Zinsen auf das Eigenkapital bzw. Netto-RGs:

| Ertragswert / RIM | t = 0 | t = 1 | t = 2 | t = 3 | t = 4 | t = 5-∞ |
|---|---|---|---|---|---|---|
| Eigenkapitalkosten 7,168 % auf das gebundene Ek | 0,00 | 19,03 | 6,92 | 49,95 | 24,16 | 0,00 |
| G n. ESt. | 0,00 | 214,78 | 229,53 | 87,97 | 105,36 | 0,00 |
| Netto-RG | 0,00 | 195,75 | 222,60 | 38,02 | 81,19 | 0,00 |
| | **Barwert** | | | | | |
| PV Faktor 7,168 % | | 0,9331 | 0,8707 | 0,8125 | 0,7581 | 0,7074 |
| PV | 468,92 | 182,65 | 193,82 | 30,89 | 61,55 | 0,00 |
| + Ek-Bestand in t = 0 | 265,54 | | | | | |
| = PV (ERÜ – z) + Ek$_0$ | **734,46** | | | | | |

## 3. Vergleich der Unternehmenswerte

Obiges Beispiel zeigt, wie sich auch im Halbeinkünfteverfahren übereinstimmende Ergebnisse erzielen lassen. Der ermittelte Unternehmenswert fällt geringfügig kleiner aus, als bei Anwendung des Anrechnungsverfahrens mit persönlichen Steuern. Wie zuvor theoretisch abgeleitet wurde, entsprechen sich die Unternehmenswerte in den beiden Steuersystemen nur bei Annahme eines Einkommensteuersatzes von 40 %. Die folgende Tabelle veranschaulicht dies nochmals anhand der Unternehmenswerte auf Basis obigen Beispieles bei unterschiedlichen Einkommensteuersätzen:

| ESt = | 0 % | 5 % | 10 % | 15 % | 20 % | 25 % | 30 % | 35 % | **40 %** | 45 % | 50 % |
|---|---|---|---|---|---|---|---|---|---|---|---|
| Anrechnungsverfahren mit pers. Steuern: | | | | | | | | | | | |
| Gk = | 1.701,97 | 1.672,49 | 1.642,51 | 1.612,01 | 1.580,97 | 1.549,38 | 1.517,23 | 1.484,50 | **1.451,19** | 1.417,28 | 1.382,75 |
| Halbeinkünfteverfahren mit pers. Steuern: | | | | | | | | | | | |
| Gk = | 1.591,31 | 1.574,00 | 1.556,64 | 1.539,22 | 1.521,73 | 1.504,19 | 1.486,58 | 1.468,92 | **1.451,19** | 1.433,40 | 1.415,56 |
| Differenz: | | | | | | | | | | | |
| | -110,66 | -98,49 | -85,87 | -72,79 | -59,23 | -45,19 | -30,65 | -15,59 | **0,00** | 16,13 | 32,81 |

## D. Ergebnis

Obiges Beispiel zeigt, dass sich bei einer mit den Prämissen übereinstimmenden Vorgehensweise und bei Aufhebung methodischer Defizite, wie der unzureichenden Berücksichtigung der Kapitalstruktur bei der Ertragswertmethode, in allen Varianten grundsätzlich übereinstimmende Ergebnisse erzielen lassen. Dabei wurden in zweifacher Hinsicht übereinstimmende Ergebnisse erzielt: Zum einen stimmten die Werte aller Methoden im jeweils betrachteten Fall überein. Hierfür ist eine methodenkonsistente Definition und Ermittlung der jeweiligen Erfolgsgrößen und Diskontierungssätze erforderlich. Zum anderen wurden aber auch mit dem Ausgangsfall, der vereinfachten Bewertung bei Irrelevanz des Ausschüttungsverhaltens, übereinstimmende Werte ermittelt. Damit wurden die Bedingungen aufgezeigt, unter denen das Ausschüttungsverhalten im deutschen Steuersystem vernachlässigt werden kann, wie von den klassischen DCF-Methoden unterstellt wird.

Es wurde gezeigt, dass sich der durch die DCF-Methoden eingangs ermittelte Wert nach Steuern nur unter Erzielung einer Rendite auf im Unternehmen verbleibende Finanzmittel erreichen lässt, die ein Vielfaches der Kapitalkosten in Abhängigkeit vom Detaillierungsgrad des Einbezugs von Steuern im Bewertungsmodell darstellt. Diese Rendite steigt mit zunehmender Anzahl der integrierten Sachverhalte kontinuierlich an, sodass als Ergebnis festgehalten werden kann, dass die von den DCF-Methoden i.e.S. unterstellte Annahme der kapitalwertneutralen Investition im deutschen Steuersystem nur bedingt eingehalten werden kann. Der auf Basis der klassischen DCF-Methoden ermittelte Wert stellt denjenigen Wert dar, der bei Vollausschüttung aller Finanzüberschüsse erzielbar wäre. Bei jedem anderen Ausschüttungsverhalten müssen Renditen auf die Einbehaltung erzielt werden, die weit über dem Diskontierungssatz liegen.

Darüber hinaus wurden die für eine Bewertung unter Einbeziehung persönlicher Steuern im Anrechnungs- sowie im Halbeinkünfteverfahren notwendigen Bewertungsschritte dargestellt. Mit den zuvor theoretisch abgeleiteten Bewertungsformeln ließen sich auch unter diesen Bedingungen übereinstimmende Ergebnisse erzielen.

# X. Zusammenfassung

Die vorliegende Arbeit beschäftigt sich mit der Frage nach der Übereinstimmung verschiedener Vorgehensweisen bei der Unternehmensbewertung. Dabei wurde untersucht, inwieweit die modernen Verfahren der Unternehmensbewertung den theoretischen Anforderungen genügen und an welchen Stellen Anpassungen nötig sind. Des Weiteren wurden Gemeinsamkeiten und Unterschiede zwischen den Methoden aufgezeigt und ein Ansatz vorgestellt, wie mit allen Methoden identische Ergebnisse erzielt werden können.

Zu diesem Zweck wurde zunächst der Frage nachgegangen, wie durch das Unternehmen für die Eigner „Wert" geschaffen wird und wie dieser zu quantifizieren ist. Da Wert eine subjektive, d. h. personenbezogene Größe ist, muss bei der Bewertung vom individuellen Zielsystems des Bewerters ausgegangen werden. Für die Unternehmensbewertung wird in der Regel ein rein finanziell orientiertes Zielsystem unterstellt, d. h. man geht von der vereinfachenden Annahme aus, dass lediglich monetäre Ereignisse für den Eigentümer von Relevanz sind. Nichtfinanzielle Zielsetzungen wie das Streben nach Selbstverwirklichung, Prestige oder Macht werden vernachlässigt.

Unternehmen dienen ihren Eigentümern unter diesen Prämissen ausschließlich zur Erzielung von Einkommen. Um dieses Einkommen zu bewerten, ist es bezüglich seiner Höhe, seinem zeitlichen Anfall und seiner Unsicherheit mit der individuellen Nutzenfunktion zu bewerten. Hierzu wird ein Alternativenvergleich nötig: der potenzielle Unternehmenskäufer (bzw. -verkäufer) wird das Einkommen, das er aus dem Unternehmen erzielen kann, mit dem Nutzen aus alternativen Geldverwendungsmöglichkeiten vergleichen. Der maximale Kaufpreis, den ein Erwerber bereit sein wird zu bezahlen, ergibt sich durch Konstanthaltung des Nutzenniveaus bei Einbeziehung des Unternehmens in sein Investitionsprogramm. Da sich eine Bewertung der Einkommensströme mit ihrem individuellen Nutzen beim Unternehmer als wenig praktikabel erweist, wird i. d. R. die explizite Berücksichtigung der Konsumpräferenzen bei der Unternehmensbewertung vernachlässigt.

Theoretisch lässt sich dies mit den Separationstheoremen der Investitionstheorie rechtfertigen. Investitions-, Finanzierungs- und Ausschüttungsentscheidungen werden unabhängig von den Konsumptionsentscheidungen optimiert, der Konsumbereich des Unternehmers wird vernachlässigt bzw. als exogen gegeben angenommen. Es wird das Ziel der Vermögensmaximierung und nicht der Wohlfahrtsmaximierung verfolgt.

Durch das Ausblenden anderer als einer finanziellen Zielsetzung wird der Kauf eines Unternehmens bzw. seiner Anteile zu einer rein finanziell motivierten Anlageentscheidung und lässt sich mit anderen Anlageformen vergleichen. Die Unternehmensbewertung ist damit nichts anderes als das Auffinden des Betrages, der anderswo für Erfolge gleicher Art und Höhe zu bezahlen wäre. Der Unternehmenswert entsteht üblicherweise durch Diskontierung der Zahlungsrückflüsse an den Investor und ist von deren Höhe, Risiko und zeitlichem Anfall abhängig. Bei der Diskontierung übernimmt der Kalkulationszinsfuß die Funktion des Alternativenvergleichs. Hierdurch werden die zukünftigen Erfolge des Unternehmens auf die Gegenwart bezogen und mit der Vorteilhaftigkeit anderer Kapitalanlagen verglichen. Dies erfordert die Bestimmung der Zukunftserfolge sowie die Abbildung der Zahlungen aus der bestmöglichen, nicht durchgeführten Alternativanlage durch eine Renditeziffer. Hierfür ist die interne Rendite des optimalen Alternativprogramms als Kalkulationszinsfuß anzusetzen. Dies führt zu identischen Ergebnissen wie bei simultaner Investitions- und Finanzplanung, z. B. mittels linearer Programmierung, wenn das Alternativprogramm entsprechend ermittelt wird.

Anzustreben ist eine möglichst exakte Abbildung des Alternativprogramms im Kalkulationszinsfuß. Da jedoch die exakten Investitions- und Finanzierungsalternativen nicht immer vollständig ermittelt werden können und tatsächlich das optimale Programm erst feststeht, wenn die Höhe des zu integrierenden Kaufpreises bekannt ist, wird statt dessen häufig von typischen Alternativinvestitionen ausgegangen. Ihr Wert wird auf das Bewertungsobjekt übertragen, indem der Diskontierungssatz als Rendite der verdrängten Alternativinvestition mit identischen Eigenschaften am Kapitalmarkt ermittelt wird.

Damit die Erfolge aus Bewertungsobjekt und unterlassener Alternative vergleichbar sind, müssen Äquivalenzprinzipien beachtet werden, zu denen u. a. eine Übereinstimmung bzgl. Planungshorizont, Verfügbarkeit und Unsicherheit gehören. Die zur Berücksichtigung der Unsicherheitsäquivalenz entwickelten kapitalmarktorientierten Verfahren zur Bestimmung risikoangepasster Kalkulationszinsfüsse beruhen auf einem Vergleich mit einer typischen Anlagealternative am Kapitalmarkt. Auch diese müssen für die subjektive Unternehmensbewertung an die individuellen Möglichkeiten des Bewerters angepasst werden. Die Bewertung in einem effizienten, gleichgewichtigen Kapitalmarkt stellt die theoretisch richtige Basis für eine Bewertung dar, weshalb alle Modelle der Unternehmensbewertung letztlich versuchen, diese nachzustellen. Insofern sind alle Methoden der Unternehmensbewertung kapitalmarktorientiert. Beim Ertragswert-Verfahren werden im Widerspruch zur Theorie der Wertpapiermischung und zur internationalen Praxis grundsätzlich auch unsystematische Risiken berücksichtigt. Dies sollte künftig von der betreffenden Bewertungssituation und der Fähigkeit der Investoren zur Diversifikation abhängig gemacht werden.

Wesentlich bei der Ermittlung des Diskontierungssatzes ist die Berücksichtigung von Steuern sowie der Auswirkungen von Veränderungen der Kapitalstruktur. Die unterschiedliche Vorgehensweise bei der Berücksichtigung des Steuervorteils aus der Fremdfinanzierung stellt die Grundlage für die verschiedenen Varianten der DCF-Methoden, dem APV-, WACC-, TCF-, und Equity-Ansatz, dar. Diese lassen sich aus einem grundlegenden Alternativenvergleich ableiten, wodurch deutlich wird, dass hierbei lediglich eine mathematische Umformung stattfindet, sodass alle Varianten zum selben Ergebnis führen. Die Art der Berücksichtigung des Tax Shields beim Equity-Ansatz entspricht der bei der Ertragswertmethode – das Tax Shield wird jeweils im Zähler und nicht im Nenner berücksichtigt, d. h. es wird von Erfolgen nach tatsächlicher Steuerzahlung ausgegangen. Die Berücksichtigung von persönlichen Steuern ist grundsätzlich sinnvoll und sollte auch bei den DCF-Methoden zur Anwendung kommen.

Schwankt die Verschuldung im Zeitablauf, müssen periodenspezifische Kapitalkostensätze ermittelt werden, wofür Reaktionsfunktionen existieren, anhand derer die Auswirkungen eines veränderten Verschuldungsgrades auf die Eigen- und Gesamtkapitalkosten abgebildet werden können. Um im Zeitablauf konstante Kapitalkostensätze benutzen zu können, ist in der Bewertung eine konstante, ertragswertabhängige Finanzierung anzusetzen. Dies wird üblicherweise im Rahmen der Unterscheidung der verschiedenen Ansätze der DCF-Methoden diskutiert, gilt aber ebenso für eine Bewertung nach der Ertragswertmethode, bei der die Kapitalstruktur i. d. R. nur unzureichend berücksichtigt wird.

Für die Bewertung gilt das Zuflussprinzip: es sind die Einzahlungsüberschüsse der Eigentümer zu bewerten. Da sich diese aber nur auf betrieblicher Ebene ermitteln lassen, wo sie betriebliche Entnahmeüberschüsse darstellen, werden sie mithilfe von betrieblichen Ertrags- und Einzahlungsüberschüssen ermittelt. Die unterschiedliche Verwendung dieser Rechengrößen stellt einen Hauptunterschied der gängigen Methoden der Unternehmensbewertung dar. Um diese vergleichen zu können wurde eine Verbindung der verschiedenen Rechengrößen in zweifacher Hinsicht hergestellt: Zum einen konnten die in den Methoden verwendeten Erfolgsgrößen mithilfe der Kapitalflussrechnung, die auf der grundsätzlichen Gleichheit von Mittelherkunft- und Mittelverwendung innerhalb einer Periode beruht, sowohl auf Basis von Zahlungen als auch von periodisierten Größen ausgedrückt werden, wodurch die Methoden rechnerisch vergleichbar werden. Zum andern wurde mithilfe des LÜCKE-Theorems ein intertemporaler Zusammenhang zwischen den Rechengrößen aufgezeigt. Denn insgesamt gesehen, unterscheiden sich die verschiedenen Erfolgsgrößen nur durch ihre zeitliche Verschiebung, in Summe sind sie über die Totalperiode immer identisch. Die Bewertung kann solange mithilfe von Ertrags- bzw. Einzahlungsüberschüssen statt mit Entnahmeüberschüssen erfolgen, wie die zeitlichen Verschiebungen durch kalkulatorische Zinsen auf die durch sie verursachte Bestandsgröße Eigenkapital bzw. Geldbestand ausgeglichen werden.

Die Ertragswertmethode geht von Entnahme- bzw. modifizierten Ertragsüberschüssen aus. In der Finanzbedarfsrechnung soll das zeitliche Auseinanderfallen von Einzahlung und Ertrag bzw. Auszahlung und Aufwand dadurch behoben werden, dass Zinsen auf den Finanzbedarf von den Ertragsüberschüssen abgesetzt werden. Dabei wird ein bestimmtes Ausschüttungsverhalten zugrunde gelegt, das, auf die ermittelten Ertragsüberschüsse angewendet, die künftigen Ausschüttungen und Außenfinanzierungsbedarfe ergibt. Die bewertungsrelevanten Entnahmeüberschüsse ergeben sich durch die so geplanten Ausschüttungen abzüglich der Eigenkapitalaufnahmen, die sich aus der Finanzbedarfsrechnung ergeben. Will man mit Ertragsüberschüssen dasselbe Ergebnis wie mit Entnahmeüberschüssen ermitteln, muss man nicht nur Zinsen auf den fremdfinanzierten Teil, sondern auch kalkulatorische Zinsen in Höhe der Eigenkapitalkosten auf den eigenfinanzierten Teil des Finanzbedarfs von den Ertragsüberschüsse abziehen. Ein solcher Abzug von kalkulatorischen Zinsen kann nur dann unterbleiben, wenn der Bestand an Eigenkapital in allen Perioden konstant gehalten werden kann, wozu Vollausschüttung der Gewinne und vollständige Fremdfinanzierung des Finanzbedarfs erforderlich sind. Diese in der Praxis gängige Vorgehensweise führt jedoch i. d. R. zu einer Veränderung der Kapitalstruktur, wodurch sich die Kapitalkosten verändern und der erhoffte Ausgleich der zeitlichen Verschiebungen zunichte gemacht wird. Deshalb ist auch hierbei von einer konstanten Kapitalstruktur in Marktwerten (ertragswertabhängigen Finanzierung) auszugehen.

Die Ertragswertmethode des IDW wurde seit dem Erscheinen der Richtlinien zur Unternehmensbewertung vielfach kritisiert. Ansatzpunkte waren z. B. die Ebene der Bestimmung der Zukunftserfolge oder die Ermittlung der Zukunftserfolge durch Ertragsüberschüsse. Auch die objektivierte Wertermittlung und die Substanzorientierung wurden kritisiert. Durch die Neuauflage des WP-Handbuchs (1998) und den Bewertungsstandard IDW S 1 ist die Mehrzahl der Kritikpunkte, mit Ausnahme der weiteren Verwendung von Ertragsüberschüssen, der Substanzbezogenheit der Prognose sowie der objektivierten Wertermittlung berücksichtigt worden. Das Fortbestehen der beiden letzteren Kritikpunkte ist als unbefriedigend zu betrachten. Auch die Behandlung des Kapitalstrukturrisikos und der Risikokomponenten bedarf dringender Korrektur. Mit der Berücksichtigung persönlicher Steuern geht die Ertragswertmethode dagegen konsequent einen von der Theorie geforderten Schritt, der auch von den DCF-Methoden zu erwarten sein sollte. Auch die Berücksichtigung eines konkreten Ausschüttungsverhaltens und seiner steuerlichen Wirkungen wird von der Theorie gefordert und ist in der Ertragswertmethode am Weitesten umgesetzt. Insgesamt wird den neuen Richtlinien in der Literatur bescheinigt, dass sie „den gegenwärtigen Stand der Diskussion hervorragend"[1] zusammenfassen.

Im Gegensatz zur Ertragswertmethode gehen die DCF-Methoden weder von Entnahme- noch von Ertragsüberschüssen, sondern von betrieblichen Einzahlungsüberschüssen, sog. Free Cashflows, aus. Darunter sind diejenigen Mittel zu verstehen, die im Unternehmen frei zur Ausschüttung an die Investoren zur Verfügung stehen, nachdem alle lohnenswerten Investitionen getätigt wurden. Eine umfassende Definition der Free Cashflows konnte auf Basis des MODIGLIANI/MILLER-Theorems von der Irrelevanz der Dividendenpolitik abgeleitet werden, welches die theoretische Grundlage für die DCF-Methoden bildet. Es zeigt sich, dass es nicht eine einzig richtige Definition für die Free Cashflows gibt, sondern dass lediglich eine mit der Vorgehensweise konsistente Definition notwendig ist, um nicht Bewertungsfehler zu begehen. Die Free Cashflows führen nur dann zu einem richtigen Unternehmenswert, wenn sie entsprechend dem jeweiligen Bewertungsmodell definiert und behandelt werden.

In Abhängigkeit vom jeweiligen DCF-Ansatz umfasst der Free Cashflow die eigen- oder gesamtkapitalbezogenen Einzahlungsüberschüsse, wobei für den WACC- und

---

1   Kruschwitz/Löffler (1999), S. 2.

den APV-Ansatz die Zahlungsüberschüsse unter der Fiktion der reinen Eigenfinanzierung, d. h. als Bruttogrößen unter Ansatz einer fiktiven Besteuerung, zum Ansatz kommen. Dabei wird der Steuervorteil in den WACC bzw. als gesonderter Bestandteil des APV berücksichtigt. Beim TCF-Ansatz wird ebenfalls eine Bruttogröße, jedoch nach Abzug tatsächlicher Steuern ermittelt, beim Equity-Ansatz wird der eigenkapitalbezogene Cashflow nach tatsächlichen Steuern angesetzt. Der Steuervorteil kommt beim TCF- und Equity-Ansatz allein im Zähler zum Tragen. Unabhängig vom jeweiligen DCF-Ansatz stellen die Free Cashflows nicht die tatsächlichen Nettoausschüttungen dar, sondern lediglich das Ausschüttungspotenzial, das bei einer vollständigen Auszahlung aller Überschüsse an die Investoren fließen würde.

Gemeinsamkeiten der Methoden sind in ihrer Grundkonzeption als Zukunftserfolgsrechnung und der zugrunde liegenden Theorie zu sehen, die in Kapitel III. dargestellt wurde. Auch die Berücksichtigung des Steuervorteils ist unabhängig vom Vorliegen einer Brutto- oder Nettorechnung als gleichwertig zu betrachten. Die Ermittlung des Risikozuschlags ist in beiden Methoden nicht einseitig festgeschrieben, sondern einzelfallbezogen gelöst, auch die Ertragswertmethode erlaubt die Anwendung „kapitalmarktorientierter Verfahren".

Als Unterschiede der Methoden werden in der Literatur insbesondere die verwendeten Rechengrößen zur Bestimmung der Zukunftserfolge, die Bestimmung des Kalkulationszinsfußes und ihr Zusammenhang über die Verwendung der Brutto- bzw. Nettomethode sowie die Berücksichtigung des Risikos bzw. die Art der Ermittlung des Risikozuschlags betrachtet. Die Methodenunterschiede im Bereich der Berücksichtigung des Risikos sind als methodische Defizite der Ertragswertmethode zu betrachten. Die Berücksichtigung des Steuervorteils ist in beiden Methoden als gleichwertig anzusehen. Allerdings führt die alternative Verwendung von Brutto- oder Nettoansätzen nur solange zu keinen Unterschieden im Ergebnis, wie die Auswirkung einer Veränderung der Kapitalstruktur auf die Kapitalkosten adäquat berücksichtigt wird. Letzteres erfolgt bei der Ertragswertmethode jedoch i. d. R. nur unzureichend.

Im DCF-Verfahren entsteht durch die unterstellte Finanzierungsunabhängigkeit der Brutto-Free Cashflows der Eindruck, als würden alle Investitionen bevorzugt innenfinanziert. Durch den Abzug des Fremdkapitals vom Resultat der Bewertung geschieht im Ergebnis jedoch dasselbe wie bei Abzug des Fremdkapital-Cashflows bei der Ermittlung der Netto-Free Cashflows: der zunächst rein innenfinanzierte Brutto-FCF wird direkt oder indirekt durch die Aufnahme von Fremdkapital auch außenfinanziert. Im Ergebnis hängt die Fremdfinanzierung nicht von der Reihenfolge der Finanzierung ab, sondern nur von den expliziten Finanzierungsprämissen. Solange die Höhe des Finanzbedarfs identisch ist, wird dieser in beiden Methoden anteilig mit Eigen- und Fremdmitteln außenfinanziert. Um die Kapitalstruktur konstant zu halten, muss die Außenfinanzierung im vorgegebenen Verhältnis erfolgen. Insofern reduziert sich die Diskussion um die Unterschiede in den Finanzierungsprämissen auf die Kapitalstrukturdebatte.

Als wesentlicher Unterschied wird im Rahmen dieser Arbeit das Vorliegen unterschiedlicher Maßgrößen für den Zukunftserfolg angesehen. Anhand des LÜCKE-Theorems wurde aufgezeigt, wie unterschiedliche Rechengrößen zur Anwendung kommen können. Für den Ersatz der Entnahme- durch Ertragsüberschüsse, wie sie im Ertragswertverfahren verwendet werden, ist der Abzug kalkulatorischer Zinsen auf das Eigenkapital am Periodenanfang von den Ertragsüberschüssen notwendig. Entsprechend ist für einen Ersatz der Entnahme- durch Einzahlungsüberschüsse, wie sie im DCF-Verfahren zur Anwendung kommen, der Abzug kalkulatorischer Zinsen auf den Geldbestand von den Einzahlungsüberschüssen notwendig. Eine solche Korrektur erfolgt i. d. R. bei den DCF-Methoden aber nicht. Die Höhe der Geldbestände ist durch die Differenz aus Entnahme- und Einzahlungsüberschüssen gegeben: Nur wenn weniger ausgeschüttet wird, als an betrieblichen Zahlungsüberschüssen erwirtschaftet wurde, verbleiben Geldbestände im Unternehmen. Deshalb liegt der Unterschied von Entnahme- und Einzahlungsüberschüssen im Ausschüttungsverhalten begründet.

Die klassischen DCF-Verfahren sehen üblicherweise weder die explizite Planung von Ausschüttungen noch eine Nebenrechnung mit Ertragsüberschüssen vor. Damit bei dieser Vorgehensweise keine Bewertungsfehler auftreten, müssen die im Unternehmen verbleibenden Mittel kapitalwertneutral investiert werden können, damit sie die zukünftigen Ausschüttungen so erhöhen, dass der Barwert der Wertsteigerung der Höhe der Einbehaltung entspricht. Die klassischen DCF-Methoden stellen daher einen vereinfachenden Ansatz dar, der das Problem der Ausschüttungspolitik und Wiederanlage der einbehaltenen Beträge durch die Annahme umgehen will, diese Beträge verzinsten sich zu den Kapitalkosten.

Die Diskontierung von Free Cashflows an Stelle von Nettoausschüttungen kann deshalb sinnvoll sein, weil sie die Annahme einer konkreten Ausschüttungspolitik vermeidet. Der Unternehmenswert ist dann allein durch die operative Tätigkeit des Unternehmens gegeben und ist nicht durch rein finanzielle Transaktionen beeinflussbar. Auch die Ertragswertmethode kennt eine solche Vorgehensweise: mit der Annahme der Vollausschüttung der Gewinne wird unterstellt, dass bei einem anderen Ausschüttungsverhalten die Einbehaltungen zu mindestens den Kapitalkosten angelegt werden können, sodass der Vollausschüttungswert sogar als eher vorsichtige Schätzung anzusehen sei. Eine solche Irrelevanz der Ausschüttungspolitik ist jedoch nur dann gegeben, wenn die im Unternehmen verbleibenden Mittel so investiert werden können, dass die geringere Ausschüttung durch Wertsteigerungen ausgeglichen werden kann. Dazu ist erforderlich, dass die künftigen Ausschüttungen in einem Maße steigen, dass der Barwert dieser Erhöhungen genau die Minderausschüttung ausgleicht. Im deutschen Steuersystem liegt die dafür notwendige Rendite vor Steuern um das 1,2 bis 2fache über den Kapitalkosten.

Der auf Basis der klassischen DCF-Methoden ermittelte Wert kann als Wertobergrenze interpretiert werden, die bei Vollausschüttung aller Finanzüberschüsse erzielbar wäre. Bei jedem anderen Ausschüttungsverhalten verbleiben liquide Mittel im Unternehmen und müssen zu Renditen vor Steuern investiert werden, die über dem Diskontierungssatz liegen, damit der Unternehmenswert, wie er im DCF-Modell ermittelt wurde, tatsächlich realisiert werden kann. Da die Free Cashflows definiert sind als Überschüsse nach Durchführung aller Investitionsgelegenheiten mit positivem Kapitalwert, ist fraglich, wie diese noch zu mehr als den Kapitalkosten angelegt werden können.

Dieses Problem könnte auch dadurch umgangen werden, dass man die einbehaltenen Beträge von den Free Cashflows abzieht. Die Gleichheit von Mittelherkunft- und Mittelverwendung zeigt aber, dass man dabei im Ergebnis nichts anderes als die Brutto- und Nettogrößen der Zahlungsströme zwischen Unternehmen und Investoren erhält: Der so ermittelte Netto-„Free Cashflow" entspricht exakt den Entnahmeüberschüssen, der Brutto-„Free Cashflow" den Entnahmeüberschüssen eines unverschuldeten Unternehmens. Damit hat man auf kompliziertem Wege ermittelt, was sich durch Anwendung des vorgesehenen Ausschüttungsverhaltens aus Ertragsüberschüssen und Finanzbedarfsrechnung unmittelbar ergibt: die Entnahmeüberschüsse. Denn die Höhe der tatsächlichen Ausschüttungen wird nicht durch die Free Cashflows bestimmt, sondern über die Nebenrechnungen Gewinn- und Verlustrechnung und Finanzbedarfsrechnung. Damit wird ein so modifiziertes DCF-Verfahren im Ergebnis zu einem Ertragswertverfahren mutiert.

Eine Modifikation der in den DCF-Methoden verwendeten Einzahlungsüberschüsse ist nur dann sinnvoll, wenn man das Ausschüttungsverhalten und seine Auswirkungen im Bewertungsmodel explizit berücksichtigen will. Angesichts der rechtlichen und faktischen Einschränkungen des Ausschüttungsverhaltens, der Aufnahme sowie der Rückzahlung von Eigenkapital erscheint eine Betrachtung der tatsächlichen Zahlungen von und an die Eigner wünschenswert. Für die Ermittlung von Entnahmeüberschüssen sind jedoch sowohl Ertrags- als auch Einzahlungsüberschüsse erforderlich. Die DCF-Methoden sind deshalb um eine Nebenrechnung über die Ausschüttungsfähigkeit der Cashflows zu ergänzen. Da die Entnahmeüberschüsse unmittelbar bewertet werden können, ist der Sinn der Ermittlung von verschiedenen DCF-Entnahmeüberschüssen nur vor dem Hintergrund des in der Literatur geführten Methodenstreits innerhalb der verschiedenen DCF-Ansätze zu verstehen. Glaubt man daran, dass alle DCF-Ansätze zum gleichen Ergebnis führen, kann auch unmittelbar mit Nettogrößen bewertet werden, wofür die komplizierte Ermittlung der Free Cashflows entfällt. Die parallele Anwendung verschiedener DCF-Ansätze erscheint jedoch sinnvoll, wenn man diese als Kontrollgrößen betrachtet. Da die Ansätze nur dann zu identischen Ergebnissen führen, wenn die Finanzierungsprämissen adäquat im Bewertungsmodell berücksichtigt sind, dienen Bewertungsdifferenzen zwischen den Ansätzen zur Aufdeckung von Bewertungsfehlern.

Die Komplexität der Bewertung steigt mit jeder weiteren Integration ausschüttungsbedingter Sachverhalte so stark an, dass Bewertungsfehler immer wahrscheinlicher werden. Insofern bilden die auf Basis der klassischen DCF-Methoden ermittelten Werte als Kontrollgröße eine gute Ausgangsbasis für die Bewertung. Liegen keine konkreten Informationen über das geplante Ausschüttungsverhalten und die Anlagemöglichkeiten der einbehaltenen Beträge vor, muss jede diesbezügliche Annahme subjektiv sein. Das für die Eigner optimale Ausschüttungsverhalten wird durch die klassischen DCF-Methoden abgebildet. Jede, über die zur Finanzierung von ohnehin geplanten Investitionen hinausgehende Einbehaltung finanzieller Mittel, führt fast zwangsläufig zu einem geringeren Wert, wenn nicht die notwendige hohe Verzinsung der Geldbestände erzielt werden kann. Deshalb ist bei der Festlegung dieser Verzinsung und des Eigenfinanzierungsverhaltens Vorsicht geboten. Der DCF-Wert kann als Maximalwert interpretiert werden, der sich nur bei optimalen Ausschüttungsverhältnissen erzielen lässt.

In diesem Zusammenhang ist auch die Aufstellung einer Substanzerhaltungsrechnung zu sehen. Werden aus Gründen der Substanzerhaltung Einbehaltungen vorgenommen, so sind diese steuerlich als normale Gewinnthesaurierungen anzusehen. Deshalb wirken sie sich gegenüber einer Vollausschüttung nur dann nicht negativ auf den Unternehmenswert aus, wenn die Mittel bis zu ihrer Verwendung für den Ersatz der Unternehmenssubstanz mindestens zu den ermittelten hohen Sätzen kapitalwertneutral investiert werden können. Die Planung der Eigenfinanzierung vom Instrument einer sachkapitalerhaltenden Substanzerhaltungsrechnung abhängig zu machen, erscheint deshalb nicht sinnvoll. Da in der Finanzbedarfsrechnung die künftigen Finanzierungsbedarfe ohnehin ermittelt werden, sollte ihre Deckung allein unter dem Gesichtspunkt einer Transaktionskostenminimierung und steuerlichen Optimierung erfolgen. Nur durch eine unternehmenswertmaximierende Finanzierung wird auch eine erfolgskapitalerhaltende Substanzerhaltung erzielt.

Als Ergebnis lässt sich festhalten, dass immer dann übereinstimmende Ergebnisse mit den verschiedenen Methoden erzielt werden können, wenn, neben einheitlichen Annahmen über Finanzierungsverhalten, Kapitalkosten und operative Planung, die Definition der verwendeten Erfolgsgrößen sorgfältig berücksichtigt wird. Die verschiedenen Erfolgsgrößen sind über das LÜCKE-Theorem und die Gleichheit von Mittelherkunft und –verwendung logisch miteinander verknüpft. Beachtet man diese Zusammenhänge und die daraus resultierenden Anpassungen, lassen sich in allen Varianten grundsätzlich übereinstimmende Ergebnisse erzielen. Die hierfür notwendigen Vorgehensweisen wurden detailliert aufgezeigt. Dabei wurden in zweifacher Hinsicht übereinstimmende Ergebnisse erzielt: Einerseits konnten in jeder betrachteten Situation identische Ergebnisse innerhalb der betrachteten Methoden ermittelt werden. Zum anderen ergab sich in jeder veränderten Situation derselbe Wert wie in der Ausgangssituation, bei Vernachlässigung des Ausschüttungsverhaltens. Damit wurden sowohl die Bedingungen aufgezeigt, die für eine Übereinstimmung der Ertragswertmethode mit den klassischen, als auch mit den für das Ausschüttungsverhalten modifizierten DCF-Methoden notwendig sind. Auch die Economic Value Added-Methode wurde in die Untersuchung mit einbezogen. Es zeigt sich, dass diese in der Nettomethode mit der Ertragswertmethode auf Basis von modifizierten Ertragsüberschüssen weitgehend übereinstimmt.

# Anhang

## Ableitung der kalkulatorischen Zinsen bei unendlichem Planungshorizont

$$PV[z_t] = \sum_{t=1}^{m} \frac{z_t}{(1+r)^t} + \sum_{t=m+1}^{\infty} \frac{z_t}{(1+r)^t}$$

$$= \sum_{t=1}^{m} \frac{1}{(1+r)^t} \times r \times \left(B_0 + \sum_{s=0}^{t-1}(X_s - Y_s)\right) + \sum_{t=m+1}^{\infty} \frac{1}{(1+r)^t} \times r \times \left(B_0 + \sum_{s=0}^{t-1}(X_s - Y_s)\right)$$

$$= r \times B_0 \times \sum_{t=1}^{m} \frac{1}{(1+r)^t} + r \times \sum_{t=1}^{m} \frac{1}{(1+r)^t} \times \sum_{s=0}^{t-1}(X_s - Y_s)$$

$$+ r \times \sum_{t=m+1}^{\infty} \frac{1}{(1+r)^t} \times \left(B_0 + \sum_{s=0}^{t-1}(X_s - Y_s)\right)$$

$$= r \times B_0 \times \sum_{t=1}^{m} \frac{1}{(1+r)^t} + r \times \sum_{t=1}^{m} \frac{1}{(1+r)^t} \times \sum_{s=0}^{t-1} X_s - r \times \sum_{t=1}^{m} \frac{1}{(1+r)^t} \times \sum_{s=0}^{t-1} Y_s$$

$$+ r \times \sum_{t=m+1}^{\infty} \frac{1}{(1+r)^t} \times \left(B_0 + \sum_{s=0}^{t-1}(X_s - Y_s)\right)$$

Es gilt:

$$\sum_{t=m+1}^{\infty} \frac{1}{(1+r)^t} \times \left(B_0 + \sum_{s=0}^{t-1}(X_s - Y_s)\right) = \underbrace{\frac{1}{(1+r)^{m+1}} \times \left(B_0 + \sum_{s=0}^{m}(X_s - Y_s)\right)}_{=B_m}$$

$$+ \frac{1}{(1+r)^{m+2}} \times \left(B_0 + \sum_{s=0}^{m+1}(X_s - Y_s)\right) + \ldots$$

$$= \frac{B_m}{(1+r)^{m+1}} + \frac{1}{(1+r)^{m+2}} \times \left(B_0 + \sum_{s=0}^{m}(X_s - Y_s) + \sum_{s=m+1}^{m+1}(X_s - Y_s)\right)$$

$$+ \frac{1}{(1+r)^{m+3}} \times \left(B_0 + \sum_{s=0}^{m}(X_s - Y_s) + \sum_{s=m+1}^{m+2}(X_s - Y_s)\right) + \ldots$$

$$= \frac{B_m}{(1+r)^{m+1}} + \sum_{t=m+2}^{\infty} \frac{1}{(1+r)^t} \times \left(B_m + \sum_{s=m+1}^{t-1}(X_s - Y_s)\right)$$

$$= \frac{B_m}{(1+r)^{m+1}} + B_m \times \sum_{t=m+2}^{\infty} \frac{1}{(1+r)^t} + \sum_{t=m+2}^{\infty} \frac{1}{(1+r)^t} \times \sum_{s=m+1}^{t-1}(X_s - Y_s)$$

$$= B_m \times \sum_{t=m+1}^{\infty} \frac{1}{(1+r)^t} + \sum_{t=m+2}^{\infty} \frac{1}{(1+r)^t} \times \sum_{s=m+1}^{t-1}(X_s - Y_s)$$

$$= \frac{B_m}{r(1+r)^m} + \sum_{t=m+2}^{\infty} \frac{1}{(1+r)^t} \times \sum_{s=m+1}^{t-1}(X_s - Y_s)$$

und

$$\sum_{t=m+2}^{T} \frac{1}{(1+r)^t} \times \sum_{s=m+1}^{t-1} Y_s = \frac{(1+r)^T - 1}{r(1+r)^T} \times Y_{m+1} + \frac{(1+r)^{T-1} - 1}{r(1+r)^T} \times Y_{m+2} + \ldots$$
$$+ \frac{(1+r)^1 - 1}{r(1+r)^T} \times Y_{T-1} + 0 \times Y_T$$

$$= \frac{1}{r} \times \sum_{t=m+1}^{T} Y_t \left(\frac{(1+r)^{T-t}}{(1+r)^T} - \frac{1}{(1+r)^T}\right) = \frac{1}{r} \times \left(\sum_{t=m+1}^{T} \frac{Y_t}{(1+r)^t} - \frac{1}{(1+r)^T} \sum_{t=m+1}^{T} Y_t\right)$$

Für $T = \infty$ und $Y_m = Y_{m+1} = \ldots =$ konstant gilt:

$$\sum_{t=m+2}^{\infty} \frac{1}{(1+r)^t} \times \sum_{s=m+1}^{t-1}(X_s - Y_s) = \frac{1}{r} \times \left(\sum_{t=m+1}^{\infty} \frac{(X_m - Y_m)}{(1+r)^t} - \frac{1}{(1+r)^T} \sum_{t=m+1}^{\infty}(X_m - Y_m)\right)$$

$$= \frac{1}{r} \times \left(\frac{(X_m - Y_m)}{r(1+r)^m} - \underbrace{\frac{1}{(1+r)^T} \sum_{t=m+1}^{\infty}(X_m - Y_m)}_{=0 \text{ für } T \to \infty}\right)$$

$$= \frac{1}{r} \times \frac{(X_m - Y_m)}{r(1+r)^m} \text{ für } T \to \infty$$

und damit

$$PV[z_t] = r \times B_0 \times \sum_{t=1}^{m} \frac{1}{(1+r)^t} + r \times \sum_{t=1}^{m} \frac{1}{(1+r)^t} \times \sum_{s=0}^{t-1} X_s - r \times \sum_{t=1}^{m} \frac{1}{(1+r)^t} \times \sum_{s=0}^{t-1} Y_s$$
$$+ r \times \sum_{t=m+1}^{\infty} \frac{1}{(1+r)^t} \times \left(B_0 + \sum_{s=0}^{t-1}(X_s - Y_s)\right)$$

$$\Rightarrow PV[z_t] = B_0 \times \left(1 - \frac{1}{(1+r)^m}\right) + r \times \frac{1}{r} \times \left(\sum_{t=0}^{m} \frac{X_t}{(1+r)^t} - \frac{1}{(1+r)^m} \sum_{t=0}^{m} X_t\right)$$

$$- r \times \frac{1}{r} \times \left(\sum_{t=0}^{m} \frac{Y_t}{(1+r)^t} - \frac{1}{(1+r)^m} \sum_{t=0}^{m} Y_t\right) + r \times \left(\frac{B_m}{r(1+r)^m} + \frac{1}{r} \times \frac{(X_m - Y_m)}{r(1+r)^m}\right)$$

$$= \left(B_0 - \frac{B_0}{(1+r)^m}\right) + \left(\sum_{t=0}^{m} \frac{X_t}{(1+r)^t} - \sum_{t=0}^{m} \frac{Y_t}{(1+r)^t}\right)$$

$$- \left(\frac{1}{(1+r)^m} \sum_{t=0}^{m} (X_t - Y_t)\right) + \left(\frac{B_m}{(1+r)^m} + \frac{(X_m - Y_m)}{r(1+r)^m}\right)$$

$$= B_0 + \sum_{t=0}^{m} \frac{X_t}{(1+r)^t} - \sum_{t=0}^{m} \frac{Y_t}{(1+r)^t} + \frac{X_m}{r(1+r)^m} - \frac{Y_m}{r(1+r)^m}$$

$$- \frac{1}{(1+r)^m} \underbrace{\left(B_0 + \sum_{t=0}^{m}(X_t - Y_t)\right)}_{=B_m} + \frac{B_m}{(1+r)^m}$$

Damit ist

$$PV[z_t] = B_0 + \sum_{t=0}^{m} \frac{X_t}{(1+r)^t} + \frac{X_m}{r(1+r)^m} - \sum_{t=0}^{m} \frac{Y_t}{(1+r)^t} - \frac{Y_m}{r(1+r)^m}$$

Für die kalkulatorischen Zinsen in der Endphase gilt also:

$$\sum_{t=m+1}^{\infty} \frac{z_t}{(1+r)^t} = r \times \sum_{t=m+1}^{\infty} \frac{1}{(1+r)^t} \times \left(B_0 + \sum_{s=0}^{t-1}(X_s - Y_s)\right)$$

$$= \frac{B_m}{r(1+r)^m} + \sum_{t=m+2}^{\infty} \frac{1}{(1+r)^t} \times \sum_{s=m+1}^{t-1}(X_s - Y_s)$$

$$= r \times \left[\frac{B_m}{r(1+r)^m} + \frac{1}{r} \times \left(\frac{(X_m - Y_m)}{r(1+r)^m} - \frac{1}{(1+r)^T} \sum_{t=m+1}^{\infty}(X_m - Y_m)\right)\right]$$

$$= \frac{B_m}{(1+r)^m} + \frac{(X_m - Y_m)}{r(1+r)^m} - \underbrace{\frac{1}{(1+r)^T} \sum_{t=m+1}^{\infty}(X_m - Y_m)}_{=0 \text{ für } T \to \infty}$$

$$= \frac{B_m}{(1+r)^m} + \frac{(X_m - Y_m)}{r(1+r)^m} = \frac{1}{(1+r)^m}\left(B_m + \frac{(X_m - Y_m)}{r}\right)$$

# Literaturverzeichnis

AAA (2001): Equity Valuation Models and Measuring Goodwill Impairment, in: Accounting Horizons 2001, S. 161-170.

Abel, A. B./Bernanke, B. S. (1992): Macroeconomics, Reading (Massachusetts), 1992.

Adam, D./Schlüchtermann, J./Hering, T. (1994): Zur Verwendung marktorientierter Kalkulationszinsfüße in der Investitionsrechnung, in: ZfB 1994, S. 115-119.

Adam, D./Schlüchtermann, J./Utzel, C. (1993): Zur Eignung der Marktzinsmethode für Investitionsentscheidungen, in: zfbf 1993, S. 3-18.

Aders, C./Galli, A./Wiedemann, F. (2000): Unternehmenswerte auf Basis der Multiplikatormethode?, in: Finanz Betrieb, Jg. 2 (2000), S. 197-204.

AICPA (Hrsg.) (1997): Accounting Trends & Techniques, 51. Aufl., New Jersey 1997.

Aschinger, G. (1984): Contestable Markets, in: WiSt 1984, S. 217-223.

Auge-Dickhut, S./Moser, U./Widmann, B. (2000): Die geplante Reform der Unternehmensbesteuerung - Einfluss auf die Berechnung und die Höhe des Werts von Unternehmen, in: Finanz Betrieb 6/2000, S. 362-371.

Baetge, J./Krause, C. (1994): Die Berücksichtigung des Risikos bei der Unternehmensbewertung, in: BFuP 1994, S. 433-456.

Baetge, J./Niemeyer, K./Kümmel, J. (2001): Discounted Cashflow-Verfahren mit Beispiel, in: Peemöller, V. (2001), S. 263-360.

Bain, J. S. (1956): Barriers to New Competition, Cambridge (Massachusetts) 1956.

Ballwieser, W. (1981): Die Wahl des Kalkulationszinsfußes bei der Unternehmensbewertung unter Berücksichtigung von Risiko und Geldentwertung, in: BFuP 1981, S. 97-114.

Ballwieser, W. (1990): Unternehmensbewertung und Komplexitätsreduktion, 3. Aufl., Wiesbaden 1990.

Ballwieser, W. (1991): Unternehmensbewertung mit Hilfe von Multiplikatoren, in: Rückle, D. (Hrsg.) (1991): Aktuelle Fragen der Finanzwirtschaft und der Unternehmensbesteuerung: FS für Erich Loitlsberger zum 70. Geburtstag, Wien 1991, S. 47-66.

Ballwieser, W. (1993): Methoden der Unternehmensbewertung, in: Gebhardt, G. (Hrsg.) (1993): Handbuch des Finanzmanagements: Instrumente und Märkte der Unternehmensfinanzierung, München 1993, S. 152-176.

Ballwieser, W. (1994): Adolf Moxter und der Shareholder Value-Ansatz, in: Ballwieser, W./Böcking, H. J./Drukarczyk, J./Schmidt, R. (Hrsg.) (1994): Bilanzrecht und Kapitalmarkt, FS für Adolf Moxter, Düsseldorf 1994, S. 1379-1405.

Ballwieser, W. (1995a): Aktuelle Aspekte der Unternehmensbewertung, in: WPg 1995, S. 119-129.

Ballwieser, W. (1995b): Unternehmensbewertung, in: Gerke/Steiner (1995), Sp. 1867-1882.

Ballwieser, W. (1995c): Unternehmensbewertung und Steuern, in: Elschen/Siegel/Wagner (Hrsg.): Unternehmenstheorie und Steuern, FS für Dieter Schneider, Wiesbaden 1995, S. 15-37.

Ballwieser, W. (1997): Eine neue Lehre der Unternehmensbewertung? in: DB 1997, S. 185-191.

Ballwieser, W. (1998):Unternehmensbewertung und Discounted Cash Flow-Verfahren, in: WPg 1998, S. 81-92.

Ballwieser, W. (1999): Stand und Entwicklung der Unternehmensbewertung in Deutschland, in: Egger, A. (Hrsg.): Unternehmensbewertung – quo vadis? FS für Geiserich Tichy, Wien 1999, S. 21-40.

Ballwieser, W. (2001a): Unternehmensbewertung aus Sicht der Betriebswirtschaftslehre, in: Baetge, J. (Hrsg): Unternehmensbewertung im Wandel, Düsseldorf 2001, S. 1-24.

Ballwieser, W. (2001b): Verbindung von Ertragswert- und Discounted-Cashflow-Verfahren, in: Peemöller (2001), S. 361-374.

Ballwieser, W. (2002a): Wertorientierung und Betriebswirtschaftslehre: Von Schmalenbach bis heute, Vortrag auf dem 55. Deutschen Betriebswirtschafter-Tag 2001, in: Macharzina, K./Neubürger, H.-J. (Hrsg.): Wertorientierte Unternehmensführung, Stuttgart 2002, S. 69-98.

Ballwieser, W. (2002b): Der Kalkulationszinsfuß in der Unternehmensbewertung: Komponenten und Ermittlungsprobleme, in: WPg 2002, S. 736-743.

Ballwieser, W. (2002c): Unternehmensbewertung und Optionspreistheorie, in: DBW 2/2002, S. 184-201.

Ballwieser, W./Coenenberg, A. G./Schultze, W. (2002): Erfolgsorientierte Unternehmensbewertung, in: Handwörterbuch der Rechnungslegung und Prüfung, 3. Aufl., hrsg. von Ballwieser, W., Coenenberg, A.G., v. Wysocki, K., Stuttgart 2002, Sp. 2412-2432.

Ballwieser, W./Leuthier, R. (1986): Betriebswirtschaftliche Steuerberatung: Grundprinzipien, Verfahren und Probleme der Unternehmensbewertung (Teil I und II), in: DStR 1986, S. 545-551 und S. 604-610.

Bamberg, G./Coenenberg, A. G. (2000): Betriebswirtschaftliche Entscheidungslehre, 10. Aufl., München 2000.

Barclay, M. J./Smith, W./Watts, R. L. (1995): The Determinants of Corporate Leverage and Dividend Policies, in: JoACF 1995, Heft 4, S. 4-19.

Bareis, P. (2000): Das Halbeinkünfteverfahren im Systemvergleich, in: StuW 2000, S. 133-143.

Barthel, C. (1995): Unternehmenswert: Die nutzenorientierten Bewertungsverfahren, in: DStR 1995, S. 343-351.

Barthel, C. (1996): Unternehmenswert: Die vergleichsorientierten Bewertungsverfahren, in: DB, Jg. 49 (1996), S. 149-163.

Baum, H.-G./Coenenberg, A. G./Günther, T. (1999): Strategisches Controlling, 2. Aufl., Stuttgart 1999.

Baumeister, A./Werkmeister, C. (2001): Aktuelle Entwicklungen bei Emissionsverfahren für Aktien, in: WiSt 2001, S. 225-228.

Bausch, A. (2000): Die Multiplikator-Methode – Ein betriebswirtschaftlich sinnvolles Instrument zur Unternehmenswert- und Kaufpreisfindung in Akquisitionsprozessen?, in: Finanz Betrieb, Jg. 2 (2000), Heft 7-8, S. 448-459.

Beck, C./Lingnau, V. (2000): Marktwertorientierte Kennzahlen für das Beteiligungscontrolling – Ermittlung und Eignung, in: Kostenrechnungspraxis 2000, S. 7-14.

Bellinger, B./Vahl, G. (1992): Unternehmensbewertung in Theorie und Praxis, 2. Aufl., Wiesbaden 1992.

Bender, J./Lorson, P. (1994): Grundlagen und Rahmenbedingungen der Unternehmensbewertung - Anmerkungen zur Funktionsabhängigkeit von Unternehmenswerten, in: Betrieb und Wirtschaft 1994, S. 661-665.

Bender, J./Lorson, P. (1995): Klassische Verfahren der Unternehmensbewertung (I), in: Betrieb und Wirtschaft 1995, S. 109-113.

Bender, J./Lorson, P. (1996a): Verfahren der Unternehmensbewertung (II): Das Ertragswertverfahren nach der HFA-Stellungnahme 2/1983, in: Betrieb und Wirtschaft 1996, S. 1-5.

Bender, J./Lorson, P. (1996b): Verfahren der Unternehmensbewertung (III): Kritische Würdigung des Ertragswertverfahrens nach der HFA-Stellungnahme 2/1983, in: Betrieb und Wirtschaft 1996, S. 650-654.

Bender, J./Lorson, P. (1997): Verfahren der Unternehmensbewertung (IV): Discounted-Cash-flow Verfahren und Anmerkungen zu Shareholder-Value-Konzepten, in: Betrieb und Wirtschaft 1997, S. 1-9.

Berens, W./Brauner, H. (Hrsg.)(1999): Due Diligence bei Unternehmensakquisitionen, Stuttgart 1999.

Berger, M. (1993): Management Buy-Out und Mitarbeiterbeteiligung: finanzwirtschaftliche Analyse von Konzepten zur Übernahme von Unternehmen durch Management und Belegschaft, Köln 1993.

Bergrath, A. (1997): Vergleich der deutschen Ertragswertmethode mit der amerikanischen Discounted-Cash-Flow-Methode, Diss., Universität Würzburg 1997.

Bernard, V. L. (1995): The Feltham-Ohlson Framework: Implications for Empiricists, in: Contemporary Accounting Research 1995, S. 733-747.

Black, F. (1972): Capital Market Equilibrium with Restricted Borrowing, in: JoB 1972, S. 444-455.

Black, F. (1980): The Magic in Earnings: Economic Earnings versus Accounting Earnings, in: Financial Analysts Journal November/December 1980, S. 19-24.

Black, F. (1993): Choosing Accounting Rules, in: Accounting Horizons 4/1993, S. 1-17.

Böcking, H.J./Nowak, K. (1998): Der Beitrag der Discounted Cash Flow-Verfahren zur Lösung der Typisierungsproblematik bei Unternehmensbewertungen, in: DB 1998, S. 685-690.

Bodenhorn, D. (1959): On the Problem of Capital Budgeting, in: JoF 1959, S. 473-492.

Bodenhorn, D. (1964): A Cash-Flow Concept of Profit, in: JoF 1964, S. 16-31.

Bogue, M. C./Roll, R. (1974): Capital Budgeting of Risky Projects with „Imperfect" Markets for Physical Capital, in: JoF 1974, S. 601-613.

Böhm-Bawerk, E. (1902): Positive Theorie des Capitales, 2. Aufl., Innsbruck 1902.

Born, K. (1995): Unternehmensanalyse und Unternehmensbewertung, Stuttgart 1995.

Born, K. (1996): Überleitung von der Discounted-Cash-Flow-Methode (DCF-Methode) zur Ertragswertmethode der Unternehmensbewertung, in: DB 1996, S. 1885-1889.

Born, K. (1997): Kritische Überlegungen zur Discounted Cash Flow-Methode - Anmerkungen, in: ZfB 1997, S. 509-510.

Börsig, C. (1993): Unternehmenswert und Unternehmensbewertung, in: zfbf 1993, S. 79-91.

Boxberg, F. von (1991): Das Management Buyout-Konzept: Eine Möglichkeit zur Herauslösung krisenhafter GmbH-Tochterunternehmen, 2. Aufl., Hamburg 1991.

Branson, W. H. (1989): Macroeconomic Theory and Policy, 3. Aufl., New York 1989.

Braun, C. (1989): Leveraged Buyouts: theoretische Grundlagen und empirischer 3-Länder-Vergleich, München/Unterföhring 1989.

Brealey, R. A./Myers, S. C. (1991): Principles of Corporate Finance, 4. Aufl., New York u. a. 1991.

Brealey, R. A./Myers, S. C. (2000): Principles of Corporate Finance, 6. Aufl., New York u. a. 2000.

Brennan, M. (1970): Taxes, Market Valuation and Corporate Financial Policy, in: National Tax Journal 1970, S. 417-427.

Brennan, M. (1971): A Note on Dividend Irrelevance and the Gordon Valuation Model, in: JoF 1971, S. 1115-1121.

Brennan, M. (1973): A New Look at the Weighted Average Cost of Capital, in: The Journal of Business Finance 1973, S. 24-30.

Bretzke, W. R. (1975): Das Prognoseproblem bei der Unternehmensbewertung, Düsseldorf 1975.

Bröhl, K. (1966): Der Kalkulationszinsfuß, Diss. Universität Köln 1966.

Bryant, R. (1989): The Value of Separable Intangibles, in: Accountancy, März 1989, S. 106-110.

Buchner, R. (1968): Anmerkungen zum Fisher-Hirshleifer-Ansatz der simultanen Bestimmung von Gewinnausschüttungs-, Finanzierungs- und Investitionsentscheidungen, in: zfbf 1968, S. 1-29.

Bughin, J./Copeland, T. E. (1997): The virtuous cycle of shareholder value creation, in: The McKinsey Quarterly 1997, Heft 2, S. 156-167.

Bühler, W./Siegert, T. (Hrsg.) (1999): Unternehmenssteuerung und Anreizsysteme: Kongress-Dokumentation zum 52. Deutschen Betriebswirtschafter-Tag 1998, Stuttgart 1999.

Bull, I. (1994): Financial Performance of Leveraged Buyouts: An Empirical Analysis, in: Wright, M. (Hrsg.) (1994): Management Buy-Outs, Dartmouth u. a. 1994, S. 67-83.

Burchardt, M. (1986): Mikrotheorie, Köln 1986.

Busse von Colbe, W. (1957): Der Zukunftserfolg, Wiesbaden 1957.

Busse von Colbe, W. (1966): Aufbau und Informationsgehalt von Kapitalflußrechnungen, in: ZfB 1966, Ergänzungsheft 1, S. 82-114.

Busse von Colbe, W./Coenenberg, A. G. (Hrsg.) (1992): Unternehmensakquisition und Unternehmensbewertung, Grundlagen und Fallstudien, Stuttgart 1992.

Busse von Colbe, W./Sieben, G. (Hrsg.) (1969): Betriebswirtschaftliche Information, Entscheidung und Kontrolle, FS für Hans Münstermann, Wiesbaden 1969.

Chen, N.-F./Roll, R./Ross, S. A. (1986): Economic Forces and the Stock Market, in: JoB 1986, S. 383-403.

Cheridito, Y./Hadewicz, T (2001): Marktorientierte Unternehmensbewertung, in: Schweizer Treuhänder 2001, S. 321-330.

Clarke, R. (1985): Industrial Economics, Oxford 1985.

Coenenberg, A. G. (1981): Unternehmensbewertung aus der Sicht der Hochschule, in: 50 Jahre Wirtschaftsprüferberuf. Berlin, Düsseldorf 1981, S. 221-245; auch in: Busse von Colbe/Coenenberg (1992), S. 89-108.

Coenenberg, A. G. (1984): Entscheidungsorientierte Unternehmensbewertung und „Ertragsschwäche", in: BFuP 1984, S. 496-507.

Coenenberg, A. G. (1992): Unternehmensbewertung mit Hilfe der Monte-Carlo-Simulation, in: Busse von Colbe/Coenenberg (1992), S. 111-120.

Coenenberg, A. G. (1995): Einheitlichkeit oder Differenzierung von externem und internem Rechnungswesen: Die Anforderungen der internen Steuerung, in: DB 1995, S. 481-491.

Coenenberg, A. G. (1999): Kostenrechnung- und Kostenanalyse, 4. Aufl., Landsberg/Lech 1999.

Coenenberg, A. G. (2001a): Jahresabschluß und Jahresabschlußanalyse, 18. Aufl., Landsberg/Lech 2001.

Coenenberg, A. G. (2001b): Segmentberichterstattung als Instrument der Bilanzanalyse, in: Der Schweizer Treuhänder 2001, S. 593-606.

Coenenberg, A. G. (2003): Jahresabschluss und Jahresabschlussanalyse, 19. Aufl., Stuttgart 2003.

Coenenberg, A. G./Baum, H.-G. (1992): Strategisches Controlling, unveränderter Nachdruck Stuttgart 1992.

Coenenberg, A. G./Hille, K./Kleine-Doepke, R. (1985): Ermittlung und Bedeutung von Mindestrenditen für Investitionsentscheidungen, in: DB 1985, S. 1193-1196.

Coenenberg, A. G./Jakoby, S. (2000): Akquisition und Unternehmensbewertung, in: Busse von Colbe, W./Coenenberg, A. G./Kajüter, P./Linnhoff, U. (Hrsg.) (2000): Betriebswirtschaft für Führungskräfte, Stuttgart 2000, S. 177-206.

Coenenberg, A. G./Mattner, G./Schultze, W. (2002): Kostenmanagement im Rahmen der wertorientierten Unternehmensführung, in: Franz, K.-P./Kajüter, P. (Hrsg.): Kostenmanagement, Stuttgart 2002, S. 33-46.

Coenenberg, A. G./Mattner, G./Schultze, W. (2003): Wertorientierte Steuerung: Anforderungen, Konzepte, Anwendungsprobleme, in: Rathgeber, A./Tebroke, H.-J./Wallmeier, M. (Hrsg.): Finanzwirtschaft, Kapitalmarkt und Banken, Festschrift für Manfred Steiner zum 60. Geburtstag, Stuttgart 2003, S. 1-24.

Coenenberg, A. G./Sautter, M. T. (1988): Strategische und finanzielle Bewertung von Unternehmensakquisitionen, in: DBW 1988, S. 691-710.

Coenenberg, A. G./Schmidt, F. (1976): Umsatzüberschuß und Kapitalflußrechnung als Instrument der finanzwirtschaftlichen Bilanzanalyse, in: BFuP 1976, S. 416-439.

Coenenberg, A. G./Schultze, W. (1998): Unternehmensbewertung anhand von Entnahme- oder Einzahlungsüberschüssen: Die Discounted Cash Flow-Methode, in: Matschke/Schildbach (1998), S. 269-299.

Coenenberg, A. G./Schultze, W. (2002a): Unternehmensbewertung: Konzeptionen und Perspektiven, in: Die Betriebswirtschaft (DBW) 2002, S. 597-621.

Coenenberg, A. G./Schultze, W. (2002b): Das Multiplikator-Verfahren in der Unternehmensbewertung: Konzeption und Kritik, in: FinanzBetrieb 2002, S. 697-703.

Coenenberg, A. G./Schultze, W. (2002c): Was ist ein Unternehmen wert?, in: Frankfurter Allgemeine Zeitung, 16. September 2002, S. 24.

Coenenberg, A. G./Schultze, W./Biberacher, J. (2002): Akquisition und Unternehmensbewertung, in: Busse von Colbe, W./Coenenberg, A.G./Kajüter, P./Linnhoff, U. (Hrsg.): Betriebswirtschaft für Führungskräfte, 2. Aufl., Stuttgart 2002, S. 177-219.

Coenenberg, A. G./Sieben, G. (1976): Unternehmensbewertung, in: Grochla, E./Wittmann, W. (Hrsg.) (1976): Handwörterbuch der Betriebswirtschaft, 4. Aufl., Stuttgart 1976, Sp. 4062-4079.

Coenenberg, A.G./Salfeld, R. (2003): Wertorientierte Unternehmensführung, Stuttgart 2003.

Copeland, T. E./Koller, T./Murrin, J. (1993): Unternehmenswert: Methoden und Strategien für eine wertorientierte Unternehmensführung, Frankfurt/Main u. a. 1993.

Copeland, T. E./Koller, T./Murrin, J. (1994): Valuation: Measuring and Managing the Value of Companies, 2. Aufl., New York 1994.

Copeland, T. E./Koller, T./Murrin, J. (2000): Valuation: Measuring and Managing the Value of Companies, 3. Aufl., New York 2000.

Copeland, T. E./Weston, J. F. (1992): Financial Theory and Corporate Policy, 3. Aufl. (reprinted with corrections), Reading (Massachusetts) u. a. 1992.

Cornell, B. (1993): Corporate Valuation - Tools for Appraisal and Decision Making, New York 1993.

Crasselt, N./Pellens, B./Schremper, R. (2000): Konvergenz wertorientierter Kennzahlen, in: WISU 2000, S. 72-78 und S. 205-208.

Damodaran, A. (1996): Investment Valuation, New York u. a. 1996.

Damodaran, A. (1997): Corporate Finance-Theory and Practice, New York u. a. 1997.

Damodaran, A. (2001): The Dark Side of Valuation, Upper Saddle River, NJ 2001.

Day, G. S./Fahey, L. (1990): Putting Strategy into Shareholder Value Analysis, in: HBR 1990, Heft 2, S. 156-162.

Desai, M. (1987): Profit and Profit Theory, in: Eatwell/Milgate/Newman (Hrsg.) (1987), S. 1014-1021.

Dinstuhl, V. (2002): Discounted Cash-flow-Methoden im Halbeinkünfteverfahren, in: Finanz Betrieb 2002, S. 79-90.

Dirrigl, H. (1994): Konzepte, Anwendungsbereiche und Grenzen einer strategischen Unternehmensbewertung, in: BFuP 1994, S. 409-431.

Dirrigl, H. (1995): Schütt-Aus-Hol-Zurück-Verfahren, in: Gerke/Steiner (1995), Sp. 1694-1702.

Donaldson, G. (1994): Corporate Restructuring: Managing the Change Process from Within, Boston (Massachusetts) 1994.

Dörner, W. (1981): Überlegungen zu Theorie und Praxis der subjektiven Unternehmensbewertung – die Funktionen des Wirtschaftsprüfers als Gutachter, in: WPg 1981, S. 202-208.

Dörner, W. (1983): Grundsätze zur Durchführung von Unternehmensbewertungen, in: WPg 1983, S. 549-554.

Dötsch, E./Pung, A. (2000a): Die geplante Reform der Unternehmensbesteuerung, in: DB 2000, Beilage 4/2000 zu Heft Nr. 11.

Dötsch, E./Pung, A. (2000b): Steuersenkungsgesetz: Die Änderungen bei der Körperschaftsteuer und Anteilsbesteuerung, in: DB 2000, Beilage Nr. 10/2000 zu Heft Nr. 34.

Drukarczyk, J. (1992): Management Buyouts, in: Regensburger Diskussionsbeiträge zur Wirtschaftswissenschaft, Regensburg 1992.

Drukarczyk, J. (1993): Theorie und Politik der Finanzierung, 2., völlig neugestaltete Aufl., München 1993.

Drukarczyk, J. (1995): DCF-Methoden und Ertragswertmethode - einige klärende Anmerkungen, in: WPg 1995, S. 329-334.

Drukarczyk, J. (1996): Unternehmensbewertung, München 1996.

Drukarczyk, J. (1997): Zur Bewertung von Verlustvorträgen, in: DStR 1997, S. 464-469.

Drukarczyk, J. (1998): Unternehmensbewertung, 2. Aufl., München 1998.

Drukarczyk, J. (2001): Unternehmensbewertung, 3. Aufl., München 2001.

Drukarczyk, J./Honold, D. (1999): Unternehmensbewertung, DCF-Methoden und der Wert steuerlicher Finanzierungsvorteile, in: ZBB 1999, S. 333-349.

Drukarczyk, J./Lobe, S. (2002a): Discounted Cash Flow-Methoden und Halbeinkünfteverfahren, in: Achleitner/Thoma (Hrsg.): Handbuch Corporate Finance, 2. Aufl. Köln 2001, 2. Ergänzungslieferung 2002, S. 1-32.

Drukarczyk, J./Lobe, S. (2002b): Unternehmensbewertung und Halbeinkünfteverfahren - Probleme individueller und marktorientierter Bewertung steuerlicher Vorteile, in: Betriebs-Berater-Beilage 6 zu Heft 38/2002, S. 2-9.

Drukarczyk, J./Richter, F. (1995): Unternehmensgesamtwert, anteilseigenorientierte Finanzentscheidungen und APV-Ansatz, in DBW 55, S. 559-580.

Drukarczyk, J./Richter, F. (2001): Wachstum, Kapitalkosten und Finanzierungseffekte, in: DBW 2001, S. 627-639.

Durand, D. (1957): Growth Stocks and the Petersburg Paradox, in: JoF 1957, S. 348-363.

Dycke, A./Schulte, C. (1991): Die Industriekostenkurve, in: DBW 1991, S. 380-382.

Eaker, M./Fabozzi, F./Grant, D. (1996): International Corporate Finance, Fort Worth u. a. 1996.

Eatwell, J./Milgate, M./Newman, P. (Hrsg.) (1987): The New Pelgrave: A Dictionary of Economics, London 1987.

Eatwell, J./Milgate, M./Newman, P. (Hrsg.) (1990): The New Pelgrave: Capital Theory, London 1990.

Edward, E. O./Bell, P. W. (1961): The Theory and Measurement of Business Income, Berkeley (California) 1961.

Eidel, U. (1999): Moderne Verfahren der Unternehmensbewertung und Performance-Messung, Berlin 1999.

Ellis, M. (2001): Goodwill Accounting: Everything has changed and nothing has changed, in: JoACF, Jg. 14 (2001), Heft 3, S. 103-112.

Elton, E. J./Gruber, M. J. (1995): Modern Portfolio Theory and Investment Analysis, 5. Aufl., New York u. a. 1995.

Ely, K. M./Mande, V. (1996): The Interdependent Use of Earnings and Dividends in Financial Analysts' Earnings Forcasts, in: Contemporary Accounting Research 1996, S. 435-456.

Engels, W. (1962): Betriebswirtschaftliche Bewertungslehre im Licht der Entscheidungstheorie, Köln/Opladen 1962.

Fama, E. F. (1965): Portfolio Analysis in a Stable Paretian Market, in: Management Science 1965, S. 404-419.

Fama, E. F./French, K. R. (1992): The Cross-Section of Expected Stock Returns, in: JoF 1992, S. 427-465.

FASB (2001): Statement of Financial Accounting Standards No. 142, in: Financial Accounting Series, June 2001, Norwalk 2001.

Faß, J./Hülsmeier, V. (1998): Der Einfluß der Zusammensetzung des steuerlichen Eigenkapitals auf den Wert von Unternehmen, in: DStR (1998), S. 1487-1492.

Feltham, G. A./Ohlson, J. A. (1995): Valuation and Clean Surplus Accounting for Operating and Financial Activities, in: Contemporary Accounting Research 1995, S. 689-731.

Fickert, R (1985): Ökonomischer Wert und Unternehmensrechnung, Die Unternehmung 1985, S. 132-161.

Fischer, T. R./Hahnenstein, L./Heitzer, B. (1999): Kapitalmarkttheoretische Ansätze zur Berücksichtigung von Handlungsspielräumen in der Unternehmensbewertung, in: ZfB 1999, S. 1207-1232.

Fischer, T. M./Schmitz, J. (1998): Kapitalmarktorientiertes Zielkostenmanagement, in: Möller, H. P./Schmidt, F. (Hrsg.): Rechnungswesen als Instrument für Führungsentscheidungen, Festschrift für Professor Dr. Dr. h.c. Adolf G. Coenenberg zum 60. Geburtstag, Stuttgart 1998, S. 203-230.

Fisher, I. (1906): The Nature of Capital and Income, New York 1906, reprinted 1965.

Fisher, I. (1930): The Theory of Interest, New York 1930.

Forst, M. (1993): Struktur und Stabilität eines Leveraged Management Buyout, Diss., Köln 1993.

Francis, J. C. (1976): Investments – Analysis and Management, 2. Aufl., New York u.a. 1976.

Francis, J./Olsson, P./Oswald, D. (2000): Comparing the Accuracy and Explainability of Dividend, Free Cash Flow, and Abnormal Earnings Equity Value Estimates, in: Journal of Accounting Research, Jg. 38 (2000), S. 45-70.

Franke, G./Hax, H. (1988): Finanzwirtschaft des Unternehmens und Kapitalmarkt, Berlin u. a. 1988.

Garegnani, P. (1987): Surplus Approach to Value and Distribution, in: Eatwell/Milgate/Newman (Hrsg.) (1987), S. 560-573.

Gebhardt, G. (1999): Kapitalflußrechnung, in: Castan, E./Heymann, G./Müller, E./Ordelheide, D./Scheffler, E. (Hrsg.): Beck'sches Handbuch der Rechnungslegung, München Ergänzungslieferung März 1999, C 620.

Gehrke, N. (1994): Tobins q: die Beziehung zwischen Buch- und Marktwerten deutscher Aktiengesellschaften, Wiesbaden 1994.

Gerke, W./Steiner, M. (1995): Handwörterbuch des Bank- und Finanzwesens, Stuttgart 1995.

Gerling, C. (1985): Unternehmensbewertung in den USA, Bergisch Gladbach 1985.

Giddy, I. (1994): Global Financial Markets, Lexington 1994.

Gomez, P./Weber, B. (1989): Akquisitionsstrategie, Stuttgart 1989.

Gordon, M. J. (1959): Dividends, Earnings and Stock Prices, in Review of Economics and Statistics May 1959, S. 99-105.

Gordon, M. J. (1962): The Investment, Financing and Valuation of the Corporation, Homewood, Ill. 1962.

Gordon, M. J. (1963): Optimal Investment and Financing Policy, in: JoF 1963, S.

Gründl, H. (1995): Marktzinsmethode und das Konzept effizienter Konsumpläne, in: ZfB 1995, S. 905-917.

Grundy, T. (1992): Corporate Strategy and Financial Decisions, London 1992.

Gujarati, D. N. (1988): Basic Econometrics, 2. Aufl., New York u.a. 1988.

Günther, R. (1998): Unternehmensbewertung: Kapitalisierungszinssatz nach Einkommensteuer bei Risiko und Wachstum im Phasenmodell, in: BB 1998, S. 1834-1842.

Günther, T. (1994): Zur Notwendigkeit des Wertsteigerungs-Managements, in: Höfner, K./Pohl, A. (Hrsg.) (1994): Wertsteigerungs-Management: Das Shareholder Value-Konzept: Methoden und erfolgreiche Beispiele, Frankfurt/New York 1994, S. 13-58.

Günther, T. (1997): Unternehmenswertorientiertes Controlling, München 1997.

Günther, T./Kriegbaum-Kling, C. (2001): Brand Valuation and Control: An Empirical Study, in: SBR, Jg. 53 (2001), S. 263-294.

Günther, T./Landrock, B./Muche, T. (2000): Gewinn- versus unternehmenswertbasierte Performancemaße, in: Controlling 2000, S. 69-76 und 129-134.

Gutenberg, E. (1976): Grundlagen der Betriebswirtschaftslehre, 22. Aufl., Berlin u. a. 1976.

Haase, D./Lüdemann, L. (2000): Auswirkungen der Unternehmenssteuerreform auf die Finanzierungspolitik von Kapitalgesellschaften, in: DStR 2000, S. 747-752.

Hachmeister, D. (1995): Der Discounted Cash Flow als Maßstab der Unternehmenswertsteigerung, Frankfurt a. M. 1995.

Hachmeister, D. (1996a): Die Abbildung der Finanzierung im Rahmen verschiedener Discounted Cash Flow-Verfahren, in: zfbf 1996, S. 251-277.

Hachmeister, D. (1996b): Der Discounted Cash Flow als Unternehmenswert, in: WISU 1996, S. 357-366.

Hachmeister, D. (1999): Der Discounted Cash Flow als Maß der Unternehmenswertsteigerung, 3. Aufl., Frankfurt/Main u.a. 1999.

Hafner, R. (1989): Grenzpreisermittlung bei mehrfacher Zielsetzung – ein Beitrag zur Bewertung strategischer Unternehmensakquisitionen, Köln 1989.

Hagemann, H. (1990): Capital Goods, in: Eatwell/Milgate/Newman (Hrsg.) (1990), S. 123-127.

Haley, C. W./Schall, L. D. (1979): The Theory of Financial Decisions, 2. Aufl., New York u.a. 1979.

Haller, A. (1998): Immaterielle Vermögenswerte – Wesentliche Herausforderung für die Zukunft der Unternehmensrechnung, in: Möller/Schmidt (Hrsg.) (1998), S. 561-596.

Haller, A./Dietrich, R. (2001a): Kapitalmarktorientierte Gestaltung der Lageberichterstattung, in: Kapitalmarktorientierte Rechnungslegung 2001, S. 164-174.

Haller, A./Dietrich, R. (2001b): Freiwillige Unternehmensberichterstattung in den USA: Ergebnisse des Business Reporting Research Project des FASB, in: Kapitalmarktorientierte Rechnungslegung 2001, S. 206-211.

Haller, A./Dietrich, R. (2001c): Intellectual Capital Bericht als Teil des Lageberichts, in: Der Betrieb 2001, S. 1045-1051.

Hanusch, H./Kuhn, T. (1992): Einführung in die Volkswirtschaftslehre, 2. Aufl., Berlin u. a. 1992.

Harbers, N. (1992): Zivilrechtliche Probleme beim Management Buy-Out, München 1992.

Harris, T. S. (2000): Accounting for Business Combinations: A Workable Solution, Presentation to the FASB, in: http://www.itaa.org/software/act/gspres.ppt (Stand 30.10.01).

Hartmann-Wendels, T./Gumm-Heußen, M. (1994): Zur Diskussion um die Marktzinsmethode: Viel Lärm um Nichts?, in: ZfB 1994, S. 1285-1301.

Hasenack, W. (1954): Buchhaltung und Abschluß, 1. Bd., Essen 1954.

Hax, A. C./Majluf, N. S. (1991a): Strategisches Management: Ein integratives Konzept aus dem MIT, Neubearbeitete Studienausgabe, Frankfurt/Main 1991.

Hax, A. C./Majluf, N. S. (1991b): The Strategy Concept and Process: A Pragmatic Approach, New York 1991.

Hax, H. (1969): Der Einfluß der Investitions- und Ausschüttungspolitik auf den Zukunftserfolgswert der Unternehmung, in: Busse von Colbe/Sieben (Hrsg.) (1969), S. 359-380.

Hax, H. (1979): Kapitalbedarf, in: Kern, W. (Hrsg.) (1979): HW der Produktionswirtschaft, Stuttgart 1979, Sp. 903-918. speziell Sp. 912ff.

Hax, H. (1993): Investitionstheorie, 5. Aufl., Würzburg 1993.

Hayashi, F. (1982): Tobins Marginal q and Average q: A Neoclassical Interpretation, in: Econometrica 1982, Vol. 50, S. 213-224.

Healy, P./Palepu, K.(1988): Earnings Information Conveyed by Dividend Initial and Omissions, in: JoFE 1988, S. 149-175.

Hebertinger, M. (2002): Wertsteigerungsmaße - Eine kritische Analyse, Frankfurt/Main u.a. 2002.

Heinen, E. (1966): Das Zielsystem der Unternehmung, Wiesbaden 1966.

Heitzer, B./Dutschmann, M. (1999): Unternehmensbewertung bei autonomer Finanzierungspolitik, in: ZfB 1999; S. 1463 – 1471.

Helbling, C. (1995): Unternehmensbewertung und Steuern, 8. Aufl., Düsseldorf 1995.

Helbling, C. (2001): Unternehmensbewertung im Wandel, in: Der Schweizer Treuhänder, Jg. 75 (2001), S. 607-613.

Henselmann, K. (2001): Economic Value Added – Königsweg zur Integration des Rechnungswesens?, in: ZP, Jg. 12, 2001, S. 158-186.

Herfort, C. (1991): Besteuerung von Management-Buy-Outs in der Bundesrepublik Deutschland, Baden-Baden 1991.

Herzig, N./Lochmann, U. (2000): Steuersenkungsgesetz: Die Steuerermäßigung für gewerbliche Einkünfte bei der Einkommensteuer in der endgültigen Regelung, in: DB 2000, S. 1728-1735.

Hicks, J. R. (1939): Value and Capital, An Inquiry into Some Fundamental Principles of Economic Theory, Oxford 1939.

Higgins, R. C. (1995): Analysis for Financial Management, 4. Aufl., Chicago u.a. 1995.

Hillebrandt, F. (2001): Multiplikatorverfahren, in: DBW 2001, S. 618-621.

Hinz, H./Behringer, S. (2000): Unternehmensbewertung - Anlässe, Funktionen, Instrumente, in: WiSt 2000, S. 21-27.

Hirshleifer, J. (1958): On the Theory of Optimal Decision Making, in: Journal of Political Economy 1958, S. 329-352.

Hitschler, W. (1990): Leveraged (Management-) Buyouts - Bestimmungsfaktoren, Finanzierung und rechtliche Gestaltungsmöglichkeiten in der Bundesrepublik Deutschland, in: BB 1990, S. 1877-1883.

Hitz, J.-M./Kuhner, C. (2002): Die Neuregelung des derivativen Goodwill nach SFAS 141 und 142 auf dem Prüfstand, in: WPg, Jg. 55 (2002), Heft 6, S. 273-287.

Hoffmann, P./Ramke, R. (1990): Management Buy-Out in der Bundesrepublik Deutschland: Anspruch, Realität und Perspektiven, Berlin 1990.

Höfner, K./Pohl, A. (1993): Wer sind die Werterzeuger, wer die Wertvernichter im Portfolio?, in: HBM 1993, Heft 1, S. 51-58.

Hostettler, S. (1997): Economic Value Added (EVA), Bern u.a. 1997.

Howard, M. (1983): Profits in Economic Theory, London 1983.

Huydts, H. J. (1992): Management Buyout als strategische Option zur Regelung der Nachfolge in mittelgroßen Familienunternehmen: Erfolgsfaktoren und Gestaltungsvarianten, Diss., St. Gallen 1992.

IDW (1983): Stellungnahme HFA 2/1983: Grundsätze zur Durchführung von Unternehmensbewertungen, in: WPg 1983, S. 468-480.

IDW (1985/86): Wirtschaftsprüferhandbuch: Handbuch für Rechnungslegung, Prüfung und Beratung, 9. Aufl., Düsseldorf 1985.

IDW (1992): Wirtschaftsprüferhandbuch: Handbuch für Rechnungslegung, Prüfung und Beratung, Band II, 10. Aufl., Düsseldorf 1992.

IDW (1997): 57. und 61. Sitzung des Arbeitskreises Unternehmensbewertung, in: IDW-Fachnachrichten (1997), S. 33-34.

IDW (1998): Wirtschaftsprüferhandbuch: Handbuch für Rechnungslegung, Prüfung und Beratung, Band II, 11. Aufl., Düsseldorf 1998.

IDW (1999): Entwurf einer Stellungnahme zur Unternehmensbewertung (IDW ES 1), in: IDW-Fachnachrichten (1999), S. 61-85.

IDW (2000): IDW Standard: Grundsätze zur Durchführung von Unternehmensbewertungen (IDW S 1), in: IDW-Fachnachrichten (2000), S. 415-441.

IDW (2002): Wirtschaftsprüferhandbuch: Handbuch für Rechnungslegung, Prüfung und Beratung, Band II, 12. Aufl., Düsseldorf 2002.

Inselbag, I./Kaufold, H. (1997): Two DCF Approaches for Valuing Companies under Alternative Financing Strategies (and how to choose between them), in: JoACF, Heft 1 1997, S. 114-122.

Jaensch, G. (1966a): Wert und Preis der ganzen Unternehmung, Köln u. a. 1966.

Jaensch, G. (1966b): Ein einfaches Modell der Unternehmensbewertung ohne Kalkulationszinsfuß, in: zfbf 1966, S. 660-679.

Jaensch, G. (1968): Der Bilanzgewinn in meßtheoretischer Sicht, in: zfbf 1968, S. 48-60.

Jakoby, S./Maier, J./Schmechel, T.(1999): Internationalisierung der Publizitätspraxis bei Kapitalflußrechnungen – Eine empirische Untersuchung der DAX-Unternehmen für den Zeitraum 1988 bis 1997, in: WPg 1999, S. 235-245.

Jensen, M. C. (1986): Agency Costs of Free Cash Flow, Corporate Finance and Takeovers, in: American Economic Review 1986, S. 323-329.

Jensen, M. C. (1988): Takeovers: Their Causes and Consequences, in: Journal of Economic Perspectives 1988, Heft 1, S. 21-48.

Jensen, M. C. (1989): Eclipse of the Public Corporation, in: HBR 1989, Heft 5, S. 61-74.

Jensen, M. C./Meckling, W. H. (1976). Theory of the firm: Managerial behavior, agency costs and ownership structure, in: Journal of Financial Economics, Jg. 3 (1976), S. 303-360.

Jonas, M. (1995): Unternehmensbewertung: Zur Anwendung der Discounted-Cash-flow-Methode in Deutschland, in: BFuP 1995, S. 83-98.

Kaden, J./Wagner, W./Weber, T./Wenzel, K. (1997): Kritische Überlegungen zur Discounted Cash Flow-Methode, in: ZfB 1997, S. 499-508.

Käfer, K. (1969): Substanz und Ertrag bei der Unternehmensbewertung, in: Busse von Colbe/Sieben (Hrsg.) (1969), S. 298-357.

Känel, S. von/Siegwart, H. (1996): Grundlagen der Bertriebswirtschaftslehre, Zürich 1996.

Kaplan, R. S./Norton, D. P. (1992): The Balanced Scorecard – Measures That Drive Performance, in: HBR, Vol. 70 (1992), Jan/Feb, S. 71-79.

Kaplan, R. S./Norton, D. P. (1996): The Balanced Scorecard, Boston 1996.

Kirsch, H.-J./Krause, C. (1996): Kritische Überlegungen zur Discounted-Cash-Flow-Methode, in: ZfB 1996, S. 793-812.

Kirsch, H.-J./Krause, C. (1997): Kritische Überlegungen zur Discounted Cash Flow-Methode - Anmerkungen zu den Anmerkungen, in: ZfB 1997, S. 517-518.

Kleinaltenkamp, M. (1989): Outpacing Strategies, in: DBW 1989, S. 651-652.

Kloock, J. (1981): Mehrperiodige Investitionsrechnungen auf der Basis kalkulatorischer und handelsrechtlicher Erfolgsrechnungen, in: zfbf 1981, S. 873-890.

Kloock, J. (1984a): The Usefulness of Replacement Cost Information for Control Purposes, in: Klaassen, J./Verburg. P. (Hrsg.): Replacement Costs for Managerial Purposes, Amsterdam u. a. 1984, S. 75-98.

Kloock, J. (1984b): Hans Münstermann, sein Werk und sein Wirken - zur Vollendung seines 85. Lebensjahres, in: BFuP 1984, S. 489-495.

Knoll, L. (1996): Das Lücke-Theorem, in: WISU 1996, S. 115-117.

Kohl, T. (2000): Ertragswertverfahren und DCF-Verfahren – Ein Überblick vor dem Hintergrund der Anforderungen des IDW S 1, in: Die Wirtschaftsprüfung 23-24/2000, S. 1147-1164.

Kolbe, K. (1959): Ermittlung von Gesamtwert und Geschäftswert der Unternehmung, Düsseldorf 1959.

König, W./Zeidler, G. W. (1996): Die Behandlung von Steuern in der Unternehmensbewertung, in: DStR 1996, S. 1098-1103.

Korth, H.-M. (1992): Unternehmensbewertung im Spannungsfeld zwischen betriebswirtschaftlicher Unternehmenswertermittlung, Marktpreisabgeltung und Rechtsprechung, in: BB 1992, Beilage 19, S. 1-14.

Köth, U. (1979): Differenzierungsmöglichkeiten individueller Präferenzen und ihre Berücksichtigung bei der Bewertung unsicherer Zahlungsströme, München 1979.

Kraus-Grünewald, M. (1995): Gibt es einen objektiven Unternehmenswert?, in: BB 1995, S. 1839-1844.

Kroll, Y. (1985): On the Differences Between Accrual Accounting Figures and Cash Flows: The Case of Working Capital, in: Financial Management (1985), S. 75-82.

Kromschröder, B (1979): Unternehmungsbewertung und Risiko, Berlin 1979.

Kropp, M. (1992): Management Buy-outs und die Theorie der Unternehmung, Wiesbaden 1992.

Kruschwitz, L./Löffler, A. (1997): Ross' APT ist gescheitert. Was nun?, in: zfbf 1997, S. 644-651.

Kruschwitz, L./Löffler, A. (1998): Unendliche Probleme bei der Unternehmensbewertung, in: Der Betrieb 1998, 1041-1043.

Kruschwitz, L./Löffler, A. (1999): Sichere und unsichere Steuervorteile bei der Unternehmensbewertung, Arbeitspapier der Freien Universität Berlin, in: http://www.wiwiss.fu-berlin.de/w3/w3krusch/pub.

Kruschwitz, L./Röhrs, M. (1994): Debreu, Arrow und die marktzinsorientierte Investitionsrechnung, in: ZfB 1994, S. 655-665.

Kürsten, W. (2000): „Shareholder Value" - Grundelemente und Schieflagen einer politökonomischen Diskussion aus finanzierungstheoretischer Sicht, in: ZfB 3/2000, S. 359-381.

Kußmaul, H. (1999): Darstellung der DCF-Verfahren - auch im Vergleich zur Ertragswertmethode nach dem IDW Standart ES 1, in: StB 1999, S. 332-347.

Küting, K./Eidel, U. (1999a): Marktwertansatz contra Ertragswert- und Discounted Cash Flow-Verfahren, in: Finanz Betrieb, Jg. 1 (1999), Heft 9, S. 225-231.

Küting, K./Eidel, U. (1999b): Performance-Messung und Unternehmensbewertung auf Basis des EVA, in: WPg 1999, S. 829-838.

Küting, K./Weber, C.-P./Wirth, J. (2002): Goodwill und immaterielle Vermögenswerte im Übergang auf die Anwendung des SFAS 142, in: KoR, Jg. 2 (2002), Heft 2, S. 57-66.

Langenkämper, C. (2000): Unternehmensbewertung, Wiesbaden 2000.

Laux, H./Franke, G. (1969): Zum Problem der Bewertung von Unternehmungen und anderen Investitionsgütern, in: Unternehmensforschung 1969, S. 205-223.

Laux, H./Liermann, F. (1993): Grundlagen der Organisation, 3. Aufl., Berlin. u. a. 1993.

Lehmann, M. (1975): Zur Theorie der Zeitpräferenz, Berlin 1975.

Lerbinger, P. (1986): Unternehmensakquisition durch Leveraged Buy Out, in: Die Bank 1986, S. 133-142.

Lev, B. (2000): Intangibles. Management, Measurement, and Reporting, New York. 2000.

Lewis, T. G. (1994): Steigerung des Unternehmenswertes, Landsberg/Lech 1994.

Lindahl, E. (1933): The Concept of Income, in: Economic Essays in the Honour of Gustav Cassel, London 1933.

Lintner, J. (1965a): The Valuation of Risk Assets and the Selection of Risky Investments in Stock Portfolios and Capital Budgets, in: Review of Economics and Statistics, February 1965, S. 13-37.

Lintner, J. (1965b): Security Prices, Risk, and Maximal Gains from Diversification, in: JoF 1965, S. 587-615.

Lintner, J. (1969): The Aggregation of Investor's Diverse Judgements and Preferences in Purely Competitive Security Markets, in: Journal of Financial and Quantitative Analysis 1969, S. 347-400.

Löffler, A. (2000): Tax Shields in an LBO, Arbeitspapier der Freien Universität Berlin, in: http://www.wiwiss.fu-berlin.de/w3/w3krusch/pub

Löhnert, P. G./Böckmann, U. J. (2001): Multiplikatorverfahren in der Unternehmensbewertung, in: Peemöller (2001), S. 401-426.

Löhr, (1992): Unternehmensbewertung: Ausschüttungspolitik und Vollausschüttungshypothese, in: WPg 1992, S. 525-531.

Löhr, D. (1993): Die Grenzen des Ertragswertverfahrens – Kritik und Perspektiven, Frankfurt a. M. u.a. 1993

Lorie, J. H./Dodd, P./Kimpton M. H. (1985): The Stock Market: Theories and Evidence, Homewood (Illinois) 1985.

Lorson, P. (1999): Shareholder-Value-Ansätze – Zweck, Konzepte und Entwicklungstendenzen, in: DB 1999, S. 1329-1339.

Lucas, J. R. (1976): Econometric Policy Evaluation: A Critique, in: Journal of Monetary Economics 1976, S. 19-46, 62.

Lücke, W. (1955): Investitionsrechnung auf der Basis von Ausgaben oder Kosten?, in: Zeitschrift für handelswissenschaftliche Forschung 1955, S. 310-324.

Lücke, W. (1965): Die kalkulatorischen Zinsen im betrieblichen Rechnungswesen, in: ZfB 1965, Ergänzungsheft, S. 3-28.

Lüdenbach, N./Schulz, R. (2002): Unternehmensbewertung für Bilanzierungszwecke – Neue Herausforderungen für den Berufsstand durch den impairment-Ansatz von FAS 142?, in: WPg, Jg. 55 (2002), Heft 10, S. 489-499.

Luehrmann, T. A. (1997): Using APV: A Better Tool for Valuing Operations, in: HBR, May-June 1997, S. 145-154.

Lundholm, R. J. (1995): A Tutorial on the Ohlson and Feltham/Ohlson Models: Answer to Some Frequently Asked Questions, in: Contemporary Accounting Research 1995, S. 740-761.

Lundholm, R./O'Keefe T. (2001a): Reconciling Value Estimates from the Discounted Cash Flow Model and the Residual Income Model, in: CAR Vol.18 No.2, S. 311-335

Lundholm, R.J./O'Keefe T.B. (2001b): On Comparing Residual Income and Discounted Cash Flow Models of Equity Valuation: A Response to Penman 2001, in: CAR Vol. 18 No. 4, S.693-696

Maier, J. (2002): Unternehmensbewertung nach IDW S 1 – Konsistenz der steuerlichen Annahmen bei Anwendung des Halbeinkünfteverfahrens, in: Finanz Betrieb, Jg. 4 (2002), Heft 2, S. 73-79.

Mandl, G./Rabel, K. (1997): Unternehmensbewertung, Wien/Frankfurt 1997.

Markowitz, M. H. (1959): Portfolio Selection: Efficient Diversification of Investment, New Haven 1959.

Martin, J. D. (1987): Alternative Net Present Value Models, in: Advances in Financial Planning and Forecasting, 1987, S. 51-66.

Marusev, A. W./Pfingsten, A. (1993): Das Lücke-Theorem bei gekrümmter Zinsstruktur-Kurve, in: zfbf 1993, S. 361-365.

Mastracchio, N. J./Lipitt, J. W. (1996): A Comparison of the Earnings Capitalization and the Excess Earnings Model in the Valuation of Closely-Held Businesses, in: Journal of Small Business Management 1996, S. 1-12.

Matschke, M. J. (1969): Der Kompromiß als betriebswirtschaftliches Problem bei der Preisfestsetzung eines Gutachters im Rahmen der Unternehmensbewertung, in: zfbf 1969, S. 57-77.

Matschke, M. J. (1972): Der Gesamtwert der Unternehmung als Entscheidungswert, in: BFuP 1972, S. 146-161.

Matschke, M. J. (1993): Einige grundsätzliche Bemerkungen zur Ermittlung mehrdimensionaler Entscheidungswerte der Unternehmung, in: BFuP 1993, S. 1-24.

Matschke, M. J./Schildbach, T. (1998): Unternehmensberatung und Wirtschaftsprüfung, FS für Günter Sieben, Stuttgart 1998.

Maul, K.-H. (1973): Unternehmensbewertung auf der Basis von Nettoausschüttungen, in: WPg 1973, S. 57-63.

Maul, K.-H. (1976): Unternehmensbewertung bei Unsicherheit, in: WPg 1976, S. 573-579.

Maul, K.-H. (1979): Probleme Prognose-orientierter Unternehmensbewertung, in: ZfB 1979, S. 107-117.

Maul, K.-H. (1992): Offene Probleme der Bewertung von Unternehmen durch Wirtschaftsprüfer, in: DB 1992, S. 1253-1259.

McTaggart, J. M./Kontes, P.W./Mankins, M. C. (1994): The Value Imperative - Managing for Superior Shareholder Returns, New York u.a. 1994.

Mellerowicz, K. (1952): Der Wert der Unternehmung als Ganzes, Essen 1952.

Meyersiek, D. (1991): Unternehmenswert und Branchendynamik, in: BFuP 1991, S. 233-240.

Miles, J. A./Ezzell J. R. (1980): The Weighted Average Cost of Capital, Perfect Capital Markets and Project Life: A Clarification, in: Journal of Financial and Quantitative Analysis 1980, S. 719-730.

Miller, M. H. (1977): Debt and Taxes, Journal of Finance 1977, S. 261-276.

Miller, M. H. (1988): The Modigliani-Miller Propositions After Thirty Years, in: Journal of Economic Perspectives 1988, Heft 4, S. 99-120.

Miller, M. H./Modigliani, F. (1961): Dividend Policy, Growth and the Valuation of Shares, in: Journal of Business 1961, S. 411-435.

Mirow, M. (1995): Strategische Allianzen zur Stärkung der Wettbewerbsposition, in: Sell, A. (Hrsg.) (1995): Neue Perspektiven für internationale Unternehmenskooperationen, Münster 1995, S. 91-113.

Mishkin, F. S. (1992): The Economics of Money, Banking, and Financial Markets, 3. Aufl., New York 1992.

Modigliani, F./Miller, M. H. (1958): The Cost of Capital, Corporation Finance, and the Theory of Investment, in: American Economic Review 1958, S. 261-297.

Modigliani, F./Miller, M. H. (1963): Corporate Income Taxes and the Cost of Capital: A Correction, in: American Economic Review 1963, S. 433-443.

Möller, H. P./Schmidt, F. (1998): Zur Bedeutung von Jahresabschlüssen und DVFA/SG-Daten für die fundamentale Aktienbewertung, in: Möller, H. P./Schmidt, F. (Hrsg.) (1998), S. 477-504.

Möller, H. P./Schmidt, F. (Hrsg.) (1998): Rechnungswesen als Instrument für Führungsentscheidungen, FS für Adolf G. Coenenberg, Stuttgart 1998.

Moser, U. (1999): Discounted Cash-flow-Methode auf der Basis von Free Cash-flows: Berücksichtigung der Besteuerung, in: Finanz Betrieb 7/1999, S. 117-123.

Mossin, J. (1966): Equilibrium in a Capital Asset Market, in: Econometrica 1966, S. 768-783.

Moxter, A. (1976): Grundsätze ordnungsmäßiger Unternehmensbewertung, Wiesbaden 1976.

Moxter, A. (1981): Wirtschaftsprüfer und Unternehmensbewertung, in: Seicht, G. (Hrsg.) (1981): Management und Kontrolle, Berlin 1981, S. 409-429.

Moxter, A. (1983): Grundsätze ordnungsmäßiger Unternehmensbewertung, 2. Aufl., Wiesbaden 1983.

Münstermann, H. (1964): Kongruenzprinzip und Vergleichbarkeitsgrundsatz im Rahmen der dynamischen Bilanzlehre - Bemerkungen zu Gedankengängen von Hasenack, in: BFuP 1964, S. 426-438.

Münstermann, H. (1966a): Wert und Bewertung der Unternehmung, Wiesbaden 1966.

Münstermann, H. (1966b): Die Bedeutung des ökonomischen Gewinns für den externen Jahresabschluß der Aktiengesellschaft, in: WPg 1966, S. 579-586.

Myers, S. C. (1974): Interactions of Corporate Financing and Investment Decisions - Implications for Capital Budgeting, in: JoF 1974, S. 1-25.

Nowak, T. (1994): Faktormodelle in der Kapitalmarkttheorie, Köln 1994.

O. V. (1996): Bonus für die Bosse, in: Der Spiegel, 8.4.96, S. 22-25.

Ohlson, J. A. (1983): Price-Earnings-Ratios and Earnings under Uncertainty, in: Journal of Accounting Research 1983, S. 141-154.

Ohlson, J. A. (1989): Ungarbled Earnings and Dividends, in: Journal of Accounting and Economics 1989, S. 109-115.

Ohlson, J. A. (1990): A Synthesis of Security Valuation Theory and the Role of Dividends, Cash Flows, and Earnings, in: Contemporary Accounting Research 1990, S. 648-676.

Ohlson, J. A. (1991): The Theory of Value and Earnings, and an introduction to the Ball-Brown Analysis, in: Contemporary Accounting Research 1991, S. 1-19.

Ohlson, J. A. (1995): Earnings, Book Value and Dividends in Security Valuation, in: Contemporary Accounting Research 1995, S. 661-687.

Ordelheide, Dieter (1998): Kaufmännischer Periodengewinn als ökonomischer Gewinn, in: Domsch, Michel et al. (Hrsg.): Unternehmungserfolg: Planung – Ermittlung – Kontrolle, Festschrift für Walther Busse von Colbe, Wiesbaden 1998, S. 275-302.

Palepu, K. G./Bernard, V. L. / Healy, P. M. (1996): Business Analysis and Valuation Using Financial Statements, Cincinnati (Ohio) 1996.

Panico, C. (1987): Interest and Profit, in: Eatwell/Milgate/Newman (Hrsg.) (1987), S. 877-879.

Pasinetti, L./Scazzieri, R. (1990): Capital Theory: Paradoxes, in: Eatwell/Milgate/Newman (Hrsg.) (1990), S. 136-147.

Peemöller, V. H. (1993): Stand und Entwicklung der Unternehmensbewertung – eine kritische Bestandsaufnahme, in: DStR 1993, S. 409-416.

Peemöller, V. H. (Hrsg.) (2001): Praxishandbuch der Unternehmensbewertung, Berlin 2001.

Peemöller, V. H./Bömelburg, P./Denkmann, A. (1994): Unternehmensbewertung in Deutschland, in: WPg 1994, S. 741-749.

Peemöller, V. H./Keller, B. (1998): Steuernahe Betriebswirtschaft, Teil B: Unternehmensbewertung, in: Küting, K.-H. (Hrsg.) (1998): Saarbrücker Handbuch der Betriebswirtschaftlichen Beratung, Berlin 1998.

Peemöller, V. H./Keller, B./Rödl, M. (1996): Verfahren strategischer Unternehmensbewertung, in: DStR 1996, S.74-79.

Peemöller, V. H./Popp, M. (1997): Unternehmensbewertung bei ertragssteuerlichen Verlustvorträgen, in: BB (1997), S. 303-309

Pellens, B./Crasselt, N./Sellhorn, T. (2002): Bedeutung der neuen Goodwill-Bilanzierung nach US-GAAP für die wertorientierte Unternehmensführung, in: Horvath, P. (Hrsg.): Performance Controlling, Stuttgart 2002, S. 131-152.

Pfeil, O. P./Vater, H. J. (2002): „Die kleine Unternehmensbewertung" oder die neuen Vorschriften zur Goodwill- und Intangible-Bilanzierung nach SFAS No. 141 und SFAS No. 142 – Eine Analyse unter bilanziellen und finanzwirtschaftlichen Gesichtspunkten –, in: KoR, Jg. 2 (2002), Heft 2, S. 66-81.

Pellens, B./Crasselt, T./Schremper, R. (2002): Berücksichtigung von Geschäftsbereichs-Goodwills bei der wertorientierten Unternehmensführung, in: Böhler, H. (Hrsg.) (2002): Marketing-Management und Unternehmensführung: Festschrift für Professor Dr. R. Köhler zum 65. Geburtstag, Stuttgart 2002, S. 121-135.

Pellens, B./Sellhorn, T. (2002): Neue US-Goodwill-Bilanzierung steht deutschen Unternehmen nun offen - DRS 1a vom Bundesministerium der Justiz bekannt gemacht, in: KoR, Jg. 2 (2002), Heft 3, S. 113-114.

Pellens, B./Tomaszewski, C./Weber, N. (2000): Wertorientierte Unternehmensführung in Deutschland, in: DB 2000, S. 1825-1833.

Penman, S. H. (1998): A Synthesis of Equity Valuation Techniques and the Terminal Value Calculations for the Dividend Discount Model, in: Review of Accounting Studies 1998, S. 303-323.

Penman, S. H. (2001): Financial Statement Analysis & Security Valuation, New York 2001.

Penman, S. H. (2001b): On Comparing Cash Flow and Accrual Accounting Models for Use in Equity Valuation: A Response to Lundholm and O'Keefe, in CAR Vol.18 No.4, S.691-692

Penman, S. H./Sougiannis, T. (1998): A comparison of Dividend, Cash Flow, and Earnings Approaches to Equity Valuation, in: Contemporary Accounting Research, Jg. 15 (1998), Heft 3, S. 343-383.

Perridon, L. (1989): Bausteine zur ökonomischen Analyse - Vorlesung Allgemeine Betriebswirtschaftslehre, Universität Augsburg 1989.

Perridon, L./Steiner, M. (2002): Finanzwirtschaft der Unternehmung, 11. Aufl., München 2002.

Pezzer, H.-J. (2000): Kritik des Halbeinkünfteverfahrens, in: StuW 2000, S. 144-150.

Pfaff, D./Bärtl, O. (1999): Wertorientierte Unternehmenssteuerung – Ein kritischer Vergleich ausgewählter Konzepte, in: Gebhardt, G./Pellens, B.: Rechungswesen und Kapitalmarkt, zfbf Sonderheft 41, Frankfurt 1999, S. 85-115.

Picot, G. (2000): Wirtschaftliche und wirtschaftsrechtliche Parameter bei der Planung von Mergers & Acquisitions, in: Picot, G. (2000) (Hrsg.): Handbuch Mergers & Acquisitions, Stuttgart 2000, S. 3-32.

Pilhofer, J. (2000): Konzeptionelle Grundlagen des neuen DRS 2 zur Kapitalflussrechnung im Vergleich mit den international anerkannten Standards, in: DStR 2000, S. 292-304.

Piltz, D. J. (2001): Rechtsprechung zur Unternehmensbewertung, in: Peemöller (2001), S. 681-698.

Popp, M. (1999): Unternehmensbewertung bei Verlustvorträgen vs. Bewertung von Verlustvorträgen, in: BB 1999, S. 1154-1159.

Porter, M. E. (1985): Competitive Advantage, New York u. a. 1985.

Porter, M. E. (1987): From Competitive Advantage to Corporate Strategy, in: HBR 1987, Heft 3, S. 43-59.

Porter, M. E. (1988): Wettbewerbsstrategie: Methoden zur Analyse von Branchen und Konkurrenten, 5. Aufl., Frankfurt, New York 1988.

Pratt, S. P. (1981): Valuing a Business. The Analysis and Appraisal of Closely Held Companies, Homewood, Ill. 1981.

Preinreich, G. (1937): Valuation and Amortization, in: Accounting Review 1937, S. 209-226.

Preinreich, G. (1939): Economic Theories of Goodwill, in: Journal of Accountancy 1939, S. 169-180.

Ranker, D./Wohlgemuth, F./Zwirner, C. (2001): Die Bedeutung immaterieller Vermögenswerte bei Unternehmen des Neuen Marktes und daraus resultierende Implikationen für eine kapitalmarktorientierte Berichterstattung, in: Kapitalmarktorientierte Rechnungslegung 2001, S. 269-279.

Rappaport, A. (1981): Selecting Strategies that Create Shareholder Value, in: HBR 1981, Heft 3, S. 139-150.

Rappaport, A. (1986): Creating Shareholder Value, New York 1986.

Rappaport, A. (1987): Linking Competitive Strategy and Shareholder Value Analysis, in: Journal of Business Strategy 1987, S. 58-67.

Rappaport, A. (1998): Creating Shareholder Value, 2. Aufl., New York 1998.

Rappaport, A. (1999): Shareholder Value, 2. Aufl., Stuttgart 1999.

Reichmann, T. (1993), Controlling mit Kennzahlen und Managementberichten, 3. Aufl., München 1993.

Reilly, R. F. (1996): The Valuation of Intangible Assets, in: The National Public Accountant 1996, Heft 7, S. 26-33.

Richter, F. (1996a): Die Finanzierungsprämissen des Entity-Ansatzes vor dem Hintergrund des APV-Ansatzes zur Bestimmung von Unternehmenswerten, in: zfbf 1996, S. 1076-1096.

Richter, F. (1996b): Anmerkungen zum Beitrag „Die Abbildung der Finanzierung im Rahmen verschiedener Discounted Cash Flow-Verfahren" von Dirk Hachmeister, in: zfbf 1996, S. 927-930.

Richter, F. (1997): DCF-Methoden und Unternehmensbewertung: Analyse der systematischen Abweichungen der Bewertungsergebnisse, in: ZBB 1997, S. 226-237.

Richter, F. (1998): Unternehmensbewertung bei variablem Verschuldungsgrad, in: ZBB, Jg. 10 (1998), S. 379-389.

Richter, F. (1998): Unternehmensbewertung bei variablem Verschuldungsgrad, in: ZBB 1998, S. 379-389.

Richter, F. (2001): Unternehmensbewertung, in: Picot, G. (2001): Handbuch Mergers & Acquisitions, Stuttgart 2001, S. 255-288.

Richter, F. (2002): Simplified Discounting Rules, Variable Growth, And Leverage, in: sbr 2/2002, S. 136-147.

Richter, F./Drukarczyk, J. (2001): Wachstum, Kapitalkosten und Finanzierungseffekte, in: DBW 6/2001, S. 627-639.

Richter, F./Stiglbrunner, K. (1993): Anwendung des Unternehmenswert-Konzeptes in Deutschland, Anhang C, in: Unternehmenswert, hrsg. von Copeland/Koller/Murrin, Frankfurt, New York 1993.

Richter, M. (1995): Steuern und Finanzierung, in: Gerke/Steiner (1995), Sp. 1770-1799.

Rödder, T. (2000): Unternehmenssteuerreform 2001 – Eine erste Analyse des Regierungsentwurfs aus Beratersicht, in: DStR 2000, S. 353-368.

Rolfes, B. (1993): Marktzinsorientierte Investitionsrechnung, in: ZfB 1993, S. 691-713.

Rolfes, B. (1994a): Marktzinsorientierte Investitionsrechnung, in: ZfB 1994, S. 121-125.

Rolfes, B. (1994b): Die Marktzinsmethode in der Investitionsrechnung, in: ZfB 1994, S. 667-671.

Roll, R. (1977): A Critique of the Asset Pricing Theory's Tests, in: JoFE March 1977, S. 129-176.

Rubinstein, M. (1976): The Irrelevance of Dividend Policy in an Arrow-Debreu Economy, in: JoF 1976, S. 1229-1230.

Rudolph, B. (1986): Neuere Kapitalkostenkonzepte auf der Grundlage der Kapitalmarkttheorie, in: zfbf 1986, S.892-898.

Ruhwedel, F./Schultze, W. (2002): Value Reporting: Theoretische Konzeption und Umsetzung bei den DAX100-Unternehmen, in: Schmalenbachs Zeitschrift für betriebswirtschaftliche Forschung (zfbf) 2002, S. 602-632.

Schildbach, T. (1981): Der Wirtschaftsprüfer als Gutachter in Fragen der Unternehmensbewertung: Möglichkeiten und Grenzen aus Sicht der Berufspflichten des Wirtschaftsprüfers, in: WPg 1981, S. 193-201.

Schildbach, T. (1993): Kölner versus phasenorientierte Funktionenlehre der Unternehmensbewertung, in: BFuP 1993, S. 25-38.

Schildbach, T. (1995): Der Verkäufer und das Unternehmen „wie es steht und liegt", in: zfbF 1995, S. 620-632.

Schildbach, T. (1998): Ist die Kölner Funktionenlehre der Unternehmensbewertung durch die Discounted Cash Flow-Verfahren überholt?, in: Matschke/Schildbach (1998), S. 301-322.

Schildbach, T. (1999): Externe Rechnungslegung und Kongruenz – Ursache für die Unterlegenheit deutscher verglichen mit angelsächsischer Bilanzierung?, in: DB 1999, S. 1813-1820.

Schildbach, T. (1999): Externe Rechnungslegung und Kongruenz – Ursache für die Unterlegenheit deutscher verglichen mit angelsächsischer Bilanzierung?, in: DB, Jg. 52 (1999), S. 1813-1820.

Schmalenbach, E. (1962): Dynamische Bilanz, 13. Aufl., Köln/Opladen 1962.

Schmid, H. (1994): Leveraged Management Buy-Out: Begriff, Gestaltungen, optimale Kapitalstruktur und ökonomische Bewertung, Frankfurt u. a. 1994.

Schmidt, I. (1987): Wettbewerbspolitik und Kartellrecht: Eine Einführung, Stuttgart 1987.

Schmidt, I./Engelke, H. (1989): Marktzutrittsschranken und potentieller Wettbewerb, in: WiSt 1989, S. 399-404.

Schmidt, J. G. (1995): Die Discounted Cash-flow-Methode - nur eine kleine Abwandlung der Ertragswertmethode?, in: zfbf 1995, S. 1088-1117.

Schmidt, P.-J. (1996): Aus der Arbeit des IDW, in: WPg 1996, S. 825-830.

Schmieding, H. (1995): Hoher Kapitalbedarf läßt wenig Spielraum für sinkende Zinsen, in: Handelsblatt vom 20.4.1995, S. B1.

Schneider, D. (1963): Bilanzgewinn und ökonomische Theorie, in: zfhf 1963, S. 457-474.

Schneider, D. (1968): Ausschüttungsfähiger Gewinn und das Minimum an Selbstfinanzierung, in: zfbf 1968, S. 1-29.

Schneider, D. (1987): Allgemeine Betriebswirtschaftslehre, 3. Aufl., München 1987.

Schneider, D. (1992): Investition, Finanzierung und Besteuerung, 7. Aufl., Wiesbaden 1992.

Schneider, J. (1988): Die Ermittlung strategischer Unternehmenswerte, in: BFuP 1988, S. 522-531.

Schön, W. (2000): Zum Entwurf eines Steuersenkungsgesetzes, in: StuW 2000, S. 151-159.

Schremper, R./Pälchen, O. (2001): Wertrelevanz rechnungswesenbasierter Erfolgskennzahlen – Eine empirische Untersuchung anhand des S&P 400 Industrial, in: DBW 2001, S. 542-559.

Schüler, A. (2000): Unternehmensbewertung und Halbeinkünfteverfahren, in: DStR 36/2000, S. 1531-1536.

Schultze, W. (2001): Methoden der Unternehmensbewertung, Düsseldorf 2001.

Schumann, J. (1987): Grundzüge der mikroökonomischen Theorie, 5. Aufl., Berlin u. a. 1987.

Schumpeter, J. (1926): Theorie der wirtschaftlichen Entwicklung, München, Leipzig 1926.

Schützinger, E. (1957): Der Gewinn in der Betriebswirtschaft, Diss. Universität Mannheim 1957.

Schwenkedel, S. (1991): Management Buyout: ein Geschäftsfeld für Banken, Wiesbaden 1991.

Schwetzler, B. (1996): Zinsänderungsrisiko und Unternehmensbewertung: Das Basiszinsfußproblem bei der Ertragswertermittlung, in: ZfB 1996, S. 1081-1101.

Schwetzler, B. (1998): Gespaltene Besteuerung, Ausschüttungssperrvorschriften und bewertungsrelevante Überschüsse bei der Unternehmensbewertung, in: WPg 1998, S. 695 ff.

Schwetzler, B./ Darijtschuk, N. (1998): Unternehmensbewertung mit Hilfe der DCF-Methode - eine Anmerkung zum „Zirkularitätsproblem", in: ZfB (1998), S. 295-318.

Scicluna, M. (1994): Goodwill – The case for separate intangibles, in: Accountancy, März 1994, S. 101.

Serfling, K./Pape, U. (1995): Das Ertragswertverfahren als entscheidungsorientiertes Verfahren der Unternehmensbewertung, in: WISU 1995, S. 940-946.

Serfling, K./Pape, U.(1996): Strategische Unternehmensbewertung und Discounted Cash Flow-Methode, in: WISU 1996, S. 57-64.

Sharpe, W. F. (1963): A Simplified Model for Portfolio Analysis, in: Management Science 1963, S. 277-293.

Sharpe, W. F. (1964): Capital Asset Prices: A Theory of Market Equilibrium under Conditions of Risk, in: Journal of Finance 1964, S. 425-442.

Sharpe, W. F./Alexander, G. J. (1990): Investments, 4. Aufl., Englewood Cliffs (New Jersey) 1990.

Sieben, G. (1963a): Der Substanzwert der Unternehmung, Wiesbaden 1963.

Sieben, G. (1963b): Neue Aspekte der Unternehmensbewertung, in: ZfB 1963, S. 1-46.

Sieben, G. (1967): Bewertungs- und Investitionsmodelle mit und ohne Kapitalisierungszinsfuß, in: ZfB 1967, S. 126-147.

Sieben, G. (1969): Die Bewertung von Unternehmen auf Grund von Erfolgsplänen bei heterogenen Zielen, in: Busse von Colbe, W./Meyer-Dohm, P. (Hrsg.) (1969): Unternehmerische Planung und Entscheidung, Bielefeld 1969, S. 71-100.

Sieben, G. (1974): Rechnungswesen bei mehrfacher Zielsetzung: Möglichkeiten der Berücksichtigung gesellschaftsbezogener Ziele durch die Betriebswirtschaftslehre, in: zfbf 1974, S. 694-702.

Sieben, G. (1976): Der Entscheidungswert in der Funktionenlehre der Unternehmensbewertung, in: BFuP 1976, S. 491-504.

Sieben, G. (1983): Funktionen der Bewertung ganzer Unternehmen und von Unternehmensteilen, in: WISU 1983, S. 539-542.

Sieben, G. (1988): Der Unternehmenserfolg als Determinante des Unternehmenswerts - Berechnung auf der Basis künftiger Entnahme- oder künftiger Ertragsüberschüsse?, in: Domsch, M./Eisenführ, F./Ordelheide, D./Perlitz, M. (Hrsg.) (1988): Unternehmungserfolg: Planung - Ermittlung - Kontrolle, FS für Walther Busse von Colbe, Wiesbaden 1988, S. 361-373.

Sieben, G. (1993): Unternehmensbewertung, in: Wittmann u. a. (Hrsg.) (1993): HWB, 5. Aufl., Sp. 4315-4331.

Sieben, G. (1995): Unternehmensbewertung: Discounted Cash Flow-Verfahren und Ertragswertverfahren - Zwei völlig unterschiedliche Ansätze?, in: Lanfermann, J. (Hrsg.) (1995): Internationale Wirtschaftsprüfung, FS für Hans Havermann, Düsseldorf 1995, S. 713-737.

Sieben, G./Goetzke, W. (1979): Investitionskalküle unter Berücksichtigung pluralistischer Interessen, in: BFuP 1976, S. 27-42.

Sieben, G./Löcherbach/Matschke, M. (1974): Bewertungstheorie, in HWB, 4. Aufl., Stuttgart 1974, Sp. 839-850.

Sieben, G./Maltry, H. (2001): Der Substanzwert der Unternehmung, in: Peemöller (2001), S. 375-400.

Sieben, G./Schildbach, T. (1979): Zum Stand der Lehre von der Bewertung ganzer Unternehmen, in: DStR 1979, S. 455 - 461.

Sieben, G./Schildbach, T. (1980): Betriebswirtschaftliche Entscheidungstheorie, 2. Aufl., Düsseldorf 1980.

Sieben, G./Zapf (Hrsg.)(1981): Unternehmensbewertung als Grundlage unternehmerischer Entscheidungen; Bericht des Arbeitskreises Unternehmensbewertung im Rahmen unternehmerischer Zielsetzung der Schmalenbach-Gesellschaft, Stuttgart 1981.

Siegel, T. (1991): Das Risikoprofil als Alternative zur Berücksichtigung der Unsicherheit in der Unternehmensbewertung, in: Rückle, D. (Hrsg.) (1991): Aktuelle Fragen der Finanzwirtschaft und der Unternehmensbesteuerung, FS Loitlsberger, Wien 1991, S. 619-638.

Siegel, T. (1994): Unternehmensbewertung, Unsicherheit und Komplexitätsreduktion, in: BFuP 1994, S. 457-476.

Siegert, T. (1995): Shareholder-Value als Lenkungsinstrument, in: zfbf 1995, S. 580-607.

Siepe, G. (1997): Die Berücksichtigung von Ertragsteuern in der Unternehmensbewertung (Teil I und II), in: WPg 1997, S. 1-10, 37-44.

Siepe, G. (1998): Kapitalisierungszinssatz und Unternehmensbewertung, in: WPg 1998, S. 325-338.

Siepe, G./Dörschell, A./Schulte, J. (2000): Der neue IDW Standard: Grundsätze zur Durchführung von Unternehmensbewertungen (IDW S 1), in: Die Wirtschaftsprüfung 19/2000, S. 946-960.

Sigloch, J. (2000): Unternehmenssteuerreform 2001 – Darstellung und ökonomische Analyse, in: StuW 2000, S. 160-176.

Solomons, D. (1961): Economic and Accounting Concepts of Income, in: Accounting Review 1961, S. 374-383.

Solomons, D. (1965): Divisional Performance, Homewood, Illinois, 1965.

Stehle, R. (1995): Kapitalkosten und Marktwert, in: Gerke/Steiner (1995), Sp. 1111-1122.

Steiner, J. (1981): Investitionsrechnung auf der Basis von Periodengewinnen: Eine Alternative zu klassischen Modellen, in: DBW 1981, S. 91-102.

Steiner, M./Bruns, C. (2002): Wertpapiermanagement, 8. Aufl., Stuttgart 2002.

Steiner, M./Tebroke, H.-J. (1997): Das Economic-Value-Added-Konzept zum Wertmanagement in Banken, in: Berndt, R. (Hrsg.) (1997): Business Reengineering – Effizientes Neugestalten von Geschäftsprozessen, Berlin 1997, S. 131-152.

Steiner, M./Wallmeier, M. (1997): Totgesagte leben länger!, in: zfbf 1997, S. 1084-1088.

Steiner, M./Wallmeier, M. (1999): Discounted Cash Flow-Methode und Economic Value Added, in: Finanzbetrieb 1999, S. 1-10.

Stelter, D. (1999): Wertorientierte Anreizsysteme, in: Bühler, W./Siegert, T. (Hrsg.): Unternehmenssteuerung und Anreizsysteme, 52. Deutscher Betriebswirtschafter-Tag 1998, Stuttgart 1999, S. 207-241.

Stern, J. /Shiely, J./Ross, I. (2001): The EVA Challenge, New York 2001.

Stern, J. M. (1974): Earnings per Share Don't Count, in: Financial Analysts Journal 1974, Heft 4, S. 39-43, 67-75.

Stern, J. M./Stewart, G. B. III/Chew, D. H. (1995): The EVA Financial Management System, in: JoACF 1995, Heft 2, S. 32-46.

Stewart, G. B. III (1991): The Quest for Value, New York 1991.

Stewart, G. B. III/Glassmann, D. M. (1988): The Motives and Methods of Corporate Restructuring, in: JoACF 1988, Heft 1, S. 85-99.

Strack, R./Villis, U. (2001): RAVETM: Die nächste Generation im Shareholder Value Management, in: ZfB 2001, S. 67-84.

Swoboda, P. (1996): Investition und Finanzierung, 5. Aufl., Göttingen 1996.

Tobin, J. (1958): Liquidity Preference as Behavior Towards Risk, in: Review of Economic Studies 1958, S. 65-86.

Tobin, J. (1969): A General Equilibrium Approach to Monetary Theory, in: Journal of Money, Credit and Banking 1969, S. 15-29.

Tobin, J./Brainard, W. C. (1977): Asset Markets and the Cost of Capital, in: Balassa, B./Nelson, R. (Hrsg.) (1977): Economic Progress, Private Values and Public Policy, Amsterdam 1977, S. 235-262.

Treynor, J. (1972): The Trouble with earnings, in: Financial Analysts Journal Sept./Oct. 1972, S. 41-43.

Van Horne, J. C. (1992): Financial Management and Policy, 9. Aufl., Englewood Cliffs (New Jersey) 1992.

Varian, H. (1992): Microeconomic Analysis, New York 1992.

Vest, P. (1995): Der Verkauf von Konzernunternehmen durch Management Buy-Out, Wiesbaden 1995.

Volpert, V. (1989): Kapitalwert und Ertragsteuern, Wiesbaden 1989.

Wagenhofer, A. (1999): Anreizkompatible Gestaltung des Rechnungswesens, in: Bühler, W./Siegert, T. (Hrsg.) (1999), S. 183-205.

Wagner, F. W. (1973): Zur Zweckmäßigkeit von Bewertungskalkülen für die Entscheidung über Kauf und Verkauf von Unternehmungen, in: BFuP 1973, S. 301-312.

Wallace, R. S. O./Choudhury, M. S. I./Pendlebury, M. (1997): Cash Flow Statements: An International Comparison of Regulatory Positions, in: The International Journal of Accounting 1997, S. 11-20.

Wallmeier, M. (1997): Prognose von Aktienrenditen und -risiken mit Mehrfaktorenmodellen, Bad Soden/Taunus 1997.

Wallmeier, M. (1999): Kapitalkosten und Finanzierungsprämissen, in: ZfB 1999, S. 1473-1490.

Weber, J./Schäffer, U. (1999): Balanced Scorecard & Controlling, Wiesbaden 1999.

Weber, W./Albert, H./Kade, G. (1961): Wert, in: Handwörterbuch der Sozialwissenschaften, Bd. 11, Tübingen u. a. 1961, S. 637-654.

Wegmann, W. (1970): Der ökonomische Gewinn, Wiesbaden 1970.

Weinberger, O. (1956): Kapital (I): Geschichte der Kapitaltheorie, in: HW der Sozialwissenschaften

Weingartner, M. H. (1963): Mathematical Programming and the Analysis of Capital Budgeting Problems, Englewood Cliffs (New Jersey) 1963.

Weston, F. (1954): The Profit Concept and Theory: A Restatement, in: Journal of Political Economy 1954, S. 152-170.

Weston, J. F./Chung, K. S./Hoag, S. E. (1990): Mergers, Restructuring and Corporate Control, Engelwood Cliffs, N.J. 1990.

White, G. I./Sondhi A. C./Fried, D. (1994): The Analysis and Use of Financial Statements, New York u.a. 1994.

Williams, J. B. (1938): The Theory of Investment Value, Cambridge, Mass. 1938.

Wöhe, G. (1990): Einführung in die Allgemeine Betriebswirtschaftslehre, 17., überarbeitete und erweiterte Aufl., München 1990.

# Stichwortverzeichnis

Adjusted Present Value-Ansatz
s. *APV-Ansatz*
Alternativrendite 66, 122, 240ff., 257, 306, 311, 323, 392, 404, 477
Anlagealternativen 42ff., 64, 191, 255, 485, 561
Anrechnungsverfahren 224, **244ff.**, 266, **292ff., 310ff., 314ff.**, 332, **359ff.**, 391, **392ff.**, 424, **426ff., 539, 547,** 558
APV-Ansatz 90, 104ff., 254, **257ff.**, 267ff., 282, 320, **323ff.**, 350, 356, 394ff., 410ff., 520, 549ff., 561ff.
Äquivalenzprinzip **184ff., 245ff.**, 561
Arbeitseinsatzäquivalenz 184, 248
Arbitrage Pricing Theory (APT) **212ff., 276ff.**, 485f., 510
Argumentationsfunktion 9ff.
Ausschüttungsverhalten 4, **78ff., 96ff.**, 139, 186, 212, 218, 241, 285, 289, 315, 361, **414ff.**, 452ff., 488ff., **507ff.**, 546, 559, 512ff., **515, 530,** 563ff.

Basiszins 168, 288, 476, 510
Bereinigung **235ff.**, 281, 511
Beta-Faktor **271ff.**; 292; 349ff.; 357ff.
Bewertungsanlässe 6, 10
Bewertungszweck 7
Börsenwert 11, 75, 147ff., 161ff., 486
Branchenattraktivität 224
Bruttoausschüttungen **384ff.**
Bruttomethode (Entity-Approach) 93ff., 113ff., 161ff., 179, 306ff., **379ff., 386ff.**, 483ff.

Capital Asset Pricing Model 222, **271ff.**, 354ff., 485f., 510
Cashflow 1ff., 183ff., 218ff., 245ff., 290, 296ff., 345, **364ff., 369ff., 359ff.**, 513, 521

Dauerschulden 109, 310ff., 317ff., 519
Differenzierung 145, 477
Discounted Cashflow-Methoden 1ff., 73, **90ff.**, 118, 125, 186, 320, 325ff., 332, **494, 481**, 546
Diskontierungssätze **247, 249ff.**, 256, 283, 345, 559, 560ff.
Doppelbesteuerung 290, 304ff., **308ff.**, 315ff.
Doppelzählungsproblem 79ff., 99, 113, 140, 152, 214, 218ff., 367, 488ff.

Economic Value Added 3, 73, 112ff., **119ff.**, 212, 368, **504**, 568
Eigenkapitalkosten 40, 84ff., 121ff., 151ff., 179ff., 222, 278, 290ff., 304, 324ff., 340ff., **349ff., 357ff.**, 454, 478, 483ff., 512ff., 562
Einigungspreis 10
Einnahmeüberschüsse 26, 185ff., 450ff.
Einzahlungsüberschüsse 90, 99, 113, 121, 184ff., 193ff., 209ff., 232, 246, 361ff., 372, 414, 452ff., 468, 487ff., 511ff., 562ff.
Entnahmeüberschüsse 164, **184ff.**, 193, 199, 202, 209ff., 416, 452ff. 480, 489ff., **496ff.**, 511ff., 562ff.
Entity-Approach s. *Bruttomethode*

Entscheidungswert 9ff., 63,67, 139, 168, 247, 265, 392, 475, 486, 512
Equity-Ansatz 90, 97, 102ff., 320, 325, 328ff., 348ff., 356, 359, 391ff., 487, 522ff., 561ff.
Equity-Approach *s. Nettomethode*
Ertragsteuern 39, 399, 456, 518
Ertragsüberschüsse 77, 84, 112ff., 121ff., 140, 422, **450ff.**, 479, **497ff.**, 481ff., 511ff., 562ff.
Ertragswert 26, 76ff., 157ff., 188ff., 331, **449ff.**, 479ff., **481ff.**, **494ff.**, **497ff.**, **507ff.**, 511ff., **522ff.**, 561ff.
Ertragswertmethode 1ff., 14ff., **76ff.**, 94ff., 122, 151ff., 183ff, 210, 320ff, 359, **449ff.**

Finanzierungsannahmen 76, 329ff., 463, **488ff.**, 511
Finanzbedarfsrechnung 76ff., **82ff.**, 151, 186, 210, 423, 454, **461ff.**, 482ff., 512ff., 562ff.
Finanzierungsprämissen 326, 330, **331**, 403, 407, 484ff., 565ff.
Flow to Equity 97, 325
F-Modell 106, 294, **333ff.**, 346, 351ff., 357ff., 405ff., 435ff.
Free Cashflow 89ff., **96ff.**, **99ff.**, 117, 139, **164ff.**, 186, 245ff., 296, 327ff., 334, **370ff.**, **392ff.**, **404ff.**, 487ff., 511ff., 563ff.
Fremdfinanzierung 5, 58, 84ff., 102ff., 169, 290, **302, 306, 308ff., 310**, **315ff.**, 327ff, 345ff., 372, 391ff., 463ff., 484ff., 512ff., **519ff.**, 561ff.

Fremdkapital 39, 59ff., 84ff., 105ff., 160ff., 178ff., 281, 290ff., 306ff., 320ff., 331ff., 376ff., 462ff., 490ff., 512ff., 564ff.
Fremdkapitalkosten 83ff., 93, 102, 178, 380, 434
Forward Rate 200, 252, **253ff.**, 256, 283

Geldentwertung 245, 248, 259, 468
Gesamtkapitalwert 94ff., 103, 121, 160, 434, 520ff.
Gewinn 17, **24ff.**, **27ff.**, 48, 76ff., **111ff.**, 164ff., 185ff., 210ff., 218ff., 224ff., 230ff., 244ff., 289ff., 303ff., **365ff.**, **367ff.**, 454ff., 487ff., 515ff., **530ff.**, **539ff.**, 566ff.
Gewinnmaximierung **24ff.**, 220ff.
Grenzpreis *s. Entscheidungswert*
Gutachter 4, 12ff., 150, 181ff, 474ff.

Halbeinkünfteverfahren **403ff.**, **440ff.**, 479, **546ff.**, **553ff.**

Inflation *s. Geldentwertung*
Irrelevanz der Ausschüttungspolitik **37ff.**, 77, 98, 361, 415, **428ff.**, 489ff., 566
Irrelevanz der Finanzierung **39ff.**, 85, 169, 316

Kapitalflussrechnung 99ff., 165, **395ff.**, **414ff.**, 491ff., 523ff., 562
Kapitalisierungszins **63ff.**, 72, 150, 183, 380ff., 427, **476ff.**, 501, 519

Kapitalkosten 26, 34ff., **41ff.**, 61, 75ff., 88, 101ff., 122, 150ff., 216ff., 230ff., 288, **290ff.**, 307, 323ff., 329ff., **341ff., 352ff., 410ff., 485ff.**, 501ff., 511ff., 566ff.
Kapitalkostenkomponenten **60ff.**
Kapitalmarkt 32ff., 43ff., 62, 116, 133, 143ff., 221ff., 248ff., 260, 266, 271, 284ff., 296, 304, 424, 485, 560ff.
  vollkommener 33, **44ff.**, 272, 275, 279
  unvollkommener **46ff.**, 62
Kapitalmarktbeschränkungen **47ff., 56ff.**
Kapitalstruktur 39, 83ff., 109, 150ff., **169ff.**, 290ff., 300ff., 329ff., 345ff., 390, 415, 433, 454, 474, 483, 511, **519ff.**, 561ff.
Kapitalstrukturrisiko *s. Risiko*
Kapitalwert 78ff., 92ff., 112, 120ff., 130ff., 217ff. 231ff., 244, 247, 307, 519ff.
Kapitalwertmethode 184
Kapitalzins **41ff., 283ff.**
Kaufkraftäquivalenz **258ff.**
Konsumpräferenzen 29, 34ff., **40ff.**
Kostenvorteil 144, **229ff.**, 246

Laufzeitäquivalenz 248, **249ff., 256ff.**
Leveragerisiko *s. Kapitalstrukturrisiko*
Lineare Programmierung **48ff.**
Liquidationswert *s. Substanzwertverfahren* 224
L-Modell 84, 106, 109, 294, 331ff., **337ff.**, 357ff., 405ff., 478
Lücke-Theorem 111ff., 120, 193ff., **197ff.**, 214, 459, 466, 494, **501ff., 504ff.**, 562ff.

Management Buyout 293ff., **297ff.**, 301
Market Value Added 118, 179
Marktportefeuille 271ff., 279
Marktrendite 32, 177, 232, 274, 277
Marktrisiko *s. Risiko, systematisches*
Marktwert des Eigenkapitals
  *s. Shareholder Value*
Marktwert des Gesamtkapitals
  *s. Gesamtkapitalwert*
Multiplikatoren 445

Nettoausschüttung 76, 84ff., 104, 139, 150, 163, 178, 186, 286, **363ff., 375ff.**, 459, 470, 482, 514ff., 564f.
Nettoinvestitionen **365ff.**, 462, 481ff.
Nettomethode (Equity-Approach) 2, **93ff.**, 162, 307, 320, 325, 335, 338, **376ff., 386ff., 396ff.**, 450, 482ff., **494ff.**, 536, 546, 564
NOPAT 121ff., 520ff.
Nullkouponanleihen *s. Zerobonds*
Nutzenmaximierung **27ff.**

Phasenmodell 204, **205ff.**, 340, **525**
Planungshorizont 27ff., 63ff., 143ff., 204, 232, 243ff., 256ff., 280ff., 364ff., 466, 496ff., 512, 561
Portfoliotheorie **268ff.**, 477, 487, 561
Preis der Unternehmung **16ff.**
Preisobergrenze 47, 67, 305f.
Preisuntergrenze 47, 67, 181, 474ff.
Prognose 3, 80, 133, 142ff., 154, 185, 214, 219, **234ff., 237, 241**, 256ff., 456, 477, 515, 563

Renditeforderung der Eigenkapitalgeber
  s. *Eigenkapitalkosten*
Renditeforderung der Fremdkapitalgeber
  s. *Fremdkapitalkosten*
Rentenmodell 281, 323, **332f.**, 341, 344, 351f., 357ff., **403ff., 408ff.**, 478
Restwert 68, 74, 142ff., 178, 245, 295, 496
Risiko
  Kapitalstrukturrisiko 260, 290, 346, 435, 478, 563, 509f., 563
  systematisches 222, 268ff., 274, 477, 510
  unsystematisches 268, 282, 337, 477, 510
Risikopräferenzen 24, **261**, 263
Risikoprämie 26, 262f., 280
Risikoprofilmethode **265f.**, 282
Risikozuschlagsmethode 261, **263f.**, 266, 282, 455, 475ff.


Schiedsgutachter 10ff., 476
Schiedswert 10, 475
Separationstheoreme 30, 37ff., 560
Shareholder Value 1, 7, 10, **116ff.**, 138, 179, 237, 219, 362, 376
Sicherheitsäquivalenzmethode 261ff., **263ff.**, 475
Spot Rates 253
Steuern 4, 39, 84ff., 97, 101ff., 119ff., 159, 169ff., 190, 248, **285ff.**, 293, 301ff., **306ff.**, 356, **391ff., 428ff., 479ff.**, 482, **487ff.**, 514ff., **518ff.**, 561
  persönliche 304ff., **314ff.**, 321ff., 354, **401ff.**, 487ff., 518, **547ff.**, 561ff.

Steuervorteile der Fremdfinanzierung
  85ff., 105ff., 121, 169ff., 294ff., 320ff., 337, 341, 411
Substanzerhaltung 188, **468ff.**, 567f.
Substanzwert 151ff., 175, 450
  Liquidationswert 154, 174
  Teilreproduktionswert 154
  Vollreproduktionswert 154
Synergien 8, 140, 180ff., 476


Tax Shield 104ff., 169, 293f., 302, 309ff., 333ff., 341ff., 356ff., 484, 519ff., 561
TCF-Ansatz 102ff., 320, 325ff., 335ff., 350, 521ff., 564
Teilreproduktionswert
  s. *Substanzwertverfahren*
Theorie der Wertpapiermischung
  s. *Portfoliotheorie*
Total Cashflow-Ansatz 90, 102ff., **320ff.**
Totalerfolg 111, 190, **194ff.**
Totalperiode 190ff., **194ff.**, 200, 460, 562


Unlevered beta **349ff., 357ff.**
Unsicherheit 24, 37, 62ff., 147, 255ff., **260ff.**, 369, 425, 559ff.
Unsicherheitsäquivalenz 248, 258, **260**
Unternehmensbewertung
  Anlässe der **5ff.**
  objektive **7ff.**
  objektivierte **10ff.**
  strategische **12ff.**
  subjektive **7ff.**

Value Drivers 237
Verbundeffekte *s. Synergien*
Verfügbarkeitsäquivalenz 248, 258, **282ff.**
Vergangenheitsanalyse 457
Vergangenheitsdaten **235f.**
Vermittlungsfunktion 9ff.
Verschuldungsgrad 39, 102ff., 169ff., 281, 289ff., 295ff., 322ff., 349ff., 408, 411, 445, 478, 519, 539, 561
Vollausschüttung **77ff., 209ff.**, 313, 415ff., 460ff., 488ff., **495ff., 501ff.**, 515ff., **530ff.**, 562ff.
Vollausschüttungshypothese 81, 219
Vollreproduktionswert *s. Substanzwert*

WACC-Ansatz 90, 102ff., 119, 171ff., 318, **321ff.**, 332ff., 344, 349ff., 399ff., 487, 520ff.
Wachstum 69, 74ff., 128, 143ff., 164ff., 237ff., **367ff.**
Wahrscheinlichkeitsverteilung 236, 260ff.
Weighted average cost capital (WACC) 109, 119ff., 123, 147, 171ff., 321ff., 318, 334ff., 348ff., 483, 535ff.
Wert der Unternehmung **7**, 22
  objektiver 7
Wertadditivität 91ff.
Wertsteigerungsanalyse 1, 238
Wettbewerbsvorteil 144ff., 223, **227ff.**, 238ff., 246
Wettbewerbsintensität 144, **224ff.**

Zerobonds 252ff.
Zielkapitalstruktur 488ff., 519
Zielsystem 19, **20ff., 24ff.**, 63, 247, 559
Zinsänderungsrisiko 257, 280, **282f.**
Zinsstruktur 252ff., 277ff.
Zukunftserfolge 3, 22, 16, 63ff., **73ff.**, 133, 150, 158, **183ff., 219ff., 234ff., 240ff.**, 260ff., 283ff., 320, 343, 360, **450ff.**, 482ff., 515, 563ff.
Zweckabhängigkeit **5ff.**